先进陶瓷领域—电炉装备

排胶预烧一体炉

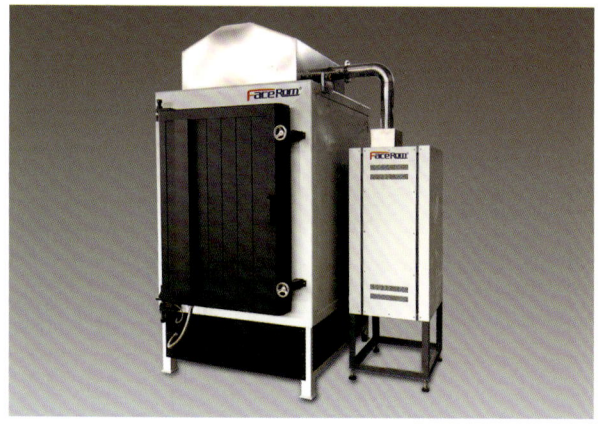

热风循环脱脂炉

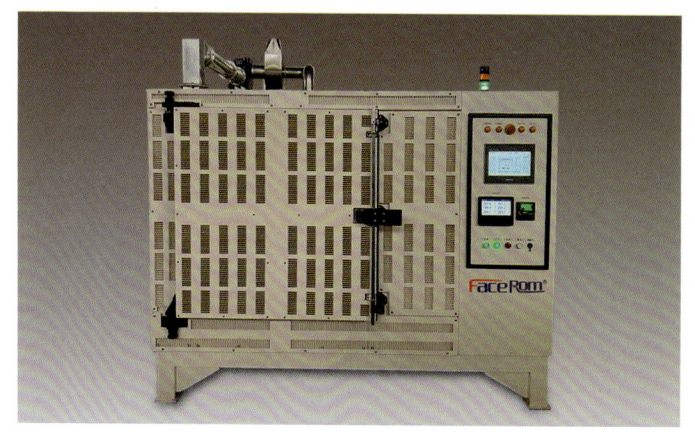

钟罩式烧结炉

推板式烧结炉

合肥费舍罗热工装备有限公司
Hefei Facerom Thermal Equipment Co., Ltd
0551-6899 8684 / 13966718548(方经理)
地址：安徽省合肥市花岗工业园纬二路

中环电炉

始于1993，新材料烧结专家
Since 1993, new material sintering expert.

提供专业的烧结测试系统解决方案
Providing professional sintering test system solutions.

排胶预烧一体炉

最高温度：1200℃
最大容积：95L、630L

尾气燃烧裂解净化炉

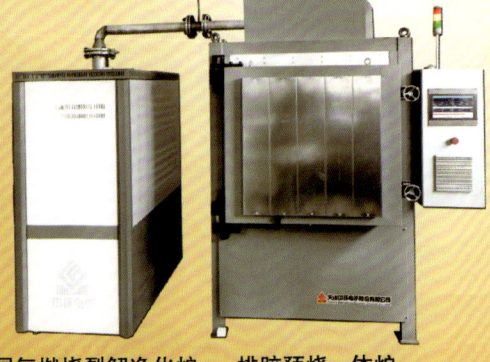
排胶预烧一体炉

钟罩炉

最高温度：1200℃
最大容积：95L、630L

TA-16B01
可视化高温接触角测试仪

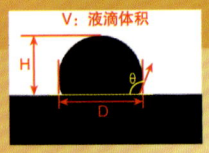

高温：实际温度 1600℃

高真空：真空度 1×10^{-3} Pa

智能图像分析及数据处理软件：
自动连续计算高温熔体接触角 θ、
直径 d、高度 h 和体积 v 等参数

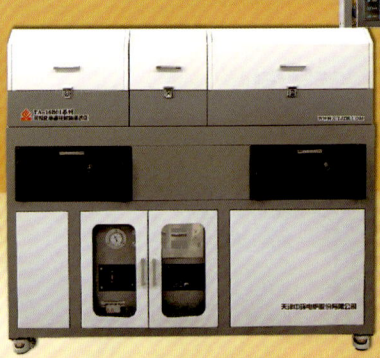

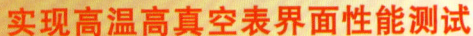
实现高温高真空表界面性能测试

不锈钢管式/箱式电炉

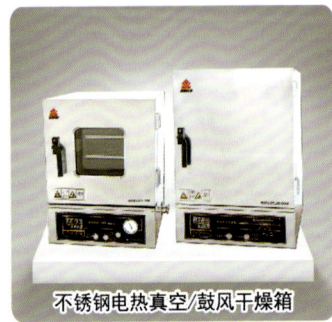
不锈钢电热真空/鼓风干燥箱

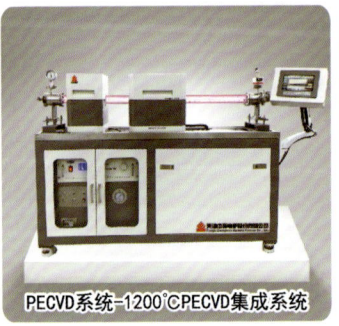
PECVD系统-1200℃PECVD集成系统

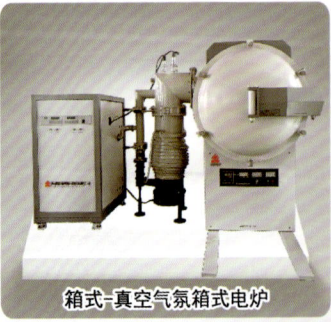
箱式-真空气氛箱式电炉

微信公众号　　公司客服　　公司网站

天津中环电炉股份有限公司
Tianjin Zhonghuan Electric Furnace Co., Ltd.

地址：天津市北辰科技园区双川道11号
电话：022-26982828　26980088　　邮编：300403
网址：WWW.CTJZH.COM　E-MAIL：CTJZH@CTJZH.COM

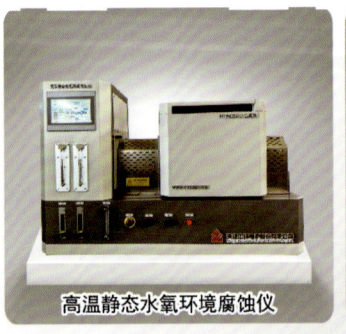
高温静态水氧环境腐蚀仪

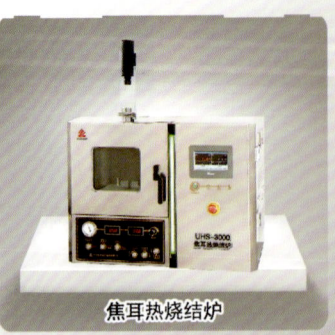
焦耳热烧结炉

湖南维尚科技有限公司
Hunan Vesa Technology Co., Ltd.

■ 公司简介 >>>

湖南维尚科技有限公司创立于中国动力谷——株洲,是一家集研发、制造、销售于一体的高端热工材料装备企业。公司现已通过**ISO9001、ISO14000、ISO18000、A6、GJB**等资质认证;荣获**国家高新技术企业、国家专精特新"小巨人"企业**、先进陶瓷装备**湖南省工程研究中心**、湖南省**省级企业技术中心**等荣誉称号;拥有知识产权45项,参与国家标准制订2项,湖南省首台(套)重大技术装备认定2项,湖南省省级工业新产品认定4项,致力于高端新材料的高质量发展!

■ 产品介绍 >>>

氮化硅气氛加压烧结炉(GPS)

| 最高温度:2000℃ | 工作压力:1~10MPa | 温度均匀性:≤±5℃

热等静压炉(HIP)

| 设计压力:207MPa | 装料空间:φ300mm*800mm | 最高温度:2000℃

多功能实验炉

| 装料空间:φ200mm*220mm | 最高温度:2100℃ | 工作压力:10MPa

氮化硅陶瓷基板炉

| 装料空间:600mm*600mm*1400mm | 最高温度:2200℃ | 工作压力:1MPa、2MPa

 地址:湖南省株洲市天元区泰山路2008号
北京海纳川工业园8号厂房

Tel:0731-28837588/13357335968(郭先生)
18907331398(黄女士)

 Email:wskj_858@163.com

久压久主体业务

1. 帮助用户解决产品的成型 从模具设计到设备制造，根据各产品不同的性质用途，对整套压片成型方案进行一对一定制，确保每台设备充分满足用户的生产需求。

2. 车间整体生产线解决方案 从集中供料、产品成型、成品输送再到成品打包，提供整体生产线的设计与制造。

专业生产各种陶瓷压片成型设备

江苏久压久智能设备制造有限公司

JIANGSU JIUYAJIU INTELLIGENT EQUIPMENT MANUFACTURING CO., LTD.

总公司地址： 中国江苏省常州市金坛区金城路209号
Add.: No.209 Jincheng Road, Jintan City, Jiangsu Province, China
ZIP: 213200

市场营销部： 0519-82821685　13901492012
Marketing Dept.:86-519-82821685　0086-13901492012

国际贸易部： 0519-82809958　13775147208
International Trade Dept.:86-519-82809958　0086-13775147208

客户服务部： 0519-82891333　18915815050Service
Dept.:86-519-82891333　0086-18915815050

总公司电话： 0519-8018 8018
TeL:86-519-8018 8018

总公司邮箱： jiuyajiu.tabletpress@gmail.com
E-mail: jiuyajiu.tabletpress@gmail.com

久压久网址： http://www.jiuyajiu.cn
Website: http://www.jiuyajiu.cn

创新技术　精益求精

鑫信智能
CINCY CINCY INTELLIGENT

千压成型一站式服务企业
One Stop Service Enterprise of Dry Compression Molding

全球具有规模的粉末冶金模具及CNC粉末成型压机供应商之一
One of the world's largest suppliers of powder metallurgy molds and CNC powder forming presses

广东鑫信智能装备有限公司
GUANGDONG INTELLIGENT EQUIPMENT CO.,LTD.

总公司地址：东莞市东坑镇凤大村横东路鑫信工业园
Head Office Add: CINCY Industry Area, Hengdong Road, Fengda Village, Dongkeng Town, Dongguan City, China.
电话(Tel)：0769-85447747（Ext. 888）
传真(Fax)：0769-85331932
Mobile：13549366908 伍先生 Mr Wilson
E-mail：cincy@cincy.com.cn

鑫信智能·业务微信号

○ 精密陶瓷模具系列

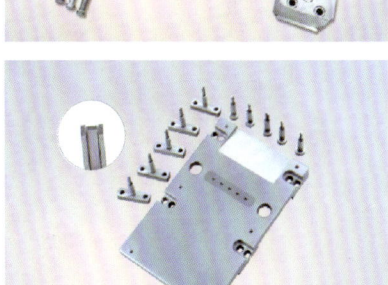

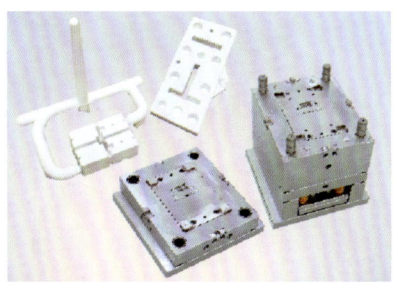

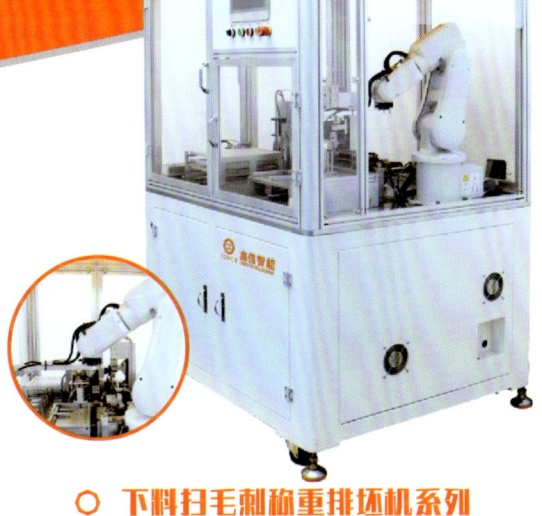

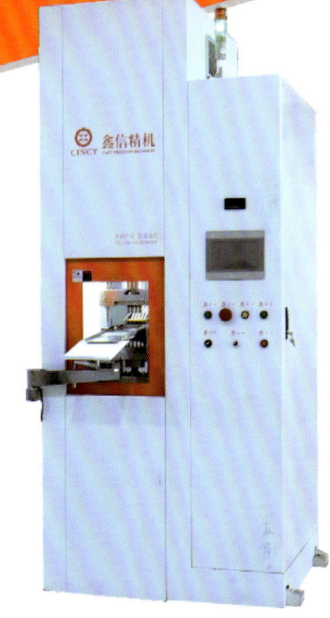

○ 下料扫毛刺称重排坯机系列
5G滤波器陶瓷产品专用

○ CNC粉末成型压机系列
5G滤波器陶瓷产品专用

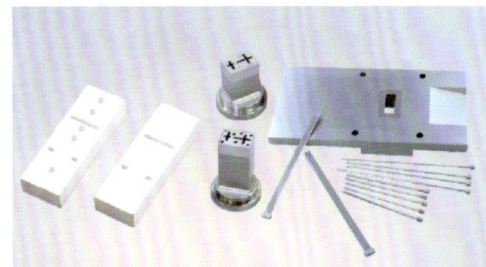

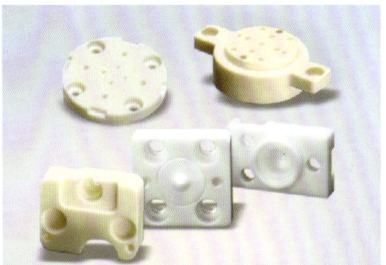

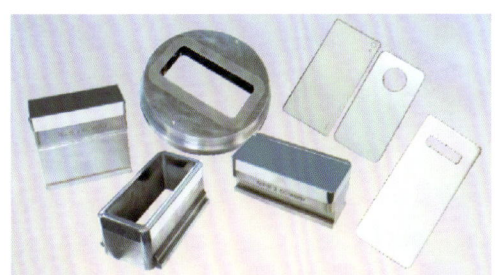

专利产品 仿冒必究 | Counterfeiting of patented products will be prosecuted.　　　　Http://www.cincy.com.cn

湘潭新大粉末冶金技术有限公司
XIANGTAN GRAND NEW PM TECHNOLOGY CO., LTD.

30年磨一剑，专注于先进陶瓷、硬质合金及各种新型材料的脱脂与烧结，提供整体技术解决方案。

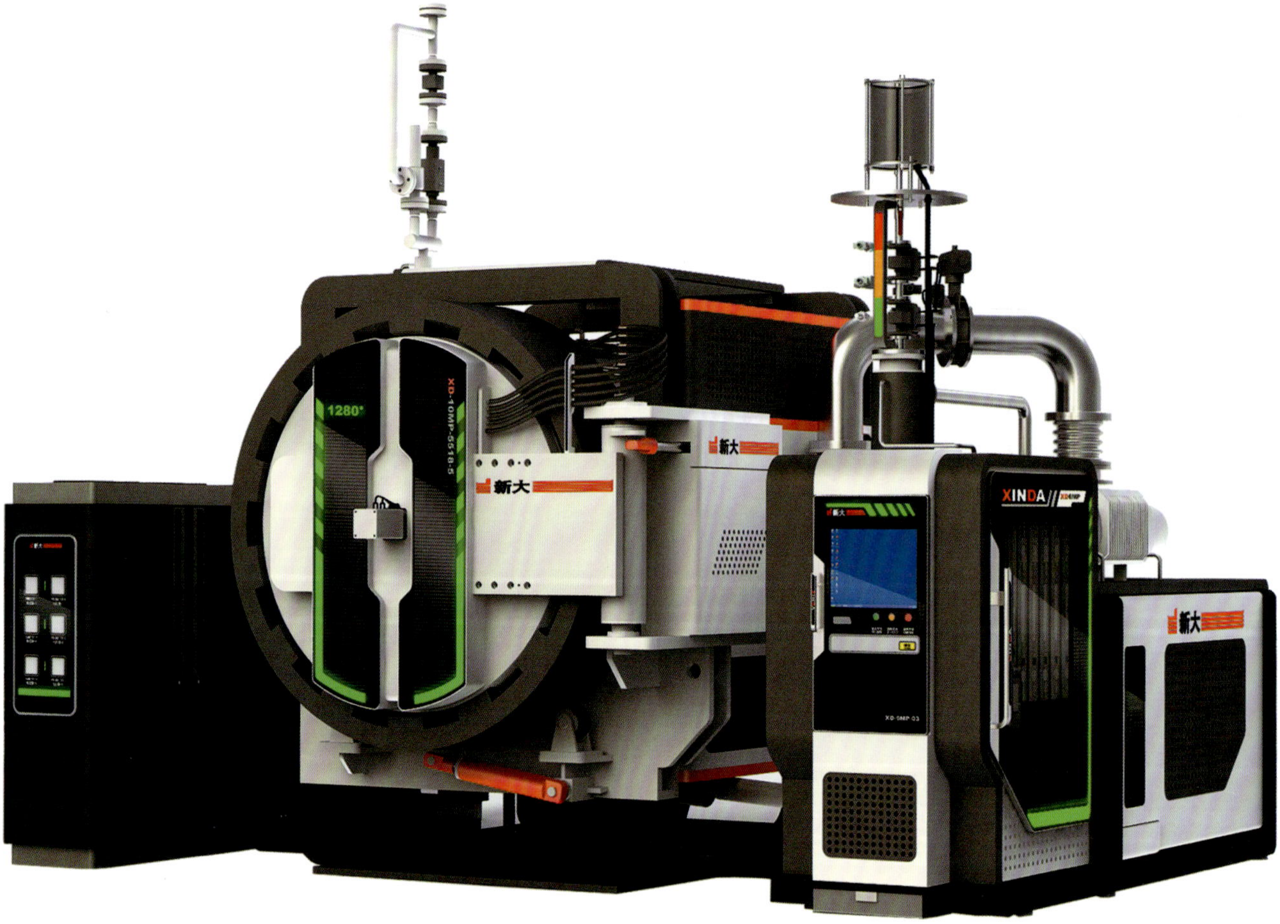

联系地址： 湖南省湘潭易俗河海棠中路321号
电　　话： +86-731-57803660　　**邮政编码：** 411228
公司网址： www.xindapm.net　　**电子邮箱：** xinda2007CGB@126.com

中国先进陶瓷产业大全 2024

组织编写 | 新之联伊丽斯（上海）展览有限公司

指导 | 中国硅酸盐学会陶瓷分会　中国陶瓷工业协会工业陶瓷分会　中国建筑卫生陶瓷协会先进陶瓷分会
中国机械工程学会工程陶瓷专业委员会　中国工程科技知识中心材料分中心

中国建筑科技出版社有限责任公司
China Construction Science and Technology Press Co., Ltd.

北　京

图书在版编目（CIP）数据

中国先进陶瓷产业大全. 2024 / 新之联伊丽斯（上海）展览有限公司组织编写. -- 北京：中国建设科技出版社有限责任公司，2025.3. -- ISBN 978-7-5160-4397-4

Ⅰ.F426.71

中国国家版本馆 CIP 数据核字第 2025V2B963 号

中国先进陶瓷产业大全 2024
ZHONGGUO XIANJIN TAOCI CHANYE DAQUAN 2024
组织编写　新之联伊丽斯（上海）展览有限公司
出版发行：中国建设科技出版社有限责任公司
地　　址：北京市西城区白纸坊东街 2 号院 6 号楼
邮　　编：100054
经　　销：全国各地新华书店
印　　刷：万卷书坊印刷（天津）有限公司
开　　本：889mm×1194mm　1/16
印　　张：36
字　　数：1600 千字
版　　次：2025 年 3 月第 1 版
印　　次：2025 年 3 月第 1 次
定　　价：398.00 元

本社网址：www.jskjcbs.com，微信公众号：zgjskjcbs
请选用正版图书，采购、销售盗版图书属违法行为
版权专有，盗版必究。本社法律顾问：北京天驰君泰律师事务所，张杰律师
举报信箱：zhangjie@tiantailaw.com　　举报电话：（010）63567684
本书如有印装质量问题，由我社事业发展中心负责调换，联系电话：（010）63567692

编　委　会

顾　　问： 江东亮　中国工程院院士　中国科学院上海硅酸盐研究所
　　　　　　张立同　中国工程院院士　西北工业大学
　　　　　　李龙土　中国工程院院士　清华大学
　　　　　　葛昌纯　中国科学院院士　北京科技大学
　　　　　　周　玉　中国工程院院士　哈尔滨工业大学
　　　　　　张联盟　中国工程院院士　武汉理工大学
　　　　　　董绍明　中国工程院院士　中国科学院上海硅酸盐研究所
　　　　　　傅正义　中国工程院院士　武汉理工大学

主　　任： 谢志鹏　张伟儒　吴建锋　肖汉宁　黄政仁

副 主 任： 陈云霞　韩　伟　成来飞　吴大选　贾德昌　伍尚华　于　岩
　　　　　　曾宇平　邱基华　王文利　宋锡滨　罗接发　邱永斌　王士维
　　　　　　周水杉　周彦昭　徐晓虹　严　彪　乔冠军　冯　斌　康丁华
　　　　　　柴神洲　康国兴　朱啸峰　韩秀萍　欧阳王骥

委　　员： 文　谨　贾　碧　汪长安　茹红强　莫雪魁　孙　伟　蔡　鸣
　　　　　　马　涛　王　征　王　泽　王为民　王玉金　王伟强　王汝江
　　　　　　王连军　王钜宝　成　昊　刘光华　刘学建　许壮志　伍宜松
　　　　　　李　双　李文戈　李　伶　李江涛　李明新　杨东亮　杨旭强
　　　　　　杨现锋　吴　昂　吴崇隽　张　力　张永胜　陈宏霞　陈祎玮
　　　　　　陈善东　林德陇　罗旭东　罗凌虹　赵　林　赵东亮　贺亦文
　　　　　　秦明礼　夏　湘　黄　昆　黄超华　崔　巍　彭秧锡　韩清岩
　　　　　　景卫平　舒飞龙　霍李均　张上荣　向其军　黄世东　陈宇红
　　　　　　詹伟伟　杨双节　袁振侠　刘　刚　钟镇昌　赵　冲　马玉琦
　　　　　　王文军　安　迪　黄　敏　刘　伟　胡　丰　赵善雷　康文涛
　　　　　　曹建辉　徐　炜　纪国章

主　　编： 谢志鹏　朱啸峰　韩秀萍

执行主编： 谢志鹏

编　　辑： 欧阳王骥　杨　冉　陈　专　李文奇　赵　霁　水玉平　崔云云
　　　　　　林小玉　陈　可　韩　冰　郑　晓　黄国倡　谭敏怡　温玉花
　　　　　　杨锦章　陈宇杭　赵　杰　王禹科　湛佳琪　熊　婷　冉子伊
　　　　　　范彬彬　胡尊兰　王天赐

前　言

先进陶瓷涵盖了结构陶瓷、电子陶瓷、功能陶瓷、生物陶瓷等各类氧化物、氮化物、碳化物、硼化物的高性能陶瓷及其复合材料，具有高强度、高硬度、耐高温、耐磨损、耐腐蚀以及优异的电学性能、光学性能、化学稳定性和生物相容性。先进陶瓷不仅广泛应用于机械、冶金、化工、能源、环保等工业领域，而且在航空航天、通信电子、半导体微电子、芯片封装、生物医疗、国防军工以及高铁、新能源汽车等高科技领域和新兴产业中得到越来越多的应用。据统计，先进陶瓷产业每年以8%左右的增长速度高速发展，全球先进陶瓷产业已达到万亿人民币级的市场规模，在国内已达两千亿人民币级以上规模。

我国是先进陶瓷产业大国，有数千家从事先进陶瓷粉体、先进陶瓷制品及元器件、工艺装备、精密加工设备与检测仪器生产的企业，已形成比较完整的产业链。同时，我国还拥有较为庞大的先进陶瓷研发队伍，包括100多家大学和几十家科研院所以及企业的研发中心。我国先进陶瓷产业链中涉及的企业数量众多、分布广泛，但位于产业链上下游的企业与高校和研究机构以及国外先进陶瓷企业的信息共享机制尚不健全，从而阻碍了先进陶瓷产业的发展与彼此间的合作交流。

为此，在先进陶瓷材料领域享有盛誉的中国工程院江东亮院士、张立同院士、李龙土院士、周玉院士、张联盟院士、董绍明院士、傅正义院士和中国科学院葛昌纯院士的关心与支持下，在中国硅酸盐学会陶瓷分会、中国陶瓷工业协会工业陶瓷分会、中国机械工程学会工程陶瓷专业委员会等学会、协会的指导下，由新之联伊丽斯（上海）展览有限公司组织编写了《中国先进陶瓷产业大全2024》一书。

《中国先进陶瓷产业大全2024》一书精选了国内外先进陶瓷领域2500多家优秀企业和研究机构，对企业状况及产品信息等做了重点介绍，收录的企业中包括国内外先进陶瓷知名企业、上市公司以及许多优秀且各具特色的中小企业。全书共分为8章，主要内容包括：①先进陶瓷粉体原料与分类；②结构陶瓷产品类别与产业状况；③功能陶瓷产品种类与产业状况；④生物陶瓷与产业状况；⑤陶瓷设备种类及企业分布；⑥陶瓷检测仪器分类与企业；⑦国内先进陶瓷研究机构分布；⑧国外先进陶瓷企业与产业状况。

为了便于读者全面了解国内外先进陶瓷材料与产业状况，笔者撰写了30万字的各章导读，并优选了300多张精美图表，以图文并茂的形式对上述8章内容分别进行了详细概述，有助于读者系统了解和把握国内外先进陶瓷产业、产品、工艺、技术、装备状况及最新发展动态。

全书内容丰富、信息量大，具有很强的参考价值和实用功能，是先进陶瓷产业的一部大型参考书和工具书。该书的出版有利于先进陶瓷产业链中各企业之间、企业与大学和研究机构之间的了解与沟通，也便于该领域高校和科研院所的研究人员、企业技术人员与管理人员，以及陶瓷产业园和投资公司进行查询，同时便于陶瓷材料学科方向的研究生进行参考，对促进和推动我国先进陶瓷材料与产业的发展具有重要意义。

此书在编撰中难免存在不足和疏漏之处，恳请读者提出宝贵意见与建议。

2024年12月于清华园

目 录

第1章 先进陶瓷粉体原料与分类

1.1 先进陶瓷粉体及制备论述 ········· 003
 1.1.1 先进陶瓷粉体主要类别 ········· 003
 1.1.2 先进陶瓷粉体主要特征 ········· 003
 1.1.3 先进陶瓷粉体制备方法 ········· 003
1.2 氧化物陶瓷粉体企业 ············· 011
 1.2.1 氧化锆粉体 ··················· 011
 1.2.2 氧化铝粉体 ··················· 018
 1.2.3 电子陶瓷粉体 ················· 036
 1.2.4 稀土氧化物粉体 ··············· 037
 1.2.5 其他氧化物粉体 ··············· 041
1.3 非氧化物陶瓷粉体企业 ··········· 047
 1.3.1 氮化硅粉体 ··················· 047
 1.3.2 氮化硼粉体 ··················· 050
 1.3.3 氮化铝粉体 ··················· 053
 1.3.4 碳化硅粉体 ··················· 055
 1.3.5 碳化硼粉体 ··················· 061
 1.3.6 其他非氧化物粉体 ············· 062
1.4 陶瓷分散剂与助剂企业 ··········· 065

第2章 结构陶瓷产品类别与产业状况

2.1 结构陶瓷产品与产业概述 ········· 069
 2.1.1 结构陶瓷的主要类别及特性 ····· 069
 2.1.2 氧化物结构陶瓷 ··············· 069
 2.1.3 非氧化物结构陶瓷 ············· 074
 2.1.4 我国结构陶瓷产业分布状况 ····· 083
 2.1.5 结构陶瓷产业及应用状况 ······· 086
2.2 氧化物结构陶瓷产品企业 ········· 092
 2.2.1 氧化锆结构陶瓷 ··············· 092
 2.2.2 氧化铝结构陶瓷 ··············· 105
 2.2.3 氧化锆/氧化铝复相陶瓷 ········ 126
2.3 非氧化物结构陶瓷产品企业 ······· 149
 2.3.1 氮化硅结构陶瓷 ··············· 149
 2.3.2 氮化硼结构陶瓷 ··············· 158
 2.3.3 氮化铝结构陶瓷 ··············· 161
 2.3.4 碳化硅结构陶瓷 ··············· 162
 2.3.5 碳化硼结构陶瓷 ··············· 179

第3章 功能陶瓷产品种类与产业状况

3.1 电子陶瓷与功能陶瓷概述 ········· 183
 3.1.1 压电陶瓷概述 ················· 183
 3.1.2 微波介质陶瓷概述 ············· 185
 3.1.3 陶瓷电容电感概述 ············· 188
 3.1.4 PTC热敏电阻陶瓷概述 ········ 189
 3.1.5 陶瓷加热器概述 ··············· 191
 3.1.6 陶瓷基板概述 ················· 193
 3.1.7 绝缘电子陶瓷概述 ············· 197
 3.1.8 高压电瓷概述 ················· 202
3.2 压电陶瓷及器件企业 ············· 207
3.3 微波介质陶瓷产品企业 ··········· 213
3.4 陶瓷电容器电感器传感器企业 ····· 217
3.5 热敏陶瓷及陶瓷加热元件企业 ····· 221
3.6 陶瓷基板及覆铜板企业 ··········· 225
3.7 绝缘陶瓷金属化组件企业 ········· 238
3.8 高压电瓷企业 ··················· 247

第4章 生物陶瓷与产业状况

4.1 生物陶瓷及其应用概述 ··········· 259
 4.1.1 生物陶瓷的发展及特性 ········· 259
 4.1.2 生物惰性陶瓷 ················· 260
 4.1.3 生物活性陶瓷 ················· 263
 4.1.4 生物活性玻璃 ················· 264
 4.1.5 齿科美学氧化锆陶瓷 ··········· 264
 4.1.6 小结 ························· 266
4.2 齿科美学陶瓷企业 ··············· 267
4.3 陶瓷托槽企业 ··················· 269
4.4 惰性与活性生物陶瓷企业 ········· 269

第5章 陶瓷设备种类及企业分布

5.1 陶瓷设备种类及其特点概述 ······· 273
 5.1.1 陶瓷粉体处理及设备 ··········· 273
 5.1.2 陶瓷成型工艺及设备 ··········· 274
 5.1.3 陶瓷烧结工艺及设备 ··········· 278
 5.1.4 陶瓷的精密加工 ··············· 282
5.2 陶瓷粉体处理设备企业 ··········· 285
 5.2.1 球磨机 ······················· 285
 5.2.2 砂磨机 ······················· 290
 5.2.3 气流磨 ······················· 298
 5.2.4 其他研磨机/振动筛 ············ 302
 5.2.5 喷雾干燥机 ··················· 308
 5.2.6 搅拌机/混合机 ················ 312
 5.2.7 陶瓷研磨介质 ················· 315
5.3 陶瓷成型设备企业 ··············· 322
 5.3.1 干压成型机 ··················· 322
 5.3.2 冷等/温等静压成型机 ·········· 329
 5.3.3 注射成型机 ··················· 333
 5.3.4 密炼机/造粒机 ················ 335
 5.3.5 流延成型机 ··················· 336
5.4 增材制造与3D打印成型设备企业 ·· 338
5.5 陶瓷烧结设备企业 ··············· 343
 5.5.1 空气气氛烧结炉 ··············· 343

  5.5.2 真空气氛烧结炉 …………………… 359
  5.5.3 压力烧结炉 ………………………… 373
  5.5.4 高温窑具陶瓷 ……………………… 376
  5.5.5 耐火保温材料 ……………………… 384
  5.5.6 石墨制品 …………………………… 402
 5.6 陶瓷精密加工设备企业 ………………… 405
  5.6.1 研磨抛光加工设备 ………………… 405
  5.6.2 激光加工/切割设备 ………………… 415
  5.6.3 金刚石砂轮等磨料磨具 …………… 419

第 6 章 陶瓷检测仪器分类与企业

 6.1 陶瓷检测分析仪器概述 ………………… 437
  6.1.1 陶瓷粉体检测及仪器 ……………… 437
  6.1.2 陶瓷材料性能测试及仪器 ………… 438
  6.1.3 陶瓷化学成分与物相分析 ………… 443
 6.2 粉体特性分析仪企业 …………………… 447
 6.3 陶瓷理化性能测试仪企业 ……………… 449

第 7 章 国内先进陶瓷研究机构分布

 7.1 国内先进陶瓷研究机构概述 …………… 457
  7.1.1 先进陶瓷及其研究机构简述 ……… 457
  7.1.2 结构陶瓷及其研究机构分析 ……… 457
  7.1.3 功能陶瓷及其研究机构分析 ……… 458
  7.1.4 透明陶瓷及其研究机构分析 ……… 459
  7.1.5 陶瓷制备技术研究机构分析 ……… 460
  7.1.6 陶瓷基复合材料研究机构分析 …… 463
 7.2 高等院校 ………………………………… 465
 7.3 科研院所 ………………………………… 487

第 8 章 国外先进陶瓷企业与产业状况

 8.1 国外先进陶瓷及产业状况概述 ………… 497
  8.1.1 国外先进陶瓷研发概况 …………… 497
  8.1.2 国外先进陶瓷产业分布状况 ……… 497
  8.1.3 欧美先进陶瓷企业与产业概况 …… 498
  8.1.4 日本先进陶瓷产业与企业概况 …… 502
  8.1.5 韩国先进陶瓷产业与企业概况 …… 503
  8.1.6 国外先进陶瓷产品及应用分析 …… 504
  8.1.7 结语 ………………………………… 511
 8.2 先进陶瓷粉体企业 ……………………… 513
 8.3 陶瓷设备厂商 …………………………… 517
 8.4 氧化物陶瓷产品企业 …………………… 521
 8.5 非氧化物陶瓷产品企业 ………………… 535
 8.6 在华外资陶瓷企业 ……………………… 540

第 1 章
先进陶瓷粉体原料与分类

1.1 先进陶瓷粉体及制备论述

1.1.1 先进陶瓷粉体主要类别

先进陶瓷粉体可分为氧化物陶瓷粉体和非氧化物陶瓷粉体两大类。

通常电子陶瓷、功能陶瓷和大多生物陶瓷粉体都属于氧化物陶瓷粉体。介电陶瓷粉体主要有 $BaTiO_3$、$MgTiO_3$、$CaTiO_3$、$SrTiO_3$、$PbTiO_3$；压电陶瓷粉体主要有 $BaTiO_3$、$PbTiO_3$、$PbZrO_3$；磁性陶瓷粉体主要有 MnO_2、Fe_2O_3、NiO、CoO、ZnO、BaO、TiO_2 等组成的二元系或多元系；传感器陶瓷粉体主要有 $BaTiO_3$、$SrTiO_3$、Fe_2O_3、ZnO、NiO、ZrO_2 等；生物陶瓷粉体主要包括 Al_2O_3、ZrO_2、ZrO_2/Al_2O_3、羟基磷灰石、磷酸三钙等。而结构陶瓷粉体，既包含氧化物陶瓷粉体，如 Al_2O_3、ZrO_2、Al_2O_3/ZrO_2、MgO、BeO、SiO_2、Y_2O_3、$MgAlO_4$（镁铝尖晶石）、Al_2TiO_5（钛酸铝）、莫来石、堇青石等，也包含了许多非氧化物陶瓷粉体如 Si_3N_4、AlN、BN、SiC、B_4C、TiC、TiB_2、ZrB_2 等。此外，稀土氧化物粉体如 Y_2O_3、CeO_2、La_2O_3、Nb_2O_3，在结构陶瓷和功能陶瓷制备中也有许多应用。比较而言，功能陶瓷粉体中 $BaTiO_3$ 粉体是应用最广的一种基础原料，氧化物结构陶瓷中 Al_2O_3 和 $Y-ZrO_2$ 这两种粉体应用量最大，而非氧化物陶瓷粉体中主要和应用量较大的是 SiC、Si_3N_4、AlN、BN、B_4C。

《中国先进陶瓷产业大全（2024）》中涵盖了国内外结构陶瓷、功能陶瓷、电子陶瓷、生物陶瓷、稀土氧化物等粉体企业 300 多家，对这些粉体企业及粉体产品做了全面介绍。

1.1.2 先进陶瓷粉体主要特征

先进陶瓷粉体的特征主要包括颗粒大小、粒径分布、比表面积、颗粒形状、团聚程度、化学纯度及物相组成。此外，粉体表面的结构以及化学状态对烧结活性也具有重要影响。

颗粒尺寸、形状、粒径分布和团聚程度将直接影响到成型坯体和烧结体的显微结构，通常亚微米级的陶瓷粉体对于注浆或胶态成型的悬浮体制备是有利的，而且烧结活性较高容易得到高密度的陶瓷坯体和烧结体。

粒径分布较宽的粉体或双峰分布的，虽然有可能达到高的坯体堆积密度，但在烧结过程中，其显微结构的控制将变得困难。因为大晶粒常常会吞噬小晶粒而快速长大，导致微观结构不均匀，力学性能变差。而粒径分布比较窄的粉体，一般可以保证更好地控制显微组织；而球形或等轴状的粉体颗粒对于控制粉体堆积的均匀性更加有利。

粉料团聚会导致成型坯体的不均匀性，这又会使在烧结过程中因各部位收缩速率不同时而导致"差异烧结"，从而在烧结体中形成大的不规则孔洞或类似裂纹的孔洞，这些孔洞成为潜在的裂纹源从而大大降低材料的力学性能和可靠性。可见，粉末的团聚会严重影响烧结后陶瓷的致密度和均匀的显微结构。通常团聚可分为两类：即颗粒之间以弱的范德华力连接的软团聚和颗粒之间以强化学键连接的硬团聚。对于陶瓷粉体最理想的状态是避免团聚，但是在大多数情况下是不太可能的；此种情况下，可允许软团聚而尽可能避免硬团聚。因为与硬团聚相比，软团聚常可通过更简单地机械方法（如球磨、搅拌磨、砂磨）或在液体中的分散来打破，硬团聚则难以被打破分散。

粉体比表面积则会影响烧结活性和成型性能；通常粉体比表面积大烧结活性好，但比表面积过大时分散性较差，对于注射成型、注浆成型、凝胶注模成型的流动性不利，因此比表面积应适当为宜。

粉体中表面杂质一方面可能对颗粒在液体中的分散带来不利影响，因为杂质离子会减小双电层厚度和 Zeta 电位，增大陶瓷悬浮体的黏度；另一方面杂质有可能导致在烧结过程中产生少量液相，这会导致少数晶粒的异常长大，难以获得晶粒均匀细小的显微结构。

综上所述，对于制备先进陶瓷所期望的粉末特性应该为：颗粒直径为亚微米级或纳米级、粒径分布窄、颗粒形状呈球形或等轴状、无团聚或只有软团聚、粉末纯度高无杂质及呈单相和单分散体系。

1.1.3 先进陶瓷粉体制备方法

先进陶瓷粉体的制备工艺主要可归纳为三类：固相法、液相法和气相法。

固相法是以固态物质为初始原料来制备陶瓷超细粉体，例如高温固相反应法、碳热还原反应法、固-气反应法、盐类热分解法、自蔓延燃烧合成法等，其特点是便于批量化生产、成本较低，但有时存在杂质。

液相法特点在于化学组成便于控制、可在离子或分子尺度上均匀混合，可制备纳米级和亚微米级陶瓷粉末，且纯度高、烧结活性好，特别适合结构陶瓷和功能陶瓷的单一氧化物或复合氧化物粉末的合成，因此得到较广泛的使用。常用的液相法包括化学沉淀法、水热法、溶胶-凝胶法等。

气相法是将反应物气体，在局部高温环境下，通过化学反应合成所需陶瓷粉末的方法，包括化学气相沉积法、等离子体气相合成法、激光诱导气相沉积法等。气相法合成的粉末直径大都为几十纳米、有结晶态也有非晶态的，其比表面积大、活性大、球形度高；可用于如氮化物、碳化物、硼化物等非氧化物陶瓷粉末的合成。但是因其比表面大，容易吸附水汽或产生团聚，并不适合高密度结构陶瓷和电子陶瓷材料的烧结；此外，相对于液相法和固相法，气相法所用原材料和反应合成设备价格昂贵且产能很小，因此粉末制备成本非常高。目前，在先进陶瓷中应用很少。下面主要介绍常用的固相法、液相法及其在先进陶瓷粉体合成制备中的应用。

1.1.3.1 固相法

固相法是以固态物质为原料来制备超细粉体的方法，主要包括固-固反应法、碳热还原反应法、固-气反应法、盐类热分解法、自蔓延燃烧合成法等。其中，固-固反应法主要用于制备氧化物陶瓷粉末，通常是将两种固态粉末原料混合均匀后于一定温度下煅烧反应合成；碳热还原反应法主要用于合成碳化物、硼化物、氮化物等非氧化物陶瓷粉末；固-气反应法可制备 Si_3N_4、AlN 等氮化物陶瓷粉末；自蔓延燃烧合成技术（Self-propagating High-temperature Synthesis, SHS）可用于大多数非氧化物和多元复相陶瓷粉末的合成。固相法最大的优点是制造成本相对较低，便于批量化和规模化生产。因此，比较广泛地应用于一般结构陶瓷及功能陶瓷粉末的制备。

1. 固-固反应法

此法主要包括以下三步：(1) 将参加反应的固态物质（如氧化物、碳酸盐、氢氧化物）按化学计量配比均匀混合；(2) 在适当温度和气氛下煅烧反应合成；(3) 再将合成的熟料块体磨细至所需粒度。利用高效搅拌磨和砂磨机可获得粒径为 $0.3 \sim 1\mu m$ 的超细粉末。

例如 $BaTiO_3$ 电子陶瓷粉末很早以前就采用固相反应法来制备，通常以固态 $BaCO_3$ 和 TiO_2 为原料，首先将等摩尔比的 $BaCO_3$ 和 TiO_2 粉末充分混合，在 1050℃ 左右温度下预烧一定时间，再继续加热至 1200～1300℃，并按一定的冷却速度降温，即可得到 $BaTiO_3$ 粉。其反应式如下：

$$BaCO_3 + TiO_2 \longrightarrow BaTiO_3 + CO_2$$

若以氧化铝和氧化镁细粉为原料可合成尖晶石陶瓷粉体，反应式为：

$$Al_2O_3 + MgO \longrightarrow MgAl_2O_4$$

若以氧化铝和二氧化硅为原料可合成莫来石陶瓷粉体，反应式为：

$$3Al_2O_3 + 2SiO_2 \longrightarrow 3Al_2O_3 \cdot 2SiO_2$$

2. 碳热还原反应法

碳热还原反应法是制备非氧化物陶瓷粉末的一种常用方法，特别是碳化物、硼化物、氮化物系列的粉末。尽管通过碳热还原反应法制备粉末可以由不同技术路线来实现，但其共性均为碳与金属氧化物的反应，在一些技术路线中需要与氮气发生反应以制备氮化物粉体。

例如，利用电弧加热采用碳热还原反应法制备粒径为 $1\mu m$ 的 TiC 粉，所用原料为 TiO_2 和石墨碳粉、氩气气氛条件下反应合成，反应式如下：

$$TiO_2 + C \xrightarrow{Ar} TiC + CO_2$$

AlN 的碳热还原是将 Al_2O_3 粉末在 1600℃ 高温下的 N_2 气中进行下述反应：

$$Al_2O_3 + 3C + N_2 \longrightarrow 2AlN + 3CO$$

上述反应实际上是分两步进行，第一步由碳还原 Al_2O_3 生成气相中间产物 $Al(g)$ 和 $Al_2O(g)$，第二步通过氮化生成 AlN。通常采用超细氧化铝粉和高纯度碳黑作为初始原料，经过球磨混合均匀后，置于石墨坩埚内，在碳管炉中 N_2 气氛下合成，反应温度一般在 1550～1800℃ 的范围内，在 N_2 气氛中冷却，得到黑色粉末状氮化物。因粉末中含有残余碳，可在空气中于 600～700℃ 下保温 10～16h，进行脱碳处理，即得到灰白色、流动性良好的 AlN 粉末。

世界知名的 AlN 粉体企业日本德山公司就是采用碳热还原反应法生产的，该粉体纯度高、杂质含量和氧含量低，原始粒径大约为 $0.6\mu m$，具有非常好的烧结活性；粉体形貌的扫描电镜（SEM）照片如图 1-1 所示。国内厦门钜瓷、福建臻璟、株洲艾森达、山东国瓷、潮州三环集团采用该技术也制备出性能优异的高导热 AlN 陶瓷粉末。

SiC 粉体的大规模工业化制备方法也是采用碳热还原反应法（也称阿奇逊法），该法采用高纯度石英砂（SiO_2）与石油焦炭或石墨粉均匀混合。合成反应在电加热的电阻炉内，图 1-2 为碳热还原反应法电阻炉截面示意图。炉子是由一可移动耐火砖墙组成，长 10～20m，宽和高 3～4m；用石墨芯棒作为电极，石英砂与焦炭混合粉放置电极周围。石墨芯棒通电使之产生高温，使周围的石英砂焦炭的配料起反应，其基本反应方程式

图 1-1 AlN 粉体形貌的扫描电镜照片

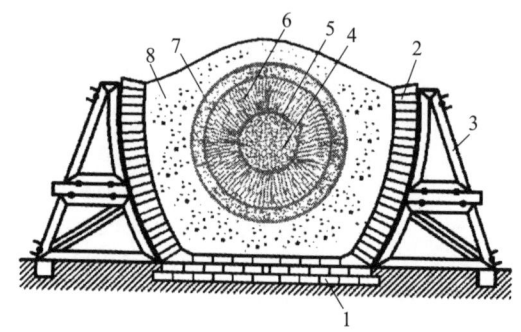

图 1-2 SiC 碳热还原反应法合成用石墨棒电阻炉截面示意图

1、2—底和壁，用耐火砖或混凝土构成；3—壁支撑；
4—煤/石墨电极（芯材料）；5—SiC 圈作为电子耦合；
6—有挥发副产物的内部反应带；
7—反应区外壳；8—未反应原材料混合物

如下：

$$SiO_{2(s)} + 3C_{(s)} \longrightarrow SiC_{(s)} + 2CO_{(g)}$$

该反应是吸热反应（$\Delta H_f = +528kJ/mol$），因此需要大量能量，反应发生在 1600～2500℃，36h 以上。炉内石墨芯棒温度最高，形成从芯棒向外侧的温度梯度，反应从内部开始逐步移向炉子的外部。在芯棒附近反应最完全，生成高纯六方 α-SiC 结晶体，如图 1-3 所示，经粉碎和气流磨磨细后适合于精密陶瓷应用；在 α-SiC 结晶带的外侧是低纯度 SiC 区，适合于磨料磨具应用；最外层则是残留下来的未反应层，可重复使用。

α-SiC（六方碳化硅）

图 1-3 碳热还原反应法合成的六方 α-SiC 结晶体

碳热还原反应法合成 SiC 还须注意两点：一是原料的纯度，对于硅质原料（石英砂，粉碎的石英矿）的基本要求是 SiO_2 含量尽可能高，要求不低于 98.5%。对碳质材料（石油焦炭，石墨粉，低灰分无烟煤粉）要求是灰分应最低；二是除了硅质和碳质原料外，还需加入一些添加剂，主要是锯木屑和食盐（氯化钠）。加入少量锯木屑（粒度约 4~5mm）可使配料具有较好透气性，以便气体排出和提高生产效率；食盐的作用是有利于排除氯化物类杂质，同时食盐熔融后将石英颗粒包裹起来，可降低 SiO_2 的蒸发速率，阻止配料内碳的富集并防止碳化硅被染黑色，一般在制取绿色 SiC 时都加食盐，而制取黑色 SiC 时则不加，因为食盐加入将导致产率降低及能耗增加。

碳热还原反应法合成的 SiC 纯度为 94%~99%，主要有绿色和黑色两类，不同颜色归因于不同杂质原子结合。纯 SiC 粉（99.9%以上）是无色的，绿色 SiC 含量可达 98%以上，黑色 SiC 含量为 96%，主要杂质有 SiO_2、残余碳、游离硅等。

碳热还原反应法合成 SiC 为结晶块状，若要成为工程陶瓷用超细粉料还需经过粉碎，采用高能磨可达到亚微米尺寸范围。经粉碎的 SiC 用水洗除去其中的石墨，并用苛性钠处理以便使硅、二氧化硅和硅化物溶解，随后再用盐酸处理 SiC，除去其中的 Fe，若采用氢氟酸处理可除去其他金属杂质，将 SiC 粉体的纯度进一步提高。

3. 固-气反应法

固-气反应法常用于反应合成 Si_3N_4、AlN 等氮化物陶瓷粉末；对于 Si_3N_4 的固-气反应合成，也称硅粉直接氮化法。其工艺过程是首先将纯度较高的 Si 粉磨细并进行杂质处理，一般要求硅粉纯度在 99%以上，粒度最大不超过 $40\mu m$。然后将硅粉置于反应炉内，通入氮气（N_2）或氨气（NH_3），硅粉与氮气的反应起初进行非常缓慢，600~900℃ 反应明显，1100~1320℃ 反应剧烈进行，1400℃ 反应结束。氮化反应主要发生在 1200~1400℃，其化学反应式：

$$3Si + 2N_2 \longrightarrow Si_3N_4$$
$$3Si + 4NH_3 \longrightarrow Si_3N_4 + 6H_2 \uparrow$$

氮化反应后得到以 $\alpha\text{-}Si_3N_4$ 相为主的疏松块状，再经粉碎磨细得到 $\alpha\text{-}Si_3N_4$ 细粉。氮化后的粉末中通常含有 Fe、Ca、Al 等杂质，这些杂质可能源于初始 Si 粉中或随后的球磨过程，可通过酸洗的方法除去杂质，得到高纯度的 $\alpha\text{-}Si_3N_4$ 粉体。例如，瑞典 Vista 公司和德国 Alzchem 公司生产的 $\alpha\text{-}Si_3N_4$ 粉体都是采用这种方法制备的，粉体形貌扫描电镜照片如图 1-4 所示。

同理，氮化铝粉也可采用固-气反应法制备，即将金属铝粉与氮气直接反应合成氮化铝粉，其化学反应式如下：

$$2Al + N_2 \longrightarrow 2AlN$$

铝粉直接氮化法的优点是产量大，可得到纯度较高的 AlN 粉，合成温度较低，在 600~1200℃，没有什么副反应，目前已用于规模化生产。德国的 Stark 公司、日本大阪的东洋铝业公司和美国的 ART 公司都采用这种方法制备 AlN 粉末，图 1-5 为日本东洋铝业公司生产的 AlN 粉体的扫描电镜照片。但采用这种方法必须解决好铝粉的易结块，反应不完全的问题，并保护好铝粉表面，以防止生成 Al_2O_3 膜而影响氮化铝的纯度。

图 1-5 日本东洋铝业公司 AlN 粉的扫描电镜照片

4. 盐类热分解法

热分解无机盐类（包括氢氧化合物）可得到氧化物陶瓷粉末，例如热分解硫酸铝铵制备 $\alpha\text{-}Al_2O_3$ 超细粉。采用硫酸铝铵法可得到纯度达到 99.9%以上、原晶的粒径小于 $0.5\mu m$、烧结性能好的超细氧化铝粉；但该工艺的不足之处是分解过程中产生大量 SO_3 有害气体，造成环境污染。为此，又发展了碳酸铝铵热分解法。碳酸铝铵是将硫酸铝铵的近似饱和水溶液，在室温下以一定的速度滴入剧烈搅拌的碳酸氢铵溶液后生成的，碳酸铝铵热解法可获得 0.1~0.3μm 大小、Al_2O_3 含量>99.9%的 $\alpha\text{-}Al_2O_3$ 粉，粉料具有良好烧结性能，如图 1-6 所示。日本大明化学工业株式会社采用碳酸铝铵制备的高纯超细 $\alpha\text{-}Al_2O_3$ 粉性能见表 1-1。

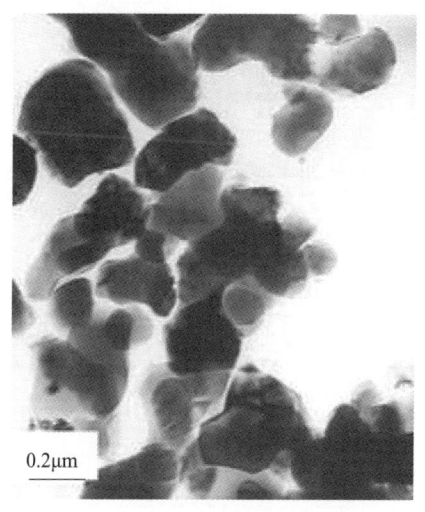

图 1-6 碳酸铝铵热解法制备的 $\alpha\text{-}Al_2O_3$ 粉体透射电镜照片

图 1-4 固-气反应法 $\alpha\text{-}Si_3N_4$ 粉体形貌扫描电镜照片

第1章 先进陶瓷粉体原料与分类

表1-1 日本大明化学工业株式会社热解法制备的高纯超细 α-Al₂O₃ 粉性能

级别	低温烧结氧化铝				
	TM-D	TM-DR	TM-DA	TM-DAR	TM-5D
α-含量 (%)	99.99	99.99	99.99	99.99	99.99
比表面积 (m²/g)	13.5	14.5	13.5	14.5	9.0
原始颗粒尺寸 (μm)	0.10※1	0.10※1	0.10※1	0.10※1	0.20※1
压实密度 (g/cm³) ※2	2.2	2.3	2.2	2.3	2.3
烧结密度 (g/cm³)	3.95※3	3.96※3	3.95※3	3.96※3	3.93※4

※1 通过 SEM 测量；※2 轴向压力为 98MPa；※3 1350℃于空气中 1h；※4 1400℃于空气中 1h。

5. 自蔓延高温燃烧合成（SHS）

自蔓延高温燃烧合成（SHS）技术是1967年由苏联科学院物理化学研究所科学家 A. G. Merzhanov 等（1972）首先提出，并发展起来的一种材料合成与制备新技术。其原理是使反应混合物在一定的条件下发生高放热的化学反应，所放出的热量促使反应以燃烧波的形式自动蔓延下去，从而形成新的化合物。起初 A. G. Merzhanov 等是在研究 Ti 与 B 的燃烧反应时，发现此反应只要一处被点燃，就能以燃烧波的形式自动持续下去，并能合成所需的陶瓷材料。此后，他们发现很多元素粉末之间都能发生这样的反应。20世纪60年代末期，他们又发现了许多金属和非金属难熔化合物的类似的燃烧合成的现象，并将这种合成材料的新技术称之为自蔓延高温合成（SHS）技术，这一新技术随即在苏联发展起来。到70年代初期，开始用 SHS 进行粉末的工业生产，包括 Si₃N₄、TiC、Ti（CN）、MoSi₂、AlN、BN 等粉末。苏联用 SHS 制成的化合物已达300余种，包括金属化合物、陶瓷超导体、结构陶瓷、陶瓷复合材料以及金属间化合物。

由于自蔓延高温合成技术具有反应迅速快（0.1～15cm/s）、产生的温度高（2000～4000℃）、生产过程简单、制造成本低等特点。国内自20世纪80年代末期，武汉理工大学、北京科技大学、北京钢铁研究总院、清华大学、哈尔滨工业大学、中南大学等单位先后开展此领域的研究工作，目前，SHS 合成的粉末已达到数百种，包括硼化物、碳化物、氮化物、硅化物、碳氮化合物及其他复合材料，表1-2列出 SHS 合成的部分粉末产品。

表1-2 SHS合成的非氧化物结构陶瓷粉末

硼化物	CrB, HfB₂, NbB, NbB₂, TaB₂, TiB, TiB₂, LaB₆, MoB, MoB₂, MoB₄, Mo₂B, WB, W₂B₅, WB₄, ZrB₂, VB, V₃B₂, VB₂
碳化物	TiC, ZrC, HfC, NbC, SiC, Cr₃C₂, B₄C, WC, TaC, Ta₂C, VC, Al₄C, Mo₂C
氮化物	Mg₃N₂, BN, AlN, SiN, Si₃N₄, TiN, ZrN, HfN, VN, NbN, Ta₂N, TaN (hexagonal and cubic)

中国科学院理化研究所和青岛瓷兴公司采用独创的自蔓延高温燃烧合成装置及技术，制备出 α-Si₃N₄ 含量大于90%以上的氮化硅粉体，且具有良好的烧结活性，适合于高性能结构陶瓷，其 α-Si₃N₄ 粉体形貌电镜照片如图1-7所示。

图1-7 SHS法合成制备 α-Si₃N₄ 粉体形貌电镜照片

1.1.3.2 液相法

1. 化学沉淀法

化学沉淀法是利用各种盐的水溶液与沉淀剂（OH^-，CO_3^{2-}，SO_4^{2-}，$C_2O_4^{2-}$）反应，生成不溶于水的氢氧化物、碳酸盐、硫酸盐、草酸盐等，再将沉淀加热分解得到所需的化合物。沉淀法可分为下述三种。

（1）直接沉淀法

通常的沉淀法是将溶液中的沉淀进行热分解，然后合成所需的氧化物微粉。也可仅通过沉淀操作就直接获得所需要的氧化物，如硅酸钠水溶液中加酸中和后得到微细颗粒的硅酸。

$BaTiO_3$ 微粉可用直接沉淀法合成，其过程是将 $Ba(OC_3H_7)_2$ 和 $Ti(OC_5H_{11})_4$ 溶解在异丙醇和苯中，再加水水解，就能得到一次颗粒直径为5～15nm、团聚体直径为1μm、具有化学计量、结晶性良好的 $BaTiO_3$ 微粉。这种经过加水水解过程所制得的粉末纯度可显著提高（纯度＞99.98%），烧结后 $BaTiO_3$ 陶瓷的介电性能比普通方法获得的 $BaTiO_3$ 高得多。此外，在 $Ba(OH)_2$ 水溶液中滴入 $Ti(OR)_4$（R 为丙基）后也能得到高纯度的平均颗粒直径为10nm的，化学计量 $BaTiO_3$ 微粉。

（2）均匀沉淀法

由于直接沉淀法在金属盐溶液中加入沉淀剂溶液时，即使沉淀剂的含量很低，通过搅拌，沉淀剂的浓度在局部溶液中也变得很高，因而生成的沉淀中易混入杂质。

而均匀沉淀法的特点是不外加沉淀剂，而是使沉淀剂在溶液内缓慢地生成，因此可消除沉淀剂的局部不均匀性。例如，将尿素水溶液加热到70℃左右，可发生如下水解反应：

$$(NH_2)_2CO + 3H_2O \longrightarrow 2NH_4OH + CO_2$$

在内部生成沉淀剂 NH_4OH，由于上述反应生成的沉淀剂会很快地被消耗掉，所以其浓度常保持在很低的状态。用该法生成的沉淀物纯度高、体积小、过滤洗涤操作容易。除尿素水解后能生成 Fe、Al、Sn、Ga、Th、Zr 等的氢氧化物或碱性盐沉淀外，利用这种方法还能制备磷酸盐、草酸盐、硫酸盐、碳

1.1 先进陶瓷粉体及制备论述

酸盐的均匀沉淀。

采用均匀沉淀法制备超细 α-Al_2O_3 粉体，其过程是以 $Al_2(SO_4)_3 \cdot 18H_2O$ 和 $CO(NH_2)_2$ 为原料配制溶液，量取配制好的铝盐溶液倒入反应器，按比例向反应器内加入适量的尿素，及适量的聚乙二醇作为分散剂；将反应器置于超级恒温水浴槽中加热，控制反应温度为90℃，同时搅拌，反应一定时间后，将生成的沉淀物过滤，采用去离子水和乙醇进行洗涤，干燥后煅烧，能得到分散性良好且粒度分布均匀的球形超细 α-Al_2O_3 陶瓷粉体。

（3）共沉淀法

共沉淀法是在混合的金属盐溶液（即两种或两种以上金属盐）中添加沉淀剂（可外加或内部生成）获得化学组成均匀的混合沉淀，经洗涤、干燥、煅烧（热分解），得到复合氧化物。

这种方法与固相反应法相比，能制得化学均匀性良好且易烧结的陶瓷粉料。一般的共沉淀法中过剩的沉淀剂使溶液中的全部阳离子同时沉淀下来成为混合物，而在特殊的情况下，要求沉淀下来的复合氧化物或其前驱体必须符合一定的化学计量比，阳离子以一定的比例生成沉淀。例如，$BaCl_2$ 和 $TiOCl_2$ 混合溶液用草酸作沉淀剂可得 $BaTiO_3$ 的复合氧化物，粉体粒径为 0.4～1μm。

$$BaCl_2 + TiOCl_2 + 2(COOH)_2 + 4H_2O \longrightarrow$$
$$BaTiO(C_2O_4)_2 \cdot 4H_2O + 4HCl$$
$$BaTiO(C_2O_4)_2 \xrightarrow{加热} BaTiO_3 + 2CO_2 + 2CO$$

共沉淀法因其工艺简单实用、生产成本较低，且可制备高纯、超细、组成均匀、烧结性能好的原料粉末，现已广泛用于制备各种氧化物陶瓷粉末，如 Y-TZP、Ce-TZP、Y-Ce-TZP、Y-TZP/Al_2O_3、莫来石、钇铝石榴石（YAG）或掺杂的钇铝石榴石（Yb-YAG）、$BaTiO_3$、PZT 等。其中，共沉淀法一直是 Y-TZP 超细粉制备的最重要方法，其工艺流程如图1-8所示，所得 Y-TZP 粉末的原始粒径通常小于100nm，其形貌的透射电镜照片如图1-9所示。

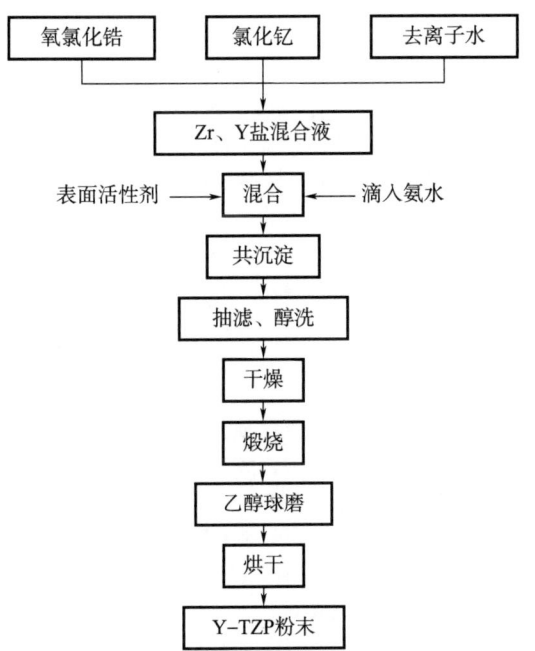

图1-8 共沉淀法合成 Y-TZP 粉末工艺流程图

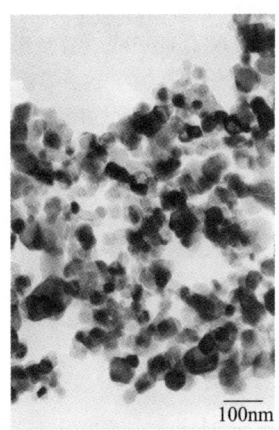

图1-9 共沉淀法合成 Y-TZP 粉末的透射电镜照片

采用沉淀法制备陶瓷粉料必须注意避免硬团聚的形成，主要注意以下三个方面：

① 必须在固液混合状态下将液相中残留的各种盐类杂质离子，如 NH_4^-、OH^-、Cl^- 等，尽可能彻底去除。因为从液相中生长出固相微粒后需要将液相从粉料中排除掉，随着最后一部分液相的排除，在表面张力的作用下固相颗粒相互不断靠近，最后紧紧地聚集在一起。如果液相为水，最终残留在颗粒间的微量水通过氢键将颗粒和颗粒紧密粘连在一起。如果液相中含有微量盐类和杂质（如氯化物、氢氧化物），则会形成"盐桥"，更是把颗粒相互粘连牢固。这样的团聚过程是不可逆的，一旦生成团聚体就很难将它们彻底分离开。"盐桥"及形成的硬团聚如图1-10所示。

盐类杂质离子可通过充分的洗涤过滤来实现。实验表明，粉料试样在沉淀反应后只经过5次洗涤，那么用硝酸银溶液检查其中仍有 Cl^- 离子；粒径分布测试发现粉末中气孔明显呈双峰分布，而且 0.01μm 左右的小孔特别多，这种分布表示粉料中存在明显的团聚结构。反之若粉料沉淀后经过充分的过滤洗涤，直到滤液呈中性，并且用硝酸银溶液检查其中无 Cl^- 离子，发现 0.01μm 左右的小孔大大减少，表明粉料中团聚程度已明显减小。

② 若采用表面张力比水要低的醇、丙酮等有机溶剂洗涤以取代剩余在颗粒间的水，减小"液桥"作用，则可获得团聚程度较轻的粉料。此外，在沉淀过程中以及在沉淀物洗净脱水时加入有机大分子表面活性剂，如聚丙烯酸铵、聚乙二醇等，由于有机大分子的位阻效应也可消除"液桥"，减少团聚程度，如图1-10所示。

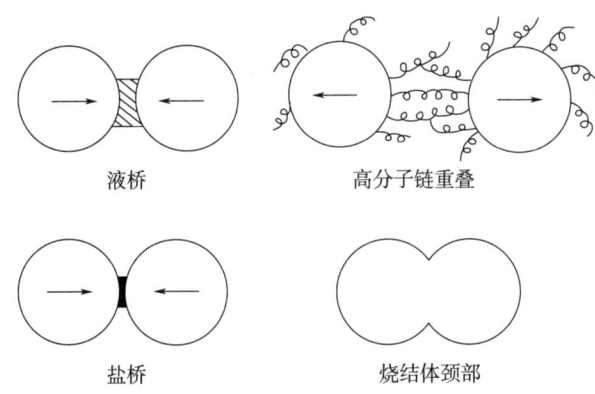

图1-10 "液桥""盐桥"及颗粒相互作用示意图

③ 干燥阶段粉料中毛细孔内存在气-液界面，在表面张力的作用下颗粒与颗粒互相拉近形成"液桥"，最后造成严重团聚。如果消除具有巨大表面张力的气-液界面，或使颗粒被固定而不能互相靠近，则不会造成严重的团聚，这就是采用超临界干燥和冷冻干燥的基本原理。

2. 水热法

水热法又称热液法，是在特制的密闭反应容器（高压釜）内，采用水溶液作为反应介质，通过对反应容器加热，形成高温高压，使通常（在常温常压下）难溶或不溶的物质发生溶解并且析晶，其工艺流程如图1-11所示。

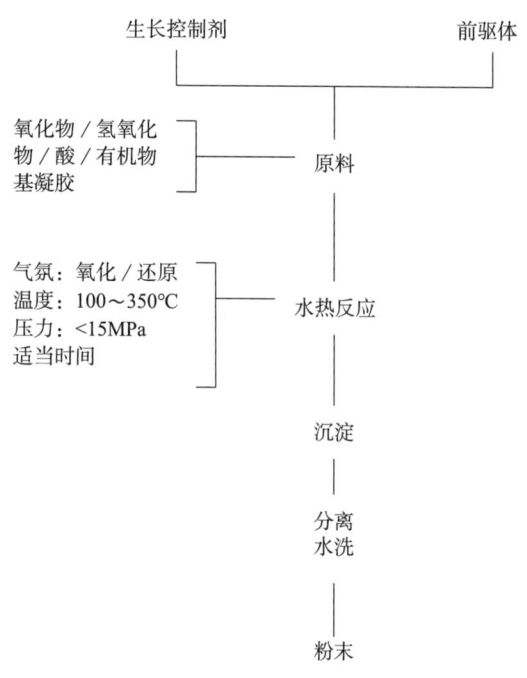

图1-11 水热法工艺流程

水热法直接生成氧化物结晶颗粒，避免了一般湿化学法需要经过煅烧转化成氧化物这一可能形成团聚的步骤，因此水热法制备的粉体具有极好的性能。其优点为：①晶粒发育完整，晶粒细小且分布均匀；②粉体无团聚或团聚程度低；③易得到合适的化学计量物和晶体形态，化学纯度较高；④可以使用较便宜的原料，不必高温煅烧和球磨，从而避免了杂质和结构缺陷等。正如美国学者Dawson对水热技术的评述，水热法合成粉末因无须煅烧，直接从溶液中结晶，其晶粒尺寸和化学成分可控，无团聚，具有非常高的烧结活性。

水热法的工艺按照水热温度和压力可分为如下四类：常规水热（压力<14 MPa；温度<337℃）、亚临界水热（压力14～22.1 MPa；温度<374℃）、超临界水热（压力22.1～25 MPa；温度<600℃）、超超临界（压力>25MPa；温度>600℃）。

水热法已广泛应用于高性能结构陶瓷、功能陶瓷、生物陶瓷粉体的合成制备，最典型的两种粉体是纳米Y-ZrO_2粉末和纳米$BaTiO_3$粉体。纳米Y-ZrO_2粉末既可用于光纤连接器陶瓷插芯等高端结构陶瓷中，又可用于齿科美学生物陶瓷产品制备；国内的山东国瓷、潮州三环、广东华旺、江西赛瓷等企业采用水热法制备出质量优异的纳米Y-ZrO_2粉末。图1-12为水热合成的3Y-ZrO_2陶瓷粉末透射电镜照片。

纳米$BaTiO_3$粉体是功能陶瓷产品中使用最多的基本原料，目前也大都采用水热法来制备。过去主要由日本企业垄断，现在山东国瓷采用水热法合成的纳米$BaTiO_3$粉体性能优异，已实现大规模稳定化生产，不但满足国内市场，还出口到日本、美国、欧洲。图1-13为水热合成的纳米$BaTiO_3$陶瓷粉末透射电镜照片。

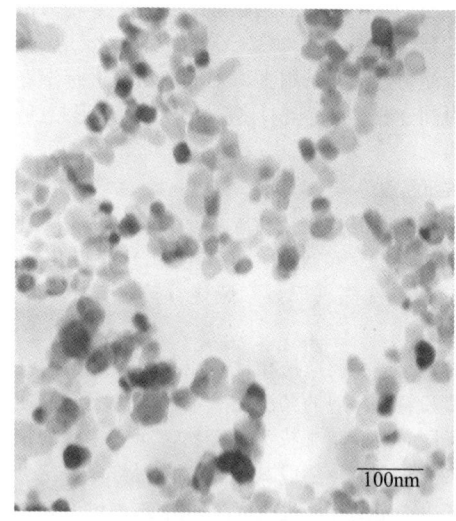

图1-12 水热法合成的3Y-ZrO_2陶瓷粉末透射电镜照片

图1-13 水热合成的纳米$BaTiO_3$陶瓷粉末透射电镜照片

综上所述，目前用水热法合成的陶瓷粉体品种越来越多，制备的单一氧化物粉体有ZrO_2、Al_2O_3、SiO_2、Y_2O_3、TiO_2等；制备的多元氧化物粉体有$BaTiO_3$、$PbTiO_3$、$CaTiO_3$、$MgTiO_3$。此外，还可制备复合材料粉体ZrO_2-C、ZrO_2-$CaSiO_3$、TiO_2-C、TiO_2-Al_2O_3等。近年来，针对常规水热工艺中水热反应较为缓慢、保温时间过长这一问题，又发展了超临界条件下的水热合成和微波水热合成技术。此外，水热法连续化生产工艺的技术问题已基本解决，从而为工业化大批量生产开辟了道路。

3. 醇盐水解法

金属醇盐$M(OR)_n$（M为金属元素，R为烷基）一般可溶于乙醇，遇水后很容易分解成乙醇和氧化物或其水化物。金属醇盐具有挥发性，因而易于精制；又因为金属醇盐水解时不需添加其他阳离子和阴离子，所以能获得高纯度的生成产物。根据不同的水解条件，可以得到颗粒直径从几纳米到几十纳米、化学组成均匀的复合氧化物粉料。这种方法是合成制备单一氧化物和复合氧化物的高纯度超细粉体的重要方法。

醇盐水解法制备高纯氧化铝粉体工艺流程如图1-14所示，

1.1 先进陶瓷粉体及制备论述

通过金属铝烷基化然后得到醇铝盐,再将醇铝盐加水分解而制得氢氧化铝,对氢氧化铝进行煅烧热分解从而制得 α-Al_2O_3 粉。

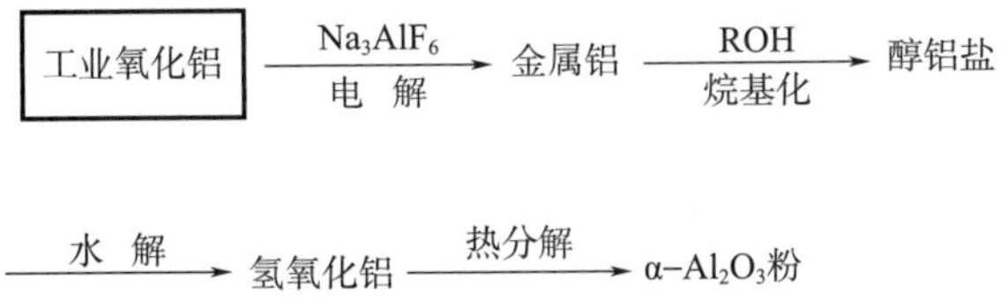

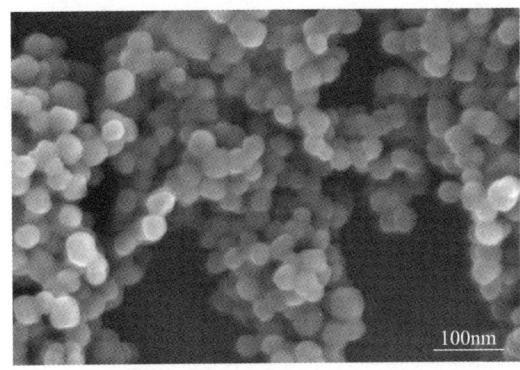

图 1-14 醇盐水解法制备高纯氧化铝粉体工艺流程

在将金属铝有机化时,属于杂质的 Fe、Si、Ti 等元素难以有机化而被分离出来,因而制得的铝盐纯度很高,从而保证可得到高纯度的 α-Al_2O_3 粉。

4. 溶胶-凝胶法

溶胶-凝胶法(Sol-gel method,简称 SGM)制备铈稳定氧化锆粉体时,通常以金属醇盐(如异丙醇锆和异丙醇铈)为原料,将其溶解在有机溶剂中(如异丙醇),然后醇盐与水反应,通过分子水平上的均匀水解,生成 1 nm 左右的粒子并形成溶胶,陈化后得到凝胶,经干燥除去有机基团、残余水分和有机溶剂后,煅烧后得到 Ce-ZrO_2 粉体。

谢志鹏团队对传统的溶胶-凝胶法进行改进,提出了一种熔盐辅助的溶胶-凝胶法合成 Ce-ZrO_2 和 Mg-ZrO_2 粉体。该工艺以成本较低的 $ZrOCl_2·8H_2O$ 为原料,采用基于 $C_6H_8O_7·H_2O$(柠檬酸)的溶胶-凝胶体系,通过在凝胶形成过程中引入 NaCl,从而制备出具有良好分散性和均一性的 CeO_2 稳定的 ZrO_2(Ce-ZrO_2)纳米粉体。由于该方法的关键之处在于,煅烧温度必须到达 NaCl 的熔点以上,形成熔盐,为区别于传统的溶胶-凝胶法,给该种方法命名为熔盐辅助的溶胶凝胶法(Sol-gel-flux method,简称 SGFM),如图 1-15 所示。

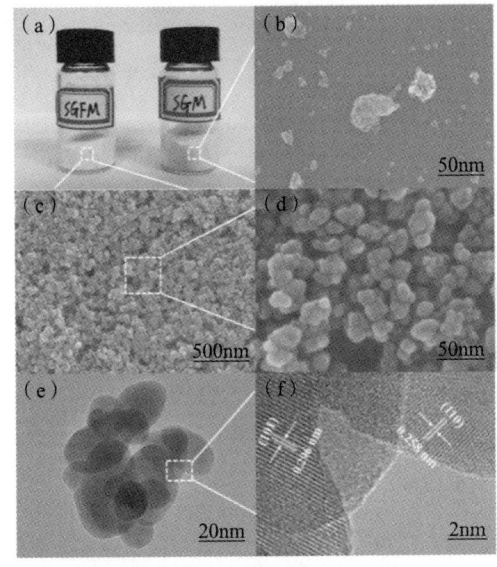

(a) 为溶胶-凝胶法 SGM-800 和熔盐辅助的溶胶-凝胶法 SGFM-800 制得 Ce-ZrO_2 粉末的实物照片;
(b) 为溶胶-凝胶法 SGM-800 制得 Ce-ZrO_2 粉末的 SEM;
(c) 和 (d) 为不同放大倍数下熔盐辅助的溶胶-凝胶法 SGFM-800 制得 Ce-ZrO_2 粉末的 SEM 照片;
(e) 为 SGFM-800 的 TEM 照片;
(f) 为 SGFM-800 的 HRTEM 照片

图 1-15 熔盐辅助的溶胶-凝胶法(SGFM)的 SEM 照片

采用这种熔盐辅助的溶胶-凝胶法制备出的 Mg-PSZ 粉体可有效避免团聚现象,总体上颗粒形状接近规则球形,分散性较好,粉体粒径分布均匀,平均粒径约为 30nm,如图 1-16 所示。

图 1-16 熔盐辅助的溶胶-凝胶法制得 Mg-ZrO_2 粉体的 SEM 照片

参考文献

[1] 谢志鹏. 结构陶瓷 [M]. 北京:清华大学出版社,2010.
[2] 谢志鹏. 智能终端陶瓷 [M]. 北京:清华大学出版社,2021.
[3] 宋锡滨,杨复民,张巧云,等. 一种复合氧化锆粉体方法及其制备方法和用途:201910267179.6 [P]. 2019-08-20.
[4] 藤崎浩之,河村清隆. 透光性氧化锆烧结体和氧化锆粉末及其用途:201480069715.0 [P]. 2014-12-19.
[5] 利剑,陈兰桂,蒋永洪,等. 氧化钇稳定的氧化锆粉体的制备方法:201510946404.4 [P]. 2015-12-15.
[6] 徐明霞,田玉明,赵今伟,等. 制备钇-掺杂纳米氧化锆粉体快速固液分离的共沉淀方法:200610013408.8 [P]. 2006-03-31.
[7] 彭雨辰,蔡育妮,陈敏佳,等. 沉淀-水解法制备 ZrO_2 纳米微晶及其表征 [J]. 广州化工,2011,39(12):82-92.
[8] 胡泽华. 一种氧化锆复合物纳米晶体材料的制备方法:200610067105.4 [P]. 2006-04-04.
[9] 梁新杰,仇越秀,王洪友,等. 水热-水解法制备氧化锆粉体及其表征 [J]. 材料导报B:研究篇,2015,29(1):43-46.
[10] 宋锡滨,杨复民,张巧云,等. 一种复合氧化锆粉体方法及其制备方法和用途:201910267179.6 [P]. 2019-08-20.
[11] 张宝军,陶颖,张婷婷,等. 水热法合成纳米氧化锆团聚机理研究 [J]. 稀有金属与硬质合金,2008,36(3):1-5.
[12] 祝宝军,陶颖,蒋东,等. 水热合成纳米氧化锆工艺研究 [J]. 硬质合金,2008,25(2):91-94.
[13] 李金有,葛志平,蔡舒. 粘结剂对喷雾造粒 ZrO_2(Y_2O_3)粉末特性的影响 [J]. 陶瓷学报,2003,24(1):8-11.
[14] 张芳,王士维,张昭,等. AlON 粉体制备及透明陶瓷的烧结 [J]. 稀有金属材料与工程,2009,38(S2):403-406.
[15] 卢帅,周有福,苏明毅,等. 透明 AlON 陶瓷的研究进展与展望 [J]. 现代技术陶瓷,2017,38(2):85-95.
[16] 骆树立. 一种制备氧化锆超细粉体的方法:200410064520.5 [P]. 2004-10-25.
[17] 彭雨辰,蔡育妮,陈敏佳,等. 沉淀-水解法制备 ZrO_2 纳米微晶及其表征 [J]. 广州化工,2011,39(12):82-92.
[18] 毕新利,杨世源,王军霞,等. 高活性锆钛酸铅压电陶瓷粉体的合成及其烧结性能研究 [J]. 中国粉体技术,2008,14(4):4-6.
[19] 工业调查会编辑部. 最新精细陶瓷技术 [M]. 陈俊彦,译. 北京:中国建筑工业出版社,1988.

[20] 陈晓虎,崔旭,陈晓闽,等.利用高能球磨前驱体低温制备钛酸铝陶瓷粉体[J].陶瓷学报,2008,29(4):315-319.
[21] 傅正义.SHS技术研究进展[J].复合材料学报,2000,17(1):5-10.
[22] 郭瑞松,蔡舒,季惠明,等.工程结构陶瓷[M].天津:天津大学出版社,2005.
[23] 黄政仁,江东亮.SiC和Si_3N_4纳米陶瓷粉体制备技术[J].硅酸盐学报,1996,24(5):570-577.
[24] 蒋蒙宁.水热法制备刚玉材料的技术研究[D].北京:清华大学,2002.
[25] 李报厚,张登君,张冠车,等.水热法制备Y_2O_3-CeO_2-ZrO_2超细陶瓷粉末[J].化工冶金,1997,18(2):97-101.
[26] 李江,潘裕柏,张俊计,等.共沉淀法制备钇铝石榴石(YAG)纳米粉体[J].硅酸盐学报,2003,31(5):490-493.
[27] 李懋强.湿化学法合成陶瓷粉料的原理和方法[J].硅酸盐学报,1994,22(1):85-91.
[28] 李懋强.超细粉体的化学合成[J].中国粉体技术,2000,6:21-31.
[29] 李少波,何锐,李国安,等.制备ZrO_2陶瓷粉末的液相合成法[J].陶瓷工程,1999,33(1):47-51.
[30] 刘文斌,潘裕柏,李江,等.共沉淀法合成钇铝石榴石纳米粉体及透明陶瓷的制备[J].硅酸盐学报,2008,6(3):315-319.
[31] 苗鸿雁,董敏,丁常胜.水热法制备纳米陶瓷粉体技术[J].中国陶瓷,2004,40(4):25-28.
[32] 秦明礼,曲选辉,黄栋生,等.氮化铝(AlN)陶瓷的特性、制备及应用[J].陶瓷工程,2000,8:39-42.
[33] 施尔畏,栾怀顺,仇海波,等.水热法制备超细ZrO_2粉体的物理-化学条件[J].人工晶体学报,1993.22(1):79-86.
[34] 施尔畏,夏长泰,王步国,等.水热法的应用与发展[J].无机材料学报,1996,11(2):193-206.
[35] 田明原,施尔畏,王步国,等.氧化铝-氧化锆复合陶瓷粉体的水热法制备及高温灼烧处理[J].硅酸盐学报,1998,26(6):773-781.
[36] 仝建峰,周洋,陈大明,等.氮化铝粉末的制备方法与机理[J].硅酸盐通报,2002,5:12-16.
[37] 王秀峰,金志浩.水热法制备陶瓷粉体的机理与应用[J].陶瓷,1996,2:21-26.
[38] 向芸,杨世源,牟国洪,等.快速均匀沉淀法制备PZT压电陶瓷超细粉体[J].兰州理工大学学报,2005,31(3):21-24.
[39] 肖劲,周峰,秦琪,等.均匀沉淀法制备超细α-Al_2O_3陶瓷粉体的形貌控制研究[J].矿冶工程,2008,28(5):54-58.
[40] 徐跃萍,郭景坤,黄校先,等.无团聚ZrO_2-Y_2O_3陶瓷超细粉的制备及微观结构表征[J].硅酸盐学报,1991.19(6):269-273.
[41] 殷声.燃烧合成[M].北京:冶金工业出版社,1999.
[42] 章桥新.自蔓延高温合成技术及应用[J].材料科学与工程学报,1992,(4):13-16.
[43] 郑燕青,施尔畏,李汶军,等.水热反应条件二氧化锆同质变体的形成[J].中国科学(E辑),2001,31(4):289-295.
[44] 武小娟,王明远,张翼飞,等.$MgAl_2O_4$透明陶瓷粉体的研究进展[J].硅酸盐通报,2016,35(1):137-140.
[45] 肖露,许林峰,花开慧,等.共沉淀法制备Al_2O_3-ZrO_2复合纳米粉体[J].人工晶体学报.2015,44(10):2751-2755.
[46] 余诺婷.Ce-ZrO_2和Mg-ZrO_2纳米粉体的化学合成研究[D].北京:清华大学,2022.
[47] 李楠,谢志鹏,易中周,等.CeO_2稳定ZrO_2陶瓷材料的研究进展[J].陶瓷学报,2020,41(6):835-848.
[48] BERGMAN O R, BARRINGTON J. Effect of Explosive Shock Wave on Ceramics Powders [J]. J Am Ceram Soc, 1996, 49 (8): 502-507.
[49] BOURELL D L, PARIMAL, KAYSSER W. Sol-Gel Synthesis of Nanophase Yttria-Stabilized Tetragonal Zirconia and Densification Behavior Below 1600 K [J]. J Am Ceram Soc, 1993, 76 (3): 705.
[50] CANNON W R, DANFORTH S C, FLINT J H, et al. Sinterable Ceramic Powders from Laser-driven Reaction [J]. J Am Ceram Soc, 1982, 65 (7): 324-335.
[51] CANNON W R, DANFORTH S C, HAGGERTY J S, et al. Sinteble Ceramic Powders from Lease-driven Reactions: II Powder Characteristics and Process Variables [J]. J Am Ceram Soc, 1982, 65 (7): 330-335.
[52] CAUCHETIER M, CROIX O, HERLIN N, et al. Nanocomposite Si/C/N Powder Production by Laser-Aerosol Interaction [J]. J Am Ceram Soc, 1994. 77 (4): 993-998.
[53] DAWSON, WILLIAM J. Hydrothermal Synthesis of Advanced [Electronic] Ceramic Powders [J]. Am Ceram Soc Bul, 1988, 67 (10): 1673-1678.
[54] DUBOIS B, RUFFIER D, OLIER P. Preparation of Fine Spherical Yttria-stabilized Zirconia by the Spray-pyrolysis method [J]. J Am Ceram Soc, 1989, 72 (4): 713.
[55] HAKUTA Y, ONAL S, TERAYAMA H, et al. Production of Ultrafine Ceria Particles by Hydrothermal Synthesis Under Supercritical Conditions [J]. J Mater Sci lett, 1998, (17): 1211-1213.
[56] HATAKEYAMA F, KANZAKI S. Synthesis of Monodispersed Spherical β-Silicon Carbide Powder by a Sol-Gel Process [J]. J Am Ceram Soc, 1990, 73 (7): 2107.

1.2 氧化物陶瓷粉体企业

1.2.1 氧化锆粉体

山东国瓷功能材料股份有限公司

地址：山东省东营市东营区辽河路 24 号
电话：0546-8073788
电邮：sinocera@sinocera.cn
网址：www.sinocera.cn
单位介绍：山东国瓷功能材料股份有限公司成立于 2005 年 4 月，是一家专业从事新材料研发、生产、销售的高新技术企业。公司产品涵盖电子陶瓷介电材料、结构陶瓷材料（纳米复合氧化锆和氧化铝等）、建筑陶瓷材料（陶瓷墨水、釉料）、电子金属浆料（银浆、铝浆、铜浆、镍浆等）、催化材料（蜂窝陶瓷、分子筛、铈锆固溶体）等。
主营产品：水热合成纳米氧化锆粉体、钛酸钡粉体、氧化铝粉体。

广东东方锆业科技股份有限公司

地址：广东省汕头市澄海区盐鸿镇顶洋路北东方锆业园综合楼
电话：0754-85503055
电邮：orientzr@orientzr.com
网址：www.orientzr.com
单位介绍：广东东方锆业科技股份有限公司是一家专注于锆系列制品研发、生产和销售的国家火炬计划重点高新技术企业，聚焦锆系列制品的全产业链发展。公司拥有多个独立的规模化生产基地，包括河南焦作、云南楚雄、广东汕头、韶关乐昌、湖南耒阳、澳大利亚等生产基地，并通过租赁重矿物分选厂成立选矿基地，将重矿物加工成锆中矿，生产出锆英砂、钛精矿产品，形成从上游重矿物到下游锆制品的完整产业链。公司产品涵盖锆英砂、钛精矿、独居石、硅酸锆、氯氧化锆、电熔锆、二氧化锆、复合氧化锆、氧化锆陶瓷结构件九大系列共一百多个品种规格，是我国锆行业中技术较为先进、具备较强核心竞争力和综合竞争力的企业之一。
主营产品：氯氧化锆、二氧化锆、电熔氧化锆、硅酸锆、复合氧化锆、矿产品、研磨介质、陶瓷刀、陶瓷配件。

江西赛瓷材料有限公司

地址：江西省九江市湖口县台山工业园
电话：0792-6322003
电邮：williamlu@sinozr.com
网址：www.sinozr.com
单位介绍：江西赛瓷材料有限公司成立于 2005 年，是在 1995 年成立的泛美亚（九江）高科技材料有限公司（2012 年更名为江西泛美亚材料有限公司）基础上，扩大生产规模而建成的。公司位于江西省九江市湖口县台山工业园，南倚庐山，北临长江，环境优美，距离九江市 20 余千米，交通便利。目前公司拥有 2 个生产工厂，供应系列氧化锆粉体产品 10 余种。应用涵盖电子陶瓷、高端结构陶瓷、光通信插芯与套管、生物医用陶瓷、美学及智能穿戴陶瓷、燃料电池等诸多领域，是目前国内生产线规模较全、品种较多、应用领域较完整的复合氧化锆陶瓷粉体生产供应商。
主营产品：水热法和化学共沉淀法生产氧化锆粉体。

广东华旺锆材料有限公司

地址：广东省鹤山市龙口镇北环路 3 号
电邮：cindyblue22@yahoo.com
单位介绍：广东华旺锆材料有限公司成立于 1995 年 3 月 9 日，法定代表人蓝洁。公司经营范围包括研发、生产、销售锆系列产品及制品、陶瓷原料及制品、工业颜料、金属氧化物、合成材料、珠宝首饰及相关制品，以及上述产品的技术转让；销售原辅材料、机械设备、仪器仪表及其零配件；货物或技术进出口等。
主营产品：水热法合成氧化锆。

山东广垠迪凯凯新材料有限公司

地址：山东省淄博市高新区民祥路 49 号
电话：0533-7985798
电邮：dwqiao@changyuintl.com
单位介绍：山东广垠迪凯凯新材料有限公司由山东广垠新材料有限公司和日本第一稀元素化学工业株式会社共同投资设立，主要从事氧化锆粉体和氧化锆高技术陶瓷制品的研发、生产和经营。公司总投资 4.1958 亿元，将重点建设 3 条全自动生产线及配套设施，打造国际上技术和设备先进的生产线，形成年产 5000 吨各类氧化锆复合粉体和 500 吨氧化锆高技术陶瓷制品规模。
主营产品：氧化锆系列粉体。

潮州市丰业锆业新材料有限公司

地址：广东省潮州市铁铺开发园区
电话：0768-6730239
电邮：donna@fysy.cn
网址：www.fygy-cn.com
单位介绍：潮州市丰业锆业新材料有限公司是专业研发生产氧化锆系列产品的高新技术企业，是国内能够独立完成粉体制作、成型、烧结到精细加工全部生产工序的大型规模化厂家。公司技术力量雄厚，拥有国内外著名先进陶瓷材料研究专家和一批经验丰富的资深工程技术人员。公司采用专利技术生产的高性能结构陶瓷系列产品以其高硬度、耐高温、耐磨损、抗腐蚀、电绝缘、无磁性、比重轻且金属无法比拟的优越性，广泛应用于航空航天、核工业、石油、化学、轻纺、食品、医疗器械、机械等领域，产品销往日本、澳大利亚、欧美等国家和地区。
主营产品：氧化锆粉、纳米粉、磨介、陶瓷刀、陶瓷结构件、陶瓷推剪刀片、陶瓷阀门、特殊结构件定制。

金瓷纳米材料（佛山市）有限公司

地址：广东省佛山市禅城区张槎街道白坭路 7 号 1009 室

电话：13825516721
电邮：1513420881@qq.com
单位介绍：金瓷纳米材料（佛山市）有限公司主要从事纳米材料、无团聚纳米粉体、陶瓷制品的生产和销售，专注于纳米材料纳米粉体的技术研发，并提供技术咨询和技术服务。公司在纳米氧化锆粉生产技术方面取得了重大突破，有效地解决了原晶12～16nm的粉体团聚问题。
主营产品：纳米氧化锆粉、纳米材料等。

浙江金琨西立锆珠有限公司

地址：浙江省杭州市钱塘区临江高新技术产业园区经六路1399号
电话：0571-82929105
电邮：infor@jkzro.com
网址：www.jkzro.com
单位介绍：浙江金琨西立锆珠有限公司是一家专业生产氧化锆系列产品的高新技术企业。公司采用先进的湿化学水解工艺和水热法生产高纯、超细氧化锆粉体，年产量2000吨。通过严格的工艺控制和德国SiLi公司的技术支持，确保粉料的高品质。主要产品JK-3Y-ZN、JK-Y-DENTAL适用于干压成型、注塑成型、等静压成型、流延成型和挤出成型等多种成型方式，满足了手机背板、齿科陶瓷、光纤产业、陶瓷结构件等行业的不同需求。公司全新的JK-NCM产品作为三元电池正极材料的添加剂，能很好地提升正极材料的循环效果和倍率性能。
主营产品：电池材料添加用氧化锆粉、氧化锆齿科粉、四方造粒粉、四方气流粉以及氧化锆珠系列产品。

焦作众成新材料有限责任公司

地址：河南省焦作市中站区跃进路113号
电话：0391-3538305
电邮：zcxincailiao@163.com
网址：www.jzzhongcheng.cn
单位介绍：焦作众成新材料有限责任公司生产各种规格的氧化锆粉体材料、结构陶瓷、锆珠等多种产品。公司先后与中科院、清华大学等科研单位和院校开展材料方面的研究和合作，着力提升企业综合竞争力，致力于成为锆材料领域的优秀生产企业，为国内外用户提供优质产品和优质服务。公司产品广泛应用于结构陶瓷、生物陶瓷、功能陶瓷、手表首饰及穿戴产品、压电陶瓷、新能源电池、耐火材料、陶瓷颜料、人造宝石、研磨抛光材料等领域；同时，可来图定制各种规格的氧化锆、氧化铝结构陶瓷件和供应优质氧化锆磨介球和微珠；另外，也可以提供高纯度氯化铵材料。
主营产品：各种规格的氧化锆粉体材料、结构陶瓷、锆珠和陶瓷餐刀等。

江西晶安高科技股份有限公司

地址：江西省南昌市安义县万埠镇八宝路37号
电话：0791-83432285/83432719
电邮：kingan.sales@China-Zr.com
网址：www.china-zr.com
单位介绍：江西晶安高科技股份有限公司创建于1988年，是江西有色地质勘查局控股的国有股份制企业，注册资本1.5亿元，占地93万m²，是一家集研发、生产、销售、资源综合利用于一体的锆材料和新能源材料高新技术企业。公司现有员工500余人，其中博士1人，硕士5人，教授级高工（享受国务院政府特殊津贴）1人，高级职称11人，中级职称42人，大中专毕业生100余人。公司生产的产品有四大系列、20多个品种。公司年生产能力为氧氯化锆64000t、氧化锆3000t、碳酸锆/硫酸锆12000t、稳定锆1200t，是目前国内锆行业中产业链较为完整、产品种类较为丰富的生产厂家之一。
主营产品：钇稳定氧化锆粉。

三祥新材股份有限公司

地址：福建省宁德市寿宁县解放街292号
电话：0593-5528666
电邮：htx@fjsx.com
网址：www.fjsx.com
单位介绍：三祥新材股份有限公司创办于1988年，是国家高新技术企业、上海证券交易所A股主板发行上市企业，股票简称三祥新材，股票代码603663。公司占地面积1000多亩，注册资本4.24亿元人民币，拥有4家全资子公司、4家控股子公司、2家分公司以及10个驻外办事机构。设有CNAS国家认可实验室、省级企业技术中心、省级氧化锆材料重点实验室和博士后创新基地。三祥新材成立30多年来，一直坚持节能环保的绿色经营理念，依法诚信经营，专注于新材料的研发、生产和销售。主要生产电熔氧化锆、金属锆、铸造改性材料、单晶电熔铝四大系列产品100多个品种，产品广泛应用于航空航天、军工、耐火耐磨材料、陶瓷色釉料、核级锆材、先进陶瓷、铸造、高端磨料磨具等行业，业务遍及30多个国家和地区，其中电熔氧化锆提纯技术和单晶电熔铝晶粒控制方面具有一定优势。公司以创造新材料、感受新生活为使命，围绕行业发展和客户需求持续研发创新，为实现追求卓越、打造行业标杆的美好愿景而不断努力。
主营产品：稳定型氧化锆（分为钇稳定锆、钙稳定锆、镁稳定锆、铝稳定锆、复合稳定锆等，广泛应用于钢铁、玻璃、陶瓷、有色金属、电子、航空航天等行业；用于制作定径水口连铸三大件、喷嘴、陶瓷过滤网、坩埚、高温窑具、炉衬耐火材料、电子承烧板、氧传感器等）。

山东英吉新材料有限公司

地址：山东省淄博市淄川区龙泉经济工业园
电话：0533-5887999
电邮：117832226@qq.com
网址：www.sdyjxcl.cn
单位介绍：山东英吉新材料有限公司是一家专注于氧化锆陶瓷、氧化锆磨介、氧化锆陶瓷刀等陶瓷新材料研发与生产的锆系列结构的高新技术企业。公司坐落于北方瓷都——山东省淄博市，拥有一支专业经验丰富的高素质员工队伍，执行严格的质量管理体系，并依托先进的生产加工设备和测试检验仪器，生产高

1.2 氧化物陶瓷粉体企业

纯超细氧化锆、超细稳定氧化锆粉体、研磨介质、陶瓷餐刀、氧化锆陶瓷结构件；产品以其良好的物理、化学性能被广泛应用于超细研磨、机械部件、切削工具、光纤通信、医疗器械等行业，质量处于国内较高水平。公司秉承"勤奋、务实、创新、发展"的企业精神，以"为客户创造价值"为企业追求的目标，以"为社会科技进步贡献优质的结构陶瓷产品"为企业使命，愿与业内同人及国外客户精诚合作、共谋发展、共创辉煌。

主营产品：钇稳定锆粉、ZTA粉。

蚌埠中恒新材料科技有限责任公司

地址：安徽省蚌埠市龙子湖区东海大道751号
电话：0552-4079917
电邮：ksyc@ctiec.net
网址：www.zh-material.com
单位介绍：蚌埠中恒新材料科技有限责任公司是中国建材国际工程有限公司/蚌埠玻璃工业设计研究院的下属公司。公司利用蚌埠院的研发力量及多年来的科研成果，专业从事氧化锆系列产品的研发及生产，具备一定的技术实力和生产能力。公司使用国外进口设备，采用现代质量控制方法及严格的实验室测试程序，以澳大利亚进口的高品质锆英砂为原料生产的锆系列产品具有品位较高、化学组成以及粒子分布稳定的特征，可满足耐火材料、陶瓷、钢铁、航空航天等行业对氧化锆的多种工艺要求。
主营产品：锆英粉、电熔氧化锆粉体、硅酸锆、脱硅锆微粉、钛酸钡粉体、抛光粉、阻燃剂、钙稳定氧化锆等。

河北恒博新材料科技股份有限公司

地址：河北省邯郸市曲周经济开发区北区创新路1号
电话：0310-8999999
电邮：Hengbo@cn-hengbo.com
网址：www.cn-hengbo.com
单位介绍：河北恒博新材料科技股份有限公司成立于2010年，创始于1986年。公司的主要产品为高纯氧化锆粉、高纯氧化铝粉、ITO氧化铟锡靶材、保温材料、电池隔膜用勃姆石、陶瓷微珠等。公司拥有先进的技术检测设备、独立研发的专用生产设备、独立的进出口权以及完全独立自主的研发团队，在荧光粉专用4N氧化铝粉市场、蓝宝石用高纯氧化铝市场以及ITO靶材非面板行业市场的销量处于行业较靠前的位置。凭借优异的产品质量和大批次生产的稳定性，公司生产的晶体用高纯氧化铝以其高纯度、高密度、高质量在蓝宝石原材料市场赢得了良好声誉。公司生产的超细氧化锆粉具有粒度细、分布均匀、色泽通透、烧结温度低、机械性能良好等特点，广泛应用于齿科材料、陶瓷轴承球、陶瓷磨介球、光纤插芯及套筒、手机背板等高性能结构陶瓷的生产。
主营产品：高纯氧化铝、氧化锆粉、ITO氧化铟锡靶材。

北京博宇高科新材料技术有限公司

地址：北京市昌平区科技园区超前路35号
电话：010-80110311
电邮：boyugaoke@163.com
网址：www.boyu-mall.com
单位介绍：北京博宇高科新材料技术有限公司专业从事超细粉体及纳米粉体的研发、推广与销售。公司主要供应碳纳米管、纳米氧化铝、纳米二氧化硅、纳米氧化锌、纳米二氧化钛、纳米碳酸钙、纳米金属（合金）粉体等。公司生产工艺、产品质量检测手段完备，品质可靠；多壁碳纳米管年供应能力达10t，纳米二氧化硅、纳米氧化铝、纳米氧化锌、纳米氧化钛及纳米碳酸钙等品质良好，重金属含量低，赢得了市场的广泛认可。用户遍及电子元器件、光电子器件、生物医学、航空航天、资源环境以及能源动力等诸多领域。
主营产品：氧化锆陶瓷粉体（主要用作热障涂层材料、等离子喷涂发动机火焰筒、火箭喷管及航空航天器具部件的热障涂层）。

泉州圣德新材料有限责任公司

地址：福建省泉州市德化县盖德乡盖德工业区
电话：0595-23597899
网址：shengde.bmlink.com
单位介绍：泉州圣德新材料有限责任公司是一家集新型材料研发、生产、销售于一体的综合性公司。公司引进德国技术及关键设备，聘请国外专家为长期顾问，采用进口优质材料和完备的试验检测手段。公司现有厂区面积达8万m²并继续再扩大，中级职称以上共68人，在国内主要省份设有分销机构或分公司，产品销往全国各地及西班牙、意大利、德国、巴西、印度等海外市场。公司2004年被评为福建省高新技术企业，已通过ISO 9001：2000标准质量管理体系认证和ISO 14001：2004环境质量管理体系认证。产品广泛用于陶瓷色釉料、玻璃颜料、耐火材料、研磨材料、精密铸造、结构陶瓷、电子陶瓷、敏感陶瓷、机械部件、电子生产、切削工具、表壳、光纤接头、固体燃料电池等诸多新材料、新工业行业。
主营产品：二氧化锆（电熔锆）、高纯度稳定锆、气相硅及硅酸锆、锆英粉（砂）、硅微粉（硅锆合金）、脱硅锆等锆系列产品。

东莞市煜田新材料有限公司

地址：广东省东莞市横沥镇田头第三工业区
电话：0769-81002315
电邮：484497192@qq.com
网址：www.yutianxcl.com
单位介绍：东莞市煜田新材料有限公司专注于整个陶瓷产业链，涵盖粉体原料的生产、研发，以及陶瓷微珠、工业陶瓷制品的生产制备等环节，具有完善的流程工艺设备产线，能够满足工业陶瓷结构件、高精密电子原配件产品的制作，生物医疗粉体的生产研发及医疗器械配置的陶瓷件的生产。本公司产品在无机非金属领域广泛覆盖，包括但不限于氧化锆、氧化铝、氧化硅及氮化硅。目前，公司配备了先进的冷等静压技术、燃气烧结炉，以及大型机械加工装置和精密加工设备，具备大规模生产氧化锆陶瓷件的能力。
主营产品：氧化锆陶瓷、氧化铝陶瓷、碳化硅陶瓷、氮化硅陶瓷等。

第1章 先进陶瓷粉体原料与分类

广州宏武材料科技有限公司

地址：广东省广州市黄埔区光谱中路 11 号云升科学园 B1-1603 室
电话：020-87748917
电邮：xuzhounano-sun@126.com
网址：www.xuzhounano.com
单位介绍：广州宏武材料科技有限公司（宏武纳米）是一家高新技术企业，公司前身成立于 2002 年。经过多年的体制改革，宏武纳米以现有的科研成果为基础，紧密跟踪国内外先进技术，不断改进和提高生产工艺，确保为客户提供质量较为稳定的产品；同时，公司持续创新，不断地研发新产品；还可以根据客户的特殊需求和参数定制特殊规格的产品。
主营产品：纳米二氧化锆（ZrO_2）。

郑州振中电熔新材料有限公司

地址：河南省郑州市新密市苟堂镇小刘寨村
电话：0371-69251084
电邮：zz@zz-zirconia.com
网址：www.zz-zirconia.com
单位介绍：郑州振中电熔新材料有限公司创建于 1987 年，公司坐落于河南省新密市。30 多年来，公司一直致力于电熔新材料的研发和生产，现拥有 16 项自有知识产权的发明专利。产品涵盖冶金耐火、陶瓷色料、热障涂层、表面处理、结构陶瓷、光学抛光、钛合金铸造、绝缘材料等领域，并出口至欧洲、美洲、日本、韩国及东南亚等十几个国家和地区。
主营产品：电熔氧化锆、钇稳定氧化锆等。

沁阳市华贝尔科技有限公司

地址：河南省焦作市沁阳市紫陵镇宋寨村
电邮：qyhbekj@163.com
网址：www.qyhbe.com
单位介绍：沁阳市华贝尔科技有限公司位于河南省焦作市沁阳市沁北工业园区，是河南省纳米新材料工程技术研究中心、高新技术企业及河南省"专精特新"企业。公司主要生产各种规格的氧化锆粉体、研磨介质、陶瓷餐刀及陶瓷结构件等。公司生产工艺较为先进、检测设备较为齐全，能提供完善的产品和定制服务。产品在坯体成型密度、烧结成瓷一致性、色泽、气孔控制、耐磨强度及性能稳定性等方面表现良好。产品辐射范围较广，主要应用于机械、化工、航空航天、电力等行业。
主营产品：氧化锆粉系列、陶瓷球阀、氧化锆陶瓷磨介、陶瓷氧化锆组件。

江苏福瑞思粉体科技有限公司

地址：江苏省宜兴市丁蜀镇陶都工业园
电话：0510-87077769
电邮：jsfreds@126.com
网址：www.fredscn.com
单位介绍：江苏福瑞思粉体科技有限公司是一家专业从事氧化锆产品生产和研发的股份制高科技企业。公司以低温自蔓延水解工艺生产纳米级氧化锆粉体，是国内较早掌握此项技术的企业之一。生产的粉体具有原晶颗粒较小且一致的特点，该粉体在制成产品后韧性较好、强度较高，是制造高技术陶瓷产品较好的原材料。公司目前拥有两个生产基地，分别位于内蒙古包头稀土高新工业园和江苏宜兴陶瓷工业园，分别生产各种稳定型氧化锆粉体、彩色氧化锆粉体、电熔氧化锆材料和高韧性氧化锆研磨介质等相关材料和粉体。目前，公司可生产蓝、黑、绿、黄、咖啡、橘红、杏红等多种彩色氧化锆粉体，是国内为数不多的可以生产全色系彩色氧化锆粉体的企业之一。稳定氧化锆粉体是公司的拳头产品，其中钇稳定氧化锆粉体（$Y\text{-}ZrO_2$）、铈稳定氧化锆粉体（$Ce\text{-}ZrO_2$）、钙稳定氧化锆粉体（$Ca\text{-}ZrO_2$）和镁稳定氧化锆粉体（$Mg\text{-}ZrO_2$）等多种四方稳定相粉体生产技术在业内获得较高评价。近年来，公司按计划稳定开发固溶体电池用复合氧化锆粉体，已取得了较好的成果。高韧性氧化锆球和复合氧化锆球是公司近年来开发的新产品之一，具有磨耗较低、强度较高等优点。
主营产品：氧化锆粉、稳定氧化锆粉、锆铝复合材料、彩色氧化锆粉、等离子喷涂材料、靶材材料、研磨介质等。

宜兴市三赛耐火陶瓷有限公司

地址：江苏省无锡市宜兴市杨巷镇工业集聚区（邮电路）
电邮：august-nax@163.com
网址：www.3syn.cnpowder.com.cn
单位介绍：宜兴市三赛耐火陶瓷有限公司，是一家专业从事亚微米材料制备的生产厂家。公司具有较为雄厚的技术力量，云集了多位专职及长期兼职从事亚微米材料研究的研究员及工程师，还与南京大学物理学院、中钢集团洛阳耐火材料研究院以及江苏省陶瓷研究所的部分专家保持着密切的联系。公司采用了合理的生产工艺方法，在当前制备亚微米粉体、工业应用较为广泛、投资回报良好的化学共沉淀法基础上，对反应物的搅拌、洗涤、团聚体、颗粒生长的防范进行优化控制，生产出质量优良、高效的亚微米材料，并逐渐形成了对材料进行深加工和开拓应用的产品格局。目前，公司已经开发生产的系列产品有部分稳定氧化锆、全稳定氧化锆和增韧氧化铝等。品类有氢氧化锆、二氧化锆、氧化钇锆、氧化镁锆、氧化钙锆、氧化铈锆、氧化铝锆，以上产品有粉体型和造粒型两种；同时，生产氧化锆陶瓷、增韧氧化铝陶瓷系列产品。
主营产品：稳定氧化锆、全稳定氧化锆和增韧氧化铝。

焦作市维纳科技有限公司

地址：河南省焦作市中站区新园路与经三路交叉口东北角
电话：0391-3275391
电邮：weina@jzwn.com
网址：www.jzwn.com
单位介绍：焦作市维纳科技有限公司是一家高新技术公司，为河南科技小巨人企业，现有工程技术人员 40 人。公司拥有先进的化学稳定氧化锆、电熔稳定氧化锆和专用钛白粉生产线。2013 年通过了 ISO 9001：2008 质量管理体系认证，产品质量和技术水平在国内居于较为领先的位置。公司拥有自营进出口权，产品销往韩国、日本、中国台湾地区及欧美等地，并取得了国内外用户的广泛好评。公司以"优质高效、开拓奋进"为发展宗旨，本着"互惠、互利、互助"的共同发展原则，真诚希望与广大客户合作。

公司生产的氧化锆粉、氧化锆球、陶瓷件、电熔锆、钛白粉等被广泛应用于石油化工、汽车、电力、矿山设备、机械制造、医疗器械、电子陶瓷、耐火材料、饰品、塑料、涂料、造纸、陶瓷、油墨等行业。此外，还可根据客户应用制品的性能要求与成本需求进行产品定制。

主营产品：纳米氧化锆、电熔氧化锆粉体、氧化锆磨介、氧化锆结构件等。

淄博松阳锆业科技有限公司

地址：山东省淄博市淄川区双杨镇双沟化工园区双罗路13号
电话：0533-5332677
电邮：sdzbsygy@163.com
单位简介：淄博松阳锆业科技有限公司是专业研发生产氧化锆、氧化铝、钛酸铝系列产品的高新技术企业，是国内能够独立完成粉体制作、成型、烧结到精细加工全部生产工序的较大规模厂家之一。公司产品涵盖氧化锆粉体、氧化锆球、陶瓷刀、异形陶瓷结构件、钛酸铝陶瓷升液管、浇口套、衬砖等一系列产品。松阳锆业掌握多种成熟的成型工艺，并将继续坚定地走研发之路，不断地提升产品工艺及客户体验。公司自成立以来，不断获得技术认证与社会认可，2015年获ISO9001质量管理体系认证证书，后被评为山东省"隐形冠军"企业。目前，公司拥有22项发明专利及实用新型专利，产品市场份额与竞争力逐步提升，正朝着技术主导型企业的方向发展。

主营产品：氧化锆粉体、氧化锆球、陶瓷刀、异形陶瓷结构件等。

焦作李封工业有限责任公司

地址：河南省焦作市中站区跃进路113号
电话：0391-3300886
电邮：lifenggongye@163.com
网址：www.jzlifeng.cn
单位介绍：焦作李封工业有限责任公司位于河南省焦作市，是一家专业生产和经营氧化锆产品的企业。公司采用化学法生产各种类型的氧化锆粉体，包括二氧化锆、钇稳定氧化锆、铈稳定氧化锆、彩色氧化锆和锆铝复合材料等多种材料，同时来图定制各种规格的氧化锆、氧化铝结构陶瓷件和供应优质氧化锆磨介球。氧化锆系列产品年产能1800t，并出口美国、加拿大、韩国等国家。公司始终坚持"人本、诚信、创新、共赢"的经营理念，以"市场为导向、顾客为中心"的企业服务宗旨，竭诚为国内外客户提供优质的产品和服务。

主营产品：氧化锆粉体、氯化铵、陶瓷结构件、氧化锆珠。

湖北精圭锆业有限公司

地址：湖北省孝感市应城市经济开发区横八路
电话：0712-3764806
电邮：hxhjgzro@sina.com
网址：www.hbjggy.cr
单位介绍：湖北精圭锆业有限公司是一家集高端纳米氧化锆及纳米氧化铝陶瓷原料、氧化锆微晶珠等研发、生产、销售及应用推广于一体的高科技企业。公司主要产品有钇稳定氧化锆粉、钇稳定氧化锆喷丸及氧化锆研磨介质等，在陶瓷、耐火材料、光学、电子、航空航天、生物、化学等各领域得到广泛应用。公司拥有年产氧化锆研磨介质800t、钇稳定氧化锆粉体4000t、氧化锆喷丸1200t等氧化锆系列产品的生产能力，产品通过RoHS产品认证，并得到国内外客户的认可。公司建有先进的实验室，拥有ICP、Malvern激光粒度仪、低温氮气吸附比表面仪、全自动黏度仪、白度仪、快速升温温控炉等先进实验仪器，既能满足产品的日常检测需求，也可进行工艺试验和产品研发。

主营产品：钇稳定氧化锆粉、钇稳定氧化锆喷丸及氧化锆研磨介质。

湖北熙田科技有限公司

地址：湖北省宜昌市枝江市姚家港工业园姚港大道（晋宁大道与姚港三路交会处）
电话：0717-4913139
电邮：zirconia@xitianchina.com
网址：www.xitianchina.com
单位介绍：湖北熙田科技有限公司成立于2014年6月，注册资本2667万元，是一家专业研发、生产、销售纳米氧化锆粉体及氧化锆系列产品的高新技术企业。公司产品涵盖纳米氧化锆粉体及陶瓷、电池陶瓷粉料、电池陶瓷极片，并规划开发纳米氧化钛和尼龙微球等产品。公司拥有较为先进的湿法制粉工艺技术和配套的生产成型设备，建立了科学的过程检测方法和严格的管理制度，产品满足中高端客户的需求。公司与华中科技大学、中南大学等国内知名院校合作，拥有强大的科研团队，并拥有多项发明专利。产品质量优良，在一定程度上可替代部分进口产品。公司现代化的科学管理不仅保证了产品的质量、员工的权益，同时为客户提供技术支持和售后服务。本着"绿色环保、回馈于民"的理念，公司在建设之初就严格遵守国家环保政策，同时给当地创造了大量就业机会，带动了当地经济的发展。作为精密陶瓷行业的一员，公司本着"诚信、品质、专业、共赢"的经营理念，坚持让顾客满意的质量方针，将继续开拓，不断创新，为陶瓷行业和社会作出更大的贡献。

主营产品：氧化锆粉体、氧化锆抛丸。

南京云启金锐新材料有限公司

地址：江苏省南京市秦淮区双龙街2号双龙科技园2号楼506室
电话：025-52402197
电邮：njzirae@126.com
网址：www.zirae.cn
单位介绍：南京云启金锐新材料有限公司的产品主要为超高纯氧化锆粉、高纯稳定型氧化锆粉、氧化锆陶瓷结构件、氧化锆功能件等，产品核心元素纯度可以达较高水平。公司由2014年南京市科技型领军人才创立,拥有多项自主知识产权的国家发明专利,特别是二氧化锆的八步提纯工艺技术及锆铪分离技术独到,为化学纳米级高纯二氧化锆的生产提供了坚实的技术支持。同时,ZIRAE拥有超细微晶高纯氧化锆制品的制备技术,保证了氧化锆制品的性能稳定性及差异化。经过多年的实践及总结,云启金锐通过工业信息化技术,将企业运营理念通过互联网技术进行云端整合,致力于打造全自动化的网络工厂,最大限度地发挥员工的研发智慧,为新材料产品探索一条崭新的发展路径,为用户提供良好的服务体验。

主营产品:智能穿戴用氧化锆粉。

中核晶环锆业有限公司

地址:江西省赣州市龙南市富康工业园/北京市海淀区紫竹院路81号北方地产大厦1210室
电话:0797-3535561/010-88580561
电邮:zhjhzr@nece.com.cn
网址:www.zhjhzr.com
单位介绍:中核晶环依托中国核工业集团平台,结合成熟的稀土分离、冶炼经验,历经多年研发和试验,成功掌握了锆铪分离技术,生产出高于国家标准的核级海绵锆、核级海绵铪产品,成为目前国内能够同时实现从原料生产、锆铪分离到核级海绵锆铪制备的全产业链企业之一。中核晶环主要从事核级氧化锆、核级氧化铪、核级海绵锆、核级海绵铪、无水四氯化物(锆、铪)以及特种合金材料的研发和生产。在北京设有锆、铪研发中心,主要负责新产品及合金材料的研发。目前,公司已具备年产1000t核级氧化锆、20t氧化铪、500t核级海绵锆、20t海绵铪和10t晶条铪的生产能力。
主营产品:核级氧化锆。

内蒙古晶陶锆业有限公司

地址:内蒙古自治区包头市稀土高新技术产业开发区曙光路上海交大包头新材料产业园
电邮:1557570195@qq.com
网址:www.jingtaogaoye.com
单位介绍:内蒙古晶陶锆业有限公司成立于2017年,位于"稀土之都"包头稀土高新技术产业开发区上海交大包头新材料产业园。晶陶锆业专业从事彩色稀土稳定氧化锆及其他高性能稀土陶瓷纳米粉体材料的研发、生产及相关技术咨询服务。晶陶锆业利用自主知识产权的绿色可控制备技术生产的高性能彩色稀土稳定氧化锆纳米粉体材料成型性能佳;稀土改性与着色的氧化锆陶瓷具有较高强度、韧性和硬度等性能,且颜色丰富多彩、连续可调,适用于手机、手表、电子烟等高端消费品精细陶瓷部件的制造。晶陶锆业的主要产品是高性能彩色氧化锆纳米粉体(3YSZ干压造粒粉和注射成型粉),彩色氧化锆粉体颜色可以根据客户的需求进行定制生产。
主营产品:彩色氧化锆纳米粉体。

山东科恩表面功能材料有限公司

地址:山东省淄博市高新区宝山路四宝山街道办事处街子村131号
电话:0533-2861996
电邮:cimctech@gmail.com
单位介绍:山东科恩表面功能材料有限公司位于中国工业城市淄博,利用当地丰富的原材料资源和专业化人才优势,专业研发、生产、销售稀土功能新材料、纳米材料、热喷涂材料及金属粉末等。公司不断开发新产品,并通过了质量管理体系ISO 9001和环境管理体系ISO 14001认证。公司拥有自主进出口权,与国内外各科研机构和高校(中科院、包钢稀土研究院、浙江大学、华东理工大学、四川大学、北京矿冶研究总院等)保持紧密的合作与联系,产品远销美国、日本、德国、法国、英国、韩国、奥地利、新西兰、中国台湾等国家和地区,其多款产品在一定程度上打破了国际巨头垄断,为市场增添了新的活力。
主营产品:水热法氧化锆。

青岛天尧实业有限公司

地址:山东省青岛市市南区山路2号甲华仁国际大厦18层
电话:0532-83893695
电邮:jackyan@teriocorp.com
网址:www.terio.cn
单位介绍:青岛天尧实业有限公司成立于1999年。公司主要从事电子陶瓷粉体、催化剂粉体、热喷涂粉体、光学玻璃材料,以及用于固体燃料电池的氧化锆和锆基复合材料的生产和经营。
主营产品:二氧化锆、锆化学品、稳定氧化锆、钡/锶化学品、二氧化钛、TBC粉体、SOFC粉体、光学玻璃材料。

山东鸿远新材料科技股份有限公司

地址:山东省滨州市无棣县新海工业园
电话:0543-8333678
电邮:hykjlfl@163.com
网址:www.sdhongyuankeji.com
单位介绍:山东鸿远新材料科技股份有限公司是一家专门从事锆铪化工产品生产的企业,位于山东省滨州市无棣县新海工业园。公司距首都机场200km,天津120km,滨州港28km,荣乌高速无棣出口8km,公路、水路运输极为便利。公司技术装备较先进,自动化程度较高,工艺技术较为精良,检验手段齐全,现具备年产26000t氧氯化锆和各类锆系列产品6000t的产能,产量、质量在行业中处于较为领先的水平。
主营产品:纳米复合氧化锆(外观为白色粉末,用于功能陶瓷、结构陶瓷、电子陶瓷、生物陶瓷、超增韧陶瓷、人造牙齿、骨骼、光纤连接器等)。

山东麦丰新材料科技股份有限公司

地址:山东省泰安市肥城市高新技术开发区
电话:0538-3532086
电邮:mf0001@mfxcl.com
网址:www.mfxcl.com
单位介绍:山东麦丰新材料科技股份有限公司是一家高新技术企业。公司技术装备较为先进,焙烧、粉碎分级技术工艺独到

1.2 氧化物陶瓷粉体企业

且成熟,具备年产 1500t 抛光研磨材料的研发生产能力。产品已销往全国各地,产品性能和质量较为稳定,受到广大用户的认可。2013 年开始,公司产品进入韩国、日本及中国台湾地区市场。产品主要应用于精密光学玻璃、蓝玻璃、液晶玻璃、TFT 减薄、光掩膜材料及手机触摸屏、光纤、半导体以及蓝宝石衬底、精密五金等行业。公司设立国内、国际贸易部,致力于同全球客户建立良好的合作关系。

主营产品:Z 系列氧化锆抛光粉、氧化锆抛光液。

山东盛太锆业资源有限公司

地址:山东省滨州市博兴县陈户镇纯梁工业园
电话:0543-2870309
电邮:mary@zrcenter.com
网址:www.zrcenter.com
单位介绍:山东盛太锆业资源有限公司成立于 2018 年 1 月,注册资金 1500 万元。公司多年专注从事锆产品新材料的研发、生产和销售,主要产品有氧化锆粉、硅酸锆粉、锆英粉、锆英砂、陶瓷结构件(氧化锆珠、硅酸锆珠、水滑片、锆铝复合珠等)等五大品类共 40 余种规格的产品。公司产品市场占有率逐年增加,受到广大客户的认可。盛太锆业是国家级高新技术企业,山东省战略新型产业,属国家宏观调控倡导的原料进口、加工、应用为一体的高科技朝阳行业。公司自成立以来先后荣获全国铸造材料十佳名优品牌、中国建筑卫生陶瓷协会会员、中国涂料原辅材料名牌奖、中国锆行业科技含量金奖等多项荣誉。公司以科技创新为主导,为进一步完善技术人才培养、突破技术瓶颈,先后与澳大利亚、日本、中科院上硅所、中国地质大学、山东省级研发中心、清华大学、山东理工大学等相关科研机构和高校组成了技术联盟,建成全国具有一定规模、设备较为先进的硅酸锆、纳米复合氧化锆粉体及氧化锆磨介研发、生产中心,已发展成国内较大的锆材料生产基地之一。

主营产品:氧化锆陶瓷结构件、氧化锆珠、氧化锆粉、硅酸锆粉等。

山东鲁光锆业有限公司

地址:山东省临沂市莒南县县城南环路
电话:0539-7230180
电邮:qixiao junluguang@sina.com
网址:luguang.fm086.com
单位介绍:莒南县鲁光锆业有限公司地处山东省莒南县,是以生产电熔稳定氧化锆及锆英砂选矿为主的民营高科技企业。公司下设莒南县鲁光锆业有限公司、连云港紫光特种耐火材料有限公司。公司年产电熔氧化锆 2000t,锆英砂 10000t,锆质、铝质电子承烧板 200t。公司于 2003 年通过 ISO 9001 质量管理体系认证。公司的发展战略是:在保持电熔稳定氧化锆产品在国内市场有一定占有率的同时,积极拓展国际市场;在满足自己生产需要的同时,积极拓展锆英砂在国内市场销售空间。目前,公司已发展成国内规模较大的集电熔稳定氧化锆生产、锆英砂选矿、电子承烧板制作于一体的锆系列产品生产企业之一。

主营产品:钙稳定氧化锆、钙钇稳定氧化锆、二次稳定氧化锆、单斜氧化锆。

上海联能科技有限公司

地址:上海市静安区万荣路 1268 号云立方 A 栋 14 楼
电话:021-64384700
电邮:info@sinocera.net
网址:www.sinocera.net
单位介绍:上海联能科技有限公司成立于 1999 年。公司历经多年的发展,先后参股、控股成立了联能井冈山、联能光子、联能电子、联能晶体和联能吴江等公司,是专业从事智能材料应用研发、生产,电子控制产品集成和子系统开发方案提供的高新技术企业。公司自成立以来一直致力于贴近市场的运作模式,随着业务范围不断扩展,公司在材料领域,除巩固原有的陶瓷晶体材料、传感和驱动器件的研发、生产和销售外,又大力加强了无线天线和背光芯片等系列新产品的开发。从 2000 年开始,联能科技有限公司积极地进行光通信领域相关光学晶体、器件的研发与生产,包括晶体、陶瓷材料器件,以及无线基站和终端用天线系列产品的生产和加工。自 2002 年起,公司开发了用于液晶显示器的压电陶瓷变压器系列产品及液晶背光驱动控制芯片,从而成为国内能生产该类产品的企业之一。公司涉及陶瓷晶体材料及其元器件、传感、驱动、无线通信、芯片和组装等业务,产品主要包括液晶背光控制芯片、基站和终端用无线天线、压电陶瓷、晶体材料及元件系列、点火组件、结构陶瓷、电源和充电电路、医用 PET 设备晶体阵列、振动声学用传感器及配套仪器仪表等。

主营产品:氧化锆高纯超细粉(ZrO_2)。

宜兴市高阳化工有限公司

地址:江苏省宜兴市周铁镇
电话:0510-87503795
电邮:sales@chinazr.com
网址:www.chinazr.com
单位介绍:宜兴市高阳化工有限公司创建于 1993 年,地处太湖西岸的江苏宜兴周铁。宁杭高铁、沪苏湖高铁、盐泰锡宜高铁汇聚于此,交通十分便利,100 分钟内可以到达上海、南京和杭州。公司是一家拥有 30 多年历史的集研发、生产和销售于一体的企业,主要优势产品包括丙酸锆、醋酸锆、碳酸锆铵(钾)、氟锆酸钾(铵、钠)、氧氯化锆、氧化锆、碳酸锆、硫酸锆和氢氧化锆等。公司秉承"以质量为根本、以用户为中心"的方针,坚持诚信经营。

主营产品:丙酸锆、醋酸锆、碳酸锆铵(钾)、氟锆酸钾(铵、钠)、氧氯化锆、氧化锆、碳酸锆、硫酸锆和氢氧化锆。

青岛盛安精瓷新材料有限公司

地址:山东省青岛市黄岛区星海滩路 111 号和达梦想城 3 号楼 6 层
电话:0532-88162008
电邮:sales@zr-fine.com
网址:www.zr-fine.com
单位介绍:青岛盛安精瓷新材料有限公司是一家专业提供锆产

品的企业,产品线主要包括高品质磨介(氧化锆珠、硅酸锆珠、锆铝复合珠)、氧化锆粉体(单斜氧化锆粉、复合氧化锆粉和其他锆氧化物)、硅酸锆粉体及陶瓷结构件,主要服务于各行业的原材料分散研磨,以及新能源电池材料、电子陶瓷、生物陶瓷、结构陶瓷、日用陶瓷、建筑陶瓷、摩擦材料、耐火材料等行业的原料添加剂。

主营产品:研磨介质、氧化锆粉体、硅酸锆粉、锆英粉、其他化学锆粉体。

金业新材料科技(昆山)有限公司

地址:江苏省昆山市千灯镇富民一路
电邮:swyuzc@163.com
单位介绍:金业新材料科技(昆山)有限公司是专业生产锆及其制品的企业,属于外商独资企业。公司生产的锆系列产品广泛应用于电子、通信、冶金、化工、核能核电、医疗、陶瓷、珠宝等高新技术产业领域。公司经过多年的不懈拼搏与发展,现已经成为我国具有一定规模及影响力的钇稳定氧化锆陶瓷粉生产厂家。公司生产的钇稳定氧化锆粉的多个产品品种远销韩国、日本及欧洲等十几个国家和地区,受到客户的认可。面对未来,公司秉承社会、自然、资源和谐发展的宗旨,发扬"追求优良品牌,创造高质量产品"的价值追求,谋求企业与社会的共同发展,精心将自身打造成为"具有自主知识产权和知名品牌的全球钇稳定氧化锆陶瓷粉供应商"。公司在自身发展的同时,也为员工的自身发展和才华展示提供了良好的平台,发展前景值得期待。

主营产品:纳米钇稳定氧化锆粉、彩色氧化锆粉、单斜锆及碳酸锆。

中山市金瓷科技有限公司

地址:广东省中山市东升镇康成路11号
电话:0760-87002916
电邮:cermet@foxmail.com
单位介绍:中山市金瓷科技有限公司成立于2018年,是专业研发和生产钛合金烧结炉,以及注射成型MIM-Ti钛合金喂料和CIM陶瓷喂料的厂家。

主营产品:氧化锆/铝等CIM陶瓷喂料。

深圳市卡德姆科技有限公司

地址:广东省深圳市宝安区燕罗街道象山大道116号2楼
电话:0755-23204363
电邮:zenghong@kadam-pim.com
网址:www.kadam-pim.com
单位介绍:深圳市卡德姆科技有限公司是从事金属、陶瓷粉末注射成型喂料开发和生产的专业厂家。除销售材料外,还协助客户开发新材料应用及解决生产问题。公司与世界知名粉厂均有合作,选择品质稳定的粉体供应商合作是公司发展壮大的基础。

主营产品:陶瓷系列喂料。

北矿新材料科技有限公司

地址:北京市昌平区沙河镇富生路5号
电话:010-58915198
电邮:office@bamstc.com
网址:www.bamstc.com
单位简介:北矿新材料科技有限公司是一家集研究、开发、生产、经营四位于一体的现代材料科技公司,由中央直属大型科技企业矿冶科技集团有限公司以其下属北京钨钼材料厂和金属材料研究设计所为基础与北京市科委共同出资设立。公司以先进的表面材料、难熔金属材料和稀有金属材料及热喷涂技术为主业,拥有众多表面材料、难熔金属材料及热喷涂技术专家,各种专业技术人才占员工总数的50%,是科技先导型企业。公司及其前身历年来承担国家科研项目近200项,曾获国家科技进步奖、全国科学大会奖、国家发明奖、部级科技奖等65项,获国家、有色协会及北京市重点新产品奖22项,拥有国家发明专利75项。

主营产品:陶瓷喷涂粉末(氧化锆陶瓷粉末、氧化铝陶瓷粉末、氧化铝氧化钛陶瓷粉末)、金属陶瓷喷涂粉等。

1.2.2 氧化铝粉体

中铝山东新材料有限公司

地址:山东省淄博市张店区五公里路1号
电话:0533-2945955
网址:sdly.chinalco.com.cn
单位介绍:中铝山东新材料有限公司(以下简称新材料公司),隶属于中国铝业股份有限公司旗下的中铝山东有限公司。自20世纪60年代起,新材料公司开展多品种氧化铝系列产品的生产和研发,始终致力于绿色环保新材料的研发、生产及应用,产品主要有五大系列120多个品种。截至目前,新材料公司多品种氧化铝年产能达85万t,是中国铝业的多品种氧化铝产销基地之一,多品种氧化铝的研发实力较强、生产规模较大、品种较全、质量较高。

主营产品:煅烧α-氧化铝微粉。

青海圣诺光电科技有限公司

地址:青海省西宁市城中区兴业路8号
电话:0971-7661006
电邮:postmaster@snopto.onaliyun.com
网址:www.snopto.com
单位介绍:青海圣诺光电科技有限公司自成立以来,先后获得国家级绿色工厂、"两化"融合试点企业,高新技术企业,省、市级科技型企业,青海省优秀招商引资项目、知识产权示范企业及中国银行青海省分行"AA信用企业"等荣誉称号,并于2016年获得国家和发展改革委员会批复,组建了全国唯一的高纯纳米氧化铝材料制备技术国家地方联合工程研究中心,同时组建了省级高纯纳米氧化铝材料工程技术研究中心、省级企业技术中心、省级检验检测平台等创新平台,推动了行业技术进

1.2 氧化物陶瓷粉体企业

步。公司以青海充足的废电子铝箔、高精铝为原料，采用改良铝水直接水解法工艺技术生产高纯氧化铝，具有产品纯度较高、成本相对较低、较为绿色环保等优点。产品包括 $\alpha\text{-}Al_2O_3$、$\gamma\text{-}Al_2O_3$ 和特种氢氧化铝三大系列。产品主要用作 LED 蓝宝石晶体及激光晶体、电子陶瓷、生物陶瓷、透明陶瓷、发光材料、催化剂及载体等高技术领域的重要基础材料。

主营产品：包括 $\alpha\text{-}Al_2O_3$、$\gamma\text{-}Al_2O_3$ 和特种氢氧化铝三大系列，主要有晶体级高纯氧化铝粉、晶体级高纯氧化铝饼料、晶体级高纯氧化铝多晶料、锂电池隔膜用高纯超细氧化铝粉、三基色荧光粉用高纯氧化铝、长余辉发光粉用高纯氧化铝、LED 荧光粉用高纯氧化铝、PDP 等离子显示粉用高纯氧化铝、催化剂及载体用活性高纯氧化铝、填料用特种氢氧化铝、医药用特种氢氧化铝等。

肯朴（厦门）新材料有限公司

地址：福建省厦门市翔安区新澳路永利大厦 15 层 1505 单元
电话：0592-2059908
电邮：chempurity@126.com
网址：www.chempurity.com
单位介绍：肯朴作为一家新晋的化学原料供应商，深耕于先进陶瓷、电子陶瓷、特种涂层、功能性添加剂等行业长期的开发，积累了丰富的经验，专注于国外的优良化学产品在国内的市场推广。
主营产品：Baikowski 高纯氧化铝粉、ZTA；alzchem 氮化硅粉、Haydale 碳化硅晶须、高纯氧化镁。

济源市更新瓷料有限公司

地址：河南省济源市科技工业园区
电话：0391-6634911
电邮：jygx@jygx.com
网址：www.jygxcl.byf.com
单位介绍：济源市更新瓷料有限公司专业生产精密陶瓷造粒粉。公司技术力量较雄厚，试验检测手段齐全。与清华大学、中钢集团洛阳耐火材料研究院、河南纳米技术中心等科研院所和高校有经常性的技术交流与合作。公司把材料质量的一致性和稳定性看作企业的生命线。严格执行的质量管理体系、完善的检测和用户档案制度是产品一致性的保证。质量管理体系通过 ISO 9001 认证。产品种类有：氧化铝造粒粉 99 瓷系列、氧化铝造粒粉 95（96）瓷系列、氧化铝造粒粉 90（92）瓷系列、ZTA 增韧瓷造粒粉系列及氧化锆粉料、微粉、瓷粉。主导产品为超低温烧成高密度 99 瓷、95 瓷系列氧化铝陶瓷造粒粉。
主营产品：氧化铝瓷造粒粉。

福建创隆进出口贸易有限公司

地址：泉州市丰泽区铭湖路硕治大楼 6 楼 601 室
电话：0595-22170091、0595-22161021
电邮：choloon@choloon-trade.com
网址：www.choloon-trade.com
单位介绍：福建创隆进出口贸易有限公司位于海上丝绸之路的起点——福建泉州，注册资本 2000 万元，是一家集海外无机新材料（无机纳米材料、先进陶瓷材料、无机阻燃材料等产品）、有机材料（硬脂酸、分散剂等产品）及新技术应用、海外矿产资源及能源开发国际贸易于一体的全球化经营企业。公司全国代理日本、法国、韩国及欧洲等国际知名品牌的无机与有机新材料，其广泛应用于高端精密抛光、电子电路填充与导热、先进陶瓷、锂电池新能源、透明陶瓷材料、半导体抛光及设备配件以及 5G 设备与航空航天电路板等行业。公司拥有专业的业务采销团队，并在上海、天津、广东及福建等地设有大型仓库，长年备有大量型号及规格较为齐全的现货，从技术服务到供应保障方面赢得了上下游客户的信赖。公司可为客户提供综合性解决方案，与之实现共赢，成为值得客户信赖的优质合作伙伴。
主营产品：原装进口氧化铝、氢氧化铝、氧化铝造粒料、喂料及陶瓷、抛光、导热等行业辅助材料。

济源市恒信瓷业有限公司

地址：河南省济源市思礼镇循环经济产业园
电话：0391-6671818
电邮：fsky5098@sina.com
网址：www.jyhengxin.com
单位介绍：济源市恒信瓷业有限公司成立于 2016 年，投资 3000 余万元新建一条 90 米长高温隧道窑及两台 500 型氧化铝造粒塔、4 台 5 吨球磨机。公司主要从事高品质煅烧氧化铝及氧化铝造粒粉的生产，可年产 12000 吨高品质煅烧氧化铝、活性氧化铝及 5000 吨氧化铝造粒粉，能够满足不同客户及不同行业对优质氧化铝的需求。公司已通过 ISO 9001 国际质量体系认证、ISO 4001 环境体系认证及 OHSAS 18001 职业健康与安全管理体系认证，是集氧化铝煅烧、微粉生产、氧化铝陶瓷造粒粉、陶瓷制品加工为一体的产业链式生产服务企业。
主营产品：煅烧氧化铝粗粉及微粉、活性氧化铝、发光级氧化铝（长余辉荧光粉原料）、氧化铝陶瓷造粒粉及氧化铝陶瓷制品。

常州昊帝新材料厂有限公司

地址：江苏省常州市劳动东路 359 号
电话：0519-85327270
电邮：manage@czchanglv.com
网址：www.czchanglv.com
单位介绍：常州昊帝新材料厂有限公司始建于 1998 年，位于风景秀丽的江南水乡常州太湖之滨，东临亚洲明珠上海，西临千年古都南京，京沪铁路、沪宁高速横贯省内，交通十分便利。昊帝新材料厂是从事各类特种氧化铝系列产品制造的工厂，工厂占地面积 3000 平方米，建筑面积 2000 平方米。工厂拥有较为先进的全自动生产设备，产品标准检验设备有激光粒度分析仪等。公司的产品广泛应用于军工、高铝耐火材料、陶瓷器件、抛光研磨、电子等高科技行业。
主营产品：白刚玉微粉、磨料抛光粉、高效分散性氧化铝。

连云港中奥铝业有限公司

地址：江苏省连云港市综合保税区云阳路 23 号

电话：0518-82361365
电邮：eric848@zaly.com.cn
网址：cn.zaly.com.cn
单位介绍：连云港中奥铝业有限公司是一家专业从事煅烧氧化铝、耐磨陶瓷、磨料生产和经营的中外合资企业，其原料全部采用澳洲优质氧化铝。公司采用严格的进料检测方案，保证原料的氧化铝含量较高，杂质含量较低，这从源头上为公司制造出优质产品提供了先决条件。公司拥有高温回转窑（57.4 米）、高温隧道窑、大型喷雾造粒塔、大型等静压机等较为先进的生产设备，志在打造较为完整的氧化铝陶瓷产业链。公司严格按照 ISO 9001 质量管理体系、SGS 和 ISO 14001 环境管理体系组织生产。
主营产品：高温煅烧氧化铝粉、陶瓷用氧化铝造粒粉、氧化铝耐磨陶瓷。

河南济源兄弟材料有限公司

地址：河南省济源市高新技术产业开发区
电话：0391-6634965
电邮：sales@hjbm.com
网址：www.hjbm.com
单位介绍：河南济源兄弟材料有限公司成立于 1998 年 8 月，系国家高新技术企业、特种陶瓷维氏硬度测试方法国家标准起草单位之一、河南省科技企业、河南省 α-氧化铝复合陶瓷工程技术研究中心、济源市产学研基地以及 ISO 9001、ISO 14001、ISO 45001 管理体系认证企业。公司产品种类较为齐全，粉体系列产品有 α-氧化铝粗粉、微粉、超细微粉以及低温氧化铝瓷粉和氧化铝造粒粉，还可生产多种高性能、高韧性、高密度的氧化铝陶瓷（干压工艺）。公司现有粉体材料、陶瓷材料两大生产加工基地，具备年产 20000 吨氧化铝粉体、2000 吨氧化铝陶瓷的能力。公司被济源市人民政府选为产学研基地，同国内多家知名院所长期合作，产品、技术不断创新，其中低温瓷粉和造粒粉系列产品是陶瓷材料领域的一大技术革新。
主营产品：α-氧化铝粗粉、微粉、超细微粉以及低温氧化铝瓷粉和氧化铝造粒粉。

重庆任丙科技有限公司

地址：重庆市垫江工业园澄溪镇高速公路出口
电话：023-68161168
电邮：RBST@cnrbst.com
网址：www.cnrbst.com
单位介绍：重庆任丙科技公司（RBST）是一家从事高纯氧化铝粉体、氧化铝相关产品研发、销售与技术服务的专业公司。公司采用自主研发的工艺技术，生产制备高纯度、超精细氧化铝粉，该生产工艺同其他传统生产工艺相比，在除杂提纯工艺可控性、产能、质量稳定性、环境友好性等方面具有一定的优势，能够较为有效地控制产品的纯度、颗粒尺寸、活性、转化率、粒度分布等重要理化指标。公司拥有激光粒度仪、比表面积与空隙仪、原子吸收光谱仪等较为先进的检测检验设备，为工艺的过程控制、品质稳定提供了有力保障。产品广泛应用于氮化镓芯片衬底、智能手机、手表、5G 通信、夜光显示、航空航天、军事装备整流与红外探测等众多领域。
主营产品：高纯氧化铝、氮化铝等。

苏州贝尔德新材料科技有限公司

地址：江苏省苏州市工业园区凤阳路 272 号
电话：0512-85665108
电邮：sz.bed@163.com
网址：www.bairdtec.com
单位介绍：苏州贝尔德新材料科技有限公司是一家专业从事多功能高纯微纳米氧化铝研发、生产和销售的公司。公司采用国际较为先进的制备技术生产高纯纳米氧化铝、氧化硅、氧化锆等系列产品，产品纯度较高、粒度较小、单分散性较高且较为稳定，技术指标可以满足不同客户的需求。公司的产品主要包括高纯氧化铝、高纯氢氧化铝、纳米氧化铝、SB 粉、铝溶胶、锂电池隔膜涂层浆料、精抛粉等，其广泛应用于锂电池隔膜涂覆、蓝宝石、LED 衬底、透明陶瓷、先进陶瓷、石油催化剂、PCB 电路板抛光等领域。
主营产品：高纯纳米氧化铝、蓝宝石晶体用高纯氧化铝、高纯氢氧化铝、锂电池隔膜涂层用氧化铝、YAG 晶体用高纯氧化铝、高纯异丙醇铝、铝溶胶、氧化铝抛光粉、勃姆石、高纯氧化铝研磨球等。

河南天马新材料股份有限公司

地址：河南省郑州市上街区科学大道 1105 号
电话：0371-68942898
电邮：tmxc@tm-xc.cn
网址：www.tianmaweifen.cn
单位介绍：河南天马新材料股份有限公司是专业研发、生产 α-氧化铝、氢氧化铝和高纯纳米氧化铝的现代高新技术企业。公司建有省级企业技术研发中心，拥有经验较为丰富的研发团队，与中国科学研究院等国内 6 所高等科研院校建立了长期的技术合作关系。公司通过了质量管理体系、环境管理体系和职业健康安全管理体系认证，是中国工商联合会会员单位。公司拥有多项发明专利和自主知识产权，2005—2008 年被评为郑州市文明诚信私营企业，2013 年被河南省科技厅认定为高新技术企业。公司 2003 年获得自营进出口权，产品远销欧、美、日、韩等多个国家和地区。公司建有百米长高温隧道窑，拥有配套较为完善的生产、检测设备，采用国内较为先进的煅烧、研磨、分级工艺，氧化铝年产可达 2 万 t，氢氧化铝产能可达 5000t。公司主导产品有 20 余种，主要应用于陶瓷、耐火、抛光、导热、光伏、液晶玻璃、高压开关、锂电池等领域。
主营产品：TM-CA 系列低钠 α-氧化铝。

杭州微微纳米技术有限公司

地址：浙江省杭州市西湖区叶埠桥 51 号
电话：0571-87096890
电邮：vivinano@vivinano.com 296975246@qq.com
网址：www.vivinano.com
单位介绍：杭州微微纳米技术有限公司主要从事纳米材料制备、

1.2 氧化物陶瓷粉体企业

应用和纳米技术开发研究。公司聘请国家"973计划"纳米材料与纳米结构项目首席科学家张立德研究员为公司高级顾问，并成立了由9名国内专家组成的专家组。公司投资800多万元，建成一条年产30t的α相纳米级氧化铝生产线，产品晶粒粒径27nm，达到较高水平。公司科研人员经过上百次试验，成功地将实验室成果转化为工业化生产技术。目前，该生产线正稳定地运行生产纳米氧化铝粉体。公司成功开发了纳米级分散氧化铝粉体制备技术，该技术可将氧化铝团聚体均匀稳定地分散成100nm以下的单分散颗粒。该技术的出现为α相纳米氧化铝的工业化应用奠定了一定基础，并在一定程度上解决了纳米材料应用难的问题，保证了纳米材料的方便、高效使用。α相纳米级氧化铝可以应用于精细陶瓷、涂料、电子等相关行业，提升产品的性能。

主营产品：α相纳米级氧化铝。

郑州亚纳粉体有限公司

地址：河南省郑州市上街区工业路西段
电邮：yanafenti@163.com
单位介绍：郑州亚纳粉体有限公司创建于2005年，是一家专业生产氧化铝瓷造粒粉的企业，位于有着"中国铝都"之称的郑州市上街区。辖区内有中国铝业河南分公司和郑州轻金属研究院，为公司提供优质的原材料和强大的技术支持，公司与新乡学院新能源材料与器件教研室、江苏省陶瓷研究所建立密切的合作关系。公司成立伊始，就本着"质量第一，诚信经营，服务客户"的理念，为客户提供较为优质的产品和技术服务。
主营产品：专业氧化铝陶瓷造粒粉（95瓷、96瓷、99瓷、995瓷、997瓷等）及煅烧α-氧化铝（陶瓷级、耐火级）。

济源市金洲精细陶瓷材料有限公司

地址：河南省济源市黄河路西段中原特钢对面
电话：0391-6679009
电邮：694344606@qq.com
单位介绍：济源市金洲精细陶瓷材料有限公司成立于2007年，是一家专业从事氧化铝陶瓷造粒粉及陶瓷制品生产与销售的高科技企业。公司充分利用与清华大学、咸阳陶瓷研究设计院等达成的产、学、研协作关系，积极开发适合各种新型材料专用的特种陶瓷造粒粉系列产品，目前可生产十余种陶瓷造粒粉，产品质量较为稳定，广泛应用于电子信息、化工、石油、冶金、机械，以及航空航天等领域。
主营产品：氧化铝陶瓷造粒粉。

山东谊星新材料有限公司

地址：山东省滨州市邹平市明集镇邹魏路5号
电话：sdhxjt2015@163.com
电邮：0543-4585966
单位介绍：山东谊星新材料有限公司坐落于鲁中新城邹平，是一家研究开发和生产与销售高性能特种氧化铝陶瓷新材料、高纯超细α-氧化铝粉体的高新技术企业。公司现有员工400余人，拥有全自动干袋等静压压机、干压成型机、湿袋法压机、自动液压机、自动滚制成球机等先进生产设备，形成9条可独立运行的陶瓷制品生产线和3条氧化铝粉体生产线，具备年产15万吨氧化铝陶瓷制品、20万吨高温煅烧氧化铝粉体的生产能力。公司有三大类九大系列上千个品种的产品，包括微晶耐磨氧化铝瓷球石、氧化铝衬砖、氧化铝衬板、氧化铝管件、马赛克、高纯氧化铝填料、氧化铝异型件、高温煅烧α-氧化铝粉体。公司所有产品采用专利技术生产，在规模、产量和创新能力方面，处于行业较为领先的地位。产品广泛应用于建筑陶瓷、卫生陶瓷、钢铁、水泥、耐火材料、化工、涂料、造纸医药、热电、油气田开采、精密铸造等行业，在中国、北美、欧盟、东南亚、澳大利亚等国家和地区有一定的市场占有率。
主营产品：氧化铝特种陶瓷、氧化铝粉体。

杭州智华杰科技有限公司

地址：浙江省杭州市江干区筑丁路168号（国家级高新技术企业园）
电话：0571-88994596
电邮：zhihuajiekeji@163.com
网址：www.zhj-china.com
单位介绍：杭州智华杰科技有限公司成立于2010年。公司着眼于高新技术材料的研发及应用，拥有行业相关发明专利和较强的研发实力，自成立以来便得到市区政府的关心和专项扶持资金的大力支持。公司充分发挥高级技术人才密集、试验能力强的优势，与众多高校和科研院所有着密切的交流及合作，且由国家院士及享受国务院政府特殊津贴的老专家作为创业导师，以专注品质、满足客户的个性化需求为核心竞争力。公司的第三方不定时段检测管理模式，使产品质量及稳定性有了较大提高，原料面向全球集中批量化采购使生产成本有所降低。同时，公司还建立了较为完善的售后服务体系，为合作企业提高市场竞争力提供了有力的保障。
主营产品：低钠高温氧化铝。

淄博煜鼎新材料科技有限公司

地址：山东省淄博市高新区民营工业园民和路32号
电话：18553328258
电邮：dspringer@163.com
网址：www.yudingkj.cn
单位简介：淄博煜鼎新材料科技有限公司是一家集研发、设计、生产、销售以及技术维护服务于一体的综合性公司。公司专注于节能环保、新能源、新材料方向的研发和生产，为国内多所大学和研究院提供了超细粉体研究基地和先进陶瓷压制、挤出工艺方向的创新研发平台，承接了多个材料研究所的项目课题。目前，公司的主要产品有水处理平板陶瓷膜制品、透明陶瓷粉体、功能陶瓷粉体、高纯纳米陶瓷粉体、催化剂载体、高纯氧化铝微珠等。
主营产品：氧化铝粉、高纯氧化铝球、陶瓷平板膜等。

加成实业（上海）有限公司

地址：上海市杨浦区平凉路1398号

电话：021-65726586
电邮：sales11@chemson.com.cn
网址：www.chemson.com.cn
单位介绍： 加成实业（上海）有限公司自1998年成立以来，申请并注册了多个"加成"商标，也获得多项行业荣誉。在同行业中，"加成"品牌有着较高的认可度。公司拥有一支成熟的从事新型超细材料研发和项目产业化的高级专业技术人才团队，能较好地满足每个客户的需求。目前，公司按主营产品分为：生产并经营高分子聚合物橡胶助剂；生产并经营高纯纳米氧化铝、陶瓷造粒粉、医药中间体异丙醇铝和仲丁醇铝；生产并经营先进氧化铝陶瓷。公司坚持以自主创新为主，与科研院所联合研发为辅的原则，在橡胶化学品和超细材料等领域取得了多项科研成果和自主知识产权。
主营产品： 高纯超细氧化铝、氧化铝陶瓷造粒粉、精密陶瓷结构件等。

淄博东煜圣化工有限公司

地址：山东省淄博市张店区昌国路北沿街7号
电话：0533-2071818
网址：www.ibocgy.51sole.com
单位介绍： 淄博东煜圣化工有限公司地处工业城市山东省淄博市张店区境内，是一家集无机阻燃剂填料的工业研发、深度加工和国内外贸易于一体的现代化企业，注册资本为100万元。公司专业从事以非冶金用氢氧化铝及其衍生物的化工产品为原料，研制、加工超细氢氧化铝、氢氧化铝（牙膏级、玛瑙级）填料及改性氢氧化铝、聚氯乙烯糊树脂、氢氧化镁等。公司所从事的综合性贸易业务，涉及包括化工、机电、建材、矿石等行业在内的众多领域以及环氧丙烷、聚醚、聚氨酯系列产品的工艺流程设计及开发。
主营产品： 氧化铝微粉、高温氧化铝、拜耳法氢氧化铝、烘干氢氧化铝。

长沙珲泰陶瓷科技有限公司

地址：湖南省长沙市芙蓉区车站北路230-1号经典名家公寓1B栋2823-2826号
电话：0731-89876104
电邮：Marketing@chinafine-tech.com
网址：www.chinafine-tech.com
单位介绍： 长沙珲泰陶瓷科技有限公司成立于2009年，系德国Furthertrading GmbH在中国的关联企业。公司引进欧洲先进工艺自主生产的硅酸锆、氧化锆、氧化铝研磨与喷砂介质长期销往世界各地，并建有严格的质量管理体系，在国内行业技术发展方面起到推动作用，同步推动了国内消费电子、航空航天、精密铸造等行业的金属表面处理工艺的进步。2012年，公司与德国纳博特NABALTEC展开深度合作，并成为该公司在国内的代理商，致力于将高端工艺氧化铝粉带入中国市场。公司借助德国技术优势，帮助客户提供整体解决方案，产品在金属与非金属材料抛光、特种精密陶瓷、导热、耐火材料等行业被广泛应用，并得到客户的认可。
主营产品： 结构功能陶瓷原材料、功能填料，以及抛光用氧化铝、表面处理耗材。

泉州迈宝能源有限公司

地址：福建省泉州市丰泽区东海街道府西路ITC万科中心A座1701
电话：0595-22865169
电邮：maibao.qz@qzmarbo.com
网址：www.qzmarbo.com
单位介绍： 泉州迈宝能源有限公司是一家从事新技术、新材料、新能源开发与销售的高新技术贸易型企业，是德国马丁Martoxid系列中国地区授权分销商。德国马丁氧化铝材料公司是邱博工程材料（Huber Engineered Materials）事业群旗下企业，隶属美国邱博集团（J. M. Huber Corporation），全美规模最大的家族企业之一，邱博集团是一家全球性企业，业务范围广泛服务于众多行业，马丁氧化铝公司是一家位于德国的全球优质原料生产企业，其专业生产的煅烧氧化铝Martoxid、Compalox广泛用于特种陶瓷、抛磨表面处理、导热材料、涂附填充、香料医药添加等行业。
主营产品： 氧化铝、煅烧氧化铝、德国马丁氧化铝等产品。

富世新（厦门）材料科技有限公司

地址：福建省厦门市湖滨北路16-2号新港广场南楼1706室
电话：0592-3279600
电邮：sales@foxsine.com
网址：www.foxsine.com
单位介绍： 富世新（厦门）材料科技有限公司是由香港凯瑚国际有限公司在中国大陆投资设立的合资企业，也是福建省五金矿产厦门进出口公司暨厦门经济特区对外贸易（集团）公司五金矿产进出口公司改革、发展的专业销售部门。日本RESONAC力森诺科（原日本昭和电工）、印尼ICA、韩国KC授权富世新在中国大陆、香港地区销售其氢氧化铝、α-氧化铝产品。公司拥有经验较为丰富的管理队伍，以氢氧化铝、氧化铝的销售为业务核心，打造了一支对氧化铝事业充满热忱和执着、对氧化铝工作一丝不苟，并且具备一定经营、管理、营销、服务能力的团队；还聘请了国内外高水平的技术顾问，服务于各种产业领域需求的客户。在相应的产业领域，富世新还配套销售日本大阪窑耐窑具、日本中京油脂特陶添加剂、日本钇稳定氧化锆球、中国台湾SC微晶耐磨刚玉球、衬砖、日本白水化学氧化锌、日本RESONAC力森诺科高端磨料——白刚玉WA、烧结刚玉SM、SR，高端耐火材料——超高纯电熔莫来石RM，导热电子材料——球形氧化铝CB、类球形氧化铝AS、氮化硼UHP、氮化铝、碳纳米管，氧化铈抛光材料、中国台湾有机营养肥PGA、印尼泰国椰壳炭化料等；公司兼营出口非金属矿产品，包括高岭土、叶蜡石等用于生产瓷砖的原料、特种陶瓷制品，以及太阳能光伏支架。
主营产品： 印尼ICA α-氧化铝、印尼ICA氢氧化铝、印尼ICA抛光氧化铝、印尼ICA特种陶瓷原料等。

浙江自立新材料股份有限公司

地址：浙江省绍兴市上虞区杭州湾工业园区盖北纬三东路6号

1.2 氧化物陶瓷粉体企业

电话：0575-82112629
电邮：saleszl@ziliref.com
网址：www.zilialutech.com
单位介绍：浙江自立新材料股份有限公司成立于 2013 年 12 月 25 日，主要从事优质高效节能高档氧化铝材料的开发与生产。公司先后开发并投产了烧结板状刚玉、烧结尖晶石、煅烧氧化铝粉等微粉，目前板状刚玉生产线年产能为 150000 吨，各类微粉为 2 万吨。近年来，公司已经成为国内烧结板状刚玉的主要供货商之一，客户覆盖率处于国内同行较前列的水平，产品逐步向美国、日本、韩国、西亚、中东和欧洲等国家和地区出口。公司产品广泛应用于耐火材料制造，如滑板、透气砖、水口、钢包浇注料等，也应用于窑具制造和电子绝缘子行业、石化行业、工程陶瓷行业。
主营产品：活性氧化铝粉、高铝微粉、精细陶瓷用造粒粉、煅烧氧化铝粉、板状烧结刚玉、低钠板状刚玉等。

淄博韩锦新材料科技有限公司

地址：山东省淄博市张店区南定工业园
电话：0533-2111636
电邮：644451573@qq.com
网址：www.zbhoubo.com
单位介绍：淄博韩锦新材料科技有限公司位于山东淄博，是一家专业生产氢氧化铝阻燃剂系列产品、氧化铝基系列产品的企业。公司拥有一支水平较高的技术研发队伍，具备较强的新产品研发和生产能力，并配备了较为先进的粉体试验基地和完备的检测仪器，对生产过程的每一道工序实施全面的质量监控，保障公司产品符合相关产品质量标准。
主营产品：新型煅烧 α-氧化铝（普通高温系列）。

山东山铝颐丰铝基新材料股份有限公司

地址：山东省淄博市张店区中铝齐鲁工业园区
电话：0533-2980774
网址：www.sdlygs.cn
单位介绍：山东山铝颐丰铝基新材料股份有限公司（原名：山东铝业公司鲁中实业贸易公司化学品氧化铝厂）成立于 1989 年 6 月，多年来依托山东铝业公司较为雄厚的技术及检测力量，坚持致力于开发高端新品，坚定小批量、多品种、功能型、专业化的特种氧化铝发展定位，研发并生产功能型粉体材料，产品广泛应用于新能源、先进陶瓷、研磨抛光、新型催化、制药、环保净化、耐火材料等行业。经过多年的技术积累，公司产品在市场上享有良好的声誉。
主营产品：陶瓷用煅烧氧化铝。

淄博美亚新材料技术有限公司

地址：山东省淄博市张店区柳泉路
电话：0533-3884345
电邮：zbmeiya@163.com
网址：www.m1890.com
单位介绍：淄博美亚新材料技术有限公司是生产氧化铝系列产品的专业厂家。公司坐落于齐国故都淄博。淄博是全国氧化铝生产基地之一，地理位置优越，交通十分便利，这为企业发展奠定了良好的基础。公司专注于氧化铝行业，有着较为丰富的管理经验和先进的生产技术，产品质量稳定、品质优良，广泛应用于石油化工、科技环保、陶瓷耐材、空分压缩、化肥、干燥吸附、催化剂、冶金、建材等领域。
主营产品：高温煅烧氧化铝粉。

山东盛日奥鹏环保新材料集团股份有限公司

地址：山东省淄博市张店区沣水镇中铝山东分公司矿山公司院内
电话：0533-2085918
电邮：sun-roc@greatsungroup.com
网址：www.sdsrhb.cn
单位介绍：盛日奥鹏是一家集高温高纯氧化铝、铝基新材料、氧化铝制品的研发、生产、销售为一体的国家高新技术企业。集团主营板块为高端氧化铝新材料。其中，新材料板块包含 25 万吨高温煅烧 α 氧化铝、15 万吨板状刚玉、20 万吨聚合氯化铝及 7 万吨氧化铝陶瓷制品。多年来，集团坚持"创新驱动，技术引领"，产品研发制造在市场上处于较为领先的位置，得到国内多家知名企业的认可，产品也远销往欧、美、日、韩等 20 多个国家。
主营产品：煅烧 α-氧化铝粉体、球类、衬板、衬砖、马赛克衬片、氧化铝异形件、板状刚玉、净水剂。

山东鲁北海生生物有限公司

地址：山东省滨州市无棣县埕口镇鲁北高新技术区
电话：0543-6451657
电邮：rdcfeng@126.com
网址：www.Lubeihaisheng.com
单位介绍：山东鲁北海生生物有限公司是一家专业生产氧化铝的化工企业。公司采用拜耳法制取氧化铝工艺，以国外三水铝土矿为原料，利用园区内的液碱，使用公司自备生产的电力、蒸汽，采用低温管道化溶出和一段式分解等技术组织生产。主体设备性能良好，自动化程度较高，关键设备均采用 DCS 计算机自动控制，设备操作高效安全。公司充分利用生产设备和技术优势，严格组织工艺生产和产品指标的控制，生产的冶金级氧化铝和氢氧化铝产品细度较为稳定，纯度较高、杂质较少，化学指标稳定且全部达到国家一级标准，尤其以产品低硅、低钠而受到客户的青睐和认可。目前，氧化铝产品主要销往河南、内蒙古等地，销售量逐年递增。"十三五"期间，公司已完成建设年产 100 万 t 铝基新材料产业化项目。
主营产品：煅烧 α-氧化铝微粉。

山东雷浦新材料科技有限公司

地址：山东省淄博市高新区柳泉路 125 号先进陶瓷产业创新园 A 座 1615 室
电邮：117828594@qq.com
网址：www.lpweifen.com

单位介绍：山东雷浦新材料科技有限公司坐落于北方陶瓷名城淄博市。公司专业从事白刚玉、铬刚玉、棕刚玉等各种磨料磨具、高级耐火材料、煅烧氧化铝及微粉等系列产品的生产开发与销售，产品品质良好、质量稳定。公司约80%的产品销往日本、美国、韩国、中国台湾、中东欧等20多个国家和地区，在广大客户中有着较好的声誉。公司技术科研力量较雄厚，致力于磨料、磨具、耐火材料新技术及新产品的开发，可根据客户的要求生产不同规格、不同标准的产品。

主营产品：煅烧α-氧化铝。

郑州卓玉新材料有限公司

地址：荥阳市汝南路北段

电话：0371-55111666

电邮：zzzyxcl@163.com

网址：www.zzzyxcl.com

单位介绍：郑州卓玉新材料有限公司成立于2010年8月，是集科、工、贸一体化的低、微纳电熔刚玉、球形导热刚玉等特种氧化铝粉体深加工企业，主要从事电子行业用α-氧化铝粉体、高铝工程陶瓷制品的研究开发和生产。公司自成立以来，始终坚持"专业、专注、追求卓越"的核心理念，现已发展成具有一定高科技发展潜力的河南省高新技术企业，通过了ISO 9001质量管理体系认证，并获得了自营进出口权。目前，公司具备年产10000t以上高纯低钠电熔刚玉和特种氧化铝的产能，生产流程已实现全封闭、无污染。公司技术力量较雄厚，并建立、健全了自己的科研开发群体和产品应用性能检测试验室。如今的卓玉公司，以健全的现代化管理体系、扎实的专业工作基础、完备的质量跟踪体系和高质量的产品赢得了广大用户的认可和支持。

主营产品：耐火级α-氧化铝ZY-CA系列，陶瓷级α-氧化铝ZY-CA系列，抛光级α-氧化铝ZY-PA系列等。

厦门展帆贸易有限公司

地址：福建省厦门市思明区前埔一里43号1201

电话：0592-5925799

电邮：sales@xmzfan.com

单位介绍：厦门展帆贸易有限公司自成立起就建立了较为完整的管理体系，公司以α-氧化铝的推广为核心业务，推广高品质的氧化铝。公司的主要产品为球形氧化铝、类球形氧化铝、薄平形氧化铝、抛光研磨推荐用α-氧化铝、高温煅烧氧化铝粉、导热氧化铝、导热填料、导热塑料填料，具有良好的稳定性，适用于各种耐火材料、陶瓷、抛光研磨、电子、化学品、造纸、塑料等新型材料行业，并获得国内外客户的较多认可。公司聘请了多位技术顾问，以服务各种需求的客户。

主营产品：氧化铝。

佛山市钰弘材料科技有限公司

地址：广东省佛山市禅城区华宝南路13号D栋13楼3室

电话：0757-82719489/82715825

电邮：jienjin@163.com

网址：www.fsyh-chemical.cn

单位介绍：佛山市钰弘化工原料有限公司系一家集资源、生产、技术服务于一体的原材料供应商，也是印度铝工业有限公司Hindalco Industries Co. Ltd.在中国地区的销售代理商，专业经营销售印度煅烧氧化铝、钰硼牌煅烧氧化铝、电熔白刚玉等进口化工原材料。公司采用连续式球磨机加气流分级机进行粒度筛选控制，为客户提供品质较好、粒度分布均匀的煅烧氧化铝细粉。为满足不同客户对产品品质、供应的相关特殊要求，公司在山东淄博设有大型回转窑、隧道窑煅烧氧化铝的生产线，专业生产符合特殊品质要求的煅烧氧化铝；同时，为客户提供定制化的技术服务。公司产品广泛应用于电子导热、抛光、特种耐火材料、特种陶瓷等行业。

主营产品：活性氧化铝 [（YP-01MG）Al_2O_3（%）99.62；Fe_2O_3（%）0.018；SiO_2（%）0.100；比表面积（m^2/g）3.2449；吸水量（30g/mL）6.3 mL；灼减（%）0.16]。

广西朗琨科技有限公司

地址：广西壮族自治区百色市平果县铝产业园区

电话：0776-3083288/3083289

电邮：langkuntech@163.com

单位介绍：广西朗琨科技有限公司成立于2014年1月，是一家从事氢氧化铝、工业氧化铝、高温煅烧α-氧化铝、氧化铝陶瓷的生产、销售及其应用技术服务的高新技术企业。公司技术实力较为雄厚，研发团队中有博士1名，硕士1名，大专以上技术人员10余名，并与清华大学材料科学与工程学院保持着长期的技术合作关系。公司主打产品为高温煅烧α-氧化铝，研发了不同系列的煅烧α-氧化铝微粉，能够满足耐火材料、陶瓷、釉料、抛光、玻璃等不同领域的应用要求。

主营产品：高温煅烧α-氧化铝微粉。

河北鹏达新材料科技有限公司

地址：河北省邯郸市曲周县骆庄工业区

电话：0310-8989341

单位介绍：河北鹏达新材料科技有限公司是以精细粉体材料研究开发、产业化生产、贸易为核心的综合性高新技术企业。公司本着"创新、专业、以人为本"的企业理念，为国内外用户创造价值，同时也实现了自身的价值。公司在管理、技术和企业运行机制方面不断创新，力争短期内成为国内技术较为先进、产销量较大的精细粉体科工贸企业。公司力争做中国较好的粉体企业，做有一定世界影响力的粉体企业，并将"以人为本、共同发展"作为企业的核心价值观。公司是经河北省科技厅认定的高新技术企业和ISO9000认证企业，其生产的高纯氧化铝粉和高纯氧化锆粉是河北省高新技术产品。

主营产品：高纯氧化铝和氧化锆。

武强县立车发光材料有限公司

地址：河北省衡水市武强县立车工业区

电话：0318-3783002

电邮：info@licheopto.com

1.2 氧化物陶瓷粉体企业

网址：www.licheopto.com
单位介绍：武强县立车发光材料有限公司始建于1989年，公司起步于无机盐化工产业，是专业从事光学材料、晶体材料、无机盐系列产品及发光材料的研发、生产与销售的科技型企业。公司的主要产品为氟化钙、氟化钡、氟化镁、氟化锶、氟化铝等光学镀膜材料；氟化镝、氟化钇、氟化镧、氟化铈、氟化铕、氟化铒等氟化稀土产品；以及各类无机氧化物、硝酸盐、碳酸盐、磷酸盐、硫酸盐及荧光粉。另外，公司还销售各类协助生产的有机物产品。立车发光材料有限公司拥有专业的无机盐科研队伍，有专业技术人员200多名。公司目前下辖独立法人企业3个，下设企业事业部、无机盐事业部、商贸事业部及危险品事业部等，现有员工千余名。公司本着"以诚信求经营、以科技求发展"的经营理念，坚持"用心服务、专注质量、科学发展"的宗旨，遵循打造优质立车光电材料的目标，严格按照ISO质量管理体系认证的高标准，加快发展不动摇，建立完善的质量保障体系。公司以较先进的设备、质量合格的产品、良好的售后服务以及一定的竞争优势，在无机盐化工行业有着较好的发展态势。
主营产品：氧化铝多层线路板抛光粉、氧化铝PCB线路板抛光粉、氧化铝印刷电路板抛光粉等。

河南和成无机新材料股份有限公司

地址：河南省开封市祥符区310国道王解庄南
电话：0371-26689222
网址：www.hcwjxc.com
单位介绍：河南和成无机新材料股份有限公司是一家科技先导型股份制企业、国家高新技术企业以及中国耐火材料行业协会企业信用评价AA级信用企业。公司现有1条年产1万吨电熔高温结合剂生产线、1条年产1万吨电熔合成尖晶石生产线、3条年产5000吨研磨生产线。公司资产总额3000余万元，年生产能力3.5万吨。公司的主要产品有高纯耐火原料及电熔无机新材料两大类16个品种规格，电熔耐火材料结合剂、活性超低钠α-氧化铝微粉、高纯电熔尖晶石主要服务于众多耐火材料企业。公司与国际企业联合开发的特种工程用高性能添加剂具备快速凝结的性能，适宜工程抢修，拥有较为广阔的市场开发前景。目前，公司产品除供应国内市场外，还出口至日本、美国、德国等国家。
主营产品：电熔耐火材料结合剂、活性超低钠α-氧化铝微粉、高纯电熔尖晶石、氧化铝微粉。

郑州溢阳铝业有限公司

地址：河南省郑州市上街区
电话：0371-68933555
网址：www.zzyylv.com
单位介绍：郑州溢阳铝业有限公司位于郑州市上街区，距310国道6km，距高速公路1km，交通便利。溢阳铝业公司是工、贸一体化的专业氧化铝生产企业，拥有出口贸易权。公司主要从事α-氧化铝粉体、陶瓷制品的研究开发和生产，拥有年产5000t的煅烧α-氧化铝的窑炉以及年产8000t的α-氧化铝微粉生产线，并拥有经验较为丰富的科研技术团队。公司现已通过ISO 9001质量管理体系认证，产品规格多样、质量稳定，获得了用户的较多好评，现主要为多家上市公司和国内多家知名企业供货。
主营产品：氧化铝。

郑州新利耐磨材料有限公司

地址：河南省郑州市新郑龙湖经济开发区向东工业园
电话：0371-63386106
电邮：tizhyir2008@163.com
网址：www.xinlinaimo.com
单位介绍：郑州新利耐磨材料有限公司成立于1996年，公司专业生产粒度砂和微粉，微粉年产能3000t，是国内可将白刚玉微粉、绿碳化硅微粉粒度做到$0.3\mu m$的企业之一。公司拥有5台倾倒炉和固定炉、12000V磁选机及球磨机巴马克、欧美克粒度检测仪等较先进生产设备和检测仪器，专业生产白刚玉、白刚玉微粉、棕刚玉微粉、绿碳化硅微粉和氧化铝砂，产品广泛应用于五金、机械、电子、涂料等行业，镜面抛光粉可在一定程度上替代部分进口产品。公司坚持创新，并规范生产管理，以让每一位客户都能用上质量稳定、价格合理的产品为目标。
主营产品：氧化铝粉（用于抛光研磨，研磨效率高，抛光效果好）。

郑州市荥阳金博铝业有限公司

地址：河南省郑州市连霍高速上街出口北2km
电话：0371-68003565
电邮：976128845@qq.com
网址：www.zzjbly.com
单位介绍：郑州市荥阳金博铝业有限公司主要从事煅烧α-氧化铝系列、高温氧化铝、抛光膏氧化铝、双峰氧化铝、活性α氧化铝系列、玻璃专用氧化铝、地板砖专用氧化铝、氢氧化铝、氢铝干粉、氢铝干白、白刚玉的生产与销售，并承接各种粉体材料的来料煅烧加工。公司拥有微粉厂，主要生产325～10000目氧化铝微粉、煅烧氧化铝微粉、氢铝微粉等产品，主要生产设备有内燃式回转窑、外燃式不锈钢回转窑及高中温隧道窑。高温α-氧化铝粉年产能为3万吨，活性α-氧化铝粉年产能为8000吨，烘干氢氧化铝年产能为6000吨，各种粉体材料年产能为1万吨。
主营产品：氧化铝。

郑州市茂腾新材料有限公司

地址：河南省郑州市上街区淮阳路5号
电话：0371-63270319
电邮：626521247@qq.com
网址：www.maoteng.net
单位介绍：郑州市茂腾新材料有限公司专业生产阻燃新材料、铸造新材料和耐火新材料。公司始终坚持创新的经营理念，把阻燃行业和铸造行业的需求与耐火技术相结合，以自行科研为基础，通过自身的艰苦奋斗和执着追求，不断地开发和生产各种用于阻燃、铸造、耐火的新材料。茂腾新材料有限公司下属的专业进出口贸易公司主要负责宝珠砂、油田压裂支撑剂和氢氧化铝阻燃剂等产品的出口，以及高白氢氧化铝微粉、填料、耐火纤维等产品的国际贸易相关事务。公司产品已在国内多家公司广泛使用，目前已出口至日本、韩国、欧洲等国家和地区。

主营产品：氧化铝。

郑州花润新材料有限公司

地址：河南省郑州市荥阳市高山镇竹川村铁路桥
电邮：zzhrxcl@163.com
网址：www.zhrxcl.com
单位介绍：郑州花润新材料有限公司是工、贸一体化的专业α-氧化铝生产厂家，主要从事氧化铝粉、α-氧化铝微粉、高温煅烧氧化铝及氧化铝陶瓷的研究、开发和生产。公司拥有α-氧化铝产品生产线，以及经验较为丰富的科研技术人员。
主营产品：白刚玉、抛光磨料、α-氧化铝、氧化铝粉、氧化铝微粉、耐火级α-氧化铝、陶瓷级α-氧化铝、氢氧化铝干粉、氢氧化铝微粉。

洛阳荣铝新材料有限公司

地址：河南省洛阳市洛龙区军民路2号
电话：0379-65519230
电邮：30930229@qq.com
网址：www.ronglv.com
单位介绍：洛阳荣铝新材料有限公司根据市场的需要，不断地改进生产工艺、更新设备，以行业先进技术理论为指导，集业内专家精英为智囊，致力于α-氧化铝超细粉体的研制与开发。
主营产品：煅烧α-氧化铝。

连云港宝宇陶瓷材料科技有限公司

地址：江苏省连云港市连云区墟沟中华西路45号中华商务大厦606室
电话：0518-86086776
电邮：info@baoyuceramic.com
网址：www.baoyuceramic.com
单位介绍：连云港宝宇陶瓷材料科技有限公司致力于陶瓷材料的研发、生产，始终视创新是企业的核心生命力，竭力服务于广大客户。
主营产品：α-氧化铝及微粉、92%、95%、99%氧化铝造粒粉。

开封市高达炉料有限公司

地址：河南省开封市开尉公路芦花岗转盘南100米
电话：0371-23924646
电邮：Dongwei5666@yahoo.com.cn
网址：www.gdllgs.com
单位介绍：开封市高达炉料有限公司是集高新技术耐火原料和不定形耐火材料的研发、生产与销售于一体的专业化耐火材料企业。公司拥有一批经验较为丰富的高级技术人才，以及完善的质量检测手段和先进的生产设备。2000年，公司通过ISO 9001：2000质量管理体系认证，进一步完善了质保体系。公司的产品性能良好、质量可靠，广泛应用于耐火材料、冶金、陶瓷、化工等行业。开封市高达炉料有限公司执行国标、行业或企业等系列标准，产品用料讲究、配方科学、工艺合理、性能稳定且交货及时畅销于全国20多个省市，同时出口到俄罗斯、日本、巴基斯坦、伊朗等国家和地区，获得国内外用户的较多认可。
主营产品：活性α-氧化铝微粉、抛光α-氧化铝微粉、电熔铝镁尖晶石、电熔白刚玉、电熔纯铝酸钙水泥、电熔莫来石、电熔棕刚玉、炮泥、氧化铝空心球及钢包浇注料、喷补料等耐火原料和各种不定形耐火材料。

安阳金石研磨材料有限公司

地址：河南省安阳市殷都区纱厂路纱厂工业园区东排1号
电话：0372-5030809
电邮：ayjsym@163.com
网址：www.jsymcl.com
单位介绍：安阳金石研磨材料有限公司成立于2012年，是从事稀土抛光材料生产的中小企业。公司拥有较为完善的生产工艺体系及技术装备，并拥有十余项核心自主知识产权，其中"金石牌"注册商标在国内有较高知名度。安阳金石研磨材料有限公司是国家高新技术企业、科技型中小企业，拥有政府支持的市级工程技术研究中心，正朝着科技小巨人迈进，总资产1350余万元，年生产能力2000吨。公司拥有抛光粉及抛光液生产的核心技术，获得了十三项发明专利和实用新型专利成果，攻克了部分长期困扰我国抛光粉生产的技术难题，从根本上改变了抛光粉的晶型和粒度，单颗直径在25~100nm之间，在一定程度上填补了我国在纳米级抛光粉生产方面的相关空白，从而使粉体由不定形的雪花状转变为可操控的葡萄状、单颗球形、八面向心体、平行四方体等，提高了产品磨削力，降低了抛光缺陷，延长了产品寿命，对后期的平坦化抛光起到了积极作用。公司的主要产品有抛光粉、抛光液等8个系列16个型号，分别适用于高、中、低档不同介质载体的研磨抛光；产品质量良好，在用户中享有较高的声誉，广泛应用于液晶显示器、视窗玻璃、光学玻璃、手机玻璃、硬树脂镜片、水晶水钻、工艺玻璃、电子芯片、航空航天等领域的精密抛光及高速抛光，能够较好地满足不同客户对各种玻璃冷加工的需求，具有良好的市场前景。
主营产品：纳米级氧化铝。

河南联合精密材料股份有限公司

地址：河南省郑州市经济技术开发区腾达路56号
电话：0371-56589162/56589189
电邮：market@union-diamond.com
网址：www.union-diamond.com
单位介绍：河南联合精密材料股份有限公司是一家致力于精密研磨抛光材料及其高端制品研发、生产与销售的高新技术企业。公司目前拥有精细磨料、流体磨料等系列产品，同时致力于为半导体、集成电路等行业提供整体研磨抛光解决方案，主要服

1.2 氧化物陶瓷粉体企业

务于半导体晶片加工、光伏硅片切割用金刚线、消费电子产品研磨抛光、蓝宝石 LED 衬底研磨等精密加工领域，并在这些领域不断创新、实现突破。
主营产品：高纯氧化铝。

河南若玉瓷业有限公司

地址：河南省焦作市武陟县产业集聚区宜业路南（磨料磨具园区内）
电邮：Songweid@126.com
单位介绍：河南若玉瓷业有限公司专业从事氧化铝陶瓷造粒粉的生产，拥有四条造粒生产线，年生产能力可达 2000t，现有 20 多个型号的产品，并且可以根据用户的设备、工艺等需求定制产品。若玉牌氧化铝造粒粉的优点如下：(1) 粉体颗粒中实，粒度级配合理，填充性和流动性良好；(2) 易压制、坯体强度处于较高水平，可满足等静压的坯体加工要求；(3) 粉体均一性、稳定性较好，通过两次均化能够保障同一批次产品性能较为一致；(4) 坯体脱模性能良好，可满足各种快速压机的压制要求；(5) 陶瓷的烧成温度和物化性能可根据用户要求进行一定程度的个性化调整。
主营产品：氧化铝陶瓷造粒粉。

巩义市泰隆工贸有限公司

地址：河南省郑州市巩义市交通路 77 号
电话：13838102527
电邮：921651422@qq.com
单位介绍：巩义市泰隆工贸有限公司长期致力于各种陶瓷造粒粉、瓷粉、颜料等的研发与生产，产品远销美国、印度、日本等国，并在国内众多陶瓷生产企业中得到应用，且获得广泛认可。公司以务实的工作满足客户需求，不断创新和发展，引进多台较为先进的生产和检测设备、仪器，为产品的稳定和发展筑牢了基础，从而使产品质量得以提升，各项指标均居国内较前列的水平。
主营产品：各种氧化铝造粒粉、多孔陶瓷造粒粉、多色系（黑、红、蓝等）陶瓷造粒粉、瓷粉、陶瓷颜料等。

郑州嵩森特种氧化铝有限公司

地址：郑州市上街区工业路西段
电话：13938522555
电邮：2366036487@qq.com
单位介绍：郑州嵩森特种氧化铝有限公司是一家集科研、生产、销售于一体的电熔白刚玉专业生产企业，具备年产 30000t 白刚玉的生产能力，总投资 4100 万元。项目占地 7000m²，建筑面积 11000m²，标准厂房面积为 10000m²，办公用房面积为 500m²，仓库用房面积为 500m²。公司的主要生产设备有 3200kV·A 刚玉倾倒炉、颚式破碎机、对辊式破碎机、球磨机、直线筛、包装机。产品已覆盖河南、江苏、浙江、辽宁、河北等主要耐火材料生产区域，从产品的冶炼到深加工满足不同客户的需求，获得了用户的认可。
主营产品：电熔白刚玉。

南京福皓晶体材料科技有限公司

地址：江苏省南京市栖霞区龙潭街道上坝街 2 号
电话：025-85722300
电邮：njfuhao@163.com
单位介绍：南京福皓晶体材料科技有限公司生产的高纯、超细氧化铝产品是其与江苏大学共同开发、研究的成果，该产品是人造蓝宝石晶体主要原材料之一。高纯氧化铝在洁净的工作环境下，经过真空、高压、高温等工艺流程，可以制成高纯、超细的蓝宝石晶体原料。该原料长出的晶体可广泛应用于光源及高科技领域，有助于节约能源，可延长一定倍数的使用寿命，同时也广泛应用于航空航天精确制导等国防工业行业。鉴于近几年国际国内 LED 市场的快速发展，高纯度的氧化铝成为国际、国内较多关注、研究、开拓的对象。该公司生产的高纯氧化铝原料通过特殊制作工艺制成，并经过上海硅酸盐研究所及各权威机构检测，纯度已突破 99.999%，细度已达到纳米级别；产品由下游客户使用，已长出质量较好的晶体，是人造蓝宝石长晶用户的较为理想的材料之一。
主营产品：氧化铝粉。

南京天行新材料有限公司

地址：江苏省南京市白下高新区永智路 5 号
电话：025-84215819
电邮：sales@tansail.com
网址：www.tansail.com
单位介绍：南京天行新材料有限公司拥有一支专业且颇具实力的技术团队，为公司的新品研发、质量控制保驾护航，并为客户提供技术支持。公司生产的纳米材料品质优良、质量稳定，并可开发针对客户不同应用需求的定制产品。目前，公司主要产品包括纳米氧化硅、纳米氧化铝、纳米二氧化钛、光触媒材料、纳米氧化锌、氧化铝导热材料等，并通过专业的纳米分散技术，为客户提供高分散性和稳定性的纳米分散浆料，提高了纳米材料应用的可操作性。公司产品目前广泛应用于石油化工、钢铁冶金、电子产品、涂料油墨、橡胶塑料、化妆品、能源、纺织、汽车和建筑等行业。
主营产品：球形氧化铝。

苏州图纳新材料科技有限公司

地址：江苏省苏州工业园区星湖街 218 号生物纳米园 A7-401
电话：0512-62766673
电邮：yanz@tunacera.com
单位介绍：苏州图纳新材料科技有限公司是一家生产高性能聚合物陶瓷前驱体及纳米陶瓷粉体的高科技企业。公司利用独有的合成技术制备多种有机金属高分子材料，这类材料可以经过热处理转化为陶瓷，故称为陶瓷前驱体树脂。陶瓷前驱体树脂将有机聚合物与无机陶瓷连接起来，对陶瓷性能和工艺有独特的影响。图纳陶瓷前驱体树脂最初是为陶瓷基复合材料（CMC）提供陶瓷基体而开发，但其实际和潜在的用途覆盖诸多领域，这使之有望成为满足多行业新兴应用对材料需求的关键乃至不可或缺的组成部分。

主营产品：超细陶瓷粉体，以及氧化铝、氧化锆、碳化物等多陶瓷前驱体树脂。

宜兴市正发陶瓷厂

地址：江苏省宜兴市丁蜀镇洛涧工业区
电话：0510-87493937
电邮：si@zftcc.com
网址：www.zftcc.com
单位介绍：宜兴市正发陶瓷厂专业生产加工高频瓷、普瓷、95瓷、99瓷及各类陶瓷造粒料。正发陶瓷厂生产的粉料颗粒圆滑，粒度分布合理，流动性好，压制不粘模，坯体不开裂；成瓷晶粒细，易抛磨，少显气孔和杂斑；还可以根据客户要求来样定制加工。多年来，产品在业内收获了众多好评。正发陶瓷将以扎实的实力和较为先进的工艺设备，以更丰富的品种、更合理的价格为全国陶瓷界厂商提供更好的服务。
主营产品：高频瓷、普瓷、95瓷、99瓷及各类陶瓷造粒料。

淄博恒环铝业有限公司

地址：山东省淄博市昌国路耀鲁工贸创业园
电话：0533-8218311
电邮：sd_henghuan@126.com
网址：www.zbhenghuan.com
单位介绍：淄博恒环铝业有限公司成立于2011年，是国内较早从事活性氧化铝系列产品研发、生产与销售的企业之一。公司配备了优良设备和齐全的检测设施，主要生产活性氧化铝、ρ-氧化铝（快脱粉）、空压机用氧化铝、氧化铝除氟剂、伽马氧化铝、硫黄回收催化剂、各种中大孔氧化铝球催化剂载体、活性酸钾球、氧化铝瓷球、分子筛系列等十余个品种。
主营产品：高温（煅烧）氧化铝微粉。

淄博宏赫化工有限公司

地址：山东省淄博市张店区共青团西路136号
电话：0533-6120208
电邮：sales@honghechem.com
单位介绍：淄博宏赫化工有限公司长期专注于高纯氧化铝及其系列产品的研发与生产。高纯氧化铝凭借其化学稳定性佳、熔点较高、机械强度良好、硬度较高、导热性良好、绝缘性较高等性能，在电子材料、技术陶瓷、精密抛光、功能添加剂、催化剂、喷涂材料、半导体材料以及晶体材料等高品质领域得到广泛应用，具备一定的应用发展潜力。
主营产品：高纯氧化铝。

淄博汇成铝业有限公司

地址：山东省淄博市张店区南定镇崔军村向阳路中段
电话：0533-2980878
网址：www.sdhcly.1688.com
单位介绍：淄博汇成铝业有限公司，坐落于具有丰厚儒家文化底蕴的中国铝工业的发祥地鲁中城市——淄博。汇成铝业秉承用户的需求就是产品研发和生产的目标，坚持以质量求生存，与客户共发展。公司依托科技，面向氧化铝、氢氧化铝深加工和新产品开发，针对客户的不同需求，研究开发适合用户的产品，在配合客户开发新产品所用原料的研究开发方面有较为丰富的经验。
主营产品：高温氧化铝。

淄博佳润化工有限公司

地址：山东省淄博市双杨工业园
电话：0533-2971667
电邮：yanghualvgongyi@sina.com
网址：www.yanghualv.cc
单位介绍：淄博佳润化工有限公司位于山东省淄博市开发区，是专业的研发与生产氧化铝、勃姆石的企业。公司生产工艺较为先进，设备优良，检测设备较为齐全，专注于氧化铝、勃姆石、铝溶胶、催化剂载体、拟薄水铝石的生产与应用，年生产能力可达10万t。
主营产品：高纯氧化铝。

淄博嘉坤锆铝新材料有限公司

地址：山东省淄博市淄川区罗村镇东官村
电话：0533-5687555
电邮：zbjkxcl@163.com
单位介绍：淄博嘉坤锆铝新材料有限公司专业从事精细粉体研磨及先进陶瓷磨介的研发、生产及销售，拥有一支较高素质的科研团队，并与多所高等院校合作进行项目研发。
主营产品：超细增白氧化铝粉、超细研磨陶瓷抛光氧化铝、高稳定性陶瓷工业专用JK-F2粉末状锆英粉等。

淄博金航晶体材料科技有限公司

地址：山东省淄博市博山区北岭工业园丁家山路1号
电话：0533-4280811
电邮：zbjinhang@163.com
网址：www.zbjinhang.com
单位介绍：淄博金航晶体材料科技有限公司成立于2008年，已获得自主进出口授权。公司以氧化铝作为基础产品，致力于研发和生产高纯度氧化铝粉体、高纯度氧化铝球精细先进材料等高纯氧化铝系列产品，其广泛地应用于LED蓝宝石晶体、航空航天、光学材料、超级陶瓷、高级耐火材料、催化剂载体等诸多高科技领域。
主营产品：高纯氧化铝荧光粉、锂电池隔膜用氧化铝。

淄博金琪化工科技有限公司

地址：山东省淄博市高新区柳泉路125号先进陶瓷产业园A座20层
电话：0533-3591884
电邮：jinqihuagong@163.com

1.2 氧化物陶瓷粉体企业

网址：www.zibojinqi.com
单位介绍：淄博金琪化工科技有限公司主要从事氧化铝催化剂载体及载体前驱物、抛光粉、抛光液、铝溶胶以及各种特殊氧化铝粉体等化工产品的销售。金琪牌产品目前广泛应用于石油化工与有机合成用的催化剂载体，各种高性能陶瓷、抛光、单晶、远红外材料，以及生物陶瓷、涂料基料、耐高温涂层、电线电缆、电子绝缘、导热材料、油漆油墨、吸附剂等各类行业。
主营产品：高纯纳米氧化铝。

淄博诺达化工有限公司

地址：山东省淄博市张店区南定工业园
电话：0533-3593326
网址：www.zbnuoda.cn
单位介绍：淄博诺达化工有限公司位于山东淄博，是一家专业生产氢氧化铝阻燃剂系列产品、氧化铝基系列抛光粉及高纯氧化铝产品的企业。产品广泛应用于人造大理石、玻璃工业、橡胶复合绝缘子、树脂类材料、电线电缆料、橡塑材料（BMC 模塑材料）、油漆、油墨、吸附剂等行业。
主营产品：超高温烧结板状刚玉。

淄博山佳硅铝新材料股份有限公司

地址：山东省淄博市张店区沣水镇南沣村东四路南首
电话：0533-2082358
电邮：shanjiagufen@163.com
单位介绍：淄博山佳硅铝新材料股份有限公司是专业生产与加工伽马药用氧化铝、伽马氧化铝、废油再生催化剂、活性氧化铝系列、中性氧化铝等产品的企业。公司拥有完整、科学的质量管理体系以诚信、实力和产品质量获得业界的认可。
主营产品：伽马氧化铝系列、药用吸附氧化铝系列、活性氧化铝球系列、催化剂载体系列、废油再生催化剂系列等。

淄博盈川铝业有限公司

地址：山东省淄博市淄川区
电话：0533-5337718
网址：www.zbycly.com
单位介绍：淄博盈川铝业有限公司坐落于鲁中工业重镇淄博市淄川区，前有蒲松龄著书之处，后有鬼谷子讲道之地，毗邻济青、滨莱高速、胶济铁路及多条国道及省道，交通便利，发展前景较为广阔。公司专业生产特种氢氧化铝、煅烧 α-氧化铝、高纯氧化铝、活性氧化铝，产品广泛应用于绝缘材料、热缩材料、抛光材料、色料釉料、发光材料、电子陶瓷、透明陶瓷、建筑材料、耐火材料、化工干燥吸附等行业。
主营产品：高温氧化铝。

淄博正则铝业有限公司

地址：山东省淄博市张店区南定镇漫泗河村东首
电话：0533-6122782
电邮：zbzhengze@163.com
网址：www.zzyanghualv.com
单位介绍：淄博正则铝业有限公司是一家集研发生产与销售为一体的民营企业，致力于各种氧化铝产品的开发和生产，主要产品为高品质的 α-氧化铝及氢氧化铝等系列产品。公司凭借较专业的科研团队及管理人员、较雄厚的技术实力及较高效的管理方法，经过长时间的建设、积累和发展，在行业内占据了一定的优势和较为领先的市场地位。
主营产品：微晶超细 α-氧化铝。

山东晶鑫晶体科技有限公司

地址：山东省淄博市博山区白塔镇新材料产业工业园 88 号
电话：0533-4506888
电邮：market@gemsung.net
网址：www.gemsung.net
单位介绍：山东晶鑫晶体科技有限公司位于中国陶瓷琉璃艺术之乡——淄博市博山区，是一家专业生产特种氧化铝材料的国家高新技术企业。公司成立于 2011 年 9 月，注册资金 5800 万元，产品销往美国、俄罗斯、韩国、日本、中国台湾等 20 多个国家和地区。公司拥有多项技术和生产专利，与台湾成功大学、远东科技大学、南京理工大学、上海交通大学、山东理工大学等多所院校开展技术合作，为公司的创新发展提供了源源不断的技术支持。
主营产品：3N 特种陶瓷用氧化铝。

山东科恒晶体材料科技有限公司

地址：山东省淄博市淄川经济开发区管委会西 500 m
电话：0533-5438008
电邮：zbkeheng@126.com
网址：www.sdkhjt.com
单位介绍：山东科恒晶体材料科技有限公司成立于 2011 年 3 月，位于淄博市淄川经济开发区中部，西邻凤凰山，东靠张博附线，南邻胶王路，北靠开发区中路，东紧邻淄川经济开发区管委会，距淄川城区 6 km，地理位置优越、交通便利。公司专业生产 LED 基片级高纯氧化铝。
主营产品：高纯氧化铝（熔点：2050℃）。

淄博麟凯化工材料有限公司

地址：山东省淄博市经济开发区南定镇西山路 17 号
电话：0533-2947615
网址：www.yaohelvye.com
单位介绍：淄博麟凯化工材料有限公司坐落于北方陶瓷名城淄博市，是一家拥有较为雄厚的技术力量和良好的发展前景的优秀企业。公司集科技开发、生产、销售、服务于一体，所生产的高温氧化铝等产品不易溶于水且应用广泛。公司可以为客户量身定做适合的产品。
主营产品：氧化铝、高温氧化铝、氢氧化铝、工业级氢氧化铝、玛瑙级氢氧化铝、牙膏级氢氧化铝、填料用氢氧化铝产品以及电熔白刚玉段沙、粒度沙、微粉等产品。

山东狮邦化工科技有限公司

地址：山东省淄博市高新技术开发区裕民路131号
电话：0533-3590266
电邮：seibou@sina.com
网址：www.sdshibang.com
单位介绍：山东狮邦化工科技有限公司位于山东淄博高新技术开发区，是一家专注于研发、生产氧化铝基系列抛光研磨粉体、氢氧化铝阻燃剂系列产品的生产企业。狮邦化工可提供多品种的产品，并可为客户定做不同技术要求、不同品质级别要求的产品。在氧化铝基抛光研磨粉体及各类氢氧化铝阻燃剂等领域，狮邦化工可为客户提供多种选择方案和机会。
主营产品：高纯超细氧化铝（外观呈白色粉末状，粒度均匀，蓄水量低，化学性能稳定。用作高铝耐火材料、陶瓷器件、汽车用火花塞及抛光研磨等制品的原料，是生产高铝质不定形耐火材料的基本材料，是增强耐火制品性能的优质填充料）。

山东西官氧化铝科技有限公司

地址：山东省淄博市淄川区罗村镇西官工业园
电话：0533-5203222
电邮：XLKJwq@chinaxiguan.cn
网址：www.chinaxiguan.cn
单位介绍：山东西官氧化铝科技有限公司是国内从事活性氧化铝系列、分子筛系列产品研发，化工填料系列生产、销售且具备生产设备和检测设备的专业企业。公司在科研、设备检测和工艺等方面投入了大量的资金，经过不断的发展和积累，先后建成多条先进的智能化活性氧化铝生产线及分子筛生产线。公司建立了完善的质量管理体系，并通过ISO 9001质量管理体系认证，产品质量较高，年产量已达上万吨。
主营产品：活性氧化铝。

山东众鑫新材料科技有限公司

地址：山东省聊城市茌平县信发工业园
电话：0635-4517999
电邮：sdzxkj2013@163.com
网址：www.shandongzhongxin.com
单位介绍：山东众鑫新材料科技有限公司是集生产、研发于一体的氧化铝陶瓷制品生产基地，提供种类齐全的氧化铝陶瓷制品。产品分为三大系列：微晶氧化铝粉；研磨系列，包括高铝瓷球、高铝微珠、高铝衬砖、高铝衬板、柱状瓷球、陶瓷马赛克等；填料系列，以氧化铝含量99%以上的高端化工填料为主。
主营产品：高温氧化铝粉。

淄博百大化工有限公司

地址：山东省淄博市淄川区大钟街北首
电话：0533-5418798
电邮：baidahuagong@126.com
网址：www.zbbd-chem.com
单位介绍：淄博百大化工有限公司是一家专业从事精细化工生产的民营企业。公司的主要产品有高温氧化铝、高纯氧化铝、活性氧化铝、氢氧化铝等系列的精细化工产品。公司拥有较为先进的生产车间和完善的质量检测流程，并与山东理工大学、南京理工大学、南京师范大学等高校保持着密切的合作关系。
主营产品：高纯氧化铝。

淄博昌丰化工有限公司

地址：山东省淄博市淄川区寨里镇北沈工业园
电话：0533-5610089
单位介绍：淄博昌丰化工有限公司是一家专业生产荒酸二甲酯、氢氧化铝、氢氧化铝微粉、活性氢氧化镁及橡塑阻燃剂的厂家，产品有质量保证，价格优惠。公司自成立起，本着"平等互利、互惠发展"的原则诚信经营，获得了广大客户的认可与支持。公司在经营上运用电子商务、开发贸易平台，在售后服务上跟踪服务，在产品上严把质量关，在业内有着良好的商业信誉。
主营产品：氢氧化铝微粉。

淄博泰砺特种磨料有限公司

地址：山东省淄博市周村区南郊镇高塘村村委南首175号
电话：0533-6060043
电邮：zbtlml@126.com
网址：www.zbtaili.cn
单位介绍：淄博泰砺特种磨料有限公司是专业生产白刚玉磨料、微粉、精微粉的厂家。公司检测设备较为齐全，制造工艺较为精湛，质量保证体系较为完备，以精加工高标准的产品立足于市场。多年以来，公司在电子、光学、珠宝、机械、纺织等行业的精抛光以及精密铸造业内积累了一定的声誉。公司具备较为雄厚的技术力量和新产品研发能力，可根据用户的不同需求生产适合用户技术要求的特殊规格及品种的产品。
主营产品：白刚玉精铸粉。

淄博东利新材料科技有限公司

地址：山东省淄博市张店区沣水镇高炳东村东北首
电话：0533-2089850
电邮：sddlxcl@163.com
网址：www.sddongli.com
单位介绍：淄博东利新材料科技有限公司是一家以氧化铝深加工为主的企业。公司位于淄博市东部化工区，东依齐鲁石化，北靠胶济铁路，南邻山东铝厂，地理位置优越，交通便利，信息畅达。公司设备较为先进，专业技术力量较为雄厚，拥有隧道窑炉，以天然气为清洁燃料，可加工高温氧化铝系列产品，包括耐火、耐磨、研磨抛光、陶瓷、电子陶瓷用氧化铝等，同时可加工氧化铝微粉。
主营产品：氧化铝、高温氧化铝系列产品。

山东华澳陶瓷科技有限公司

地址：山东淄博市淄川区昆仑镇小百锡工业园

1.2 氧化物陶瓷粉体企业

电话：0533-5554707
网址：www.zbhuaao.com
单位介绍：山东华澳陶瓷科技有限公司主要生产陶瓷用硅酸锆、锆英粉、窑炉用高温陶瓷辊棒、氧化锆研磨珠及耐火材料用高温氧化铝微粉等系列产品。公司生产的硅酸锆、锆英粉采用优质澳砂为原料，经过精细加工生产，具有良好的增白性和乳浊性，可满足建筑陶瓷、日用陶瓷及卫生陶瓷的使用要求；高温陶瓷辊棒采用进口高温氧化铝微粉、刚玉为主要原料，经过先进的专用设备成型和特别设计的高温窑炉煅烧，然后再精密加工而成，可满足各种辊棒窑炉的使用要求；高温氧化铝微粉选用优级氧化铝为原料，经过高温煅烧、精细研磨，细度达到 $1.0\mu m$，可满足各种高档耐火材料的使用要求；氧化锆研磨珠低耗高效、用途广泛，是超细材料研磨较为理想的选择。
主营产品：锆铝复合辊棒、硅酸锆、氧化铝空心球砖。

淄博米格研磨材料有限公司

地址：山东省淄博市周村区周隆路
网址：www.gwyhlcj.com
单位介绍：淄博米格研磨材料有限公司是专业生产加工氧化铝、高温氧化铝、白刚玉石微粉、耐磨白刚玉、喷砂白刚玉等产品的公司，拥有较为完整、科学的质量管理体系。公司以诚信、实力和产品质量获得了业界的认可，拥有良好的企业信誉。
主营产品：氧化铝、高温氧化铝、白刚玉石微粉。

淄博阳轩陶瓷科技有限公司

地址：山东省淄博市陶瓷工业园
电邮：ziboyangxuan@163.com
单位介绍：淄博阳轩陶瓷科技有限公司是一家集科、工、贸于一体的专业生产耐磨陶瓷的企业。公司拥有全套生产陶瓷耐磨制品的设备，其中包括120m隧道窑2条、梭式窑炉3台、等静压机15台、成球机10台，并配有德国马尔文电力分析仪、独立可运行球石磨耗检测设备2套，具备年产氧化铝陶瓷制品15000t的生产能力。公司与国内多家企业和科研机构保持着良好的合作关系，以确保为客户提供较优质的产品及售后服务。
主营产品：氧化铝粉〔以工业氢氧化铝或工业氧化铝为原料，在适当的温度下煅烧成晶型稳定的 α-氧化铝产品；以煅烧 α-氧化铝为原料，经过大型封闭式滚筒球磨机（滚筒内衬为氧化铝砖，介质为高铝瓷球）球磨精制成氧化铝微粉或细沙状。氧化铝粉具有纯度高、熔点高、热稳定性好、真密度大、酌减小、硬度大、电绝缘性好以及耐酸、耐碱、耐腐蚀等特点〕。

淄博智信实业股份有限公司

地址：山东省淄博市经济开发区淄河大道22号甲1
电话：0533-2273134
电邮：15169321341@163.com
网址：www.zbzhixin.cn
单位介绍：淄博智信实业股份有限公司是集氧化铝研发、生产、销售于一体的大型生产基地。公司主营各类高温氧化铝微粉、各类定形和不定形耐火材料，以及不锈钢、玻璃抛光系列、陶瓷色釉料增白等系列产品；同时，根据客户的不同需求，致力于研发各类氧化铝新产品。公司寻求与各大铝业公司及科研院校的紧密合作，汇聚高科技专业人才，致力于研发氧化铝高端产品。公司自投产以来，以质量求生存，以科技图发展，以管理增效益，创立了具有本企业特色的管理模式。
主营产品：氧化铝抛光粉。

淄博超科氧化铝材料有限公司

地址：山东省淄博市淄川区罗村镇暖水河工业园
电话：0533-5692398
电邮：13806435317@163.com
单位介绍：淄博超科氧化铝材料有限公司是以科研开发为主导的专业从事活性氧化铝系列、催化剂载体系列、分子筛系列、拟薄水系列等产品的研发、生产与销售的高新科技企业。公司在相关科研院所、高等院校的支持下，先后建成多条较为先进的智能化活性氧化铝及分子筛生产线，年产总量3万余吨。公司生产的系列产品适用于过氧化氢、催化剂、空分干燥、气体提纯、水处理等行业，覆盖石油、化工、造纸、化肥、医药、建材、气体制造等领域。公司与国内的中石化北京石油化工科学研究院、兰州石化院、天津化工研究设计院、齐鲁石油化工研究院、中国石油大学（华东）、天津大学、苏州大学等各大院校及催化剂企业保持着长期、稳定的合作关系。公司汇集了大量来自国内煤化工、石油化工、催化剂、环保等行业大中型科研院所、设计院及生产企业的高级专业技术人才，并拥有一批自己培养的新生骨干技术力量，具有扎实的理论基础和丰富的工程实践经验。公司与各大院校、催化剂企业联合研发生产出多品类专用活性氧化铝载体，广泛应用于加氢催化剂、贵金属催化剂、Co-Mo系耐硫变换催化剂、Claus硫黄回收催化剂、水处理金属催化剂等领域。
主营产品：高温氧化铝微粉。

淄博森驰精细化工有限公司

地址：山东省淄博市临淄区齐都镇齐都路北首
电话：0533-7823688
电邮：liangyuking123@163.com
网址：www.scchemical.net
单位介绍：淄博森驰精细化工有限公司是一家专注于生产和研发高端拟薄水系列产品和精细氧化铝产品的创新型生产企业。公司主要生产八种高端拟薄水系列产品和六种精细类氧化铝产品，其中包含高黏拟薄水铝石、高纯拟薄水铝石、特种拟薄水铝石等。公司生产的产品具有明显的技术优势，广泛应用于高端催化剂、涂覆类和磨削类产品领域。公司生产的精细类氧化铝产品品质优良，广泛应用于医药类、电子类、催化剂等行业，并拥有良好的口碑。公司的研发基地位于山东淄博，生产基地位于山东青岛和山西吕梁，产品技术来源于公司内部技术研发和高等院校的合作，其中多项产品有国家专利，同级产品已经替代了国外部分进口产品。森驰化工致力于服务高端制造业和工业企业，将保障产品质量和服务作为发展根基，将产品创新作为发展的动力，不断地提高产品品质。
主营产品：高纯氧化铝。

淄博齐佳耐磨陶瓷有限公司

地址：山东省淄博市淄川区西楼工业园
电话：0533-3146682
电邮：sdqjnmtc88@163.com
网址：www.sdnmtc.com
单位介绍：淄博齐佳耐磨陶瓷有限公司主要生产高纯氧化铝填料、陶瓷填料、氧化铝陶瓷件、水泥用微晶陶瓷球、氧化铝粉、复合陶瓷设备，并承接各类耐磨陶瓷工程施工、设计、技术咨询。公司现拥有较为先进的陶瓷生产设备，并与多家专业院校建立长期科研合作关系，常年致力于耐磨陶瓷的技术开发、产品设计制造及现场施工等，确保为用户提供较优质的耐磨材料及工程服务。公司生产的氧化铝陶瓷衬板（管件）、氧化铝陶瓷衬砖、氧化铝研磨球、陶瓷橡胶附件、氧化铝粉体、陶瓷用减水剂等产品已被国内外用户认可，并得到广大用户的好评和赞誉。该系列产品具有强度高、硬度高、耐磨损与耐腐蚀性好等特点，主要服务于建筑陶瓷行业以及炭热电、钢铁、煤炭洗选、非金属矿、冶炼、石油、化工、粉体机械等行业。
主营产品：80～120目氧化铝粉体。

河津市锦浩特种陶瓷有限公司

地址：山西省运城市河津市清涧街道办事处清涧一村村南
电邮：13803471560@139.com
单位介绍：河津市锦浩特种陶瓷有限公司成立于2014年5月23日，经营范围包括氧化铝陶瓷制品及氧化铝粉的生产与销售。
主营产品：氧化铝粉。

平陆县晋纲新型耐火材料有限公司

地址：山西省运城市平陆县圣人涧镇上岭村第五居民组265号
电邮：SALES@JIYGO.COM
网址：www.jgnhcl.com
单位介绍：平陆县晋纲新型耐火材料有限公司始建于2003年，现拥有固定资产5500余万元，职工300余名。公司占地面积5万余平方米，厂区内设有原矿石堆料场。公司的白料生产线包括一座煤气发生炉、两座机械化竖窑及原材料堆放场地；刚玉加工车间包括两座6300kV·A的刚玉倾倒炉、一座拖包刚玉冷却破碎厂房及棕刚玉成品质检及堆放场地；制砂车间包括巴马克、对辊、球磨等制砂流水线及刚玉砂成品堆放车间；公司还设有化学分析及物理质检实验室，以及办公区域、工人生活区等。公司是行业内少数从原矿石选购到成品刚玉砂供应的专业生产厂家之一，在一定程度上改善了刚玉行业多年以来产品质量保障难、生产工艺稳定性差的状况。
主营产品：白刚玉微粉、棕刚玉细粉等。

上海索邦陶瓷科技有限公司

地址：上海市工业综合开发区庄行工业园吕桥路10号
电话：021-67115200
电邮：tang@sh-suobang.com
单位介绍：上海索邦陶瓷科技有限公司拥有占地面积15000m²、建筑面积10000m²的花园式厂区。公司专业生产各种氧化铝陶瓷造粒粉系列产品，集研发、制造、销售和售后服务于一体。公司积极引入国内外技术成果，并与国内多所大学及研究所建立合作关系。氧化铝陶瓷亦称精密陶瓷、特种陶瓷或高技术陶瓷，具有高强度、绝缘、耐高温、耐腐蚀、导热性好等性能，被广泛应用于电子、电器、机械、化工、纺织、汽车、冶金、军工、石油开采、医疗和航空航天等领域。公司现有的主要产品是92%、95%、97%、99%、99.5%氧化铝陶瓷造粒粉，年产量达到6000t以上，年销售量达上亿元，部分产品销往国外，产品的性能指标在进口同类产品中表现较为优异。
主营产品：92%、95%、97%、99%、99.5%氧化铝陶瓷造粒粉。

嘉琪化工科技（上海）有限公司

地址：上海市普陀区中山北路1715号2308室
电话：021-60900145
电邮：nsdavid@vip.sina.com
网址：www.shjq-tech.com
单位介绍：嘉琪化工科技（上海）有限公司主营业务为研发、生产和销售耐火、陶瓷、抛磨、阻燃、保温、线缆制品等铝系氧化物和氢氧化物系列粉体原材料产品（煅烧氧化铝、氢氧化铝等）。公司环保水处理材料及环保技术的咨询、耐火陶瓷制品其他粉体原料、大宗矿产品、有色金属、机械设备等业务也不断得到强化和增长。公司总部位于上海，在山东淄博设有生产研发中心和仓储物流中心，在江苏宜兴、广东佛山、福建泉州、台湾台北设有销售办事处和现货库存，在日本、印度、伊朗、越南、泰国、巴基斯坦、马来西亚、印度尼西亚等国家建立了稳定的销售渠道，为客户提供品质稳定、性价比高的产品和专业的定制化服务，国内外市场占有率因此不断提高。
主营产品：煅烧氧化铝、氧化铝造粒粉、板状刚玉、氢氧化铝。

上海召明实业有限公司

地址：上海市徐汇区零陵路585号爱邦大厦七楼F座
电话：021-61554291
电邮：479096832@qq.com
网址：www.stevenyicheng.51pla.com
单位介绍：上海召明实业有限公司是专业生产加工氧化铝造粒粉、α-氧化铝粉、氧化铝微粉、氧化铝粗粉、陶瓷密封件、陶瓷摩擦盘、陶瓷刮水板、氧化铝陶瓷、防弹陶瓷、陶瓷耐磨片等产品的公司。公司拥有完整、科学的质量管理体系，以诚信、实力和产品质量获得业界的认可。
主营产品：氧化铝造粒粉、α-氧化铝粉、氧化铝微粉、氧化铝粗粉。

天津市正源昊业化工科技有限公司

地址：天津市武清区京滨工业园

1.2 氧化物陶瓷粉体企业

电话：0316-5708792
电邮：2539274846@qq.com
网址：www.tjzyhyfzs.com
单位介绍：天津市正源昊业化工科技有限公司是生产与销售各种分子筛、活性氧化铝、催化剂，以及其他吸附干燥剂的专业生产型企业。公司年产量高达5000t，产品拥有国内较先进的生产技术和质量标准。公司经营的各种产品除满足国内市场外，还远销售中东、拉美、东南亚等国家和地区。公司注重和京津各高等院校及科研院所的研发与合作，积累了丰富的分子筛生产经验，为科技研发奠定了基础。公司产品广泛应用于天然气、石油化工、钢铁、建筑、医药保健、环保等领域，深受广大用户的青睐。
主营产品：活性氧化铝。

天津驰瑞盛泰化工有限公司

地址：天津市中北高新区辰星路15号
电话：022-27931937
电邮：enjoychem002@163.com
单位介绍：天津驰瑞盛泰化工有限公司是一家集科研、生产、经销于一体的化工原料公司。公司自成立以来，秉持质量、诚信经营、服务至上的理念，凭借丰富的行业经验，积极开发满足客户需求的较优质的产品，并不断提升售前、售后服务质量，开拓国内外市场，完善销售网络。
主营产品：高纯氧化铝粉。

苏州三锐佰德新材料有限公司

地址：江苏省苏州工业园区金鸡湖大道99号苏州纳米城中北区30幢1706室
电话：0991-3106912
电邮：srp@xjsrp.com
单位介绍：苏州三锐佰德新材料有限公司是国内具有纳米、亚微米超细球形氧化铝、氧化硅粉体系列产品生产能力的企业之一。公司技术力量较为雄厚，在行业内较早成功研发出直燃法超细球形金属氧化物粉体生产技术并获得国家发明专利授权。公司采用直燃法技术生产的纳米、亚微米超细球形氧化铝及氧化硅粉具有颗粒球形度100%、不团聚、分散性良好、粒度分布均匀等特点，产品杂质含量较低，特别是钠、钾等碱金属离子含量低，全系列产品均小于$20\times10^{\circ}$，产品纯度较高。
主营产品：超细球形氧化物粉体。

浙江智钛纳微新材料有限公司

地址：浙江省杭州市拱墅区祥茂路6号
电话：0571-86091286
网址：www.ztjhkj.cn
单位介绍：杭州智钛净化科技有限公司是一家专业从事环保纳米新材料研究及应用的高新技术企业。公司凭借在环保领域的专业技术，为环保产业的发展注入了动力。智钛科技精益求精、锐意进取，在业界树立了专业精准的技术形象，并立志成为生命之源的守护者。公司主要生产纳米级氧化物、氮化物、碳化物、氟化物、硼化物等，产品广泛应用于氢能、光伏、陶瓷、半导体、大气治理、污水净化、航空航天等领域。
主营产品：纳米氧化铝系列、纳米氧化锆系列、纳米氧化硅系列。

杭州万景新材料有限公司

地址：杭州市西湖区三墩镇创美华彩国际6号楼1906
电话：0571-85351209
电邮：1980779123@qq.com
网址：www.veking.cn
单位介绍：杭州万景新材料有限公司成立于2005年，是一家从事纳米技术研究、生产及应用的新型技术企业。公司现有专业技术人员130名，其中长期从事新材料技术研发、检测、工艺设计、项目产业化的本科、硕士、博士专业技术人员共25人。公司拥有年产800t纳米氧化铝，1200t5N高纯氧化铝系列产品，年产600t纳米二氧化钛、高催化活性纳米二氧化钛、无机抗菌剂及系列产品，年产1000t超细二氧化锆系列产品，年产2000t纳米二氧化硅系列产品的产能。公司还有高纯纳米氧化镁、高纯纳米氧化铈、高纯纳米氧化锌等系列产品的生产线。公司现生产的产品有：高纯纳米二氧化钛系列粉体3Y氧化锆、5Y氧化锆、8Y氧化锆、超活性纳米二氧化钛光触媒、纳米二氧化钛液体、纳米二氧化锆、高透氧化锆、5N高纯氧化铝、5N氧化铝、纳米氧化铝、纳米二氧化钛银抗菌剂、纳米载银抗菌粉、纳米二氧化硅、纳米氧化锌、纳米氧化镁、纳米氧化铈、纳米助剂、纳米涂层材料光触媒、纳米三防整理剂、纳米防水防油防污剂等系列粉体、液体及制剂产品。公司产品已广泛用于信息通信、航空航天、军事、涂料、空气治理、橡胶、油墨、塑料、化妆品、食品、医药、服装等领域。
主营产品：Y相纳米氧化铝（分子式Al_2O_3；分子量101.96；熔点：2050℃；沸点：2980℃）。

杭州吉康新材料有限公司

地址：浙江省杭州市余杭区良渚街道网周路99号
电话：0571-86112810
电邮：jktech0498@yeah.net
网址：www.jknanotech.com
单位介绍：杭州吉康新材料有限公司是一家专业从事高纯度材料及纳米新材料的研发、加工、销售与应用的企业。公司产品有纳米金属氧化物（氧化铁、氧化钨、氧化钼、氧化锆、氧化铝、氧化锌、氧化钛、氧化镁、氧化硅、氧化铜、氧化铈、氧化镧等）、纳米金属粉末（纳米银、纳米铜、纳米钼、纳米镍等），以及纳米混合物，如氧化锡锑（ATO）、氧化铟锡（ITO）铯钨青铜粉（WTO）等高纯度纳米材料及其系列产品。这些产品广泛用于信息通信、航空航天、涂料、空气治理、橡胶、油墨、塑料、化妆品、纺织等领域。公司目前的主要合作高校有上海硅酸盐研究所、兰州大学、日本名古屋工业大学、日本北海道工业大学等国内外高等院校及研究院所，具备一定的技术基础。
主营产品：99.999%高纯氢氧化铝。

杭州恒纳新材料有限公司

地址：浙江省杭州市余杭区塘西镇莫家桥工业区
电邮：810525212@qq.com
网址：www.hzhnano.com
单位介绍：杭州恒纳新材料有限公司是一家专业从事纳米新材料技术研发、生产及销售的企业。公司与浙江化工研究院、浙江工业大学等多所科研机构、名校建立了产、学、研合作关系，形成了一支由高校教授及博士为顾问的新材料研究开发团队。公司现生产的产品有纳米二氧化钛（超活性纳米二氧化钛光触媒）、纳米氧化铝（高纯氧化铝4N、5N、6N）、纳米氧化锆（单斜、3Y、5Y、8Y）、纳米二氧化硅、纳米氧化锌、纳米氧化镁、纳米ATO、纳米负离子、纳米二氧化钛银抗菌剂、纳米氧化铈、纳米氧化钇、纳米氧化镧等稀土氧化物系列粉体和液体。公司产品已广泛用于电池材料、化妆品原料、纺织、涂料、抛光、橡胶、油墨、塑料、石油化工等相关领域。
主营产品：纳米二氧化锆（造粒、齿科陶瓷用）。

长兴县耐火陶瓷原料公司

地址：浙江省湖州市长兴县雉城镇新兴工业园区
电话：0572-6216011
电邮：lqk@nhtcyl.com
单位介绍：长兴县耐火陶瓷原料公司创建于1992年，公司先后成为法国达姆瑞克公司、中国高岭土公司、郑州登峰熔料有限公司、凯诺斯（中国）铝酸盐技术有限公司、安迈铝业（原美国美铝公司）等国内外大中型企业集团公司的氧化铝、硅微粉、板状刚玉、莫来石、碳化硅、白刚玉、矾土、水泥、纤维、三石、磷酸等耐火原辅材料在浙北地区的总代理。公司先后与苏、浙皖、沪地区400余家耐火、化工厂家建立了良好的供货关系，2013年实现销售额1.18亿元。目前，公司自有防潮仓库10000m²，营业办公楼800m²，已发展成品种上百、规格上千、门类较为齐全的耐火原辅材料化工材料基地。
主营产品：氧化铝系列、刚玉/莫来石、硅微粉/矾土、外加剂系列、磷酸/碳化硅、黏土系列、铝酸盐水泥。

浙江爱科新材料有限公司

地址：浙江省宁波市奉化区经济开发区滨海新区滨海大道78号14幢101
电话：0574-88730113
电邮：kristin526@163.com
网址：www.aitekholding.com
单位介绍：浙江爱科新材料有限公司已有近30年的高纯纳米氧化铝的研究和生产历史。1995年，公司的醇盐水解法生产纳米氧化铝成功投产，并获得多项国家专利授权。2012年，作为国内较早在锂电池隔膜用高纯纳米氧化铝领域中拥有自主知识产权的民族企业，公司生产的系列隔膜用纳米氧化铝正极包覆用氧化铝和无机膜用氧化铝成功进入国内及国际市场，在一定程度上打破了国外企业在此方面的垄断局面。作为国内高纯纳米氧化铝材料供应的专业公司，爱科新材料的使命是成为在隔膜用超细高纯氧化铝和特种氧化铝领域拥有影响力的高科技公司，并通过技术和服务为客户带来优质的产品解决方案。公司目前已建成3N、4N、5N高纯或超高纯氧化铝生产线，生物陶瓷用高纯氧化铝生产线和锂离子电池用高纯超微细勃姆石生产线，年生产能力为10000t，产品主要应用于锂电池隔膜正极材料包覆、无机膜、生物陶瓷等新材料行业。
主营产品：锂电池隔膜涂覆用高纯纳米氧化铝。

苏州柔陶新材料有限公司

地址：江苏省苏州市相城区启南路99号
电话：18362713001
电邮：suchild0805@163.com
单位介绍：苏州柔陶新材料有限公司创立于2019年，是一家专注于高纯纳米氧化铝自主研发、生产、销售的高新技术企业，在"芯片晶圆抛光用分散液"及"高烧结活性氧化铝"的技术攻克方面取得了实质性进展。
主营产品：高纯度超细α-氧化铝粉（3N、4N）、高纯度纳米氧化铝浆料（固含量＞60%）、高纯度铝溶胶（20%～30%固相含量）。

上交赛孚尔（包头）新材料有限公司

地址：内蒙古自治区包头市稀土高新区曙光路上海交大产业园内A3、A4办公楼
电话：0472-6989666
电邮：btjdsfe@163.com
网址：www.jdsfe.com
单位介绍：上交赛孚尔（包头）新材料有限公司成立于2017年8月，坐落于包头稀土高新区上海交大新材料产业园。公司以上海交通大学为依托，是以生产半导体级高纯铝、高纯氧化铝为主的高科技企业。公司的主要产品有5N高纯铝、5N高纯氧化铝饼料、颗粒料、多晶块、碎晶料、半导体陶瓷粉、纳米级高纯氧化铝粉体材料等产品。产品纯度高、密度大、质量稳定，广泛应用于溅射靶材、陶瓷靶材、LED、蓝宝石晶体、锂电池陶瓷隔膜涂覆、高压钠灯、军工及航空航天等众多领域。
主营产品：高纯氧化铝粉、陶瓷粉。

苏州锦艺新材料科技股份有限公司

地址：江苏省常熟市经济技术开发区兴港路25-1号
电话：400-7187171
电邮：sales@ginet.cn
网址：www.ginet.cn
单位介绍：苏州锦艺新材料科技股份有限公司创立于2005年，公司致力于提供高端无机非金属粉体新材料应用解决方案，是一家集研发、生产、销售、技术服务于一体的国家级高新技术企业。公司聚焦客户关注的压力和挑战，挖掘无机非金属材料的潜能，通过独有的核心技术和核心优势，融合各种有机材料，提供优异功能和低成本分体解决方案，大力拓展产品在新能源、新材料、环保节能等快速发展领域的应用。
主营产品：二氧化硅、氧化铝、陶瓷粉、氮化硼、钛氧化物。

1.2 氧化物陶瓷粉体企业

宣城晶瑞新材料有限公司

地址：安徽省宣城市宣州区麒麟大道 40 号
电话：0563-2062195
电邮：jingrui666@163.com
网址：www.jingruinano.com
单位介绍：宣城晶瑞新材料有限公司位于安徽省宣城市高新区，是一家专业从事纳米新材料技术研究、生产以及应用的企业。公司现生产的产品有：高纯纳米二氧化钛系列粉体、3Y 氧化锆、5Y 氧化锆、8Y 氧化锆、超活性纳米二氧化钛光触媒、纳米二氧化钛液体、纳米二氧化锆、高透氧化锆、5N 高纯氧化铝、5N 氧化铝、纳米氧化铝、纳米二氧化钛银抗菌剂、纳米载银抗菌粉、纳米二氧化硅、纳米氧化锌、纳米氧化镁、纳米氧化铈、纳米助剂、纳米涂层材料、纳米三防整理剂；以及纳米防水、防油、防污剂等系列粉体、液体、制剂产品。产品已广泛用于信息通信、涂料、空气治理、橡胶、油墨、塑料、化妆品、服装等领域。
主营产品：纳米二氧化钛、纳米氧化铝、纳米氧化锆、氧化钛液体。

雅安百图高新材料股份有限公司

地址：四川省雅安市名山区经济开发区大弓路 8 号
电话：021-50836933
电邮：sales@bestry.tech.com
网址：www.bestry-tech.com
单位介绍：雅安百图成立于 2007 年，总部位于四川雅安，管理中心位于四川成都，研发与销售中心位于上海，是一家集研发、生产、销售和技术服务为一体的国家级高新技术企业和专精特新"小巨人"企业。公司专注于提供功能性粉体材料，是国内较早通过自主设计并利用核心设备生产制造球形氧化铝的高科技公司。经过十几年的发展，公司形成了系列齐全、质量稳定的产品组合。公司的主打产品有导热粉体材料（球形氧化铝、类球形氧化铝、氮化铝、氮化硼）、电磁屏蔽粉体材料（镍包石墨），以及锂电极片涂覆及隔膜涂层材料（勃姆石）等。产品远销美国、欧洲等多个国家和地区，并同国内外知名企业建立了长期的合作关系。
主营产品：导热球形粉体、电磁屏蔽粉体材料、锂电极片涂覆及隔膜涂层材料。

浙江自立高温科技股份有限公司

地址：浙江省绍兴市上虞区百官街道百谢路 338 号
电话：0575-82197663
电邮：zma@ziliref.com
网址：www.ziliref.com
单位介绍：浙江自立高温科技股份有限公司是国内较为领先的新材料方案提供商之一。公司的核心业务包括冶金用耐火材料、特种氧化铝原料、精细陶瓷粉体以及高性能聚合物的研发、生产、销售和维护，涵盖从金属冶炼到消费类电子产品等应用领域。公司拥有逾 600 名有丰富行业经验的运维主管，在产品使用现场与客户密切合作，确保产品始终处于良好的状态。公司以位于浙江绍兴的制造基地为中心，在广东、上海、江苏等省、市以及欧洲和北美地区建立了生产工厂、服务中心和物流中心，确保对于当地客户的支持。公司交付的每项产品均来自经过 ISO 9001 认证的工厂，并且通过了 CNAS（中国合格评定国家认可委员会）认证的企业检测中心的出厂检测，以确保其符合行业标准。
主营产品：冶金用耐火材料、特种氧化铝原料、精细陶瓷粉体以及高性能聚合物。

雅都玛商贸（上海）有限公司

地址：上海市长宁区延安西路 726 号华敏翰尊大厦 17 楼 F 座
电话：021-52415523
电邮：chenwenbo@admatechs-sh.com.cn
网址：www.admatechs-sh.com
单位介绍：雅都玛商贸（上海）有限公司成立于 2012 年 10 月 30 日，主要从事球形二氧化硅微粉、球形氧化铝微粉及其加工产品的销售业务。
主营产品：球形二氧化硅微粉、球形氧化铝微粉。

宁波国锋新材料科技有限公司

地址：浙江省宁波市奉化区尚田街道工业园区梅山路 3-2
电邮：935884336@qq.com
单位介绍：宁波国锋新材料科技有限公司位于浙江省宁波市奉化区尚田工业园区，东距中国第二大港北仑港 55 千米，北离宁波机场 20 千米，甬台温、沈海高速交叉环绕，交通便利，环境优美。公司拥有先进的生产加工设备和工艺技术，设计年生产能力为 1000 吨，主要生产高纯氧化铝研磨介质、高纯氧化铝陶瓷粉、高纯氧化铝专用粉、高纯氧化铝抛光粉及抛光液、高纯氧化铝纳米悬混液、透明氧化铝陶瓷管等系列产品。公司具有十余年氧化铝粉体生产和陶瓷制备经验，致力于技术研究和产品开发，以及帮助客户解决技术难题，提高产品价值。公司遵循"诚信为本，敬业创新"的企业理念，"破技术之壁垒、做材料之先锋"的工作信念，持续不断地为客户提供高品质产品和全面解决方案，与广大客户精诚合作，共同发展，实现双赢。
主营产品：高纯氧化铝陶瓷粉、研磨球、抛光粉、抛光液、专用粉，以及纳米悬混液、透明陶瓷管件等。

大连国茂材料科技有限公司

地址：辽宁省大连市高新园区亿阳路 6A 号三丰大厦 16 层 03 单元
电话：0411-83780760
电邮：xie@gomore-tech.com
网址：www.gomore-tech.com
单位介绍：大连国茂材料科技有限公司是一家致力于高端纳米粉体的研发、生产及销售的生产型企业。公司拥有较为先进的生产设备及检测设备。公司通过三种独特的粉体生产工艺，结合特色的球磨分散工艺，生产出的产品技术含量高、产品品质高、批次稳定性好。公司还可根据客户的工艺需求，对晶相、粒径、形貌、成分、添加剂掺杂等进行严格的控制，以实现个性化产品定制。

主营产品：氮化铝、氧化镁、超细超纯镁铝前驱体粉体，以及高端 YAG 粉体、纳米高纯氧化铝、ZTA、ATZ、氢氧化铝干粉等无机粉体。

中国铝业集团有限公司

地址：北京市海淀区西直门北大街 62 号
电话：010-82298080
网址：www.chinalco.com.cn
单位介绍：中国铝业集团有限公司是从事精细氧化铝研发、生产、销售业务的大型企业，是全球精细氧化铝供应商之一，现有 11 类 200 多个精细氧化铝品种，精细氧化铝全球市场占有率达 24%、国内市场占有率达 52%，其中 4A 沸石、高白填料、拟薄水铝石、煅烧 α-氧化铝四种产品产销量全球第一。精细氧化铝产品应用主要涉及下游新能源材料、电子元器件、生物陶瓷、电子陶瓷、陶瓷磨料、航空航天和国防、复合材料、电线电缆、建筑材料、耐火材料、石化催化、洗涤日化、塑料橡胶等 40 余个行业。公司现有稳定客户 3000 多家，在石油化工、复合材料、电子陶瓷和陶瓷磨料等行业，与中石油、中石化、联合利华、BASF、克莱恩和圣戈班等 30 多家中央企业及世界五百强企业建立了长期、紧密的合作关系，在行业内具有较高的知名度和较强的影响力。
主营产品：精细氧化铝。

苏州盛曼特新材料有限公司

地址：江苏省苏州市张家港市凤凰镇凤凰大道 14 号凤凰科技创业园 F 幢
电话：0512-58923058
电邮：cemat01@163.com
网址：www.szcemat.com
单位介绍：苏州盛曼特新材料有限公司成立于 2019 年，是一家中外合资企业。公司团队以技术研发和技术应用为核心，集聚了国内外长期从事高级功能、结构陶瓷和新能源领域新材料的技术研发人才，致力于高级功能陶瓷与电子陶瓷领域新材料的研发及其产业化。
主营产品：氧化铝基结构、功能陶瓷及电子陶瓷新材料。

淄博中瓷新材料有限公司

地址：山东省淄博市经开区田家村东
电话：0533-2980031
电邮：47051132@qq.com
网址：www.zhongcixincai.cn
单位介绍：中瓷新材是专业研发与生产 α-氧化铝和氢氧化铝的高新技术企业。公司拥有两条较为领先的全自动高温隧道窑生产线、高端均化设备及新型分级工艺，年产能达 18000 余吨。公司产品主要应用于电子陶瓷、建筑陶瓷、精细抛光、高压开关、锂电池等领域，使之成为各大一线生产企业的高端氧化铝供应商。公司先后通过了标准质量管理体系、职业健康安全管理体系和环境管理体系认证，拥有多项发明专利及实用新型专利。多年来，公司与北京邮电大学等高校达成战略合作，以科研创新引领企业发展，坚守"以诚立信，以信致远"的经营方针，肩负着"珍惜现在，保护未来"的社会责任，立足新材料产业绿色发展之路，匠心智造用心服务。
主营产品：高温 α-氧化铝、高温氧化铝微粉、氧化铝球。

扬州中天利新材料股份有限公司

地址：江苏省扬州市邗江区西湖镇美湖路 2 号西湖科技创业园 20 栋
电邮：1050039095@qq.com
网址：www.yzcrown.net
单位介绍：扬州中天利新材料股份有限公司是一家专注生产异丙醇铝、异丙醇铝三聚体、仲丁醇铝、拟薄水铝石、高纯氧化铝等的技术型企业。公司于 2006 年 10 月成立，注册资本 3044.7 万元，拥有两个厂区，一个位于江苏省扬州市邗江区甘泉双塘工业集中区，占地 28 亩；一个位于维扬经济技术开发区科技园路，占地 25 亩。公司主导产品包括高纯氧化铝、碳化硅等三大系列十几类产品，服务于 LED、蓝宝石、锂电池陶瓷隔膜生产企业及医药、化工生产企业。公司建有市级企业院士工作站示范站、江苏省研究生工作站等研发平台，承担国家重点研发计划 1 项、国家创新基金 2 项、国家火炬计划 1 项、国家国际合作 1 项，以及省成果转化 1 项、省科技支撑 2 项、省国际合作 2 项。公司研究成果申请专利 24 项，其中授权发明专利 8 项、实用新型专利 6 项；获江苏省国际合作奖 1 项、江苏省科技奖三等奖 1 项、扬州市科技奖一等奖 1 项、三等奖 1 项。2018 年，公司被评为江苏省引进国外智力成果推广示范单位。
主营产品：高纯氧化铝、活性氧化铝、铝溶胶、异丙醇铝、拟薄水铝石。

阿泰欧法铝业（上海）有限公司

地址：上海市淮海中路 333 号瑞安广场 12 楼 A10
电话：021-54041265
电邮：trevor@orbis-alliance.cn
单位介绍：作为全球规模较大的非冶金级氧化铝生产商之一，Alteo 拥有独特而广泛的产品系列，涵盖常用的氢氧化铝、专业煅烧氧化铝、板状刚玉和电熔刚玉。对 Alteo 而言，在陶瓷、耐火材料、磨料、玻璃和阻燃剂等目标市场中，产品质量和服务至关重要。Alteo 供应高附加值的专业氧化铝基产品，致力于为客户及其高技术应用确保提供物理和化学特性稳定一致的产品。
主营产品：系列陶瓷级氧化铝粉。

1.2.3 电子陶瓷粉体

山东国瓷功能材料股份有限公司

地址：山东省东营市东营区辽河路 24 号
电话：0546-8073788
电邮：sinocera@sinocera.cn

网址：www.sinocera.cn

单位介绍：山东国瓷功能材料股份有限公司成立于2005年4月，是一家专业从事新材料研发、生产、销售的高新技术企业。公司产品涵盖电子陶瓷介电材料、结构陶瓷材料（纳米复合氧化锆和氧化铝等）、建筑陶瓷材料（陶瓷墨水、釉料）、电子金属浆料（银浆、铝浆、铜浆、镍浆等）、催化材料（蜂窝陶瓷、分子筛、铈锆固溶体）等。

主营产品：钛酸钡粉体、水热合成纳米氧化锆粉体、氧化铝粉体。

仙桃市中星电子材料有限公司

地址：湖北省仙桃市沙湖原种场环场西路21号
电话：0728-8216865
电邮：BNZXXDHH@hbzx-group.com
网址：www.zxxcl.com

单位介绍：仙桃市中星电子材料有限公司成立于2000年，注册资本1.5亿元，专业从事钛系列基础原材料研发与生产，主要产品有四氯化钛、二氧化钛、钛酸钡、碳酸钡等畅销国内外。公司专注钛产业已经有20多年的历程，研究钛的大型化产业生产也已有10多年时间。公司对先进的钛产业技术进行了深度的剖析、分解、研究、集成、优化和创新，进而攻克了大型氯化法钛白粉技术和装备的相关研发难题，形成了以单体年产10万t氯化法钛白粉产业化的专有技术，可以做到项目投资相对合理、产出较高、效益良好、成本较低，生产过程安全且环保。

主营产品：MLCC电子陶瓷粉、电子基础化工粉体材料。

广东国华新材料科技股份有限公司

地址：广东省肇庆市端州区风华路18号风华电子工业城园
电话：0758-2865353
电邮：Customerservice@gova-tech.com
网址：www.gova-tech.com

单位介绍：广东国华新材料科技股份有限公司是一家基于先进的微波陶瓷功能材料技术，着力发展微波通信器件及功能陶瓷材料事业的股份制公司。公司以高科技研究成果为主线，致力于高技术、高附加值、前沿功能陶瓷材料及新型微波通信器件的研发和生产。公司的主营业务为微波介质材料（介电常数涵盖5~100）的研发及其器件的研制，器件广泛应用于移动通信、卫星电视、广播通信、雷达、卫星定位导航系统等众多领域。

主营产品：微波介质陶瓷粉体。

无锡鑫圣慧龙纳米陶瓷技术有限公司

地址：江苏省无锡市惠山区中惠路518-3号
电话：0510-83622307
网址：www.inanotech.cn

单位介绍：无锡鑫圣慧龙纳米陶瓷技术有限公司成立于2007年12月，系2007年无锡市"530"计划A类项目，是一家专业从事新型陶瓷介质材料研发、生产和经营的高新技术企业。公司已通过ISO 9001质量管理体系认证，并荣获无锡市十佳科技创新企业、江苏省企业院士工作站等多项荣誉。公司的主导产品为MLCC用高端纳米介质瓷粉、微波介质瓷粉、高压介质瓷粉等，广泛应用于制备多层陶瓷电容器（MLCC）、滤波器、谐振器、蓝牙、GPS天线、穿芯电容器等各类电子元器件，涉及移动通信、数字视听、卫星通信、军用雷达等行业。公司与清华大学设立联合实验室及研发基地，紧密依托清华大学新型陶瓷与精细工艺国家重点实验室，进行新材料的研究与开发。新一代高性能多层陶瓷电容器用纳米介质瓷粉系列产品（X7R、X5R、Y5V）为国家"863""973"项目，产品性能在国际上居较高水平，同时打破了国际垄断。微波介质瓷粉（Er=6~150）覆盖全系列规格产品，成为国内规格型号较齐全的生产厂家之一；高压介质瓷粉系列产品（Y5U）成功替代了进口产品。

主营产品：MLCC用高端纳米介质瓷粉、微波介质瓷粉、高压介质瓷粉等。

元颉新材料科技（浙江）有限公司

地址：浙江省嘉兴市海宁市尖山新区金牛路28号5-2号
电话：0573-87957008
电邮：eamt@eamtcorp.com
网址：eamt-corp.com

单位介绍：EAMT元颉致力于电子陶瓷纳米粉体材料研发及生产应用，于2017年在上海成立，2021年初在浙江海宁尖山新区正式落户并建设生产基地，公司一期项目占地45000平方米，建成纳米氧化硅低介电粉体、纳米复合稳定介电陶瓷粉体、纳米增韧氧化锆陶瓷粉体产线三条，总年产能5500吨。

主营产品：电子陶瓷纳米粉体材料。

深圳中傲新瓷科技有限公司

地址：广东省深圳市光明区汇业路8号汇业科技园2A栋一楼
电话：0755-23245776
电邮：xlh@spcera.com
网址：www.spcera.com

单位介绍：深圳中傲新瓷科技有限公司是由具有30年行业经验的资深海归材料专家和封接技术专家发起成立的一家中外合资高科技企业，致力于研发、生产和销售封接玻璃粉、玻璃预制体（玻璃珠）、陶瓷低温共烧（LTCC）用玻璃粉，以及银浆、镍浆用低温玻璃粉和金属封接件。公司拥有钎焊和玻璃封接产线、电镀产线、封接玻璃生产产线，以及新型玻璃和陶瓷材料等方面的相关专利和自主知识产权。

主营产品：MLCC瓷粉体材料。

1.2.4 稀土氧化物粉体

淄博稀研纳米材料有限公司

地址：山东省淄博市博山区南域城工业园
电话：0533-4174678
电邮：zbwjxt@163.com
网址：www.zbxynm.com

单位介绍：淄博稀研纳米材料有限公司成立于2003年，是一家集生产加工、科研贸易为一体的高新技术企业。公司占地面积120亩，现有职工80余人，其中技术人员10余人，是国内主要的稀土分离企业之一。公司实验室拥有全套美国进口分析设备，化学元素的分离、分析均达到较为先进的水平。公司拥有较为完整的精矿→酸溶→萃取分离→草酸沉淀→煅烧的稀土生产工艺，在联动萃取、无氨氮分离生产工艺和COD处理技术方面达到较为先进的水平。公司全部采用草酸盐生产工艺，年生产高纯稀土氧化物4000吨、纳米材料1000吨。

主营产品：纳米氧化镧、纳米氧化铈、纳米氧化钕、纳米氧化铒、纳米氧化钇、纳米氧化钴、纳米氧化钽、纳米氧化铌、纳米氧化镓、纳米氧化铟、纳米氧化锆、纳米氧化铝等。

山东德盛新材料有限公司

地址：山东省济宁市高新区金宇路24号创新大厦东区D座2楼
电话：0537-5666175
电邮：yy@xitucn.com
网址：www.xitucn.com
单位介绍：山东德盛新材料有限公司拥有多年科技研发及生产管理经验的专业团队，并配备了高精准的检测仪器，建立起了较为完善的质量保证体系和现代化的企业管理制度，从而研发出高端、高质、高效的产品。公司主要产品包含五大系列100多个单品：稀土系列（稀土氧化物、稀土碳酸盐、稀土硝酸盐、稀土氯化盐、稀土醋酸盐、稀土硫酸盐、稀土氟化物、稀土草酸盐）、锆系列（碱式碳酸锆、硝酸锆、醋酸锆、氧化锆、氢氧化锆）、铟系列（硝酸铟、氯化铟、氧化铟、氢氧化铟）、镓系列（氧化镓、金属镓、硝酸镓、氯化镓）、钴盐以及复合粉体。产品广泛应用于催化剂、石油、化工、电子、医药、陶瓷、金属合金、磁性材料等行业。

主营产品：氧化铈［（分子量：172.12，CASNO.：1306-38-3）。它为淡黄色或微红色粉末，微溶于酸，用于抛光材料、玻璃澄清剂、储氢材料等工业］。

赣州嘉通新材料有限公司

地址：江西省赣州市经济技术开发区金龙路5号
电话：0797-8378833/2196836
电邮：jtkjjt@163.com
单位介绍：赣州嘉通新材料有限公司创办于2004年8月，注册资本6000万元，占地面积约4200m^2，是一家集稀土基础材料、功能材料和稀土应用研发于一体的高新技术企业。公司致力于稀土永磁材料的研究与开发，可以规模生产钕铁硼磁钢，产品主要有稀土氧化物、稀土金属、稀土合金、稀土永磁材料等。公司产品广泛应用于电声领域、电子器件、医疗设备、磁选设备等行业。

主营产品：氧化镧。

赣州晨阳稀土材料有限公司

地址：江西省赣州市龙南市中央城商务大厦A座10楼10-12号
电话：0797-3523598
电邮：gzcyxt@gzcyxt.com
单位介绍：赣州晨阳稀土材料有限公司从事稀土高新技术产品的生产和销售，主要加工钐铕钆富集物、铽镝富集物，生产三基色荧光粉，回收荧光粉废料；从事稀土废弃物的回收利用技术研发及技术转让，产品包括稀土氧化物、稀土金属、三基色荧光粉、磁性材料及其他稀土产品。

主营产品：氧化钇。

赣州虔东稀土集团股份有限公司

地址：江西省赣州市章贡区水东镇虔东大道289号
电话：0797-8463338
网址：www.jxgqd.com
单位介绍：赣州虔东稀土集团股份有限公司始创于1988年，现拥有控股子公司14家，致力于稀土资源及其应用产品开发和产业化，是稀土基础材料、稀土功能材料及应用、稀土加工装备等领域的高科技企业。公司已建立了较完整的科研、试验、生产、检测体系，具有国内较高水平的稀土分离、金属、磁性材料、结构陶瓷、发光材料、催化剂材料、资源回收和加工设备制造等生产线，主要生产稀土化合物、稀土金属、稀土合金、磁性材料、荧光粉、钇锆结构陶瓷、稀土催化剂和专业加工设备等60余种产品。公司已形成集稀土基础材料、稀土功能材料、稀土应用产品和稀土加工装备制造于一体的稀土应用开发产业链。

主营产品：氧化钐。

赣州湛海新材料科技有限公司

地址：江西省赣州市章贡区水西工业园区
电话：0797-8459772
电邮：sales@gzzhanhai.com
网址：www.gzzhanhai.com
单位介绍：赣州湛海新材料科技有限公司是一家致力于高纯稀土氧化物、化合物及其纳米特性材料研发、生产和销售的国家高新技术企业，拥有集前处理、纯化、精化、合成、灼烧、后处理、废水处理于一体的全流程生产单元，并配套了高水平技术研发（工程）创新中心和分析检测中心。公司成立于2001年，2008年，在赣州市水西有色冶金基地取得生产用地；2010年8月，公司股东转换并施工生产建设；2012年，公司完成生产线及相应环保、办公、生活等设施的建设，拥有年产684吨稀土氧化物的生产能力。2019年，公司由赣州湛海工贸有限公司更名为赣州湛海新材料科技有限公司。2022年，永州市湘江稀土有限责任公司注资参股，加强了公司的原料保障，为公司的发展壮大提供了有力支撑。

主营产品：单一高纯稀土氧化物、高纯稀土特性产品、高纯单一稀土氟化物等。

赣州科锴金属材料有限公司

地址：江西省赣州市章贡区新赣州大道18号阳明国际中心3号楼21-7
电话：0797-8160922
电邮：342481871@qq.com

1.2 氧化物陶瓷粉体企业

单位介绍：赣州科锴金属材料有限公司是一家集较高的科学技术水平、较先进的生产装备和较好的经营管理于一体，采用较先进的分离技术，充分利用赣南地区富足的稀土资源并与大量的稀土技术人才和稀土科研单位建立长期协作关系的企业。公司主要从事稀土氧化物、稀土金属、稀土特种合金、稀土发光材料等的自主研究、生产和销售。产品包括氧化钇、氧化镧、氧化铈、氧化钕、氧化镨、氧化铥、氧化镝、氧化铕、氧化钆、氧化钬、氧化铒等稀土氧化物；镨钕金属、镧铈金属、混合稀土金属、少钕金属、金属钐、金属镧、镝铁合金、钆铁合金等稀土金属；以及硝酸钕、硝酸镨等硝酸产品；此外，还从事钕铁硼废料及灯粉废料回收。
主营产品：氧化铒等稀土氧化物。

常州市卓群纳米新材料有限公司

地址：江苏省常州市钟楼区邹区镇龙潭村
电话：0519-83632375
网址：www.cnnanore.com
单位介绍：常州市卓群纳米新材料有限公司是专业生产超细、纳米稀土新材料及其应用产品的高科技企业，是国内较早进入产业化的生产纳米和超细稀土化合物的专业化厂家。公司生产的各类纳米及超细稀土新材料，广泛应用于发光材料、超导材料、磁性材料、高性能陶瓷、紫外线吸收剂、精密抛光等领域。
主营产品：氧化钇、氧化镝、氧化铒、氧化钆、氧化铈、氧化镨、氧化钕、氧化铽。

江苏国盛新材料有限公司

地址：江苏省泰兴市广陵镇兴宁村
电话：15261056187
电邮：aadushunxin@126.com
网址：www.guoshengre.com
单位介绍：江苏国盛是中国稀土集团规划聚力打造的稀土化合物新材料研发、生产、销售战略单元之一。公司主要从事稀土精深加工及稀土功能材料的研发与应用。目前已建成并投产一条500吨MLCC及结构陶瓷专用纳米稀土粉体自动化生产线和2条共2000吨汽车尾气催化用铈锆复合氧化物自动化生产线。公司相继荣获了国家高新技术企业与国家专精特新"小巨人"企业认证，构建了泰州市发改委稀土功能材料工程技术研究中心、江苏省企业技术中心及江苏省稀土功能材料工程技术研究中心等技术研发平台。江苏国盛在稀土功能材料领域拥有深厚的积累，具备了针对特殊物性稀土化合物、铈锆复合氧化物等核心产品的全方位能力，包括精准的分析检测、深入的研究开发及高效的产品转化。
主营产品：高纯稀土氧化物、纳米稀土氧化物、铈锆储氧材料。

沈阳石花微纳材料科技有限公司

地址：辽宁省沈阳市沈北新区七星大街67-37号（101）
电话：024-88319856
电邮：syshwf88319856@126.com
网址：www.syshwf.com
单位介绍："石花"品牌创建于1956年，石花公司是国内较早工业化生产氧化物陶瓷粉末的厂家，是中国白刚玉的诞生地。近二十几年来，公司一直致力于热喷涂氧化物粉末的研发与生产，形成了氧化铝、氧化铝钛、氧化钛、氧化铬、氧化锆、氧化钇产品系列及各种复合材料二十余个品种。公司专注于热喷涂用氧化物陶瓷粉末研发与生产，产品广泛应用于航空航天、电力、石化、冶金、交通、纺织、造纸、印刷、钢铁、水泥、陶瓷、靶材等众多行业。公司具备工业化的生产能力，产品质量稳定，粒度范围可根据用户的需要进行调整，并接受客户定制非常规产品。
主营产品：高纯氧化钇、造粒氧化钇，氧化镁稳定氧化锆，圆润氧化铬，92氧化铬、CT-25，氧化铝钛系列、氧化铝。

广西国盛稀土新材料有限公司

地址：广西壮族自治区崇左市城市工业区（中泰产业园）工业大道东8号（南友高速渠旧出口往崇左工业大道方向约2千米处）
电话：0771-5961560
电邮：270902125@qq.com
单位介绍：广西国盛稀土新材料有限公司主要从事稀土分离及稀土产品深加工等。公司强化科技创新，自主研发出高纯镧、铽、镝、镥等高纯产品及特殊物性材料，努力打造成为产品较全、较优、较具特色和市场竞争力的"稀土超市"，聚力"做精、做特、做响"广西稀土产业。公司成立以来，累计承担国家和自治区级科技类项目30多项，积极搭建科技创新平台10多个，被认定为国家级高新技术企业、知识产权优势企业以及企业技术中心等，建成广西-东盟（崇左）稀土研究院；累计获中国工业大奖提名奖等科技成果奖15项，申报专利60多项。2022年，公司入选国家专精特新"小巨人"企业。
主营产品：各种单一及混合稀土氧化物，以及高纯、特殊物性稀土氧化物。

赣州市广利高新技术材料有限公司

地址：江西省赣州市章贡区章江南大道28号1栋2401室
电话：0797-8385851
电邮：gzgoring@gzgoring.com
网址：www.gzgoring.com
单位介绍：赣州市广利高新技术材料有限公司是集稀土生产、稀土加工、稀土营销、稀土科研与稀土新产品开发于一体的高新技术材料有限责任公司，主营稀土氧化物、稀土金属、稀土氟化物、稀土氯化物、稀土硝酸盐、氧化铈抛光粉、稀土三基色荧光粉、纳米级稀土、高纯级稀土等稀土相关产品。
主营产品：氧化镥（12032-20-1）。

赣州晨光稀土新材料股份有限公司

地址：江西省赣州市长征大道2号天际华庭15幢10楼
电话：0797-8384180（总机）
电邮：cgxt@gzcgxt.com
网址：www.gzcgxt.com

单位介绍：赣州晨光稀土新材料股份有限公司专业生产各种稀土氧化物、稀土金属、混合稀土金属、稀土合金、工业草酸等系列稀土产品及配套产品，拥有集稀土分离、冶炼、应用、回收于一体的完整产业链，是国内稀土冶炼、分离技术较先进的企业之一。赣州晨光稀土新材料股份有限公司以金属事业部为母体，下辖全南县新资源稀土有限责任公司、赣州步莱铽新资源有限公司、赣州中辰精细化工科技有限公司三家子公司。金属事业部成立于1997年，专门从事单一稀土金属、混合稀土金属及稀土合金生产，拥有单产能力、质量控制、成本控制都占优势的电解生产设备上百套，拥有国内外较先进的检测、化验设备。公司的主要产品有镨钕金属、镧铈金属、金属镝、金属钐、金属钇、金属钆、镝铁合金、钬铁合金、钆铁合金等，已形成年产8000t稀土金属和混合稀土合金的生产规模。
主营产品：氧化铈。

赣州启明新材料有限公司

地址：江西省赣州市经济技术开发区金岭东大道
电邮：qianligu666@163.com
网址：www.gzqmxcl.com
单位介绍：赣州启明新材料有限公司是一家集生产、加工、销售于一体的稀土高新技术企业。公司主要从事稀土及其相关材料的研究、开发与生产，建有冶炼分离、深加工、产品应用科研等完善的稀土工业体系，能够生产稀土原料（氧化物与盐类、金属）、稀土功能材料（磁性材料、发光材料、催化材料）等门类齐全的稀土产品。公司主营钇、镧、铈、镨、钕、钐、铕、钆、铽、镝、钬、铒、铥、镱、镥、钪等16种稀土元素系列产品，并可根据客户需求提供超高纯、纳米级稀土系列产品。
主营产品：稀土氧化物（钇、镧、铈、镨、钕、钐、铕、钆、铽、镝、钬、铒、铥、镱、镥、钪）、稀土功能材料（磁性材料、发光材料、催化材料）。

杏田新材料科技（上海）有限公司

地址：上海市奉贤区四团镇坎北路211
电话：021-64110339
电邮：2953588414@qq.com
网址：www.yaotiannano.com
单位介绍：杏田新材料科技（上海）有限公司是一家在纳米材料领域进行产品研发、生产和销售的现代化高科技公司，主要从事各类金属与非金属单质粉体、氧化物粉体、碳化物粉体、氮化物粉体，以及其他化合物粉体和特殊功能粉体的研发、生产、销售。公司成立以来十分注重科技创新和人才培养，与全国多所高校、研究所都有技术合作与支持。公司汇集业内专业精英和优秀的管理团队，专注于各类纳米材料的研发和制造，自主生产的产品有100多种，产品销往亚、欧、美多个国家和地区。
主营产品：氧化镝。

上海华明高纳稀土新材料有限公司

地址：上海市松江区茜浦路275弄1幢
电话：021-51095728
电邮：chenxi@gonare.com
网址：www.gonare.com
单位介绍：上海华明高纳稀土新材料有限公司成立于2006年2月23日，是由超细粉末国家工程研究中心暨上海华明高技术集团有限公司与华东理工大学科研骨干人员共同投资组建的高新技术企业。公司以稀土粉体颗粒性能控制专利技术为核心，以超细粉末国家工程研究中心的工程技术为技术依托，致力于高档稀土粉体新材料的研发、生产和销售。公司发展至今，已拥有一整套稀土功能粉体材料生产技术，可生产特种颗粒性能的稀土盐类，以及特种颗粒性能的稀土氧化物、稀土抛光粉、稀土催化剂载体、稀土荧光粉等无机稀土新材料产品，满足光电子、精密陶瓷、催化剂、涂料等行业的需求。公司自成立起，就本着创新是企业发展的动力，注重技术力量的建设与发展，于2008年年底通过上海市认定，被确定为高新技术企业。公司重视知识产权保护，已申请多项专利。其中，公司自主研发的锐抛牌高精度稀土抛光粉已通过高新技术成果的转化项目，并被评选为上海市重点新产品。
主营产品：稀土氧化钇。

鱼台县清达精细化工有限公司

地址：山东省济宁市鱼台县张黄镇化工工业园
电话：0537-6338888
电邮：info@qingdachem.com
网址：www.qingdachem.com
单位介绍：鱼台县清达精细化工有限公司是生产精细化工产品的专业厂家，是市高新技术企业。公司生产的FD-3防冻粉由进口催化剂等多种化工原料配制而成，是降低油和聚酰胺树脂冻点的较好材料；粉体合成胶代替液体胶解决了运输难的问题，满足了国内固体胶的市场需求，目前供不应求。公司可生产纯稀土氧化物和稀土盐，产品规格较为齐全（工业级、试剂级）。
主营产品：氧化铈、氧化镧、氧化镨、氧化钕、氧化钇、氧化钆、氧化钐、氧化铕。

淄博包钢灵芝稀土高科技股份有限公司

地址：山东省淄博市临淄区金山镇经济开发区中心路
电话：0533-7501301
电邮：zbbglz@sina.com
网址：www.lingzhire.com
单位介绍：淄博包钢灵芝稀土高科技股份有限公司创公司拥有国内目前完整的"精矿→氯化稀土→萃取分离→沉淀结晶→金属"稀土生产加工工艺，涉及稀土分离及稀土下游应用产品的开发生产，在联动萃取分离生产工艺和COD处理技术方面达到较为先进的水平。公司的生产能力：加工混合氯化稀土11250t（以REO计）/年；分离混合氯化稀土11250t（以REO计）/年；生产稀土金属1500t/年、抛光粉10000t/年、P507稀土萃取剂1200t/年。目前的主要产品：镧、铈、镨、钕各元素的盐类产品、氧化物产品，以及氧化铕、氧化铽、氧化镝、金属镨钕、抛光粉、P507萃取剂等。公司1997年通过ISO9000质量体系认证，2009年通过山东省清洁生产单位验收，2012年被认定为市级工程技术研究中心，2014 年被认定为省级企业技术中心，并多次获得临淄区工业 20 强、淄博市百强企业和重合同守信用企业、山东省节水型企业等荣誉。2015 年，公司通过了 ISO 14001 环境管理体系认证与 GB/T 28001 职业健康安全管理体系认证。

主营产品：稀土锆铝复合氧化物。

福建省金龙稀土股份有限公司

地址：福建省龙岩市长汀县工贸新城汀州大道南路 31 号
电话：0597-3160681
电邮：gdre@cxtc.com
网址：www.gdre.com.cn
单位介绍：金龙稀土是福建省稀土产业的重要企业之一，是厦门钨业股份有限公司控股子公司，主要从事稀土分离、稀土精深加工和稀土功能材料的研发与应用。公司占地面积 1000 亩，总投资 57 亿元，目前已建成 5000 吨稀土分离、3000 吨稀土金属、2000 吨高纯稀土氧化物、1300 吨三基色荧光粉、15000 吨钕铁硼磁性材料及 5000 吨钕铁硼表面处理生产线，并拥有从冶炼分离→稀土金属＋三基色荧光粉＋磁性材料完整的深加工产业链。
主营产品：稀土氧化物系列、稀土金属系列、稀土陶瓷系列、发光材料系列、磁性材料系列等产品。

云南铁坦新材料科技股份有限公司

地址：云南省昆明市经开区春漫大道 80 号海归大厦 838-848 室
电话：0871-63963160/021-58541956
电邮：info@allinorganics.com
网址：www.allinorganics.com
单位介绍：云南铁坦新材料科技股份有限公司利用全球新材料研发资源，为全球新材料研发同行提供技术平台，并培养、引进高级研发人才，力争成为较好的新材料研发企业。公司主要为新能源材料、光电材料、半导体材料等领域提供无机合成和金属有机化合物，包括高温难熔的金属化合物，用于光电及高级玻璃材料的氟化物，工程陶瓷、电子陶瓷和催化剂中使用的各种氧化物，以及金属有机化合物、贵金属药用化合物、金属和氧化物纳米粉末材料、环保智能材料和新型合金材料；同时，从事稀贵金属的回收工艺研究及新型化合物研发。
主营产品：氧化钕。

1.2.5 其他氧化物粉体

江苏拜富科技股份有限公司

地址：江苏省宜兴市丁蜀镇陶都工业园区蠡河路 5 号
电话：0510-87432286
电邮：baifu@baifutech.com
网址：www.baifutech.com
单位介绍：江苏拜富科技股份有限公司是功能陶瓷及特种玻璃新材料领域的国家高新技术企业，主要致力于陶瓷和玻璃原辅材料在光伏、汽车及日用玻璃，以及建筑、工业和卫生陶瓷等领域的应用。公司依托对无机非金属材料的深刻理解和二十余年的工艺技术积累，不断拓展新技术和新产品的开发，形成了锆产品、陶瓷色釉料、特种玻璃镀膜新材料等多元化产品线。
主营产品：锆系列产品（锆英粉、硅酸锆、合成锆）、电子专业材料、压敏电阻陶瓷、电子陶瓷、烧结型电子浆料用玻璃粉。

苏州优锆纳米材料股份有限公司

地址：江苏省苏州市吴江区松陵镇人民路 500 号
电话：0512-63025683
电邮：2845241204@qq.com
网址：www.ugnano.com
单位介绍：苏州优锆纳米材料有限公司专业从事纳米材料的研发与销售。公司专注于纳米技术的研发与创新，致力于成为拥有更优质产品的国家高新技术企业。目前，公司供应的产品有纳米氧化锆、纳米氧化钛、纳米氧化铝、纳米氢氧化铝、纳米氧化锌、纳米氧化硅、纳米氧化镁、纳米氢氧化镁、纳米氧化铜、纳米氧化钇、纳米氧化铈、纳米氧化镧、纳米三氧化钨、纳米四氧化三铁、纳米抗菌剂、纳米抗静电剂、蓝光吸收剂、纳米特种涂料、纳米钴蓝、石墨烯等。产品质量稳定，已被国内多家企业批量采购。
主营产品：纳米氧化锆、纳米氧化钛、纳米氧化铝、纳米氢氧化铝。

上海岩投新材料科技有限公司

地址：上海市自由贸易试验区临港新片区丽正路 1628 号 4 幢 1-2 层
电话：15316234144
电邮：yantou_sh@163.com
网址：www.yant.com.cn
单位介绍：上海岩投新材料科技有限公司成立于 2021 年，位于上海临港自由贸易试验区，地理位置十分优越，是一家集新材料产品和解决方案于一身的企业。上海岩投新材料科技有限公司深耕于陶瓷粉体、功能性添加剂、贵金属合金等领域，其生产的碳化物等工业陶瓷粉体指标达到较为先进的水平，可满足高端制造、精密加工等定制加工的要求。
主营产品：氧化物、碳化物、氮化物、卤素化合物、金属粉体、石墨模具、承钵匣体、陶瓷结构件等。

哈尔滨霈泽材料科技有限公司

地址：黑龙江省哈尔滨市宾县宾西镇宾西经济技术开发区
电话：0451-55680111
电邮：info@peizecl.com
网址：www.hrbpzkj.com
单位介绍：哈尔滨霈泽材料科技有限公司是一家集热喷涂材料研发、生产销售与推广应用于一体的民营科技企业。其产品在航空航天、电力、石化、矿冶交通、纺织、造纸、印刷、钢铁、水泥、陶瓷靶材等众多行业得到了广泛应用；同时，为工业级用户提供高效、先进的热喷涂材料产品及服务。
主营产品：氧化铬陶瓷粉末、氧化铬（Cr_2O_3）、氧化钇

（Y_2O_3）、氧化钇稳定氧化锆（Y_2O_3-Zr_2O_3）等。

中伟新材料股份有限公司

地址：贵州省铜仁市玉屏侗族自治县大龙经济开发区中国西部新能源产业园
电话：0856-3323580
电邮：yanlei@cngrgf.com.cn
网址：www.cngrgf.com.cn
单位介绍：中伟新材料股份有限公司成立于2014年9月，为湖南中伟控股集团有限公司旗下控股子公司、上市主体，是专业的新能源材料综合服务商，属于国家战略性新兴产业中的新材料、新能源领域。中伟股份已与国内外数十家知名企业达成战略合作，公司自主开发的高电压四氧化三钴、高镍NCM、NCA等新能源材料跻身中国、欧美、日韩地区世界500强企业高端供应链，被广泛应用于3C、动力及储能领域。公司始终以研发创新为核心，持续加大研发投入，以高镍低钴全系列三元前驱体、高电压四氧化三钴、磷酸铁、钠系前驱体、综合循环回收利用、原材料冶炼、材料装备制造为主要研发方向，打造多样化、定制化、快速开发与量产的技术服务能力及产业化应用能力，助推新能源材料行业技术发展。
主营产品：全系列三元前驱体、高电压四氧化三钴、二元及多元前驱体、磷酸铁、钠电前驱体。

青海西部镁业有限公司

地址：青海省海西州德令哈市纬七路工业园区
电话：0977-8210888
电邮：songlei@qhxbmy.com
网址：www.qhxbmy.com
单位介绍：青海西部镁业有限公司是青海省中国500强企业西部矿业股份有限公司控股子公司，是青海省科技厅认定的高新技术企业，2006年02月与中南大学通过校企合作联合成立，注册资本为50000万元。公司厂址位于德令哈工业园区，占地面积600亩，员工400人。公司主要从事盐湖提镁和化工镁产品加工业务，是较早实现生产规模达到15万吨以上的盐湖镁资源开发企业之一，产能在世界范围内也位居前列。公司生产高纯镁系产品，以纯度较高、品质较好、成本较低等优势在国内市场获得了一定的份额，部分产品远销美国、法国、德国、日本、韩国、荷兰等国家。
主营产品：水氯镁石、氢氧化镁半成品、高纯氢氧化镁原粉、高纯超细氢氧化镁、高纯氧化镁及球坯、氧化镁单晶、高纯烧结镁砂、高纯电熔镁砂及电熔皮砂。

浙江格洋新材料股份有限公司

地址：江省金华市金东区曹宅工业区鹤岩街30号
电话：0579-89117509
电邮：21809441@qq.cpm
单位简介：浙江格洋新材料股份有限公司是一家主要从事纳米氧化硅、氧化铝、氧化钛研发、生产与销售的高新技术企业。公司拥有自己的专业研发团队、自主完备的知识产权、精湛的制造工艺以及较为先进的生产设备，产品广泛用于电子封装、塑料、橡胶、工业涂料、日化等行业。
主营产品：纳米氧化硅、氧化铝、球形氧化硅等。

北京桑斯普瑞新材料有限公司

地址：北京市海淀区马甸东路19号金澳国际1922室
电话：010-52437923
电邮：sales@sunspraying.com
网址：www.sunspraying.com
单位介绍：北京桑斯普瑞新材料有限公司是一家专业的材料科技企业，公司旗下的生产基地——德天助非晶纳米科技有限公司成立于2013年5月，由长期从事新材料与表面技术研究的专家发起创立，集喷涂材料、喷涂设备、喷涂加工相关的研发、生产、销售和技术服务于一体。公司拥有较强的技术背景资源和优秀的实验研发能力，产品总体科技含量高。作为表面涂层技术解决方案提供商，公司为国内外的企业、高等学校及科研院所等研发供应高品质的粉末热喷涂、高性能材料、堆焊等定制化整体解决方案。
主营产品：研发生产铁基、镍基和钴基合金粉；氧化物、氮化物、碳化物和硼化物陶瓷粉末，各系列非晶纳米材料，并提供表面技术解决方案。

海顺新材料有限公司

地址：山东省淄博市泰山路118号
电话：0533-8401122
电邮：haishun66@sina.com
网址：www.ruilaibao.com
单位介绍：海顺新材料现已成为氧化锌行业较具影响力的企业之一，2008年起，以天然气为能源，设计制造了至第五代"环保、节能型"氧化锌生产线。海顺氧化锌品质分为精品级和常规级，用途分为医用、食品、化妆品、电子等，加工工艺分为颗粒、煅烧、液体，含量分为99.9%、99.8%等，生产过程全面监控，保证产品质量。
主营产品：氧化锌。

上海攀亚进出口有限公司

地址：上海市长宁区通协路268号尚品都汇A506B室
电话：021-62082768
电邮：stone@pangea-intl.com
网址：www.stone.pangea-intl.com
单位介绍：上海攀亚进出口有限公司是德国赫海茵工业陶瓷公司（IKH）在中国的独家代理。1995年，IKH集合高素质的材料及生产工程师，开始研发和生产创新性的陶瓷粉体，现拥有两座现代化的工厂，可快速地按客户的不同要求定制超细的或造粒后的氧化物（氧化钴、氧化记、氧化铬、氧化铝等）及非氧化物（碳化硅、碳化硼、氢化硅等）陶瓷粉体。公司位于德国西南部巴登-符腾堡州的武特欣根（WutOschingen），邻近瑞士边境。IKH公司拥有DIN ISO 9001：2000德国质量管理体系认证。

1.2 氧化物陶瓷粉体企业

主营产品：独家代理德国 IKH 公司生产的氧化物陶瓷粉体（细粉、造粒粉及热喷涂粉）和非氧化物陶瓷亚微米粉及造粒粉。

南京保克特新材料有限公司

地址：江苏省南京市江宁区麒麟科技创新园智识路 26 号
电话：025-86140234
电邮：sales@paukert.com.cn
网址：www.paukert.com.cn
单位介绍：南京保克特新材料有限公司是专注于纳米材料、导热材料、新能源材料等特殊功能性新材料研发、生产和营销的高新科技企业。公司位于江苏省南京市，目前在南京、镇江设有研发中心和生产基地。公司通过了 ISO 9001：2015 质量管理体系认证，拥有较为先进的纳米粉体和导热新材料生产线及配备齐全的专业分析和检测仪器。保克特专注于纳米、新材料技术开发与创新，致力于生产高品质纳米新材料，并为客户提供较优异的服务与专业的纳米产品使用解决方案。公司以其较先进的产研技术、生产工艺和新材料应用的行业特长，为客户提供高品质纳米、新材料产品，主要包括纳米粉体材料、纳米分散剂、导热新材料等。公司配套实验室和专业的技术团队，可开发针对客户不同应用需求的定制产品。目前，其产品广泛应用于石油化工、电子产品、涂料油墨、橡胶塑料、化妆品、新能源、纺织、汽车和建筑等行业。公司通过严格控制产品质量和稳定性，不断开发纳米新产品和纳米材料使用技术，进一步确保其在市场和技术方面的地位，并致力于成为全球较好的纳米、新材料制造企业与供应商之一。公司在推动纳米、新材料产业发展的同时，遵守可持续性发展原则，致力于保护环境及为社会作出贡献。
主营产品：纳米二氧化硅。

江苏天行新材料有限公司

地址：江苏省淮安市经济技术开发区山阳大道 1 号
电话：025-84215819
电邮：sales@tansail.com
网址：www.tansail.com
单位介绍：江苏天行新材料有限公司是一家拥有近 10 年纳米材料生产和应用经验的高新科技企业，目前建有位于江苏淮安开发区的生产、研发产业基地和南京业务中心。公司通过了 ISO 9001：2015 质量管理体系认证，拥有先进的纳米粉体和纳米分散液生产线，并建有研发实验室、质量检测室，各类试验、检测仪器配备齐全。公司拥有一支专业、强大的技术团队，支持新品研发质量控制、客户技术服务，生产的纳米材料品质高、质量稳定，并可针对客户的不同应用需求开发定制产品。目前，其主要产品包括：纳米氧化硅、纳米氧化铝、纳米二氧化钛、光触媒材料、纳米氧化锌、氧化铝导热材料等。公司通过专业的纳米分散技术，为客户提供高分散性和稳定性的纳米分散浆料，提高了纳米材料应用的可操作性。目前，公司产品广泛应用于石油化工、钢铁冶金、电子产品、涂料油墨、橡胶塑料、化妆品、能源、纺织、汽车和建筑等行业。
主营产品：纳米氧化硅、纳米氧化铝、纳米二氧化钛、光触媒材料、纳米氧化锌、氧化铝导热材料等。

江苏辉迈粉体科技有限公司

地址：江苏省盐城市亭湖区环保科技城凤翔路 55 号
电话：0515-89020526
电邮：finetal@126.com
网址：www.jshuimai.com
单位介绍：江苏辉迈粉体科技有限公司占地面积 4 万 m^2，拥有独立研发、办公大楼，建有标准化厂房 3 栋，拥有专业的技术人员和管理团队。辉迈粉体拥有独立纳米粉体材料研发与检测试验中心，专业从事纳米粉体材料的研发、生产、销售及技术咨询服务等。公司坚持以诚信立足、科学创新的经营方针面对市场及广大客户，秉持服务客户的理念，精益求精，竭力为客户提供品质优良、效率高的产品。公司以诚信、创新、互利共赢的经营理念打造可信赖的品牌，敢于创新、追求成长的辉迈粉体团队将继续用较高品质的产品、专业的技术、真诚的服务，帮助客户创造更大收益，用实际行动来推动粉体行业的发展。
主营产品：纳米氧化硅、球形硅微粉、高纯氧化硅等。

河北国扬化工科技有限公司

地址：河北省石家庄市城西工业区
电话：0311-89860289
电邮：18632173585@zsj.com
单位介绍：河北国扬化工科技有限公司是专业从事锌镁钛系产品，集技术研发、生产、销售于一体的现代化企业。公司每年销售 3000t 产品，其中碱式碳酸锌和氧化锌 1500t，氧化镁、碳酸镁共计 1000t，其他各类化工产品 500t。公司坚持以市场为导向，以科技创新为基础，发挥资源优势，确保持续稳定地为客户提供较优质的产品、较优惠的价格和较优良的服务。公司与河北锌镁纳米材料研究所、河北科技大学实验室河北粉体技术服务中心等单位建立了长期稳定的技术合作关系，开发了高白度、低杂质的纳米高活性氧化锌、电子陶瓷行业专用的高纯超微细氧化镁、石油添加剂专用的低铅氧化锌、碱式碳酸锌系列高科技产品，为企业产品向环保型、粉体超微化发展提供强有力的科技保障和支持。
主营产品：高活性氧化锌（湿法生产、酸碱法）。

成都海恩普新材料有限公司

地址：四川省成都市郫都区工业港望丛东路 768 号
电话：15108354060
电邮：857763749@qq.com
单位简介：成都海恩普新材料有限公司是一家专业从事高端电子陶瓷粉体材料研发的高科技公司，成立于 2018 年 12 月。公司拥有一支由在稀有金属冶炼、电子粉体材料和军工用粉体材料方面研究开发及生产领域具有较高知名度与丰富经验的专业人士带领的，具有相关专业知识和创新精神的年轻团队，并与国内高校、研究机构、业内相关企业积极开展专业合作。公司掌握了多组分化学液相复合粉体的研制技术，拥有该项技术独立的知识产权，该技术在相关领域有着独特的创新性与先进性，在国际上处于较为领先的水平，具备一定的竞争优势。同时，

第1章 先进陶瓷粉体原料与分类

此化学液相复合粉体技术可拓展到 3D 金属粉末材料、5G 陶瓷滤波器、高性能电池电极、高强磁性材料等领域。

主营产品：（化学液相复合法研制和生产）多元组分细、匀、纯的氧化物和金属复合粉。

淄博天智化工有限公司

地址：山东省淄博市淄川区立交桥东鲁泰文化路
电邮：731821142@qq.cm
网址：www.zbkrt.com
单位介绍：淄博天智化工有限公司是经营醋酸钠、无水醋酸钠、焦亚硫酸钠、乳酸、二氧化锆、乳酸钙、乳酸钠的厂家，其产品广泛应用于医药、食品、热宝、电子、陶瓷、涂料、橡胶、印染、电镀、皮革、水泥助磨剂等化学工业的制造生产。
主营产品：二氧化硅。

桂林浩旺新材料有限公司

地址：广西壮族自治区桂林市灵川县八里街开发区"16-2"小区
电话：0311-89860289
电邮：2363579842@qq.com
单位介绍：桂林浩旺新材料有限公司是超细纯氧化钙、纯氢氧化钙的专业生产厂家。公司拥有固定的氧化钙矿山，2016 年年初进行了生产线的改造升级，年产量可达 3 万～5 万 t。
主营产品：纯氢氧化钙。

浙江亚美纳米科技有限公司

地址：浙江省嘉兴市嘉善经济技术开发区台升大道 1 号
电话：400-8200386
电邮：2533928531@qq.com
网址：www.yameinanotech.com
单位介绍：浙江亚美纳米科技有限公司是一家致力于纳米粉体材料领域及其相关技术，集研发、生产和销售于一体的高新技术企业。公司长期生产并经营微纳米金属粉体、微纳米合金粉体、微纳米碳化物粉体、微纳米氮化物粉体、微纳米硼化物粉体、微纳米硫化物粉体、微纳米硅化物粉体、微纳米稀土氧化物粉体、工业多壁碳纳米管、微纳米氧化物等功能粉体。产品广泛应用于信息通信、航空航天、军工、涂料、油墨、橡塑、陶瓷、纺织、化妆品、医药、电池、环保、太阳能等高科技领域。
主营产品：二氧化硅。

宁波今心新材料科技有限公司

地址：浙江省宁波市慈溪市坎墩工业园区大盛路 1 号
电话：0574-63919688
电邮：tech@sno2mater.com
网址：www.sno2mater.com
单位介绍：宁波今心新材料科技有限公司是致力于全系列二氧化锡新材料（二氧化锡纳米粉体、二氧化锡纳米溶胶、二氧化锡纳米浆料、二氧化锡纳米薄膜、二氧化锡陶瓷）的生产、研发与推广的高新技术企业。公司在二氧化锡领域拥有 10 多年的研究、开发经验，已获得 10 多项国家发明专利，并拥有以较低成本生产高品质二氧化锡基质微纳米粉体的技术，产品指标较佳。二氧化锡基质陶瓷色料粉体采用一步法生产工艺生产，所产色料纯度及发色效率高，且粒度较细。
主营产品：二氧化锡纳米粉体、二氧化锡陶瓷。

英格瓷（浙江）锆业有限公司

地址：浙江省湖州市德清县钟管镇龙山路 156 号
电话：0572-8400988
电邮：hongyan.shi@imerys.com
单位介绍：英格瓷（浙江）锆业有限公司是法国 IMERYS（英格瓷）集团在中国浙江德清的全资子公司，集团总部在法国巴黎，为巴黎泛欧交易所挂牌上市公司，在全球 50 多个国家和地区设有 270 余家生产型企业。公司成立于 1994 年，主要从事锆系列产品的研发、生产和销售，产品广泛应用于包裹颜料、核电、生物陶瓷、汽车尾气催化剂、油漆干燥剂、人造宝石、汽车氧传感器、电子陶瓷和钛白粉包膜等，产品出口欧美、日韩等国家和地区。
主营产品：二氧化锆、碳酸锆、氧氯化锆等。

四川铁匠科技有限公司

地址：四川省成都市双流区蛟龙港东海路 128 号
电话：028-64135732
电邮：13808022407@163.com
网址：www.sc-tjkj.com
单位介绍：四川铁匠科技有限公司创建于 2015 年。公司现有各类高级、中级专业技术人员和技术工人 20 余人，并与多所高校专家进行技术合作。公司从事等离子体及相关电源应用技术开发。特别是其采用高温等离子体技术生产的各类纳米粉体材料，产品纯度高，粒径分布窄，分散性好，相关理化参数稳定可控。公司秉持工匠精神进行各类纳米粉体材料的研发。
主营产品：纳米二氧化钛粉末。

南宁市力能达化工有限责任公司

地址：广西壮族自治区南宁市西乡塘区大学东路 5 号
电邮：1198557146@qq.com
电话：0771-6701759
网址：www.nnhjgs.cn
单位介绍：南宁市力能达化工有限责任公司是一家以水处理产品为主体，以高新技术为依托，跨行业经营的大型私营企业。公司具有布局紧凑、工艺流程较短、自控技术较为先进等特点，生产经营管理采用了 DCS 和 CIMS 控制系统，达到"管控一体化"、办公无纸化、信息网络化。公司常年可供现货，并且设有可供储存各类水处理产品的仓库。
主营产品：石英粉、硅微粉、微硅粉。

湖南先导电子陶瓷科技产业园发展有限公司

地址：湖南省长沙市湘江新区金洲工业集中区金洲大道 88 号

1.2 氧化物陶瓷粉体企业

电话：0731-87171888
电邮：idseeder@hn-seeder.com
网址：www.hn-seeder.com
单位介绍：湖南先导电子陶瓷科技产业园发展有限公司系湖南博深实业集团全资子公司，成立于 2010 年，是专业研发、制备、销售高纯超细钛酸盐系列电子陶瓷粉体材料的企业。公司拥有目前国内单线产能较大、设备较为先进、能耗较低、各项环保指标较高的生产线——高纯超细电子陶瓷粉体亚洲生产线。由公司先导电陶技术团队自主研发的高纯超细钛酸盐系列电子陶瓷粉体材料及其元器件项目荣获国家科学技术进步二等奖，相关技术荣获国家专利 9 项，包括 6 项发明专利和 3 项实用新型专利。作为电子陶瓷粉体材料上下游产业链配套整合基地，公司始终坚持面向全国、国际市场，加快高新技术成果转化，并致力于打造现代化示范园区，为湘江新区的发展作出贡献。项目预计总投资 26 亿元，占地面积约 27 万 m^2，规划总建筑面积 53.3 万 m^2，分三期建成；是国家科学计划重点项目、湖南省重点工程、湖南省战略性新兴产业重点项目。公司力争五年内建设形成以高性能电子陶瓷粉体材料为依托的多门类产业，实现上下游产业链无缝对接，产品进入全球采购链，打造先进技术陶瓷产业专业生产集群。
主营产品：精细粉体材料。

南汉润材料发展有限公司

地址：湖南省长沙市雨花区老祠堂路 107 号合能枫丹丽舍 3 栋 911-913 房
电话：0731-85518261
电邮：fluor@tatichem.com
网址：www.heavenmaterials.com
单位介绍：湖南汉润材料发展有限公司主要生产、经营各种新型高纯材料、新型功能材料、新型环境材料以及各种金属化工品、合金元素材料合金中间体及助熔剂等。公司经过多年发展，目前与多家全球性化学品公司（如 UMICORE、AKZONOBEL、BRENNTAG、CLARIANT、MITSUI、SOLVAY、SAINT-GOBAIN 等）建立了长期合作关系。公司在上海浦东新区设立了办事处，在上海奉贤区设立了自己的仓库基地，在西安、天津、青岛等地都设有生产基地。公司和中南大学同在一个城市，中南大学设立有国家重点实验室、国家工程研究中心、国家级基地和研究所，在粉末冶金、高纯化学品、金属化工品方面具有较高的地位；无论是技术咨询还是技术交流、技术鉴定，都非常便利、可靠。为了提高科技创新水平，公司还与中国科学院上海硅酸盐研究所保持着紧密的合作关系。
主营产品：亲水性纳米气凝胶二氧化硅粉（HH-H1）。

新沂市万和矿业有限公司

地址：江苏省徐州市新沂市唐店工业区
电话：0516-88971989
电邮：13705225198@139.com
网址：www.174728.fm086.com
单位介绍：新沂市万和矿业有限公司致力于熔融石英材料研发与生产，现已通过北京中物联联合认证中心 ISO 9001 质量管理体系认证。公司年产熔融石英（电熔石英）系列产品 20000t，主导产品为熔融石英块、镀膜靶材二氧化硅颗粒、熔融硅微粉、结晶硅微粉、精密铸造用硅微粉、电子电工级熔融硅微粉、熔融石英坩埚等。公司严格按照出口标准进行生产，产品长期出口日本、韩国、美国、欧洲等国家和地区。产品具有高纯度、低离子含量、介电性能优异、热膨胀系数低、粒度分布稳定等特点。公司产品服务于 LED、EMC 集成电子填充料高温陶瓷、冶金及精密铸造、光伏坩埚、耐火材料、光学玻璃镀膜靶材、油漆涂料、人造石英板材、云石胶等行业。
主营产品：熔融石英粉、熔融石英颗粒（20～40、40～80、80～120）。

大连洲际新材料有限公司

地址：辽宁省大连市庄河市明阳街道花园口经济区建材产业园
电话：0411-62511314
单位介绍：大连洲际新材料有限公司是集高新科技材料研发，以及稀有金属矿产材料生产、加工和销售于一体的现代化和高科技新材料制造类企业。在国内同行业中，企业的生产加工规模和产能处于较高水平。公司拥有全套研发及生产加工设备，采用国内外较先进的工艺和技术，生产自动化程度较高；在国内外同行业中均展现出一定的优势与竞争力。同时，该生产加工设备在绿色、环保和节能方面都达到了行业要求，各项排放指标皆符合国家标准。公司现已装备三条生产加工线，年加工原矿能力达 15 万 t，其产品主要应用于核电站、燃料电池、环保、航空航天、军工、海洋、造船、特种陶瓷、电子、新能源、机械耐磨材料、建材、冶金、化工、钢铁等领域。公司年销售额达 4 亿～6 亿元人民币，产品销售的市场区域 80% 集中在中国的山东、河北、河南、辽宁等省。公司研发中心和实验室配备了 XRF、马尔文粒度仪等较先进的实验室设备。
主营产品：锆英砂、金红石、钛铁矿、锆英粉、硅酸锆天然矿产品加工。

淄博华川锆业有限公司

地址：山东省淄博市临淄区边河工业园
电话：0533-2888338
单位介绍：淄博华川锆业有限公司是从事硅酸锆、锆铝复合陶瓷磨介、高档硅酸锆、精密铸造用锆英粉、电缆用 $2\mu m$ 阻燃剂氢氧化铝粉体等产品专业生产及加工的有限责任公司（自然人投资或控股），公司总部设在山东省淄博市临淄区边河工业园。淄博华川锆业有限公司拥有完整、科学的质量管理体系。时时刻刻为用户、分分秒秒抓质量是公司永远的宗旨。
主营产品：工业级硅酸锆、超细硅酸锆微粉、锆铝复合陶瓷磨介、精密铸造用锆英粉。

大同市誉瑞科技有限公司

地址：山西省大同市云州区同浑路 66 号
电话：0352-5995555
电邮：269522293@qq.com
单位介绍：大同市誉瑞科技有限公司 2015 年申报建设年产 1 万

t 玻璃纤维粉项目，经政府批准开工建设，项目总投资 2 亿元人民币，分两期完成。项目主要包括石英砂加工、玻璃纤维超细粉磨、石英高温熔炉等。高品质石英、超细粉磨、高档板材是船舶、汽车、航空、风力发电等领域的重要材料。产品主要销售到欧美地区。其中超细粉磨设备和石英高温熔炉是我公司自行开发的项目。

主营产品：石英砂加工、玻璃纤维超细粉磨、石英高温熔炉、高品质石英、超细粉磨。

上海汇精亚纳米新材料有限公司

地址：上海市奉贤区望园南路 1588 弄绿地未来中心 A3 幢 20F
电话：021-34306661
电邮：liutaotyb@sina.com
网址：www.shhuijing.com
单位介绍：上海汇精亚纳米新材料有限公司成立于 2004 年。公司专业生产、销售新型功能性填充材料（活性空心微珠、活性复合陶瓷微珠、活性晶须硅、空心微珠、陶瓷微粉、晶须硅、陶瓷微珠、高纯二氧化硅、空心玻璃微珠、漂珠、高折射反光珠、白炭黑、透粉、镁强粉）及纳米材料系列产品（纳米二氧化钛、纳米氧化锌、纳米二氧化硅、纳米活性碳酸钙、纳米光触媒、纳米光触媒空心陶瓷珠、纳米氧化铝、纳米氧化锆、纳米氧化镁、纳米消光剂等）。公司产品广泛应用于涂料、塑料、复合材料、胶黏剂、橡胶、反光、保温反射隔热、陶瓷、玻璃、玻璃钢、化妆品、室内空气净化、环保水处理及脱硫脱硝陶瓷催化剂等行业。汇精公司全资子公司——凤阳县汇精纳米新材料科技有限公司专业生产多种粉体表面改性材料（活性硅微粉、活性高岭土、活性滑石粉、活性碳酸钙等）、复合材料、纳米材料及光触媒等环保系列产品。

主营产品：石英砂、硅微粉及超细煅烧高岭土等普通填充料。

安徽壹石通材料科技股份有限公司

地址：安徽省蚌埠市怀远经济技术开发区金河路 10 号
电话：0552-8220958
网址：www.estonegroup.com
单位介绍：安徽壹石通材料科技股份有限公司成立于 2006 年 1 月，是一家专注于电子材料、新能源材料、阻燃材料、导热材料、纳米材料等特殊功能性新材料研发、生产和营销的高新科技企业。在全球专业功能性新材料商中，其技术、产能与销量均处于行业较高地位。壹石通公司生产的产品被广泛应用于消费类电子产品商用服务器、能源汽车、高铁、航空航天、导热界面材料、工程塑料、阻燃材料、水性涂料、粉末涂料等较为先进的复合材料领域。

主营产品：结晶石英粉、熔融石英粉、球形二氧化硅、球形氧化铝、球形氧化镁、氢氧化铝、氢氧化镁、勃姆石、软硅等（产品广泛应用于 EMC、CCL、导热复合材料、锂电池隔膜涂层、涂料、橡胶、塑料、LED 光扩散等领域）。

宜兴市古王科技有限公司

地址：江苏省宜兴经济开发区荆溪北路 31 号
电话：0510-87128666
电邮：guwangkeji@163.com
网址：www.guwangkeji.com
单位介绍：宜兴市古王科技有限公司坐落在中国有名的陶都和太湖风景区的宜兴经济开发区。宜兴市古王科技有限公司从 1995 年开始着手化工产品及原料的技术研发，专业生产锆类产品，其生产的超细硅酸锆销往全国各地。公司以"质量、信誉"及"客户需求为满意"的宗旨，全体员工本着"团结、开拓、敬业、奉献"的企业精神，与 100 多家客商建立了长期业务关系。

主营产品：超细硅酸锆、锆英粉。

湖北省玉成陶瓷科技有限公司

地址：湖北省咸宁市通城县北港镇大界工业园
电话：0715-4861999
电邮：hbsyctc@163.com
网址：www.hbyctckj.com
单位介绍：湖北省玉成陶瓷科技有限公司是一家专业从事钾、钠长石、石英加工，以及经营陶瓷、玻璃原料的生产企业。公司自 2004 年创办，注册为金山矿业公司，2012 年变更为玉成陶瓷科技有限公司，累计投资达到 8000 多万元。公司建有 8 条生产线（雷蒙机生产线 4 条、水磨生产线 2 条、超导磁选线 1 条、浮选线 1 条），年生产能力达 15 万吨。公司具有较强的经济实力，固定资产达 5000 多万元，主产区占地面积 60 亩。公司拥有较为先进的生产设备，特别是新上高性能陶瓷原料生产线后，能根据客户需求生产各类品级的陶瓷原料产品。目前，供给客户的主要产品包括钾、钠长石粉、长石颗粒、长石砂、石英粉等。

主营产品：钾、钠长石粉以及石英粉、高岭土。

耐驰尔新材料（营口）有限公司

地址：辽宁省自由贸易试验区营口市滨海路南 139 号
电话：0417-2927555
电邮：646356967@qq.com
网址：www.naicher.com
单位介绍：耐驰尔新材料（营口）有限公司成立于 2006 年，注册资金 4500 万元人民币，占地面积 500 亩。公司的主营业务是锆钛铝等系列产品的研发、生产与销售。公司设立之初的主要产品是四氯化钛，经过多年来的技术研发和业务扩展，其主要产品已扩展为四氯化钛、四氯化锆、锆英砂、锆英粉、金红石、钛铁矿、硅线石粉、蓝晶石粉等十多个锆钛铝系产品，这为公司"延伸产业链、实现产品多元化"的未来战略目标奠定了坚实的基础。

主营产品：锆英砂、锆英粉、钛铁矿、金红石、蓝晶石、石榴子石、粗四氯化锆、精四氯化锆。

山东辰源粉体有限公司

地址：山东省淄博市西八路南首路东
电话：0533-2900646
电邮：chenyuangaoye@163.com

网址：www.sdchenyuan.com

单位介绍： 山东辰源粉体有限公司始建于1998年，是一家以专业生产锆系列产品为主的大型企业。公司占地面积5万平方米，固定资产1000万元，年产硅酸锆12000余吨。公司生产的硅酸锆、锆英砂、锆英粉、莫来砂、莫来粉系列产品广泛用于建筑陶瓷、日用陶瓷、卫生陶瓷、耐火材料、精密铸造、电子、玻壳等领域。短短几年内，其产品已销往陕西、山西、四川、广东、河北、河南等地，产值达1.8亿元。在立足国内市场的同时，公司积极开展对外贸易，并与多家外贸公司有业务往来。

主营产品： 硅酸锆、锆英砂、锆英粉、莫来砂、莫来粉、白刚玉。

清远市金盛锆钛资源有限公司

地址：广东省清远市清新区太平镇盈富工业园 M-2#
电话：0763-5778100
电邮：jszrti@163.com
网址：www.jinshengzrti.com

单位介绍： 清远市金盛锆钛资源有限公司坐落于广东清远市的盈富工业园区，于2008年置地建厂，原承海南万宁金盛锆钛资源有限公司，工厂分期建立成为粉体加工和选矿一体化的现代化企业。公司选矿年产能为6万吨锆英砂，粉体加工年产能为6万吨锆英粉和硅酸锆。公司生产、经营的产品有：锆系列，包括锆英砂、锆英粉及细粉、硅酸锆；钛系列，包括钛铁矿、金红石；以及其他产品，包括独居石、蓝晶石、石榴石。产品广泛应用于玻璃、陶瓷、铸造、耐火、化工、研磨等行业。

主营产品： 锆质耐火修补料、锆英砂、锆英粉、硅酸锆、复合锆、钛铁矿、金红石。

淄博鲁宏沃尔森陶瓷有限公司

地址：山东省淄博市淄川区洪山镇聊斋路南首
电话：13581032988
电邮：301020999@qq.com
网址：www.ziboluhong.cn

单位介绍： 淄博鲁宏沃尔森陶瓷有限公司位于淄博市淄川洪山镇，是一家拥有陶瓷、人工合成堇青石、机械制造等分公司，注册资金510万元的生产厂家，拥有员工300余人，各类工艺技术人员10余人。公司多年来专注于合成堇青石、堇青石细粉、烧结莫来石、莫来石精细粉、莫来石骨料、人工合成莫来石、莫来石砂的研发、制作、生产，取得了显著的成效。目前，公司生产的人工合成莫来石在1720℃以上高温、具有专业技术的先进生产线上人工合成。

主营产品： 合成堇青石、堇青石细粉、烧结莫来石、莫来石精细粉。

苏州纳迪微电子有限公司

地址：江苏省苏州市高新区嵩山路488号
电邮：wangyh@sznanoslurry.com
网址：www.sznanoslurry.com

单位介绍： 苏州纳迪微电子有限公司于2006年由留美、留日博士创立于苏州高新区环保产业园，专注于微电子纳米材料的开发。公司经过十余年发展，先后获得以下荣誉：高新技术企业、ISO 9001：2015认证企业、苏州高新区首届创新创业领军人才、江苏省高新技术产品（2个）等，其多个研发项目被成功立项。公司员工都拥有大专以上的学历，所有产品和技术来源于多年的自主独立研发。公司现拥有发明专利多项，并与中科院上海硅酸盐研究所、国防科技大学、南京大学等院所高校建立了紧密的科研合作关系。

主营产品： 高纯度电子级硅溶胶、高纯度球形硅微粉及高纯石英砂；高纯度铝溶胶及高纯度氧化铝粉；耐高温陶瓷涂料、蓝宝石抛光液、金属镜面抛光液。

1.3 非氧化物陶瓷粉体企业

1.3.1 氮化硅粉体

新疆晶硕新材料有限公司

地址：新疆维吾尔自治区乌鲁木齐市高新技术开发区（新市区）甘泉堡经济技术开发区
电话：0991-6392099
电邮：xtny@xinteenergy.com
网址：www.jingsnm.com

单位介绍： 新疆晶硕新材料有限公司是新特能源股份有限公司的全资子公司，是一家专业从事先进陶瓷、纳米级粉体材料、锆基新材等产品研发及技术应用的高新技术企业公司的产品包括氮化硅粉、氮化硅陶瓷、气相二氧化硅、氧化锆粉、氧氯化锆粉、四氯化锆等。晶硕新材料是国内光伏产业氮化硅陶瓷结构件生产厂家之一，气相二氧化硅年产量可达1.2万吨，国内首家采用氯化法生产锆基新材料，且年产可达4000吨以上的企业。公司通过自主研发，形成技术专利49项，其中发明专利37项，实用新型专利12项。与中科院、清华大学、天津大学、华东理工、南昌大学、德国弗劳恩霍夫等国内外科院所高校广泛合作，并联合客户、供应商等相关方组建产学研用联合体，构建创新驱动、开放共赢的全球创新网络；同时，聘请日本、留美行业专家进行新产品研发，部分产品生产技术已在国内达到较为领先的水平。

主营产品： 氮化硅粉体、锆基新材、粉体新材、硅烷偶联剂。

河北高富氮化硅材料有限公司

地址：河北省邢台市临城经济开发区中兴大街北段路西
电话：0311-67799953
电邮：gfyx018@corefra.cn
网址：www.corefra.cn

单位介绍： 河北高富氮化硅材料有限公司是一家致力于生产高性能氮化硅产品的高新技术企业，经过十余年的技术创新和发展，其生产的高纯氮化硅系列产品在国内获得了较多认可。公司现已承担多项国家级、省级科研课题，积累了丰富的产品研发和生产经验，并与清华大学、哈尔滨工业大学等高校合作设立氮化硅材料实验基地。公司先后获得多项荣誉资质，包括

"国家级专精特新小巨人""河北省单项冠军产品企业""高新技术企业""河北省氮化物陶瓷技术创新中心"等,且已通过 ISO 9001 质量管理体系、ISO 14001 环境管理体系、ISO 45001 职业健康安全管理体系认证。公司年产高纯氮化硅 1000 余吨,产品质量稳定、可靠,受到广大客户的一致好评,已出口日本、德国等十多个国家。

主营产品:高纯氮化硅粉、陶瓷级氮化硅粉。

青岛瓷兴新材料有限公司

地址:山东省青岛市即墨区孔雀河二路 69 号
电话:0532-85294499
电邮:wangchao@cupnm.com
网址:www.alticera.net
单位介绍:青岛瓷兴新材料有限公司成立于 2018 年,由中科院院士担任首席科学家,清华大学博士后及其团队共同经营,是海内外有志之士以科技兴国为己任共同组建的一家陶瓷新材料企业。公司主要生产高性能氮化硅粉体,产品广泛应用于新能源汽车、高铁动车、电子导热、LED 荧光粉、医用陶瓷、风力发电、光伏等多个领域,具有较为广阔的市场前景。公司依托清华大学先进陶瓷与精细工艺国家重点实验室,与中科院青岛生物能源与过程研究所、武汉理工大学淄博先进陶瓷研究院进行技术合作,以"政、产、学、研、金、用"相结合的创新驱动模式,建立了完善的研发与检测分析体系。公司承担了即墨区高层次人才团队 A 类创业项目,该项目被评为 2018 年青岛市重点项目;2020 年,公司设立青岛市专家工作站;2021 年,被评为高新技术企业、山东省新材料领军企业;2022 年,获得青岛专精特新企业、科技型中小企业、即墨区重点实验室等殊荣。

主营产品:高导热氮化硅基板专用粉体、高性能氮化硅轴承球专用粉体、氮化硅陶瓷结构件专用粉体、LED 荧光粉专用氮化硅粉体等。

齐鲁中科光物理与工程技术研究院

地址:山东省济南市高新区巨野河街道齐鲁中科光物理与工程技术研究院
电邮:jnjgyjy@163.com
网址:www.jnlaser.ac.cn
单位介绍:齐鲁中科光物理与工程技术研究院主要开展激光、低温及氢能源、新材料、生物医药等关键技术研发和科研成果转移转化,以及人才引进培养、高新技术企业孵化机引进等工作。

主营产品:α-氮化硅粉体(基板、轴承球、结构件)、β 氮化硅粉体(填料、晶种)、氮化硅镁(烧结助剂)、及立方碳化硅粉。

新特能源股份有限公司

地址:新疆维吾尔自治区乌鲁木齐市甘泉堡经济技术开发区众欣街 2499 号
电话:0991-6392099
电邮:xtnyhr@xinteenergy,com
网址:www.xinteenergy.com
单位介绍:新特能源股份有限公司是特变电工股份有限公司控股子公司,是专业从事光伏新能源产品研制,硅基新材、先进陶瓷、锆基新材、粉体新材等产品研发,风、光资源的开发及运营,以及节能环保技术应用的高新技术企业集团。公司实行 1+5+N 发展战略,配套建设了晶体硅公司、晶硕新材料公司、新特新能建材公司、检测公司、知信公司等分、子公司以延伸产业链,并大力推进科技创新、管理创新、商业模式创新、文化创新,实现零排放、零污染的绿色环保、清洁生产。新特能源公司依托国家级企业技术中心、国家地方联合工程研究中心、光伏材料制备与应用技术重点实验室以及能源互联网与电力电子实验室,在德国慕尼黑、美国特拉华州及我国乌鲁木齐、西安、深圳和苏州建成六大研发中心。公司先后承担国家科技支撑、国际科技合作、绿色制造、智能制造、工业互联网专项等科技攻关项目 100 余项;开发新产品、新工艺项目 80 余项;主导或参与制定 50 余项国际、国家、行业标准;针对风、光项目编制工程技术标准化手册 30 余册。

主营产品:超细纳米级氮化硅粉、超高纯光伏脱膜粉、陶瓷粉、氮化硅配方粉(造粒粉)、氮化硅结构件(光伏用)、氮化硅隔热、绝缘环等。

杭州建德美工精细陶瓷科技有限公司

地址:浙江省杭州市建德梅城南峰工业功能区新建路 12 号
电话:0571-64752345
电邮:zjmgpc@163.com
网址:www.zjmgpc.com
单位介绍:杭州建德美工精细陶瓷科技有限公司主要从事高纯、超细氮化硅粉体及中高端精细陶瓷制品的研发、生产与销售。公司为技术密集型的生产科技企业,拥有多家科研院校战略合作伙伴,目前已经形成一整套全自动的粉体生产技术工艺,生产水平已达到自动化程度。公司主要生产氮化硅、氧化锆、氧化铝、氮化铝等高性能结构陶瓷,产品涉及精密陶瓷球、陶瓷轴承、陶瓷刀具、陶瓷结构件、氮化铝基片等领域。同时,公司可根据客户的要求,承接各种精密陶瓷零部件的生产。公司产品广泛应用于国民经济的多个领域,如工业机械、航空航天、石油化工、汽车、电力、纺织、医疗器械、风电、高铁和国防军事等。

主营产品:各类氮化硅粉。

安阳市红兴氮化材料有限公司

地址:河南省安阳市殷都区水冶镇南段村 9 号
电话:0372-5858668
电邮:85892724@qq.com
网址:www.hxdhcl.com
单位介绍:安阳市红兴氮化材料有限公司是一家以氮化硅、氮化硅铁、氮化硅锰等氮化材料产品为主的集生产、加工、贸易于一体的大型企业。生产用原材料质量过硬、货源稳定,产品广泛应用于化工、电子、建材、模具、冶金耐火材料等行业。公司拥有标准化实验室和分析检测仪器,定期进行原材料及成品检验,对原材料及产品的主要元素、部分微量元素进行有效控制，保证产品质量符合客户要求。公司生产设备较为先进、耗能较低、生产效率较高、稳定性较强。公司严格的生产管理体系和系统的质量控制体系锻造出众多高品质的合金材料，并凭借成熟的生产技术、全面的检测手段严格的管理制度、良好的信誉保证，为客户提供优质的产品和优良的服务。

主营产品：氮化硅粉。

郑州骏科纳鑫特种陶瓷制品有限公司

地址：河南省郑州市巩义市米河镇双楼工业园
电话：0371-64332188
电邮：1914506199@qq.com
网址：www.junkenaxin.cn
单位介绍：氮化硅材料进入中国市场多年以来，其优越的性能得到了广大业界人士的认可。郑州骏科纳鑫特种陶瓷制品有限公司与国家科学院合作，从事研发氮化硅粉体、氮化硅轴承球、氮化硅阀门球、氮化硅异型结构件等一条龙生产线十余年，硅粉质量及稳定性得到海内外客户一致认可。氮化硅精品粉是该公司历经多年研制出的高品质、高性能的成品结构陶瓷粉末，在保持原有 α 相及化学式不变的同时，其粉体 Fe、Al、O、Ca 等含量控制稳定，D50（μm）在 0.4~0.6 之间，于 2013 成功申请国家专利；可直接用于压制结构陶瓷毛坯件，而用于浇铸成形方法则需要加入少量添加剂即可使用。公司生产的氮化硅精品粉不仅在生产工艺上为客户提供了方便，而且降低了粉体配比的成本。

主营产品：氮化硅粉、氮化硅轴承球、氮化硅阀门球、碳化硅陶瓷球等。

安阳市金盛昊新材料有限公司

地址：河南省安阳市龙安区高平工业园
电话：0372-5658330
电邮：sales@si3n4.Cc
网址：www.jsh-sn.com
单位介绍：安阳市金盛昊新材料有限公司专注于研究氮化硅材料的可能性，帮助客户找到独特的解决方案。公司较先进的思路和较科学的生产体系保证了产品性能的稳定和高质量。公司的成功来源于与客户的密切合作，以及满足其不同的定制要求。

主营产品：超细氮化硅粉。

安阳市恒安冶金耐材有限责任公司

地址：河南省安阳市龙安区西高平工业区
电话：0372-5668555
电邮：13903720561@163.com
网址：www.ayhayj.com
单位介绍：安阳市恒安冶金耐材有限责任公司是为研发和生产氮化物而兴建的集研究、开发、生产与销售为一体的现代化企业。公司凭借较高的起点、较高的技术、较高的目标，成为中国专业的氮化物生产中心之一。公司占地面积超过 46000m²，各类建筑面积 13000m²，现有职工 80 人。截至目前，公司拥有竖式自蔓延氮化炉 24 台，年生产氮化硅铁 22000t；真空氮化炉 4 台，年生产耐火氮化硅 1500t、氮化硅锰 500t；高纯真空氮化炉 8 台，年生产 99.999％氮化硅 180t。公司拥有完善的检测设备，用化学分析法检测 N、Si、Fe 三种元素，N-3000 可在三分钟内检测出 N 含量，并采用 ICP 检测产品的各种微量元素；同时，会对每个批次的货物进行检测，并在检测中心保留样品。公司注重产品质量，通过了 ISO 9001 质量管理体系认证，目前已建立起完善的生产管理系统、产品质量保证体系以及国内与国际营销与服务网络。

主营产品：耐材用氮化硅原料。

合肥艾嘉新材料科技有限公司

地址：安徽省合肥市经济技术开发区云谷路 28 号
电话：0551-63363460
网址：www.hefeiaijia.diytrade.com
单位介绍：合肥艾嘉新材料科技有限公司成立于 2011 年，是专业研究、生产各种氮化物、碳化物、硼化物及单质粉体材料的高科技企业。公司集中了一批国内外专家教授和有丰富实践经验的专业技术人才，并在国内外建立了较为广泛的社会联系。公司拥有感应等离子生产设备、氮化炉、碳热还原炉等，在从分离到形成的过程中都有技术操控，年产 200t 粉体材料。较为先进的生产工艺与技术，造就了使用可靠的灵活的工艺规程。公司依托中科大、合工大和中国科学院等国内高校和研究所作为检测机构，保证产品质量的稳定性。公司拥有高素质专业人员，其中高级工程师 8 名，大专以上学历占公司员工总数的 40％左右。在生产各种粉体和制品的同时，公司也一直致力于企业产品的开发应用，目前产品在橡塑材料、硬质合金、精细陶瓷及新能源行业得到了广泛应用。

主营产品：高纯氮化硅粉体。

福建美士邦精细陶瓷科技有限公司

地址：福建省三明市明溪县十里埠生态经济区
电话：0598-2883396
电邮：msbceramic@163.com
单位介绍：福建美士邦精细陶瓷科技有限公司 2010 年在福建省三明市明溪县成立，注册资金 2000 万元。公司主要从事氮化硅粉体及氮化硅、氧化锆、氧化铝、碳化硅高性能结构陶瓷的研发与生产。公司的陶瓷产品包括精密陶瓷球、陶瓷轴承；同时，可根据客户的要求，承接各种异型精密陶瓷零部件的生产。公司的生产工艺较先进，检测设备完善，且拥有一批经验丰富的陶瓷材料专家和工程技术人员。

主营产品：氮化硅粉。

天津纳德科技有限公司

地址：天津市经济技术开发区天大科技园 C4 楼
电邮：ndnitride@126.com
单位介绍：天津纳德科技有限公司以清华大学先进陶瓷与精细工艺国家重点实验室的先进技术为基础，组建了一支由清华大学教授、海外高层次留学归国人员及博士等组成的 20 余人的研发团队，形成了以科技创新为特色的高新技术企业。公司的主要产品包括高技术陶瓷用各类高质量氮化物粉体，如α-氮化硅、β-氮化硅、氮化铝、碳氮化钛等。公司拥有氮化合成反应釜、真空干燥装置、氮气装置、粉体破碎、研磨、筛分等各类粉体生产设备。多年以来，公司产品已广泛应用于戴尔、联想、华为、圣戈班等高科技企业，并与天津英利公司合作试用氮化硅脱模剂，效果良好，产品纯度较高、性能较为稳定。

主营产品：氮化硅β粉烧结料及氮化硅原粉等。

安阳市中豫锦明硅业有限公司

地址：河南省安阳市龙安区西高平村东
电话：0372-5698999
电邮：dx3888@dx-silicon.com
网址：www.jmsilicon.com
单位介绍：安阳市中豫锦明硅业有限公司是一家集技术装备、检测检验、人才优势于一体的大型金属硅粉体加工型企业。公司全程无尘化作业，可为多晶硅、三氯氢硅、冶金、耐材等行业提供553、441、421、411、3303等金属硅粉。公司目前投产自主研发金属硅粉加工及配套生产线15条，年产能10万t，可生产常规用0~1mm、1~3mm、2~5mm、3~8mm、100目、200目、325目等各粒度段多晶硅，以及三氯氢硅用20~100目、30~120目、40~160目、100~200目、45~325目、50~500目等各种粒度要求的硅粉；其生产的硅粉形状好、粒度均匀、无浮尘。另外，公司设有品质管理部，配套ICP、碳硫仪、激光粒度仪等检验仪器；生产中有细致的质量控制体系及工艺程序，保证产品的合格出厂。

主营产品：氮化硅粉。

河南诺兰特新材科技有限公司

地址：河南省郑州市上街区许昌路与峨眉路交叉口向西100米路南
网址：www.nuolante.cnpowder.com.cn
单位介绍：河南诺兰特新材料科技有限公司创建于2009年05月12日，公司以中科院合肥分院、清华大学、郑州大学为技术依托，专业从事高纯度氮化硅粉体的研发、生产和销售；目前拥有58项专利，其中30%为发明专利，涵盖生产工艺及核心设备。公司现拥有一条高纯度氮化反应粉体生产线，产品质量较高，在一定程度上打破了高端氮化硅粉体长期依赖进口的局面。

主营产品：氮化硅粉体。

安徽中航纳米技术发展有限公司

地址：安徽省淮南市寿县新桥国际产业园兴业大道45号
电话：18133608898
电邮：sales@hfzhnano.com
网址：www.hfzhnano.com
单位介绍：安徽中航纳米技术发展有限公司是一家从事高纯气相法纳米材料生产、研发、销售及应用技术推广的国家高新技术企业。公司现有多名长期从事新能源电池用特种纳米添加剂、气相法纳米新材料的技术研发、检测、工艺设计、项目产业化等的技术人员。公司与德国莱布尼茨固态与材料研究所、加拿大蒙特利尔大学、武汉理工大学、科学院固体研究所、上海交通大学、中国科学技术大学等国内外高校院所建立了合作交流，形成了一支由高校教授及博士为主体的高纯纳米新材料研究开发团队。

主营产品：氮化硅、氮化硼、氮化钛、氮化铝、碳化硅、碳化钛、碳化锆等。

1.3.2 氮化硼粉体

丹东日进科技有限公司

地址：辽宁省丹东市东港市滨海大道218号B区
电话：0415-2120688
网址：www.ddrjs.com
单位介绍：丹东日进科技有限公司位于辽宁省丹东市东港市，是专业生产各种含硼材料和制品的民营科技企业。公司自成立以来，为国内用户提供了大量质优价廉的硼产品，受到了用户的好评。公司产品广泛应用于冶金、机械、电子、电力、化工、建材、航空航天与核工业领域。公司于2011年9月通过了ISO 9001：2008质量管理体系认证，并于2019年升级为ISO 9001：2015质量管理体系，具备了完善的质量管理体系。

主营产品：六方氮化硼、二硼化锆、二硼化钛、无定性硼粉。

丹东市化工研究所有限责任公司

地址：辽宁省丹东市振兴区浪头镇浪东路3号
电话：0415-6158936
电邮：zhangtao@dcei.cn
网址：www.dcei.cn
单位介绍：丹东市化工研究所有限责任公司坐落于中国硼都——辽宁省丹东市。公司自成立以来，依托丹东地区的硼资源优势，始终致力于硼化物的研发与生产。公司可生产结晶粒度2~35微米的高结晶系列六方氮化硼及其他高品质含硼化合物，其中的六方氮化硼和硼粉经SGS检定符合欧盟RoHS指令（2001/65/EU）标准。

主营产品：高结晶系列六方氮化硼。

淄博晶源氮化物有限公司

地址：山东省淄博市张店区世纪路恒基花苑商务楼
电话：0533-7599768
电邮：info@zbsinyo.com
网址：www.zbsinyo.com
单位介绍：淄博晶源氮化物有限公司是一家专业的氮化物材料供应商，拥有在氮化物特种陶瓷行业深耕10余年的团队。淄博晶源氮化物有限公司以诚信、创新、专注、理想作为工作理念，踏踏实实做好每项工作，以诚取信，以信取胜；用技术创新开拓市场，成为其发展的原动力；专注于氮化物材料，提供专业的服务和优质的产品，并始终坚持理想和信念。

主营产品：六方氮化硼。

1.3 非氧化物陶瓷粉料企业

辽宁硼达科技有限公司

地址：辽宁省营口市沿海产业基地冶金化工园区硼达西路一号
电话：0417-6659881
电邮：pengdayk@163.com
网址：www.lnpdkj.com
单位介绍：辽宁硼达科技有限公司成立于2004年，是我国硼产品深加工企业之一。多年来，公司始终坚持以技术创新为基础，以管理创新为保障，创造出具有特色的经营模式，使其保持持续快速增长。公司引进比利时先进的生产设备和国际标准的粒度分析仪（光谱粒度分析仪），并广泛推出电子行业导热材料以及冶金润滑及脱膜材料。公司凭借较为先进的工艺设备及技术优势，形成了以硼为主体的系列产品。
主营产品：六方氮化硼、氮化硼涂料、无定形元素硼、三氧化二硼、无水硼砂、四硼酸钠、硼酸、速溶硼等多元化硼产品。

青州方舟新材料有限公司

地址：山东省潍坊市青州市邵庄镇猱山经济开发区14068号
电话：0536-3855089
电邮：758962008@qq.com
网址：www.xfkchem.com
单位介绍：青州方舟新材料有限公司的前身是成立于1998年的淄博市新阜康特种材料有限公司，现坐落于青州市猱（náo）山工业区，地理位置优越、交通便利，产业基础雄厚。作为一家无机化工材料领域的企业，方舟新材多年来一直专注于氮化物陶瓷的研发、生产与销售，主要产品包括六方氮化硼粉体及其制品、氮化铝粉体、氮化硅粉体、氮化物复合陶瓷制品等。目前，方舟在新阜康原有的生产技术及设备的基础上，引进了自动化的生产设备，生产能力大大提升，产品质量的稳定性随之得到了提升，成为全国六方氮化硼粉体产销量较为领先的生产企业之一。
主营产品：氮化硼、氮化硼陶瓷、氮化硼涂料、纳米轻质陶瓷、碳陶复合陶瓷。

淄博市新阜康特种材料有限公司

地址：山东省淄博市临淄区金山镇南仇经济开发区加华路5号2-1
电话：0533-7508188
电邮：xinfukang@126.com
单位介绍：淄博市新阜康特种材料有限公司是一家无机化工材料领域的高新技术企业，多年来专注于氮化物陶瓷材料的研发、生产与销售，主要产品包括六方氮化硼粉体及其制品、氮化铝粉体、氮化硅粉体、氮化物复合陶瓷制品等。目前，新阜康已成为全国六方氮化硼粉体产、销量较大的生产企业之一。公司产品经过国家建筑材料测试中心检测，各项技术指标处于较高水平，远销中国台湾、日本、韩国、欧美等国家和地区。
主营产品：氮化硼。

山东鹏程陶瓷新材料科技有限公司

地址：山东省淄博市高新区长征路567号
电话：0533-8180355
电邮：gpc@pensc.com
网址：www.pensc.com
单位介绍：山东鹏程陶瓷新材料科技有限公司是氮化硼复相导电陶瓷蒸发舟生产商，始创于1997年，是一家专业从事氮化硼及其复合陶瓷材料研发和生产的高新技术企业。公司在真空热压烧结制备氮化硼陶瓷领域积累了丰富的生产经验，拥有多名行业专家及技术人员。公司厂区占地面积约26000平方米，总投资1.5亿元，被列入国家新型功能陶瓷集聚发展重点单位、淄博市重大项目。
主营产品：氮化硼粉。

山东亚赛陶瓷科技有限公司

地址：山东省济南市莱芜区张家洼白龙一路
电话：0531-76500766
电邮：yasaitaoci@163.com
网址：www.advceram.com
单位介绍：山东亚赛陶瓷科技有限公司是一家集研究、开发、生产与经营先进陶瓷材料及其产品于一体的高新技术企业。亚赛陶瓷以山东大学的教授研究团队为依托，凝聚先进陶瓷材料领域精英的智慧，开拓进取，不断创新，在2017年度的全国创新创业大赛中获得了优秀企业的称号；同年，亚赛的高性能片状六方氮化硼的制备技术获得了莱芜市科学技术进步一等奖。基于亚赛在硼化物领域的研究，特申请并获得批准建成了莱芜市硼化物工程实验室。公司主持制定的三项行业标准已被国家工信部列为重点立项计划，并获得国家技术发明奖二等奖1项、山东省科技进步奖5项；获得授权国家发明专利25项，实用新型12项；主持完成国防课题、国家自然科学基金、山东省重大专项等20余项；申请国家发明专利5项，获得授权实用新型专利1项、科技成果鉴定1项，承担山东省重点研发计划项目1项，项目负责人主持制定行业标准2项。此外，公司主持制定的《六方氮化硼》行业标准已被列入全国工业陶瓷标准化技术委员会立项。在未来几年内，公司的生产能力将达到年产200吨高性能硼化物粉体及其制品，氮化硼粉体、二硼化钛（锆、铪、钽）超高温陶瓷粉体和B4C、TiB2防弹陶瓷制备技术将努力迈向国际先进水平，为推动我国高质量先进陶瓷材料行业技术的进步贡献力量。
主营产品：片状氮化硼粉体、二硼化钛粉体、二硼化锆粉体、稀土化合物纳米粉体；二硼化钛、碳化硼、碳化硅耐磨陶瓷喷嘴、密封件、防弹陶瓷以及特种制品。

青州市浩宇特陶新材料有限公司

地址：山东省潍坊市青州市南术店村
电邮：qzhyttxcl@163.com
网址：www.haoyutetao.cn
单位介绍：青州市浩宇特陶新材料有限公司成立于2011年09月15日，是一家专业的新材料生产与销售企业。公司的经营范围包括二硼化钛、氮化硼、导电陶瓷蒸发舟的加工与销售，以及石灰石、铁矿石、石膏、粉煤灰、生铁等原料的销售。
主营产品：高品质六方氮化硼粉及衍生产品。

山东晶亿新材料有限公司

地址：山东省菏泽市高新区延河路西首
电话：0530-5385566
电邮：sales@zbjytc.com
网址：www.zbjytc.com
单位介绍：山东晶亿新材料有限公司成立于2009年。公司引进较先进的氮化技术及设备，生产高品质六方氮化硼粉及衍生产品。公司于2015年迁至齐鲁化学工业园，综合加工六方氮化硼产品，年产量达200t，所产的六方氮化硼采用国际同步技术，经2000℃高温合成，产品结晶度好，纯度高，品质稳定。公司成立之初就将技术含量、产品品质作为公司经营之首，以为客户提供高品质产品为宗旨，以提升产品科技含量为企业生存之本。公司拥有在氮化物行业经验丰富的生产、经营、研发团队，能为客户提供符合其需求的产品和服务。目前，公司的产品包括六方氮化硼粉、六方氮化硼润滑、导热、脱模涂料及喷雾罐、热压六方氮化硼制品、纳米碳化硼、二硼化钛粉及制品等。
主营产品：系列氮化硼粉。

青州龙基新材料科技有限公司

地址：山东省潍坊市青州市经济开发区昭德北路3688号
电话：0536-3701979
电邮：sdlongji@163.com
网址：www.sdlongji.cn
单位介绍：青州龙基新材料科技有限公司是一家科技型中小企业，主要从事氮化硼、二硼化钛等硼化物材料的生产与研发。氮化硼年产100t，二硼化钛年产40t。公司贯彻精诚服务、技术创新、精益求精、严格管理、持续发展的质量方针。产品在国内外有广阔的市场。
主营产品：氮化硼、二硼化钛等系列产品。

潍坊瑞达陶瓷材料限公司

地址：山东省潍坊市樱前街
电话：0536-8749875
电邮：changjisheng@126.com
网址：www.wfrdcl.com
单位介绍：潍坊瑞达陶瓷材料有限公司多年来致力于硼化物领域，产品质量在国内一直处于较高水平。
主营产品：六方氮化硼粉末、二硼化钛粉末、氮化铝粉末、氮化硼制品和超细碳化硅微粉等。

烟台拓普泰科特种陶瓷有限公司

地址：山东省烟台市招远市梦芝街道办增甲沟
电话：0535-8031085
电邮：info@tptk.biz
单位介绍：烟台拓普泰科特种陶瓷有限公司的产品在世界范围内皆有销售，其产品质量经严格把关，且均有备案，已获国际标准的分析检验认证。
主营产品：氮化硼（BN）粉体。

青州市正大化工有限公司

地址：山东省潍坊青州市经济开发区
电邮：18549300@qq.com
网址：www.hbncn.cn
单位介绍：青州市正大化工有限公司的主要产品为氮化物和硼化物。公司依托清华大学的技术，并采用较为先进的材料合成方法——自蔓延高温合成技术（SHS）为制作工艺，工业化规模生产多品种高品质的特种陶瓷粉体。公司拥有独立、完备的科研与产品开发机构，并得到了北京钢铁研究院、清华大学及武汉大学等科研机构和高校的大力支持。
主营产品：氮化硼、氮化铝、氮化硅、氮化钛。

淄博博拓化工产品有限公司

地址：山东省淄博市临淄区杨坡路62号
电话：0533-7311101
单位介绍：淄博博拓化工产品有限公司位于工业陶瓷之都——山东省淄博市，毗邻省会济南及首都经济圈，交通便利，工业基础优越。为用户着想、做好售后服务是博拓化工一贯的工作方针。博拓化工多年以来坚持不懈地努力，不断发展，精益求精，生产出高质量的产品。
主营产品：氮化硼及氮化硼粉末、氮化硼制品、六方氮化硼粉。

潍坊春丰新材料科技有限公司

地址：山东省潍坊市滨海经济开发区中外合作产业园渤海路14601号
电话：0536-7577737
网址：www.wfcfxcl.com
单位介绍：潍坊春丰新材料科技有限公司成立于2017年，是一家集研发、生产、销售于一体的无机非金属材料生产商。公司引进德国技术及检验设备，致力于生产高品质的（白石墨）六方氮化硼粉末及其他新型材料产品。公司综合加工（白石墨）六方氮化硼产品年产能可达400t。所生产的六方氮化硼采用国际同步技术，是科技成果成功转化并实现产业化的典范，其产品特点在于高科技含量和高附加值。
主营产品：NM级氮化硼粉、PT陶瓷级-BN六方氮化硼（白石墨）、P1T彩妆级-BN六方氮化硼、PP涂料级-BN六方氮化硼。

上海百图高新材料科技有限公司

地址：上海市浦东新区新金桥路1996号501室
电话：021-50836933
电邮：sales@bestry-mate.com
网址：www.bestry-tech.com
单位介绍：上海百图高新材料科技有限公司成立于2010年，是雅安百图高新材料股份有限公司的全资子公司，发展定位为研发和销售中心。公司凭借区域优势，积极开阔国际市场，吸纳高端科研人才，强化与科研机构的合作关系及技术成果转化能力,在高端导热粉体领域的技术和市场保持着较为领先的地位。
主营产品:球形氮化硼。

河北益瑞合金焊接材料有限公司

地址:河北省邢台市南宫市段芦头镇西王排 176 号
电话:18833445666
单位介绍:河北益瑞合金焊接材料有限公司是专业生产加工铜粉、钼粉、钴粉、钨粉、镍基合金粉、铁基合金粉、钨基合金粉、锡粉等产品的公司,拥有完整、科学的质量管理体系,并因诚信、实力和产品质量获得业界的认可。
主营产品:六方氮化硼粉末。

河南博徕荣超硬材料有限公司

地址:河南省郑州市荥阳市金寨村科学大道与荥油路北首 014 乡道 99 号
电话:0371-55222788
电邮:281011962@qq.com
网址:www.blr-cbn.com
单位介绍:河南博徕荣超硬材料有限公司创立于 2010 年,现位于郑州国家高新技术产业开发区,是国家高新技术企业,以及专业生产立方氮化硼(CBN)磨料和立方氮化硼(CBN)刀具及复合片的厂家。河南博徕荣超硬材料有限公司始终专注于超硬立方氮化硼磨料及 CBN 刀具的研发、生产、销售和技术服务,其产品以卓越的性能应对着疑难材质工件加工的挑战。经过十几年在超硬领域的不断创新,河南博徕荣超硬材料有限公司从最初单一的立方氮化硼磨料生产,发展到如今集立方氮化硼复合片、整体 CBN 聚晶刀具及 PCBN 焊接刀具生产于一体的综合性企业。
主营产品:立方氮化硼微粉。

河南鼎祥化工产品有限公司

地址:河南省郑州市巩义市西村镇永通大道 127 号
电邮:3174323786@qq.com
网址:www.hndingxiang.cn
单位介绍:河南鼎祥化工产品有限公司是集科研、开发、生产、销售于一体的科技型化工企业。公司引进先进的生产技术和设备,拥有高素质的科技人才,产品质量达到较高水平。公司实力雄厚,管理规范,营销体系完善,恪守商业信誉。公司经营的产品涉及精细化工、化学试剂、医药原料、印染助剂、农药原料、饲料原料、通用有机试剂、食品配料、化妆原料、燃料、颜料、涂料、醇类等领域。
主营产品:氮化硼。

3M 中国有限公司

地址:上海市长宁区兴义路 8 号 37 楼
电话:021-22102382
电邮:nzhang10@mmm.com
网址:www.3m.com.cn
单位介绍:3M 公司创建于 1902 年,全球总部位于美国明尼苏达州的圣保罗市。作为一家世界知名的多元化科技创新企业,3M 的产品和技术早已深深地融入人们的生活。100 多年以来,3M 开发了六万多种产品,涵盖从家庭用品到医疗产品,从运输、建筑到商业、教育和电子、通信等各个领域。
主营产品:氮化硼导热填料、氮化硼粉末、空心玻璃微球、烧结氮化硼、碳化硼粉末、碳化硅部件及氮化硅部件。

1.3.3 氮化铝粉体

厦门钜瓷科技有限公司

地址:福建省厦门市翔安区内厝镇上塘北路 666 号
电话:0592-7080230
电邮:shilei@chinajuci.com
网址:www.chinajuci.com
单位介绍:厦门钜瓷科技有限公司是一家致力于高品级氮化铝粉体及陶瓷制品研发、生产和销售的创新型高科技企业。公司依托北京科技大学在氮化铝领域的研究成果,曾获"国家科学技术发明二等奖""中国有色金属工业科学技术发明一等奖""中国创新创业大赛新材料行业总决赛全国第一名"及国家"高新技术企业"等诸多荣誉。
主营产品:高纯氮化铝粉体、氮化铝造粒粉、氮化铝填料粉以及注射成形复杂精密氮化铝陶瓷制品四大系列。

宁夏艾森达新材料科技限公司

地址:宁夏回族自治区石嘴山市高新技术产业园区中小科技孵化园内
电话:0951-3301557
电邮:sales@ascendus.com.cn
网址:www.ascendus.com.cn
单位介绍:宁夏艾森达新材料科技有限公司主要研发、生产氮化铝粉体,其产品广泛应用于电子、通信、航空、航天、冶金、石油、化工、照明、体育、医疗、原子能、太阳能等领域。艾森达是国内具备高纯度氮化铝粉体生产技术的企业之一,在全球范围内也是较早实现多种产品覆盖的企业。目前,公司可年产 150 吨高纯度氮化铝粉体。
主营产品:氮化铝粉体、氮化铝填料粉。

株洲艾森达新材料科技有限公司

地址:湖南省株洲市天元区湘芸路 2588 号天易科技城自主创业园一期 K2 地块 3 号厂房 101 号
电话:0951-3301558
电邮:sales@ascendus.com.cn
网址:www.ascendus.com.cn
单位介绍:株洲艾森达新材料科技有限公司产品丰富,涵盖氮化铝粉体(包含流延粉、造粒粉、填料粉)、氮化铝基板、氧化铝基板、氮化硅基板、HTCC 用氮化铝生瓷片、氧化铝生瓷片、LTCC 用生瓷片,以及各种生瓷片的配套浆料、陶瓷多层基板、陶瓷封装管壳、UVLED 支架、各类加热片、陶瓷结构件等,产品广泛应用于电子、通信、冶金、石油、化工、照明、体育、医疗、原子能、太阳能等领域。公司致力于成为拥有核心技术和重要影响力的高可靠电子陶瓷材料企业，其研发的氮化铝粉体、高热导氮化铝基板是解决当前电子基板及电子封装领域对于热管理需求的关键材料之一。公司开发的粉体各项技术指标与日本同类产品相当，甚至更优，在弥补国内高品质、高可靠性氮化铝陶瓷产品不足方面有着积极意义，对提高我国电子陶瓷材料在国际市场的竞争力，推动国内相关电子行业的发展起到了重要的作用。公司研发的氮化铝基板及其自主创新的即烧型产品工艺，具有较高的产品可靠性优势和成本优势；开发的HTCC产品分别以氮化铝和氧化铝作为介质材料，可应用于微波器件封装、大规模集成电路封装、混合集成电路封装、光电器件封装、LED 芯片封装、半导体封装等多个领域。

主营产品：氮化铝粉体、氮化铝填料粉、陶瓷基板、陶瓷生瓷片、陶瓷结构件、高温共烧陶瓷、配套导电浆料。

宁夏时星科技有限公司

地址：宁夏回族自治区银川经济开发区西区长城西路460号
电邮：ZB@shixingkj.com
网址：www.nxsxkj.cn
单位介绍：宁夏时星科技有限公司成立于2019年，位于塞上江南银川。公司首期总投资3.2亿元，建设占地56亩，工业厂房面积约2万平方米。时星科技拥有十多项核心专利技术和PCT专利技术，是一家专注于高导热氮化物热管理材料的研发、生产与销售的科技型企业。
主营产品：氮化铝粉和氮化铝陶瓷材料，主要包括高纯氮化铝粉、结构件用氮化铝造粒粉、热界面材料用氮化铝改性导热填料粉及球形致密化填料粉、氮化铝陶瓷基板及结构件。

成都旭瓷新材料有限公司

地址：四川省成都市新都区新都镇新工大道318号
电话：18152498356
电邮：michael@northceramic.com
网址：www.cdxuci.cn
单位简介：成都旭瓷新材料有限公司主要研发、生产氮化铝粉体（原粉、填料粉、造粒粉）、基板、结构件等电子级陶瓷材料。公司将氮化铝产业链垂直整合，产品主要应用于LED 封装、微电子半导体、汽车电子、大功率电力电子模块、RF 射频微波通信、航空航天等多个领域。工厂车间主要分为氮化铝粉体车间、氮化铝基板车间、氮化铝结构件车间，每个车间的生产加工过程均严格把控基板车间主要设备及工艺。
主营产品：氮化铝粉体（原粉、填料粉、造粒粉）等。

辽宁德盛特种陶瓷制造有限公司

地址：辽宁省铁岭市清河工业园区361号
电话：024-73727251
电邮：KevinZhao@desunmet.com
网址：www.desunmet.com
单位介绍：辽宁德盛特种陶瓷制造有限公司是一家从事生产加工、招商代理的有限责任公司，特种陶瓷、化工设备、氮化铝、氮化钛、二硅化钼、导热粉、绝缘粉体是其主营产品。公司以雄厚的实力、合理的价格、优良的服务与多家企业建立了长期的合作关系。
主营产品：氮化铝、氮化钛、二硅化钼、导热粉、绝缘粉体。

顾特服（上海）贸易有限公司

地址：上海市静安区恒丰路568号恒汇国际大厦803室
电话：021-52997072
电邮：china@goodfellow.com
网址：www.goodfellow.cn
单位介绍：顾特服（上海）贸易有限公司（Goodfellow）专门为科研和工业界提供中小批量的特殊材料，是科研和制造所需的特殊精密材料供应商。公司总部地处英国剑桥，客户遍布欧洲、亚洲和美洲大陆。公司的网上现货目录包括32种规格500种材料，可分为金属与合金、陶瓷材料、聚合材料、化合材料及复合材料几大门类。
主营产品：氮化铝。

军瓷电子材料河北有限公司

地址：河北省邢台市临西县泰山东路17号
电话：0319-8585999
电邮：JCDZ8585999@163.com
网址：www.hbjcdzkj.com
单位介绍：军瓷电子材料河北有限公司于2021年3月成立，坐落于河北省临西工业园区，是一家专业从事高品质氮化铝及其衍生品等专用材料研发、生产和销售的创新型高科技企业。公司主要生产氮化铝粉体、球形氮化铝粉以及氮化铝陶瓷制品三类产品。公司设有独立的实验室，并拥有专业的研发设计团队、先进齐全的加工设备，以及训练有素的生产制造专业团队。军瓷公司为客户提供卓越的服务，其中一个重要的举措是与客户搭建平台，与时俱进，更贴近客户的沟通习惯，更迅速地响应需求，提升产品采购体验。
主营产品：氮化铝粉体（氮化铝粉、氮化铝改性粉）、球形氮化铝粉（氮化铝造粒粉）、氮化铝陶瓷制品（陶瓷基板，陶瓷结构件）。

宁夏北瓷新材料科技有限公司

地址：宁夏回族自治区银川市贺兰工业园区暖泉洪运东路龙翔新材料孵化园西区4号厂房
电邮：liwenjie@northceramic.com
单位介绍：宁夏北瓷新材料科技有限公司成都旭瓷新材料有限公司的全资子公司成立于2021年，位于宁夏银川市贺兰县暖泉工业园区。北瓷是集研发、生产、销售及技术服务于一体的新材料生产企业，主要生产氮化铝粉体、基板、结构件、HTCC等电子级陶瓷材料。其中，一期生产占地面积4000平方米，投资规模达到1.2亿元，员工190余人。二期项目——电子封装陶瓷材料扩产项目，计划投资2.8亿元，占地105亩。项目达成形成430吨/年氮化铝粉体生产线、5万片/年高温多层共烧氮化铝陶瓷基板生产线、10 万片/年氮化硅基板生产线、80 万片/年氮化铝基板生产线和 1000 件/年氮化铝陶瓷结构件生产线规模。项目建成后，有望在全国氮化铝封装材料产业领域占据较大规模优势，并在电子封装陶瓷行业具备较强的竞争力，预计实现年产值 2.5 亿元，上缴税金 2000 万元，创造就业岗位 300 个。

主营产品：氮化铝粉体、基板、结构件、HTCC、TO 垫片等氮化铝相关产品。

1.3.4 碳化硅粉体

沈阳长信新材料有限公司

地址：辽宁省沈阳市新民市胡台镇繁荣六路 42 号
电话：18940044477
电邮：276108695@qq.com
网址：www.sycxsic.com
单位介绍：沈阳长信新材料有限公司是一家专门生产碳化硅微粉的生产类型企业，经过多年的潜心经营，如今被誉为高新技术企业、雏鹰企业、专精特新中小企业、诚信企业。现有产品数量 20 余种，部分产品自主研发，并取得了国家发明专利认证，性能达到了国际先进水平，产品在国内外均有销售，其中两项产品常年出口国外。
主营产品：重结晶制品用微粉、氮化硅结合碳化硅制品用微粉、反应烧结制品用微粉、热压铸制品用微粉、造粒粉、高纯碳化硅微粉、水处理膜用碳化硅微粉、硅碳棒专用料、其他型号微粉、无压烧结制品用微粉。

潍坊凯华碳化硅微粉有限公司

地址：山东省潍坊市坊子区工业机械装备园永宁路 669 号
电话：0536-7669058
网址：www.khthgwf.com
单位介绍：潍坊凯华碳化硅微粉有限公司一直从事陶瓷级微粉的生产与销售，其所生产的微粉具有纯度较高、粒形较好、稳定性较强等特点，主要用于反应烧结、无压烧结、硅碳棒新工艺、汽车尾气处理（DPF）、纳米隔热保温、机车制动、防腐涂料、研磨抛光、橡胶树脂等领域。公司的标准产品有：F240、F1200、W40、W28、W20、W14、W10、W7、W5、W3.5、W2.5、W2、W1.5、W1、W0.5、D3E、5S、100F 及整形高密度系列绿碳化硅微粉，广泛应用于烧结、防腐、研磨抛光、涂覆等广大领域。
主营产品：反应烧结微粉、无压烧结微粉、硅碳棒新工艺微粉、汽车尾气处理（DPF）微粉、防腐涂料、纳米隔热保温材料、研磨抛光微粉、机车制动专用微粉等。

西安博尔新材料有限责任公司

地址：陕西省西安市航空基地蓝天六路 7 号 B09-1
电话：029-85583211
电邮：boersic@163.com
网址：www.boernm.cn
单位介绍：西安博尔新材料有限责任公司是一家专门从事高品质碳化硅（SiC）微粉和晶须及其下游制品等研发、生产和销售的国家级高新技术企业，也是自主发明实现工业化生产立方碳化硅（β-SiC）微粉和晶须的专业企业。公司的主营产品立方碳化硅经陕西省工信厅及国家工信部批准被纳入重点新材料，其 SiC 微粉在精细分级和表面改性处理等方面也都处于较为先进的水平。公司拥有较为先进的粉体加工与测试仪器设备和高技术陶瓷、精密磨抛材料与工具等研发与生产条件。公司生产的精细 SiC（α 相和 β 相）微粉系列产品、精细磨料、堆积磨料、复合磨料、流体磨料和高技术 SiC 制品等产品，在磨料磨削、机械、电子、冶金、化工、军工和航空航天等领域得到了广泛应用。产品除满足国内市场需求外，还出口美国、韩国和日本等。
主营产品：立方 SiC 微粉、高端立方 SiC 芯片基材、立方 SiC 流体磨料、立方 SiC 研磨液、抛光液、立方 SiC 磨片、立方 SiC 磨块等。

郑州豫鑫微粉科技有限公司

地址：河南省郑州市荥阳市丁村工业区
电话：13929962685
电邮：yxwf2005@163.coom
网址：www.zzyxwf.cn
单位介绍：郑州豫鑫微粉科技有限公司成立于 2004 年 7 月，主要生产绿碳化硅微粉及白刚玉微粉。公司拥有生产设备和技术工艺，检测设备完善，技术力量雄厚，并始终坚持以先进的技术为先导，以质量求生存，以信誉谋发展的宗旨，不断扩大规模并持续研发新产品，以满足广大用户的需求。公司产品主要应用于抛光、电子、研磨、磨具制造及铸造等领域。公司坚持"质量第一，客户至上"的经营理念，从原材料开始，始终把产品质量放在第一位，把客户对于产品的要求作为标准，把客户的满意作为目标。在近几年的生产经营中，公司因产品质量稳定且多样化而赢得了客户们的信赖。
主营产品：绿碳化硅微粉、白刚玉微粉。

山田新材料集团有限公司

地址：山东省临沂市临沭县城南经济开发区泰安路中段
电话：0539-6282288
电邮：shantian2009@sina.com
网址：www.cn-sht.com
单位介绍：山田新材料集团有限公司成立于 2003 年，其以先进陶瓷为核心，以超大型碳化硅陶瓷智能装备和新能源硅碳负极材料为两翼，着力发展"硅碳基础材料、先进陶瓷、精密线切割、新材料智能装备"四大核心产品。公司建有国家级博士后科研工作站和 4 个省级研发平台，被认定为国家高新技术企业、国家级单项冠军示范企业、国家级绿色工厂、山东省技术创新示范企业。集团自主研发的大尺寸一体化碳化硅反应烧结真空炉入选山东省首台套装备目录。未来五年，山田集团将践行"双碳"战略，利用好国内、国际"两种资源、两个市场"，奋力实现"3333"目标——做强先进陶瓷、精密线切割和高端智能装备 3 大产业；勇夺硅基粉体、先进陶瓷及高端智能装备 3

个全国制造业单项冠军产品；争创国家重点实验室、国家企业技术中心、国家技术创新示范企业 3 个国家级平台；实现产值 50 亿元，销售收入 50 亿元，利税 3 亿元 3 大突破。

主营产品：金属硅、金刚线、金刚石微粉、碳化硅微粉、碳化硅陶瓷。

安阳市宏硕冶金耐材有限公司

地址：河南省安阳市龙安区西高平工业园
电话：0372-5688015
单位介绍：安阳市宏硕冶金耐材有限公司是专业生产铁合金炉料及耐材产品的企业。公司生产历史较为悠久，技术力量较为雄厚，检测设备较为齐全。公司配备了专业化验人员，确保产品型号的化学成分达到标准，以及产品质量稳定可靠。公司的主要产品有稀土镁硅铁合金（球化剂）、孕育剂、管模粉、硅铁、金属钙、金属钙粒、合金包芯线、硅钙合金、硅钙粉、碳化硅、硅铝钡合金、硅钡钙脱氧剂、聚渣剂、脱硫剂、增碳剂、无水炮泥等，也可根据客户的要求定制各种合金产品。
主营产品：碳化硅微粉。

宁夏北伏科技有限公司

地址：宁夏回族自治区银川市贺兰县暖泉工业区洪胜东路 10 号
电话：0951-8077172
电邮：tim@northernssic.com
网址：www.northernssic.com
单位介绍：宁夏北伏科技有限公司是宁夏北方高科工业有限公司全资子公司，是国家高新技术企业、中国工业陶瓷标准化委员会碳化硅陶瓷材料标准化工作组成员。公司主要生产干压成型无压烧结碳化硅陶瓷制品，具有年产 600 吨的生产线，产品包括防弹片、密封环、轴套、喷嘴、耐磨件、导电陶瓷等，也可根据客户的要求进行定制化生产。公司已通过 ISO9001：2015 质量管理体系认证，拥有多项发明专利及实用新型专利。公司遵循质量第一，诚信务实的理念，通过技术创新，不断提升企业产品的竞争水平。
主营产品：碳化硅微粉、无压烧结碳化硅造粒粉、重结晶 07 粉，以及碳化硅陶瓷制品（防弹片、密封件、热交换管、喷嘴等异形结构件）。

河南明迈特新材料科技有限公司

地址：河南省郑州市中原区中原万达
电话：0371-86003372
网址：www.mmtscp.com
单位介绍：河南明迈特新材料科技有限公司是一家从事碳化硅冶炼及加工、石英砂加工选洗、煤炭加工选洗的大型生产企业。经过 10 多年的创新与发展，公司建成一条年产 3 万 t 的碳化硅冶炼生产线及碳化硅粗加工生产线，可生产碳化硅冶炼原块、段砂、细粉。同时，公司又投资建设了一条碳化硅精细加工生产线及一条年产 10 万 t 的石英砂选洗生产线，可生产各种规格的碳化硅号砂（F 砂）、微粉与各种粒度的石英砂产品，可满足不同客户的需求。
主营产品：碳化硅微粉。

绵阳安珑碳化硅有限公司

地址：四川省绵阳市安州区河清镇宝华村 2 组
电话：0816-4365615
单位介绍：绵阳安珑碳化硅有限公司现拥有生产绿碳化硅微粉的全套先进生产设备，可生产 1000 号、1200 号、1500 号、2000 号型号微粉，年产量达 3000t 以上。碳化硅微粉采用气流分级工艺，产品质量严格按照日本标准执行，具有硬度强、纯度高、耐高温、耐腐蚀等特点；产品广泛应用于化工、冶金电子机械等行业，是切割单晶硅、多晶硅的主要材料。公司还专业生产各种型号的绿碳化硅粒度砂，其采用先进的机械设备和生产工艺，生产的各种型号的粒度砂颜色好、质量稳定、耐磨性强、基本粒度和混合粒度均匀，产品型号有 36～400 目，年产量达到 7000t 以上；该产品广泛应用于化工、电子机械、光学、建材、冶金、耐火材料等行业。
主营产品：碳化硅。

宁夏兴凯硅业有限公司

地址：宁夏回族自治区石嘴山市平罗县太沙工业园区太沙路 3 号
电话：0952-6620999
电邮：weidooo@126.com
网址：www.nxxksic.cn
单位介绍：宁夏兴凯硅业有限公司是一家从事碳化硅冶炼及加工、石英砂加工选洗、煤炭加工选洗的大型生产企业。2012 年，公司投资建设了一条 3 万 t 碳化硅冶炼生产线及碳化硅粗加工生产线，可生产碳化硅冶炼原块、段砂、细粉。2013 年，公司又投资建设了一条碳化硅精细加工生产线及一条年产 10 万 t 的石英砂选洗生产线，可生产各种规格碳化硅号砂（F 砂）、微粉与各种粒度的石英砂产品，可满足不同客户的需求。公司以宁夏具备低灰、低硫、低磷和高发热量、高机械强度、高化学活性、高比电阻等特点的太西无烟煤为原料，对煤炭进行洗选加工，生产出超低灰、低硫的精煤产品。公司采用高纯度的硅石为原料，对硅石进行选洗加工，生产出粒度均匀、SiO_2 含量大于 99％的石英砂产品。此外，公司利用宁夏充足的电力资源，对精煤产品与高纯度石英砂进行碳化硅冶炼，生产出国际水准的碳化硅产品。
主营产品：碳化硅冶炼原块、段砂、细粉。

宁夏北方高新实业有限公司

地址：宁夏回族自治区银川市贺兰县暖泉工业园区洪胜东路 10 号
电话：0951-8077172
电邮：tim@northernssic.com
网址：www.northernssic.com
单位介绍：宁夏北方高新实业有限公司是一家专注于碳化硅材料及高性能陶瓷产品研发、生产和销售的高新技术企业。经过多年的技术积累和市场拓展，公司在碳化硅陶瓷领域建立了从

1.3 非氧化物陶瓷粉料企业

基础材料到高端应用的完整产业链，成为国内该领域的龙头企业之一。北方高科的核心产品广泛应用于光伏、半导体、机械制造、航空航天等高科技行业。此外，公司还重点生产高性能陶瓷产品，包括防护铠装陶瓷、导电陶瓷、半导体芯片抛光环、碳化硅套筒、碳化硅换热管、锂电池材料烧结辊棒。这些产品以其高耐磨、高强度、优良的导热性和长的使用寿命在行业中赢得了广泛的认可和良好的声誉。

主营产品：碳化硅颗粒、亚微米级碳化硅粉、喷雾造粒粉、重结晶碳化硅粉等多种高纯碳化硅材料。

宁夏德慧碳素有限公司

地址：宁夏回族自治区石嘴山市平罗县工业园区
电话：0952-2695926
单位介绍：宁夏德慧碳素有限公司以宁夏优质无烟煤和石英砂为工业原材料，生产各种类型的碳素产品。其中，煤质活性炭、增碳剂、碳化硅为公司的主要产品。公司形成从原料采集加工到产品终端销售纵向一体化的经营格局，成为宁夏碳素行业具有竞争力的品牌企业。公司目前拥有两台斯列普活化炉、四台煅烧炉，主要生产煤质柱状活性炭、煤质颗粒活性炭、煤质粉炭、脱硫活性炭、煅煤增碳剂、碳化硅六大系列30余种产品。公司产品销往全国各地，并出口到俄罗斯、韩国、日本、东南亚、中东等国家和地区，获得了行业的普遍认可。

主营产品：碳化硅、活性炭、增碳剂、无烟煤滤料、水处理材料。

宁夏天净隆鼎碳化硅有限公司

地址：宁夏回族自治区石嘴山市惠农区红果子工业园区
电话：0952-7682888
电邮：nxtjldthg@163.com
单位介绍：宁夏天净隆鼎碳化硅有限公司成立于1997年，主要生产碳化硅及其深加工产品。公司现有五台冶炼炉，其中40000kV·A冶炼炉两台，8300kV·A冶炼炉两台，12500kV·A冶炼炉一台，年产能达12万t。其中，40000kV·A冶炼炉于2013年建成投运，采用了多项自主专利技术，具有装备自动化程度高、工艺单耗低及产品品质优良的特点，在一定程度上代表了碳化硅产业未来的发展方向。

主营产品：碳化硅。

平罗县荣昌碳化硅有限公司

地址：宁夏回族自治区石嘴山市平罗县太沙工业园区
网址：www.rongchangsic.com
单位介绍：宁夏平罗县荣昌碳化硅有限公司始建于2004年，是一家以进出口为主的民营企业，主要生产、销售各种型号的碳化硅。公司位于宁夏平罗工业园区，注册资本为400万元，占地面积为6.2万m^2，固定资产为1353万余元。自建厂以来，公司稳步发展，全体员工团结拼搏，克服了各种不利因素带来的消极影响，取得了可喜的成绩。2004年10月，公司引进了先进的碳化硅冶炼技术，建成了年产15000t的冶炼生产线，产品质地优良，特级品碳化硅含量超过98%，使公司在国内碳化硅高档产品生产领域占据了一席之地。2006年，公司扩建了年产5000t各种规格粒度砂的加工生产线。这条生产线在国内率先采用巴马克设备用于碳化硅的破碎加工，收效良好，所生产的粒度砂产品粒度均匀、形状较佳、堆积密度较高、清洁度良好，赢得了国内外用户的广泛认可与好评。

主营产品：碳化硅、碳化硅微粉。

安阳瑞金金属材料有限公司

地址：河南省安阳市殷都区水冶镇南固现村东
电邮：ayrijiscl@rjjscl.com
网址：www.ayrjjscl.com
单位介绍：安阳瑞金金属材料有限公司主要经营工业硅、增硅脱硫剂、脱硫剂、硅铁、碳化硅等。公司自创建以来，秉持"诚实、务实、创新、开拓"的发展宗旨和"以人为本、共创互利双赢"的经营理念，把握市场机遇，努力把公司的销售网络做大、做强。公司采用现代化的管理理念，坚持以质量求生存，以诚信求发展，逐步登上全球化的竞争平台。公司将持续坚持"服务客户、造福员工、协同发展、奉献社会"的理念，不断丰富"科技为先、品质为本、诚信未来"的企业文化内涵，积极参与市场竞争，靠诚信广交朋友，靠服务增进感情，真诚地为客户创造价值，为广大客户提供可靠的产品和全心全意的服务。

主营产品：碳化硅。

郑州市鸿运微粉有限公司

地址：河南省郑州市荥阳市张常工业区
电话：0371-64905570
电邮：chinahywf@163.com
网址：www.chinahywf.com
单位介绍：郑州市鸿运微粉有限公司创建于1979年6月。公司发展到今天，可年产白刚玉微粉5000t，绿碳化硅微粉2000t，强化木地板、油漆用耐磨砂3000t，以及耐火用超细粉1500t。公司产品远销欧洲、美国、日本、德国等多个国家和地区，成为国内外客户信赖的品牌；同时，也是国内较大的白刚玉微粉生产商之一。

主营产品：绿碳化硅微粉。

安阳市定兴冶金耐材有限责任公司

地址：安阳市龙安区西高平工业园区
电话：0372-5660111
电邮：dxyj@dx-silicon.com
网址：www.zgdxyj.com
单位介绍：安阳市定兴冶金耐材有限责任公司是一家以金属硅（粒、粉）、氮制品（氮化硅、氮化硅铁及氮化硅锰等粒、粉）、碳化硅（粒、粉）等硅系产品为主，集生产、加工、贸易为一体的大型企业，产品广泛应用于化工、电子、建材、磨具、冶金、耐火材料等行业。公司成立以来，专业从事硅系产品的深加工研究和产品制造，年生产能力可达50000t，是国内大型硅系产品生产加工企业之一。公司拥有标准化实验室和一批国际前沿的分析检测仪器，定期进行原材料及成品检验，对原材料

连云港市加贝碳化硅有限公司

地址：江苏省连云港市新浦区浦南镇太平工业园
网址：www.lygjbsic.com
单位介绍：连云港市加贝碳化硅有限公司是一家碳化硅专业生产加工企业，经国家相关部门批准注册，主营碳化硅、石榴石等耐火材料。公司本着客户为先、诚信为先的原则，与多家企业建立了长期的合作关系。
主营产品：绿碳化硅、碳化硅微粉。

秦皇岛一诺高新材料开发有限公司

地址：河北省秦皇岛市海港区河北大街146号
电话：0335-8061801
电邮：EnoMaterial@msn.cn
网址：www.enomaterial.com
单位介绍：秦皇岛一诺高新材料开发有限公司是新材料领域里的一家高新技术企业，专业研发、生产与销售氮化铝（AlN）、氮化钛（TiN）、氮化硼（BN）、氮化镁（Mg_3N_2）、氮化钨（WN）、碳化钨（WC）、氮化硅（Si_3N_4）、碳化硅（SiC）、二硅化钼（$MoSi_2$）等多种高性能陶瓷粉体，以及氮化铝基板等陶瓷制品和氮化钒铁（FeVN）、钒氮合金、纳米级金属粉体等金属材料，产品广泛应用于冶金、石油、化工、电子、机械、汽车、电站、环保及航空航天等领域。
主营产品：立方碳化硅（β-SiC）。

山东华屹科创纳米材料有限公司

地址：山东省烟台市栖霞市桃村工业园青岛路1号
电话：0535-6600456
电邮：rml@huayikechuang.com
网址：www.huayikechuang.com
单位介绍：山东华屹科创纳米材料有限公司是专门从事无机非金属纳米材料及先进陶瓷研发、制造与销售的科技型企业。华屹科创是在国家新旧动能转换政策下，在烟台华锐微粉有限公司产业基础之上进行的产业链延伸。公司拥有全产业链无机非金属纳米新材料的研发生产设备，在粉体生产基础之上自主研发、生产先进陶瓷制品，实现从原料到先进陶瓷制品的全产业链发展。目前，公司拥有多项发明专利和实用新型专利技术，2017年与北京航空航天大学共建研发创新平台，实现学术研究与产业发展相结合。
主营产品：碳化硅粉体材料。

青州市恒泰微粉有限公司

地址：山东省潍坊市青州市黄楼街道办事处杨家庄村
电邮：hengtaiweifen@126.com
网址：www.qzhtwf.com
单位介绍：青州市恒泰微粉有限公司地处青州市黄楼街道办事处杨家庄村，北邻309国道，南靠胶王公路，系市规模企业及潍坊市科学技术局认定的民营科技企业。公司始建于2001年，占地面积为6500m^2，主要从事绿碳化硅微粉、核桃壳粉两大系列50余种产品的研发、生产与销售，年生产能力为5000t。
主营产品：超细碳化硅微粉、研磨材料、高热耐火碳化硅制品原料、反应烧结碳化硅制品用原料、无压烧结碳化硅陶瓷原料。

山东金蒙新材料股份有限公司

地址：山东省临沂市临沭县泰安路中段
电话：0539-6281618
电邮：jm@jm-sic.com
网址：www.jm-sic.com
单位介绍：山东金蒙新材料股份有限公司成立于2003年，注册资金4999万元，位于山东省临沭县泰安路中段，厂区占地面积200余亩。公司拥有较为先进的碳化硅粒度砂生产线、碳化硅微粉生产线、碳化硅陶瓷生产线、碳化硅微通道反应器生产线等及相关核心知识产权。金蒙新材料的主导产品为碳化硅磨料、白刚玉磨料、碳化硅微粉、碳化硅陶瓷材料、碳化硅陶瓷、碳化硅微通道反应器等，主要应用于磨料磨具、耐火材料、泡沫陶瓷、研磨切割抛光、陶瓷制品（无压烧结、反应烧结）、不粘锅涂料、锂电池负极新材料等行业领域。公司可满足年产碳化硅粒度砂10000吨、碳化硅微粉9000吨、碳化硅超细粉3500吨的产能。
主营产品：碳化硅磨料、白刚玉磨料、碳化硅微粉、碳化硅陶瓷材料、碳化硅陶瓷、碳化硅微通道反应器。

安阳市千秋盛冶金耐材有限责任公司

地址：河南省安阳市殷都区曲沟镇秦小屯村西北500米66号
电话：0372-5698111
电邮：aysqqs@163.com
单位介绍：安阳市千秋盛冶金耐材有限责任公司拥有一支高素质的员工队伍。公司坚持"诚信经营、互惠互利"的经营方针，在全体员工的不懈努力下，已发展成当地同行业（铁合金系列产品和耐火材料）水准较高的企业之一。
主营产品：黑碳化硅。

淄博炳扬研磨科技有限公司

地址：山东省淄博市高新区柳泉路111号创业火炬广场D座908
电邮：2976435922@qq.com
网址：www.bingyangyanmo.cn
单位介绍：淄博炳扬研磨科技有限公司是一家拥有自营进出口经营权，致力于为国内外客户提供优良的涂附磨具、固结磨具以及各种磨料等产品的企业。公司秉持"诚实守信、和谐共赢"的经营理念，以给客户提供优质稳定的产品为任务，以给客户提供优质的服务为己任，与利益相关者共同发展、共同进步。此外，公司具有强有力的售后保障。
主营产品：黑碳化硅微粉。

1.3 非氧化物陶瓷粉料企业

潍坊华荣陶瓷材料有限公司

地址：山东省潍坊市昌乐县五图街道昌五路南
电话：0536-6752321
电邮：salel@wffytc.com
网址：www.wffytc.com
单位介绍：潍坊华荣陶瓷材料有限公司是一家致力于无机非金属材料及其制品生产、销售的公司。公司全面实行计算机网络管理，生产设备先进，检测仪器齐全，已通过 ISO 9001 质量管理体系认证。公司的主要产品有碳化硅微粉、碳化硅制品、碳化硼制品、石墨制品，产品广泛应用于石油、化工、航空、机械、冶金、印染、食品、制药、汽车等领域。公司秉持科技提升品质的经营理念，以良好的品牌形象赢得客户的高度信任。
主营产品：反应烧结碳化硅喷雾造粒粉（成型压力为 0.8～1t/cm²；生坯密度为 (1.90±0.03) g/cm²；烧结收缩率为 <1%；烧结时硅粉的配比为 1∶1.1）。

昌乐县正鑫碳化硅材料有限公司

地址：山东省潍坊市昌乐县经济开发区新城街 1273 号
电话：0536-6731339
电邮：ZX6731339@126.com
网址：www.sdclzx.cn
单位介绍：昌乐县正鑫碳化硅材料有限公司位于山东省昌乐县经济开发区。公司主导产品为碳化硅粉、碳化硅超细微粉、超细磨机高密度碳化硅微粉、高纯度碳化硅微粉。公司技术力量较为雄厚，生产工艺较为先进，是一家集研发与生产于一体的公司，研发能力较强。公司成功研制出节能新一代具有单机研磨室的超细磨粉机，该设备结构紧凑，外形美观，设计合理，全封闭，无污染，噪声小，产品细度高，省时省电，操作简便。它是目前国内制粉行业，特别是碳化硅超细微粉研磨的理想设备，可用于重结晶（R-SiC）碳化硅、反应烧结碳化硅、无压烧结碳化硅、碳化硅结合氮化硅、热压烧结碳化硅制品的生产。
主营产品：W0.5 碳化硅微粉。

淄博环宇磨料有限公司

地址：山东省淄博市淄川区昆仑镇西工业园
电话：0533-5766789
电邮：sunzhaokuan@126.com
网址：www.zbhuanyu.com
单位介绍：淄博环宇磨料有限公司位于山东省淄博市淄川昆仑西工业园区，地理位置优越，交通便利，环境幽雅，人文资源丰富，是一家起点较高、发展较快的外向型年轻企业。公司是生产黑（C）、绿（GC）碳化硅砂的专业厂家，系淄博市磨料行业的骨干企业。公司拥有较先进的设备和工艺，技术力量较雄厚，检测手段齐全，产品质量稳定。公司产品均按 GB/T 2480、GB/T 3630 标准组织生产。产品规格有 F 系列 F12-2000 及 P 系列 P12-2500，并可根据客户的要求加工生产特殊规格的产品。产品远销日本、韩国、泰国、意大利、中国台湾等十几个国家和地区，深受客户的信赖。
主营产品：黑碳化硅微粉。

山东青州微粉有限公司

地址：山东省青州市凤凰山东路 969 号
电话：0536-3535999
电邮：sales@qzwf.cn
网址：www.qzwf.cn
单位介绍：山东青州微粉有限公司是生产碳化硅微粉的专业公司，是以产品出口为主的科技型企业。2004 年，公司销售收入达 2000 万元，其中 80% 出口日本、韩国、欧洲、美国等，产品质量和企业信誉皆受到外商的认可。公司现在主要有黑、绿碳化硅微粉两个系列产品，按用途可分为磨料级和精细陶瓷用碳化硅微粉。磨料用黑、绿碳化硅微粉可按下列标准生产：国标 GB/T 2481.1 标准，包括 W63-W1.5；欧洲 FEPA 标准，包括 F230～F2500；日本 JIS 标准，包括 JIS240～JIS10000。
主营产品：反应烧结碳化硅制品用原料（F240、F1200）；重结晶碳化硅制品原料（RS100、RS07、F600）；蜂窝陶瓷用原料（TF-10、TF-16）；高热耐火制品原料（5S）；超细高纯度黑、绿碳化硅微粉（GC0.5、C0.5）。

北京德科岛金科技有限公司

地址：北京市朝阳区双营路 11 号
电话：010-64918089
电邮：beijingdaoking@163.com
网址：www.dknano.com
单位介绍：北京德科岛金科技有限公司是一家专业从事高纯材料及纳米新材料研发、生产、应用及销售的高新技术企业。公司目前有规模化、专业化的研究及生产纳米氧化物、超高纯材料、纳米金属粉末、纳米化合物和碳纳米管的生产基地。公司现拥有年产 1000t 高纯纳米氧化铝及其系列产品、600t 纳米二氧化钛、200t 高催化活性纳米二氧化钛及其系列产品、1000t 超细高纯氧化锆及其系列产品以及 200t 纳米氧化硅及其系列产品的生产能力。公司现生产的产品有纳米金属粉体、碳纳米管、高纯 Al_2O_3、高纯纳米 TiO 系列粉体、光触媒纳米 TiO 催化剂、纳米高纯 ZrO_2、纳米 SiO_2、纳米 ZnO、锂电池材料添加剂、抛光材料、陶瓷材料、纳米涂层材料、纳米三防整理剂等系列粉体、液体、制剂产品。公司产品广泛用于新能源汽车、航空材料、抛光材料、纺织涂料、空气治理、橡胶、油墨、塑料、化妆品、医药、服装等领域。
主营产品：纳米碳化硅。

甘肃中核华瑞硅合金材料有限公司

地址：甘肃省兰州市七里河区西津西路 424 号商业储运中心易居 101 号
电邮：sisic01@126.com
网址：www.snsic.com.cn
单位介绍：甘肃中核华瑞硅合金材料有限公司由大型能源企业投资，是专业从事黑碳化硅冶炼及精细加工、新型 β-SiC 纳米粉体研发、生产的科技型企业。公司总部位于兰州新区，拥有总装机容量 80000kV·A，年产 6 万 t 的碳化硅生产线，配套了巴马克、雷蒙磨、气流磨、整形磨、磁选机等精加工装备。公司生产的黑碳化硅以优质石油焦、石英石等为原料，结晶大、韧性高、杂质低，涵盖 SiC75%～98.5% 系列段砂、粒度砂、细粉、超微粉等规格。公司研发实力雄厚，拥有一支归国博士、硕士组成的研发团队，配备了 LPSA、XRD、SEM、AAS 等分析检测设备，并与中科院等科研院所建立了长期科研合作关系。公司是特种高温原料制造企业，在冶金、特种耐火材料、特种陶瓷、高性能窑具、磨料模具、航空航天等领域，为海内外用户提供高品质碳化硅产品和价值服务。

主营产品：黑碳化硅、β-SiC 纳米粉体。

甘肃泰河新材料科技有限公司

地址：甘肃省兰州市永登县大同镇马家坪
电话：0931-4810034
单位介绍：甘肃泰河新材料科技有限公司是生产碳化硅的大型企业，其产品专门配套于高品性耐火材料和磨料及碳化硅制品使用，是新一代耐火材料、碳化硅产品技术质量升级的选择之一。公司总投资 6700 万元，占地面积 5 万 m²，员工为 260 人，其中技术工艺管理人员占 20%；年产能为 3 万 t。
主营产品：碳化硅 90 细粉。

淮安利泰新材料科技有限公司

地址：江苏省淮安市洪泽区电子商务产业园 A02 楼 507 号
电话：0517-89897119
单位介绍：淮安泰新材料科技有限公司采用国内企业自主发明专利技术，生产日本标准 240 号到 10000 号的所有规格的碳化硅微粉。公司占地面积 10.4 万 m²，现有高级技术职工 8 人及熟练员工 126 人。公司坐落在周总理的故乡——淮安开发区集贤路。公司是 2018 年以来，国内产量较大、规格较全、技术水平较高的碳化硅微粉生产厂家之一，其新开发的纳米微粉深受美国、加拿大及欧洲客户的青睐。公司的产品包括压电行业专用微粉、光学抛光专业微粉、蓝玻璃、单晶硅、光伏多线切割微粉、工业陶瓷专用微粉、无压烧结纳米微粉，以及平面研磨专用高精度微粉等几大系列。利泰碳化硅微粉彰显了中国制造的实力，是国内市场中一定程度上可用于替代进口微粉的产品选项之一。
主营产品：碳化硅微粉（JIS240～10000 号球磨微粉）。

郑州德运耐材有限公司

地址：河南省郑州市中原区西站路 1 号
电话：0371-61312989
电邮：zzdeyun@126.com
网址：www.zzdeyun.com
单位介绍：郑州德运耐材有限公司是集技术咨询、生产销售、售后服务为一体的企业。公司主营产品有炼钢铸造用碳化硅、增碳剂、研磨、抛光、耐材用碳化硅及石墨粉系列产品。公司产品质量稳定、品质优良，销往 20 多个国家和地区，在广大用户中享有较高声誉。其产品已通过 ISO 9001 质量管理体系认证，并取得全国工业产品生产许可证及出口产品质量许可证。

主营产品：碳化硅微粉。

唐山鑫冶碳化硅有限公司

地址：河北省唐山市丰润区新城道 55 号
电话：0315-3857913
电邮：gezhaohui121@126.com
单位介绍：唐山鑫冶碳化硅有限公司是专业从事碳化硅技术陶瓷用超纯超细粉体及新一代高档碳化硅制品用高堆积密度砂粉的企业。多年来，公司针对泡沫和微孔陶瓷、反应烧结、无压烧结、重结晶陶瓷制品的工艺性质需求配套、研制、设计了多种有专业针对性的专用粉体产品。此外，公司基于超大功率（20000kW）碳化硅冶炼工艺做大结晶的原料，为高档碳化硅耐火制品（如二氧化硅及氮化硅结合的碳化硅大型板、薄板、超薄板）配置了高堆积密度、高流动性且可使制品内部结构均匀的砂粉产品，为碳化硅制品的技术质量升级创造了原料条件。
主营产品：反应烧结 SiC 陶瓷制品专用粉。

浙江吉成新材股份有限公司

地址：浙江龙游工业园区同舟路 46 号
电话：0570-7806999/0571-87169893
电邮：jcxc@jcccn.cn
网址：www.jcccn.cn
单位介绍：浙江吉成新材股份有限公司是一家专业研发、生产与销售特种陶瓷产品的高新企业。公司的工程研发中心位于长沙麓谷和浙江龙游，并分别在北京和浙江杭州设立营销中心，且根据不同需要将生产基地分别安排在浙江龙游工业园区和长沙宁乡高新开发区。吉成新材浙江龙游厂区总投资 1.7 亿元，占地面积约 1.7 万 m²，年产能已经达到碳化硅陶瓷 1000t，碳化硼陶瓷 500t，防弹插板 50 万块。公司的主要产品有纳米级碳化硅和碳化硼粉体、碳化硅和碳化硼陶瓷。公司可根据客户及市场需求，由工程研发中心专设防弹防护工程研制任务和服务新老顾客，规模化生产并满足不同客户与市场需求，提供研发技术对接和生产及方案配套服务，包括人体防护插板、盾牌、装甲防护、工业喷嘴和泵车管件等。
主营产品：纳米级碳化硅和碳化硼粉体、碳化硅和碳化硼陶瓷。

内蒙古海特华材科技有限公司

地址：内蒙古自治区呼和浩特市和林新区智能制造产业园 A12
电话：0471-3906339
电邮：nmght001@126.com
网址：www.haitehuacai.com
单位介绍：内蒙古海特华材科技有限公司致力于研发和生产高品质碳化硅粉体原料，主要产品有碳化硅纳米粉体和高纯碳化硅微米粉体。公司依托国内知名高校哈尔滨工业大学，技术团队实力雄厚，拥有一批极具创造力的中青年科研骨干；经过多年积累及沉淀，有效突破了制备纳米级碳化硅费用高、能耗大、分散难的技术瓶颈，将该产业推向了规模化、工业化。

主营产品：CMP 磨料；SiC、复合材料制备陶瓷；设备关键部件；特种碳化硅纳米粉；在金属中添加制备合金。

淄博道新新材料科技有限公司

地址：山东省淄博市淄川区龙泉镇
电话：0533-5887662
电邮：872710701@qq.com
网址：www.zbdxsic.com
单位介绍：淄博道新新材料科技有限公司是一家以碳化硅超细粉体产品为主，集开发、生产、销售于一体的新材料公司。公司采用先进的湿法球磨、水力分级和自主研发的工艺技术生产的碳化硅粉，特别适用于单晶硅、多晶硅、压电晶体的线切割、精细研磨、抛光等领域。公司主要生产绿碳化硅微粉 JIS#240～JIS#6000，以及高等耐火材料用超细粉。
主营产品：绿碳化硅微粉、耐火材料。

绍兴晶彩科技有限公司

地址：浙江省绍兴市柯桥区西环路与柯北大道交叉口北柯桥科技园起航楼 1 号楼
电邮：shaoxingjingcai@163.com
网址：www.zhejiangjingcai.com
单位介绍：绍兴晶彩科技有限公司是国内可以生产粒度从亚微米级到毫米范围半导体级碳化硅粉料的企业之一。公司主营第三代半导体碳化硅单晶专用的多晶粉体、高纯石墨粉、高纯石墨件、高纯石墨毡；半导体制程所需的高精密特种碳化硅陶瓷件专用超高纯粉体；5G 领域专用的热管理材料导热填料。公司与国内一流高校联合技术攻关，建立了高纯粉末材料研发及检测中心、超高纯碳化硅粉料生产基地。公司技术研发团队从事人工晶体生长及硅基材料新技术研发近 20 年，自主研发并攻克了原位合成高纯碳化硅多晶粉体技术，获国家发明专利 10 余项。公司致力于成为第三代半导体碳化硅单晶高纯原辅材料研发与生产的高科技型企业，目前已有一大批具有超高纯度（6N 及以上）、粒径尺寸及均一性、晶型一致性的优质产品投入批量生产。
主营产品：生产百微米、微米、亚微米碳化硅粉体（纯度可 4N～6N 调控，产品具有纯度高、粒径均一、体积分数高等优点）。

中硅（山东）硅铝新材料有限公司

地址：山东省济南市长清区明发路 1888-1 号
电话：0531-87956789
电邮：chsic19@163.com
网址：www.chsic19.com
单位介绍：中硅（山东）硅铝新材料有限公司经过多年的科研攻关，已经攻克气相法（CVD 工艺）批量生产高纯超细碳化硅粉的技术障碍。其生产出的碳化硅微粉属 3C 相 β 型，纯度达到 4N～5N；颗粒均匀，粒径主要分布在 450～1300nm，形态呈球状；硅碳摩尔比近似 1∶1；因其在高浓度的氩气和氢气环境下生成，颗粒内部无氧。这种粉料是研磨抛光芯片衬底及生产高端碳化硅器件的原料，器件在半导体制造工艺装备中都有广泛应用，如研磨抛光吸盘、光刻吸盘、检测吸盘、精密运动平台、蚀刻环节的高纯碳化硅部件、封装检测环节中精密运动系统等。此外，光伏硅生产用的碳化硅悬臂桨也会用到这种高纯超细碳化硅粉。
主营产品：碳化硅微粉（属 3C 相 β 型，纯度达到 5N；颗粒均匀，粒径分布在 450～1300nm，形态呈球状）。

佛山市弘创技术有限公司

地址：广东省佛山市禅城区华宝南路 13 号 C 座 16 楼
电话：0757-82258029
网址：www.hontrontech.com
单位介绍：佛山市弘创技术有限公司是一家专业生产高性能特种陶瓷的企业，专业生产碳化硅、氧化锆、氧化铝和氮化硅等特种陶瓷材料，产品广泛应用于芯片、纺织、电线电缆、石油开采、印刷、焊接、汽车零部件制造等行业。公司拥有自主技术成果、知识产权、车间及先进生产设备，以及多名国内外著名先进陶瓷材料研究专家和一批经验丰富的工程技术人员。公司已掌握了冷等静压、凝胶注模、流延、注射等成型技术和整套日本进口的真空烧结炉及 1800 高温烧结炉，并建立了行之有效的质量保证体系，致力于为国内外客户提供耐磨损、耐腐蚀材料、耐高温应用等行业使用厂商提供设计、技术、生产和销售一条龙服务。
主营产品：碳化硅、氧化锆、氮化硅等特种陶瓷材料（产品应用于粉体制备、石油开采、粉末冶金、汽车零部件等）。

1.3.5 碳化硼粉体

大连金玛硼业科技集团股份有限公司

地址：辽宁省大连市花园口经济区海棠街 58 号
电话：0411-39216839
电邮：jmkj-zhaopin@126.com
单位介绍：大连金玛硼业科技集团股份有限公司（以下简称金玛硼业集团）是中国民营公司 500 强——大连金玛集团的核心企业，注册资本为 2.1 亿元，总投资为 13 亿元，是大连市金融办重点推荐的股票上市后备企业。金玛硼业集团成立于 2004 年，位于大连金普新区，是大连金玛集团旗下的支柱产业。金玛硼业集团是碳化硼和硼酸产品国家标准的起草单位、东北地区（大连）特种防护新型材料动员中心、国家特种材料产业化基地的较大型企业、辽宁省科技型创新企业、中国化工学会化肥专委会和钾盐（肥）与中微肥产业联盟会员单位。金玛硼业集团主要从事硼镁矿石、硼酸、硼镁复合肥、碳化硼粉体、氧化硼、硼铁及碳化硼特种陶瓷的研发与销售，产品广泛应用于工业、农业、国防、核工业、航天工业等领域，主导产品是国家级重点新产品。
主营产品：碳化硼粉体、氧化硼、硼铁及碳化硼特种陶瓷。

郑州市海旭磨料有限公司

地址：河南省郑州市荥阳市高村工业园区

电话：0371-60305639
电邮：panchen@hxabrasive.com
网址：www.haixuml.com
单位介绍：郑州市海旭磨料有限公司位于中国磨料之都——郑州市。公司地处中原经济发展腹地，南依陇海铁路，傍邻连霍高速，交通便利，物流通畅。公司成立于 1999 年 7 月，总投资 800 余万元，占地面积 7500m²。同年，公司在江苏省宜兴市设办事处，2002 年成立宜兴市海宇耐火材料有限公司。公司主营产品有刚玉、碳化硅、碳化硼、铬矿砂等，产品执行标准有 GB（国标）、ISO（国际标准）、FEPA（欧洲标准）、JIS（日本标准）和 AFS 等。公司管理科学规范，技术力量较雄厚，工艺设备较先进，且拥有完善的检测设备。作为专业的刚玉磨料生产制造商，其产品质量优良稳定，曾被郑州市技术监督局授予"产品质量信得过，售后服务信誉好"的双信单位，并于 2004 年通过了 ISO 9001：2000 质量管理体系认证。多年以来，公司产品远销欧洲、美国、印度、巴西、日本、韩国等国家和地区，并在机械、冶金、轻工及相关行业享有较高的声誉。
主营产品：超细碳化硼微粉。

郑州嵩山碳化硼销售有限公司

地址：河南省郑州市登封市中岳街道产业集聚区西环路与卢鸿街交叉口东南角办公楼 3 楼
电话：0371-61312177
电邮：songshanpengye005@163.com
网址：www.songshanmoliao.com
单位介绍：郑州嵩山碳化硼销售有限公司是郑州嵩山硼业科技有限公司的全资控股子公司。郑州嵩山硼业科技有限公司成立于 1989 年，前身为郑州铁路实业总公司嵩山磨料厂。郑州嵩山碳化硼销售有限公司是经国家工商总局核准设立的一家集专业冶炼、加工碳化硼磨料、碳化硼微粉、碳化硼研磨液等系列产品的国家高新技术企业，经过 30 余年的技术积累，公司在碳化硼行业技术创新方面表现较为突出，成为行业积极探索创新的重要力量。公司拥有碳化硼电弧冶炼炉（功率 4000kVA）4 台，柔性制粒加工线 2 条，精微粉生产线 1 条。通过多年研发，形成了稳定的专业技术团队和生产工艺。公司采用自主研发的生产设备，可生产符合国内及行业标准的产品，并能根据国内外客户的要求生产定制化的产品。公司年产碳化硼粒度砂 2000t，其中碳化硼耐火材料粉末 800t，碳化硼精微粉 800t，核工业微粉 100t，工程陶瓷用粉 300t。产品型号包括国标系列（W0.5、W3.5、W5、W7、W10、W14、W20、W28、W40）及欧标系列（F90～F1500 及耐材类 325♯-0）。公司的技术优势为实现单炉生产成品 4t，一级成品率在 70% 以上，产品密度高，硬度及显微硬度好。公司目前已经研发生产出亚纳米级碳化硼（B_4C 含量可达 99.5%），成为国内具备高纯度碳化硼生产能力的生产企业之一，获得中国核动力研究设计院、中国原子能研究院、解放军后勤工程学院和哈尔滨工业大学陶瓷学院的认可和合作，成为其材料供应厂商。
主营产品：碳化硼。

苏州纳朴材料科技有限公司

地址：江苏省苏州市相城区聚茂街 185 号 D 栋 11 层 1102
电邮：2497636860@qq.com
网址：www.np-materials.com
单位介绍：苏州纳朴材料科技有限公司成立于 2016 年，公司拥有由多名海归留学人员及有大型外企工作经历的人员组成的管理团队，是专业从事高性能特种陶瓷粉体及下游衍生制品的研发、生产与销售的高科技型企业。公司是常熟经济开发区引进企业，拥有较为先进的生产加工及检测设备，主要专注于适用于高端与新兴下游行业的高纯超细非氧化物特种陶瓷粉体产品与衍生产品的产业化，各类产品综合年产能为 30～60t。公司拥有多项国内外专利，不仅为客户提供高品质的产品，同时也提供专业的技术解决方案，以满足客户个性化的应用需求，为客户提供增值服务。公司核心研发团队拥有海归博士（后）、硕士 3 名，并依托中国科学院及自主研发先进技术，与安徽工业大学建立研究生联合指导与实践机制，还与东华大学、广东工业大学、西南交通大学等高校建立了紧密的合作关系。公司核心管理团队拥有具备欧洲、日本大型外企及国内民企生产、销售与管理经验者多人。公司核心生产设施包括粉体高温合成、多样化加工、干燥、分级、检测、包装等完善的生产与加工设施。公司核心产品系列包括基于碳化物、硼化物等非氧化物特种陶瓷材料体系的高纯超细粉体、表面改性粉体或悬浮液及配方复合粉体等。
主营产品：碳化硼超细粉体。

1.3.6 其他非氧化物粉体

吉林长玉特陶新材料技术股份有限公司

地址：吉林省长春市北湖科技开发区建丰街 720 号
电话：0431-86276888
电邮：sale@cyceramic.cn
网址：www.cyceramic.cn
单位介绍：吉林长玉特陶新材料技术股份有限公司主营可用作涂层或合成材料的高纯超细非氧化物陶瓷粉体、精密加工陶瓷工具及热管控陶瓷构件等新兴产业功能材料。公司瞄准精密加工、新能源和半导体等行业局部先进陶瓷国产化存在较大发展空间的市场，拥有授权专利 20 项，已通过 ISO 9001 和 GB/T 45001 管理体系认证，后续将完成 CNS、CMA 认证。公司部分产品的相关技术在国际上处于较为先进的水平，其中碳氮化钛产品荣获第二十一届中国国际工业博览会"优秀作品奖"。长玉特陶作为长春市"十四五"规划中无机非金属材料产业链中具有重要地位的企业之一，目前占地面积 5 万平方米，拥有 1 座 1 万余平方米的综合办公楼以及 2.7 万平方米的厂房。公司产品覆盖原材料及结构件、高速精密加工刀具、抗摩擦磨损关键陶瓷零部件、高热导陶瓷基板、热管控陶瓷零部件等。公司现已开发出碳化钛、碳化锆、碳氮化钛等七大品类陶瓷粉体，以及六大类近 50 种陶瓷刀具产品、多种氧化物基和氮化物基各类结构件及氮化铝和氮化硅基板等，正在逐步建成超细陶瓷粉体产品 100 吨、陶瓷零部件 1000 万件、陶瓷基板 250 万片的生产线。
主营产品：各类高纯超细非氧化物陶瓷粉体、金属陶瓷刀具、高性能陶瓷刀具、精密耐磨陶瓷构件及其他特种陶瓷零部件等。

1.3 非氧化物陶瓷粉料企业

河北利福光电技术有限公司

地址：河北省保定市莲池区腾飞路 998 号
电话：0312-7505967
电邮：J.Zhao@ledphor.com
网址：www.ledphor.com
单位介绍：河北利福光电技术有限公司成立于 2013 年，注册资本 2000 万元，一期投资 5000 万元。公司致力于 LED 荧光材料的研发、生产和销售，专注于技术创新及产品个性化定制服务，是高品质 LED 荧光材料的专业制造者和稳定供应商之一。利福光电研发生产的产品包括硅酸盐荧光粉、YAG 改性荧光粉、氮氧化物荧光粉和氮化物荧光粉等，并可提供 LED 荧光粉合成用高纯原材料。公司注重新产品的开发，拥有经验丰富的研发团队，其中高级职称研发人员 10 人。实验室设备较先进，可进行基础材料合成、LED 荧光粉制备、粉体表面改性光学性能、晶体结构和环境老化性能等方面的研究。公司建有封装实验室，拥有多名经验丰富的封装工程师，从用户使用的角度研究 LED 荧光粉的特性，以提升公司产品的应用性能。公司能为用户提供 LED 荧光粉应用解决方案，与用户共同促进 LED 产品性能的提高。
主营产品：高纯金属氮化物。

上海乃欧纳米科技有限公司

地址：上海市金山区枫泾工业园
电话：021-34685573
电邮：sales@no-nano.com/zlw@no-nano.com
网址：www.no-nano.com
单位介绍：上海乃欧纳米科技有限公司是一家成立于上海的高科技企业，主要从事各类金属与非金属单质粉体、氧化物粉体、碳化物粉体、氮化物粉体，以及其他化合物粉体和特殊功能粉体的研发、生产与销售。公司自成立以来，十分注重科技创新和人才培养，与全国多所高校、研究所都保持着技术合作关系；同时，汇集业内专业精英和管理团队，专注于各类纳米材料的研发和制造。公司自主生产的产品达 70 多种，产品销往亚、欧、美等地区和国家。
主营产品：氮化镁粉。

湖南华威航天航空特种材料有限公司

地址：湖南省长沙市芙蓉区东二环湖南国际商务中心 516 室
电话：0731-85124331
电邮：Sales@hnharwick.cn
网址：www.hnharwick.cn
单位简介：湖南华威航天航空特种材料有限公司是一家专业生产超高温难熔金属（锆、铪、钽、铼）及其二元或多元化合物（碳化物、硅化物、硼化物）等纳米、亚微米和微米粉体材料及相关产品研发、生产和应用的企业。公司与国内著名的材料科研院所及大型军工单位建立了长期、稳定的合作关系；专注细分领域，坚持自主研发，以优异的品质取胜于超高温陶瓷基复合材料领域，不断推陈出新，替代进口产品，保障自主安全；产品广泛应用于兵器船舶、航空航天、特种陶瓷和原子核能等高新技术领域。
主营产品：碳化铪、二硼化铪、碳化锆、二硼化锆、二硼化钛。

辽宁中色新材科技（锦州海鑫金属材料）有限公司

地址：辽宁省锦州市太和区盛华街
电话：15698999555
电邮：haixin6@jzhxgs.com
网址：www.jzhxgs.com
单位介绍：辽宁中色新材科技（锦州海鑫金属材料）有限公司是一家由材料系科研人员创建，集功能陶瓷粉体、新型储能材料、高温合金、铝合金添加剂的研发、生产、销售于一体，且具有自主知识产权的高新技术企业。公司秉承"科技创新、资源集成"的发展理念，不断推进科技创新和成果转化，为多项国家新材料科技项目提供了技术支持。2021 年 8 月，公司"系列超高温超硬超导储能功能陶瓷粉体及制备技术"项目获得中国创新创业大赛辽宁赛区三等奖。2022 年 1 月，公司"新型储能材料制备关键技术集成及应用示范"项目被列入辽宁省第四批重点研发计划定向项目。公司坚持以"专、精、特"的产品特性适应市场，以差异化竞争和技术服务开拓市场，经过多年的稳健经营，与全球多家知名企业建立了长期的战略合作。
主营产品：二硼化钛、二硼化锆、二硅化钼、金属钒及金属钒粉等。

赫格纳斯（中国）有限公司

地址：上海市青浦区外青松公路 5646 号
电话：021-67001000
电邮：china@hoganas.com
网址：www.hoganas.com
单位介绍：Höganäs 是一家在全球粉末冶金金属粉末制造领域颇具影响力的企业。公司利用金属粉末产品带来的无限机遇，引领工业发展节省更多，投入更少。金属粉末的应用范围几乎没有限制，现主要应用于钎焊、压制和烧结、表面涂层、增材制造、焊接以及摩擦等领域。
主营产品：硼化物粉末、氮化物粉末、硅和硅化物粉末等。

湖南华威景程材料科技有限公司

地址：湖南省长沙市芙蓉区浏阳河大道鑫科明珠 7-3204 房
电话：0731-85124338
电邮：sales@hnjc-metal.com
网址：www.cn.hnjc-metal.com
单位介绍：湖南华威景程材料科技有限公司成立于 2013 年，致力于钛、锆、铪和稀土金属材料及其二元或多元化合物（碳化物、氮化物、硅化物、硼化物、硫化物）等纳米和亚纳米陶瓷粉体及其相关产品的研发、生产及应用。为保证产品质量，公司配备了 XRF-1800 扫描型 X 射线荧光光谱仪、高分辨透射电子显微镜 JEOL2013、JJG009-2012 转靶 X 射线多晶体衍射仪、马尔文激光粒度分析仪等多种纳米和亚纳米粉体的专用检测仪器。

主营产品：碳化物系列、氮化物系列、硅化物系列、3D 打印及等离子喷涂系列。

北京华威锐科化工有限公司

地址：北京市丰台区榴乡路 88 号院 10 号楼 5 层 501
电话：010-89508211
电邮：sales@hwrkchemical.com
网址：www.hwrkchemical.com
单位介绍：北京华威锐科化工科技有限公司是以较为先进的化学技术、材料技术为专业主体，集研发、生产、销售于一体的化学品专业研发商、生产商和服务商。公司在全国设有多个自有及合作生产基地，从事有机合成和陶瓷材料等相关产品的研发、生产及应用，可满足客户从毫克到公斤级及小试、中试和批量生产的不同需求，还可以根据客户的实际需求提供特殊定制服务。目前，公司生产的锆、铪系列硼化物、碳化物、氮化物及相关合金与陶瓷前驱体制备原料等系列产品已经在特种陶瓷、特种复合材料、航空航天等领域得到广泛应用。
主营产品：过渡金属硼化物、碳化物、氮化物、硅化物及相关合金与陶瓷前驱体制备原料。

南京冠业化工有限公司

地址：江苏省南京市白下区户部街 33 号天之都大厦 1524 室
电话：025-52414253
电邮：njgnye888@163.com
单位介绍：南京冠业化工有限公司是从事纳米产品、新材料的开发、生产及经营的高科技企业。公司下属纳米技术研究所、纳米材料生产厂、销售部、采购部、财务部及质检部等，具备年产 300t 纳米氧化钛系列产品的生产能力。公司得到了中科院和国内众多高校的广泛支持，其生产的纳米材料已被广泛应用于涂料、塑料、橡胶、颜料、玻璃钢、胶黏剂、化纤、化妆品、环保、陶瓷、电池、磁性材料等领域产品的升级换代。其生产的纳米改性涂料具有高耐候性、耐洗刷性、抗沾污性等较优异的性能，被省内外的多个标志性建筑采用。
主营产品：纳米碳化锆（GY-ZrC）。

浙江开化元通硅业有限公司

地址：浙江省衢州市开化县经济开发园区园一路 15 号
电话：0571-64790026
电邮：hanjianpeng@wynca.com
网址：www.yt-si.com
单位介绍：浙江开化元通硅业有限公司是一家专注于工业硅（又名金属硅、结晶硅）、工业硅粉等产品的研究和制造的创新型科技企业。公司地处浙江省衢州市开化县，成立于 2000 年，是浙江新安化工集团股份有限公司全资子公司。新安集团创建于 1965 年，地处浙江省建德市，2001 年 9 月上市，在化工行业占重要地位，属于中国化工 500 强以及全球农化销售 20 强企业之一。公司为国内外众多有机硅、多晶硅知名企业提供有竞争力、安全可信赖的产品、解决方案与服务，持续为客户创造价值。公司坚持与生态伙伴开放合作，围绕客户需求持续创新，以客户为中心建立组织、定制流程，激发组织创新，致力于成为时代的企业。
主营产品：工业硅、有机硅用硅粉、多晶硅用硅粉、铝合金用硅。

河南克莱威纳米碳材料有限公司

地址：河南省登封市产业集聚区玉京大道与禹都大道交叉口
电话：0371-62850099
电邮：hnklw@henankelaiwei.com
网址：www.henankelaiwei.com
单位介绍：河南克莱威纳米碳材料有限公司是由江西南昌大学孙晓刚教授团队历经 20 多年技术研发，郑州市磴槽集团有限公司投资 5.5 亿元合作创办，下设江西克莱威纳米碳材料有限公司和河南克莱威纳米碳材料有限公司。公司自主研发晶须碳纳米管生产工艺和设备，是晶须碳纳米管及衍生产品的主流供应商。公司拥有完全自主知识产权，与国内锂离子电池主流企业、国内知名院校建立产学研合作，是高端碳纳米材料的引领者。
主营产品：晶须碳纳米管粉体系列、晶须碳纳米管浆料系列、复合浆料 VHC134 系列、CNTs 浆料 VHC0 系列、复合浆料 VHD 系列及晶须碳纳米管。

辽阳宏图钼制品有限公司

地址：辽宁省灯塔市铁西工业园区
电话：0419-8108540
电邮：hongtu_sales@htthw.com
网址：www.htmzpc.com
单位介绍：辽阳宏图钼制品有限公司是从辽阳宏图碳化物有限公司分离出来、独立核算的子公司。公司专业生产各种规格、型号的二硅化钼电热元件和各种钼制品、钨制品、人造石墨粉及天然鳞片石墨粉。公司产品配方独特，生产工艺合理，生产设备先进，并拥有高素质的员工队伍。
主营产品：人造石墨粉、天然鳞片石墨粉。

库贝化学（上海）有限公司

地址：上海市金山区秋实路 688 号
电话：021-58531118
电邮：cs02@kuberd.com
网址：www.kuberd.com
单位介绍：随着全球气候变暖和环境污染问题日益严峻，各国都在积极寻求低碳、清洁、可持续的发展路径。在这一背景下，库贝引进了一种新型高分子材料——聚硅氮烷（PSZ），并利用其在生产和使用过程中的低碳和负碳特性，实现了负碳减排的目标。聚硅氮烷是一类主链以 Si-N 键为重复单元的无机聚合物。由于其结构特殊，聚硅氮烷高温条件下可转化为 SiCNO、SiCN 或二氧化硅陶瓷等，固化后硬度可达 8H 以上。聚硅氮烷具有优异的耐腐蚀、抗氧化、耐辐射、耐高温性能，在航空航天、半导体、光伏电池、耐高温涂层、陶瓷材料、树脂材料等领域应用广泛。
主营产品：聚硅氮烷（PSZ）。

1.4 陶瓷分散剂与助剂企业

司马化工（中国）有限公司

地址：广东省佛山市三水区大塘镇开元路16号
电话：0757-87270601
电邮：s.peng@zschimmer-schwarz.cn
网址：www.zschimmer-schwarz.cn
单位介绍：司马化工作为一家全球性的创新型化学品企业，在全世界拥有众多的国际分支机构，客户遍布世界各地。尽管拥有这样的国际影响力，司马化工仍不忘初心，始终铭记其根源：以家族企业起家，企业文化植根于不断发展的价值观。
主营产品：氧化物和非氧化物陶瓷（如氧化铝、氧化锆、碳化硅、碳化硼、氮化硅等材料）不同成型工艺的添加剂。

高化学（上海）国际贸易有限公司

地址：上海市浦东新区东方路18号保利广场E栋504-506室
电话：021-50936668
电邮：gzhou.list@highchem.com.cn
网址：www.highchem.com.cn
单位介绍：高化学株式会社由日籍华人高潮先生于1993年创立，专注于成为连接中日两国和通向未来的桥梁。其业务范围涵盖贸易、委托加工、技术转让、研发、生产、投资等，产品覆盖大宗化学品、精细化学品、生命健康、电子材料、新能源等领域。高化学（上海）国际贸易有限公司是高化学株式会社的全资子公司，公司自成立以来，坚持"成为中日客户信赖的高化学区域贸易中心"企业愿景，以化学相关产品为主，兼顾其他产品的贸易及投资业务，并为客户提供产品、技术支持、咨询及物流等配套服务。
主营产品：先进陶瓷原料及辅料、胶黏剂、分散剂等助剂和生产设备等。

广州润成化工有限公司

地址：广东省广州市天河区华明路13号1504房
电话：020-28865163
电邮：gzrc1613@163.com
网址：www.gzrcci.com
单位简介：广州润成化工有限公司是一家专业从事精细化工产品的进口和销售，并提供对应产品技术服务和咨询、化工新产品技术研究以及化工原料生产的高科技化工企业。公司产品涉及造纸、电子陶瓷（铁氧体）、PE膜导电材料、矿粉研磨、污水处理、环保等行业。公司聘请相关行业专家及教授作为技术顾问，旨在帮助客户消化新技术或为其提供新产品技术方案。公司在上海等地设有办事处与仓库，关联企业有广州润成化工材料有限公司、上海胜润化工有限公司等，经过多年的发展，已成为行业内有一定知名度的公司。
主营产品：分散剂、消泡剂、润滑脱膜剂等。

无锡启仁化工科技有限公司

地址：江苏省无锡市新吴区菱湖大道288号天安智慧城A1产业大厦东区1208室
电话：18118882229
电邮：sales@wxqiren.com
网址：www.wxqiren.com
单位简介：无锡启仁化工科技有限公司成立于2012年，是一家专业从事化工产品研发与销售的综合性高科技服务性企业，由一批化工领域的专业研究人员和在化工行业深耕多年的销售团队组建。公司拥有完善的技术团队，能够及时为客户提供技术支持。公司积累多年的经验、不断创新的专业技术，及其诚信和优质服务得到了各行业客户的肯定和一致好评，为其赢得了卓越商誉。
主营产品：技术陶瓷添加剂、特种耐高温混凝土等。

山东德鲁司马新材料科技有限公司

地址：山东省淄博市日日顺建陶工业园
电话：0533-5260333
网址：www.deluxe-zs.com
单位介绍：山东德鲁司马新材料科技有限公司作为"德国司马化工"在中国北方的落地项目于2017年成立，坐落于山东省淄博建陶工业园，拥有现代化的实验室和仓库。公司拥有一支既有全球化认知，又有本地市场经验，且具有高度责任心的专业队伍，能为陶瓷材料在不同领域的应用提供专业且个性化的解决方案。
主营产品：陶瓷助剂、陶瓷干粒、陶瓷墨水等。

上海劲途新材料科技有限公司

地址：上海市闵行区虹桥镇吴中路1439号某茵虹景中心A栋906
电话：021-34500021
电邮：service@kttchem.com
网址：www.kttchem.com
单位介绍：上海劲途新材料科技有限公司通过将世界领先企业的特殊化学品和应用理念引入国内，结合自身的产、学、研平台，与医疗、建筑、日化、水处理、能源、精密陶瓷、金属加工及电子电气等行业的领导型企业携手开发了众多独特而卓越的产品。同时，为满足细分市场的差异化需求，公司先后在华东和华北建立了生产和研发基地，产品涵盖曼尼希型树脂合成、乳液制备、橡塑改性和医疗器械，并能够提供配方设计、应用评测、化学品定制和医械代加工等丰富多元的服务。
主营产品：胶黏剂、分散剂、增稠剂、凝胶剂、塑化剂（可以广泛应用于特陶、金属加工）。

上海净循能源科技有限公司

地址：上海市浦东新区老港镇同发路888号
电话：021-61140391

电邮：jingxun_et@126.com

单位介绍：上海净循能源科技是一家以能源、化工为主的研发、贸易型企业。公司和美国陶氏化学及美国路博润建立了合作关系，供应其燃油添加剂等系列产品。公司在能源化工领域有较为先进的技术及较为优质的服务，可进口和销售两用物资和危化品领域的产品。公司的产品广泛应用于炼油厂、油田、气田、海上平台、化工及光伏等领域。净循能源携手合作伙伴共创美丽世界，让资源循环再造，让地球更洁净！

主营产品：低分子量的水溶性丙烯酸聚合物型分散剂，以及陶瓷泥浆添加、高分子量丙烯酸乳液型胶黏剂。

安徽嘉智信诺化工股份有限公司

地址：安徽省池州市东至县香隅化工园通河北路
电话：0566-7011525/7011527
电邮：info@xoanonschem.com
网址：www.xoanonschem.com

单位介绍：安徽嘉智信诺化工股份有限公司是聚焦特殊化学品技术研发、生产、销售和技术服务的高新技术企业。安徽"嘉智信诺"是集团公司产品生产制造中心，拥有溶液聚合、乳液聚合等DCS自动化控制装置系统；主要研发和销售"信诺"品牌涂料、油墨用助剂、"嘉智"品牌易清洁功能性树脂。"嘉智信诺"生产中心已连续四届被认定为"高新技术企业"，获得"安徽省专精特新中小企业""国家知识产权优势企业""池州市创新型试点企业"和"安徽省民营科技企业"等荣誉称号；"嘉智信诺"研发中心获得省级"安徽省涂料油墨用特种分散剂工程技术研究中心"和市级"322"产业创新团队称号；公司拥有专利24项，其中发明专利15项，新型实用专利9项。

主营产品：信诺陶瓷分散剂LD1132-50（水油通用）、LD1232-50W（水性）、LD1129（溶剂型）。

第 2 章
结构陶瓷产品类别与产业状况

2.1 结构陶瓷产品与产业概述

2.1.1 结构陶瓷的主要类别及特性

结构陶瓷主要指可发挥材料力学、热学、化学、电绝缘等效能的一类先进陶瓷。由于结构陶瓷材料的化学键主要为离子键和共价键,因此结构陶瓷具有金属和高分子材料不具备的许多特性。结构陶瓷的这些优异特性包括高模量、高硬度、耐磨损、耐高温、耐腐蚀、抗侵蚀、生物相容性以及优异的电绝缘和透光透波等性能,从而在机械冶金、化工环保、生物医疗、信息电子、航空航天、国防军工、核电与新能源等领域得到越来越多的应用,成为国家某些重大工程和尖端技术中不可或缺的关键材料,因此具有重要的应用价值和战略意义。图 2-1 为各种结构陶瓷产品及精密加工后的陶瓷结构件,图 2-2 为透光透红外线的透明陶瓷。结构陶瓷产品通常可以分为氧化物结构陶瓷和非氧化物结构陶瓷两大类,下面分别介绍。

(a) 各种材料结构陶瓷产品　　(b) 精密加工后的陶瓷结构件

图 2-1　结构陶瓷产品和结构件

图 2-2　透光透红外线的透明陶瓷

2.1.2 氧化物结构陶瓷

2.1.2.1 概述

氧化物结构陶瓷是发展比较早和应用广泛的一类陶瓷材料。一般指熔点高于 SiO_2 晶体熔点(1730℃)的各种二元氧化陶瓷,如 Al_2O_3、MgO、ZrO_2、BeO、ThO_2、TiO_2;或三元复合氧化物陶瓷,如 $Al_6Si_2O_{13}$(莫来石)、$MgAl_2O_4$(尖晶石)、$2MgO \cdot 2Al_2O_3 \cdot 5SiO_2$(堇青石)、$Al_2TiO_5$(钛酸铝)等。

氧化物陶瓷是典型的离子型晶体,其阳离子和阴离子由较强的离子键结合,因此具有高强度、耐高温、抗氧化及良好的化学稳定性和电绝缘性等优异性能,表 2-1 为氧化物陶瓷的主要物性。其中,Al_2O_3 陶瓷由于其优异的综合性能及相对较低的制造成本,是目前使用最多的氧化物陶瓷;而相变增韧 ZrO_2 陶瓷(如 Yttria-Tetragonal Zirconia Polycrystal,Y-TZP)及 ZrO_2 增韧 Al_2O_3 陶瓷(Zirconia Toughened Alumina,ZTA),在现有陶瓷材料中具有最优异的力学性能,其抗弯强度可达到 1.8GPa,断裂韧性超过 $15MPa \cdot m^{1/2}$,从而在现代科技和工业领域得到广泛的应用。图 2-3 为目前应用领域最广的氧化铝和相变增韧增强氧化锆陶瓷结构件,以及耐高温的莫来石和钛酸铝陶瓷产品。

表 2-1　氧化物陶瓷的主要物性

材料	熔点(℃)	密度(g/cm^3)	热导率[W/(m·K)] 25℃	热导率[W/(m·K)] 500℃
Al_2O_3	2015	3.97	20~30	10.9
ZrO_2	2677	5.90	2.0~3.0	2.1
BeO	2550	3.01	265	65.4
Y_2O_3	2410	5.01	27	8.0
MgO	2800	3.58	37	13.9
TiO_2	1840	4.24	7.6	3.8
石英陶瓷(SiO_2)	1720	2.20	10~20	1.6
莫来石($Al_6Si_2O_{13}$)	1850	3.16	5~7.0	4.4
尖晶石($MgAl_2O_4$)	2135	3.58	19	9.1

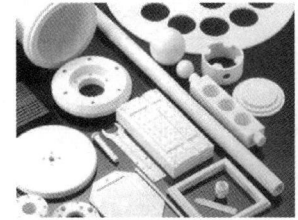 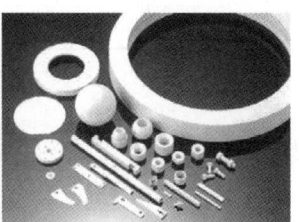

(a) 氧化铝结构陶瓷产品　　(b) 相变增韧氧化锆陶瓷产品

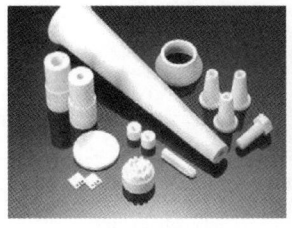 

(c) 莫来石陶瓷制品　　(d) 钛酸铝陶瓷

图 2-3　几种典型的氧化物结构陶瓷产品

氧化物陶瓷热膨胀系数相差较大,如 MgO、ZrO_2 的膨胀系数接近或大于 $10 \times 10^{-6}/℃$;而堇青石($2MgO \cdot 2Al_2O_3 \cdot 5SiO_2$)、熔融石英等陶瓷的膨胀系数却非常低,通常小于 $2 \times 10^{-6}/℃$,有的甚至是零膨胀;莫来石、硅酸锆的膨胀系数居中,为 $(4~5) \times 10^{-6}/℃$。因此依据热膨胀系数大小,氧化物陶瓷可分为三类:低热膨胀系数 $<2.0 \times 10^{-6}/℃$;中等热膨胀系数 $(2.0~8.0) \times 10^{-6}/℃$;高热膨胀系数 $>8.0 \times 10^{-6}/℃$。表 2-2 列出三类热膨胀系数的氧化物陶瓷材料。

热导率是氧化物陶瓷的一个重要性质,因为直接涉及热的扩散和传递速度从而影响制品的热稳定性。BeO 陶瓷是目前热导率最高的陶瓷材料;Al_2O_3 陶瓷也具有较好的热传导性,高纯氧化铝(99.9%)热导率可以达到 30W/(m·K),常用的 95 氧化铝热导率在 20W/(m·K)左右;而 ZrO_2 的热导率较低，大约在 2W/(m·K)，具有较好的隔热性能，可用作热障材料或热障涂层。通常随温度的升高，氧化物陶瓷热导率减小。此外，离子晶体晶格的复杂化会引起导热系数减小，所以莫来石、尖晶石的热导率都较小。

氧化物陶瓷作为耐热、耐磨损、耐腐蚀、绝缘和抗氧化等结构材料，不仅在机械、化工、电子、能源、环保、航天等领域得到广泛使用，而且一些氧化物陶瓷，如 Al_2O_3、ZrO_2、云母微晶玻璃陶瓷，由于其良好的生物相容性、化学稳定性、耐磨性及强度匹配性，因此自20世纪70年代以来一直作为生物陶瓷大量使用。例如，用作人工关节、人工骨螺钉、人工中耳骨、牙科移植物等。特别是具有高强度、高韧性、耐磨损的 Al_2O_3 基复合陶瓷材料，作为人工髋关节和膝关节等生物陶瓷在国际上得到普遍使用。

2.1.2.2 氧化铝陶瓷

Al_2O_3 陶瓷具有优异的综合性能，主要包括：①硬度高（莫氏硬度为9）、耐磨性好；②良好的机械强度，抗弯强度通常可达 300～500MPa；③耐热性能优异（连续使用温度可达1000℃以上）；④电阻率高、电绝缘性能好，具有优异的高温绝缘性和抗电压击穿性能，常温电阻率 $10^{15}\Omega\cdot cm$，绝缘强度 15kV/mm 以上；⑤化学稳定性好，硫酸、盐酸、硝酸、氢氟酸都不与 Al_2O_3 作用，许多复合的硫化物、磷化物、氯化物、氮化物、溴化物也不与 Al_2O_3 反应；⑥耐高温腐蚀性好，能较好地抵抗 Be、Sr、Ni、Al、V、Ta、Mn、Fe、Co 等熔融金属的侵蚀，对 NaOH、玻璃、炉渣的侵蚀也有很高的抵抗能力；⑦透光性，可制成透明和半透明材料。表2-3是日本 CNIHON CERATEC 株式会社生产的不同纯度的氧化铝陶瓷的力学、热学、电学、耐腐蚀性能数据。

表 2-2 氧化物陶瓷的热膨胀分类

类型	材料	热膨胀系数（$\times 10^{-6}$/℃）
高热膨胀系数	MgO	13.8 (20～1000℃)
	ZrO_2	11.4 (20～1000℃)
	BeO	8.8 (20～1000℃)
	Al_2O_3	8.5 (20～1000℃)
	$MgAl_2O_4$	8.6 (20～1000℃)
中热膨胀系数	$BeAl_2O_4$	6.4 (20～1000℃)
	$ZrSiO_4$	4.1 (20～1000℃)
	$BaO\cdot Al_2O_3\cdot SiO_2$	3.4 (20～1000℃)
	Zn_2SiO_4	3.2 (20～1000℃)
	$3Al_2O_3\cdot 2SiO_2$	5.0 (20～1000℃)
低热膨胀系数	$2MgO\cdot 2Al_2O_3\cdot 5SiO_2$	0.5-1 (20～1000℃)
	$Li_2O\cdot Al_2O_3\cdot 4SiO_2$	1.9 (20～1000℃)
	熔融石英陶瓷	0.5 (20～1000℃)
	Al_2TiO_5	0.2 (20～1000℃)

表 2-3 日本 CNIHON CERATEC 株式会社氧化铝陶瓷性能数据

项目			单位	测试方法	Al_2O_3			
					92%	96%	99.5%	99.9%
呈色					白色	白色	象牙色	象牙色
体积密度			g/cm³	排水法	3.6	3.7	3.9	3.9
吸水率			%	排水法	0	0	0	0
力学性能	硬度		GPa	1000g 负荷	14	15	18	19
	抗弯强度	20℃	MPa	3点弯曲	360	380	450	500
		1200℃	MPa	3点弯曲			200	350
	断裂韧性		MPa·m$^{1/2}$	SEPB法	3	3	4	3.5
	弹性模量		GPa		310	330	400	400
热学性能	最高使用温度		℃	炉内加热法	1500	1500	1600	1600
	线膨胀系数（25～1000℃）		$\times 10^{-6}$/℃	加热膨胀法	7.4	7.7	7.8	7.9
	热导率，20℃		W/(m·K)	激光法	17	25	29	30
	耐热冲击		ΔT（℃）	水中投下急冷法	—	220	200	200
耐腐蚀性	盐酸		mg/cm²	20%煮沸，72h	0.2		0.1	0.1
	硫酸		mg/cm²	20%煮沸，72h	0.8		0.2	0.1
	硝酸		mg/cm²	61%煮沸，72h	0.1		0.1	0
	磷酸		mg/cm²	85%煮沸，72h	0.2		侵蚀	0.6
	氢氟酸		mg/cm²	47%，20℃，72h	—	—	侵蚀	
电学性能	耐电击穿性		kV/mm		>10	>10	>10	>10
	体积电阻率		Ω·cm		>10^{14}	>10^{14}	>10^{14}	>10^{14}
	介电常数				8.5	9.5	9.8	9.8

2.1 结构陶瓷产品与产业概述

日本京瓷公司开发了 Al_2O_3 含量从 70（%）至 99.9（%）一系列牌号的氧化铝陶瓷，即可作为结构陶瓷亦可作为电子陶瓷或者结构-功能一体化材料，表 2-4 是日本京瓷公司生产的不同纯度的氧化铝陶瓷的体积密度、力学、热学、电学、耐化学腐蚀性能数据。

表 2-4 Al_2O_3 含量从 96%至 99.9%的氧化铝陶瓷性能数据

材质			氧化铝					
材质记号			A-476	A-479	A-479SS	A-479M A-479G	A-480S	A-601D A-601L
呈色			白色	白色	象牙色	象牙色	象牙色	象牙色
Al_2O_3（质量分数，%）			96	99	99.5	99.5	99.7	99.9
密度	kg/cm³	JIS C2141	$3.7×10^3$	$3.8×10^3$	$3.9×10^3$	$3.9×10^3$	$3.9×10^3$	$3.9×10^3$
吸水率	%	JIS C2141	0	0	0	0	0	0
机械特性	硬度	GPa	JIS R1610	13.7	15.2	16.0	15.7	17.2	17.5
	三点弯曲强度	MPa	JIS R1601	350	310	360	370	380	400
	压缩强度	MPa		—	—	2160	2350	—	—
	杨氏模量	GPa	JIS R1602	320	360	370	370	380	380
	泊松比			0.23	0.23	0.23	0.23	0.23	0.23
	断裂韧性	MPa·m^{1/2}	JIS R1607	—	3~4	4	—	—	5~6
热特性	线膨胀系数 40~400℃	×10⁻⁶/℃	JIS R1618	7.2	7.2	7.2	7.2	7.2	7.2
	40~800℃			7.9	8.0	8.0	8.0	8.0	8.0
	热传导率，20℃	W/(m·K)	JIS R1611	24	29	32	32	32	34
	比热	J/(kg·K)	JIS R1611	$0.78×10^3$	$0.78×10^3$	$0.78×10^3$	$0.78×10^3$	$0.78×10^3$	$0.78×10^3$
	耐热冲击	℃		—	200	200	250	—	—
电性能	介电强度	V/m		$15×10^6$	$15×10^6$	$15×10^6$	$15×10^6$	$15×10^6$	$15×10^6$
	体积电阻率 20	Ω·cm	JIS C2141	$>10^{14}$	$>10^{14}$	$>10^{14}$	$>10^{14}$	$>10^{14}$	$>10^{14}$
	300			10^{10}	10^{10}	10^{13}	10^{13}	10^{13}	10^{13}
	500			10^8	10^8	10^{10}	10^{10}	10^{10}	10^{10}
	介电常数			9.4	9.9	9.9	9.9	9.9	9.9
	介质损耗	(×10⁻⁴)		4	2	1	1	1	1
	损耗因子	(×10⁻⁴)		38	20	10	10	10	10
化学性能	硝酸（60%）90℃	质量损失 (mg/cm²)/d		—	0.10	0.07		0.05	0.03
	硫酸（95%）95℃			—	0.33	0.25		0.22	0.19
	苛性碱（30%）80℃			—	0.26	0.05		0.04	0.03

正是由于 Al_2O_3 陶瓷上述优异的性能，应用领域越来越广阔，在机械、化工、冶金、电子、能源、环保、航天、半导体及新能源汽车等行业发挥重要价值；图 2-4 为上述应用领域中的 Al_2O_3 陶瓷产品照片。

2.1.2.3 氧化锆陶瓷

1. 概述

ZrO_2 具有三种晶型，包括低温型的单斜晶、中温型的四方晶和高温型的立方晶。三种晶型可以相互转化，其中单斜与四方晶型相变（m→t）过程中，同时伴随有体积突变，因此采用纯氧化锆很难制造出致密烧结且又不开裂的制品。早期人们发现采用与 Zr^{4+} 离子半径比较近的阳离子碱土氧化物或稀土氧化物（如 MgO，CaO，Y_2O_3，CeO_2 等）通过形成固溶体使它具有稳定的结构。

早期研究发现，在立方氧化锆（c-ZrO_2）固溶体基质中引入单斜相氧化锆（m-ZrO_2），得到一种被称为部分稳定氧化锆的材料（Partially Stabilized Zirconia, PSZ），可提高其热稳定性。这种 PSZ 的显微结构特征是在立方相晶粒内及晶界处分散着一定数量的单斜相，冷却过程中四方到单斜的相变膨胀将抵消基体的部分冷却收缩，降低热膨胀系数。另外还可降低弹性模量，使其抗热震性得到改善，这种含单斜相的部分稳定 ZrO_2（PSZ）可用作高温喷嘴、熔化金属的坩埚、高温炉内衬、高档耐火材料。但由于这种 PSZ 材料的抗弯强度和断裂韧性都很低，因此并不适应作为高性能陶瓷部件使用。

直到 1975 年，澳大利亚科学家 R. C. Garvie 等首次报道相变增韧的部分稳定氧化锆陶瓷，使氧化锆陶瓷材料的力学性能大幅度提高；抗弯强度由传统的 250MPa 提高到 600MPa，断裂韧性可达 10MPa·m$^{1/2}$ 以上。此类部分稳定氧化锆陶瓷的结构特征是在立方相基体内均匀分散着细小呈透镜状的亚稳四方 ZrO_2 结晶相，正是这种亚稳四方相 ZrO_2 晶粒在一定条件下的马氏体相变对材料产生增韧增强作用。这一发现引起全世界陶瓷材料科学工作者的极大兴趣与重视，从此开始对相变增韧氧化锆陶瓷进行系统广泛的研究。

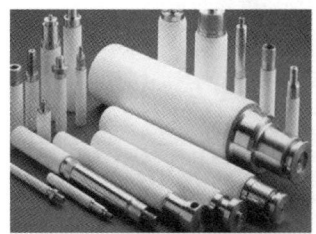
（a）氧化铝陶瓷柱塞

（b）氧化铝真空管壳

（c）氧化铝保护管和绝缘管

（d）氧化铝真空吸盘

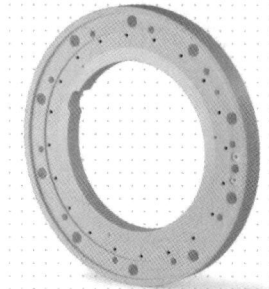

（e）半导体设备用高纯氧化铝耐腐蚀关键部件

图 2-4　不同应用领域中的 Al_2O_3 陶瓷产品照片

随后的研究获得了力学性能更为优异的四方氧化锆多晶体陶瓷（Tetragonal Zirconia Polycrystals，TZP），这种由 Y_2O_3 稳定的 TZP 陶瓷的显微结构特征是内部几乎全部由细小的亚稳 t-ZrO_2 晶粒所组成，由于 TZP 陶瓷中 t-ZrO_2 含量高，可相变分数也很高，具有更大的增韧增强效果。因此 TZP 陶瓷材料具有最佳的室温力学性能，特别是引入 2～3mol% Y_2O_3 稳定剂的四方多晶氧化锆陶瓷，简称 3Y-TZP 或 2Y-TZP 陶瓷，其抗弯强度可达到 1000MPa 以上，断裂韧性超过 10MPa·m$^{1/2}$。

然而，由于 Y-TZP 陶瓷的亚稳四方相（t-ZrO_2）对温度的敏感性，使其在高温下可能导致 t-ZrO_2 晶粒的相变增韧失效；再则 Y-TZP 陶瓷存在低温老化现象，即长时间处于 100～300℃环境下，尤其是在潮湿和有水或水蒸汽存在的条件下，会导致力学性能严重下降，使其应用受到一定限制。为此，陶瓷材料科学工作者进行了深入研究与探索，包括采用两种稳定剂（如 Y_2O_3 和 CeO_2）共稳定或引入第二相来改进和解决上述应用中的问题，取得较好效果。

此外，研究发现在比较高的温度环境使用和克服低温水热老化现象的氧化镁部分稳定氧化锆陶瓷（Mg-PSZ），由于其在苛刻条件下服役过程中具有结构稳定和保持较高的力学与耐热冲击性能，从而在许多领域获得应用。另一类断裂韧性更高（最高可达到 30MPa·m$^{1/2}$）同时具有抗低温水热老化的 CeO_2 稳定 ZrO_2 的四方氧化锆多晶体（Ce-TZP）也受到关注，但 Ce-TZP 存在强度较低的问题，其应用的范围不如 Y-TZP 和 Mg-PSZ 那么广泛。

2. ZrO_2 陶瓷的特性及应用

（1）Y-TZP 陶瓷

Y_2O_3 为稳定剂制备的四方多晶 ZrO_2 陶瓷，简称 Y-TZP 或 YSZ，因四方相的可相变量多，从而成为目前力学性能最为优异的结构陶瓷。Y-TZP 陶瓷的商业化产品，其室温抗弯强度通常为 800～1200MPa，断裂韧性 $K_{IC}=8～12$ MPa·m$^{1/2}$；经热等静压烧结后其抗弯强度可达到 1700MPa。

美国 CoorsTek 公司不同牌号的 Y-TZP 陶瓷分别采用常压烧结和热等静压烧结（Post-Hot Isostatic Pressing，Post-HIP），其各项性能比较见表 2-5。可见热等静压烧结（Post-HIP）的 Y-TZP 陶瓷材料，其密度和抗弯强度显著提高，密度由原来的 6.02g/cm³ 提高到 6.07g/cm³，弯曲强度由原来的 1240MPa 提高到 1720MPa。

表 2-5　美国 CoorsTek 公司 Y-TZP 陶瓷性能

烧结方式	常压烧结		Post-HIP 热等静压烧结		
T-TZP 牌号	Y-TZP	Techn OX^{R}2000	Y-TZP	YZ110 HS	Techn OX^{R}3000
颜色	白色	白色	灰色	橄榄棕色	橄榄色
密度（g/cm³）	6.02	6.02	6.07	6.07	6.07
抗弯强度（MPa）	1240	1000	1720	1500	1400
弹性模量（GPa）	210	210	210	210	210
压缩强度（MPa）	2500	2000	2500	2300	2000
维氏强度 $HV_{1.0}$（kg/mm²）	1300	1300	1300	1300	1300

2.1 结构陶瓷产品与产业概述

续表

烧结方式	常压烧结		Post-HIP 热等静压烧结		
断裂韧性 K_{IC}（MPa·m$^{1/2}$）	13	10	13	8.5	10
热膨胀系数（25～1000℃）（×10^{-6}/℃）	10.3	10.3	10.3	10.3	10.3
热导率（25℃）[W/(m·K)]	2.2	2.2	2.2	2.2	2.2
体积电阻率（25℃）（Ω·cm）	>10^{14}	>10^{14}	>10^{14}	>10^{14}	>10^{14}

Y-TZP 陶瓷所具有的高强度、高韧性、耐磨损、抗腐蚀的特点，可制备陶瓷轴承、高压泵用陶瓷柱塞、石油钻井用陶瓷缸套、抽油泵陶瓷阀和球阀等，广泛用于石油、化工、食品、机械等行业。制备成陶瓷拉线轮，用于电线电缆电子等部门的线材生产上；此外，还可制备成喷嘴，陶瓷扎辊，研磨环等耐磨产品。图 2-5 为实际应用中的部分 Y-ZrO$_2$（又叫 Y-TZP 或 YSZ）陶瓷产品。

（a）Y-ZrO$_2$ 陶瓷磨介

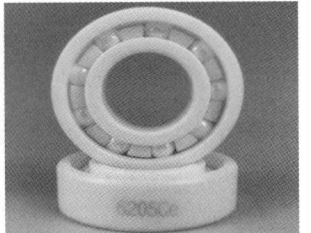
（b）Y-ZrO$_2$ 陶瓷轴承

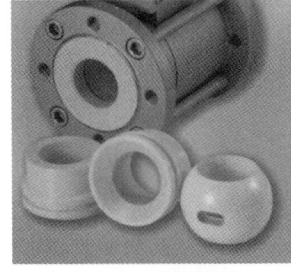
（c）ZrO$_2$ 陶瓷球阀

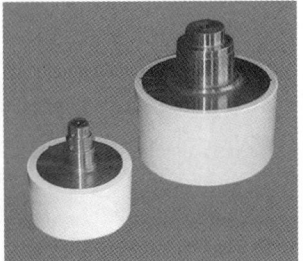
（d）氧化锆陶瓷轧辊

图 2-5 工程应用中的部分 Y-ZrO$_2$ 陶瓷产品照片

此外，在 Y-TZP 氧化锆粉体中添加着色氧化物或着色剂，经过充分混合、成型后再经过高温烧结，着色剂与氧化锆发生反应，即可形成稳定的发色相，从而显色。着色剂主要为离子晶体型化合物，呈色离子通常是过渡金属离子和稀土金属离子。这些着色化合物色料具有不同晶体结构，主要包括尖晶石类型色料、钙钛矿类型色料、硅酸盐类型色料等。其中，尖晶石类型着色剂高温稳定性好，在氧化锆高温致密化烧结过程中不易分解，化学性能稳定，着色稳定，色泽亮丽，并且可以获得各种蓝色和绿色、红色、棕色、黑色、青色等数十种颜色，是彩色氧化锆陶瓷使用最多的一类着色剂。图 2-6 为日本东曹公司（TOSHO）开发的部分彩色氧化锆陶瓷样本。

日本京瓷公司也开发出多种色彩的氧化锆粉料，如图 2-7 所示，产品的颜色亮丽，触感奢华，特别适合高档手表和智能手机等消费电子产品，因为其色泽深沉有光泽、令人赏心悦目、抗划伤、具有生物相容性、无金属过敏。

这类氧化锆彩色陶瓷强度高、韧性好、颜色丰富、晶莹亮泽，特别适合高档智能手机陶瓷背板和智能穿戴手表表圈等外观件，图 2-8 为潮州三环集团为小米手机制备的两款手机陶瓷背板。

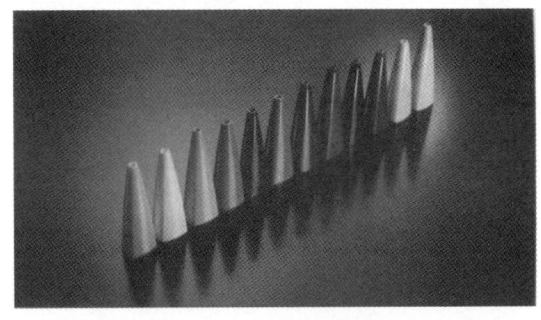
图 2-6 日本 TOSHO 开发的部分彩色氧化锆

图 2-7 日本京瓷开发的色彩氧化锆

图 2-8 彩色氧化锆陶瓷背板高端智能手机

（2）Mg-PSZ 陶瓷

MgO 为稳定剂制备的部分稳定氧化锆陶瓷（Mg-PSZ），具有结构稳定、耐腐蚀、耐磨损、高温力学性能优良以及较长的使用寿命等优点，特别是具有优异的抗水热老化性能（与 Y-TZP 相比），在水热条件下不发生自发相变、材料性能稳定、保持较高的强度和韧性，从而在石油化工、能源环保、机械冶金、汽车发动机、生物医疗等领域中具有重要应用。作为精细结构陶瓷，Mg-PSZ 主要应用于机械部件（泵、阀）、拔丝器、纺织陶瓷件、塔轮等。由于 Mg-PSZ 具有表面加工度高及自润滑等特点，以 Mg-PSZ 制备的塔轮在电线、电缆、电子等部门的线材生产上较刚玉质材料具有明显的优势。国外部分公司 Mg-PSZ 结构陶瓷产品性能见表 2-6。

表 2-6 Mg-PSZ 结构陶瓷产品物理性能

公司名称	Nilsen（澳大利亚）	Doceram（德国）	Barat（德国）	Felix Vuckovic（德国）	Ceram Tec（德国）	VOGT（德国）
颜色		黄色	白色	黄色	黄色	黄色
密度（g/cm³）		5.7	5.7	5.65	5.7	5.5	5.7
室温抗弯强度（MPa）	690	600	700	>650	>450	500	600	500
断裂韧性（MPa·m^{1/2}）	9	8.15	7	10	10	7	6～20	
维氏硬度（GPa）	11.2	10.2	12	>10	>10	12	9～14	9
弹性模量（GPa）	205	205	200	>200	>200	200		
热膨胀系数（×10⁻⁶/℃）	10.0	8.6	10	11	11	10.2		11～13

采用化学共沉淀法和溶胶凝胶法合成的 Mg-ZrO₂ 粉体制备的 Mg-PSZ 陶瓷一般呈白色，而在工程中还广泛使用一种黄色的 Mg-PSZ 陶瓷，是采用电熔法（又称为高温固相反应法）制备的，图 2-9 为东莞市夏阳新材料有限公司生产的上述两种颜色 Mg-PSZ 陶瓷产品。

图 2-9 白色 Mg-PSZ 与电熔法黄色 Mg-PSZ 陶瓷部件

2.1.3 非氧化物结构陶瓷

非氧化物结构陶瓷主要是通过共价健结合的一类陶瓷材料，按组分分类，可以分为以下三种：①氮化物陶瓷，如氮化硅（Si_3N_4）、氮化铝（AlN）、氮化硼（BN）等；②碳化物陶瓷，如碳化硅（SiC）、碳化硼（B_4C）、碳化钛（TiC）等；③硼化物陶瓷，如硼化锆（ZrB_2）、硼化钛（TiB）等，下面分别介绍。

2.1.3.1 氮化物陶瓷

1. 概述

氮化物陶瓷是自 20 世纪 70 年代后迅速发展起来的一类具有高强度、高硬度、耐高温以及优良热学、电学性能的陶瓷材料。其中，重要的是 Si_3N_4、AlN、BN 以及在 Si_3N_4 晶格中固溶 Al、O 形成的 SiAlON 陶瓷。

氮化物陶瓷除了上述的 Si_3N_4、AlN、BN 外，还有 TiN、ZrN、HfN、TaN、NbN、VN、CrN 等，晶体结构大部分为六方晶系和立方晶系，密度变化范围为 2.5～16g/cm³。表 2-7 列出部分典型氮化物的主要性质，包括四个主要特征。

① 熔点较高。对于 HfN、TiN 其熔点分别为 3310℃ 和 2950℃，对于 BN、Si_3N_4、AlN 等，在高温下不出现熔融状态而直接升华分解。多数氮化物的蒸汽压达到 10^{-6} Pa 时，对应的温度都在 2000℃ 左右，表明氮化物的蒸发是比较大的，因而在真空条件下使用受到一定限制；但在非氧化气氛中，氮化物的耐热性很好。

② 高硬度和高强度。TiN、ZrN、Si_3N_4 硬度都较高，只有六方氮化硼（h-BN）的硬度很低，但其晶体结构在高温高压下从六方晶系转变为立方晶系，硬度非常高，仅次于金刚石。此外，Si_3N_4、AlN、SiAlON、TiN 陶瓷还具有较高的强度。

③ 导电性能变化大。常用的 Si_3N_4、BN、AlN、SiAlON 陶瓷是良好的绝缘体，但是 TiN、ZrN、等氮化物属于间隙相，其晶体结构保留着原来的金属结构，而 N 原子填充于其间隙中，因而具有金属光泽和导电性。

④ 抗氧化能力较差。氮化物容易氧化，所以氮化物陶瓷烧结要在无氧气氛下（如 N₂ 中）进行。而氮化物制品在空气气氛中一定温度下就要发生氧化。某些氮化物氧化时在表面可形成氧化物保护层，从而可阻止进一步氧化。如对 Si_3N_4 陶瓷进行预氧化，表面可形成氧化硅保护层。

表 2-7 典型氮化物陶瓷材料的主要性质

材料	熔点（℃）	密度（g/cm³）	电阻率（Ω·cm）	热导率[W/(m·K)]	线膨胀系数（×10⁻⁶/K）
Si_3N_4	1900（升华分解）	3.184（α） 3.187（β）	10^{11}	1.67～2.09	2.5
AlN	2450（升华分解）	3.26	$2.00×10^9$	20.10～30.14	4.03～6.09
BN	3000（升华分解）	2.27	10^{11}	15.07～28.89	0.59～10.51
TiN	2950	5.43	$2.17×10^{-7}$	29.30	9.3
ZrN	2980	7.32	$1.36×10^{-7}$	13.82	6～7
HfN	3310	14.0	—	21.65	—
TaN	3100	14.1	$1.35×10^{-6}$		
NbN	2050（分解）	7.3	$2.00×10^{-6}$	3.77	
VN	2030	6.04	$8.59×10^{-7}$	11.30	
CrN	1500（分解）	6.1		8.79	

2.1 结构陶瓷产品与产业概述

相对于氧化物陶瓷来说，氮化物陶瓷的粉末合成及产品的制造成本都比较高，由于共价键结合、扩散系数小，使其难以烧结。因此，常需要加入烧结助剂和采用压力烧结（如热压、气压烧结、热等静压烧结）方式来达到致密化，并且需要在 N_2 气氛条件下进行烧结。

氮化物陶瓷，如 Si_3N_4、AlN、BN、SiAlON 作为高强度机械部件、耐热部件、耐腐蚀及耐磨损部件，已在冶金、化工、机械、航空航天、汽车发动机等领域得到越来越多的工程应用。其中，高导热 AlN 陶瓷还是半导体集成电路用的重要基板材料；而具有高熔点的 ZrN、HfN、TaN 是目前超高温陶瓷的候选材料。图 2-10 (a) (b) (c) (d) 分别表示 Si_3N_4、SiAlON、BN、AlN 的结构陶瓷零部件。

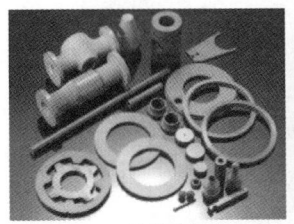
(a) Si_3N_4 结构陶瓷产品

(b) SiAlON 结构陶瓷产品

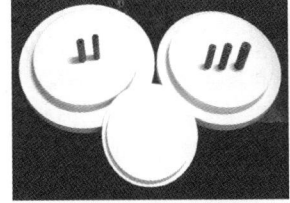
(c) BN 陶瓷结构件

(d) AlN 陶瓷结构件

图 2-10 四种典型的非氧化物结构陶瓷

2. 氮化铝陶瓷

（1）氮化铝材料的基本特性

氮化铝（AlN）为共价键化合物，六方晶系，其晶体结构如图 2-11 所示。AlN 的理论密度为 $3.26g/cm^3$，其理论热导率为 $319W/(m·K)$，莫氏硬度 7~8；在一个大气压下，AlN 不会熔化而在 2200~2250℃ 升华分解。能隙宽度 6.2eV，室温电阻率大于 $10^{16}\Omega·m$，热膨胀系数为 $3.5\times10^{-6}/℃$（室温~200℃）。纯净的 AlN 陶瓷无色透明，但通常为灰色、灰白色或淡黄色，这是由于混入杂质而呈现各种颜色。

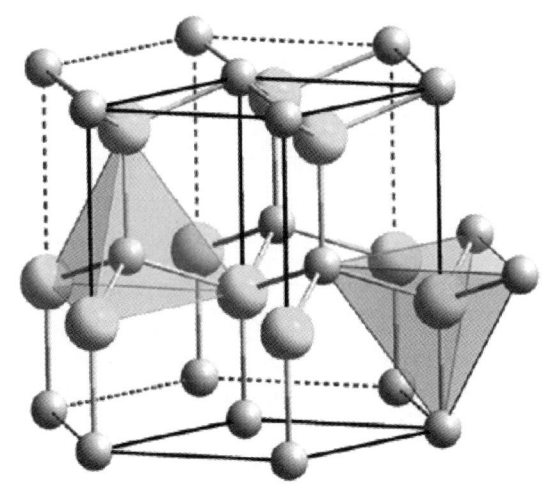
图 2-11 AlN 的六方晶系晶体结构

氮化铝陶瓷的热导率是氧化铝的 7 倍，高温导热优于氧化铍；热膨胀系数与硅热膨胀系数匹配；同时具有高电绝缘和低介电常数；且对熔融金属有优良的耐腐蚀特性；图 2-12 为氮化铝、氧化铝、氧化铍三种陶瓷材料的热导率随温度的变化情况，国外部分公司生产的 AlN 陶瓷特性见表 2-8。

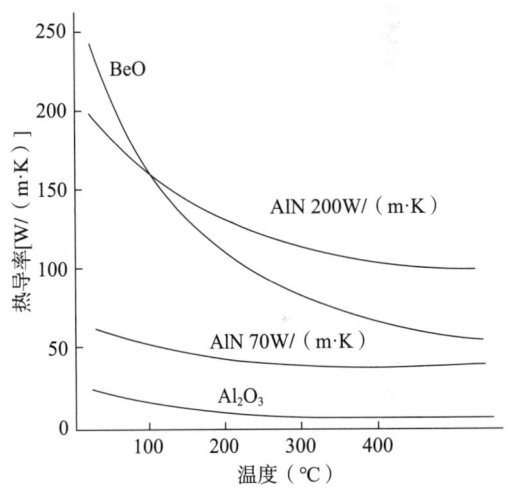
图 2-12 AlN、Al_2O_3、BeO 三种陶瓷材料的热导率随温度的变化

表 2-8 国外部分公司生产的 AlN 陶瓷特性

公司	材料种类	密度 (g/cm³)	热导率 [W/(m·K)]	热膨胀系数 (×10⁻⁶/℃)	抗弯强度 (MPa)	介电常数 (MHz)	击穿强度 (kV/mm)
日本东芝	AlN (A)	3.3	70	4.6	350	8.8	14~15
	AlN (B)		130				
	AlN (C)		170				
	AlN (D)		200				
美国 CoorsTec	AlN180	3.3	180±10	5.2	>300	8.6	—
	AlN140	3.2	140±10	5.2	350	8.6	—
日本京瓷	AlN200	3.2	67	4.6	220	8.5	
	AlN216	3.4	150	4.6	310	8.6	

续表

公司	材料种类	密度 (g/cm³)	热导率 [W/(m·K)]	热膨胀系数 (×10⁻⁶/℃)	抗弯强度 (MPa)	介电常数 (MHz)	击穿强度 (kV/mm)
德国 CeramTec	AlN17C	3.2	170	5.0	320	9.0	—
	AlN17D	3.3	170	5.2	320	9.0	—
日本东芝	Al_2O_2	3.6	21	7.3	300	9.5	15
	BeO	2.9	240	7.5	200	6.5	10

（2）氮化铝陶瓷材料的主要应用

氮化铝陶瓷具有的优异性能，在电力电子封装、半导体工业、微波功率器件、IGBT（Insulated Gate Bipolar Transistor）功率模块、化工冶金等领域获得广泛应用。图2-13示出了氮化铝陶瓷基板在电力电子封装方面的应用，其主要涉及氮化铝陶瓷裸板的覆铜工艺以及电路的刻蚀等。目前，较为常见的是采用活性金属钎焊工艺等方法将氮化铝陶瓷与铜箔进行封接，其中氮化铝陶瓷凭借优异的导热性和机械性能在封装器件中起到散热和支撑等作用。

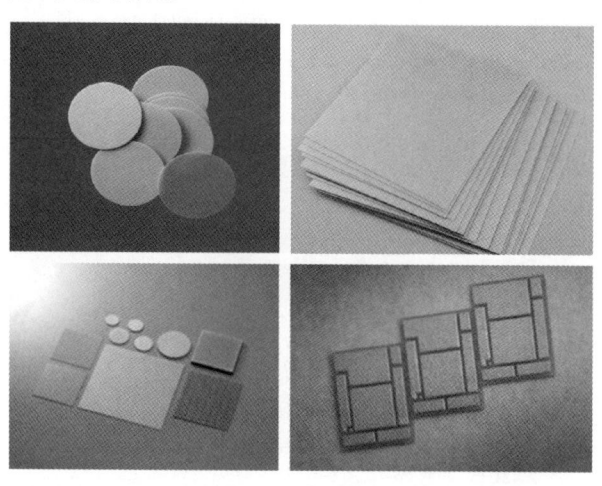

图2-13　氮化铝陶瓷基板在电力电子封装方面的应用

半导体工业领域中大量使用氮化铝加热盘，如图2-14所示。这是因为AlN高导热性可实现快速加热和快速冷却功能（150℃/s）；应用于半导体设备［(Physical Vapor Deposition, PVD)、(Chemical Vapor Deposition, CVD)、(Atomic Layer Deposition, ALD)、(Electronic Technology Chemicals, ETCH)］、离子注入、退火、显影机等；要求实现热量均匀性分布，无温差现象。

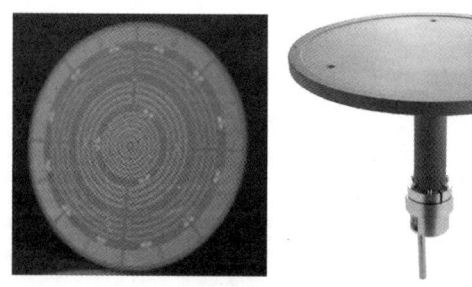

图2-14　氮化铝加热盘

同时，AlN陶瓷"静电吸盘"也是半导体晶圆制程中刻蚀设备内的关键零部件，在真空刻蚀腔中，通过静电吸盘产生的静电力将晶圆保持良好平坦度，以达成精确的刻蚀尺寸，

图2-15为韩国公司生产的AlN静电吸盘。

图2-15　韩国公司生产的AlN静电吸盘

此外，AlN陶瓷良好的耐高温和耐蚀性，使它能与许多金属在高温下共存，不被多种熔融金属和熔盐所浸润。因此，它是优良的坩埚材料，可用作真空蒸发和熔炼金属的容器，特别适于作真空蒸发Al的坩埚，因为AlN在真空中加热蒸气压低，即使分解也不会污染铝。AlN也可以作热电偶保护套，在空气中800～1000℃铝池中连续浸泡300h以上也没有侵蚀破坏；图2-16为日本丸和公司生产的一些典型AlN陶瓷结构件产品，其在化工冶金领域应用广泛。

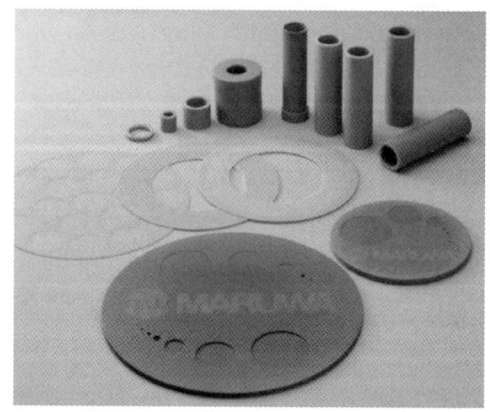

图2-16　化工冶金领域用氮化铝陶瓷结构件

3. 氮化硅陶瓷

（1）氮化硅陶瓷性能及特点

氮化硅由Si-N四面体（类似金刚石结构）强共价键结合形成，氮化硅陶瓷主要由长柱状晶β-Si_3N_4和晶界相构成，分别如图2-17（a）（b）所示。氮化硅陶瓷的主要性能如下：①物理与力学性能：α-Si_3N_4密度为3.184g/cm³，β-Si_3N_4密度为3.187g/cm³；硬度H_v=18～21GPa，HRA=91～93；抗弯强度通常在600～1000MPa；断裂韧性为6～7MPa·m^{1/2}；②热学性能：热膨胀系数通常在3.3×10⁻⁶/℃，β-Si_3N_4热导率理论上

320W/(m·K)，商业化氮化硅陶瓷 30～130W/(m·K)；良好的抗热震性，承受室温至 1000℃；③电学性能：室温和高温下都是电绝缘材料，电阻率为 1015～1016Ω·m，介电常数为 9.4～9.5；介质损耗角正切值为 0.001～0.1（1MHz）；④化学稳定性：几乎能耐所有的无机酸和某些碱液与盐的腐蚀，对多数金属合金熔体，特别是非铁金属熔体是稳定的。

综上所述，氮化硅因其共价键的结合方式和长柱状晶相互交织的显微结构，从而具有高强度、高硬度、较高的断裂韧性；同时，氮化硅陶瓷质量轻（比钢轻 60%）、非磁性、化学惰性、耐疲劳性、低的热膨胀系数、卓越的抗热震性能、优异的耐磨损性、对钢的低摩擦系数、良好的抗高温氧化性能、高耐化学腐蚀性、独特的介电性能。上述优异的综合性能使氮化硅在许多要求苛刻的应用中，逐步取代不锈钢、超级合金、碳化钨基硬质合金、及第一代 Al_2O_3 和 ZrO_2 陶瓷结构件。对于尺寸精度和表面粗糙度要求极高的氮化硅部件，可采用精密金刚石研磨设备进行精加工，氮化硅可与金属部件连接，形成具有不同安装方法的组合件。

因此，Si_3N_4 陶瓷在冶金、机械、能源、汽车、半导体、化工、精密机床、医疗设备、航天航空等现代科学技术和工业领域获得愈来愈多的应用，表 2-9 列出部分国外公司采用不同烧结工艺制备的氮化硅陶瓷的性能参数。

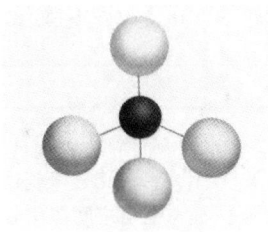
（a）Si-N 四面体

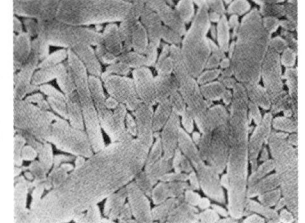
（b）长柱状晶 β-Si_3N_4 的晶界相

图 2-17　Si-N 四面体结构与长柱状晶 β-Si_3N_4 的晶界相

表 2-9　部分国外公司制备的氮化硅陶瓷的性能参数

公司	体积密度 (g/cm³)	断裂韧性 (MPa·m^{1/2})	弹性模量 (GPa)	维氏硬度	抗弯强度 (MPa)	烧结方法
SINOMA	3.25	7.0	310	15.0GPa	1000	GPS+HIP
Toshiba	3.23	6.0～8.0	308	1500HV	1000	GPS+HIP
KYOCERA	3.30	7.0	—	—	1020	HIP
NTK	3.20	7.0	320	1550HV	1200	HIP
Cerdyne	3.2	6.0	310	1450HV	700～800	
Rauschert	3.23			13.5GPa	800	GPS
SAINT-GOBAIN	3.18	4.1	320	16.0GPa	—	HP
CoorsTec	3.21	6.5	310	16.0GPa	1000	HIP
CeramTec	3.21	7.0	—	—	850	GPS

（2）氮化硅陶瓷的应用领域

氮化硅陶瓷工程应用和市场需求可划分三大类：①各种应用的陶瓷结构件；②氮化硅陶瓷球与陶瓷轴承；③高导热高强度氮化硅陶瓷基板。

氮化硅陶瓷结构件已在冶金、机械、汽车、化工、精密机床、医疗设备、航空航天都获得应用，图 2-18 示出日本京瓷公司和美国赛瑞丹公司生产的各种 Si_3N_4 陶瓷零部件。

（a）日本京瓷公司产品

（b）美国赛瑞丹公司产品

图 2-18　工程应用的各种 Si_3N_4 陶瓷零部件

国际上氮化硅轴承球与轴承于 20 世纪 70 年代研制成功。作为轴承材料考虑，最基本的特性是滚动疲劳寿命，各种陶瓷轴承球的滚动寿命排序结果为：氮化硅＞氧化锆＞碳化硅＞氧化铝，可见 Si_3N_4 最适合用作滚动轴承球。

Si_3N_4 球轴承与钢轴承对比具有如下优势：①密度低，只有轴承钢的 40% 左右，用作滚动体时，轴承旋转时受转动体作用产生的离心力减轻，因而有利于高速旋转；②热膨胀系数小，为轴承钢的 25%，可减小对温度变化的敏感性，使轴承工作速率范围更宽；③较高弹性模量（为轴承钢的 1.5 倍）和高的抗压强度，有利于滚动轴承受应力提高；④耐高温耐腐蚀及优良化学稳定性，因此 Si_3N_4 陶瓷轴承适合于在高速、高温、耐腐蚀等特殊环境工作；⑤Si_3N_4 陶瓷具有自润滑性，即使接触部油膜破裂也很难发生轴承黏着，故对于防止轴承的烧损可起到有利作用；⑥接触耐疲劳性比轴承钢高，寿命更长；⑦低温升，由于 Si_3N_4 密度低导致离心力减小，从而大大减小对轴承外圈的压力和摩擦力矩，提高轴承寿命。试验研究表明，混合陶瓷轴承与同规格同精度等级的钢轴承相比，其寿命提高 3～6 倍，温升可降低 35%～60%。氮化硅轴承球和轴承及在风力发电装置转动系统中应用如图 2-19 所示。

有关高导热氮化硅陶瓷发展，20 世纪 90 年代之前，普遍认为 Si_3N_4 是一种热导率约为 16～72W/(m·K) 的陶瓷材料（Watari K，2001），因此没有考虑到把它作为高导热陶瓷材料来加以研究。1995 年，Haggerty 等通过计算得出氮化硅陶瓷的理论热导率高达 200～320W/(m·K)。Zhou 等采用 SRBSN 工艺所制备氮化硅陶瓷的实际热导率已达 177W/(m·K)。

第 2 章 结构陶瓷产品类别与产业状况

图 2-19 氮化硅轴承球和轴承及在风力发电装置的转动系统中应用

表 2-10 国外主要厂商生产的氮化硅陶瓷基板性能对比

公司	热导率 [W/(m·K)]	抗弯强度 (MPa)	断裂韧性 (MPa·m$^{1/2}$)	密度 (g/cm^3)
MARUWA	90	800	6.5	3.22
TOSHIBA	85～95	600	5～7	3.22
DENKA	90	600	6.5	3.2
JFCC	90	700	6	3.2
HITACHI	90	700	6	3.22

高导热氮化硅陶瓷具有稳定的化学性能、优异的机械性能和较佳的导热性能，这些特性使其被认为是一种很有潜力的高速电路和大功率器件散热和封装材料。

国际上主要的高导热氮化硅陶瓷生产商有日本东芝公司（TOSHIBA）、日本电气化学（DENKA）、日本丸和陶瓷（MARUWA）、日本精细陶瓷中心（JFCC）、日立金属株式会社（HITACHI）。表 2-10 为国外主要厂商的高导热氮化硅陶瓷的热导率和力学性能对比。商用高导热氮化硅陶瓷的热导率在 85W/(m·K) 以上，抗弯强度为 600～850MPa，断裂韧性为 5.0～7.0MPa·m$^{1/2}$。日立公司对氮化硅基板进行了特殊的活化工艺处理，热导率可以达到 130W/(m·K)，其他力学性能不变。不同厂商生产的氮化硅陶瓷性能各有特点，这些性能差异与各厂商之间不同的生产工艺和目标市场定位有关。

图 2-20 为氮化硅陶瓷基板在封装工艺中各阶段的产品示意图。采用 AMB（Active Metal Brazing）工艺将氮化硅陶瓷裸板与铜箔进行封接，为避免较薄的陶瓷基板与铜箔之间产生较大的残余应力，氮化硅陶瓷基板常采用双面覆铜工艺。氮化硅陶瓷覆铜基板经电路刻蚀、表面处理和引线焊接等工序后即可进行终端的模块封装工序。

图 2-20 氮化硅陶瓷基板及封装

图 2-21 为 IGBT（Insulated Gate Bipolar Transistor）封装模块的内部结构图，陶瓷封装基板在其中起着支撑及散热等关键作用。氮化硅陶瓷兼具高热导率、优良力学性能和热膨胀系数匹配好，是集高导热和高可靠性于一身的大功率半导体器件基板用最佳材料，非常适用于 IGBT 以及功率模块的封装。

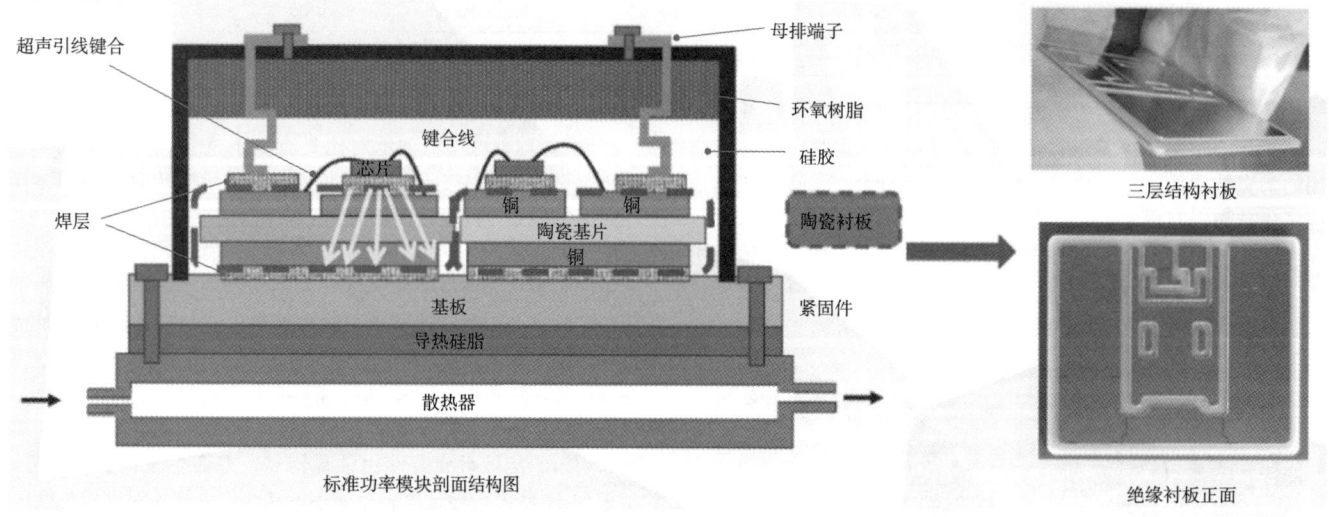

图 2-21 IGBT 封装模块

4. 氮化硼陶瓷

（1）概述

氮化硼陶瓷通常是指六方氮化硼（简记为 h-BN），六方氮化硼的晶体结构与石墨相似，属六方晶系，具有层状结构，如图 2-22 所示。氮化硼的另一种主要晶型是立方氮化硼，简记为 CBN，其结构与金刚石相似，它们的晶格常数和密度也非常接近，见表 2-11。

六方氮化硼陶瓷不但有类似于石墨材料的结构和性能，还具有石墨所没有的一些优良特性，如电绝缘性、耐腐蚀性等。因此，在冶金、机械、电子、原子能等工业中有着广阔的应用前景。

（2）六方氮化硼陶瓷的性能

① 力学性能与可加工特性：六方晶系的氮化硼陶瓷是软质材料，莫氏硬度为 2，因此可进行车、铣、刨、钻等各种机加工，制品精度可达 0.01mm，容易制成精密和形状复杂的陶瓷部件。采用不同的原料和外加剂，可以调节热压 BN 陶瓷的性

能。表2-12列出了不同类型的热压BN陶瓷的性能。

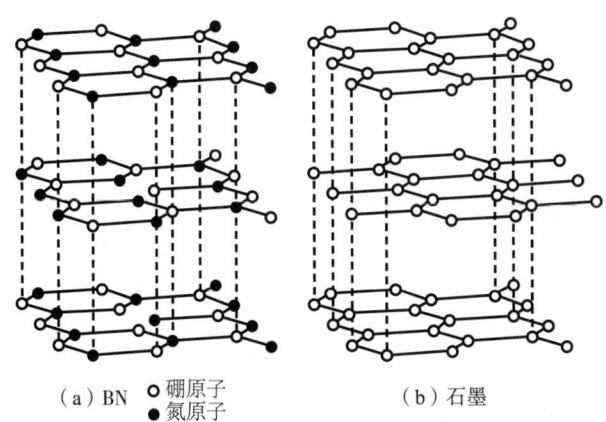

(a) BN　○硼原子　(b) 石墨
　　　　●氮原子

图2-22　六方氮化硼（h-BN）和石墨的晶体结构

表2-11　氮化硼和石墨晶格常数及密度对比

特征参数		六方氮化硼(h-BN)	石墨(六方晶体)	立方氮化硼(CBN)	金刚石(立方晶体)
晶格常数	a	2.504	2.461	3.615	3.560
	c	6.661 (3.330)[①]	6.740 (3.37)[②]		
密度(g/cm^3)		2.25	2.37	3.48	3.51
原子间距(nm)		B-N: 0.1446	C-C: 0.142		

① _ x0001 _；② 为层间距。

表2-12　不同类型的热压BN陶瓷的性能

性能指标	高热导型BN	高强型BN	高纯型BN
BN含量（%）	95	97	98.5
密度（g/cm^3）	2.1	2.1	1.9～2.0
硬度（莫氏）	2	2	2
抗弯强度（MPa）	63	160	40.3
压缩强度（MPa）	101	250	61
热膨胀系数 (25～700℃) ($\times 10^{-6}/℃$)	2.7 (//) 0.3 (⊥)	2.7 (//) 0.3 (⊥)	2.7 (//) 0.3 (⊥)
热导率 ($cal \cdot cm^{-1} \cdot s^{-1} \cdot ℃^{-1}$)	0.136 (⊥)	0.136 (⊥)	0.136 (⊥)
电阻率（$\Omega \cdot cm$）	3.5×10^{13}	4×10^{13}	1.6×10^{14}

注：1. (//)表示平行于热压方向；(⊥)表示垂直于热压方向。
　　2. 1cal = 4.18J。

② 热学性能：氮化硼陶瓷的耐热性非常好，无明显熔点，在1atm的N_2压力下，于3000℃发生升华。在氮气和惰性气氛中的最高使用温度可达到2800℃，在氩气氛中甚至加热至3000℃仍不分解；但在氧化气氛中稳定性较差，使用温度只能限于900℃以内。

③ 电学性能：氮化硼陶瓷是电的绝缘体。高纯度BN最大体积电阻率可达10^{16}～$10^{18}\Omega \cdot cm$，即使在1000℃高温下，仍有10^4～$10^6\Omega \cdot cm$。它的介电常数和介质损耗都较小，可以广泛地用于高频范围和低频范围。

④ 化学稳定性：氮化硼陶瓷对酸、碱、金属和玻璃熔渣有很好的耐侵蚀性，对大多数金属熔体如铁、铝、钛、铜、硅等以及砷化镓、水晶石和玻璃熔体等既不润湿也不发生反应。但BN中含有B_2O_3，具有吸湿性，如果在使用过程中急速加热就会把吸附水迅速蒸发，从而容易产生裂缝，使制品毁坏。

(3) 氮化硼陶瓷的应用

① 冶金等高温行业

六方BN陶瓷可用作熔炼有色金属、贵金属和稀有金属的坩埚、器皿、输送泵等部件，以及硼单晶熔制器皿、玻璃成型模具、水平连续铸造分离环、热电偶保护管等。氮化硼陶瓷等部件如图2-23所示。

图2-23　六方氮化硼陶瓷高温部件

② 半导体电子行业

六方BN陶瓷可用作制造砷化镓、磷化镓、磷化铟等半导体材料的容器，各种半导体封装的散热底板，半导体和集成电路用的P型扩散源。由于BN的击穿电压高、电阻高，可用作高频电缆的绝缘或介质材料，不同场合使用的高温、高频、高压、绝缘散热部件。

③ 高温窑具

由于六方BN陶瓷在氮气和惰性气氛中的最高使用温度可达到2800℃，且具有良好的化学稳定性，不与其他材料发生反应。因此，它是氮化铝和氮化硅陶瓷基板高温烧结时最佳的窑具材料和承烧板，如图2-24所示。

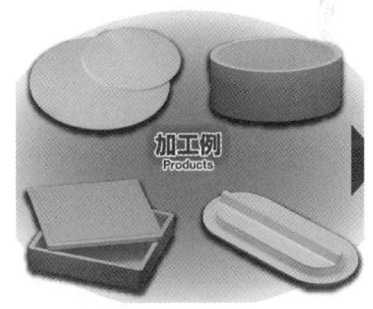

图2-24　六方热压烧结BN陶瓷匣钵

④ 航空航天

利用BN的耐高温、耐腐蚀、电绝缘和密度低（$2.27g/cm^3$）等特点，用来作为飞机和宇宙飞行器的高温结构材料是非常有利的，还可以制作火箭燃烧室内衬、宇宙飞船的热屏障等。

2.1.3.2　碳化物陶瓷

1. 概述

碳化物陶瓷主要分为两类：一类是非金属碳化物，如碳化硅（SiC）、碳化硼（B_4C）；另一类是过渡金属碳化物，如碳化钛（TiC）、碳化锆（ZrC）、碳化铪（HfC）、碳化钽（TaC）、碳化铬（Cr_3C_2），属间隙相的金属碳化物，其结构是碳原子嵌

第 2 章 结构陶瓷产品类别与产业状况

入到金属原子空隙中，金属原子构成密堆的立方或六方晶格，在晶格的八面体空隙中安置着碳原子。

碳化物陶瓷以共价键为主，结合强度很高。因此，具有高熔点、高硬度、高弹性模量、良好的导热性和较低的热膨胀系数。碳化物的熔点明显高于一般氧化物和氮化物，大多熔点都在3000℃以上，其中HfC和TaC的熔点最高，分别为3887℃和3880℃。许多碳化物都有非常高的硬度，特别是B_4C，其硬度仅次于金刚石和立方氮化硼，但是一般说来碳化物陶瓷的脆性比较大。几乎所有的碳化物在非常高的温度下都会氧化，不过很多碳化物的抗氧化能力都比高熔点金属如钨（W）和钼（Mo）等为好。这是由于一些碳化物氧化后形成的氧化膜可明显提高抗氧化性能。例如，SiC在小于1000℃时就会氧化，氧化后表面形成的SiO_2膜显著增加了抗氧化性，使其能在1350℃以上的氧化气氛中使用。

过渡金属碳化物不水解，不和冷的酸起反应，但硝酸和氢氟酸的混合物能侵蚀碳化物。按照对酸和混合酸的稳定性，过渡金属碳化物大致排列顺序如下：

$TaC > NbC > WC > TiC > ZrC > H_fC > Mo_2C$

但是碳化物在500～700℃时能与氯及其他卤族元素作用，大部分碳化物在高温时和氮作用而生成氮化物，如SiC在高温和N_2气氛中会生成Si_3N_4。

虽然碳化物种类繁多，但是实际上应用较广泛的高温碳化物材料主要是SiC，B_4C，TiC等。例如，碳化硅可用于发动机的涡轮增加器转子、燃气轮机叶片、滑动轴承、密封环、高温热交换器等；B_4C可用于制备喷砂嘴，防弹装甲等；TiC因具有非常高的硬度和优异的耐磨性，可作为切削刀具和耐磨材料，特别是作为陶瓷的分散相，如在Al_2O_3、Si_3N_4陶瓷基体中引入TiC硬质相制备的复相陶瓷，可显著提高材料的硬度，具有较高的切削能力。图2-25为应用广泛的碳化硅（SiC）、碳化硼（B_4C）结构陶瓷产品。

（a）碳化硅滑动轴承　　　（b）碳化硼防弹陶瓷

图2-25　典型的碳化物结构陶瓷

此外，TiC、WC等与其他成分构成的复合材料也称之为金属陶瓷。它既有陶瓷的高强度、高硬度、耐磨损、耐高温、抗氧化及良好的化学稳定性等特性，又有较好的金属韧性和可塑性及导电特性，是一类非常重要的工具材料和结构材料。

而WC通常需要与Ni、Co等金属复合才能实现致密化，且表现出许多硬质合金的特点。因此，一般将其纳入硬质合金中。表2-13列出典型碳化物陶瓷的基本物理性能。

表2-13　典型碳化物材料的基本物理特性

化合物	密度 (g/cm³)	熔点 (℃)	热膨胀系数 ($\times 10^{-6}$/K)	热导率 [W/(cm·K)]	电阻率 (Ω·cm)	弹性模量 (GPa)	显微硬度 (GPa)
TiC	4.93	3147	7.74	0.171	1.05×10^{-4}	460	30.0
ZrC	6.90	3530	6.74	0.205	70×10^{-6}	355	29.3
HfC	12.6	3890	5.60	0.0627	—	359	29.1
VC	5.36	2816	4.2	0.247	1.56×10^{-4}	430	20.9
NbC	7.85	3480	6.5	0.142	7.4×10^{-4}	345	24.7
TaC	14.3	3877	8.3	0.222	30×10^{-4}	291	18.0
Cr_2O_3	6.68	1890	11.7	0.192	—	388	13.5
WC	15.55	2720	3.84	0.318	1.2×10^{-4}	710	24.6
B_4C	2.51	2450	4.5	0.0836～0.293	0.3×10^{-4}	380	28.0
α-SiC	3.21	2600（分解）	4.7			400～440	—
β-SiC	3.21	2100（相变）	4.35	0.418		—	25.5

2. 碳化硅陶瓷

（1）碳化硅陶瓷性能及特点

1891年美国的Acheson E. G.用工业方法首先合成出SiC。在使用碳弧（于1600℃以上）加热黏土和粉末碳的混合物时，他注意到这种熔融物冷却时可形成坚硬晶体。由于这种晶体是从碳和氧化铝原料而来的碳铝化物，因此当时称其为Carborundum，但很快发现这种晶体材料是SiC。随后Acheson等创办Carborundum公司，中文译为卡博伦登公司。

SiC主要有两种晶型，即立方晶系的β-SiC和六方晶系的α-SiC。β-SiC为低温型，合成温度低于2100℃，它属于面心立方（fcc）闪锌矿结构。α-SiC为高温稳定型，它有许多变体，其主要的是4H、6H、15R等。

碳化硅陶瓷性能：①密度：β-SiC为3.215g/cm³，α-SiC为3.217g/cm³；②熔点：1atm下分解温度始于2050℃；③热膨胀系数：(4～4.8)$\times 10^{-6}$/℃；④热导率：(100～125) W/(m·K)；⑤电性能：纯的SiC是绝缘体，其电阻率达1012Ω·m，但含有杂质时，电阻率大幅度下降，可降至10^{-2}Ω·m，SiC还具有半导体性质；⑥化学稳定性：耐酸耐碱性：SiC材料化学稳定性高，不溶于一般的酸和混合酸，沸腾的盐酸、硫酸、氢氟酸也不分解SiC；⑦SiC具有抵抗水热蒸气腐蚀能力，水蒸气在1300～1400℃才开始与SiC发生作用，到1775～1800℃发生强烈作用。

2.1 结构陶瓷产品与产业概述

碳化硅陶瓷特点：①低密度、高弹性模量；②强度较高，特别是高温下强度高、高温蠕变小；③高的硬度和较低摩擦系数，具有优异耐磨损性能；④热膨胀系数低、热导率高，具有优良抗热冲击性；⑤化学稳定性高，耐酸碱水蒸气等腐蚀的性能优异；⑥电阻率大小可通过纯度和掺杂来调控，具有半导体特性。

SiC 陶瓷烧结方法主要包括：①常压烧结碳化硅（Pressureless Sintering Silicon Carbide，SSiC）；②反应烧结碳化硅（Reaction Bonding Silicon Carbide，RBSiC）；③重结晶碳化硅（Recrystallized Silicon Carbide，RSiC）；④热压烧结碳化硅（Hot-Pressed Silicon Carbide，HPSiC）。

（2）常压烧结碳化硅

常压烧结碳化硅是在常压下和氩气气氛下进行，根据烧结过程是否出现液相，又可分固相烧结和液相烧结。

①固相烧结：通常需加入的烧结助剂有 B+C、B_4C；烧结温度在 2050～2150℃；内部显微结构除了少量残留 C 外，晶界洁净，几乎不存在第二相或晶界玻璃相，其显微结构如图 2-26 所示；材料的高温性能非常好，可以使用到 1600℃而高温强度性能基本不变，耐磨性能优异，耐腐蚀性能最强，弹性模量大，刚性强。表 2-14 为国内外常压烧结碳化硅材料的体积密度、弹性模量、抗弯强度、断裂韧性数据。常压烧结碳化硅材料广泛应用于密封件、高温辊棒、热交换器、半导体晶圆载盘、防弹陶瓷等，如图 2-27 所示。

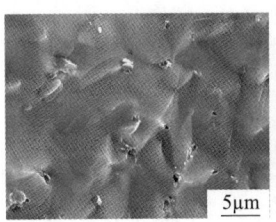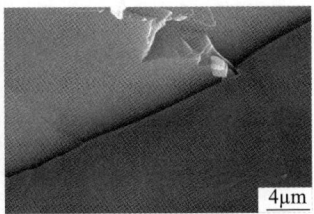

图 2-26　常压固相烧结碳化硅内部显微结构电镜照片

表 2-14　国内外常压烧结碳化硅材料的主要力学性能

公司	密度 (g/cm³)	抗弯强度 (MPa)	弹性模量 (GPa)	断裂韧性 (MPa·m$^{1/2}$)
NGK，Japan	3.12～3.13	450～550	420～450	3
PLS，Germany	3.14～3.15	430～470	404～406	—
GE，USA	3.10	540	420	—
Hexolog，USA	3.10	460	410	—
Carborundum，USA	3.14～3.18	470	410	—
Coors TEK，USA	3.15	480	410	3～4
Saint-Gobain，France	3.13	—	410	4.6
CNAB，China	3.12	400	410	—
ZXSQ，China	3.10～3.13	400～490	410	4～5

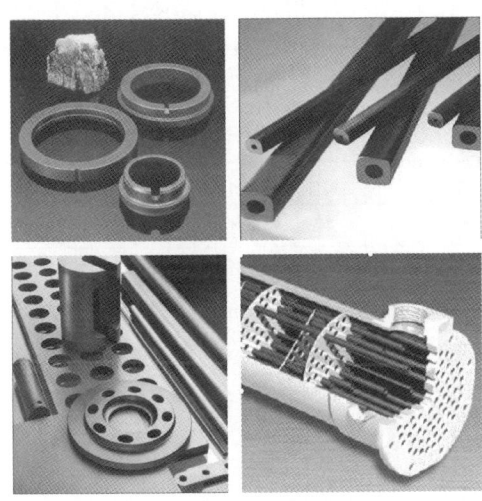

图 2-27　常压烧结碳化硅陶瓷部件

②液相烧结：烧结助剂大多采用 $Al_2O_3+Y_2O_3$，烧结温度大约 1850～2000℃，流动 Ar 气氛条件下。内部结构和晶相为 SiC+YAG（钇铝石榴石）+少量非晶态玻璃相。其抗弯强度高达 650MPa，韧性也较高 7MPa·m$^{1/2}$，但因 YAG（钇铝石榴石）结晶相热膨胀系数较高（7.0×10^{-6}/℃），热导率低（10W/m·K）；因此其高温性能和抗热震性能存在不足；液相烧结碳化硅目前工程上应用较少。

（3）反应烧结碳化硅

反应烧结 SiC 的基本原理和过程如下：①α-SiC 粉与碳粉均匀混合，碳粉可以是石墨、碳黑，或者环氧树脂、酚醛树脂裂解后得到的碳源；②混合粉末经过干压成型、注浆成型、挤出成型及注射成型，得到所需形状的预成型坯体；③进行渗硅，把坯体放置于感应炉或石墨碳管炉中，预成型坯体的周围或上部堆有硅粉，在真空或惰性气氛下加热至 1500～1700℃，固态硅溶解成液态硅，通过毛细管作用渗入含气孔的坯体与碳发生反应；④通过 Si 溶液或 Si 蒸气与 C 之间化学反应原位生成的 β-SiC 来结合原有 α-SiC 而形成 RBSiC；⑤残余气孔被液态 Si 填充，最后形成 SiC 晶粒为主晶相同时含有百分之十几的游离硅的材料，其显微结构电镜照片如图 2-28 所示。

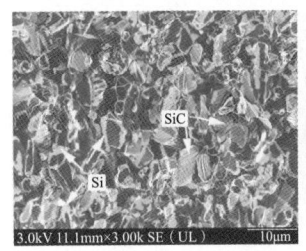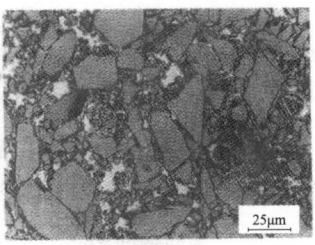

图 2-28　反应烧结 SiC 显微结构电镜照片

反应烧结碳化硅工艺特点：①反应烧结过程中坯件几乎没

有任何尺寸变化，无烧结收缩，产品几乎不需要机加工，因此制造成本低；②反应烧结 SiC 残留气孔可被游离硅填充，可获得气孔率几近为零的致密材料；③反应烧结结合注浆和凝胶注成型，特别适合大尺寸复杂形状结构件的制备；④通过调控显微结构中 SiC 和残留 Si 的晶粒尺寸及含量，抗弯强度可达到 500MPa。

反应烧结碳化硅由于成本相对较低，且适合大尺寸和复杂形状制品的制备，其产品应用于加热管、辐射管、窑具、火焰喷嘴、半导体炉管、工艺管、晶舟、真空吸盘、光刻机方镜等，如图 2-29 所示。

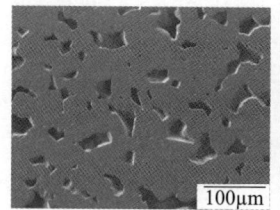
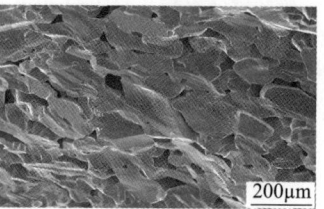

图 2-30 重结晶碳化硅显微结构

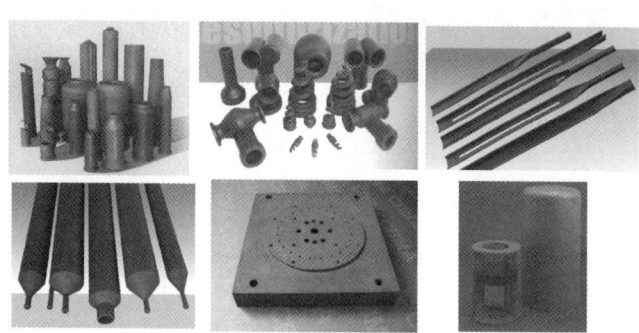

图 2-29 应用于工业和半导体领域的反应烧结碳化硅制品

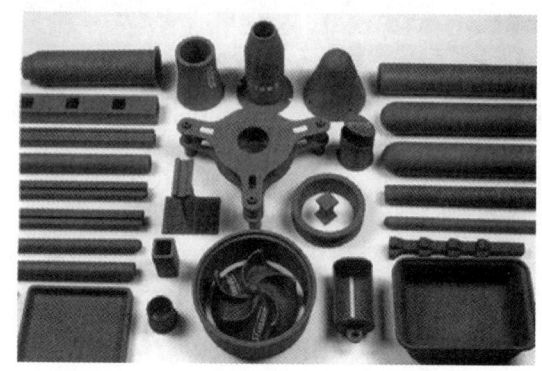

图 2-31 重结晶碳化硅产品照片

（4）重结晶碳化硅

① 重结晶碳化硅制备工艺

烧结机理：由于 SiC 没有熔点，在 2200℃以上尤其在 2400℃附近具有较高的蒸气压，于是重结晶碳化硅配方中粒径较小活性碳化硅在超高温条件下蒸发，在较粗碳化硅颗粒接触处凝聚并再次结晶长大，从而实现碳化硅颗粒之间的颈部连接。重结晶后材料的密度通常在 2.60～2.75g/cm³，气孔孔径较大，小气孔在烧结过程中消失。

烧结温度：重结晶碳化硅材料的烧结温度一般在 2200～2450℃，烧结温度过低，重结晶碳化硅材料因碳化硅颗粒之间的碳化硅晶粒生长不充分而导致强度偏低；但温度过高，则因碳化硅颗粒之间的碳化硅晶粒生长尺寸过大，也会导致材料的强度偏低。

烧结气氛：重结晶碳化硅材料的烧成气氛一般为真空或氩气保护气氛。氮气气氛不能用于重结晶碳化硅材料的烧结过程中，因为氮气气氛会破坏蒸发-凝聚再结晶作用的进行，导致材料中的碳化硅分解。

原料纯度与晶粒形状：碳化硅原料的纯度要求较高，要求 SiC 含量在 99% 以上。目前国内碳化硅原料纯度低，总杂质含量一般在 0.35% 左右，而国外进口优质碳化硅原料的总杂质在 0.17% 左右。杂质含量高，会导致重结晶碳化硅制品在烧结温度下（2427℃）分解，硅挥发，从而极大地降低碳化硅制品的各项性能。

② 重结晶碳化硅特性及应用：重结晶碳化硅（简称 RSiC）也称为再结晶碳化硅，是一种高 SiC 含量（在 99% 以上）的高温结构材料，它保留了 SiC 的诸多优异性能，如高温强度高、耐腐蚀性强、抗氧化性优等。

重结晶碳化硅陶瓷由于杂质含量少，无晶界第二相（图 2-30），且使用温度高，抗热震性优良，因此应用于高温窑炉窑具材料，半导体设备部件等，如图 2-31 所示。

3. 碳化硼陶瓷

碳化硼是目前已知材料中硬度仅次于金刚石和立方氮化硼的超硬材料，是硼-碳体系中最重要的化合物。这是由于 B 和 C 原子很接近，两者的电负性差值很小，形成很强的共价键结合。

碳化硼硬度高，达 3000kg/mm²；密度低，仅为 2.52g/cm³，是钢铁的 1/3；弹性模量高，为 450GPa；熔点很高，约为 2447℃；其热膨胀系数低，导热率较高。碳化硼具有很好的化学稳定性、耐酸耐碱腐蚀，在常温下不与酸、碱和大多数无机化合物液体反应，仅在氢氟酸-硫酸、氢氟酸-硝酸混合液中有缓慢的腐蚀；且与大多数熔融金属不润湿、不发生作用。碳化硼还具有很好吸收中子能力，这是其他陶瓷材料不具备的。表 2-15 列出了 B_4C 的物理性能与力学性能。

表 2-15 B_4C 的物理性能与力学性能

性能	单位	数值
硼含量	%	78.26
碳含量	%	21.74
晶格常数（六方晶系）	nm	$a_0=0.551\ c_0=0.1207$
密度	g/cm³	2.51
熔点	℃	2447
沸点	℃	3497
热膨胀系数	×10⁻⁶/℃	5
热导率，RT	W/(m·K)	29～67
电阻率，RT	Ω·cm	0.1～10
中子吸收截面	barn	600
显微硬度（努普100），RT	10N/mm²	2900～3100
四点抗弯强度，RT	MPa	300～500
抗压强度，RT	MPa	2800
弹性模量，RT	GPa	450

碳化硼的致密化烧结是极其困难的，这是由于其共价键份数大于90%（高于SiC的共价键份数），气孔的消除、晶界和体积扩散的传质机制需在2000℃以上。例如，普通B_4C粉末于2250～2300℃常压烧结，只能达到80%～87%相对密度（Adlassnig，1958）。在如此高的温度下烧结，晶粒会快速粗化与长大，不利于气孔的排除，将造成大量的残余气孔使材料致密度受限制。因此碳化硼的烧结必须采用有效添加剂或进行压力烧结。

B_4C的无压烧结可制备形状复杂制品，但往往造成晶粒过度生长和3%～7%（体积分数）的气孔率，因此材料的强度和韧性偏低（σ_f<300MPa，K_{IC}≤3MPa·$m^{1/2}$）。为此，采用热压烧结技术，可获得致密度更高和力学性能更好的B_4C陶瓷，相对密度达到95%以上热压烧结B_4C的显微结构如图2-32所示。

图2-32 热压烧结B_4C陶瓷及显微结构

2.1.3.3 硼化物陶瓷

1. 硼化钛基高硬度陶瓷

硼化钛（TiB_2）具有高熔点（2980℃）、低密度（4.53g/cm^3）、高硬度（HV=34GPa）、较高的抗弯强度和断裂韧度，以及优良的导热、导电、耐磨性能和化学稳定性，尤其是耐熔融金属侵蚀，在切削工具、耐磨工具与零件、军用装甲和防弹构件、金属蒸发器皿、铝电解槽阴极涂层、电极等一些独特的应用领域中显示出优异的使用效果，并在许多领域中展现出极其广阔的应用开发前景。

硼化钛（TiB_2）基金属陶瓷的硬度仅次于金刚石、立方氮化硼和碳化硼，高于氧化物和氮化物等陶瓷材料，还具有较高的强度和断裂韧性，可用来制备金属挤压模、拉丝模、喷砂嘴、密封件、切削刀具以及军用装甲构件、防弹板等结构材料和零件等。例如在地质钻探中广泛应用的取岩芯钻孔，TiB_2基材料刀片的耐磨性可保证取岩芯钻的高寿命。TiB_2基材料已用于制造金属线材和管材拉丝模，在导纱器中TiB_2基材料比Al_2O_3基陶瓷材料具有更强的耐磨性。

2. 硼化锆基超高温陶瓷

二硼化锆ZrB_2具有高熔点和高硬度、导电导热性好、良好的中子控制能力等特点，在高温结构陶瓷材料、复合材料、耐火材料、电极材料以及核控制材料等领域中得到重视并在不断拓宽其应用范围。随着更深层次的研究，很多新的使用用途和前景被挖掘出来，特别是作为超高温陶瓷材料（Ultra High Temperature Ceramics，UHTC）的主要候选材料之一，已在航空航天以及国防军工领域发挥越来越重要的作用。

此外，还有HfB_2、TaB_2以及ZrC、HfC都具有非常高的熔点，也是典型的超高温陶瓷材料。表2-16为ZrB_2、HfB_2等超高温陶瓷的晶体结构、密度和熔点。通常在ZrB_2或HfB_2中添加20%的SiC作为烧结助剂，采用热压烧结可以制备出致密的超高温陶瓷材料。例如，通过在2200℃×1h和25MPa条件下热压制得HfB_2-20%SiC超高温陶瓷，其显微结构如图2-33（a）所示，这类超高温陶瓷结构件测试样品包括平面、锥、翼，如图2-33（b）所示。

表2-16 超高温陶瓷的晶体结构、密度和熔点

材料	晶体结构	晶格常数			密度 (g/cm^3)	熔点 (℃)
		a (Å)	b (Å)	c (Å)		
HfB_2	六方	3.142	—	3.476	11.19	3380
HfC	面心立方	4.638	4.638	4.638	12.76	3900
HfN	面心立方	4.525	4.525	4.525	13.9	3385
ZrB_2	六方	3.169	—	3.530	6.10	3245
ZrC	面心立方	4.693	4.693	4.693	6.56	3400
ZrN	面心立方	4.578	4.578	4.578	7.29	2950
TiB_2	六方	3.030	—	3.230	4.52	3225
TiC	立方	4.327	4.327	4.327	4.94	3100
TiN	面心立方	4.242	4.242	4.242	5.39	2950
TaB_2	六方	3.098	—	3.227	12.54	3040
TaC	立方	4.455	4.455	4.455	14.50	3800
TaN	立方	4.330	4.330	4.330	14.30	2700

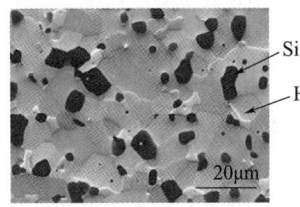

（a）烧结致密的显微结构　　（b）高温测试用样品

图2-33 HfB_2-20%SiC（体积分数）超高温陶瓷

2.1.4 我国结构陶瓷产业分布状况

从国内先进陶瓷产业分布来看，主要集中在广东、江苏、山东以及湖南、浙江、江西、河南、河北、辽宁等省，其中广东、江苏、山东三省的结构陶瓷集中度高，在技术和产品方面具有竞争力。

广东省先进陶瓷产业占据优势地位，特别是在功能陶瓷和中高端结构陶瓷与生物陶瓷领域，已拥有6家先进陶瓷上市公司。广东省的深圳、佛山、潮州、汕头、东莞等地区的先进陶瓷企业，借助香港特别行政区和海外联系便捷优势，在结构陶瓷与功能陶瓷零部件制造上处于领先地位，如光通信陶瓷插芯、手机陶瓷背板、电子穿戴产品用陶瓷表壳、电子封装陶瓷基板、片式陶瓷电容器、片式陶瓷电感器、5G微波介质陶瓷、压电陶瓷、陶瓷柱塞、陶瓷球阀、陶瓷刀具、高温陶瓷棍棒等占据了高附加值工业陶瓷产品的很大市场。目前大约有100多家企业，其中涌现出一些在国际上具有一定竞争力的大公司或上市公司，如潮州三环（集团）股份有限公司、广东东方锆业科技股份有限公司、广东佛陶集团股份有限公司陶瓷研究所、顺络电子旗

下的东莞信柏结构陶瓷股份有限公司等，还有一批在结构陶瓷精密成型与精密加工有特色的中小型企业，其典型代表如东莞夏阳新材料有限公司。图 2-34 为广东和山东部分先进陶瓷企业的销售额和利润情况。

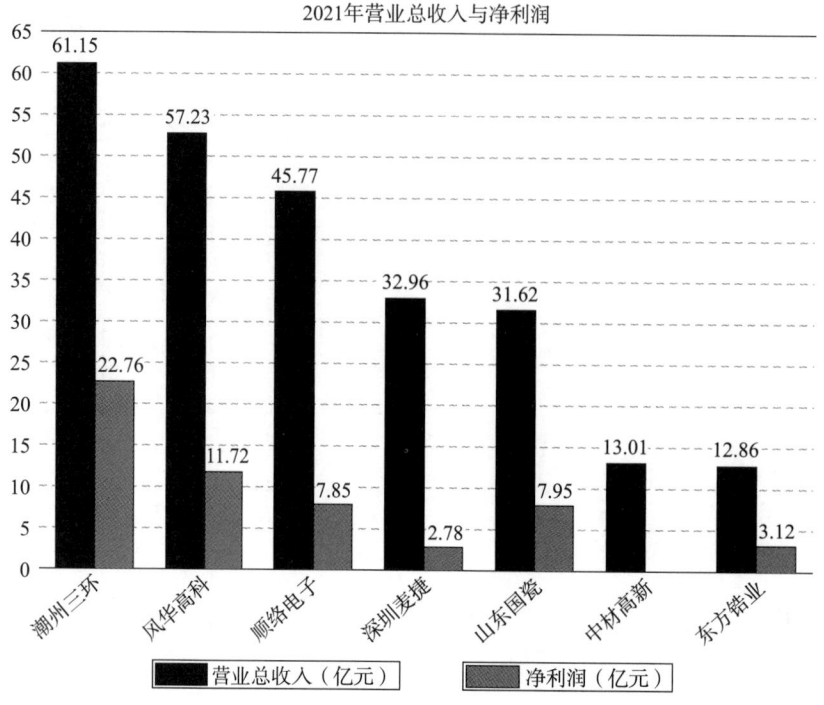

图 2-34　国内主要先进陶瓷企业的销售额和利润情况

江苏省的宜兴、苏州、常州、常熟等地区在精密纺织陶瓷零部件、精密陶瓷轴承球、化工用结构陶瓷部件、半导体设备用精密陶瓷部件、汽车尾气净化用蜂窝陶瓷、防弹陶瓷、水处理和烟气处理环保陶瓷等领域具有优势，代表性企业包括苏州珂玛材料科技股份有限公司、国瓷金盛陶瓷科技有限公司、江苏省宜兴非金属化工机械厂有限公司、宜兴市九荣特种陶瓷有限公司、江苏省陶瓷研究所有限公司。其中，宜兴地区的精细陶瓷产业已经形成较大的生产规模，从单一的氧化铝材料发展到现在的氧化铝、氧化锆、氧化镁、氧化钛、滑石瓷、堇青石、碳化硅、氮化铝、氮化硅和氮化硼等多种材料；产品的应用范围也大大扩展，涵盖了许多工业领域，不仅大量出口，而且国内市场的占有率也较高。产品门类也涵盖了纺织瓷、装置瓷、耐磨陶瓷、环保陶瓷、化工冶金陶瓷等各个领域，其中纺织机械陶瓷和汽车尾气净化蜂窝陶瓷在国内占有优势并达到领先水平，全市工业陶瓷总产值近 50 亿元。应税销售超亿元的有 5 家，5000 万元以上的 18 家，1000 万元以上的 5 家。图 2-35 为汽车尾气净化用环保陶瓷，纺织机械陶瓷结构件如图 2-36 所示，图 2-37 为陶瓷球及陶瓷轴承，图 2-38 为苏州珂玛公司生产的半导体设备用氮化铝精密陶瓷部件。

图 2-36　纺织机械陶瓷结构件

图 2-37　陶瓷球及陶瓷轴承

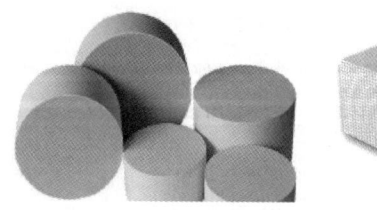

图 2-35　汽车尾气净化用环保陶瓷

图 2-38　半导体设备用氮化铝精密陶瓷部件

2.1 结构陶瓷产品与产业概述

山东省的淄博、潍坊为工业陶瓷聚集区,拥有工业陶瓷企业100余家和五大类工业陶瓷产品:①耐磨氧化铝氧化锆陶瓷内衬与造纸机用陶瓷部件;②脱硫脱硝环保陶瓷;③石油化工用陶瓷缸套和球阀;④透波石英陶瓷和氮化硅陶瓷;⑤耐热耐蚀领域用反应烧结碳化硅陶瓷。代表性企业有山东工业陶瓷研究设计院有限公司、山东硅苑新材料科技股份有限公司、潍坊华美精细技术陶瓷股份有限公司、潍坊致达特种陶瓷有限公司。此外,山东东营的上市公司山东国瓷在高性能氧化物纳米陶瓷粉末(如钛酸钡、氧化锆、氧化铝)方面已达到国际先进水平,产品近一半销往国外。

山东淄博的工业陶瓷优势和特色在于拥有陶瓷粉体制备、陶瓷机械设备生产、结构陶瓷产品制造及应用的产业链,已形成相当规模的氧化铝耐磨介质,用于造纸的高速纸机耐磨陶瓷件,用于火电系统的陶瓷阀门及管道,用于冶金铸造的陶瓷过滤器、陶瓷升液管,用于化工行业的陶瓷填料,用于各种泵类的陶瓷密封件,其特色是熔融石英陶瓷制品和石油开采用陶瓷缸套、砂磨机耐磨盘和柱塞等产品,分别如图2-39和图2-40所示。潍坊则集中了我国80%以上的反应烧结碳化硅陶瓷产品,如图2-41所示;产值数十亿,产品品种数百种,不但满足国内需求还大量出口到美国和欧洲等国家。

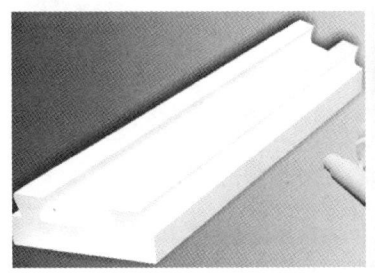

图 2-39 山东淄博熔融石英陶瓷制品

图 2-40 山东淄博氧化锆陶瓷缸套与砂磨机耐磨盘

图 2-41 山东潍坊反应烧结碳化硅陶瓷产品

江西省的萍乡在化学工业陶瓷、陶瓷填料、耐磨陶瓷、环保过滤陶瓷膜和高压电瓷方面聚集度高,是我国化工陶瓷和高压电瓷的重要生产基地,涌现出一批有规模有影响力的企业,如江西萍乡龙发实业股份有限公司、萍乡顺鹏新材料有限公司、中材江西电瓷电气有限公司,其产品在国内外市场占据较高份额,其中萍乡龙发是国内耐酸耐温防腐化工陶瓷的最大供应商。此外,还有上百家中小陶瓷企业,图2-42为萍乡化工环保陶瓷与耐磨微晶氧化铝内衬。景德镇作为中国瓷都,氧化铝电真空管壳及瓷件生产企业较集中,如景德镇海川特种陶瓷有限公司、景德镇景华特陶有限公司、景德镇品安特陶有限公司,其工艺技术主要来自原国营九九九厂。此外,还有一些压电陶瓷、蜂窝陶瓷、碳化硼防弹陶瓷、氧化锆陶瓷插芯、滑石瓷的精密陶瓷企业,图2-43为景德镇的氧化铝电真空管壳。

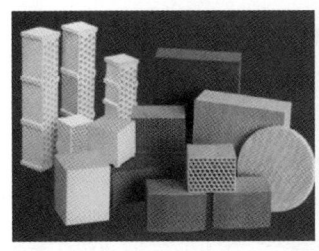

图 2-42 萍乡化工环保陶瓷与耐磨微晶氧化铝内衬

图 2-43 景德镇氧化铝电真空管壳

湖南省的娄底市和新化县是我国氧化铝电子陶瓷、氧化铝精密瓷件及滑石瓷的主要生产基地,集中了近百家企业,成为地方支柱产业。产品涵盖了用于温控器的95%氧化铝或滑石瓷、保险管陶瓷系列、电光源陶瓷系列、耐热陶瓷系列、水滑片陶瓷系列、新能源汽车继电器用金属化陶瓷外壳系列。涌现了如湖南新化鑫星电子陶瓷有限公司这样的国内最大的陶瓷水滑片生产龙头企业,如娄底市安地亚斯电子陶瓷有限公司和湖南省美程陶瓷科技有限公司这样的为比亚迪等新能源汽车提供继电器金属化陶瓷外壳的大企业。此外,作为釉下五彩陶瓷之都的湖南省醴陵市,在高压电瓷和精密陶瓷领域也形成了一定产业群,集中了一批如湖南省醴陵市特种电瓷电器有限公司、醴陵市华鑫电瓷电器有限公司等有影响力的公司。图2-44为娄底安地亚斯公司生产的新能源汽车用金属化氧化铝瓷件。

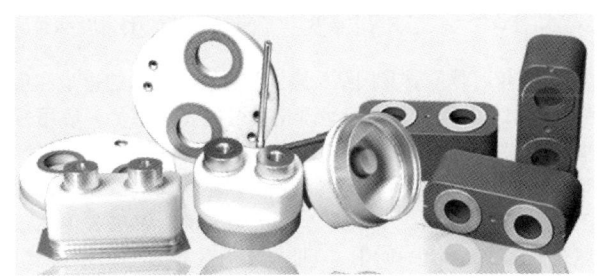

图 2-44 娄底安地亚斯公司金属化氧化铝瓷件

潍柴火炬科技股份有限公司(前身为株洲湘火炬火花塞有限责任公司)是我国最大的氧化铝陶瓷火花塞公司,拥有自主开发的自动化生产线,各种类型的陶瓷火花塞不仅满足国内燃油车市场,还出口到美国和欧洲等国家和地区,图2-45为潍柴火炬开发的陶瓷火花塞。

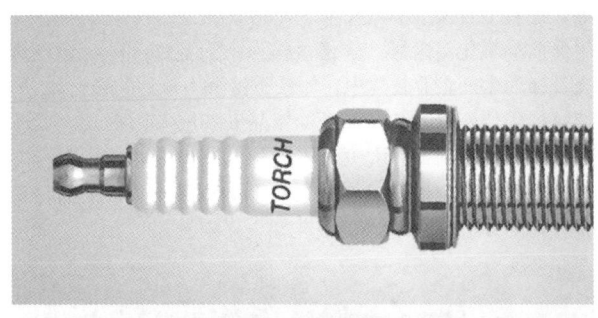

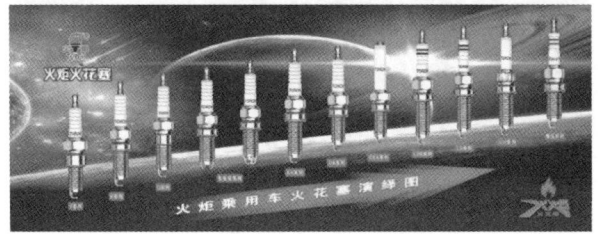

图 2-45 潍柴火炬生产的陶瓷火花塞

河北省唐山市依然是我国各种氧化铝陶瓷管和理化瓷的生产基地，集中了一批如唐山陶瓷集团工业试验厂有限公司、唐山科硕特种陶瓷制造有限公司等有影响力的企业，产品主要有氧化铝陶瓷管、热电偶保护管、高温炉件、化学瓷件、绝缘瓷件、异型瓷件等，除了满足国内市场还出口到欧美以及韩国等国家和地区。图 2-46 为唐山生产的氧化铝陶瓷坩埚及保护管。

 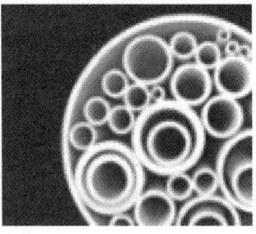

图 2-46 唐山氧化铝陶瓷坩埚及保护管

河南省郑州市及周边地区依然是氧化铝陶瓷粉末及制品的重要产地，产业规模达到数十亿元，集中了一批如中国铝业郑州研究院、河南济源兄弟材料有限责任公司等有影响力的企业。而河南省焦作地区则集中了一批氧化锆陶瓷粉末和制品的企业，如焦作市维纳科技有限公司、焦作李封工业有限责任公司。

2.1.5 结构陶瓷产业及应用状况

近 20 年，伴随着我国结构陶瓷材料制备技术的进步和市场的强劲需求，结构陶瓷产业呈现出良好的发展态势，应用领域越来越广阔，不仅在化工冶金、机械制造、电力电子、能源环保等传统工业领域得到广泛应用，而且在我国航空航天、深空探测、现代通信、消费电子、生物医疗、国防军工等尖端技术领域获得越来越多的应用。一批有实力的企业，如中材高新、潮州三环、山东国瓷功能材料股份有限公司、东方锆业、苏州珂玛、宜兴化机、广东金刚、东莞信柏、萍乡龙发、潍柴火炬、安地亚斯、湖南美程、鑫星电陶、江西赛瓷材料有限公司、潍坊华美、潍坊致达、硅苑科技等，产值上亿元甚至达到 30 亿元的公司或上市公司得以涌现；同时许多专业技术型的中等规模企业也快速发展，如深圳尚德、东莞夏阳、淄博华创、浙江宏泰、九荣特陶、上海华硕、上海卡贝尼、浙江伏尔肯、中兴实强、常德科锐新材料科技有限公司、沈阳星光等。此外，还有数百家具有特色的小型结构陶瓷企业。新一代结构陶瓷产品的应用涵盖各个领域，在国民经济和工业现代化进程中发挥重要的作用。

(1) 机械工业领域

陶瓷切削刀具：由我国清华大学等单位最早自主开发的 Si_3N_4 陶瓷刀具系列，由于其较高的强度（σ＝900～1000 MPa）、硬度（HRA92.5）和断裂韧性（K_{IC}＝6～7 MPa·m$^{1/2}$），又有较低的热膨胀系数（α＝3×10^{-6}/℃），因而表现出优异的切削性能，特别适合于铸铁件和高温合金的加工。为了提高 Si_3N_4 陶瓷刀具的耐磨性，又发展出 Si_3N_4＋TiC（TiCN）复合陶瓷刀具，在国内十几个行业、上百家企业推广应用。与传统刀具相比，其切削效率提高 3～10 倍，切削耐用度提高十几倍，显著提升增产节能效益。特别是对于高硬难加工工件，如渣浆泵、轧辊、轴承和模具等，陶瓷切削刀具解决了免除退火加工以及"以车削代替磨削"的工艺难题。随着我国机械制造业的复苏和发展，今后陶瓷刀具将会在更大范围内应用，如图 2-47 所示。

 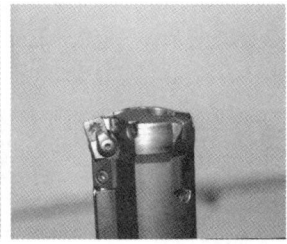

图 2-47 氮化硅陶瓷刀具

机械密封环：我国已成为机械工业中广泛使用的陶瓷密封件的最大生产国，除了满足国内需求还大量出口，主要采用具有优异的耐磨和抗腐蚀性的高性能 SiC、SiC/C、Al_2O_3、Si_3N_4 陶瓷材料。特别是近几年通过常压烧结亚微米碳化硅粉末制成的细晶单相碳化硅产品，因其均匀的碳化硅组成、出色的抗腐蚀性，从而在包括强酸和强碱的几乎所有的环境中保证了碳化硅产品卓越的性能，超过了所有反应烧结碳化硅、碳化钨和氧化铝，其寿命为传统密封材料的 10 余倍，已在化工厂、炼油厂、离心机、水动涡轮、油井和气井的大型泵上应用。碳化硅陶瓷滑动密封环即使在更小型的应用上也能保证安全和长效，如汽车上的燃油泵和冷却水泵等，密封环的使用寿命通常比这些整机长多倍。代表性企业有上海华硕、浙江伏尔肯、浙江东新新材料科技有限公司、北京中兴实强陶瓷轴承有限公司以及湖南鑫星电陶公司生产的氧化铝水阀片，行业产值已达 10 余亿元，陶瓷密封环产品如图 2-48 所示。

图 2-48 碳化硅陶瓷密封环

陶瓷轴承：近 10 年来国内精密陶瓷轴承发展迅速，成为新一代结构陶瓷的一个重要方向。包括滚动轴承和滑动轴承，主

2.1 结构陶瓷产品与产业概述

要采用 Si_3N_4、SiC、ZrO_2 这 3 种耐磨陶瓷材料，其中滚动轴承更多倾向于气压烧结 Si_3N_4 陶瓷和 ZrO_2 陶瓷，而滑动轴承主要选用常压烧结 SiC 或 SiC/石墨的复合材料。各种陶瓷轴承的滚动寿命排序结果为 Al_2O_3 < SiC < ZrO_2 < Si_3N_4。Si_3N_4 陶瓷轴承与轴承钢对比具有如下特点：①密度低，只有轴承钢的 40% 左右，用作滚动体时，轴承旋转时受转动体作用产生的离心力减轻，因而有利于高速旋转；②热膨胀系数小，为轴承钢的 25%，可减小对温度变化的敏感性，使轴承工作速率范围更宽；③较高弹性模量（为轴承钢的 1.5 倍）和高的抗压强度，有利于滚动轴承承受应力提高；④耐高温耐腐蚀及优良化学稳定性，因此 Si_3N_4 陶瓷轴承适合于在高速、高温、耐腐蚀等特殊环境工作；⑤Si_3N_4 陶瓷具有自润滑性，即使接触部油膜破裂也很难发生轴承黏着，故对于防止轴承的烧损可起到有利作用；⑥长寿命、低温升，由于 Si_3N_4 密度低导致离心力减小，从而大大减小对轴承外圈的压力和摩擦力矩，提高轴承寿命。试验研究表明，混合陶瓷轴承与同规格同精度等级的钢轴承相比，其寿命提高 3～6 倍，温升可降低 35%～60%。陶瓷轴承已在高速机床、医疗装置、化工设备、风力发电等传动系统获得越来越多的应用，图 2-49 为北京中兴实强陶瓷轴承有限公司开发的氮化硅氧化锆陶瓷轴承。

图 2-49 氮化硅氧化锆陶瓷轴承

国内陶瓷轴承球及轴承的生产企业已有数十家，代表性企业有中材高新、国瓷金盛、北京中兴实强、上海泛联、上海材料研究所、洛阳轴承研究所等。为了进一步减少陶瓷轴承球缺陷、提高 Si_3N_4 陶瓷轴承的性能，近几年许多企业开始引进先进的热等静压烧结设备，采用先气压烧结然后热等静压烧结的两步工艺，使 Si_3N_4 陶瓷轴承的可靠性和使用寿命显著提高，从而在火箭发射的液氢液氧发动机上获得应用，如图 2-50 所示。

图 2-50 Si_3N_4 陶瓷轴承及应用的液氢液氧发动机

常压烧结 SiC 或 SiC/C 的滑动轴承在动密封系统应用不断增加，由于其优异的耐磨性、长寿命以及耐各种强酸、强碱、腐蚀性气体和氢氟酸的侵蚀，从而成为磁力泵、屏蔽泵、真空泵中最理想的滑动轴承，图 2-51 是由北京中兴实强公司生产的 SiC 滑动轴承及磁力泵。

图 2-51 SiC 陶瓷滑动轴承及磁力泵

（2）石油化工冶金

陶瓷阀门与缸套：在石油、化工、电力、冶金、环保等工业领域中，需要大量的阀门。近年来，许多单位在陶瓷阀门的研制与生产上日趋成熟，产量和应用范围不断扩大，涌现一批陶瓷阀门的专业厂家，如福建省智胜特种陶瓷有限公司、东莞信柏结构陶瓷有限公司、天津圣凯阀门公司、北京中兴实强、山东硅苑科技、淄博华创等公司。产品不但满足国内市场的需求，还有不少出口。陶瓷阀门的材料也更加多样化，包括 Al_2O_3、ZrO_2、ZTA（ZrO_2 增韧 Al_2O_3）、SiC 等陶瓷，陶瓷阀门种类达到近 10 种，常见的有球阀、闸阀、碟阀等，如图 2-52（a）所示。陶瓷阀门的优异耐热、耐磨和耐腐蚀等特性，使其寿命比原有的金属阀门提高 10 倍以上。同样，这些耐磨陶瓷也应用于石油开采工业中使用的陶瓷缸套，如图 2-52（b）所示。目前，山东的淄博华创精密陶瓷有限公司是最大的陶瓷缸套生产企业，产品除了满足国内油田使用，还出口到美国和中东等国家和地区。

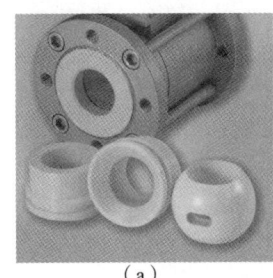

（a）　　　　　　　（b）

图 2-52 氧化锆陶瓷球阀（a）和氧化铝陶瓷缸套（b）

冶金企业正在实现向大型化、连续化、自动化、无（少）污染、低消耗的方向发展，在许多冶金领域仅仅依靠应用金属材料或传统陶瓷材料来获得突破性进展是很困难的，而先进结构陶瓷材料则以其高强度、高硬度、耐高温、耐磨损、抗腐蚀以及优良的抗热震性等优异性能，在冶金工业中应用日益广泛，其中氮化硼、钛酸铝、氮化硅陶瓷就是在冶金工业先进结构陶瓷材料应用中的典型。

六方氮化硼陶瓷及其复合材料一直以来被大量应用于冶金高温领域，如熔炼有色金属、贵金属和稀有金属的坩埚、器皿、输送泵等部件及硼单晶熔制器皿、水平连续铸造分离环、非晶制带用喷嘴、薄带连铸用侧封板、热电偶保护管、复合陶瓷蒸发舟等。图 2-53 为氮化硼基陶瓷复合材料分离环，可将钢水直接冷却拉出形成型钢（如圆形、方形等），需要承受超过 1000℃ 的温差和钢水腐蚀，热压氮化硼基陶瓷是最合适的材料，其寿命可达 8～10h 以上，而且还可重复使用。针对不同的钢水，可适量添加 SiC、Si_3N_4 等物质以调节其耐热耐腐蚀性。钢水连续测温也是一个难题,以往 Al_2O_3 或其他陶瓷热电偶保护管都难以直接插入 1600℃ 的钢水中而不开裂,所以一直是采用一次性热电偶间断测温的方法,以至不能连续测温和自动控制钢水温度。采用氮化硼基陶瓷制成的热电偶保护管则可以直接插入钢水并连续测温 8~10h。

 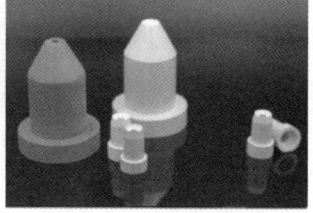

图 2-53　氮化硼基陶瓷分离环和氮化硼陶瓷喷嘴

氮化硅因其优异的耐热耐腐蚀和耐高温铝液的侵蚀以及高强度,目前逐渐取代钛酸铝陶瓷成为铝铸造工业中许多重要的高温部件,如发热体保护管,除气轴和转子,升液管,如图 2-54 所示,已开始应用于我国汽车工业中所需要的高强度铝合金轮毂的制造。过去该系列氮化硅耐热部件主要由德国和日本才能生产和垄断市场,目前国内在该领域已获得突破,如北京中兴实强等公司已开始生产和进入应用。

图 2-54　铝液铸造用氮化硅高温保护管和加热管

(3) 新能源与环保领域

新能源领域使用的新一代结构陶瓷材料日趋多样化,如国内知名陶瓷公司潮州三环为满足燃料电池产业化所需的钪锆陶瓷基板,在国内外率先采用流延技术制备出厚度为 0.25mm 的基板,成为美国最大的燃料电池堆生产商的主要供应商。此外,我国多晶硅太阳能电池产业中大尺寸多晶硅锭生产中所使用的耐高温抗热震石英陶瓷坩埚,如图 2-55 所示,国内中材高新等公司制备的坩埚尺寸从过去的 0.8m 发展到现在的 1.2m,一次冶炼的多晶硅锭质量达到 1t 多,目前我国已成为全球这一产品的最大生产国,每年达到数 10 万个。

图 2-55　石英陶瓷坩埚和多晶硅锭

近几年伴随新能源汽车产业高速发展,在新能源汽车领域中大量应用的陶瓷继电器等陶瓷金属化产品创造了一个新的大市场。湖南娄底市安地亚斯电子陶瓷有限公司和湖南美程陶瓷科技有限公司与比亚迪等新能源汽车企业合作,在国内率先研发出电动汽车企业用继电器金属化陶瓷外壳,如图 2-56 所示。

图 2-56　新能源汽车用继电器金属化陶瓷外壳

环保过滤陶瓷:随着我国环境污染面临的压力,用于高温烟气脱硫、气固分离、污水净化的过滤陶瓷或陶瓷过滤膜产品快速发展,陶瓷过滤膜管和组件如图 2-57 所示,陶瓷过滤膜板及显微结构如图 2-58 所示。国内已有江苏久吾高科、山东工陶院、宜兴化机厂等数 10 家企业生产各类陶瓷过滤膜管和组件,甚至有污水处理和高温烟气处理的环保工程承包的整体服务。

 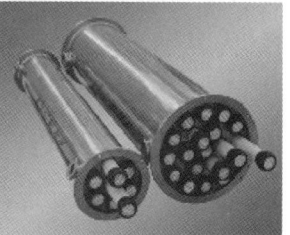

图 2-57　陶瓷过滤膜管和组件

 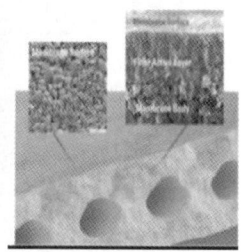

图 2-58　陶瓷过滤膜板及显微结构

汽车尾气净化三元过滤器所使用的堇青石蜂窝陶瓷载体,过去严重依赖进口,但近几年我国的蜂窝陶瓷载体生产规模和产品质量都有显著提升。以宜兴化工机械有限公司、宜兴王子制陶、江苏高淳为代表的企业,通过与大学研究机构合作和引进先进的工艺装备,已可批量生产应用于汽油车和柴油车的多种规格和型号的蜂窝陶瓷载体。

此外,我国高端洁净钢和铝合金的发展需要越来越多的用于钢、铝合金、高温合金的铸造过程的泡沫过滤陶瓷,以便排除夹杂物,提高铸件的纯度及其机械性能,降低铸件废品率,是生产优质铸件的关键。这类耐热耐金属液体侵蚀的泡沫过滤陶瓷其材质有 Al_2O_3、SiC、ZrO_2(PSZ)、堇青石等,如图 2-59 所示。国内泡沫过滤陶瓷的研制开发还属起步阶段,主要的研制与生产单位有山东圣泉、山东硅苑、北京晶锐、佛山金刚新材料有限公司等,目前年产值累计已达到数亿元。

(4) 光通信与智能手机领域

光通信设备中重要的元器件光纤连接器中的插芯和套筒,目前全世界均使用高强度高韧性的纳米氧化锆陶瓷,陶瓷插芯内孔小精度要求高,其外径为 (2.499±0.0005) mm (同心度 <0.001 mm),内径为 (0.125+0.001) mm,如图 2-60 所示。

2.1 结构陶瓷产品与产业概述

该产品采用陶瓷粉末注射成型高温烧结和精密研磨加工而制得,过去主要由日本 Adamant 和 Toto 公司生产,但近几年以国内企业为主导,主要有潮州三环、晋城富士康、宁波韵升、深圳威谊等十几家企业,年产量达到几十亿只,占全球产量的 80% 以上。

图 2-59 泡沫过滤陶瓷

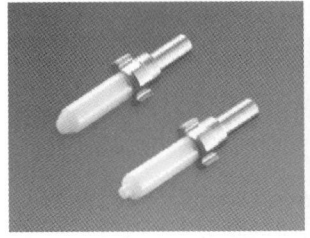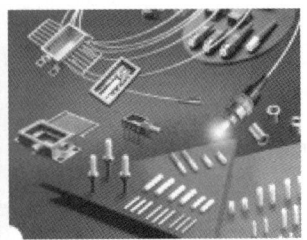

图 2-60 纳米氧化锆陶瓷插芯及元件

伴随我国快速发展的智能手机产业,新一代高性能纳米氧化锆陶瓷已在手机外壳和指纹识别中获得应用,几年前华为公司在全球第一个发布了采用高强度高硬度的黑色纳米氧化锆陶瓷外壳手机 P7,近两年小米、OPPO、三星等知名品牌手机先后采用各种颜色的纳米氧化锆陶瓷背板,如图 2-61 所示。最新发展起来的指纹识别智能手机,需采用 0.15mm 的纳米陶瓷薄片替代传统的玻璃材料,目前国内潮州三环和东莞信柏等公司已形成规模化生产,供应国内外大品牌手机厂商,如苹果,三星,华为。随着 5G 商用时代到来,纳米氧化锆陶瓷背板成为最佳备选材料,目前中国走在世界前列,全球 90% 以上的陶瓷背板由中国制造。

图 2-61 智能手机用纳米氧化锆陶瓷背板

(5) 航空航天领域

连续碳纤维增韧碳化硅陶瓷基复合材料,是先进航空航天器制造能力的战略性新型热结构材料。由于它比铝还轻、比钢还强、比碳化硅陶瓷更耐高温、抗氧化烧蚀,而且克服了陶瓷的脆性,不会发生突发灾难性破坏,替代金属材料可解决目前航空航天器燃料 20%～30% 浪费的问题,以满足其向高速度、高精度、高搭载和长寿命发展的需求。目前近 20 种这类材料的

构件应用于航空发动机、液体火箭发动机、固体火箭发动机和飞行器防热结构上。液体火箭发动机中使用的 Cf/SiC 喷管及喷管扩张段见图 2-62 (a),西北工业大学、国防科技大学、中国科学院上海硅酸盐研究所是最早开发成功的,材料性能和制备技术已达到国际先进水平。另外一类重要的航空材料是碳纤维/碳复合材料,这种碳/碳复合材料首先是由碳纤维制成多孔隙的预制体,然后采用浸渍树脂(或沥青)炭化,或者采用化学气相沉积/渗透的方式将多孔预制体中孔隙填充而获得的,图 2-62 (b) 采用碳/碳复合材料制备的飞机刹车盘,目前中南大学及博云公司已形成了规模生产的能力。上述两类尖端航空航天材料我国虽然起步晚,但目前已达到国际先进水平,有力支撑了我国航天工业的发展。

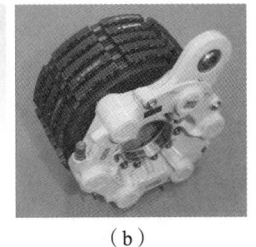

(a) (b)

图 2-62 Cf/SiC 喷管及喷管扩张段 (a) 和飞机刹车盘 (b)

(6) 国防军工领域

新一代结构陶瓷在国防军工领域的应用近 10 年来在我国发展迅速,主要包括透波导弹天线罩,透波陶瓷,激光陶瓷,陶瓷防弹装甲等。导弹天线罩材料有石英陶瓷,氮化硅陶瓷等。其中石英陶瓷天线罩已批量生产,如图 2-63 (a) 所示。透波透明陶瓷主要包括氧化钇 (Y_2O_3)、氧化镁 (MgO)、镁铝尖晶石 ($MgAl_2O_4$)、钇铝石榴石 (YAG)、阿隆 (AlON) 等,如图 2-63 (b) 所示。目前,国内山东工陶院和上海硅酸盐研究所等单位在石英陶瓷天线罩和透明透波陶瓷研发和制备技术上都具有一定优势。由于反恐需求,防弹陶瓷近几年国内产量和品种上都有大幅提升,主要是常压烧结碳化硅,热压烧结碳化硼及氧化铝陶瓷,有近 20 家企业具备这些防弹陶瓷的生产能力,如大连金玛硼业、宁夏机械研究院、济源兄弟公司等;图 2-64 分别为碳化硼和碳化硅防弹陶瓷板。

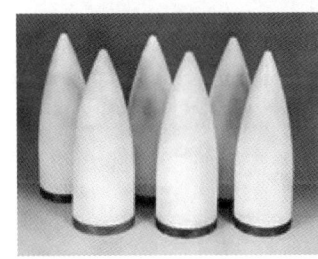

图 2-63 石英陶瓷天线罩和镁铝尖晶石透明陶瓷

图 2-64 碳化硼防弹陶瓷板和碳化硅防弹陶瓷片

(7) 半导体晶圆芯片制造领域

半导体晶圆芯片制程复杂，主要包括晶圆制造、IC设计、IC制造、IC封装测试四大工艺环节，如图2-65所示。其中，晶圆制造、IC制造、IC封装中都需要使用到大量高纯度氧化物（Al_2O_3、Y_2O_3、SiO_2、ZrO_2、蓝宝石、堇青石）和非氧化物（AlN、SiC、Si_3N_4、B_4C）等精密陶瓷零部件以及陶瓷涂层产品，尤其是IC制造这一关键工艺环节中涉及的晶圆氧化、光刻、刻蚀、离子注入、沉积（CVD，PVD）、抛光（机械化学抛光）这六大制造装备中要用到数百种精密陶瓷零部件。

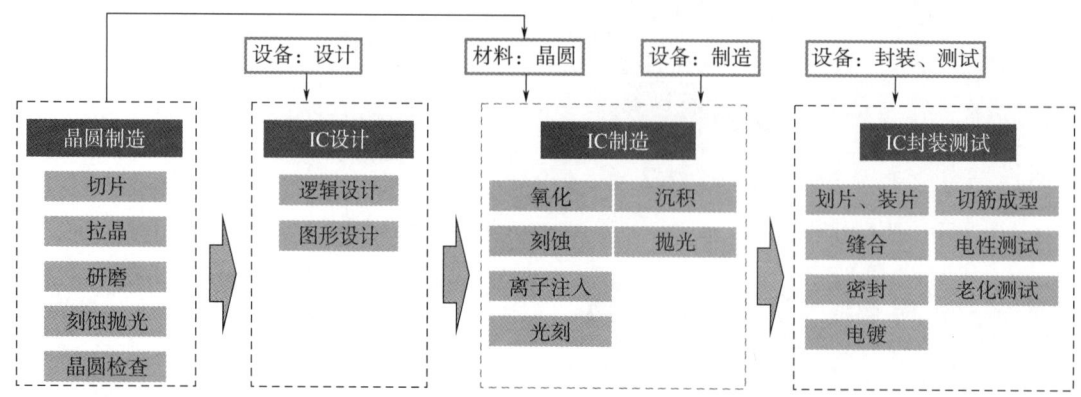

图2-65 半导体晶圆芯片制程的四大工艺环节

① 半导体级氧化铝精密陶瓷

半导体级氧化铝精密陶瓷具有苛刻要求：（a）纯度大于99.7%，金属离子杂质含量低，特殊的离子含量（如硼元素）更需严格的控制；（b）材料高度致密化，表面无开口气孔或者极少；（c）材料内部晶粒均匀、尺寸可控、稳定性好、晶界相含量少、包裹气孔少；（d）具有良好的介电性能、绝缘性及导热性等；（e）与卤素类腐蚀性气体的化学反应速率要低，具有良好的抗腐蚀性能，因为上述刻蚀、沉积、离子注入等过程中都有氟化物等腐蚀性气体。

氧化铝精密陶瓷的晶粒细小，微观气孔小，抛光后表面平整度好，粗糙度低。图2-66为半导体级氧化铝精密陶瓷盘抛光后照片及内部显微结构的SEM图像，这种材料与普通这种氧化铝陶瓷比较，具有更高的抗弯强度和更低的表面粗糙度，如图2-67所示。图2-68是半导体制程工艺中常用的几种高纯氧化铝精密陶瓷部件。

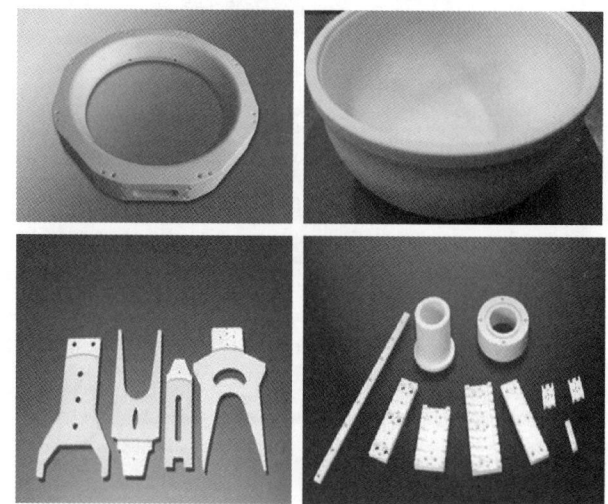

图2-68 常用的几种半导体级高纯氧化铝精密陶瓷部件

② 半导体级氮化铝精密陶瓷

氮化铝具有极高的导热率、抗热冲击性、良好绝缘特性、优异的耐腐蚀性能，且无毒（高导热材料氧化铍毒性大），因此在半导体晶圆芯片的刻蚀、沉积等工艺设备中应用广泛，如氮化铝加热器、静电卡盘、聚焦环等。图2-69是苏州珂玛制备的氮化铝加热器（晶圆制程中化学气相沉积设备内的关键零部件），盘内嵌导电的加热电路，上置硅片，下连结真空铝腔，加热硅片，并维持整个硅片均匀的温度，加热区有单区和双区，便于在硅片上方镀高品质的薄膜，可直接应用于150、200、300mm晶圆。

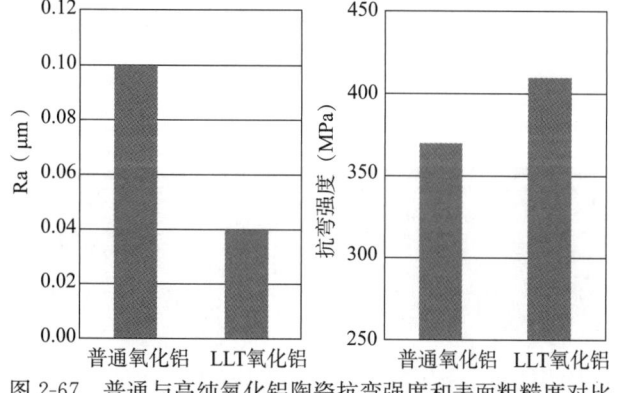

图2-66 抛光后高纯氧化铝陶瓷盘及显微结构SEM图像

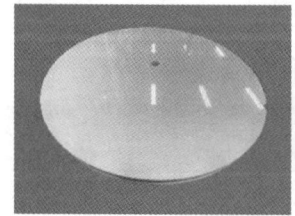 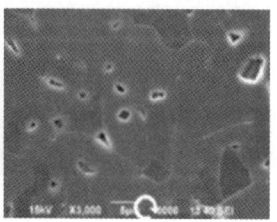

图2-67 普通与高纯氧化铝陶瓷抗弯强度和表面粗糙度对比

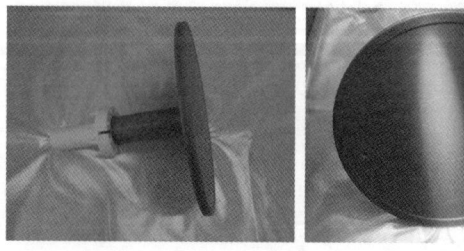

图2-69 苏州珂玛制备的氮化铝加热器

2.1 结构陶瓷产品与产业概述

此外，基于氮化铝优异的热传导性能以及绝缘性，可有效解决半导体设备腔体工作能耗和发热问题，氮化铝陶瓷被应用于半导体设备的陶瓷钟形罩和夹紧盘等，如图 2-70 所示。

图 2-70 氮化铝陶瓷钟形罩和夹紧盘

③ 半导体级碳化硅精密陶瓷

碳化硅精密陶瓷具有：(a) 高强度、高硬度、高弹性模量、高比刚度、高导热系数、低热膨胀系数等优良性能，是一种理想的高性能结构材料；(b) 高度轻量化（轻量化率 60%～80%）、高形位精度（平行度垂直度小于 $1\mu m$）、高尺寸稳定性（高热导率低膨胀，不易产生大的尺寸形变）、清洁无污染（低级摩擦系数，运动中动能损失小，无磨削颗粒污染）等特点；(c) 耐高温 (1500℃)、抗氧化、高温强度高；(d) 耐酸碱等化学腐蚀和等离子体腐蚀；(e) 通过掺杂具有半导体电特性：$10^4 \sim 10^7 \Omega \cdot cm$，防静电损伤。

高纯度碳化硅陶瓷（99.999%）如反应烧结碳化硅（Si/SiC），或反应烧结碳化硅进行化学气相沉积碳化硅（CVD SiC）产品，在半导体晶圆刻蚀和热处理工艺中获得广泛应用，包括扩散炉晶舟、真空吸盘、方镜等，如图 2-71 所示。图 2-72 为化学气相沉积 CVD SiC 部件。

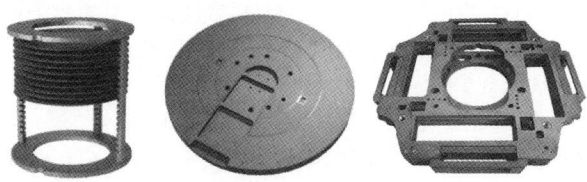

图 2-71 高纯度碳化硅陶瓷晶舟和真空吸盘及方镜

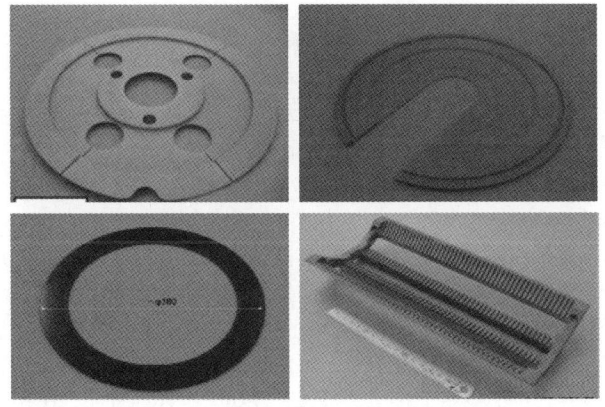

图 2-72 化学气相沉积 CVD SiC 部件

参考文献

[1] 谢志鹏. 结构陶瓷 [M]. 北京：清华大学出版社，2010.
[2] 谢志鹏. 智能终端陶瓷 [M]. 北京：清华大学出版社，2021.
[3] 谢志鹏，秦笑威，安迪，等. 我国先进结构陶瓷产业分布与发展及面临的问题与挑战 [J]. 陶瓷学报，2019，40 (1)：1-13.
[4] 江东亮. 高技术陶瓷的研究进展 [J]. 中国材料进展，2019，28 (12)：26-37.
[5] 肖汉宁，高井雄，郭文明，等. 工程陶瓷的技术现状与产业发展 [J]. 机械工程材料，2016，40 (6)：1-7.
[6] 肖汉宁，熊敏，郭文明，等. 多孔陶瓷膜及其在固液和气固分离中的应用 [J]. 陶瓷学报，2017，38 (6)：791-798.
[7] 张伟儒，李玲，王坤. 先进陶瓷材料研究现状及发展趋势 [J]. 新材料产业，2016 (4)：1-8.
[8] 张伟儒，高崇，郑彧. 氮化硅：未来陶瓷基片材料的发展趋势 [J]. 新材料产业，2016 (11)：34-37.
[9] 吴庆文，胡丰，谢志鹏. 高性能氮化硅陶瓷的制备与应用新进展 [J]. 陶瓷学报，2018，3 (01)：13-19.
[10] 贾德昌，张鹏飞，杨治华，等. Si-B(Al)-C-N 系非晶和纳米陶瓷材料研究进展 [J]. 中国材料进展，2011，30 (1)：5-12.
[11] 刘小冲，成来飞，张立同，等. C/SiC 复合材料在空间环境中德性能研究进展 [J]. 材料导报，2013，27 (5)：127-130.
[12] 李飞，刘吉轩，黄晓，等. 多孔超高温陶瓷：制备、结构及性能 [J]. 硅酸盐学报，2018，46 (12)：1669-1682.
[13] 易海兰，蒋志君，毛小建，等. 透明氧化铝陶瓷的研究新进展 [J]. 无机材料学报，2010，25 (8)：795-800.
[14] 李辰冉，谢志鹏，康国兴，等. 国内外碳化硅陶瓷材料研究与应用进展 [J]. 陶瓷学报，2020，39 (5)：1353-1370.
[15] 郎杰夫，谢志鹏，罗旭东，等. 高性能 Mg-PSZ 陶瓷材料的研究与应用进展 [J]. 陶瓷学报，2020，41 (3)：287-296.
[16] 李辰冉，谢志鹏，赵林. 碳化硅陶瓷材料烧结技术的研究与应用进展 [J]. 陶瓷学报，2020，41 (2)：137-149.
[17] 徐慧芳，冷泠，赵婉雨. 生物陶瓷应用与市场分析 [J]. 新材料产业，2016 (1)：13-16.
[18] 王黎钦，贾虹霞，郑德志，等. 高可靠性陶瓷轴承技术研究进展 [J]. 航空发动机，2013，39 (2)：56-60.
[19] SILVESTRE J, SILVESTRE N, BRITO J D. An Overview on the Improvement of Mechanical Properties of Ceramics Nanocomposites [J]. Journal of Nanomaterials, 2015 (3): 1-13.
[20] CHEN Y W, MOUSSI J, DRURY J L, et al. Zirconia in Biomedical Applications. [J]. Expert Review of Medical Devices, 2016: 1-19.
[21] ZHOU Y, HYUGA H, DAI K, et al. Development of High-Thermal-Conductivity Silicon Nitride Ceramics [J]. Journal of Asian Ceramic Societies, 2015, 45 (8): 12-16.
[22] LEE H M, BHARATHI K, KIM D K. Processing and Characterization of Aluminum Nitride Ceramics for High Thermal Conductivity [J]. Advanced Engineering Materials, 2014, 16 (6): 655-669.
[23] ZHOU Y, HYUGA H, KUSANO D, et al. A Tough Silicon Nitride Ceramic with High Thermal Conductivity [J]. Adv. Mater., 2011, 23, 4563-4567.
[24] MA Q C, ZHANG G J, KAN Y M, et al. Effect of Additives Introduced by Ball Milling on Sintering Behavior and Mechanical Properties of Hot-Pressed B4C Ceramics [J]. Ceramics International, 2010, 36 (1): 167-171.
[25] DARAKCHIEV R, DARAKCHIEV S, DZHONOVA-ATANASOVA D, et al. Ceramic Block Packing of Honeycomb Type for Absorption Processes and Direct Heat Transfer [J], Chemical Engineering Science, 2016, 155: 127-140.
[26] BURCU E. Sintering Applications: Powder Preparation, Properties and Industrial Applications of Hexagonal Boron Nitride [J]. In Tech, 2013: 33-53.

2.2 氧化物结构陶瓷产品企业

2.2.1 氧化锆结构陶瓷

东莞市夏阳新材料有限公司

地址：广东省东莞市常平镇巷口路28号
电话：0769-83939973
电邮：msg@xycarbide.com
网址：www.xycarbide.com
单位介绍：东莞市夏阳新材料有限公司是一家专注于先进陶瓷材料和硬质合金以及精密零部件的研发制造商，是拥有20多年全套超硬材料应用经验的方案提供商。生产销售的产品广泛应用于食品医疗、汽车新能源、激光半导体、石油化工、国防军工、航空航天等众多高端领域。公司创始人于2001年进入精加工行业，拥有20多年加工经验，于2009年成立夏阳新材料有限公司，并从2012年开始进行研发制造先进陶瓷，是国内少有的从粉体成型、烧结、精密加工到性能检测、应用方案提供的全产业链公司，也是国内少有的从事研发、生产及经营氧化锆、氧化铝、氮化硅、碳化硅、氧化镁锆等各类产品系统化全面发展的企业，同时还是清华大学陶瓷材料博士研究生社会实践基地。
主营产品：系列精密氧化锆产品、高强度钇稳定氧化锆陶瓷、高性能镁稳定氧化锆陶瓷零部件，氧化铝、氮化硅、碳化硅精密陶瓷部件。

东莞信柏结构陶瓷股份有限公司

地址：广东省东莞市塘厦镇石潭埔塘清西路28号顺络工业园
电话：0769-38808230
网址：www.sgcera.com
单位介绍：公司现在总资产为4.0亿元，建厂于东莞塘厦镇，拥有独立的工业园，建筑面积81800平方米。公司拥有26年氧化锆陶瓷制造经验，在早期就拥有较先进且完整的从粉料制备到制品加工的专业设备，是从事氧化锆陶瓷材料及制品研发、生产、提供技术解决方案的高新技术企业。26年来，公司一直专注于氧化锆陶瓷领域，不断创新。2011年，公司重组后成为深圳顺络电子股份有限公司控股的中外合资企业，在充分发挥传统结构件工业陶瓷的优势上，布局了电子陶瓷、家居陶瓷产品线，拟在中国消费电子行业的材料变革中发挥更大的作用，将氧化锆陶瓷材料的优越性能广泛运用到家居类和电子类消费产品中。目前公司拥有电子陶瓷、工业陶瓷、家居陶瓷三大完整齐全的产品线。公司拥有各种产品与工艺申请专利50多项，国家级高新认证产品5项，荣获深圳市科技进步奖等多项成就。系列产品被中国国际贸易促进委员会列为向欧盟市场推荐产品。
主营产品：氧化锆系列陶瓷产品，包括指纹识别片、陶瓷手机背板、智能手表陶瓷配件、（铁氧体、陶瓷）磁芯及陶瓷球阀、陶瓷刀等结构陶瓷产品，覆盖手机、智能穿戴、石油化工、机械、电子材料、生物陶瓷等领域。

潮州三环（集团）股份有限公司

地址：广东省潮州市凤塘三环工业城
电话：0768-6859262
电邮：sale@cctc.cc
网址：www.cctc.cc
单位介绍：潮州三环（集团）股份有限公司主要从事生产多层片式陶瓷电容器、金属玻璃封装连接端子、SMD用陶瓷封装基座、LED用陶瓷封装基座、氮化铝、氧化铝陶瓷基板、光通信用陶瓷部件、电阻器用陶瓷基体、固定电阻器、高频绕线片式电感器瓷芯及底片、燃料电池电极片等电子元件，是先进技术陶瓷产业基地。
主营产品：氧化锆陶瓷插芯、泛半导体精密陶瓷结构件、新能源与汽车领域精密陶瓷结构件、化工用精密陶瓷结构件、工业装备精密陶瓷结构件、片式电阻用氧化铝陶瓷基板、半导体陶瓷封装基座。

北京中兴实强陶瓷轴承有限公司

地址：北京市大兴区魏善庄工业区A38号
电话：010-89233753
电邮：wangyong@zxsq.com.cn
网址：www.csq-ceramic.com
单位介绍：北京中兴实强陶瓷轴承有限公司是中国首批专业生产工程陶瓷材料的民营企业，曾在陶瓷轴承及陶瓷滚动体方面获得国内首批发明专利，虽然专利早已过期，但其对整个行业产生了深远的影响，中国陶瓷轴承产业链因此得以快速发展。创始人团队自1982年开始经过40多年潜心研究和不懈努力，积累了丰富的生产实践经验以及相关科研成果。
主营产品：系列氧化锆陶瓷球和陶瓷轴承，包括280种型号P0～P4级精度的全陶瓷轴承，混合陶瓷轴，系列氧化陶瓷球、氧化锆陶瓷轴承。

浙江宏泰锆业科技有限公司

地址：浙江省湖州市德清县经济开发区
电话：0572-8018787 8018793 8018797
电邮：hongtai@zjhtgy.cn
网址：www.zjhtgy.cn
单位介绍：浙江宏泰锆业科技有限公司是专业从事研发、生产和经营锆系列制品的高新技术企业。引用等静压、注射、流延、凝胶等设备，生产工艺先进。公司生产的氧化锆陶瓷制品，以其高硬度、耐高温、电绝缘、比重轻、无磁性且耐磨损的多种优越性，广泛应用于化工、机械、轻纺、医疗、食品、民用装饰等各个领域。
主营产品：氧化锆陶瓷刀具、推剪刀片、光纤套管、结构陶瓷机械部件、陶瓷手表配件等。

淄博华创精细陶瓷有限公司

地址：山东省淄博市鲁泰大道55号

2.2 氧化物结构陶瓷产品企业

电话：0533-3582575
电邮：sales01@huachuangtc.com
网址：www.huachuangfc.com
单位介绍：淄博华创精细陶瓷有限公司位于山东省淄博市高新技术产业开发区。公司成立于2004年8月，注册资金2500万元，厂房6000平方米，职工65人，年销售收入3000余万元，是生产陶瓷新材料及其产品的高新技术企业、科技型高成长中小企业、淄博市氧化锆陶瓷工程技术研究中心、国家新材料产业化基地骨干企业；承担过四项国家级科研开发项目和多项省市级技术创新项目，获得国家专利20项，其中发明专利2项，实用新型专利13项，外观设计5项。公司起草了两项国家标准和一项行业标准，分别是《泥浆泵用金属陶瓷缸套》《氧化锆日用陶瓷刀》《耐磨硅酸锆球》。氧化锆陶瓷缸套是公司的主导产品，该产品于2004年研制成功并形成国家专利，2005年形成批量生产。公司的陶瓷缸套采用的是氧化锆陶瓷内套，使用寿命是金属缸套的8～10倍，是氧化铝陶瓷缸套的1.5～2倍，具有更高的性价比。公司起草的《泥浆泵用金属陶瓷缸套》产品标准已成为国家标准。公司产品已在国内多个油田广泛使用，并为国内较大的几家石油设备生产商进行配套，产品已出口到美国、加拿大、俄罗斯、南美、中东、欧洲、非洲等多个国家和地区。
主营产品：氧化锆陶瓷缸套。

深圳康柏新材料科技有限公司

地址：广东省深圳市宝安区石岩街道应人石社区青山下工业区第三栋一层
电话：0755-27762393
网址：www.szcompaq.com
单位介绍：深圳康柏新材料科技有限公司是以多年的陶瓷材料开发技术积累为基础建立起来的开发型为主的企业，在多类特种陶瓷材料的制造工艺、后加工工艺和市场化应用开发方面有很多独到的创新；在超硬陶瓷、软质陶瓷和功能陶瓷的几个领域或以产品的优异性能，或以独特的加工方式，或以完整的解决方案给个人客户和企业客户带来超出预期的价值。公司以氧化锆陶瓷加工为主，主要产品有氧化锆陶瓷刀、氧化锆陶瓷球阀、氧化锆陶瓷基板、氧化锆陶瓷牙、氧化铝陶瓷片、氧化锆陶瓷管、氧化铝陶瓷管、氧化铝陶瓷片等。
主营产品：氧化锆陶瓷密封环。

宜兴市九荣特种陶瓷有限公司

地址：江苏省宜兴市丁蜀镇陶都工业园湖光路177号
电话：0510-87492573
电邮：512736809@qq.com
网址：www.yxjiulong.com
单位介绍：宜兴市九荣特种陶瓷有限公司位于风景秀丽的太湖之滨，是一家专业研发、生产各种先进陶瓷零部件的民营企业，产品广泛应用于纺织、机械、化工冶金、电子通信、能源环保、生物医疗、航空航天、国防军工领域。公司成立于2003年，经过20多年的不懈努力，已与南京大学、上海硅酸盐研究所、清华大学等多所科研单位合作，企业规模不断扩大，如今已发展成为一家拥有300多名员工、占地约1.2万 m^2、建筑面积超过3万 m^2、固定资产达8000多万元的先进陶瓷企业。产品销往中国台湾地区，以及德国、意大利、日本、美国、巴西、印度等国家和地区。目前公司已具有年产5000万件的生产能力。
主营产品：氧化锆陶瓷耐磨件、氧化铝陶瓷、氧化钛陶瓷、碳化硅陶瓷、氮化硅陶瓷、氮化硼陶瓷。

焦作李封工业有限责任公司

地址：河南省焦作市中站区跃进路113号
电话：0391-6316577
电邮：jzlifenggongye@163.com
单位介绍：焦作李封工业有限责任公司是专业生产经营各类氧化锆产品的高新技术企业。公司主要产品有各种规格氧化锆粉体、研磨介质、陶瓷结构件等。目前氧化锆系列产品年产量已超过1800吨，产品均通过ISO 9001质量管理体系认证和ISO 14000环境管理体系认证。公司根据自身优势，先后与中科院、清华大学开展了材料研究和检测方面的合作，与河南理工大学合作成立新材料专业实习基地。
主营产品：氧化锆陶瓷结构件。

东莞市诺一精密陶瓷科技有限公司

地址：广东省东莞市高步镇高步村创兴路廉商智造产业园G栋三楼三至五区
电话：0769-28825488
电邮：eric@nuoyict.com
网址：www.nuoyipc.com
单位介绍：东莞市诺一精密陶瓷科技有限公司成立于2017年，荣获国家高新技术企业和广东省"守合同重信用"企业称号。公司专注于先进陶瓷材料与零部件，以及相关产品的研发与制造、专业检测、销售与服务。公司主要产品涉及精密机械、能源工业、电子通信、自动化设备、智能穿戴、医疗器械等各个领域，是一家提供先进陶瓷结构件及解决方案为一体的科技型企业。诺一精瓷从粉体成型、材料烧结、精密加工、检测检验，到成品出货的整个陶瓷生产流程全部自主完成。从优质的材料性能入手，采用一流的加工设备、专业的检测设备，发挥强大的研发能力，最终生产出在业内享有盛誉的杰出品质产品，为客户提供全方位的优质服务。产品主要应用于泛半导体领域的高端部件及夹治具，如陶瓷吸盘、液晶注泵。在生物医疗领域的产品有陶瓷柱塞泵、分血阀、牙齿矫正器等。公司产品还广泛地应用于SMT、新能源、光纤通信、流体控制、先进机械装备等行业，产品获得10多项实用新型专利技术。
主营产品：氧化物陶瓷、氮化物陶瓷、碳化物陶瓷、石英陶瓷等。

圣戈班陶瓷材料

地址：上海市静安区山西北路99号苏河湾中心15楼02B、03、04单元
电话：400-888-0198
电邮：CeramicMaterials.CN@saint-gobain.com

网址：www.saint-gobain.com.cn/ceramic

单位介绍：圣戈班陶瓷材料主要从事各种先进陶瓷材料的研发及生产，产品范围包括陶瓷颗粒与粉末、特种耐火材料、陶瓷系统及快蜡实业等。为客户提供专业的以陶瓷为基础的创新材料解决方案，以满足其应用领域的严苛需求。在中国设有七大生产基地，包括陶瓷材料郑州、西普磨介邯郸、北京西普耐火材料、临沂耐火材料、陶瓷材料连云港、广汉陶粒和精细陶瓷上海。

主营产品：氧化锆研磨珠、表面处理喷丸、氧化锆粉、锆化学品、磨料、精密抛磨、涂层方案、耐火氧化锆、氮化硼等。

郑州正兴新材料科技有限公司

地址：河南省郑州市上街区工业路西段137号
电话：0371-68000888
电邮：154336402@qq.com
网址：www.zhengxingkeji.cn
单位介绍：郑州正兴新材料科技有限公司是一家依托水基流延工艺为核心技术，专门从事各种片式特种陶瓷研发、生产和销售的高技术企业，产品广泛应用于信息通信、消费类电子、汽车电子、LED照明、纺织、印刷以及医疗等领域。
主营产品：氧化锆陶瓷手机背板、氧化锆陶瓷分切刀片、氧化锆陶瓷指纹识别片和氧化锆（氧化铝）陶瓷基片等。

浙江景鹏锆业科技有限公司

地址：浙江省衢州市世纪大道899号
电话：0570-3662299
电邮：idahu@kingpin-china.com
网址：www.kingpin-china.com
单位介绍：浙江景鹏锆业科技有限公司是一家专业生产和研发氧化锆陶瓷产品的生产型企业。公司成立于2008年3月，拥有自营出口权，现有花园式生产厂房22800多平方米，是国内生产特种陶瓷产品的生产型企业之一。公司拥有氧化锆流延成型、水基凝胶工艺、注射工艺、氧化锆干压等静压成型技术，拥有棒子等静压专用设备。
主营产品：氧化锆薄片基材、刀片、棒子、板材、结构件异型件等各种氧化锆产品。

洛阳世博精密轴承有限公司

地址：河南省洛阳市宜阳县福通智能制造产业园
电话：18617613857
电邮：litian@lttcfzc.cn
网址：www.lyshibozc.com
单位简介：洛阳世博精密轴承有限公司是一家专注研发生产高精密特种轴承、生产和销售为一体的企业，产品种类包含深沟球、调心球、推力球、外球面、角接触球等，标准和非标件材料，材料分为：陶瓷轴承（氧化锆轴承、氮化硅轴承、碳化硅轴承）、不锈钢轴承材质（440、420、304、316）、塑料轴承（PEEK、POM、PVDF、PP）等。产品广泛用于石油、化工、电子、纺织、医疗、航空航天等领域，出口至日本、美国、韩国、加拿大、英国、德国、澳大利亚等10余个国家和地区。公司建有研发中心，拥有各类数控车磨加工生产设备80余台，陶瓷轴承和结构件100万套。
主营产品：全陶瓷轴承、混合陶瓷球轴承等。

浙江万众精密轴承股份有限公司

地址：浙江省嘉兴市海宁市经济开发区石泾路73号
电话：0573-87095377
电邮：zjwzjmzc@zjwzjm.com
网址：www.zjwzbearing.com
单位介绍：浙江万众精密轴承股份有限公司生产各类高精密滚动轴承，P5、P4、P2轴承均达到万能组合精度，为多家行业龙头企业提供替代进口产品，质量稳定可靠，得到了广大客户的好评。广泛用于精密机床、电动注塑机、电动缸、全电折弯机、机器人、光伏、航空航天等领域。
主营产品：陶瓷球轴承等。

上海陶宝陶瓷新材料开发有限公司

地址：上海市嘉定区南翔镇静唐路3号
电话：021-69175800
电邮：zxsh3q@163.com
单位介绍：上海陶宝陶瓷新材料开发有限公司自成立以来与上海材料研究所等多家研究院合作，专业研发工业结构陶瓷，同时引进国际先进生产工艺，拥有注塑成型、干压、静压等先进成套设备，自主创新，相继开发出高强度、高密度、高性能的陶瓷剪刀片、纺织机械零配件、医疗器具、高压喷嘴、厨房刀具、齿轮与轴棒、螺丝螺帽等。产品的特点为耐磨损、耐高温、耐酸碱，广泛应用于航空航天、电子、生物医疗、化工以及各类机械设备零部件，部分产品填补了国际与国内的空白。
主营产品：氧化锆结构陶瓷。

国光（宣城）新材料科技有限公司

地址：安徽省宣城市宣州区寒亭镇寒亭工业园兴业路9号
电话：0563-3957222
电邮：lj@semmatic.cn
网址：www.semmatic.cn
单位介绍：国光（宣城）新材料科技有限公司是台港澳与内陆合资企业，专业从事高精度陶瓷、电路保护电子产品生产。公司成立于1994年，专业生产各种精密高纯度氧化铝、氧化铝制品，如坩埚、球、棒、水阀片、PTC、NTC、Thermistor及Piezo transformer产品。
主营产品：氧化锆陶瓷轴、钛酸铝陶瓷浇口套等。

常州市云贝陶瓷有限公司

地址：江苏省常州经济开发区横林镇崔共路6号
电话：13806128527
电邮：18262962246@163.com
单位介绍：常州市云贝陶瓷有限公司是国内较早采用粉末注射

2.2 氧化物结构陶瓷产品企业

成型技术（PIM）生产氧化锆纳米陶瓷的厂家，经过多年的不懈努力，不断开发新型黏结剂和优化隧道窑自动化工艺的编程，使陶瓷制品烧结后尽可能接近原始图纸尺寸，减少 CNC（计算机数字控制技术）打磨环节，缩短工艺流程时间。公司配备有陶瓷工艺的标准化厂房、专业的设备、完善的质量检测系统和科学的管理模式，可为广大用户提供从产品的模具设计、开发到生产配套的全方位优质服务。

主营产品：光伏设备用陶瓷件、纺织陶瓷、结构件、氧化锆发黑陶瓷。

河北海策陶瓷有限公司

地址：河北省邯郸工业园区刘南线与 309 国道交叉口南 2 公里路东
电邮：xjt@hi-cera.com
网址：www.hi-cera.com
单位介绍：河北海策陶瓷有限公司是专业从事陶瓷轴承与结构陶瓷产品的研发、生产、加工和销售的科技型企业。公司拥有近十年的特种陶瓷制品和陶瓷轴承的生产加工历史和经验，加工和生产设备齐全，拥有经验丰富的操作工人、完整科学的质量管理体系，并与国内多家科研机构合作，不断开发特种陶瓷在各领域的新用途，具有强大的技术实力和开发能力。高性能结构陶瓷因其高强度、高硬度、耐高温、耐磨损、抗腐蚀、无磁性、电绝缘等金属材料所不具备的显著特性，在各工业领域，如航空航天、石油、化工、纺织、食品、机械制造、武器装备等得到越来越广泛的应用，成为未来新材料发展的主要支柱。
主营产品：氧化锆、氮化硅、碳化硅全陶瓷轴承，混合陶瓷轴承，氮化硅、碳化硅、氧化锆、氧化铝陶瓷结构件，氧化锆、氧化铝陶瓷轴承球及研磨球、阀球等。

潮州市丰业锆业新材料有限公司

地址：广东省潮州市北片工业区银槐北路
电话：0768-6730239
电邮：donna@fysy.cn
网址：www.fygy-cn.com
单位介绍：潮州市丰业锆业新材料有限公司是专业研发生产氧化锆系列产品的高新技术企业，占地 60000m²，拥有智能化多功能生产厂房 28000m²，以及 700m² 的研发试验中心和 10000m² 的园林式员工生活区，是国内能够独立完成从粉体制作、成型、烧结到精细加工全部生产工序的大型规模化厂家。公司拥有国内外先进陶瓷材料研究专家和一批资深的工程技术人员。配套国际先进生产加工设备和测试检验仪器，引进等静压、流延、凝胶、注射、注浆等先进成型设备，采用专利技术生产的高性能结构陶瓷系列产品，以其高硬度、耐高温、耐磨损、抗腐蚀、电绝缘、无磁性、相对密度轻等金属无法比拟的性能，广泛应用于航空航天、核工业、石油、化学、轻纺、食品、医疗器械、机械等各个领域。
主营产品：陶瓷刀、陶瓷结构件、氧化锆粉、陶瓷阀门、特殊结构件定制。

株洲市创锐高强陶瓷有限公司

地址：湖南省株洲市天元区海纳川工业园 4 栋
电话：0731-28813608
电邮：sunrui-tc@163.com
网址：www.sunrui-tc.com
单位介绍：株洲市创锐高强陶瓷有限公司是一家专业生产高性能陶瓷材料和制品的企业。公司以世界先进陶瓷技术和工艺为创新目标，采用较先进的设备和检测仪器，严格控制产品品质，向国内外市场提供 Y-Zr、A-Zr 及 FZTA 多种高强度、耐磨损、耐腐蚀、耐高温等锆类工程陶瓷零部件，以及其他多功能陶瓷零部件和产品。其中，A-Zr 陶瓷材料以较高的性价比和可靠的品质大量应用于各工业领域，并成为生产陶瓷阀芯的较好材料。公司自 1998 年开始独立研发生产氧化锆陶瓷微珠，属于国内较早的氧化锆陶瓷微珠制造商，并在早期推出 Z80 氧化锆珠、纳米氧化锆珠及直径小于 100μm 级的氧化锆微珠。微珠的各项性能指标达到较先进水平，产品远销欧洲、美洲、亚洲等 10 多个国家和地区。
主营产品：氧化锆陶瓷制品。

湖南华联特种陶瓷有限公司

地址：湖南省醴陵市陶瓷科技工业园 C 区（仙山塘旁）
电话：0731-23242259
电邮：562554457@qq.com
网址：www.hnhltt.com
单位介绍：湖南华联特种陶瓷有限公司是陶瓷、特种陶瓷、氧化锆、氧化铝、氧化锆增韧氧化铝、99％氧化铝刚玉系列材质的研磨介质、结构件、钇稳定氧化锆超细粉、锆宝石、陶瓷轴承等产品专业生产加工的合资经营企业（港或澳、台资）。
主营产品：氧化锆陶瓷活塞棒、氧化锆全瓷轴承、氧化锆环、氧化锆球阀。

东莞市海坤新材料有限公司

地址：广东省东莞市常平镇卢屋三联路 159 号时代智睿科技 3 栋 501 室
电话：0769-81182989
电邮：shengbingzhou@126.com
网址：www.haikunc.com
单位介绍：东莞市海坤新材料有限公司是一家集开发、设计、成型、烧结、生产、销售于一体的工业精密陶瓷零件制造企业。公司主要生产氧化锆陶瓷、氧化铝陶瓷、氮化硅陶瓷等先进瓷材料和先进陶瓷精密零件，产品广泛应用于航空航天、机械设备、电子、医疗器械、新能源、半导体、汽车、军工等领域。经过十几年的发展，已拥有国内客户近 4000 家，与 60 多所高校和研究院有业务往来，拥有国外客户 500 多家，遍布 60 多个国家和地区。
主营产品：氧化锆陶瓷、氧化铝陶瓷、氮化硅陶瓷、氮化铝陶瓷等。

郑州方铭高温陶瓷新材料有限公司

地址：河南省新密市苟堂镇石桥村石桥工业园区
电话：15516930005
电邮：sales@chinafmxc.com
网址：www.chinafmxc.com
单位介绍：郑州方铭高温陶瓷新材料有限公司成立于2015年，占地面积12000余平方米，各种设备400多台（套），具备年产高纯超高温新型复合纳米陶瓷材料及制品20000吨左右，拥有专利47项，获得河南省科技成果鉴定证书4项，完成并通过了各项软性认定资质16项，是郑州市"1125聚才计划"创新领军团队企业、河南省知识产权优势企业、工信部固废资源再利用先进适用性设备目录收录企业。公司与武汉科技大学国家重点实验室、陕西科技大学、河南工程学院等院校建立长期产学研合作，是"中国制造2025"规划目录中国家提倡和重点发展的新材料类别中，急需突破关键技术应用于极端环境超高温结构陶瓷的稀土复合新材料高新科技生产企业。
主营产品：纳米氧化锆材料及制品。

宜兴市海盾精密陶瓷有限公司

地址：江苏省宜兴市丁蜀镇潘南社区洛涧工业园区
电话：0510-87980802
电邮：shengbingzhou@126.com
网址：www.hardenc.com
单位介绍：宜兴市海盾精密陶瓷有限公司成立于2018年，拥有先进的干压成型、湿式等静压成型、干式等静压成型、注射成型等成型设备。同时还有多台高温烧结炉、气压烧结炉等烧结设备，以及多台精密加工设备。主要生产氧化锆陶瓷、氧化铝陶瓷、氮化硅陶瓷棒材、管材、板材和精密零件。公司有先进的成型、烧结、精密加工一条龙设备和技术，希望与海内外客户进行广泛的真诚合作。
主营产品：氧化锆陶瓷、氧化铝陶瓷、氮化硅陶瓷精密零件。

湖南皓通新材料有限公司

地址：湖南省娄底市经济开发区二园区创业一路
电话：0738-8322722
电邮：936862971@qq.com
网址：www.hunanhaotong.com
单位介绍：湖南皓通新材料有限公司主要生产结构陶瓷产品，并从事陶瓷粉体加工及销售，陶瓷粉末喷涂，五金模具制品、机械加工等。氧化锆被誉为21世纪最具发展前途的材料之一。由于氧化锆、氧化铝陶瓷硬度大、耐高温、耐酸碱腐蚀、耐磨、超高频绝缘等特点，被广泛应用于电子、电器、机械、化工、冶金、电力、航空航天等行业。在市场经济形势下，结合自身科学化、人性化的管理体制，公司组建了一支专业队伍，作为自主研发生产特种陶瓷的强力后盾，随着生产设备的投入更新、工艺的创新，产品的科技含量和品质不断提高。
主营业务：氧化锆结构陶瓷生产，承接氧化铝、碳化硅、氧化锆及结构件产品定做。

雅安远创陶瓷有限责任公司

地址：四川省雅安市工业园区
电话：0835-3236639
电邮：yayctczyh@foxmail.com
网址：www.yuanchuangceramic.com
单位介绍：雅安远创陶瓷有限责任公司成立于2007年，是一家专门从事氧化锆结构陶瓷材料研发及生产的高新技术企业。企业的前身是都江堰市川南特种耐火材料厂，发展至今已专注于氧化锆陶瓷材料研发生产18年，是国内最早从事陶瓷喷砂珠产品研发与生产的企业之一，企业已达到年产1500吨氧化锆陶瓷喷砂珠、20万件陶瓷针（销）式塞规产能。2010年，公司自主研发生产的"硅酸锆陶瓷喷砂珠"获得国家发明专利（专利号：ZL200810045235.7），已获得授权发明专利5项，实用新型专利39项，如今已形成年产3000吨硅酸锆陶瓷喷砂珠、20万件陶瓷针（销）式塞规产能。
主营产品：氧化锆陶瓷喷砂珠、氧化锆陶瓷针规等。

苏州迈昂新材料有限公司

地址：江苏省苏州市吴中区枫瑞路88号
电话：0512-67708756
电邮：marketing@szmaxc.com
网址：www.szmaxc.com
单位介绍：苏州迈昂新材料有限公司坐落于被赞誉为人间天堂的苏州，毗邻上海，依托长三角优越的地理优势、优秀的人才和广阔市场，致力于创造一个以陶瓷制品为主导的技术企业。随着当今世界工业发展进步，公司引进国际技术标准和设备，与国内多所专业院校合作，力求为客户提供优质的研磨材料和机械配件。公司自主研发的陶瓷系列及配套产品广泛应用于精密机械、精细化工、电子浆料、半导体、新能源、纳米新材料、仪表仪器、采矿等各个高精端领域。陶瓷产品应用领域的特殊性和专业性强，为保证产品得到合理应用，充分发挥其材料的优越性，迈昂新材料可为广大客户提供售前、售中、售后超越产品本身价值的全面技术服务和解决方案。
主营产品：氧化锆陶瓷件、氧化锆球、氧化锆球磨珠、95%氧化锆球、65%氧化锆球、氧化锆微珠、陶瓷研磨介质、陶瓷结构件等氧化锆球系列产品。

无锡市耀恩科技有限公司

地址：江苏省宜兴市宜城街道南园村
电邮：1278088391@qq.com
网址：www.wxyaoen.com
单位介绍：无锡市耀恩科技有限公司自有专业生产线生产研磨微珠、电器陶瓷、纺织陶瓷、电子陶瓷、仪表陶瓷、机械陶瓷、工业陶瓷、陶瓷喷嘴、陶瓷点火头、蜂窝陶瓷、化工陶瓷、工程陶瓷、发热陶瓷、氧化锆陶瓷、氧化铝陶瓷、精密陶瓷、滑石瓷、高频瓷、瓷管、瓷棒、瓷杂件、99%氧化铝瓷、95%氧化铝瓷等各种陶瓷件产品，产品广泛应用于各种温控器陶瓷壳体、各种灯具灯头及各类电器，具有耐高压、耐高温、绝缘强

2.2 氧化物结构陶瓷产品企业

度高、机械强度好等优良的电气性能，畅销于全国各地，并远销国外。

主营产品：氧化锆陶瓷、氧化铝陶瓷、滑石瓷、堇青石陶瓷等。

合肥汇智新材料科技有限公司

地址：安徽省合肥市高新区望江西路 800 号创新产业园 A3 楼 210-A5 室

电邮：zhuoshaohua@primim.com

网址：www.primim.com

单位介绍：合肥汇智新材料科技有限公司专注于粉末注射成型技术（PIM）的研发及应用，主要从事各类金属、非金属、陶瓷及复合材料技术的研发，元器件、零部件、粉体材料、中间产品、系统设备的销售，以及相关技术服务、设计服务、咨询服务。公司拥有自主研发的喂料配方和与之配套的全套 PIM 生产工艺，材料体系涵盖不锈钢、可伐合金、镍基合金、铜、玻璃、氧化铝、氧化锆等，产品应用于消费类电子产品、医疗器械、军工产品等领域。

主营产品：氧化锆配件、陶瓷烟嘴、陶瓷手表。

厦门新瓷材料科技有限公司

地址：福建省厦门火炬高新区（翔安）产业区翔虹路 22 号 302 单元

电话：0592-729-1399

电邮：info@xmcera.com

网址：www.xmcera.cn

单位介绍：厦门新瓷材料科技有限公司（厦门新瓷）成立于 2015 年 6 月，是一家专业从事精密陶瓷材料研发、生产和销售的科技型企业。新瓷为客户提供高精度、高品质的精密陶瓷零件，提供包括氧化铝、氧化锆、氮化铝和氮化硅等新型陶瓷材料，涉及陶瓷成型、烧结、机械加工和精密磨削等先进制造技术。公司坚持弘扬"诚信、务实、创新、卓越"的企业精神，始终遵循"格物致知、陶冶成器"的经营理念，认真贯彻"质量第一，客户至上，持续改进，追求卓越"的质量方针，以为客户提供优质的产品和优良的服务为己任，致力于打造中国最具影响力的精密陶瓷零件提供商。

主营产品：氧化锆陶瓷制品、氧化铝陶瓷制品、氮化铝陶瓷制品、氮化硅陶瓷制品等。

淄博瑞丽博陶瓷科技有限公司

地址：山东省淄博市淄川区龙泉镇

电话：0533-5430117

电邮：272131515@qq.com

网址：www.zbreliable.com

单位介绍：淄博瑞丽博陶瓷科技有限公司是一家专业从事锆系列产品研发、生产与经营的高新技术企业。公司主要产品有氧化锆粉体、陶瓷研磨球、陶瓷义齿瓷块、陶瓷机械配件等。公司自成立以来，一直与清华大学、中南大学、上海硅酸盐研究所保持紧密合作，具备较高的研发和技术支撑能力。

主营产品：氧化锆陶瓷件。

德州长虹机械制造有限公司

地址：山东省德州市天衢工业园盛园路 868 号

电话：0534-2358517

电邮：mudpumpparts@163.com

网址：www.dzchmachinery.com

单位介绍：德州长虹机械制造有限公司是一家专业生产销售泥浆泵缸套（包括锻造双金属缸套和纯氧化锆陶瓷缸套）、阀箱活塞及活塞杆、阀体阀座、介杆、弹簧和各种密封圈等泥浆泵配件的企业。公司严格按照 ISO 9001 质量管理体系和 API Spec 7K 执行标准加工生产，产品主供各大油田及钻井平台，为中石油、中石化的供应商，产品远销美国、加拿大、中东、委内瑞拉、印尼等 60 多个国家和地区，深受广大用户青睐。

主营产品：泥浆泵缸套（包括锻造双金属缸套和纯氧化锆陶瓷缸套）、阀箱、活塞及活塞杆、阀体阀座、介杆、弹簧和各种密封圈等泥浆泵配件。

济南天虹特种管道有限责任公司

地址：山东省济南市章丘区双山经济开发区城东工业园

电话：0531-83323016

电邮：tianhongguandao@163.com

网址：www.jntianhong.cn

单位介绍：济南天虹特种管道有限责任公司作为一家现代化的高新技术企业，曾荣获山东省科学技术委员会颁发的"高新技术企业"称号，并已通过 ISO 9001 质量管理体系认证、职业健康安全管理体系认证、ISO 14000 环境管理体系认证。公司产品在超抗磨、抗腐蚀及脱硫等相关领域得到了广泛应用，是洗选煤、矿山、铁矿、尾矿、水煤浆行业及化工、电力、机械制造等行业的合作伙伴。超抗磨材料主要包括超高分子耐磨系列、超耐磨刚玉系列、超耐磨铸造系列、超耐磨陶瓷系列。其中微晶陶瓷耐磨管材是公司研发的新产品，该产品具有耐磨性好、质量轻、安装方便、端面平整、无接缝等特点。作为超抗磨材料生产、研发企业，公司提供从应用咨询、现场测量、设计服务、材料生产直到安装的全方位服务方案，并根据顾客实际情况选择合理的材料进行联合应用，提供解决方案以降低顾客的生产成本。

主营产品：氧化锆刚玉耐磨管道、微晶陶瓷耐磨管材。

山东磊宝锆业科技股份有限公司

地址：山东省淄博市周村区恒星路 70 号

电话：0533-6058393

电邮：lbgy_rock@163.com

网址：www.leibaozr.com

单位介绍：山东磊宝锆业科技股份有限公司前身是成立于 2001 年的淄博市周村磊宝耐火材料有限公司，2014 年 9 月公司整体改制为股份公司，改制后注册资本为 4000 万元。公司是专业从事锆系列产品研发、生产和销售的高新技术企业，是集高纯耐火陶瓷原料、高纯耐火陶瓷制品、高致密陶瓷粉体、超高温炉体材料于一体的新型科研生产企业。历经 20 余年的发展，公司自主创新研发的采用硫酸法生产硫酸锆的新技术，为硫酸锆生产这一高污染行业提供了绿色制造技术解决方案，以生产磊宝牌工业氧化锆及氧化锆各类制品为基础，成功开拓了一条自上游原料回收到中间各类化学锆提炼加工，直至各类氧化锆制品生产的产业链。产品不仅涉及钢铁、化工、耐火材料等传统领域，同时也延伸到光纤通信、人工晶体、LED、人造宝石、核能安全等新兴产业。

主营产品：钙稳定电熔氧化锆制品。

洛阳洛瓷商贸有限公司

地址：河南省洛阳市涧西区联盟路15号
网址：www.lyluoci.com
单位介绍：洛阳洛瓷商贸有限公司是一家高新科技股份制公司，现有工程技术人员32人。公司拥有较先进的化学稳定氧化锆和电熔稳定氧化锆、专用钛白粉生产线。2016年通过了ISO 9001质量管理体系认证。公司产品采用湿法化学生产钇稳定氧化锆粉、二氧化锆、铈稳定氧化锆等，在氧化锆行业中以稳定、高品质著称，产品远销欧、美、日、韩等国家和地区。在此基础上建成的氧化锆陶瓷生产线，采用钇稳定、铈稳定、锆铝复合氧化锆粉体，采用等静压成型技术、高温烧结技术和后加工技术，精制生产各种氧化锆磨介、氧化锆陶瓷结构件。产品以其较优异的物理性能被广泛应用于电子、电池、机械制造、电子陶瓷、耐火材料、陶瓷阀门、砂磨机配件、耐磨管件、矿用设备等领域。公司还可根据客户应用制品的性能要求与成本需求进行专门品质产品的定制。公司有自营进出口权，产品得到国内外用户的一致好评。公司以"优质效率、开拓奋进"为企业发展宗旨，本着"互惠、互利、互助"的共同发展原则，真诚希望与您合作。
主营产品：氧化锆陶瓷刀。

株洲丰海陶瓷有限公司

地址：湖南省株洲市天元区中达路高科汽配园A区7栋3楼
电话：0731-22526785
电邮：653865640@qq.com
单位介绍：株洲丰海陶瓷有限公司是一家生产氧化锆陶瓷的专业公司。
主营产品：氧化锆陶瓷电推剪刀片、氧化锆陶瓷水阀片、氧化锆陶瓷结构件。

北京威普斯科技有限公司

地址：北京市海淀区苏家坨镇西埠头村北平房80号
电话：010-89709036
电邮：vps@vpstech.net
网址：www.vpstech.net
单位介绍：北京威普斯科技有限公司成立于2005年，是一家专为软磁铁氧体磁性材料行业、片式电容器、片式电感器、热敏电阻及瓷介电容器等电子行业生产的烧结工序，提供氧化锆承烧板的材料供应商，并可为其他行业提供各种氧化锆制品，兼营各种规格的氧化锆材料及专为有色金属铸造提供所需的各种耐火材料（氧化锆、锆英砂、稀土、氧化钙）及锆基、钇基、钙基、铝基胶黏剂。公司生产经验丰富，设备精良，工艺先进。产品规格多，品种齐全。主要有各种尺寸及形状的板形和槽形高温承烧板。主要适用于：①软磁铁氧体磁芯烧结用高温承烧板；②瓷介电容、片式电容器、片式电感及热敏电阻等电子行业用高温承烧板。
主营产品：氧化锆陶瓷制品、稀土类精细陶瓷制品、氧化钇陶瓷。

东莞市精泰轴承有限公司

地址：广东省东莞市大岭山镇新塘村石大路96号天亨达工业园B栋
电话：0769-85782186
网址：www.dgjtzc.com
单位介绍：东莞市精泰轴承有限公司主营陶瓷轴承和塑料轴承，是目前华南地区的一家生产型企业。公司拥有自主创新研发能力，可独立完成研发、制造、销售、售后。目前，公司主要产品为全陶瓷轴承、塑料轴承、混合陶瓷球轴承、轴承配件，并可依客户要求定做各类非标型轴承。陶瓷轴承具有耐磨、防酸碱、耐腐蚀、无油自润滑和抗生锈、耐高温低寒等特点，受到广泛认可和应用。塑料轴承也是轴承行业中的后起之秀，销量日益上升。塑料轴承因为具有高精度、低摩擦、低噪声、质量轻，安装简便，环保安全等优点，随着新材料的不断开发，在工程上得到了广泛应用。常用的塑料轴承材料有PP、POM、PE、PI、PEEK、PTFE、PVDF、HDPE、UPE、PA等。可根据工作环境要求的不同而选择不同的材料。
主营产品：氧化锆陶瓷轴承（6904）。

佛山市赛科高技术陶瓷有限公司

地址：广东省佛山市南海区丹灶镇建沙路东二区1号联优谷北苑11座
电话：0757-86402653 86191588
电邮：ceco@sohu.com
网址：www.ceco-tec.cn，www.fsceco.cn
单位介绍：佛山市赛科高技术陶瓷有限公司一直致力于现代工程陶瓷及其精密零件产品的开发和生产，并将其不断推广到新的应用领域或行业中，从而使客户及公司产品的竞争力得到提高。
主营产品：氧化锆陶瓷转盘、陶瓷功能配件。

深圳市宇特超硬工具有限公司

地址：广东省深圳市宝安区石岩街道塘头一路创维创新谷2A栋
电邮：412516636@qq.com
电话：0755-26633170
网址：www.yutedent.cn
单位介绍：深圳市宇特超硬工具有限公司是专业生产硬质合金切削工具的企业，主要专注于制造氧化锆车针、金属车针、玻璃陶瓷车针、冠体打磨车针和种植体车针等，目前月生产能力

2.2 氧化物结构陶瓷产品企业

为5万~10万只。氧化锆系统兼容的车针有：也兰兼容车针、登特mill兼容车针、LAVA兼容车针、VHF兼容车针、IMES兼容车针、泽康兼容车针、吉尔巴赫兼容车针、威兰德MINI兼容车针、罗兰兼容车针、ZZ自动兼容车针、ZZ（手动）兼容车针，各种国产自动设备车针，卓田、翔通、精雕、申雕、爱尔创、洛耐院、九时、富雕、达尔美等兼容车针，以及国内外金属兼容车针。公司选用的原材料是德国超细颗粒硬质合金材料，产品采用较先进的五轴以上CNC磨床设备和先进的技术制造而成，性能相比一般车针提高了5倍。因此公司产品具有精密度高、质量稳定、切削刃锋利、排屑性能好、耐磨和加工效率高的特点。公司已成功推出了多个系列的硬质合金刀具，并将陆续开发更先进的新型车针。可根据客户的非标需求定做。

主营产品： 氧化锆车针、金属车针、玻璃陶瓷车针、冠体打磨车针和种植体车针等。

深圳市御嘉鑫五金制品有限公司

地址： 广东省深圳市福田区CBD中心彩田路3069号星河世纪大厦A座11楼
电话： 0755-83686090
电邮： info@szyujiaxin.com　yujiaxin168@163.com
网址： www.szyujiaxin.com
单位介绍： 深圳市御嘉鑫五金制品有限公司创建于1998年，专业开发生产精密五金配件、各种高精度复杂机械零件、金属陶瓷异型结构件、各式齿轮、齿轮箱、蜗轮蜗杆及智能高新技术产品等。公司采用德国Doepfer、日本三菱、日本清和SWI-WA、日本监藤KASHIFUJI、瑞士MIKRON等系列高精密全自动加工设备，并拥有CAD及CAM系统、放电加工法及CNC工具机等新型设备，精度可控制在JIS0~JIS5级，以及DIN3~DIN9级。另外，公司还有精密电子高度规〔0~610微米（可测范围），2+L600微米（误差）〕，日本TOKYOTECHNICAL测定机、电子显微镜、维氏硬度测定计、德国ZEISS三次元里测机、进口电子数显千分尺等先进检测设备，从而保证了产品的质量。产品广泛应用于智能机器人、智能电子锁、智能考勤机、智能家居系统、智能扫地机、电动工具、绞肉机、遥控燃油车、水下游艇、汽车中控锁、眼镜、手机、仪器仪表、医疗器械、航空模型、手表、ATM等；产品销往中国港澳台地区，以及东亚、东南亚、欧美、北美等海外地区。

主营产品： 精密陶瓷配件、氧化锆陶瓷环、陶瓷复杂结构件、纳米氧化锆陶瓷件、精密齿轮轴、粉末冶金齿轮、配件、医疗器械配件等。

深圳市丰海工贸有限公司

地址： 广东省深圳市坪山区龙田街道老坑社区盘龙路29号
电邮： billylif@163.com，2318388867@qq.com
网址： www.szfenghai.com
单位介绍： 深圳市丰海工贸有限公司是一家集开发、设计、生产加工、销售于一体的民营高新科技企业。公司主要从事氧化锆、氧化铝、氮化硅系列工程、装置、结构、电子等特种陶瓷及美容美发电子产品的研发、生产和销售。现公司生产的主要产品有氧化锆陶瓷剪刀片（家庭型、宠物型、婴儿型）、水果刀、氧化铝水暖陶瓷阀片、烫发板、灯座、密封环、氮化硅水族电机轴等系列。产品销往广东、浙江、福建等沿海城市，出口转销欧美及东南亚等国家。

主营产品： 氧化锆陶瓷剪刀片、水果刀；氧化铝水暖陶瓷阀片、烫发板、灯座、密封环；氮化硅水族电机轴等系列。

珠海市香之君科技股份有限公司

地址： 广东省珠海市华威路611号3号厂房二、三层
电话： 0756-3353269
电邮： sale01@luckychina.net
网址： www.luckychina.net
单位介绍： 珠海市香之君科技股份有限公司是集研发、生产、销售于一体的科技型企业，目前的主要方向为先进陶瓷的应用。现生产氧化锆陶瓷刀等产品，以出口为主，拥有完全的自主知识产权，获得"一种陶瓷刀""非金属刀"等30多项发明、实用新型专利。2010年开始，公司向汽车配件领域进发，开发汽车电喷系统的关键部件——高灵敏度片式氧传感器（通过自检尾气中的氧气含量，达到优化燃烧、节能减排的作用）；2014年公司开始向医疗器械进发，集中投入研发氧化锆陶瓷手术刀，生产出非金属材质的新一代手术刀，已经完成GMP车间验收。公司具有将氧化锆陶瓷材料产业化的成功经验和相对完善的科研设施，并正逐步在新的领域取得一系列实质性成果。

主营产品： 氧化锆陶瓷刀。

武汉洪雅光通信科技有限公司

地址： 湖北省武汉市洪山区东湖新技术开发区华师园5路华师大科技园2栋203
电话： 13691650407
电邮： chentailai620@126.com
单位介绍： 武汉洪雅光通信科技有限公司以"质量为本、诚信守诺、开拓创新"为经营理念，建立了严格的质量体系，已顺利通过ISO 9001的质量管理体系认证。公司注重专业人才的培养和储备，拥有专业的技术队伍和多条生产线、进口检测设备。公司在不断改革创新，工艺质量和产能不断提升。在技术人员的攻关下，开发出多种通信用无源器件产品，各项指标均达到同类产品的较高水平，通过了工业和信息化部产品检测和环保测试。

主营产品： 光模块用光纤插芯、陶瓷套筒、插芯适配器。

株洲金陶高能材料有限公司

地址： 湖南省株洲市天元区天易大道959号新马金谷C区4栋
电话： 0731-28812788
电邮： jintaogn@163.com
网址： www.gozirco.com
单位介绍： 株洲金陶高能材料有限公司成立于1998年，是专业从事锆系列精密陶瓷产品研发、生产、经营的高新技术企业。公司拥有成熟的氧化锆陶瓷生产加工工艺，采用先进的设备和检测仪器，严格控制产品质量和生产流程，为国内外各个行业领域，如电子材料、磁性材料、氧化硅、高岭土、碳酸钙钛白

粉、涂料、颜料染料、油墨、造纸、喷丸、采矿等长期提供优质稳定的产品和服务。1998 年实现了氧化锆陶瓷微珠 GZ95 的量产，自主研发并推出了 GZ80 氧化锆珠。2015 年实现了纳米氧化锆珠及直径小于 100μm 级的氧化锆微珠的量产。微珠的各项性能指标达到世界较高水平，产品远销美国、加拿大、俄罗斯、德国等几十个国家和地区。
主营产品：氧化锆增韧氧化铝。

湖南宏祥锆业高科有限公司

地址：湖南省株洲市攸县江桥街道胡公庙社区砖家塘组
单位介绍：湖南宏祥锆业高科有限公司是一家私营企业，注册资金 1000 万元人民币，经营范围为二氧化锆、结构陶瓷的研发生产、销售，主要面向中小企业及个人，提供二氧化锆、结构陶瓷研发、生产、销售等服务。
主营产品：二氧化锆结构陶瓷。

宜兴市华星特种陶瓷科技有限公司

地址：江苏省宜兴市环保科技工业园南岳路岳东路口
电话：0510-87066163
电邮：hxtc@hxtc.com
单位介绍：宜兴市华星特种陶瓷科技有限公司（华星特瓷）是一家生产各类氧化锆特种陶瓷产品，并提供相关技术和产品咨询服务的专业厂商。公司在氧化锆新材料的应用领域积累了 20 多年的研发经验，为来自烟草机械、纺织机械、能源、化工、通信等行业的客户开发过大量产品。公司不仅生产高质量产品，更通过其技术和服务为客户创造价值。具体产品包括薄片状、棒状、环状，以及各种异型产品。
主营产品：氧化锆陶瓷。

宜兴市亚德润陶瓷有限公司

地址：江苏省宜兴市丁蜀镇查林工业区
电话：0510-87480016
网址：www.yxydr.com
单位介绍：宜兴市亚德润陶瓷有限公司是一家专业生产耐磨陶瓷、工业陶瓷的厂家。公司集研发、生产、销售于一体，生产设备先进，技术力量较雄厚。公司坐落在陶瓷古都宜兴，产品以耐磨陶瓷为主。生产的耐磨陶瓷强度高、耐磨损、经久耐用、成本节约，广泛应用于电厂、水泥、煤炭、粉体工程、矿山机械、锅炉、港口、码头等厂家的机械易磨损部位粘贴焊接耐磨陶瓷内衬，减少了设备的磨损，延长了设备使用寿命，提高了生产效率，降低了企业成本。公司系列产品一直以品种全、价格优、质量高而广受用户欢迎，产品在电子、冶金、机械、化工、纺织、仪器仪表等领域广泛应用。随着时代的不断发展，各种设备的更新换代，会有更多领域将采用陶瓷产品替代原先的产品，公司将迎接更美好的市场广阔前景。面对未来的市场竞争，公司秉持"精益求精，不断创新"的经营理念，走科技创新之路，不断壮大自己，更好地为客户服务。
主营产品：氧化锆陶瓷、陶瓷散热片、瓷棒、瓷管、瓷片、瓷钩、高频瓷、陶瓷喷嘴等。

宜兴市凯丰陶瓷制造有限公司

地址：江苏省宜兴市丁蜀镇任墅工业西区
电话：0510-87431626
电邮：ceramics@yxkf.cn
网址：www.yxkt.cn
单位介绍：宜兴市凯丰陶瓷制造有限公司成立于 2005 年，是 ISO 9001:2008 认证企业，主要从事半导体精密陶瓷、高精密陶瓷件和高科技陶瓷的生产与研发。公司拥有数控加工中心、精密平面磨床精度可以达到 0.005mm、平面度 0.002mm，大型内外圆磨床精度可以达到 0.01mm，现代的大型等静压设备和超高温隧道窑资源，并拥有一批经验丰富、专业高效的研发队伍，同时具备设施齐全的生产设备和完善的质量控制体系，已具备加工超大规格结构陶瓷件和高精度陶瓷件的能力。
主营产品：氧化锆陶瓷、氧化铝陶瓷、滑石瓷、莫来石陶瓷、刚玉莫来石陶瓷、氧化镁陶瓷等。

淄博超馨陶瓷科技有限公司

地址：山东省淄博市高新区先进陶瓷科技创新中心专家公寓 2 幢 1 单元 504
电邮：13589492033@163.com
单位介绍：淄博超馨陶瓷科技有限公司是一家高新技术陶瓷新材料企业，氧化锆陶瓷缸套是主导产品，陶瓷缸套内衬采用氧化锆陶瓷，使用寿命是双金属缸套的 8~10 倍，是氧化铝及复合材质的 2 倍左右，具有更高的性价比，产品出口到美国、加拿大、俄罗斯、南美、中东、欧洲、非洲、印度等国家和地区；还生产氧化锆陶瓷柱塞、氧化铝陶瓷衬板、橡胶复合板、陶瓷结构件、陶瓷磨介等产品。结构陶瓷和金属材质相比，具有耐磨损、耐腐蚀、耐高温、高强度、高硬度等优点。公司拥有三条进口 1750℃ 全自动高温隧道窑及梭式窑，并配备先进的检测设备。产品广泛用于陶瓷、矿山、钢铁、电力、石化、化工、医药和热电厂等行业。
主营产品：陶瓷缸套。

山东临沂临虹无机材料有限公司

地址：山东省临沂市经济技术开发区临工路 119 号
电话：0539-8361020
电邮：linhongwuji@163.com
网址：www.linhongwuji.com
单位介绍：山东临沂临虹无机材料有限公司是中国氧化锆承烧板生产规模最大的企业之一。专业生产氧化锆、氧化铝承烧板，产品采用氧化锆、氧化铝新型材料高温烧结而成，用于软磁铁氧体磁芯、片式陶瓷电容器、片式电感、PTC、MLCC 等电子陶瓷元件烧结生产使用，可根据用户的需求设计生产各种规格的电子元件承烧产品。公司曾荣获"山东省高新技术产品"称号。
主营产品：氧化锆承烧板、氧化铝承烧板、氧化锆支柱、氧化铝支柱、匣钵、坩埚、MLCC（片式电容）专用定位涂层板、氧化锆箱体波纹板、氧化锆球、氧化锆粉、电真空陶瓷管壳、

2.2 氧化物结构陶瓷产品企业

陶瓷金属化、北斗导航用微波介质陶瓷天线基板及电子标签用陶瓷天线基板、泡沫陶瓷、LED陶瓷散热基板、氧化锆搅拌棒等。

山东英吉新材料有限公司

地址：山东省淄博市淄川区龙泉镇工业园
电话：0533-5887999
电邮：yingi2011@163.com
网址：www.sdyjxcl.cn
单位介绍：山东英吉新材料有限公司是一家集研发、生产、销售为一体的新材料技术企业。主要从事纳米稳定氧化锆、高纯超细氧化锆、高纯氧化铝及相关产品的研发、生产、销售及技术服务的专业化公司。公司发展前景广阔，拥有多项技术和生产专利，在国内处于较高技术水平。产品以满足国内市场为主，还远销欧美、韩国、日本等多个国家和地区。通过了 ISO 9001 国际质量体系和 ISO 14001 环境体系认证，年产高纯超细稳定氧化锆粉料 1200 吨。研磨介质、陶瓷餐刀、氧化锆陶瓷结构件等产品均居国内先进水平。年产高纯氧化铝粉 2000 余吨、适合生产蓝宝石用高纯氧化铝 1500 吨（饼料、颗粒料、碎晶料，纯度 99.999%）。产品广泛应用于电子、医疗、化工、石油、造纸、超细研磨、激光材料、航空航天和国防等高新技术领域。
主营产品：氧化锆研磨介质、陶瓷餐刀、氧化锆陶瓷结构件等。

河津市锦浩特种陶瓷有限公司

地址：山西省运城市河津市清涧街道办事处清涧一村村南
电邮：13803471560@139.com
单位介绍：河津市锦浩特种陶瓷有限公司于 2014 年 5 月 23 日成立，经营范围包括氧化铝陶瓷制品的生产及销售，氧化铝粉的生产及销售。
主营产品：氧化铝陶瓷制品。

朗瓷新型材料（上海）有限公司

地址：上海市奉贤区光钱路 558 号 10 幢 208 室
电话：021-69960802
电邮：info@lonci-group.com
网址：www.lonci-group.com
单位介绍：朗瓷新型材料（上海）有限公司是一家精细陶瓷制造商，拥有 2 个工厂和 1 个营销中心，专业从事精细陶瓷的开发、生产和贸易，主要产品有优质氧化铝陶瓷管、氧化铝陶瓷棒、陶瓷辊、氧化铝衬砖、氧化铝坩埚、特种工业陶瓷。公司每年生产超过 15 万件陶瓷管、棒和辊，以及超过 9000t 氧化铝衬砖和其他技术陶瓷，有助于公司在世界市场上占有重要份额。公司在专注于精细陶瓷生产的同时，十分关注技术创新和研究，近年来取得了许多突破。到目前为止，公司拥有精细自主知识产权，产品已销往美国、德国、日本、意大利、西班牙、韩国、埃及、印度尼西亚、土耳其、俄罗斯等国家，为陶瓷、石油、铸造、钢铁、采矿业电力、石油化工行业提供了优质服务。
主营产品：氧化锆结构陶瓷，生产规格为 350mm×350mm×350mm 的各种氧化锆结构部件，如磨棒、内衬、轴和套筒耐磨环和板、活塞、球阀、高精度球等。

宁波博宇通信设备科技有限公司

地址：浙江省慈溪市观海卫镇昭十三房村
电话：0574-63662771
单位介绍：宁波博宇通信设备科技有限公司创建于 2008 年 10 月。公司采用注射成型技术从事高性能纳米氧化锆结构陶瓷异型件的研发与生产，年生产光纤陶瓷套管（SC、LC）等各种非标产品 2.5 亿只。现已成功开发出光纤适配器、跳线散件等一系列产品。公司本着企业可持续性发展的战略，采用适合公司经营发展的国际先进管理模式，实施封闭式生产管理，严格控制产品质量。
主营产品：氧化锆陶瓷、精密陶瓷、电子陶瓷、工业陶瓷、陶瓷套筒。

海宁科巍轴承科技有限公司

地址：浙江省海宁市丁桥钱江工业园区创新路 9 号
电话：0573-87995823
电邮：sales@kovebearing.com
网址：www.kovebearing.com
单位介绍：海宁科巍轴承科技有限公司是一家成立于 2005 年的私营高科技型企业，主要致力于研发及规模生产各种材料的特种轴承及陶瓷结构件，是集研发、设计、制造、销售、服务于一体并具有一定规模实力的特种轴承生产制造商。公司拥有较完善的生产设备和检测手段，完全能够满足各种类型、规格、精度等级及特殊使用要求轴承产品的加工。目前，产品结构主要分为：陶瓷结构件、全陶瓷轴承、混合陶瓷球轴承、高性能塑料轴承、无磁性不锈钢轴承及其他各类特种非标准专用轴承。产品分别具有无油自润滑、耐腐蚀、抗生锈、抗酸碱盐及气体侵蚀、无磁电绝缘、抗高温和低寒等一系列特性，广泛应用于半导体生产装配、石油、化工、电子、纺织、食品、医疗、航海、航空航天等领域。公司拥有专业从事各类特种高性能轴承及模具开发的高级工程师，他们具有很高的研发能力、较精湛的设计开发能力，拥有较高的制造技术及解决产品在应用方面难题的丰富经验。
主营产品：氧化锆深沟球陶瓷轴承。

海宁市耐特陶塑不锈轴承有限公司

地址：浙江省海宁市尖山新区听潮路 18 号
电话：0573-87682506 87683505
电邮：alan@netbearing.com
网址：www.netbearing.com
单位介绍：海宁市耐特陶塑不锈轴承有限公司是全国较早进行陶瓷轴承、高性能塑料轴承研发及批量生产的企业。现有员工 100 余名，其中研发及专业工程技术人员 20 余人，具年产全陶瓷轴承 250000 套、塑料轴承 3000000 套、不锈钢轴承 300000 套的生产能力。公司拥有中国较先进的数控车磨加工生产线 10 条，拥有金属切削、磨加工、陶瓷压制、烧结等主要设备 100 余台（套），计量和理化设备较齐全，检测仪器与设备较先进，检测手段较完善。
主营产品：氧化锆全陶瓷轴承。

海宁鑫科陶塑轴承厂

地址：浙江省海宁市经济开发区硖川路 296 号
电话：0573-87002302
电邮：xinkzn@163.com
网址：www.xk-bearing.com
单位介绍：海宁鑫科陶塑轴承厂是一家集研发、生产与销售于一体的科技型企业，与国际品牌 Ensinger、Quadrant、Vespel 为合作伙伴。产品广泛应用于液晶面板、触摸屏、LCD-TFT、线路板印刷、食品、医疗、半导体及光电产业。
主营产品：氧化锆陶瓷轴承。

宜兴市申兴科技有限公司

地址：江苏省宜兴市丁蜀镇川蹲工业园区宝阳路
电话：0510-87448121
电邮：yxshenxing@163.com
网址：www.yxshenxing.cn
企业简介：宜兴市申兴科技有限公司创建于 2010 年。产品以氧化锆、氧化铝、滑石瓷为主要原料，经过人工合成及精炼处理制成超细粉末，通过高温高压工艺烧结而成，具有耐高温、耐腐蚀、耐磨、绝缘等优异特性，广泛用于电子电热电器、电阻器、温控器、电机等行业，还可根据用户需求生产陶瓷管、陶瓷基片、陶瓷棒、耐温陶瓷等。公司可为用户提供技术支持、来样或来图定做，并提供代理、自理各类商品的进出口业务。
主营产品：氧化铝陶瓷、氧化锆陶瓷、滑石瓷、电热陶瓷、电阻陶瓷。

上海施迈尔精密陶瓷有限公司

地址：上海市浦东新区居家桥路 575 弄 8 号
电话：021-58461649
电邮：sales@en.smile-ceramics.com
网址：www.smile-ceramics.com
单位介绍：上海施迈尔精密陶瓷有限公司成立于 1992 年，是一家在先进陶瓷领域拥有自主研发能力和各种制造工艺及技术能力的先进陶瓷零部件供应商，是国内为数不多的能够独立完成从材料制造到精密加工全流程的制造商之一。公司致力于研究、开发、创新、制造和销售各种氧化物组成的精密陶瓷产品。产品广泛应用于生物制药、汽车、LED、半导体、太阳能电子、纺织、化工等众多具有特殊应用的高科技领域。
主营产品：氧化锆结构件、氧化铝、氧化钛、碳化硅、氮化硅等陶瓷材料。

无锡市创新陶瓷有限公司

地址：江苏省无锡市无锡胡埭工业园金桂路
电话：0510-85131107
电邮：sales@cxtaoci.com
网址：www.cxtaoci.com
单位介绍：无锡市创新陶瓷有限公司成立于 2003 年，专门从事可加工陶瓷的生产和研究，主导产品为可加工陶瓷，具有良好的机加工性能，具有真空性好、耐高/低温、绝缘和耐酸碱腐蚀等特性，广泛应用于航空航天、电子基片、耐高温绝缘骨架、离子镀膜、真空镀膜、离子显微镜、离子加速器、激光器和医疗设备等领域。
主营产品：氧化锆陶瓷、氧化铝陶瓷。

武进区横林天贝纳米陶瓷厂

地址：江苏省常州市经开区横林镇崔桥崔共路 6 号
电话：13806128527
电邮：15895068580@163.com
网址：www.tianbeigaoke.com
单位介绍：武进区横林天贝纳米陶瓷厂成立于 2005 年，是国内较早采用粉末注射成型技术（PIM）生产氧化锆纳米陶瓷的厂家，经过近 20 年的不懈努力，不断开发新型黏结剂和优化隧道窑自动化工艺的编程，使陶瓷制品烧结后尽可能接近原始图纸尺寸，减少了 CNC 打磨环节，缩短了工艺流程时间。
主营产品：氧化锆纳米陶瓷。

江苏卓新研磨科技有限公司

地址：江苏省宜兴市丁蜀镇查林村工业园
电话：0510-87497709
电邮：peter@zxbead.com
网址：www.zxbeads.cn
单位介绍：江苏卓新研磨科技有限公司（原名无锡卓新陶瓷科技有限公司）是国家非金属矿深加工工程技术研究中心定点企业、上海硅酸盐研究所成果转化及产业基地，所生产的产品"高性能耐磨陶瓷微珠"系列产品获得国家重点新产品奖、江苏省高新技术产品奖、华东地区优秀科技产品奖。目前公司专注于生产、销售 ZX95 氧化锆珠、ZX80 氧化锆珠、ZX65 氧化锆珠等制品。
主营产品：氧化锆珠。

佛山市弘创新材料有限公司

地址：广东省佛山市禅城区季华西路 125 号 2 座 904 室
电话：0757-8225802
电邮：306800802@qq.com
网址：hontrontech.com
单位介绍：佛山市弘创新材料有限公司是一家专业生产高性能特种陶瓷的企业，专业生产碳化硅、氧化锆、氧化铝和氮化硅等特种陶瓷材料。产品广泛应用于芯片、纺织、电线电缆、石油开采、印刷、焊接、汽车零部件制造等行业。公司拥有自主技术成果、知识产权、车间和先进生产设备，以及多名国内外著名先进陶瓷材料研究专家和一批经验丰富的工程技术人员。公司掌握了冷等静压、凝胶注模、流延、注射等成型技术和整套日本进口的真空烧结炉及 1800℃ 高温烧结炉，并建立了行之有效的质量保证体系，致力于为国内外客户提供耐磨损、耐腐

2.2 氧化物结构陶瓷产品企业

蚀产品，为使用厂商提供设计、技术、生产和销售"一条龙"服务。

主营产品：氧化钇稳定氧化锆陶瓷、镁锆、钇锆陶瓷、氧化锆珠、拉丝轮及塔轮、陶瓷轴承及阀门、拔丝模及拉管模、食品灌装陶瓷阀、电池灌装陶瓷柱塞、医药灌装陶瓷阀、陶瓷机械手臂。

海宁市耐特陶塑轴承股份有限公司

地址：浙江省海宁市尖山新区听潮路 18 号
电话：0573-87682505
电邮：netbearing@188.com
网址：netbearing.com
单位介绍：海宁市耐特陶塑轴承股份有限公司是国内陶瓷轴承、高性能塑料轴承行业研发、生产的先行者之一，具有完备的制造实力和交付能力。公司在制造设备方面，拥有数控车磨加工生产线 10 条，金属切削、磨加工、陶瓷压制、烧结等主要加工设备 100 余套，可满足各种类型、规格、精度等级及特殊使用要求轴承产品的加工需求。同时，在品控检测设备方面，公司配备了相关质量关键点的计量和理化检测设备，均为行业主要标准化检测仪器。
主营产品：氧化锆全陶瓷轴承、混合陶瓷球轴承、陶瓷结构件、塑料轴承、不锈钢轴承、轴承零件。

杭州至卓通讯科技有限公司

地址：浙江省杭州余杭区良渚街道杜城村后杨路 1 号
电话：0571-88792633
电邮：hzzhizhuo@163.com
网址：www.hzzztx.com
单位介绍：杭州至卓通讯科技有限公司是一家专业从事光无源器件研发、生产和销售为一体的高新技术企业，是国内大规模生产陶瓷套管系列、光纤适配器系列、光纤活动连接器散件系列等的企业。公司拥有氧化锆粉体材料改性和成型技术、陶瓷精密加工技术、高精密注塑模具设计与注塑生产技术、光纤适配器自动装备技术等全套生产技术，实现了关键零组件自主研发和组装生产。生产的光无源器件已广泛应用于电信城域网、骨干网、接入网、光纤到户、3G/4G 传输网络、智能电网、云计算等领域，有效保证了光网络信息传输的可靠性和稳定性。
主营产品：氧化锆插芯、SC/FC、LC/MU 及各种非标陶瓷套管系列、适配器系列、光纤活动连接器散件系列、LC 连接器散件系列、终端盒、接头盒熔接管系列。

洛阳北苑特种陶瓷有限公司

地址：河南省洛阳市高新区孙辛路南段西
电话：0379-62115923
电邮：ly@beiyuantc.com
单位介绍：洛阳北苑特种陶瓷有限公司是国内专业生产首饰行业、齿科及其他精密合金制品熔炼用的各种陶瓷坩埚、石墨坩埚、铸造用铸粉、包埋料及其他辅料的高新科技企业，技术力量雄厚，产品品种齐全，质量达到国际水平，畅销国内外。公司还生产各种箱式电炉、工业电炉、炉衬及其他特种耐火材料，并从事各种新型耐火材料的研制与开发。
主营产品：氧化锆瓷块、陶瓷坩埚、石墨坩埚、铸造坩埚、铸造用铸粉。

上海养贞轴承制造有限公司

地址：上海市金山区张堰镇花贤路 69 号（张堰经济园区）
电话：021-54856217
电邮：salea@lily-bearing.com
网址：www.lilybearing.com
单位介绍：上海养贞轴承制造有限公司是一家领先的精密滚动轴承和零部件供应商，服务于全球市场，在上海设有销售和服务办事处。目前公司已在美国和中国注册了 LILY 和烈力轴承商标。同时公司也代理来自中国台湾省的 TPI 轴承，在更加广阔的领域倾情为客户服务。
主营产品：球轴承、滚子轴承、滚轮轴承、陶瓷轴承、不锈钢轴承、导向轮。

深圳市翔通光电技术有限公司

地址：广东省深圳市南山区西丽街道西丽社区打石一路深圳国际创新谷七栋 B 座 1101 房
电话：86-769-22895688
电邮：sales@xianton.com
网址：www.xianton.com
单位介绍：深圳市翔通光电技术有限公司成立于 2001 年 4 月 9 日，是拥有 20 多年氧化锆陶瓷及自动化设备研发制造经验的高新技术企业，现有光通讯事业部、医疗事业部、智能装备事业部。公司下辖松山湖研发制造基地、新濠制造中心、大岭山制造中心、深圳营销中心等研发制造中心，现有员工 2000 余人，生产及办公面积 3 万多平方米。公司研制出的 TOSA/ROSA/BOSA 组件，具有一致性好、插入损耗低、回波损耗高、光功率方向性和插拔重复性变化小等优点。独立研制并获得专利的 TOSA/ROSA/BOSA 陶瓷组件，成功地解决了高端光模块 Wiggle 指标要求，为高速率、大容量的光通信发展奠定了坚实基础。
主营产品：氧化锆陶瓷插芯套管。

江西金瓷纳米材料有限公司

地址：江西省宜春市冯田工业园区
电话：0795-4609760
电邮：2155475441@qq.com
单位介绍：江西金瓷纳米材料有限公司经营范围包括新型陶瓷材料销售、特种陶瓷制品销售、新材料技术研发和颜料销售等。
主营产品：纳米氧化锆微珠、陶瓷结构件、干压粉、齿科粉和其他粉体系列。

义乌市锦康超硬材料厂

地址：浙江省金华市义乌市廿三里街道后畈村 46 号一楼

电邮：814689186@qq.com
单位介绍：义乌市锦康超硬材料厂经营范围包括加工、销售硬质合金、合金材料、陶瓷制品、笔头（不含电镀）等产品。
主营产品：氧化锆珠、氮化硅珠、碳化钨精球。

苏州美尔邦纳米材料有限公司

地址：江苏省常熟市虞山林场三峰管理区
电话：0512-52529998
网址：www.szmeb.cn
单位介绍：苏州美尔邦纳米材料有限公司于 2016 年 2 月 23 日成立，主要经营纳米材料的研发、生产、销售，纳米改性涂料的研发、生产、销售。公司持续性地与重点大学的学者和研究机构的专家保持密切合作，持续走在特种陶瓷涂层材料前沿领域，研发纳米级的氧化体。生产的纳米产品有纳米级的氧化钇、氧化钛、氧化锆、氧化铝、氧化硅等无机氧化物材料，可应用在锂电池材料添加剂、三防整理剂、抛光材料、光触媒、表面热喷涂等场景，作为添加剂广泛用于新能源汽车、航空材料、抛光材料、纺织涂料、空气治理、橡胶、油墨、塑料、化妆品、医药、服装等领域。研发的纳米陶瓷微珠保温隔热材料，主要成分是纳米级的无机氧化物，具有 A 级防火、防水、耐沾污、耐腐蚀、防霉变、绿色环保、超薄隔热保温、施工便捷等特点，可在建筑节能、石油化工、冰箱冷库等领域广泛应用，即将改变中国乃至世界的隔热保温建材的现状，解决目前聚苯板、岩棉板容易大面积脱落的问题。
主营产品：普通氧化钇喷涂粉、氧化锆喷涂粉、大比表面氧化钇、半导体氧化钇喷涂粉。

东莞市民东模具有限公司

地址：广东省东莞市大朗镇沙步村土地坑含口二巷 8 号
电话：pengtao20210601@163.com
单位介绍：东莞市民东模具有限公司是一家生产研发纳米材料、陶瓷产品、陶瓷技术的大型高科技生产企业。团队拥有多名教授和博士以及多名高级工程师和技术人才。陶瓷产品被广泛应用于仪器仪表、食品医疗、太阳能光伏、锂电池、机械五金、激光半导体、石油化工、汽车、军工、航空航天等高端领域。公司大力开拓海外市场，与北美洲、欧洲、南美洲、大洋洲、非洲等地客户建立合作关系。"自强不息、厚德载物"是我们的企业精神，以此为信念，公司用对国家、对社会、对客户、对员工高度负责的态度，努力成为全球超硬材料研发、制造、方案提供的优质服务企业。
主营产品：氧化锆陶瓷、氧化铝陶瓷、碳化硅陶瓷、氮化硅陶瓷精密零部件。

武汉盛优卓光电科技有限公司

地址：湖北省武汉市江夏区光谷南大健康产业园江夏生命科学城 1 栋 101 号
电话：luxuegang@yeah.net
网址：www.whsyz.cn
单位介绍：武汉盛优卓光电科技有限公司主要从事塑料产品及特种陶瓷产品的研发和制造，基于客户的需求量身配套一站式服务，成为客户最信赖的合作伙伴。
主营产品：氧化锆陶瓷片。

南京金鲤新材料有限公司

地址：江苏省南京市秦淮区双龙街 2 号双龙科技园 2 号楼
电话：025-52402197
电邮：info@zirae.com
网址：www.zirae.cn
单位介绍：公司创始人团队于 2009 年开始从事高纯氧化锆陶提纯研发，2015 年在南京成立公司。技术团队由国家"千人计划"专家、博士和硕士组成，目前拥有多项自主知识产权专利。其中，水热纳米粉体制备技术及锆铪分离技术达到行业先进水平，是国内少数掌握高纯纳米氧化锆粉体生产制备工艺的企业。公司产品主要为水热/高纯纳米氧化锆粉、氧化锆陶瓷结构件、功能件等。2018 年，公司在马鞍山博望区建设了标准化、洁净度高的生产厂房。2019 年，公司生产的齿科粉系列与下游应用厂家开展联合研发、销售等合作，产品性能优越、稳定，远销欧美、亚太地区 20 多个国家。公司的目标是通过不断技术创新，为客户提供稳定、高品质、先进的纳米陶瓷材料。
主营产品：齿科用粉、热喷涂粉、特种零部件用粉、智能穿戴用粉。

国光（宣城）新材料科技有限公司

地址：安徽省宣城市宣州区寒亭镇寒亭工业园兴业路 9 号
电话：0563-3957222
网址：twceramic.com
单位介绍：国光（宣城）新材料科技有限公司由台港澳地区与内陆合资，专业从事于高精度陶瓷、电路保护电子产品生产，注册资金为 3000 万元，占地面积约为 4000 平方米，工厂面积约为 3000 平方米，现有公司员工 67 人。
主营产品：陶瓷轴系列、钛酸铝陶瓷浇口套、氧化锆陶瓷轴系列、咖啡色自润陶瓷轴系列、汽车陶瓷压力传感器（CCP）。

上海汇平新能源有限公司

地址：上海市闵行区沪闵路 6088 号 12 层 1-7 室
电话：021-64186121
电邮：dulj@scmchem.com
网址：www.scmbattery.com
单位介绍：上海汇平新能源有限公司成立于 2016 年，是上海汇平化工有限公司（SCM）下属全资子公司，是一家主要提供锂电池、超级电容器特种材料、特殊化学品的综合服务商，为下游客户的材料开发及应用提供专业解决方案，客户群覆盖了国内大多数锂电池及超级电容器制造商。公司扎根行业十多年以来，与日本、美国、欧洲的知名化工巨头保持了良好的战略合作关系，建立了广泛的行业影响力，在超容隔膜、活性炭、导电剂、高端黏结剂等多个细分市场上有较高的市场占有率。凭借丰富的产品配套、高附加值的技术支持、新能源实验室的检测、生产小试以及研究开发，公司在新能源各细分先进材料行

2.2 氧化物结构陶瓷产品企业

业驰名,且具有遍布全国的销售网络和布局合理的仓储物流,更贴近客户的需求。
主营产品:氧化锆珠、锆粉、硅溶胶、分散剂。

上海池工陶瓷技术有限公司

地址:上海市自由贸易试验区康桥东路1号427-17室
电话:021-68132520
单位介绍:上海池工陶瓷技术有限公司研发、生产以二氧化锆为主的产品。生产两大类产品,一类为干粉类产品,即以纳米单位锆粉生产非标量具、轴承组合、纺织过线部分为主的零件,进一步目标是齿科领域的材料研发;另一类是湿熔类产品,即陶瓷涂层,产品特点是耐高温、防腐蚀,主要用于电镀、熔铝、化工管道等酸碱腐蚀严重的产业,是发展潜力很大的品种。
主营产品:氧化锆陶瓷制品、陶瓷刀具、陶瓷纱剪、陶瓷轴承、陶瓷刀具。

2.2.2 氧化铝结构陶瓷

东莞市夏阳新材料有限公司

地址:广东省东莞市常平镇巷口路28号
电话:0769-83939973
电邮:msg@xycarbide.com
网址:www.xycarbide.com
单位介绍:东莞市夏阳新材料有限公司是一家专注于先进陶瓷材料和硬质合金以及精密零部件的研发制造商,是拥有20多年全套超硬材料应用经验的方案提供商。生产销售的产品广泛应用于食品医疗、汽车新能源、激光半导体、石油化工、国防军工、航空航天等众多高端领域。公司创始人于2001年进入精加工行业,拥有20多年加工经验,于2009年成立夏阳新材料有限公司,并从2012年开始进行研发制造先进陶瓷,是国内少有的从粉体成型、烧结、精密机加工到精密检测、应用方案提供的全产业链公司,也是国内少有的从事研发、生产及经营氧化铝、氧化锆、氮化硅、碳化硅、ZTA等各类产品系统化全面发展的企业,同时还是清华大学陶瓷材料博士研究生的社会实践基地。
主营产品:系列精密氧化铝陶瓷产品,包括99.5%/99.7%/99.8%/99.9%高强度氧化铝陶瓷零部件、医疗用高精度氧化铝计量泵、半导体用大尺寸氧化铝部件;氧化锆、氮化硅、碳化硅等一系列高端精密陶瓷。

宜兴市九荣特种陶瓷有限公司

地址:江苏省宜兴市丁蜀镇陶都工业园湖光路177号
电话:051-87492573
电邮:512736809@qq.com
单位介绍:宜兴市九荣特种陶瓷有限公司位于宜兴丁蜀镇。公司成立于1996年,是一家占地46000多平方米、建筑面积30000多平方米、固定资产8000多万元的先进陶瓷企业,目前主要生产的特种陶瓷产品有氧化铝、氧化锆、氧化钛、氮化硅、氮化硼、碳化硅、透明陶瓷等系列产品。公司具有先进的成型技术、烧结技术、陶瓷加工技术以及分析检测技术,包括低压注射、高压注塑、自动干压、冷等静压、凝胶注模等各种成型工艺(包括引进德国注塑机、天通吉成干压机);具有常压烧结、热压烧结、气压烧结、真空和氢气烧结等各种烧结工艺;拥有各种研磨抛光精密加工设备(包括引进德国DMG的三轴五轴加工中心);还有材料、制品、微观结构的各种分析检查设备(包括日本扫描电子显微镜和德国粗糙度检测仪)。经过多年的发展,公司已拥有一支专业程度高、创新能力强的开发团队,拥有员工188名,其中科技人员24名,总经理赵九荣是宜兴市陶瓷协会副会长,从事高端陶瓷工作20多年,在高端陶瓷的生产、销售及管理等方面有独到的研究和丰富的经验,是一位融产、学、研、销于一体的复合型人才技术总工,长期从事陶瓷的研究工作,并完成多个研发项目。公司产品应用于各行业部门(航空、航天、军工、化工、机械、纺织、电子、光伏、半导体)所需各种特种陶瓷零件,尤其在纺织化纤设备陶瓷零部件领域获得国内外企业的好评,与化纤设备龙头企业巴马格长期稳定合作,逐步替代德国、日本陶瓷零部件。在其他领域也有着稳定的发展,并不断创新、提高陶瓷技术。
主营产品:系列精密氧化铝陶瓷、氧化铝纺织瓷件。

中材高新材料股份有限公司

地址:山东省淄博市高新技术开发区裕民路128号
电话:13853399380
网址:www.zoomber.com
单位介绍:中材高新材料股份有限公司隶属于国资委管理的中央企业——中国建材集团有限公司,主营业务为先进陶瓷、光电晶体和新能源材料的研究开发、生产经营。主要产品有微晶氧化铝陶瓷制品、高压瓷绝缘子、高档精细熔融石英陶瓷制品、光电晶体材料、军工配套新材料等。公司是中国先进陶瓷行业集研发设计、产品制造、成套技术与装备和相关工程集成及进出口业务于一体的国家级高新技术企业,拥有山东工业陶瓷研究设计院和北京人工晶体研究院两个国家级科研院所,拥有工业陶瓷甲级工程设计和工程总承包资质。公司是国家工业陶瓷工程技术研究依托单位,是国家创新型试点企业、国家新材料产业化基地骨干企业和国家新材料产业化基地技术支持单位。
主营产品:微晶氧化铝研磨球与陶瓷制品、高档精细熔融石英陶瓷制品、光电晶体材料、军工配套新材料等。

苏州珂玛材料科技股份有限公司

地址:江苏省苏州市新区漓江路58号6厂房
电话:0512-68089231
电邮:kematek@kematek.com
网址:www.kematek.com
单位介绍:苏州珂玛材料科技股份有限公司创办于2009年,是中国较早拥有自主知识产权,从高精密陶瓷部件设计制造到清洗维护的综合性解决方案提供商,生产的氧化物、氮化物、碳化物陶瓷等产品与服务被广泛应用于LCD、精密仪器、新能源、环境、机械制造及化学化工等相关领域。公司创始人、董事长刘先兵博士毕业于美国康涅狄格州州立大学,在先进陶瓷领域有近20年的研发经验,所开发的产品被广泛应用在业界厂商的生产与设备中,并取得了客户的认可。"一个提供综合解决方案的合作伙伴",这就是珂玛对自己的定位,也是我们的核心价值所在。

主营产品:氧化铝陶瓷产品包括绝缘环、研磨盘、绝缘件;氧化锆产品,包括陶瓷件、螺母、氧化锆环、轧辊;增韧氧化铝。

山东硅元新型材料股份有限公司

地址:山东省淄博市高新区柳泉路 286 号硅苑科技
电话:0533-3582419
电邮:icsd@sicer.com
网址:www.sicermobile.com
单位介绍:山东硅元新型材料股份有限公司是由成立于1958年的山东省硅酸盐研究设计院改制而来的高新技术企业。公司重点围绕陶瓷新材料、高端日用陶瓷、高端艺术瓷等产品的研发、生产和经营。拥有院士工作站和博士后工作站、国家工业陶瓷工程技术研究中心、工程陶瓷制备技术国家地方联合工程研究中心和国家日用及建筑陶瓷工程技术研究中心日用陶瓷分中心。公司依靠良好的科研条件和高度专业的研发队伍,共取得重大科研成果200余项,其中国家级9项,省部级30余项;主持和起草国家标准4项、行业标准4项、地方标准7项,其中3项国标,2项行标和7项地标已获发布实施。在高档技术陶瓷领域,为光电、半导体、造纸、石油、环保、冶金等行业提供优质的产品与服务,瞄准世界新材料产业的前沿,依靠自身雄厚的科研实力,大力发展高新技术,改造传统产业,是国内主要的造纸机械耐磨陶瓷部件生产基地。近年来,在高精密陶瓷、环保用陶瓷膜等方面实现了新的突破。在高档日用陶瓷方面,自主研发出高石英瓷、滑石瓷、高长石瓷、鲁光瓷、合成骨瓷等高档日用陶瓷新品种。其中,高石英瓷荣获国家发明奖与国际博览会金奖。
主营产品:高纯氧化铝陶瓷研磨盘、载盘;高纯氧化铝陶瓷绝缘环;大尺寸高精密高纯氧化铝陶瓷绝缘框(长度1200毫米以上);半导体行业用其他高精密陶瓷零部件,如陶瓷板槽等;耐等离子配件;造纸行业用氧化铝陶瓷脱水元件;冶金行业用泡沫陶瓷过滤器;陶瓷导轨;陶瓷缸套;陶瓷柱塞;陶瓷阀门内衬等。

金石科技集团

地址:山东省淄博市张店区湖光路28号
电话:0533-2302283
电邮:gemstonegroup@163.com
网址:www.gemstonegroup.cn
单位介绍:公司是集专业研发、生产、销售氧化铝陶瓷新材料制品及技术装备于一体的高新技术企业集团。历经多年的发展,拥有4个功能分工的生产基地,2家外贸进出口公司,1家技术装备制造公司。公司主要从事生产的产品系列及业务有:氧化铝陶瓷研磨介质、化工填料制品、氧化铝复合材料制品、浇钢砖材料制品、干粉及等静压成型设备、高温氧化铝粉体、工业固废及危废材料的处理技术及应用,自营外贸进出口业务。公司专业致力于氧化铝陶瓷新材料的研发,以综合构建氧化铝陶瓷新材料全产业链为发展模式,始终以"保持同行业较高水平"为企业发展的指导核心,秉持"求真务实、开拓创新、合作共赢、持续发展"的经营理念,以"爱国敬业、遵纪守法、艰苦奋斗、创新发展、专注品质、追求卓越、履行责任、敢于担当、服务社会"为企业精神,力争打造成为一家较具竞争力的氧化铝陶瓷新材料制造企业集团。
主营产品:氧化铝陶瓷材料、高纯化工填料、高温氧化铝粉体、工业固废的处置技术。

宜兴市欣贝陶瓷科技有限公司

地址:江苏省宜兴市丁蜀镇西施北路与站前路交会处
电话:0510-87495420
网址:www.yxxbkj.com
单位介绍:宜兴市欣贝陶瓷科技有限公司是一家生产特种陶瓷产品的高新技术企业,是生产新型工业陶瓷、耐磨材料等精密制品的专业厂家。主要产品有99%/95%氧化铝陶瓷、氧化钛陶瓷、滑石瓷、碳化硅陶瓷、新型节能环保蜂窝陶瓷等。近年来,公司增加投资,扩大服务范围,采用陶瓷精抛光技术,提供各种化纤、棉纺、针织用低摩擦、防静电陶瓷导丝器(兔子头、网络喷嘴、止捻器、导丝钩、瓷棒、瓷眼、瓷轮及各种感丝器、切丝器等)。公司以实现高技术陶瓷产业为目标,致力于陶瓷材料及相关产品的产业发展。面对新时代的挑战,公司全体员工正积极开拓、奋勇向前,依靠现代化企业管理,制造出高新精产品,以自己的品牌从中国走向世界,充分满足客户的需求是公司的服务宗旨。公司坚持为客户提供好的产品,致力于让客户满意与成功。
主营产品:耐高温隔热陶瓷垫片;氧化锆绝缘陶瓷块。

济源市天嘉技术陶瓷有限公司

地址:河南省济源市思礼镇工业园
电话:0391-6663898
电邮:463071652@qq.com
网址:www.jytjtc.com
单位介绍:济源市天嘉技术陶瓷有限公司是专业研发、生产与销售氧化铝陶瓷结构件的高新技术企业,其前身为济源市中威瓷业有限公司。经过10多年的发展,现拥有1600毫米口径的冷等静压机1台、800吨四柱液压机1台、其他吨位液压机6台、耐温1700℃的13立方米梭式窑炉2座、各类磨削加工机床20台。年生产各类氧化铝陶瓷结构件1000吨,特别是应用于半导体行业的陶瓷研磨盘、陶瓷吸盘以及各种陶瓷密封件产量大,持续供货能力强。公司开发的直径1米,高1.4米的陶瓷套筒及1米陶瓷大圆盘产品在行业内有很高的声誉。产品还远销北美、南美、欧洲及亚洲等地。
主营产品:氧化铝陶瓷管、氧化铝陶瓷环、氧化铝陶瓷板盘等。

淄博市中源信陶瓷新材料有限公司

地址:山东省淄博市高新区王北工业园
电话:0533-3912988
电邮:joysonma@163.com
网址:www.joysonma.com

2.2 氧化物结构陶瓷产品企业

单位介绍：淄博中源信陶瓷新材料有限公司是一家中国与加拿大合资的中外合资企业，坐落在山东省淄博市高新产业开发区，专业生产氧化铝球、氧化铝耐磨球、氧化铝化工填料产品，包括耐磨球、耐磨衬砖和衬片，各种特种抗磨损件、化工填料球、填料块/片、填料环，如氧化铝耐磨片、氧化铝填料球、陶瓷耐磨片等，年产量达 20000t。公司引进采用行业先进的全套生产设备，包括喷雾造粒机、全自动等静压机和双向长冲程等液压压砖机，1700℃高温隧道窑，1700℃高温梭式窑等生产设备。还配置了粒度仪、比重仪等先进的实验室设备，确保企业进行高水平的生产，并对生产各环节和产品质量进行严格的检验。

主营产品：氧化铝球、氧化铝耐磨球、氧化铝化工填料产品，包括耐磨球、耐磨衬砖和衬片，以及各种特种抗磨损件、化工填料球、填料块/片、填料环等。

江西省科兴特种陶瓷有限公司

地址：江西省萍乡市湘东区产业园 D 区 3-136
电话：400-999-3633
电邮：info@kxceramics.com
网址：www.kxceramic.com

单位介绍：江西省科兴特种陶瓷有限公司是一家高新技术企业，生产以蜂窝陶瓷为主的各类特种陶瓷，产品在世界各地均有销售。2012 年，科兴特种陶瓷在加拿大多伦多市开设了北美分公司，主要负责美国、加拿大、中北美和南美地区的产品销售及客户服务。公司的主要产品包括蜂窝陶瓷化工填料、蜂窝陶瓷蓄热体、汽车尾气净化用蜂窝陶瓷载体、蓄热球、挡板砖、蜂窝陶瓷过滤片、139 孔/cm^2 及以下蜂窝陶瓷、废水废气净化催化剂载体、泡沫陶瓷、饮用水净化杀菌矿化陶瓷等多种规格材质的特种陶瓷产品，广泛应用于冶金、化工、石化、建材、火电、采矿、机电、环保及民用等领域。

主营产品：蜂窝陶瓷化工填料、蜂窝陶瓷蓄热体、汽车尾气净化用蜂窝陶瓷载体、蓄热球、挡板砖、蜂窝陶瓷过滤片等。

景德镇景华特种陶瓷有限公司

地址：江西省景德镇市浮梁县湘湖工业园
电话：0798-2663399
电邮：jdzjhtc@163.com
网址：www.999jhtt.com

单位介绍：景德镇景华特种陶瓷有限公司是 2003 年由原国营 999 厂特种陶瓷分厂改制组建的民营股份制公司，占地 40000 余平方米，具有 40 多年生产特种陶瓷的历史，是我国生产该产品最早的几家企业之一，并且还是目前国内唯一一家同时具有热压铸、等静压、注浆和陶瓷上釉金属化工艺生产线的企业。公司生产的氧化铝陶瓷产品具有高强度、高硬度、高绝缘、耐高温、耐腐蚀、耐磨损等优良特性，可广泛用于电力、电子、矿山、机械、化工、纺织、医药工程、通信工程、航空航天、军工和建筑装饰、高档民品等领域。

主营产品：氧化铝陶瓷产品、多孔陶瓷板、陶瓷基片。

浙江蔚蓝航盾精密陶瓷科技有限公司

地址：浙江省宁波市鄞州高新区木槿路 96 号
电话：0574-88277215
电邮：sales1@welahead.com
网址：www.welahead.com

单位介绍：浙江蔚蓝航盾精密陶瓷科技有限公司是国内专业生产、研发和销售先进陶瓷的制造商。拥有陶瓷基板、防弹陶瓷、结构陶瓷和功能陶瓷等精密陶瓷制造的核心技术，致力于高品质氧化铝、氧化锆、增韧氧化铝陶瓷、氮化铝和氮化硅等先进陶瓷制品的开发与销售。

主营产品：陶瓷基板、防弹陶瓷、结构陶瓷和功能陶瓷等精密陶瓷，高品质氧化铝、氧化锆、增韧氧化铝陶瓷、氮化铝和氮化硅等先进陶瓷制品。

淄博丰涛工业陶瓷有限公司

地址：山东省淄博市淄川区昆仑镇刘瓦村
电话：0533-5558337
电邮：1464778174@qq.com
网址：www.sdfengtao.com

单位介绍：淄博丰涛工业陶瓷有限公司是国内氧化铝特种陶瓷材料行业中集研发设计、产品制造、成套技术与装备业务于一体的制造型企业。长期以来致力于氧化铝陶瓷管道、旋流器陶瓷生产制造和其他耐磨陶瓷的研究、开发、生产。年生产各类氧化铝陶瓷直管、陶瓷精密弯管、陶瓷底流口、管道贴片加工代工、陶瓷各类异形件等 10 多个品种，年产量 50 万件。公司是目前国内研制、生产产品种类较多、应用面较广、生产技术较为成熟的耐磨陶瓷生产企业，是省内高铝耐磨制品的主要生产厂家之一。拥有多条高容积梭式窑，并配备先进的检测设备。产品广泛应用于陶瓷、钢铁、矿山、电力、石化、化工、医药和热电厂等行业。

主营产品：各类氧化铝陶瓷直管、陶瓷精密弯管、陶瓷底流口、管道贴片加工代工、陶瓷各类异形件等 10 多个品种。

济源市恒兴陶瓷有限公司

地址：河南省济源市天坛创业园 B 区 5 号厂房
电话：18638906870
电邮：hengxingtc@126.com
网址：www.jyshxtc.cn

单位介绍：济源市恒兴陶瓷有限公司位于河南省济源示范区，公司成立于 2005 年，是一家专注于工业陶瓷产品研发、生产及销售的高新技术企业。公司主营 95%~99.7% 氧化铝陶瓷、氧化锆陶瓷、ZTA 增韧氧化铝陶瓷。产品种类有氧化铝陶瓷管件、氧化铝陶瓷衬板、氧化铝脱水板、氧化铝弯头管件、氧化铝陶瓷阀门管件、氧化锆陶瓷坩埚等，广泛应用于新能源、锂电池、化工、电子、冶金、钢铁、石油、煤炭开采、机械设备、纺织、造纸、航空航天、国防、环保等行业。产品具有耐磨损、耐高温、耐腐蚀、高强度、绝缘性能好等特点，同时还可根据客户需要对陶瓷产品进行精密加工。公司在严格执行 ISO 9001 质量管理标准的基础上建立了完善的质量管理体系，确保产品质量长期稳定。

主营产品：专业生产及销售 95%~99% 氧化铝瓷陶瓷管件、ZTA/氧化铝陶瓷衬板、脱水板、球阀、弯头管件等。

第 2 章　结构陶瓷产品类别与产业状况

陕西忆科电子科技有限公司

地址：陕西省宝鸡市扶风县城新区新兴产业园礼宾大道南
电邮：3360903312@qq.com
单位介绍：陕西忆科电子有限公司是一家专业从事电子陶瓷和工业陶瓷产品及其配套产品研发、设计、生产和销售为一体的综合性企业，致力于为广大国内外客户提供标准及定制化的电子陶瓷及工业陶瓷产品的整体解决方案。产品已被广泛应用于电子、电器、通信、冶金、化工、机械、仪表、纺织等行业。
主营产品：氧化铝陶瓷、滑石陶瓷。

九豪精密陶瓷（昆山）有限公司

地址：江苏省昆山市巴城镇正仪工商管理区银杏路 1 号
电话：0512-57898888
电邮：haiyun_wang@leatec.com.cn
单位介绍：九豪精密陶瓷（昆山）有限公司成立于 2000 年 11 月 1 日，注册地位于江苏省昆山市高新区南甸路 8 号，法定代表人为陈清金。公司经营范围包括生产精密电子陶瓷基板/IC 构装基板 LED 构装基板等片式元器件，精密陶瓷光电敏感元器件、精密陶瓷电子通信零件等光电子器件及其他新型电子元器件；销售其他自产产品。
主营产品：99.6%氧化铝基板、98%薄膜氧化铝电阻基板、氮化铝基板、ZTA 基板、研磨及抛光基板、激光加工基板。

扬州北方三山工业陶瓷有限公司

地址：江苏省扬州市江都区真武镇天雨路
电话：0514-86278070
网址：www.n-sic.com
单位介绍：扬州北方三山工业陶瓷有限公司是中国兵器工业集团北方材料科学与工程研究院下属的控股子公司，是国内综合性防弹陶瓷生产的领军企业。专业生产氧化铝、氧化锆增韧氧化铝、无压烧结碳化硅、无压烧结碳化硼等各种材质的防弹陶瓷产品，产品性能好、质量稳定、价格低廉。公司生产的防弹陶瓷产品主要分为军用和民用两种用途。民用领域主要采用 99%氧化铝防弹陶瓷、碳化硅防弹陶瓷和碳化硼防弹陶瓷，用于硬质防弹插板的配套生产。用本公司生产的防弹陶瓷制成的防弹陶瓷插板防弹性能好，经多次靶试检测已达到美国 NIJ Standard—0101.06、GJB 4300—2002、GA 141—2010 等防弹标准。公司还生产陶瓷脱水元件、半导体用陶瓷刻蚀盘和其他大尺寸异型件等各种陶瓷制品。生产陶瓷制品已有 20 多年经验，是国内较早的，也是较大的氧化铝陶瓷系列产品生产厂家之一。
主营产品：氧化铝、氧化锆增韧氧化铝、无压烧结碳化硅、无压烧结碳化硼等各种材质的防弹陶瓷产品。

南通鑫瑞陶瓷工程有限公司

地址：江苏省南通市如东县河口镇关口村二组
电话：0513-84872338
电邮：ntxinrui@126.com
网址：www.ntxinrui.com
单位介绍：南通鑫瑞陶瓷工程有限公司是一家专业生产 95%以上氧化铝陶瓷及耐磨陶瓷防磨施工达 10 多年的厂家。公司技术骨干毕业于天津大学。公司拥有雄厚的研发能力，产品品种近 3000 种。随着现代高新科技的突飞猛进，公司生产的陶瓷广泛应用于电厂、水泥厂、钢铁厂、煤炭、粉体工程、矿山机械、锅炉、港口、码头、机械修复工程等领域机械易磨损部位粘贴焊接耐磨陶瓷内衬，减少了设备的磨损，延长了设备的使用寿命，提高了生产效率，降低了运行成本，得到广大客户的好评。公司研究开发的防脱落陶瓷贴片，拥有专利技术，解决了设备温度高、胶水粘贴脱落和特殊设备的防磨问题，可按客户设备设计图纸，选用适合的耐磨陶瓷，满足客户的要求。
主营产品：含氧化铝 95%以上陶瓷及耐磨陶瓷。

南通中能耐磨陶瓷有限公司

地址：江苏省南通市如东县河口镇零河工业村培红路 1 号
电话：0513-84871308
网址：www.znnmtc.com
单位介绍：南通中能耐磨陶瓷有限公司拥有国际较先进的陶瓷生产流水线设备，年生产耐磨陶瓷 2000 吨，拥有专业防磨施工队伍，并具备专业生产耐磨管道、弯头、三通等易磨损设备制造车间；陶瓷专用胶粘剂车间；橡胶、钢板、陶瓷三合一硫化车间。公司设有马鞍山分公司，并在全国各地设立办事处。较高的技术、"一条龙"的服务，改变了国内同行业靠购买陶瓷承接防磨工程的惯例，不但在产品质量上有了保障，而且在价格上具有足够的竞争空间，有效地方便了广大新老客户，降低了成本。
主营产品：氧化铝含量在 95%以上的各种规格耐磨陶瓷，承接火电厂制粉、输煤系统及钢铁、冶炼、水泥、石油、煤炭、矿山机械、港口码头等行业的各类设备磨损特别严重部位的陶瓷防磨工程施工、设计及技术咨询。

宜兴德海陶瓷科技有限公司

地址：江苏省宜兴市丁蜀镇陶瓷产业园洛涧工业区
电邮：web@tcgb.com.cn
网址：www.tcgb.com.cn
单位介绍：宜兴德海陶瓷科技有限公司利用现代科技，引进国外真空练泥机、抽真空挤管机、高温窑炉等设备，不断研究开发、生产制造各种陶瓷辊棒。主要产品有氧化铝陶瓷辊棒、刚玉管、电炉管；热电偶保护管、硅碳棒、高温炉件、化学瓷件、绝缘瓷件、异型瓷件；瓷件、耐火制品和石英制品等。公司可根据用户特殊要求进行加工。陶瓷辊棒产品适用于生产墙砖、地砖、日用瓷的辊道窑中和电炉中。在高温下有着较好的抗弯强度，对于烧制 1400℃以内的产品有着可靠的热稳定性和较优异的耐热冲击性能。陶瓷辊棒是现代各类型高温辊道窑的关键部件，在高温烧成中起承载传动产品的作用。产品远销东南亚、日本、欧洲等国家和地区，并深受好评。产品质量优异，价格优惠，尊请广大客户比质比价，热诚欢迎选购。公司愿与您携手共进，共同发展。

2.2 氧化物结构陶瓷产品企业

主营产品：DEHAI系列陶瓷辊棒及陶瓷坩埚、刚玉、瓷珠、蜂窝陶瓷等。

宜兴市翰光特种陶瓷有限公司

地址：江苏省宜兴市丁蜀镇
电话：0510-87186254
电邮：1297517448@qq.com
网址：www.yxhgtt.cn
单位介绍：宜兴市翰光特种陶瓷有限公司是国内生产工业陶瓷的企业，地处有"陶的故都、竹的海洋、茶的绿洲、洞的世界"美誉的旅游胜地——太湖之滨——宜兴市，在104国道边。公司生产设备先进，工艺成熟，依托科研单位、大专院校的技术支持，技术力量较雄厚，主要生产99％/95％/75％氧化铝陶瓷系列产品，堇青石陶瓷、高频滑石瓷、普通电瓷等特种陶瓷。产品性能可靠，各项指标均达到国家标准。由于氧化铝陶瓷具有耐磨、耐酸碱腐蚀、耐高温、绝缘性能好等优点，被广泛应用于电子、电器、机械、化工、冶金、电力、航空航天等行业。
主营产品：放电管系列陶瓷金属化，氧化铝陶瓷。

宜兴炬宏陶瓷有限公司

地址：江苏省宜兴市丁蜀镇宜兴市天豪瓷业有限公司
电邮：id@vip.sina.com
单位介绍：宜兴炬宏陶瓷有限公司位于太湖西岸的陶都——宜兴，拥有职工120多名、工程技术人员20多名，同时拥有无机新材料开发中心。公司是英国陶瓷公司投资的全资企业，已通过ISO 9001国际认证。主要产品采用国际标准生产，客户遍布亚洲、欧洲、美洲等国家和地区，是焊接陶瓷、工程陶瓷、电子电器陶瓷供货商。
主营产品：高、中、低压电器用陶瓷绝缘体；各种机械用陶瓷零件、管道、弯头；风机用陶瓷内衬、贴片、阀头；等离子切割用陶瓷保护套、分流器；钢结构焊接用陶瓷衬垫。

宜兴市山佳电子科技有限公司

地址：江苏省宜兴市丁蜀镇川埠
电话：0510-87958518
电邮：sjdz@yxsjdz.com
网址：www.yxsjdz.com
单位介绍：宜兴市山佳电子科技有限公司致力于氧化铝陶瓷的生产，现在已发展成规模化生产，产品年产量达5000万件，销往中国香港、中国台湾，并远销美国、欧洲地区，得到一致好评。公司产品有95％~99.8％氧化铝陶瓷制品、氧化锆陶瓷制品、堇青石、莫来石制品等，主要生产工艺包括热压注浆、干粉成型等静压成型、凝胶注浆成型等。机械加工设备齐全，产品质量稳定。
主营产品：95％~99.8％氧化铝陶瓷、氧化锆陶瓷、耐磨陶瓷、绝缘陶瓷。

宜兴市胜达耐火陶瓷有限公司

地址：江苏省宜兴市丁蜀镇潜洛村
电话：0510-87495300
网址：www.shengdaceramic.cn
单位介绍：宜兴市胜达耐火陶瓷有限公司专业生产滑石瓷、氧化铝瓷、堇青石瓷、刚玉莫来石瓷、陶瓷加热器绝缘子、陶瓷接线端子、温控器陶瓷、纺织陶瓷、陶瓷加热器的插头等陶瓷产品。以专业的生产经验和先进的生产设备，提供从新产品的开发设计到制造装配的多样化服务。年产量总值已超过700万元，超过80％的产品出口至美国、欧洲、东南亚和中东国家。
主营产品：高耐热99％氧化铝陶瓷绝缘套管、定制氧化铝陶瓷件、耐高温氧化铝陶瓷、耐磨氧化铝陶瓷、耐高温陶瓷绝缘体、氧化铝陶瓷棒、耐热绝缘95％氧化铝陶瓷珠、耐高温99％氧化铝电热绝缘陶瓷。

宜兴市天豪瓷业有限公司

地址：江苏省宜兴市丁蜀镇川埠工业区
电话：0510-87497778
电邮：yxthcj@163.com
网址：www.yxthcj.cn
单位介绍：宜兴市天豪瓷业有限公司坐落于宜兴市，地处沪、宁、杭三角中心，紧靠104国道，环境优美，交通十分方便。公司严格按照ISO 9000质量管理体系的要求来规范质量管理。凭借拥有的高新技术产品、较先进的生产能力、较完善的服务和不断进取精神，赢得了广大客户的青睐。产品广泛用于冶金、纺织、化工、机械、电器、焊接、窑炉等行业。"天豪人"以规范的企业模式、全新的经营理念、灵活的运行机制、多彩的企业文化和众多的产品项目，显现出较强的市场竞争能力和后发优势。
主营产品：99％氧化铝瓷；95％氧化铝瓷；电器陶瓷；温控陶瓷；机械陶瓷、纺织陶瓷；高频瓷；滑石瓷系列；各类电阻管；陶瓷辅助材料及其他陶瓷。

宜兴市相羽特种陶瓷有限公司

地址：江苏省宜兴市诸桥工业区袁桥工贸2座
电话：0510-87126082
单位介绍：宜兴市相羽特种陶瓷有限公司位于江苏省宜兴市，主营氧化铝陶瓷等。公司秉持"服务顾客，锐意进取"的经营理念，为广大客户提供优质的服务。生产设备先进、工艺成熟，技术力量较雄厚。专业生产造纸机械脱水精密耐磨陶瓷20余年，生产各类95％氧化铝与99％氧化铝瓷件、高频瓷件、纺织瓷件、陶瓷基片、除渣器陶瓷喷嘴及造纸机长网部陶瓷脱水元件的设计、制造、安装、调试，以及网部改造、整体工程。
主营产品：95％氧化铝与99％氧化铝瓷件、高频瓷件、纺织瓷件、陶瓷基片、除渣器陶瓷喷嘴。

宜兴市永盛陶瓷有限公司

地址：江苏省宜兴市丁蜀镇查林开发区
电话：0510-87490500
电邮：szy@yxystc.com
网址：www.yxystc.com

单位介绍：宜兴市永盛陶瓷有限公司是专业生产各类氧化铝陶瓷、滑石瓷，如99％氧化铝瓷、95％氧化铝瓷、电子陶瓷、电器陶瓷、纺织陶瓷、陶瓷绝缘环、灯具陶瓷、仪表陶瓷、氧化铝陶瓷、发热陶瓷，以及化工填料、化工陶瓷填料（鲍尔环、蜂窝填料）等的重点企业，产品广泛用于电器、电子、电热等行业，具有耐磨损、耐高温、耐腐蚀、高强度、绝缘性能好等特点，深受广大用户好评。公司以科技为先导，全面实施现代化管理，生产设备齐全，并具备产品检测手段，产品严格执行GB/T 5593—2015国家标准。
主营产品：各类氧化铝陶瓷、滑石瓷，如99％氧化铝瓷、95％氧化铝瓷、电子陶瓷、电器陶瓷、纺织陶瓷、陶瓷绝缘环等。

宜兴市芸盛特种陶瓷有限公司

地址：江苏省宜兴市陶都路洛涧工业区
电话：0510-87481108
电邮：yxttt168@163.com
网址：www.yxystc.net
单位介绍：宜兴市芸盛特种陶瓷有限公司（简称芸盛陶瓷）成立于2003年。区位较优越，坐落于宜兴市陶都路洛涧经济开发区，紧邻江苏省宜兴陶瓷产业园区和中国宜兴环保科技工业园。芸盛陶瓷经过多年的快速发展，已初具规模，形成了以氧化铝、氧化钛及高频瓷为主要材料的结构陶瓷产品的开发、生产能力。公司专业生产电子电器瓷件、纺织瓷件、各种95％氧化铝瓷与99％氧化铝瓷、钛瓷、高频瓷等，另外还生产大规格特种陶瓷、绝缘瓷座、柱塞、喷嘴等。产品主要性能特点是高强、高硬、耐磨、耐高温、耐腐蚀、耐压、耐冲击。芸盛陶瓷在做精传统产品的同时，积极开拓新兴领域，致力于高新技术产业化，始终不懈追求产品高质量、高性能。生产的内孔及表面高温、低温喷釉技术已达到较高水平，产品广泛用于纺织、机械、电子、汽车、化工、家用电器等行业。
主营产品：电子电器瓷件、纺织瓷件、各种95％氧化铝瓷与99％氧化铝瓷、钛瓷、高频瓷等；大规格特种陶瓷、绝缘瓷座、柱塞、喷嘴等。

宜兴市正邦特种陶瓷有限公司

地址：江苏省宜兴市环科园查林工业开发区
电话：0510-87490596
电邮：63366477@qq.com
网址：www.zbtci.com
单位介绍：宜兴市正邦特种陶瓷有限公司坐落于中国陶都——宜兴，宜兴风景秀丽，气候宜人，交通便利，是国家级旅游城市之一。公司集开发、生产、销售于一体，专业生产氧化铝陶瓷件、焊接陶瓷空气等离子切割机保护罩、亚弧焊喷嘴及各种机械陶瓷、纺织瓷件等。本着以质量求发展、以管理求效益的理念，不断开拓创新，产品质量可靠、性能完善，深受客户欢迎。
主营产品：氧化铝陶瓷件、焊接陶瓷空气等离子切割机保护罩、亚弧焊喷嘴及各种机械陶瓷、纺织瓷件等。

宜兴市正大特种瓷件有限公司

地址：江苏省宜兴市丁蜀镇查林镇工业区
电话：0510-87482089
电邮：3370732605@qq.com
网址：www.gmzd.com
单位介绍：宜兴市正大特种瓷件有限公司的产品广泛用于电子、电器、焊接设备、化工、机械、铁路、纺织、环保、热工、仪表、矿山机械、邮电通信及国防工业各个领域。产品具有耐酸、耐磨、耐高温、耐腐蚀、抗静电等特点。企业依靠多家科研院校的技术力量，进行科学化、人性化的管理，组建了一支富有朝气的员工队伍。随着生产设备的投入，工艺的更新，产品的科技含量和产品质量不断提高，企业得到了长足发展。
主营产品：95％氧化铝瓷与99％氧化铝瓷、太阳能陶瓷、滑石瓷、焊接陶瓷、电器陶瓷、纺织陶瓷、氧化钛瓷、氧化锆瓷。

宜兴中陶特陶科技有限公司

地址：江苏省宜兴市陶瓷产业园通蜀中路258号
电话：0510-80383186
电邮：yxztkj@163.com
网址：www.yxztkj.com
单位介绍：宜兴中陶特陶科技有限公司年生产总值为6000万元以上，固定资产为3800万元，有员工280多名，拥有长期从事硅酸盐、特种陶瓷、环境工程、工业窑炉设计、研发、制造应用的行业高级工程师28名，技术骨干达80％以上。公司拥有自主知识产权、多项国家专利；具有开拓进取、经验丰富的市场营销、技术服务骨干和团结亲善、一技之长的员工队伍。是一家注重科技创新、诚信为本、专业性较强的综合性高新技术企业。在江苏宜兴、山东淄博、河北唐山等地拥有控股或参股的生产企业（基地）。
主营产品：各种陶瓷模具、干压模具、耐火模具；高技术陶瓷、高温窑具。

宜兴威司通陶瓷技术有限公司

地址：江苏省宜兴市丁蜀镇双桥村方溪路9号
电话：0510-87191681
电邮：wstchenyongding@163.com
单位介绍：宜兴威司通陶瓷技术有限公司是专业生产高品质的工业陶瓷、各类氧化铝陶瓷、石英陶瓷、氮化硅、氧化锆、耐火材料、滑石瓷，如99％氧化铝瓷、95％氧化铝瓷、电子陶瓷、电器陶瓷、纺织陶瓷、陶瓷绝缘环、灯具陶瓷、仪表陶瓷、氧化铝陶瓷、发热陶瓷、装饰陶瓷等的重点骨干企业。产品广泛应用于光伏、纺织、电子、石化、电器、汽车等领域。产品具有耐磨损、耐高温、耐腐蚀、高强度、绝缘性能好等特点，深受广大用户好评。
主营产品：各类氧化铝陶瓷、石英陶瓷、氮化硅、氧化锆、耐火材料、滑石瓷，如99％氧化铝瓷、95％氧化铝瓷、电子陶瓷、电器陶瓷、纺织陶瓷、陶瓷绝缘环、灯具陶瓷、仪表陶瓷、氧化铝陶瓷、发热陶瓷、装饰陶瓷等。

兴达耐火陶瓷有限公司

地址：江苏省宜兴市丁蜀镇洛涧村工业园

2.2 氧化物结构陶瓷产品企业

电话：0510-87491184
电邮：yxxdnh@126.com
网址：www.yxxdnh.net
单位介绍：公司建于1978年，几十年来已开发了10多种材质、1000多个品种的耐火材料。其主要产品有黏土砖、高铝砖、刚玉砖、硅化砖、堇青石砖、轻质砖、保温棉系列制品、高铝胶黏剂系列制品、轻质与重质浇注料系列制品、氧化铝陶瓷制品等，为冶金、机械、轻工、纺织、石油、陶瓷、化工、电子等行业服务，产品销往全国各地。
主营产品：氧化铝陶瓷、纺织机械陶瓷、电子电器装置绝缘陶瓷、密封环陶瓷。

北京耐默科技有限公司

地址：北京市海淀区吴家场路1号
电话：010-57106961
网址：www.tuoliuguandao.com
单位介绍：北京耐默科技有限公司是一家专业从事耐磨陶瓷研发，以及各类耐磨陶瓷技术研发的服务型企业，可提供耐磨瓷片、耐磨陶瓷衬板、耐磨陶瓷涂料、耐磨陶瓷胶，产品综合性能均具有较高水平。产品以优异的性价比得到了冶金、水泥、矿山、火电、玻璃、化工等行业的认可。业务范围包括新型特种耐磨陶瓷片及新技术、新产品的开发；耐磨陶瓷衬板的加工、销售，耐磨陶瓷涂料工程承包、现场施工；耐磨陶瓷胶技术咨询和技术转让服务。也可根据要求定制各种陶瓷耐磨材料。公司致力于推动我国新材料技术开发及应用，精心打造耐磨陶瓷材料制造基地，力争成为国内同行业竞争力较强的企业。
主营产品：氧化铝耐磨陶瓷片。

深圳市鑫隆润精密陶瓷有限公司

地址：广东省深圳市宝安区观澜街道黎光社区新围工业区201号
电话：0755-28058078
电邮：1922460768@qq.com
单位介绍：深圳市鑫隆润精密陶瓷有限公司是一家集研发、生产、销售于一体的高技术型公司。一直致力于陶瓷的生产加工，是国内较早从事陶瓷精密加工的企业之一。产品涵盖95%～99.9%氧化铝陶瓷以及氧化锆陶瓷、滑石瓷、堇青石等陶瓷材料产品。产品主要有水族电机轴、电子点烟器、烫发板、水阀片及各种异型陶瓷件，广泛应用于航空航天、化工、机械、汽车、电子和纺织等领域。公司拥有多位资深科研技术人员，可根据需求设计、开发、加工、制造各类陶瓷结构及异型件。由于采用了高端的注射成型工艺，并配备了珩磨机、数控磨床、研磨机等先进生产加工设施，在保障产品的精度和一致性的同时，大大缩短了生产周期，降低了废品及退货率，从而达到有效缩减客户采购成本的目的。
主营产品：95%～99.9%氧化铝陶瓷、陶瓷柱塞、纺织陶瓷、电子陶瓷、氧化锆陶瓷、上釉陶瓷、黑色陶瓷、双端面磨床等。

东莞市宏亚陶瓷科技有限公司

地址：广东省东莞市长安镇上沙荣富路17号
电邮：hykj66@163.com
网址：www.hongyatech.com
单位介绍：东莞市宏亚陶瓷科技有限公司自主研发的新型特种陶瓷材料具有耐高温、高耐磨性、抗酸碱、抗氧化、抗热震500℃恒温零变形等较优异性能，可以承受金属材料难以胜任的恶劣工作环境。推出一系列热压绑定刀头、陶瓷压头、COG陶瓷压头、FOG陶瓷压头、ACF陶瓷预压头、陶瓷吸嘴、陶瓷背托、陶瓷发热管、陶瓷脉冲压头、铁合金脉冲压头、水晶条背托、石英条背托、陶瓷发热模组，广泛用于液晶行业的LCM绑定设备、TP绑定设备、COG绑定设备、FOG绑定设备、ACF吸附预压设备、全自动COG FOG绑定生产线等。
主营产品：99%氧化铝陶瓷。

东莞市创硕机械配件有限公司

地址：广东省东莞市长安镇新安管理区花果山路3389号
电话：0769-85341548
网址：www.csjx88.com
单位介绍：东莞市创硕机械配件有限公司是耐磨组合导轮、耐磨陶瓷轮、耐高温陶瓷制品等的专业生产厂家。产品以氧化铝、氧化锆为主要原料，经过一系列人工合成及提炼处理磨制成粉末，通过高温高压工艺烧结而成，具有耐高温、耐腐蚀、耐磨、绝缘等性能。产品广泛应用于激光、电子、半导体、自动化、化工、冶金、纺织、电力等高科技领域，且公司可根据客户要求制造各种特殊规格陶瓷制品。
主营产品：95%氧化铝陶瓷。

贵州膜锐新材料科技有限公司

地址：贵州省贵阳市国家高新区创业大厦B226室
电话：0851-84119733
电邮：2659707@qq.com
网址：www.more1982.com
单位介绍：贵州膜锐新材料科技有限公司是一家集科研、设计、咨询、销售于一体的高科技公司，由五一劳动奖章获得者黎阳博士创办。公司主要从事氧化铝多孔陶瓷、泡沫陶瓷、陶瓷膜元件、铝溶胶、硅溶胶、纳米二氧化钛、纳米二氧化硅、光触媒、高纯拟薄水铝石、功能性水族滤材等的研发与产业化生产，产品应用领域涉及过滤分离、选择渗透、催化剂载体、污水处理、空气净化、烟气净化、除菌、抗菌等。
主营产品：氧化铝陶瓷膜片。

湖北大地环保设备有限公司

地址：湖北省松滋市城东工业园金玉路2号
电话：0716-6215215
网址：www.hbddhb.com
单位介绍：湖北大地环保设备有限公司是一家致力于陶瓷产品研究、开发、生产、销售的高新技术企业。拥有技术研发团队和专业制造团队，主要从事通用带式输送机、耐磨陶瓷托辊、耐磨陶瓷传动滚筒、陶瓷改向滚筒、陶瓷硫化传动滚筒、抗冲击耐高温耐磨陶瓷衬板、耐磨防腐陶瓷管道、弯头、陶瓷清扫器等系列产品的设计、制造，在该领域拥有多项自主知识产权。公司有生产区 50000m²，拥有国内先进的数控车、钻、刨、铣床等机加工设备及成型锻压机、隧道窑炉等现代化的生产、检测设施，检测手段齐全，有独立的研发部及实验室。公司自创立以来，致力于为广大客户提供较优质产品，构建了完善的设备研发、制造体系及科学合理的产品链，营销网络覆盖全国 30 多个省、市、自治区，产品广泛应用于冶金、电力、化工、矿山、码头领域，取得了良好业绩。公司认真执行 ISO 9001 国际质量管理体系标准，具有健全的质量管理体系。2005 年通过了北京大陆航星质量认证中心 ISO 9001：2000 国际质量管理体系认证。2012 年取得了矿用产品安全标志证书。2015 年取得了皮带输送机生产许可证。

主营产品：陶瓷托辊、耐磨陶瓷衬板、陶瓷管道。

湖南元宏特种陶瓷有限公司

地址：湖南省娄底市新化县琅塘镇五星工业园
电话：0738-3652231
电邮：1414793969@qq.com
网址：www.yhtztc.com
单位介绍：湖南元宏特种陶瓷有限公司集产品的开发设计、模具的生产制作、产品的生产销售于一体。主营 95％氧化铝、99％氧化铝特种陶瓷，介入多个行业领域，有水暖陶瓷、温控陶瓷、美发陶瓷、LED 陶瓷、电子陶瓷等。系列产品包括水阀片、烫发板、灯头、基片、喷嘴、净水器陶瓷阀片、密封环、陶瓷垫片等 300 多个品种，服务于国内外 100 多家大小型企业，有近 40％的产品出口东南亚及欧美等国家。
主营产品：95％和 99％氧化铝特种陶瓷。

新化县长兴精密陶瓷有限公司

地址：湖南省娄底市新化县经济开发区特种陶瓷产业园
电话：0738-3528393
电邮：1325467012@qq.com
单位介绍：新化县长兴精密陶瓷有限公司是专业从事氧化铝陶瓷研发设计和生产的高科技企业，前身为成立于 1993 年的湖南湘宏电子陶瓷有限公司。公司依托国内高等院校及研究所，共同开发高新陶瓷技术，提供 200 多种产品。氧化铝陶瓷具备机械强度高、硬度大、耐磨损、耐高温、耐化学、耐腐蚀等特点，广泛应用于汽车、电子、电器、航空、精密设备、纺织、焊接、冶金、照明、化工、燃气、水暖等领域。
主营产品：氧化铝陶瓷、金属化陶瓷、电子陶瓷。

新化县新科精密陶瓷有限公司

地址：湖南省娄底市新化县梅苑开发区桥东街 132 号
电话：0738-3215358
单位介绍：新化县新科精密陶瓷有限公司专业生产加工 80％氧化铝陶瓷、95％氧化铝陶瓷、99％氧化铝陶瓷、氧化锆陶瓷、动作杆、滑石瓷等产品，拥有完整、科学的质量管理体系。
主营产品：80％氧化铝陶瓷、95％氧化铝陶瓷、99％氧化铝陶瓷、氧化锆陶瓷、动作杆、滑石瓷等。

新化县中益特种陶瓷有限公司

地址：湖南省娄底市新化县上梅东路新化工业园
电邮：709773491@qq.com
单位介绍：新化县中益特种陶瓷有限公司是一家专业生产、销售 75％/95％/99％氧化铝陶瓷及滑石结构陶瓷的科技型生产企业。主要生产设备为获得国家专利的干粉自动压坯机、精密陶瓷自动压坯机，生产效率高，压制产品尺寸精准，坯体致密均匀。公司还拥有中、高温双孔电窑，自行烧结产品，交货快捷。同时，还拥有自主的研发能力、较先进的技术装备、较完善的生产管理、严格的品质检验。
主营产品：75％/95％/99％氧化铝陶瓷、滑石结构陶瓷。

湖南天之源光电科技有限公司

地址：湖南省长沙市高新开发区东方红路 586 号
电邮：1159998979@qq.com
网址：www.tzy666.com
单位介绍：湖南天之源光电科技有限公司是一家提供先进陶瓷金属焊接技术服务，专业设计生产先进陶瓷金属化管壳和陶瓷真空器件的公司。公司业务涵盖 95％氧化铝陶瓷、陶瓷金属焊接、X-管瓷金属焊接、陶瓷视窗焊接、陶瓷高压连接器、真空陶瓷器件焊接、真空设备陶瓷金属焊接件、陶瓷金属化管壳、陶瓷真空高压电极的生产销售。
主营产品：95％氧化铝陶瓷、陶瓷金属焊接、X-管瓷金属焊接、陶瓷视窗焊接、陶瓷高压连接器、真空陶瓷器件焊接、真空设备陶瓷金属焊接件、陶瓷金属化管壳、陶瓷真空高压电极。

宜兴市美思特陶瓷有限公司

地址：江苏省宜兴市经济开发区蒋立村（师部南大门对面）
电话：0510-87492662
电邮：17601511811@163.com
网址：www.yxmst.com
单位介绍：宜兴市美思特陶瓷有限公司位于宜兴，专业生产各种氧化铝、氧化钛特种陶瓷件。公司以高起点、高质量标准及严格的选材和生产工艺的标准化，保证了产品质量的稳定性及可靠性。具有独立开发新产品及高新陶瓷技术的能力，现已能生产耐磨 95％氧化铝陶瓷、99％氧化铝陶瓷及超硬度 99％以上氧化铝陶瓷、防静电氧化钛陶瓷等。公司拥有较独特的抛光技术，各项技术指标都已达到或接近国际同等水平。
主营产品：瓷眼、瓷管、瓷棒。

宜兴市亮峰精密陶瓷有限公司

地址：江苏省宜兴市丁蜀镇查林工业区
电话：0510-81702166
电邮：jdtci@163.com
网址：www.lfjmtc.com
单位介绍：宜兴市亮峰精密陶瓷有限公司坐落于宜兴，专业从

2.2 氧化物结构陶瓷产品企业

事氧化铝、氧化锆等工业陶瓷的研制与生产，主要生产99%氧化铝陶瓷、95%氧化铝陶瓷、75%氧化铝陶瓷产品：密封环、陶瓷机械配件、耐磨砖、导丝器、导丝轮、耐磨内衬、喷嘴对辊、阀圈、阀板、阀球、陶瓷器、焊接陶瓷、纺丝盘、电器陶瓷、电子陶瓷、灯具陶瓷、温控陶瓷、纺织陶瓷、绝缘陶瓷、堇青石陶瓷、电热电器陶瓷、传感器陶瓷、蜂窝陶瓷、瓷管、瓷棒、瓷眼、瓷座等各种（特种）精密陶瓷件。由于氧化铝陶瓷硬度大、耐高温、耐酸碱腐蚀、耐磨、超高频绝缘等特点，被广泛应用于电子、电器、机械、化工、冶金、电力、航空航天等部门。公司一直坚持以务实的工作让客户安心，以创新的技术满足顾客的要求，以诚信的态度达成双方共赢，帮助广大用户攻克技术难关，为用户提供值得信赖的陶瓷产品，共同构筑陶瓷事业腾飞的理想平台。

主营产品：99%氧化铝陶瓷、95%氧化铝陶瓷、75%氧化铝陶瓷产品。

宜兴市宜刚精密陶瓷有限公司

地址：江苏省宜兴市查林村陶瓷工业园
电话：0510-87481088
电邮：yccf@vip.sina.com
网址：www.ygceramic.cn
单位介绍：公司自1994年成立以来，一直致力于氧化铝陶瓷的生产。现在已发展成规模化生产，年产量达5000万件，其中95%销往中国香港、中国台湾，以及欧洲、美国等国家和地区，得到客户一致好评。其中履带式加热器的销售已长期供给美、英、法、德、波兰、俄罗斯、韩国、印度、阿联酋、印尼、意大利等国家及中国香港地区的用户，在国际市场上已占有较大份额。公司产品规格齐全，并有多种色彩（白、黑、黄、红、灰等）。产品有75%、85%、95%、97%～99.8%氧化铝陶瓷，滑石瓷，氧化钛纺织陶瓷（导电瓷），堇青石陶瓷等。产品广泛应用于电子、电器、焊接设备、化工、纺织、机械等领域。公司生产设备较齐全，除一般的高压、干压设备外，等静压成型已成功生产出350mm×1000mm的特大型产品，精磨加工能力强，光洁度能达到国内先进水平，可为用户提供高精度的产品。
主营产品：75%氧化铝陶瓷、85%氧化铝陶瓷、95%氧化铝陶瓷、97%～99.8%氧化铝陶瓷，滑石瓷，氧化钛纺织陶瓷（导电瓷），堇青石陶瓷等。

宜兴市丁蜀镇景宏陶瓷厂

地址：江苏省宜兴丁蜀镇任墅工业西区
电话：0510-87185165
电邮：fxq@yxjhtc.com
网址：www.yxjhtc.com
单位介绍：陶瓷材料、金属材料和有机高分子材料并称为国民经济发展的三大支柱材料，而被誉为"21世纪新兴材料"的陶瓷更因其卓越性能而具有较大的发展前景。氧化铝陶瓷作为新型陶瓷材料中发展早、用途广、数量大及工艺质量稳定可靠而深受人们青睐。公司是一个专业从事氧化铝陶瓷件、陶瓷机械、陶瓷模具生产的企业，具备较雄厚的技术力量、成熟先进的工艺及装备。产品具有机械强度高、硬度大、耐磨损、耐高温、耐化学腐蚀性好等特点，可广泛用于机械、电子、化工、纺织、冶金、建筑及航空航天等各领域。公司还可以根据客户不同的要求，开发出相应的模具，以高质量的产品、优质的服务满足客户的要求；在平等、互利的基础上开展多种形式的合作，共创繁荣。公司地处苏、浙、皖三省交界的宜兴，紧靠104国道，交通方便，环境优美，欢迎您来公司洽谈业务。
主营产品：氧化铝陶瓷件、陶瓷机械、陶瓷模具。

宜兴华宝陶瓷科技有限公司

地址：江苏省宜兴市丁蜀镇任墅工业园内
电话：0510-80728616
电邮：388316@qq.com
网址：www.hbct.com.cn
单位介绍：宜兴华宝陶瓷科技有限公司是一家集技术研究、开发、制造、销售于一体的专业化生产氧化铝陶瓷辊棒的新兴企业，位于苏、浙、皖三省交界的宜兴。公司前身"宜兴市华宝耐火材料有限公司"成立于1996年，是一家专业生产高档耐火材料制品的企业，为严格把关原材料打下了坚实的基础。采用了当今世界较先进的成型工艺，产品经大型窑炉高温烧结而成，具有抗折强度高、热稳定性好、抗腐蚀性强、经久耐用等特点。生产的华环牌陶瓷辊棒被广泛应用于墙地砖、琉璃瓦、陶板、日用瓷等的高温辊道窑上。
主营产品：氧化铝陶瓷辊棒。

常州市金旭陶瓷有限公司

地址：江苏省常州市钟楼区邹区镇戴庄村
电话：0519-83633388
电邮：jinxucn@163.com
网址：www.jinxu-china.com
单位介绍：常州市金旭陶瓷有限公司是一家合资公司，专门从事96%氧化铝陶瓷的生产和陶瓷零件的组装。凭借其高生产能力和质量控制体系，已成为我国工业陶瓷行业的大型企业之一。得益于两个多功能高温梭式窑，陶瓷产品的月产量已达到2000万件。特别是现在能生产500多种釉面或非釉面陶瓷点火器，每月800万～1000万件，可以快速有效地满足客户的需求。这些产品具有机械强度高、耐摩擦、致密化、优良的电绝缘性和化学稳定性强的特点。由于具有耐高温、耐高压、耐腐蚀和耐磨损以及无变形、无分解和无污染的特性，被广泛用于电子、机械、化学、纺织、航空和通信行业。
主营产品：96%氧化铝陶瓷和各种陶瓷零件。

宜兴市双润陶瓷有限公司

地址：江苏省宜兴市丁蜀镇查林工业园区
电话：0510-87480355
网址：www.yxssrtc.com
单位介绍：宜兴市双润陶瓷有限公司专业生产各种工业陶瓷产品，有高纯氧化铝产品，99%、95%、80%、75%氧化铝瓷，以及各种滑石瓷（高频瓷）、电器瓷件、电子瓷件、绝缘瓷件、堇青石瓷件、电热电器瓷件、传感器瓷件等，生产的各种瓷管、瓷棒、瓷眼、瓷座、螺栓、螺母等异型陶瓷件，均能满足客户需求。产品具有耐磨损、耐高温、耐腐蚀、强度高、绝缘性能好等优点，堇青石瓷件、耐火陶瓷产品不炸裂、不吸水。产品广泛适用于电器、电子、电热电器、石油化工、汽车、邮电等行业，长期畅销于全国各地及海外。

主营产品：高纯氧化铝产品，99%、95%、80%、75%氧化铝瓷，各种滑石瓷（高频瓷）、电器瓷件、电子瓷件、绝缘瓷件、堇青石瓷件、电热电器瓷件、传感器瓷件。

宜兴市楚天特种陶瓷研究所

地址：江苏省宜兴市张泽镇大树村
电话：0510-87449116
网址：www.cttztc.com
单位介绍：公司是以生产刚玉莫来石陶瓷、氧化铝陶瓷、滑石瓷、纺织瓷及蜂窝陶瓷为主的专业厂家。产品具有高强度耐磨、耐高温、耐腐蚀、抗电强度高的特点，主要产品有电子电器装置陶瓷、纺织瓷、耐磨陶瓷、耐高温陶瓷、耐酸化工陶瓷，可按要求定做特殊规格。产品广泛用于电子、电器、化工、机械、铁路、纺织、环保、热工、仪表、矿山机械、邮电通信及国防工业领域。在市场经济的形势下，企业本着"求实、创新、开拓、进取"的精神，拥有较雄厚的技术力量和较先进的生产设备，具有年生产各种陶瓷瓷件8000万件的能力。公司以氧化铝（Al_2O_3）为基体生产的特种陶瓷器件产品具有质量稳定、耐磨损、强度高和绝缘性能好的特点，应用于电子、机械、化工、纺织、家用电器行业，产品行销全国各省市，包括中国台湾地区，并销往美国、德国、瑞典、意大利、印尼、日本及等国家和地区。
主营产品：刚玉莫来石陶瓷、氧化铝陶瓷、滑石瓷、纺织瓷及蜂窝陶瓷。

宜兴市明佳特种陶瓷科技有限公司

地址：江苏省宜兴市丁蜀镇查林工业区
电话：0510-87480622
电邮：mingjiatc@163.com
网址：www.mjtztc.com
单位介绍：宜兴市明佳特种陶瓷科技有限公司位于宜兴市，交通便利。公司专业生产氧化铝陶瓷、电器陶瓷、电子陶瓷、温控陶瓷、99%氧化铝瓷、95%氧化铝瓷、工业陶瓷、耐磨陶瓷、耐高温陶瓷、耐酸化工陶瓷等各种类型陶瓷产品，特殊规格可按要求定做。产品主要应用于化纤、电子、纺织、冶金、化工及机械等行业，具有机械强度高、稳定性好、绝缘强度高、电性能优良等特点，产品质量、服务态度在同行中有着良好的口碑。公司将以优良的质量、良好的信誉为您提供满意的服务。欢迎各厂矿企业、科研院校的新老用户光临公司洽谈业务并合作开发新产品、新技术，携手共创美好未来。
主营产品：氧化铝陶瓷、电器陶瓷、电子陶瓷、温控陶瓷、99%氧化铝瓷、95%氧化铝瓷、工业陶瓷、耐磨陶瓷、耐高温陶瓷、耐酸化工陶瓷等各种类型陶瓷产品。

宜兴市融嘉陶瓷有限公司

地址：江苏省宜兴市丁蜀镇查林村
电话：0510-87487057
单位介绍：宜兴市融嘉陶瓷有限公司坐落于宜兴市。公司把"质量合格"的信念，作为企业技术创新、产品研发、科学管理、产品质量、市场信誉、企业发展不断完善提高的动力，可根据客户需求加工高难度的陶瓷制品。公司专业生产氧化铝陶瓷、汽车陶瓷接插件、电器陶瓷、电子陶瓷、纺织陶瓷、灯具陶瓷、蜂窝陶瓷、机械陶瓷、化工陶瓷、工程陶瓷、堇青石陶瓷、陶瓷电阻壳、熔断器陶瓷外壳、陶瓷板等各种陶瓷件具有优良的综合性能。产品广泛应用于新能源、航空、军事、化工、冶金、机械、石油、电力、交通、电子、热工、纺织、电器等领域。
主营产品：氧化铝陶瓷、汽车陶瓷接插件、电器陶瓷、电子陶瓷、纺织陶瓷、灯具陶瓷、蜂窝陶瓷、机械陶瓷、化工陶瓷、工程陶瓷、堇青石陶瓷、陶瓷电阻壳、熔断器陶瓷外壳、陶瓷板等各种陶瓷件。

苏州市卡尔精密陶瓷有限公司

地址：江苏省苏州市虎丘区浒关镇永安路128号横塘工业园
电话：0512-66713701
电邮：563767059@qq.com
网址：www.szkarL.net
单位介绍：苏州市卡尔精密陶瓷有限公司坐落于江南古镇浒墅关镇，创立于2007年，厂房面积为3000m^2，有员工40余人。公司专业生产各种高纯度氧化铝陶瓷件、化纤网络器、尼龙兔子头等高精密纺机配件。使用我国台湾的先进设备，生产的陶瓷产品采用99.7%的高纯度日本进口氧化铝原料，并使用较独特的陶瓷抛光技术，产品质量较高。具有多年的网络器研发、生产和改造经验，其种类繁多、规格齐全，达到国内较高水平。
主营产品：各种高纯度氧化铝陶瓷件、化纤网络器、尼龙兔子头等高精密纺机配件。

宜兴市俊欣特种瓷件厂

地址：江苏省宜兴市丁蜀镇赵庄村110号
电话：0510-87492300
电邮：qrd@jxcj.com
网址：www.jxcj.com
单位介绍：宜兴市俊欣特种瓷件厂位于宜兴，是一个融传统工艺与高科技生产于一体的企业。公司设备精良，技术力量较雄厚。主要产品采用高标准生产，品种规格齐全，具有机械强度高、光洁度好、热稳定和化学性能好、绝缘强度高、电性能优等特点，广泛应用于电子、电器、化工、机械、纺织、热工仪表等领域。公司地理位置优越，交通便利，能始终提供优质的售前售后服务，并以顾客满意为己任。欢迎广大新老客户来函洽谈指导。
主营产品：氧化铝陶瓷、陶瓷喷水片、陶瓷喷嘴、电器陶瓷、陶瓷环、陶瓷板、陶瓷管、陶瓷棒等。

2.2 氧化物结构陶瓷产品企业

宜兴市万丰陶瓷厂

地址：江苏省宜兴市丁蜀镇川埠工业区
电话：0510-87496332
电邮：52388392@qq.com
网址：yxwanfeng.com
单位介绍：宜兴市万丰陶瓷厂主营99％、95％、75％等氧化铝陶瓷制品，对陶瓷产品开发和制造有着丰富的经验，运用先进成型技术，从热压、干压、等静压到陶瓷高温窑烧成，陶瓷抛光精细加工，保质保量。公司是一家集研发、生产、销售于一体的综合性高新技术企业，主营瓷件、瓷片、特种陶瓷、电器陶瓷、绝缘陶瓷、纺织陶瓷、化工陶瓷、精密陶瓷、结构陶瓷、高技术陶瓷、工程陶瓷等各类特种陶瓷产品。产品主要性能为高强度、耐磨损、耐高温、耐腐蚀、耐高压、耐冲击、绝缘性好；广泛用于航空航天、军工、电力、冶金、矿山、石油、纺织、机械等领域。公司与国内多家国有化学纤维厂、陶瓷阀门厂等均有合作，产品销往全国各地，承做过大批高质量纺丝盘、陶瓷阀门成套配件等陶瓷制品，并专长于各种造型怪异等疑难产品，可根据需要为用户提供值得信赖的陶瓷产品。公司严格执行ISO 9001国际质量体系认证及ISO 14001环境认证体系，欢迎广大宾朋来公司参观、交流与合作。
主营产品：99％、95％、75％等氧化铝陶瓷制品。

宜兴市荣泰电器有限公司

地址：江苏省宜兴市丁蜀镇紫砂村通蠡路西1号
电邮：chrt@yxsrtdq.com
电话：400-9288-089
网址：www.yxrtdq.com
单位介绍：宜兴市荣泰电器有限公司是行业内较大的特种陶瓷生产厂家，拥有干压、挤制、热压、浇铸等多种工艺，可生产各种工程陶瓷。产品广泛应用于电子、照明、机械、纺织、电热、耐火等行业。特别是采用抽真空泥料、挤制吊烧工艺，在业内较有特色。由于采用抽真空泥料吊烧烧成，公司生产的各类陶瓷管棒可以满足不同用户的需求。生产的管棒密度高、强度大，并能保证产品的垂直度和长度。干压设备可以生产数量多、密度高、外观漂亮的滑石瓷、堇青石、氧化铝等陶瓷。热压车间可以生产各种材质的异型陶瓷。浇铸工艺解决了大件陶瓷生产的困难。公司拥有陶瓷精加工生产线，可以加工各种常用规格的精度，直至镜面。有滑石瓷、堇青石、氧化铝、氧化镁、氧化锆、碳化硅多种材质可供客户选择，并可以根据客户来样或图纸量身定做。公司自有陶瓷模具车间，可以承接各种陶瓷模具制作，给客户定制陶瓷带来方便。真诚地欢迎您的光临指导。
主营产品：氧化铝陶瓷、陶瓷棒、发热芯、瓷管、瓷棒、多孔管等。

宜兴市瑞铭陶瓷科技有限公司

地址：江苏省宜兴市经济开发区惠兴北路
电话：0510-87128090
电邮：yxrmtc@126.com
网址：www.yxrmtt.com
单位介绍：宜兴市瑞铭陶瓷科技有限公司是一家专门从事烧成用高档窑具及氧化铝类陶瓷的高科技企业，工厂集研制、开发、生产、经营于一体，生产设备齐全、工艺流程严谨，主要产品有99.3％氧化铝坩埚、刚玉管、堇青石、刚玉莫来石匣钵与板、氧化锆承烧板等窑具，95％～99％的氧化铝及氧化钛瓷件，产品性能接近国际水平。氧化铝陶瓷具有硬度大、强度高、耐高温、耐腐蚀、电气绝缘性好的特点。产品广泛用作工程机械、纺织机械、电子电器的耐磨、耐高温、耐腐蚀、绝缘器件。公司与国内外众多品牌企业建立了良好、稳固的合作伙伴关系。逐步形成了人才、技术和品牌优势，先后成为富士康、美国杜邦、云南蓝晶、武汉凡谷、清华大学、同济大学、武汉科技大学等众多企业和院校的紧密合作伙伴。
主营产品：99.3％氧化铝坩埚、刚玉管、堇青石、刚玉莫来石匣钵与板、氧化锆承烧板等窑具、95％～99％的氧化铝及氧化钛瓷件。

宜兴市登峰焊接陶瓷研究所

地址：江苏省宜兴市查林工业园
电邮：sales@panrui-weld.com
网址：www.eyouhj.com
单位介绍：宜兴市登峰焊接陶瓷研究所是专业的焊接易损件及结构陶瓷产品的制造厂家，旨在为广大焊接用户提供优质、低价的各类焊接配件和陶瓷产品。焊接产品覆盖等离子、氩弧焊、CO_2保护焊等多个焊接领域，陶瓷产品涉及95％氧化铝、99％氧化铝等多种类型。其中的海宝Hypertherm涡流环系列产品，替代国外的同类进口配件，打破了国外厂商的技术及价格垄断，为客户大大降低了焊接成本。主营业务包括：①陶瓷业务，主营电子陶瓷、纺织陶瓷、工业陶瓷、结构陶瓷等各类陶瓷品；②焊接业务，主营焊接陶瓷保护套、衬垫、电极、喷嘴、焊枪、面罩等，也可按来图、来样加工。
主营产品：陶瓷产品涉及95％氧化铝、99％氧化铝等多种类型，焊接产品覆盖等离子、氩弧焊、CO_2保护焊等多个焊接领域。

宜兴市振华电子陶瓷有限公司

地址：江苏省宜兴和桥西锄工业区
电话：0510-87871730
电邮：wtb@zhdztc.com
网址：www.zhdztc.com
单位介绍：宜兴市振华电子陶瓷有限公司是集挤制、干压、热压铸成型工艺于一体的专业电子陶瓷生产开发企业，主要生产70％/75％/80％/95％氧化铝瓷及滑石瓷。产品广泛应用于电子、电器、通信、冶金、化工、机械、仪表、热工、纺织、耐火等行业。产品已出口和配套出口韩国、日本、加拿大、欧洲等国家和地区。
主营产品：70％、75％、80％、95％氧化铝瓷及滑石瓷。

宜兴市星光陶瓷有限公司

地址：江苏省无锡市丁蜀镇洛涧村

网址：www.xgtcchina.com

单位介绍：宜兴市星光陶瓷有限公司位于闻名中外的陶都——宜兴，是一个融传统工艺与高科技生产于一体的现代化企业。公司设备精良，技术力量较雄厚，主要产品采用国际标准生产。品种齐全，具有机械强度高、光洁度好、热稳定性和化学性好、绝缘强度高、电性能优等特点，广泛应用于电子、电器、机械、纺织、热工、仪表、温控、美发等各个领域。公司目前拥有固定资产500多万元，职工118人，其中工程师2人、技术员8人，土地使用面积超过7000m²，建筑面积为3000m²，用于生产成型注浆机38台、原料用球磨机5台、脱蜡用煤气窑3座、高温窑2座、抛光机5台、变压器1台、120kW发电机1台，并配有成品检测设备，年生产销售各类陶瓷产品近千万元。公司地理位置优越，交通便利，始终提供较优质的售后服务，并以广大顾客满意为己任，欢迎广大新老客户光临指导。

主营产品：耐磨陶瓷、95%氧化铝瓷、99%氧化铝瓷等。

景德镇晶达新材料有限公司

地址：江西省景德镇市浮梁县陶瓷工业园区安华北路
电话：0798-2816131
电邮：hejianhe2009@126.com
单位介绍：景德镇晶达新材料有限公司成立于2011年，是一家以氧化铝、氮化硅陶瓷为核心产品，专注于工业精密陶瓷的研发与制作的陶瓷材料公司。公司于2015年完成产业升级，建造有现代化生产基地，引进了新型窑炉、洁净厂房、超声波清洗设备、精加工磨床等多项设备，进一步提升了公司的加工制造能力，不断地为机械化工行业、电子工业及半导体等领域提供多样化的陶瓷解决方案。

主营产品：95%氧化铝结构陶瓷、电真空陶瓷管壳陶瓷、金属化99%/99.5%氧化铝陶瓷、氮化硅陶瓷、耐磨陶瓷、氧化铝坩埚、陶瓷结构件。

沈阳祥禾特种陶瓷技术有限责任公司

地址：辽宁省沈阳市沈北新区蒲裕路3号
电话：024-31135049
网址：www.syxhtt.com
单位介绍：沈阳祥禾特种陶瓷技术有限责任公司成立于2013年。公司由沈阳明禾石英制品有限责任公司投资建设，是专业生产精密铸造行业感应冶炼所需坩埚及精密铸造行业使用的陶瓷型芯等特种耐火制品的厂家。公司拥有较先进的生产设备和完善的质量管理监控系统，生产能力强，可生产用于精铸行业冶炼不同钢种及合金不同规格的坩埚，并生产浇口杯、浇口套、升液管、一次性坩埚等各种陶瓷制品。公司采用等静压成型及高温烧成等生产技术，生产过程实现半自动化，在批量化生产的同时严格把控产品质量，在沈阳明禾石英制品有限责任公司的协助下，兼具陶瓷型芯系列产品的生产制造。公司产品广泛应用于国防、航空航天、机械、冶金、电力、电子、化工等行业。

主营产品：氧化铝坩埚、氧化镁坩埚、刚玉莫来石坩埚。

山东东瓷科技有限公司

地址：山东省淄博市淄川区双杨镇建材城南
电话：0533-7902998
电邮：yuyuehui@cntecera.com
网址：www.cntecera.com
单位介绍：山东东瓷科技有限公司（以下简称东瓷科技）于2001年7月批准成立，是国内氧化铝特种陶瓷材料行业中集研发设计、产品制造、成套技术与装备业务于一体的制造型企业。东瓷科技长期以来致力于微晶氧化铝耐磨瓷球和衬砖，及其他高温结构陶瓷的研究、开发、生产。生产各类高铝瓷球及衬砖、衬板、瓷片、化工填料等500多个品种，年产量近2万t，产品通过ISO 9001质量管理体系认证及ISO 14000环境管理系列标准。是目前国内研制、生产品种类较多、应用面较广、生产技术较为成熟的特陶科研企业。

主营产品：微晶耐磨氧化铝衬板。

山东方正耐磨材料科技有限公司

地址：山东省淄博市周村区南郊镇
电话：0533-6016666
电邮：zbfzkj@163.com
网址：www.fangzhengkeji.com
单位介绍：山东方正耐磨材料科技有限公司是以生产氧化铝耐磨陶瓷制品为主的高新技术企业。公司技术力量较雄厚，工艺先进，拥有全自动干袋等静压机15台、自动液压机10多台、湿袋法压机2台，形成5条高温精度梭式窑及2条运行的隧道窑生产线，具备年产5000t高铝耐磨制品的生产能力。公司建立了完整的质量保证体系，试验设备齐全，可对生产全过程进行监控，确保了产品质量的稳定。

主营产品：微晶耐磨氧化铝衬片。

山东华星电力辅机有限公司

地址：山东省聊城冠县东环路南首
电话：0635-5872666
电邮：13863585199@126.com
网址：www.dwgd168.com
单位介绍：山东华星电力辅机有限公司是专业生产超高耐磨弯头、陶瓷耐磨弯头、耐磨陶瓷管、耐磨陶瓷弯头、粘贴陶瓷耐磨弯头、耐磨陶瓷贴片、超高分子量聚乙烯管、双金属耐磨弯头等的生产厂家，是山东省高新技术企业，是集科研、生产于一体的耐磨管道生产企业。年产可达10000t，拥有先进的生产设备和工艺控制手段，检测设备齐全，有整套科学、行之有效的质保体系。

主营产品：刚玉陶瓷（$\alpha\text{-}Al_2O_3$）衬层产品。

烟台道勤耐磨材料有限公司

地址：山东省蓬莱市昌升商贸广场
电话：0535-5657872
电邮：daoqin@plcastbasalt.cn
网址：www.plzhushi.cn
单位介绍：烟台道勤耐磨材料有限公司坐落于素有"人间仙境"之称的山东省蓬莱市，是一家加工、经营铸石和氧化铝陶瓷等

2.2 氧化物结构陶瓷产品企业

耐磨耐腐材料的新型公司。公司经营的主要产品有铸石板、铸石管、铸石复合管、夹套铸石管、铸石粉、氧化铝陶瓷板、氧化铝陶瓷管、氧化铝陶瓷复合管、氧化铝陶瓷球、压延微晶板、柔性管接头、耐磨伸缩节、耐磨阀门及多种耐磨耐腐胶泥等。铸石和氧化铝陶瓷都具有较高的耐磨损、抗腐蚀性能,其广泛应用于电力、矿山、冶金、煤炭、化工、建筑等工业部门严重磨损腐蚀的部件和设备,可延长部件或设备的使用寿命(为其他材料的十几倍乃至几十倍)。

主营产品:铸石板、铸石管、铸石复合管、夹套铸石管、铸石粉、氧化铝陶瓷板、氧化铝陶瓷管、氧化铝陶瓷复合管、氧化铝陶瓷球、压延微晶板、柔性管接头、耐磨伸缩节、耐磨阀门及多种耐磨耐腐胶泥等。

山东淄博百瑞通精密陶瓷有限公司

地址:山东省淄博市淄川区磁村镇村西
电话:0533-5559866
电邮:754161014@qq.com
网址:www.brttc.com
单位介绍:山东淄博百瑞通精密陶瓷有限公司是一家高科技私营企业,主要致力于研发生产陶瓷工业用精密产品。以生产氧化铝材料为主,生产特种陶瓷和精密陶瓷产品,产品范围包括氧化铝陶瓷、陶瓷螺栓、陶瓷配件、制品水泵与机械用陶瓷密封环、耐磨陶瓷、纺织机械瓷件、电子绝缘瓷件、陶瓷柱塞和陶瓷轴套、陶瓷辊和棒、盘、片等结构陶瓷产品及其他行业应用的各类异型瓷件,同时还可根据客户需要对陶瓷产品进行精密加工。公司在严格执行 ISO 9001 质量管理标准的基础上建立了完善的质量管理体系,确保产品质量长期稳定。
主营产品:氧化铝陶瓷异型件、功能及绝缘装置陶瓷。

淄博辰逸耐磨材料有限公司

地址:山东省淄博市张店经济开发区
电话:0533-2069728
电邮:w666666@126.com
网址:www.zbchenyi.com
单位介绍:淄博辰逸耐磨材料有限公司是为燃煤发电、钢铁水泥、矿山选矿、陶瓷厂、洗选煤等行业提供耐磨管道、耐磨设备和零部件的专业厂家,是耐磨管道管件生产企业。公司可提供耐磨弯头、三合一硫化橡胶陶瓷衬与二合一硫化橡胶陶瓷衬、耐磨管道陶瓷贴片、重介浮选选煤管路、水泥厂选粉机内衬、立磨旋风筒内衬、煤粉管道管件、燃烧器喷嘴、陶粒砂生产线及各种造粒设备、旋流器等磨损严重的管道及设备部件。公司有专业工程技术人员,可为各相关行业提供抗磨损一体化解决方案。
主营产品:耐磨氧化铝陶瓷。

淄博瀚思达陶瓷进出口有限公司

地址:山东省淄博市高新技术产业园
电话:0533-2900181
电邮:EastarCeramic@163.com
网址:www.eastar-ceramic.com
单位介绍:淄博瀚思达陶瓷进出口有限公司专业生产销售特种精密结构陶瓷件,与国内多家科研院所及开发研制特种精密陶瓷结构的公司共同合作生产陶瓷功能产品,所有陶瓷产品的生产企业均通过 ISO 9001 认证,生产的特种陶瓷功能结构件产品远销亚、欧、美、非等,涉及 31 个国家。部分产品达到或超过欧美同类产品标准,并获得欧盟认证。公司主要生产销售的产品有氧化铝陶瓷件、氧化锆陶瓷件、碳化硅陶瓷件、氮化硅陶瓷件等,广泛适用于矿山采集、工业机械、化工、陶瓷制造、激光半导体、纺织、电器,太阳能光伏、医疗、石油机械、汽车船舶、航天、军工等行业。
主营产品:耐磨氧化铝陶瓷管。

淄博浩扬陶瓷新材料有限公司

地址:山东省淄博市张店区湖田
电话:0533-2073081
电邮:13589557558@163.com
网址:www.zb-hy.com
单位介绍:淄博浩扬陶瓷新材料有限公司是一家以生产氧化锆、95%/99%氧化铝陶瓷和精细陶瓷结构件加工,以及耐磨管道、阀门、石油钢套为主的综合性私营企业。公司引进并采用优良的全套生产设备,包括全自动等静压机、双向液压机、CNC 加工中心、外圆磨、无心磨、内圆磨、平面磨、车床等生产设备,对陶瓷进行刨铣、平、雕等异型件精细加工,同时配置了粒度仪、比重仪等先进的实验室检测设备,确保企业进行高水平的生产和对生产各环节和产品进行严格的检验。公司秉持"质量、成本、创新、服务"的理念。产品具有高强度、耐磨、耐腐蚀、抗冲击等特点,广泛应用于火力发电、钢铁、水泥、洗煤、石油、化工、机械、陶瓷等行业,并得到用户的广泛认可。
主营产品:95%氧化铝陶瓷、99%氧化铝陶瓷和复合氧化铝陶瓷。

淄博云峰工业陶瓷有限公司

地址:山东省淄博市淄川区城西刘瓦工业园 1 号
电话:0533-5556936
电邮:zbyunfeng@163.com
网址:www.zbyunfeng.com
单位介绍:淄博云峰工业陶瓷有限公司技术力量雄厚、制造经验丰富、生产设备齐全、制造工艺先进。公司主产氧化铝、氧化锆结构陶瓷和功能陶瓷,产品可用于造纸、化工、科研、电子、医药、热电等行业,具有耐磨、耐腐蚀、耐高温等特点。
主营产品:脱水元件、氧化铝陶瓷管道、氧化铝陶瓷异型件、氧化铝制品。

淄博赢驰陶瓷新材料有限公司

地址:山东省淄博市张店区新村西路 185 号大学生创业园 B 座 9 层
电话:0533-2800803
电邮:zbyingchi@163.com

网址：www.zbyingchi.com

单位介绍：淄博赢驰陶瓷新材料有限公司是一家专业生产耐磨陶瓷和耐磨陶瓷施工的企业。公司现有自己的专业技术队伍，并与多家科研机构及高等院校建立了密切的产学研合作关系。常年致力于耐磨陶瓷材料的技术开发、产品设计制造及现场施工，确保为用户提供优质的耐磨陶瓷防腐材料及工程服务。公司拥有全套生产耐磨制品先进设备，主要产品为氧化铝填料球、微晶耐磨陶瓷衬板、耐磨陶瓷衬片、球磨机陶瓷衬砖、耐磨陶瓷管道弯头、耐磨高铝球、氧化锆球等。产品具有高强度、高硬度、耐磨损、耐腐蚀性好等特点，广泛应用于建筑卫生陶瓷、非金属矿、耐火材料、水泥、钢铁、化工、涂料、造纸、医药和热电厂等行业。

主营产品：氧化铝陶瓷衬板。

淄博尚迪特种陶瓷有限公司

地址：山东省淄博市博山区山头陶琉工业园
电邮：13869354581@163.com
网址：www.zbsdtc.com

单位介绍：淄博尚迪特种陶瓷有限公司利用先进工艺生产的96%氧化铝陶瓷片、陶瓷板具有耐高温、绝缘性能高、介电常数和介质损耗低、热导率大、电性能好、化学性能稳定、表面光洁、厚度一致、尺寸好等特点，性能指标全部达到GB/T 14619—2013标准要求。各种规格的氧化铝陶瓷片，在电子电器、能源化工、航空航天、粉末冶金、防腐耐磨、电力设备、臭氧发生器、绝缘导热、半导体制冷器件、太阳能光伏发电、电动汽车及充电桩、LED照明、MIM承烧板、真空烧结、高绝缘、高耐磨等方面有着广泛的用途。不同尺寸的单片、联片、多联片及不同形状的单孔多孔陶瓷片、陶瓷板，可根据客户要求生产制造。

主营产品：各种规格氧化铝陶瓷异型件、多孔件。

枣庄市环奥陶瓷科技有限公司

地址：山东省枣庄滕州市洪绪镇东张楼村（104国道东侧）
电话：0632-5890997

单位介绍：枣庄市环奥陶瓷科技有限公司主要生产耐磨陶瓷、氧化铝陶瓷、陶瓷复合衬板、陶瓷管道等产品，并承接耐磨陶瓷工程施工、设计、技术咨询。公司拥有国际较先进的陶瓷生产流水线设备，拥有67m隧道窑生产线1套、普通隧道窑生产线2套、梭式窑4台及最大整版1500mm×2000mm的硫化机3台、数控切割机3台、高精度压力成型机10余台。研发技术人员10多名，施工队80名工人，固定资产3000多万元，年销售额7000多万元。

主营产品：陶瓷片、陶瓷衬板、陶瓷管、陶瓷异型件、陶瓷研磨球、陶瓷喷嘴、复合陶瓷橡胶衬板、麻点陶瓷块等。

山东松丽耐磨材料有限公司

地址：山东省德州市经济开发区
电话：0534-5231103
电邮：sdslslgs@163.com
网址：www.dzgthg.com

单位介绍：山东松丽耐磨材料有限公司主要经营铸石板、耐磨陶瓷衬板、压延微晶板、高分子煤仓衬板等工程耐磨材料，已被广泛应用在冶金、煤炭、电力、矿山、化工、建筑等工业部门。目前公司的工程承接范围已覆盖全国地区，同时拥有一支优良的施工团队，成员均拥有多年施工经验，规模强大，技巧成熟。公司创建伊始就树立了"高技术、高起点、高水平"的目标，多年来不断追求创新，追求产品高质量、服务更完善。

主营产品：氧化铝耐磨陶瓷。

山东智材新材料有限公司

地址：山东省冠县新世纪工业园
电话：0635-5236855
电邮：13780700222@139.com
网址：www.sdzcxcl.cn

单位介绍：山东智材新材料有限公司是一家集科研、创新、销售于一体的综合型企业。公司致力于耐磨合金新材料、抗氧化、隔热、防腐新材料技术的开发与推广，主要针对电力锅炉、烟道、窑炉的抗氧化处理、隔热处理、防腐处理，以增产降耗。公司主要销售的内衬刚玉陶瓷复合管是目前市场应用在管道输送行业里性价比较高、较为理想的产品；销售的陶瓷片粘贴管道是陶瓷片设计较为合理、制作水平较高的产品，而且在不断优化、完善工艺；整体镶嵌氧化铝陶瓷管道是针对高磨损工况、提高管道输送清洁环保水平较为理想的输送管道，使用在锅炉省煤器下的整体镶嵌氧化铝陶瓷管弯头是一般耐磨弯头使用寿命的10倍，是高磨损管道输送清洁物料较为理想的耐磨管道；紊流双套管是气力输送的重要组成部分，它的特殊结构使粉体在管道中可实现可靠、高效输送。

主营产品：整体氧化铝陶瓷管。

山东鸢飞管业有限公司

地址：山东省青岛市市南区伏龙路9号241室
电话：0536-7519160
电邮：shandongyuanfei@163.com
网址：www.sdyuanfei.cn

单位介绍：山东鸢飞管业有限公司，注册资金1000万元，专业生产防腐耐磨管道。公司目前拥有较先进的生产工艺、生产设备和试验检测系统，可生产、加工钢制管件、耐磨管件、防腐管件。公司主要产品为国家"863计划"高科技新型材料SHS陶瓷内衬复合钢管、耐磨陶瓷复合管、耐热高合金钢管、高耐磨耐高温双金属管、硬质陶瓷管道及管件。公司以科学的生产工艺、严格的质量管理、先进的服务理念、合理的产品价格在国内外广大用户中赢得了良好的声誉，深受国内外广大客户的信赖。

主营产品：氧化铝陶瓷衬片、复合陶瓷管道。

陕西中唐精密陶瓷有限公司

地址：陕西省西安市莲湖路55号12层
电话：029-82356789

2.2 氧化物结构陶瓷产品企业

网址：www.11467.com xian co 87164.htm#contact
单位介绍：陕西中唐精密陶瓷有限公司现有职工29人，其中高级技术人员3人，中级技术人员5人。年生产能力、年生产值分别为1400万元、600万元，坚守"质量就是生命"的管理理念，严格遵循ISO 9001质量保证体系。公司工艺文件齐备、检验机构健全、检测设备良好，检测调试和校准全部委托外部计量机构完成，具备95%～99%的系列氧化铝陶瓷及金属化的设计开发能力，也可依据客户的技术要求独立完成产品的设计、开模、试制及最终定型。公司不但承接国内军用结构陶瓷研制、生产任务，而且产品出口国外，与美国LDA及新星公司有着长期的合作关系。冷加工设备齐全，生产精度可达到$-0.5 \sim +0.5\mu m$。
主营产品：工业陶瓷、氧化铝陶瓷及金属化。

上海森力瓷业有限公司

地址：上海市澄浏公路52号24幢608室
电话：021-39524637
电邮：sale@sunny-ceramics.com
网址：www.sunny-ceramics.com
单位介绍：上海森力瓷业有限公司是纺织机械厂商的伙伴。其前身是上海纺织瓷件厂，在1996年转制成民营企业。公司凭借40多年的经验，以及地处上海的优势，在纺织行业享有盛誉，产品应用于线缆、电子、电器、电热、石油化工及水泵等各行业。陶瓷产品有着很好的耐磨性，公司的主要产品有95%氧化铝、99%氧化铝、氧化钛、复合氧化铝及氧化锆等瓷件，分别适合不同的用途。公司还可以根据客户的图纸进行制造，包括零件组装。为了达到更好的品质和更纯的特性，采用了注射成型和干压等工艺，生产的产品质量达到了国际较高水平。
主营产品：A99氧化铝陶瓷、氧化钛。

特殊陶业实业（上海）有限公司

地址：上海市松江工业区松胜路736号
电话：021-3202-9988
网址：www.ngkntk.com.cn
单位介绍：特殊陶业实业（上海）有限公司自创建以来一直诚挚贡献于汽车产业的发展，力争向用户提供压倒性的产品品质和服务。公司产品蕴含了我们远大的志向，秉持"创新、全球化"的公司理念，将世界和未来紧紧联系在一起。作为汽车、摩托车零配件生产企业，公司充分认识到在地球环境保护方面所担负的责任，并积极地朝着"资源节约化""无公害化"的方向努力，为社会的发展作出贡献。
主营产品：陶瓷切削刀具（氧化铝系列）。

上海召明实业有限公司

地址：上海市徐汇区零陵路585号爱邦大厦七楼F座
电话：021-64825126
电邮：ren@vital-ceramic.com
网址：www.vital-ceramic.com
单位介绍：上海召明实业有限公司是氧化铝造粒粉、α-氧化铝粉、氧化铝微粉、氧化铝粗粉、陶瓷密封件、陶瓷摩擦盘、陶瓷刮水板、氧化铝陶瓷、防弹陶瓷、陶瓷耐磨片等产品专业生产加工的公司，拥有完整、科学的质量管理体系。公司的诚信、实力和产品质量均获得了业界的认可。
主营产品：氧化铝陶瓷（纯度高达99.5%以上）。

德清县新安镇丽丽纺织瓷件厂

地址：浙江省湖州市德清县新安镇勾里西庙桥村经路圩18号
电话：0572-8215462
单位介绍：德清县新安镇丽丽纺织瓷件厂是普瓷、95%氧化铝瓷、99%氧化铝瓷、钛瓷的专业生产公司。产品用于各种细纱机、气流纺纱机、倍捻机、络筒机、并纱机、捻线机、剑杆织机、喷气织机、织袜机、包覆机、加弹机、电脑绣花机、商标机、电子清纱机、电子切丝机、电子感丝机、电子储纬机及其他机械导丝器。产品采取国际专业标准生产，品种规格齐，具有机械强度高、光泽性好、热稳定性和化学性好的优点，广泛应用于电子电器、化工机械、纺织热工、仪表等领域。
主营产品：95%氧化铝瓷、99%氧化铝瓷、钛瓷。

德清新安镇海丰纺织瓷件厂

地址：浙江省湖州市德清县新安镇裕安南路33号
电话：0572-8215561
单位介绍：德清新安镇海丰纺织瓷件厂成立于2007年，是一家个体经营企业，主要面向全国、东南亚、西欧市场，客户群主要为纺织机械厂，拥有较完善的生产体系。
主营产品：95%氧化铝、99%氧化铝、氧化钛、氧化锆陶瓷配件。

德清县新安镇祥胜纺织瓷件厂

地址：浙江省德清县新安镇孙家桥村嵇家角30号
电话：0572-8216177
单位介绍：德清县新安镇祥胜纺织瓷件厂的纺织陶瓷、电器陶瓷、电子陶瓷、钛瓷、95%～99%氧化铝陶瓷、工业陶瓷等畅销消费者市场，在消费者当中享有较高的声誉。
主营产品：纺织陶瓷、电器陶瓷、电子陶瓷、钛瓷、95%～99%氧化铝陶瓷。

德清县新市镇兴盛纺织瓷件厂

地址：浙江省湖州市德清县新市镇韶村马家桥月河斗13号
电话：0572-8200123
电邮：873506676@qq.com
单位介绍：本厂专业生产氧化铝、氧化钛特种陶瓷器件，具备年产2000万件生产能力。工厂以高起点、高质量为标准，选用优良原料，精心安排生产工艺，确保产品质量的稳定性，在同行业中具有一定的信誉度和竞争能力。目前可提供1600多种产品，也可加工客户所需要的各种产品，以适合客户不同的需要。
主营产品：氧化铝、氧化钛特种陶瓷器件。

德清钟管瑛锋纺织瓷件厂

地址：浙江省德清县钟管镇三墩村简介浜组
电话：0572-8400510
单位介绍：德清钟管瑛锋纺织瓷件厂主营氧化铝瓷件等。
主营产品：氧化铝瓷件。

德清县勾里金昌陶瓷厂

地址：浙江省湖州市新安镇工业园区3号
电话：0572-8462889
单位介绍：德清县勾里金昌陶瓷厂是氧化铝陶瓷、陶瓷原料等产品专业生产加工的公司，拥有较完整、科学的质量管理体系。
主营产品：工业陶瓷、纺织陶瓷、氧化铝陶瓷、氧化钛陶瓷、导丝器、纺织配件、特种陶瓷、瓷片、瓷眼、瓷棒、瓷管、瓷钩。

宁波华诚高醇陶瓷有限公司

地址：浙江省宁波市奉化经济开发区汇茂路228号
电话：0574-88930018
电邮：web@nbhctc.com
网址：www.nbhctc.com
单位介绍：宁波华诚高醇陶瓷有限公司专业生产高压钠灯用透明氧化铝陶瓷管。目前，已形成年产600万支透明氧化铝瓷管的规模，能够系列生产分体管、整体管等各类透明氧化铝陶瓷管。产品规格从35～1000W，并可根据客户的需求提供陶瓷金属化的特殊规格。公司还可提供具有自主知识产权的金卤灯用陶瓷管及用户指定形状的金卤灯用陶瓷管。
主营产品：透明氧化铝陶瓷管。

揭西县榕江精密陶瓷有限公司

地址：广东省揭阳市揭西县河婆镇枫东村横巷一号
电话：0663-5591997
单位介绍：本公司是一家专业生产氧化铝异型件、滑石瓷、堇青瓷的大型厂家。生产各种规格的陶瓷水阀片、陶瓷灯头、堇青瓷隔热板、密封环、温控器瓷件、纺织瓷件、美容美发器材瓷板、刚玉球、刚玉砖等产品。产品广泛应用于水暖、电器、电子、电热、纺织机械、照明、石化、汽车等行业领域，具有耐磨损、耐高温、耐腐蚀、高强度、绝缘性能好等特点。公司注重企业形象，以"讲信用、重合同、质量、服务"为经营宗旨，得到国内外客户的一致好评。
主营产品：陶瓷管。

宁波东联密封件有限公司

地址：浙江省宁波市鄞州区姜山科技园区明曙路6号
电话：0574-88452354
电邮：88452354@china-dongya.com
网址：www.china-dongya.com
单位介绍：公司成立于1992年，是国家高新技术企业和省级研究开发中心，科研能力、装备水平较高，生产规模较大，量身定制了可远程操作的ERP管理系统。公司占地面积为32000m²，建筑面积为28000m²，有员工300余人。主要产品有机械密封、高纯度氧化铝、碳化硅、碳化钨、石墨等各种材料的机械密封环和轴套，以及碳化硅、氧化铝陶瓷、碳化硼等制成的装甲防护材料，其中高纯度、高性能氧化铝陶瓷密封环产销量较大。2015年，公司研发生产的氧化铝陶瓷盘成功用于科学实践——十号卫星和天宫二号空间实验室，为整机的发射成功和在轨运行作出了重要贡献。
主营产品：99%氧化铝陶瓷轴和套筒。

淄博和润马科托矿业技术有限公司

地址：山东省淄博市高新区玉皇山路1803号
电话：0533-2320916
电邮：info@grintec.net
网址：www.grintecmagotteaux.com
单位介绍：公司服务于世界各地的精磨和超细磨等行业：从阿拉斯加州到南部非洲，从中国到智利，公司帮助客户优化运营，以最佳的总拥有成本交付最终产品或服务，同时将对环境的影响降至最低。除优秀的产品和解决方案外，公司还提供建议、服务、资源和设备。
主营产品：陶瓷球、氧化铝球、氧化铝陶瓷球、研磨球、耐磨球。

HDS特种陶瓷有限公司

地址：福建省厦门市思明区嘉禾路297-1号2501室
电话：0592-5090503、5033022
电邮：hds@hdscera.com
网址：www.hdscera.com
单位简介：HDS特种陶瓷制造中心（简称HDS）成立于2001年，由福建海鼎盛特种陶瓷有限公司、厦门市海鼎盛科技有限公司、厦门市海德盛贸易有限公司和厦门世鼎电子科技有限公司四家公司组成。其中，厦门市海鼎盛科技有限公司从2014年开始连续8年被评为国家级高新技术企业。四家公司强强联合，共同打造了集研发、设计、制造为一体的全产业链中心，产品涉及氧化铝真空陶瓷、特种陶瓷、半导体陶瓷管壳、半导体真空密封件、半导体模块精密组件、陶瓷金属化、陶瓷环保电镀等领域。HDS所属公司专业生产各类特种陶瓷及其配套相关产品，拥有陶瓷粉造粒、等静压陶瓷生产、施釉、全自动化陶瓷金属化、精密CNC制造、陶瓷金属封接、精密模具中心、全自动化环保电镀等多条生产线，形成了完整的产业链。
主营产品：电力真空陶瓷管、功率半导体用陶瓷环、陶瓷金属密封管等。

辽宁省轻工科学研究院

地址：辽宁省沈阳市皇姑区崇山西路3号
电话：024-86872663
电邮：lqkyyfzb@163.com

2.2 氧化物结构陶瓷产品企业

网址：www.lnqky.com
单位介绍：辽宁省轻工科学研究院有限公司（简称"轻科院"）隶属于辽宁控股集团，作为国有控股的科技型企业，是专业从事无机非金属新材料及新产品研发生产、试验检测、中试验证、成果推广、人才培养的综合性科研机构。已形成特种工业陶瓷、功能陶瓷、特种无机粉体、特种玻璃、特种陶瓷涂层、特种涂料、铸造材料、电子功能器件、绿色建材等产品谱系，广泛应用于航空、航天、兵器、船舶、铸造、石油化工等领域。
主营产品：结构陶瓷材料、功能陶瓷材料等。

无锡卓瓷科技有限公司

地址：江苏省无锡市锡山区东港镇高巷路8号
电话：0510-88795667
电邮：info@exceratec.com
网址：www.exceratec.com
单位介绍：无锡卓瓷科技有限公司（简称"卓筑科技"）专注于精密陶瓷材料的研发、生产和销售，从半导体（集成电路）到液晶面板，从纳米材料到电子医疗，再到航空航天等尖端领域，卓瓷科技的产品无处不在，为各高精尖行业的发展注入了强大动力。在科技创新与健全企业管理体系的道路上，卓瓷科技硕果累累。公司已获30项专利，其中包括8项发明专利和22项实用新型专利，同时公司还通过了 ISO 9001 质量管理体系认证、ISO 14001 环境管理体系认证和 ISO 45001 职业健康安全管理体系认证，确保了产品质量的稳定和环境的可持续性。
主营产品：陶瓷圆顶盖、陶瓷腔体盖、陶瓷环、喷嘴、机械手臂、真空吸盘、多孔陶瓷吸盘等。

江西萍乡龙发实业股份有限公司

地址：江西省萍乡市湘东区下埠工业园（萍乡陶瓷产业基地内）
电话：0799-3378828
网址：www.longfacn.com
单位介绍：江西萍乡龙发实业股份有限公司创建于2001年，注册资金1.06亿元，占地面积近27万 m^2。经过20多年的持续健康发展，公司已成为集工业陶瓷生产、防腐保温工程施工、环保设备制作与安装于一体的大型股份制企业。拥有领先于国内同行业的全自动辊道窑陶瓷生产线、宽体节能环保隧道窑陶瓷生产线、节能环保梭式窑陶瓷生产线，工业陶瓷年生产能力达到15万吨。公司研发了"高铝承重陶瓷条梁及其制备方法""高铝全瓷球拱""曲纹型开孔瓷球"等20余项新产品。多年来，各类工业陶瓷产品经国家工业陶瓷质量检测机构检测，各项指标均达到或超过国标，产品销售网络遍布全国，市场范围覆盖石油、化工、冶炼、硫酸、煤化工等行业，并远销海外。
主营产品：耐酸砖板、陶瓷散堆填料、陶瓷波纹填料、环保/功能陶瓷、陶瓷透水砖、惰性瓷球等。

河南长兴实业有限公司

地址：河南省郑州市上街区长兴路2号院13幢
电话：0371-68118035
电邮：hncxsygs@168.com
单位介绍：河南长兴实业有限公司成立于2000年，隶属于中国长城铝业公司，以研究开发、生产经营精细氧化铝（特种氧化铝及高温煅烧氧化铝系列产品）为主。经过20多年的不断发展，已经拥有一支由教授级高工2人、高级工程师5人等中高级技术人员组成的精细氧化铝研发技术团队，建立了完整的精细氧化铝技术开发、工业试验、产业化及销售体系。
主营产品：陶瓷滤膜载体用α-氧化铝、纺织陶瓷用α-氧化铝、低温烧结99%氧化铝微粉、电子陶瓷用α-氧化铝、防弹装甲陶瓷用α-氧化铝、导热用球形α-氧化铝。

孝感市汉达电子元件有限责任公司

地址：湖北省孝感市孝南区长兴路车站工业园
电话：0712-2080173
电邮：961081688@qq.com
单位介绍：孝感汉达电子元件有限公司成立于2003年，是一家专业生产氧化铝陶瓷和陶瓷金属化产品及陶瓷金属封接件的高新技术企业。主导产品有：陶瓷气体放电管用瓷管及其金属化产品、陶瓷金属封接产品、直流灭弧罩、电子玻璃粉以及其他电子陶瓷产品。公司以市场为导向，不断拓展电子陶瓷及其金属化产品的应用领域，开发出用于高速列车、地铁车辆及矿山机车高速开关用的直流灭弧罩、飞机飞行安全保护装置用陶瓷金属焊接件及新能源汽车传感器的陶瓷件等产品，为企业的持续稳定发展奠定了坚实基础。
主营产品：氧化铝陶瓷制品及陶瓷金属化、陶瓷金属焊接产品。

宁波泰科先进陶瓷有限公司

地址：浙江省余姚经济开发区建民北路15号
电话：0574-58228897
电邮：binxu@toptekceramics.com
网址：www.toptekceramics.com
单位介绍：宁波泰科先进陶瓷有限公司的前身是慈溪市宁波华鑫化纤科技集团有限公司的先进陶瓷研发部门。自2012年6月建立以来，主要从事研究和发展工业陶瓷，因化学纤维的应用需求不断增长，公司建立了陶瓷事业部。并不断学习陶瓷制造技术，不断提高公司的制造能力。公司的产品在中国传统陶瓷生产技术中已经取得了较大的突破，纳米创意组合的超高活性粉体技术与湿凝胶铸造成型技术，使公司可以生产大量复杂的陶瓷结构件，是静压实现成型技术和注塑技术所无法达到的。与此同时，公司技术已经达到较高水平，自成立以来，突破了传统的技术和集成陶瓷成型、烧结、研磨和精密机械加工技术，为客户提供高精度、高品质的陶瓷部件。同时，可为中小型企业提供特种陶瓷材料神奇解决方案，通过新的工艺手段，运用新技术，为客户生产出品质优良的精密结构陶瓷材料产品。
主营产品：高纯氧化铝陶瓷。

苏州瑞邦陶瓷新材料有限公司

地址：江苏省苏州市相城区太平街道兴太路17号3号楼2楼
电话：15850257758
电邮：cn960@yahoo.com.cn

单位介绍：苏州瑞邦陶瓷新材料有限公司自 2007 年成立以来，专注于耐热陶瓷的研发、生产、销售。公司研发实验室一直走在耐热陶瓷材料开发的最前沿，被业内视为卓越中心，公司的材料技术人员负责在耐热多孔陶瓷技术以及应用领域提供专长。
主营产品：耐热氧化铝陶瓷、超高温氧化锆陶瓷制品。

河南博茂光电材料有限公司

地址：河南省许昌市长葛市和尚桥镇魏武路南段西侧 433 号
电话：18638101567
电邮：18638101567@139.com
单位介绍：河南博茂光电材料有限公司成立于 2021 年，专注于生产氧化铝基板，可以满足客户对于产品尺寸各种多样性的要求，而且能够实现单片打样。所生产的陶瓷基板不需要二次复平，一次就可以达到磨加工前的平整度要求。
主营产品：氧化铝陶瓷基片。

宜兴市新苏宜陶瓷科技有限公司

地址：江苏省宜兴市丁蜀镇洛涧村涧南路 418 号
电话：15094399555
单位介绍：公司专业生产各类陶瓷制品，种类繁多。材质分为 95％氧化铝陶瓷、99％氧化铝陶瓷、氧化锆陶瓷、滑石瓷、堇青石等。从制作、烧结到后期加工、检验均可"一条龙"完成，在产出产品的时效上占有很大的优势。
主营产品：氧化铝陶瓷结构件。

金刚新材料股份有限公司

地址：山东省滨州市邹平县
电话：0543-4585935
电邮：scb@sdhx.com
网址：www.sinoceraprop.com
单位介绍：金刚新材料股份有限公司成立于 2007 年，现有员工 2000 余人，注册资金为 1.01 亿元，下设山东璞泰矿业有限公司、山东金璞新材料有限公司、金刚石支撑剂公司（美国）、青岛金贸公司 4 个子公司。公司重点研究开发、生产销售油田增产新材料、铸造新材料、特种陶瓷新材料等多种高科技产品，已发展成为集矿山开采、原料供应、生产销售于一体的横跨多市的大型高新科技企业集团。
主营产品：微晶耐磨氧化铝管。

绍兴华泰日之出特种陶瓷有限公司

地址：浙江省绍兴市柯桥区漓渚开发区
单位介绍：公司专业生产高品质氧化铝，产品具有耐腐蚀、抗氧化、电性能、热稳定性和化学稳定性好等优点。主要品种有陶瓷阀芯、火花塞陶瓷、电器装置陶瓷、密封件陶瓷、焊割陶瓷、电子及点火陶瓷，还包括片、环、轴、条、块、球、针、管、钩、盒等。
主营产品：陶瓷阀芯、火花塞陶瓷、电器装置陶瓷、密封件陶瓷、焊割陶瓷、电子及点火陶瓷。

徐州康姆罗拉特种陶瓷有限责任公司

地址：江苏省徐州市新沂经济技术开发区上海路
电话：0516-88958936
电邮：kmlltc@126.com
网址：kmll.cnpowder.com.cn
单位介绍：徐州康姆罗拉特种陶瓷有限责任公司，是美国康姆罗拉技术陶瓷有限责任公司与徐州天宏高科技工业陶瓷有限公司共同投资成立的中美合资企业。公司前期总投资为 2000 万元人民币，主要生产熔融石英陶瓷、氧化铝陶瓷、氮化硅陶瓷、氧化锆陶瓷及耐火材料。
主营产品：熔融石英陶瓷、氧化铝陶瓷、氮化硅陶瓷。

重庆市多鎏实业有限公司

地址：重庆市九龙坡区铜陶北路 113 号 4 栋
电话：023-68163123
网址：www.cqduoliu.com
单位介绍：重庆多鎏实业有限公司成立于 2018 年 5 月 30 日，注册资金 1000 万元，是以研发、生产、销售氧化锆（ZrO_2）系列产品，氧化铝（Al_2O_3）系列产品，氮化铝（AlN）系列产品，钛（Ti）金属喂料及钛金属 MIM 产品，新能源电池材料系列产品为主的综合性新材料科技企业。目前成熟产品有精密陶瓷泵（医药灌装泵、血液透析泵、电解液分装泵等）、光伏陶瓷配件（氧化锆石英舟、氧化铝陶瓷吸盘、氧化铝陶瓷机械臂等）、精密陶瓷柱塞（水刀柱塞、医疗柱塞）和常规陶瓷结构件等。
主营产品：精密陶瓷泵、光伏陶瓷配件、精密陶瓷柱塞、常规陶瓷结构件。

淄博誉洁陶瓷新材料有限公司

地址：山东省淄博市淄博高新区金晶大道 267 号颐和大厦
电话：0533-2688588
电邮：zb_yujie@163.com
网址：www.sdyujiexcl.com
单位介绍：淄博誉洁陶瓷新材料有限公司位于齐文化发祥地、"五大瓷都"之一的淄博，是一家生产和销售氧化铝陶瓷制品的企业。公司成立于 2010 年，拥有 1700℃ 全自控高温隧道窑、梭式窑、压机以及数控雕刻机、切割机等高品质产品生产设备，可为用户提供 92％氧化铝瓷、95％氧化铝瓷抗冲击低磨耗耐磨产品及异形定制产品和多种复合材料耐磨产品。产品具有比金属优异的耐磨损、耐腐蚀、耐高温、高硬度、绝缘、低膨胀、低蠕变等优点，可以适应金属和高分子材料难以承受的环境和工况条件，广泛应用在煤炭、矿山、钢铁、火电厂、陶瓷和化工等行业。
主营产品：92％氧化铝瓷、95％氧化铝瓷抗冲击低磨耗耐磨产品及异形定制产品。

江西省萍乡市亿鑫高科陶瓷有限公司

地址：江西省萍乡市湘东区下埠木马村

2.2 氧化物结构陶瓷产品企业

电话：0799-3416889
电邮：514484997@qq.com
网址：www.pxyxtc.com
单位介绍：江西省萍乡市亿鑫高科陶瓷有限公司创办于2003年元月，主要产品为耐酸砖、高铝瓷球、惰性瓷球、耐火瓷球、瓷环、石油支撑剂等石油化工瓷填料。产品广泛用于化工、电力、石化、煤气、防腐等行业。中科院上海硅酸盐研究所为公司提供技术支持。
主营产品：惰性瓷球、耐火瓷球、瓷环、锆玉瓷球。

大连高腾国际贸易有限公司

地址：辽宁省大连市中山区鲁迅路78号
电话：0411-82741622
网址：www.gtdl.com.cn
单位介绍：大连高腾国际贸易有限公司专业从事加工高质量球磨机用球衬、硅石衬、衬胆，硬度高，磨耗低。目前，公司所生产的硅衬石已被广泛应用于陶瓷行业（瓷砖、卫浴、餐具、日用瓷）、玻璃行业、硅酸锆、白水泥以及石英加工等领域。硅含量可达99%以上，密度不低于2.66g/cm³，磨耗低，纯度高，对原料的纯度影响很小。硅球可按照生产需求提供不同等级、各种规格；衬石可分为初加工、精加工两种，初加工衬石为尺寸、厚度大致相同的长方形硅石块，需要到厂后进行二次加工磨头，再进行安装。精加工衬石按照球磨机尺寸定制加工，异形衬、入料口等均可按照要求进行精细加工，误差小，到厂后可按照编号进行直接安装。
主营产品：球磨机用球衬、硅石衬、衬胆、氧化铝球、氧化铝衬砖。

浮梁县景龙特种陶瓷有限公司

地址：江西省景德镇市浮梁县湘湖工业园
电话：0798-2626809
电邮：xs@jl-spcera.com
网址：www.jltztc.com
单位介绍：浮梁县景龙特种陶瓷有限公司成立于2013年3月15日，致力于95%氧化铝陶瓷研发、生产及金属化深加工。产品主要包括新能源汽车高压直流继电器、真空灭弧室、电子管、高频加热管、真空电容、真空继电器等电子元器件用陶瓷关键零部件。在新能源汽车高压直流继电器方面，公司已配套推出HFE18、HFE82、HFE85、HFE86等系列陶瓷产品，主要应用于新能源汽车、光伏发电、储能和工业电源等领域，是国内市场上少数几家能够批量供应新能源汽车用高压直流配套陶瓷的厂家。
主营产品：95%氧化铝陶瓷、结构陶瓷、新能源车载继电器、真空灭弧室。

江苏久吾高科技股份有限公司

地址：江苏省南京市浦口区园思路9号
电话：025-58840295
电邮：office@jiuwu.com
网址：www.jiuwu.com
单位介绍：江苏久吾高科技股份有限公司是一家专注于从事新材料研发与整体解决方案的高科技企业。建成了从新材料研制、技术开发、工艺设计、成套设备制造到提供整体解决方案、项目运营等完整的业务产业链。公司求索不止，在陶瓷膜、有机膜、吸附剂等新材料制造领域不断取得突破。以此为基础，为新能源服务、工业流体分离、水处理与资源化利用、工业废石膏资源化利用四大领域提供整体解决方案。特别在盐湖提锂、电池正极材料、废盐综合治理、生物燃料乙醇、氯碱化工、生物制品等多个细分领域实现了突破性的创新应用。目前，产品远销全球四十多个国家和地区，得到了国内外客户的广泛认可。
主营产品：高装填柱式陶瓷膜、陶瓷膜、卷式膜元件、中空纤维膜、有机管式膜。

江苏省宜兴非金属化工机械厂有限公司

地址：江苏省宜兴市丁蜀镇
电话：0510-87189500
电邮：yxhjc@yxhjc.com
网址：www.yxhjc.com
单位介绍：江苏省宜兴非金属化工机械厂有限公司是一家以微孔陶瓷、结构陶瓷为核心的国家重点高新技术企业。企业占地面积15万平方米，下设1个研究所、1个新材料研究室、1个新材料实验工场、3个分厂，现有员工近500人。目前产品主要有：蜂窝陶瓷、全自动陶瓷过滤机、无机陶瓷膜及液固分离装置、高温陶瓷膜及气固分离装置、耐腐蚀耐磨泵机、硫酸吸收塔承重条梁、大型耐高温陶瓷气流粉碎机。
主营产品：蜂窝陶瓷、无机陶瓷膜、陶瓷膜过滤管、硫酸吸收塔承重条梁。

江西博鑫环保科技股份有限公司

地址：江西省萍乡市芦溪县电瓷工业园
电话：0799-7516992
电邮：info@bocent.net
网址：www.bocent.net
单位介绍：江西博鑫环保科技股份有限公司是一家运用高新纳米陶瓷技术进行科技创新并应用于环境保护行业的国家高新科技企业。专注于工业有机废气治理、生活及工业废水治理等节能环保领域，产品主要是大规格RTO蜂窝陶瓷蓄热体、高温烟气尘硝一体化立体陶瓷膜滤芯及装备、沸石分子筛蜂窝体、蜂窝陶瓷催化剂载体、纳米中空板式陶瓷膜及污水处理一体化设备等，同时也是国内大规模制造致密材质、大规格蜂窝陶瓷蓄热体的企业。目前拥有年产蜂窝陶瓷25000m³和20万m²板式陶瓷膜的生产能力。
主营产品：废气处理蜂窝陶瓷系列、污水处理陶瓷膜系列、高温除尘陶瓷系列。

江西省萍乡市湘东石油化工填料厂

地址：江西省萍乡市湘东区腊市镇工业园
电话：0799-3424228

电邮：jxpxfwtc@126.com
网址：www.jxpxxdsh.com
单位介绍：江西省萍乡市湘东石油化工填料厂主营蜂窝陶瓷、环保吸附过滤材料、填料、环保催化剂四大系列新材料产品，年产值1亿元以上，产品广泛应用于石油、化工、化肥、冶炼、电力、煤气、制药、环保等行业，远销欧美、中东、东南亚等多个国家与地区。
主营产品：蜂窝陶瓷、环保吸附滤材、填料、环保催化剂。

南京翃翌陶瓷纳滤膜有限公司

地址：江苏省南京市江北新区产业技术研创园园思路1号
电话：025-83172279
电邮：hqi@njtech.edu.cn
网址：www.hongyimo.com
单位介绍：南京翃翌陶瓷纳滤膜有限公司以南京工业大学化工学院为依托，是国内专业从事陶瓷纳滤膜系列产品研发、生产和提供膜集成技术整体解决方案的高科技公司。
主营产品：陶瓷纳滤膜系列产品。

扬州吉新光电有限公司

地址：江苏省扬州市江都区大桥集中工业园区
电话：0514-86451519
电邮：421973340@qq.com.cn
网址：www.gnova.com.cn
单位介绍：扬州吉新光电有限公司是主要以激光荧光粉色轮的研发、生产、销售为主要业务的高科技公司。同时，公司还配套生产、销售激光显示设备所需要的其他光学部件，譬如扩散片、扩散轮、滤光片色轮、光通道等。公司与多家国内外研究机构有多项合作开发项目，为激光显示行业提供荧光轮产品与解决方案。
主营产品：陶瓷荧光轮、陶瓷片、光通、匀化器件。

宁波钧乔行汽车配件有限公司

地址：浙江省慈溪市横河工业区27号
电话：0574-63834883
电邮：ysh@yshsp.com
网址：www.nbjq.cpwlx.com
单位介绍：宁波钧乔行汽车配件有限公司坐落于浙江省宁波市慈溪市，成立于1987年。现旗下有宁波钧乔行汽车配件有限公司，主营产品为高端摩托车和园林工具火花塞；宁波元帅汽车零部件有限公司，主营产品为高端汽车火花塞；宁波元帅精密陶瓷制造基地，主营产品为高端火花塞陶瓷件及氧化铝精瓷、氧化铝防弹陶瓷片等。
主营产品：火花塞陶瓷。

宜兴协莱特精密陶瓷有限公司

地址：江苏省宜兴市丁蜀镇陶都工业园
电话：0510-87417158
电邮：info@sirector.com
网址：www.sirector.com
单位介绍：宜兴协莱特精密陶瓷有限公司是一家中法合资企业，专业生产优质陶瓷导丝器。其中，研制生产的均油器、网络喷嘴及各种低摩擦系数导丝器，如上油嘴、导丝钩、瓷棒、热箱入口瓷轮、假捻器入后导丝器等产品，尤其适用于高速度、高张力的多孔细旦化纤丝的上、下游生产工序。公司还可提供氧化铝、氧化锆、锆增韧氧化铝、人造宝石、碳化硅、氮化硅、高频瓷等材质的工程陶瓷产品，可广泛应用于石油化工、机械密封、焊接、家电及军工行业。
主营产品：纺织陶瓷、工业陶瓷。

廊坊开维化工科技有限公司

地址：河北省廊坊市大城县东汪工业区
电话：0316-3298811
电邮：81861961@qq.con
网址：www.lfkaiwei.com
单位介绍：廊坊开维化工科技有限公司（原大城县开维化工厂）成立于2005年，是专业从事分子筛、催化剂等系列产品的研究、生产与销售的综合性生产企业。主要生产分子筛及水处理药剂两大系列产品，分子筛系列包括3A分子筛、4A分子筛、5A分子筛、10X分子筛、13X分子筛、中空玻璃专用分子筛、活化粉等；水处理药剂系列包括阻垢分散剂、缓蚀阻垢剂、杀菌灭藻剂、灭菌剂、预膜剂、生物粘泥剥离剂等，主要应用于钢铁工业、电力工业、化工工业、石油工业、造纸厂、化肥厂、炼油厂等行业。
主营产品：惰性氧化铝瓷球、活性氧化铝、分子筛、水处理药剂。

博世先进陶瓷

地址：四川省成都市天府大道中段1268号天府软件园E区E2栋13楼
电话：400 831 0669
电邮：adv.ceramics@cn.bosch.com
网址：www.bosch-smartlife.com
单位介绍：博世先进陶瓷隶属于德国博世集团，致力于陶瓷3D打印设计优化、批量定制、镀层和多材料粘接等加工服务，生产的陶瓷产品结构复杂，尺寸精度高，生产技术全球领先，在医疗、半导体、能源和工业领域服务全球客户。持续创新先进材料和制造技术，始终努力为客户创造高性价比的一站式解决方案。
主营产品：博世3D打印先进陶瓷。

宜兴市兴辉陶瓷厂

地址：江苏省宜兴市丁蜀镇查林工业区
电话：510-87492868
电邮：2502685219@qq.com
网址：www.xhtaoci.com
单位介绍：宜兴市兴辉陶瓷厂是一家专业生产工业陶瓷结构件、陶瓷零配件等产品的公司，产品广泛应用于机械、电子、新能

2.2 氧化物结构陶瓷产品企业

源光伏、化工、纺织、航空航天等领域，具有耐磨损、耐腐蚀、高强度、绝缘性能好等特点。
主营产品：氧化铝陶瓷、氧化锆陶瓷、耐磨陶瓷、电子电器陶瓷、纺织陶瓷、发热陶瓷、堇青石莫来石陶瓷等。

福建富沃进出口有限责任公司

地址：福建省泉州市丰泽区滨海街997号501室、502室、521室、522室、523室
电话：0595 22662270
电邮：jianxing.huang@forwardfj.com
单位介绍：福建富沃进出口有限责任公司主营产品为煅烧氧化铝、氢氧化铝。公司秉承"顾客至上、锐意进取"的经营理念，提供高质量的产品，坚持以"客户第一"的原则为广大客户提供优质的服务。
主营产品：煅烧氧化铝、氢氧化铝。

宜兴市非凡陶瓷制品有限公司

地址：江苏省宜兴市丁蜀镇建新村
电话：0510-87191518
电邮：lgx@yxff.com
网址：www.yxff.com
单位介绍：宜兴市非凡陶瓷制品有限公司专业研制各类陶瓷材料，如高纯氧化铝、氧化锆、堇青石、滑石瓷以及氧化锆增韧氧化铝（ZTA）等。主要生产的产品类别有耐磨陶瓷、电子电器陶瓷、纺织陶瓷、发热陶瓷、蜂窝陶瓷等。产品广泛应用于机械、电子、化工、纺织、航空航天等领域，具有耐磨损、耐腐蚀、高强度、绝缘性能好等特点。公司不断完善适应工业陶瓷生产发展的质量控制体系，为改善产品品质、降低生产成本奠定了基础。公司可根据客户的要求，提出经济适宜的陶瓷解决方案，并完成生产制作，依赖优秀的售后服务和跟进体系，让合作和产品改进更加有效。
主营产品：氧化铝结构件、氧化锆、堇青石、氮化硅、ZTA等。

宁波延陵陶瓷有限公司

地址：浙江省宁波余姚东郊工业园区永兴路53号
电邮：hollywu@yanlingceramics.com
网址：www.yanlingceramics.com
单位介绍：宁波延陵陶瓷有限公司是一家专业研究、开发并生产精密氧化铝陶瓷的企业。企业目前拥有先进的自动化热压铸成型设备、自动控温的天然气高温节能窑炉、精密机械加工设备及自动化检测等设备于一体的陶瓷生产线。产品远销欧洲、日本及东南亚等国家和地区。已通过GB/T 19001—2016和ISO 9001：2015质量管理体系认证，严格依照前期控制、过程控制、结果控制和改善阶段控制控管着每一个生产程序，检验车间拥有先进的自动检测设备以确保产品满足客户的需求。
主营产品：精密氧化铝陶瓷。

苏州亿嘉新材料科技有限公司

地址：江苏省常熟市高新技术产业开发区金湖路3号3号楼
电邮：yjkjtc@163.com
单位介绍：苏州亿嘉新材料科技有限公司经过多年发展，已经具有丰富的材料制备技术与应用经验。有着严谨、专业、高效的团队，通过技术的创新推动先进材料的显著发展。无论是半导体、光伏，还是军工及航天等其他各类现代化工业与尖端科技领域，公司都将竭力为您提供多样化的先进陶瓷解决方案。
主营产品：半导体氧化铝陶瓷牙叉手臂、半导体微孔陶瓷吸盘、碳化硅陶瓷吸盘、氧化铝陶瓷吸盘、精密陶瓷结构件等。

深圳市德澳美科技有限公司

地址：广东省深圳市宝安区龙华区清湖社区安之龙工业区B栋2楼
电话：0755-28146759
电邮：18665890580@126.com
网址：www.damkj.com
单位介绍：深圳市德澳美科技有限公司是一家专业从事精密陶瓷零配件生产的民营高科技企业，可根据客户图纸生产、加工各种规格、种类的精密陶瓷零件。主营氧化铝陶瓷机械手和氧化铝陶瓷半导体吸盘，还生产氧化锆半导体陶瓷、氧化锆绝缘装置陶瓷、氧化锆陶瓷圆盘、碳化硅陶瓷，欢迎前来定制和咨询。公司技术力量雄厚、设备精良，加工经验丰富。目前拥有多台精密数控设备、精密机床，以及各种精良的加工工艺和加工工具，并配备各种精密检测仪器，以确保产品精度。
主营产品：晶圆搬运臂、晶圆真空吸盘，以及半导体设备的陶瓷零部件；氮化硅、碳化硅、氮化铝等各种陶瓷制品。

衢州飞瑞特种陶瓷有限公司

地址：浙江省衢州市霞飞中路20号
电话：0570-3851016
电邮：kpwave@dingtalk.com
单位介绍：衢州飞瑞特种陶瓷有限公司成立于2012年1月，坐落在浙江衢州绿色产业集聚区，是浙江省绿色产业发展研究院衢州中科光电研究分院承担单位，拥有雄厚的技术力量和强大的自主技术与自主知识产权。公司坚持以人为本的管理理念，采用现代企业管理模式，引进ERP数据管理，注重精细化操作，坚定不移地立足科技创新，潜心产品技术研发，注重产品品质和诚信服务。以不断提升的科技带动企业的发展，以优异的品质巩固企业的成就。生产产品包括半导体设备核心部件、耐磨耐高温抗腐蚀结构件、高热导氮化铝陶瓷基片及抛光片（高10nm）、氧化铝陶瓷基片及抛光片（高20nm）、光学材料碳化硅加工主镜、氧化锆镜面陶瓷刀系列等。目前，公司生产的航天产品顺利通过验收，获批"航天产品生产许可证"，并已获得ISO 9001质量体系认证证书。公司拥有完整的产品生产、研发和精加工的成套设备，可对高纯度、高硬度氧化铝、氧化锆、氮化铝、碳化硅等特种陶瓷材料进行纳米级的精密加工。产品市场前景广阔，国内销售主要集中在航天、医疗器械、LED等领域或行业，国外主要销往欧洲、北美等市场。
主营产品：氧化铝、氧化锆、碳化硅、氮化铝生产制造、精密加工、研磨抛光。

山东诠道科技有限公司

地址：山东省德州市庆云经济开发区东岳大街1688号
电话：0534-3786986
电邮：yumo.zhang@bjtrend.com
单位介绍：山东诠道科技有限公司成立于2019年，公司主要经营：新材料研发、技术推广服务；耐火材料制品制造；高温窑炉设计、安装、实验检测；工业专业设计及其他专业技术服务；工程技术研究、试验发展。
主营产品：95%/99%/99.7%氧化铝陶瓷管、热电偶保护管、陶瓷棒、高温炉管、电晕管等耐温耐电耐磨耐腐蚀的工业陶瓷。

苏州凯发新材料科技有限公司

地址：江苏省苏州市苏州工业园区苏州纳米技术国家大学科技园H408
电话：0512-6856-5571
电邮：heqing@szkfxc.com
网址：www.szkfxc.com
单位介绍：苏州凯发新材料科技有限公司（Suzhou Kaifa New Material Technology Co., Ltd）专业从事先进陶瓷材料的生产、研发和销售的专业技术咨询和服务的科技公司。公司拥有多位具有丰富研究经验的技术人员，形成研发团队的核心力量，可以针对客户需求进行定制，提供全套的先进陶瓷材料的解决方案。公司长期研究国内外新型陶瓷应用领域和高科技领域陶瓷应用的设计理念，紧跟前沿技术发展趋势，具有各种无机非金属材料的丰富研发及加工经验，并为客户的新材料领域应用提供整体解决方案。
主营产品：高精密陶瓷结构件、先进陶瓷材料、精密光学镜片。

2.2.3 氧化锆/氧化铝复相陶瓷

宜兴市九荣特种陶瓷有限公司

地址：江苏省宜兴市丁蜀镇陶都工业园湖光路177号
电话：0510-87492573
电邮：512736809@qq.com
网址：www.yxjiulong.com
单位介绍：宜兴市九荣特种陶瓷有限公司位于风景秀丽的太湖之滨，是一家专业生产、研发各种先进陶瓷零部件的民营企业，产品广泛应用于纺织机械、化工冶金、通信电子、能源环保、生物医疗、航空航天、国防军工领域。公司成立于2003年，经过20多年的不懈努力，已与南京大学、上海硅酸盐研究所、清华大学等多所科研单位合作，企业规模不断扩大，如今已发展成为一家拥有300多名员工、占地约1.2万m^2、建筑面积超过30000m^2、固定资产达8000多万元的先进陶瓷生产企业。产品销往中国台湾，以及德国、意大利、日本、美国、巴西、印度等国家和地区。目前，公司已具有年产5000万件的生产能力。
主营产品：氧化铝陶瓷、氧化锆陶瓷、氧化钛陶瓷、碳化硅陶瓷、氮化硅陶瓷、氮、化硼陶瓷。

江苏省陶瓷研究所有限公司

地址：江苏省宜兴市丁蜀镇丁山北路196号
电话：0510-87183775
电邮：stysied@jiangsuceramics.com
网址：www.jiangsuceramics.com
单位介绍：江苏省陶瓷研究所有限公司是一家集科研开发、技术咨询服务和生产经营于一体的现代化科技企业。现设有国家认证的陶瓷和耐火材料检测中心，并建立了工业陶瓷生产基地。主要从事工程结构陶瓷、功能敏感陶瓷、复合多孔陶瓷、发泡陶瓷、日用陶瓷、艺术陶瓷、陶瓷用色素颜料、釉料等陶瓷新材料的科研、开发、生产，并形成了产业化，同时从事陶瓷、耐火材料质量检测、陶瓷原辅材料经营、陶瓷技术咨询服务等业务。公司是江苏省高新技术企业、江苏省AAA级重合同守信用企业、江苏省AAA级技术咨询企业，通过了ISO 9001质量管理体系认证和输美日用陶瓷生产厂认证。
主营产品：氧化铝陶瓷、氧化锆陶瓷、多孔陶瓷、堇青石滑石瓷氮化硅、PTC陶瓷加热元件、陶瓷餐具等。

苏州赛琅泰克高技术陶瓷有限公司

地址：江苏省苏州工业园区钟南街428号
电话：0512-62740788 转506
电邮：info@ceramtec.com.cn
网址：www.ceramtec-group.cn
单位介绍：苏州赛琅泰克高技术陶瓷有限公司的技术陶瓷材料可以分为四大类：硅酸盐陶瓷、氧化物陶瓷、非氧化物陶瓷和压电陶瓷。硅酸盐陶瓷是技术应用中被使用最早的一类陶瓷材料，主要是由天然原材料与矾土（氧化铝、硅酸铝）结合制作。氧化物陶瓷类材料主要由金属氧化物，如氧化铝、氧化锆、钛酸铝或分散陶瓷等材料组成。非氧化物陶瓷代表了以碳、氮和硅化合物为基础的陶瓷材料，如碳化硅、氮化硅和氮化铝等。压电陶瓷（也称为功能陶瓷）代表了用于把机械参数转化成电参数（或者相反），把电信号转化成机械移动或振动的一类材料。
主营产品：氧化物陶瓷、硅酸盐陶瓷、非氧化物陶瓷、压电陶瓷。

湖南富强特种陶瓷制造有限公司

地址：湖南省醴陵市孙家湾南区工业园
电话：0731-23183388
电邮：master@fq-porcelain.com
网址：www.fq-porcelain.com
单位介绍：湖南富强特种陶瓷制造有限公司创建于1964年，是中国机械工程学会工程陶瓷专业委员会理事单位及中国石化一级供应商和BASF/BAYER指定供应商。公司技术力量雄厚，拥有丰富的特殊用瓷生产经验、现代检测手段、严密的工艺控制系统和质量保证体系，各项产品的技术指标均符合国家以及国际标准，已通过ISO 9001国际质量体系认证、ISO 14001环境管理体系认证。公司主要生产特种陶瓷、实验室用瓷等各类

2.2 氧化物结构陶瓷产品企业

具有耐温、耐酸、耐磨、绝缘等特殊性能的瓷件，以及各种规格的化工环保金属、塑料、陶瓷等材质填料。产品远销美国、澳大利亚、欧盟、东南亚等诸多个国家和地区，以及国内广大市场，深受用户一致好评。

主营产品：氧化铝管、棒、坩埚、异形件系列；氧化锆管、棒、坩埚、异形件系列；碳化硅管、棒、坩埚、异形件系列；石墨管、棒、坩埚、异形件系列；电子陶瓷基片、绝缘子、电容系列；刚玉球、刚玉砖、刚玉管系列。

唐山市科硕特种陶瓷制造有限公司

地址：河北省唐山市丰南区沿海工业区
电话：0315-8599799
电邮：sales@tsks.cn
网址：www.tsks.cn
单位介绍：唐山市科硕特种陶瓷制造有限公司成立于2005年，公司员工百余人，大部分具有10年以上的陶瓷制造经验。生产车间有6座容积10立方米的1800℃高温窑炉、8座容积5～10立方米的1500℃窑炉、多台磨加工设备。产品生产工艺有注浆成型、热压铸成型、干压成型、等静压成型、挤出成型、滚压成型、注凝成型。主营氧化铝陶瓷制品、氧化锆陶瓷制品等，产品涉及匣钵、坩埚、管子、板、球等种类，可供广大客户选择。同时，可接定制类产品，来样或来图生产加工，一对一服务，可根据不同的使用环境及使用方法帮助客户选定合适的材料和优化产品结构。公司客户遍布国内多个省市及国外多个国家，客户的满意是公司产品品质的见证。
主营产品：氧化铝陶瓷制品、氧化锆陶瓷制品、陶瓷管材、陶瓷坩埚、陶瓷棒、陶瓷板、陶瓷定制件、陶瓷纤维制品。

浙江钛迩赛新材料有限公司

地址：浙江省嘉兴市平湖市独山港镇聚福西路366号龙泉飞地
电话：0573-85256813
电邮：telcera@163.com
网址：www.telcera.cn
单位介绍：浙江钛迩赛新材料有限公司专业从事高端陶瓷粉体、陶瓷滤波器、陶瓷封装基板、陶瓷溅射靶材的研发与制造，产品广泛应用于5G通信、军工通信、电子元件、器件封装、光电显示、新能源等领域。公司研发团队由多名海归博士和研究员组成，研究领域覆盖陶瓷材料的粉体制备、成型、烧结与加工关键技术工艺，在核心期刊发表学术论文数百篇，获得国际国内发明专利数十项。此外，公司与新加坡南洋理工大学、上海硅酸盐研究所、中国科学技术大学、同济大学、合肥工业大学等国内外知名院所建立了良好的合作关系，立志为全球客户提供高品质的先进材料与服务。
主营产品：陶瓷基板、半导体精密陶瓷、靶材、陶瓷涂层粉体、陶瓷靶材粉体、MLCC瓷粉、微波介质瓷粉等。

宜兴天奥陶瓷科技有限公司

地址：江苏省宜兴市丁蜀镇通蜀路供电所西门向南100米
电话：0510-87481882
电邮：yxtatc@163.com
网址：www.yxtatc.com
单位介绍：宜兴天奥陶瓷科技有限公司是一家注重科技创新，以质量为主、诚信为本的技术型企业。现有干压机8台，其中315吨1台、160吨2台、100吨1台、40吨1台，另有3台100吨全自动压机，可来样加工各类异形产品，如大规格陶瓷管、陶瓷环、陶瓷圆板等各类95％氧化铝瓷、99％氧化铝瓷异形件，广泛应用于航空航天、军工、电力、冶金、矿山、石油、纺织、机械等各个领域。
主营产品：氧化铝陶瓷、氧化锆陶瓷、氮化铝陶瓷、氧化镁陶瓷等。

河北山启新材料科技有限公司

地址：河北省邢台市沙河市人民大街南侧企业办公中心华旗办公楼9层
电话：0319-8866888
电邮：hbsq@hbthanky.com
网址：www.hbthanky.com
单位介绍：河北山启新材料科技有限公司成立于2017年9月9日，拥有国内专业的技术团队和销售团队，致力于清洁新能源锂电池材料烧结用匣钵、新型电子陶瓷以及高端粉体烧结用坩埚等各种窑具制品的研发和销售。
主营产品：氧化铝产品、氧化锆产品等。

湖南省国瓷新材料科技有限公司

地址：湖南省醴陵市青云北路315号（湖南陶瓷研究所园内7区）
电话：16673361053
电邮：linjia@guocixcl.com
网址：www.guocixcl.com
单位介绍：湖南省国瓷新材料科技有限公司是由湖南省陶瓷研究所和醴陵市凯欣特种陶瓷厂共同出资，于2021年6月成立的一家专注于新型陶瓷材料、先进陶瓷结构件生产、加工、定制的公司。主营范围包括工业陶瓷、氧化锆陶瓷、氧化铝陶瓷、氮化铝陶瓷、氮化硅、碳化硅、特种陶瓷、先进陶瓷加工生产及非标定制。
主营产品：陶瓷棒、陶瓷针、陶瓷板、陶瓷管等。

山东启泰工业陶瓷有限公司

地址：山东省淄博市张店高新技术开发区
电话：0533-2175196
电邮：sales01@wear-ceramic.com
网址：www.naimotaoci.com.cn
单位介绍：山东启泰工业陶瓷有限公司位于山东省淄博市高新区，是一家以生产氧化铝耐磨瓷产品为主的企业。目前，公司致力于生产耐磨陶瓷产品，包括氧化铝陶瓷球、耐磨陶瓷衬板、马赛克陶瓷衬片、球磨机衬砖、氧化锆珠、惰性氧化铝瓷球、陶瓷钢板橡胶复合衬板、耐磨陶瓷管道等各类耐磨陶瓷产品。生产的产品采用煅烧工艺保证产品高比重、低磨耗，提高了研磨效率，降低了使用成本。产品具有密度高、磨耗低、耐磨、抗冲击、抗震稳定性好、耐酸碱、无污染等特点。广泛应用于陶瓷瓷釉、涂料、耐火材料、水泥、电厂、玻璃、化工、食品机械等各行业。

主营产品：耐磨陶瓷研磨介质（氧化铝、氧化锆、锆铝复合球），92%/95%/ZTA耐磨陶瓷衬板（或衬片、衬砖）、耐磨陶瓷复合板、耐磨陶瓷管道/弯头。

山东智新鹏特新材料科技有限公司

地址：山东省淄博市淄川区罗村工业园道口村对过
电话：0533-5677177
电邮：121381983@qq.com
网址：zhixinpengte.com
单位介绍：山东智新鹏特新材料科技有限公司位于齐国故都——山东省淄博市，交通便利、人杰地灵。乘着新型产业转型的东风，现代化新材料企业的成长环境得天独厚。公司是山东省高新技术企业、淄博市新材料领域龙头企业，现拥有专业技术研发人员12名，获得各项技术专利5项。集科研、生产和应用服务于一体，获得了质量、环境、职业安全健康管理等多项体系认证，先后与上海交通大学、济南大学、山东理工大学等知名院系建立了长期稳定的双向合作交流机制，为企业发展奠定了坚实的人才和技术基础。
主营产品：氧化铝研磨介质、氧化锆增韧氧化铝研磨介质、氧化铝造粒粉、超细研磨专用氧化铝研磨介质、氧化锆增韧氧化铝研磨介质等。

东莞市金龙达陶瓷科技有限公司

地址：广东省东莞市常平镇上坑村环常北路常平珠宝文化产业园3幢A1座401号
电话：0769-83337683
电邮：kinglongda@jldtc.com
网址：www.jldtc.com
单位介绍：东莞市金龙达陶瓷科技有限公司是一家先进陶瓷制造企业，是致力于陶瓷新材料和新工艺的研发与制造的高科技型企业。产品涵盖各类工业陶瓷、精密陶瓷和特种陶瓷产品，生产加工各种陶瓷材料，被广泛应用于新能源、电池、汽车、光伏、半导体设备、医疗、石油化工、军工、航空航天等关键行业。公司产品畅销全国各个省份和地区，深受客户青睐，公司已通过ISO 9001和ROHS环保认证，为客户提供高品质的产品和高质量的服务。
主营产品：氧化铝陶瓷、氧化锆陶瓷、氮化硅陶瓷、碳化硅陶瓷、氮化铝陶瓷、氮化硼陶瓷、可加工陶瓷。

湖北国瓷科技有限公司

地址：湖北省仙桃市张沟镇绿化村五组
电话：0728-8236567
电邮：kingceramic@163.com
网址：www.kingceramtech.com
单位介绍：湖北国瓷科技有限公司占地约6700m²，建筑面积为6000m²，拥有多项发明专利，获得高新技术企业证书。产品应用于手表、首饰、手机、光通信、电子、机械、电子烟、智能产品等。
主营产品：氧化锆陶瓷、氧化铝陶瓷、氧化铝金属共烧陶瓷发热体。

天津市光通陶瓷有限公司

地址：天津市津南区津南开发区上海街3号
电话：022-28594038
网址：www.gtcera.com
单位介绍：天津市光通陶瓷有限公司是天津城建学院环境工程有限公司旗下的一家专业从事新技术陶瓷研究、开发和生产的高新技术企业。依托天津城市建设学院材料科学与工程系的科研和人才优势，拥有精细氧化铝陶瓷生产技术、氧化锆陶瓷生产技术、氧化铝和白金电极封装技术，先后开发生产了精细氧化铝陶瓷、光纤连接器氧化锆陶瓷套管等产品。公司于2006年获得"氧化锆光纤连接器陶瓷套管"国家重点新产品证书，2008年获得国家知识产权局颁发的"光纤连接器用氧化锆陶瓷套管的制备方法"发明专利证书。氧化铝陶瓷产品表面全釉以取得大反射率和易于清洗，在波长600～1000nm处反射率达98%，在400～1200nm频谱范围内反射率超过96%，坯体具有适当的多孔和高强特性。
主营产品：氧化铝陶瓷。

江苏禹贝陶瓷有限公司

地址：江苏省宜兴市丁蜀镇洛涧村
电话：0510-80722669
电邮：sales2@shybtc.com
网址：www.isybtc.cn
单位介绍：江苏禹贝陶瓷有限公司是专业生产加工各种精密陶瓷件的厂家，与国内多家高校及科研院所联合开发研制精密陶瓷，包括结构陶瓷、功能陶瓷件。公司主要产品包括氧化铝陶瓷件、氧化锆陶瓷件和碳化硅陶瓷件等，均可根据客户图纸生产加工。成型工艺有等静压成型、干压成型和热压铸成型等，并承揽后期精密磨加工，包括平面磨、无心磨、外圆磨、内圆磨、珩磨等。产品尺寸精度高、性能稳定，被广泛应用于化工、机械电子、石油、航天、医疗、纺织、汽车、船舶等行业。公司秉持质量、信誉、互利双赢的原则，期待与广大客户携手共创辉煌。
主营产品：氧化铝陶瓷件、氧化锆陶瓷件和碳化硅陶瓷件等。

江苏中瓷陶瓷科技有限公司

地址：江苏省宜兴市丁蜀镇查林村
电话：0510-87268880
网址：www.jszhongci.com
单位介绍：江苏中瓷陶瓷科技有限公司（简称"中瓷陶瓷"）依托科研院校优势，在非金属氧化物的原料、成型、烧结、加工方面都有相对独到之处。产品质量是企业的核心竞争力，公司看重客户的每一次反馈，同时更注重企业内部的质量体系建设，从产品的源头控制质量，从生产各个环节寻求利润。中瓷陶瓷

2.2 氧化物结构陶瓷产品企业

希望与各界采购商建立紧密的合作关系，共同创新，共同发展。
主营产品：各种氧化铝陶瓷、氧化锆陶瓷、滑石瓷、堇青石陶瓷、蜂窝陶瓷、氧化铝陶瓷管、氧化铝陶瓷片、高频瓷等。

宜兴市国泰陶瓷科技有限公司

地址：江苏省宜兴市丁蜀镇查林村
电邮：0510-87481975
网址：www.yxsgt.com
单位介绍：宜兴市国泰陶瓷科技有限公司位于风景秀丽的太湖之滨——陶都宜兴，是专业生产各类氧化铝陶瓷、滑石瓷，如99％氧化铝瓷、95％氧化铝瓷、电子陶瓷、电器陶瓷、纺织陶瓷、陶瓷绝缘环、灯具陶瓷、仪表陶瓷、氧化铝陶瓷、发热陶瓷、装饰陶瓷等的生产厂家。产品广泛用于电器、电子、电热等行业，具有耐磨损、耐高温、耐腐蚀、高强度、绝缘性能好等特点，深受广大用户好评。公司以科技为先导，全面实施现代化管理，生产工艺先进、设备齐全，并具备产品检测手段，不断创新。竭诚为用户服务是公司一贯奉行的宗旨，公司将与新老客户共同发展，共创光辉前景。
主营产品：专业研制各类陶瓷结构件，如氧化锆，99％氧化铝瓷、95％氧化铝瓷，高频瓷，堇青石莫来石陶瓷制品等。

江苏鑫德隆精密陶瓷有限公司

地址：江苏省宜兴市丁蜀镇川埠工业区
电话：0510-87495086
电邮：18262225598@163.com
单位介绍：江苏鑫德隆精密陶瓷有限公司（简称"江苏鑫德隆"）坐落在有"陶都之乡"美誉的宜兴市，地理位置优越，交通运输方便，是一家专业生产工业陶瓷、电器陶瓷、氧化锆陶瓷、氧化铝陶瓷的厂家。公司产品广泛应用于电工电器、矿井、煤炭、工业、机械、锅炉、航空航天、电子等各领域，设备使用寿命延长，可提高生产效率，降低企业成本。公司生产设备齐全，技术力量雄厚，是研发、生产加工、销售为一体的专业陶瓷加工商。现公司设有独立的研发部门，专门从事新产品的开发设计。公司的战略合作供应商遍布北京、广东深圳、湖南、广西、陕西、新疆、内蒙古、山东、南京、上海、河南、吉林、等地。产品出口到俄罗斯、韩国、美国、缅甸、西班牙等国家。自成立以来，公司始终坚持"为客户创造价值，我们才有价值"的经营理念，不断进行技术创新，严格的质量管理和竭诚的服务已经得到客户的深度认同。江苏鑫德隆将不懈努力，继往开来，力创陶瓷加工行业品牌。
主营产品：氧化铝陶瓷、氧化锆陶瓷、陶瓷管、陶瓷棒、陶瓷板、异形陶瓷件、精密陶瓷件、耐高温陶瓷、耐磨陶瓷等。

宜兴市和恒精密陶瓷有限公司

地址：江苏省宜兴市丁蜀镇任墅工业区
电邮：zhd19891212@126.com
网址：www.hhtaoci.com
单位介绍：宜兴市和恒精密陶瓷有限公司位于世界闻名陶都——宜兴丁蜀镇，是一家集研发、生产、销售、服务于一体的精密陶瓷加工企业。公司拥有先进的研发、生产设备和检测设施，完善的质量管理体系保障。主要生产各类氧化铝、氧化锆材质为主的陶瓷结构件制品，并可按需生产各类异形陶瓷制品。生产的产品具有高强度、高硬度、耐磨损、耐腐蚀性好等特点，广泛应用于半导体行业、新能源行业、科技研发、电子、机械、化工、冶金、电力、军工、航空航天等领域。
主营产品：各类氧化铝、氧化锆材质为主的陶瓷结构件制品，并可按需生产各类异形陶瓷制品。

重庆斯恩特轴承有限公司

地址：重庆市九龙坡区白市驿镇农科大道66号门498号
电话：023-68622335
电邮：pfzcjd@163.com
网址：www.cqntn.com
单位介绍：重庆斯恩特轴承有限公司（重庆轴承厂家）位于美丽的中国山城——重庆，成立于1997年，是目前重庆较大的综合性轴承企业之一。公司致力于进口轴承和国产轴承等国际公司产品在中国市场的销售，是多家世界生产商的授权代理。公司在国内经济飞速发展的大好环境下，承蒙广大新老客户的支持和厚爱，业务取得了稳步发展，日益壮大，通过不断完善自我，现已成为一家能为客户提供一站式产品采购和服务的供应商。业务范围已涉及钢铁冶金、机械制造、石油化工、化纤纺织、水泥建材、汽车制造、电子、高铁、制药、食品、机床、电力、造纸、煤矿等多个行业领域。公司以较优质的售前技术和售后跟踪服务面对日趋激烈的市场竞争，现拥有一批高科技专业技术人员，坚持"以人为本、团结拼搏、不断创新"的企业精神，秉持"公平竞争、诚实守信"的宗旨，遵循"诚信、务实、共赢"的经营理念，融合国际大公司的经营管理模式及企业文化，积极开拓市场，便于向各界用户提供从产品介绍到技术交流，再到产品售后服务的全过程服务。期望与用户建立长期稳定的合作关系，并希望成为用户可以信赖的朋友。
主营产品：氧化锆陶瓷、氧化铝陶瓷、陶瓷磨刀棒、移印机陶瓷环刀、陶瓷轴承、碳化硅陶瓷、氮化硅陶瓷、吸水陶瓷、陶瓷磨介球、电子烟陶瓷、灯具陶瓷。

新乡市固元陶瓷科技有限公司

地址：河南省新乡市凤泉区耿黄镇和宇路11号
电话：13233836891
电邮：xinxiangguyuan@126.com
网址：www.xxgytc.com
单位介绍：新乡市固元陶瓷科技有限公司位于河南省新乡市卫北工业园区，是一家集设计、研发及生产各种电子陶瓷、特种陶瓷产品于一体的高新技术企业。公司技术力量较雄厚，生产及检测设备精良，拥有较先进的冷等静压机、高温梭式窑炉、高温推板窑及陶瓷精加工生产线，并且与多所院校、科研机构建立了长期友好的合作关系，为公司新产品的研究和开发提供了有力的技术支持。公司立足于实际，着眼于未来，坚持严格的质量管理，建立了较完善的服务保障，为广大客户提供专业、优质的产品和服务。公司产品广泛应用于石油、电力、医药、环保及核工业等领域。新乡市固元陶瓷科技有限公司期待与您共同发展,共创美好未来。
主营产品:各种氧化铝、氧化锆和 ZTA 复合材料的陶瓷缸套、陶瓷柱塞及各类陶瓷结构件的生产、精加工、研磨及抛光处理。

郑州利德技术陶瓷有限公司

地址:河南省荥阳市广武镇董庄村
电话:0371-64818188
电邮:471784741@qq.com
单位介绍:郑州利德技术陶瓷有限公司成立于 2004 年,位于河南省郑州市荥阳市广武镇董庄工业园内,北邻 314 省道、郑云高速,南邻连霍高速,是一家集研发、生产、销售于一体的高科技企业。公司专业生产 75%/80%/95%/99%高纯氧化铝工业陶瓷、氧化锆陶瓷、锆刚玉莫来石陶瓷。产品技术较先进,质量稳定,耐高温、抗腐蚀、抗磨损、抗压等性能优良,广泛应用于钢化玻璃炉、化工、电力、机械、建材等行业,远销国内外。公司主要生产设备有球磨机、造粒塔、等静压机、干压机、高温烧结窑炉、研磨机、雕刻机等。
主营产品:高压熔断器管、高温耐磨耐腐蚀阀门内衬、耐磨管道内衬、绝缘陶瓷制品等。

青岛百顿特种陶瓷技术有限公司

地址:山东省青岛胶州市经济技术开发区尚德大道 1 号
电话:0532-82296366
电邮:info@qdbaidun.com
网址:www.qdbaidun.com
单位介绍:青岛百顿特种陶瓷技术有限公司是一家集研发、生产、销售于一体的高科技企业。
主营产品:氧化锆研磨球、氧化铝研磨球、氧化锆增韧氧化铝研磨球、碳化硅石墨坩埚。

宜兴市华东工业陶瓷厂

地址:江苏省宜兴市丁蜀镇查林村
电话:0510-87493666
电邮:web888@fdgytc.com
网址:www.hdgytc.com
单位介绍:宜兴市华东工业陶瓷厂地处宜兴,所在地区交通便捷、通信顺畅、经济发达。公司拥有成熟可靠的生产制造工艺、较先进完备的生产设备及检测手段,专业生产氧化铝陶瓷产品、滑石瓷产品、氧化锆陶瓷产品等。产品具有耐高温、耐腐蚀、高强度、绝缘性好、耐磨的特点,广泛应用于电子、轻纺、化工、冶金民用和军工等领域。公司谨遵"科学管理求发展、质量控制出精品、真诚服务为用户"的质量方针,不断开发生产新材料、新产品,为各行业用户服务,热忱欢迎海内外朋友惠顾。
主营产品:氧化铝陶瓷产品、滑石瓷产品、氧化锆陶瓷产品等。

宜兴市大大瓷业有限公司

地址:江苏省宜兴市丁蜀镇查林工业区
电话:0510-87499366
电邮:357193310@qq.com
网址:www.yxdada.com
单位介绍:宜兴市大大瓷业有限公司地处宜兴,紧靠 104 国道,交通十分便捷。公司专业生产陶瓷管、陶瓷棒、陶瓷环、电热陶瓷、电器陶瓷、工业陶瓷各类模块、厚膜集成电路陶瓷基片、氧化铝陶瓷、特种陶瓷、传感器瓷件、陶瓷基片、瓷棒、绝缘瓷件、高频瓷件(各种颜色)镁瓷瓷件等各种陶瓷产品,还生产托玛琳能量陶瓷片、托玛琳能量陶瓷日用品、托玛琳能量陶瓷手链、托玛琳能量陶瓷挂件、托玛琳活水保健及锗片、养生吊坠、能量吊坠等保健陶瓷产品。生产的陶瓷产品广泛用于电器、电子、电热、纺织、机械、照明电器、石油、化工、汽车、邮电等领域。产品具有耐磨损、耐高温、耐腐蚀,高强度、绝缘性能好等特点。托玛琳能量陶瓷片是用于保健床垫的配套产品,供应上海、北京、江苏、浙江、山东等多个省市,并出口韩国、日本、文莱、马来西亚等国。
主营产品:氧化铝陶瓷、氧化锆陶瓷、陶瓷管、陶瓷棒、陶瓷环、电热陶瓷、电器陶瓷等。

无锡特科精细陶瓷有限公司

地址:江苏省无锡市锡山经济开发区芙蓉中路 99 号祥云 2 座
电话:0510-85108406
电邮:info@tecceram.com
网址:www.tecceram.com
单位介绍:无锡特科精细陶瓷有限公司(简称"特科陶瓷")是生产高性能工业陶瓷的专业制造商,专业生产氧化铝、增韧氧化铝、氧化锆、钛酸铝和氮化硅等结构陶瓷。公司拥有自主技术成果、知识产权、车间及先进生产设备,为瓷零配件使用厂商提供设计、技术、生产和销售"一条龙"服务。生产的各种结构陶瓷应用领域广泛,且种类繁多,工业上如应用在电子陶瓷、陶瓷齿轮、陶瓷吸管、陶瓷柱塞、工程陶瓷、高档耐火陶瓷等,还广泛应用在民用行业,如氧化锆手表、氧化锆笔、氧化锆餐刀等。特科陶瓷欢迎广大客户洽谈业务。
主营产品:氧化铝、增韧氧化铝、氧化锆、钛酸铝和氮化硅等结构陶瓷。

常熟市创新陶瓷有限公司

地址:江苏省常熟市海虞镇周行
电邮:master@jntt.com
网址:www.cscxtc.com
单位介绍:常熟市创新陶瓷有限公司是一家专业生产特种陶瓷制品的省级高新技术企业,集研发、制造、加工、销售于一体,是中国硅酸盐学会会员单位、上海硅酸盐工业协会副理事长单位,与中国科学院上海硅酸盐研究所、南京工业大学等科研机构建立了长期的联合开发与研究合作关系。公司建成了较先进的陶瓷产品研发中心,目前拥有完全自主知识产权的发明专利 2 项,实用新型专利 10 多项。自主研发的"泵用陶瓷柱塞"和"泵用陶瓷轴芯与轴套"是江苏省高新技术产品,泵用陶瓷柱塞列入科技部中小型企业创新基金扶持项目。公司技术力量较雄厚,工艺较先进,拥有较高素质的员工队伍、生产管理团队和

2.2 氧化物结构陶瓷产品企业

健全的质量管理体系、先进完备的生产设备及检测手段，专业生产各种规格的氧化铝瓷、滑石瓷、增韧瓷、氧化锆、氮化铝等特种陶瓷。主要产品有水泵用陶瓷轴芯与轴套、泵用陶瓷柱塞、电器装置陶瓷、密封件陶瓷、水封件陶瓷、焊割用陶瓷、点火器陶瓷等。产品具有精密、异型等特点，广泛应用于电器、电子、化工、机械、纺织、环保、热工、仪表、建筑、核工业及航空航天等各个领域。产品不仅销往全国20多个省市，还远销东南亚、欧洲、北美等国家和地区。
主营产品：水泵用陶瓷轴芯与轴套、泵用陶瓷柱塞、电器装置陶瓷、密封件陶瓷、水封件陶瓷、焊割用陶瓷、点火器陶瓷等。

常熟市华纳陶瓷科技有限公司

地址：江苏省常熟市尚湖镇练塘大道300号
电话：0512-52413588
单位介绍：常熟市华纳陶瓷科技有限公司专业生产以氧化铝、氧化锆为主的高强度、耐磨、耐高温、耐腐蚀、抗电强度高的结构陶瓷。产品广泛用于电子、电气、化工、机械、铁路、纺织、环保、热工、仪表及国防工业各个领域。
主营产品：以氧化铝、氧化锆为主的高强度、耐磨、耐高温、耐腐蚀、抗电强度高的结构陶瓷。

江苏塞拉米克精密陶瓷有限公司

地址：江苏省宜兴市丁蜀镇川埠工业园区
电话：0510-87448121
单位介绍：本公司是一家集科研、生产、经营于一体的先进陶瓷企业。产品以氧化锆、氧化铝、滑石瓷为主要原料，经过一系列人工合成及提炼处理制成超细粉末，并通过高温高压工艺烧结而成，具有耐高温、耐腐蚀、耐磨、绝缘等优良特性。
主营产品：氧化铝陶瓷、氧化锆陶瓷、灯具陶瓷、电热陶瓷、电阻陶瓷、电器陶瓷、滑石瓷。

宜兴市正浩陶瓷有限公司

地址：江苏省宜兴市丁蜀镇红卫村
电话：0510-87187180
单位介绍：宜兴市正浩陶瓷有限公司是研究、生产、经营氧化锆、氧化铝、碳化硅、滑石瓷等工程陶瓷的专业型企业。产品主要特点是机械强度高、耐磨性好、绝缘性好、耐高温、耐腐蚀，广泛应用于电力电子、冶金、化工、矿山、石油、纺织、机械等行业。
主营产品：氧化锆测氧元件、耐磨陶瓷制品、绝缘瓷件、纺织陶瓷、喷嘴、多孔陶瓷、各类瓷管、加热器陶瓷载体及其他特种耐火制品等。

昆山迈拓瑞和能源材料科技有限公司

地址：江苏省昆山市陆家镇华夏路2号2F厂房
电话：0512-55102558
电邮：info@materevo.com
网址：www.materevo.com
单位介绍：昆山迈拓瑞和能源材料科技有限公司成立于2003年10月。公司致力于新型能源材料，包括氮化硅（SiN）、氧化锆（ZrO_2）、氧化铝（Al_2O_3）、碳化硅（SiC）、碳化钨（WC）、红宝石（Ruby）和蓝宝石（Sapphire）等的学术研究与规模化工业转化生产。具体产品为新材料的滚动体（轴承滚珠、滚子、滚针、测量球、高精度阀球和光学球体）、陶瓷轴承（全陶瓷和陶瓷球混合等）、移印机部件（陶瓷和合金油盅环、油盅系统、移印机配件），以及相关材料的工业结构件产品（圆管、活塞杆、热电偶保护管和密封件等）。
主营产品：氧化锆全陶瓷轴承、混合型全陶瓷轴承、氧化锆瓷环、氮化硅全陶瓷轴承。

苏州德鑫陶瓷新材料有限公司

地址：江苏省苏州市虎丘区紫金路65号
电话：0512-68182825
网址：www.dexintc.com
单位介绍：苏州德鑫陶瓷新材料有限公司位于苏州高新技术产业开发区内，是集研发、生产、销售于一体的高新技术企业。公司主要生产经营特种陶瓷新材料和精细工业陶瓷制品、非金属耐火制品，并通过专业技术团队和较完善的售后团队服务于广大顾客。公司宗旨是"注重细节，尽善尽美，追求完善"。
主营产品：精细工业陶瓷，包括75％氧化铝瓷、95％氧化铝瓷、99％氧化铝瓷、氧化锆、莫来石、堇青石等陶瓷制品，以及非金属耐火材料，泡沫陶瓷。

苏州金盛瓷业有限公司

地址：江苏省苏州市吴中区胥口镇茅蓬路768号
电话：0512-66246436
电邮：info@sz-ceramic.com
网址：www.sz-ceramic.com
单位介绍：苏州金盛瓷业有限公司主要生产以进口氧化锆（ZrO_2）、氧化铝、氧化钛为原料的高精密特种陶瓷，采用注塑和压制成型方式，配合先进的制造技术和管理，向全球客户提供各种类型高品质特种陶瓷产品。公司产品主要分为陶瓷阀、高压微雾喷嘴、电子工具及各种高精密陶瓷纺机配件，广泛应用于纺织工业和电子工业。
主营产品：陶瓷阀、高压微雾喷嘴、电子工具及各种高精密陶瓷纺机配件。

苏州市永祺瓷业有限公司

地址：江苏省苏州市吴中区胥口镇合丰路306号
电话：0512-66245586
电邮：info@yongqiceramic.com
网址：www.yongqiceramic.com
单位介绍：苏州市永祺瓷业有限公司是一家专业生产氧化锆、氧化铝、氮化硅等精密陶瓷零件的高科技企业。公司成立于1993年，设立在苏州市，占地8000平方米，坐拥6500平方米的独立现代化厂房，年生产能力达3000万件各种精密陶瓷件。从德国引进高性能陶瓷生产流水线，精选日本、欧洲的高品质原材料,独立开发出专业、稳定、适用于特种陶瓷的陶瓷注塑成型生产工艺(CIM)。主要生产高精密机械陶瓷零件、陶瓷滚柱、陶瓷喷嘴等系列产品,产品广泛应用于纺织、化工、汽车等领域。公司可以自行设计、生产模具和各类五金配件,并能够配合各种异形陶瓷产品的生产和加工。通过了 ISO 9001 国际质量管理体系认证。

主营产品:高精密机械陶瓷零件、陶瓷滚柱、陶瓷喷嘴等系列产品。

太仓市纽弗科精密陶瓷有限公司

地址:太仓市城厢镇新园路 18 号 2 号楼 401
电话:0512-53108227
电邮:leihe@pt-sensor.com.cn
网址:www.nfc-tc.com
单位介绍:太仓市纽弗科精密陶瓷有限公司是一家集研发、生产、销售于一体的高科技型企业。主要产品包括电极陶瓷绝缘件、热电偶陶瓷保护管、工业陶瓷结构件、高温耐火结构件等,公司结合国外先进陶瓷技术及国内材料研究院的研发,生产高硬度、高强度、耐高温、耐磨损、耐腐蚀、耐酸碱的精密陶瓷产品。其产品广泛应用于各种高温、高压、高磨损、强腐蚀等恶劣的工作环境中。
主营产品:①石墨电极陶瓷绝缘件,包括氧化铝绝缘筒、氧化铝绝缘瓦片、氧化铝绝缘垫片、氧化铝绝缘底座、氧化铝吊杆;②热电偶陶瓷保护管,包括氧化锆管、氧化铝管;③高温耐火结构件,包括氧化锆纤维、氧化锆砖、氧化锆坩埚、氮化硼坩埚。

无锡拜尔精密陶瓷有限公司

地址:江苏省宜兴市丁蜀镇查林工业区 888 号
电话:0510-87493111
网址:www.wxbaier.com
单位介绍:无锡拜尔精密陶瓷有限公司位于江苏省宜兴市丁蜀镇查林工业区,致力于氧化铝、氧化锆精密陶瓷、堇青石陶瓷的生产与加工。同时,自主研制的用于锂电池三元正极材料的耐腐蚀匣钵、高温推板、承烧板、LED 陶瓷灯杯、耐磨陶瓷等产品,广泛用于机械、电子、化工、纺织、冶金、建筑及航空航天等领域。公司坚持采用高纯度原料以控制杂质含量,纯净稳定的化学成分在烧结或煅烧各种物料过程中,为顾客带来更多的附加值,坚信良好的品质源于对原料的精细控制与烧结技术的不断研究。
主营产品:氧化铝陶瓷、氧化锆陶瓷、滑石瓷制品、高温推板、承烧板、LED 陶瓷灯杯、耐磨陶瓷等产品。

萍乡顺鹏新材料有限公司

地址:江西省萍乡市安源区安源工业园吉林东路
电话:0799-2181003
电邮:3305744191@qq.com
网址:www.chemshun.cn
单位介绍:萍乡顺鹏新材料有限公司主要产品有氧化铝耐磨陶瓷、锆铝复合增韧陶瓷、干法高强陶瓷研磨体、复合耐磨材料等。产品具有高强度、高硬度、耐磨损、耐腐蚀、抗冲击性能好等优点,广泛应用于钢铁、水泥、港口、煤炭、矿山、冶炼、化工、工程机械等行业物料、气力输送系统,专业解决各行业相关部件的磨损问题。
主营产品:氧化铝耐磨陶瓷、锆铝复合增韧陶瓷、干法高强陶瓷研磨体、复合耐磨材料。

无锡市特恩志新材料有限公司

地址:江苏省宜兴市环科园绿园路 48 号
电话:0510-87980121
电邮:767617887@qq.com
网址:www.trenmate.com
单位介绍:公司坐落在江苏省宜兴市国家环保科技工业园高新技术创业中心。公司秉持"创新、高效、科学、务实、诚信"的经营理念,生态、节能、环保的经营宗旨,长期与国内外科研院校密切合作,从事新型高温材料、新型陶瓷材料、高性能结构材料、高分子合成材料和复合材料,以及纳米材料等的研发,多项新材料技术填补了国内外空白。同时,长期致力于高附加值的新材料科研成果产业化进程。公司专业为陶瓷、电子、电力、冶金、磁材、汽车、仪器、传感、石油、机械、医学、玻璃、化工、能源、交通等行业制造新型高温材料与氧化铝、氧化锆、碳化硅等新型陶瓷制品,以满足其各种高硬度、高强度、耐高温、耐磨、耐蚀、绝缘、抗辐照等性能要求。
主营产品:氧化铝陶瓷、氧化锆陶瓷、氧化铝陶瓷管棒、氧化锆绝缘热电偶保护管、氧化铝耐磨陶瓷衬。

无锡易克赛思新材料有限公司

地址:江苏省宜兴市丁蜀镇查林村
电邮:53431827@qq.com
单位介绍:无锡易克赛思新材料有限公司(EXASCI)成立于 2015 年,是一家生产加工高纯氧化铝、氧化锆、碳化硅、氮化硅等新材料的公司,集材料成型、烧结、加工三位于一体。公司多年来与国内重点院校合作研究新材料项目。自成立以来,公司以核心技术为优势,加之专业的服务团队,与国内外众多企业建立了长期合作关系。
主营产品:氧化铝陶瓷导流阀、氧化铝插板、氧化铝槽板、氧化铝轴与轴套、氧化铝喷嘴、氧化铝管等。

宜兴市广龙特种陶瓷有限公司

地址:江苏省宜兴市丁蜀镇赵庄村
电话:0510-87481976
电邮:yxgltc@163.com
网址:www.gltztc.com
单位介绍:宜兴市广龙特种陶瓷有限公司专业生产氧化铝、氧化锆及氧化钛陶瓷。公司成立于 2000 年,是一家集传统工艺与高科技于一体的工程陶瓷专业企业,拥有员工 80 多名。具有独立开发新产品和高新陶瓷技术的能力,并拥有较独特的抛光技术。产品广泛应用于电子、机械、纺织、化纤、石油、医药等

2.2 氧化物结构陶瓷产品企业

各个领域。
主营产品：陶瓷散热片。

宜兴市拓源陶瓷有限公司

地址：江苏省宜兴市丁蜀镇川埠村丁西公路58号
电邮：zzl@ty-ceramic.com
单位介绍：宜兴市拓源陶瓷有限公司位于江苏无锡宜兴丁蜀镇，是一家集科研、生产、经营于一体的专业型工业陶瓷生产企业。公司产品以氧化铝陶瓷、氧化锆陶瓷、ZTA增韧陶瓷、高频瓷（滑石瓷）、堇青石、莫来石、氧化镁陶瓷等为主要原料，经过一系列人工合成及提炼处理制成粉末，通过热压、干压、等静压等成型工艺后，经高温烧结而成，具有耐高温、耐腐蚀、耐磨损、高强度、绝缘性能好等特点。主营产品类别有电子电器陶瓷、电加热陶瓷、纺织陶瓷、灯具陶瓷、电阻陶瓷、工程陶瓷、温控陶瓷、机械陶瓷、耐火陶瓷、蜂窝陶瓷及各类瓷管、瓷棒等，广泛应用于机械、电子电器电热、化工、纺织、航空航天等领域。公司拥有较高的陶瓷技术研发能力，可根据客户来图、来样制作各类工业陶瓷制品。
主营产品：氧化锆陶瓷、ZTA增韧陶瓷。

宜兴市威特陶瓷有限公司

地址：江苏省宜兴市丁蜀镇任墅工业园
电话：0510-87185618
电邮：weiteci@vip.163.com info@weiteci.com
网址：www.weiteci.cn
单位介绍：宜兴市威特陶瓷有限公司坐落于紫砂壶的故乡——宜兴丁蜀镇，是一家集科技开发、生产、销售于一体的专业精密氧化铝、氧化锆陶瓷制品生产供应商。公司主要产品有95%氧化铝陶瓷、99%氧化铝陶瓷、氮化硅陶瓷制品、陶瓷衬垫，以及焊接陶瓷、电器陶瓷、工业陶瓷等。焊接陶瓷包括：氩弧焊瓷嘴空气等离子保护罩、分流器、螺柱焊接瓷环、埋弧焊用陶瓷衬垫。电子陶瓷包括：高、中、低压点火器用陶瓷点火头、各种电器用接插件瓷座。工业陶瓷包括：各种机械陶瓷零件、纺织陶瓷、多晶硅还原炉专用绝缘瓷环等。公司占地面积超过2500m平方米，拥有标准化厂房2座，高、中、低温窑炉各1座，各类配套压机、车床58套，等静压设备1套。公司拥有较雄厚的技术力量和较先进的生产设备及较完善的检测手段，产品造型美观，质量有保证。公司已通过ISO 9001质量管理体系认证，产品销售网络遍及全国各地，80%以上的产品出口亚洲、欧洲、美洲各地，在国内外市场上享有良好的信誉。
主营产品：氧化铝陶瓷基板、氧化锆增韧氧化铝基板。

宜兴市唯达瓷业有限公司

地址：江苏省宜兴市川埠工业园
电话：0510-87495016
电邮：sales@yxwdcy.com
网址：www.yxwdcy.com
单位介绍：宜兴市唯达瓷业有限公司成立于2000年，固定资产800多万元，占地面积为10000平方米，于2015年通过ISO 9001认证。公司致力于陶瓷产品的生产，拥有较先进的加工设备和检测设备，主要生产设备如热压注浆机器20余台，其中25吨两上两下全自动压机5台，16吨两上两下全自动压机2台，15吨全自动压机5台，全自动热压机2台，500吨油压机1台，200吨油压机2台，63吨油压机2台；大型高温燃气窑炉1条、两孔高温电窑2条、球磨机5台，以及瑞典进口二次元1台、瑞典进口三次元等设备。公司秉持"质量为先、服务优质"的宗旨，热诚期待为广大业界朋友服务。
主营产品：氧化铝陶瓷、氧化锆陶瓷、特种陶瓷件、电器瓷件、电子瓷件、传感器瓷件、陶瓷基片、陶瓷瓷棒、绝缘瓷件、纺织瓷件等各种陶瓷。

宜兴市卧龙陶瓷科技有限公司

地址：江苏省宜兴市丁蜀镇三洞桥村桥东组
电话：0510-82935078
单位介绍：宜兴市卧龙陶瓷科技有限公司主营99%氧化铝瓷瓷件瓷棒、95%氧化铝瓷瓷件瓷棒、75%氧化铝瓷瓷件瓷棒、瓷管瓷棒、刚玉制品、莫来石陶瓷管、坩埚、氧化铝陶瓷、陶瓷发热芯、陶瓷加热芯、陶瓷螺纹管、碳化硅发热芯、各式炉膛炉管、电厂用过滤板、陶瓷燃烧板、堇青石陶瓷件、电炉保温钉等。
主营产品：氧化铝、氧化锆陶瓷。

宜兴市运博科技有限公司

地址：江苏省宜兴市丁蜀镇查林工业区
电话：0510-87490832
电邮：linfeng@cnyunbo.com
网址：www.cnyunbo.com
单位介绍：公司致力于新技术陶瓷的开发和生产，重点生产氧化锆（多彩）、氧化铝（95%～99.99%）陶瓷，氧化钛（黄钛、黑钛）、复相晶体，产品具有高强度、耐高温、耐磨损、耐腐蚀、高绝缘等性能。1997年建立之初，公司就立足高标准、高起点，严格选材、严格工艺配方及工艺标准，确保产品质量的长期稳定。公司还拥有多种陶瓷精加工设备和独创的精抛光技术，可根据要求的不同角度，最高可达到镜面。欢迎各行各业客户与公司一道解决材料使用中的难题，共同提高、发展。
主营产品：氧化锆（多彩）、氧化铝（95%～99.99%）、氧化钛（黄钛、黑钛）。

宜兴市信尔达精密陶瓷有限公司

地址：江苏省宜兴市丁蜀镇川埠村通蜀西路2号
电话：0510-87487065
网址：www.xedtc.com
单位介绍：宜兴市信尔达精密陶瓷有限公司坐落于江苏省宜兴市，处于沪、宁、杭三角中心，地理位置优越，交通运输方便，是集工业陶瓷制造、加工、销售、耐火材料、紫砂工艺品、陶瓷原料、特种陶瓷生产于一体的综合性企业。工业陶瓷以生产氧化锆陶瓷、氧化铝陶瓷（99%氧化铝瓷、95%氧化铝瓷）、氧化镁陶瓷、碳化硅陶瓷、氮化硅陶瓷等为主。产品具有耐磨损、耐高温、耐腐蚀、高强度、绝缘性能好等特点，广泛用于机械、纺织、仪表、电力、航空、通信等行业。公司可根据客户要求，来图、来样制作各种规格及材质的产品。欢迎广大宾朋来本公司参观、交流与合作，我们将与新老客户共同发展。
主营产品：氧化锆陶瓷、氧化铝陶瓷（99％氧化铝瓷、95％氧化铝瓷）、氧化镁陶瓷、碳化硅陶瓷、氮化硅陶瓷等。

宜兴市兴洲特种陶瓷厂

地址：江苏省宜兴市丁蜀镇查林工业区
电话：0510-87494548
电邮：cn@cn-ceram.cn
网址：www.cn-ceram.cn
单位介绍：宜兴市兴洲特种陶瓷厂坐落在宜兴市丁蜀镇。工厂占地面积超过10000m²。目前员工60多人，是江苏省工商联工业陶瓷同业商会会员企业，专业从事纺织、化工、电子、机械、钢铁、电工、环保、医疗、军工等行业精密陶瓷零部件的开发、生产和销售。企业具有独立开发和研制陶瓷高新技术产品的能力，拥有原料制备、成型、烧成、精加工和检测等工序的一整套设备及仪器，可根据客户需要，研制和开发不同规格和用途的精密陶瓷产品。目前产品品种有99.7％氧化铝、氧化锆、ZTA增韧氧化铝、95％氧化铝、氧化钛、滑石瓷、堇青石瓷等，年生产能力已达到3000万件。企业奉行精益求精的经营理念，为广大用户制造较好的产品，提供较好的服务。热诚欢迎国内外各界人士惠顾。
主营产品：99.7％氧化铝、氧化锆、ZTA增韧氧化铝、95％氧化铝、氧化钛、滑石瓷、堇青石瓷等。

宜兴市亚隆特种陶瓷有限公司

地址：江苏省宜兴市经济开发区惠兴北路
电话：0510-66520883
电邮：15961509193@163.com
单位介绍：宜兴市亚隆特种陶瓷有限公司是一家专门从事电子元件烧成用高档窑具及氧化铝类陶瓷的高科技企业，集研制、开发、生产、经营于一体。生产设备较齐全，工艺流程较先进。主要产品有氧化铝坩埚、匣钵、板、管类，氧化锆窑具，氧化铝窑具，氧化铝90％氧化铝～99％氧化铝瓷件。氧化铝陶瓷具有硬度大、强度高、耐高温、耐腐蚀、电气绝缘性好的特点，广泛用作工程机械、纺织机械、电子电器的耐磨、耐高温、耐腐蚀绝缘器件。公司奉行求真务实的方针，以质量求生存、以信誉求发展，为国内外客户提供较优质的产品。欢迎国内外朋友前来洽谈业务。
主营产品：氧化铝坩埚、匣钵、板、管类；氧化锆窑具；氧化铝窑具；氧化铝90％氧化铝～99％氧化铝瓷件。

宜兴市亿中陶瓷科技有限公司

地址：江苏省宜兴市丁蜀镇任墅工业西区
电话：0510-87182868
电邮：yztaoci@163.com
网址：www.yztaoci.com
单位介绍：宜兴市亿中陶瓷科技有限公司是一家以生产加工氧化铝陶瓷、氧化锆陶瓷、精密陶瓷为主的专业厂家。产品具有机械强度高、耐磨、耐高温、耐腐蚀、抗电强度高的特点。主要产品有电子电器装置陶瓷、耐磨陶瓷、耐高温陶瓷、机械陶瓷、耐酸化工陶瓷等，特殊规格可按要求定做。本公司是中国中车集团、衡变集团专业配套企业。产品广泛用于电子、电器、化工、机械、铁路、纺织、环保、热工、仪表、矿山机械、邮电通信及国防工业各个领域。
主营产品：氧化铝陶瓷、氧化锆陶瓷、电子电器装置陶瓷、耐磨陶瓷、耐高温陶瓷、机械陶瓷、耐酸化工陶瓷等。

宜兴市宇超特种陶瓷厂

地址：江苏省宜兴市丁蜀查林
电话：0510-87498599
电邮：yc@anytops.com
网址：www.anytops.com
单位介绍：宜兴市宇超特种陶瓷厂是一家高新技术新材料陶瓷企业，坐落在宜兴丁蜀镇陶瓷产业园区。公司生产的陶瓷主要应用于电子、电器、纺织、热工、灯具、机械、仪表、化工及光伏等行业，主要材料有氧化锆（ZrO_2）、氧化铝（Al_2O_3）、氧化钛（TiO_2）等。产品质量稳定，和金属材质相比，具有耐磨损、耐腐蚀、耐高温、高强度、高硬度等优点，可以适应金属和高分子材料难以承受的环境和工况条件。
主营产品：氧化铝、氧化锆、氧化钛陶瓷。

宜兴协莱特精密陶瓷有限公司

地址：江苏省宜兴市丁蜀镇陶都工业园
电话：0510-87417158
电邮：info@sirector.com
网址：www.sirector.com
单位介绍：宜兴协莱特精密陶瓷有限公司是一家中法合资企业，专业生产优质陶瓷导丝器。其中，研制生产的均油器、网络喷嘴及各种低摩擦系数导丝器，如上油嘴、导丝钩、瓷棒、热箱入口瓷轮、假捻器入后导丝器等产品，适用于高速度、高张力、多孔细旦化纤丝的上、下游生产工序。除此之外，公司还可提供氧化铝、氧化锆、氧化锆增韧氧化铝、人造宝石、碳化硅、氮化硅、高频瓷等材质的工程陶瓷产品，产品可广泛应用于石油化工、机械密封、焊接、家电及军工行业。
主营产品：陶瓷导丝器；氧化铝、氧化锆、氧化锆增韧氧化铝、人造宝石、碳化硅、氮化硅、高频瓷等材质的工程陶瓷产品。

安徽舒玉特种陶瓷有限责任公司

地址：安徽省六安市舒城县沈家山嘴
电话：0551-4674676
电邮：3268902774@qq.com
单位介绍：安徽舒玉特种陶瓷有限责任公司为一家高科技民营企业，是从事生产耐磨制品热喷涂材料的专业厂家，是清华大学的科学试验基地。公司主导产品为特种陶瓷喷涂棒，可以对塔轮、缸体、管道、转子、滚轴、模具和重型设备等耐磨部件

2.2 氧化物结构陶瓷产品企业

的表面进行工艺处理和修复。此种材料的喷涂层具有耐磨、耐腐、耐热、电绝缘及能重复喷涂等特点，能改善和提高物件的物理性能，大大延长其使用寿命。该产品是清华大学的技术成果，被广泛运用于军事、航空、航天、汽车、电力、冶金、机械等领域。公司目前是全国较大的生产同类产品的厂家，年生产陶瓷棒100万根，生产的特种陶瓷棒品种齐全、型号较多、质量较高。

主营产品：氧化铬、氧化铝、氧化锆等制品；氧化铬、氧化铝、氧化锆等粉末；陶瓷喷涂、瓷喷涂棒、棒喷、碳化钨喷涂。

漳州市中达特种陶瓷有限公司

地址：福建省漳州市南靖高科技工业园
电话：0596-7665820
电邮：sales@zdcera.com
网址：www.zdcera.com
单位介绍：漳州市中达特种陶瓷有限公司是一家专业生产特种陶瓷的高科技企业，技术核心团队承担了1998年的产学研"工程陶瓷阀芯"项目，主攻干压成型陶瓷密封阀片的研发制造，并成功地开发出一整套先进的陶瓷密封阀片干压生产工艺，是当时较早掌握干压陶瓷密封阀片工艺的技术团队，并创下当时国内出口量较大的业内佳绩。产品耐高温、耐磨损、耐腐蚀、高强度、绝缘性能好。相关技术工艺通过专家鉴定，获科技成果鉴定证书。
主营产品：氧化锆产品（材质为95%氧化铝瓷、99%氧化铝瓷、锆瓷等）。

衡水盟创新材料科技有限公司

地址：河北省衡水市滏阳四路东侧莱滋锆业公司院内2幢1层
电话：0318-2365808
单位介绍：公司集设计、研发、生产、销售于一体，业务涉及领域包括无机非金属原材料的制备及其制品的生产销售。目前主要生产各类湿法氧化锆原料、氧化铝原料等精细氧化物材料和制品。主要产品为各类中高档陶瓷餐刀和结构件。研发的贝壳刃陶瓷刀、全刀体镜面陶瓷刀、超厚与超薄高强陶瓷刀、超大尺寸陶瓷刀绝大部分目前已经投入批量生产。拥有从原材料的化学物理制备，到粉体处理、成型、烧结、各类加工、组配等完整的陶瓷材料产品生产线。公司投巨资建立国内全自动湿法生产线，保证了基础材料的高度稳定可靠。
主营产品：贝壳刃陶瓷刀、全刀体镜面陶瓷刀。

东莞市欣辰电子陶瓷有限公司

地址：广东省东莞市高埗镇高埗西联新村四区151号
电话：0769-81308225
电邮：xct2015y@163.com
网址：www.xctci.com
单位介绍：广东省东莞市欣辰电子陶瓷有限公司位于东莞市高埗镇，是研发、生产、销售、服务一体化企业，主要产品有电子陶瓷、电器陶瓷、氧化铝陶瓷、氧化锆陶瓷、95%～99.7%氧化铝陶瓷、温控器陶瓷、滑石瓷（高频瓷）、低碱瓷、防爆陶瓷、精密陶瓷配件、陶瓷散热器、氧化铝结构陶瓷、医疗设备陶瓷、阀门密封陶瓷、陶瓷真空管、氧化铝陶瓷基板、陶瓷金属化等产品。用于制作电子功能元件的多数以氧化物为主成分的烧结体材料，因此电子陶瓷的制造工艺与传统的陶瓷工艺大致相同。产品在能源、家用电器、3C制造业、IT电子、汽车、医疗、阀门、照明、窑炉、纺织、耐火材料等方面应用广泛。公司技术力量雄厚，设备精良、齐全，工艺先进，配有精密检测仪器，服务及时周到，产品远销国内外。可根据广大客户的不同要求，开发制作各种高性能、高可靠性的陶瓷产品。公司拥有完整、科学的质量管理体系。
主营产品：氧化铝陶瓷、氧化锆陶瓷、高频瓷、陶瓷基板片、陶瓷精加工、蜂窝陶瓷。

东莞市钜富电子科技有限公司

地址：广东省东莞市虎门镇居岐社区大坑路27号D区厂房
电话：0769-82885210
电邮：695359397@qq.com
单位介绍：东莞市钜富电子科技有限公司创立于2000年，专业生产氧化铝、氧化钛、氧化锆、碳化硅特种陶瓷件，产品广泛用于纺织、电子、电器、机械、航空航天等领域。
主营产品：氧化铝、氧化钛、氧化锆、碳化硅特种陶瓷件。

东莞鸿盛精密陶瓷有限公司

地址：广东省东莞市虎门镇白沙路中173号704室
电邮：178388058@qq.com
单位介绍：东莞鸿盛精密陶瓷有限公司是专业生产加工氧化铝、氧化锆陶瓷管、陶瓷阀片、陶瓷密封圈、MCH陶瓷发热片、陶瓷轴承套陶瓷棒、五金配件等产品的公司，拥有完整、科学的质量管理体系。
主营产品：氧化锆陶瓷管、陶瓷阀片、陶瓷密封圈、MCH陶瓷发热片、陶瓷轴承套、陶瓷棒、五金配件等产品。

东莞市鼎伟新材料有限公司

地址：广东省东莞市南城区三元里莞太路111号民间金融大厦一号楼11楼B12
电话：0769-88039551
电邮：554885380@qq.com
网址：www.bacai586.com
单位介绍：东莞市鼎伟新材料有限公司主要生产和销售氧化锆陶瓷、氧化铝陶瓷、氧化锆陶瓷基板、氧化锆陶瓷棒等。产品利用陶瓷的绝缘性、耐磨性、耐高温、耐腐蚀、高强度等特性，可广泛应用于电器绝缘、点火针头、机械密封件、水暖器材、陶瓷饰品、工业零配件等多个行业。
主营产品：氧化锆陶瓷镊子。

东莞市新玛工业陶瓷有限公司

地址：广东省东莞市常平镇桥梓大围路38号101室
电话：0769-22363855

电邮：18566586006@163.com
单位介绍：东莞市新玛工业陶瓷有限公司是一家集产品研发生产、销售于一体的综合工业陶瓷生产厂家。公司拥有6条完整的结构陶瓷生产线（含原材料配制、产品成型、烧结等），并于2014年成功开通电子烟用陶瓷雾化芯专用生产线。公司10余年来致力于打造成为以氧化锆陶瓷、氧化铝陶瓷、滑石瓷（高频瓷）等为主的结构陶瓷精密件生产的较佳品牌，产品横跨医疗、汽车、美容美发、小家电、电子烟等行业。
主营产品：氧化锆陶瓷、氧化铝陶瓷、滑石瓷等精密结构陶瓷。

东莞市越飞陶瓷科技有限公司

地址：广东省东莞市长安镇锦厦社区河东一路18号
电话：0769-81664093
网址：www.yhgtc.net
单位介绍：东莞市越飞陶瓷科技有限公司是专业氧化锆陶瓷和氧化铝陶瓷结构件的生产企业。公司由一批从事钨钢精密加工和特种陶瓷精密加工的技术人员组成，生产的产品主要是工业领域用的精密陶瓷结构零件，生产销售的陶瓷结构件广泛应用于仪器仪表、食品医疗、太阳能光伏、机械五金、激光半导体、石油化工、汽车军工、航空航天等高端领域。拥有陶瓷成型、烧结、陶瓷精密加工设备，主要设备包括等静压成型机、注塑成型机、平面磨床、数控外圆磨机、高温节能升降炉及液化气高窑炉等。陶瓷柱塞产品具有较高的耐磨损、耐腐蚀和抗热冲击性能，比金属柱塞使用寿命长10~20倍，主要适用于石油化工、食品行业的柱塞类，用以替代金属柱塞，解决金属柱塞耐腐蚀性差、耐工作低温导致设备寿命短的问题。
主营产品：陶瓷柱塞。

东莞市明睿陶瓷科技有限公司

地址：广东省东莞市长安镇上沙社区上沙第二工业区创兴路21号
电话：0769-8509032
电邮：mrtc88@163.com
网址：www.mrtcb.com
单位介绍：东莞市明睿陶瓷科技有限公司是氧化锆、氧化铝、氮化硅制品专业研发生产和销售的陶瓷技术企业。生产销售的陶瓷结构件广泛应用于仪器仪表、食品医疗、新能源、激光半导体、石油化工、汽车、航空航天等众多高端领域。
主营产品：氧化铝、氧化锆陶瓷结构件。

东莞市慰盈科精密陶瓷科技有限公司

地址：广东省东莞市长安镇乌沙社区长安兴发南路9号
电话：0769-81587969
电邮：2938422801@qq.com
网址：www.mingjuetaoci.com
单位介绍：东莞市慰盈科精密陶瓷科技有限公司专业从事点胶机陶瓷阀、激光半导体陶瓷、石油化工陶瓷泵、陶瓷棒针、陶瓷管环、陶瓷片板、陶瓷轴套、陶瓷柱塞、医疗食品陶瓷泵等产品的生产。公司专注于氧化锆陶瓷结构件的研发与生产，已为国内外多家企业供应氧化锆陶瓷产品。氧化锆陶瓷属于新型陶瓷，主要分为三种，即镁稳定氧化锆陶瓷、铈稳定氧化锆和钇稳定氧化锆，具有优良的物理和化学性能，不仅在科研领域成为研究热点，而且在工业生产中得到了广泛应用，是耐火材料、高温结构材料和电子材料的重要原料。在各种金属氧化物陶瓷材料中，氧化锆的高温热稳定性、隔热性能好，适宜做陶瓷涂层和高温耐火制品。以氧化锆陶瓷为主要原料的锆英石基陶瓷颜料，是釉料的重要成分。氧化锆的热导率在常见的陶瓷材料中较低，而热膨胀系数又与金属材料较为接近，成为重要的结构陶瓷材料。特殊的晶体结构，使之成为重要的电子材料。氧化锆陶瓷的成型技术有干压成型、等静压成型、注浆成型、热压铸成型、流延成型、注射成型、塑性挤压成型、胶态凝固成型等，其中使用广泛的是注塑与干压成型。
主营产品：氧化锆增韧氧化铝陶瓷。

深圳安捷菱科技有限公司

地址：广东省深圳市宝安区福永街道白石厦社区东区农电工业区厂房4栋301
电话：0755-86250583
电邮：anna_lee@agileen.com.cn
网址：www.agileen.com.cn
单位介绍：深圳安捷菱科技有限公司成立于2008年，由中国香港ATCPRECISIONCERAMIC公司在内地投资开设，是一家从事陶瓷精加工，集科研、设计、开发、生产制造于一体的高新技术企业。主要产品包括氧化锆陶瓷柱塞、陶瓷阀芯阀套、陶瓷计量泵和灌装泵、陶瓷缸套及各种工业结构件，广泛应用于医药、电子、机械、石油、化工、冶金、机械、纺织、电力、食品等行业。
主营产品：水针剂陶瓷计量泵。

深圳市菲利科普科技有限公司

地址：广东省深圳市宝安区福永街道福海工业区15号
电话：0755-61505552
电邮：phoenixhn@126.com
网址：www.phoenixhn.cn
单位介绍：深圳市菲利科普科技有限公司成立于2005年，前身为菲利斯科技有限公司，专业从事陶瓷及陶瓷金属化产品开发及生产，生产基地位于湖南省新化县。公司主要产品有温控器陶瓷、陶瓷灯杯、陶瓷动作杆棒、陶瓷外壳、瓷环、瓷管、集成电路外壳、陶瓷密封环、金属化瓷管、放电管、绝缘子、氧化锆、氧化铝及氮化铝陶瓷基板等。产品材质有低碱瓷、75%氧化铝瓷、95%氧化铝瓷、99%氧化铝瓷、氮化铝、氧化镁、氧化锆等供用户选择。产品已广泛应用于汽车工业、航空航天、高能物理、激光技术、电子通信、电子应用、结构部件、纺织、微波等领域。
主营产品：氧化铍陶瓷、氧化镁陶瓷片、氧化铝陶瓷绝缘子、氧化锆陶瓷座、电子烟嘴、陶瓷金属化座、陶瓷线路板等制品。

深圳市匠心精密陶瓷有限公司

地址：广东省深圳市龙岗区龙岗街道五联社区齐心路44号C栋

2.2 氧化物结构陶瓷产品企业

3层
电话：0755-27202792
电邮：1845431040@qq.com
单位介绍：深圳市匠心精密陶瓷有限公司是一家集科研、生产、经营于一体的企业。特种陶瓷具有极高的硬度和强度、耐磨损、耐高温、耐腐蚀、绝缘性能好等较优异性能，可广泛用于电子、航空航天、医疗、食品等行业。公司经营范围为销售以氧化锆（ZrO_2）、氧化铝（Al_2O_3）、氮化硅（Si_3N_4）、碳化硅（SiC）、可加工陶瓷等原材料进行精密加工制造而成的各类精密陶瓷零件。
主营产品：氧化铝、氧化锆、氮化硅、碳化硅等产品。

深圳昊瑞工业技术有限公司

地址：广东省深圳市宝安区石岩街道石环路137号华丰圳宝半导体照明产业园2幢2楼B座
电话：13713928912
电邮：HaoRuiGongYe@126.com
网址：www.szhr-tech.com
单位介绍：深圳昊瑞工业技术有限公司成立于2006年，是一家专业从事非标准工业陶瓷、硬质合金（钨钢）、各种金属与非金属精密机械零配件研发、制造与销售的企业。公司在工业陶瓷（氧化锆、氧化铝、氮化硅、碳化硅、氮化铝）、硬质合金（钨钢）和非标准精密零配件加工制造领域拥有较强的技术水平，多项工艺技术在行业内处于较高水平。拥有一批在行业内从业10多年的专业技师队伍，拥有较强的技术攻关能力，具备较完善的生产工艺流程和品质管理体系，拥有配套较齐全的精密加工设备和检验设备。公司产品主要服务于精密机械制造、微电子、半导体、航空航天、军工制造、生物医疗、光电光纤、测试检验、太阳能光伏等专业领域。
主营产品：陶瓷手臂（氧化锆陶瓷）、氧化锆陶瓷刮刀、氧化锆陶瓷托齿、氧化铝结构件、微孔陶瓷吸盘、氮化硅陶瓷、氮化铝基片等制品。

深圳市昊达精工技术有限公司

地址：广东省深圳市宝安区石岩镇爱群路创富工业园D栋3楼
电话：0755-26519955
电邮：haodajinggong@126.com
网址：haoda-tech.com
单位介绍：深圳市昊达精工技术有限公司成立于2006年6月，是一家专业从事非标准精密陶瓷、硬质合金、高速钢及其他精密零部件的研发、生产、销售、服务等业务的技术公司。产品涉及电子、化纤、光纤通信、线路板制造、精密机械、首饰、医疗器械、生物检测设备等各行业领域，主要为各行业高效生产的进口设备关键零部件做代替进口的国产化。公司拥有一批原军工企业、航空航天部部级高级技师和工程师及技工，通过团队的努力，陶瓷现加工精度可达到直径0.5mm×20mm内孔；直槽最窄可加工槽宽0.1mm×100mm；外形尺寸可加工精度±0.002mm；厚度尺寸可加工至0.1mm；平行度±0.002mm；可在硬质合金、陶瓷上加工M4以上内外螺纹。
主营产品：氧化铝陶瓷。

深圳市鹏利达陶瓷有限公司

地址：广东省深圳市福田区福强路福民新村11栋705室
电话：0755-89519707
电邮：897541247@qq.com
单位介绍：深圳市鹏利达陶瓷有限公司主要从事氧化锆、氧化铝、氮化硅及其他各种精密陶瓷产品的研发和制造。目前的产品主要应用于耐磨损、耐腐蚀、耐高温、耐电浆轰击、高导热、高散热、低污染、寿命长等一种或同时数种以上各式严苛要求之环境，诸如化工、机械、冶炼、医疗器械、军事、半导体、LED、太阳能、热能管理等产业。公司秉持"创新为要、诚信负责"的企业精神，用精密陶瓷材料的专业技术建立良好的品质系统，全员贯彻"以提升客户之竞争力"为品质政策，并以满足客户需求为服务宗旨。从制造单个产品到客户化产品，再到数百万个的成批生产，都能提供较高质量的产品，是创新陶瓷工程的制造商。可根据客户图纸加工制作各种氧化锆、氧化铝精密陶瓷结构件，产品精度高，光洁度可达0.015～0.4，硬度及韧性好，耐磨损、耐腐蚀。现加工精度可达到：在陶瓷上可加工0.2mm×20mm内孔；直槽可加工槽宽0.1mm×100mm；外形尺寸可加工精度±0.001mm；厚度尺寸可加工至0.1mm；平行度可加工至±0.002mm。
主营产品：氧化锆、氧化铝精密陶瓷结构件。

深圳市明记金茂精密陶瓷有限公司

地址：广东省深圳市福田区泰然工业区泰康轩2016室
电话：0755-83452886
电邮：rtaceyping@qq.com
单位介绍：深圳市明记金茂精密陶瓷有限公司是一家集科研、工贸、生产于一体的民营高科技企业，自主拥有进出口权。公司生产的氧化铝、氧化锆、氧化镁系列精密陶瓷产品，具有绝缘、耐磨、耐高温、耐高压、光洁度好、精密度高的特点，专业为电子、电器、电热及机械等行业配套制造。陶瓷生产基地拥有员工200多人，其中科研人员15人，具有独立开发产品模具的能力，擅长生产结构复杂、尺寸精度高的陶瓷产品。从国外引进双轴平面研磨机，使产品的平整度及端面平行度、圆度、同心度、壁厚等关键尺寸达到国际较高水平。基地的年生产产品能力达2000万件，其中40%的产品供应国内市场，60%的产品销往中国台湾与香港地区，及德国等国家。
主营产品：精密陶瓷、陶瓷管、陶瓷柱、陶瓷片、陶瓷棒、电子陶瓷、绝缘陶瓷、电器陶瓷。

深圳市贝斯特精密陶瓷有限公司

地址：广东省深圳市光明新区新湖街道楼村社区中泰路6号世峰科技园K栋5楼
电话：0755-23196807
电邮：info@bestceram.com
网址：www.bestceram.com
单位介绍：深圳市贝斯特精密陶瓷有限公司拥有较先进的陶瓷成型与烧结、陶瓷精密加工设备，以及一批资深的研发人员和熟练的技术人员，可根据客户图纸研发、生产、加工各类结构陶瓷产品。公司现阶段先进陶瓷产品材质有氧化锆陶瓷（ZrO_2）、氧化铝陶瓷（Al_2O_3）、氮化硅陶瓷（Si_3N_4）、微晶玻璃陶瓷等。产品主要是工业用的精密陶瓷结构零件和相关的民用陶瓷结构件，以及陶瓷棒、陶瓷环及管、套、板、块、条等陶瓷原材料，目前已成功应用于电器、电子、机械、航天、纺织、石油、化工及科研等领域。

主营产品：氧化铝、氧化锆陶瓷柱塞。

深圳市新研陶瓷技术有限公司

地址：广东省深圳市光明新区光明街道观光路6号
电邮：xytceralyz@163.com
网址：www.xytcera.com
单位介绍：深圳市新研陶瓷技术有限公司专业从事精密陶瓷零部件的研发、生产、销售和进出口业务。公司拥有国内资深的精密陶瓷制造专家及技术人员，专业从事精密陶瓷零部件的研发、生产、销售和进出口业务。产品以其优良的耐磨损、耐腐蚀、耐高温等性能，广泛应用于半导体、光纤通信、激光、医疗、石油、冶金、电子等行业。

主营产品：氧化铝结构件、氧化锆结构件、碳化硅陶瓷等制品。

深圳市华永盛精密科技有限公司

地址：广东省深圳市光明新区光明街道观光路6号浩谷工业园1栋2楼A区
电话：0755-23199267
电邮：782139822@qq.com
单位介绍：深圳市华永盛精密科技有限公司是一家专业从事氧化铝、氧化锆结构陶瓷制品及其他合金制品生产，拥有多年精密陶瓷生产加工经验的公司。陶瓷结构件是各种复杂形状陶瓷零件的总称。生产的陶瓷结构件均选用高纯度陶瓷原料，经干压成型、冷等静压成型、高温烧结和精密加工而成，具有耐高温、耐腐蚀、耐磨损、绝缘等性能，可在各种恶劣环境下良好工作。其广泛应用于半导体、光纤通信、激光、医疗器械、石油、冶金、电子等行业。公司可根据用户要求生产出各种精度、各种复杂结构、不同品质要求的产品。作为一家创新型高技术发展公司，我们在国家倡导建设"节能环保"节约社会的战略规划中，以业于先、精于业的基本原则，在商业电子领域，抱着以壮大客户市场的愿景在工业、医疗、半导体、冶金行业努力塑造自身品质的同时，致力于创造绿色环保、和谐的新能源、新材料领域的科技型技术公司。在不断创新、提升品质、完善服务的发展过程中，已与手机制造商（富士康、华为、三星）建立了长期的合作模式。公司积极拓展海外业务，现已与韩国、日本、德国等国家的公司建立了销售、制造一体的合作方式，逐步拥有了稳定的客户群体。

主营产品：氧化铝、氧化锆结构陶瓷制品。

深圳市欧之光科技有限公司

地址：广东省深圳市龙岗区坂田街道永香西路21号401永甘路永香楼1403号
电邮：452754555@qq.com
单位介绍：深圳市欧之光科技有限公司是国内一家专业从事精密陶瓷器件研发与制造的科技型企业，长期以来致力于高纯氧化铝陶瓷、氧化镁陶瓷、氧化锆陶瓷等特性陶瓷应用领域中陶瓷新材料和新产品的研究与开发。在微孔结构陶瓷材料领域，通过对亚微米级超微孔径陶瓷材料性能的研究与探索，开发出了高孔隙率超微孔径的陶瓷材料；在氧化锆功能陶瓷材料的研究与开发上，通过与国内大型汽车生产企业合作，开发出了汽车用氧传感器陶瓷部件；以新开发的超微孔径透气陶瓷为契机，带动了一系列高新产品项目的开发与生产，包括新型陶瓷蚊香芯棒、水产养殖用微孔布气陶瓷片、真空吸盘用微孔陶瓷片等多项新产品。目前开发的各种高技术陶瓷产品涉及电力、冶金、石油、化工、电子、环保等众多领域，产品已打入欧洲、北美、日本及东南亚市场，并已进入中国台湾市场。

主营产品：精细氧化铝功能陶瓷、高纯氧化镁陶瓷、氧化铝陶瓷、氧化锆陶瓷异型件、99%氧化铝陶瓷环、氧化铝刚玉工业陶瓷、高纯氧化锆陶瓷珠。

深圳市久鼎精密科技有限公司

地址：广东省深圳市龙岗区宝龙街道龙东社区爱南路80号A栋201
电话：0755-84866656
电邮：2325667687@qq.com
单位介绍：深圳市久鼎精密科技有限公司是一家在先进陶瓷领域集研发、制造与销售于一体的现代化企业。工厂设立在中国深圳市，主要为美国、德国、意大利、韩国、日本等世界各地的客户提供陶瓷精密结构件。产品满足不同行业不同设备的需求，在半导体设备、医疗器械、光学仪器等领域都得到了广泛应用。公司拥有一批高端机械设备，实现了从陶瓷粉料调配、生坯成型、毛坯烧结到陶瓷材料二次机械加工整个陶瓷零件生产流程的自主完成；现有一支技术经验丰富的陶瓷制造和研发团队，在不断进行新技术、新工艺开发和改进，为公司的快速和可持续发展提供了保障。公司产品的主要优点为耐高温、耐磨损、耐腐蚀、耐酸碱、抗压绝缘。

主营产品：陶瓷棒、陶瓷管、陶瓷环、陶瓷板、陶瓷片等异型陶瓷结构件。

深圳市华伟精密陶瓷有限公司

地址：广东省深圳市坪山区龙田街道竹坑社区兰竹东路8号同力兴工业厂区4号厂房301（3楼）
电话：0755-28312578
电邮：1101027373@qq.com
单位介绍：深圳市华伟精密陶瓷有限公司始建于2013年，拥有超过1000m^2的标准厂房和先进设备，是一家致力于精密特种陶瓷产品设计、生产及销售的专业制造商。主营产品包括工业用的精密陶瓷结构零件、各式纺织行业切割刀片、电子行业安全刀片、各类机械切割陶瓷刀片、工具类的陶瓷异型刀片、基垫片以及氧化锆和氧化铝、氮化硅的陶瓷零件等，年生产力约200万件，产品成功应用于电器、电子、机械、医疗器械、纺织、化工及科研等领域，并获得客户一致好评。

2.2 氧化物结构陶瓷产品企业

主营产品：氧化锆全陶瓷零件及刀片。

深圳大川陶瓷科技有限公司

地址：广东省深圳市龙华区观湖街道新田社区新丰大道 80-11 号厂房
电邮：miana@dcmparts.com
网址：www.dctaoci.com
单位介绍：深圳大川陶瓷科技有限公司专业从事工业陶瓷零件定制精加工，可按客户图纸或样品定制，精度高可达 ±0.001mm，表面光洁度可抛光达镜面 Ra0.2。公司主要生产精加工陶瓷棒、陶瓷管、陶瓷块、陶瓷板、陶瓷刀片等异形陶瓷结构件，陶瓷材质主要有氧化铝、氧化锆、碳化硅、氮化硅、氮化铝陶瓷，具有耐高温、耐磨损、耐腐蚀、耐酸碱、防磁、抗压等性能。公司厂房位于深圳市龙华区，现有中高级技工多名，配有 CNC 精雕机、无心磨、内外圆磨、平面磨、CNC 车床加工中心、线切割、车、铣、磨等高精度生产与二次元投影仪检测设备。公司擅长非标陶瓷零件批量加工，亦可以配合客户的多款小量需求，反应迅速，以低成本生产出优质的产品。
主营产品：陶瓷棒、陶瓷管、陶瓷块、陶瓷板、氧化铝陶瓷、氧化锆陶瓷、氮化硅陶瓷、氮化硅陶瓷毛坯料。

深圳市准骏科技有限公司

地址：广东省深圳市龙华新区观澜街道樟坑径富业路 5 号（侨安科技园旁）
电话：0755-28088669
电邮：libaoguo@sz-zhunjun.com
网址：www.zhunjunkj.com
单位介绍：深圳市准骏科技有限公司成立于 2011 年 5 月，注册资金 220 万元，厂房面积近 1 万 m^2，员工 500 多人，是一家从事光纤通信产品、精密陶瓷、机械加工、螺栓生产等多元化业务的公司。公司可为客户提供光通信跳线、精密陶瓷、金属模具、治具等专业的解决方案。
主营产品：氧化锆、氧化铝、氮化硅、陶瓷零件精密加工。

深圳市西南力创精密机械有限公司

地址：广东省深圳市龙华区观澜街道维业诚工业园 E 栋 4 楼
电话：0755-32825392
电邮：sales@dcmceramic.com
网址：www.dcmceramic.com
单位介绍：深圳市西南力创精密机械有限公司是一家专业从事氧化锆陶瓷和氧化铝陶瓷零件生产精加工的厂家，成立于 2012 年，可按客户图纸或样品定制，精度可达 ±0.001mm，表面光洁度可抛光达镜面 Ra0.1。公司现有中高级技工多名，配有 CNC 精雕机，无心磨，内外圆磨，平面磨，CNC 车床加工中心，线切割、车、铣、磨等高精度生产与检测设备。主要生产精加工陶瓷棒、陶瓷管、陶瓷环、陶瓷板、陶瓷吸盘、陶瓷刀片等异型陶瓷结构件。陶瓷材质主要有氧化铝、氧化锆、碳化硅、氮化硅、氮化铝陶瓷。产品耐高温、耐磨损、耐腐蚀、耐酸碱、防磁、抗压。

主营产品：陶瓷电阻棒（DCM-5111）。

深圳市佳速尔精密机械有限公司

地址：广东省深圳市宝安区石岩街道应人石社区粤鹏路 10 号 3 栋二层
电邮：154898966@qq.com
单位介绍：深圳市佳速尔精密机械有限公司是一家集研发、生产、销售于一体的民营高科技企业，厂房面积为 1300 平方米，拥有精密数控车床、精密自动车床、密铣床、密磨床、精密 CNC 铣床等加工设备和经验丰富的设计、开发、管理人才。公司主要经营项目有结构陶瓷加工、精密自动化设备配件加工、精密车制零件加工、精密自动化设备和精密检测仪器的研发、生产和销售。产品广泛用于航空、设备、化工、纺织、医疗、光纤通信等领域。结构陶瓷按材料分为氧化锆陶瓷件（ZrO_2）、氧化铝陶瓷件（Al_2O_3）、氮化硅陶瓷件（Si_3N_4）、碳化硅陶瓷件（SiC）等。陶瓷产品具有高硬度、高强度、耐高温、耐磨、耐腐蚀、耐酸碱、抗氧化、绝缘、无磁性等优良性能。
主营产品：氧化铝陶瓷。

江苏铁锚科技股份有限公司

地址：江苏省海安市海安镇长江西路 128 号
电话：0513-88813003
电邮：tmbl@tiemao.cn
网址：www.tiemao.cn
单位介绍：江苏铁锚科技股份有限公司创建于 1984 年，注册资金 9292.7908 万元。公司自成立以来一直专注于安全玻璃深加工及总成配套的研发、生产、销售与服务，具有 40 多年玻璃复合的生产经验，是国家高新技术企业、工信部制造业单项冠军示范企业、江苏省优秀民营企业、江苏省创新型企业。"铁锚"商标被认定为中国驰名商标。
主营产品：YAG、镁铝尖晶石及 AlON 等透明陶瓷制品。

深圳市海德精密陶瓷有限公司

地址：广东省深圳市南山区西丽街道松白路 1026 号南岗第二工业园 8 栋 1 楼
电话：0755-86238834
电邮：hardc024@126.com
网址：www.hardcc.com
单位介绍：深圳市海德精密陶瓷有限公司成立于 2007 年，是一家开发、设计、成型、烧结、生产、销售先进（氧化锆陶瓷、氧化铝陶瓷、氮化硅陶瓷）精密陶瓷产品的公司。经过 10 多年的努力，公司已拥有国内外 2000 多家客户，与 60 多所高校和研究院有过合作。先进陶瓷产品材质有氧化锆（ZrO_2）、氧化铝（Al_2O_3）、氮化硅（Si_3N_4）等。产品有两部分，一部分是陶瓷棒、管套、板、块、条等陶瓷材料，另一部分是工业用的精密陶瓷零件和民用产品。产品广泛用在航空航天、军工、核能、机械纺织、化工、电子、食品、医疗等各行各业中。
主营产品：可加工陶瓷结构件、氮化硼陶瓷管套、氮化硼陶瓷棒、氮化硅陶瓷定位块等。

深圳市益鸿精密工业陶瓷有限公司

地址：广东省深圳市福田区园岭街道上林社区八卦三路 88-8 号清凤荣盛创投大厦 404N
电邮：1822881879@qq.com
单位介绍：深圳市益鸿精密工业陶瓷有限公司是一家高科技私营企业，主要致力于研发生产陶瓷工业用精密产品，以生产氧化铝陶瓷、氧化锆陶瓷、高频陶瓷为主。公司主要涉及行业有研磨器行业、电子烟行业、打火机行业、密封件行业。产品范围包括工业用各种陶瓷管、绝缘瓷件、陶瓷柱塞、陶瓷轴套及陶瓷棍、棒、盘、片等结构陶瓷产品及其他行业应用的各类异形、各种颜色的瓷件，同时还可根据客户需要对陶瓷产品进行精密加工。
主营产品：陶瓷管、绝缘瓷件、陶瓷柱塞、陶瓷轴套及陶瓷棍、棒、盘、片等结构陶瓷产品。

东莞市龙翔工业陶瓷有限公司

地址：广东省东莞市常平镇桥梓村大围路
电话：0769-22363855-328
电邮：283592849@qq.com
单位介绍：东莞市龙翔工业陶瓷有限公司成立于 2008 年，是一家专注于工业陶瓷结构件研发、生产与经营的专业制造企业，产品主要有氧化铝陶瓷、氧化锆陶瓷、锆铝复合瓷、滑石瓷及碳化硅陶瓷 5 种瓷质、20 多个产品系列，广泛应用于汽车、机械、电子、电器、医疗、食品、LED、水暖等领域。公司秉持"市场引导制造、制造推动市场"的经营理念，坚持技术创新，已成功研发高电流保险丝用锆铝复合瓷（含 16% 氧化锆）、密封件用锆铝复合瓷（含 3% 氧化锆）、新型滑石瓷（密度为 3.0g/cm^3）等多种改性瓷质及一批拥有自主知识产权的设备，为打造企业在专业领域的市场竞争力提供了有力保障。公司目前共有东莞销售公司、香港离岸公司、新化研发中心、冷水江坯体工厂及东莞深加工工厂 5 个经营主体，从原料配制、坯体生产到精密加工等均具备技术较全面、产品实现能力较强的团队为客户提供高品质、高性价比的产品和服务。
主营产品：氧化铝陶瓷、氧化锆陶瓷、锆铝复合瓷、滑石瓷及碳化硅陶瓷，共 5 种瓷质 20 多个产品系列。

新乡市大昌精密陶瓷技术有限公司

地址：河南省新乡市凤泉区卫北工业园区
电话：0373-3090096
电邮：xxdcjs@163.com
网址：www.xxdctc.com
单位介绍：新乡市大昌精密陶瓷技术有限公司是集科研、设计开发、生产制造于一体的科技型企业，主要产品有高精度氧化铝、氧化锆、氮化硅、碳化硅等材质的陶瓷泵、陶瓷柱塞、陶瓷缸套、陶瓷零件及其他精密陶瓷产品，广泛应用于医药、电子、机械、石油、化工、冶金、纺织、食品等行业。
主营产品：陶瓷计量泵、陶瓷柱塞、陶瓷缸套、陶瓷零件、陶瓷阀、陶瓷泵灌装机等。

冷水江市华生瓷业有限公司

地址：湖南省冷水江市铎山镇金星居委会
电邮：1325808319@qq.com
单位介绍：冷水江市华生瓷业有限公司主要生产以氧化铝、高纯氧化铝、氧化锆、氧化镁、堇青石、莫来石为原料的各种绝缘陶瓷、电热陶瓷、电子陶瓷、电器陶瓷、照明陶瓷、耐磨陶瓷、温控陶瓷、焊接陶瓷、工艺品装饰陶瓷、多孔蜂窝陶瓷及耐火保温陶瓷等。公司能够配套生产的产品有绝缘子、绝缘装置壳、绝缘片、PTC 绝缘片、瓷接头、基片、瓷灯头、瓷灯座、LED 陶瓷灯座、开关插座装置壳、热电偶装置壳、温控瓷壳、电阻壳、汽车电路陶瓷、点烟器陶瓷、大灯瓷座、瓷管瓷棒、瓷环、瓷圈、瓷柱、瓷珠、锆瓷棒、锆瓷管、锆瓷环镁管、镁棒、高低压瓷瓶、点火针、点火头、火花塞、热风枪陶瓷、热丝装置件、电热绝缘子、多孔瓷条、微波炉瓷顶（瓷三角）、陶瓷烫板、烫发板、卷发筒、美发棒、密封圈、密封环、亚弧焊喷头与喷嘴、焊接片、焊接环、炉芯电热盘、红外线多孔陶瓷板、咖啡壶加热底座、耐磨盘、各种颜色的负离子装饰瓷、风管耐磨片、风机片、矿工设备提升耐磨块与片、电厂用陶瓷贴片、高温耐磨片、食品陶瓷、触媒陶瓷等。生产的产品具有机械强度高、电阻率高、电绝缘性能好、硬度高、熔点高、抗腐蚀、化学稳定性能强、透光性能好、耐磨损等优点。
主营产品：陶瓷直发板、水暖阀片、密封件、耐磨陶瓷、灯座与灯芯、散热器、陶瓷烫发板、LED 灯座、陶瓷烫发器等。

新化县惠民特种陶瓷有限公司

地址：湖南省娄底市新化县上梅镇古城路 54 号
电话：0738-3521330、3589868
单位介绍：公司主要从事氧化铝陶瓷、氧化锆陶瓷、滑石瓷产品的开发、生产和营销。产品有胡椒、咖啡、盐巴研磨器的陶瓷磨盘芯，温控元件，水阀片、理发刀、烫发板、摩擦片、纺织边刀、水果刀、信封刀，以及系列陶瓷块、棒、球、轴、套、环、喷嘴等结构（或功能）陶瓷产品。产品主要销往广东、浙江、福建、上海、江苏以及东南亚、欧美等地。产品具有高强度、耐磨、耐高温、耐腐蚀、绝缘性能好、热膨胀系数小、抗热冲击性强等特点。
主营产品：氧化铝陶瓷、氧化锆陶瓷、滑石瓷。

长沙豪泰陶瓷有限公司

地址：湖南省长沙市雨花区韶山南路 633 号
电话：0731-89852838
电邮：sales@hitechceramic.com
网址：www.hitechceramic.com
单位介绍：长沙豪泰陶瓷有限公司成立于 2007 年。自成立之日起就一直致力于新产品、新材料、新技术、新工艺的研究和开发，产品质量稳定并不断提高。专业生产各种精细陶瓷，主要产品包括水龙头阀芯用的陶瓷阀片，实验室及冶炼行业用的各种氧化物坩埚，半导体行业及各种精密设备用的精密加工陶瓷

2.2 氧化物结构陶瓷产品企业

部件，纺织机械用的陶瓷锭子和摩擦片，激光和焊接设备上用的陶瓷喷嘴、垫片和衬套，电子陶瓷，金属化陶瓷和压电陶瓷。产品种类繁多，有标准件，也可按客户来图制作。根据产品对材料性能的不同要求，公司可为客户提供材料解决方案，主要材料包括92%～99.5%氧化铝、氧化锆、滑石、碳化硅、堇青石等。

主营产品：氧化铝陶瓷部件。

宜兴市科奥金属陶瓷有限公司

地址：江苏省宜兴市丁蜀镇通蜀路东首
电话：0510-87404577
电邮：3539883821@qq.com
单位介绍：宜兴市科奥金属陶瓷有限公司是1993年创建的专业化陶瓷生产企业。拥有较先进的原料制备、等静压成型、高温真空烧结设备和高素质的陶瓷生产专业人才，被评为省市高新技术企业。公司以高新技术为基础，生产各类科技含量高、生产工艺新、产品质量好的陶瓷产品。产品具有耐高温、耐高压、耐腐蚀、抗热震、抗冲刷等优良的综合性能，已广泛应用于化工、石油、冶金、电子、纺织、机械、航空航天等各个领域。目前主要产品有钼基金属陶瓷制品、氧化铝陶瓷制品、氧化锆增韧陶瓷制品、氧化锆陶瓷制品、可加工陶瓷等。其中，钼基金属陶瓷热电偶保护套管已通过部级鉴定并荣获"国家重点新产品奖"。氧化锆增韧氧化铝陶瓷，采用等静压成型的管壳、柱、塞等产品，经高温烧结，具有耐高压、抗腐蚀、耐磨损、抗冲击等优良的综合性能，受到国内外客户的青睐。灵活的经营机制、现代化的管理模式促使公司建成了系列化、标准化、规模化、高性能的新型陶瓷材料生产基地。地处宜兴市陶都工业园内，环境优美，交通便利，具有很好的发展前景。公司坚持诚信原则，热忱欢迎国内外新老用户前来洽谈业务，共同发展。

主营产品：钼基金属陶瓷制品、氧化铝陶瓷制品、氧化锆增韧陶瓷制品、氧化锆陶瓷制品、可加工陶瓷等。

宜兴市伯利恒精密陶瓷有限公司

地址：江苏省宜兴市丁蜀镇陶瓷产业园洛涧工业小区
电话：0510-87497966
电邮：969581667@qq.com
单位介绍：宜兴市伯利恒精密陶瓷有限公司是一家从事陶瓷制品开发和生产的企业。公司主管曾先后就职于江苏省陶瓷研究所工程陶瓷部，参与过江苏省"九五"科技攻关项目，在江苏WELDSTONE德国独资企业任陶瓷研发部经理多年，对开发生产工业陶瓷有较深的认识和丰富的实践经验。公司曾为上海松下公司、天津LG公司开发生产多款电器陶瓷，为苏州苏拉中国）公司、无锡宏源、北京中丽多家纺织机械商配套生产过陶瓷导丝器。目前有热压成型等生产工艺，有自己的模具设计部。模具配合精度为0.002mm，保障了产品的材料品质。公司为让不同要求的客户满意，以德国、日本品质陶瓷粉体为主。目前有94%/96%/99%/99.7%氧化铝粉体，3mol钇稳定氧化锆粉体、超纯氧化钛粉体、锆增韧氧化铝粉体（ZTA）等，为公司生产各种品质陶瓷提供了有力的保障。在对陶瓷制品的后期加工上，公司也有相当的实力和技能储备，有平面磨床、内外圆磨床、无心磨床、双平面研磨机、机械钻石抛光等设备，基本满足了对陶瓷的精加工要求。

主营产品：各种氧化铝、氧化锆陶瓷纺织、机械配件。

苏州阿洛泰精密机械有限公司

地址：江苏省苏州市吴中区临湖镇浦庄湖桥大道90号
电话：0512-66521385
电邮：alloytek@163.com
网址：www.alloytek.com.cn
单位介绍：公司自创立以来，一直专注于各种钨钢零部件与精密陶瓷的制造及应用。拥有多年的专业应用经验及领先的解决方案，产品广泛应用于汽车、船舶制造、航空航天；机电设备制造、半导体封装、石油天然气及太阳能行业；金属加工、造纸、医疗器械化工及通用工程行业等多个领域。

主营产品：精密陶瓷部件、钨钢模具、自动化零件。

苏州永佳超硬耐磨材料有限公司

地址：江苏省苏州市吴中区胥口镇曹丰路328号
电话：0512-67261802
网址：www.everbestceramic.cn
单位介绍：苏州永佳超硬耐磨材料有限公司专业从事超硬耐磨材料的压制成型、烧结和精密加工，拥有几十年的加工经验，拥有模压成型、高温烧结和精密加工全套陶瓷生产设备和技术。公司具有较独特的模具设计理念和模具制造工艺，能提供耐磨、耐高温、耐腐蚀、高硬度、绝缘性好的高性价比工业用陶瓷零部件。主要产品包括氧化铝陶瓷零部件、氧化锆陶瓷零部件、氧化锆增韧氧化铝零部件、无压烧结碳化硅零部件。工艺成型方式有干粉压制、等静压成型、热压铸成型。产品主要用途有：泵用陶瓷轴；清洗机用陶瓷柱塞；化学、化工、石油行业用耐磨耐酸碱高强度陶瓷轴组件；精密机械用耐磨、耐腐蚀组件。

主营产品：氧化铝陶瓷零部件、氧化锆陶瓷零部件、氧化锆增韧氧化铝零部件、无压烧结碳化硅零部件。

宜兴精刚陶瓷科技有限公司

地址：江苏省宜兴市丁蜀镇丁山中路108号
电话：0510-83829018
电邮：YXHH_518@126.com
网址：www.jgtci.com
单位介绍：宜兴精刚陶瓷科技有限公司成立于2001年，坐落于中国江苏宜兴，拥有先进技术和进口设备，是一家研发、生产特种陶瓷材料产品的专业性高科技企业。主要产品有95%～99.9%氧化铝结构陶瓷、氧化锆陶瓷、碳化硅陶瓷、氮化硅陶瓷、钛酸铝陶瓷、堇青石陶瓷、ZTA特种精密陶瓷的结构件、电真空陶瓷管、各类陶瓷阀用零件、大规格陶瓷件、陶瓷螺旋喷嘴、柱塞、耐磨陶瓷件、特种耐火材料制品、高温耐火陶瓷、耐电压/酸碱性陶瓷件，以及高铝质、刚玉质、碳化硅质、莫来石质管、棒、条、板、片等陶瓷异形件。产品具有高热震性好、高强度、高硬度、耐高温、耐磨损、耐酸碱腐蚀及绝缘性好、使用寿命长等特性，是逐渐代替金属材料的新一代环保材料。公司拥有先进的生产加工设备，现有喷雾干燥机、等静压机、高温电推板窑、高温梭式窑、冷加工和抛光等科研开发生产设备，以及科研人员和技术人员，可根据客户图纸生产、加工、研发各类陶瓷异形件。配有 CNC 精雕机、无心磨、内外圆磨、平面磨、CNC 车床加工中心等高精度生产与检测设备。产品尺寸精度高、性能稳定、使用寿命长。目前年生产能力达上千万件，产品成功应用于电器、电子、机械、航天、纺织、化工及科研等领域。质量均达到行业产品质量要求，得到了广大客户的一致认可。质量、服务、信誉是公司一直信奉的三大原则。希望以良好的产品服务于广大客户，欢迎新老客户来人来电洽谈。

主营产品：99％氧化铝、氧化锆、碳化硅、氮化硅、ZTA 特种陶瓷的结构件，以及高温耐火陶瓷管、棒、密封件、研磨件、基板、刀具及各种异形件。

宜兴市赛硕新材料有限公司

地址：江苏省宜兴市丁蜀镇川埠工业园
电邮：m15861506859@163.com
网址：www.yxsaishuo.com
单位介绍：宜兴市赛硕新材料有限公司是一家专业从事氧化锆陶瓷和氧化铝陶瓷零件生产精加工厂家，产品可按客户图纸或样品定制。产品具有高强度、高硬度、耐磨损、耐腐蚀性好等特点。广泛用于热电、钢铁、非金属矿、冶炼、石油、化工、建材、粉体机械等行业。
主营产品：氧化铝陶瓷系列（陶瓷管、陶瓷棒、陶瓷环等）；氧化锆陶瓷系列（氧化锆柱塞、单项阀球、磨介微珠）；陶瓷柱塞、陶瓷泵（计量泵、灌装泵、高压柱塞泵）。

无锡市大华精密陶瓷制造有限公司

地址：江苏省无锡市惠山区钱桥街道洋溪社区
电话：0510-83201657
电邮：sales@cndhc.cn
网址：www.cndhc.cn
单位介绍：无锡市大华精密陶瓷制造有限公司成立于 1996 年，坐落在无锡，距离上海只有 100 多千米。公司专业生产氧化铝、氧化锆等精密陶瓷。拥有较先进的生产工艺，包括自动注浆成型自动机械式干压成型以及挤出成型等，可以生产出优质的陶瓷产品。公司通过了 ISO 9001 质量管理体系认证，同时产品通过了 TUV、SGS 测试机构对食品接触类陶瓷的检测，符合美国 FDA、欧盟 LFGB 及日本对接触食品类陶瓷的要求。持续创新是公司追求的目标，公司十分重视对新产品的开发。近年来，公司已经成功开发出了一系列产品，包括食品接触类陶瓷、电子陶瓷、高绝缘与耐热冲击类陶瓷、耐磨陶瓷、微孔陶瓷、高韧性陶瓷等。目前合作的顾客主要有日本京瓷公司、日本 HARIO 公司、IKEA 家居公司、丹麦 IDS 公司等。顾客的要求就是我们的使命，期待着与您合作。
主营产品：氧化铝、氧化锆等精密陶瓷，包括食品接触类陶瓷、电子陶瓷、高绝缘与耐热冲击类陶瓷、耐磨陶瓷、微孔陶瓷、高韧性陶瓷等。

宜兴市宏图精磨陶瓷厂

地址：江苏省宜兴市丁蜀镇工业园区内
电话：0510-87480688
电邮：web@yxhongtu.com
网址：www.yxhongtu.com
单位介绍：宜兴市宏图精磨陶瓷厂是一家以氧化锆、氧化铝氮化硅、堇青石为主要陶瓷材料的生产加工型企业。公司位于宜兴市，地处沪、宁、杭的几何中心，交通便利，2013 年宜兴高铁的开通更是缩短了与其他城市的距离。产品主要包括陶瓷棒、陶瓷管、陶瓷环、陶瓷板、匣钵、坩埚等耐火产品及各种陶瓷结构件。公司的生产技术处于国内较高水平，产品技术含量具有明显优势。产品广泛应用于光伏、仪器仪表、医疗器械、钟表、磨具刀具、能源电力、建筑、机械五金、汽车等领域。拥有较先进的陶瓷成型、烧结与陶瓷精密加工设备，主要设备包括振动成型机、液压成型机、等静压机、数控外圆磨机、高温节能炉、切割机及高温窑炉先进生产工艺技术。公司拥有工程师、专业技术骨干 8 名，是宏图创新创造、发展壮大的重要支撑。公司一直秉持"质优价廉为民务实"的服务理念，为新老客户提供专业的技术、优良的产品、周到的服务。真诚希望与您建立各种经济、技术合作关系，共同解决发展难题、共同分享发展成果，实现共同提高共同发展。
主营产品：陶瓷棒、陶瓷管、陶瓷环、陶瓷板、匣钵、坩埚等耐火产品及各种陶瓷结构件。

宜兴市照升精密陶瓷加工厂

地址：江苏省宜兴市丁蜀镇川埠工业区
电话：0510-87431886
网址：www.yxzstcc.com
单位介绍：宜兴市照升精密陶瓷加工厂专业从事陶瓷元器件工业陶瓷结构件、陶瓷配件、陶瓷原料等产品的研发、生产加工、销售、服务，拥有较完整、科学的质量管理体系。
主营产品：各类氧化铝陶瓷、氧化锆陶瓷、高频瓷、蜂窝耐火陶瓷件。

无锡市天宇精密陶瓷制造有限公司

地址：江苏省无锡市锡山区东北塘农新河路 85 号
电话：0510-83771414
电邮：webmaster@wxtytc.com
网址：www.wxtytc.com
单位介绍：无锡市天宇精密陶瓷制造有限公司经过多年的不断努力和发展，在用人机制、管理水平、产品质量、生产规模上都得到了很大的提高和发展。目前，公司能生产可控硅元件陶瓷外壳（其中 180W 以上的大功率陶瓷外壳已通过省级鉴定）、真空开关管陶瓷外壳、耐磨耐腐密封件、电器及机械装置陶瓷、氧化锆陶瓷五大系列、400 多个品种。其中，对可控硅元件陶瓷以及真空开关管陶瓷还可以进行金属化并镀镍。可控硅元件陶瓷外壳随可控硅元件远销美国、英国、日本等国家，产品质量稳定可靠。公司还是生产 95％氧化铝和氧化

2.2 氧化物结构陶瓷产品企业

锆（ZrO_2）产品的专业公司，生产的95%氧化铝瓷因具有耐高温、耐腐蚀、高强度、绝缘性好、耐磨的特点，广泛应用于电子、轻纺、化工、冶金、民用和军工等领域。氧化锆陶瓷因其独特的耐磨及耐高温特点，用于轴承的滚珠材料，使轴承性能更为优良。公司目前为中国电器工业协会电力电子分会的会员单位，公司宗旨是"质量创信誉、诚心交朋友、企业求发展"。为保证产品质量，公司建立了严格的质量管理体系，已于2005年1月份通过ISO 9001质量管理体系认证。

主营产品：95%氧化铝和氧化锆（ZrO_2）产品。

宜兴市新睿海特种陶瓷有限公司

地址：江苏省宜兴市丁蜀镇陶瓷产业园
电话：13771335317
单位介绍：公司产品以氧化锆、氧化铝、滑石瓷为主要原料，经过人工合成及提炼处理制成超细粉末，通过高温高压工艺烧结而成，具有耐高温、耐腐蚀、耐磨、绝缘等优异特性。拥有陶瓷技术研发能力，可为用户提供技术支持、来样或来图定做，并提供代理、自理各类商品的进出口业务。
主营产品：氧化铝陶瓷、氧化锆陶瓷、堇青石陶瓷、滑石瓷瓷管、陶瓷棒等。

宜兴市光阳特种电瓷有限公司

地址：江苏省宜兴市丁蜀镇查林新工业区
电话：0510-87482379
电邮：46015755@qq.com
网址：www.gytci.com
单位介绍：宜兴市光阳特种电瓷有限公司是集研发、生产与销售于一体的专业陶瓷系列制造商，公司坐落在太湖之滨——江苏宜兴，交通便利，环境幽雅，距离上海仅两小时车程。公司主要生产陶瓷管、陶瓷棒、陶瓷板、陶瓷阀片、氧化锆陶瓷（陶瓷过滤片、棒、板）；电器陶瓷、纺织陶瓷、电子陶瓷、仪表陶瓷、机械陶瓷、工艺陶瓷、化工陶瓷、95%/99%氧化铝陶瓷，及各种瓷杂件系列产品。产品具有机械强度高、产品性能好等特点，耐高温、耐高压、耐腐蚀、绝缘度强，广泛应用于机械、矿山、化工、军工、纺织、冶金、建筑及航空航天等各个领域。真诚地欢迎国内外新老客户前来公司参观、交流、合作，您的满意将是我们不懈的追求。
主营产品：氧化铝陶瓷、氧化锆陶瓷、氮化硅陶瓷、氮化铝陶瓷、碳化硅陶瓷、陶瓷精加工。

宜兴市申兴科技有限公司

地址：江苏省宜兴市丁蜀镇川埠工业区宝阳路
电话：0510-8744812
电邮：yxshenxing@163.com
网址：www.yxshenxing.net
单位介绍：宜兴市申兴科技有限公司是一家集科研、生产、经营于一体的陶瓷企业。产品以氧化锆、氧化铝、滑石瓷为主要原料，经过一系列人工合成及提炼处理制成超细粉末，通过高温高压工艺烧结而成，具有耐高温、耐腐蚀、耐磨、绝缘等优良特性。产品广泛用于电子电器、纺织机械、热工仪表、光源灯具、电热电器、电阻器、温控器等行业。公司还可根据用户需求生产陶瓷管、陶瓷基片、水阀片及各种陶瓷工艺品、特种工程陶瓷、耐高温陶瓷。公司拥有陶瓷技术研发能力，可为用户提供技术支持、来样或来图制作各类陶瓷产品，并提供代理或自理各类技术或商品的进出口业务。
主营产品：氧化铝陶瓷、氧化锆陶瓷、滑石瓷、电热陶瓷、电阻陶瓷；可根据用户需求生产陶瓷管，陶瓷基片，陶瓷棒，耐高温陶瓷等。

萍乡禾田新材料有限公司

地址：江西省萍乡市安源经济开发区西区纬二路
电话：0799-6612508
电邮：360301@pxhetian.com
网址：www.pxhetian.com
单位介绍：江西省萍乡市禾田新材料有限公司主要生产研磨介质、球磨机内衬、耐磨瓷片。公司生产的氧化铝、氧化锆研磨介质以高密度、超耐磨损等特性得到了广大客户的信赖。产品适用于砂磨机、搅拌球磨机、滚动球磨机中对电子材料（如$BaTiO_3$、$BaCO_3$等）、磁性材料、油漆、油墨、涂料、釉料（硅酸锆）、医药、化妆品等的超细研磨及分散。
主营产品：钇稳定氧化锆球、硅酸锆珠、钇稳定氧化锆珠、耐磨氧化铝衬、惰性瓷球、高纯微晶氧化铝磨球等。

萍乡顾兴化工有限公司

地址：江西省萍乡市安源区苏州东街118号
电话：0799-6760234
电邮：sales@gophinchem.com
网址：cn.gophinchem.com
单位介绍：萍乡顾兴化工有限公司是一家研发、生产与销售活性氧化铝、分子筛、惰性瓷球、硅胶、金属填料、塑料填料、陶瓷填料、蜂窝陶瓷的高新科技企业。公司提供的吸附剂、干燥剂以及填料产品广泛应用于国内外气体制造、石油、化工、精炼、炼钢等行业，产品已出口至100多个国家，获得了国内外客户的一致认可。
主营产品：活性氧化铝、分子筛、惰性瓷球、硅胶、金属填料、塑料填料、陶瓷填料、蜂窝陶瓷。

沈阳永强特种陶瓷有限公司

地址：辽宁省沈阳市沈北新区佳阳路20-2号
电话：024-88202695
电邮：syyqtclihongqiang@163.com
网址：www.syyqtc.com
单位介绍：沈阳永强特种陶瓷有限公司成立于2006年，并于2018年成功完成企业设备升级改造，实现烧成、成型自动化控制，是专业生产高纯度热电偶保护管及工业瓷件的厂家。
主营产品：高温耐磨、绝缘异型氧化铝陶瓷件和氧化锆陶瓷件。

山东英吉新材料股份有限公司

地址：山东省淄博市淄川区龙泉经济工业园
电话：0533-5887999
电邮：117832226@qq.com
网址：www.yingi.com.cn
单位介绍：山东英吉新材料股份有限公司是一家专注于氧化锆陶瓷、氧化锆研磨介质、氧化锆陶瓷刀等新材料研发生产锆系列结构陶瓷的高新技术企业，坐落于山东省淄博市。公司拥有一支专业经验丰富的高素质员工队伍，并依托先进的生产加工设备和测试检验仪器，执行严格的质量管理体系，生产高纯超细氧化锆、超细稳定氧化锆粉体、研磨介质、陶瓷餐刀、氧化锆陶瓷结构件。产品以其优良的物理、化学性能被广泛应用于超细研磨、机械部件、切削工具、光纤通信、医疗器械、民用等行业。
主营产品：氧化锆瓷件、氧化铝瓷件。

青岛泰威尔陶瓷科技有限公司

地址：山东省青岛市黄岛区滨海街道德海路3号
电话：0532-84121996
电邮：qdxingjie@163.com
网址：www.ty-well.com
单位介绍：青岛泰威尔科技有限公司位于美丽的海滨城市青岛市黄岛区，是集生产加工和进出口贸易于一体的民营企业。依托山东陶瓷科研的技术优势，以先进的陶瓷生产工艺为依托，采用高纯原材料，致力于开发和生产氧化锆和氧化铝材质的结构陶瓷件和精密特种陶瓷。产品广泛应用于石油化工、机械、钢铁、医疗器械、汽车、电子等行业。
主营产品：氧化锆陶瓷、氧化锆密封件阀门、氧化锆陶瓷轧辊、氧化锆陶瓷精密配件、氧化锆研磨介质、氧化铝陶瓷、陶瓷柱塞、碳化硅陶瓷、氮化硅陶瓷、耐磨陶瓷衬板。

上海工陶陶瓷有限公司

地址：上海市嘉定南翔镇顺达路111弄40号二楼
电话：021-53082298
电邮：shgongtao@163.com
网址：www.shgongtao.com
单位介绍：上海工陶陶瓷有限公司是集设计、制造和营销于一体的科技陶瓷企业。品牌为"上陶-SHANGTAO"。公司专注于氧化铝陶瓷、氧化锆陶瓷、氧化镁陶瓷、氧化钇陶瓷、有机硅氮化物产品和铝氮化物等产品。是专业生产各类工业陶瓷、耐火材料、氧化铝陶瓷等产品的生产厂家，现有产品达数千种，广泛应用于军工、电力、冶金、矿山、石油、纺织、机械等行业。产品销往中国香港、东南亚等地区。
主营产品：氧化铝陶瓷、氧化锆陶瓷、氧化镁陶瓷、氧化钇陶瓷、有机硅氮化物产品和铝氮化物等产品。

上海禹贝精密陶瓷有限公司

地址：上海市浦东新区川宏路365号圣御工业园七号楼320室
电话：021-50493739
电邮：sales2@shybtc.com
网址：www.shybtc.com
单位介绍：上海禹贝精密陶瓷有限公司是专业生产各种精密结构陶瓷的厂家，与国内多家高校及科研院所联合开发研制精密陶瓷、结构陶瓷、功能陶瓷产品。主要产品包括氧化铝陶瓷件、氧化锆陶瓷件、碳化硅陶瓷件、泡沫陶瓷、莫来石滑石瓷等。产品广泛应用于工业机械、化工、激光半导体、纺织电器、太阳能光伏、医疗、石油机械、汽车船舶、航天军工等领域。
主营产品：氧化铝陶瓷件、氧化锆陶瓷件、碳化硅陶瓷件、堇青石陶瓷件、莫来石滑石瓷、泡沫陶瓷、石英水晶。

上海卡贝尼精密陶瓷有限公司

地址：上海市浦东新区祝桥镇金闻路12号3幢
电话：021-68391008
电邮：info@companion-cn.com
网址：www.companion-cn.com
单位介绍：自2004年成立以来，公司始终专注于先进陶瓷的研发、制造与应用，一直努力通过全面的技术创新来推动和引领先进陶瓷的卓越发展。基于多种已经广泛应用的先进陶瓷材料，公司能通过完整的生产服务能力，严格的质量与成本控制，及时的服务响应和快速的产品交付来为您提供极具国际竞争力的解决方案，帮助您快速应对全新的市场需求与发展趋势。而随着公司产品广泛地应用于半导体、平板显示、精密光学、航空航天、医疗设备等各类现代工业与尖端科技领域，卡贝尼已经成为国际上诸多行业领军企业可靠的合作伙伴。
主营产品：氧化铝陶瓷材料、金属材料、石英等无机材料、高分子材料。

宜兴市飞鹰陶瓷科技有限公司

地址：江苏浙江省宜兴市丁蜀镇查林村
电话：0510-87498765
网址：www.fytckj.com
单位介绍：宜兴市飞鹰陶瓷科技有限公司坐落于美丽的太湖之滨、紫砂壶的故乡——宜兴丁蜀镇。公司是一家专业生产氧化铝陶瓷以及耐磨陶瓷防磨施工10多年的厂家。公司拥有雄厚的研发能力，产品品种3000多种，主要产品有99%/95%氧化铝陶瓷、陶瓷管、陶瓷棒、陶瓷柱塞、陶瓷轴棒、电器陶瓷、电子陶瓷、纺织陶瓷系列、氧化锆陶瓷系列、氧化钛陶瓷、滑石瓷、碳化硅陶瓷等各种材质及型号的陶瓷配件产品。除生产各种规格的标准产品外，还可根据客户要求，来图来样定制各种规格的产品。产品广泛应用于电子、机械、化工、仪表、太阳能光伏、冶金、电力、纺织等行业。
主营产品：氧化铝陶瓷、陶瓷管、陶瓷棒、陶瓷柱塞、陶瓷轴棒、电器陶瓷、电子陶瓷、纺织陶瓷系列、氧化锆陶瓷系列、氧化钛陶瓷。

上海弋兴新材料科技有限公司

地址：上海市杨浦区翔殷路128号

2.2 氧化物结构陶瓷产品企业

电邮：2935197683@qq.com
网址：www.yx-materials.com
单位介绍：上海弋兴新材料科技有限公司（简称"弋兴科技"）是一家专业从事以精密陶瓷（氧化铝精密陶瓷、氧化锆精密陶瓷、碳化硅精密陶瓷、氮化硅精密陶瓷、氮化铝精密陶瓷等）为代表的新材料产品研发、生产、销售和服务的公司。公司基于材料的专业优势和多年行业经验，为用户提供绝缘、耐高温、耐腐蚀、耐磨损、耐冲击、长寿命的精密陶瓷零件，以及优质的解决方案和技术产品。
主营产品：氧化铝陶瓷、氧化锆陶瓷、碳化硅陶瓷、氮化硅陶瓷、氮化铝陶瓷。

德禾特种瓷件厂

地址：浙江省湖州市德清县新安镇西庙桥村
电话：0572-8240766
单位介绍：德禾特种瓷件厂是一个融传统工艺与高科技生产于一体的现代化企业。公司以氧化铝、氧化锆、氧化钛等材料为主，设备较精良，技术力量较雄厚，主要产品采用国家标准生产。产品品种齐全，具有机械强度高、光洁度好、热稳定性和化学性好、绝缘强度高、电性能优等特点。公司生产的各种瓷管、瓷棒、瓷眼等异型陶瓷件，均能满足客户要求，长期销往全国各地及国外地区。
主营产品：各种规格氧化铝陶瓷、钛瓷。

嘉兴市耐思威精密机械有限公司

地址：浙江省嘉兴市秀洲区高照街道康和路500号B12
电话：0573-82058763
电邮：nswkjl@nicecera.com
网址：www.nicecera.com
单位介绍：嘉兴市耐思威精密机械有限公司是从事高硬材料先进陶瓷和高精密机械配件、工装夹具、电子机械配件等精密器件生产的专业公司。公司始终致力于高精度、难加工材料领域，主要服务于光伏设备、光通信、精密电子设备、减速机、机床、汽车等领域。公司拥有十多年从业经验的机械专业人才团队，专注于产品研发生产。现拥有四轴联动数控加工中心、精雕机、高精度数控平面磨床、数控车床、内圆磨床、外圆磨床等生产设备以及二次元影像仪、高精度测高仪、圆度仪、硬度仪和通用专用量具。
主营产品：高精密机械配件、工装夹具、氧化锆陶瓷、氧化铝陶瓷。

金华市德裕精密陶瓷科技有限公司

地址：浙江省金华市婺城区秋滨街道秋滨工业城双锦街6号
电话：0579-82771257
电邮：luxiaoxia@dayooceramic.com
网址：www.dayooceramic.com
单位介绍：金华市德裕精密陶瓷科技有限公司具有多年生产特种精密陶瓷的经验，具备各类特种精密陶瓷的结构件和功能件的设计、制造、加工和销售能力。目前，公司拥有干压机、静压机、实验炉、平板窑炉、加工中心、平面磨床、万能内外圆磨床、无心磨和激光切割机等生产加工设备，也拥有高精度投影仪、三维检测仪、金相显微镜、硬度计和密度仪等完整的高精度检测设备。
主营产品：氧化锆陶瓷、氧化铝陶瓷、碳化硅陶瓷。

宁波国泰陶瓷有限公司

地址：浙江省宁波市奉化区经济开发区龙津路2号
电话：0574-87135188
电邮：capa@capa-ceramics.com
网址：www.capa-ceramic.com
单位介绍：宁波国泰陶瓷有限公司成立于1995年，是一家专业生产和加工氧化铝（95％/96％/97％/99％/99.5％和99.7％氧化铝）、氧化锆、碳化硅、堇青石、滑石瓷等技术陶瓷的企业。公司配备了一系列技术陶瓷成型及加工的精密设备，如冷等静压机（CIP）、500吨压机、各种小吨位压机、3套电窑烧结设备和一系列齐全的磨加工设备等。公司致力于加工制作出质量优良、尺寸精密的技术陶瓷件。在成型方面，主要有等静压、干压、热压注和高压注塑4条成型的工艺流程。公司始终保持每年99％的出口份额，产品主要销往欧洲、美国和日本。
主营产品：半导体LCD加工设备、陶瓷烧结板匣钵、陶瓷刀片和磨刀器等。

宜兴市新世界陶瓷有限公司

地址：江苏省南京市玄武区中国江苏宜兴市丁蜀镇任墅村
电话：0510-87187612
电邮：888@yxhgtc.com
网址：www.yxhgtc.com
单位介绍：宜兴市新世界陶瓷有限公司成立于1995年，专业生产非金属耐腐蚀陶瓷产品，主要产品有化工陶瓷容器系列、陶瓷填料系列、耐腐耐磨化工泵系列、耐高温氧化铝陶瓷系列产品。化工陶瓷在处理湿氯、氯水、盐水、盐酸、醋酸等介质时，其耐腐蚀性远远超过不锈钢所具有的性能，并具有耐腐蚀、不老化、不污染等优点，已广泛用于石油、化工、化肥、制药、食品、造纸、冶炼、化纤以及军工等各工业领域。
主营产品：化工陶瓷容器系列、陶瓷填料系列、耐腐耐磨化工泵系列、耐高温氧化铝陶瓷系列产品。

宜兴市砚耘新材料科技有限公司

地址：江苏省宜兴经济技术开发区永宁路11号创业园二期A1东
电话：0510-87192666
电邮：yanyun91320@163.com
网址：www.yanyun.top
单位介绍：宜兴市砚耘新材料科技有限公司是研发、生产高纯度氧化铝刚玉制品的专业工厂。主要产品包括：99.99％氧化铝靶材、各种形状的99％+刚玉坩埚、研钵、球磨罐、瓷舟、中低温匣钵以及各种蒸发皿等。产品在粉末冶金、石油化工、机械设备、新能源、汽车、手机、手表、医疗以及5G建设中得到广泛应用。部分品类进入量产阶段,已经广泛应用于军工、科研院所、高校实验室、检验检疫局等行业。

主营产品:99.99%氧化铝靶材、各种形状的99%+刚玉坩埚、研钵、球磨罐、瓷舟、中低温匣钵以及各种蒸发皿。

张家港市华远环境科技有限公司

地址:江苏省张家港市大新镇新乐路
电话:0512-80617809
电邮:huayuanhuanjing@163.com
网址:www.hy-envi.com
单位介绍:张家港市华远环境科技有限公司和深圳市华远环境科技有限公司是江苏新芳科技集团股份有限公司创办的高科技新型环保企业。公司创建于2018年,拥有完全自主知识产权的陶瓷平板膜生产和应用技术。以功能纳米平板陶瓷膜制备及"纳米膜反应器技术"为核心,将前沿的功能纳米陶瓷膜技术应用至水处理中,实现水处理技术跨越式发展,现已建成专业的多品种非对称纳米陶瓷膜材料生产基地及以功能纳米平板陶瓷膜为核心的新型污水处理示范工程。公司技术力量雄厚,工艺装备先进,拥有一支高素质人才组成的研发、设计、生产和营销团队。
主营产品:陶瓷膜。

成都泰美克晶体技术有限公司

地址:四川省成都市高新区西部园区天映路136号
电话:028-86106613
电邮:shisx@timemaker.com
网址:www.timemaker.com
单位介绍:成都泰美克晶体技术有限公司成立于1996年,位于四川省成都市高新西区,现有厂房30000多平方米,是国家高新技术企业,专注于硬脆材料精密、精细加工。产品包括各种石英晶振用石英晶片、声表面波滤波器(SAW)用钽酸锂/铌酸锂晶圆,及各种晶体、陶瓷、玻璃等硬脆材料应用产品。产品广泛应用于航空航天、汽车、通信、物联网、计算机、家电及其他各类工业与消费领域。
主营产品:氧化锆陶瓷、氧化铝/氮化铝陶瓷、石英、钽酸锂/铌酸锂。

东莞市陶陶新材料科技有限公司

地址:广东省东莞市企石镇梅花坑工业路10号
电话:0769-82669256
网址:www.taotaotech.cn
单位介绍:东莞市陶陶新材料科技有限公司是一家专业在先进陶瓷领域深耕的集研发、制造、销售和服务于一体的国家级高新技术企业。总部在深圳南山区,生产基地坐落于制造业基地——东莞市企石镇,工厂面积超过30000m²。公司聚焦于半导体、汽车电子、新能源、消费类电子、通信及激光器等先进陶瓷应用领域。产品线包括陶瓷基板、电子雾化设备发热部件、高端陶瓷结构件和外观件等。
主营产品:陶瓷基板、氧化铝基板、氮化硅基板、陶瓷结构件、光伏吸盘、陶瓷外观件、陶瓷雾化芯。

江苏奥能耐火材料有限公司

地址:江苏省宜兴市城东工业区
电话:0510-665824497
电邮:oner2009@126.com
网址:www.oner.cc
单位介绍:江苏奥能耐火材料有限公司位于风景秀美的太湖之滨——陶都宜兴,拥有雄厚的技术开发力量、先进的生产装备和严格的检测手段,是一个集研发、技术、生产、管理于一体的技术型企业。公司生产耐火材料及设备,主要是钢铁连铸用长水口、浸入式水口以及含碳制品的生产设备,包括高温造粒机、圆筒烘干机、无氧化烧成炉等。同时经营连铸三大件产品的原材料(氧化锆、树脂等);钙处理钢、低合金钢等特钢水口用造粒料(抗冲刷内芯料、抗侵蚀渣线料、塞棒头料)。
主营产品:耐火材料、氧化锆、氧化铝微粉、塞棒头料。

江苏金石研磨有限公司

地址:江苏省宜兴陶瓷产业园区亨鑫路3号
电话:0510-87481179
网址:www.kingsbeads.com.cn
单位介绍:江苏金石研磨有限公司为国家非金属矿深加工工程技术研究中心定点企业,生产超细陶瓷研磨介质,产品规模大、专业性强、出口量排名靠前。高性能耐磨陶瓷微珠系列产品远销东南亚、中亚、美洲、澳洲、欧洲、中东等60多个国家和地区,与众多国家知名企业建立了长期战略合作关系。
主营产品:陶瓷珠系列、氧化锆、氧化铝、锆铝复合珠。

德州洛克高性能陶瓷制品有限公司

地址:山东省德州市武城县运河经济开发区
电话:0534-5073686
电邮:lk5073686@163.com
网址:www.roc-ceramic.com
单位介绍:德州洛克高性能陶瓷制品有限公司是由山东日新复合材料有限公司和原西安理工大学教授、陶瓷研究所所长潘敏元教授共同合作组建的一家高科技、专业性强的高性能陶瓷制品公司,是一家集研究开发、生产销售于一体的综合性公司,雄厚的经济实力与技术实力为公司生产高品质的产品奠定了基础。
主营产品:高性能氧化铝复合陶瓷车刀片、铣刀片。

江苏康姆罗拉特种陶瓷有限公司

地址:江苏省新沂市经济开发区(新戴路南侧、上海路西侧)
电话:0516-88958936
电邮:sales@kamroller.com
网址:www.kamroller-china.com
单位介绍:江苏康姆罗拉特种陶瓷有限公司于2006年成立,并

2.2 氧化物结构陶瓷产品企业

积极引进国外技术，成为高端石英及其衍生品生产基地。产品主要应用于玻璃、太阳能、航空航天、建筑陶瓷、金属热处理、能源、半导体、钢铁、石化等领域。

主营产品：石英陶瓷制品、陶瓷辊道、高纯熔融石英砂料、石英陶瓷模具。

合肥合瑞达光电材料有限公司

地址：安徽省合肥市蜀山区仰桥路87号3栋1楼
电话：0551-65385002
电邮：hfcrystal@126.com
网址：www.hfcrystal.com.cn
单位介绍：合肥合瑞达光电材料有限公司面向科研院所及相关研究单位提供数十种高品质的单晶及薄膜基片、光学器件、激光晶体和陶瓷基片，以及包括陶瓷靶材、单晶靶材、金属靶材和合金靶材的各种规格溅射靶材和镀膜原料。公司同时为各大科研院所及企业提供光学材料的定向、切割、研磨、抛光和检测服务。
主营产品：激光晶体、陶瓷基片、氧化铝陶瓷基片、氮化铝陶瓷基片、氧化锆陶瓷基片、氮化硅陶瓷片。

陕西御微轴承制造有限公司

地址：陕西省西咸新区秦汉新城自贸区
电话：029-86696506
电邮：sales@yw-brg.com
网址：www.ywbearings.com
单位介绍：陕西御微轴承制造有限公司产品商标为"YW"，是上海御微轴承有限公司的子公司，公司注册在陕西省西咸新区秦汉新城自贸区内。作为专业的轴承制造商，生产内径1~20毫米的公制以及英制微型轴承。特色产品有法兰轴承、不锈钢轴承、薄壁轴承、仪器仪表轴承、全陶瓷轴承、混合陶瓷轴承、模型轴承、电机轴承、渔具轴承、牙钻轴承等。
主营产品：全陶瓷轴承、混合陶瓷轴承、法兰轴承、不锈钢轴承、薄壁轴承、仪器仪表轴承。

深圳市精卓流体技术有限公司

地址：广东省深圳市龙岗区坂田街道五和大道118号和成世纪名园3A栋1303-1304室
电话：0755-29169582
电邮：szjz@szjingzhuo.com
网址：www.szjingzhuo.com
单位介绍：深圳市精卓流体技术有限公司的创始人从1999年开始关注、研究陶瓷计量泵，并致力于填补国内灌装行业陶瓷泵的空白。公司成立于2005年，并于当年实现量产，是中国最早从事陶瓷灌装计量泵研究和生产的企业之一。生产的陶瓷灌装计量泵作为众多国内知名灌装机的配套产品，能替代众多世界知名品牌设备的灌装泵。至今，公司已销售泵产品数以万计，安装在德国、意大利、美国、日本、中国（BOSCH、B+S、GRONINGER、INOVA、KUGLER、MARCHESINI、IMA、COZZOLI、SUZUKI……）等生产的灌装机上，客户分布全球30多个国家。
主营产品：陶瓷灌装计量泵。

沈阳瑞德环升机电设备有限公司

地址：辽宁省自由贸易试验区沈阳片区全运路109-1号2层247-8510室
电话：024-23523187
电邮：18842443416@qq.com
网址：www.syrdhs.com.cn
单位介绍：沈阳瑞德环升机电设备有限公司是多家轴承厂商的授权代理商，致力于瑞典SKF、德国FAG、美国TIMKEN、日本NSK等国际知名公司顶级产品在中国市场的销售及推广。面对日趋激烈的市场竞争，公司不断完善自我，日益壮大，业务范围已涉及石化机械、工程机械、铁路、汽车、钢铁、电厂及包装机械、医疗器材、食品机械等行业。公司以客户利益为主，重质量，精益求精，期待与客户建立长期合作关系并成为广大用户可以信赖的朋友。
主营产品：陶瓷轴承、INA轴承。

宜兴市新宇耐酸泵厂

地址：江苏省宜兴市丁蜀镇创新路18号
电话：0510-87446478
电邮：2644275252@qq.com
网址：www.yxxinyu.cn
单位介绍：宜兴市新宇耐酸泵厂2002年开始聚焦并从事耐腐耐磨砂浆泵、塑料泵、陶瓷泵、液下泵、管道等产品的开发生产。从开始生产耐腐耐磨泵至今已走过了20多年的发展历程，创立了自己的"新宇"品牌，并逐步建立了自己的行业信誉。目前，公司耐腐耐磨泵类产品规模也已经发展至拥有十多个系列、上百个规格，可供不同工况、不同需求的用户选择。公司凭借专业的服务、优质的产品质量，坚持"多品种大批量"的经营策略，在开拓发展的同时赢得了用户的一致好评。主要产品有FHB系列工程塑料泵、HNB（HNB-ZK）型耐酸陶瓷泵、UHB-ZK系列耐腐耐磨砂浆泵、HYU系列耐腐耐磨液下泵、FSB/FSB-L型氟塑料合金泵、HNB水环式耐酸陶瓷真空泵、MTU系列工程陶瓷低转速料浆泵、MUH系列工程塑料低转速料浆泵、UHB-UH系列耐腐耐磨砂浆泵、UHB-MH系列耐腐耐磨砂浆泵。
主营产品：耐腐耐磨砂浆泵、塑料泵、陶瓷泵、液下泵。

康宁（上海）管理有限公司

地址：上海市鲁桥路358号4号门
电话：021-22152888
网址：www.corning.com
单位介绍：康宁是材料科学领域全球领先的创新者之一，170多年来一直致力于改变生活的创新。将其在玻璃科学、陶瓷科学和光学物理领域的精湛专业知识与深厚的生产和工程能力相结合，创造出众多颠覆行业并改善人们生活的产品。康宁不断投入研发和生产，以独特的方式将材料与制程创新相结合，并与全球行业领先客户建立起紧密互信关系，从而获得了成功。
主营产品：陶瓷颗粒过滤器、陶瓷载体。

南京贝奇尔机械有限公司

地址：江苏省南京市经济技术开发区恒通大道9号
电话：025-85801188
电邮：sales@bijurdelimon.cn
网址：www.bijurdelimon.cn
单位介绍：贝奇尔机械是贝奇尔德力蒙旗下公司。贝奇尔德力蒙国际集团创始于1872年，专注为世界打造精品流体设备，旗下拥有多个知名品牌，包括Bijur、Delimon、Farval、Lubesite、Delimon-Denco、Lubrimosa、乐普斯等。集团在美国、德国、英国、中国、爱尔兰、印度、俄罗斯等国家设有生产基地，并已建立覆盖全球的营销网络，为全球工业发展提供各种新型产品和优质服务。公司丰富的工程产品知识和经验，对完美工业标准的不断追求，新技术的持续应用，以及非常健康的财务基础，使公司不仅能为客户提供其所期望的产品，更能与客户建立并发展长远的良好关系。
主营产品：润滑泵、计量件和控制件、定量注油器、分配器、控制器等。

浙江华陶新材料科技有限责任公司

地址：浙江省杭州市萧山区经济技术开发区红泰六路489号41幢201-2号
电邮：zjhuat@163.com
网址：www.zjhta.com
单位介绍：浙江华陶新材料科技有限责任公司经营范围包括：新材料技术研发；新材料技术推广服务；特种陶瓷制品制造；特种陶瓷制品销售；半导体分立器件制造；半导体器件专用设备制造；技术玻璃制品制造；电子元器件制造；电子专用材料制造；光电子器件制造；专用设备修理；通用设备修理；机械零件、零部件加工；技术服务、技术开发、技术咨询、技术交流、技术转让、技术推广。
主营产品：氧化铝陶瓷研发、设计、生产、销售，以及氧化锆、碳化硅、氮化铝等陶瓷新材料的精密加工。

东莞梵松精密陶瓷科技有限责任公司

地址：广东省东莞市东城区莞樟路东城段82号
电邮：993570233@qq.com
网址：www.dg-fansong.com
单位介绍：东莞梵松精密陶瓷科技有限责任公司位于先进制造之都——东莞，是专业研发生产氧化锆、氧化铝、钛酸铝系列产品的高新技术企业，在山东淄博拥有超过30000m² 独立厂房，是国内能够独立完成从粉体制作、成型、烧结到精细加工全部生产工序的大型规模化厂家。公司通过不断地研发和严格的生产控制，为北美、欧洲、澳洲及发展中国家提供高精度的氧化锆陶瓷产品。
主营产品：氧化锆结构件/粉体、钛酸铝陶瓷、ZTA陶瓷。

东莞市众力纳米陶瓷科技有限公司

地址：广东省东莞市横沥镇西和路一巷2号1号楼
电话：0769-82963068
电邮：postmaster@zlnmtaoci.com
网址：www.zlnmtaoci.com
单位介绍：东莞市众力纳米陶瓷科技有限公司是一家专注于陶瓷及复合陶瓷材料的研发生产制造商，以客户为中心，根据客户的应用要求，研发和优化各种陶瓷材料制成的特定产品。产品主要应用于半导体制程、LED制程、TFT/LCD制程、汽车新能源、化工机械、医疗制药、国防军工、航空航天等众多高端领域。公司拥有先进的成型技术、烧结技术、陶瓷加工技术以及分析检测技术。产品包括氧化铝、氧化锆、碳化硅、氮化硅及陶瓷复合材料高端零部件。质量严格的承诺是众力纳米陶瓷获得客户信赖的本源。经过多年的发展，公司已拥有一支专业程度高、创新能力强的开发团队，产品服务应用于国内知名企业，远销欧洲、北美、亚洲等国内外市场。
主营产品：氧化铝、氧化锆、碳化硅、氮化硅及陶瓷复合材料高端零部件。

新化县五阳电子陶瓷有限公司

地址：湖南省娄底市新化县梅苑工业园新旺佳园5栋
电话：0738-3229822
电邮：1114162027@qq.com
单位介绍：新化县五阳电子陶瓷有限公司成立于2014年11月17日，注册地为新化县梅苑开发区工业园（飞渡电子公司内），经营范围包括电子陶瓷生产、销售，主要从事氧化铝、氧化锆电子陶瓷生产。
主营产品：高性能保险管、继电器陶瓷壳体、新能源汽车陶瓷零部件等。

宜兴市大田瓷业有限公司

地址：江苏省宜兴市丁蜀镇红卫村
电话：0510-82937082
电邮：info@yxdatian.com
网址：www.yxdatian.com
单位介绍：公司专业生产各类优质陶瓷导丝器，可广泛应用于化纤生产中纺丝、加弹及常规纺织中捻线、气流纺、针织等工序的重要部位。代表产品有化纤纺丝用低摩擦表面上油嘴、导丝钩、均油器、化纤加弹用细晶结构假捻器组件入口导丝器、气流纺用阻捻头、针织用陶瓷喂纱嘴、捻线用卤形瓷眼及横动导纱嘴等。公司产品采用氧化铝、氧化锆、氧化钛、氮化硼、锆增韧氧化铝等多样化陶瓷材料，应对不同使用场合。主要原材料均从国外进口，确保了稳定的产品质量。
主营产品：氧化铝、氧化锆、锆铝复合材料等各类工业陶瓷；各类工业陶瓷注射成型胶体、喂料件。

嘉善天宇新材料有限公司

地址：浙江省嘉兴市嘉善县银秀路2号

电话：0573-84066888
电邮：www815751696@qq.com
单位介绍：嘉善天宇新材料有限公司主要经营科学研究和技术服务业，具体涵盖密封件制造、销售、高性能密封材料、新型陶瓷材料、非金属矿物制品的销售及制造，同时还涉及货物进出口业务。
主营产品：无压碳化硅（SSIC）、氧化铝陶瓷（99%）。

山东亚锦龙新材料有限公司

地址：山东省淄博市淄川经济开发区马莲山路19号
电邮：yajinlong@aluceramic.com
网址：www.yajinlong.com
单位介绍：山东亚锦龙新材料有限公司专注为客户提供可靠的相关耐磨、耐腐蚀产品解决方案。主要产品为氧化铝、氧化锆陶瓷内衬管道，以及衬陶瓷耐磨件、陶瓷结构件和耐磨组合件，广泛应用于矿山、火电、钢铁、食品、新材料、非金属矿物、化工原料、冶金、固废等领域，市场覆盖国内并出口到欧洲、俄罗斯、印度、沙特阿拉伯、巴西等几十个国家和地区。公司应用可靠的生产设备、先进的烧结控制系统及性能优良的原材料、良好的生产工艺来保证质量上乘的产品。生产运行上，公司侧重于效率、质量控制等方面，尽量使用市场上智能化以及半自动化的先进设备代替冗杂的人工。
主营产品：氧化锆、氧化铝耐磨管道，陶瓷异形件，齿圈，分级轮，陶瓷钢套，氧化锆砂磨机配件。

宜兴市航实陶瓷科技有限公司

地址：江苏省无锡市宜兴市丁蜀镇查琳工业区
电邮：15961566540@163.com
网址：www.yxhskt.com
单位介绍：宜兴市航实陶瓷科技有限公司专注于定制各类氧化铝陶瓷结构件，定制件具有高精度、高稳定性、高可靠性等特点，得到了客户的广泛认可和好评。产品涵盖了各个领域，包括机械零件、电子元件、医疗器械、半导体、光伏等。公司采用先进的生产设备和工艺，以及专业的技术团队，可以根据客户的具体需求进行定制设计，确保产品的品质和实用性。公司采用粉末成型制造技术，结合具体需求，为客户提供高品质的陶瓷制品。
主营产品：各类定制陶瓷结构件、95%/99%氧化铝陶瓷、氧化锆陶瓷；各行业陶瓷结构件，如半导体、光伏、焊接等。

河北恒耐达科技有限公司

地址：河北省石家庄市创业路7号
电邮：2752087589@qq.com
网址：www.nisescreen.com
单位简介：河北恒耐达科技有限公司位于河北衡水市冀州区南部工业新城，厂区占地约3.7万m^2，拥有30000m^2现代化车间，是一家集产品研发、生产、销售于一体的综合性企业。公司主营PPE纱线、PET纱线、PPE隐形窗纱、PET隐形窗纱、PPE折叠窗纱、PET折叠窗纱、涤纶窗纱的加硬、折叠等业务。拥有完善的研发团队及技术储备，有复合单丝拉丝机6台、整经机3台、剑杆织机60台、高速剑杆织机10台、可轧染定型机1台、验布机若干，强大的生产能力确保从原材料到成品"一条龙"独立完成，能帮您拿到一手价格，并在市场上建立竞争优势。
主营产品：特种陶瓷结构件；氧化铝氧化锆陶瓷柱塞、陶瓷管；实验室用陶瓷研钵；陶瓷阀套；陶瓷计量泵等产品。

重庆派乐工贸有限公司

地址：重庆市九龙坡区珠江路48号C栋1002号
电话：023-68140086
网址：ketty112.cn.makepolo.com
单位介绍：重庆派乐工贸有限公司是一家集研究开发、生产、销售于一体的综合性企业。从属的集团公司为重庆派乐精细陶瓷有限公司，是国内最专业的厨房陶瓷刀具制造企业之一，是世界各国首选的OEM、ODM厂商。公司拥有多年的代工经验，拥有现代化的生产车间、专业的生产设备和产品开发团队，可敏锐把握家居时尚潮流。从设计到生产工艺，每一个环节都严格遵循人体工程学原理及国际质量标准，追求卓越的产品品质，为家居生活增添时尚惬意。"美瓷"是派乐公司旗下品牌，公司凭借非凡的国际视野，熟练运用世界各国的刀具制造工艺，不断设计推出更符合中国人使用习惯的高品质产品，并致力于打造中高端时尚厨具品牌。
主营产品：陶瓷刀、厨用刀、礼品陶瓷刀、便携式陶瓷刀、陶瓷刀片。

厦门市美帝亚生物陶瓷科技有限公司

地址：福建省厦门市湖里区枋湖北二路891号（汇鑫财富中心）305单元
电话：0592-5986896
电邮：1617844001@qq.com
网址：www.middia.cn
单位介绍：厦门市美帝亚生物陶瓷科技有限公司自成立以来，始终专注于特种陶瓷等新材料领域的研发、生产、销售，在民用、医疗、工业、军用等方面全力构造核心竞争力，并取得了丰硕的成果，多个产品均为世界首创，服务各品类的领先品牌，畅销全球86个国家和地区。
主营产品：陶瓷刀具、工业陶瓷。

2.3 非氧化物结构陶瓷产品企业

2.3.1 氮化硅结构陶瓷

中材高新氮化物陶瓷有限公司

地址：山东省淄博市高新区裕民路128号
电话：0533-2272810
电邮：sales2@sinomaceramic.com
网址：www.sinomaceramic.com

单位介绍：中材高新氮化物陶瓷有限公司隶属于中国建材集团，是一家国家级高新技术企业，自1978年开始从事氮化硅陶瓷的研究，是国内最早的氮化硅材料研发单位之一，申请授权专利78项，拥有包括粉体合成、材料制备以及精密加工的自主核心技术，生产和技术实力居国内领先水平，生产规模居于国内首位。公司是全球第三家掌握热等静压氮化硅陶瓷球批量生产技术的企业，产品批量供应全球轴承头部企业（如SKF、Schaeffler、NSK、NTN、Jtekt、Minebea Mitsumi等），开发的高导热氮化硅陶瓷基板性能达到日本同类产品水平。
主营产品：氮化硅陶瓷轴承球、氮化硅基板。

东莞市夏阳新材料有限公司

地址：广东省东莞市常平镇巷口路28号
电话：0769-83939973
电邮：msg@xycarbide.com
网址：www.xycarbide.com
单位介绍：东莞市夏阳新材料有限公司是一家专注于先进陶瓷材料和硬质合金以及精密零部件的研发制造商，是拥有20多年全套超硬材料应用经验的方案提供商。产品广泛应用于食品医疗、汽车新能源、激光半导体、石油化工、国防军工、航空航天等众多高端领域。公司创始人于2001年进入精加工行业，拥有20多年加工经验，于2009年成立夏阳新材料有限公司，并从2012年开始研发制造先进陶瓷，是国内少有的从粉体成型、烧结、精密机加工、精密检测到应用方案提供的全产业链公司。公司同时也是国内少有的从事研发、生产及经营氧化铝、氧化锆、氮化硅、碳化硅、ZTA等一系列产品，系统化、全面发展的企业，还是清华大学陶瓷材料博士研究生的社会实践基地。
主营产品：各种氮化硅精密陶瓷部件，包括高强度氮化硅分级轮、汽车用氮化硅焊接定位销等；高性能高精度氧化铝、氧化锆、碳化硅等结构陶瓷产品。

北京中兴实强陶瓷轴承有限公司

地址：北京市大兴区魏善庄工业区A38号
电话：010-89233753
电邮：wangyong@zxsq.com.cn
网址：www.csq-ceramic.com
单位介绍：北京中兴实强陶瓷轴承有限公司，是中国首批专业生产工程陶瓷材料的民营企业，曾在陶瓷轴承及陶瓷滚动体方面获得了国内首批发明专利，虽然专利早已过期，但其对整个行业产生了深远的影响，中国陶瓷轴承产业链因此得以快速发展。创始人团队自1982年开始，经过40多年的潜心研究和不懈努力，积累了丰富的生产实践经验以及相关科研成果。
主营产品：系列氧化锆陶瓷球、陶瓷轴承，包括280种型号P0~P4级精度的全陶瓷轴承、混合陶瓷轴、系列氮化陶瓷球、氮化硅陶瓷轴承、氮化硅结构件。

江苏金盛陶瓷科技有限公司

地址：江苏省金坛经济开发区思母路1号
电话：0519-82337240
电邮：info@hs-ceramic.cn
网址：www.js-ceramic.com
单位介绍：江苏金盛陶瓷科技有限公司始建于2003年10月。公司拥有国内材料方面的优秀人才和自主知识产权，以推进国家特种陶瓷产业化进程为宗旨，瞄准陶瓷材料在轴承及其他领域的广阔市场，特别是航空航天领域、汽车、计算机及食品等国家支柱产业，采用较先进的热等静压设备和检测手段，建立了一整套从粉体设备到成型烧结精密加工的生产线，并通过了ISO 9001质量管理体系认证。
主营产品：氮化硅陶瓷球、混合陶瓷球轴承、全陶瓷轴承、塑料轴承、陶瓷结构件和陶瓷粉等制品。

新德隆特种陶瓷（大连）有限公司

地址：辽宁省大连市开发区辽河西路槐林里9号
电话：0411-88172350
电邮：tlz1982@163.com
网址：www.delongtaoci.com
单位介绍：新德隆特种陶瓷（大连）有限公司是一家专业从事高性能陶瓷生产的大型企业，通过多年的精心研究，成功开发生产出氮化硅（Si_3N_4）、氧化铝（Al_2O_3含量99.5%）、氧化锆（ZrO_2）等高性能特种陶瓷材料（又称"工程陶瓷"）产品，经国家有关机构联合鉴定，公司产品已达到国内实用优质水平。
主营产品：多晶硅用陶瓷绝缘环、氮化硅陶瓷球。

河南中汇新材科技有限公司

地址：河南省郑州市上街区许昌西路
电邮：13603827289@163.com
单位介绍：河南中汇新材科技有限公司成立于2009年5月，以中国科学院为技术依托、河南省科学院化学研究所为协作单位，专业致力于氮化硅粉体、氮化硅陶瓷等新材料的研究、开发、推广、利用。公司现有国内先进的氮化硅粉体烧结氮化炉和国际上先进的氮化硅产品化验检测设备及杰出的科技研究人才。主要产品有氮化硅亚微米级粉体和各类氮化硅结构件。同时，公司以科技为依托，致力于石油行业油气田新材料的开发和利用；主要产品有各种规格自悬浮型石油压裂支撑剂和覆膜型石油压裂支撑剂等油气田新型产品。
主营产品：氮化硅粉、氮化硅球、氮化硅陶瓷结构件。

博艺欧（厦门）阀门有限公司

地址：福建省厦门市同安区圳南五路53号
电话：0592-7015182
电邮：sales@boyiou-valve.com
网址：www.boyiou-valve.com
单位介绍：博艺欧（厦门）阀门有限公司拥有多年的陶瓷阀门研究和生产经验，公司产品类型包括陶瓷球阀、V型陶瓷调节球阀、陶瓷蝶阀、偏心陶瓷半球阀、陶瓷刀形闸阀、陶瓷双闸阀、陶瓷楔式闸阀、陶瓷截止阀、陶瓷止回阀等陶瓷内衬和陶瓷密封阀门。同时，公司亦可为客户提供工业结构陶瓷制品加工和内衬陶瓷管道、内衬弯头及内衬陶瓷三通等。公司立足中

2.3 非氧化物结构陶瓷产品企业

国,放眼世界,所生产陶瓷阀门已出口至北美、南美、欧洲、中东、东南亚等多个国家和地区,产品应用领域涵盖火电、钢铁、冶金、采矿、煤化工、多晶硅、造纸、石化、锂电池正负极材料、气力输送等多个行业。同时,在各种高腐蚀和高磨损工况,公司积累了丰富的技术经验。

主营产品:陶瓷球阀、陶瓷蝶阀、偏心陶瓷半球阀、陶瓷刀形闸阀、陶瓷双闸板阀、陶瓷止回阀、陶瓷截止阀、陶瓷楔式闸阀、工业陶瓷结构件、内衬陶瓷管件。

圣凯(天津)工业有限公司

地址:天津市空港经济区中环南路 106 号
电话:022-58838570
电邮:sales@shengkai.com
网址:www.shengkai.com
单位介绍:圣凯(天津)工业有限公司一直致力于陶瓷阀门的研发、设计、生产及销售,生产基地位于天津空港经济区,占地近 47000m²,建筑面积共 43000 多平方米。公司生产设备先进,拥有世界一流的陶瓷材料生产设备和包括可实现加工的全数字化 CNC 数控加工中心、数控立车、数控镗床在内的先进金属加工设备。公司拥有世界一流的检测设备,对产品的生产过程及出厂检测提供科学、严格的保障。产品广泛应用于石油、化工、电力、冶金、矿山、军事、航天等领域。
主营产品:陶瓷阀门产品、陶瓷工业部件、陶瓷材料。

南通市金锐高技术陶瓷有限公司

地址:江苏省南通市海门区海门镇北京东路 588 号
电话:0513-82260638
电邮:331251257@qq.com
网站:www.ntjrtc.cn
单位介绍:南通市金锐高技术陶瓷有限公司以中国科学院上海硅酸盐研究所结构陶瓷研究成果为依托,集研究与开发于一体,应用先进工艺与设备,生产以氮化硅、碳化硅为主的高性能结构陶瓷产品。产品广泛应用于机械、石油、化工、冶金、电子等领域。
主营产品:陶瓷混合轴承。

江苏东浦精细陶瓷科技股份有限公司

地址:江苏省连云港市新浦区经济开发区长江路 19 号
电话:0518-81069652
电邮:vip@chnceramic.com
网址:www.chnceramic.com
单位介绍:江苏东浦精细陶瓷科技股份有限公司成立于 2016 年,是专业从事氮化硅、氧化锆、氧化铝及其他陶瓷复合材料研发、生产和销售的高新技术企业、江苏省级专精特新企业。目前已建成年产 100 吨氮化硅陶瓷制品生产线、年产 100 吨氧化锆陶瓷制品生产线。主营产品广泛应用于装备制造、光伏新能源、冶金化工、汽车制造、石油化工、半导体电子等领域,产品远销欧洲、美国、日本、韩国等国家。
主营产品:轴承用陶瓷球、高压泵用陶瓷球、研磨用陶瓷球、铝铸造用氮化硅制品及其他异形陶瓷制品。

南通精工新材料有限公司

地址:江苏省南通市海门区静海路 999 号
电话:0513-82319288
电邮:NTHVTC@163.AN
单位介绍:南通精工新材料有限公司凭借自身的人才优势,以市场为导向,坚持"精心管理、精良制造、精诚服务"的质量方针,以中国科学院上海硅酸盐研究所结构陶瓷科研成果为依托,集研究与应用开发于一体,应用先进工艺、设备及精密检测设施,生产以氮化物、碳化硅为主的各种高性能结构陶瓷产品。产品广泛应用于机械、石化、冶金等领域。经过近二十年的不断努力与创新,公司已发展成为该领域规模大、工艺成熟、生产手段先进、产品全的高科技生产企业。公司现有占地面积超过 1.3 万 m²,厂房 6000m²,拥有固定资产 2100 万元,职工 120 多人。面对新世纪、新机遇、新挑战,南通精工新材料有限公司将与业内有识之士一起,融入世界,走向未来。
主营产品:氮化硅、氮化硼、氮化铝、碳化硅基粉体及其制品。

浙江上硅聚力特材科技有限公司

地址:浙江省湖州市南太湖高新区中小微园区 11 号
电话:0572-2926332,0572-2926337
电邮:sgjl@zjsgjl.com
单位介绍:浙江上硅聚力特材科技有限公司是氮化硅陶瓷材料行业的新兴力量,致力于为国家的新能源、新材料、电动汽车、先进装备、航空航天及军工等产业提供专业的氮化硅材料解决方案。公司拥有氮化硅陶瓷生产工艺技术和精密加工技术,其中直径 0~200mm 高性能氮化硅微珠及大规格轴承球生产技术为全球首创,拥有完全的自主知识产权。
主营产品:浸入式加热器、SG-28 氮化硅材质、TA-03 钛酸铝材质、OS-11 氧赛隆材质、A-99 高纯刚玉蓄热球。

深圳市金龙达陶瓷科技有限公司

地址:广东省东莞市常平镇珠宝园 3 栋 A 座 4 楼
电话:0755-33929568
电邮:kinglongda@jldtc.com
网址:www.jldtc.com
单位介绍:深圳市金龙达陶瓷科技有限公司是一家致力于陶瓷新材料,即氮化硼陶瓷、氮化硅陶瓷、微孔陶瓷、氧化铝陶瓷、氧化锆陶瓷加工、研发与制造的企业。依托国内多家高校及科研机构的强大技术支持和紧密合作,通过多年的不懈努力,公司在陶瓷新材料领域取得了丰硕的成果,在特殊要求的陶瓷材料的研发与制备上,闯出了一条利用丰富的专业知识和实践经验,结合实际的使用要求,采用低成本、复合工艺,以及精确加工方案的新路,从而获得了低成本、高性能的陶瓷新产品,大大增加了产品的技术含量和附加值。目前公司开发的各种高技术陶瓷产品具有高硬度、高强度、耐高温(耐火)、耐磨损、耐腐蚀、抗氧化、绝缘、化学稳定性好等优良性能,未来将逐步取代一部分金属材料,在恶劣环境下发挥金属材料所不具备的性能。

主营产品：氧化铝陶瓷、氧化锆陶瓷可加工陶瓷、陶瓷基板、氮化硅陶瓷、碳化硅陶瓷。

深圳方泰新材料技术有限公司

地址：广东省东莞市长安镇双龙路9号三栋一楼
电话：0755-27826396
电邮：liuli@fountyl.com
网址：www.fountyl.com
单位介绍：深圳方泰新材料技术有限公司拥有材料研究、产品研发、设计、制造、质量管理方面的人才，有全套的精密加工和检测设备，包括喷雾造粒机、等静压机、进口高温烧结炉、KMT内外圆磨床 High Volume SSB 320、瑞士阿格顿AGATHON无心磨床、北京精雕机 JDCT600E、德国格林 Smarthone 珩磨机、高精密平面陶瓷抛光机，以及德国蔡司三坐标、日本三丰粗糙度仪、日本三丰同心度仪、瑞士 TRIMOS 外径测长仪、德国蔡司圆柱度仪等精密检测仪器。严格的生产工艺和高精密的生产及检测设备保证了产品的高品质。公司采用自主专利技术生产产品，技术力量雄厚，生产工艺与检测手段先进，拥有多名国内外著名先进陶瓷材料研究专家和一批经验丰富的工程技术人员，已掌握了冷等静压、凝胶注模、干压等成型技术，能够为广大客户定制先进陶瓷制品。

主营产品：精密陶瓷柱塞、陶瓷吸盘、多孔陶瓷吸盘、碳化硅陶瓷吸盘、陶瓷机械手臂、陶瓷手指、陶瓷吸附平台。

广州石潮特种陶瓷制造有限公司

地址：广东省广州市番禺区石碁镇小龙见龙街B6栋26号
电话：020-84866661
电邮：chenmy99@hotmail.com
网址：www.gz-ceramics.com
单位介绍：广州石潮特种陶瓷制造有限公司成立于1992年，位于广东省广州市番禺区，是专业生产热压氮化硅材料制品，具有国际领先、高科技烧结工艺及配方形成一体技术，拥有自主创新、研发、生产、销售及技术服务为一体的高科技企业。产品主要涵盖了液体式氮化硅加热片、干点式氮化硅加热片、植物油炉点火器、点火塞、光伏焊接刀、氮化硅陶瓷体等，销往全国各地及韩国、日本、马来西亚等国家。

主营产品：点火塞、光伏焊接刀、氮化硅陶瓷体。

河北正雍新材料科技有限公司

地址：河北省石家庄桥西区金石工业园4号楼
电话：0311-86271383
电邮：www.hbzhengyong.com
单位介绍：河北正雍新材料科技有限公司专业从事高性能新材料研发、生产、销售和技术服务，是国家级高新技术企业。总部坐落于石家庄国家级技术开发区，主营高纯氮化硅陶瓷绝缘件、高强氮化硅陶瓷、陶瓷耐磨件等高性能陶瓷制品，为航空航天、高端装备制造、太阳能、风能、化工、电子等领域提供最优的产品和配套服务。产品质量达到国内先进水平，并出口日本、欧盟等国家和地区。

主营产品：高纯氮化硅陶瓷绝缘件、高强氮化硅陶瓷、陶瓷耐磨件、高强氮化硅陶瓷球。

安阳市世鑫氮化制品有限责任公司

地址：河南省安阳市龙安区彰武街道北彰武村
电话：0372-5561061
网址：www.aycbnc.com
单位介绍：安阳市世鑫氮化制品有限责任公司成立于2014年，位于豫北区域性城市安阳，东邻油田，西邻煤田，北靠安林公路，南邻安林高速，京广铁路、京港澳高速、107国道穿境而过，地理位置优越，交通便利。其前身是安阳市昌博耐材有限责任公司，成立于2005年。公司成立初期以硅铁、硅锰合金为主营方向；经过5年的发展，于2010年以发展氮化制品为主导方向；2010年6月建设生产氮化硅铁生产炉4台。2014年公司法人刘浩出资人民币1000万元与安阳市昌博耐材有限责任公司合并成立安阳市世鑫氮化制品有限责任公司。公司占地面积超过2万m^2，职工100余人，本科以上学历科研管理人员23人，现已建成氮化制品生产线3条，共计12台氮化炉，年生产氮化制品1万t，产值1亿元。公司主营的氮化制品有氮化硅铁、氮化硅、氮化硅锰、氮化锰铁等。

主营产品：氮化硅。

湖南衡天精瓷有限公司

地址：湖南省衡阳市衡山县开云镇桥南新村12栋7号1～3层
电话：0734-5811128
电邮：ty417600@126.com
网址：www.tcjgj.com.cn
单位介绍：湖南衡天精瓷有限公司是一家将氧化锆、氧化铝特种陶瓷材料研发、生产、加工成各类结构陶瓷产品的综合性企业。产品主要是工业领域用的精密陶瓷结构零件，采用高强度氧化锆陶瓷材质，产品主要包括：陶瓷点胶阀、纺纱陶瓷、陶瓷针规、陶瓷棒、陶瓷管、陶瓷环、陶瓷板、陶瓷毛坯料、陶瓷异形件、陶瓷机械零件。公司生产销售的特种氧化锆、氧化铝陶瓷材料广泛应用于仪器仪表、医疗器械、电子电器、纺织、钟表、磨具刀具、热工、灯具、能源电力、建筑、机械五金、汽车、军工、化工、航空航天等高端领域。公司凭借拥有的专业知识和实践经验，在特殊要求陶瓷材料的研发与制备上取得了巨大的成果；采用低成本、复合工艺及精确加工的方法获得了低成本、高性能的陶瓷新产品，大大增加了产品的技术含量和附加值。

主营产品：陶瓷吸嘴、氮化硅陶瓷、陶瓷点胶阀、精密陶瓷结构件、电感线圈陶瓷壳体、99%氧化铝陶瓷、95%氧化铝陶瓷、陶瓷柱塞、陶瓷水果刀、氧化锆陶瓷棒、陶瓷阀门。

湖南让云科技集团

地址：湖南省长沙市岳麓区中电软件园二期B2栋
电话：4006-808-505
电邮：server@rangyun.net

2.3 非氧化物结构陶瓷产品企业

网址：www.rangyun.net
单位介绍：湖南让云科技集团是一家专业为工业传动机械提供高端产品、应用服务及解决方案的现代化高新科技企业集团。集团下设湖南让云轴承有限公司、湖南让云科技有限公司两家公司。公司自成立以来，一直致力于陶瓷轴承、塑料轴承、陶瓷结构件、塑料结构件的研制、开发、生产。
主营产品：陶瓷轴承，包括混合陶瓷球轴承、氧化锆全陶瓷轴承、氮化硅全陶瓷轴承、氧化铝全陶瓷轴承、满装球全陶瓷轴承、陶瓷保持架全陶瓷轴承、碳化硅全陶瓷轴承；陶瓷结构件，包括陶瓷轴套、陶瓷衬套、陶瓷环、陶瓷法兰、陶瓷泵阀等。

沈阳超晶高性能材料有限公司

地址：辽宁省沈阳市经济技术开发区花海路19-1奉达大厦
电话：024-25811986
电邮：cnpc09@163.com
网址：www.supersialon.com
单位介绍：沈阳超晶高性能材料有限公司成立于2009年6月9日，是专业从事高性能陶瓷新材料及其产品的开发、生产与销售的高科技企业。公司依托中科院、清华大学、东北大学等科研院所，通过多年合作、研究和试验，成功开发出氮化硅（Si_3N_4）、氧化锆（ZrO_2）等高性能特种陶瓷材料的配方和生产工艺。公司拥有具备自主研发、自主知识产权的国际先进生产设备和工艺，并实现工业化批量生产。经国家权威机构检验，产品质量和工艺已达到国际领先水平。
主营产品：氮化硅陶瓷轴承球、阀球、结构件。

山东郭氏新材料有限公司

地址：山东省淄博市淄川区西河镇下塔山村
电话：0533-5375177
电邮：sdguoshi@126.com
网址：www.sdguoshi.con
单位介绍：山东郭氏新材料有限公司成立于2008年，公司占地面积27000m^2，建筑面积9000m^2，投资1700万元。公司创立伊始就致力于耐火材料的更新换代，以高科技的专业技术在传统耐火材料的基础上研制出更加环保、节能、高效、耐用的尖端产品，获得两项国家专利，得到用户一致好评。
主营产品：氮化硅辐射管、热电偶保护管、助燃器及十字支架、氮化硅保护套管、氮化硅结合碳化硅管。

泰晟新材料科技有限公司

地址：山东省淄博市淄川经济开发区
电话：0533-5780352
电邮：admin@new-ceramic.com
网址：www.new-ceramic.com
单位介绍：泰晟新材料科技有限公司主要从事工业陶瓷的研发、生产和销售。公司利用专业团队在无机非金属材料方面的经验和优势，瞄准世界新材料产业的前沿，依靠其雄厚的科研实力，大力发展高新技术、改造传统产业，取得了丰硕的成果。重点围绕以氧化铝陶瓷、氮化硅陶瓷为代表的高技术陶瓷领域，为钢铁、冶金、煤炭、矿山、电力等行业提供优质的产品与服务。公司于2002年率先在国内投入钛酸铝陶瓷制品的研制，历经20多年不断地摸索与试验，公司钛酸铝陶瓷升液管、浇口套产品已替代同类进口产品，迅速占领国内市场，覆盖大江南北十几个省市和地区，服务于多家铝合金铸造企业。
主营产品：氮化硅制品、硅酸铝制品、钛酸铝制品、氧化铝制品等。

威海麒达特种陶瓷科技有限公司

地址：山东省威海市经济技术开发区固山张家滩工业园
电话：0631-5990138
电邮：postmaster@qidataoci.com
网址：www.qidataoci.com
单位介绍：威海麒达特种陶瓷科技有限公司成立于2010年，是国内采用注射成型方法生产高性能氮化硅陶瓷制品的企业。主要致力于各种复杂形状、精密度要求高的氮化硅制品的研发及生产。主要产品包括精密陶瓷环、密封圈、脱水元件等氮化硅陶瓷制品，同时可根据客户要求承接各种精密陶瓷部件的生产。产品广泛应用于耐高温、耐磨损、耐腐蚀、轻量、绝缘等特殊行业。
主营产品：氮化硅陶瓷环、氮化硅脱水元件、氮化硅定位销、氮化硅研磨微珠、氮化硅喷嘴、氮化硅撞针阀等。

威海圆环先进陶瓷股份有限公司

地址：山东省威海市临港经济技术开发区汪疃驻地32号
电话：0631-5230002
电邮：weihaiyuanhuan@163.com
单位介绍：威海圆环先进陶瓷股份有限公司创建于2015年，位于山东省威海市临港经济技术开发区，厂区面积超过4000m^2，专业从事氮化硅陶瓷基复合材料的研发、生产和销售，主要产品有氮化硅陶瓷磨珠、氮化硅陶瓷基板、精磨氮化硅轴承球及各种异形氮化硅陶瓷结构件等。公司与国内科研院所联合进行技术攻关和产学研合作，纳米粉体、亚微米粉体、陶瓷成型、冷等静压、热压烧结、精密陶瓷机械加工等工艺手段较齐全，实现氮化硅磨珠、氮化硅陶瓷基板等产品的工业化生产，并拥有多项国内外发明专利和科技创新专项。
主营产品：氮化硅陶瓷结构件。

淄博恒世科技发展有限公司

地址：山东省淄博市高新区民泰路1号
电话：0533-8822822
电邮：zbhskj@163.com
单位介绍：淄博恒世科技发展有限公司成立于2002年，是一家以生产氮化硅粉体及系列制品为主的国家高新技术企业。公司以创新为基石，首席起草了中国氮化硅陶瓷粉体行业标准并已获得发布，获得发明专利近20项。公司主要生产氮化硅（Si_3N_4）粉体（耐火级、陶瓷级、光伏级）、结合碳化硅（SiC）、氮化硅（Si_3N_4）制品和异形产品。
主营产品：氮化硅制品、结构陶瓷制品、氧化物制品。

淄博市华盛碳化硅有限公司

地址：山东省淄博市淄川区磁村镇张李村
电话：0533-5558810
电邮：zibohuasheng@163.com
网址：www.hsthg.com
单位介绍：淄博市华盛碳化硅有限公司是一家专业生产碳化硅和氮化硅制品的企业，是淄博市一级信用企业，拥有20多年的生产经验，主要生产制造氮化硅系列产品、二氧化硅结合碳化硅系列产品（SiO_2-SiC）。产品通过ISO 9001国际质量管理体系认证。公司本着"以质量求市场，以诚信保客户，以技术谋发展"的创业宗旨，真诚希望与国内外客户竭诚合作，创造美好的未来。
主营产品：氮化硅升液管、氮化硅辐射管、碳化硅管、碳化硅板、碳化硅砖、黑绿细粉、硅碳棒、热电偶保护管等。

淄博沛达特种陶瓷有限公司

地址：山东省淄博市临淄区金山镇经济开发区万通路南首
电邮：pdtaoci@163.com
电话：0533-5558810
网址：www.peidataoci.com
单位介绍：淄博沛达特种陶瓷有限公司坐落在淄博市临淄区金山镇经济开发区，是专业生产复合陶瓷蒸发舟的企业，拥有专业的特陶技术人员。产品采用了国内外较先进的生产工艺，广泛应用在高真空蒸镀包装材料、电容器介质的卷绕式真空镀膜设备中。几年来，国内大部分镀膜厂家使用后一致反映，产品具有寿命长、蒸发均匀、升温速度快、蒸发效率高等优点。其主要性能与进口同类产品不相上下，甚至有些方面优于进口同类产品。同时，公司还为用户提供氮化硼、氮化硼制品、石墨纸、石墨乳、氮化铝、二硼化钛等辅助材料。
主营产品：氮化硅结合碳化硅制品。

淄博大方新材料科技有限公司

地址：山东省淄博市高新区民祥路151号
电话：0533-7987008
单位介绍：淄博大方新材料科技有限公司成立于2010年，是一家致力于新型陶瓷材料研发、生产的高新技术股份制企业。公司占地约4200m^2，总投资6725万元，现有员工48人。公司技术力量较雄厚，专业人员配备齐全，拥有先进的生产设备和检测仪器，此外，还拥有一批学术较精湛、精通陶瓷新型材料的资深专家和顾问，其中高级以上专业技术人员8人，中科院硅酸盐专业技术顾问2人。还拥有一支懂经营、会管理，具有开拓创新能力的领导团队，与山东大学、山东理工大学、山东硅酸盐研究院建立起良好的、长期的战略合作关系。公司生产的氮化硅产品属于非金属新型高科技材料，具有强度高、硬度高、耐高温、耐腐蚀、抗氧化、抗热震、抗蠕变、耐磨损、质量小等性能，特别是在高温下仍能保持其优良性能，因而用作冶金工业等方面的高级耐火材料、化工工业中抗腐蚀部件和密封部件、机械加工业的刀具和刃具、风力发电中的陶瓷轴承、军工中的防弹装甲和整流罩等。在氮化硅陶瓷研发生产领域，已形成了较独特的生产工艺，在国内处于较高水平。
主营产品：氮化硅轴承球、氮化硅研磨球、氮化硅球坯、氮化硅制品。

上海斯鞅材料科技有限公司

地址：上海市嘉定区新建一路2348号（靠近武乡路）
电话：021-59558718
电邮：shsycl@126.com
网址：www.shsycl.com
单位介绍：上海斯鞅材料科技有限公司始建于2016年6月，与多家知名研究机构以及高校合作致力于开发高温精细陶瓷材料。产品具有耐高温、耐磨损、硬度高、强度高、绝缘性强、抗酸碱腐蚀等特点，广泛应用于高温热处理行业、军工行业、钢铁行业、机械行业、石油石化行业、太阳能行业等领域。公司主要经营氮化物陶瓷、碳化物陶瓷等高温精细陶瓷产品。在成立之初，公司的服务宗旨就是不仅为客户提供优质的陶瓷产品，同时也为客户提供解决方案以及技术支持。
主营产品：陶瓷球、氮化硅陶瓷、氮化硼陶瓷、碳化硅陶瓷、碳化硼陶瓷。

海宁市志杰陶塑轴承厂

地址：浙江省海宁市袁花镇联红路181号
电话：0573-87765994
电邮：992645499@qq.com
网址：www.zjbearing.cn
单位介绍：海宁市志杰陶塑轴承厂是一家集科研、开发、应用、生产、销售于一体的高新技术企业。主营产品包括陶瓷轴承、塑料轴承、无磁不锈钢轴承、混合陶瓷球轴承以及陶瓷球体和硬质合金球，分别具有无油自润滑、耐磨损、耐蚀抗锈、抗酸碱盐及气体侵蚀、无磁电绝缘、抗高温低寒、质量轻等一系列特性，广泛应用于电子、信息、化工、石油、冶金、机械、纺织等行业以及航空航天、汽车、国防、环保等高科技领域。
主营产品：陶瓷轴承、塑料轴承、混合陶瓷球轴承、不锈钢轴承、外球面轴承及轴承座、陶瓷球、硬质合金球、塑料和陶瓷非标结构件。

宁波华标特瓷采油设备有限公司

地址：浙江省宁波市奉化区萧王庙经济开发区福昌路1号
电话：0574-88586198，0574-88593888
电邮：ceramic@huabiao.com
网址：www.huabiao.com
单位介绍：宁波华标特瓷采油设备有限公司拥有较完善的生产及测试设备。公司基于陶瓷领域数十年的经营历史，立足自主研发及创新，继开发生产机械密封系列产品后，成功开发了陶瓷柱塞、陶瓷抽油泵（系公司专利产品）及陶瓷硬密封阀门等系列产品。新产品已成功应用于各类工业泵、医疗仪器、食品机械、油田采油作业等配套，以及各类恶劣工况环境中流体控制等领域，具有高压、大流量、抗冲击性强等特点。目前，公

2.3 非氧化物结构陶瓷产品企业

司产品供应国际市场，已与 20 多个国家和地区的客户建立了长期合作关系。
主营产品： 氮化硅高压陶瓷柱塞。

金赛隆科技（上海）有限公司

地址： 上海市松江区九亭镇涞寅路 1898 号 6 楼
电话： 021-67629133
电邮： info@heatfounder.com
网址： www.heatfounder.com
单位介绍： 公司致力于氮化硅陶瓷的研发、生产、销售，与德国技术通力合作，并具有业内领先的高科技烧结工艺及进口设备，产品广泛应用于高温材料、汽车产业、电子产品、医疗、军事、核工业、航空航天、石油化工、新能源材料、半导体、金属切削刀具等领域，并远销美国、意大利、法国、德国、土耳其等国家。
主营产品： 氮化硅加热棒、氮化硅基板、氮化硅新材料、氮化硅粉料、氮化硅球、氧化铝结构件、氧化铝陶瓷，并可定制化。

西安澳秦新材料有限公司

地址： 陕西省西安市经济技术开发区泾渭新城渭环西路
电话： 029-86937322
电邮： xcl@xaaq.com
网址： www.xaaq.com
单位介绍： 西安澳秦新材料有限公司（简称"澳秦公司"）成立于 1998 年，总部位于西安经济技术开发区，分别在嘉峪关、西安等地设有生产工厂。公司长期致力于精细陶瓷、氮化材料与铸造材料的研发、生产及销售，已成为一家产、学、研一体，创新引领、技术先进、工艺领先的综合性高新技术企业。公司业务面涉及新材料的生产研发、电力服务，其中氮化材料占全世界三分之一以上份额，长期为国内外企业提供优质的产品和服务。公司经过多年发展，在技术装备、研发能力等方面保持行业先进水平，拥有进口热等静压炉、特大型气压烧结炉等高端先进生产设备。长期与西安交通大学、西北工业大学、西安电子科技大学优秀研发团队进行产学研合作，在高转速氮化硅陶瓷球、高导热氮化硅陶瓷基板、耐高温透波陶瓷、透明陶瓷、多孔陶瓷等领域进行了产业化生产。
主营产品： 氮化合金、铸造材料、精细陶瓷。

营口明隆金属陶瓷材料有限公司

地址： 辽宁省大石桥市环城经济开发区
电话： 0411-84324343
电邮： kxl1981@163.com
网址： www.maylongceramics.com
单位介绍： 营口明隆金属陶瓷材料有限公司是一家中美合资企业，以生产碳氮化硅结合碳化硅制品和镁制品为主。公司主打产品为碳氮化硅结合碳化硅系列产品，主要用于电解铝行业、铁合金、铜冶炼、钢铁、陶瓷窑具、垃圾焚烧炉和电力行业的流化床锅炉内衬等。
主营产品： 碳氮化硅结合碳化硅制品。

浙江美工精细陶瓷科技有限公司

地址： 浙江省杭州市建德梅城南峰工业功能区新建路 12 号
电话： 0571-64743456
电邮： 1544152800@qq.com
网址： www.zjmgpc.com
单位介绍： 浙江美工精细陶瓷科技有限公司占地 8600 多平方米，建筑面积 6000 多平方米，主要从事高纯、超细氮化硅粉体及中高端精细陶瓷制品的研发、生产、销售。主要生产氮化硅、氧化锆、氧化铝、氮化铝等高性能结构陶瓷。产品包括精密陶瓷球、陶瓷轴承、陶瓷刀具、陶瓷结构件、氮化铝基片等。公司还可根据客户的要求，承接各种精密陶瓷零部件的生产。产品广泛应用于国民经济的多个领域，如工业机械、航空航天、石油化工、汽车、电力、纺织、医疗器械、风电、高铁和国防军事等领域。
主营产品： 超细氮化硅粉体、精细陶瓷制品、陶瓷轴承、陶瓷刀具、陶瓷结构件、氮化铝基片。

贵州木易精细陶瓷有限公司

地址： 贵州省贵阳市修文县扎佐工业园
电话： 0851-82321370
电邮： 445234471@qq.com
网址： www.muyeeceramic.comcn
单位介绍： 贵州木易精细陶瓷有限公司（简称"木易陶瓷"）主要生产高科技耐磨陶瓷喷嘴、特种陶瓷防弹以及耐磨配套材料，是一家致力于精细陶瓷、耐磨材料的研发、生产、销售和服务的专业制造企业。木易陶瓷的主要产品包括碳化硼、碳化硅、碳化钨等材质的喷砂机喷嘴、喷砂设备、喷砂介质以及终端配套喷砂机械器具等，能够广泛满足客户，适用于不同口径的管道和不同喷砂工艺设备表面处理，给客户提供专业"一站式"的表面处理解决方案。木易陶瓷经过层层技术把关，自主研发了纳米结合碳化硼陶瓷防弹片、复合硼化钛导电陶瓷、稀土硼化镧大功率电子发射枪组件。
主营产品： 耐磨陶瓷喷嘴、喷砂介质、纳米结合碳化硼陶瓷防弹片、复合硼化钛导电陶瓷。

山东英硅工业陶瓷有限责任公司

地址： 山东省蓬莱南王工业园珠江路一号
电话： 0535-5658588
电邮： chinasdyg@chinasdyg.com
网址： www.chinasdyg.com
单位介绍： 山东英硅工业陶瓷有限责任公司位于中国山东蓬莱，是以科技研发人员为基础组建的，以研发生产高端精细工业陶瓷制品为发展方向。公司以技术力量雄厚的科研人员为主导力量，以先进的生产加工设备为基础，已经研发生产出国内首套超大尺寸的精细熔融石英陶瓷管、超大和超小的熔融石英陶瓷辊、精细加工生产了氮化硅军工产品。
主营产品： 石英陶瓷管、石英陶瓷辊、控制棒、控流管、内衬、闸板砖。

江苏上瓷时代科技有限公司

地址：江苏省泰州市医药高新区创新创业产业园三期 2 号厂房一层
电话：021-69221178
电邮：cjj@ceramicstimes.com
网址：www.sctaoci.com
单位介绍：公司依托于 2005 年成立的母公司——上海又览新材料，生产工厂位于泰州经济开发区。公司积极响应习近平总书记"服务国家战略、服务支柱产业、服务科技创新和自立自强"的指示，专业自主研发、生产先进陶瓷材料、精密陶瓷件，目标是达到世界先进水平和标准。公司拥有教授、博士组成的超强专家研发团队，分别研究氮化物、氧化物、碳化物等先进陶瓷材料和复合陶瓷领域，发表学术论文 100 余篇，申请中国专利 30 余项。公司拥有先进的工艺技术，掌握烧结、成型、打磨、CNC、激光钻孔、研磨和抛光工艺等，可根据客户的要求定制各类陶瓷产品。
主营产品：氮化硅、碳化硅、氮化铝、氧化铝、氧化钇、氧化锆、氧化锆增韧氧化铝（ZTA）、氧化铝增韧氧化锆（ATZ）等增强陶瓷、复合陶瓷和高纯陶瓷。

东莞市顶捷陶瓷科技有限公司

地址：广东省东莞市虎门镇滨海大道虎门段 162 号 1 栋 201 室
电话：0769-81874789
电邮：dj17727732237@163.com
网址：www.dingjietaoci.com
单位介绍：东莞市顶捷陶瓷科技有限公司是一家陶瓷专业生产厂家，拥有高级工程师多名、技术骨干 10 多名，设备齐全、产品丰富、环境优越。公司产品主要包括精密陶瓷结构零件，均采用高强度氧化铝、氮化硅、碳化硅陶瓷材质。还包括陶瓷方形块规、陶瓷圆形通止规、陶瓷棒、陶瓷轴、陶瓷针、陶瓷管套、陶瓷板片、陶瓷柱塞、陶瓷手臂、陶瓷阀等。产品广泛应用于光伏设备、仪器仪表、医疗器械、钟表电子、磨具刀具、能源电力、建筑、机械五金、汽车、军工、航空航天等高端领域。产品精度高、质量好、耐高温、抗腐蚀、不易变形、不受季节变化影响。
主营产品：陶瓷块规、陶瓷针规、陶瓷棒、陶瓷轴、陶瓷针、陶瓷管套、陶瓷板片、陶瓷柱塞、陶瓷手臂、陶瓷阀等。

江苏国瓷金盛陶瓷科技有限公司

地址：江苏省金坛经济开发区思母路 1 号
电话：0519-82337240
电邮：js-sales@sinocera.cn
网址：gb.js-ceramic.com
单位介绍：江苏国瓷金盛陶瓷科技有限公司（简称"金盛陶瓷"）创建于 2003 年 10 月，次年成功量产氮化硅陶瓷球，2017 年成为国瓷材料全资子公司，目前主要产品有氮化硅、氧化锆、碳化硅、氧化铝、氮化铝等高性能陶瓷及粉体。金盛陶瓷具备陶瓷材料领域研究开发和产业化经验丰富的一流人才队伍以及自主知识产权，自成立以来一直秉承发展高端陶瓷的宗旨，配备了热等静压、超精密检测等先进的生产检测设备，建立了一整套从粉体制备、成型烧结、精密加工到质量检测的完整的研发、生产和品质保障体系。尤其在高性能氮化硅陶瓷轴承球领域，于 2018 年量产了满足 ASTM F2094 Class Ⅰ 标准的高疲劳寿命、高强度、高可靠性氮化硅陶瓷球，并成功进入高端轴承市场。未来，金盛陶瓷将以国瓷材料的产业布局为发展目标，针对陶瓷领域的难点和痛点，继续专注于高端陶瓷材料的研究开发以及产业化，不断提高技术和品质能力，快速推进中国先进陶瓷产业的发展。
主营产品：氮化硅陶瓷制品，自营和代理各类商品及技术的进出口业务。

东莞市钧杰陶瓷科技有限公司

地址：广东省东莞市松山湖高新区松山湖总部二路 17 号
电话：0769-81060056
电邮：xwj@jundro.cn
网址：www.jundrotc.com
单位介绍：东莞市钧杰陶瓷科技有限公司拥有一支技术陶瓷烧结、CNC 加工、磨削团队，秉持诚信为本、精益求精、钧瓷品质的理念。陶瓷精密零部件研发加工是公司的优势。
主营产品：氮化硅陶瓷、氮化铝陶瓷加工、macor 可加工微晶玻璃陶瓷。

埃克诺新材料（大连）有限公司

地址：辽宁省大连花园口经济区梧桐街牡丹街 85 号
电话：0411-87655116
电邮：acro@aikenuo.com
网址：www.aikenuo.com
单位介绍：埃克诺新材料（大连）有限公司产品主要应用于光伏、轴承、冶金化工、能源、环保等行业，特别是在航空航天、国防军工及新能源汽车领域得到普遍应用。公司主要技术人员均从事氮化硅陶瓷研发、设计及生产 15 年以上，并获得了 23 项实用新型专利，在氮化硅陶瓷材料研究、开发及应用方面拥有丰富的经验和成果积累。公司采用先进的冷等静压成型-气氛压力烧结工艺，实现了高性能氮化硅陶瓷制品的制备，材料性能达到甚至优于同类产品的各项技术指标。与其他制备技术相比，该技术具有工艺先进、运行成本低、产品合格率高、性能优良等特点，历经近 30 年的发展与完善，该工艺已经非常成熟，达到了大规模生产线的技术水平。
主营产品：氮化硅陶瓷轴承球、氮化硅陶瓷阀芯、氮化硅陶瓷基板及氮化硅陶瓷结构件制品、氮化硅粉体等。

天津硕科科技有限公司

地址：天津市武清开发区泉发路 3 号
电话：15522810116
电邮：sales@shocktech.cn
网址：www.shocktech.cn
单位介绍：天津硕科科技有限公司是一家拥有自主知识产权，

2.3 非氧化物结构陶瓷产品企业

专业从事氮化硅陶瓷等先进陶瓷研发、生产制造及销售的国家高新技术企业。产品广泛应用于新能源、机床、风力发电、纺织机械、造纸、化工等相关领域。

主营产品：轴承球、氮化硅陶瓷热面点火元件以及各类氮化硅陶瓷结构件。

上海泛联科技股份有限公司

地址：上海市嘉定区宝安公路 3996 号
电话：021-59502135
电邮：sell@unite863.com
网址：www.unite863.com
单位介绍：上海泛联科技股份有限公司从成立之日起，就定位于成为全球范围内精密陶瓷产品生产和加工的高科技企业。高性能结构陶瓷以其高强度、高硬度、耐高温、耐磨损、抗腐蚀、无磁性、电绝缘、比重轻而著称，具有金属所无法比拟的优越性，在航空航天、核工业、石油工业、化学工业、轻纺工业、食品工业、机械工业等各个领域中正得到日益广泛的应用。公司主要生产氮化硅、氧化锆、氧化铝和碳化硅四类高性能结构陶瓷材料，可根据客户定制要求进行个性化的生产。企业的资信等级为 AA+级，在精密陶瓷球行业，具有完成从粉体处理、成型、烧结到精密加工全部生产工序的能力。由于全部工序都在公司内完成，不需要外协，因此材料质量和加工质量都能得到有力的保障。公司目前能够生产直径 0.4～200 毫米所有规格的陶瓷球。

主营产品：各种陶瓷零件、精密陶瓷球、陶瓷轴承、陶瓷刀杯环。

北京金海虹氮化硅有限公司

地址：北京市丰台区科学城航丰路 8 号四层 407 室（园区）
电话：13811848159
单位介绍：北京金海虹氮化硅有限公司自主研发、生产高科技材料——氮化硅结合碳化硅制品，以独特的制造工艺领先于国内外同行业水平，为有色金属行业及电力、石化、机械、陶瓷、军工等行业提供优质产品。这种独特的制造工艺技术是公司的专有技术，区别于业内其他公司。公司开发、设计、制造各种火力电厂所应用的氮化硅结合碳化硅脱硫喷嘴，其使用寿命在 12 年以上。此种材料的喷嘴具有耐磨、耐酸碱腐蚀的特点，可长期使用，免维护。公司还开发出拥有自主知识产权、填补国内空白的渣浆泵产品，其使用寿命是现有的铬 15 钼 3 耐磨泵的 3 倍以上，这种渣浆泵可替代进口产品。

主营产品：氮化硅结合碳化硅制品。

江苏华盛精细陶瓷科技有限公司

地址：江苏省常州市金坛区思母路 1 号
电话：0519-82337240
单位介绍：江苏华盛精细陶瓷科技有限公司主要生产氮化硅、氧化锆、碳化硅和氧化铝四类高性能陶瓷材料。公司拥有国内材料方面的一流人才和自主知识产权，以推进国家特种陶瓷产业化进程为宗旨，瞄准陶瓷材料在轴承及其他领域的广阔市场，特别是航空航天领域、汽车、计算机及食品等国家支柱产业，采用热等静压设备和先进的检测手段，建立了一整套从粉体制备、成型烧结到精密加工的生产线，并通过了 ISO 9001 质量管理体系认证，批量产出了高品质的陶瓷球及各式结构件，以满足制造业对陶瓷球轴承及各类结构件日趋多样化、精密化、高技术化的要求。

主营产品：陶瓷球、混合陶瓷球轴承、全陶瓷轴承、塑料轴承和陶瓷结构件等。

诸暨市特耐工程陶瓷有限公司

地址：浙江省诸暨市店口镇航运路 83 号
电话：0575-87061041
单位介绍：诸暨市特耐工程陶瓷有限公司是中国液压气动密封件工业协会会员厂，具有 10 多年特种陶瓷生产经验，拥有一整套的制粉、造粒、加工、烧结、检测设备和技术，并具备强有力的管理体系及务实的工作作风。公司已于 1997 年通过 ISO 9002 质量体系认证。主要生产烟气脱硫喷嘴、燃烧器喷火嘴、机械密封摩擦副陶瓷环、耐酸碱非金属泵部件、工业窑炉用窑具、坩埚、喷砂嘴及各种异型耐高温、耐磨损、耐腐蚀特种陶瓷基础件产品。

主营产品：氮化硅泵轴、氮化硅轴套、碳化硅脱硫喷嘴等。

江西氮化硅新材料有限公司

地址：江西省抚州市南城县河东工业园西六路 19 号厂房
电话：15279459770
电邮：1418064028@qq.com
单位介绍：江西氮化硅新材料有限公司的主要技术人员从事氮化硅产品研发超过 20 年，主要生产负责人从事氮化硅生产超过 15 年，市场开发人员在轴承行业、球阀行业、研磨件、新能源汽车行业也有 10 多年的深耕，能很好地打通氮化硅技术、生产与市场需求的脱节问题。公司掌握各种氮化硅陶瓷的生产工艺，可根据不同的客户需求，以高性价比满足市场，给客户创造价值。

主营产品：氮化硅陶瓷。

阜新天源钢球制造有限公司

地址：辽宁省阜新市海州区平西工业区
电话：0418-2566967
电邮：fxtygq@fxtygq.com
网址：www.fxtygq.com
单位介绍：阜新天源钢球制造有限公司是集科研、生产、商贸于一体的特种精密钢球生产商，是国家高新技术企业、省级企业技术研发中心、辽宁省"专精特新"企业，荣获阜新市市长质量奖。"天源牌"钢球被评为辽宁省著名商标，微型氮化硅球 2012 年荣获辽宁省优秀新产品奖。公司是国内最早研发、生产、研磨氮化硅球、氧化锆球、合金球、不锈钢球的企业之一，先后通过了 ISO 9001、ISO 40001、IATF 16949 等管理体系认证及 CQI-9 热处理特殊过程系统评估。公司可为客户提供直径 0.6～100 毫米的优质且物美价廉（低成本、高质量）的 G5 级以上产品。
主营产品：高端氮化硅轴承球、氧化锆球。

2.3.2 氮化硼结构陶瓷

山东鹏程陶瓷新材料科技有限公司

地址：山东省淄博高新区长征路 567 号
电话：0533-8180355
电邮：sdpctt@pensc.com
网址：www.pensc.com
单位介绍：山东鹏程陶瓷新材料科技有限公司是一家专业从事氮化硼及其复合陶瓷材料研发和生产的高新技术企业，在真空热压烧结制备氮化硼陶瓷领域积累了丰富的生产经验，并拥有多名行业专家及技术人员。公司主要产品为真空镀铝用氮化硼复相导电陶瓷蒸发舟，广泛应用于包装薄膜镀铝、电容器金属化薄膜镀铝、纸张、纺织品金属化镀层、烫金材料镀层、防伪标识金属化镀层、显示屏金属化镀层、太阳能真空管镀铝、半导体蒸镀及锗、镍、钛、电子束溅镀等领域。
主营产品：PENSC 真空镀铝导电陶瓷蒸发舟、氮化硼陶瓷制品、高性能粉体、二硼化钛陶瓷、氮化铝陶瓷。

青州迈特科创材料有限公司

地址：山东省青州市东高镇徐大路
电话：0536-3827199
电邮：mt13573690588@163.com
网址：www.wfmtkc.com
单位介绍：青州迈特科创材料有限公司是一家六方氮化硼及氮化硼陶瓷的专业生产企业，是目前生产此类产品的较大企业。产品全部采用进口原材料并引进优良的生产工艺，经测试检测中心多年的质量分析及以检测均达到优级。公司还开发出导电复合陶瓷蒸发舟产品、六硼化镧制品等。
主营产品：氮化硼陶瓷、复合陶瓷蒸发舟、二硼化钛制品、导电蒸发舟。

莱芜合源陶瓷科技有限公司

地址：山东省莱芜市张家洼银龙工业园
电话：0531-76589896
电邮：lwheyuan@126.com
网址：www.lwheyuan.com
单位介绍：莱芜合源陶瓷科技有限公司引进国内外最先进的生产工艺技术，与美国 Uititech Indusstries 合作，成为国内首家批量生产晶须陶瓷刀片的制造商。拥有高温真空热压炉，以生产结构陶瓷为主，其分类有碳化硅晶须陶瓷、氮化硼陶瓷、氧化铝陶瓷、氮化硅陶瓷、氮化铝陶瓷、聚晶立方氮化硼以及各种陶瓷结构件。公司生产的氮化硼热压陶瓷电绝缘性好、热导率高，并具有优良的抗热震性能、良好的耐腐蚀性，与一般金属、稀土、稀土金属、贵金属、半导体材料、玻璃熔盐、无机盐、碱不起反应，提高了各种金属的纯度。产品广泛用于非晶带材、喷嘴、堵头、熔融金属导流管，以及水平连铸分离环、高温、高压、绝缘、散热部件、高温真空器件、高温热电偶保护管及熔炼金属的器皿。
主营产品：碳化硅晶须陶瓷、氮化硼陶瓷、氮化硅陶瓷、氮化铝陶瓷。

潍坊卓宇新材料科技有限公司

地址：山东省潍坊市临朐县冶源镇
电话：0536-3333078
电邮：weifangzhuoyu@weifangzhuoyu.com
网址：www.weifangzhuoyu.com
单位介绍：潍坊卓宇新材料科技有限公司是研发和生产氮化硼陶瓷和氮化硼制品的高新技术企业，公司重视产品质量，不断完善质量检测手段，保证产品质量的稳定提高。公司始终坚持"质量优良、信誉诚信"的至诚至信经营方针，"工艺精湛、质量优良、诚实守信、用户至上"的宗旨，"精品与人品共驻"的理念，塑造"厚德、和善、执着、务实"的企业精神，以开拓的思想争取市场，以奋进的精神克服困难，以有效的设备制造精品，以精湛的工艺制造精品，以诚信的态度创造财富，以完善的服务树立形象，将永远与广大客户合作、发展、共赢。
主营产品：氮化硼、氮化硼制品、氮化硼陶瓷、氮化硼绝缘件、耐高温绝缘件、非晶喷嘴、靶材加工。

富耐克超硬材料股份有限公司

地址：河南省郑州市高新技术产业开发区梧桐西街 9 号
电话：400-878-5556
电邮：service@funik.com
网址：www.funik.com
单位介绍：富耐克超硬材料股份有限公司创立于 1988 年，是世界领先的超硬磨料、超硬复合材料和超硬刀具制造商，也是磨削方案、切削方案及技术的提供者，同时致力于行业标准的制定。通过巨大的研发投入和良好的客户互动关系，不断在行业内推陈出新，创造磨削材料和金属切削材料新的巅峰。产品广泛应用于汽车、消费电子、航空航天、智能制造等高端加工领域，客户遍布世界各地，是多家世界 500 强企业指定的合作伙伴。
主营产品：CBN DIA 超硬磨料、PCD 金刚石复合片、PCBN 超硬标准刀片、HPHT 培育钻石。

郑州华菱超硬材料有限公司

地址：河南省郑州市高新区长椿路国家大学科技园研发 5B
电话：0371-86566583
电邮：hualingchaoying@hlcbn.com
网址：www.hlcbn.org
单位介绍：华菱超硬材料有限公司前身是河南超硬材料研究所，早期以脆硬材料加工用立方氮化硼刀具和高品级金刚石为研究方向。作为我国超硬刀具国产化先驱，公司秉承"不求大而全，只做高精专"的初始经营理念，20 余年专注成为硬材料加工领域的知名刀具品牌，实现了新材料、新技术、新工艺的一个又

2.3 非氧化物结构陶瓷产品企业

一个突破。公司的经营战略也从先做"高精专"成功过渡到超硬工磨具相关多元化发展，目前形成了针对脆硬材料、耐热耐磨材料等难加工领域的切削、磨削、打磨、切割四大类超硬工磨具产品和服务。前期作为我国CBN刀具国产化先驱者，承担并完成了国家重点"产学研"工程和CBN制品科技攻关项目，并实施了河南超硬工具转型升级示范工程项目和"宝石级金刚石制品"计划项目。在超硬刀具学术界享有很高的声誉，尤其在"以车代磨"、超高硬度重载切削、高速加工等细分领域拥有极大的优势。

主营产品：立方氮化硼刀具、金刚石刀具、高温合金硬钢专用陶瓷刀片等。

无锡精瓷精密工具有限公司

地址：江苏省无锡市新吴区鸿山街道鸿月路26号-1五号楼一楼
电话：18505106821
网址：www.kingcitools.com
单位介绍：无锡精瓷精密工具有限公司（简称"无锡精瓷"）是一家专注于生产聚晶金刚石（PCD）刀具和立方氮化硼（PCBN）刀具的生产型企业。无锡精瓷拥有完整的科学质量管理体系，管理人员和技术人员主要是来自从事刀具行业多年的台湾省和内地高等院校的专业人才。公司拥有丰富的经验和过硬的技术，使产品不断占领国内市场并打入海外市场，特别是PCD、PCBN标准数控刀片批量化生产，成本大大降低，为使用单位更大地降低了采购成本。无锡精瓷投入大量资金引进瑞士、英国及台湾省等的先进技术和刃磨设备，采用英国元素六、美国GE公司生产的各种超硬材料。公司产品广泛应用于铝制品高光、光学零部件、马达电机零部件、军工、汽车配件等精密和超精密机械加工行业。

主营产品：PCBN镗孔刀、CCGW09T3金刚石刀片、TNGA160404三角刀片、TPGH小三角刀片、DCGW菱形片、APKT160404方形、CNGA12四方形、MGMN400割刀片、切槽刀、VCGW160长菱形、WNGA08408五边形、DNGA150404菱形、VCG菱形、DCG菱形、铝用数控铣刀、数控钨钢铣刀等。

北京鼎盛兄弟科技有限公司

地址：北京市朝阳区小红门乡成寿寺路150号1层B05
电话：010-57460576
电邮：2851761965@qq.com
网址：www.bjxdkj.com
单位介绍：北京鼎盛兄弟科技有限公司是一家集科研、生产、经营于一体的先进陶瓷企业。公司采用先进技术和管理模式，严格控制产品质量。产品以各种无机材料生产填补国内空白领域的高精度、高技术要求的陶瓷产品。公司主营工业陶瓷加工、陶瓷基板、陶瓷柱塞、精密陶瓷、陶瓷精加工、陶瓷散热片、精细陶瓷加工、陶瓷柱塞泵、陶瓷内外螺纹加工、大尺寸陶瓷加工、陶瓷干压成型、精密陶瓷加工。公司长期研究国内外新型陶瓷应用领域和高科技领域陶瓷应用的设计理念，具有各种无机非金属材料的丰富的研发及加工经验，并为客户的新材料领域应用提供整体解决方案。

主营产品：陶瓷基板、陶瓷柱塞、精密陶瓷。

东莞市仕易陶瓷科技有限公司

地址：广东省东莞市新安社区新辉路8号华兆科技园C栋
电邮：song@taocisic.com
网址：www.taocisic.com
单位介绍：东莞市仕易陶瓷科技有限公司于2013年创立，是一家专业从事结构陶瓷和功能陶瓷研发、设计、生产、销售和服务的公司，在东莞、江门分别成立了研发、生产中心。

主营产品：氮化硼陶瓷。

上海衡益特陶新材料有限公司

地址：上海市沪太路8318弄122号（近金石路）
电话：021-66025850
电邮：hytetao@126.com
网址：www.hytetao.com
单位介绍：上海衡益特陶新材料有限公司是一家专注于真空热压法制备高温陶瓷的新材料公司。目前公司已开发完成包括碳化硼、氮化硼、碳化硅、氮化硅在内的多条产品线。碳化硼是自然界硬度第三的物质，其维氏硬度可达到3000～3300MPa，常用于防弹、研磨领域，同时也是一种良好的中子吸收介质。目前，公司主营的第二代碳化硼多曲面防弹陶瓷，经专业机构打靶测试通过，已批量向市场供应。氮化硼复合陶瓷由于其优良的热力学性能，广泛应用于冶金行业。公司主营侧封板及非晶喷嘴，与河北敬业集团、青岛云路新能源科技有限公司等多家行业内龙头企业保持了良好的供销关系。此外，公司还能够制备包括碳化硅、氮化硅在内的其他陶瓷材料。

主营产品：氮化硼复合陶瓷、碳化硼、碳化硅防弹陶瓷。

山东晶希瓷新材料科技有限公司

地址：山东省淄博市桓台县果里镇石化北路11号
电邮：jingxici@163.com
网址：www.jingxici.cn
单位介绍：山东晶希瓷新材料科技有限公司是一家专业从事氮化硼及其复合陶瓷材料研发和生产的高新技术企业，在真空热压烧结制备氮化硼陶瓷领域具有丰富的生产经验，并拥有多名行业专家及技术人员。公司生产的热压氮化硼制品广泛应用于高温高频和等离子弧的电绝缘体、电子模块散热片、行波管散热片、晶体管散热片、半导体封装散热基板、高频感应电炉衬套、原子反应堆结构材料、防光电辐射、化学辐射、核辐射材料、雷达电子束传递窗以及高温坩埚、喷嘴、分离环、溅射靶材、航空航天等领域。

主营产品：氮化硼及其复合陶瓷材料。

青州市方圆氮化硼厂

地址：山东省潍坊市青州市卡特彼勒工业园区
电话：0536-3531165
电邮：yuemaoyuan@163.com

单位介绍：青州市方圆氮化硼厂始建于1996年，为国内较早的六方氮化硼专业生产厂家。公司专业研发生产氮化硼、氮化硼粉末、六方氮化硼、氮化硼陶瓷制品等。工厂占地面积3万余平方米，现有6条氮化硼生产线和1个检测中心，10余个氮化硼品种，是目前国内先进的氮化硼生产企业。产品经国家测试检测中心质量分析及检测，各项指标处国内行业领先水平。
主营产品：氮化硼、氮化硼粉末、六方氮化硼、氮化硼陶瓷制品。

唐山正益科技有限公司

地址：河北省唐山路北区西昌路创新大厦B座425号
电话：0315-3852175
单位介绍：唐山正益科技有限公司成立于2013年，目前形成了以氮化硅陶瓷制品为主、功能涂料为辅的系列产品，如氮化硅热电偶保护管、氮化硅加热器保护管、氮化硅升液管及各种氮化硅零部件等；功能涂料主要有铝合金铸造用不沾铝涂料、红外辐射涂料等。同时，公司可对外提供自蔓延燃烧合成陶瓷粉体（如氮化硅、赛隆、碳化硅、氮化钛等），及各种陶瓷基涂料的技术开发服务。
主营产品：氮化硼不沾铝涂料（ZY-02）。

北京博宇半导体工艺器皿技术有限公司

地址：北京市通州区工业开发区
电话：010-81595615
电邮：sanxia.wang@bypbn.com
网址：www.bypbn.com
单位介绍：北京博宇半导体工艺器皿技术有限公司专注于设计、研制、开发、生产及销售热解氮化硼（PBN）材料及其制品。公司为北京市授权的高科技企业，核心团队由来自中国科学院的材料科学家组成，具有良好的产品设计与开发能力，技术路线独特，拥有相关专利30余项，产品性能优异，赢得了良好口碑。
主营产品：热解氮化硼（PBN）材料、OLED坩埚、PBN环、PBN夹持杆、PBN板材等。

青州市昌泰特种陶瓷有限公司

地址：山东省青州市昭德南路东方商贸城西侧
电话：0536-3202111
电邮：296646438@qq.com
网址：qzcttt.com
单位介绍：青州市昌泰特种陶瓷有限公司主要产品为蒸发舟、硫化锌、铝丝、二硼化钛、氮化硼，逐渐形成了具有自身风格和特点的产品，具有规模和成配套的生产及服务能力。公司同时销售石墨纸、石墨乳、钼舟等配套材料，质量稳定。产品应用于化工、电子、机械、冶金、纺织、生物、航空航天等行业中。
主营产品：蒸发舟、硫化锌、铝丝、二硼化钛；石墨纸、石墨乳、钼舟等配套材料。

福州赛瑞特新材料技术开发有限公司

地址：福建省福州市福清市阳下街道东田村691号联东U谷·福清融侨经开三创中心13号、15号楼
电话：0591-83709236
电邮：ccb@ceravite.com.cn
网址：www.ceravite.com.cn
单位介绍：福州赛瑞特新材料技术开发有限公司成立于2007年4月，由清华大学材料学博士/福州大学材料学院黄向东副教授为主导，在福州大学资产经营有限公司支持下，与福州大学机械学院姜明副教授共同出资创办，是福州大学的产学研转化基地，国家高新技术企业。
主营产品：特高纯氮化硼坩埚治具、氮化硼绝缘管套绝缘配件、非晶软磁合金喷带用氮化硼喷嘴、金属粉末气雾化用氮化硼导流嘴/漏嘴水平连铸分离环/结晶管、氮化硼复合陶瓷模具、热压陶瓷靶材（六硼化镧、六硼化铈、氮化铝、氮化硅、碳化硼等）、电解铝用二硼化钛/石墨复合陶瓷阴极（专利产品）、真空蒸发镀铝用石墨/氮化硼铝陶瓷组合蒸发舟（专利产品）等。

福州派尔盛陶瓷有限公司

地址：福建省福州市晋安区鼓山镇福马路420号后浦安置房1号楼二层2A207室
电邮：396063424@qq.com
网址：https://porcelain.51pla.com
单位介绍：福州派尔盛陶瓷有限公司是一家专注于特种陶瓷及热工装备开发和制造的企业。公司由一批在特种陶瓷及装备制造领域有着丰富经验的院校教授、高级工程师打造而成，与西北工业大学、上海硅酸盐研究所及国内外大型企业建立了长期合作伙伴关系，技术力量雄厚，产品性能卓越。公司现有多台自主设计制造的氮化硼陶瓷、氮化铝烧结、大型真空热压烧结炉、无压气氛烧结炉，占地面积约2000m²。其中热压氮化硼产品530mm×530mm为目前国内最大尺寸；高纯氮化硼陶瓷达到国际先进水平，可以代替日本denka及法国圣戈班同类产品。产品主要应用于超高温装备制造、粉末冶金气雾化工艺、特种陶瓷烧结、荧光粉体烧结、金属铸造、半导体制造及航空航天等领域。公司始终秉持"诚信经营、质量为先"的原则，以"让员工幸福、让客户满意"为经营理念，为客户提供最优质的产品和服务。
主营产品：氮化硼陶瓷、氮化铝烧结、氮化硼、大型真空热压烧结炉、无压气氛烧结炉。

黛杰工业株式会社上海代表处

地址：上海市浦东东方路710号汤臣金融大厦712室
电话：021-50581698
电邮：office@dijet.com.cn
网址：www.dijet.com.cn
单位介绍：黛杰工业株式会社作为从原料粉末到成品产出一贯制专业硬质合金厂家，销售额和知名度在日本一直名列前茅。公司的用户遍及汽车、摩托车、机床等各种机械制造、矿山土木、冶炼轧钢、电子电气等行业以及其他中小型工具制造公司。公司近年在中国销售额接近2亿元人民币，现有200台高精度CNC磨削设备和100余台数控加工中心、烧结炉、模压机以及电加工设备各有50余台，6个涂层炉和3台热等静压处理

(HIP) 系统等。早在 1997 和 2001 年分别获得了 ISO 9001 和 ISO 14001 质量体系认证。公司一丝不苟地追求产品质量，不仅是在日本，也在国际市场得到了充分肯定。

主营产品：各种硬质合金、陶瓷、金属陶瓷、立方氮化硼（CBN）、聚晶金刚石（PCD）等材料以及这些材质的各种切削工具、硬质合金模具、特殊耐磨产品等。

桂林特邦新材料股份有限公司

地址：广西壮族自治区桂林市高新区铁山路 20 号
电话：0773-5868821
电邮：jane@china-diamondtool.com
网址：www.tebon.net.cn
单位介绍：桂林特邦新材料股份有限公司是专业从事金刚石和立方氮化硼超硬材料制品的高新技术企业。公司拥有完整的产品设计研发、生产、检测、销售能力，也是我国最早从事超硬材料研究与应用的单位之一，共获得省部级奖项 52 项、国家发明专利 36 件，实用新型专利 13 件，是经广西壮族自治区科技厅认定的高新技术企业和"广西科技创新金源单位"。公司被认定为国家级专精特新"小巨人"企业、知识产权优势企业、瞪羚企业、广西科技创新示范企业。
主营产品：金刚石、立方氮化硼超硬材料制品等。

烟台市飞达刀具加工厂

地址：山东省烟台市福山区鸿福街 63 号
电话：13864577362
电邮：985945649@qq.com
单位介绍：烟台市飞达刀具加工厂一直专注于超硬材料金刚石（PCD）、立方氮化硼（PCBN）刀具的研发与生产。产品广泛应用于各种加工中心、加工流水线、专机等国内外高端数控机床。近年来，增加了数台高端进口周边磨、真空焊接等设备，进一步提高了产品质量和生产效率，满足了客户的不同需求。同时可根据不同客户需求，遵循"客户为先、服务至上"的原则，尽量为客户降低制造成本，提供刀具重复修磨服务等。
主营产品：金刚石（PCD）、立方氮化硼（PCBN）刀具等。

宁波万航精密工具有限公司

地址：浙江省慈溪市横河镇彭南路 899 号
电话：15857174975
电邮：wanhangtools@126.com
网址：www.wanhangtools.com
单位介绍：宁波万航精密工具有限公司是一家成立于 2003 年，专业从事超硬材料刀具和精密机床工装研发、生产和销售的技术型企业。公司占地约 1 万 m^2，拥有专业的研发团队和技术人员，其中硕士研究生数名，理论知识扎实，实战经验丰富。公司秉承为客户提效降本的原则，为客户提供定制研发、生产到安装调试等一系列金属加工整体解决方案。公司已通过 ISO 9001 质量体系认证，产品品类齐全，包括超硬材料刀具产品、硬质合金刀具产品、天然金刚石和 PCD/PCBN/CVD 刀具及精密工具和轴承工装。公司产品涵盖车削、磨削、铣削、镗削、钻削、铰削、螺纹加工等精加工工艺，品质卓越，种类繁多。
主营产品：CBN 刀片、PCD/CBN 焊接式车刀、PCD 刀片、金刚石成型刀、轴承工艺装备、轴承工装-端面、轴承工装-支撑、天然金刚石、产品包装标识。

2.3.3 氮化铝结构陶瓷

无锡海古德新技术有限公司

地址：江苏省无锡市锡山经济开发区东部科技园 1 号
电话：0510-88727758
电邮：info@hy-good.com
网址：www.hy-good.com
单位介绍：无锡海古德新技术有限公司成立于 2008 年 11 月，坐落在江苏省无锡市锡山经济开发区东部科技园，厂房面积为 8000 平方米。公司是由一群有理想抱负、有创新精神，以致力于发展中国氮化铝陶瓷及其元器件为事业目标的创业团队创建的。公司的核心产品氮化铝（AlN）陶瓷基板及其元器件制造是目前国家鼓励和重点支持的朝阳产业，是国家强基工程领域基础材料。项目源于清华大学国家 863 科技成果转化，并和清华大学化学工程联合国家重点实验室形成产、学、研一体化战略合作。历经 20 余年的发展，实投资金已超过 1.3 亿元，是目前国内技术较先进、投入较大并已形成规模化高性能氮化铝陶瓷的生产、研发和销售企业。公司所生产的氮化铝陶瓷基板及其元器件已经广泛应用于大功率集成电路模块、LED 封装、射频微波通信、汽车电子及影像传感等领域。
主营产品：氮化铝陶瓷、氧化铝陶瓷、氮化硅陶瓷、碳化硅陶瓷、氧化锆陶瓷等陶瓷产品。

福建华清电子材料科技有限公司

地址：福建省晋江市五里工业园区
电话：0595-88162685
电邮：marker@aln.net.cn
网址：www.aln.net.cn
单位介绍：福建华清电子材料科技有限公司是国内领先的氮化铝陶瓷基板材料供应商，是一家专业从事高热导率氮化铝陶瓷基板和电子陶瓷元器件研发、生产、销售的高科技企业。产品主要应用于 5G 通信、LED 封装、半导体、功率模块（IGBT）、影像传感、医疗、汽车电子等高科技领域。公司引进清华大学"新型陶瓷与精细工艺国家重点实验室"国家 863 重点科研成果，通过多年产业化研发、量产改进、市场验证，形成了具有自主知识产权的发明专利技术，填补了行业空白，是国内首家具备批量生产能力、大规模生产高性能氮化铝电子陶瓷基板材料的企业。产品供应给国内多个行业领域和多家大型知名电子元器件厂商，生产规模、技术优势、市场占有率在行业细分领域全面领先，在行业内形成良好的口碑。公司拥有标准净化生产厂房超过 30000 平方米，一批国际领先的进口专业生产制造设备和研发设备以及一批行业顶尖的经营管理团队。凭借公司多年在氮化铝陶瓷流延法生产技术与工艺上积累的独创性和先进性，公司的氮化铝陶瓷基板具有高热导率、较低的介电常数和介质损耗、优良的力学性能，是电子应用领域最理想的材料之一。

主营产品：氮化铝陶瓷、氧化铝陶瓷、精密陶瓷、覆铜陶瓷基板等。

宜兴天奥陶瓷科技有限公司

地址：江苏省宜兴市丁蜀镇通蜀路供电所西门向南 100 米
电话：0510-87481882
网址：www.yxtatc.com
单位介绍：宜兴天奥陶瓷科技有限公司是一家注重科技创新、质量为主、诚信为本的技术型企业。公司现有干压机 8 台，包括 315 吨 1 台，160 吨 2 台，100 吨 1 台，40 吨 1 台，另有 3 台 100 吨全自动压机，可来样加工各类异形产品，如大规格陶瓷管、陶瓷环、陶瓷圆板等各类 95％氧化铝瓷、99％氧化铝瓷异形件，广泛用于航空航天、军工、电力、冶金、矿山、石油、纺织、机械等各个领域。
主营产品：技术陶瓷系列、氧化镁陶瓷、氮化铝陶瓷、碳化硅陶瓷。

2.3.4 碳化硅结构陶瓷

上海华硕精瓷陶瓷股份有限公司

地址：上海市松江区佘山镇成业路 301 号
电话：021-57796193
电邮：export@huacera.com
网址：www.huacera.com
单位介绍：上海华硕精瓷陶瓷股份有限公司是专业生产特种陶瓷材料——常压烧结碳化硅精密制品的企业，成立至今始终致力于常压烧结碳化硅精密制品的研制、开发与生产，也是国内较早专业从事常压烧结碳化硅研发及生产的企业，在国内率先突破常压烧结碳化硅各种关键技术，并成功进行大规模工业生产。
主营产品：常压烧结碳化硅精密陶瓷部件、机械密封件、碳化硅反射镜。

东莞市夏阳新材料有限公司

地址：广东省东莞市常平镇巷口路 28 号
电话：0769-83939973
电邮：msg@xycarbide.com
网址：www.xycarbide.com
单位介绍：东莞市夏阳新材料有限公司是一家专注于先进陶瓷材料和硬质合金以及精密零部件的研发制造商，是拥有 20 多年全套超硬材料应用经验的方案提供商。产品广泛应用于食品、医疗、汽车新能源、激光半导体、石油化工、国防军工、航空航天等众多高端领域。公司创始人于 2001 年进入精加工行业，拥有 20 多年加工经验，于 2009 年成立夏阳新材料有限公司，并从 2012 年开始研发制造先进陶瓷，是国内少有的从粉体成型、烧结、精密机加工到精密检测、应用方案提供的全产业链公司。公司同时也是国内少有的从事研发、生产及经营氧化铝、氧化锆、氮化硅、碳化硅、ZTA 等一系列产品全面发展的企业，还是清华大学陶瓷材料博士研究生社会实践基地。
主营产品：各种碳化硅精密陶瓷零部件，以及高性能高精度氧化铝、氧化锆、氮化硅等结构陶瓷产品。

北京中兴实强陶瓷轴承有限公司

地址：北京市大兴区魏善庄工业区 A38 号
电话：010-89233753
电邮：wangyong@zxsq.com.cn
网址：www.csq-ceramic.com
单位介绍：北京中兴实强陶瓷轴承有限公司是中国首批专业生产工程陶瓷材料的民营企业，曾在陶瓷轴承及陶瓷滚动体方面获得了国内首批发明专利。虽然专利早已过期，但其对整个行业产生了深远的影响，中国陶瓷轴承产业链因此得以快速发展。创始人团队自 1982 年开始，经过 40 多年的潜心研究和不懈努力，积累了丰富的生产实践经验以及相关科研成果。
主营产品：碳化陶瓷精球、碳化硅轴套、常压烧结碳化硅构件。

潍坊致达特种陶瓷有限公司

地址：山东省潍坊市坊子区西七马路 2 号
电话：0536-7519388
电邮：zhida@wfzhida.com
网址：www.wftztc.com
单位介绍：潍坊致达特种陶瓷有限公司成立于 2003 年，专业生产碳化硅烧嘴套、碳化硅耐磨衬套等各种反应烧结碳化硅制品。公司技术力量雄厚，拥有工程师产品开发团队 30 多人，采用国内先进的计算机设计技术和数控加工技术进行新产品开发设计。公司生产设备先进，具有国际上先进的高温真空反应烧结大型窑炉 4 座和各种机加工设备 30 多台，在同行业中率先通过了 ISO 9001：2008 国际质量体系认证。产品具有耐高温、急冷急热稳定性好、抗折度高、耐强酸碱腐蚀、耐磨损、耐冲击等优越特性，其各项性能均通过国家权威检测机构的检测和认可。
主营产品：碳化硅烧嘴套系列、碳化硅脱硫喷嘴系列、异形件系列、密封件、反射镜部件系列等。

潍坊华美精细技术陶瓷股份有限公司

地址：山东省潍坊市坊子区翠坊街中段
电话：0536-7656360
电邮：kefu@sd-hm.cn
网址：www.wf-hm.com
单位介绍：潍坊华美精细技术陶瓷股份有限公司作为全国碳化硅制品行业领航企业，成立于 1995 年，是国内较早的反应烧结碳化硅制品专业制造商、高新技术企业、国家级专精特新小巨人、山东省制造业单项冠军、省隐形冠军、省瞪羚企业、省技术创新示范企业和山东省新材料新能源行业领军十强、中国陶瓷行业十强。公司主要生产高技术碳化硅陶瓷制品（主导产品为反应烧结碳化硅、无压烧结碳化硅制品），该产品作为一种新材料，具有高强度、高硬度、耐高温、耐磨损、耐腐蚀、抗氧化、抗热震以及导热性好、耐急冷急热和抗高温蠕变等优良性

2.3 非氧化物结构陶瓷产品企业

能,被广泛应用于5G、航空航天、电子半导体、液晶以及新能源汽车、光伏太阳能、冶金、化工、机械、造纸、医药等几乎所有需要耐高温、耐热震、耐磨损和耐腐蚀材料的工业领域。
主营产品:反应烧结碳化硅陶瓷横梁、辊棒、喷火嘴、冷风管、棚板、匣钵、坩埚、热电偶保护管、换热管、辐射管内管、辐射管外管、脱硫喷嘴、悬臂桨、喷砂嘴、轴套、密封件及各种耐高温、耐磨损、耐腐蚀碳化硅陶瓷异形件等。

宁波伏尔肯科技股份有限公司

地址:浙江省宁波市鄞州投资创业中心金源路666号
电话:0574-88217655
电邮:service@nbvulcan.com
网址:www.sealmann.com
单位介绍:宁波伏尔肯科技股份有限公司创建于1998年5月,是一家依托高新技术和科学管理快速成长的中外合资企业。公司于2008年被批准为国家级高新技术企业,2011年批准建设伏尔肯工程陶瓷省级高新企业研究开发中心、宁波市双院士工作站,2012年被认定为浙江省院士专家工作站、浙江省创新型试点企业,2013年被评定为浙江省专利示范企业,希尔曼商标的机械密封产品为浙江名牌产品。公司专业生产机械密封件、工程陶瓷材料及制品,无压烧结碳化硅陶瓷及其制品,随着国内外市场的不断拓展,已经凸显出产品的优势和市场前景。
主营产品:无压烧结碳化硅陶瓷制品、机械密封件、工程陶瓷材料。

山田新材料集团有限公司

地址:山东省临沂市临沭县城南经济开发区泰安路中段
电话:0539-6282288
电邮:shantian2009@sina.com
网址:www.cn-sht.com
单位介绍:山田新材料集团有限公司成立于2003年,公司坚持"做强主业、链式攀升、多元发展"的总体思路,以先进陶瓷为核心,以超大型碳化硅陶瓷智能装备和新能源硅碳负极材料为两翼,着力发展"硅碳基础材料、先进陶瓷、精密线切割、新材料智能装备"四大核心产品。公司建有国家级博士后科研工作站和4个省级研发平台,被认定为国家高新技术企业、国家级单项冠军示范企业、国家级绿色工厂、山东省技术创新示范企业、山东省瞪羚企业,并先后荣获山东知名品牌、山东优质品牌、临沂市优秀企业等荣誉称号。公司自主研发的大尺寸一体化碳化硅反应烧结真空炉入选山东省首台套装备目录。
主营产品:喷火嘴、燃烧筒、脱硫喷嘴、碳化硅辊棒、碳化硅方梁横梁、辐射管。

潍坊六方碳化硅陶瓷有限公司

地址:山东省潍坊市坊子区
电话:0536-7512699
电邮:1269750370@qq.com
网址:www.china-sisic.com
单位介绍:潍坊六方碳化硅陶瓷有限公司是一家专业研究、开发、销售生产碳化硅热交换器、真空反应烧结碳化硅(SiSiC)工程陶瓷的企业。真空反应烧结渗硅碳化硅(SiSiC)是一种新陶瓷材料,具有耐高温、抗氧化、高强度、耐极冷极热、抗热震性好、高温变小、热传导性好、耐磨、耐腐蚀等特点。作为节能耐火材料,硅碳化硅在卫生陶瓷、日用瓷、电瓷、磁性材料、微晶石、粉末冶金、钢铁热处理等行业的高温窑炉中被广泛应用,由它制成的各种部件也逐渐应用在发电、造纸、石油、化工、机械密封、水泵、表面处理、热交换、选矿、航天等领域。
主营产品:碳化硅热交换器、真空反应烧结碳化硅。

潍坊中加碳化硅科技有限公司

地址:山东省潍坊市坊子区荆山洼镇
电话:0536-7635556
网址:www.wfzjsic.com
单位介绍:潍坊中加碳化硅科技有限公司前身是潍坊兆泰工程陶瓷有限公司,成立于2002年,是一家专业生产反应烧结碳化硅(SiSiC,渗硅碳化硅)陶瓷制品的高科技企业。公司自成立伊始就确立了"不求更大,但求更好"的发展目标,潜心致力于反应烧结碳化硅陶瓷制品的研究与开发。经过多年的不懈努力,公司采用较先进的生产技术和严格的检测手段,全部产品均由真空烧结炉生产,质量稳定,品质较高,目前已达到国家标准同类产品的较高水平。公司生产的产品已被广泛应用于陶瓷、微晶玻璃、工业窑炉、汽车、冶金、石油、化工、钢铁、机械、电力、航天等领域。现主要产品有碳化硅管、碳化硅环、辊棒、方梁、燃烧器烧嘴套、燃烧室、热辐射陶瓷内管、冷风管、热电偶保护管、匣钵、坩埚、喷砂嘴、脱硫喷嘴、密封件、叶轮,以及各种耐高温、耐腐蚀、耐磨损异型件。公司秉持"商连四海,货通万家"的经营理念,产品除满足国内市场需求外,还远销到澳大利亚、韩国、日本、巴西、印度、摩洛哥、菲律宾、越南、泰国、巴基斯坦等多个国家和地区。
主营产品:反应烧结渗硅碳化硅(SiSiC)陶瓷制品。

山东众益新材料有限公司

地址:山东省济南市鑫苑鑫中心3号楼
电话:0632-4403508
电邮:sales@benefit-chem.com
网址:www.benefit-chem.com
单位介绍:山东众益新材料有限公司是一家致力于高端新材料、农药、医药、染料及中间体等精细化学品的研发、生产和销售公司。主导产品有方梁、辊棒、喷火套、辐射管、冷风管、热电偶套管、喷砂嘴、棚板、匣钵、耐磨衬材、耐磨密封件、耐磨耐腐叶轮、脱硫喷嘴等,广泛应用在陶瓷高温窑炉、钢厂淬火炉、矿山物料分级旋流器、大型锅炉和电厂脱硫除尘设备、煤渣气力输送设备、高科技和军工设备,涉及机械、冶金、电子、化工、钢铁、陶瓷、造纸、选矿、核工业、国防等领域。
主营产品:反应烧结碳化硅陶瓷、碳化硅喷嘴、碳化硅横梁、碳化硅脱硫喷嘴等新材料。

潍坊明亮精细陶瓷有限公司

地址：山东省潍坊市昌乐县城利民街 147 号
电话：0536-6255976
电邮：mljxtcyxgs@qq.com
网址：www.chinasisic.com
单位介绍：潍坊明亮精细陶瓷有限公司是一家专业从事反应烧结碳化硅陶瓷制品的企业，公司成立于 2002 年 2 月，总投资 3000 多万元，年生产能力达 600 吨。公司具有国际上先进的高温真空反应烧结窑炉 5 台以及其他先进配套设备 20 余台，采用国内先进的数控加工中心进行产品的加工和开发，其生产技术和设备均达到国际先进水平。
主营产品：反应烧结碳化硅陶瓷。

山东金鸿新材料股份有限公司

地址：山东省潍坊安丘经济开发区黄山东街 77 号
电话：400-9918-778
电邮：jinhongxincai@163.com
网址：www.jinhongxincai.com
单位介绍：山东金鸿新材料股份有限公司是一家致力于特种防护陶瓷、碳化硅结构陶瓷等新材料研发、制造、销售和服务的国家高新技术企业。公司拥有安丘经济开发区和南逯两个厂区，占地面积超过 22 万平方米，注册资本 4947.76 万元，资产 16 亿元。主要产品广泛用于光伏、半导体、化工环保、高端制造及耐高温、耐腐蚀、特种防护等领域。公司荣获国家"专精特新"小巨人企业、山东省瞪羚企业、山东省"准独角兽"企业、山东省制造业单项冠军企业、"好品山东"等荣誉，并获得第九届山东省省长质量奖。公司拥有高技术陶瓷山东省工程研究中心、山东省企业技术中心和山东省"一企一技术"研发中心 3 个省级研发平台。
主营产品：碳化硅方梁、辊棒、舟托、舟盒、冷风管、喷嘴、各种异形件等。

郑州市立新实业有限公司

地址：河南省郑州市中原区须水工业园杭州路与珠江路交叉口向西 500 米
电话：0371-67823444
电邮：857927473@qq.com
单位介绍：郑州市立新实业有限公司成立于 1995 年 11 月 9 日，总占地 22440m^2，建筑面积 15000m^2。公司凭借着稳定优异的团队，共取得 12 项实用新型专利和 1 项发明专利，同时于 2005 年、2008 年两次获得郑州市转型创新先进企业、郑州市质量管理先进单位等荣誉。
主营产品：无压烧结碳化硅、碳化硼防弹陶瓷、结构陶瓷、半导体陶瓷及吸盘、球制品、各种异形件定制。

启东市乘龙密封有限公司

地址：江苏省南通市启东市经济开发区牡丹江西路 2088 号
电话：0513-83110333
电邮：robin-shi@foxmail.com
网址：www.chenglong-seals.com
单位介绍：启东市乘龙密封有限公司成立于 2001 年，位于江苏省启东市牡丹江西路 2088 号，占地面积 10000 平方米，建筑面积 12000 平方米，员工 100 多人，是一个具有现代厂房和办公设施的高新技术企业。公司主要生产机械密封、碳化硅陶瓷、免浸渍石墨制品和橡胶制品，产品广泛应用于水泵、化工、军工等行业。公司产品规格齐全，质量优异，有专门的材料研发实验室，并积极与大学合作，可为广大客户提供稳定、优异的产品和技术服务，帮助解决生产中可能出现的各类问题。
主营产品：碳化硅陶瓷、机械密封。

湖北小辣椒新材料有限公司

地址：湖北省仙桃市瑞阳大道 2 号
电话：0728-3232319
电邮：bestzhang1986@qq.com
网址：www.hbxlj.cn
单位介绍：湖北小辣椒新材料有限公司是一家专注于做大尺寸碳化硅陶瓷管筒体的专业公司，是目前国内能够稳定量产直径超过 800mm 的碳化硅陶瓷管厂家。完全区别于传统的生产工艺和配方，在该产品立项之初，就秉承环保先行的理念，高效的成型工艺，环境友好型的配方，远低于同行二分之一的有机物含量，在源头上减少碳排放，为陶瓷企业树立环保新航标。只有高效高质的环保企业才能保证下游客户最稳定的货源。
主营产品：碳化硅陶瓷管。

葫芦岛市华能工业陶瓷有限公司

地址：辽宁省葫芦岛市高新技术园区西二街 50 号
电话：0429-3111355
电邮：kehu@hngt.com.cn
网址：www.hngt.com.cn
单位介绍：葫芦岛市华能工业陶瓷有限公司成立于 2003 年，注册资金 5000 万元，是北京中电联众电力技术集团有限公司的控股子公司。公司占地面积超过 3 万平方米，厂房面积 1 万平方米，拥有 4 座新型节能环保碳化硅及氮化硅烧结窑炉，用于高品质碳化硅陶瓷和氮化硅陶瓷研发和生产。公司专业从事工业陶瓷及其制品的研发、生产、销售、安装及服务，主要销售碳化硅陶瓷、钢复合制品、氧化铝陶瓷、钢复合制品为主的系列耐磨产品，还从事火力发电厂节能减排及增容技术改造。
主营产品：碳化硅陶瓷、钢复合制品、氧化铝陶瓷。

福建霖堃碳化硅有限公司

地址：福建省三明市沙县高桥镇工业集中区 199 号
电话：0598-5555678
网址：www.lkthg.com
单位介绍：福建霖堃碳化硅有限公司是中国磨料磨具、耐火材料专业生产厂家。公司集碳化硅金刚砂、微粉、高档碳化硅棚板和炼还原铁用的碳化硅料罐生产于一体化，年可生产碳化

2.3 非氧化物结构陶瓷产品企业

金刚砂 4000 吨，碳化硅还原铁料罐 3000 吨，高档碳化硅棚板、支柱等制品 1000 吨。

主营产品：碳化硅金刚砂、微粉、高档碳化硅棚板。

宁夏北方高科工业有限公司

地址：宁夏回族自治区银川市民族北街朝阳大厦 618 号
电话：0951-6713179
电邮：Tim@northernssic.com
单位介绍：宁夏北方高科工业有限公司成立于 2010 年。目前可根据客户需求生产各种规格的碳化硅段砂、粒度砂、细粉及 D_{50} 0.5μm 的亚微米级微粉、碳化硅无压及反应造粒粉、陶瓷装甲产品等。公司现已通过 ISO 9001：2015 质量管理体系认证，并获得国家级科技型中小企业称号。防弹片产品具有质量轻、硬度大、防护等级高等优点。

主营产品：防弹片。

加成实业（上海）有限公司

地址：上海市杨浦区平凉路 1398 号
电话：021-65726586
网址：www.chemson.com.cn
单位介绍：加成实业（上海）有限公司成立于 1998 年，主要生产橡胶化学品、高纯超细氧化铝、陶瓷造粒粉和异丙醇铝、仲丁醇铝等中间体产品。公司坚持自主创新为主、与科研院所联合研发为辅的原则，取得了在橡胶化学品和超细材料等领域的多项科研成果和发明专利，如无粉尘预分散体橡胶助剂系列产品、高纯超细纳米级氧化铝产品系列。公司产品除用于橡胶制品企业以外，在无机膜、锂电池隔膜涂层、LED 蓝宝石材料、精密抛光材料和生物陶瓷等领域的运用均有突破。公司经多年研究、开发，于 2018 年推出与气流粉碎机等相关粉碎设备一系列精密陶瓷结构件产品。通过近 20 年深入持续的研发创新，已经能把纳米核心技术与环保很好地结合在一起，创造出具有更高使用价值的新产品。碳化硅材料具有高硬度、高耐磨性和耐化学腐蚀性、热传导率好，在高温下性能稳定，属于高温结构材料，主要应用于耐磨件、密封件、半导体设备部件、高温部件。

主营产品：SiC 精密碳化硅陶瓷。

宁波众基精瓷科技有限公司

地址：浙江省宁波市奉化区岳林街道龙潭路 88 号
电话：0574-88837278，0574-88593888
电邮：ceramic@huabiao.com
网址：www.nbzjjc.com
单位介绍：宁波众基精瓷科技有限公司（原宁波华标特瓷采油设备有限公司）的前身为创办于 1956 年的国营奉化第一陶瓷厂，一直致力于研发、生产、销售、服务特种陶瓷领域。公司于 1979 年从中科院上海硅酸盐研究所引进氮化硅生产技术，为国内较早引进氮化硅和碳化硅生产技术的专业精细陶瓷材料研制单位，目前已具备高温烧结氧化铝、反应烧结碳化硅、无压烧结碳化硅、气压烧结氮化硅和热压烧结生产能力，并拥有两台大型等静压设备。公司现有员工 100 余人，厂区占地 27000m²，其中建筑面积有 25000m²，拥有各类完善的生产及测试设备。

主营产品：氧化铝、无压烧结碳化硅、反应烧结碳化硅、氮化硅、防弹系列、陶瓷金属组合等。

东莞市砾石实业投资有限公司

地址：广东省东莞市东城街道堑头社区汉唐街 26 号 1 栋 515～518 号
电话：400-812-3826
网址：www.gravel-cn.com
单位介绍：东莞市砾石实业投资有限公司成立于 2009 年，其前身为 2003 年成立的上海市砾石电子机械有限公司华南分公司，至今已拥有 20 多年的新能源材料行业经验。公司专业生产经营铝塑膜、工业精密陶瓷、靶材、动力锂电陶瓷等新能源材料，有定点生产基地，并依托中科院、碳酸盐研究所的技术支持，配备了工业陶瓷、铝塑膜、靶材等新能源材料方面的专业工程师及商业贸易人才，严格按照 ISO 9000 质量管理体系进行管理。

主营产品：氧化锆精密陶瓷部件、高精度氧化锆陶瓷活塞泵、碳化硅陶瓷零件等。

石家庄惠含密封材料厂

地址：河北省石家庄市藁城区北马桥南头
电话：0311-88108819
电邮：office@hgcera.com
网址：www.huihanmifeng.1688.com
单位介绍：石家庄惠含密封材料厂专业研制、生产常压烧结碳化硅、反应烧结碳化硅、反应烧结氮化硅、硬质合金等高技术陶瓷材料。这些材料各自具有较独特的优良性能，可以用于制造各种耐磨、耐腐蚀、耐高温的结构件，广泛应用于石油、化工、矿山、有色冶炼、新能源、半导体设备、光电、电子、生物医药、国防军工等领域。用这种材料制造的结构件已广泛应用于国内外各个行业。公司生产设备齐全，检测仪器精良，研发人员实力雄厚，可生产外径 530mm、长度 1000mm 的结构件，可为客户研制、设计各种工作环境下不同规格形状的工程陶瓷构件，为客户解决抗磨损、抗腐蚀、耐高温的难题。产品具有耐高温、低热膨胀系数、高导热性、高抗热震性、耐腐蚀等特性，可在 300℃氢氟酸环境下使用超过半年。

主营产品：无压烧结碳化硅坩埚、热电偶套管等耐高温件。

峰峰矿区新东方科技开发有限公司

地址：河北省邯郸市峰峰矿区义井镇北羊台二街
电话：0310-5422812
电邮：15690001980@163.com
网址：www.hdxdf.com
单位介绍：峰峰矿区新东方科技开发有限公司是在中国科学院院士、北京科技大学教授葛昌纯的指导下创立的。北京科技大学在公司内建有峰峰特种陶瓷开发研究基地。公司拥有生产设备50多台套，并配有完善的检测设备，现有员工100余名、科技人员20名、中高级技术人员8名。目前，公司主要生产无压烧结碳化硅制品。无压烧结碳化硅制品是一种高强度、高硬度、耐高温、耐腐蚀、耐磨损、抗热震的高性能特种陶瓷材料，可广泛应用于军工、航空航天、电子电力、机械工业、石油化工等许多领域。特别是该方法制备的陶瓷材料具有晶粒细小且不含游离硅，具有耐高温、高强度、高硬度、高耐腐蚀、抗氧化性能，是目前发达国家制造防弹片的首选通用材料，而且无压烧结碳化硅制成的防弹板硬度高、比重小、弹道性能好，广泛应用于各种防弹车、装甲车、舰艇等防护防弹设备中。

主营产品：碳化硅陶瓷、氮化硅陶瓷。

福赛特（唐山）新材料有限公司

地址：河北省唐山市大庆道71号
电话：0315-3853681
网址：www.tsfct.com
单位介绍：福赛特（唐山）新材料有限公司（中德合资），即原唐山福赛特精细技术陶瓷有限公司，是生产重结晶碳化硅、氮化硅结合碳化硅制品的专业企业。自1996年5月1日成立以来，公司以制造高技术、高质量的产品作为追求，全体员工一直为这一目标而努力奋斗着。公司主要设备从德国进口，其中有注浆成型系统、模具制造系统、高温中频感应烧结炉（2500℃）。生产工艺全部采用德国FCT的工艺技术软件，生产所需原材料从圣戈班（SAINT-GOBAIN）公司进口。2005年12月1日起，公司又从德国引进容积中频感应烧结炉，并开始规模化生产长度为3.6米的重结晶碳化硅辊棒和横梁。作为当前中国碳化硅生产企业，公司拥有一批事业心强、充满活力的中外经营、技术专家，以质量较佳的产品引导市场需求，为各企业提供周到的服务。公司高级工程技术人员对用户使用R-SiC产品的使用方案提供免费设计服务，根据经验和R-SiC的特点优选使用设计方案，使用户在完全满足使用要求的前提下，实现较高的经济效益。公司可根据用户的特殊要求，制造满足使用条件的高性能产品。

主营产品：重结晶碳化硅系列；氮化硅结合碳化硅系列、棚板系列、横梁系列、圆管系列、烧嘴套与异型产品；光伏-反应烧结碳化硅。

邯郸市熔强工业瓷有限责任公司

地址：河北省邯郸市峰峰矿区彭新路20号
电话：0310-5022436，0310-5212019
电邮：rongqianggyc@163.com
网址：www.rqgyc.com
单位介绍：邯郸市熔强工业瓷有限责任公司（原邯郸陶瓷集团工业瓷有限责任公司）坐落在邯郸市。公司始建于1968年9月，现占地面积4万m²，员工200多人，固定资产2000万元，是我国北方生产碳化硅陶瓷、电子配件陶瓷、电工陶瓷的专业公司。公司主要生产瓷种有无压烧结碳化硅陶瓷、氧化铝瓷、滑石瓷、堇青石瓷、多孔陶瓷五大系列。主要产品包括各类无压烧结碳化硅机械密封瓷件（含碳自润滑密封件）；防弹装甲系列；各类电子、电器装置瓷件；各类熔断器系列瓷件；多孔陶瓷、炉具灶片等2000多个规格品种。产品材料性能均符合GB/T 5593—2015和国际电工委员会（IEC）相关标准，产品多次荣获省、市级新产品奖和科技成果奖。公司已于2000年通过ISO 9002：1994认证，2003年通过ISO 9001：2000认证，2009年通过ISO 9001：2008认证。公司具备较完善的科研技术和完备的生产制造能力，拥有从德国引进设备和技术的干压成型生产线，有较雄厚的模具加工能力，可根据用户的特殊要求进行加工生产。产品广泛用于电子、电工、石油、化工、邮电、通信、航天、军工、铁路信号、精密铸造、纺织机械、机械密封等领域。

主营产品：碳化硅陶瓷产品，包括无压碳化硅花键小轴、密封抛光件、异形滚轴、螺旋小轴、碳化硅泵轴、碳化硅陶瓷；75%氧化铝瓷系列、电梯用线绕电阻器、铁路信号用线绕电阻器、骨件；80%氧化铝瓷系列、线路保护系统用底座等。

唐山市晨皓耐火陶瓷制品有限公司

地址：河北省唐山市丰南沿海工业区
电话：0315-8478000
电邮：wks200811@126.com
网址：www.chenhao2010.com
单位介绍：唐山市晨皓耐火陶瓷制品有限公司专业生产各类碳化硅制品、氧化物结合碳化硅制品和氮化硅结合碳化硅制品，产品可作为棚板、隔焰板、哈弗卡板及各种异形耐高温、耐磨、耐腐蚀件等，广泛应用于卫生陶瓷、日用瓷、电瓷、磁性材料、砂轮、工业窑炉、水泵、锅炉、电站环保及石油、冶金、化工、航天等领域，也可用作窑炉高速烧嘴、冶金高炉内衬、铝电解槽内衬等。公司年设计能力可达2000吨，产品以优异的耐磨和热学性能行销国内各行业及欧美、东南亚各国。

主营产品：碳化硅制品、氮化硅结合碳化硅制品。

河南雅利安特种陶瓷有限公司

地址：河南省郑州市荥阳金寨工业园
电话：0371-85228866
网址：www.aryanceram.com
单位介绍：河南雅利安特种陶瓷有限公司是新建的民营企业，专业生产常压烧结碳化硅、反应烧结碳化硅，占地约2.7万平方米，有9000多平方米厂房。公司设备一流、配置齐全，生产能力大，产品精度高，从粉体喷雾造粒、干压成型、高温烧结、精磨精研到成品检验，均能满足客户的各种需求。公司的碳化硅制品包括十大系列：平环、转环、静环、动环、中台环、中槽环、轴、轴套、防弹板、特异环系列，精研面粗糙度可达到0.2μm、0.4μm，加工精密达0.01mm、0.02mm，体积达到3.08g/cm³、3.10g/cm³。

主营产品：常压烧结碳化硅、反应烧结碳化硅。

郑州盈芯电热科技有限公司

地址：河南省登封市产业集聚区A区标准化厂房5号楼
电话：0371-62835001
电邮：service@zzyingxin.com

2.3 非氧化物结构陶瓷产品企业

网址：www.zzyingxin.com

单位介绍：郑州盈芯电热科技有限公司位于风景秀丽的河南省登封市，公司专业研制、生产、销售高温窑炉配套设施，主营电热元件、碳化硅制品、钨钼制品、耐火材料等产品。产品主要应用于精密电子陶瓷、光学玻璃、磁性材料、热处理等行业。公司成立以来，以满足客户需求为目标，外引内联，立足高等科技产品制造技术，以产品为纽带，以服务为推动，优良的产品品质和良好的服务使公司获得了广大客户的认可和好评。

主营产品：电热元件、碳化硅制品、钨钼制品、耐火材料。

平顶山市友盛精密陶瓷有限公司

地址：河南省平顶山市湛河区平桐路12号
电话：0375-8915839
单位介绍：平顶山市友盛精密陶瓷有限公司是一家成立于2004年的专业从事工业精密陶瓷生产的企业。公司专业生产碳化硅机械密封、碳化硅精密异形陶瓷件、精密铸造陶瓷型芯产品。
主营产品：精密铸造陶瓷型芯、碳化硅陶瓷、氮化硅陶瓷。

哈尔滨新辉特种陶瓷有限公司

地址：黑龙江省哈尔滨市南岗区高科技创业中心零号楼418室
电话：0451-84368085
电邮：info@xinhuiceramic.com
网址：www.xinhuiceramic.com
单位介绍：哈尔滨新辉特种陶瓷有限公司是专业从事先进陶瓷材料研究、开发、生产与销售的国家高新技术企业。公司位于哈尔滨群力开发区，主要产品有碳化硅、碳化硼等陶瓷密封件、泵件、防弹片、研磨介质、喷砂嘴和研抛盘等多种精密陶瓷制品。产品因有优良的耐高温、耐腐蚀、耐磨损的特性，广泛应用于航空航天、电子、微电子、化工、纺织、机械、冶金、印刷等领域。
主营产品：碳化硅、碳化硼等陶瓷密封件。

汉江弘源襄阳碳化硅特种陶瓷有限责任公司

地址：湖北省襄阳市樊城区中航大道中段航天工业园
电话：0710-3155080
电邮：hysic@hysic.com
网址：hysic@hysic.com
单位介绍：汉江弘源襄阳碳化硅特种陶瓷有限责任公司为汉江水利水电（集团）有限责任公司下属的国有独资企业，是一家从事化硅原料、碳化硅陶瓷制品、高端陶瓷泵制造及服务的新材料产业链企业。公司现拥有襄阳和丹江口两个大型生产基地。公司陆续建成了湖北省专家工作站、湖北省工业设计中心、襄阳市企校联合创新中心、襄阳市产学研合作创新示范基地等研发创新平台，获得中国发明专利10余项、实用新型专利50项、外观设计专利6项、南非专利1项，主持行标修订3项。
主营产品：碳化硅陶瓷渣浆泵、碳化硅涂覆与修复、金属铸造用碳化硅制品、碳化硅窑具、碳化硅耐火砖、大结晶黑碳化硅砂。

湖北朗驰新型材料有限公司

地址：湖北省武汉市青山区武钢北湖耐火工业园内
电话：027-59909189
网址：www.hblcgt.com
单位介绍：湖北朗驰新型材料有限公司是武汉武钢北湖冶金材料有限公司的下属控股公司，是专业生产真空烧结碳化硅陶瓷的高新技术企业，拥有高温烧结炉和产品检测设备，生产技术和设备达到国际较高水平。公司总投资1.3亿元，占地面积8.8万m^2，主要生产设备总量230余台/套。公司目前年综合生产能力5.5万t。全公司（以武汉武钢北湖冶金材料有限公司为总公司，包括湖北朗驰新型材料有限公司）技术力量较雄厚，其中高级工程师15人，各类专业技术人员27人。公司和武钢各钢厂技术部门、武汉理工大学、武汉科技大学等单位建立了长期合作关系，在武钢技术中心和中冶冶金建材研究院的指导下，以全面科学的方式研发开拓新产品。公司设有独立的检测中心，该检测中心检测设备齐全，在北湖地区颇具规模，对产品质量进行检测和有效的工艺质量控制。公司有一套较完善的质量保证体系，2001年7月通过ISO 9001：2000质量管理体系认证，2007—2010年连续通过复审认证。产品具有高强度、高硬度、耐磨损、耐腐蚀、抗氧化性强、抗热震性好、导热好、抗高温蠕变等性能，已广泛运用于高温工业窑炉、火力发电厂脱硫系统、采矿选矿、金属热处理、石油化工机械、热交换、环保材料、航空航天、军工、太阳能及新能源电池等行业。
主营产品：反应烧结碳化硅陶瓷。

冷水江市明玉陶瓷工具有限责任公司

地址：湖南省娄底市冷水江市沙塘湾街道十二组
电话：0738-5617098
电邮：lshjmytcgj@vip.163.com
网址：www.mingyutc.com
单位介绍：冷水江市明玉陶瓷工具有限责任公司是由成立于1970年的原冷水江市陶瓷工具厂整体改制组建的股份制企业，是全国生产陶瓷工具时间最长、批量最大的专业生产厂家。公司于1983年起生产"先锋"牌AG2/AG3/MYAS复合氧化铝陶瓷刀片，SN-2/SN-3/SN-4/MYS复合氮化硅陶瓷刀片、晶须增韧陶瓷刀片、ST系列陶瓷刀片、立方氮化硼（CBN）刀片及机夹刀杆、金属陶瓷热挤压模、金属陶瓷冷挤压模、金属陶瓷拉伸模、复合陶瓷拉丝模、金属陶瓷拉丝模、氮化硅陶瓷发热体、陶瓷喷砂嘴、自润滑高温陶瓷滑动轴承、陶瓷轴承球、非标陶瓷耐磨件等，产品除销往全国28个省（市）、自治区外，还部分远销日本、东南亚等国家和地区。
主营产品：陶瓷工具、粉末冶金产品、工程陶瓷及功能陶瓷。

湖南博望碳陶有限公司

地址：湖南省长沙市高新开发区谷苑路166号二期厂房101-1
电话：18153791277
电邮：1247556296@qq.com
网址：www.bwttpms.com

单位介绍：湖南博望碳陶有限公司是一家高新技术企业，是一家基于分子设计、高分子合成、材料复合的新型材料公司。公司拥有全核心产业链和自主知识产权，主要制备高品质陶瓷基复合材料（又称CMC）精密结构件、碳化硅涂层制品等。
主营产品：耐火陶瓷材料、耐磨抗冲击材料、高纯高密碳化硅异型件、碳陶复合材料制品、液体碳化硅陶瓷、碳化硅纳米线。

宜兴市拓峰陶瓷有限公司

地址：江苏省宜兴市丁蜀镇红卫任墅工业西区
电话：0510-87470192
单位介绍：宜兴市拓峰陶瓷有限公司是生产氧化铝陶瓷产品的专业公司，坐落在宜兴市阳羡茶场。公司重点生产各种规格型号的焊接、切割用耐高温陶瓷喷嘴、保护罩、分流器的电极、导电嘴、陶瓷焊接衬垫、螺柱焊陶瓷环等配件。产品广泛用于汽车、飞机、船舶、电子电器、摩托车、自行车等制造行业，并以较优异的质量取代进口产品，大幅降低了客户的生产成本，受到国内外用户的一致好评。
主营产品：各种规格型号的焊接、切割用耐高温陶瓷喷嘴、保护罩、分流器的电极、导电嘴、陶瓷焊接衬垫、螺柱焊陶瓷环等配件。

九江东庆耐火科技有限公司

地址：江西省九江市柴桑区沙城工业园
电话：0792-6893380
电邮：jjdw2013@163.com
网址：www.jidvv.com
单位介绍：九江东庆耐火科技有限公司是一家生产碳化硅窑具企业，经营的主导产品有氧化物结合碳化硅制品、无压烧结碳化硅制品、反应烧结碳化硅制品。氧化物结合碳化硅制品主要有碳化硅棚板、卫生洁具用台盆板、鱼形板、耐火支柱、节能型匣钵、分体支架等。无压烧结碳化硅制品主要有工程陶瓷管、辊棒、方梁和窑板等制品。反应烧结碳化硅制品主要有横梁、辊棒、棚板、碳化硅异形件等。公司生产的碳化硅产品高温使用稳定、抗热震、防氧化、制品薄而体积密度高、窑具质量轻，可大幅增加窑炉空间利用率，降低烧成能耗，最大限度地节约能源。
主营产品：氧化物结合碳化硅制品、反应烧结碳化硅制品。

沈阳正圆碳化硅陶瓷有限公司

地址：辽宁省沈阳市法库县法库经济开发区一区
电话：024-27125102
网址：www.sr-sic.com
单位介绍：沈阳正圆碳化硅陶瓷有限公司是沈阳西卡精细陶瓷有限公司的全资子公司，是一家专业生产碳化硅节能窑具、高温窑炉配件的专业制造企业。公司位于沈阳市法库经济开发区，占地面积30000平方米，集生产、研发为一体，拥有先进的制造设备及一批专业的高素质人才。主导产品为重结晶碳化硅、反应烧结碳化硅及氮化硅结合碳化硅三大系列、近百个品种。产品质量及性能均达到国内同类产品先进水平。公司以诚信经营、创新双赢为本，愿为国内外日用瓷、卫生陶瓷、工业陶瓷、磁性材料行业高温承烧板、高温氧化铝等行业及窑炉制造业提供高性价比的产品。
主营产品：碳化硅节能窑具、高温窑炉配件。

山东美达精细陶瓷股份有限公司

地址：山东省潍坊市坊子区坊城街办
电话：0536-7662798
电邮：meida@chinameida.com.cn
网址：www.chinameida.com.cn
单位介绍：山东美达精细陶瓷股份有限公司坐落于潍坊市，是一家专业生产反应烧结碳化硅精细陶瓷的技术企业。公司技术力量较雄厚，生产工艺成熟，拥有专业的中高级工程师和产品开发团队，采用国内较先进的计算机设计技术和数控加工中心进行新产品开发设计。公司生产设备先进，具有国际上较先进的高温真空反应烧结真空炉和各种机加工设备，质量体系健全有效，产品质量已达到欧洲同行业标准。产品具有耐高温、抗热震性好、抗折度高、耐强酸碱腐蚀、耐磨、耐冲击等特性，其各项性能均通过国家权威检测机构的检测和认可。
主营产品：方梁、辊棒、燃烧器喷火嘴套、辐射管导焰套、脱硫喷嘴、热电偶保护管、冷风管、棚板、匣钵、坩埚、喷砂嘴、轴套、密封件及各种耐高温、耐磨、耐腐蚀碳化硅异型件等。

高密市万源机械设备有限公司

地址：山东省潍坊市高密市醴泉大道663号
电话：0536-2869499
网址：www.gmwykj.com
单位介绍：万源公司产品涵盖脱硫、窑炉、电力、机械等领域，主要产品有脱硫喷嘴、碳化硅喷火嘴、辊棒、横梁、碳化硅防弹板、急冷管、热电偶保护管、辐射管、坩埚、喷砂嘴、碳化硅耐高温件、耐磨损件、耐磨管道等反应烧结碳化硅陶瓷，以及重结晶碳化硅陶瓷和特种陶瓷。另外，公司加强聚丙烯研究与生产，产品可适用于除雾器喷嘴等领域。碳化硅产品具有高强度、耐高温、高硬度、高耐磨、耐腐蚀、抗氧化、耐急冷急热、抗热震性好、导热好和热效率高等基本性能和主要特点。产品达到了欧洲行业标准，质量达到了世界先进水平，广泛应用于建筑卫生陶瓷、日用瓷、电瓷、磁性材料、微晶玻璃、工业窑炉、汽车、水泵、锅炉、电站环保及造纸、石油、冶金、化工、机械、航空航天等领域。
主营产品：碳化硅（SiSiC）陶瓷制品。

强联精细陶瓷有限公司

地址：山东省潍坊市经济开发区
电话：0536-8669966
电邮：13905365036@163.com
网址：www.qlsic.com
单位介绍：强联精细陶瓷有限公司是一家专业生产反应烧结碳化硅陶瓷制品的国有企业。公司具有国际上最先进的高温真空反应烧结窑炉，采用先进的数控设备和技术对产品进行加工和

2.3 非氧化物结构陶瓷产品企业

研发。主要产品包括横梁、辊棒、烧嘴套、冷风管、热电偶保护管、辐射管、脱硫喷嘴、耐磨衬材、喷砂嘴、板材、坩埚、密封件及各种异型件。行业领域涉及工业窑炉、脱硫设备、大型锅炉等设备,以及冶金、电子、陶瓷、造纸、磁性材料、电力环保、选矿、钢铁、锂电、石油、化工、核工业、军工等。

主营产品:横梁、辊棒、烧嘴套、冷风管、悬臂桨、辐射管、脱硫喷嘴、耐磨衬材、喷砂嘴、碳化硅板材、坩埚、研磨桶及各种异型件等。

山东宝纳新材料有限公司

地址:山东省莱芜区莱城工业区西街村西
电话:0634-6555266
网址:aliciayang.cn.globalimporter.net
单位介绍:山东宝纳新材料有限公司于2011年成立,是一家集研发、生产、销售高性能碳化硅制品于一体的高新技术型企业。公司现与山东大学合作,是山东大学新材料科研教学实验基地,并建有山东省节能陶瓷工程实验室、山东省企业技术中心等研发平台,已获得2013年度国家重点新产品、2013年度国家创新基金项目、莱芜市十佳科技型中小企业等荣誉称号。截至目前,公司已获授权国家专利22项,其中发明专利6项、实用新型专利16项。
主营产品:①碳化硅陶瓷热交换管、蓄热陶瓷、热辐射管、燃烧喷嘴等系列产品;②烟气脱硫系统浆液雾化系列、碳化硅陶瓷喷嘴、耐腐蚀管道;③系列密封件产品和汽车尾气净化系列碳化硅蜂窝陶瓷。

潍坊百德机械设备有限公司

地址:山东省潍坊高密市呼家庄产业园区
电话:0536-2693828
电邮:bettersic@foxmail.com
网址:www.wf-better.com
单位介绍:潍坊百德机械设备有限公司(原山东百德陶瓷科技有限公司)是一家生产反应烧结碳化硅陶瓷的企业。公司位于高密市,地处胶东半岛和山东内陆的接合部,东邻青岛,西依潍坊,境内交通便利,铁路、公路四通八达,距离青岛机场仅40分钟车程。生产的碳化硅制品性能稳定,品质优良,已通过ISO 9001质量体系认证。产品具有高强度、高硬度、耐高温、耐磨损、耐腐蚀、抗氧化、抗热震性能好、导热好、热效率高等特点。产品广泛适用于电厂脱硫除尘设备、陶瓷高温窑炉、钢厂淬火炉、矿山物料分级旋流器等。产品分类涵盖碳化硅脱硫喷嘴、碳化硅喷火嘴套管、碳化硅换热器、辐射管内管、辐射管外管、碳化硅辊棒、碳化硅方梁、碳化硅坩埚等。
主营产品:真空反应烧结碳化硅(SiC)。

潍坊丰华英泰特种陶瓷有限公司

地址:山东省潍坊市安丘市大汶河开发区汶河南路
电话:0536-4725666
电邮:1303806506@qq.com
网址:www.wffhyt.com
单位介绍:潍坊丰华英泰特种陶瓷有限公司是反应烧结碳化硅专业制造商。公司拥有专业的技术队伍和专业制造团队,公司主导产品为反应烧结碳化硅制品,年设计生产能力达300吨以上。其主要产品包括碳化硅喷嘴系列、碳化硅喷火嘴系列、碳化硅坩埚系列、碳化硅耐磨系列、碳化硅异形件系列、碳化硅防弹片系列、碳化硅方梁系列、碳化硅电热偶系列等,也可根据客户需求定做。生产的反应烧结碳化硅系列制品在工业领域和军工领域的应用越来越广泛。
主营产品:烧结碳化硅制品。

潍坊华强工程陶瓷有限公司

地址:山东省潍坊市坊子区206国道与马司村交叉口往北150米
电话:0536-7513927
网址:tzrkuuwufo.zhuigan.cn
单位介绍:潍坊华强工程陶瓷有限公司位于山东省潍坊市坊子经济发展区,是一家专业生产真空反应烧结碳化硅(SiSiC)工程陶瓷的技术企业,拥有国内先进的碳化硅陶瓷生产工艺。主要产品有脱硫喷嘴(烟气脱硫喷嘴、电厂脱硫喷嘴)、碳化硅喷嘴、碳化硅脱硫喷嘴、脱硫除尘螺旋喷、嘴燃烧器喷火嘴套、辐射管导焰套、脱硫喷嘴、横梁、辊棒、热电偶保护管、冷风管、棚板、匣钵、坩埚、喷砂嘴、轴套、密封件及各种耐高温、耐磨、耐腐蚀碳化硅异型件等。产品质量已达到欧洲同行业标准,在国内外市场上享有较高声誉,也可根据客户来样生产。
主营产品:碳化硅喷嘴、碳化硅脱硫喷嘴、脱硫除尘螺旋喷、嘴燃烧器喷火嘴套。

潍坊华鑫工程陶瓷有限公司

地址:山东省潍坊市坊子区潍胶路689号
电话:0536-2111839
电邮:wfhx88@163.com
网址:www.wfhuaxin.com
单位介绍:潍坊华鑫工程陶瓷有限公司是一家专业生产真空反应烧结碳化硅(SiSiC)工程陶瓷技术企业。公司从德国引进生产技术和设备,拥有世界上先进的真空反应烧结炉,是国内规模较大的真空反应烧结碳化硅制品专业制造商。产品已广泛应用于卫生陶瓷、日用瓷、磁性材料、微晶玻璃、工业窑炉、造纸、石油、冶金、化工、机械、航空等领域。目前,产品质量已达到欧洲同行业标准,并出口至日本、越南、阿联酋、马来西亚、澳大利亚、南非、泰国等国家和地区。
主营产品:烧结碳化硅制品。

潍坊华兴碳化硅陶瓷有限公司

地址:山东省青州市309国道立交桥东侧
电话:0536-3523079
电邮:chenguangjun2008@163.com
网址:www.wfhxtc.com
单位介绍:潍坊华兴碳化硅陶瓷有限公司坐落在山东省青州市,

是国内碳化硅陶瓷的专业制造厂家。公司生产技术、设备国内领先，主导产品为反应烧结碳化硅制品，年生产能力达 500 吨以上，产品已达到欧洲行业标准，质量达到了世界先进水平。公司目前拥有真空感应烧结炉，可生产长达 4700mm、直径 400mm 以下的辊棒、横梁、冷风管等大规格产品及各种复杂异型件。产品可广泛应用于建筑卫生陶瓷、日用瓷、电瓷、磁性材料、微晶玻璃、工业窑炉、汽车、水泵、锅炉、电站环保及造纸、石油、冶金、化工、机械、航空航天等领域。

主营产品：碳化硅陶瓷。

潍坊金泰精细陶瓷有限公司

地址：山东省潍坊市坊子区经济发展区辛庄村村东
电邮：2455638650@qq.com
网址：www.wfjttc.com
单位介绍：潍坊金泰精细陶瓷有限公司是国内知名的高性能陶瓷解决方案提供商和碳化硅陶瓷制造商。公司引进德国先进技术和沈阳真空研究所先进烧结炉，专业生产反应烧结碳化硅陶瓷制品，现研发产品有 300 多个规格型号，用户遍布全国。真空反应烧结碳化硅（SiSiC）是一种新陶瓷材料，它具有耐高温（1380℃）、抗氧化、高强度、耐极冷极热、抗热震性好、高温变形小、热传导性好、耐磨、耐腐蚀等特点。作为节能耐火材料，该材料在卫生陶瓷、日用瓷、电瓷、磁性材料、微晶石、粉末冶金、钢铁热处理等行业的高温窑炉、工业炉中被广泛应用，由它制成的各种部件也逐渐应用在发电、造纸、石油、化工、机械密封、水泵、表面处理、热交换、选矿、航天等领域。

主营产品：烧结碳化硅陶瓷。

潍坊市千晖精细陶瓷有限公司

地址：山东省潍坊市坊子区荆山洼街道
电邮：masonvicky@hotmail.com
网址：www.ceramican.cn
单位介绍：潍坊市千晖精细陶瓷有限公司引进国外较先进的生产技术，生产真空反应烧结碳化硅制品。公司主导产品是碳化硅脱硫喷嘴，该产品是火力发电厂、大型锅炉、脱硫除尘成套装置的关键部件，具有高强度、高硬度、抗强烈腐蚀、抗剧烈磨损、使用寿命长等优良特性。脱硫喷嘴主要包括螺旋喷嘴、涡流切线型喷嘴及异型碳化硅喷嘴。生产的烧嘴套、辊棒、方梁、辐射管、急冷管、热电偶保护管、坩埚、化工管道等异型产品，广泛用于建筑陶瓷、卫生陶瓷、日用陶瓷、工业窑炉、电站环保造纸机械等行业。现公司产品已批量销往中国台湾地区，以及马来西亚、日本、越南、巴基斯坦、南非、澳大利亚、韩国、朝鲜等国家和地区。

主营产品：真空反应烧结碳化硅制品。

潍坊清宇环保设备有限公司

地址：山东省潍坊市高密市朝阳街道康成大街东首（东栾家庄社区居民委员会对面）
电话：13275363638
电邮：13275363638@163.com
网址：www.chinapenzui.com
单位介绍：潍坊清宇环保设备有限公司是一家以生产销售、技术咨询为主的高新技术企业，旨在服务于电力、钢铁、石油、化工及其他特种行业。公司拥有先进的生产设备、雄厚的技术力量和专业的管理团队，是中国领先的脱硫设备研发制造厂家。公司联合多家脱硫设计院、环保公司，共同致力于脱硫设备的设计、制造和测试。主要产品有碳化硅脱硫喷嘴、316L 不锈钢喷嘴、氧化铝陶瓷喷嘴、脱硫塔喷淋层、阴极线、阳极管、除雾器等，产品广泛应用于石灰石-石膏法脱硫、双碱法脱硫、氨法脱硫、海水脱硫等领域。

主营产品：碳化硅脱硫喷嘴、316L 不锈钢喷嘴、氧化铝陶瓷喷嘴，以及脱硫、脱硝、冷却、异形、窑炉配件等。

山东仁和新材料有限公司

地址：山东省潍坊市坊子区经济发展区双拥路 88 号
电话：0536-8080528
电邮：wfrhtc@163.com
网址：www.sd-rh.cn
单位介绍：山东仁和新材料有限公司是一家专业生产真空反应烧结碳化硅工程陶瓷的高新技术企业。公司拥有先进的高温真空反应烧结炉和完备的产品检测设备，并引进德国真空反应烧结碳化硅生产工艺和软件技术。主要生产真空反应烧结碳化硅烟气脱硫喷嘴、燃烧器喷嘴、冶金辐射管、热电偶保护管、喷砂嘴、坩埚、密封件、轴套、工业窑炉用窑具及各种耐高温、耐磨、耐腐蚀件等。几年来，公司坚持运用现代企业管理制度和管理理念不断完善经营、生产、质量等方面的管理，遵循"诚信为本、客户至上的"原则，实现了跨越式的发展，不仅造就和形成了一支有知识、有技术、有活力的员工队伍，而且公司主营的几个品种产品在国内不同行业占有相当高的份额。产品畅销国内，并出口德国、美国、韩国、日本、土耳其、泰国、印尼、越南、印度、西班牙、澳大利亚、中东等国家和地区。

主营产品：反应烧结碳化硅节能窑具、燃烧喷火嘴、脱硫喷嘴、耐火窑具等。

潍坊盛润特种陶瓷有限公司

地址：山东省潍坊市坊子区潍州路十五公里处
电话：400-0536-647
电邮：sbs7656503@126.com
网址：www.wftanhuagui.com
单位介绍：潍坊盛润特种陶瓷有限公司是一家专业从事研究、生产、销售真空反应烧结碳化硅制品的制造商，总投资 1000 万元，年设计生产能力 500t。公司引进德国真空反应烧结碳化硅生产工艺和软件技术，拥有德国工艺制造的高温真空反应烧结炉和较完备的产品检测设备。主要产品有窑炉用燃烧器烧嘴套、辐射管隔燃套、横梁、辊棒、棚板、冷风管、热电偶保护管、电厂用脱硫喷嘴、耐磨管道、弯头、三通；研磨筒、轴套、密封环；旋流器内衬；喷砂嘴及各种型号的耐高温、耐磨、耐腐蚀件、密封件等。产品广泛应用于高温工业炉、电厂脱硫、石油化工、机械密封、光伏、半导体、锂电池、航空航天等领域。

主营产品：悬臂桨晶舟、烟气脱硫喷嘴、碳化硅横梁、碳化硅

2.3 非氧化物结构陶瓷产品企业

辊棒、冷风管热电偶保护管、喷火嘴分火器、板材等。

潍坊万邦精细陶瓷有限公司

地址：山东省潍坊市坊子区北海路翠坊街西首
电话：0536-7517388
电邮：wfwbtc@sina.cn
网址：www.wfwbtc.com
单位介绍：潍坊万邦精细陶瓷有限公司是一家专业生产反应烧结碳化硅制品的企业，总投资900万元，引进德国生产技术，年设计生产能力可达200吨。产品分节能环保、耐高温耐磨耐腐蚀、机械零部件、防弹陶瓷等系列。主要产品有烧嘴套、辐射管、急冷管、横梁、辊棒、棚板、热电偶保护管、匣钵、坩埚、喷砂嘴、防弹片、研磨桶、密封件、脱硫喷嘴及异型耐高温、耐磨、耐腐蚀件等。碳化硅系列制品具有高强度、高硬度、高耐磨、耐高温、耐腐蚀、耐急冷急热、抗氧化、抗热震性好、导热好和热效率高等基本性能和特点。产品达到欧洲行业标准，质量达世界先进水平。产品可广泛应用于陶瓷机械、冶金、电子、化工、石油、钢铁、建材、造纸、矿山、国防等领域。
主营产品：烧嘴套、辐射管、急冷管、横梁、辊棒、棚板、热电偶保护管。

潍坊新创新材料科技有限公司

地址：山东省潍坊市坊子区潍州南路张家柳沟村北
网址：www.wfxinchuang.com
单位介绍：潍坊新创新材料科技有限公司坐落于风光旖旎的著名国际风筝之都——潍坊市，成立于2012年，注册资金1000万元，一期总投资8000万元，占地面积超过4.6万平方米，专业生产碳化硅烧嘴套、碳化硅耐磨衬套等各种反应烧结碳化硅制品。公司技术力量雄厚、拥有中高级工程师产品开发团队30多人，采用国内先进的计算机设计技术和数控加工中心进行新产品开发设计。产品具有耐高温、急冷急热稳定性好、抗折度高、耐强酸碱腐蚀、耐磨、耐冲击等优越特性，其各项性能均通过检测机构的检测和认可。公司还是两项国标《碳化硅特种制品：方梁》《碳化硅特种制品：喷火套》的主要起草单位（公司董事总经理李明新是主要起草人）。公司是潍坊碳化硅行业协会常务理事单位。
主营产品：碳化硅喷火嘴、碳化硅烧嘴套、脱硫喷嘴、碳化硅衬套、碳化硅辐射管等反应烧结碳化硅制品。

潍坊新星精细陶瓷有限公司

地址：山东省潍坊市坊子经济发展区马司一村北500米
电话：0536-7663788
电邮：sic888@163.com
单位介绍：潍坊新星精细陶瓷有限公司是一家专业生产碳化硅喷嘴、脱硫喷嘴、涡流喷嘴的新型企业。公司年设计生产能力达100吨，主要产品有燃烧器喷火嘴套、辐射管导焰管、脱硫喷嘴、横梁、辊棒、热电偶保护管、冷风管、棚板、匣体、坩埚、喷砂嘴、轴套、密封件及各种耐高温、耐磨、耐腐蚀碳化硅异型件等。公司产品质量已达到欧洲同行业标准。部分产品已批量出口美国、南韩、澳大利亚、南非、日本、马来西亚、越南、阿联酋、泰国等国家和地区。真空反应烧结碳化硅（SiSiC）是一种新陶瓷材料，它具有耐高温、抗氧化、高强度、耐极冷极热、抗热震性好、高温变形小、热传导性好、耐磨、耐腐蚀等特点。作为节能耐火材料，该材料在卫生陶瓷、日用瓷、电瓷、磁性材料、微晶石、粉末冶金、钢铁热处理等行业的高温窑炉中被广泛应用，由它制成的各种部件也逐渐应用在发电、造纸、石油、化工、机械密封、水泵、表面处理、热交换、选矿、航天等领域。
主营产品：真空反应烧结碳化硅（SiSiC）工程陶瓷。

潍坊金昊特种陶瓷有限公司

地址：山东省潍坊市坊子区双河街
电话：0536-7651966
电邮：wf-jh@163.com
网址：www.wfjinhao.com
单位介绍：潍坊金昊特种陶瓷有限公司是一家专业生产反应烧结碳化硅制品的厂家，年设计生产能力可达200吨，其主要产品有横梁、辊棒、喷火嘴、冷风管、热电偶保护管、匣钵、坩埚、喷砂嘴、脱硫喷嘴、热辐射管、密封件、换热器及各种复杂异型件等，具有高强度、耐高温、高硬度、高耐磨、耐腐蚀、抗氧化、抗热震性好、导热好和热效率高等特性。
主营产品：脱硫喷嘴。

淄博大丰碳化硅有限公司

地址：山东省淄博市淄川区张博公路七里村路段东侧
电话：0533-5780101
电邮：dafeng@zbdf.com
网址：www.zbdf.com
单位介绍：淄博大丰碳化硅有限公司（原淄博市碳化硅制品厂）是生产碳化硅质耐火材料的专业厂家，已有近30年历史，主要生产氧化物结合碳化硅、氮化物结合碳化硅制品。产品有碳化硅窑具（包括棚板、匣钵、立柱、推板、托板等）、碳化硅传热隔烟板、碳化硅砖、碳化硅管及其他异型碳化硅耐火制品、碳化硅砂、碳化硅粉，广泛用于日用陶瓷、电瓷、工业陶瓷、磁性材料、砂轮、化工、冶金等行业。
主营产品：碳化硅板、碳化硅隔焰板、碳化硅窑具、碳化硅耐火制品、棚板、匣钵、立柱、推板、托板。

山东冠华新材料有限公司

地址：山东省滨州市高新区十三路511号
电话：0543-3616588
电邮：3521404622@qq.com
网址：www.silicon-carbide.net
单位介绍：山东冠华新材料有限公司始建于2000年，占地1万m^2，位于滨州市高新区内，一期投资3000万元，是一家以生产碳化硅磨料、反应烧结碳化硅制品和重结晶碳化硅制品为主的高新技术企业。公司现有磨料生产线4条，年产黑绿碳化硅粒度砂8000t、黑绿碳化硅微粉4000t，产品主要用于抛光、研磨、磨具制造及太阳能光伏电池等行业。公司有反应烧结碳化硅炉 6 条，年产反应烧结碳化硅制品 500t，产品主要用于节能窑具、脱硫环保产品、抗热制品及军工领域等；有重结晶碳化硅真空炉 2 套，年产各种重结晶件 25000 件。公司以良好的产品质量，赢得了海内外客户的一致好评。

主营产品：防弹片碳化硅陶瓷。

淄博文发新材料科技有限公司

地址：山东省淄博市淄川区西河镇北首
电话：0533-5517678
电邮：wenfayaoye@163.com
网址：www.wenfayaoye.com
单位介绍：淄博文发新材料科技有限公司是高科技民营企业，专业生产反应烧结碳化硅陶瓷制品，公司成立于 2012 年 8 月，年产各类制品 2800 余吨，有稳定的产品质量保证，技术过硬，设备精良，产品质量达到国内优良水平。主要产品分三大类，氧化物结合碳化硅产品、反应烧结碳化硅产品、氮化硅结合碳化硅和磁性材料用三明治承烧板。产品广泛应用于各种工业窑炉、钢厂淬火炉、电厂脱硫除尘设备，行业领域涉及日用陶瓷、卫生洁具、电瓷、砂轮、非晶带材、磁性材料等行业，主要产品有方梁、辊棒、喷火嘴、冷风管、热电偶保护管、喷砂嘴、棚板、匣钵、坩埚及系列配套材料。产品具有强度高、耐磨性强、耐高温、耐酸碱侵蚀、抗氧化、抗热震等特点。

主营产品：氧化物结合碳化硅产品、反应烧结碳化硅产品、氮化硅结合碳化硅和磁性材料用三明治承烧板。

山东尚美新材料科技有限公司

地址：山东省潍坊市坊子工业发展区宏光街 52 号
电话：0536-7697699
电邮：sdsmxc@shangmeixincai.com
网址：www.tanhuaguizhipin.cn
单位介绍：山东尚美新材料科技有限公司是一家专业从事生产销售反应烧结碳化硅陶瓷、氮化硅、重结晶复合材料制品的企业，公司新添 5000mm 真空反应烧结碳化硅陶瓷窑炉，专门制作陶瓷窑炉加长辊棒、方梁及异型件等；重结晶碳化硅产品主要有横梁、棚板、喷火嘴、管子、坩埚、异形件等。该产品主要特点包括超高使用温度 1650℃（氧化气氛下）、高承载力、良好的尺寸稳定性、高纯度、耐腐蚀、优良的抗热振性能等。公司建设有 20 多万平方米的生产制造基地和研发中心，拥有先进的加工配套设备，优异的检验、检测及生产团队，供货及时，质量稳定，期待与广大用户共享辉煌未来。

主营产品：横梁、辊棒、喷火嘴、冷风管、热电偶保护管、辐射管、脱硫喷嘴、耐磨衬材、耐磨耐腐蚀叶轮、喷砂嘴、棚板、匣钵、交换器、密封件及各种异形件等。

淄博创庆陶瓷有限公司

地址：山东省淄博市淄川区昆仑镇三台村
电话：0533-5556048
单位介绍：淄博创庆陶瓷有限公司是一家工业耐磨陶瓷专业制造商。公司拥有一支高素质的科研团队，并与国内外部分科研机构及高等院校有着密切的合作关系。作为 21 世纪的高新技术企业，公司始终坚持"细节之处、彰显完美"的生产理念，于 2001 年成功研制出 99％氧化铝耐磨陶瓷，2009 年研制出压力机成型氧化铝耐磨陶瓷，2012 年成功研制出等静压成型氧化铝耐磨陶瓷，其技术标准达到较高水平。

主营产品：结构陶瓷、高温耐火材料、碳化硅制品。

高密市迈向机械设备有限公司

地址：山东省高密市醴泉大街工业园
电话：0536-2713409
单位介绍：潍坊迈向机械设备有限公司是一家以专业化、国际化为经营导向的高端碳化硅陶瓷生产企业，可按客户要求定制各式产品。公司在碳化硅脱硫喷嘴方面联合多家脱硫设计院、环保公司，具有设计、制造、测试喷嘴的能力，已为上百家大型电厂脱硫系统提供脱硫喷嘴，服务多个大型造纸厂技改项目，以及数个大型钢厂烧结机系统，获得用户一致好评，在国内外喷嘴行业中拥有着良好的口碑。公司信奉"进取、诚信、严谨、团结"的方针，不断开拓创新，以技术为核心、视质量为生命、奉用户为上帝，竭力为您提供性价比高的碳化硅产品、高质量的产品设计改造及无微不至的售后服务。

主营产品：碳化硅脱硫喷嘴、工业喷嘴。

潍坊华意工程陶瓷有限公司

地址：山东省潍坊市坊子区坊城街道拥军路泉河头村村西
电话：18660677028
电邮：wfhygctc@163.com
网址：wfhygctc.cn.china.cn
单位介绍：潍坊华意工程陶瓷有限公司是一家专业生产真空反应烧结碳化硅制品的高新技术企业。公司拥有先进的真空反应烧结炉和完善的产品检测设备，并引进德国真空反应烧结碳化硅生产工艺和软件技术，主要生产横梁、辊棒、急冷风管、燃烧器喷嘴等工业窑炉用窑具，以及研磨桶、烟气脱硫喷嘴、热电偶保护管、喷砂嘴、坩埚、密封件等耐高温、耐磨、耐腐蚀件等。

主营产品：横梁、辊棒、急冷风管、燃烧器喷嘴。

潍坊永嘉精细陶瓷有限公司

地址：山东省潍坊市奎文区樱前街九龙大厦 535A
电邮：yjsic2012@163.com
网址：yjsic14.51sole.com
单位介绍：潍坊永嘉精细陶瓷有限公司是一家专业从事反应烧结碳化硅陶瓷制品的企业，公司成立于 2002 年 2 月，总投资 3000 多万元，年生产能力达 600 吨。公司具有业内专业的高温真空反应烧结窑炉 5 台，以及其他的专业配套设备 20 余台，采用业内专业的数控加工中心进行产品的加工和开发，生产技术和设备均达到业内高水平。

主营产品：反应烧结碳化硅陶瓷制品。

2.3 非氧化物结构陶瓷产品企业

潍坊东润碳化硅陶瓷有限公司

地址：山东省潍坊市坊子恒安街 109 号
电话：0536-7652231
电邮：wfdrsic@sina.cn
网址：www.wfdrsic.com
单位介绍：潍坊东润碳化硅陶瓷有限公司成立于 2012 年，是一家集研发、设计、制造和销售为一体的专业反应烧结碳化硅制品的高新技术企业，拥有先进的高温真空烧结炉和完善的产品检测设备，年生产能力 90 吨。主要的产品有辊棒、方梁、冷风管、热电偶、喷火嘴、辐射管、衬套、脱硫喷嘴以及各种异型件。产品有很好的耐高温、耐磨、耐腐蚀的特性。
主营产品：辊棒、方梁、冷风管、热电偶、喷火嘴、辐射管。

潍坊奥诺新材料有限公司

地址：山东省潍坊市坊子区北海路 8616 号商会大厦 1424 室
电话：0536-7667381
电邮：xue@wfanxcl.com
网址：www.wfanxcl.com
单位介绍：潍坊奥诺新材料有限公司坐落于美丽的山东半岛中部"风筝之都"——潍坊市。公司主要研发生产、经营无压烧结碳化硅陶瓷、反应烧结碳化硅陶瓷、碳化硅微粉及其他陶瓷制品、耐火材料等系列产品。碳化硅陶瓷具有高强度、高硬度、高耐磨、耐腐蚀、耐高温、抗氧化、耐急冷急热、抗热震性好、导热好和热效率高等基本性能和主要特点，是工业陶瓷领域性能最好的产品之一。碳化硅陶瓷目前已广泛应用于航空航天、核工业、电子、电力、窑炉、钢铁、矿山、煤炭、石油、化工、湿法脱硫、机械、汽车船舶、泵阀新能源制造，以及其他特种行业。公司拥有文化程度高、专业知识强、富有经验的技术团队，现场售后服务团队和销售团队遍布全国各地。
主营产品：无压烧结碳化硅陶瓷、反应烧结碳化硅陶瓷、碳化硅微粉及其他陶瓷制品、耐火材料等。

淄博众腾高温材料有限公司

地址：山东省淄博市淄川区昆仑镇刘瓦工业园 88 号
电话：0533-5555169
电邮：zbzhongteng@126.com
网址：www.zbzhongteng.com
单位介绍：淄博众腾高温材料有限公司是以碳化硅为原料进行深加工的企业之一，是生产碳化硅制品的专业厂家。公司多年来与多家科研单位共同合作，不断改进生产工艺和生产技术，为冶金、化工、搪瓷、电瓷、日用陶瓷、建筑陶瓷、玻璃造纸、电厂、矿山设备等行业提供了大量质量稳定的节能碳化硅制品。
主营产品：碳化硅制品、碳化硅耐磨管道、热电偶保护管。

西安中威新材料有限公司

地址：陕西省西安市高新区科技二路 76 号
电话：029-63618609
电邮：zhwesic@163.com
网址：www.zhwesic.com
单位介绍：西安中威新材料有限公司是一家生产销售高性能碳化硅产品的民营环保企业，是国内成立时间早、技术先进的高性能碳化硅陶瓷专业制造商。公司以市场为导向，结合先进的生产技术和设备推动非金属材料行业的发展，致力于为世界各地的企业用户提供高端碳化硅产品、服务和系统化解决方案。公司产品可与德国、美国的同类产品相媲美。根据欧洲标准和行业标准，公司始终坚持"质量第一"的理念，已成为行业的倡导者和中国碳化硅陶瓷的领导者，并为自己积累了良好的市场声誉。产品广泛应用于高温工业炉、电厂脱硫、石油化工、机械密封、光伏、半导体、锂电池、航空航天等领域，具有超长的使用寿命。公司年生产反应烧结碳化硅制品 500 吨。
主营产品：半导体碳化硅陶瓷、碳化硅管、碳化硅结构件、精密陶瓷、碳化硅反射镜、碳化硅研磨筒、坩埚、匣钵、碳化硅球、脱硫喷嘴、美国 NTG 喷嘴等。

陕西科谷新材料科技有限公司

地址：陕西省西咸新区秦汉新城渭城街道朝阳五路南段金旭小区南 50 米
电话：029-33352661
电邮：kegu20170608@163.com
网址：www.sxkegu.com
单位介绍：公司成立于 2017 年，注册资金 1500 万元，占地面积超过 1.7 万平方米。公司于 2020 年 12 月 1 日获陕西省 2020 年度认定的高新技术企业（GR202061000798）。公司致力于研发、生产、销售高性能无压烧结碳化硅陶瓷制品，形成了以干压成型、注浆成型、挤出成型等陶瓷先进制备工艺的整套生产线，申请专利 6 项，其中国家发明专利 5 项。
主营产品：辊棒、化工换热管、方梁、工艺炉管、研磨球、热电偶保护管、热辐射管、燃烧喷嘴、研磨筒、多曲面防弹胸板、防弹头盔、耐磨管道、耐磨弯头、匣钵、坩埚、高温承力板材、耐磨泵壳等无压烧结碳化硅陶瓷制品精密零部件。

上海德宝密封件有限公司

地址：上海市宝山高新技术产业园区园泰路 333 号
电话：021-36161373-8082
电邮：fzjl@shdebao.com
网址：www.shdebao.com
单位介绍：上海德宝密封件有限公司是一家集碳化硅材料的研发，以及碳化硅密封环制造、销售和服务于一体的企业。公司在该行业深耕逾 20 年，在碳化硅材料和产品方面积累了丰富的经验。公司拥有雄厚的材料研发和产品制造能力，具备完善的检测手段，自建有专业实验室，拥有宝山区级企业技术中心。参与编制了 JB/T 6374—2020《机械密封用碳化硅密封环 技术条件》行业标准，并当选为中国液压气动密封件工业协会机械与填料静密封专业分会理事单位。公司现已通过 ISO 9001：2015 质量管理体系认证，产品通过了美国 FDA、欧盟 REACH、ROHS、EC 1935、英国 WRAS 的检测认证。公司先后荣获"国家专精特新小巨人企业""国家重点新产品""中国中小企业优秀创新成果企业""上海市科技小巨人""上海市高新技术企业""上海市专精特新中小企业""上海市宝山区企业技术中心""上海硅酸盐工业协会会员单位""上海市和谐劳动关系达标企业"等荣誉称号。公司始终坚持技术创新，截至2023年2月，已获得授权发明专利5项、实用新型专利66项。

主营产品：接触式密封用碳化硅环、干气密封用碳化硅环、分体式密封用碳化硅环等。

上海中科易成新材料技术有限公司

地址：上海市嘉定区汇旺东路599号6号楼905室
电话：021-59960892
电邮：lixin@sycera.com
网址：www.sycera.com
单位介绍：上海中科易成新材料技术有限公司主要生产高导热、耐高温、耐腐蚀、高强度的高性能碳化硅换热材料。公司成立于2013年，由中国科学院上海硅酸盐研究所和平顶山易成新材料有限公司合资建立。公司技术源于国家863项目，开发的高性能碳化硅热交换部件为国内首创，填补了国内空白，并打破了国外公司独家垄断的局面。制造的SYCERA®碳化硅热交换部件，具有高强度、耐高温、高导热和全面的耐酸碱腐蚀特性，可以作为石墨、不锈钢、金属钽、哈氏合金、氟塑料和其他传统材料的绝佳替代品，其优良的热交换效率可满足节能减排和环保的迫切需求，是化工、医药、冶金等行业中高温、高压、强腐蚀、高磨损极端环境换热应用的最佳选择。
主营产品：碳化硅陶瓷换热器、碳化硅热交换板、碳化硅热交换孔块、碳化硅陶瓷热交换管。

上海恒脉陶瓷技术有限公司

地址：上海市松江区车墩镇香闵路455号D栋
电话：13301637897
电邮：sally@hmcera.com
网址：www.hmcera.com
单位介绍：上海恒脉陶瓷是一家集科研、生产、经营于一体的先进陶瓷生产企业，采用先进的技术和管理模式，严格控制产品质量。公司主要生产氧化铝陶瓷、氧化锆陶瓷、氮化硅陶瓷等精密结构件，突破了我国传统的陶瓷生产技术，将纳米技术与凝胶注模成型技术相结合，部分产品技术达到了国际同类产品的先进水平。公司成功研发99.6%氧化铝陶瓷基片、高压陶瓷柱塞泵、半导体陶瓷、陶瓷吸盘、液晶面板陶瓷、高压陶瓷阀门、多孔陶瓷、高精度陶瓷导轮等多种高技术要求的结构陶瓷件及功能陶瓷，打破了国外的战略垄断。公司长期研究国内外新型陶瓷应用领域和高科技领域陶瓷应用的设计理念，具有各种无机非金属材料的丰富的研发及加工经验，可以为客户的新材料领域应用提供整体解决方案。
主营产品：氧化铝陶瓷、氧化锆陶瓷、氮化硅陶瓷。

温州山立密封件有限公司

地址：浙江省乐清市淡溪镇孙家垟工业区
电话：18100150077
电邮：sl007@shanli.net
网址：www.shanli.net
单位介绍：温州山立密封件有限公司是集研发、制造、销售、售后服务于一体的专业密封件企业。公司研制生产的碳化硅、硬质合金、碳石墨具有硬度高、耐磨性高、摩擦系数低、耐化学腐蚀等优良特性，能适应在高压力、高低温、高转速、强腐蚀、多泥沙等各种特殊工况条件下工作。产品广泛应用于机械、冶金、化工、泵阀、汽车、石油、军工、航空航天等领域。
主营产品：碳化硅制品、硬质合金密封环、碳石墨制品。

浙江蓝盾特种材料有限公司

地址：浙江省丽水市云和县白龙山街道启航街80号
电邮：771569200@qq.com
网址：www.zjldtzcl.com
单位介绍：浙江蓝盾特种材料有限公司是一家专业以特种陶瓷材料生产、制作、研发为主的高品质民营企业。公司以"打造先进特种材料，服务祖国国防事业"为立业之本，形成一套考察、交流、合作、生产、质检一站式的完整制度体系。公司以客户的"三个满意"为基本原则："质量的满意、先进技术的满意、服务的满意"，不断加强企业内部的综合竞争力，在竞争中发展，在机遇中挑战。
主营产品：特种陶瓷材料、无压碳化硅棒、无压碳化硅圆饼。

宁波密克斯新材料科技有限公司

地址：浙江省宁波市保税西区创业3路6号一楼南侧
电话：0574-86809399
电邮：sales@microcera.com
网址：www.microcera.cn
单位介绍：宁波密克斯新材料科技有限公司专业生产无压烧结碳化硅陶瓷材料。公司可提供两种品牌的无压烧结碳化硅，一种是标准的细晶结构的碳化硅，即Tufbide TMSA，另一种是含有氮化硼固体自润滑剂的碳化硅，即Tufbide TMSB。在干摩擦状态下，Tufbide TMSB比碳化硅加石墨的材料表现更佳。两种材料都可以直接干压成型。公司大量使用毛坯初加工的方法，尽量减少昂贵的磨加工。生产所需的关键设备全部从欧美进口，包括大型高温真空烧结炉、全自动机械压机、等静压机、数控磨床等。
主营产品：无压烧结碳化硅陶瓷材料密封件。

奉化市正凯碳化物制造有限公司

地址：浙江省宁波市奉化区金沙路23号
电话：0574-88929157
电邮：zhengkai@en.alibaba.com
单位介绍：奉化市正凯碳化物制造有限公司是专业研究、开发、制造和销售碳化物陶瓷材料的企业。公司创始人徐正恺先生在20世纪80年代初就制造出国内第一批反应烧结碳化硅（RB-SiC）密封材料；在20世纪90年代中期又开发出具有国外先进水平的碳化硅添加碳石墨的"SiC+C"材料，填补了国内密封材料领域的又一空白；2001年开始，公司大批量生产了性

2.3 非氧化物结构陶瓷产品企业

能指标达到国外水平的常压烧结碳化硅（SSiC）。多年来，公司从对碳化物陶瓷材料的研究到成套制造设备的设计制造和完善的工艺技术支持，使反应烧结碳化硅和常压烧结碳化硅从原料到成品实现了生产线完全国产化。公司依托雄厚的技术力量、可靠的质保体系以及大型关键设备的配置，能生产出 RB-SiC≥ϕ600mm，SSiC≥ϕ350mm 的密封环及制品，可满足国内外用户的需求。

主营产品：碳化物陶瓷材料。

宁波市鄞州巨佳电子科技有限公司

地址：浙江省宁波市鄞州区银晨商务中心 4 幢 14 号 1-2
电话：0574-87061978
网址：www.gigajewe.com.cn
电邮：kuanbo@vip.163.com
单位介绍：宁波市鄞州巨佳电子科技有限公司专业从事各类碳化硅精密加工，材料为高纯度氧化铝陶瓷、无压碳化硅、硬质合金等。产品广泛应用于石油、化工、航空、制药、汽车等领域。此外，研究和培育出的合成碳化硅晶体（莫桑钻），不仅应用在电子能源领域，还与传统钻石有着极为相似的内部晶体结构，折射率高，比钻石更闪耀明亮，它的硬度仅次于钻石，它的坚固耐磨性可完美避免划伤、磨损、断裂或缺损，价格却仅为钻石的十分之一，永不褪色，是时尚与优雅的最佳选择。
主营产品：合成碳化硅晶体、特种陶瓷、新型陶瓷制品。

宁波市鄞州巨拓密封件有限公司

地址：浙江省宁波市鄞州区姜山镇科技园区高压路 4-1 号
电话：0574-28862681
电邮：jutuo@cnjutuo.com
网址：www.cnjutuo.com
单位介绍：宁波市鄞州巨拓密封件有限公司专业生产机械密封摩擦副材料及机械密封件。其中，密封材料有无压烧结碳化硅、反应烧结碳化硅、硬质合金、高纯度氧化铝陶瓷、碳石墨等，具有优良的化学稳定性、硬度高、耐磨损等特性；机械密封件具有安全、可靠、使用寿命长等特性。产品广泛应用于机械、化工、石油、制药、冶金、印染、汽车及航空航天等各行业。公司主要生产无压烧结碳化硅制品，有密封环、轴和轴套等。公司在制造工艺方面，拥有成型、烧结等全部生产技术自成体系，具备规模化生产能力，产品各项性能指标均达到国家标准。
主营产品：无压烧结碳化硅制品。

宁波宏安新材料有限公司

地址：浙江省宁波市鄞州区鄞州投资创业中心金达路 618 号
电话：0574-88169980
单位介绍：宁波宏安新材料有限公司生产产品主要是碳化硅滑动轴承、结构件、异形件。这些产品的主要特点是耐腐蚀、耐高温、耐磨损、不导磁、不导电、自润滑性好，产品主要应用于机械、石油、化工、航天、航海、冶金、电力、汽车等诸多领域。公司的技术团队可以根据客户的要求、工况，设计并开发出适合客户的产品，也可按照图纸或样板加工客户所需要的产品。
主营产品：碳化硅轴套、碳化硅密封件、碳化硅结构件、碳化硅轴承、陶瓷轴。

宁波思易哲新材料科技有限公司

地址：浙江省宁波市镇海区杭甬南路 1292 号
电话：0574-26294911
网址：www.yshypt.com
单位介绍：宁波思易哲新材料科技有限公司于 2016 年 09 月 21 日成立，主要生产经营节能环保材料等产品。公司多年致力于产业，切实推进与各大企业、厂家的合资、合作，用产业化发展的思路服务于社会和广大用户。
主营产品：碳化硅耐磨材料、防腐材料、碳化硅刷涂底剂、碳化硅小颗粒、碳化硅刷涂陶瓷。

浙江东新新材料科技有限公司

地址：浙江省临海市上盘镇北洋工业园区北洋 12 路
电话：0576-85733311
电邮：dongxin@dongxin.com
网址：www.dongxin.com
单位介绍：浙江东新新材料科技有限公司创办于 1986 年，是专业研制、生产碳化硅、碳石墨、热压石墨系列密封材料及相关密封组件的企业。产品广泛应用于机械、冶金、化工、石油、汽车、制药及航空航天等领域。公司为国家高新技术企业，是国家标准、行业标准的起草单位，多次承担国家、省级火炬计划和重大科技攻关项目，并与国家"863 科技计划"项目对接。主导产品是国家和省级重点高新技术产品。
主营产品：机械密封环、轴套、轴承、喷嘴、喷头、模具、阀门、半导体应用、砂磨机、热交换管等。

浙江冠宇密封件有限公司

地址：浙江省台州三门县海润街道横港路 16 号
电话：0576-86300555
电邮：tzguanyu@126.com
网址：www.guanyuseal.com
单位介绍：浙江冠宇密封件有限公司是一家集设计研发、生产制造、销售服务于一体的综合性企业。公司拥有国内外优良的生产设备、精良的制造工艺、精良的技术人员与完善的质保体系，并严格按照标准以及广大用户的特殊要求生产高质的机械密封产品。同时，致力于为用户提供相关的技术咨询，解决使用中的各种疑难问题，满足广大用户的需求。公司年生产各种机械密封 50 多个系列、600 多种规格、1500 多万套，以及各种工业橡胶制品、摩擦材料（碳石墨、碳化硅、碳化钨）等产品，产品广泛应用于石油、化工、电力、汽车、食品、医药、环保脱硫、污水处理等工业领域。
主营产品：碳石墨制品、碳化硅制品、碳化钨制品。

浙江超灵陶瓷阀有限公司

地址：浙江省温岭市大溪镇大洋城工业区

电话：0576-86334788
电邮：chaoling@chinachaoling.com
网址：www.chinachaoling.com
单位介绍：浙江超灵陶瓷阀有限公司始创于1987年，现已成为一家专业生产陶瓷阀芯、工业陶瓷、机械密封的专业企业。目前公司占地面积20000多平方米、建筑面积17000多平方米，拥有固定资产5000多万元，员工600余人。公司以产品开发为先导，建立了科技研发中心，致力于企业的产品技术开发、新产品研制、技术培训等各项工作。研制成功的"协同增强增韧氧化铝陶瓷及制品"达到国际同类产品先进水平，处于国内领先地位；拉丝机专用"碳化硅拉丝塔轮"的各项技术性能达到国内同类产品的领先水平，并纳入国家级火炬计划项目。具有年产陶瓷阀芯3000万套、陶瓷片3500万套的生产能力，产品畅销亚洲、美洲、欧洲等国家和地区。
主营产品：陶瓷阀芯系列产品。

潍坊六合新材料有限公司

地址：山东省潍坊市潍城经济开发区创业路1491号
电话：0536-2252109
电邮：Wfa@lh-powder.com
网址：www.lh-powder.com
单位介绍：潍坊六合新材料有限公司成立于1996年，2002年起连续被认定为高新技术企业、"中国磨料磨具行业碳化硅生产企业十强""中国磨料磨具行业出口企业十强""全国磨料磨具行业优秀企业"等。公司主要从事各种碳化硅微粉及高性能大尺寸无压烧结碳化硅陶瓷的研发生产，产品的各项指标已达到国际先进水平。公司技术中心是山东省科学技术厅认定的"山东省碳化硅工程技术研究中心"，已取得17项专利，拥有国际最先进的检测设备，可对影响产品的多项指标进行检测、分析和控制。公司控股的兰州河桥硅电资源有限公司拥有大功率、长时间碳化硅冶炼设备和技术，无盐冶炼出的大结晶碳化硅致密度高、结晶颗粒大、纯度高、韧性好。
主营产品：烧结大尺寸碳化硅陶瓷桶、烧结造粒粉、切割用微粉。

沈阳星光技术陶瓷有限公司

地址：辽宁省沈阳市经济技术开发区5号路14甲3号
电话：024-25195905
电邮：xgjt_yxb@ssaccchina.com
网址：www.ssaccchina.com
单位介绍：沈阳星光技术陶瓷有限公司位于中国重要的工业基地和先进装备制造业基地——辽宁省沈阳市，是一家设计一流、研发创新、质量稳定、产能庞大的世界顶级新型碳化硅材料制造企业，产品远销海外20多个国家和地区。基于碳化硅材料的优越性，公司经过20余年的不断研发与创新，不仅在工业窑炉等领域占据了稳定的市场份额，同时也开辟了多领域新应用，包括环保行业陶瓷膜、电子陶瓷承烧框架、军工领域、光伏领域、碳化硅颗粒捕集器、半导体行业材料新应用等。
主营产品：环保行业陶瓷膜、电子陶瓷承烧框架、军工领域、光伏领域、碳化硅颗粒捕集器、半导体行业材料新应用、工业窑炉。

浙江领崎科技有限责任公司

地址：浙江省丽水壶镇聚贤路诚信巷1号
电话：0578-3156799
网址：www.rinchtek.com
单位介绍：浙江领崎科技有限责任公司位于浙江省丽水市，成立于2013年1月，主要经营特种陶瓷制品、特种钢，致力于特种陶瓷新材料开发，先后研发并推出碳化硼、碳化硅特种陶瓷系列产品10多个，得到客户高度评价。公司聚焦新材料产品开发，拥有陶瓷材料核心技术，并与科研院校机构合作，可为客户量身定制产品及服务。
主营产品：碳化硼陶瓷、碳化硅陶瓷。

重庆臻宝科技股份有限公司

地址：重庆市九龙坡区西彭镇森迪大道66号附72号
电话：023-65768088
电邮：Sales@genori.com.cn
网址：www.genori.com.cn
单位介绍：重庆臻宝科技股份有限公司是一家专业从事泛半导体设备核心零部件及先进陶瓷材料研发、生产及销售的高新技术企业，致力于为客户提供"中国领先、世界一流"的半导体部件解决方案。公司业务聚焦于半导体刻蚀机零部件制造、显示面板真空零部件的翻新及新品制造、半导体显示及集成电路零部件清洗再生服务、功能性精密陶瓷材料四大业务板块。在高纯硅、石英、陶瓷等设备核心零部件制造以及上下电极的制造、等离子涂层保护工艺等方面处于国内领先地位。
主营产品：精密陶瓷、金属件、阳极氧化、真空衬垫、干刻工程、下部电极、上部电极、集成电路。

淄博华岩耐火纤维有限公司

地址：山东省淄博市淄川磁村工业区
电话：0533-5558136
电邮：huayan@chinahuayan.net
网址：www.chinahuayan.net
单位介绍：淄博华岩耐火纤维有限公司创建于1988年，占地面积5万平方米，致力于陶瓷纤维的开发研究。公司主要生产喷吹、甩丝硅酸铝纤维、含锆纤维、棉、毯、毡及各种保温材料、耐火材料碳化硅制品、耐酸浇注料、测温仪表、工业陶瓷、硅碳棒、电焙烧炉、陶瓷纤维模块等产品。公司产品销往中国台湾、香港地区，并出口美国、日本、南韩、巴西、越南等国家。产品广泛用于电力、钢铁、化工、陶瓷、玻璃、各种窑炉及热工行业。
主营产品：陶瓷纤维系列、耐火材料、浇注料、硅碳棒系列、热电偶用陶瓷保护管、碳化硅方梁、硅碳棒。

淄博万国硅碳棒有限公司

地址：山东省淄博市淄川区昆仑镇刘瓦工业园
电话：0533-5555706

2.3 非氧化物结构陶瓷产品企业

电邮：13605535759@163.com
网址：www.zbwanguo.net
单位介绍：山东淄博万国硅碳棒有限公司成立于2000年，下设3个生产公司、1个研发中心。产品已从硅碳棒、电气控制系统发展到电炉设计开发一体化服务。产品广泛应用于玻纤、化工、汽车、磁性材料、电子等各种热处理行业，并出口英国、韩国、印度、新加坡等国。
主营产品：硅碳棒、碳化硅保护管。

拉普拉斯新能源科技股份有限公司

地址：广东省深圳市坪山区坑梓街道吉康路1号
电话：0755-28329660
电邮：sales@laplace-tech.cn
网址：www.laplace-tech.cn
单位介绍：拉普拉斯新能源科技股份有限公司（LAPLACE Renewable Energy Technology Co., Ltd.）成立于2016年5月，是一家由多名海内外光伏及半导体设备行业顶尖专家创立的高端装备与解决方案提供商，被工信部认定为国家级专精特新"小巨人"，荣获中国专利优秀奖、深圳市独角兽企业等荣誉，被认定为广东省泛半导体高端装备工程技术研究中心。公司核心产品以高性能热制程（硼扩散、磷扩散、氧化及退火设备等）镀膜（LPCVD、PECVD设备等）以及配套自动化设备为主，应用领域集中在光伏高效电池和半导体分立器件相关研发和制造。公司现有员工超过3000名，其中研发、技术支持人员占比达40%以上。
主营产品：光伏设备、半导体设备、核心零部件。

合肥信达膜科技有限公司

地址：安徽省合肥市庐阳区鑫翰产业园
电话：400-9966-360、13966733449
电邮：13966733449@163.com
网址：www.hfxdm.com
单位介绍：合肥信达膜科技有限公司是一家专业从事先进膜分离技术推广、膜分离系统制作及膜分离产品研发的高科技股份制公司，以多所高校和科研院所为技术依托单位。公司先后荣获国家高新技术企业、3A级品牌企业、百佳诚信企业、中国质量放心达标企业等荣誉称号。公司拥有一批具有多年膜分离技术开发和应用经验的专业技术人才，以及高效、负责的项目管理团队，尤其擅长从事工业物料的膜分离技术开发与上下游工艺的整合与创新，具备为客户提供完整的包括工艺开发、工程设计、设备制造、系统集成、安装调试等技术服务的能力。
主营产品：微滤膜设备、超滤膜设备、纳滤膜设备、反渗透膜设备、陶瓷膜设备、管式膜设备、中空纤维膜设备、平板膜设备、管式膜、卷式膜、陶瓷膜、中空纤维膜、高温膜元件、陶瓷膜组件、有机膜组件。

江苏环能硅碳陶瓷有限公司

地址：江苏省兴化市张郭镇民营路
电话：0523-83763111
电邮：yeminghua@sicheaterco.com
网址：sictechco.com
单位介绍：江苏环能硅碳陶瓷有限公司成立于2001年，主要生产高温碳化硅加热元件。自成立以来，公司一直以不断创新的精神制造高科技和高品质的产品。2006年，公司与碳化硅材料研究所合作开发新型碳化硅加热元件，并采用最新的生产设备和行业最新的生产技术，生产的SIC TECH牌碳化硅加热元件已经得到了50多个国家客户的好评。
主营产品：双螺纹硅碳棒、单螺纹硅碳棒、U形棒、W形棒、高密度直棒、粗端式直棒、异形棒、配件等高温碳化硅加热元件。

宁波西柯工具技术有限公司

地址：浙江省宁波市鄞州区天童南路665号欧洲华商大厦1110室
电话：0574-89013561
电邮：13213221110@163.com
网址：www.xk-tool.com
单位介绍：宁波西柯工具技术有限公司位于浙江宁波，拥有强大的产品设计、工艺方案设计能力，拥有全系列规格的高端热缩刀柄产品，性能可媲美国际知名品牌，可为国内客户朋友提供一个新的选择。历时3年研发，公司的高端热缩刀柄所用材料高强度热膨胀钢实现稳定量产，材料性能优于国外同类产品。公司一直致力于高端热缩刀柄国产化，以最优的方式为国内客户朋友服务。
主营产品：热缩刀柄、碳化硅、氮化硅陶瓷铣刀、热装机。

陕西固勤材料技术有限公司

地址：陕西省西安市鄠邑区西安沣京工业园丰二路东段
电话：029-89018606
电邮：server@udc-sisic.com
网址：www.gqudc.com
单位介绍：陕西固勤材料技术有限公司成立于2014年，注册资金1185万元。于2017年投资约3000万元在西安市鄠邑区沣京工业园购得工业用地面积超过3.2万平方米，建有标准工业厂房15000平方米，办公楼2600平方米。目前，公司有员工600多人，生产设备投资近1.5亿元。公司致力于反应烧结碳化硅陶瓷材料的研发、生产及销售，具备全面的研发能力、成熟的制造工艺，同时依托高校及科研院所的合作关系，强化自主研发和技术能力，并不断开发和扩展产品在陶瓷制造、粉末冶金、化工环保、动力电池、光伏能源、半导体制备等行业的应用。
主营产品：碳化硅炉管/辊棒/舟/喷火嘴/板/异形件等锂电及窑炉、光伏、半导体等行业产品。

陕西鸿箭特种陶瓷有限公司

地址：陕西省西安市高新1路16号创业大厦B408
电话：029-88312159
单位介绍：陕西鸿箭特种陶瓷有限公司是集科、工、贸于一体的实业公司。多年来，一直从事碳化硅及其制品的研制与生产，主要产品有氧化物结合碳化硅制品；刚玉莫来石制品；新型燃气燃油窑炉的推广设计施工和配套材料的供应；特种高级耐火材料的供应。公司生产的氧化物结合碳化硅制品具有耐高温、抗氧化、抗热震、抗溶渣、热传导性能高等特点。
主营产品：氧化物结合碳化硅制品、刚玉莫来石制品。

浙江博科兰德新材料有限公司

地址：浙江省乐清市淡溪镇第二工业区
电邮：18679016678@126.com
单位介绍：浙江博科兰德新材料有限公司是浙江兰天机械密封件有限公司下属的碳化硅陶瓷分公司，创建于1988年7月，总部位于浙江省温州市乐清市淡溪镇。公司主要生产机械密封件及配件，是机械密封件行业标准起草单位、国家机械密封标准化技术委员会（SAC/TC491）委员、国家级星火计划项目研发单位，在行业内知名度较高。公司现有员工400余人，主要客户包括中国大唐集团公司、中国国电集团公司、联化科技、海正药业等，不仅为客户提供产品，而且为其提供包括服务在内的整体解决方案，以应对客户遇到的苛刻、具有挑战性的工况。
主营产品：碳化硅特种陶瓷研发、特种陶瓷制品制造、新型膜材料制造、新型陶瓷材料销售、金属基复合材料和陶瓷基复合材料。

山东中鹏特种陶瓷有限公司

地址：山东省潍坊市坊子经济发展区平柳院村
电话：0536-7631686
电邮：2200987015@qq.com
网址：www.zptc678.com
单位介绍：山东中鹏特种陶瓷有限公司是集技术咨询、生产销售、售后服务于一体的陶瓷生产企业，是国内早期对碳化硅精细陶瓷产品进行研发和生产的专业制造商之一。公司注册资金6000万元，厂区总面积60000平方米，已建成一期厂房10000多平方米，二期厂房面积8000平方米，年设计生产能力800吨以上。公司拥有一支文化程度高、专业知识强、富有经验的专家和技术团队，售后现场服务团队和销售团队遍布全国各地。
主营产品：烧结碳化硅陶瓷。

河北惠谷碳化硅材料有限公司

地址：河北省石家庄市藁城区北马桥南头
电话：0311-88108819
电邮：sic@hgcera.com
单位介绍：河北惠谷碳化硅材料有限公司经营范围包括碳化硅材料（国家禁止类、限制类项目除外）、光电设备配件、半导体设备配件、机械密封件、泵阀配件、通用机械配件的制造、销售；货物进出口。
主营产品：无压/反应烧结碳化硅、反应烧结氮化硅、硬质合金制品。

淄博晟业新材料科技有限公司

地址：山东省淄博市淄川区昆仑镇磁村村委南1000米
电话：13370690008
电邮：zbshengye@126.com
网址：www.zbshengye.com
单位介绍：淄博晟业新材料科技有限公司是集科研开发、生产制造、销售、施工为一体的现代化企业，是反应烧结碳化硅陶瓷专业生产研发企业，所生产产品具有高强度、高硬度、耐高温、耐磨损、耐腐蚀、抗氧化、耐急冷急热、抗热震性能好、导热好、热效率高等特点。产品包括反应烧结碳化硅方梁、反应烧结碳化硅横梁、反应烧结碳化硅辊棒、反应烧结碳化硅喷嘴套等一系列反应烧结碳化硅制品。微晶系列碳化硅制品解决了水泥行业预分解系统结皮堵料事故，减轻了工人劳动强度、减少了安全隐患，极大降低了生产线事故率。
主营产品：反应烧结碳化硅方梁、辊棒、风冷管、喷嘴、脱硫喷嘴、各种异形件。

苏州耀坤新材料科技有限公司

地址：江苏省苏州市常熟市东南工济开发区新安江路82号
电话：0512-52991855
电邮：yaokunxincailiao@163.com
网址：szyaokun.com
单位介绍：苏州耀坤新材料科技有限公司是一家在特种陶瓷的制造研发及应用创新领域都具有独特技术的企业。公司秉承严谨、高效、沉淀、创新的技术思想，以工匠精神竭诚为新能源、半导体、平板显示、军工、医疗以及航天科技等高精尖技术领域提供优质精良、可靠耐用的高质量产品。公司生产的陶瓷机械手臂、陶瓷真空手臂、陶瓷吸盘、陶瓷微孔吸盘、碳化硅吸盘、碳化硅陶瓷结构件、氮化铝陶瓷结构件等产品，直接对标国外进口产品品质，在生产周期、成本和个性化定制服务等方面有着极其显著的优势。
主营产品：陶瓷吸盘、微孔吸盘、陶瓷手臂、碳化硅陶瓷结构件、氮化铝陶瓷结构件。

河南雅利安新材料有限公司

地址：河南省郑州市荥阳市金寨工业园同心路006号
电话：0371-85228866
电邮：yang_yalian2021@163.com
网址：www.hnaryan.com
单位介绍：河南雅利安新材料有限公司是集研发、制造、销售碳化硅制品于一体的高科技公司，并正式获得了郑州2014年第三批科技型认定企业，2020年获得河南省高新技术企业证书。公司主要生产反应烧结碳化硅、无压烧结碳化硅及其衍生制品，拥有国内领先的无压烧结碳化硅水基喷雾造粒、全自动压制成型等先进生产工艺。公司主要生产密封环、轴套、防弹装甲、喷嘴及耐磨件为主的四大应用领域产品。产品广泛应用于石油、化工、汽车、军工、造纸、污水处理、食品、制药、核工业等领域。
主营产品：反应/无压烧结碳化硅、可控电阻碳化硅、反应/无压烧结炉、PCD/PCBN复合片。

山东鑫泓新材料有限公司

地址：山东省淄博市淄川区岭子镇巩家坞村岭子镇工业园2号

电话：13969335580
电邮：sd_xinhong@126.com
网址：www.cnxhxcl.com
单位介绍：山东鑫泓新材料有限公司成立于2016年，主要从事碳化硅特种陶瓷的研发、生产和销售，产品广泛应用于锂电池正负极材料、磁性材料、日用陶瓷、建筑陶瓷等生产用窑炉。所生产的产品具有高强度、高硬度、耐高温、耐磨损、耐腐蚀、抗氧化、抗热震性能好、热效率高等特点。主要产品有反应烧结碳化硅陶瓷系列，产品包括悬臂桨、方梁、辊棒、立柱、热电偶保护管、耐磨管道、板材等；无压烧结碳化硅陶瓷系列，产品包括轴套、热辐射加热管、密封环等。
主营产品：反应烧结碳化硅陶瓷系列，产品包括悬臂桨、晶舟、舟托、方梁、辊棒、立柱、热电偶保护管、耐磨管道、板材等。

山东百德陶瓷科技有限公司

地址：山东省高密市密水街道石庵路178号
电话：0536-2693828
电邮：alice@wf-better.com
网址：www.wf-better.com
单位介绍：山东百德陶瓷科技有限公司成立于2014年，业务领域涵盖锂电新能源、光伏半导体、化工、窑炉、医疗等行业，为打造无机硅酸盐产业价值链、新能源深化战略转型、优化资源布局建立了坚实的产业基础。公司拥有碳化硅新材料业界完整的、端到端的产品线和融合解决方案，能够灵活满足全球不同行业领域客户的定制需求以及快速创新的追求。
主营产品：反应烧结碳化硅辊棒、方梁、喷嘴、烧嘴套、辐射管等。

2.3.5 碳化硼结构陶瓷

山东华恩新材料科技有限公司

地址：山东省烟台市栖霞市桃村镇青岛路1号
电话：0535-6600456
电邮：lsp@huayikechuang.com
网址：huaentech.1688.com
单位介绍：山东华恩新材料科技有限公司是专业从事无机非金属陶瓷材料、纳米材料及陶瓷制品的生产企业。厂区占地为8300m^2，厂区建筑面积为22000m^2。目前公司有多条生产线，其中碳化硅陶瓷粉体材料生产线8条、氮化硅生产线4条、碳化硼陶瓷粉体材料生产线6条、纳米粉体生产线6条、陶瓷烧结设备8台、机加工设备多套，拥有粉体加工和陶瓷制备完整产业链生产能力。公司建有研发中心和产品检测中心，有较完善的生产设备和检测设备，如美国库尔特粒度分析仪、激光粒度分析仪、密度测试仪等多种检测设备。基于20多年材料行业的产品研发生产经验，公司主导了新材料、新产品研发及产品设计应用。产品涵盖碳化硅、氮化硅、碳化硼陶瓷粉体、纳米粉体及工业精细工程陶瓷制品。产品可应用在耐火材料类产品制造、特种陶瓷制造、晶体蓝宝石研磨切割、特种涂覆材料、半导体、防弹装甲材料、吸波材料、污水处理等领域。
主营产品：碳化硼陶瓷防弹装甲材料。

景德镇华迅特种陶瓷有限公司

地址：江西省景德镇市昌南新区唐英大道16号特种工业陶瓷技术研究院内
电话：0798-8393889
电邮：sunlingjun@hxtztc.com
网址：www.hxtztc.com
单位介绍：景德镇华迅特种陶瓷有限公司成立于2000年6月，企业注册资金2000万元，是较早从事特种陶瓷材料及制品、陶瓷材料和复合防护材料的研究开发与生产销售的高科技现代化企业。母公司是上海戎创铠迅特种材料有限公司，母公司资金实力雄厚，帮助其拓展了广阔的销售渠道和产品线。
主营产品：蜂窝成型板复合材料制品、碳纤维制品（台架）、R104、R109mm×190mm热压碳化硼等。

上海戎创铠迅特种材料有限公司

地址：上海市奉贤区南桥环城北路1288号同创普润科技园
电话：021-37518888
电邮：jubao.wang@kfmic.com
单位介绍：上海戎创铠迅特种材料有限公司是2019年6月成立于上海市工业综合开发区的一家主要从事特种陶瓷及复合材料、高温难熔金属及合金材料、特种航空材料的技术研发、生产及销售的高科技公司。2019年11月，公司全资控股景德镇华迅特种陶瓷有限公司，华迅特种陶瓷有限公司有20年防弹装甲材料的研发、销售经验，也拥有完整的军工资质，从而极大地拓展了产品线及销售渠道。目前公司已经投产和在建的有上海奉贤、江西景德镇、浙江宁波三大生产基地，拥有全国唯一的双两千热等静压机、全国最大规格的超大型热等静压机、国内单体容积最大的1000吨高温热压炉生产线以及30余台套600吨热压、无压烧结炉等全套粉末冶金设备。公司建有分析检测中心，拥有GDMS、ICP-OES、显微硬度仪、万能力学性能检测仪等适用于特种陶瓷及粉末冶金材料的全套检测仪器。
主营产品：碳化硼、碳化硅、氮化硼及其系列复合陶瓷，钨、钼、铬及其合金靶材。

安泰核原新材料科技有限公司

地址：河北省保定市涿州市经济开发区火炬南街
电话：010-58717310
电邮：13811413796@126.com
网址：www.athnem.com
单位介绍：安泰核原新材料科技有限公司成立于2016年01月13日，是一家专业生产核电用中子吸收材料的企业，主要从事新材料（铝基碳化硼）的生产；机械、电子设备及配件生产、销售；新材料技术开发、咨询、转让及推广应用；新材料产品、机械设备、电子元器件、仪器仪表销售。
主营产品：碳化硼/碳化硅制品、铝基碳化硼、高硼不锈钢（硼钢）。

第 3 章
功能陶瓷产品种类与产业状况

3.1 电子陶瓷与功能陶瓷概述

3.1.1 压电陶瓷概述

压电陶瓷是指通过高压极化处理使其具有压电效应的铁电陶瓷的统称,是一种能将机械能和电能互相转换的功能陶瓷材料。

1943 年前后,美国、日本、苏联等国相继发现了有良好压电性能的钛酸钡($BaTiO_3$)陶瓷,由于第二次世界大战期间不少军事技术的需求,从而开创了压电陶瓷应用的新时期。20 世纪 50 年代初,美国 B·Jaffe 公布了锆钛酸铅(PZT)二元系压电陶瓷的研究结果,PZT 以它比 $BaTiO_3$ 陶瓷优越得多的压电性能,使压电陶瓷的应用揭开了新的一页。20 世纪 60 年代以后,各种三元系、四元系压电陶瓷材料不断问世,层出不穷,更加促进了压电陶瓷的广泛应用。至今,压电材料已成为超声、电声、水声、医疗、高压、微声、激光、导航、通信、生物等技术领域不可缺少的重要功能材料,已发展成为新兴的高技术产业。图 3-1 展示出不同应用领域的压电陶瓷制品。

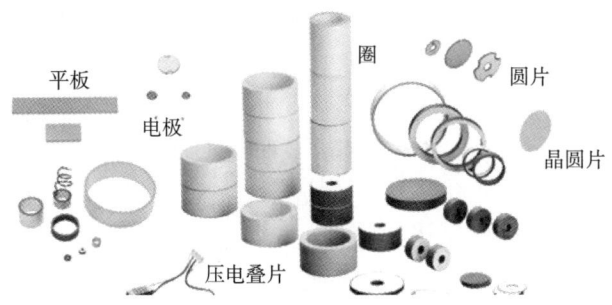

图 3-1 不同应用领域的压电陶瓷制品

3.1.1.1 压电陶瓷的制备

压电陶瓷材料的组成与种类十分广泛,最常用的有 $PbTiO_3$、$Pb(Ti_{1-x}Zr_x)O_3$(简称 PZT)及三元系压电陶瓷。压电陶瓷的原料为 PbO、ZrO_2、TiO_2、Nb_2O_5、SrO、MgO 等,按化学组成式配料,球磨混料后,经 700~800℃ 预烧合成,磨细后成型,在 1100~1300℃ 烧成,被银电极后,经高压极化即获得所需的压电陶瓷,具体工艺过程叙述如下。

1. 原料处理

原料的纯度是制备优良压电陶瓷的首要条件。通常来说,希望原料的纯度要高一些,特别是用量比较大的原料,如 Pb_3O_4(或 PbO)、ZrO_2 和 TiO_2 等,若纯度低,引入杂质的总量就很大,所以纯度要高些。

2. 预烧

PbO、ZrO_2、TiO_2 等原料混合配料后要进行预烧,其目的是使化学反应充分进行,预烧温度恰当,后期烧结温度可以在很宽的范围内波动,对致密度无显著影响;若预烧温度如果偏低,烧成温度无论如何提高(或延长保温时间),也不能得到很高的致密度。此外,预烧温度和保温时间比较起来,预烧温度所起作用更为重要。

3. 成型

对于圆环状和块状的压电陶瓷制品采用干压法成型,不均匀截面的条形制品可以通过挤压法成型,片状压电陶瓷大都用流延法成型。

4. 烧结

烧结温度范围主要是由化学组成决定的,低于烧结范围,制品的气孔率高、致密度低,压电性能也就差。如果超过烧结范围的上限,则由于出现过多液相,会发生粘连,或严重失铅,也会导致性能下降。此外,烧结温度过高会使晶粒过大,机械强度变差。

由于压电陶瓷通常含有较多铅,而 PbO(或 Pb_3O_4)在高温下挥发严重,为此在烧结时应采用带盖的坩埚尽量争取封闭的方式。

5. 表面被银施电极

在所有必要的机械加工或精加工完成之后,便可以对制品表面被银施加电极;一般来说是将银浆通过丝网印刷涂于制品表面,并在 600~800℃ 下烧结。

6. 极化

与一般陶瓷不同的是,压电陶瓷被银烧结后还需极化处理。这是因为刚烧结好的压电陶瓷内电畴呈无规取向,故整体不呈压电性,只有通过极化处理使电畴沿一特定方向排列才显出压电性。同样一个配方,极化条件不同,极化程度就不同,材料的压电性能指标也就不同。

极化电场的选择主要取决于压电材料的矫顽电场 E_C 以及饱和场强 E_B。极化电场一定要大于矫顽电场 E_C,这样才能使电畴排列,但极化电场若太大,其效果亦是不明显的,所以通常要使其接近饱和场强 E_B,这样极化才有较好的效果。除此之外,温度和时间也是极化工艺的主要参数,提高极化温度和延长极化时间有利于极化的进行。

通常的极化过程是将样品浸入 100~150℃ 的变压器油中,施加一个电场进行极化,对于 $BaTiO_3$,电场必须维持到冷却至低于居里温度(约 50℃)时;对于锆钛酸铅(PZT),必须优选温度和电压以获得最大的压电系数。图 3-2 为 10kV 油浴高压极化装置。

图 3-2 10kV 油浴高压极化装置

3.1.1.2 压电陶瓷的主要性能参数

压电陶瓷主要性能参数包括下面三个方面:①介电性能方面有介电常数、介质损耗;②弹性性质方面有弹性常数、机械品质因子;③压电性能方面有压电常数、机电耦合系数。此外,还有居里温度、频率常数、密度以及与老化性能和温度性能有关的参数等。现分别介绍如下。

1. 介电常数

介电常数反映材料的介电性质,或者说反映材料的极化性质。不同用途的压电元件,对材料的介电常数的要求也不相同。例如,陶瓷扬声器、送话器等要求材料的介电常数大一些好;高频压电元件则要求材料的介电常数小一些好。压电陶瓷的介电常数,随配方、工艺条件的不同而差别很大。

2. 介质损耗

压电元件在交变电压的作用下,工作一段时间后要发热。这表明,压电元件工作时,总有一部分电能要转变成热量。通常把在交流电压作用下,在单位时间内因发热而消耗的电能,称为介质损耗。介质损耗是电介质的重要品质指标之一,例如,大功率换能器就要求材料的介质损耗非常小,否则在工作中会由于剧烈发热而使换能器损坏。引起介质损耗的原因是多方面的,在压电陶瓷中,主要原因有:(a)外加电压变化时,陶瓷内的极化状态也要随之发生变化。当陶瓷内极化状态的变化跟随不上外加电压的变化时,就要出现滞后现象,引起介质损耗;(b)由于陶瓷内存在漏电流而引起介质损耗;(c)由于工艺不完善,使陶瓷结构不均匀而引起介质损耗。

3. 弹性常数

任何物体在外力作用下,都要发生不同程度的弹性形变,而弹性常数就是反映材料的弹性性质的参数。压电材料中用得最多的弹性常数是弹性柔顺常数,常用 s 表示。

4. 机械品质因子 Q_m

机械品质因子 Q_m 表示陶瓷材料在谐振时机械损耗的大小,是衡量压电材料性能的另一重要参数。产生机械损耗的原因是材料存在内摩擦,当压电元件振动时,要克服摩擦而消耗能量。Q_m 与机械损耗成反比,Q_m 大表示材料的机械损耗小;Q_m 小表示材料的机械损耗大。一般陶瓷的 Q_m 因配方和工艺条件的不同而差别很大。例如,锆钛酸铅陶瓷材料的 Q_m 可在 50~3000 之间。

5. 压电常数

压电常数是压电材料所特有的一种参数,它反映材料"压"与"电"之间的耦合效应。所以,压电常数不仅与机械边界条件有关,而且与电学边界条件有关;或者说,不仅与应力 T、应变 S 有关,而且与电场强度 E、电位移 D 有关。

6. 机电耦合系数

机电耦合系数(K)是综合反映压电材料性能的参数,它表示压电材料的机械能与电能的耦合效应,是生产上用得最多的一个参数。机电耦合系数的定义为

$$K^2 = \frac{\text{通过逆压电效应而转换的机械能}}{\text{输入的电能}}$$

或

$$K^2 = \frac{\text{通过正压电效应而转换的电能}}{\text{输入的机械能}}$$

由于压电元件的机械能与它的形状和振动方式有关,因此不同形状和不同振动方式所对应的机电耦合系数也不相同,机电耦合系数无单位。

7. 频率常数

压电元件的谐振频率与沿振动方向的长度的乘积为一常数,称为频率常数 N(千赫·米)。

压电元件的频率常数只与材料的性质有关,与元件的外形尺寸大小无关。若知道材料的频率常数,即可根据所要求的频率来设计元件的外形尺寸。

3.1.1.3 压电陶瓷元件的应用

压电陶瓷由于其压电性及由压电性而引起的机电性能,可以用其作为电能和机械能之间的换能器,其正压电效应可使陶瓷元件成为发电机,而逆压电效应可使陶瓷元件成为马达,压电瓷器件种类繁多,应用十分广泛。因此,自 1942 年第一个钛酸钡压电陶瓷诞生以来,作为压电陶瓷的应用产品,已遍及国防、工业、民用、医用、电子计算机、汽车等方面。表 3-1 列出压电陶瓷应用的部分例子,下面分别介绍压电陶瓷的主要应用。

表 3-1 压电陶瓷应用范围举例一览表

振子和换能器	应用例子
压电振子	滤波器、谐振器、振荡器
复合振子	压电音叉、机械滤波器
压电变压器	静电复印、静电除尘、光电倍增管等高压电源
压电延迟线	电视、通信设备、计算机等用延迟装置
测量元件	压力计、振动计、加速度计
超声计测	流量计、流速计、风速计、声速计、液面计
电声换能器	拾音器、传声器、扬声器、耳机助听器、蜂鸣器、电视、遥控、送受话器
水声换能器	声纳
固体声换能器	超声探伤仪、厚度计、测震仪
物理声学换能器	超声衍射光栅、超声马达
大功率超声换能器	清洗、焊接、搅拌、乳化、混合、促进反应
医用超声换能器	听诊器、起搏器、血压器
其他	压电点火器、引燃引爆、压电泵

1. 螺栓紧固型换能器用元件

利用超声波高能源之一是将压电元件用螺钉夹在金属上用作高强度换能器,可适用于制作大功率驱动的各种环状元件,产品具有出色的电声效率,可实现高振动和高功率。在 15~200kHz 的范围内可变输出频率,如清洗机、各种焊接。口罩机上焊接用的圆环状压电陶瓷就属于这类产品,如图 3-3 所示。表 3-2 为超声波焊接用压电陶瓷环的规格性能,该产品具有高电场下介电损耗下,低发热、大功率可保持长期稳定工作。

图 3-3 各种环状压电陶瓷及口罩机上焊接用元件

表 3-2 超声波焊接用压电陶瓷环的规格性能

型号		HTCH	HTCH
外形尺寸		φ50 * φ17 * 6.5	φ50 * φ20 * 6.0
谐振阻抗		25.00Max	40.0Max
谐振频率			
机电耦合系数	K_P	0.50	
	K_{31}	0.35	
介电常数		1100	
频率常数（fr * d）		230kHz·cm	
压电应变常数 D_{33}		$220×10^{17}$ C/N	
介电损耗（%）		0.3	
介电损耗（400V/mm，%）		0.8	
居里温度		300℃	
材料		P689	

2. 高频清洗机用元件

利用超声波在液体中的空化作用来进行清洗，为适应半导体领域等的精密清洗要求而要高频化，达到液体中粒子加速度增大的适于高频清洗的压电元件，如图3-4（a）所示。

3. 超声波按摩用元件

超声波振动对身体的按摩效果广泛用于医疗和美容，可提供适应这种效果的超声波振动源的各种元件，如超声波医疗器械、脸部美容护理机器，如图3-4（b）所示。

4. 超声波雾化器用元件

超声波雾化技术作为不需加热的微粒子雾化源而用于家庭用、工业用以及医疗用的各种机器，提供雾化效率高、耐久性好的高质量元件，如图3-4（c）所示。

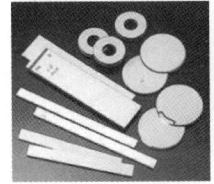 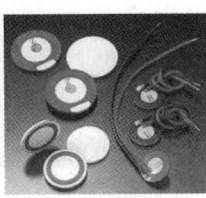

（a）超声波清洗　（b）超声波按摩　（c）超声波雾化

图 3-4 超声波应用压电陶瓷元件

5. 水中超声波用元件

利用水中超声波的检测装置（声纳）可用于航海，但这是将超声波脉冲在海中发射，由目的物的反射波来检知标的有无、距离、方位的一种雷达。用于鱼群探知或者海深测量各种用途的探测器的元件，如图3-5（a）所示。

6. 医疗诊断探测元件

医疗器械方面的超声波应用是压电陶瓷在诊断和治疗方面的典型应用之一。直线扫描型超声波层析影像诊断装置用的阵列型探测元件是通过微细切断加工形成的高质量素材，主要种类和规格有直线扫描探头、扇形扫描探头、胎儿心率计探头、纤维镜用微小元件，如图3-5（b）所示。

7. 无损检测元件

金属探伤装置等用超声波进行固体内无损检查以保证构造材料的质量，无损检查是压电陶瓷历史上的应用领域之一。适用各种探测的元件，如图3-5（c）所示。

 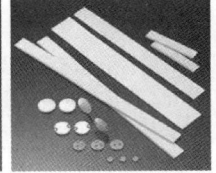 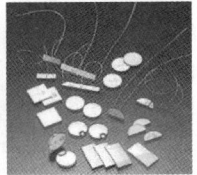

（a）水中超声波用　（b）医疗诊断探测　（c）无损检测

图 3-5 压电陶瓷元件的不同应用

8. 超声波马达用元件

超声波马达是不使用磁铁和绕线的马达，其原理是：将压电元件分割成多块电极用高激振，由此振动而得到介于弹性体和摩擦板等的行波驱动力，如图3-6（a）所示。

9. 压电变压器元件

压电变压器的压电陶瓷电极及其分极方向，在长度方向加上相应共振频率的交流电压输入，此长度方向上产生强的机械振动，该振动使第3电极部分因压电效应而产生电荷，在输出端生产比输入高的电压。应用压电元件的电气→机械→电气相互转换原理而起升压作用，如图3-6（b）所示。

10. 气体点火元件

气体点火元件有冲击式和挤压式，是在压电陶瓷元件上加上冲击或挤压使元件电极间产生十几千伏高电压，由此火花放电使燃料气体着火提供强度高、耐久性好的材料元件。煤气灶自动打火用、打火机用，如图3-6（c）所示。

 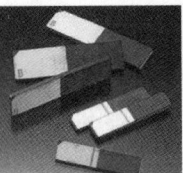 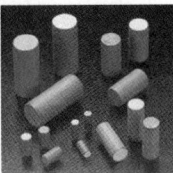

（a）超声波马达元件　（b）压电变压器元件　（c）气体点火元件

图 3-6 压电陶瓷在不同领域应用

3.1.2 微波介质陶瓷概述

3.1.2.1 微波介质陶瓷概念与发展历程

微波介质陶瓷是指应用于微波频段（主要是300MHz～30GHz频段）电路中作为介质材料并完成一种或多种功能的陶瓷，是现代通信广泛使用的谐振器、滤波器、介质导波回路等微波元器件的关键材料。

1939年从理论上证明了电介质在微波电路中用作介质谐振器的可能性，但由于当时的陶瓷电介质尚不能满足微波电路的要求从而限制了这一发展。微波谐振器所用介质材料的突破是在20世纪70年代。70年代初，美国的H. M. O'Bryan等首先研制成介电常数为38的$BaTi_4O_9$材料；接着美国贝尔实验室研制成功了温度稳定性好的$Ba_2Ti_9O_{20}$，实现了介质谐振器的实用化；之后日本村田制作所研制出了（ZrSn）TiO_4材料，该材料的谐振频率温度系数可在0ppm/℃附近调节。至80年代初，由于卫星直播电视技术的需要，具有高Q值的复合钙钛矿型材料如$Ba(Zn_{1/3}Ta_{2/3})O_3$、$Ba(Mg_{1/3}Ta_{2/3})O_3$、$Ba(Zn_{1/3}Nb_{2/3})O_3$等相继研制成功，并已成功地用于毫米波段的微波器件中。同时，为适应移动通信的使用要求，一类介电系数大于80的

BaO-Ln$_2$O$_3$-TiO$_2$ 系（Ln$_2$O$_3$ 为稀土氧化物）介质材料也陆续问世。90 年代，由于独石结构微波器件的开发，低温烧结微波介质材料的研究受到重视，日本和中国的科研人员先后研制成掺加 CuO 和 V$_2$O$_5$ 的 BiNbO$_4$ 陶瓷，其烧结温度为 880℃、ε 为 44、Q_f=6600GHz。此外，Pb 系复合钙钛矿系微波介质材料的优良微波介电性能和不高的烧成温度也引起广泛关注。图 3-7 为不同类型的微波介质陶瓷及小型化介质滤波器。

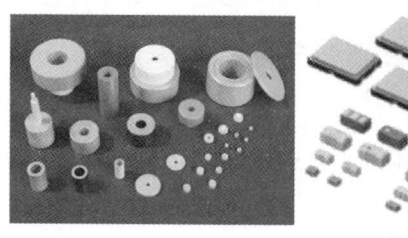

图 3-7 不同类型的微波介质陶瓷及片式化介质滤波器

3.1.2.2 微波介质陶瓷材料特性及趋势

1. 小型化。众所周知，微波设备实现小型化、高稳定及廉价的方式是微波电路的集成化要求。在微波电路集成化的进程中，金属波导实现了平面微带集成化，微波管实现了小型化。但是，微波电路中各种金属谐振腔由于体积和质量太大，难以和微带电路相集成，解决这一困难的出路在于使用微波介质陶瓷材料制作谐振器。谐振器的尺寸和电介质材料的介电常数的平方根成反比，所以电介质材料的介电常数越大，所需要的电介质陶瓷块体就越小，谐振器的尺寸也就越小。因此，微波介质陶瓷材料的高介电常数有利于微波介质滤波器的小型化，可使滤波器同微波管、微带线一道实现微波电路混合集成化，使器件尺寸达到毫米量级，其价格也比金属谐振腔低廉得多。

2. 高稳定性。接近于零的频率温度系数。通信器件的工作环境温度不可能一成不变。如果微波介质材料的谐振频率随温度变化较大，滤波器的载波信号在不同的温度下就会漂移，从而影响设备的使用性能，这就要求材料的谐振频率不能随温度变化太大；温度的实际要求范围大致为 $-40 \sim 100$ ℃，在这个范围内，材料的频率温度系数 f 不大于 10×10^{-6}/℃。

3. 低损耗。滤波器的一个重要指标是插入损耗低，微波介质材料的介质损耗是影响介质滤波器插入损耗的一个主要因素。微波介质材料 Q 值与介质损耗 $\tan\delta$ 成反比关系，Q 值越大，滤波器的插入损耗就越低。

3.1.2.3 微波介质陶瓷的分类研发重点

微波介质陶瓷可以按照组成、结构、介电性能以及应用频域来加以分类。例如，按照应用频域划分，微波介质材料可大致分为低频、中频以及高频三大类。

1. 低频微波介质陶瓷材料（0.8～4GHz）

低频微波介质陶瓷的介电常数 ε，一般大于 70，Q 值相对较小，主要包括钨青铜结构的 BaO-Ln$_2$O$_3$-TiO$_2$（BLT）系列、CaTiO$_3$ 改性系列和改性铅基钙钛矿系列等。它们主要在 0.8～4GHz 频率范围内的民用移动通信系统中作为介质谐振器。

2. 中频微波介质陶瓷材料（4～8GHz）

中频微波介质陶瓷一般指介电常数 ε 在 30～70 之间的微波介质陶瓷材料。主要是以 BaTi$_4$O$_9$、Ba$_2$Ti$_9$O$_{20}$ 和 (Zr, Sn) TiO$_4$ 等为基的微波介质陶瓷材料以及低介电常数物质与 CaTiO$_3$、SrTiO$_3$ 等的复合材料，主要用于 4～8GHz 频率范围内的微波军用雷达及通信系统中的介质谐振器件。

3. 高频微波介质陶瓷材料（8～30GHz）

一般指介电常数在 10～30 之间，品质因数 Q_f 值非常高的微波介质陶瓷材料。复合钙钛矿结构型材料是使用最广泛的一种高频微波介质陶瓷，该系列材料的 Q 值相当高。图 3-8 为典型微波介质陶瓷产品及元器件。

（a）谐振器件　　（b）微波介质滤波器　　（c）微波天线

图 3-8 典型微波介质陶瓷产品及元器件

此外，当前正在开发的微波介质陶瓷主要集中在以下三个系统。

1. 低 ε 和高 Q 值的微波介质陶瓷

主要是 BaO-MgO-Ta$_2$O$_5$、BaO-ZnO-Ta$_2$O$_5$ 或 BaO-MgO-Nb$_2$O$_5$、BaO-ZnO-Nb$_2$O$_5$ 系材料，或它们之间的复合材料。在 $f \geqslant 10$GHz 下，ε=25～30、Q=(1～3)×10^4、$T_f \approx 0$。可用于厘米、毫米波段使用的卫星直播等微波通信系统。

2. 中等 ε 和 Q 值的微波介质陶瓷

主要是以 BaTi$_4$O$_9$，Ba$_2$Ti$_9$O$_{20}$ 和 (Zr, Sn) TiO$_4$ 等为基的材料。在 f=(3～4)GHz 下，其 ε≈40，Q=(6～9)×10^3，$T_f \leqslant 5 \times 10^6$/℃。可用于微波军用雷达及微波通信系统中的介质谐振器件。

3. 高 ε 和较低 Q 值的微波介质陶瓷

主要是以 BaO, Ln$_2$O$_3$ 和 TiO$_2$（简称 BLT）为基的材料，其中 Ln 为 Nd、Sm、La 等镧系稀土元素。BLT 系在目前微波介质陶瓷研究中最受重视，原因是容易获得 ε≥80，甚至可能达到 90～100，而且在适当的配方和工艺条件下，可同时获得较高的 Q 值和较低的 T_r 值。如添加 7mol% PbO 的 BaO Nd$_2$O$_3$ TiO$_2$ 系介质材料在 3GHz 下，其 ε=88，Q=2000，T_f=0，这类材料可用于移动通信系统。近年来，BaO Nd$_2$O$_3$ Ta$_2$O$_5$/Nb$_2$O$_5$ 体系的微波介电特性引起了人们的注意，因为其填满型四方钨青铜构化合物具有比 BLT 更高的 ε≥110，此外还有复合钙钛矿 CaO Li$_2$O Ln$_2$O$_3$ TiO$_2$ 系列和铅基钙钛矿 (Pb$_{1-x}$Ca$_x$) ZrO$_3$、(Pb$_{1-x}$Ca$_x$) HfO$_3$、(Pb$_{1-x}$Ca$_x$) (Fe$_{1/2}$Nb$_{1/2}$) O$_3$、(Pb$_{1-x}$Ca$_x$) (Mg$_{1/3}$Nb$_{2/3}$) O$_3$ 系列材料等。

3.1.2.4 微波介质陶瓷的主要参数

在微波电路中评价微波介质陶瓷介电性能的参数主要有 3 个：介电常数 ε、品质因数 Q、谐振频率温度系数 T_f。

1. 相对介电常数 ε_r。在微波频率下，材料相对介电常数 ε_r 应较大，以便于器件小型化。根据微波传输理论，微波在介质体内传输，无论采用何种模式，谐振器的尺寸都在 $\lambda/2 \sim \lambda/4$ 的整数倍。

2. 品质因数。在微波频率下的介质损耗 $\tan\delta$ 应很小，即介质的品质因数 Q（1/$\tan\delta$）要高，以保证优良的选频特性和降低器件在高频下的插入损耗。共振系的损耗由电介质的损耗、辐射损耗和电介质的支撑物及其周围金属容器的导体损耗组成；

只有使用低损耗的微波介质陶瓷,才有可能制备出高 Q 值的谐振器件。

3. 频率温度系数 T_f。材料的谐振频率温度系数是表示温度变化时谐振器谐振频率变化的大小,用来衡量谐振器谐振频率温度稳定性的一个参数。T_f 越大,则表明器件的中心频率随温度的变化而产生的漂移越大,将无法保证器件在温度变化着的环境中工作的高稳定性。表 3-3 列出一些典型的微波介质陶瓷体系及其性能。

表 3-3 一些典型的微波介质陶瓷体系及其性能

材料	ε	Q	F (GHz)	$T_f \times 10^{-6}$ (℃)
$MgTiO_3\text{-}CaTiO_3$	20	7000~1000	6	0
$Mg_{0.95}Ca_{0.05}TiO_3$	21	8000	7	0
$BaTi_4O_9$ (BT_4)	38	5000~10000	4.5	15~20
$BaTi_9O_{20}$ (B_2T_9)	39~40	5000~10000	4.5	2~5
BT_4/B_2T_9 复合材料 $+ZnO/Ta_2O_5$	35~36	10500	4.5	−0.6(慢冷)
$(Zr_{0.8}Sn_{0.2})TiO_4$	40	7000~5000	—	3
$BaO\text{-}Nd_2O_3\text{-}TiO_2+PbO+Bi_2O_3$	88~90	2000	3	0
$(SrBa)O\text{-}Sm_2O_3\text{-}4.7TiO_2$	80	3700	3	0
$(Pb, Ca)(Fe, Nb, Sn)O_3$	85~89	7500~8600	1	0~9
$Ba(Mg_{1/3}Nb_{2/3})O_3$	25	38000	10.5	0
$Ba(Mg_{1/3}Nb_{2/3})O_3\text{-}BaZrO_3$	31~34	8100	9.5	
$BiNbO_4+V_2O_5+CuO$	44	2200	3	—
$Bi_2O_3\text{-}(Ca, Zn)O\text{-}Nb_2O_5+CuO$	95	660	2.9	1

3.1.2.5 微波介质陶瓷的应用

微波介质陶瓷广泛应用于微波谐振器、滤波器、振荡器、移相器、微波电容器以及微波基板等,是移动通信、卫星通信、全球卫星定位系统(GPS)、蓝牙技术以及无线局域网(WLAN)等现代微波通信的关键材料。介质谐振器和滤波器是应用量最大的微波介质陶瓷器件,目前我国是移动通信用微波介质谐振器和滤波器的最大市场。在通信系统中微波基站发射机、接收机以及移动电话均需要大量的微波介质滤波器、鉴频器、振荡器、双工器,仅此一项对微波介质元件的国内市场需求就达上百亿元,介质滤波器也是无绳电话的重要组成器件。

通常低介电常数和中介电常数微波介质陶瓷材料主要用在卫星直播及军用雷达等领域,高介电常数微波介质陶瓷则主要用于工作在微波低频段的民用移动通信系统中作为谐振器、滤波器等。微波介质谐振器与金属空腔谐振器相比,具有体积小、质量轻、温度稳定性好、价格便宜等优点,是现代通信设备小型化、集成化的关键部件之一。

近年来,通信技术的高速发展,大大推动了电子元器件向小型化、片式化和高频化方向发展的进程。除传统的片式电容、片式电感和片式电阻等表面贴装元件外,微波陶瓷器件也正向片式化、微型化甚至集成化方向发展。为了满足移动通信、无线局域网和微波集成电路发展的需要,一批新型的射频/微波器件不断涌现,包括片式微波电容器、片式多层微波滤波器、LC 滤波器、双工器、功能模块、收发开关功能模块、耦合器、功分器等。上述微波介质陶瓷元件如图 3-9 所示。

目前,国际上微波介质陶瓷及元器件生产企业的知名公司有日本村田株式会社、日本京瓷公司等。国内知名公司有江苏灿勤科技股份有限公司、苏州艾福电子通讯股份有限公司、广东国华新材料科技股份有限公司、苏州东山精密制造股份有限公司、浙江嘉康电子股份有限公司等,其部分产品如图 3-10 所示。

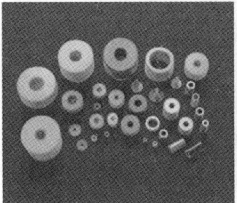
(a) TM模式介质谐振器

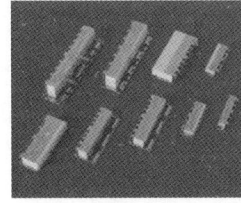
(b) 介质波导滤波器

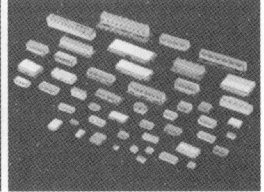

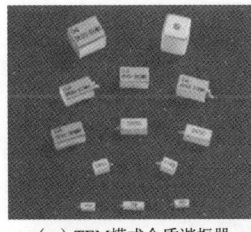
(d) 双工器

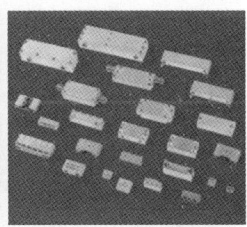
(e) 表贴式介质滤波器-CMF系列

图 3-9 微波介质陶瓷元器件产品

(a) TEM模式介质谐振器 (b) 针式滤波器

(c) 介质波导滤波器

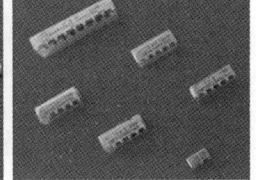
(d) 5G小基站介质滤波器系列

图 3-10 国内知名企业的部分微波介质陶瓷元件

3.1.3 陶瓷电容电感概述

陶瓷电容、电感、电阻是最重要和应用量大的电子陶瓷和电子元器件。尤其是片式多层陶瓷电容器（简称 MLCC）、多层片式陶瓷电感器（简称片感）、片式电阻（简称片阻）被称为表面贴装技术（SMT）三大无源片式元件。全球该类电子陶瓷产品及元器件数量每年有上万亿件的规模，在信息、军工、航空、移动通信、电子电器、石油勘探等行业得到广泛应用。国际上生产商有日本的村田、京瓷、东芝、TDK、NTK、NEC，美国的杜邦、摩托罗拉；韩国和中国台湾省企业如三星电机、KEMET、AVX、国巨；国内企业主要有风华高科、顺络电子、宇阳科技、三环集团、火炬电子、鸿远电子等。图 3-11 为日本京瓷公司生产的陶瓷电容器等电子陶瓷产品照片。下面分别介绍陶瓷电容、片式电容和片式电感。

图 3-11　日本京瓷公司陶瓷电容器等电子陶瓷产品

3.1.3.1　陶瓷电容与多层片式电容器

陶瓷电容器（Ceramic Capacitor）又称为瓷介电容器或独石电容器。顾名思义，瓷介电容器就是介质材料为陶瓷的电容器。1940 年前后人们发现了现在的陶瓷电容器的主要原材料 $BaTiO_3$（钛酸钡）具有绝缘性后，开始将陶瓷电容器使用于既小型、精度要求又极高的军事用电子设备当中。而片式陶瓷电容器于 1960 年左右作为商品开始开发，到了 1970 年，随着混合 IC、计算机及便携电子设备的进步，也随之迅速地发展起来，成为电子设备中不可缺少的零部件；现在的陶瓷介质电容器的全部数量约占电容器市场的 70%。

根据陶瓷材料的不同，陶瓷电容器可以分为低频陶瓷电容器和高频陶瓷电容器两类。按结构形式分类，又可分为圆片状电容器、管状电容器、矩形电容器、片状电容器、穿心电容器等多种，如图 3-12 所示。陶瓷电容器和其他电容器相比，具有使用温度较高，比容量大，耐潮湿性好，介质损耗较小，电容温度系数可在大范围内选择等优点，广泛用于电子电路中，用量十分可观。

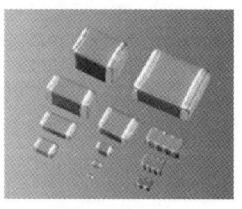

图 3-12　各种陶瓷电容器

多层片式陶瓷电容器（Multilayer Ceramic Capacitor, MLCC）是片式元件中应用最广泛的一类，它是将内电极材料与陶瓷坯体以多层交替并联叠合，并共烧成一个整体，又称片式独石电容器，其内部结构和元件如图 3-13 所示，可见 MLCC 的结构主要包含三大部分：陶瓷介质，金属内电极，金属外电极。MLCC 具有小尺寸、高比容、高精度的特点，可贴装于印制电路板（PCB）、混合集成电路（HIC）基片，有效地缩小电子信息终端产品（尤其是便携式产品）的体积和质量，提高产品可靠性，顺应了 IT 产业小型化、轻量化、高性能、多功能的发展方向。它不仅封装简单、密封性好，而且能有效地隔离异性电极。

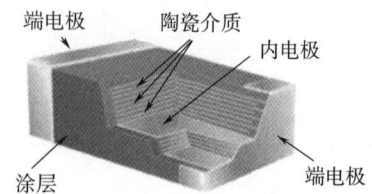

图 3-13　多层陶瓷电容器内部结构和元件

MLCC 在电子线路中可以起到存储电荷、阻断直流、滤波、区分不同频率及使电路调谐等作用。在高频开关电源、计算机网络电源和移动通信设备中可部分取代有机薄膜电容器和电解电容器，并大大提高高频开关电源的滤波性能和抗干扰性能。

近年来，消费电子、通信设备及汽车行业蓬勃开展，尤其是手机、油电混合车的用量和销量增加，带动 MLCC 需求。智能手机等所有电子产品上以数百至 1000 个为单位配备的积层陶瓷电容器的新款。积层陶瓷电容器被置于电池和半导体之间等，通过储存和释放电力，在一定程度上保持电路内的电流。日本村田公司预测称，面向智能手机等的市场到 2024 年度将增至 2019 年度的 1.5 倍左右。村田的新产品为 0.25mm×0.125mm，犹如沙粒大小。与其他公司相同尺寸的积层陶瓷电容器相比，储存电力的容量明显更大，达到一般产品的 10 倍。

小型化、低成本化（贱金属内电极 MLCC）、大容量化、高频化是 MLCC 的发展方向。以日本矩形 MLCC 的发展为例，外形尺寸已经从 20 世纪 80 年代前期的 3216 减小到现在的 0603。国内企业生产的 MLCC 主流产品是 0603 型，并已突破了 0402 型 MLCC 大规模生产的技术难关。0201 型 MLCC 已研制出样品，产业化技术以及国内市场需求均处于发育成熟阶段，目前最小的 0201 型 MLCC 长边甚至不到 500μm。国内采用高纯钛酸钡纳米粉（20～100nm）制备高性能 X7R（0302）贱金属内电极 MLCC 瓷料，室温相对介电常数高达 3000，陶瓷晶粒尺寸小于 300nm，容温变化率小于 ±12%，介电损耗小于 2.5×10^{-2}，绝缘电阻率约为 $10^{13}\Omega\cdot cm$。MLCC 击穿场强大于 70MV/m。已制备出超薄层贱金属内电极 MLCC 产品，陶瓷介质单层厚度约为 3μm。

多层片式陶瓷电容器制备工艺流程如图 3-14 所示。主要加工环节包括：（a）备料成型：原料经过煅烧、粉碎与混合后，达到一定的颗粒细度，原则上颗粒越细越好。然后根据电容器结构形状，进行陶瓷介质坯体成型；（b）烧成：对瓷坯进行高温处理，使其成为具有高机械强度、优良电气性能的瓷体。烧成温度一般在 1300℃ 以上。高温保持时间过短，固相反应不完全彻底，影响整个坯体结构，造成电性能恶化，是所谓"生烧"；高温保持时间过长，使坯体起泡变形以及晶粒变大，同样恶化电性能，造成"过烧"；（c）然后是电极制造，引线焊接，涂覆，包封。

目前，MLCC 的首要原料是钛酸钡、氧化钛、钛酸镁等，构成的主要瓷料有 C0G、Y5V、X7R、NP0 等种类，依电气特性运用各不相同 MLCC 的特性，来决定不同的烧结温度与烧结气体。此外，从 MLCC 成本构成角度，瓷粉在整个 MLCC 中成本占比较大，尤其是高容 MLCC 的生产。高容 MLCC 对于瓷粉的纯度、粒径、粒度和形貌有更高的要求。山东国瓷生产的纳米钛酸钡粉体可以满足这一要求。MLCC 元件在生产过程中，陶瓷介质和印刷内电极浆料需进行叠合共烧，因而需解决不同收缩率的陶瓷介质和内电极金属如何在高温烧制环节中不分层、开裂的问题。一方面需烧结设备和工艺的优化；另一方面也需 MLCC 瓷粉的不断改进，使之与电极匹配、更易于与金属电极一起烧结。

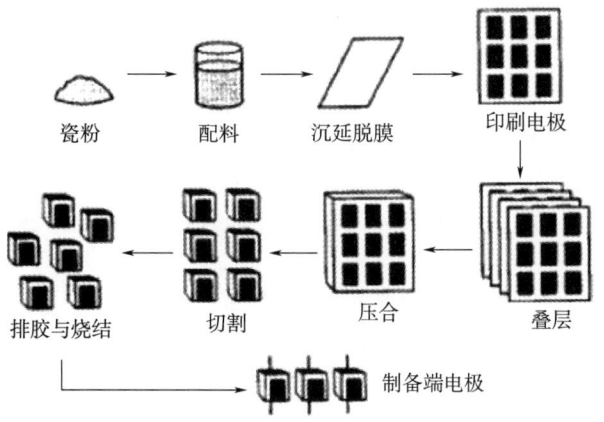

图 3-14　多层片式陶瓷电容器制备工艺流程图

3.1.3.2　陶瓷电感与多层片式电感器

陶瓷电感是将陶瓷材料及线圈导体层压成一体的单片结构，能够实现小型化、低成本化；陶瓷电感适用于移动通信设备的 RF 电路的耦合、扼流以及共振等各类用途。特别是多层片式电感器的平底表面适合表面贴装、优异的端面强度、焊锡性及耐热性，较高的 Q 值、低阻抗、低漏磁、耐大电流之特点。图 3-15（a）为多层片式电感器内部结构；图 3-15（b）为各种应用的多层片式电感器产品。

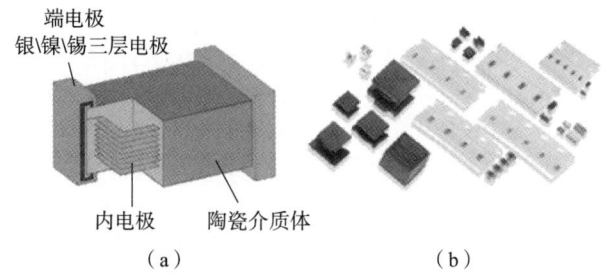

图 3-15　（a）多层片式电感器内部结构；
（b）各种应用的多层片式电感器产品

多层片式电感器内部结构主要包括陶瓷介质体、内电极、端电极 3 部分。陶瓷介质体主要分为普通贴片陶瓷电感和贴片铁氧体电感两大类。其中，铁氧体是 Fe_2O_3、NiO、ZnO、CuO 等多种氧化物构成陶瓷材料。经烧结的铁氧体硬度高、磁导率高、电阻率高。铁氧体中氧化物比例不同，可获得磁导率不同，使用磁导率不同的铁氧体制成形状尺寸不同、工作频段不同的电感器，用在不同频段并保持较低的能量损耗。应用于抑制电磁干扰时，铁氧体的工作原理是通过阻抗吸收发热的形式将不需要的频率的能量散发掉。

多层片式电感大发展起始于 20 世纪 80 年代，日本、美国为适应小型化表面贴装 SMT 需要，开始了片式电感器的研究开发。1984 年 TDK 率先以 1210 为先导产品，实现了叠层片式电感器产业化，同时日本村田实现片式电感器的量产。1994 年中国的深圳南玻和南京 898 厂分别引入日本和美国绕线型和叠层型电感生产线，1996 年广东肇庆风华高科建立片感用磁材与片感元件生产线，2000 年深圳顺络电子公司成立，目前已成为国内最大一家专业从事片式电感生产的企业。目前电感器的叠层片式化率超过 85%，日本、韩国及中国台湾是片感主产区，占市场份额超过 70%。日本村田公司的片式电感采用多层工艺、薄膜工艺、绕线工艺等多种技术集成，针对不同用途进行特殊设计，实现了片式电感的小型化且高性能化，可提供从电源用到高频用的各种产品系列，图 3-16 为日本村田公司的多层片式电感产品，其中图 3-16（a）为高频电路用电感器；图 3-16（b）为电源线用电感器；图 3-16（c）为一般电路用电感器。

（a）高频电路用电感器　（b）电源线用电感器　（c）一般电路用电感器

图 3-16　日本村田公司多层片式电感产品

陶瓷电感器的主要作用是通直流、阻交流，在电路中主要起到滤波、振荡、延迟、陷波等作用。陶瓷电感器还有筛选信号、过滤噪声、稳定电流及抑制电磁波干扰等作用。主要应用在电脑显示板卡，笔记本电脑，脉冲记忆程序设计，以及 DC-DC 转换器。

3.1.4　PTC 热敏电阻陶瓷概述

3.1.4.1　PTC 热敏电阻陶瓷的发现

PTC（Positive Temperature Coefficient）为正温度系数热敏电阻材料，简称 PTC 热敏电阻，它具有电阻率随温度升高而增大的特性。1955 年荷兰菲利浦公司的海曼（P. W. Hayman）等发现在 $BaTiO_3$ 陶瓷中加入微量的稀土元素后，在某一很窄的温度范围内其电阻率可以升高 3 个数量级以上，即在某个临界温度以上出现阻-温急剧变化的 PTC 效应。随后，美国贝尔实验室的 Sauer 对 $BaTiO_3$ 瓷的半导体化特性及其 PTC 效应进行了广泛研究。日本的 PTC 研究是 50 年代末开始的，1961 年村田制作所最先获得实用化结果，PTC 开始投入生产，1962 年 PTC 元件被推选为日本工业新闻的十大新产品之一。PTC 被应用于温补元件、水位检测、马达过热保护、彩电消磁元件、恒温发热体元件等用途。70 年代，PTC 的制造工艺和应用得到了较大的发展，研制成蜂窝状、口琴式发热体，单位面积的发热功率有大幅度提高，在一块 40mm 的 PTC 片上，从最初几瓦可提高到几百瓦，于是在日本掀起了 PTC 发热体的应用热潮。进入 80 年代，又发展了多孔 PTC 陶瓷材料，研制成居里点超过 400℃ 的高温 PTC 材料，开辟了在石油液化加热器、石油预热器等各方面的新应用。目前，PTC 热敏电阻材料已在家电、汽车、能源、电子、航空航天、军工国防等领域得到广泛的应用。图 3-17（a）为日本村田公司 PTC 热敏电阻元件，图 3-17（b）为国产 PTC 热敏电阻加热器。

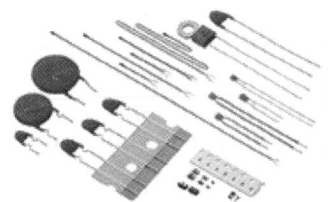 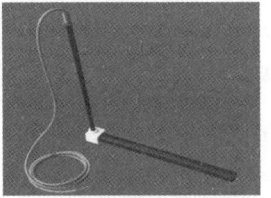

(a)村田公司PTC热敏电阻元件　　(b)PTC热敏电阻加热器

图 3-17　PTC 热敏电阻元件

3.1.4.2　PTC 陶瓷的特性及阻温曲线

PTC 陶瓷的基本特性可用电阻温度特性、伏安特性、电流时间特性和耐压特性来表征，其中电阻温度特性是 PTC 材料最基本的特性。电阻温度特性，又称阻温特性，是指在规定电压下 PTC 热敏电阻的零功率电阻值与电阻体温度之间的关系。零功率是指在某一规定温度下测量 PTC 热敏电阻值时，保证功耗低到因功率引起的阻值的变化可以忽略的程度。$BaTiO_3$ 基 PTC 热敏电阻器的阻温特性曲线示意图如图 3-18 所示，R_{25} 为额定零功率电阻，R_{min} 最小零功率电阻，相应温度为 T_{min}；R_b 为开关电阻，相应温度 T_b 为开关温度，开关温度是电阻产生陡跃增大时的温度，与居里温度相对应；R_{max} 为最大零功率电阻，相应温度为 T_{max}。最大电阻与最小电阻之比 R_{max}/R_{min} 为升阻比，是表征 PTC 效应的重要参数。表征阻温特性的另一重要参数电阻温度系数 αt（%/℃），定义为：$\alpha t = dR/dT$，温度系数越大，电阻温度曲线越陡峭，PTC 特性就越好。下面分别介绍 PTC 陶瓷电阻温度特性、伏安特性、电流时间特性的作用。

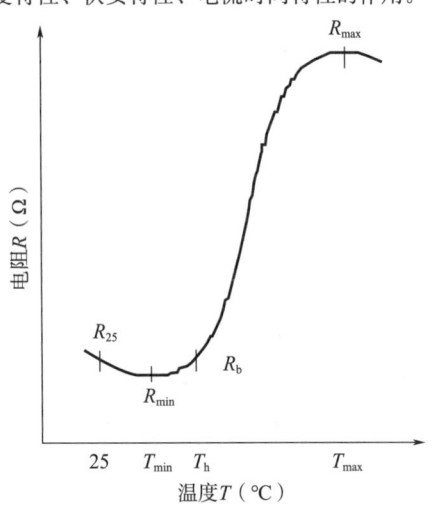

图 3-18　PTC 热敏电阻温特性曲线示意图

1. 利用电阻-温度特性

利用正电阻温度系数，可以补偿晶体管电路中的负特性热敏电阻器，使阻值可选择很高，因而可减少输入阻抗的变化，特别可避免功率晶体管输入电路的损耗问题，在宽温度范围内可发挥温度补偿作用。另外，用作温度检测用途，需利用 PTC 的陡峭电阻温度特性，其电阻温度系数为 10%～30%/℃；被应用于高灵敏的温度控制和报警装置上。作为电子烤炉温控用的温度传感器，具有简化控制电路的特点。

2. 利用电压-电流特性

在电阻温度特性具有较陡转变点的元件上，一旦加上电压，在到达电流最大点时，电压电流比保持一定，显示出恒定电阻特性；当超过电流最大点，电压、电流乘积保持一定，显示出恒定功率特性。因为恒定功率特性的电压范围宽，即便电压变化，在元件上仍保持一定温度，这是 PTC 的最大特点之一。利用该特性可制作定温发热体，元件的功率可根据室温电阻值、开关温度、元件形状和尺寸、散热片间的热阻及散热片的结构进行任意调整，它适用于各种家电产品上。

3. 利用电流-时间特性

当在 PTC 上流过大于规定的电流时，利用其发热，在规定时间后，到达开关温度，使电阻增加起到限制电流的作用。利用该特性被广泛应用于彩色电视机的消磁、过流过热保护、马达起动、延迟继电器和定时器等各种用途。

3.1.4.3　PTC 陶瓷元件的制备

PTC 陶瓷是由钛酸钡（或钛酸锶、钛酸铅）为主成分，添加少量稀土（Y、Nb、Bi、Sb）、受主（Mn、Fe）元素，以及玻璃（氧化硅、氧化铝）等添加剂，经过均匀分散混合、成型、烧结而成的半导体陶瓷。

PTC 陶瓷样品制备工艺流程大致如下：配料（如 $BaCO_3$/PbO/TiO_2/$CaCO_3$/Nb_2O_3），湿法球磨混料，干燥预压，预烧（反应合成），然后加入少量添加剂（如 Sb、Mn、Si、Al），再次混合球磨，干燥造粒，干压法成型，烧结（1300～1350℃），上电极，检测。

上述工艺过程中，PTC 陶瓷粉体制备和烧成工艺是关键性两道工序；优质 PTC 陶瓷对于粉体的要求是：化学组成精确、化学均匀性好；纯度高、粒径小（中位粒径 0.5～0.8μm）且粒度分布窄，团聚度小等。

目前一般工厂生产大多采用固相反应合成工艺，球磨粉碎后经喷雾造粒来制取 PTC 粉料，对主成分原料 TiO_2 和 $BaCO_3$ 有较高的技术要求，化学纯度高，有害杂质（Al^{2+}，Fe^{3+}，K^+，Na^+ 等）含量 $<50\times 10^{-6}$，原料颗粒小，且形貌接近球形。但是固相合成工艺制得的 PTC 粉体的化学均匀性的提高受到限制，而采取湿化学二步合成工艺制得的 PTC 粉体具有优良的化学均匀性，且颗粒度可达纳米级（50nm），用这种粉体制备的 PTC 陶瓷具有较高的 ΔR 和 α 值，较小的 ΔT 值。

烧成工艺是制备优质 PTC 陶瓷的关键工序，因为这涉及晶粒半导化及晶粒尺寸、瓷坯致密化及显微结构的均匀性，从而影响 PTC 效应及其他电物理性能，如室温电阻率及耐电强度等。

通常采用的烧成工艺是阶梯式烧成制度，在 600℃ 保温 30～60min，使有机物分解排除；然后以 6℃/min 的速率升至液相熔化温度（1250～1300℃），再以 10℃/min 的速率升至最高烧成温度（1320～1350℃），此阶段形成晶粒生长、施主进入晶粒、瓷坯呈现半导性和致密化。在最高烧成温度保温一定时间后，快速冷却至 1170～1200℃，再适当保温，使空气中的氧通过扩散进入晶界，晶界吸附氧为受主态（还有其他受主），形成晶界势垒，然后冷却至 600～800℃，即可随炉自然冷却。

电极工艺也是 PTC 制品不可缺少的（电子陶瓷作为电气元件，必须有电极，电极工艺就是把电极浆料（如含银的电极浆料）涂于陶瓷元件的表面，再经 600～800℃ 的高温烧渗工艺，在元件表面形成银白色导电层，这就是电极。而 PTC 热敏电阻器不能用普通银浆料作为它的电极，因为普通银浆料在高温烧渗过程中形成的 Ag 电极会氧化形成中间势垒，这样就会增加

PTC 陶瓷与 Ag 电极之间的接触电阻，而 PTC 陶瓷是半导体陶瓷，其自身的体电阻率比较低，在测量其电阻时，就不能忽略接触电阻，这意味着用普通 Ag 电极，就不能正确测得 PTC 陶瓷的真实电阻，这种普通银电极称为非欧姆接触电极。PTC 热敏电阻器用的电极有几种：(1) 液态金属电极（即 In-Ga 电极）；(2) 化学镀镍电极；(3) 真空溅射金属电极；(4) 烧渗欧姆接触银浆或银电极，所谓欧姆接触 Ag 浆，就是在普通银电极浆料中，加入强还原性物质（如 Zn、Sn 等）以防止 Ag 氧化，避免形成界面电阻；(5) 烧渗或火焰喷 Al 电极。目前，国内外迄今仍普遍采用在 Ni 层上再印刷一层普通 Ag 浆，制成 Ni-Ag 电极。

3.1.4.4 PTC 热敏电阻元件及应用

PTC 热敏电阻器是继电容器和压电陶瓷器件之后，用量大应用广的第三大类电子陶瓷元件。利用 PTC 材料具有的阻温特性、电流时间延迟特性和自控发热的三大特性，迄今，PTC 热敏电阻元器件在电子、家电及其他各个领域（包括军用和航天设备）正在获得广泛的应用，成为高可靠性电子元件之一，表 3-4 为 PTC 热敏电阻的主要用途一览表。此外，PTC 在汽车上的应用也有很多，见表 3-5。

表 3-4　PTC 热敏电阻的主要用途

电阻温度特性	温度补偿元件	各种电子设备的电路
	温度传感器	电子烤炉等温用
电压-电流特性（静特性）	定温发热体	电子屏、电饭煲、冰箱加热器、电子驱蚊器、电香炉、电脚炉、电长筒靴、复印机、VTR 防结露用、卷发钳、防冻加热器、熔胶喷枪、橡胶硫化机、塑料膜熔焊机等
	热风发热体	家用暖风机、汽车用热风机、干衣机、被褥烘干机、食物干燥机、吹风机、被炉、热风屏机等
	消磁元件	彩色电视机、彩色显示
电流-时间特性（动特性）	马达起动元件	冰箱、空气压缩机
	过电流保护	马达、继电器绕组、电子电路、荧光灯
	定时器	蜂鸣器、灯泡

表 3-5　PTC 在汽车上的应用

功能	产品
定温发热体	汽车反光镜加热、风挡清洗喷嘴加热、进气顶加热、门锁加热、风扇加热、引擎滤油器加热、暖手器、保温箱加热等
断路器	风扇电阻器、过流保护（马达、电路等）
延迟装置	自动限制气门用电阻器
传感器	温度传感器、电流传感器

目前，国内有近百家 PTC 热敏电阻及元件和组件的生产企业，产品种类多，包括 PTC 片、PTC 发热芯、PTC 标准件、PTC 带电波纹发热体、PTC 发热片、PTC 发热器件、标准件发热器、PTC 恒温加热器、各种类空调 PTC 电辅助加热器、美容美发产品 PTC 加热芯、MCH 加热条、暖风机 PTC 波纹发热件、通信和监视器烘干发热体、理疗仪器加热体及柔性电热膜；以及可为用户设计生产各类加热元器件；大量应用于暖风机、新风机、浴霸、集成吊顶、空调、暖通、小家电、饮水机、美容美发产品等传统领域。图 3-19 示出国产的 PTC 产品。

(a) 蜂窝式PTC发热片　(b) PTC发热组件　(c) 低电压PTC加热管

图 3-19　部分国产的 PTC 产品

3.1.4.5 PTC 型加热器特点

PTC 加热器有热阻小、换热效率高的优点，是一种自动恒温、省电的电加热器。它的一大突出特点在于安全性能上，任何应用情况下均不会产生如电热管类加热器的表面发红现象，从而引起烫伤等事故。PTC 加热器最显著的特点包括：(1) PTC 型陶瓷加热器成本低，寿命长，不需要专门的温控器和热电阻热电偶等温度传感器进行温度反馈即能对加热器进行发热控制，它的温度调节是靠自身的材料特性，从而使产品具有远大于其他加热器的使用寿命；(2) PTC 型陶瓷加热器安全，绿色环保；加热器本体的设计加热温度在 200℃ 以下的多档次，任何情况下本体均不发红且有保护隔离层，任何应用场合均不需要石棉等隔热材料进行降温处理，可放心使用，不存在对人体烫伤和引发火灾的问题；(3) PTC 型陶瓷加热器节约电能，比较电热管和电阻丝加热产品，该产品是靠材料自身的特性，根据环境温度的改变来调节自身的热功率输出，所以它能将加热器的电能消耗优化控制在最小，同时高发热效率的材料也大幅提升了电能的利用效率。

在中小功率加热场合，PTC 加热器具有恒温发热、无明火、热转换率高、受电源电压影响极小、自然寿命长等传统发热组件无法比拟的优势。

3.1.5　陶瓷加热器概述

陶瓷加热器分主要分为氧化铝和氮化硅两类，具有电热丝炉等其他加热器所不具备的许多优异特点，主要包括：(1) 小型化、质量轻、省电；能够获得高功率密度、热效率高、可同时安装各个不同容量的发热件；(2) 优异的热特性，体现在升温速率快，能够得到任意的温度分布；(3) 安全可靠性高，表现在良好的电绝缘性能和耐电压特性，发热电阻不会氧化，断线及老化很少发生，耐腐蚀性好；(4) 应用广泛，可加热水、煤油等液体，也可加热金属等固体；(5) 环境无污染、无任何噪声。图 3-20 为各种应用的陶瓷加热器。

3.1.5.1 陶瓷加热器类型及基本结构

陶瓷发热电阻材料（电阻膜、电阻片或电阻丝）内置在氧化铝或氮化硅陶瓷内，电阻发热材料与陶瓷素坯可以通过共烧（同时烧成）使其一体化，与外界空气完全隔离，陶瓷体起到保护和绝缘的作用。陶瓷加热体大致可分三类，如图 3-21 所示：图 3-21 (a) 平板式结构加热体；图 3-21 (b) 圆柱形结构加热体；图3-21（c）管式结构加热体。图3-22为相应的三种类型的产品照片。

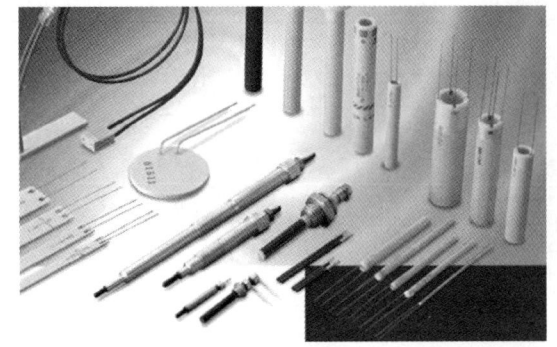

图 3-20　各种应用的陶瓷加热器

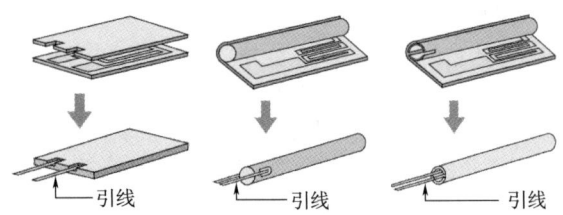

（a）平板式结构　　（b）圆柱形结构　　（c）管式结构

图 3-21　陶瓷加热体类型及基本结构

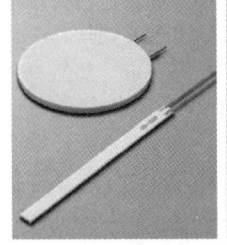 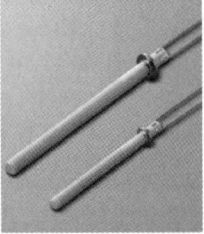 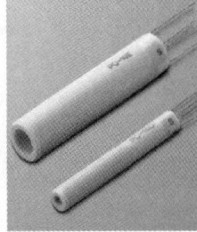

（a）平板式加热体　　（b）圆柱形加热体　　（c）管式加热体

图 3-22　三种类型陶瓷加热体产品照片

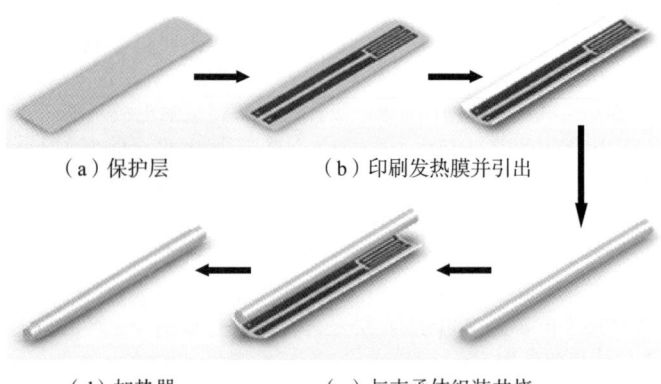

（a）保护层　　　　　　（b）印刷发热膜并引出

（d）加热器　　　　　　（c）与支承体组装共烧

图 3-23　陶瓷加热器的制备过程及组装示意图

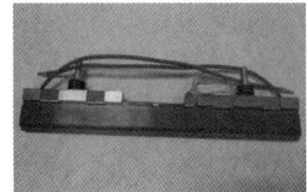 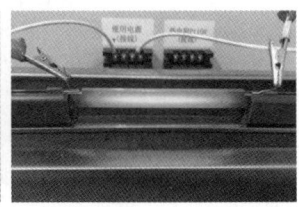

图 3-24　常德科锐公司一体化氮化硅发热元件

开发的一体化氮化硅发热元件，表3-6为日本京瓷公司生产的氧化铝和氮化硅加热器的技术指标。

表 3-6　日本京瓷公司氧化铝和氮化硅加热器的技术指标

项目	单位	氧化铝发热件 A473	氮化硅发热件	
			SN220	SN362
最高使用温度	℃	1000	1300	1400
常用使用温度	℃	800	1200	1300
导热率	W/(m·K)	21	25	31
比热	J/(g·K)	1	1	1
热膨胀系数（40～800℃）	$\times 10^{-6}$/℃	7.5	3.2	3.7

3.1.5.2　陶瓷加热体的组装与共烧

氧化铝陶瓷发热体的高温共烧是直接在氧化铝陶瓷生坯上印刷电阻浆料，经过叠片，排胶后，在1600℃左右的高温下共烧成为一体的中低温发热元件。电阻浆料通常是以钨粉为主的浆料，采用丝网印刷方法在氧化铝瓷流延生坯上形成印刷电路，经与瓷坯共烧结而成发热厚膜电路，因此，钨厚膜浆料的性能尤为重要。钨厚膜浆料应由3个部分组成：功能相、有机载体和无机胶黏剂，其中功能相为钨颗粒，起导电作用；有机载体主要起形成悬浊液、调节浆料黏度的作用；无机胶黏剂其作用是在共烧完成之后，可以将钨颗粒牢固粘结在基板上，并使之成为连续相。氧化铝陶瓷加热器的制备过程及组装示意图如图3-23所示。

氮化硅发热件通常是在氮化硅成型坯体内安放钨丝或印刷其他电阻浆料。对于平板状发热体最新开发的一种类型，是将一种发热电阻粉料与氮化硅粉料一起压制成型，然后再在气压烧结炉内，于氮气压力下，1750℃左右高温共烧，即可得到一体化的氮化硅发热件。图3-24为常德科锐新材料科技有限公司

3.1.5.3　陶瓷加热器产品及应用

陶瓷加热器设计简洁、加热快速、可靠性高、安全性好、具有耐腐蚀、耐高温、寿命长、高效节能、温度均匀、导热性能良好等优异特性；从而在汽车、石油、工业、医疗、半导体、家用电器等各个领域得到广泛的应用。

1. 汽车领域应用

柴油发动机的起动辅助热线电热塞如图3-25（a）所示。高温状态下耐久性能优异的氮化硅发热件，可使升温速度快，特别是刚起动后排放的废气更清洁。

车用暖气发热件如图3-25（b）所示。在寒冷地区用于车载辅助暖气点火的发热件、火花传感器。使用氮化硅发热件，可以使燃料快速气化、点火、燃烧。因此，在发动机起动后不久，以及急速停止时，车内温度也能迅速升高。

氧传感器用陶瓷发热件如图3-25（c）所示。汽车的尾气检测氧传感器用加热用发热件，几乎所有的汽油发动机汽车都安装有该发热件。由于能快速升温，在尾气温度较低的刚起动阶段，能够提高传感器的敏感度，有利于降低尾气的排放。

3.1 电子陶瓷与功能陶瓷概述

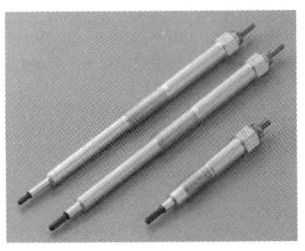 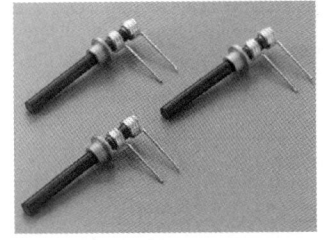 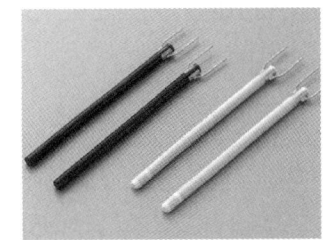

（a）柴油发动机电热塞　　　　（b）车用暖气发热件　　　　（c）氧传感器用陶瓷发热件

图 3-25　汽车领域应用的陶瓷加热器

2. 石油燃气设备领域应用

点火用发热件如图 3-26（a）所示。用于煤油供暖机及煤气炉点火的发热件，不会出现像高压火花点火那样的放电音及电气噪声，而且加热区较广，能够获得稳定的点火效果。

气化燃烧用发热件如图 3-26（b）所示。用于煤油暖风机的煤油汽化的氧化铝发热件，能够充分发挥其小型大输出、快速升温的特点，实现汽化装置部的小型化及缩短汽化时间。

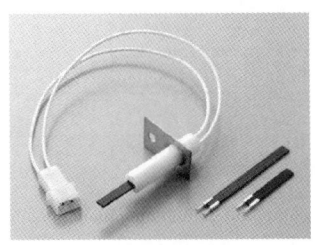 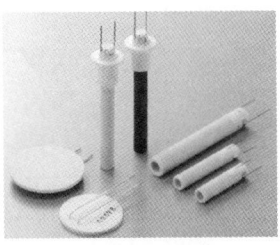

（a）点火用发热件　　　　（b）气化燃烧用发热件

图 3-26　石油燃气设备领域应用的陶瓷加热器

3. 家用电器领域应用

电热烫发器用发热件如图 3-27（a）所示，用于卷发及拉直等烫发钳的氧化铝发热件。通过设计，能够获得适度的温度分布；而且由于升温迅速，温度稳定，可广泛适用于各种发质。

温水马桶座用发热件如图 3-27（b）所示。厕浴盆（智能冲洗）用的加热水用的氧化铝发热件。功率大，瞬间就能产生适当温度的温水。

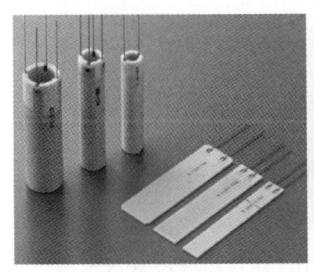 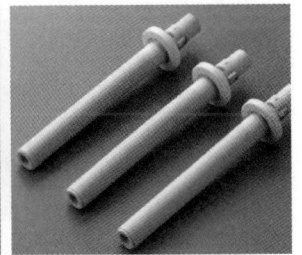

（a）电热烫发器用发热件　　　　（b）马桶座用发热件

图 3-27　家用电器领域应用的陶瓷加热器

3.1.6　陶瓷基板概述

陶瓷基板与塑料基板等材料相比，其优势在于以下几个方面：①高热导率，器件产生的热量大部分经由封装基板传导出去，导热良好的基板可使芯片免受热破坏；②与芯片材料热膨胀系数匹配，功率器件芯片本身可承受较高温度，且电流、环境及工况的改变均会使其温度发生改变；由于芯片直接贴装于封装基板上，两者热膨胀系数匹配会降低芯片热应力，提高器件可靠性；③耐热性好，满足功率器件高温使用需求，具有良好的热稳定性；④绝缘性好，满足器件的电互连与绝缘需求；⑤机械强度高，满足器件加工、封装与应用过程的强度要求；⑥价格适宜，适合大规模生产及应用。

目前，陶瓷基板材料包括氧化铝（Al_2O_3）、氧化锆增韧氧化铝（ZTA）、氧化铍（BeO）、氮化铝（AlN）、氮化硅（Si_3N_4）、氮化硼（BN）、碳化硅（SiC）等，但电子封装常用的陶瓷基板材料还是氧化铝、氮化铝、氮化硅、氧化铍。下面分别介绍这些材料的性能、技术特点及应用进展。

3.1.6.1　氧化铝陶瓷基板

氧化铝陶瓷是目前制备和加工技术最成熟的陶瓷基片材料，氧化铝陶瓷基片的主要结晶相为 $\alpha\text{-}Al_2O_3$。根据 Al_2O_3 含量的不同有 92%氧化铝瓷、95%氧化铝瓷或 96%氧化铝瓷以及 99%氧化铝瓷等不同牌号。图 3-28 为潮州三环等公司的 Al_2O_3 陶瓷基板；日本 CNIHON CERATEC 株式会社不同含量氧化铝陶瓷的性能见表 3-7。Al_2O_3 陶瓷具有原料来源丰富、价格低廉、机械强度和硬度较高、绝缘性能、耐热冲击性能和抗化学侵蚀性能良好、尺寸精度高、与金属附着力好等一系列优点，是一种综合性能较好的陶瓷基板材料。因此，Al_2O_3 陶瓷基板广泛应用于电子工业，占电子封装陶瓷基板总量的 80% 以上，已成为电子工业不可缺少的重要材料。

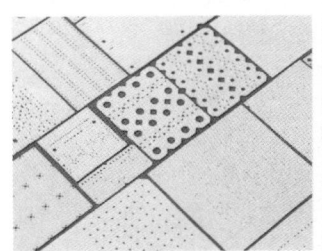 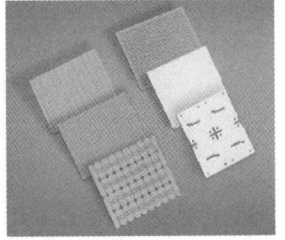

图 3-28　潮州三环等公司的 Al_2O_3 陶瓷基板

虽然 Al_2O_3 基片是目前电子行业中应用最成熟的陶瓷材料，但因其热导率相对较低，99%瓷 Al_2O_3 热导率仅为 29W/(m·K)。此外，Al_2O_3 热膨胀系数较高（$7.2\times10^{-6}/℃$），而芯片硅单晶的热膨胀系数仅为 $(3.6\sim4.0)\times10^{-6}/℃$，在反复的温度循环中容易累积内应力，大大增加了芯片失效概率。因此，Al_2O_3 基板一般应用在汽车、电子、半导体照明、电气设备等领域，并不适宜半导体器件大功率化的发展趋势。

表 3-7 日本 CNIHON CERATEC 株式会社氧化铝陶瓷性能数据

项目		单位	测试方法	Al$_2$O$_3$			
				92%	96%	99.5%	99.9%
呈色				白色	白色	白色	白色
体积密度		g/cm^3	排水法	3.6	3.7	3.9	3.9
吸水率		%	排水法	0	0	0	0
机械性能	硬度	GPa	1000g 负荷	14	15	18	19
	抗弯强度 20℃	MPa	3 点弯曲	360	380	450	500
	抗弯强度 1200℃	MPa	3 点弯曲			200	350
	断裂韧性	MPa·m$^{1/2}$	SEPB 法	3	3	4	3.5
	弹性模量	GPa		310	330	400	400
热学性能	最高使用温度	℃	炉内加热法	1500	1500	1600	1600
	线膨胀系数 (25~1000℃)	×10^{-6}/℃	加热膨胀法	7.4	7.7	7.8	7.9
	热导率 (20℃)						
	比热						
	耐热冲击	℃	水中投下急冷法	—	220	200	200
耐腐蚀性	盐酸	mg/cm^2	20%煮沸, 72h	0.2		0.1	0.1
	硫酸	mg/cm^2	20%煮沸, 72h	0.8		0.2	0.1
	硝酸	mg/cm^2	61%煮沸, 72h	0.1		0.1	0
	磷酸	mg/cm^2	85%煮沸, 72h	0.2		侵蚀	0.6
	氢氟酸	mg/cm^2	47%, 20℃, 72h	—	—	侵蚀	—
电学性能	耐电击穿性	kV/mm		>10	>10	>10	>10
	体积电阻率	Ω·cm		>10^{14}	>10^{14}	>10^{14}	>10^{14}
	介电常数			8.5	9.5	9.8	9.8

3.1.6.2 氮化铝陶瓷基板

AlN 陶瓷材料是一种新型高热导率陶瓷封装材料，20 世纪 90 年代开始得到广泛研究而逐步发展起来，是目前普遍认为具有发展前景的电子陶瓷封装材料。AlN 材料热导率很高，理论上单晶 AlN 的热导率可以高达 320W/(m·K)，而且介电性能优良、电绝缘强度高、化学性能稳定、抗腐蚀能力强、机械性能好，尤其是它的热膨胀系数与单晶硅较匹配等特点使其能够作为理想的半导体封装基板材料，在集成电路、微波功率器件、毫米波封装、高温电子封装等领域获得了广泛应用。

早在 20 世纪 80 年代初期，世界上一些发达国家就开始从事 AlN 基片的研究和开发，其中日本开展得最早，技术也最成熟。1983 年研制出热导率为 95W/(m·K) 的透明 AlN 陶瓷和 260W/(m·K) 的 AlN 陶瓷基片，而且从 1984 年开始推广应用，1985 年在几家主要电子公司（如东芝、日本电气、日立等）已应用比较广泛。目前，日本进行 AlN 粉体生产的公司主要有德山曹达、东洋铝业、电气化学工业和三井化学等。日本开发 AlN 封装陶瓷的公司有日本京瓷、NTK、住友金属工业、富士通、东芝、日本电气等。国内 AlN 陶瓷基板的生产厂家主要有：无锡海古德、福建华清、潮州三环、河北中瓷、宁夏艾森达、中电科集团公司第 43 研究所等。图 3-29 为河北中瓷生产的 AlN 陶瓷基板及 AlN 覆铜板，表 3-8 为无锡海古德氮化铝陶瓷基板性能表。

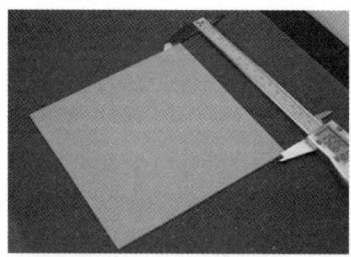

图 3-29 河北中瓷生产的 AlN 陶瓷基板和 AlN 覆铜板

表 3-8 无锡海古德氮化铝陶瓷基板性能表

分类	项目	单位	指标值		
			AN170	AN200	AN220
基本性能	颜色	—	灰色	灰色	米色
	吸水率	%	0	0	0
	体积密度	g/cm^3	≥3.30	≥3.30	≥3.26

3.1 电子陶瓷与功能陶瓷概述

续表

分类	项目		单位	指标值		
				AN170	AN200	AN220
基本性能	表面粗糙度		μm	0.1～0.6	0.1～0.6	0.1～0.6
	翘曲度		%	≤2	≤2	≤2
热学性能	热导率（20℃）		W/(m·K)	≥170	≥200	≥220
	热膨胀系数	(20～300℃)	(×10⁻⁶/℃)	4.6	4.6	4.5
		(40～800℃)		5.2	5.2	5.2
力学性能	抗弯强度		MPa	≥450	≥300	≥200
	弹性模量		GPa	320	310	310
	莫氏硬度			8	8	8
电学性能	抗电强度		kV/mm	≥17	≥16	≥15
	体积电阻率		Ω·cm	≥10¹⁴	≥10¹⁴	≥10¹³
	介电常数		—	9	8.6	8.5
	介电损耗		×10⁻⁴	2.98	2	2

3.1.6.3 氮化硅陶瓷基板

氮化硅陶瓷是综合性能非常优异的陶瓷材料，其抗弯强度和断裂韧性比氧化铝和氮化铝陶瓷高出一倍以上，同时具有热膨胀系数低、硬度高、耐磨损、耐腐蚀、抗热冲击性能好等特点。但由于液相烧结的 Si_3N_4 陶瓷含有较多的晶界玻璃相，对声子散射较大，因此早期研究认为其热导率低，如 Si_3N_4 轴承球和 Si_3N_4 结构件等产品热导率只有 20～30W/(m·K)。1995年 Haggerty 等通过经典固体传输理论计算表明，Si_3N_4 材料热导率低的主要原因与晶格内缺陷、氧含量及杂质等有关，并预测 β 相 Si_3N_4 其导热率理论值最高可达 320W/(m·K)。之后，国内外学者和陶瓷技术人员在提高 Si_3N_4 材料热导率方面进行了大量的研究，通过工艺优化，氮化硅陶瓷热导率不断提高，目前日本研究工作者在实验室的 Si_3N_4 材料热导率最新成果已突破 177W/(m·K)。

高导热氮化硅陶瓷基板制备中最重要的烧结助剂的选择以及烧结工艺，目前使用最多的烧结助剂是 Y_2O_3-MgO 体系，烧结方法以气压烧结为主，也采用热压烧结或热等静压烧结。清华大学谢志鹏课题组以氮化硅（α 相≥95%、粒径 0.5μm）为原料，选用价格较低的 Y_2O_3-MgO 为复合烧结助剂，采用气压烧结在较低氮气压力、合适的温度和较短的保温时间下制备了完全致密的高导热氮化硅陶瓷。研究结果表明当烧结助剂添加量为 5mol% MgO+4mol% Y_2O_3 时，使用气压烧结在 1890℃下烧结 2h，可以制备出综合性能优异的高导热氮化硅陶瓷，试样的热导率可达到 85.9W/(m·K)，抗弯强度达到 873MPa，断裂韧性为 8.39MPa·m^(1/2)；在烧结过程中 Y_2O_3 与 Si_3N_4 反应形成化合物固定在晶界处，减少氧元素固溶进氮化硅晶格中的概率，起到了净化氮化硅晶格的作用，提高了烧结试样的热导率；过量的 MgO 或 Y_2O_3 会烧结过程中形成的化合物残留在晶界处，降低材料的力学性能和热导率。

此外，采用一种新型的振荡压力烧结技术可以制备出强度和韧性更高、热导率在 90W/(m·K) 左右的大尺寸氮化硅陶瓷基板，图 3-30 为常德科瑞新材料科技有限公司烧结制备的大尺寸氮化硅陶瓷基板。

图 3-30 大尺寸氮化硅陶瓷基板

目前国际上高导热氮化硅陶瓷基板的生产商主要有日本的丸和株式会社（MARUWA）、京瓷公司（KYOCERA）、东芝公司（TOSHIBA）、日本电气化学工业株式会社（DENKA）以及美国的罗杰斯公司（ROGERS）等。其中，美国罗杰斯公司和日本东芝公司已经将高导热氮化硅材料用于 IGBT、逆变器等实际生产的电子器件中。图 3-31 为京瓷公司覆铜氮化硅基板。

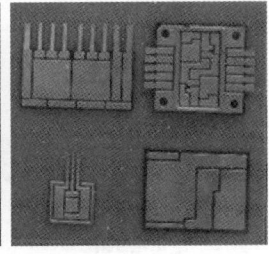

图 3-31 京瓷公司的覆铜氮化硅基板

表 3-9 为上述几家公司的高导热氮化硅陶瓷基板性能对比，从表中可以看出，商用高导热氮化硅陶瓷的热导率在 60～95W/(m·K)，抗弯强度在 600～850MPa，断裂韧性在 5～6.5MPa·m^(1/2)。不同企业生产的氮化硅陶瓷性能也各有特点；日本丸和株式会社的氮化硅热导率偏低，但抗弯强度和断裂韧性较高，而且产量大，基板的各项性能指标见表 3-10；东芝的氮化硅热导率最高，但其抗弯强度较低；京瓷的氮化硅抗弯强度高，但其热导率及断裂韧性不是很高，这些性能差异与各厂商之间不同的生产工艺和目标市场定位有关。

表3-9 主流商用高导热氮化硅陶瓷基板性能对比

厂商	热导率 [W/(m·K)]	抗弯强度 (MPa)	断裂韧性 (MPa·m$^{1/2}$)
MARUWA	85	800	6.5
KYOCERA	58	850	5.0
ROGERS	90	700	6.5
TOSHIBA	95	650	6.5
DENKA	90	600	—
SN5M4Y	85.96	873	8.36

表3-10 日本丸和氮化硅基板性能表

	项目		单位	Si$_3$N$_4$ SN·90
	材料		—	Si$_3$N$_4$
	颜色		—	灰色
	表观密度		g/cm^3	3.22
	表面粗糙度Ra		μm	0.4
物理特性	三点抗弯强度		MPa	800
	杨氏模量		GPa	310
	维氏硬度		GPa	15
	断裂韧度	IF法	MPa·m$^{1/2}$	6.5
热特性	线膨胀系数	40~400℃	×10^{-6}/K	2.6
		40~800℃		3.1
	热导率	25℃	W/(m·K)	85
		300℃		—
	比热	25℃	J/(kg·K)	680
电气特性	介电常数	1MHz	—	9.0
	介电损耗	1MHz	10^{-3}	0.2
	体积电阻	25℃	Ω·cm	>10^{14}
	击穿电压	DC	kV/mm	>15

3.1.6.4 BeO陶瓷基板

BeO陶瓷基片的一个显著特点就是具有极高的热导率,在现今实用的陶瓷材料中,BeO在室温下的热导率最高,同时又是一种良好的绝缘材料。BeO介电常数低、介质损耗小,而且封装工艺适应性强。据报道:其纯度大于99%、理论密度达99%的BeO陶瓷,其室温热导率可达250W/(m·K);随着BeO含量的提高,BeO陶瓷的热导率会进一步增大;但随着工作温度的升高,其热导率将下降;在0~600℃的工作温度范围内,BeO陶瓷平均热导率为207 W/(m·K);当工作温度达到800℃左右时,其热导率已与Al$_2$O$_3$瓷相差无几。此外,BeO陶瓷的热导率受气孔、杂质等缺陷的影响也很大。

BeO陶瓷在制备中最大的缺点是BeO粉体和蒸汽具有毒性,在制备时要采取特殊的防护措施,并需要很高的烧成温度,这使得BeO基板的成本很高,并且会对环境产生较大污染,限制了它的生产和推广应用。目前,BeO基板主要应用于以下几个方面:高功率晶体管的散热片、高频及大功率半导体器件的散热盖板等;在航空电子设备和卫星通信中,为了追求高导热和理想高频特性,仍采用BeO陶瓷基片,经金属涂层的BeO板材已用于飞机驱动装置的控制系统。表3-11为日本电气化学公司生产的BeO、Al$_2$O$_3$、AlN、Si$_3$N$_4$四种陶瓷基板性能表。

表3-11 日本电气化学公司四种陶瓷基板性能表

项目	单位	DENKA ANPLATE	DENKA SNPLATE	Al$_2$O$_3$	BeO
密度	g/cm^3	3.3	3.3	3.8	29
热导率(RT)	W/(m·K)	150, 180	90	20	260
热膨胀系数(RT~400℃)	×10^{-6}/℃	4.5	3	7.3	7.5
绝缘耐压(RT)	kV/mm	>20	>15	14	10
体积电阻率(RT)	Ω·cm	>10^{14}	>10^{14}	>10^{14}	>10^{14}
介电常数(1MHz, RT)		8.5	9.0	8.5	6.5
介质损耗(1MHz, RT)	×10^{-4}	9	23	3	5
弯曲强度	MPa	400	600	300	200
电性		○	○	○	○
制程		无压烧结			
量产性		○	○	◎	○
成本		中等	中等	低	高

3.1 电子陶瓷与功能陶瓷概述

3.1.6.5 高导热陶瓷基板的应用

1. 大功率电力电子模块

氮化铝、氮化硅陶瓷基板具有热导率高、与硅匹配的热膨胀系数、高电绝缘等优点，非常适用于 IGBT 以及功率模块的封装；广泛应用于轨道交通、航空航天、电动汽车、智能电网、太阳能发电、变频家电、UPS 等领域，电动汽车以及混合动力汽车是高导热氮化硅最主要的应用领域。目前，国内高铁上 IGBT 模块主要使用的是由日本丸和公司提供的氮化铝陶瓷基板，随着未来高导热氮化硅陶瓷生产成本的降低，或将逐渐替代氮化铝。由于 IGBT 输出功率高，发热量大，若散热不良将损坏 IGBT 芯片，因此对于 IGBT 封装而言，散热是其技术关键，必须采用陶瓷基板强化散热。IGBT 功率模块内部结构示意图如图 3-32 所示，图 3-33 示出 IGBT 模块及采用 DBC 基板封装 IGBT 模块。

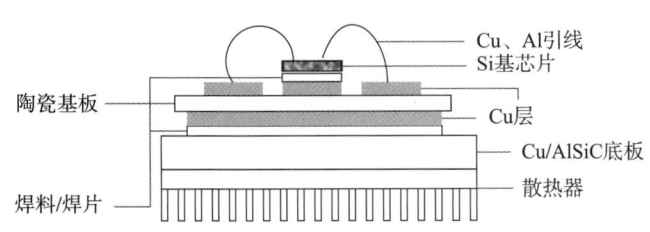

图 3-32　IGBT 模块内部结构示意图

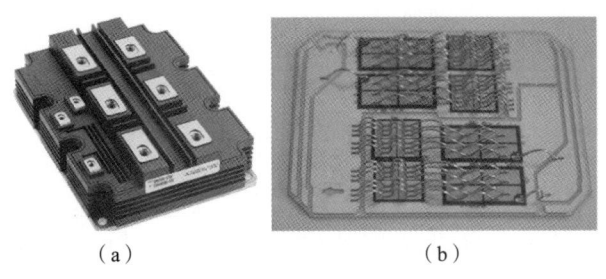

图 3-33　IGBT 模块（a）和采用 DBC 基板封装 IGBT 模块（b）

2. LED 封装

发光二极管（LED）也是一种基于电光转换的半导体功率器件，具有电光转换效率高、响应快、寿命长和节能环保等优势，目前已广泛应用于通用照明、信号指示、汽车灯具和背光显示等领域。随着 LED 技术发展，芯片尺寸和驱动电流不断提高，LED 模组功率密度也不断提高，散热问题越来越严重。氮化铝陶瓷基板由于其具有高导热性、散热快且成本相对合适的优点，受到越来越多的 LED 制造企业的青睐，广泛地应用于高亮度 LED 封装、紫外 LED 等。主要应用有：LED 散热基座、支架、汽车 LED 大灯、LED 管芯。图 3-34 为白光 LED 模组及其陶瓷封装示意图。

3. 微波射频与微波通信

在射频/微波领域，氮化铝陶瓷基板具有其他基板所不具备的优势：①介电常数小且介电损耗低；②绝缘且耐腐蚀；③可进行高密度组装。因此，主要应用有：射频衰减器、功率负载、工分器、耦合器等无源器件、通信基站（5G）、光通信用热沉、高功率无线通信、芯片电阻、薄膜电路等智能家居、智能物流、智慧通信、智慧交通等领域。

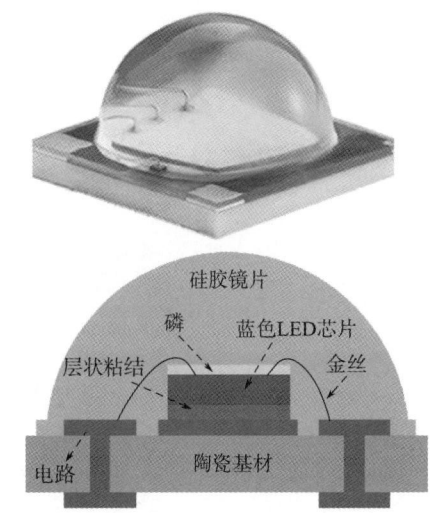

图 3-34　白光 LED 模组及其陶瓷封装示意图

4. 激光器封装

激光器（LD）广泛应用于工业、军事、医疗和 3D 打印等领域，如图 3-35（a）所示。目前，国际上 90～100μm 单管器件商用产品输出功率在 12～18W 之间，实验室水平可达 20～25W。由于 LD 电光转换效率约为 50%～60%，工作时大量热量集中在有源区，导致结温升高，引发腔面灾变性光学损伤或饱和现象，严重限制 LD 输出功率和使用寿命。此外，热膨胀系数不匹配导致器件内部产生热应力，输出光在快轴方向呈非线性分布，给光束准直、整形及光纤耦合带来极大挑战，是阻碍高功率激光器广泛应用的主要因素之一。因此，在 LD 封装中必须采用导热性能良好、热膨胀系数匹配的陶瓷基板。由于 AlN 陶瓷具有热导率高、热膨胀系数低等优点，因此 LD 封装普遍使用 AlN 陶瓷基板，如图 3-35（b）所示。

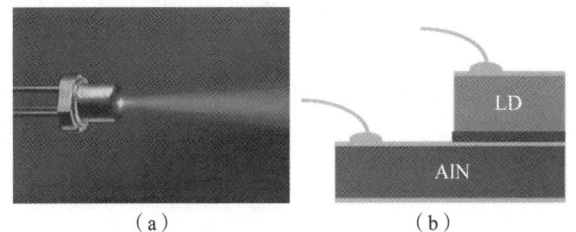

图 3-35　蓝光 LD 器件（a）和采用 DBC 基板封装 LD 结构示意图（b）

3.1.7　绝缘电子陶瓷概述

3.1.7.1　绝缘电子陶瓷的功能及特点

绝缘电子陶瓷，也称为绝缘瓷、高频绝缘陶瓷、装置瓷。主要用作电气电路或电子电路绝缘体，根据电路设计的要求将导体从物理上隔离，以防止电流在它们之间流动而破坏电路的正常运行或从根本上破坏整个电路。除此之外，绝缘电子陶瓷还担负着导体的机械支持、散热与电路环境保护等作用。其特点是当电路在较高温度运行时不会导致陶瓷材料的介电性能、化学性能、力学性能的劣化或破坏失效。

在电子工业中，绝缘电子陶瓷产品的应用也十分广泛，这些产品包括：各种电子电路元件所用的基片和封装材料，各类电子管与高频插头绝缘用的管座和插座，各种转换开关触板、微调器端板与接线板等所用的瓷板和瓷条；各种绕线瓷管和保护管，电真空管壳、温控器和继电器中的各种绝缘瓷件。绝缘电子陶瓷的功用除了绝缘之外，还常常具备安装、固定、支撑、隔离、保护及连接等作用，例如，在新能源电动汽车上也大量应用各种氧化铝绝缘电子陶瓷金属化封接产品，如图3-36所示。

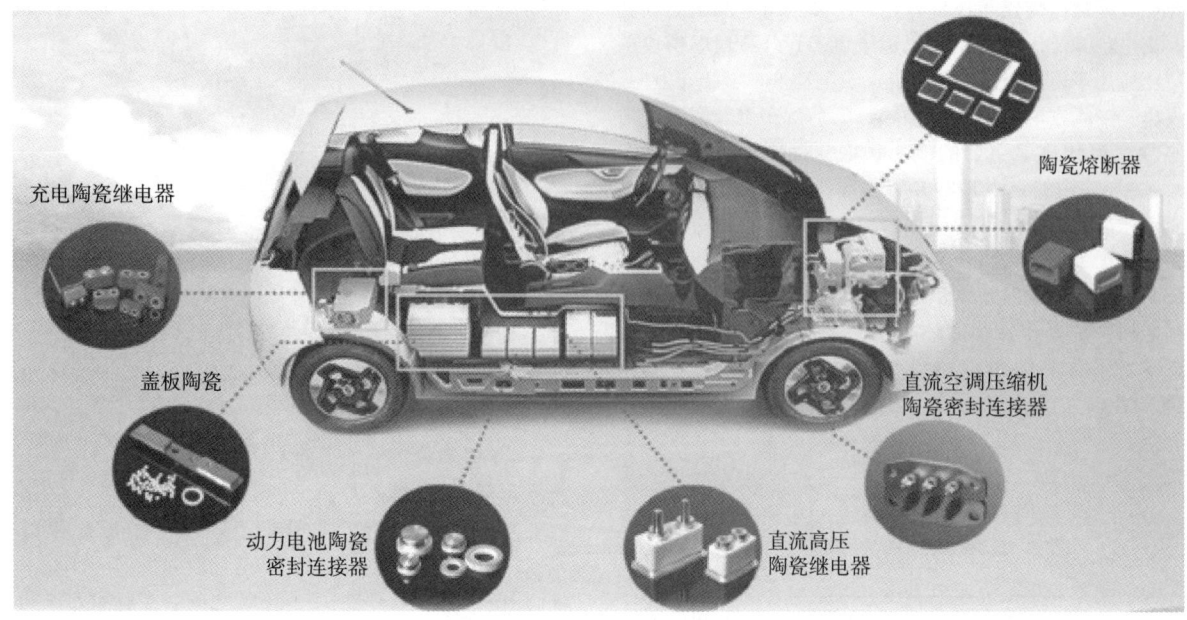

图3-36 新能源汽车用氧化铝绝缘陶瓷金属化封接产品

3.1.7.2 绝缘电子陶瓷的类别及性能

按照化学组成的特点，绝缘陶瓷可以分为氧化物绝缘陶瓷和非氧化物绝缘陶瓷两大类。目前，大量使用的绝缘陶瓷属氧化物系列，主要包括氧化铝陶瓷、滑石瓷、镁橄榄石瓷、氧化铍陶瓷；正在研究开发与试用的绝缘陶瓷有氮化物系列，主要包括氮化铝、氮化硼、氮化硅。无论是哪种系列的绝缘电子陶瓷，要成为一种优异的绝缘电子陶瓷，它必须具备表3-12所示的性能。

表3-12 优异的绝缘电子陶瓷必须具备的性能

体积电阻率（ρ）	$\geqslant 10^{12}\Omega\cdot cm$
相对介电常数（ε_r）	$\leqslant 30$
损耗因子（$\tan\delta$）	$\leqslant 0.001$
介电强度（D_S）	$\geqslant 5.0 kV/mm$

除了上列介电性能外，优异的绝缘电子陶瓷还应具备良好的导热性、与导体材料尽可能一致的热膨胀性、良好的耐热性、高强度及化学稳定性等。表3-13为典型的绝缘电子陶瓷的介电性能，表3-14为绝缘电子陶瓷的热学与力学性能。

表3-13 绝缘电子陶瓷的介电性能

材料	$\tan\delta$（MHz, RT）	ε_r（MHz, RT）	D_S（kV/mm）	ρ（$\Omega\cdot cm$, 25℃）
滑石瓷	0.0008~0.0035	5.9~6.1	7.9~13.8	10^{17}
镁橄榄石瓷	0.0004~0.001	5.8~6.7	7.9~11.9	10^{17}
Al_2O_3瓷	0.0003~0.002	8.2~10.2	9.9~15.8	10^{16}
BeO瓷	0.001	5.8	9.5~13.8	$>10^{16}$
AlN瓷	<0.001	8.8	14~17	10^{14}

续表

材料	$\tan\delta$（MHz, RT）	ε_r（MHz, RT）	D_S（kV/mm）	ρ（$\Omega\cdot cm$, 25℃）
BN瓷	0.001	4.2	35.6~55.4	10^{14}
Si_3N_4瓷	0.0001	6.1	15.8~19.8	10^{14}

表3-14 绝缘电子陶瓷的热学与力学性能

材料	相对密度	热导率[W/(m·K)]	热膨胀系数（×10^{-6}/℃）	抗弯（MPa）	抗热冲击性
滑石瓷	2.8	3.3	7.8~10.4	145	中等
镁橄榄石瓷	2.8	1.7~4.2	10.6	145	差
92%Al_2O_3瓷	3.6	17	7.5~8.0	321	好
BeO瓷	1.8~3.0	125~250	4.2~9.4	248	好
AlN瓷	3.3	170~200	4.5	450	好
BN瓷	2.1	29	4.3	52	好
Si_3N_4瓷	3.2	12~29	3.1	697	极好

3.1.7.3 镁橄榄石瓷的发展及应用

镁橄榄石瓷是最早应用的一种高频绝缘陶瓷（又称装置陶瓷），距今已有半个多世纪。日本京瓷公司创始人稻盛和夫，1959年创业时开发的第一个陶瓷U形管绝缘材料就是镁橄榄石瓷；当时日本松下公司生产的黑白电视机显像管中的电子枪急需绝缘陶瓷部件及U形绝缘管，如图3-37(a)所示，稻盛和夫等花了一年时间在极其简陋的条件下成功制备出镁橄榄石陶瓷产品。

3.1 电子陶瓷与功能陶瓷概述

(a) 显像管与U形绝缘管

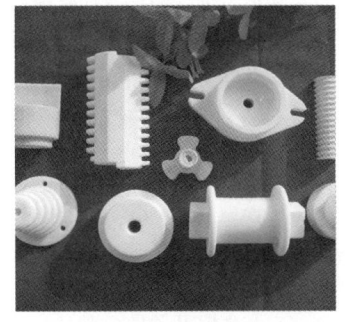

(b) 镁橄榄石陶瓷制品

图 3-37 镁橄榄石陶瓷 U 形管及其他制品

镁橄榄石陶瓷是一种成本较低、性能优越、应用较广的高频绝缘陶瓷材料,主要成分为硅酸镁(Mg_2SiO_4),主晶相为镁橄榄石($2MgO \cdot SiO_2$)。镁橄榄石陶瓷的相对介电常数 5.6~5.8,介质损耗角正切值小于 5×10^{-4} [1MHz,(300 ± 5)℃],体积电阻率 $10^{14} \sim 10^{16} \Omega \cdot cm$,特别是在高温下仍有相当高的电阻率,1000℃时仍高于 $10^6 \Omega \cdot cm$。其特点是在高温下仍有较低的介质损耗角正切值和较高的体积电阻率,其线膨胀系数约为 $(9 \sim 11) \times 10^{-6}/℃$,与某些玻璃、铁镍合金和钛金属几乎相等,便于封接。广泛用作电真空陶瓷、高功率电容器陶瓷、电阻陶瓷基体和碱性耐高温陶瓷,如图 3-37 (b) 所示。

镁橄榄石瓷的制备是以烧滑石为主要原料,其典型配方如下:烧滑石含量 55%,$Mg(OH)_2$ 含量 35%,$BaCO_3$ 含量 6.4%,黏土含量 3.6%;烧结温度在 1300~1400℃。镁橄榄石瓷电性能比滑石好得多,特别是在微波和高温下。不足之处是由于它的线膨胀系数大,导致抗热冲击性较差。

3.1.7.4 滑石瓷的制备与应用

滑石瓷是一种高频装置陶瓷,它以天然滑石($3MgO \cdot 4SiO_2 \cdot H_2O$)为主要原料制成。由于滑石瓷介电损耗小,所以主要用于制造各种类型的绝缘子、线圈骨架、高频瓷轴、波段开关、管座以及电阻基体等绝大部分装置零件。此外,还用于制造各种小容量的高压电容器和微调电容器,是一种性能较好、用途广泛、价格低廉的装置陶瓷,特别适用于对热冲击性能要求严格的高阻抗元件。

工业上生产的滑石瓷均以斜顽火辉石为主晶相,晶相含量大约为 60%~65%,玻璃相含量 35%~40%。晶体和玻璃相间比例基本不变。但是,滑石瓷的化学成分及玻璃相的组成也各不相同,因而滑石瓷的性质也有一定差异,即滑石瓷的性质与化学成分有着密切的关系。但滑石瓷的烧结范围比较窄,一般只有 20℃左右,这就给瓷坯的烧结带来限制,导致滑石瓷力学强度不够高而影响滑石瓷的产品质量。

为拓宽滑石瓷的烧结温度范围和改善滑石瓷力学性能,近几年又对这一问题展开了系统研究。湖南美程公司贺亦文等以滑石为主要原料,辅以钾长石、高岭土,配以少量的碳酸钡、氧化锌、氧化锆、硅酸锆、氧化铝等助熔剂及增强剂,试验工艺过程包括:原料处理、配料、湿法球磨、干燥、造粒;将制备好的造粒粉料进行干压法成形及常压烧成、性能检测、显微结构分析。试验结果表明,配方中添加的碳酸钡、氧化锌、氧化锆、硅酸锆、氧化铝等引入的 BaO、ZnO、ZrO_2、Al_2O_3 等氧化物并未在滑石瓷中生成新的晶相。与传统配方比较,新配方均较大幅度降低了滑石瓷的烧结温度(降低 30~50℃);主要原因是新配方不同比例地添加了钾长石(引入 K_2O、Na_2O),钾长石在烧成过程中作为一种助熔剂可较大幅度地降低烧成温度,使滑石瓷烧成过程中更早地产生液相,还拓宽了烧结温度范围;熔融状态的钾长石冷却后以玻璃体填充在瓷坯中的斜顽火辉石晶粒之间,促进坯体致密化,在一定程度上提高力学强度以及瓷坯的光泽度,钾长石对增加滑石瓷烧成范围的作用也非常大,少量的钾长石加入能将烧成区间增加至 50℃左右。

此外,对于滑石瓷试样的力学强度而言,新配方与传统配方比较,抗弯强度提高 10MPa 以上,这是由于新配方含有一定量的碳酸钡,碳酸钡在起到助熔作用的同时也有效地增加了滑石瓷的力学强度。新配方的最佳烧结为 1302℃,抗弯强度达到了 133.7MPa,比传统配方的抗弯强度 117.5MPa(1332℃时烧成)提高了 16%。图 3-38 示出采用新配方粉料和分体式模具通过干压成型技术制备具有台阶的复杂形状的滑石瓷产品。

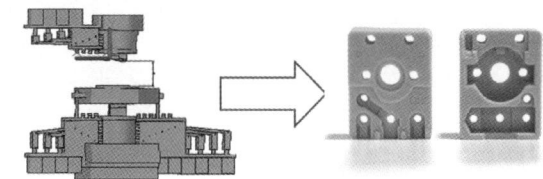

图 3-38 分体式模具干压成型制备复杂形状的滑石瓷产品

国际上有多家先进陶瓷知名企业生产滑石瓷,如日本的京瓷公司、英国的摩根公司;国内湖南、江苏、广东有多家生产滑石瓷的企业,其中最为代表性的是湖南省美程陶瓷科技有限公司采用全自动干压法成型技术,产能大、效率高。表 3-15 示出英国摩根公司滑石瓷性能指标。

表 3-15 英国摩根公司滑石瓷性能指标

项目	测试条件	单位及符号	滑石瓷 MS-1	MS-2	MS-3
密度		g/cm³	≥2.7	≥2.6	≥2.6
吸水率		%	0	0	0
颜色			白色	白色	灰黄
硬度		HV HRA	820 76	800 75	800 75
抗弯强度		N/cm²	13720	11760	11760
热导率	20℃	W/m	2.9	2.9	2.9
热膨胀系数	20~100℃	×10⁻⁵/℃	≤8	≤8	≤8
	20~500℃	×10⁻⁵/℃	—	—	—
抗热震性	20~800℃	10 次			
绝缘强度		kV/mm	20	20	20
介电常数	1MHz 20℃		≤7.5	≤7.5	≤7.5
介质损耗	1MHz 20℃	×10⁻⁴	≤8.0	≤20	≤20
体积电阻率	100℃	Ω·cm	>10¹²	>10¹²	>10¹²

3.1.7.5 氧化铝绝缘电子陶瓷

氧化铝陶瓷在电子技术领域中广泛用作真空电容器的陶瓷管壳、高功率电子管管壳、微波管用陶瓷管壳、微波管输能窗的陶瓷组件、各种陶瓷基板（包括多层布线基板）及半导体集成电路陶瓷封装管壳等，也是电真空陶瓷的主要材料。其中，一种常见到粉红色氧化铝作为绝缘电子陶瓷应用，添加1%左右Cr_2O_3的Al_2O_3陶瓷常呈现红色，就是因为固溶到Al_2O_3晶格中的铬离子对可见光的491～500μm频段（即蓝绿色频段）有强烈的选择性吸收，从而使瓷体呈现蓝绿色的补色-粉红色。

特别是近几年在电动汽车领域内白色和红色氧化铝陶瓷在继电器、熔断器、动力电池陶瓷密封连接器、陶瓷盖板等，获得越来越多的应用，如图3-39所示。

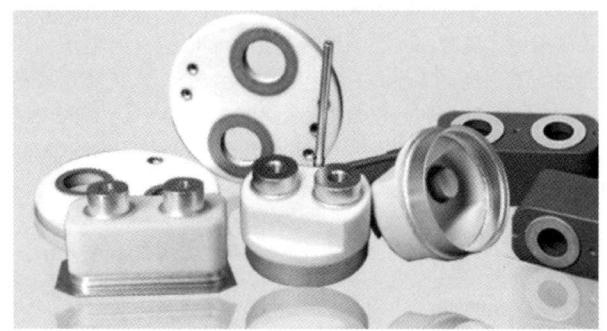

图3-39 电动汽车领域用氧化铝绝缘电子陶瓷

与氧化铝陶瓷作为结构陶瓷的应用有所不同，氧化铝作为绝缘电子陶瓷对其电学性能要求更高，包括介电损耗要小，抗电压击穿强度和电阻率要高，因此对氧化铝陶瓷的化学成分和显微结构要求也高。通常要严格控制Na_2O、K_2O等一价离子的杂质含量，因为这些杂质将导致氧化铝瓷体电性能严重恶化，电阻率降低，介质损耗明显提高。

氧化铝作为绝缘电子陶瓷应用最多的是Al_2O_3含量为95%或96%的氧化铝瓷，因为95氧化铝瓷既可满足绝缘电子陶瓷的电性能和力学性能的要求，同时制造成本也较低，便于规模化生产。此外，由于95氧化铝瓷内部含有少量的玻璃相，特别便于金属化封接；而在电子电气领域应用很多场合是需要金属化封接的氧化铝瓷，图3-40为各种金属化的95氧化铝瓷件。

 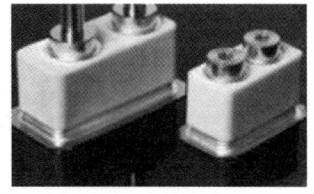

图3-40 各种金属化的95氧化铝瓷件

氧化铝作为绝缘电子陶瓷应用领域宽阔，目前高功率的各种电子管管壳多采用95瓷，这是因为95瓷具有机械强度高、绝缘性能好、高频损耗小、电绝缘强度高、耐高温、抗热震等优点；95瓷制成的电子管在排气时，其除气温度比玻璃管壳的高许多，除气比较彻底，这类材料特别适于制作用于较高频率及较高温度下的高功率电子管的管壳。

真空电容器是以真空为介质的一种电容器，通常采用95瓷作为其管壳，在管内造成真空，使介质与外界环境隔离，电气特性的环境稳定性非常高，真空电容器的击穿电压比极板间距相同的空气电容器高10倍左右，所以与空气电容器相比其体积小、质量轻、真空介质的介电损耗趋于零，非常适于高频下使用。

微波管（包括速调管、磁控管、行波管等）主要用于雷达及卫星通讯方面，微波管的管壳通常用95%氧化铝瓷制作，联结微波管与波导管的输能窗陶瓷组件采用高频损耗很小的99%氧化铝瓷制作。

陶瓷真空开关管、陶瓷电子管、陶瓷晶闸管都采用氧化铝绝缘陶瓷作为封装外壳。真空开关是一种具有发展前途的电力开关，近年来中等电压等级的真空开关需求量在世界市场上已占了总生产量的70%～80%。此外，随着技术水平的不断提高，高电压及超高压等级的真空开关也在大力开发中。氧化铝陶瓷真空管壳（又称真空灭弧室）是真空开关的关键部件，人们常称它为真空开关的心脏，当前各种真空开关所需的真空开关管已广泛应用于电力系统、石油、化工、煤矿、冶金和电气化铁道等各个领域。电子管，不管是二极三极还是更多电极的真空式电子管，它们都具有一个共同结构就是由抽成几近真空的陶瓷外壳及封装在壳里的灯丝、阴极和阳极组成。图3-41为电子电气工业中使用的各种氧化铝绝缘陶瓷部件，分白色和红色两种颜色的氧化铝瓷，其中大多需进行金属化封接处理。

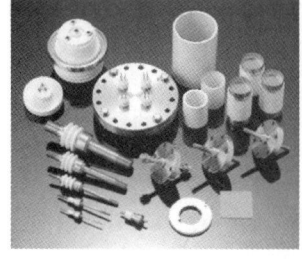 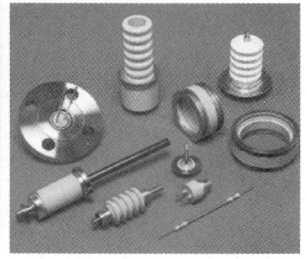

图3-41 电子电气工业中各种氧化铝绝缘陶瓷部件

LED照明须采用绝缘性散热性好的陶瓷灯杯加印电路陶瓷基板，目前大多使用95氧化铝瓷，如图3-42所示，LED灯的组装图如图3-43所示。此外，电光源中的灯座也大多使用氧化铝绝缘陶瓷，如图3-44所示。

 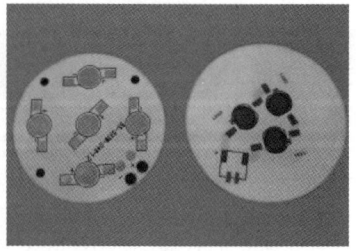

图3-42 95氧化铝瓷灯杯及加印电路陶瓷基板

图3-43 LED灯的组装图

图3-44 电光源中各种氧化铝陶瓷灯座

在汽车工业中，陶瓷火花塞是汽车发动机必不可少的零件之一，它是一种需求量极大的绝缘电子陶瓷。潍柴火炬是我国最大的陶瓷火花塞制造企业，其产品"火炬牌"火花塞已有21个系列200多个品种，具有多侧电极火花塞、V形槽中心电极火花塞、沿面跳火型火花塞等的先进技术。"火炬牌"火花塞广泛用于汽车、摩托车、小型汽油发动机等。通过引进美国德尔福公司的AC自动化装配线和博大自动化装配线，"火炬牌"火花塞在国内市场保持40%左右的占有率，产品远销到美国、加拿大、哥斯达黎加、意大利、马来西亚、新加坡、阿联酋、沙特阿拉伯、尼日利亚、中国台湾、中国香港等20多个国家和地区。图3-45 示出潍柴火炬的各种火花塞。

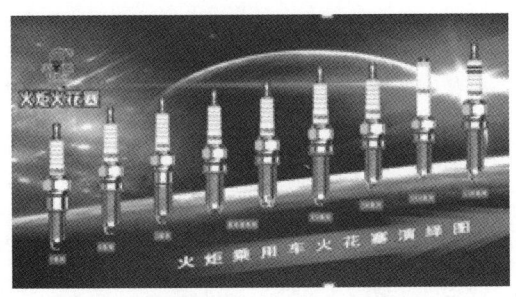

图3-45 株洲湘火炬生产的各种火花塞

3.1.7.6 高导热绝缘电子陶瓷

氧化铍（BeO）和氮化铝（AlN）陶瓷是电性能和力学性能良好，同时又具有高导热率的一类绝缘电子陶瓷，可满足许多散热性能要求高的电气电路或电子电路应用的需求。

(1) 氧化铍（BeO）

氧化铍的熔点为 $2570\pm30℃$，纯氧化铍密度为 $3.02g/cm^3$，莫氏硬度为9，晶体的显微硬度为15.2GPa，热膨胀系数在 $25\sim1000℃$ 范围的平均值为 $(5\sim8.9)\times10^{-6}/℃$。

BeO的电阻率很高，20℃的比电阻为 $10^{17}\Omega\cdot cm$，1500℃为 $10^5\Omega\cdot cm$；介电常数在20℃，1MHz为6.5；介质损耗小，如在10MHz，100℃时的 $\tan\delta$ 为0.0004，300℃时为0.00043。

BeO陶瓷是所有陶瓷材料中导热系数最大的，其室温下的热导率可达 $310W/(m\cdot K)$，与金属铝相近；同时具有良好的高温绝缘性、热稳定性和耐高温特性，从而在真空电子技术、微电子与光电子技术中得到许多应用，在电子工业中用作大功率散热器件、电真空器件、大功率半导体器件等。值得注意的是氧化铍陶瓷粉末和氧化铍蒸气都有毒性，操作时应进行防护；但烧结后的氧化铍陶瓷没有毒性。高导热氧化铍绝缘电子陶瓷产品如图3-46所示，表3-16列出国内外氧化铍陶瓷主要性能达到的水平。

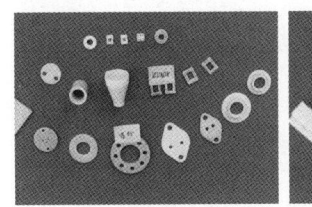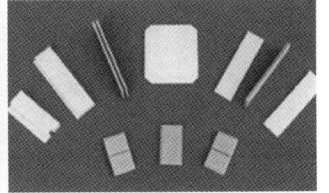

图3-46 高导热氧化铍绝缘电子陶瓷产品

表3-16 国内外氧化铍陶瓷主要性能指标

性能参数	美国氧化铍公司	美国BRUSH公司	国内研制水平
介电常用数	6.6（1MHz） 6.7（10GHz）	6.73 6.67	7.2 6.93
$\tan\delta/\times10^4$	3（2MHz） 9（10GHz）	4（1MHz） 40（10GHz）	1.4（1MHz） 3.6（10GHz）
电阻率（$\Omega\cdot cm$）	1×10^{15}	1×10^{15}	4×10^{15}
介电强度（kV/mm）	11.8（3.17mm厚）	9（6.35mm厚）	50（1.5mm厚）
热导率 [W/(m·K)]	265	285（25℃） 220（100℃）	286（25℃） 215（100℃）
线膨胀系数（$\times10^{-6}/℃$）	8.0（25～1000℃）	9.0（25～1000℃）	7.6（25～500℃） 9.0（25～1000℃）
抗折强度（MPa）	242	220	230
密度（g/cm³）	2.85	2.85	2.92

(2) 氮化铝（AlN）

20世纪70年代中后期开始制备出致密的AlN陶瓷，其优异的热学和电学性能引起材料学家的广泛兴趣和关注。此后，人们在AlN粉体的合成、成形和烧结技术、提高热导率及降低成本等方面进行了广泛深入的研究，加速了AlN陶瓷产品性能的提高与应用。20世纪90年代初，出现了高质量的AlN基片和封装材料，并且在日本、美国等发达国家逐渐实现了产业化，如日本的东芝、京瓷等公司。2000年以后，国内在AlN陶瓷的研究和产业化方面也取得快速发展。由于氮化铝陶瓷的高热导率[理论热导率319W/(m·K)]、低介电常数、与单晶硅相匹配的热膨胀系数、良好的电绝缘性能，因而成为微电子工业中电路基板与零部件的理想材料。

氮化铝组件是一种烧结氮化铝材料，用于热管理应用。这种材料是一种电绝缘体，在室温下具有高的热导系数[180～190W/(m·K)]。在微波炉工作温度（150℃）时，氮化铝的热导系数与氧化铍相似，这种性质使得氮化铝成为有毒性的氧化铍材料的理想替代品。氮化铝是可以制备成复杂的三维部件复合材料，用于窗户、棒状收集器和微波应用中使用的收集器。图3-47示出氮化铝组件及厦门钜瓷公司注射成型制备的复杂形状氮化铝高导热绝缘电子陶瓷制品。

氮化铝陶瓷烧结需要注意问题：①选取合适的烧结助剂和烧成制度，包括升温制度、烧结温度、保温时间；②采用合适的保护气氛防止氮化铝陶瓷的氧化；③烧结炉内的温度均匀性。图 3-48 为高导热氮化铝陶瓷内部显微结构的电镜照片。

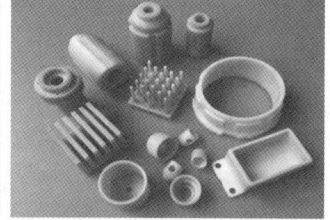

图 3-47　高导热 AlN 绝缘陶瓷产品

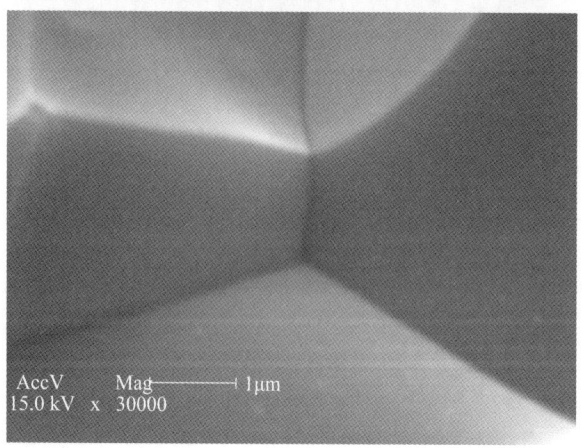

图 3-48　高导热氮化铝陶瓷内部显微结构电镜照片

3.1.8　高压电瓷概述

3.1.8.1　高压电瓷概念及发展历程

高压电瓷（简称电瓷），也称电工陶瓷或电瓷绝缘子，是电力系统中电气绝缘用的硬质陶瓷器件。高压电瓷是一种特殊的绝缘子，能够在架空输电线路中起到重要作用，早年间绝缘子多用于电线杆，慢慢发展用于高压线路和变电站。例如，高压电线连接塔的一端挂了很多盘状的悬式绝缘子以及电塔上支柱绝缘子，就是为了增加爬电距离，达到绝缘隔离电流的目的，如图 3-49 所示。目前我国高压输变电线路的电压等级已从早期的 11×10^4 V 发展到 100×10^4 V。

自从 1849 年德国西门子公司首次使用陶瓷绝缘子，已经有 170 年的历史。我国电瓷材料的生产也已经有 100 多年的历史，经历了长石质瓷、高石英瓷和铝质高强瓷三个阶段，目前代表产品发展方向和具有更广阔前景的是铝质高强度电瓷。长石质电瓷材料的抗折强度为 30～50MPa，满足不了高强度环境下的需求，20 世纪 60 年代初，日本首先发明了高石英陶瓷，是利用日本特有的含微晶石英的陶石烧制而成，其特点是瓷质中含有大量的方石英（15%～40%），具有很微细而均匀的显微结构，材料的机械强度达到传统的长石质瓷的 1.5 倍左右。后来德国率先将氧化铝质陶瓷材料开始应用于电力行业，我国在 20 世纪 70 年代末开始试制高铝质电瓷，90 年代实现了规模化生产。高氧化铝含量的电瓷取代石英质电瓷，其热膨胀系数和内在应力减小，耐电弧性能提高，目前应用于电工陶瓷的铝质高强瓷的抗折强度可达到 200MPa，稳定性也大大提高；从而满足我国高速发展的电力系统的需求，图 3-50 为中材江西电瓷电气有限公司生产的各种铝质高强度高压电瓷产品。

图 3-49　高压线路以及电塔上应用的电瓷绝缘子

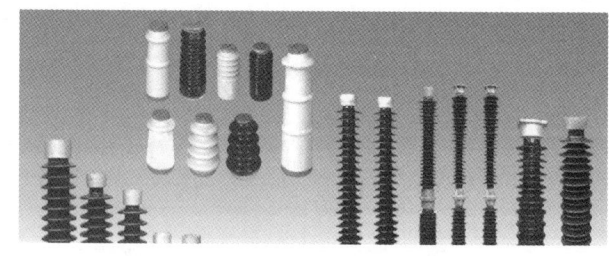

图 3-50　电力系统应用的各种高压电瓷产品

3.1.8.2　高压电瓷材料的研发与生产状况

电瓷绝缘子的性能是由其瓷质材料的显微结构所决定的。氧化铝主晶相的电瓷由于具有稳定的理化性能和十分优异的机电性能，从而成为高压电瓷内的主要结晶相。高压电瓷在配方组成方面，氧化铝含量通常在 40%～60%，随着电力工业输配电向超高压和特高压方向的发展，对瓷绝缘子的强度要求也进一步提高。国内铝质高强瓷的材料性能已经达到世界同类产品的最高水平，但瓷绝缘子产品整体水平却存在一定的差距。

目前国内高压电瓷的生产方法主要有湿法和干法两种生产方式。湿法成型工艺采用榨泥、练泥、挤压成型得到毛坯、阴干后再修坯加工得到所设计的结构形状；干法工艺则是采用先进陶瓷的等静压成型方式，即先喷雾造粒然后进行冷等静压成型。等静压成型的产品具有材质均匀、密度高、工艺可控性好以及生产周期短的特点，产品性能及质量更加稳定。因此干法成型是更加先进的生产方式，也成为高强度高电压等级电瓷的主要生产方式。

除电瓷材料配方外，生产工艺也是决定电瓷材料结构和性能的另一重要因素。研究表明，我国实际应用中的绝缘子的高压电瓷产品常存在物相分布不均匀，晶体粒径偏大及大小不均匀，气孔较大、形状不规则，杂质含量偏多等问题。我国高压电瓷的材料性能基本达到国外水平，但材料的实际利用率（主要是机械强度）却低于国外同类水平，实际应用的瓷绝缘子断裂和破坏率均高于国外产品。原因主要为国内大多数企业是刚刚从传统陶瓷的生产方式转化而来，工艺技术和质量控制水平与国外企业还存在一定的差距。其中料浆制备工艺中，氧化铝成分的引入在我国主要是通过高温煅烧加工后的铝矾土粉引入；国外是以纯度更高的高温煅烧氧化铝粉引入，所以国外电瓷材料的化学组分和性能的稳定性更高。另外，料浆颗粒粒度的控制、料浆杂质的控制、烧成、胶装等工艺控制环节需要进一步完善。

3.1.8.3 电瓷绝缘子的性能要求与运行环境

电瓷绝缘子主要有力学、电学、热学三大方面性能的要求，由于电瓷绝缘子使用条件恶劣，可靠性要求高，所以对其力学、电学、热学性能的要求也很高。表 3-17 示出不同材质的高压电瓷性能指标。

表 3-17 不同材质的高压电瓷性能指标

项目			组	C100					
			种类	碱金属铝硅酸盐					
			亚组	C100	C11	C112	C120	C121	C130
性能		符号	单位	硅质瓷（可塑成型）	硅质瓷（压制成型）	方石英瓷（可塑成型）	铝质瓷	铝质瓷中强度	铝质瓷高强度
平均线膨胀系数		$\alpha 30\sim100$ (30~100℃)	$\times 10^{-6}$/K	3~6	3~5	6~8	3~6	3~6	3~7
		$\alpha 30\sim300$ (30~300℃)	$\times 10^{-6}$/K	3~6	3~6	6~8	3~6	4~7	4~7
		$\alpha 30\sim600$ (30~600℃)	$\times 10^{-6}$/K	4~7	4~7	6~8	4~7	5~7	5~7
比热容（30~100℃）		$C_p 30\sim100$	J/(kg·K)	750~900	800~900	800~900	750~900	800~900	800~900
热导率（30~100℃）		$\gamma 30\sim100$	W/(m·K)	1~2.5	1~2.5	1.4~2.5	1.2~2.6	1.5~4.0	1.5~4.0
抗热震型最小值		T	K	150	150	150	150	150	150
电气强度最小值		E_d	kV/mm	20	—	20	20	20	20
耐受电压强度最小值		U	kV	30	—	30	30	30	30
相对介电常数（40~62Hz）		ε_r	—	6~7	—	5~6	6~7	6~7.5	6~7.5
介电常数温度系数		TK_ε	10^{-6}K^{-1}	+600~+500	—	+600~+500	+600~+500	+600~+500	+600~+500
损耗因子 20℃ 时最大值	48~62Hz	$\tan\delta_{pf}$	10^{-3}	25	—	25	25	25	30
	1kHz	$\tan\delta_{lk}$	10^{-3}						
	1MHz	$\tan\delta_{lm}$	10^{-3}	12	—	12	12	12	15
体积电阻率，直流，最大值	30℃	$P_v,30$	Ω·m	10^{11}	10^{10}	10^{11}	10^{11}	10^{11}	10^{11}
	200℃	$P_v,200$	Ω·m	10^6	10^6	10^6	10^6	10^6	10^6
	600℃	$P_v,600$	Ω·m	10^2	10^2	10^2	10^2	10^2	10^2
相应电阻率的温度最小值	1	T_{pl}	℃	200	200	200	200	200	200
	0.01	$T_{p0.01}$	℃	350	350	350	350	350	350

电瓷绝缘子应用于电力系统中，绝缘子需要承受正常运行条件下长期的工频持续电压的作用，不仅如此，还需承受操作过电压、雷电或感应雷电以及电力系统其他内部过电压的作用，过电压的数值可能高达相电压的 10 余倍。为了保证绝缘子在运行过程中不被击穿，要求其具有良好的电气性能，这些电气性能主要有工频闪络特性、雷电冲击特性、操作冲击特性和工频电压耐受特性等。

电瓷绝缘子在运行过程中要承受导线的质量、自重、覆冰质量、风力、设备操作时的机械力、电动力、地震力等的作用。因此，要求绝缘子具有较高的机械强度。在现代超高压电力系统中，绝缘子的力学性能具有十分重要的意义，在某些情况下甚至成为制造和运行中的焦点问题，悬式绝缘子应具有高达数吨甚至数十吨的抗拉强度。在 110~220kV 的线路中，悬垂的绝缘子串承受的负荷约为几十至几百千克力；当线路跨越大河流、大山谷时，跨度很大，其张紧负荷高达数十吨力。各种绝缘子的力学性能要求因种类不同或使用场合不同，力学性能的要求有较大的不同，但都在拉、弯、扭，即抗拉强度、抗弯强度和抗扭强度特性这几个方面有要求。对于瓷套类产品还有内压强度要求，抗弯和抗张强度是最基本的要求。

电瓷绝缘子的热学特性主要是指瓷绝缘子抗热震的能力，瓷绝缘子的核心部件是陶瓷，而陶瓷的抗热震性是一个薄弱的性能，况且绝缘子还存在金属附件、胶合剂与瓷体线膨胀系数相差大的问题，所以绝缘子的抗热震性能是一个必须要求的性能。在实际使用中，绝缘子经常会遇到温度变化和环境状况突然变化的情况，如季节昼夜的交替、在夏天烈日下的雷阵雨、电弧等。

除了上述三大性能要求外，还有一点那就是绝缘子的防污特性，在工业污染严重的区域、烟尘（水泥厂、发电厂等）较大和沿海盐雾大的地区，电瓷绝缘子表面绝缘性能受表面污秽和气象条件影响很大。在细雨、露、霜、雪等不同气候条件下，有时绝缘子在正常的运行电压下发生闪络，引起停电事故，现在污秽闪络问题显得越来越严重。为此，要求在绝缘子设计、制造、运行维护过程中注意这个问题。

3.1.8.4 高压电瓷产品的类型及应用

电瓷产品种类繁多，分类方法也很多：从应用场所主要分为线路型、电站型；按工作电压可分为低压绝缘子（1kV以下）、高压绝缘子（1kV以上）和超高压绝缘子（一般指500kV及以上），实际应用中多半是按形状结构进行分类。这里简要介绍线路型绝缘子、电站型绝缘子。

(1) 线路型绝缘子

① 悬式绝缘子，又称盘形悬式缘绝子，是使用最广泛的户外线路型绝缘子，悬挂于铁塔上，下端连接夹持导线的金属附件，使用时将一至数十个绝缘子连接成串。绝缘子按机电破坏负荷值来标称。悬式绝缘子有各种形式，主要是解决其耐污特性，一般用于35kV及以上输电线路，如图3-51（a）所示。

② 针式绝缘子是以一个或多个伞状瓷件为绝缘件，并用水泥胶装伞柄一样钢脚的绝缘子。将绝缘子垂直安装在铁横担或木横担上，用绑扎线等将导线固定支持在其顶部线槽或侧面线槽上。这种绝缘子用于35kV以下输配电线路和通信线路上，产品以系统电压标称，如图3-51（b）所示。

③ 长棒形绝缘子，又称棒形悬式绝缘子，是一种实心伞的棒状不可击穿型绝缘子，在其两端上装有铁帽。使用时安装方式与悬式相似，瓷棒本身受拉伸负荷，该绝缘子与普通悬式绝缘子一样，可以连接起来使用。长棒形悬式绝缘子除了用于高压和超高压输电线路外，也广泛地用于交流及直流电力机车牵引线路，如图3-51（c）所示。

（a）悬式绝缘子　　（b）针式绝缘子　　（c）长棒形绝缘子

图3-51 高压线路用不同形状电瓷绝缘子

(2) 电站型绝缘子

(a) 支柱绝缘子：按用途可分为户外支柱绝缘子和户内支柱绝缘子；按形状可分为针式支柱绝缘子和棒形支柱绝缘子，用于发电厂、变电站、开关站等的母线支持或隔离开关等的绝缘。针式支柱绝缘子按其工作电压，将适当数量的瓷件叠装连接起来使用。它采用与针式绝缘子类似的头部铁帽、下部钢脚胶装，立式安装作为支柱用，这种绝缘子现已基本不再使用，被棒形支柱绝缘子所取代。棒形支柱绝缘子是实心瓷件，依据使用场所的电压，有不同数量的伞片，瓷件的两端胶装有上下法兰，可单根或将其串接起来使用。棒形支柱绝缘子尺寸精度高，机械电气性能可靠性非常高，如图3-52（a）所示。

(b) 瓷套绝缘子：管状瓷件称为瓷套，瓷套除有单纯的中空管状外，多用于电器设备的外绝缘，由于外绝缘的需要，在瓷套外部有不同的伞或棱。瓷套除用作互感器、避雷器、电容器、套管、断路器等的外绝缘体外，还具有作为结构支持性部件的功能，如图3-52（b）所示。

 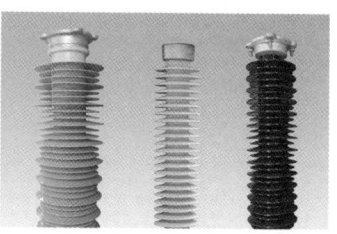

（a）电站支柱绝缘子　　（b）电站瓷套绝缘子

图3-52 电站用的不同类型电瓷绝缘子

参考文献

[1] 李龙土. 压电及铁电陶瓷应用研究的某些进展 [J]. 材料导报, 1994 (2): 28-33.

[2] 李龙土. 功能陶瓷材料及其应用研究进展 [J]. 硅酸盐通报, 2005 (5): 107-110.

[3] 南策文, 王晓慧, 陈湘明, 等. 信息功能陶瓷研究的新进展与挑战 [J]. 中国材料进展, 2010, 29 (8): 30-36.

[4] 董显林. 功能陶瓷研究进展与发展趋势 [J]. 中国科学院院刊, 2003 (6): 407-412.

[5] 杨秀凯, 千学. 电子功能陶瓷材料的应用及发展 [J]. 中国电子商情, 2003 (S1): 33-35, 45.

[6] 杨辉, 张启龙, 王家邦, 等. 微波介质陶瓷及器件研究进展 [J]. 硅酸盐学报, 2003 (10): 965-973, 980.

[7] 范福康. 几种电子陶瓷材料的研究与思考 [J]. 电子元件与材料, 2001 (3): 23-24, 43.

[8] 陈湘明. 微波介质陶瓷 [J]. 材料导报, 2001 (2): 41.

[9] 陈祖熊, 王坚. 精细陶瓷：理论与实践 [M]. 北京：化学工业出版社, 2005.

[10] 江东亮. 精细陶瓷材料 [M]. 北京：中国物质出版社, 2005.

[11] 田增英. 来自西方的知识：精密陶瓷及应用 [M]. 北京：科学普及出版社, 1993.

[12] 杜海清, 李玉书. 工业陶瓷 [M]. 长沙：湖南大学出版社, 1989.

[13] 江东亮, 李龙土, 欧阳世翕. 中国材料工程大典（第8卷）：无机非金属材料工程（上）[M]. 北京：化学工业出版社, 2005.

[14] 余晓初, 张辉, 陆聪, 等. 氮化硅陶瓷覆铜基板制备及可靠性评估 [J]. 硅酸盐通报, 2020, 39 (5): 1614-1619.

[15] 吴崇隽, 贺云鹏, 王洋, 等. ZTA陶瓷基板的材料设计及电学性能研究 [J]. 陶瓷学报, 2020, 41 (3): 421-428.

[16] 魏玉娟. 基板烧结中的空洞问题及措施 [J]. 电子与封装,

[17] 吴崇隽,贺云鹏,段明新.ZTA陶瓷基板力学和光学性能的研究[J].电子元件与材料,2020,39(3):88-93.

[18] 童亚琦,郑彧,袁帅,等.半导体用陶瓷绝缘基板成型方法研究[J].真空电子技术,2020(1):52-56.

[19] 程浩,陈明祥,罗小兵,等.电子封装陶瓷基板[J].现代技术陶瓷,2019,40(4):265-292.

[20] 邱基华.氮化铝陶瓷基板制备工艺的研究[J].电子世界,2019(14):59-60.

[21] 王毅,李东红,张岩岩.碳热还原法制备氮化铝的影响因素[J].真空电子技术,2019(3):64-66,72.

[22] 郑彧,童亚琦,张伟儒.高导热氮化硅陶瓷基板材料研究现状[J].真空电子技术,2018(4):13-17.

[23] 张珊珊,杨理航,王燕斌,等.覆铜氮化铝陶瓷基板失效机理分析[J].真空电子技术,2018(4):1-7.

[24] 上海硅酸盐所在高热导氮化硅基板材料领域取得重要进展[J].中国照明电器,2018(8):16.

[25] 最适合LED的散热基板:氮化铝陶瓷基板[J].电子元器件与信息技术,2018,2(3):69-70.

[26] 秦典成,李保忠,肖永龙,等.陶瓷基板表面金属化研究现状与发展趋势[J].材料导报,2017,31(S2):277-281.

[27] 邝海.大功率LED中常用陶瓷基板研究[J].中国陶瓷,2017,53(8):1-5.

[28] 张景贤,段于森,江东亮,等.高导热Si_3N_4陶瓷基片材料的制备研究[J].真空电子技术,2016(5):7-10.

[29] 高岭,赵东亮.系统级封装用陶瓷基板材料研究进展和发展趋势[J].真空电子技术,2016(5):11-14.

[30] 程浩,陈明祥,郝自亮,等.功率电子封装用陶瓷基板技术与应用进展[J].电子元件与材料,2016,35(1):7-11.

[31] 刘征,王腾飞,张伟儒,等.氮化硅陶瓷及其与金属的接合技术[J].真空电子技术,2015(4):1-5.

[32] 程绪信,赵肇雄,周东祥,等.叠层片式PTC热敏陶瓷与基体研究进展[J].电子元件与材料,2014,33(7):4-7,28.

[33] 高岭,赵东亮.氮化铝陶瓷直接覆铜基板界面空洞控制技术研究[J].真空电子技术,2013(4):44-47.

[34] 袁文杰,李晓云,丘泰.高热导率氮化铝陶瓷的研究进展[J].材料导报,2013,27(7):43-46,50.

[35] 燕东明,高晓菊,刘国玺,等.高热导率氮化铝陶瓷研究进展[J].硅酸盐通报,2011,30(3):602-607.

[36] 高晓菊,李国斌,赵斌,等.氮化铝陶瓷生产关键技术研究现状[J].兵器材料科学与工程,2011,34(3):92-96.

[37] 秦明礼,曲选辉,黄化,等.高导热氮化铝陶瓷的粉末注射成形技术[J].粉末冶金材料科学与工程,2009,14(5):343-346.

[38] 彭桂花,梁振华,李文兰.高热导β-Si_3N_4陶瓷的研究进展[J].材料导报,2009,23(7):21-24.

[39] 蔡春华.封装基板技术介绍与我国封装基板产业分析[J].印制电路信息,2007(8):12-15.

[40] 龙乐.低温共烧陶瓷基板及其封装应用[J].电子与封装,2006(11):5-9.

[41] 徐明,王峰,刘岗,等.叠层片式电感低介低烧陶瓷材料的研究进展[J].绝缘材料,2006(3):23-26.

[42] 周秀娟,刘心宇.PTC陶瓷材料的发展及应用[J].电工材料,2005(3):38-41.

[43] 陈大钦,林锋,肖来荣,等.DBC电子封装基板研究进展[J].材料导报,2004(6):76-78,82.

[44] 高陇桥.高热导率陶瓷材料的进展[J].真空电子技术,2003(2):51-55.

[45] 蒋渝,陈家钊,刘颖,等.多层片式陶瓷电容器MLC研发进展[J].功能材料与器件学报,2003(1):100-104.

[46] 孙晓龙,曲远方,马卫兵.PTC材料发展概况[J].化学工业与工程,2002(4):320-324,334.

[47] 朱盈权.PTC热敏电阻的现状与发展趋势(续二)[J].电子元件与材料,2002(8):22-25.

[48] 朱盈权.PTC热敏电阻的现状与发展趋势(续一)[J].电子元件与材料,2002(7):24-26.

[49] 朱盈权.PTC热敏电阻的现状与发展趋势[J].电子元件与材料,2002(6):26-27.

[50] 刘大中.PTC热敏电阻加热元件及其应用[J].家用电器科技,2002(1):25-26.

[51] 刘健敏.陶瓷电容器材料分类探讨[J].江苏陶瓷,2001(1):23-24,26.

[52] 秦明礼,曲选辉,黄栋生,等.高热导率氮化铝陶瓷制备技术进展[J].粉末冶金材料科学与工程,2001(1):30-36.

[53] 方志远,周和平,陈虎.Al_2O_3基板直接敷铜法的敷接机理研究[J].无机材料学报,2000(4):641-646.

[54] 高陇桥.大功率真空电子器件实用的高热导率陶瓷的进展[J].真空电子技术,1999(2):3-5.

[55] 潘宇,陈旭,任萍,等.高温PTC陶瓷研究进展[J].压电与声光,1998(5):3-5.

[56] 薛泉林.PTC热敏电阻器发展与应用动态[J].山东陶瓷,1997(4):9-13.

[57] 李同春,高秀卿.中国陶瓷电容器的现状与发展趋势[J].世界电子元器件,1996(5):10-13.

[58] 戴富贵.片式陶瓷电容器技术的新进展[J].电子元件与材料,1994(5):11-14.

[59] 戴富贵.国外军用陶瓷电容器可靠性研究的进展[J].电子产品可靠性与环境试验,1994(3):17-21.

[60] 张文毓.电子陶瓷的研究与应用[J].陶瓷,2020(4):45-51.

[61] 程浩,陈明祥,罗小兵,等.电子封装陶瓷基板[J].现代技术陶瓷,2019,40(4):265-292.

[62] 褚涛,王五松,王学杰,等.高机械品质因数压电陶瓷材料的研究进展及应用[J].材料导报,2019,33(S1):165-170.

[63] 高陇桥.我国高纯度氧化铝电子陶瓷的技术进步[J].真空电子技术,2019(1):32-36.

[64] 吕帅帅,周宇翔,倪威,等.高导热氮化铝陶瓷制备技术的研究现状及发展趋势[J].陶瓷学报,2018,39(6):672-675.

[65] 张景贤,段于森,江东亮,等.高导热氮化硅陶瓷的低成本制备和性能研究[J].真空电子技术,2018(4):18-21,25.

[66] 陈寰贝,王子良,庞学满,等.大功率高可靠电子封装研究发展趋势[J].真空电子技术,2018(4):8-12.

[67] 胡杰,吕学鹏,张天宇,等.低介电常数微波介质陶瓷研究进展[J].材料导报,2017,31(S2):107-111,114.

[68] 吴朝晖,程浩,章军,等.大功率LED封装基板技术与发展现状[J].半导体光电,2016,37(1):1-6,12.

[69] 汤广福.中国先进输电技术创新与特高压技术发展探索[J].电器工业,2015(9):43-47.

[70] 李平舟.电子陶瓷材料及产品与技术解读[J].现代技术陶瓷,2015,36(3):37-44.

[71] 马丛丛,范发贵,符成,等.高压电瓷微观结构形成机理及对宏观性能的影响[J].电瓷避雷器,2015(2):1-4,9.

[72] 陈寰贝,庞学满,胡进,等.航空航天用电子封装材料及其发展趋势[J].电子与封装,2014,14(5):6-9.

[73] 李婷婷,彭超群,王日初,等.电子封装陶瓷基片材料的研究进展[J].中国有色金属学报,2010,20(7):1365-1374.

[74] 刁春丽,高丽珍.微波介质陶瓷的研究进展[J].中国陶瓷,2010,46(5):6-9.

[75] 吴光亚.我国绝缘子的发展现状及应考虑的问题[J].电瓷避雷器,2010(2):7-11.

[76] 程仁志,杨培霞,程冬梅.压电陶瓷的应用进展与发展趋势[J].河南教育学院学报(自然科学版),2009,18(3):17-19.

[77] 张兆生,卢振亚,陈志武.电子封装用陶瓷基片材料的研究进展[J].材料导报,2008(11):16-20.

[78] 贾琳蔚,李晓云,丘泰,等.微波介质陶瓷分类及各体系研究进展[J].材料导报,2008(4):10-13,29.

[79] 林书玉.压电陶瓷变压器及其应用现状[J].陕西师范大学学报(自然科学版),2008(2):26-31.

[80] 熊钢,汪睿.微波介质陶瓷材料体系研究综述[J].咸宁学院学报,2007(6):24-28,32.

[81] 卜海建,郑勇,于海军,等.低介电常数微波介质陶瓷研究进展[J].材料导报,2007(8):30-32,36.

[82] 郝洪顺,付鹏,巩丽,等.电子封装陶瓷基片材料研究现状[J].陶瓷,2007(5):24-27.

[83] 宋旭,吴国安,汤清华,等.微波介质材料与器件的现状与发展[J].舰船电子工程,2007(2):51-53.

[84] 孙丰川,阎法强,刘景.高压电瓷的机遇与未来[J].新材料产业,2006(11):9-12.

[85] 李晓娟,李全禄,谢妙霞,等.国内外压电陶瓷的新进展及新应用[J].硅酸盐通报,2006(4):101-107.

[86] 尹雪帆,喻佑华,周川钧,等.微波介质陶瓷材料发展综述[J].中国陶瓷,2006(4):3-7.

[87] 祝成波,刘维平.电子陶瓷材料发展现状与开发趋势[J].现代技术陶瓷,2006(1):35-39.

[88] 陈平.高压电瓷材料的发展趋势[J].中国陶瓷工业,2005(3):34-37.

[89] 范福康,吴红忠.电子陶瓷材料发展现状、展望与思考[J].电子元件与材料,2005(2):58-60.

[90] 余洪滔,田中青.微波介质陶瓷的显微结构与性能[J].山东陶瓷,2004(1):21-24.

[91] 田中青,刘韩星,余洪滔,等.微波介质陶瓷粉体的合成方法研究[J].材料导报,2003(12):48-51.

[92] 孟献丰,朱宏.AlN基板材料研究进展[J].陶瓷研究与职业教育,2003(1):41-45.

[93] 万学华.压电陶瓷换能器和压电陶瓷材料的应用与发展[J].世界产品与技术,2002(6):71-74.

[94] 高春华,黄新友.微波介质陶瓷及其展望[J].陶瓷,2002(1):42-45.

[95] 舒剑风.铁电陶瓷的技术进展及其应用[J].佛山陶瓷,2000(6):32-35.

[96] 张传忠.压电陶瓷的新应用及新工艺[J].压电与声光,2000(2):90-94.

[97] 虞恬.关注高压电瓷市场需求的变化:抓紧调整产业结构[J].电气时代,1999(8):3-5.

[98] 施哲.电子陶瓷粉体材料制备方法与国内发展动态[J].昆明理工大学学报,1997(1):124-127.

[99] 郑江.高压电瓷的特性及其对绝缘子性能的影响[J].绝缘材料通讯,1995(3):43-45.

[100] 何进,杨传仁.微波介质陶瓷材料综述[J].电子元件与材料,1995(2):7-13.

3.2 压电陶瓷及器件企业

苏州攀特电陶科技股份有限公司

地址：江苏省昆山市开发区昆嘉路 385 号
电话：0512-57026116
电邮：ptsales@pantpiezo.com
网址：www.pantpiezo.com
单位介绍：苏州攀特电陶科技股份有限公司成立于 2002 年，主要从事电子功能陶瓷及相关元器件的开发、生产与销售，并提供相应的技术咨询服务。公司产品范围涵盖了从普通电子设备到前沿科学应用的高新电子元器件。主要产品有压电陶瓷蜂鸣片、压电陶瓷换能片、压电陶瓷超声波雾化片、压电式触控传感器、压电陶瓷弯曲驱动片、压电陶瓷双晶片、压电陶瓷传感器、压电陶瓷叠层型制动器、多层压电陶瓷喇叭、压电式骨传导受话器、屏幕发声压电式激励器等，其中独石共烧一体的压电陶瓷叠层型制动器属国内先进技术。公司致力于成为多层压电陶瓷方案提供商，投入巨资自主创建了多层压电陶瓷研发中心，从事具有国际较高水平的电子功能陶瓷材料及元器件的开发研究。公司先后被认定为"江苏省声光电功能陶瓷材料工程研究技术中心""江苏省高新技术企业""江苏省企业博士后科研工作站"。
主营产品：压电陶瓷蜂鸣片、压电陶瓷换能片、压电陶瓷超声波雾化片、压电式触控传感器、压电陶瓷弯曲驱动片、压电陶瓷双晶片、压电陶瓷传感器、压电陶瓷叠层型制动器。

无锡市惠丰电子有限公司

地址：江苏省无锡市新区硕放里河路 20 号
电话：0510-85310683
电邮：sales@hfpzt.com
网址：www.hfpzt.com
单位介绍：无锡市惠丰电子有限公司位于无锡市新区硕放工业集中区，占地面积 11000 平方米，厂房建筑面积 6800 平方米。主要生产设备有高温烧成生产线 5 条，粉末自动成型机 2 台，离心式造粉设备 2 台。目前具有年生产压电陶瓷晶片 500 万片；超声波换能器 20 万件；超声波传感器 50 万件的生产能力。公司还可根据用户需要，进行相关产品的设计和生产。目前公司产品主要销往北京、上海、广州、漳州、江苏、浙江、山东、福建、中国香港、中国台湾等省市和地区，以及日本、韩国、美国等国家。
主营产品：压电陶瓷晶片、超声波传感器、介质陶瓷、压电陶瓷材料性能、超声清洗换能器、焊接换能器及其他超声换能器。

昆山日盛电子有限公司

地址：江苏省昆山市张浦俱进路 556 号
电话：0512-57780181
电邮：rsmarket@vip.163.com
网址：www.rishengele.com
单位介绍：昆山日盛电子有限公司是国内从事电子陶瓷材料及器件研究、开发与生产的专业厂商。主要产品有功率超声换能元件、医用超声换能元件和水声换能元件等系列电子陶瓷元件。这些产品作为各专用行业的核心关键部件广泛应用于超声和水声工程、仪器仪表等领域。
主营产品：电子陶瓷元件和医用超声陶瓷晶片。

佛山市亿强电子有限公司

地址：广东省佛山市三水区乐平镇创新大道西 7 号
电话：0757-88313111
电邮：office@yiqiang-piezo.com
网址：www.yiqiang-piezo.com
单位介绍：佛山市亿强电子有限公司成立于 1999 年，地处交通便利的珠三角腹地佛山市"国家高新技术开发区佛山市三水工业园区"，公司占地面积 2 万平方米，厂房面积 2 万平方米，拥有固定资产 1 亿元人民币。经过 20 多年的艰苦创业，目前已发展成为国内较大的燃气具配套用压电陶瓷点火器及压电陶瓷元件、热电式燃气熄火保护装置（电磁阀热电偶）、燃气自控阀三大产品系列的专业生产厂家，年产销量达 3.5 亿件，拥有 1000 多种规格型号。燃气具配套产品国内市场占有率达 70%，一直为全球各燃气具品牌企业所采用。公司 30%的产品自营出口，销售遍及韩国、日本、欧美、东南亚、中东等国家和地区，出口量居国内同行首位。
主营产品：压电陶瓷点火器及压电陶瓷元件和热电式燃气熄火保护装置（电磁阀热电偶）。

保定市宏声声学电子器材有限公司

地址：河北省保定市新市区建国路祝泽工业园 7 号
电话：0312-7925243
电邮：quhaobd@163.com
网址：www.bdhongsheng.com
单位介绍：保定市宏声声学电子器材有限公司原名保定市宏声声学电子器材厂。在中国科学院声学研究所有关工程技术人员的具体指导下，公司开发生产了 PMN 高质压电陶瓷材料、压电蜂鸣片、YTG 系列高温压电陶瓷晶体声波测井换能器。公司产品高温压电陶瓷晶体声波测井换能器被中国石油测井公司、西安石油仪器总厂及大庆油田、辽河油田、胜利油田测井公司等多家单位使用，用户反映良好。目前，企业已通过 ISO 9001 质量体系认证，企业已成为中国石油天然气总公司等测井仪器公司二级供应商。
主营产品：圆片形压电陶瓷元件、圆环形压电陶瓷元件、圆管形压电陶瓷元件、方片形压电陶瓷、爆震传感器压电陶瓷片等。

慈溪市国立压电陶瓷厂

地址：浙江省慈溪市长河镇慈溪大道长河段 666 号
电话：0574-63402421
电邮：eddie.zhang@nbguoli.com
网址：www.nbguoli.com
单位介绍：慈溪市国立压电陶瓷厂是生产及研发压电点火器系

列产品的专业工厂。企业具备从压电陶瓷元器件的研发、生产，直至压电点火器成品一条完整的生产体系，拥有目前国内先进的压电陶瓷点火瓷柱生产线，压电点火器生产线，及各类压电点火器检测设备，拥有一批具有20多年专业实践经验的高级技术人员。生产不同类型的压电点火器系列产品，覆盖所有使用压电点火器的市场领域。

主营产品：压电陶瓷和点火瓷柱。

北京东方金荣超声电器有限公司

地址：北京市通州区中关村科技园通州园光机电产业基地兴光五街1号
电话：010-81502288
电邮：info@siansonic.com
网址：www.siansonic.cn
单位介绍：北京东方金荣超声电器有限公司前身为1986年成立的北京金荣超声换能器厂，于1997年更名为北京东方金荣超声电器有限公司，是一家以研发、生产和销售基于压电与超声波技术产品的国家高新技术企业，为国内外数百家企业和科研单位提供压电及超声波应用方面的解决方案。拥有数十项国家专利，并先后通过了ISO 9001质量管理体系、ISO 14001环境管理体系、ISO 45001职业健康安全管理体系、CE等多项管理体系及产品认证。主要产品有压电陶瓷元件、超声换能器、超声波样本处理器、超声波气泡探测器、超声清洗系统、超声波喷头、超声波精密喷涂系统、超声波喷雾热解系统等。北京东方金荣超声电器有限公司与其他同行业企业相比，最大的特点是其同时拥有压电陶瓷材料、超声波换能器、超声波设备系统的研发和生产能力，是全球少有的从材料到器件再到系统全产业链覆盖的超声波技术企业。

主营产品：压电陶瓷元件等。

广东思威特智能科技股份有限公司

地址：广东省东莞市望牛墩镇横沥村牛顿工业园
电话：0769-22620160
电邮：swt8@swt99.com
网址：www.swt99.cn
单位介绍：广东思威特智能科技股份有限公司专注于研发、生产和销售微型陶瓷电声器件、换能器件等智能材料和电声换能元器件。公司坚持以市场需求为导向，以技术创新为动力，以质量保证为基础，立足于智能材料和电声元器件领域，提供优质可靠的微型电声元器件和换能器件，造福人类社会。各类产品广泛用于高端汽车电子、家用电器、IT数码、通信终端、健康美容和纺织机械，以及航海航天、卫星定位、国防科技等领域，公司多项研发产品获得国家发明专利，填补了国内空白。

主营产品：微型陶瓷电声器件、电声换能元器件。

佛山市粤湾特种陶瓷有限公司

地址：广东省佛山市禅城区石湾工农路37号
电话：0757-82279063/82274350
网址：fsywtztc.yellowurl.cn
单位介绍：佛山市粤湾特种陶瓷有限公司是国内专业生产压电陶瓷点火器的厂家，始建于1986年年初，产品主要用于配套燃气具的关键部件电子点火装置；曾荣获"佛山市科技进步奖"，1999年被认定为广东省民营科技企业，并通过ISO 9000质量体系认证及美国UL产品认证。生产的关键工序引进国外先进设备，其质量水平可与国外同类产品媲美，产品主要销往珠江三角洲、长江三角洲地区和日本、泰国、越南、印度尼西亚等国家，以及中东、欧美市场，深受国内外用户欢迎。除品质优良、品种齐全的点火器系列产品外，公司还致力于研制和生产功能陶瓷元件和结构陶瓷等高技术含量的陶瓷产品。

主营产品：压电陶瓷点火器。

汕头市先宁电子有限公司

地址：广东省汕头市龙湖工业区H-13栋6楼
电话：0754-88463744
电邮：biz01@sunnytec.com.cn
网址：www.sunnytec.com.cn
单位介绍：汕头市先宁电子有限公司是中国台湾先宁集团投资的一家集压电陶瓷粉料、芯片及其换能器设计为一体的专业生产厂商。公司主要生产以压电陶瓷材料为基础的高质量功率型、感测型压电芯片、独石型压电变压器、独石型精密压电致动器、超声换能器、音频组件及其他压电相关元器件，产品主要应用于超声清洗、超声焊接、超声抛光、超声萃取、超声洁牙、雾化加湿、美容、水下探测、无损检测、液晶显示器背光电源、精密微位移平台、医用超声探头、精密超声电机等领域，是进军国际市场、促进国内产业升级的高科技产品。

主营产品：压电陶瓷晶片。

广州凯立达电子股份有限公司

地址：广东省广州市经济技术开发区永和经济区井泉一路8号
电话：020-82980807
电邮：sales@kailitech.com
网址：www.kailitech.com
单位介绍：广州凯立达电子股份有限公司是中国高新技术企业，1989年以来致力于压电陶瓷电声元器件与传感器的设计、研发、生产和销售（经营范围：计算机、通信和其他电子设备制造业）。工厂位于广州经济技术开发区永和经济区。工厂拥有瓷料制备车间、成型车间、烧结车间、电极车间、贴装车间、装配车间、检测车间、实验室以及完善的自主知识产权生产线。凯立达产品广泛应用于安防报警、医疗器械、家用电器、汽车音响、电子游戏、压力传感和湿度传感等领域。

主营产品：压电陶瓷电声元器件。

梅州大通电子科技有限公司

地址：广东省梅州市大埔县高陂镇大塘头
电话：0753-5858771
电邮：szghs@139.com
网址：www.gddtdz.com
单位介绍：梅州大通电子科技有限公司拥有一批经验丰富的高

3.2 压电陶瓷及器件企业

科技人才队伍，生产工艺成熟，技术先进，检测设备齐全。目前具有国内较大规模的压电陶瓷超声换能及发声元器件生产线，年产能力2亿件。主要规格品种有：普通型、薄型、超薄型、特异型压电陶瓷电容片、超声换能片、传感片及其器件、蜂鸣片、蜂鸣器等系列产品200多种。产品广泛应用在电声换能、超声清洗、超声雾化、超声传感、美容器械、电子钟表、电话机、电子玩具、家用电器、报警器以及各种传感和自控系统中。产品畅销日本、韩国、印度、马来西亚、美国、巴西等国际市场，以及中国香港地区和台湾省。

主营产品：普通型、薄型、超薄型、特异型压电陶瓷电容片。

东莞市科森电子塑胶有限公司

地址：广东省东莞市长安镇沙头东大三街晓东工业园 A 栋
电话：0769-81885857
电邮：sales@ke-sen.com
网址：www.ke-sen.com
单位介绍：东莞科森电子塑胶有限公司成立于2008年，是中国大陆一家专业研发、生产、销售各类电声元器件的自营进出口企业，工厂占地3000多平方米，员工近200人。科森（KS）产品广泛应用于家电、手表、玩具、仪器仪表、报警系统、倒车雷达、超声清洗机、超声雾化器、海洋探鱼等设备以及超声测距等多个领域。公司现有300多个品种规格的电声器件产品，产品70%以上销往美国、德国、日本、法国、意大利、加拿大等欧美和东南亚20多个国家和地区。产品质量、价格富有竞争力，赢得了世界各国客户的信任。

主营产品：压电陶瓷换能片。

保定市倚天超声波科技有限公司

地址：河北省保定市竞秀区生辉街399号院内北二层车间
电话：0312-3010821
电邮：bdyt178@163.com
网址：www.tyco.com.cn
单位介绍：保定市倚天超声波科技有限公司始建于2008年，坐落于历史文化名城——河北省保定市，占地面积近2000平方米。技术人员十几年的技术、经验积累，使产品能够逐步延伸，现系列化产品有压电陶瓷元器件、超声波换能器、传感器、超声波发生器、超声波清洗机、超声波设备等，是国内少有的超声波产品生产一条龙的企业之一。自主研发的压电陶瓷元器件、超声波换能器、超声波传感器、超声波发生器、超声波清洗机、超声波除垢均质设备、全封闭汽相超声波清洗线等系列产品成功应用于国防、航空航天、医药、建筑、石油、电力、五金、模具、机械加工、汽车部件、水处理等诸多行业，产品质量稳定可靠，行销全国各地，多年来受到客户一致好评。

主营产品：压电陶瓷元器件。

哈尔滨芯明天科技有限公司

地址：黑龙江省哈尔滨市南岗区学府路191号创业孵化产业园区 I2 栋 1 层 104 室
电话：0451-86268790
电邮：ymy@coremorrow.com
网址：www.coremorrow.com
单位介绍：哈尔滨芯明天科技有限公司是专业从事微运动器（压电陶瓷）和微运动控制器（压电陶瓷控制器）产品开发、生产、销售及服务的高科技企业。微运动器和微运动控制器产品是推动微制造、微工业、微军事、微生物、微医疗、微光学等微观领域发展的核心技术，是了解和操纵微观世界的机器心脏。公司经过多年的项目研究与技术积累，开发出了系列化的微运动器与微运动控制器产品，广泛地应用于国内各高校、科研院所及生物显微镜、光学仪器、燃油喷射系统、微小器件加工机床相关公司。

主营产品：压电陶瓷元件、压电陶瓷控制器。

武汉市航宇压电科技有限公司

地址：湖北省武汉光谷关山二路特1号国际企业中心伟创楼 B 座 202 室
电话：027-59720150
电邮：hyyd@whhyydco
网址：www.whhyyd.com
单位介绍：武汉市航宇压电科技有限公司是一家以研制压电陶瓷材料、生产压电陶瓷产品和多种探头产品为主业的新型高科技企业。主营压电陶瓷 PZT、PLN、PNTB 等系列压缩片、剪切片的设计开发、生产、服务，各种切角石英片、涡街流量传感器、超声波传感器用检测头的设计开发、生产制造与服务。产品广泛应用于航空、航天、石油、化工、供热、供暖工程。公司拥有先进的基础设施，可全天候生产各种规格型号的压电陶瓷产品，具备涡街流量传感器、旋进旋涡流量传感器、超声波传感器用探头的制造、组装能力，并采用国际先进检测仪器，对产品质量进行监视和测量，确保产品质量满足不同顾客的特定要求。2003年本公司已通过 ISO 9001：2000 认证，公司在业内较先通过国军标 GJB 9001A—2001 认证，旨在以标准的要求进一步加强内部管理，持续改进体系的有效性，进一步提高产品的科技含量和产品品位。

主营产品：压电陶瓷 PZT、PLN、PNTB 等系列压缩片。

长沙鹏翔电子科技有限公司

地址：湖南省长沙市高新区麓云路100号兴工国际产业园12栋207
电话：0731-84668116
电邮：sales@ndttech.net
网址：www.ndttech.net
单位介绍：长沙鹏翔电子科技有限公司的前身是2005年7月成立的北京鹏翔科技有限公司，自成立之日起，公司一直专注于声发射检测技术，目前已成为国内极具规模的声发射设备生产商。鹏翔拥有专业、可靠、高效、高科技的技术团队，为客户提供优秀的声发射解决方案和先进适用的声发射检测系统；同时凭借丰富的声发射现场检测应用经验，对声发射理论的深刻理解和声发射检测数据积累，为客户提供精确高效的声发射检测解决方案。

主营产品：压电陶瓷元件。

湖南嘉业达电子有限公司

地址：湖南省常德市艳洲嘉业达工业园（工厂）
电邮：hnjyd@2118.cn
单位介绍：湖南嘉业达电子有限公司是专业从事压电陶瓷频率器件、压电陶瓷换能器件生产经营的中外合资企业。主要产品有压电陶瓷高中频器件、超声雾化换能片等，广泛应用于医疗器械、汽车电子、工业自动化、工业加湿、通信、计算机、家用电器等领域。其中，2004年与韩国三星电子陶瓷合作开发的片式滤波器为国家鼓励发展的高新技术产品；与四川大学合作开发的无铅压电陶瓷频率器件项目已列入国家"863计划"。公司频率器件年生产能力2.8亿只，换能器2000万片。产品主要的客户有TCL、格力、拓邦、美的、创维、海信、三星、科日、汉毅、莱康宁、万利达、京柏、康泰等。公司采用国内较先进的生产技术和设备，实行严格的质量控制，于1999年10月通过ISO 9002的认证，2002年8月ISO 9001：2000的换版认证。2005年11月通过了中国检验认证集团质量认证有限公司对公司质量、环境、职业健康安全的综合认证。
主营产品：压电陶瓷频率器件和压电陶瓷换能器件。

宝应县电子陶瓷厂

地址：江苏省扬州市宝应县柳堡镇陶瓷工业园区
电话：0514-80892806
电邮：xyg@baoci.com
网址：www.baoci.com
单位介绍：宝应县电子陶瓷厂自1976年与南京化工大学、上海无线电一厂等单位协作以来从新型电子陶瓷材料的开发到应用，不断总结经验，吸取国内外技术精华，采用科学配方和先进的生产工艺及完整的测试手段，专业生产"宝瓷"牌新型电子陶瓷零部件产品，其材料有滑石瓷、95%氧化铝瓷；主要产品有照明电器陶瓷零部件，电工电器陶瓷零部件，燃气具用瓷点火电极三大类、千余个品种规格；颜色有白、红、黄、蓝、黑等。
主营产品：照明电器陶瓷零部件、电工电器陶瓷零部件及燃气具用陶瓷点火电极。

汉宁电子（苏州）有限公司

地址：江苏省苏州工业园区唯亭镇展业路9号唯亭工业坊
电话：0512-62716188
电邮：sales@sunnytec-piezo.com
网址：www.sunnytec-piezo.comcn
单位介绍：汉宁电子（苏州）有限公司成立于2002年，是中国台湾先宁集团在大陆投资的全资公司。主要生产以压电陶瓷材料为基础高质量的功率型、感测型压电陶瓷晶片、超声换能器（探头）、超声雷达、超声雾化、独石型压电变压器、独石型精密压电致动器、音频组件及其他压电相关元器件。产品主要应用于超声清洗、超声焊接、超声抛光、超声萃取、超声洁牙、雾化加湿、美容、水下探测、无损检测、液晶显示器背光电源、精密微位移平台、医用超声探头、精密超声电机等领域。
主营产品：压电陶瓷晶片、压电换能器及压电变压器。

常州市武进天一电子器件有限公司

地址：江苏省常州市武进高新区武进大道西路8号
电话：0519-6461190
电邮：tydz@tydz.nettenichi@163.com
网址：www.tydz.net
单位介绍：常州市武进天一电子器件有限公司是一家专业从事压电蜂鸣器、压电陶瓷蜂鸣器、压电超声蜂鸣器、压电振动传感器、压电微型扬声器、压电蜂鸣片、压电多层扬声器、电磁式蜂鸣器、压电超声波传感器、压电式扬声器等电声产品研发制造的蜂鸣器厂家。公司拥有较强的研发制造团队和较先进的流水线设备，是您值得信赖的蜂鸣器、传感器、扬声器供应商。
主营产品：压电陶瓷蜂鸣器等。

江苏江佳电子股份有限公司

地址：江苏省扬州市江都区邵伯镇甘棠路88号
电话：0514-80385503
电邮：Market@jsjj.com
网址：www.jsjj.com
单位介绍：江苏江佳电子股份有限公司位于江苏扬州，拥有公司总部和江都开发区工厂，注册资金5000万元，占地面积126540平方米，建筑面积60000平方米，是专业生产电子陶瓷的国家高新技术企业，连续20年入选中国电子元器件百强企业。在国内压电陶瓷和微波介质陶瓷行业，生产规模和销售额均名列前茅。多年来，公司一直致力于技术创新基础设施建设，不断更新试验设备、检验仪表，改善科研仪器设备及中试线装备。2010年设立了"江苏省新型微波介质陶瓷频率器件工程技术研究中心"，面积1000多平方米，拥有各种设备仪器85台套，建立了可靠性实验室、理化分析室、检测中心等。主持或参与编制了中国行业标准5项、获得授权专利11项（其中发明专利5项），公司自主研发的微型化介质陶瓷滤波器广泛应用于移动通信领域。
主营产品：压电功能陶瓷、压电陶瓷频率器件。

苏州景康电子有限公司

地址：江苏省苏州市吴中区胥口镇时进路88号
电话：0512-65637706
网址：www.hitpoint-sz.com
单位介绍：苏州景康电子有限公司成立于1999年，制造和销售HITPOINT品牌蜂鸣器、警报器、麦克风、喇叭等，产品行销全球。多年来，公司专注于为客户提供客制化一对一的服务，拥有研发团队和先进的研发设备，能够迅速提供客户所需的声音产品。公司通过IATF 16949：2016、ISO 9001：2015、ISO 14001：2015体系认证，产品符合CE、RoHS 2.0等标准要求，部分产品防尘防水，符合IP68等级，部分产品获得设计专利。
主营产品：压电式蜂鸣器。

景德镇柏莱德电子有限公司

地址：江西省景德镇市陶瓷工业园区唐英大道清华路1号

3.2 压电陶瓷及器件企业

电话：0798-2816777
电邮：leimm66@163.com
网址：www.bro-piezo.com
单位介绍：景德镇柏莱德电子有限公司是一家集研发与生产压电陶瓷于一体的科技型企业，在原同惠公司的基础上经过近15年的技术创造与完善，形成了压电研发与规模化生产，逐步树立了柏莱德（BRO-PIEZO）品牌。目前公司生产的主要产品有压电陶瓷材料及元器件、中高功率压电陶瓷材料与元件、压电水泵压电材料与元件、高压点火用压电陶瓷材料与瓷柱、驱动器用高居里点大应变常数压电材料与元件、收发兼用压电材料与元件、高灵敏度接收型压电材料与元件及其他压电陶瓷材料与元件，如洁牙片、美容片、电声片、传感器片等；承接非标类压电陶瓷材料的研发与制作。公司专注于技术水平的提升，以创新为企业的发展动力，成立了技术开发中心，与天津大学、中国科学院上海硅酸盐研究所、景德镇陶瓷大学及国家工程技术研究中心等院所建有密切联系与合作，共同努力打造出拥有自主知识产权的高科技产品。
主营产品：压电陶瓷材料及元器件。

淄博宇海电子陶瓷有限公司

地址：山东省淄博市博山区开发区创业大道57号
电话：0533-4233550
电邮：40151570@qq.com
网址：www.zbyuhai.com
单位介绍：淄博宇海电子陶瓷有限公司是生产压电陶瓷元件的专业厂家，主导产品是压电陶瓷元器件与传感器，生产能力达350万件/年，经过50余年的压电陶瓷专有技术积淀，拥有30余个功能材料配方、上千个品种的产品体系，能够满足用户的差异化需求，在国内压电陶瓷领域居于技术领先地位。每年为国内水声、电声、超声、计量、通信、探测、自动控制、医疗、引燃引爆等几十个行业、400多家企业提供着优质的产品和服务。建有市级压电陶瓷及器件工程实验室，自主研发的"钴铝共掺杂钛酸钡压电陶瓷研究"和"高居里温度高稳定性铌锑锆钛酸铅压电陶瓷研究"通过淄博市科技成果鉴定，填补了国内空白，达到国际先进水平。
主营产品：压电陶瓷元器件与传感器。

寿光市飞田电子有限公司

地址：山东省寿光市古城街道321省道北洛西1000米路南
电话：0536-5283118
电邮：yyfft@126.com
网址：www.feitiandianzi.com
单位介绍：寿光市飞田电子有限公司是一家专业从事压电陶瓷系列产品设计、研发及生产的高科技企业。公司拥有一支具有丰富经验的研发队伍，常年聘请多名压电陶瓷行业的国内专家，并与山东大学、清华大学、中国科学院、中国科学院上海硅酸盐研究所等单位保持良好合作关系。依托较先进的技术和生产工艺，研制生产的压电陶瓷系列产品性能优良、质量稳定。产品广泛用于超声清洗、焊接、探测、医疗B超、美容仪器、水声换能、微型驱动、超声波流量计等众多领域。公司通过了ISO 9001质量管理体系认证。
主营产品：压电陶瓷传感器产品、压电陶瓷圆形片产品、压电陶瓷方形片产品、压电陶瓷圆环状产品及压电陶瓷异型类产品。

青州市方圆电子有限公司

地址：山东省潍坊市青州市王母宫镇裴桥村
电话：0536-3521301
电邮：3521301@163.com
网址：weifang0138105.11467.com
单位介绍：青州市方圆电子有限公司坐落在古九州之一的青州，名胜荟萃，风景秀丽。胶济铁路、羊临铁路贯穿青州，济青高速、东红高速、309国道等主干道同全国各地相连，地理位置较优越，交通快捷便利。公司是一家专业从事压电陶瓷系列产品设计、开发及生产的高新技术企业。拥有一支具有丰富经验的研发队伍，依托较先进的技术和生产工艺，研制生产的压电陶瓷系列产品性能优良，质量稳定，主要产品有压电陶瓷滤波器、压电陶瓷蜂鸣器、超声换能器、超声清洗、雾化器、超声传感器、压力传感器等。产品广泛应用于家用电器、仪器设备、电子通信等领域。公司始终坚持"诚信、实干、创新"的经营理念，不断提高产品质量和服务质量。
主营产品：压电陶瓷滤波器、压电陶瓷蜂鸣器。

潍坊聚德电子有限公司

地址：山东省潍坊市坊子区眉村镇
电话：0536-7685121
电邮：zhuangzi963@163.com
网址：www.judepzt.com
单位介绍：潍坊聚德电子有限公司位于潍坊市东部，是一家生产和研制电学功能陶瓷元器件的民营高科技企业。生产的各类压电陶瓷产品及换能器已广泛用于高频频率器件、大功率超声焊接、清洗、打孔、高灵敏度、超声探伤、测距、油井测量、流量计、水声声呐等行业领域，产品性能可靠，稳定性、一致性好，深得客户好评，并出口到美国、韩国、印度、加拿大等国家。
主营产品：压电陶瓷原材料、压电陶瓷元器件、压电陶瓷换能器、压电陶瓷复合材料及压电陶瓷复合材料元件。

上海联能科技有限公司

地址：上海市长宁区虹古路150号通讯楼2楼
电话：021-64384700
电邮：info@sinocera.net
网址：www.sinocera.net
单位介绍：上海联能科技有限公司是专业从事从智能材料应用研发、生产到提供电子控制产品集成和子系统开发方案的高新技术企业。随着业务范围的不断扩展，在材料领域除巩固原有的陶瓷晶体材料、传感和驱动器件的研发、生产和销售外，还大力加强了无线天线和背光芯片等系列新产品的开发。从2000年开始，积极从事用于光通信领域相关光学晶体、器件的研发、生产，包括晶体/陶瓷材料器件的生产和加工，以及无线基站和终端用天线系列产品。自 2002 年起，开发用于液晶显示器的压电陶瓷变压器系列产品，以及液晶背光驱动控制芯片，成为国内少数几家能生产该类产品的企业。公司涉及陶瓷晶体材料及其元器件、传感/驱动、无线通信、芯片和组装等，产品主要有液晶背光控制芯片、基站和终端用无线天线、压电陶瓷/晶体材料及元件系列、点火组件、结构陶瓷、电源和充电电路、医用 PET 设备晶体阵列、振动声学用传感器及配套仪器仪表等。
主营产品：压电陶瓷材料及元器件等。

上海博瓷电子科技有限公司

地址：上海市松江区银都西路 368 号松港工业园 A101 区
电话：021-64776550
电邮：wszyq0465@126.com
网址：www.boceramic.com
单位介绍：上海博瓷电子科技有限公司是为客户提供高品质压电陶瓷和先进技术陶瓷的全球制造商和供应商。公司在上海拥有一个国际商务中心，拥有两家专门制造压电陶瓷和先进技术陶瓷的工厂。1981 年，公司研发团队开始研究陶瓷材料，先后开发了许多用于工业领域的组件。产品广泛适用于军事、水下、航空航天、汽车、医学扫描、半导体、工程设计、加热设备、制造等行业。
主营产品：压电陶瓷传感器。

上海纳动纳米位移技术有限公司

地址：上海市徐汇区虹梅路 2008 号 3 幢 3 层
电话：021-54668263
电邮：2274066945@qq.com
网址：www.nanomotions.com
单位介绍：上海纳动纳米位移技术有限公司是一家专业集精密机械、精密驱动、精密传感、精密控制、精密测量、精密光学等各领域的技术于一体的高新技术企业，专注于超精密纳米级定位及运动控制技术与产品的开发，并致力于创新开发压电微米定位、压电纳米定位、压电定位控制及测量等高端设备提供系统的技术解决方案，满足于国内外市场对超精密纳米级定位及运动控制技术需求的专业研发制造商。上海纳动纳米位移技术有限公司在纳米定位及运动控制方面由拥有 10 余年产品研发技术经验的团队组成，并具有完全的自主知识产权。产品涵盖叠堆压电陶瓷、机械封装型压电促动器、压电纳米定位台、压电纳米扫描台、压电平移台、高精度微位移测量系统等系列产品。
主营产品：压电陶瓷纳米台、压电陶瓷促动器及压电驱动/控制器。

杭州瑞利超声器件公司

地址：浙江省杭州市西湖区华星路 96 号瑞利大厦
电话：0571-56782277
单位介绍：杭州瑞利超声器件公司是 1993 年由船舶重工集团公司七一五研究所投资创建和管理，从事压电元件、超声换能器及设备研制生产的科研生产型高新技术企业。公司研制和批量生产超声用压电元件和换能器，为我国超声产业的起步和发展壮大做出了贡献，产品满足客户对高性价比产品的切实需求，是业界制造高品质超声设备的保障。产品和服务通过 GB/T 19001 和国军标双重质量体系认证，系国际电工委员会（IEC）水声超声标准技术委员会中国归口单位。现与 20 多个国家的企业、研究机构、大学建立了广泛的技术贸易合作。瑞利科技产业园（占地 5 万平方米）已完成基建，2012 年全新科研生产设备到位。我公司将在新技术平台上为合作方和客户提供更有价值的产品和服务。
主营产品：压电陶瓷元件和超声换能器。

海宁市赛达压电陶瓷有限公司

地址：浙江省海宁市长安镇城南路老庄工业区顾家埭 20 号
电话：0573-87510899
电邮：qdswarts@czkx.com.cn
网址：www.saidapiezo.cn
单位介绍：海宁市赛达压电陶瓷有限公司成立于 2011 年 4 月，是一家集研发、经营压电陶瓷频率元件及压电相关产品的科技型生产厂家，主要产品有压电陶瓷片、超声雾化片、微网 Mesh 雾化片、钛合金雾化片、美容铲皮刀片、相关超声压电类产品、PCBA 方案开发及生产的供应商。工厂通过 GB/T 19001—2016/ISO 9001：2015 质量认证和 ISO 13485 环境体系认证，医用可吸入 MESH 雾化片已通过 RoHS 认证报告，欧盟 REACH 197 项认证、加州 65 标准等相关认证。
主营产品：超声波压电陶瓷雾化系列产品。

新昌县迪辉电子有限公司

地址：浙江省绍兴市新昌县七星街道七星大桥西侧
电话：0575-86281333
单位介绍：新昌县迪辉电子有限公司是一家专业研发、生产、销售各类电声元器件的有自主品牌（KS）的自营进出口企业。工厂占地 300 多平方米，分为电子部（主要生产电声器件、超声波器件、压电陶瓷等电子产品）、塑胶部（主要生产注塑蜂鸣器外壳、传感器外壳等塑胶材料）。公司拥有一支具有丰富经验的蜂鸣器工程师队伍，并采用全套的机械加工蜂鸣器设备和较先进的蜂鸣器电子测试及研究设备。产品广泛应用于家电、手表、玩具、仪器仪表、报警系统、倒车雷达、超声清洗、超声雾化器、海洋探鱼等设备以及超声测距等多个领域。现有 300 多个品种规格的电声器件产品，产品 70% 以上销往美国、德国、日本、法国、意大利、加拿大、欧美、东南亚等多个国家和地区。企业业绩每年都在持续增长。
主营产品：压电陶瓷晶片。

上海隐冠半导体技术有限公司

地址：上海自由贸易试验区金海路 1000 号 47 幢 1 楼
电话：021-61659599
电邮：service@yg-st.com
网址：www.yg-st.com
单位介绍：上海隐冠半导体成立于 2019 年，是一家专注半导体装备、高端装备精密运动系统及核心零部件研发与生产的高科技创新型企业。利用精密运动控制与检测领域的技术优势，持之以恒研发新技术，开拓多维度应用领域，形成多品种多系列的量产精品，为精密运动定位及控制提供优越、可靠的解决方案，着力解决半导体装备关键核心部件的产业化问题，并将产品应用延伸至追求更精密技术工艺的泛半导体、新能源、高端显示装备等领域。公司打造的精密运动台、特种电机、压电产品、驱控产品和精密零部件五大产品线，配备先进的精密运动控制测试平台和一批专用工具，具备良好的生产测试条件。

主营产品：叠堆型压电陶瓷和压电致动器。

江苏联能电子技术有限公司

地址：江苏省扬州市物港路42号
电话：0514-87348687
电邮：info@china-yec.com
网址：www.china-yec.com
单位介绍：江苏联能电子技术有限公司始创于2001年，作为振动测试用传感器和动静态测试系统的专业制造厂家，电荷放大器获得全国科学大会奖。集压电陶瓷材料、振动传感器、测试分析仪器、测试系统的研究、开发与生产、销售于一体的高新企业，拥有4大类、16个系列、300多个品种的产品。20年来，公司投入了大量的人力、物力致力于高性能压电陶瓷的二次应用开发，是市级技术中心、院士工作站和国家级新型材料压电陶瓷研发基地，其中高性能压电陶瓷D33等核心指标达到国际先进水平。已研制成熟的产品有高性能压电陶瓷材料及器件、以压电传感器为核心技术的旋转设备在线监测系统、以压电平面风扇为核心技术的散热系统。

主营产品：压电陶瓷驱动器、双晶片、压电电源及叠堆式驱动器。

哈尔滨小纳精控科技有限公司

地址：黑龙江省哈尔滨市松北区智谷二街3043号
电话：0451-58603067
网址：www.tinynano.cn
单位介绍：哈尔滨小纳精控科技有限公司是致力于打造高端精密定位产品的高科技公司，主要经营产品有压电陶瓷元器件、封装压电陶瓷、压电平移台、压电扫描台、压电物镜定位器、压电偏摆台、压电控制器、精密测量设备、精密产品及小型化控制器定制服务等。公司产品主要应用方向为半导体技术、光电子通信与集成光学、光学检测、激光调整共聚焦显微成像、天文自适应光学、激光通信、超精密加工、3D打印、生物分析技术及生命科学研究等领域。

主营产品：压电陶瓷元器件、封装压电陶瓷、压电平移台、压电扫描台、压电物镜定位器、压电偏摆台、压电控制器等。

江苏惟哲新材料有限公司

地址：江苏省无锡市新吴区汉江路15号A区15-3
电话：0510-82138861（转8005）
电邮：marketing@jsuam.com
网址：www.jsuam.com
单位介绍：江苏惟哲新材料有限公司（英文简称UAM），2017年6月成立于无锡市，注册资本2400万元。公司以氧化锆、氧化铝和玻璃复合材料及金、银、铂等金属材料为基础研究，致力于低温共烧陶瓷（LTCC）和高温共烧陶瓷（HTCC）工艺研究，在多个应用领域进行产品开发，已成功开发多系列氧化锆类传感器及相关系统。建有年产500万只氧传感器芯片的生产线，并建有完整LTCC加工平台，可以为客户研发和定制开发基于多层陶瓷的射频器件、多层基板、LTCC封装类产品。

主营产品：车用氧传感器、气体传感器及监测系统、LTCC工艺及产品、陶瓷材料。

常州高凯精密流体技术有限公司

地址：江苏省常州市武进区常武中路18号常州科教城惠研楼南楼1201-1210
电话：0519-89886095
电邮：sales@gk-precision.com
网址：www.gk-precision.com
单位介绍：江苏高凯精密流体技术股份有限公司主营业务为压电驱动精密流体控制核心部件及相关整机设备的研发、生产和销售。公司通过为客户提供高质量的产品，助力客户大幅提升产线工艺与技术水平，改善产品质量，提高生产效率，降低生产成本。2014年，公司在业内率先推出自主研发的国产压电喷射阀，实现了喷射点胶核心部件的进口替代。经过持续研发和创新，下游应用已覆盖声学、光学、FPC和整机组装等多个3C电子制造细分领域，并逐步向新能源电池、半导体制造等领域拓展。

主营产品：压电驱动精密流体控制部件及相关整机设备。

中国振华电子集团宇光电工有限公司

地址：贵州省贵阳市乌当区新添大道北段272号
电话：0851-86305255
电邮：yg@yg771.com
网址：www.yg771.com
单位介绍：中国振华电子集团宇光电工有限公司（原国营第七七一厂）坐落于林城之都、避暑之城的贵州省贵阳市国家高新技术产业开发区，占地38000平方米，现有员工700余人，其中高中级技术人员300余人。公司是原第四机械工业部于1966年在贵州省凯里市布局设立的电真空器件专业生产单位，历经50多年的发展，具有无源电真空器件、断路器和陶瓷及其金属化组件等产品的研制、生产基础和市场影响力，具备先进的生产、试验设备和检测仪器，已成为具有较强市场竞争实力的科研、生产单位。

主营产品：陶瓷及其金属化组件。

3.3 微波介质陶瓷产品企业

广东国华新材料科技股份有限公司

地址：广东省肇庆市风华路18号风华电子工业城
电话：0758-2865353

电邮：Customerservice@gova-tech.com
网址：www.gova-tech.com
单位介绍：广东国华新材料科技股份有限公司（简称"国华公司"）成立于2011年8月，坐落于广东肇庆风华电子工业园区内，厂房面积约20000平方米，注册资金3561.5万元人民币，是一家基于先进的微波陶瓷功能材料，着力于微波通信器件及功能陶瓷材料的股份制公司。公司以高科技研究成果为主线，致力于高技术、高附加值、前沿功能陶瓷材料及新型微波通信器件的研发和生产。公司主营业务为微波介质材料（介电常数涵盖7～100）的研发及其器件的研制，器件广泛应用于移动通信、卫星电视广播通信、雷达、卫星定位导航系统等众多领域。
主营产品：介质谐振器及介质谐振盘。

江苏灿勤技股份有限公司

地址：江苏省张家港保税区金港路19号
电话：0512-58331649
电邮：caiqin@cai-qin.com
网址：www.cai-qin.com.cn
单位介绍：江苏灿勤科技股份有限公司从事微波介质陶瓷元器件的研发、生产和销售，产品包括介质波导滤波器、TEM介质滤波器、介质谐振器、介质天线等多种元器件，主要用于射频信号的接收、发送和处理，在移动通信、雷达和射频电路、卫星通讯导航与定位、航空航天与国防科工等领域得到广泛应用。公司的"耐高温天线的研发及产业化"和"5G通信用介质滤波器"分别荣获"2018年中国技术创新应用大赛产业化类金奖"和"2019年中国先进技术转化应用大赛产业化类银奖"。
主营产品：介质谐振器系列、滤波器系列、天线系列、陶瓷封装及陶瓷基板。

苏州艾福电子通讯股份有限公司

地址：江苏省苏州市高新区浒墅关镇城际路65号
电话：0512-66674611
网址：www.srtec.com.cr
单位介绍：苏州艾福电子通讯股份有限公司2005年成立于江苏省苏州市，是一家专业制造无线通信元器件的高新技术企业。公司产品主要应用于基站、直放站、卫星、电子对抗、无线对讲机、包裹跟踪、动物管理、图书馆等领域。产品主要由介质滤波器、介质双工器、介质合路器、介质谐振器（TEM、TE、TM）、陶瓷天线、射频标签、陶瓷波导滤波器、陶瓷腔体滤波器等部分组成。产品除在国内销售外，还远销韩国、美国以及欧洲、印度、东南亚等国际市场。公司研发团队主要由韩国、英国、美国及中国国内的研发工程师组成，其中多名工程师拥有20年的研发经验。同时，公司与国内外多家高校合作。"精确、可靠、专业、迅速"是我们的生产精神和服务信念。公司在坚持技术创新的基础上，狠抓质量管理，不断提高服务水平，实现了公司业务的良性发展。
主营产品：介质滤波器。

西安创联电容器有限责任公司

地址：陕西省西安市电子西街3号
电话：029-88243979
电邮：clec_sxhm@163.com
网址：www.clechm.com
单位介绍：西安创联电容器有限责任公司（原国营第四三二〇厂）始建于1965年9月，致力于电子元器件（电容器、滤波器）、电子材料（电磁波吸收剂、雷达波吸收涂层、电磁噪声抑制片、吸波贴片、吸波泡棉、吸波网棉、吸波蜂窝、吸波负载）产品的研发、设计、制造、营销以及施工，是EMI&EMC解决方案供应商，拥有云母电容器军标、宇航生产线，是中国的云母电容器生产厂商。2018年伊始与复旦大学、中南大学、兰州大学合作建立产学研基地，与中国科学院宁波材料技术与工程研究所合作建立磁电功能材料与器材联合研发中心，在国内实现了吸波材料及其产品应用的系列化，是目前国内同时掌握电磁波吸收剂、雷达波吸收涂层、电磁噪声抑制片、吸波贴片（近场型、远场型、导热型）、吸波泡棉、吸波网棉、吸波蜂窝和吸波负载核心技术的生产厂家。
主营产品：云母电容器、电源滤波器、陶瓷滤波器和延迟线等。

无锡市菲尔特电子有限公司

地址：江苏省无锡市滨湖区太湖镇锡南路58号
电话：0510-85114393
电邮：filterdianzi@d17.cc
网址：filterdianzi.d17.cc
单位介绍：无锡市菲尔特电子有限公司是从事压电陶瓷元器件生产和经营的企业。年生产各类陶瓷滤波器3000万只，陶瓷鉴频器2500万只，陶瓷谐振器15000万只。公司拥有现代化的厂房，先进的生产工艺流程和国内先进的生产设备、检测设备。公司有一批经验丰富的科技骨干，具备研究开发新产品的雄厚技术能力。公司坚持"客户至上"的原则，竭诚为国内外客户提供优质的产品和服务。
主营产品：陶瓷滤波器、陶瓷鉴频器及陶瓷谐振器。

广东省深圳市华晶达电子有限公司

地址：广东省深圳市宝安区西乡街道共和工业路共乐城F栋601号
电话：0755-27856858、27856078
电邮：hjd@szhjd.com
网址：www.szhjd.com
单位介绍：深圳市华晶达电子有限公司主要生产微孔雾化片、陶瓷雾化片、压电陶瓷换能片、超声医疗换能片、超声美容铲皮刀、超声洁牙振子、超声清洗、陶瓷滤波器、谐振器、声表面谐振器、声表面滤波器、晶体谐振器、振荡器。产品广泛用于纳米喷雾、超声美容、超声医疗、声呐、测距、航空航天、移动通信机、数字电视、计算机周边产品、数码产品、GPS、通信基站加湿器等高科技领域。其中，SMD陶瓷中频滤波器、SMD陶瓷谐振器等用于通信机和高档次游戏机，可与日本村田（MURATA）公司性能兼容，体积小、高性能、超薄型；由于美容行业不断更新，目前压电陶瓷晶片、超声波美容片、换能片销量较大。从2005年成立以来，实现自主品牌，商标"HJD"已获得批准。公司已进军美国、欧洲等国际市场。
主营产品：陶瓷谐振器。

3.3 微波介质陶瓷产品企业

深圳市格利特电子有限公司

地址：广东省深圳市福田区彩田南路 2030 号澳新亚大厦 2309 室
电话：0755-83476790
电邮：sales@szgreat.com
网址：www.szgreat.com
单位介绍：深圳市格利特电子有限公司成立于 1995 年 10 月，是专业从事石英晶体元器件开发生产和代理的专业公司。公司拥有较先进的生产设备、测试仪器，具有丰富经验的开发生产技术队伍。公司产品系列有 32.768kHz、VC-TCXO 温补晶体、石英晶体谐振器、石英晶体振荡器、石英晶体滤波器、声表滤波器、VCO 收发双工器、陶瓷谐振器、陶瓷滤波器等。产品广泛应用于钟表、数码产品、家用电器、手机、对讲机、基站、数传电台、无线网卡、手机信号放大器/屏蔽器、射频产品、GPS 等通信设备及各种频率控制设备。公司和国际许多石英晶体元器件厂商有着长期的合作关系，经营的品牌有日本西铁城（CITIZEN）音叉型晶体、日本村田（MURATA）陶瓷振荡子/声表滤波器/VCO/收发双工器、日本 SORACHI 石英晶体滤波器、CQ 陶瓷谐振器系列/滤波器系列等。
主营产品：片式陶瓷鉴频器（CDS 455kHz）。

南京以太通信技术有限公司

地址：江苏省南京市江宁区兴百路 18 号
电话：025-52103306
电邮：njyt_ch@163.com
网址：www.njether.com
单位介绍：南京以太通信技术有限公司汇集国内一流专家研发团队，致力于陶瓷粉体、无线通信元器件，以及各种陶瓷结构件的设计、开发、生产。公司拥有较强的独立研发能力，已申请发明专利 30 项，实用新型专利 32 项，软件著作权 15 项。拥有多年行业经验，可以满足客户各种定制化需求。
主营产品：介质陶瓷粉体、介质滤波器、介质谐振器、天线、陶瓷封装管壳、氧化铝陶瓷件、新能源陶瓷件等。

湖南嘉盛电陶新材料股份有限公司

地址：湖南省常德市德山经济开发区崇德西路 76 号
电邮：hnjsdtsxl@vip.163.com
网址：www.hnjsdt.com.cn
单位介绍：湖南嘉盛电陶新材料股份有限公司是一家高科技新型陶瓷材料企业，成立于 2007 年 9 月 20 日，注册资本 5429.78 万元，分两大产区，占地面积约 1.4 万平方米。公司主要研发生产三个领域的新型材料：①微波介质陶瓷，应用在微波炉匀场板、微波炉用烧烤和加热新型多功能浅盘、电磁炉面板；②低膨胀先进陶瓷材料，应用于电饭锅（陶瓷内胆）、耐热煲（明火及电磁炉两用）、烧烤炉、远红外取暖、远红外理疗、生活小家电等；③压电功能陶瓷系列，有频率器件、超声雾化换能器、传感器（流量、气体、无线）、胎心片、加湿器件、蜂鸣器，广泛应用于医疗器械、汽车电子、智能家居、工业自动化、加湿空气净化器、网络通信、计算机家用电器、手机等领域。先后与湖南大学、中国地质大学、中国科学院上海硅酸盐研究所、武汉理工大学、北京工业大学、国防科技大学等院校合作，长期聘请相关专家教授作为技术顾问，同时组建并培养了一支经验丰富的工程技术经营团队。公司目前拥有国内较先进的材料生产和检测设备。
主营产品：微波介质陶瓷、低膨胀先进陶瓷材料及压电功能陶瓷系列。

厦门市宏珏电子科技有限公司

地址：福建省厦门市翔安区内厝镇民安大道 3876 号 4 号楼
电话：0592-3156586
电邮：hongjue2017@163.com
网址：www.hongjuedz.com
单位介绍：厦门市宏珏电子科技有限公司是一家集科研、生产、销售为一体的高新技术企业。主要从事高精密陶瓷测温材料和新型微波陶瓷材料及微波元器件的研发、生产、销售。目前公司推出的全序列高精密度陶瓷测温环、测温块产品，覆盖500～1900℃测温范围，能准确提供窑炉炉膛的实际温度，具有公认的精确性和可靠性。广泛运用于电子陶瓷、粉末冶金、磁性材料、建筑陶瓷、卫浴陶瓷、日用陶瓷等领域。
主营产品：微波介质陶瓷、微波元器件、测温环及测温块。

浙江嘉康电子股份有限公司

地址：浙江省嘉兴市嘉杭路 1188 号
电话：0573-82600913
电邮：piezo.transducer.sensor.sales@jkelec
网址：www.jkelec.com
单位介绍：浙江嘉康电子股份有限公司以新型电子元器件制造为主业，主要从事电子陶瓷材料和元器件的研究与生产，专业生产微波介质陶瓷元器件、压电传感/换能元器件、压电陶瓷频率元件和一体成型电感等，产品广泛应用于移动通信、卫星导航定位授时、网络通信、射频识别（RFID）、智能检测、智能电器、智能家居、计算机和电子烟等领域。
主营产品：介质产品、压电传感换能元器件压电陶瓷频率元件、功率电感及特种电子标签。

嘉兴佳利电子有限公司

地址：浙江省嘉兴市经济开发区正原路 66 号
电话：0573-83651818
网址：www.glead.com.cr
单位介绍：嘉兴佳利电子有限公司成立于 1995 年 12 月，专业从事微波介质陶瓷元器件和卫星导航天线、模块、蓝牙模块的研发、生产和销售，产品广泛应用于射频、微波通信领域，主要实现射频、微波信号接收、处理与发送等功能。公司是微波介质陶瓷材料、微波元件、天线、模块及整机全产业链集成商，以及国内少数具备自主知识产权的低温共烧陶瓷（LTCC）材料制备工艺技术并实现规模化生产的企业，具备年产 1 千吨以上微波介质陶瓷材料制备能力以及年产 2 亿只微波介质陶瓷元

第3章 功能陶瓷产品种类与产业状况

器件和年产10亿只LTCC元器件、1千万只卫星导航天线与600万只导航和蓝牙模块生产能力。

主营产品：HTCC封装陶瓷、低温共烧陶瓷产品、微波介质陶瓷产品、高温共烧陶瓷产品、无源天线产品、有源天线产品、特殊天线、GNSS产品、CATV产品、蓝牙产品、WiFi产品及高频基板。

苏州波发特电子科技有限公司

地址：苏州市相城区太平街道诚泰路17号
电话：0512-65995680
电邮：iacky.lu@pertectsz.com
网址：www.pertectsz.com.cn
单位介绍：苏州波发特电子科技有限公司是一家通信基础设备专业研发和制造的通信技术企业，能够提供较全面的无线通信配套解决方案。公司始终坚持"成本优势、持续改进、满足客户期望"的经营原则，秉持精益求精的理念。
主营产品：滤波器，包含双通道小型化带通滤波器、三频合路器、基站双工器、3/4/5频天线共用器及32通道滤波器。

武汉凡谷电子技术股份有限公司

地址：湖北省武汉市江夏区藏龙岛科技园九凤街5号
电话：027-81388162
电邮：marketing@tingu.com
网址：www.tingu.com
单位介绍：武汉凡谷电子技术股份有限公司（股票代码：002194）的前身是成立于1989年的武汉凡谷电子技术研究所。作为移动通信天馈系统射频器件的独立供应商，公司长期专注于发展移动通信天馈系统射频器件的核心技术，主要产品和解决方案有滤波器系列（双工器、合路器、塔顶放大器等）、介质材料、毫米波雷达系列（交通、安防、工业控制等）、行业网平台系列（公安、交通及政府政务云等），凭借自有知识产权和强大的软硬件研发平台，能够快速响应客户的定制产品需求。公司具有从模具设计、压铸、机加、喷涂、电镀到装配、调试、检测的端到端一站式生产制造体系。凭借专业化产品研发平台、纵向集成的大规模生产能力低成本结构以及客户协作能力，为移动通信系统集成商提供基站天馈系统射频子系统和器件的定制产品及专业服务。通过特有的技术、质量、成本管理、交付优势，帮助客户服务世界上约1/3的移动用户。拥有高水平的微波介质陶瓷研发团队，以及全工序独立生产加工能力和品质保证能力。公司材料配方体系拥有完全自主知识产权，研制的介质材料包括介电常数为21、35、40、43、45、47等多种材料体系，可根据用户设计要求定制各种陶瓷谐振器和以微波陶瓷材料为基础的产品。
主营产品：TM模双端接地谐振器、TE单（双）模谐振器、TEM模谐振器、波导滤波器等。可根据滤波器腔体的结构设计合理尺寸的谐振器，并可根据需要调整谐振器的温度系数满足整个滤波器的温度特性。

苏州市世嘉科技股份有限公司

地址：江苏省苏州高新区浒关新区塘西路28号
电话：0512-66161791
网址：www.sz-shijia.com
单位介绍：苏州市世嘉科技股份有限公司成立于1990年。公司深耕金属制造行业尤其是精密金属制造的细分领域，以智能化、自动化为辅，通过内生式发展和外延式并购已建立涉及金属加工制造的钣金、压铸、机加工等工序的完整产业链。目前，公司主要经营业务有两块：一是精密箱体系统，二是移动通信设备。移动通信设备业务主要通过全资子公司苏州波发特电子科技有限公司实施。且全资子公司为行业内为数不多的同时拥有滤波器和天线自主研发及生产能力的移动通信设备供应商，自动化程度较高，其主要客户为下游的通信设备集成商，如中兴通讯、大唐移动、日本电业等。目前，苏州波发特电子科技有限公司已在苏州和昆山建立了生产基地。
主营产品：滤波器、双工器等射频器件和室外基站天线、室内分布天线等。

苏州捷频电子科技有限公司

地址：江苏省苏州高新区建林路439号
电话：0512-66306401
电邮：cj@japintech.com
网址：www.japintech.com
单位介绍：苏州捷频电子科技有限公司成立于2015年12月25日，目前已成为一家集研发、生产、销售于一体的专注于无线通信滤波器及射频模组的专业提供商，产品主要包括LC滤波器、LC双工器，介质滤波器、双工器、多工器，介质天线等射频信号处理元件及模组，主要应用于民用的基站、直放站，军民两用的GPS定位、北斗通信、专网组建、无人机控制、数图无线传输，军用的相控阵雷达、单兵作战装备、备战演习网络搭建、抗干扰等无线通信领域。
主营产品：介质波导滤波器、介质滤波器/多工器、腔体双工器/多工器、LC滤波器、谐振器及陶瓷天线。

厦门松元电子股份有限公司

地址：福建省厦门市集美区锦亭路1203号
电话：0592-6775019
网址：www.xmsunyear.com
单位介绍：厦门松元电子股份有限公司是一家专业研发生产电子功能陶瓷材料和微波器件的高新技术企业。功能陶瓷材料主导产品有圆片陶瓷电容器用介质材料、多层陶瓷电容器用介质材料、微波器件用介质材料、敏感陶瓷材料，其中圆片陶瓷电容器用介质材料的产量和产品质量名列国内前茅。
主营产品：圆片陶瓷电容器用介质材料。

合肥云之微电子有限公司

地址：安徽省合肥市高新技术开发区玉兰大道767号机电产业园西三路-1
电话：0551-68112828
电邮：liyong@blmicrowave.com
网址：cn.hfyzwdz.com

单位介绍：合肥云之微电子有限公司（简称云之微）是从事微波滤波器（LTCC滤波器、介质滤波器、薄膜滤波器、腔体滤波器、LC滤波器）和微波组件（开关滤波器组、变频组件）研发生产的专业化企业和具有自主独立知识产权的高新技术企业。经过多年的发展，公司已开发出了一批技术含量高、市场前景好的滤波器和微波组件，供应全国多个军工单位。

主营产品：陶瓷滤波器、LTCC滤波器、介质滤波器等。

陕西泰信电子科技股份有限公司

地址：陕西省咸阳市高新区胭脂路
电话：029-33335786
电邮：sxtxdz@sxtxdz.com
网址：www.sxtxdz.com
单位介绍：陕西泰信电子科技股份有限公司（简称泰信科技）位于陕西省咸阳市高新区，成立于2005年3月，公司总投资1.1亿元，占地1.3万平方米，建筑面积15000平方米，是集特种材料覆铜板、印制电路板研发、设计、制造及装配等一站式服务的高新技术企业。公司配备国内外先进的覆铜板、印制电路板、SMT等生产和检测设备，拥有高效的技术研发和生产团队，产品性能已达到国内领先水平。

主营产品：微波用复合陶瓷介质覆铜箔板、特种覆金属箔层压板、耐高温高频电路基板及微波用低损耗聚四氟乙烯覆铜箔层压板等。

山东大科电子科技有限公司

地址：山东省青岛市城阳区秋阳路106-2号1号楼501-4室
电话：13806483795、13751181341
电邮：b20190577@xs.ustb.edu.cn
网址：www.dakedianzi.com
单位介绍：山东大科电子科技有限公司坐落于山东省青岛市城阳区，注册资本704.23万元。主要从事真空磁控溅射镀膜及陶瓷粉体的研发与制备。公司创业团队和技术均来源于北京科技大学，有四位具有国家人才称号的教授做顾问指导，拥有数十名博士和硕士研究生，科研实力雄厚，镀膜类产品通过了ISO 9001质量管理体系认证，项目成果通过科技成果鉴定，为世界先进水平，填补了国内空白。

主营产品：DPC陶瓷镀铜基板、树脂及陶瓷类镀膜基板、低介电和低密度常数陶瓷。

六安鸿安信电子科技有限公司

地址：安徽省六安市舒城县杭埠镇舒城电子信息产业园7栋
电话：0551-63840089
网址：www.lahax.cn
单位介绍：六安鸿安信电子科技有限公司是北京元六鸿远电子科技股份有限公司的下属公司，六安鸿安信致力于高温共烧多层陶瓷基板和陶瓷封装外壳产品的研发和生产，为客户提供微纳系统集成技术一体化解决方案，致力于打造全球领先的电子陶瓷产业基地。公司拥有完整自主知识产权的从粉体、生瓷带、基板、管壳到一体化封装的研发和制造体系，可以为用户提供从设计、加工到封装、测试验证完整解决方案。公司技术力量雄厚，工艺设备先进，产品质量优良，产品广泛应用于单片集成电路、光电探测和光通信、微波通信模块、射频微系统、光电微系统、医疗电子和汽车电子等领域。

主营产品：高温共烧多层陶瓷基板和陶瓷封装外壳产品。

3.4 陶瓷电容器电感器传感器企业

潮州三环（集团）股份有限公司

地址：广东省潮州市凤塘三环工业城
电话：0768-6859262
电邮：info@cctc.cc
网址：www.cctc.cc
单位介绍：潮州三环（集团）股份有限公司主要从事生产多层片式陶瓷电容器、金属玻璃封装连接端子、SMD用陶瓷封装基座、LED用陶瓷封装基座、氮化铝、氧化铝陶瓷基板、光通信用陶瓷部件、电阻器用陶瓷基体、固定电阻器、高频绕线片式电感器瓷芯及底片、燃料电池电极片等电子元件，是先进的技术陶瓷产业基地。

主营产品：精密陶瓷结构件类有医疗设备/器件精密陶瓷结构件、泛半导体精密陶瓷结构件、新能源与汽车领域精密陶瓷结构件、化工用精密陶瓷结构件、工业装备精密陶瓷结构件、陶瓷插芯、片式电阻用氧化铝陶瓷基板和半导体陶瓷封装基座。

广东风华高新科技股份有限公司

地址：广东省肇庆市端州区风华路18号风华电子工业城
电话：0758-2865325
电邮：000636@china-fenghua.com
网址：www.china-fenghua.com
单位介绍：广东风华高新科技股份有限公司（证券简称风华高科，证券代码000636）成立于1984年，是一家专业从事高端新型元器件、电子材料等电子信息基础产品的高新技术企业，于1996年在深圳证券交易所挂牌上市。公司自进入电子元器件行业以来，实现了跨越式的发展，现已成为国内大型新型元器件及电子信息基础产品科研、生产和出口基地，拥有自主知识产权及核心产品关键技术的国际知名新型电子元器件行业大公司。公司具有完整与成熟的产品链，具备为通信类、消费类、计算机类、汽车电子类、照明电器类等电子整机整合配套供货的大规模生产能力。

主营产品：多层片式陶瓷电容器和引线陶瓷电容器。

深圳市顺络电子有限公司

地址：广东省深圳市龙华区观光路观澜大富苑顺络工业园
电话：0755-29576662、29836665
电邮：sunlord@sunlordinc.com
网址：www.sunlordinc.com
单位介绍：深圳顺络电子股份有限公司成立于2000年，2007年上市（证券代码002138），是专业从事各类片式电子元器件研发、生产和销售的高新技术企业。产品包括磁性器件、微波器件、敏感器件、精密陶瓷四大品类，广泛应用于通信、消费类电子、计算机、汽车电子、新能源、网通和工业电子等领域。秉承"遵循标准、科技创新、持续改进，向全球客户提供优异的产品和完善的服务"的经营理念，凭借先进的管理体系、雄厚的开发能力、优异的产品质量和完善的服务，公司已成为众多国内知名企业的电子元件供应商。

主营产品：EMC元件、RF元件、变压器、线圈/电感、敏感元件、电容、精密陶瓷、定制品、印刷电路板。

宇阳控股（集团）有限公司

地址：广东省深圳市南山区高新北四道宇阳大厦
电话：0755-86252197
电邮：mlcc@szeyang.com
网址：www.szeyang.com
单位介绍：深圳市宇阳科技发展有限公司自2001年成立以来，一直致力于电子元器件产品的研发、生产与销售。公司先后在东莞凤岗及安徽滁州投入重资建成国际标准化产业园，搭建完成当今世界先进的全套MLCC（片式多层陶瓷电容器）生产线。依托自主研发和创新体系优势，已发展成为全球主要的MLCC厂商之一，产品大量用于手机、智能穿戴、基站、服务器、计算机、芯片内埋、网通设备、安防设备、工业控制及汽车电子等。作为国内领先的MLCC制造企业，微型化和高频MLCC是传统的优势产品，近年来持续扩展高频、高质量、高容、高可靠等高端MLCC产品，以应对5G基站、新能源汽车等新兴需求增长。公司产品应用实现了从原有5G移动互联终端市场，拓展到基站及系统应用、汽车电子等工业级和车规级市场。

主营产品：片式多层陶瓷电容器。

国巨股份有限公司（苏州）

地址：江苏省苏州市穆都新区南冰工业区金昌路158号1号楼 215101
电话：0512-66519889
网址：www.yageo.com
单位介绍：国巨股份有限公司（苏州）成立于1977年，为全球领先的被动元件服务供应商，生产及销售据点涵盖亚洲、欧洲及美洲，提供客户"一次购足服务"，供应完整的电阻、电容、电感、变压器、继电器、天线、无线元件和电路保护元件等被动元件，以满足客户各种不同应用领域的需求。公司现今为全球第一大晶片电阻（R-Chip）及钽质电容（TantalumCapacitor）制造商、第三大积层陶瓷电容（MLCC）及电感制造商，在全球25个国家中有29个行销/服务据点、51座生产基地及20个研发中心，集团于全球共有40000名员工。国巨的产品都瞄准在关键的垂直市场，包括航太、汽车、5G电信、工业、医疗、物联网、电源管理、绿色能源、计算机周边设备和消费电子产品。

主营产品：积层陶瓷电容（MLCC）及电感。

福建火炬电子科技股份有限公司

地址：福建省泉州高新技术产业园江南园区紫华路4号
电话：0595-22485280
电邮：cs@torch.cn
网址：www.torch.cn
单位介绍：福建火炬电子科技股份有限公司始创于1989年，现有11家全资子公司及3家控股子公司。作为我国首批通过宇航级产品认证的企业之一，公司产品广泛应用于航空、航天、船舶以及通信、电力、轨道交通、新能源等领域。2015年1月，公司在上海证券交易所上市（股票代码：603678）。公司系国家高新技术企业，连续11年位列中国电子元件百强企业榜单。拥有CNAS实验室认可的火炬电子实验室、省级企业技术中心、省级工程研究中心，设立国家博士后科研工作站，先后通过ISO 9001质量管理体系、ISO 14001环境管理体系、ISO 45001职业健康安全管理体系、SA 8000社会责任管理体系认证和IATF 16949质量管理体系等资质认证。

主营产品：片式多层瓷介电容器、涂装引线式多层瓷介电容器、模压表贴瓷介电容器、片式高分子固体电解质钽电容器、高性能碳基双电层电容器。

深圳市麦捷微电子科技股份有限公司

地址：广东省深圳市坪山区龙田街道科技路16号
电话：0755-28085000
电邮：esmezhang@szmicrogate.com
网址：www.szmicrogate.com
单位介绍：深圳市麦捷微电子科技股份有限公司成立于2001年3月，是一家由博士、硕士人才群体组成的国家级高新技术企业，主营业务为研发、生产及销售片式功率电感、滤波器及片式LTCC射频元器件等新型片式被动电子元器件和LCD显示屏模组器件，并为下游客户提供技术支持服务和元器件整体解决方案。公司主导产品属于高端被动电子元器件，其设计、制造具有高精密性。产品广泛用于通信、消费电子、计算机、互联网应用产品、LED照明、汽车电子、工业设备等领域。

主营产品：一体成型功率电感（小尺寸）、绕线功率电感（小尺寸）、一体成型功率电感（大尺寸）、绕线功率电感（大尺寸）、声表面波滤波器、声表面波双工器、LTCC射频元件、叠层片式电感、叠层片式电磁兼容元件、片式电路保护元件及其他绕线元件。

广东风华邦科电子有限公司

地址：广东省肇庆市高要区金渡镇肇江公路东18号邦科工业园
电话：0758-8522818-8040
电邮：75593081@qq.com
网址：www.fhbk.cn
单位介绍：广东风华邦科电子有限公司（简称"邦科公司"）成立于2003年，是专业化生产、研发和销售高可靠性、高性能电子元器件及材料的高新技术企业。目前，公司主要产品有片式电阻器、片式电容器、引线电容器、压敏电阻器、片式电感器、绕线电感器等，其各项性能指标均达到国内领先水平。产品广泛应用于广播电视、通信、计算机、家用电器等高端电子领域。公司具备雄厚的科研开发实力和先进的生产、测试分析设备，设立了肇庆市高可靠性电子元件工程技术研究开发中心和国家

3.4 陶瓷电容器电感器传感器企业

级实验检测中心，并保持与华中科技大学、华南理工大学等高校的密切合作，先后完成了近 30 项新产品的研发，其中承担国家配套项目 10 余项，国家、省、市技术创新项目 18 项。
主营产品：片式电阻器、片式电容器、引线电容器、压敏电阻器、片式电感器及绕线电感器。

湖南永诚精瓷科技有限公司

地址：湖南省长沙市宁乡高新技术产业园区新天北路 98 号
电话：0731-82752305/82752321
电邮：7678960@qq.com
单位介绍：湖南永诚精细陶瓷有限公司于 2018 年 1 月 8 日成立，经营范围包括电子专用材料、特种陶瓷制品、电阻电容电感元件的制造、电子元件及组件销售。
主营产品：电子专用材料、特种陶瓷制品及电阻电容电感元件。

陕西华茂电子科技有限责任公司

地址：陕西省西安市雁塔区电子城电子西街 3 号
电话：029-88243979
电邮：clecsxhm@163.com
网址：www.clechm.com
单位介绍：陕西华茂电子科技有限责任公司（原国营第四三二〇厂），致力于云母电容器、电源滤波器、陶瓷滤波器和延迟线等产品的研发、生产已有 50 多年。公司生产的云母电容器有 30 多个系列、3000 多种规格。是中国规模较大的云母电容器生产厂家，拥有一条云母电容器军标生产线。全系列 EMI 电源滤波器件、高中低不同频率的压电陶瓷滤波器和视频延迟线生产研发水平在国内始终保持较高水平。产品广泛应用于航空航天、通信、导航、仪器仪表、军事武器装备、石油勘探等高科技领域和国民经济领域，为我国军工重点工程配套项目作出了较大贡献，多次荣获省部级科技进步奖等殊荣。
主营产品：片式云母电容器。

厦门 TDK 有限公司

地址：福建省厦门市集美区同集南路 413～419 号
电话：0592-615-0333
网址：www.jp.tdk.com
单位介绍：厦门 TDK 有限公司成立于 1994 年 9 月 9 日，是 TDK 集团旗下的一家全资子公司。公司坐落在厦门市集美北部工业区，由日本 TDK、中国台湾 TDK、中国香港 TDK 及中国 TDK 共同出资创建，注册资本达 9481.9 万美元，年销售额超 20 亿元人民币。公司目前的主要产品有磁性系列组件（磁铁芯、变压器、电感器）、陶瓷系列组件（电容器、传感器、蜂鸣器）、组装器件（相机模组致动器）等，广泛运用于汽车、通信、家电、能源、工业等领域；客户遍及日本、东南亚、欧洲、美洲及中国大陆、中国香港、中国台湾等国家和地区。其生产的金属支架电容使用金属支架片为端子，可吸收热冲击及机械冲击产生的应力，具有高可靠性的独特结构。可满足车载及民生等多种严苛环境的使用。
主营产品：铝电解电容器、陶瓷电容器、薄膜电容器、PFC 和谐波滤波元件、电力电子设备用电容器、RF 产品和模块、传感器和传感器系统、电子保护器件、陶瓷开关和加热元件/压电元件、接触器、鸣器、麦克风及电感器（线圈）。

北京元陆鸿远电子技术有限公司

地址：北京市大兴区北京生物医药基地天贵街 1 号
电话：010-52270576
电邮：yldz@yldz.com.cn
网址：www.yldz.com.cn
单位介绍：北京元陆鸿远电子技术有限公司长期专注并深耕于电子元器件领域，拥有自产和代理两大类业务，自产业务产品主要包括瓷介电容器、滤波器、微处理器、微控制器及配套集成电路、微波模块、微纳系统集成陶瓷管壳等，产品定位"精、专、强"，广泛应用于航空航天、电子信息、兵器、船舶等高可靠领域，以及通信、汽车电子、医疗电子、轨道交通等民用高端领域。公司坚定发展实业，现已形成以北京、苏州、成都、合肥四大科研生产基地为核心的整体产业格局，聚焦各自产业资源及优势，以陶瓷类电子元器件为基础，加快提升核心竞争力，推进企业全面发展，努力成为国内具有独特竞争优势和品牌影响力的电子元器件核心供应商，为服务国家战略、服务国防建设贡献力量。
主营产品：片式多层瓷介电容器、有引线多层瓷介电容器、金属支架多层瓷介电容器及直流滤波器等。

深圳市松信源科技有限公司

地址：广东省深圳市南山区西丽街道西丽工业区第六栋
电话：0755-21328072
网址：sxysz.com
单位介绍：深圳市松信源科技有限公司创建 2009 年，位于改革开放的前沿阵地深圳市南山区。经营代理 SMD 全系列电子元件，已有多年的配套服务经验，是国内较早从事电子元器件配套服务的供应商之一。公司不断成长壮大，日渐完善机制，现已发展营造了以广东省为中心，辐射国内外的庞大经销体系，为各区域客户提供经济、快捷、方便的电子元器件。公司的主要产品为贴片电容、电阻、钽电容、磁珠、电感、铝电解电容、贴片二、三极管等，广泛应用于消费类电子、汽车电子、安防设备、通信产品、仪器仪表、家用电器、医疗设备以及工业等领域。
主营产品：国巨品牌电容、三星品牌电容、TDK 品牌电容、村田品牌电容、贴片钽电容系列、厚声贴片电阻、贴片二三极管系列、风华品牌电容、华新科贴片电容及贴片电感系列。

禾伸堂企业股份有限公司

地址：中国台湾省台北市内湖区环山路二段六十二号
电话：886-2-26270383
电邮：inquiry@holystone.com.tw
网址：www.holystone.com.tw
单位介绍：禾伸堂企业股份有限公司是电子元件供应链中涵盖主、被动双通路并拥有制造工厂的多元化公司。1999 年，在中国台湾桃园龙潭设立生产基地，制造积层陶瓷电容（MLCC）。产品线主要有：高压低电容量产品线，包括 HVC-X7R，NPO（100V 至 10000V）；中压高电容量产品线，包括 HVC-X7R，X7S，X6S，X6R（50～100V，uptolμF）等。产品具有特殊的内部电极设计，可提供较高额定电压，适用于波浪和回流的表面安装焊接等，同时适用于 LAnWLAN 接口、背光逆变器、DC-DC 转换器、镇流器调制解调器和电源。

主营产品：陶瓷电容器、陶瓷基板金属化加工、容阻器及 AMB 基板。

成都宏科电子科技有限公司

地址：四川省成都市龙泉驿国家级经济技术开发区星光中路 20 号 158 信箱
电话：028-84866261
电邮：JX@chinahongke.com
网址：www.chinahongke.com
单位介绍：成都宏科电子科技有限公司（简称"宏明宏科"）成立于 1999 年，是成都宏明电子股份有限公司（原国营第七一五厂）所属的国有控股企业，也是新型电子材料与元器件研制的高新技术企业、四川省技术创新示范企业、四川省工业质量标杆企业；拥有国家制造业单项冠军产品（多层瓷介电容器）、国家"863"电子瓷料研发中心、国家 CNAS/DILAC 认证试验室、四川省工程试验中心、四川省企业技术中心等多项荣誉资质。
主营产品：高品质电子瓷料与匹配浆料、高可靠多层瓷介电容器、芯片瓷介电容器、低温共烧陶瓷器件、集成电路陶瓷封装外壳、温补衰减器及微波器件组件。

东莞市美志电子有限公司

地址：广东省东莞市东城街道莞樟路东城段 57 号
电话：0769-22384059
电邮：1565849821@qq.com
网址：www.amazingcap.com
单位介绍：东莞市美志电子有限公司成立于 2007 年，是一家专注于电子陶瓷新材料研发与制造的民营企业。在高频脉冲、微波射频、高压电力设备等领域的介电陶瓷材料研发方面有着超过 10 年的经验，是具备国家高新技术企业资质的创新型单位。下设湖南美志科技有限公司为生产基地。AMAZINGTECHNOLOGY（HK）CO.，LTD 为外贸主体。东莞市美志电子有限公司主管研发与销售运作的企业总部，专注服务国内外超高压领域的用户。有较先进的粉体检测设备与生产加工设备，建有 10 余名研发人员组成的材料与电气研发团队，取得了超过 20 项的实用新型与发明专利；建有交直流电压检测室、局放测试屏蔽房、电子式电压传感器实验室、粉体分析检测实验室、滤波器分析检测实验室等。
主营产品：高压螺栓型陶瓷电容。

东莞市达孚电子有限公司

地址：广东省河源市东源县仙塘镇蝴蝶岭工业区广东达孚电子有限公司
电话：0769-23287709
电邮：2851508203@qq.com
网址：www.dgrunjin.com
单位介绍：东莞市达孚电子有限公司成立于 2010 年，主要生产和销售压敏电阻器、安规 Y1、Y2 电容器、瓷片电容器、贴片 Y 电容、热敏电阻器、X2 电容器、金属膜电容器等，从配料、瓷粉、焙烧、电，到成型、装配，直至成品，是国内为数不多有完整产业链的企业之一，确保了全程质量控制、成本管控、交期服务，大大提高了公司市场竞争力。2016 年，为满足市场需求，公司在河源市东源县投资 5800 余万元成立广东达孚电子有限公司，占地面积 40000 余平方米，厂房面积 40000 余平方米，员工 500 余人。公司拥有造粒塔、压片机、U 型程控烧结炉、全自动八合一、视觉自动分选机、RoHs 环保检测仪等各大生产设备；高科技全自动生产线 30 余条，高精密检测仪器 70 余套，年产量高达 50 亿只。
主营产品：安规 Y 电容、高压瓷片电容、压敏电阻、X2 安规电容、涤纶电容、NTC 热敏电阻、CBB 电容、土黄色电容及独石电容。

东莞市智中电子有限公司

地址：广东省东莞市虎门镇怀德社区远丰振中工业区 A07 厂房
电话：0769-85705303
电邮：jec@jecdg.com
网址：www.jecdg.com
单位介绍：东莞市智中电子有限公司于 2008 年正式成立于广东省东莞市虎门镇，是一家集陶瓷电容器、薄膜电容器和铝质电解电容器等研发、生产和销售于一体的专业化企业。公司现有员工 200 多人，专业技术人员 30 多人，先进制造设备 100 多套。公司主要生产销售全系列中、高压陶瓷电容器（AC 安规 Y1 电容器、Y2 电容器、多层独石电容器等），金属薄膜盒式电容器（X2 滤波抗干扰型、X2 阻容降压型、MPP82 调低频滤波型、MPP92 谐振与吸收型等），中、高压电解电容器及闪光灯专用电解电容器（Photo-Flash）。陶瓷电容器年生产能力达 6 亿只，金属薄膜电容器年生产能力达 2 亿只，铝电解电容器年生产能力达 2 亿只，在细分行业中遥遥领先。
主营产品：陶瓷电容器、电解质电容器及金属膜电容器。

佛山市旭世新能源科技有限公司

地址：广东省佛山市顺德区杏坛镇二环路 8 号顺德智富园 14 栋 702
电话：0757-29377114
电邮：cye@cyegd.com
网址：www.xsne8.com
单位介绍：佛山市旭世新能源科技有限公司致力于中、高端金属化聚丙烯薄膜电容器和 RC 滤波组件的研发、生产、销售与服务。产品广泛应用于通用变频器、矿山变频器、光伏逆变器、太阳能发电机车电容器、动力车电容器、液压冲床、数控往复式潜油电泵、退磁机、大功率开关电源、电阻焊机、感应加热设备、淬火炉、工业微波设备、数控机床、电磁继电器交流接触器、高压空心砖机、半导体照明灯具、空气净化器空气能热泵、鼓风机、电动阀门、雕刻机、挡车臂、电动工具、搅拌机、破碎机、电磁炉、微波设备等数百个领域。
主营产品：高频谐振电容器（CRA）。

汕头保税区松田电子科技有限公司

地址：广东省汕头市保税区松田科技园东区、西区
电话：0754-88947208
电邮：hz@songtian.cn
网址：www.songtian.cn
单位介绍：汕头保税区松田电子科技有限公司成立于2012年，是专业研发制造陶瓷电容器和薄膜电容器、压敏电阻器、热敏电阻器等电子元器件的民营科技企业，是国家级高新技术企业，国家知识产权优势企业，广东省民营科技企业，中国电子元件百强企业，中国电子元件行业协会常务理事单位，公司注册商标被评为"广东省著名商标"。从传统型加工制造企业，通过创新驱动，转型为研发、制造为一体科技型企业。拥有一批高素质专业技术人才，与华南理工大学、江苏大学建立产学研基地。拥有广东省阻容元件工程技术研究中心、汕头市阻容元件工程技术研究开发中心、市级企业技术中心和安规电容器、压敏电阻器2个美国UL认可实验室，公司建立了完善的管理体系，先后通过ISO 9001质量管理体系认证、IATF1 6949汽车行业质量管理体系、ISO 14001环境管理体系认证、ISO 45001职业健康安全管理体系认证、GB/T 29490知识产权管理体系。产品通过中国CQC、美国UL、德国VDE、欧盟ENEC、韩国KTL等认证。
主营产品：陶瓷电容器、薄膜电容器、热敏电阻及压敏电阻器。

无锡市五洋陶瓷有限公司

地址：江苏省无锡市东北塘镇石新路西大马巷村
电话：0510-85759708
电邮：sales@wu-yang.cn
网址：www.wu-yang.cn
单位介绍：无锡市五洋陶瓷有限公司原为专业生产陶瓷产品的国营中型企业，生产高功率陶瓷电容器已有40多年的历史。拥有一支经验丰富、技术熟练的专业团队。产品远销欧美、东南亚和全国各地，深受国内外客户好评。公司开发研制的水冷式高功率陶瓷电容器为国内先创，荣获"江苏省优良新产品金奖"。公司的关键设备如制料设备、烧成设备及测试仪器、仪表等大多为进口，从而确保原料超细粉碎、瓷体致密微晶化，产品品质佳——耐高压、耐高频、大功率。公司生产的高功率陶瓷电容器和釉膜电阻主要用于高频焊管、高频淬火、高频电炉、高频干燥、塑料热合机及无线电通信等设备，同时还可为客户定制各种高频、高压、大功率陶瓷电容器和釉膜电阻。
主营产品：高功率陶瓷电容器。

无锡市杰美特科技有限公司

地址：江苏省无锡市锡山区鹅湖镇张马桥路77号
电话：0510-85343660
电邮：Gemte@gemte.net
网址：www.gemte.net
单位介绍：无锡市杰美特科技有限公司成立于2001年，通过了ISO 9001：2015质量体系和ISO 14001：2015环境管理体系的认证。配备全套进口设备，拥有先进的加工技术。秉承先进的管理理念、利用进口的生产设备和生产技术、为众多世界知名客户提供优质的产品和配套服务。
主营产品：陶瓷电容（MLCC）。

中国振华电子集团有限公司

地址：贵州省贵阳市白云区白金大道3388号
电话：0851-86300508
电邮：zhjt@czelec.com.cn
网址：www.czst.com.cn
单位介绍：中国振华电子集团有限公司是国内电子元器件综合配套能力强，具有专业化、规模化、系列化研发生产新型电子元器件产品的基地，建有数十条生产线，年生产各类电子元器件200亿只。高新电子产品覆盖电阻、电容、电感、半导体分立器件、机电组件、集成电路多个门类，产品广泛应用于航空航天、船舶、兵器、核工业及电子等重要领域。
主营产品：电阻器、电容器、电感器、熔断器、压电陶瓷元器件、LTCC滤波器、双工器、介质谐振器、功分器、电机驱动器、电源管理器、二极管、三极管、IGBT器件、SIC器件、变压器、真空灭弧室、继电器、接触器、开关、断路器、连接器、锂离子电池、LTCC介质材料、MLCC介质材料、陶瓷铁氧体材料、压电陶瓷材料及电子浆料等。

辽宁省轻工科学研究院有限公司

地址：辽宁省沈阳市皇姑区崇山西路3号
电话：024-86873910
电邮：kejizhiliangbu@163.com
网址：www.lnqky.com
单位介绍：辽宁省轻工科学研究院有限公司隶属辽宁控股集团，作为国有控股的科技型企业，是专业从事无机非金属新材料及新产品研发生产、试验检测、中试验证、成果推广、人才培养的综合性科研机构。公司已形成特种工业陶瓷、功能陶瓷、特种无机粉体、特种玻璃、特种陶瓷涂层、特种涂料、铸造材料、电子功能器件、绿色建材等产品谱系，广泛应用于航空航天、兵器、船舶、铸造、石油化工等领域。多年来公司先后完成新材料领域各级各类科研项目120多项，研发出的一大批关键材料和器件解决诸多国内"卡脖子"问题，部分产品实现进口替代或解决"有无"问题，在航空航天等国防装备领域发挥了关键作用，是辽宁省无机非金属新材料领域协同创新牵头单位。
主营产品：钛酸钡基电容器和氧化锌基压敏电阻。

3.5 热敏陶瓷及陶瓷加热元件企业

上海欣帕热敏陶瓷有限公司

地址：上海市嘉定区宝钱公路5888弄118号

电话：021-69168975
电邮：xinpa@shxinpa.com
网址：www.shxinpa.com
单位介绍：上海欣帕热敏陶瓷有限公司是一家专业从事正温度系数 PTC 热敏电阻元、器件研发和生产的科技型企业。产品广泛应用于新能源汽车、空调辅助加热、美容美发、小家电、热熔胶枪及水加热等多个领域。公司目前拥有标准厂房 2 万平方米，各类 PTC 元件的生产能力达 300 万片/天。拥有大型压力式喷雾造粒、自动循环烧结窑、全自动耐压冲流检测仪等专业生产、检测设备。公司设有老化实验室，拥有 PTC 阻温测试仪、高低温冷热冲击试验箱、恒温恒湿试验箱、盐雾腐蚀试验箱等一系列先进测试设备，为研发高品质 PTC 元件提供技术支持及试验场所。生产的元件性能优良、质量可靠，使制成的器件产品具有良好的安全性、耐久性。
主营产品：PTC 发热元件。

武汉海创电子股份有限公司

地址：湖北省武汉市东湖新技术开发区汽车电子产业园茅店山东路 6 号
电话：027-82731770/82718527
电邮：sales@hi-trusty.com
网址：www.hi-trusty.com
单位介绍：武汉海创电子股份有限公司主要从事石英晶体谐振器、石英晶体振荡器、石英晶体滤波器、NTC 热敏电阻器、PTC 热敏电阻器、压电陶瓷及温度和流量传感器等产品的研发、生产和营销服务，确定了"立足航天，服务国防，面向民用，铸就品牌"的发展战略。公司科技力量雄厚，生产检验设备精良，厂房净化环境较优越，拥有石英晶体谐振器、石英晶体振荡器和热敏电阻器三条国军标生产线；通过了 ISO 9001、GJB 9001B 质量管理体系及承担军品生产所需要的各种资质认证。高质量、高稳定和高可靠的高端产品成功为"神舟""嫦娥""天宫"和"北斗"等我国重点工程配套，并多次受到表彰。
主营产品：石英晶体谐振器、PTC 热敏电阻器及 NTC 热敏电阻器。

上海帕克热敏陶瓷有限公司

地址：上海市嘉定区漳浦路 99 号
电话：021-69168914
电邮：sales@shpake.com
网址：www.shpake.com
单位介绍：上海帕克热敏陶瓷有限公司创建于 2001 年，致力于 PTC 热敏元件和加热器组件的研制和生产。产品广泛应用于新能源汽车空调、家用空调、暖风机、浴霸、驱蚊器、美发器材、游泳池水加热等。公司有 7700 多平方米的标准厂房，各类加热器组件的生产能力达 300 万套/年，和松芝股份、金龙、上汽、英格索兰、斯飞乐、科泰、凯雪、夏普、日立、科勒等公司建立了良好的合作关系。公司另有 2 万平方米的元件生产基地，拥有较先进的旋转压片机、全自动回转烧结炉隧道窑、大型压力式喷雾造粒机、自动电极热喷涂设备、自动冲击电流/耐压综合测试仪等生产和检测设备，是国内 PTC 发热元件生产基地，产品大量应用于格力、美的、海尔空调及汽车空调。
主营产品：片式 PTC 发热元件。

慈溪市金友电子陶瓷有限公司

地址：浙江省慈溪市龙山镇龙镇大道 56 号
电话：0574-63617166
电邮：jinyou@jinyou.com
网址：www.jinyou.com
单位介绍：慈溪市金友电子陶瓷有限公司是专业从事 PTC 加热器的制造企业，现有 80 余台制造设备和 20 余台检测设备组成的全流程生产线，自制率达 95%，年产 PTC 波纹发热器 500 万只，PTC 热敏陶瓷片 1 亿片。公司产品主要供 PTC 暖风机出口制造商，产品覆盖北美、南美、欧盟、中东、澳洲、俄罗斯、日本、韩国等全球市场，历年以稳定的质量、完善的服务和紧密性合作，得到客户的肯定和业务上的大力支持，从而促进公司迅速发展壮大。
主营产品：PTC 热敏电阻发热片、PTC 波纹发热器及 PTC 恒温加热器。

海宁永力电子陶瓷有限公司

地址：浙江省海宁市尖山新区宝胜路 28 号
电话：0573-87681891/87681988
网址：www.hn-yongli.com
单位介绍：海宁永力电子陶瓷有限公司创立于 2002 年，是专业从事 PTC 热敏电阻元器件研究、开发、生产的国家高新技术企业。公司拥有现代化标准厂房 8 万平方米，占地面积 5 万平方米，全套的自动化生产设备，完善的专项检测仪器和检测手段，并运用现代化企业的管理模式，组建了一支专业的技术团队。公司的产品包括 PTC 热敏电阻加热元件和 PTC 热敏电阻加热组件，主要应用于空调辅助加热系统、动力电池加热系统、新能源汽车空调系统、家用电器系列、整容美发系列、按摩器系列等。
主营产品：PTC 加热元件、外包绝缘纸型 PTC 加热组件、外压铝壳型、PTC 加热组件、PTC 液体加热组件、PTC 空气加热组件及新能源汽车 PTC 加热组件。

海宁金隆电子陶瓷有限公司

地址：浙江省海宁市尖山新区永安路 39 号
电邮：ptcjinlong@163.com
网址：www.hnjlptc.com
单位介绍：海宁金隆电子陶瓷有限公司是一家以研发、生产节能 PTC 恒温发热片为主的高新技术企业。创建于 2010 年。在中国科学院上海硅酸盐研究所 PTC 专家的技术支持下，专业研发、生产 PTC 恒温发热片系列产品。凭借全套的自动化生产设备，专业的人才制造出质量过硬的产品，完善的专项检测仪器和标准化检测手段是产品质量稳定的保障。拥有完整、科学的质量管理体系，现有经营生产场地 5000 多平方米，年产各种 PTC 恒温发热片 3 亿多片，各种 PTC 发热器件等。为了满足客

3.5 热敏陶瓷及陶瓷加热元件企业

户对各种产品的不同需求,公司有一支专业的研究队伍,专业从事PTC材料的研制开发和批量生产。
主营产品:PTC元器件,汽车用PTC元件等相关PTC加热组件。

深圳安培龙科技股份有限公司

地址:广东省深圳市坪山区坑梓街道金沙社区聚园路1号安培龙智能传感器产业园
电话:0755-89691118
电邮:sales@ampron.com
网址:ampron.com
单位介绍:深圳安培龙科技股份有限公司是一家集智能传感器研发、制造、销售、服务为一体的国家级高新技术企业。经过多年的高速发展,公司以领先的智能传感器技术为核心,专业致力于为客户提供温度、压力、湿度、空气等多维感知和控制解决方案的一流智能传感器制造商。主要产品包括压力传感器、氧传感器、温度传感器、PTC热敏电阻器、NTC热敏电阻器等,产品广泛应用于汽车、智能家居、智慧医疗、物联网、消费类电子、航空航天、工业控制等领域。主要客户有比亚迪、上汽集团、美的集团、凌云股份、华为、三星、GE、海尔等诸多国内外知名企业,销售网络遍及全球几十个国家和地区。
主营产品:陶瓷电容压力传感器、温度传感器、MEMS压力传感器、玻璃微溶压力传感器、氧传感器、NTC热敏电阻和PTC热敏电阻。

上海子誉电子陶瓷有限公司

地址:上海市嘉定区南翔镇嘉前路688弄19号楼
电话:021-69172806
电邮:shzyzbs@21cn.com
网址:www.ziyudz.com
单位介绍:上海子誉电子陶瓷有限公司是一家专业从事生产开发PTC元器件的厂家,创建于2002年。经过20多年的创新,公司已拥有19项专利技术。公司拥有较雄厚的技术力量、丰富的生产管理经验及较先进的生产检测设备,具有PTC材料的二次开发能力。结合本企业独特的生产技术,确保产品的质量稳定和性能的安全可靠,满足不同客户的各类需求。年产PTC元件1亿片、器件100万件、PTC专用中温电极浆料2吨,其中70%出口欧美、日本、韩国等国家和地区。公司主要产品有恒温加热器、空调加热器、美容美发加热加湿器、马达启动及保护元件、消磁元件、液体加热器、延时元件、压缩机解冻及压缩机温度控制器等。
主营产品:恒温加热器、空调加热器、美容美发加热加湿器、马达启动及保护元件、消磁元件、液体加热器、延时元件等。

东莞市国研电热材料有限公司

地址:广东省东莞市常平镇司马工业区
电话:0769-82207178
电邮:gm@kymch.com
网址:www.kymch.com
单位介绍:东莞市国研电热材料有限公司成立于2007年,地处交通便利的广东省东莞市常平镇司马村工业区,是一家专注于金属陶瓷发热体研发,生产,销售的高新科技产业。公司占地面积15000平方米。拥有108项产品专利,其中发明型专利19项,国外专利7项。
主营产品:陶瓷发热片、陶瓷发热棒、陶瓷发热管/杯及异形发热体。

广州韦斯特新材料有限公司

地址:广东省广州市越秀区人民北路604号之二5层A10
电话:020-22196494
电邮:info@west-heating.com
网址:west-heating.cnpowder.com.cn
单位介绍:广州韦斯特新材料有限公司是一家电加热材料、电加热元件的专业提供商和电加热解决方案的服务商。公司经营较高品质电热合金材料,供应较高品质电加热元件,有较强大的电热专业背景作为支撑,提供电加热解决方案,可根据客户要求提供一体化产品。
主营产品:高温陶瓷加热元件。

深圳格睿陶瓷电热科技有限公司

地址:广东省深圳市宝安区沙井镇新和大道48号安达通大厦403
单位介绍:深圳格睿陶瓷电热科技有限公司主要生产金属陶瓷发热元件,该元件是将金属钨或者钼锰浆料印刷在陶瓷流延坯体上,经过热压叠层,然后在1600℃氢气氛保护下,共同烧结而成。该元件具有耐腐蚀、耐高温、寿命长、高效节能、温度均匀、导热性能良好、热补偿速度快等优点,而且不含铅、镉、汞、六价铬、多溴联苯、多溴二苯醚等有害物质,符合欧盟RoHS等环保要求。同时,金属陶瓷发热体是一种新型高效、环保节能的发热体,与PTC陶瓷发热体相比,具有相同加热效果情况下节约20%~30%电能的优点。产品广泛应用于焊台、电烙铁、车用氧传感器和便洁宝等电器和设备。
主营产品:陶瓷发热棒(E13295TA、TB、TC)。

深圳市绍鑫电子有限公司

地址:广东省深圳市宝安区石岩街道石龙社区创业路18号A栋2层
电话:0755-83239643
电邮:178@szshaoxin.com
网址:www.szshaoxin.com
单位介绍:深圳市绍鑫电子有限公司成立于2007年,专注于过压过流保护元件的研发、生产及销售。并力所能及地为相关防雷单位提供产品及方案,产品包括陶瓷气体放电管、保险丝、热敏电阻、压敏电阻、瞬态抵制二极管等过流过压保护元器件。拥有自主品牌SURGING、SG。
主营产品:热敏电阻器(MF11)。

珠海惠友电子有限公司

地址:广东省珠海市金鼎镇民营科技园科技一路20号

电话：0756-3312822
电邮：william@fareqi.com
网址：www.fareqi.com
单位介绍：珠海惠友电子有限公司是一家集研发、生产、销售各类电子陶瓷加热元器件、结构陶瓷和陶瓷封装等产品的民营高新技术企业。经过 20 多年的发展，其掌握的电子陶瓷发热材料技术已处于国内领先水平。年产能 1500 万片，拥有实力强劲的工程技术团队，取得 40 余项专利成果。公司成立以来，始终视产品质量为生命，先后通过 ISO 9001 质量管理体系、德国 TUV 认证、欧盟 SGS/RoHS/REACH 等权威认证和要求，为公司走出珠海，走向世界奠定了坚实的基础。目前所开发的电子陶瓷加热材料已经广泛应用于社会生活的多个领域，包括智能电器制造、医疗器械仪器、电子通信技术、新能源汽车、加热不燃烧新型烟草、3D 打印、半导体精密加工等。
主营产品：氧化铝陶瓷发热元件。

珠海明玮科技有限公司

地址：广东省珠海市香洲区唐家湾哈工大路 1 号 1 栋 E
电话：0756-3689220
电邮：3311354297@qq.com
单位介绍：珠海明玮科技有限公司是研发、设计、生产发热元件产品及陶瓷基板、基座、PI 发热膜的专业厂家。公司一直专注于电子陶瓷以及相关陶瓷元器件的开发与制造，生产的产品涉及行业甚广。现生产的 MCH 电热陶瓷发热片、异型发热片、棒管类发热件等电热元件和陶瓷结构件，广泛应用于电子烟、美容器、空调、打印笔、暖风机、直发器、医疗设备、智能马桶盖、洗脚盆等大小家用电器中的重要发热部件。
主营产品：电子陶瓷发热元件、陶瓷发热片、MCH 陶瓷发热片、陶瓷发热元件及陶瓷发热器。

南平市弘毅电子科技有限公司

地址：福建省南平市延平区峡阳镇峡阳工业区 A 区 8 号楼
电话：0599-8576333
电邮：sales@honyheater.com
网址：www.honyheater.com
单位介绍：南平市弘毅电子科技有限公司成立于 2012 年 2 月，位于福建省南平市峡阳镇峡阳工业区，厂房总面积为 1800m²。公司主营产品为汽车氧传感器陶瓷加热芯和电烙铁发热芯以及即热式热水器（水龙头）发热管，是集生产、研发和销售于一体的专业陶瓷发热元件设计与生产企业。目前公司拥有年产能为 200 多万只陶瓷加热芯的生产线，职工近 100 人，其中技术、品管人员占比达 25%，研发及技术人员均有陶瓷发热芯行业 5 年以上工作经验。公司以"专注生产，用心服务"为核心价值，希望通过专业水平和不懈努力，为客户提供高品质、低成本的产品，打造高质量的陶瓷发热芯品牌。自成立以来，公司一直秉承以用户需求为核心，在较短时间内完成了内部管理体系建立并通过 ISO 9001 管理体系认证。与此同时，公司专注于市场的开拓进取，为超过 100 家中小企业提供设计与生产服务，优质、用心的产品与服务赢得了众多企业的信赖和好评，在福建地区逐渐树立起良好品牌形象。
主营产品：氧传感器陶瓷发热芯（采用 95% 氧化铝、特殊金属浆料）。

湖北丹瑞新材料科技有限公司

地址：湖北省武汉东湖高新技术开发区光谷大道 303 号
电话：027-62430369
电邮：danruitech@163.com
网址：www.hbdrcl.com
单位介绍：湖北丹瑞新材料科技有限公司成立于 2011 年，注册资本为 5000 万元人民币，是一家专业从事车用传感器及其系列产品研发生产与销售的高新技术企业。公司从基础材料入手，在敏感部件、电控单元、装配工艺、性能检测等方面执行了严谨的开发流程，完善各种试验方法，自主研发了多种试验设备，并形成了完整的自主知识产权。公司拥有完善的汽车行业质量管理体系，所生产的氮氧传感器产品的性能和质量均处于国内领先水平。
主营产品：氮氧传感器、氮氧传感器检测器。

东莞市浩弘特种陶瓷有限公司

地址：广东省东莞市厚街镇桥头黑山工业区
电话：13649845698
电邮：13649845698@139.com
单位介绍：公司生产各类电热陶瓷、电器陶瓷、光源陶瓷、LED 陶瓷灯头、耐热陶瓷、陶瓷接线座（发热圈连接）、红外线石英发热管、远红外线辐射电热管——黑体管、远红外陶瓷发热板、桑拿设备光波房专用远红外加热灯管、高温瑜伽房专用远红外发热管、电热膜陶瓷发热管、远红外线陶瓷发热体、单头陶瓷发热管、取暖器陶瓷发热管等。
主营产品：LED 球泡灯陶瓷外壳。

东莞市东思电子技术有限公司

地址：广东省东莞市松山湖高新区工业东路 24 号企业加速器 4 栋 302
电话：0769-21992255-835
电邮：steven@china-tps.cn
网址：www.china-tps.cn
单位介绍：东莞市东思电子技术有限公司致力于新型电子元器件和厚膜混合集成电路产品的设计开发、制造。主营产品包括汽车传感器核心元器件、LED 陶瓷散热基板、电动工具厚膜调速电路、激光打印机陶瓷加热元件、新型厚膜电子元器件等，广泛应用于汽车电子、照明、电动工具、家电等多个领域，是目前国内专业的车用传感器厚膜电路板生产厂家。公司与华南理工大学、桂林电子科技大学等高校建立了校企合作。产品拥有自主知识产权，已申请专利 20 余项。
主营产品：厚膜电路、LED 陶瓷灯丝、传感器陶瓷电阻片、不锈钢电发热管、氧化铝陶瓷加热原片、氮化铝加热陶瓷片及陶瓷湿敏电阻片等。

上海瑞热机电设备有限公司

地址：上海市闵行区虹梅南路 1755 号一幢一层 MB1007 室

电话：021-54158200
电邮：13816543640@139.com
单位介绍：上海瑞热机电设备有限公司成立于 2015 年，专注于高品质电热元件的应用，引进国际先进的电阻丝、电阻带材料、电热模块、硅碳棒和硅钼棒加热元件，服务于热处理行业、陶瓷行业、玻璃行业、新能源行业等。
主营产品：进口全系列电阻丝、电阻带、I SQUARED R 硅碳棒、硅钼棒及模块、高温度等级真空成型纤维制品。

3.6 陶瓷基板及覆铜板企业

潮州三环（集团）股份有限公司

地址：广东省潮州市凤塘三环工业城
电话：0768-6855170
电邮：info@cctc.cc
网址：www.cctc.cc
单位介绍：潮州三环（集团）股份有限公司主要从事生产多层片式陶瓷电容器、金属玻璃封装连接端子、SMD 用陶瓷封装基座、LED 用陶瓷封装基座、氮化铝、氧化铝陶瓷基板、光通信用陶瓷部件、电阻器用陶瓷基体、固定电阻器、高频绕线片式电感器瓷芯及底片、燃料电池电极片等电子元件，是具有先进技术的陶瓷产业基地。
主营产品：片式电阻用氧化铝陶瓷基板、ZTA 陶瓷基板、半导体陶瓷封装基座及氮化铝基板。

浙江德汇电子陶瓷有限公司

地址：浙江省嘉兴市南湖区亚太路 778 号
电话：0573-83388588
电邮：marketing@tceratronix.com
网址：www.tceratronix.com
单位介绍：浙江德汇电子陶瓷有限公司致力于高性能电子陶瓷金属化及其相关电子元器件的开发、生产和销售，应用于 IGBT 模块、5G 射频器件、光通信器件、高功率 LED、半导体激光器、半导体制冷器等领域。在消化吸收国际先进技术的基础上，公司自主创新，并从日本、德国等引进了配套完善、性能先进的生产设备和检测仪器。2022 年 4 月，已经建成年产 144 万片功率半导体模块用高性能陶瓷覆铜板项目。
主营产品：活性金属钎焊氮化硅陶瓷覆铜板、活性金属钎焊氮化铝陶瓷覆铜板、氧化铝陶瓷覆铜板、掺锆氧化铝陶瓷覆铜板及厚膜印刷陶瓷电路板。

福建华清电子材料科技有限公司

地址：福建省晋江市五里工业园区
电话：0595-88162685
电邮：marker@aln.net.cn
网址：www.aln.net.cn
单位介绍：福建华清电子材料科技有限公司是一家专业从事高热导率氮化铝陶瓷基板和电子陶瓷元器件研发、生产、销售于一体的高科技企业，产品主要应用于 5G 通信、LED 封装、半导体、功率模块（IGBT）、影像传感、医疗、汽车电子等高科技领域。引进清华大学新型陶瓷与精细工艺国家重点实验室国家"863"重点科研成果，通过企业多年产业化研发、量产改进、市场验证，形成了具有自主知识产权的发明专利技术，填补了行业的空白，是国内首家具备批量生产能力大规模化生产高性能氮化铝电子陶瓷基板材料的企业，产品供应给国内多个行业领域和多家大型知名电子元器件厂商，生产规模、技术优势、市场占有率在行业细分领域全面领先，已在行业内形成知名口碑。
主营产品：氮化铝陶瓷基板材料。

浙江新纳陶瓷新材有限公司

地址：浙江省东阳市横店工业大道 155 号
电话：0579-86563268
电邮：hdxinnazw@163.com
网址：www.xinna-cn.com
单位介绍：浙江新纳陶瓷新材有限公司拥有一支由国内外专家、工程师等组成的高素质专业队伍和国内外较先进的科研设备。近年承担完成多项国家、省、市科研项目，已获得 LED 半透明陶瓷灯丝支架及其加工工艺、一种氧化锆陶瓷手机后盖的制备方法及其产品、一种氧化锆陶瓷材料在制备导线轮上的应用等具有自主知识产权的多个技术发明专利，研发的高新技术产品被评为国家重点新产品，并获得了省、市级科学技术进步奖。十年磨一剑，公司以陶瓷基板、精密陶瓷、结构陶瓷、功能陶瓷系列产品为支撑，已形具有自主知识产权的"新纳"品牌。四大系列产品充分满足了市场对陶瓷材料和产品的需求，也使"新纳"的品牌覆盖与辐射能力大大增强。
主营产品：0603-3080、0805-1598、1206-874、0402-7910、0201、0402-4R 等规格片式电阻用陶瓷基板，厚膜混合集成电路用陶瓷基板，LED 用陶瓷基板，氮化铝陶瓷基板。

郑州中瓷科技有限公司

地址：河南省登封市产业聚集区玉京大道
电话：0311-83933966
电邮：marketing@sinopack.cc
网址：www.sinopack.com.cn
单位介绍：郑州中瓷科技有限公司是专业从事电子陶瓷系列产品研发、生产和销售的高新技术企业，致力于成为世界一流的电子陶瓷产品供应商，为客户提供创新、高品质、有竞争力的电子陶瓷产品。公司主要产品包括光通信器件外壳、无线功率器件外壳、红外探测器外壳、大功率激光器外壳、声表晶振类外壳、3D 光传感器模块外壳、5G 通信终端模块外壳、氮化铝陶瓷基板、陶瓷元件、集成式加热器等。氮化铝陶瓷基板、陶瓷元件、集成式加热器氧化铝陶瓷基板，以电子信息产业、电力电子、汽车电子和新能源产业等为应用领域，产品面向国内高端市场替代进口及海外市场。公司拥有高素质的研发团队、优美的厂区环境、现代化的厂房、专业的生产设备及先进的检测仪器，采用国际工艺生产氧化铝陶瓷基板，产品瓷质优良、表面粗糙度好、大片平整度好、激光加工尺寸精度高、辦分性能好，同时具有良好的导热性、较低的介电常数和介质损耗，绝缘性能高，化学稳定性好，广泛用于覆铜板、打印机、LED、汽车电子等大功率电路基板及电子元器件散热基板等领域。

主营产品：氧化铝陶瓷基板和 ZTA 陶瓷基板。

无锡海古德新技术有限公司

地址：江苏省无锡市锡山区东盛路 2129 号东部科技园 1 号楼
电话：0510-88727758
电邮：info@hy-good.com
网址：www.hy-good.com
单位介绍：无锡海古德新技术有限公司成立于 2008 年 11 月，公司的核心产品氮化铝（AlN）陶瓷基板及其元器件制造是目前国家鼓励和重点支持的朝阳产业，是国家强基工程关键领域的关键基础材料。项目源于清华大学国家 863 科技成果转化，并和清华大学化学工程联合国家重点实验室形成产、学、研一体化战略合作。历经 10 余年的发展，实投资金已超过 1.3 亿元，是目前国内技术较先进、投入较大并已形成规模化的高性能氮化铝陶瓷的生产、研发和销售企业。公司生产的氮化铝陶瓷基板及其元器件已经广泛应用于大功率集成电路模块、LED 封装、射频/微波通信、汽车电子及影像传感等领域。随着智慧通信、智能家居、智能物流、智慧交通等"互联网+"经济的快速兴起，承担数据接入和传输功能的微波毫米波射频集成电路有较大的现实需求及潜在市场。

主营产品：氮化铝陶瓷基板、氮化硅基板、半导体陶瓷静电卡盘与加热器。

厦门迈仕嘉科技有限公司

地址：福建省厦门市湖里区马垄路 17 号
电话：0592-5530093
电邮：info@mascera-tec.com
网址：www.mascera-tec.com
单位介绍：厦门迈仕嘉科技有限公司位于厦门经济特区，是一家专业从事陶瓷新材料生产和销售的高新技术企业。生产的陶瓷材料与传统的陶瓷产品在材料、生产工艺、性能和用途上完全不同，是一种性能较卓越、用途广泛、可代替金属的新型材料。公司产品以标准的和定制的陶瓷精密零件为主，包括陶瓷刀片、陶瓷基片、陶瓷研磨介质、陶瓷焊接零件、陶瓷结构件等，已经被广泛应用在电子、机械、冶金、能源、化工、纺织、医药、食品等行业。我们拥有经验丰富的工程师，引进了先进的生产加工设备，质量检测体系较完善，目前已经掌握了干压成型、等静压成型、流延成型等各种成型技术和切割、钻孔、研磨、抛光等精密加工技术，能够按照客户的要求和图纸生产出高质量的产品。

主营产品：96% 氧化铝陶瓷基片和氮化铝陶瓷基片。

中材高新氮化物陶瓷有限公司

地址：山东省淄博市高新区裕民路 128 号
电话：0533-2272810
电邮：sales2@sinomaceramic.com
网址：www.sinomaceramic.com
单位介绍：中材高新氮化物陶瓷有限公司隶属于中国建材集团，是一家国家级高新技术企业，自 1978 年开始从事氮化硅陶瓷的研究，是国内最早的氮化硅材料研发单位之一，申请授权专利 78 项，拥有包括粉体合成、材料制备以及精密加工的自主核心技术，生产和技术实力居国内领先水平，生产规模居国内首位。公司是全球第三家掌握热等静压氮化硅陶瓷球批量生产技术的企业，产品批量供应全球轴承头部企业（如 SKF, Schaeffler, NSK, NTN, JTEKT, MinebeaMitsumi 等），开发的高导热氮化硅陶瓷基板性能达到日本同类产品水平。

主营产品：氮化硅陶瓷轴承球和氮化硅基板。

福建臻璟新材料科技有限公司

地址：福建省泉州市安溪县龙门镇环城东路 1 号
电话：177-59505690
电邮：zhanww@zingin.cn
网址：www.zingin.com.cn
单位介绍：福建臻璟新材料科技有限公司是一家全国领先的第三代半导体氮化物材料供应商及热管理方案解决企业。专注于核心基础材料，掌握核心技术，具备完善的新材料开发能力，是一家集研发、生产、销售于一体的科技公司。产品广泛应用于芯片、功率模块、高端封装、射频/微波等元器件，为 5G 通信、光伏、电子电力、新能源汽车及航空航天等高端领域设备部件起到关键散热作用。

主营产品：氮化硅陶瓷基板、氮化铝陶瓷基板、高纯氮化铝粉、氮化铝造粒粉、氮化铝单晶填料粉、氮化铝单晶球形填料粉及氮化铝球形填料粉。

株洲艾森达新材料科技有限公司

地址：湖南省洲市天元区湘芸路 2588 号天易科技城自主创业园一期 K2 地块 3 号厂房 101 号
电话：0951-3301558
电邮：sales@ascendus.com.cn
网址：www.ascendus.com.cn
单位介绍：株洲艾森达新材料科技有限公司产品丰富，涵盖氮化铝粉体（包含流延粉、造粒粉、填料粉）、氮化铝基板、氧化铝基板、氮化硅基板、HTCC 用氮化铝生瓷片、氧化铝生瓷片、LTCC 用生瓷片，以及各种生瓷片的配套浆料、陶瓷多层基板、陶瓷封装管壳、UVLED 支架、各类加热片、陶瓷结构件等，广泛应用于电子、通信、冶金、石油、化工、照明、体育、医疗、原子能、太阳能等领域。公司致力于成为拥有核心技术和重要影响力的高可靠电子陶瓷材料企业。研发的氮化铝粉体、高热导氮化铝基板是解决当前电子基板及电子封装领域对于热管理需求的关键材料之一。开发的粉体各项技术指标达到或优于日本同类产品水平，在填补国内高品质、高可靠性氮化铝陶瓷产品空白的同时，对提高我国电子陶瓷材料在国际市场的竞争力，推动国内相关电子行业的发展起到了重要的作用。研发的氮化铝基板，自主创新的即烧型产品工艺，具有较高的产品可靠性优势和成本优势。开发的 HTCC 产品分别以氮化铝和氧

3.6 陶瓷基板及覆铜板企业

化铝作为介质材料,可应用于微波器件封装、大规模集成电路封装、混合集成电路封装、光电器件封装、LED 芯片封装、半导体封装等多个领域。

主营产品: 氮化铝粉体、氮化铝填料粉、陶瓷基板、陶瓷生瓷片、陶瓷结构件、高温共烧陶瓷及配套导电浆料。

威海圆环先进陶瓷股份有限公司

地址: 山东省威海市临港经济技术开发区汪疃驻地 32 号
电话: 0631-5230002
电邮: weihaiyuanhuan@163.com
单位介绍: 威海圆环先进陶瓷股份有限公司创建于 2015 年,位于山东省威海市临港经济技术开发区,厂区面积超过 4000 平方米,专业从事氮化硅陶瓷基复合材料的研发、生产和销售。主要产品有氮化硅陶瓷磨珠、氮化硅陶瓷基板、精磨氮化硅轴承球及各种异型氮化硅陶瓷结构件等。公司与国内科研院所联合进行技术攻关和产学研合作研发,纳米粉体、亚微米粉体、陶瓷成型、冷等静压、热压烧结、精密陶瓷机械加工等工艺手段较齐全,实现氮化硅磨珠、氮化硅陶瓷基板等产品的工业化生产。公司拥有多项国内外发明专利和科技创新专项。
主营产品: 氮化硅陶瓷结构件。

山东厚发新材料科技有限公司

地址: 山东省济南市章丘区中国晶谷产业园
电话: 150-6414 1118
电邮: zhangniandong@sdhofa.com
网址: www.sdhofa.com
单位介绍: 山东厚发新材料科技有限公司集生产、研发、销售为一体,以无机非金属材料为主要开发方向。专业生产销售高端耐火材料、精密陶瓷结构件、陶瓷阀门管件等。在山东淄博有国家级无机非材料研究院合作检测中心,自主研发的同时,积极引进山东大学、济南大学、天津大学、武汉理工大学进行产学研用为一体的全方位合作创新,坚持人才强企的发展战略,组建创新团队,为企业产品创新保驾护航。
主营产品: 氧化铝陶瓷基板、氮化硅陶瓷基板等。

西安澳秦新材料有限公司

地址: 陕西省西安市经济技术开发区泾渭新城渭环西路
电话: 029-86937322
电邮: xcl@xaaq.com
网址: www.xaaq.com
单位介绍: 西安澳秦新材料有限公司长期致力于精细陶瓷、氮化材料与铸造材料的研发、生产及销售,已成为一家集产学研于一体,创新引领、技术先进、工艺领先的综合性高新技术企业。公司业务涉及新材料的生产研发、电力服务,其中氮化材料占世界 1/3 以上份额,长期为国内外企业提供优质的产品和服务。公司经过多年发展,在技术装备、研发能力等方面保持行业先进水平,拥有进口热等静压炉、特大型气压烧结炉等高端先进生产设备。长期与西安交通大学、西北工业大学、西安电子科技大学优秀研发团队进行产学研合作,就高转速氮化硅陶瓷球、高导热氮化硅陶瓷基板、耐高温透波陶瓷、透明陶瓷、多孔陶瓷等领域进行了产业化生产。
主营产品: 氮化合金、铸造材料及精细陶瓷。

宁夏北瓷新材料科技有限公司

地址: 宁夏贺兰工业园区暖泉洪运东路龙翔新材料孵化园西区 4 号厂房
电邮: liwenjie@northceramic.com
单位介绍: 宁夏北瓷新材料科技有限公司成立于 2021 年,位于宁夏银川市贺兰县暖泉工业园区。公司是集研发、生产、销售及技术服务于一体的新材料生产企业,主要生产氮化铝粉体、基板、结构件、HTCC 等电子级陶瓷材料。其中,一期生产占地面积 4000 平方米,投资规模达到 1.2 亿元,员工 190 余人。二期项目——电子封装陶瓷材料扩产项目,计划投资 2.8 亿元,占地 70000 余平方米。项目达成形成 430 吨/年氮化铝粉体生产线,5 万片/年高温多层共烧氮化铝陶瓷基板生产线,10 万片/年氮化硅基板生产线,80 万片/年氮化铝基板生产线和 1000 件/年氮化铝陶瓷结构件生产线规模。项目建成后将成为全国最大规模的氮化铝封装材料产业基地,可实现年产值 2.5 亿元,税金 2000 万元/年,安置就业岗位 300 人,成为电子封装陶瓷行业领军企业。
主营产品: 氮化铝粉体、基板、结构件、HTCC 及 TO 垫片等氮化铝相关产品。

江苏方达正塬电子材料科技有限公司

地址: 江苏省南京市建邺区高新区科技创新综合体 B3 幢 2 单元 6 楼 605 室
电话: 13376086417
电邮: foundarzy@163.com
网址: foundarzy.com
单位介绍: 江苏方达正塬电子材料科技有限公司是一家由南京市"紫金山英才高峰计划"入选者创建的高技术企业。主要从事"卡脖子产品"氮化硅绝缘散热基板、覆铜基板等相关产品研发、生产、销售和应用研究。产品广泛应用于算力、电动汽车、高铁、超高压电网、新能源、5G/6G 通信、人形机器人、巨型雷达、航空航天、国防军工等相关设备、先进制造及大国重器之中。
主营产品: 氮化硅(Si_3N_4)陶瓷基板。

四川六方钰成电子科技有限公司

地址: 四川省绵竹市高新区江苏工业园南通路 7 号
电话: 0838-6688801
网址: www.hexagold.net
单位介绍: 四川六方钰成电子科技有限公司致力于打造一家高科技型现代企业,立志成为电子陶瓷材料及元器件的中坚制造力量,替代进口陶瓷基板和射频/光电元器件。以高性能电子陶瓷基板及射频/光电陶瓷元器件起步,逐渐向前端高性能陶瓷粉料和后端多层陶瓷电路发展,最终成为电子陶瓷领域的垂直整合型标杆企业。

主营产品：高性能电子陶瓷基板、电子陶瓷元器件及电子封装材料。

合肥圣达电子科技实业有限公司

地址：安徽省合肥市高新区香樟大道206号
电话：0551-63635272
电邮：sales@sdetec.com
网址：www.sdetec.com
单位介绍：合肥圣达电子科技实业有限公司是专注于高端封装及电子材料研制的高新技术企业，产品覆盖金属封装、陶瓷封装、封装材料等领域，并为一体化封装需求提供配套解决方案。公司现已拥有金属封装外壳、氮化铝（AlN）陶瓷材料、电子浆料等研发与生产线。产品广泛应用于光通信、激光、微波、混合集成电路、电力电子、新材料等民用行业。公司目前金属封装外壳年产量超过300万套，DBC基板（5inch×7inch）产能达到100万片/年，氮化铝陶瓷基板产能达4000平方米/年，电子浆料产能达60吨/年。
主营产品：微波器件外壳、氮化铝金属化及多层封装基板、氮化铝陶瓷基板、DBC基板等。

珠海粤科京华科技有限公司

地址：广东省珠海市金湾区南水镇化联四路30号1#厂房
电话：0756-3610961
电邮：market@gtttech.com
网址：www.gtttech.com
单位介绍：珠海粤科京华科技有限公司是一家集科研、开发、生产和营销于一体的高新技术企业，技术来源于清华大学"新型陶瓷与精细工艺"国家重点实验室的陶瓷基板流延法制备技术。产品广泛应用于通信、航空航天、汽车电子、打印机及半导体等领域。公司拥有丰富的管理运营经验、深厚的技术积累、精良的生产设备、齐全的检测手段、先进的生产工艺、可靠的品质保障、周到的售后服务。凭借强大的技术实力、优异的产品质量，珠海粤科京华科技有限公司已经成为国内外众多新能源、通信及汽车行业等公司的直接或间接供应商。
主营产品：氧化铝、氧化锆电子陶瓷基板制品、高温共烧陶瓷发热体、陶瓷金属化、氧化锆固体电解质片等。

九豪精密陶瓷股份有限公司

地址：中国台湾省桃园市平镇区平东路一段160号
电话：+886 3 4507531
网址：leatec.com/cn/
单位介绍：九豪精密陶瓷股份有限公司成立于1991年，为国内高阶芯片式氧化铝精密陶瓷基板的专业制造厂商，拥有精密陶瓷平板制程核心技术。多年来，秉持着专业技术与服务精神，公司不断地茁壮成长，陆续开发了高压电阻基板、可变电阻基板、排阳基板、芯片电阻基板、芯片排阻基板并于近年陆续开发投入LED圭装基板、Hybrid IC基板、传感器用等车用电子基板等制造生产，以"追求全员经营，质量提升；达成顾客满意，合作成长"的质量政策，持续不断地进行改善与提升。多年来，本土电阻制造等厂商的精密陶瓷基板材料来源与价格受制于日本的控制，公司的兴起为中国台湾省开启了精密陶瓷基板产业的新纪元。
主营产品：厚膜、薄膜芯片电阻及芯片排阻；LED散热基板；LED散热基板车载模块用绝缘、导热基板；RF模块。

河北中瓷电子科技股份有限公司

地址：河北省石家庄鹿泉区经济开发区昌盛大街21号
电话：0311-83933966
电邮：marketing@sinopack.cc
网址：www.sinopack.com.cn
单位介绍：河北中瓷电子科技股份有限公司是专业从事电子陶瓷系列产品研发、生产和销售的企业，致力于成为世界电子陶瓷产品供应商，为客户提供创新、高品质、有竞争力的电子陶瓷产品。产品广泛应用于光通信、无线通信、工业激光、消费电子、汽车电子等领域。公司电子陶瓷外壳类产品是高端半导体元器件中实现内部芯片与外部电路连接的重要桥梁，对半导体元器件性能具有重要作用和影响。技术优势主要体现在电子陶瓷新材料、半导体外壳仿真设计、生产工艺等方面。
主营产品：光通信器件外壳、无线功率器件外壳、红外探测器外壳、大功率激光器外壳、声表晶振类外壳、3D光传感器模块外壳、5G通信终端模块外壳、氮化铝陶瓷基板、陶瓷元件、集成式加热器等。

浙江钛迩赛新材料有限公司

地址：浙江省嘉兴市平湖市独山港镇聚福西路366号龙泉飞地
电话：0573-85256813
电邮：telcera@163.com
网址：www.telcera.cn
单位介绍：浙江钛迩赛新材料有限公司位于浙江省平湖市独山港经济开发区，东接上海金山，南濒杭州湾。公司专业从事高端陶瓷粉体、陶瓷滤波器、陶瓷封装基板、陶瓷溅射靶材的研发与制造，产品广泛应用于5G通信、军工通信、电子元件、器件封装、光电显示、新能源等领域。
主营产品：96%氧化铝陶瓷基板、99.6%氧化铝陶瓷基板、ZTA陶瓷基板、氮化铝陶瓷基板、导电陶瓷、静电吸盘等。

江西创科新材料科技有限公司

地址：江西省新余市高新开发区赛维大道2988号
电话：0790-6369188
电邮：officejxck@163.com
网址：www.jxckam.com
单位介绍：江西创科新材料科技有限公司是一家集研发、生产、销售为一体的高新科技企业，由新余前卫化工有限公司引进国内同行业先进生产、技术团队共同投资打造的创新型公司。主要生产多层共烧陶瓷基板及各种电子陶瓷元器件。采用国内先进的流延、气氛烧结等生产工艺，采用无尘车间，提高了产品的可靠性，降低了产品失效风险，提升了陶瓷基板元器件的使用性能。产品可广泛应用于光学通用器件、汽车控制电路、电

3.6 陶瓷基板及覆铜板企业

子电力器件、高频微波及电子信息等领域。
主营产品：氮化铝陶瓷基板、99.6%氧化铝陶瓷基板和氮化硅基板。

深圳陶陶科技有限公司

地址：广东省东莞市企石镇梅花坑工业路10号
电话：0769-82669256
网址：taotaotech.cn
单位介绍：深圳陶陶科技有限公司是一家专业在先进陶瓷领域深耕，集研发、制造、销售和服务于一体的国家级高新技术企业。聚焦于半导体、汽车电子、新能源、消费类电子、通信及激光器等先进陶瓷应用领域。
主营产品：陶瓷基板、电子雾化设备发热部件、高端陶瓷结构件和外观件等。

江苏博睿光电股份有限公司

地址：江苏省南京市江宁高新区醴泉路69号
电话：151 5056 6005
电邮：bright21cn@126.com
网址：bright21cn.com
单位介绍：江苏博睿光电股份有限公司专业从事新型光电材料的研究、开发和应用工作，是国内LED荧光粉领域的龙头企业，也是包括昕诺飞、欧司朗、三星等国际照明企业的荧光粉全球主要供应商之一和战略合作伙伴。近年来，公司紧跟半导体技术前沿发展，深度布局高性能稀土发光材料、界面连接材料、高导热陶瓷基板等领域，在第三代半导体封装材料领域，已形成科研开发、规模生产和专业化服务的完整体系，成为面向第三代半导体的光电材料"专家"。
主营产品：高导热陶瓷基板。

厦门海赛米克新材料科技有限公司

地址：福建省厦门市海沧区东孚街道
电话：0592-6581726
电邮：BIZ@HICEMIC.CN
网址：www.hicemic.com
单位介绍：厦门海赛米克新材料科技有限公司是一家集原材料研发、产品设计与制造于一体的精密特种陶瓷供应商。公司形成了以先进陶瓷材料为核心的多门类产品线，产品应用覆盖光通信与集成电路封装、新能源与储能配套、特种机械部件、智能家居卫浴等多个领域。
主营产品：陶瓷封装外壳、陶瓷基板（Al_2O_3，AlN，Si_3N_4）、陶瓷加热器、高端陶瓷结构件与氧化铝造粒粉。

保定中创燕园半导体科技有限公司

地址：河北省保定市国家高新区惠阳街369号中关村创新基地1号楼A座
电话：0312-6776365
电邮：sales@sinoinnov.com
网址：www.sinoinnov.com
单位介绍：保定中创燕园半导体科技有限公司是从事半导体关键材料技术及应用的高科技企业。建设占地约71867平方米。现有百级、千级、万级车间，具备新型图形化衬底生产线、衬底复活生产线、高散热氮化铝陶瓷基板制备生产线，并逐步扩充产能。作为河北省科技型中小企业、河北省重点项目、保定市氮化镓关键材料体系衬底及基板工程技术研究中心，在技术和产品开拓创新的同时，培养了一支国内专业的氮化物半导体材料及装备技术团队。
主营产品：新型图形衬底及衬底复活、高散热氮化铝陶瓷基板。

宁夏时星科技有限公司

地址：宁夏银川经济开发区西区长城西路460号
电邮：ZB@shixingkj.com
网址：www.nxsxkj.cn
单位介绍：宁夏时星科技有限公司是一家拥有10多项核心专利技术和PCT专利技术，专注于高导热氮化物热管理材料的研发、生产、销售为一体的科技型企业。
主营产品：高纯氮化铝粉、结构件用氮化铝造粒粉、热界面材料用氮化铝改性导热填料粉及球形致密化填料粉、氮化铝陶瓷基板及结构件。

安徽耘墨科技有限公司

地址：安徽省宣城市广德市经济开发区广屏路11号
电话：0563-6626111
电邮：370783143@qq.com
网址：www.ahyunmo.cn
单位介绍：安徽耘墨科技有限公司致力于国内外精密电子陶瓷基板和移动电子产品无线充电行业的发展，拥有新型陶瓷材料、纳米粉体制备技术、多种先进的成型技术（挤压、干压、热压、等静压、流延、注射）及高温陶瓷窑炉烧结技术，可满足各行业所需电子功能零件、新型功能材料的生产应用，高新技术产品已扩大至手机、电子、电工、通信、机械、环保、新能源、生物等应用领域。
主营产品：氧化铝/氮化铝陶瓷基板、陶瓷部件、无线充电磁性材料、电阻用陶瓷基体等。

深圳太辰光通信股份有限公司

地址：广东省深圳市坪山区锦绣中路8号太辰光通信科技园办公楼
电话：0755-32983688
电邮：info@china-tscom.com
网址：www8.china-tscom.com
单位介绍：深圳太辰光通信股份有限公司主营业务为各种光通信器件及其集成功能模块的研发、制造和销售。其中，光通信器件主要包括实现光互联，光功率与波长的分配和耦合的各种光连接器件和光分路器件，保证光纤定位的核心精密元件插芯，实现光功率和波长分配的核心元件平面光波导晶圆和芯片，光模块及有源光缆等有源器件以及主要面向物联网等建设需求的光纤光栅传感器及光纤传感监测系统。

第3章 功能陶瓷产品种类与产业状况

主营产品：光互联基础元器件、陶瓷插芯、MT 插芯、PLC 晶圆、PLC 芯片、陶瓷基板、光收发组件及模块插芯/模块尾纤。

浙江昶科陶瓷新材料有限公司

地址：浙江省湖州市高新区东源智能产业园 37 幢
电话：189-9893 7771
电邮：wangwl@creat-cera.com
网址：www.creat-cera.com
单位介绍：浙江昶科陶瓷新材料有限公司致力于陶瓷材料及精密陶瓷零部件的研发、生产、销售，具有从粉体、成型、烧结、到精细加工、表面处理、检验检测等全道生产线。产品广泛用于半导体、光伏、电子封装、医疗、汽车电子、生活/文化/工业机械等领域。具有从材料到产品的研发能力，为客户提供优良陶瓷部件及解决方案。
主营产品：光伏陶瓷部件、半导体陶瓷部件、陶瓷封装管壳、陶瓷基板、柱塞、阀片、精密轴承等。

深圳市佳日丰泰电子科技有限公司

地址：广东省深圳市龙岗区坪地街道六联社区长山工业区 168 号 A6 栋 402
电话：0755-29304991
电邮：info@jrftdz.com
网址：www.jrftsz.com
单位介绍：深圳市佳日丰泰电子科技有限公司是一家专业致力于电子导热绝缘材料研发、生产、销售为一体的高科技企业。公司高度重视构建自身的研发体系，与西北工业大学、上海交通大学、北京清华大学深圳研究生院等知名高等院校有着多方位、多层次的科研合作关系，加强了企业新产品的研发和科技新成果的转化，不断增强了企业的核心竞争力。
主营产品：导热硅胶系列、导热陶瓷片系列及电磁屏蔽系列。

佛山华智新材料有限公司

地址：广东省佛山市南海区狮山镇华沙路 12 号南海平谦国际智慧产业园 A9 座
电话：0757-81193080
网址：www.fshzam.com
单位介绍：佛山华智新材料有限公司致力于大功率半导体器件封装材料的研发、制造和销售，是国内射频芯片封装材料和功率器件封装材料的供应商，是国内多层金属热沉供应商，产品具有高导热率，热膨胀系数可调等特点。依托先进的材料技术、丰富的半导体行业技术应用积累，公司可为大功率半导体件商提供专业的散热解决方案和封装解决方案。产品主要应用于无线通信基站、电视广播基站、大功率半导体激光器设备、光通信、数据中心、红外探测、夜视仪、新能源汽车、高铁、高压输电、风力发电等领域。
主营产品：氮化硅陶瓷基板。

海宁托博特种陶瓷制品有限公司

地址：浙江省海宁市袁花镇山虹路 397 号
电话：0573-87871888
电邮：nicky@torbos.com
网址：torbos.cn
单位介绍：海宁托博特种陶瓷制品有限公司是一家专注于热压氮化硅产品研发、生产、销售于一体的综合性高新技术企业，拥有国内顶尖的热压氮化硅生产线及检测设备，完善的研发、管理、销售及服务团队。公司实验室与上海氮化硅研究所及高校建立了长期稳定的研发合作关系，立足于客户实际需求，进行定制化产品的研发与生产。公司产品广泛应用于新能源汽车、汽车尾气处理、驻车加热、壁炉及生物质锅炉点火、设备及模具加热、即热式热水器、储水式热水器及其他液体加热。
主营产品：氮化硅基板、氮化硅结构件、氮化硅陶瓷点火系列、氮化硅陶瓷液体加热系列等。

凯乐士股份有限公司

地址：中国台湾省桃园市杨梅区高青路 22 巷 20 号
电话：886-3-4961188
电邮：service@kallex.com.tw
网址：www.kallex.com.tw/ch/
单位介绍：主要从事碳化矽（Si）及其他各种精密陶资产品的研发和制造。目前产品主要应用于耐磨损、耐腐蚀、耐高温、耐电浆轰击、高导热、高散热、低污染、寿命长等一种或同时数种以上各式严苛要求环境的产业领域。在化工、机械、冶炼、军工、半导体、LED、太阳能、热能管理等产业应用广泛。
主营产品：精密陶瓷、半导体应用、LED 产业（照明）及太阳能制程应用。

辽宁伊菲科技股份有限公司

地址：辽宁省东戴河新区 A 区燕山路东段 11 号
电话：0429-6330488
电邮：yifeixutao@126.com
网址：www.yifeigufen.com
单位介绍：辽宁伊菲科技股份有限公司由原绥中伊菲人工晶体科技有限公司整体转制创立而成，是高性能结构陶瓷等无机非金属材料及其制品研发和生产的高新技术企业。公司主营业务为高氮复合陶瓷、氮化铝及硅酸铝陶瓷材料的应用研究、系列产品开发和生产经营。目前自主研发并具有知识产权的高氮复合陶瓷、氮化铝及硅酸铝陶瓷系列产品主要包括浇口杯、浇口套、吸液管、除气杆、竖流管、分流盘、铝液控制杆、保温炉内衬砖，以及特殊行业所采用的耐热、耐腐蚀、耐冲刷材料等预制件，应用高氮复合陶瓷系列材料研制的铝液转运包、高压保温炉和低压保温炉、液态金属流槽、铸铝连铸轧用的前箱等高精铝铸造行业专用设备 2 大类、400 多个型号的系列产品，并广泛应用于中信戴卡股份有限公司等 70 余家国内外铝车轮生产企业。
主营产品：氧化铝陶瓷基板、铝基陶瓷基板、气氛烧结炉、GPS 卧式气氛炉及结构陶瓷。

南京锦懋电子有限公司

地址：江苏省南京市江宁区汤山宁卉路 6 号

3.6 陶瓷基板及覆铜板企业

电话：025-83815799
电邮：luxlian@126.com
网址：njyuanchu.cn.made-in-china.com
单位介绍：南京锦懋电子有限公司是从事陶瓷电路、陶瓷基片、DCB陶瓷覆铜电路、氮化铝基片、薄膜集成电路、陶瓷厚膜电路、镜面陶瓷加工、陶瓷激光打孔及陶瓷表面镀金、镀镍、镀铜、镀钛、镀钨等产品专业生产加工的私营独资企业。公司总部设在南京，产品广泛应用于电器、电子、医用、电工、军工、航空航天、道路交通、仪器仪表、汽车、通信、即热式开水机。
主营产品：DCB陶瓷覆铜板。

南京中江新材料科技有限公司

地址：江苏省南京市江宁区滨江开发区天成路19号
电话：025-87158331
电邮：chc@cn-chc.com
网址：www.nj-zj.com
单位介绍：南京中江新材料科技有限公司位于南京滨江开发区，是一家拥有自主知识产权，集研发、生产氧化铝和氮化铝覆铜陶瓷基板的企业。通过铜与陶瓷基板的高温键合和高精度蚀刻，实现智能化生产流水线，能够生产出各类型高性能陶瓷基板，是引领当代集成基板的风向标。引进国际、国内高端研发和管理人才，具备先进的智能型全自动生产线和检测设备，专注于研发、生产和检测等工艺制程。覆铜陶瓷基板经权威部门测试，产品参数指标已达到或超出同类行业产品标准。该产品具有材料新、科技新、工艺新、应用新的特点，广泛应用于功率半导体、新能源汽车、光伏风力、航空航天等领域。
主营产品：直接覆铜陶瓷基板（DCB）、直接电镀铜基板（DPC）及活性金属钎焊基板（AMB）。

六安鸿安信电子科技有限公司

地址：安徽省六安市舒城县杭埠镇舒城电子信息产业园7栋
电话：0551-63840089
网址：www.lahax.cn
单位介绍：六安鸿安信电子科技有限公司是北京元六鸿远电子科技股份有限公司的下属公司，致力于高温共烧多层陶瓷基板和陶瓷封装外壳产品的研发和生产，为客户提供微纳系统集成技术一体化解决方案，致力于打造全球领先的电子陶瓷产业基地。公司拥有完整自主知识产权的从粉体、生瓷带、基板、管壳到一体化封装的研发和制造体系，可以为用户提供从设计、加工到封装、测试验证的完整解决方案。公司技术力量雄厚，工艺设备先进，产品质量优良，产品广泛应用于单片集成电路、光电探测和光通信、微波通信模块、射频微系统、光电微系统、医疗电子和汽车电子等领域。
主营产品：高温共烧多层陶瓷基板和陶瓷封装外壳产品。

淄博市临淄银河高技术开发有限公司

地址：山东省临淄区临淄大道432号
电话：0533-7216217
电邮：yinheco@126.com
网址：www.yinheco.com.cn
单位介绍：淄博市临淄银河高技术开发有限公司位于淄博市临淄区，成立于1993年2月，是一家集电力电子材料（DBC陶瓷覆铜板）、器件（电力电子模块）、电力电子装置研究、设计、生产、销售于一体的高新技术企业。占地2万平方米，注册资本2180万元，员工125人（其中技术人员占30%以上），工艺技术、设备先进，具有强大的技术研发实力和规模化生产能力。
主营产品：DBC陶瓷覆铜板、大功率LED陶瓷覆铜散热基板、聚光太阳能光伏陶瓷覆铜散热基板、射频电路用陶瓷覆铜板；晶闸管智能控制模块、恒流恒压控制模块、除铁器模块、MTC、MTX、MTG、MDC、MDS、MDQ、SSR（固态继电器）、晶闸管移相触发控制板、恒流恒压控制板、双闭环直流调速控制板、蓄电池充放电控制板等。

山东盈和电子科技有限公司

地址：山东省嘉祥县万张工业园（省道S252西）
电话：0537-6808158
电邮：2032156294@qq.com
网址：www.yinghoo.com.cn
单位介绍：山东盈和电子科技有限公司是一家以高端大规格氧化铝陶瓷基板、石英晶体谐振器的研发、制造和销售为主的国家级高新技术企业。采用国际领先的工艺年产3000万片氧化铝陶瓷基板，产品瓷质优良，表面粗糙度小，平整度高，激光加工尺寸公差小，掰分性能好，同时具有导热性良好、介电常数和介质损耗低、绝缘性能高等特性，被广泛应用于覆铜板、打印机、汽车电子、电力电子及LED等大功率电路基板以及新能源产业等应用领域。
主营产品：SMD石英晶体谐振器、特种陶瓷基板及LED陶瓷灯丝。

富力天晟科技（武汉）有限公司

地址：湖北省武汉市江夏区光谷科技港1栋A座8004室
电话：027-88111056
电邮：market@folysky.com
网址：www.folysky.com
单位介绍：富力天晟科技（武汉）有限公司，是一家专业从事平面、三维无机非金属基电子线路研发、生产、销售为一体的高新技术企业，旗下拥有斯利通陶瓷电路板品牌。主要产品为陶瓷基电路板，如氧化铝陶瓷基、氮化铝陶瓷基、氧化锆陶瓷基、玻璃、石英等。金属层与陶瓷之间结合强度高、电学性能好，可以重复焊接，金属层厚度在$1\mu m \sim 1mm$内可调，L/S分辨率可达到$20\mu m$，可直接实现过孔连接，为客户提供定制化的解决方案。产品在研发和生产过程中已经获得多项发明专利，相关技术拥有完全自主知识产权，目前一期年产能为30000平方米。
主营产品：陶瓷基电路板。

国瓷赛创电气（铜陵）有限公司

地址：安徽省铜陵市经济技术开发区天门山北道3129号

电话：0562-2296887
网址：www.ceratron.com
单位介绍：国瓷赛创电气（铜陵）有限公司成立于 2017 年，为山东国瓷功能材料股份有限公司全资子公司，专业从事高性能陶瓷基板及热沉材料研发生产，主要产品为在陶瓷基片上进行金属化制程的陶瓷基板。产品广泛应用于功率器件及通信基板、手机应用模块基板、汽车电子基板、激光芯片封装基板、LED 封装基板等领域。
主营产品：1620 化镍金基板、3535 化镍钯金基板、3535 化银基板、5050 化银基板等。

佛山市兴虹飞电子科技有限公司

地址：广东省佛山市南海区大沥镇黄岐泌冲西南约南大街 18 号五层
电话：0757-89375906
电邮：Khf201799@163.com
网址：www.fsxhfdz.com
单位介绍：佛山市兴虹飞电子科技有限公司成立于 2015 年，注册资本 300 万元，是一家专业致力于电子导热绝缘材料研发、生产、销售的企业。公司不断创新，与时俱进，制造较高性价比的导热绝缘材料，并力争为客户提供导热绝缘问题的较佳解决方案。公司拥有专业的研发团队，以及先进的生产设备、全自动生产线，同时拥有多台数控冲床机、数控激光设备、数控成型机、模切机、压延机等设备。主要产品有：电子功能陶瓷类，包括氧化铝陶瓷、氮化铝陶瓷、碳化硅陶瓷、氧化锆陶瓷；导热硅胶类，包括导热硅胶片、导热硅胶布（矽胶布、片）、导热硅胶套管；绝缘材料，包括 PC 绝缘片、PET 绝缘片、PVC 绝缘片、绝缘纸、绝缘膜、绝缘粒等。
主营产品：氮化铝陶瓷片。

广州市铠虹飞电子有限公司

地址：广东省广州市白云区金沙洲工业区/广州市白云区平乐十一巷 3 号 A 铺
电话：020-89375906
单位介绍：广州市铠虹飞电子有限公司主要生产加工 92%、96%、99%氧化铝陶瓷片及氮化铝陶瓷基板、碳化硅陶瓷片、氧化锆陶瓷片、陶瓷承烧板，从事陶瓷片加工、切割、打孔、划线等专业激光加工生产。
主营产品：氧化铝陶瓷基板、陶瓷散热片、氮化铝陶瓷基板、碳化硅陶瓷基板、激光加工定制、绝缘陶瓷片、氧化锆陶瓷板、覆铜陶瓷片、电子陶瓷、陶瓷承烧板及耐磨陶瓷片。

广州市北龙电子有限公司

地址：广东省广州市白云区松洲街螺涌北路大塘街 2 号 408
电话：020-31015593
电邮：gzlong88@126.com
网址：www.gzlong88.com
单位介绍：广州市北龙电子有限公司成立于 2010 年，是一家专业生产加工电子、电器配件的企业。经过不懈努力和不断创造，现已成立了 3 个事业部：导热材料事业部、绝缘材料事业部、电子五金事业部。导热材料事业部主要生产矽胶布、硅胶布、各种规格矽胶片、硅胶片、高导热硅胶片、导热软矽胶 LED 导热硅胶片、LED 四方硅胶套、矽胶散热管、硅胶帽套硅胶端子套、硅胶平面板、硅胶热缩管、导热硅脂、散热膏氧化铝陶瓷片、导热陶瓷片、陶瓷制冷片及导热石墨片。绝缘材料事业部主要生产绝缘粒、云母片、云母板、红钢纸、红介子垫片、麦拉片、PC 绝缘片、电源线扣、聚酰亚胺薄膜及金手指。电子五金事业部主要生产电子散热器、铝型材散热片散热器针、镀锡铜包钢线、加工线路板跳线、康铜丝电阻及康铜跳线。
主营产品：氧化铝陶瓷片。

广州市日春电子有限公司

地址：广东省广州市黄埔区黄埔东路 5 号
电话：020-22197929
电邮：gzrichone@163.com
网址：www.gzrichone.com
单位介绍：广州市日春电子有限公司是一家致力于导热绝缘材料研发、生产与销售的高科技公司。公司拥有多年专业制造研发经验，产品品种规格齐全，广泛用于汽车、通信、照明、太阳能、航空、电力、电工、化工行业。已成功向 Comba、Honda、曼秀雷敦、光宝、华为、台达等企业提供导热、绝缘解决方案，并与中山大学、暨南大学、华南理工大学、哈尔滨工业大学、南昌大学等有技术合作。公司可提供以下产品与服务：供应导热绝缘硅胶片、导热绝缘矽胶布、导热硅胶布、导热矽胶布、软矽胶垫、导热矽胶垫、导热硅胶片、导热矽胶片、云母片、导热软矽胶、耐高温绝缘粒、导热矽胶帽套、导热绝缘套、导热硅胶管、螺丝绝缘套、麦拉片、LED 导热硅胶片、导热绝缘片、散热硅胶垫、散热硅胶片、导热陶瓷片、氧化铝陶瓷片、氧化铝陶瓷基片、散热陶瓷片、碳化硅陶瓷片、先锋矽胶片、六相矽胶片等产品。
主营产品：氧化铝陶瓷片。

深圳市金瑞欣特种电路技术有限公司

地址：广东省深圳市宝安区沙井街道共和村大兴 2 路 4 号鑫宝业工业园 A5 栋
电话：0755-29075095
网址：www.jinruixinpcb.com
单位介绍：深圳市金瑞欣特种电路技术有限公司是国内一家专业的中小批量及样板的 PCB 线路板打样加工企业。公司致力于 2~30 层高精密、特种线路板研发、PCB 打样、电路板打样线路板打样，是专门为国内外高科技企业及科研单位服务的电路板厂家。主营陶瓷板、高频板、厚铜板、多层板等 PCB 板氧化铝陶瓷板、金属基板、高 TG 厚铜板、高层背板、热电分离铜基板、铝基板、软硬结合板、HDI 盲埋孔板等多种产品。产品覆盖通信、电源、医疗设备、工业控制、汽车电子智能装备、无人机、安防电子、大功率 LED 照明及显示屏等领域，并远销欧美等市场。公司月产能达到 12000 多平方米，品种可达 5000 多种。样品 FR4 双面板可在 24 小时内完成交货，4~8 层板可在 2~5 天内完成交货；陶瓷电路板打样可在 10~12 天内完成交

3.6 陶瓷基板及覆铜板企业

货,批量则需 15 天左右;高频板和厚铜板等交期不同,可满足不同客户对各类产品的需求。
主营产品:陶瓷基板。

深圳嘉龙微电子有限公司

地址:广东省深圳市龙城街道龙岗区宝龙工业区诚信路 2 号
电话:0755-89814655
电邮:sales@smartek.cn
网址:www.smartek.cn
单位介绍:深圳嘉龙微电子有限公司是一家研发和生产氮化铝与氧化铝陶瓷薄膜/厚膜电路的高新技术企业。自 2002 年成立以来,公司专注于导热管理、电磁兼容与屏蔽,解决智能电子设备在复杂且恶劣的电磁干扰环境和发热运行环境下的可靠性问题,为客户提供环境评估失效性能、个性化应对措施和全面解决方案。公司专业提供氮化铝、氧化铝陶瓷基板单面及双面电路的设计和加工的全方位服务。公司致力于提高电子设备可靠性的整体解决方案,多年来积累了丰富的设计制造经验。客户主要集中在 LED 照明、通信设备、航空航天、医疗、电子、机械制造、轨道交通、新能源等行业。生产销售的主要产品包括氮化铝陶瓷与氧化铝陶瓷、石墨烯、电磁屏蔽材料、导电橡胶、ESD 和电源滤波器等。经营品牌有 PROTEK、PemTech、PI、OMRON&AOS。
主营产品:氮化铝陶瓷片。

深圳市佳日丰电子材料有限公司

地址:广东省深圳市龙华区大浪街道同胜区赢合产业园 2 栋 3 楼
电话:0755-29304991
电邮:info@jrftdz.com
网址:www.jrfcl.com
单位介绍:深圳市佳日丰电子材料有限公司成立于 2010 年,是佳日丰泰集团(香港)有限公司旗下的子公司,是一家专业致力于电子导热绝缘材料研发、生产、销售的高科技企业。公司主营四大系列产品:①导热硅胶系列,包括(高)导热硅胶片、(高)导热矽胶布(片)、导热灌封胶、RTV 单组分硅胶、导热硅脂、导热泥、硅(矽)胶管、TO-220、TO-3P 绝缘帽套、导热双面胶;②导热陶瓷片系列,包括氧化铝陶瓷片(常规 TO-220、TO-3P、TO-247 陶瓷片、异型)、氧化铝陶瓷管、氧化铝陶瓷结构异型件、碳化硅陶瓷(常规/异型)、氮化铝陶瓷片(常规/异型)。陶瓷产品都可接受来图加工定做;③电磁屏蔽系列,包括 NFC 铁氧体片、吸波材料可定做加工;④美国贝格斯全系导热材料,导热硅胶垫片及矽胶布 K4、K6、K10 和相变材料等,产品长期销往欧美、东南亚等多个国家和地区,已通过 ISO 9001 质量标准体系认证。
主营产品:氧化铝导热陶瓷片、氮化铝陶瓷片、碳化硅陶瓷片等。

珠海汉瓷精密科技有限公司

地址:广东省珠海市斗门区建泰工业园南区 4 栋 3 楼
电话:0756-5168080
电邮:sales@hancipt.com
网址:www.hancipt.com
单位介绍:珠海汉瓷精密科技有限公司是专门从事 DPC 工艺陶瓷基板研发与生产的公司。公司拥有先进的进口设备,在陶瓷打孔及切割、陶瓷金属化、陶瓷加厚铜电镀及通孔填孔、微细线路制作等制程都具备与国际技术接轨的能力,全流程生产,能够及时有效地满足客户对不同产品的需求。专注于陶瓷基板在 LED、半导体、汽车电子、微波通信、功率模块、化工纺织等领域的应用,已经成功推出 DPC 陶瓷支架、COB 陶瓷基板、金属化陶瓷基板、陶瓷电路、铝覆陶瓷板等,良好的产品性能及优惠的价格推动了国内陶瓷应用市场的发展进步。
主营产品:氧化铝陶瓷电路板、氮化铝陶瓷电路板及陶瓷覆铜板。

珠海市佳一陶瓷有限公司

地址:广东省珠海市唐家镇丁姆路 102 号
电话:0756-3388035
网址:www.zhjiae.com
单位介绍:珠海市佳一陶瓷有限公司是一家生产和销售陶瓷配件的专业厂家,生产和销售陶瓷绝缘片、散热陶瓷、陶瓷垫片、导热陶瓷、单层及多层陶瓷电路板、氮化铝陶瓷基板、陶瓷臭氧片、陶瓷散热绝缘片、陶瓷球、96%氧化铝基板、激光打印机陶瓷加热片、各种规格高温陶瓷管、各种规格陶瓷片、40 层以内共烧陶瓷电路板、刚性线路板、陶瓷线路板、大功率模块、各种陶瓷配件、高温陶瓷材料、碳化硅球、氧化锆球、氮化硅球、氧化铝球、打印机加热器、陶瓷绝缘纸等产品。
主营产品:陶瓷线路板/陶瓷基电路板。

丸和(上海)贸易有限公司(日企)

地址:上海市普陀区经发江路 1628 弄 1 号 701
电邮:mason.cai@maruwa.com.cn
单位介绍:丸和(上海)贸易有限公司是一家电子陶瓷材料及相关电子元件的生产厂家。主要产品有:陶瓷电容、EMI 滤波器、压敏电阻、VCO、氧化铝基板、氮化铝基板、LTCC/HTCC 基板、微波介质、陶瓷阀件、铁氧体、石英制品等。
主营产品:氮化铝基板及氮化硅基板。

上海维安电子股份有限公司

地址:上海市浦东新区施湾七路 1001 号
电话:021-50310888
电邮:market@way-on.com
网址:www.way-on.cn
单位介绍:上海维安电子股份有限公司是一家专注于电路保护与功率控制解决方案的提供商,主要从事电路保护元器件、功率半导体分立器件与模拟集成电路的设计、制造及销售。公司于 1996 年由上海材料研究所创建,20 多年来始终致力于成为电路保护与功率控制领域的全球领先品牌,持续推出新产品和新方案,为消费类电子、工业与物联网、汽车、新能源、网络通信等领域提供产品及服务，使全球客户的产品更安全、可靠、高效。

主营产品：超结 MOSFET、IGBT Modules、碳化硅肖特基二极管等。

浙江正天新材料科技有限公司

地址：浙江省温州市瓯北工业区
电话：0577-67000303
电邮：delong.lin@cnzhengtian.com
网址：www.cnzhengtian.com
单位介绍：浙江正天新材料科技有限公司主要业务是氮化铝（AlN）、氮化硅（Si_3N_4）陶瓷基板及制品的研发、生产、销售及行业服务，产品具体包括氮化铝陶瓷、氮化铝基板、氮化硅陶瓷、氮化硅基板及氧化铝陶瓷基片等，主要用于电机动力系统中电子元件上功率模块内的覆铜陶瓷基板，其产品的热导率高、弯曲强度高，使电力电子模块的寿命延长十倍之多。拥有多条大型流延生产线，从流延、裁切、冲孔、静压、热切至烧结成型，是国内拥有完整加工链的公司。产品广泛应用于电子、机械、照明、汽车和航空航天领域，具有高硬度、高绝缘性、高热导、高光洁度、耐酸碱腐蚀、耐高温等综合性能。
主营产品：氮化硅陶瓷基板、氮化铝陶瓷基板、陶瓷激光切割片及氮化铝/氮化硅异形件。

宜兴市伟忠陶瓷有限公司

地址：江苏省宜兴市丁蜀川埠村988号
电话：0510-87480198
电邮：wztc@yxwztc.com
网址：www.yxwztc.com
单位介绍：宜兴市伟忠陶瓷有限公司坐落于宜兴市，成立于2004年9月，主要生产氧化铝特种陶瓷系列产品。目前具有较大的陶瓷基板生产能力，生产工艺是本地区的流延工艺，产品具有尺寸规范、厚薄一致、表面光滑、抗电压、绝缘、抗折、抗弯等特点。广泛应用于电子、厚膜、聚焦电位器、制冷等行业，兼营各种氧化铝陶瓷杂件。有干压、热压、浇注等成型工艺，可用于管道耐磨瓷块、造纸厂、矿山机械、型煤机械等行业。公司具有精干的技术力量和高素质的职工队伍，并采用现代化的管理制度。公司宗旨为以诚信谋发展，以质量求生存，务实求精，开拓创新，实施多元化经营。
主营产品：陶瓷基片、电子陶瓷、绝缘陶瓷、导热片、99%氧化铝瓷陶瓷、电器陶瓷等。

莱鼎电子材料科技有限公司

地址：江苏省如皋市城南街道海阳南路6号
电话：400-632-0513
电邮：wrh@ldaln.com
网址：www.ldaln.com
单位介绍：莱鼎电子材料科技有限公司成立于2012年，以先进陶瓷技术为基础，专业从事高导热氮化铝陶瓷基板、陶瓷金属化产品和各种电子陶瓷元器件，以及氧传感器的生产与研发。主导产品覆盖功率半导体模块、汽车电子、太阳能和风能、大功率 LED 等应用领域。
主营产品：高导热氮化铝陶瓷基板、陶瓷金属化产品和各种电子陶瓷元器件以及氧传感器等。

西安林会电子科技有限公司

地址：陕西省西安市西京3号
电话：029-88827174
网址：www.linhuidianzi.cn
单位介绍：西安林会电子科技有限公司成立于2015年，是一家研发、设计、生产、销售电子陶瓷优质供应商。陶瓷片材最薄可做到0.04mm，最厚3.0mm。陶瓷基片采用流延法生产，配备有进口激光切割机和精雕机等设备，激光机可在陶瓷片上实现划线打孔等复杂图案切割。可提供异型件，如球、棒、管、套、板、块、条、片形状陶瓷零件。广泛应用于航空、航天、核能、机械、纺织、化工、电子电路、逆变器、食品、医疗等各行各业。片阻产品主要用于厚膜集成电路、油位传感器、玻璃釉高压电阻、臭氧片、陶瓷加热片、DC/DC 模块、功率模块、驱动模块滤波器、5G 通信、LED 封装、半导体、飞机、汽车、导弹、功率模块（IGBT）等产品领域。
主营产品：氧化铍（BeO）、氧化铝（Al_2O_3）、氮化铝（AlN）、氧化锆（ZrO_2）等。

沧州市华顺电子材料有限公司

地址：河北省沧县兴济镇南桃杏
电话：0317-4861699
单位介绍：沧州市华顺电子材料有限公司成立于2008年，是一家专业开发陶瓷金属化相关技术和生产陶瓷覆铜板等复合材料的科技型企业，集技术开发、生产、销售服务于一体、为客户提供优质服务。公司拥有的电路板（金属板）车间、焊接组装车间、机械加工车间、注塑车间、压铸车间，总投资1500万元。
主营产品：陶瓷覆铜板（DBC）、LED 陶瓷电路板、高反射率 LED 金属基封装基板、金属网（框）蚀刻、金属薄板蚀刻加工、陶瓷-金属焊接等。

淄博尚迪特种陶瓷有限公司

地址：山东省淄博市博山区山头街道陶琉工业园
电邮：13869354581@163.com
网址：www.zbsdtc.com
单位介绍：淄博尚迪特种陶瓷有限公司利用先进工艺生产的96%氧化铝陶瓷片、陶瓷板，具有耐高温、绝缘性能高、介电常数和介质损耗低、热导率大、电性能、化学性能稳定、表面光洁、厚度一致、尺寸精确等特点，性能指标全部达到 GB/T 14619—2013 的要求。各种规格的氧化铝陶瓷片在电子电器、能源化工、航空航天、粉末冶金、防腐耐磨、电力设备、臭氧发生器、绝缘导热、半导体制冷器件、太阳能光伏发电、电动汽车及充电桩、LED 照明、MIM 承烧板、真空烧结高绝缘、高耐磨等方面有着广泛的用途。不同尺寸的单片、联片、多联片及不同形状的单孔多孔陶瓷片、陶瓷板可根据客户要求生产制造。

主营产品：氧化铝陶瓷基片；TP220、TP264 陶瓷散热片；光伏绝缘陶瓷板。

苏州珂玛材料科技股份有限公司

地址：江苏省苏州市新区漓江路 58 号 6 厂房
电话：0512-68089231
电邮：kematek@kematek.com
网址：www.kematek.com
单位介绍：苏州珂玛材料科技股份有限公司创办于 2009 年，是拥有自主知识产权，从高精密陶瓷部件设计制造到清洗维护的综合性解决方案提供商，氧化物、氮化物、碳化物陶瓷等产品与服务被广泛应用于 LCD、精密仪器、新能源、环境、机械制造以及化学化工等相关领域。公司创始人、董事长刘先兵博士毕业于美国康涅狄格州州立大学，在先进陶瓷领域有近 20 年的研发经验，所开发的产品被广泛应用于各厂商的生产与设备中，并取得了客户的认可。
主营产品：氮化铝基片、半导体陶瓷加热器及静电吸盘。

福建闽航电子有限公司

地址：福建省南平市长沙高新技术开发区
电话：0599-8609304
电邮：18960668996@126.com
网址：www.minhang.com.cn
单位介绍：福建闽航电子有限公司是我国专业研制和生产集成电路陶瓷封装外壳的重点企业，是大规模集成电路高密度封装的国家重点工业性试验基地，已有 30 多年的历史，是我国陶瓷外壳生产单位装备比较先进、开发能力较强、产品质量较好的重点企业之一，能研制和生产 CLCC、CQFP、CPGA、CBGA、CDIP、CFP 和 MCM 等系列近百种集成电路陶瓷封装外壳。从 2000 年开始，公司共研制军用新品 45 项（48 个品种），3 个系列型谱（24 个品种），军标线拥有 3 个代表产品。这些产品广泛应用于航天、航空、航海及国家重要武器装备和各类民用电子配套产品等领域，取得了较优异的成绩，其中 4 项产品达到国内较高水平，13 项产品达到国内较高水平。
主营产品：集成电路陶瓷封装外壳。

江苏省宜兴电子器件总厂有限公司

地址：江苏省宜兴市陶都工业园创新路
电话：0510-87185763
电邮：info@jsyxdzqj.com
网址：www.jsyxdzqj.com
单位介绍：江苏省宜兴电子器件总厂有限公司创建于 1971 年，主要研制生产集成电路等陶瓷封装外壳，是信息产业部集成电路陶瓷封装外壳生产定点单位。企业位于沪、宁、杭中心区域，坐落在宜兴丁蜀镇。研制生产 CDIP 系列、CQFP 系列、CLCC 系列、CSOP 系列、CPGA 系列、CLGA 系列等外壳。产品广泛应用于集成电路（单片、混合）、固体继电器、光耦器件、微波器件、霍尔器件、电源、MEMS 等封装，保证器件在耐恶劣环境下的使用可靠性。企业研制和生产集成电路陶瓷封装外壳已有 30 多年历史，为国内用户提供了数以亿计的陶瓷封装外壳，广泛用于航空、航天、导弹、飞机、飞船等各类军事装备和各类民用电子配套产品，在用户中享有较好信誉。公司承担完成了国家多项重点科技攻关课题和新产品研制项目，取得了一定成绩并有多项成果，居国内领先地位，为我国 IC 产业的发展和国防现代化建设作出了重大贡献，多次受到国务院、中央军委以及国家部委表彰和嘉奖。
主营产品：集成电路等用陶瓷封装外壳。

中国振华集团云科电子有限公司

地址：贵州省贵阳市乌当区新添大道北段 252 号
电话：0851-86303518
电邮：yk@yuncko.cn
单位介绍：中国振华集团云科电子有限公司（简称振华云科）始创于 1994 年，隶属于中国电子信息产业集团有限公司（CEC），是国家高新技术企业、国家专精特新"小巨人"、国家知识产权优势企业、省级工程技术中心、省级工业设计中心。主要从事电子材料和元器件研发、生产、销售及其技术咨询服务，基于构建电子元器件与电子材料产业生态链的战略定位，致力于打造成为国内一流的电子元器件、电子材料专业化供应商及一体化解决方案提供商。公司产品覆盖电子陶瓷材料、电子浆料、元器件等，已广泛应用于航天、航空、电子等领域多个国家重点型号任务。公司先后获得省部级及以上科技进步奖及成果转化奖 30 余项，拥有授权专利 167 件、软件著作 19 件，参与制定国家及行业标准 26 项，2022 年营业收入首次突破 10 亿元。
主营产品：厚膜混合集成电路、微波薄膜集成元件等产品的介质基体和粉体，微电子组装领域用导电胶、插件式元器件用各类银浆等。

江苏淮瓷科技有限公司

地址：江苏省淮安市盱眙县经济开发区玉兰大道东侧（科创园二期）厂区内 5 号厂房
电话：0517-88220666
电邮：md@js-hctech.com
网址：www.heatfounder.com
单位介绍：江苏淮瓷科技有限公司主要专注于电子陶瓷/封装管壳的研发、生产、销售一体化服务，注册资金 2000 万元，投资规模为 1.5 亿元，预计年销售额达 5 亿元。产品种类包括氧化铝、氮化铝高温共烧多层陶瓷封装外壳和金属封装外壳，产品广泛应用于光电通信、无线通信、工业激光、三代半导体、汽车电子和国防等领域，是高端半导体元器件中实现内部芯片与外部电路连接的重要桥梁。
主营产品：陶瓷产品：CDIP、CSOP、CLCC、CQFN、CFP/CQFP、SOT89 外壳等。

浙江集迈科微电子有限公司

地址：浙江省湖州市长兴县经济技术开发区陈王路与太湖路交

第 3 章　功能陶瓷产品种类与产业状况

叉口长兴国家大学科技园二分部北园 8 号厂房
电话：0572-6877335
电邮：zli@zhjgmic.com
网址：www.zhjgmic.com
单位介绍：浙江集迈科微电子有限公司专注于高性能化合物射频器件工艺、高集成度三维异构射频和数字微系统工艺、高可靠封装代工服务，为新一代无线通信、基站、物联网、车联网所需的关键器件提供晶圆流片和封装解决方案，致力于成为全球领先的射频集成电路晶圆和微系统集成代工服务制造商。公司成立于 2018 年 9 月，位于浙江省湖州市长兴县国家大学科技园内，总投资额 10 亿元人民币，拥有 8000 平方米的百级/千级洁净室，团队主要由海归专家、国内科研专家和行业资深半导体人才组成。同时，公司是浙江省战略性新兴产业及高科技产业重点项目，是新一代信息技术领域国家重点发展和支持的集成电路产业化项目，是实现国家射频集成电路完整产业链自主可控的一个重要标志。
主营产品：陶瓷封装和陶瓷 SIP 组件封装。

广东康荣高科新材料股份有限公司

地址：广东佛山市南海区罗村镇朗沙工业大道
电话：0757-86430099
电邮：info1@kangrong.com
网址：www.kangrong.com
单位介绍：广东康荣高科新材料股份有限公司是一家以精密陶瓷为核心，集研发、生产、销售、服务于一体的高新技术企业。生产产品广泛应用于照明灯饰灯具、电光源、电子电器、节能环保、新能源汽车、礼品、通信、机械、冶金、石油化工、环保等国民经济建设、基础产业及国防建设等领域。产品分别获得 UL、VDE、ENEC、3C、CQC 等认证，数十个产品获得实用新型专利和外观专利，拥有多项发明专利。
主营产品：陶瓷新材料、精密陶瓷及结构件、功能陶瓷、金属化陶瓷、电光源陶瓷、电子电器陶瓷及配件；LED 封装新材料基板、5G 微波介质陶瓷粉体材料、介质陶瓷、叠层陶瓷天线等。

宜兴市光明特种瓷件有限公司

地址：江苏省宜兴市丁蜀镇赵庄社区
电话：0510-87491823
电邮：2997176776@qq.com
网址：www.yxgmcj.com
单位介绍：宜兴市光明特种瓷件有限公司成立于 1997 年，是一家以精密陶瓷为核心，集研发、生产、销售、服务于一体的技术型生产企业。公司目前生产以陶瓷新材料、精密陶瓷、功能陶瓷、工程陶瓷、金属化陶瓷、先进复合材料为主的精密陶瓷结构件。主要应用于陶瓷密封泵阀、新能源、半导体、汽车配件、锂电池配件、柴油机空气加热器、光源陶瓷基座、电子电器陶瓷。产品涉及新能源航空航天、汽车、半导体、光电、光伏、光纤通信、自动化设备精密机械、家用电器、卫浴水龙头陶瓷阀芯、石油化工、矿产以及礼品配饰等各行业领域。
主营产品：氧化铝陶瓷基板、新能源与汽车领域精密陶瓷结构件、智能家电工程陶瓷、工业装备精密陶瓷件及泛半导体精密陶瓷结构件。

江苏富乐华半导体科技股份有限公司

地址：江苏省东台市城东新区鸿达路 18 号
电话：0515-85712888
网址：www.ftpowersemi.com
单位介绍：江苏富乐华半导体科技股份有限公司，成立于 2018 年 3 月。由上海申和投资有限公司控股，是专业从事功率半导体覆铜陶瓷载板（AMB、DCB、DPC、DBA、TMF）以及载板制作供应链材料集研发、制造、销售于一体的先进制造业公司。公司充分依托 Ferrotec 集团在覆铜陶瓷载板领域耕耘近 30 年所取得的先进生产技术，为客户提供先进水平的半导体功率模块用覆铜陶瓷载板产品。载板产品可被广泛应用于对性能要求严苛的电力电子及大功率电子模块上，如电动汽车、风力发电、机车牵引系统、高压直流传动装置等，销售网络已覆盖全球近 20 个国家。
主营产品：陶瓷覆铜载板。

江苏凯讯新材料有限公司

地址：江苏省宜兴市丁蜀镇
电话：0510-87070831
电邮：caxus@caxus.cn
网址：www.caxus.cn
单位介绍：江苏凯讯新材料有限公司致力于开发高性能铝基复合散热材料，以铝合金作基体，以碳化硅、石墨、金刚石等颗粒作为增强体，采用精密高压铸造技术制备出一种高性能复合材料，它具有高导热、低膨胀，轻量化等优点，是当前电子器件首选的散热基板、封装材料，在电子通信、航空航天、智能电网、轨道交通、新能源汽车等战略性产业领域有广泛的应用。目前，铝碳化硅、铝石墨、铝金刚石材料及产品已形成规模化生产，产品的技术指标完全达到国外同类先进产品的水平。
主营产品：铝碳化硅、铝金刚石及铝石墨。

南通威斯派尔半导体技术有限公司

地址：江苏省南通高新技术产业开发区双福路 118 号
电话：0513-86328939
电邮：1334505802@qq.com
网址：www.winspowersemi.com
单位介绍：南通威斯派尔半导体技术有限公司专注于为 IGBT/SiC 功率模块提供高可靠性的散热基础材料，全力打造以 AMB 及 DBC 技术为基础的覆铜陶瓷基板产品。公司产品已达到汽车产品的供应要求，将推动电动汽车、轨道交通、智能电网、风力发电、太阳能、白色家电、航空航天、军工等产业领域的低碳可持续发展。
主营产品：覆铜陶瓷基板。

浙江东瓷科技有限公司

地址：浙江省湖州市长兴县煤山镇南太湖电子信息产业园

3.6 陶瓷基板及覆铜板企业

电话：0572-6295860
电邮：xjy@cxdzc.cn
网址：www.cxdzc.cn
单位介绍：浙江东瓷科技有限公司由浙江长兴电子厂有限公司更名而来，成立于2009年，2012年由江苏东晨控股。公司专业从事军用集成电路和半导体分立器件高端陶瓷封装外壳、金属封装外壳、老炼测试插座、高端民用光通信器件、陶瓷载板、电子材料等研发、生产和销售。公司是国内领先的专业研制和生产陶瓷封装外壳的重点企业，拥有自主可控的先进陶瓷封装外壳全流程生产线、产品设计和工艺制程关键核心技术，包括粉料和浆料配方、高精度流延技术、高温烧结技术和电镀镍金技术等，产品用于混合集成电路、光耦合器、固体继电器、稳压器、二极管、三极管、晶体管、整流器、放大器、光通信器件等，广泛应用于航空航天、航海及国家重要装备和各类民用电子配套产品等领域，具有广阔的发展前景。
主营产品：陶瓷封装外壳和陶瓷载板。

苏州山人纳米科技有限公司

地址：江苏省苏州市吴中区太湖东路9号武珞科技园1707室
电话：0512-62767754
电邮：info@shanrent.com
网址：www.shanrent.com
单位介绍：苏州山人纳米科技有限公司是一家专门从事纳米陶瓷结构件各类应用及技术解决方案的高科技公司。主要研发及销售陶瓷手机背板、陶瓷电路板、荧光透明陶瓷及实验用场辅助烧结设备等。
主营产品：陶瓷电路板、荧光透明陶瓷、电子陶瓷基板、银氯化银脑电电极、磁性材料、压电陶瓷及陶瓷手机背板。

深圳市深云基新材料科技有限公司

地址：深圳市宝安区福海街道和平社区同富裕工业区23号2层
电话：0755-23310529
电邮：SYJTech@163.comt
网址：www.syj-tech.cn
单位介绍：深圳市深云基新材料科技有限公司成立于2017年，专注于混合集成电路核心原材料的研发、生产和销售，产品包括厚膜电路浆料、低介电低损耗LTCC瓷粉、瓷带及全体系配套电子浆料等。产品体系配套完整，以低介电瓷粉、瓷带为基础，全面涵盖导电浆、过渡浆、电阻浆等十数款浆料，可满足在110GHz以内频率的稳定应用，能为客户提供系统、全面的解决方案，实现一个"工具箱"，一个厂家解决所有问题。公司全系列产品能够实现金、银体系混合使用，以及与进口材料交叉混合使用，满足客户多样性和降本增效的需求。同时，公司实践并总结了完整、细致的工艺指导，全方位服务于客户的设计和制造。
主营产品：生瓷膜和电子浆料。

上海铭奋电子科技有限公司

地址：上海市徐汇区漕溪路250号银海大楼B区909室
电话：021-5448 0018
电邮：jams_shen@fairfield.com.cn
网址：www.fairfield.com.cn
单位介绍：上海铭奋电子科技有限公司是一家以销售进口半导体封装材料为主，以提供工艺设计及解决方案、强大的技术支持为辅的高科技材料贸易公司。产品覆盖气密性封装、光通信、LED封装和照明、半导体封装、电子组装、工业工程共六大行业。典型产品有硅铝、金刚石铜、导电银浆和纳米银浆、绝缘胶、导热灌封胶、结构胶等。
主营产品：芯片胶黏剂、芯片包封胶、绑定用金线铝线、焊料、围边胶、LED灌封料、电源模块、逆变器、驱动模块等。

五矿铍业股份有限公司

地址：湖南省长沙市望城经济开发区喻家坡街道丹桂路与桃园路交叉口西南角
电话：0731-8539 2328
电邮：86829021@qq.com
网址：hng.minmetals.com.cn
单位介绍：五矿铍业股份有限公司是全球从矿石中提炼金属铍及其化合物的三家企业之一，是国内唯一的金属铍和高纯氧化铍生产企业。主要从事铍原料的资源控制，铍、锆等系列产品的冶炼、加工及相关材料的研发、制造和销售，在我国军工武器装备研制配套领域中占有重要地位，已被国家国防科技工业局列为民品配套重点保军单位，其核心铍系列产品涉及战略核武器、核反应堆、火箭、导弹、航空航天等多个核心领域。曾先后助力我国"两弹一星"成功发射，圆满完成"神舟"系列、"嫦娥"系列任务，开创了新中国铍业领域的诸多第一，为我国经济社会发展与国防科技事业作出了卓越贡献。公司具有完备的质量保证体系，通过了国家三级保密资格认定，军工质量管理体系认证，拥有武器装备科研生产许可证。
主营产品：工业氧化铍、高纯氧化铍、氧化铍陶瓷、氮化硼陶瓷、氧化铝陶瓷等。

中鸣（宁德）科技装备制造有限公司

地址：福建省宁德市霞浦县经济开发区工业北路2号
电话：0593-8832203
电邮：309209137@qq.com
单位介绍：中鸣（宁德）科技装备制造有限公司主要从事生产氧化铍陶瓷、铍铜合金，及各类集成电路高功率电子产品的加工和相关材料的研发、制造。公司有一定的理论基础及科技研发的成果，特别是对于氧化铍陶瓷的精细加工，具有独特的专业技术，其产品广泛用于航空航天、电子技术转换电路及飞机卫星系统等多个领域。优秀的员工、先进的技术、精良的设备是公司能够不断发展壮大，产品赢得广大用户依赖的根本所在。公司积极倡导以诚信为根本，以市场为导向，以科研为龙头，以创新为手段，积极开拓国内市场。
主营产品：氧化铍陶瓷。

3.7 绝缘陶瓷金属化组件企业

株洲湘火炬火花塞有限责任公司

地址：湖南省株洲市红旗北路68号
电话：0731-28450060
电邮：torchsd@cntorch.com
网址：www.torchsparkplug.com
单位介绍：株洲湘火炬火花塞有限责任公司成立于1961年，经过60多年的发展，现已成为以生产多品种、多领域的火花塞为主，同时自主研发、制造高压线、点火线圈、汽车水泵、水封、汽车发电机、汽车滤清器等产品的火花塞专业研发、生产和点火系统制造基地。先后通过了ISO 9001和IATF 16949质量体系认证、ISO 14001环境认证、福特Q1认证及上汽通用QSB认证，具有强有力的质量保证能力。"火炬"火花塞曾获国家质量银质奖，"火炬"商标连获湖南省著名商标等。目前公司为全国汽车标准化技术委员会火花塞分委会秘书处单位，拥有铱、铂金火花塞，多侧电极火花塞，V型槽中心电极火花塞，沿面跳火型火花塞，燃气火花塞，工业火花塞，点火棒等产品的自主研发、生产技术，拥有高压线、点火线圈、发电机、汽车水泵、汽车滤清器等多元化汽配产品的制造技术。
主营产品：系列氧化铝陶瓷火花塞、点火线圈、氮氧传感器等。

娄底市安地亚斯电子陶瓷有限公司

地址：湖南省娄底市涟滨街道创业一路6号
电话：0738-8630036
电邮：antaeus_sm@andidz.com
网址：www.andidz.com
单位介绍：娄底市安地亚斯电子陶瓷有限公司是一家集新能源汽车陶瓷零部件、智能传感器陶瓷、电子信息陶瓷、轨道交通、军工航天陶瓷等研发、生产、销售于一体的国家专精特新小巨人企业，也是一家拥有知识产权和发明专利的高科技企业。通过6年自主创新，公司已成为国内首家拥有新能源先进陶瓷知识产权的高新技术企业，从零开始研究的原创战略合作企业是比亚迪，现已与世界五百强企业泰科、美的等企业形成战略关系。成功开发新能源先进陶瓷，推动电子陶瓷产业向中高端迈进，是娄底市第一家年纳税突破千万元的电子陶瓷企业，年复合增长率超过50%，税收超过40万元/年，并且一直在产能高速增长和突破的状态中成长。
主营产品：新能源汽车陶瓷继电器、氧化铝电绝缘陶瓷、绝缘陶瓷器件及温控器/外壳体系列。

北京京东方真空电器有限责任公司

地址：北京市密云经济开发区汇通街15号
电话：010-61095838
电邮：sale@chinabov.com
网址：www.chinabov.com.cn
单位介绍：北京京东方真空电器有限责任公司（BOV），是由京东方科技集团和北京能源集团等共同出资，于1998年组建的专业生产真空灭弧室、真空开关的公司，也是国内一家将触头的设计与加工制造、陶瓷金属化、整管封排三项核心技术和工艺完全掌控在自己手中的公司，产品质量可以得到全过程的有效控制。公司具有特色的产品已被越来越多的用户认可，特别是在固封产品和投切容性负载方面，产品的技术优势得到了更好的发挥和应用。
主营产品：真空灭弧室和真空开关。

湖南省美程陶瓷科技有限公司

地址：湖南省新化县经济开发区特种陶瓷产业园
电话：0738-3279688
电邮：yuxz@mctckj.cn
网址：www.mctckj.cn
单位介绍：湖南省美程陶瓷科技有限公司成立于2010年8月，注册资本4343.171万元，是一家集研发、生产、销售于一体的现代化先进陶瓷制造企业，中国机械工程学会工程陶瓷专业委员会理事单位，湖南省硅酸盐学会理事单位。公司地处新化高新产业开发区特种陶瓷产业园，占地面积约15万平方米，现有员工1700余人，其中研发团队成员占比10%。公司主要从事氧化铝陶瓷、氧化锆陶瓷、滑石瓷及其他非氧化物陶瓷的研发与应用；生产以干压成型工艺为主，注射成型工艺为辅，拓展3D陶瓷打印；主导产品有继电器系列、密封圈系列、温控器系列、熔断器系列及外壳体系列。
主营产品：氧化铝陶瓷继电器系列和氧化铝温控器/外壳体系列。

陕西宝光陶瓷科技有限责任公司

地址：陕西省宝鸡市陈仓区39号信箱
电话：0917-6788805
电邮：360661722@qq.com
单位介绍：陕西宝光陶瓷科技有限责任公司成立于2005年2月1日，主要从事电真空陶瓷及金属化产品的研制、开发和经营。公司通过了ISO 9001质量管理体系认证，拥有30多年生产经验、雄厚的技术力量、完善的质量检测手段。产品工艺技术、产品质量等在行业中一直处于领先地位。
主营产品：氧化铝电真空陶瓷、氧化铝陶瓷金属化产品、无水冷中频感应加热炉炉衬、刚玉莫来石制品、各类熔断器用陶瓷管（壳）等。

佛山市南海区特陶电子电器有限公司

地址：广东省佛山市南海区桂城桂华街5号1幢3号铺之一
电话：0757-81210395
电邮：gfsxc@126.com
网址：www.fs-jh.com
单位介绍：佛山市南海区特陶电子电器有限公司位于佛山市南海区狮山镇，主要产品种类有滑石瓷、釉瓷、75% Al_2O_3 瓷、95% Al_2O_3 瓷、并可根据用户要求生产各种形式的陶瓷零件。主要产品一半以上远销东南亚、欧美等国家和地区。目前，公

3.7 绝缘陶瓷金属化组件企业

司已拓宽市场，大量生产各种规格的温控器用瓷座、渔具瓷环、保险丝用套管及各种规格的陶瓷真空管外壳等。
主营产品：96%陶瓷散热片、白色绝缘陶瓷、电器陶瓷、各类耐磨陶瓷、黑色陶瓷系列、颜色绝缘陶瓷、堇青石系列及锆瓷。

东莞迈博金瓷新材料科技有限公司

地址：广东省东莞市长安镇上沙社区创业横路21号
电话：0769-82583918
电邮：sales@maibojc.com
网址：www.maibojc.com
单位介绍：东莞迈博金瓷新材料科技有限公司生产地位于中国珠三角拥有"世界工厂"之称的广东省东莞市，是一家集研发、生产、销售、服务于一体的高科技民营企业。公司先后购入国内外精密制造设备及检测设备，如日本WASINO光学曲线研磨（PG）、日本光洋无心磨、日本冈本平面磨、北京精雕的2.5次元影像测量仪、光学测量仪、投影仪等设备。产品包括氧化锆（ZrO_2）、氧化铝（Al_2O_3）、氮化硅（Si_3N_4）、氮化铝（AlN）、碳化硅（SiC）各领域结构件及零部件。
主营产品：非标陶瓷零件、氧化锆陶瓷件、氧化铝陶瓷件及陶瓷针规。

南通彬弛陶瓷工程有限公司

地址：江苏省南通市如东县河口镇
电话：0513-8482483C
电邮：zb@ntbctc.com
网址：www.ntbctc.asean-cn.com
单位介绍：南通彬弛陶瓷工程有限公司是江苏省陶瓷零件生产的重点企业。公司创建于1976年，坐落于滨海城市南通如东。公司主要生产以氧化铝为基体的各类陶瓷元件、耐磨陶瓷、电子陶瓷、工业陶瓷、化工陶瓷等系列产品广泛用于电力、电子、钢铁、水泥、化工、矿山机械等行业。公司承接耐磨工程施工、制作、设计、技术咨询等业务，其中耐磨陶瓷管道、耐磨陶瓷衬板、橡胶陶瓷复合衬板、旋流器内衬陶瓷等产品已被国内外用户广泛使用和认可，并得到广大用户的好评和赞誉。客户的要求就是公司的追求，公司已于2002年通过ISO 9001：2000质量体系认证。
主营产品：以氧化铝为基体的各类陶瓷元件、耐磨陶瓷、电子陶瓷、工业陶瓷、化工陶瓷等系列产品。

宜兴市森益陶瓷有限公司

地址：江苏省宜兴市丁蜀镇任墅工业西区
电话：0510-87498882
电邮：18912493334@163.com
网址：www.yxsytc.net
单位介绍：宜兴市森益陶瓷有限公司位于太湖之滨，是国内专业的焊接陶瓷、电子陶瓷、工程陶瓷的生产厂家。公司以科技为先导，全面实施现代化管理，生产工艺较先进，设备较齐全，并具备产品检测手段。公司设备精良，技术力量较雄厚，所有产品采用国际标准生产。
主营产品：氩弧焊陶瓷喷嘴、保护罩、分配器，等离子切割保护罩/分配器，二氧化碳气保焊分流器及陶瓷中板。

宜兴市富泰瓷业有限公司

地址：江苏省宜兴丁蜀镇紫砂村135号
电话：0510-87491532
电邮：15651515959@139.com
网址：www.yxfutai.com
单位介绍：宜兴市富泰瓷业有限公司（又名宜兴经济开发区高频瓷厂）创建于1989年，是专业生产各类电器电子用特种陶瓷的民营企业。企业具备产品检测手段，各种机械加工设备较齐全，生产执行国家标准。主导产品为家用电器控温开关瓷件，绝缘瓷块、瓷头，电阻封装外壳，灯具用陶瓷灯头、灯座，加热器本体、加热棒、加热板及各类高强耐磨的陶瓷纺织瓷件，取暖器发热体，电蚊香瓷座，水泥电阻，陶瓷发热体，电器瓷，高频瓷。
主营产品：电热圈瓷条。介电常数低，介质损耗小，绝缘强度高，体积电阻率高，有较好的抗弯强度和稳定性。

宜兴市中润陶瓷科技有限公司

地址：江苏省宜兴市丁蜀镇洛涧工业区
电话：0510-87490978
电邮：info@zrceramics.com
网址：www.zrceramics.com
单位介绍：宜兴市中润陶瓷科技有限公司位于江苏无锡宜兴，是一家集科研、生产、经营于一体的专业工业陶瓷生产商。公司产品以氧化铝陶瓷、高频瓷（滑石瓷）、氧化锆陶瓷、堇青石陶瓷、莫来石、氧化镁陶瓷为主要原料，经过一系列人工合成及提炼处理制成粉末，通过不同成型方式（干压/热压）经由高温高压工艺烧结而成。产品具有耐高温、耐腐蚀、耐磨损、高强度、高绝缘性能。主营产品有电子电器陶瓷、电加热器陶瓷、纺织陶瓷、灯具陶瓷、电阻陶瓷、工程陶瓷、温控陶瓷、机械陶瓷、耐火陶瓷、蜂窝陶瓷及各类瓷管、瓷棒等。产品广泛应用于机械、电子电器电热、化工、纺织、航空航天等领域。公司拥有陶瓷技术研发能力，可根据客户样品和技术图纸定做各类工业陶瓷产品。公司拥有自营进出口经营权，提供代理相关产品的进出口业务。
主营产品：电子电器陶瓷、电加热器陶瓷、纺织陶瓷、灯具瓷及电阻陶瓷。

新化县荣达尔电子陶瓷有限公司

地址：湖南省娄底市新化县
电邮：454627078@qq.com
单位介绍：新化县荣达尔电子陶瓷有限公司是生产特种陶瓷的专业厂家，主要生产各种规格的水暖瓷阀芯、真空开关和熔断器管壳、美容美发用瓷、耐磨陶瓷、电子基片、光敏电阻、陶瓷球阀芯、加油机分配盘、温控瓷件、纺织瓷件和各类机械密封件及灯饰瓷等。提供黑色、咖啡色、棕色、金黄色、蓝色、灰色、粉红色三氧化二铝蜡饼及相关工艺技术服务，以及陶瓷

第3章 功能陶瓷产品种类与产业状况

加工用设备、金刚石砂轮、精磨片、抛光片等工具材料及相关加工工艺技术服务。

主营产品：水暖瓷阀芯、真空开关和熔断器管壳、美容美发用瓷、耐磨陶瓷、电子基片、光敏电阻、陶瓷球阀芯、加油机分配盘、温控瓷件、纺织瓷件和各类机械密封件及灯饰瓷。

娄底市蓉晖精密陶瓷有限公司

地址：湖南省娄底市新化县城西开发区
电话：0738-3313198
电邮：info@ronghuichina.cn
网址：www.ronghuichina.cn
单位介绍：娄底市蓉晖精密陶瓷有限公司是一家成立于1999年的港资企业，位于湖南新化县，产品远销欧洲及东南亚。公司具有独特的生产能力，两条不同的生产线：①挤压成型生产线，主要生产实心棒类型，包括各种温控器用的绝缘针（或称顶杆）、仪表、机械的轴承等；空心管类，包括各种温度保险管、套管等。②热压成型生产线，主要生产异型产品。两条线生产的产品互相配套，为客户提供配套瓷件，方便了客户对配件精度的捆扎。

主营产品：温控管、无机泡沫球、95%瓷系列、温控器用陶瓷顶杆、氧化铝电子陶瓷及各种陶瓷保险管。

新化县新型电子陶瓷有限公司

地址：湖南省娄底市新化县上梅镇园株岭
电话：0738-3311308
电邮：webnaster@xxdztc.com
网址：www.hnxxdztc.com
单位介绍：新化县新型电子陶瓷有限公司设备精良，技术力量雄厚，拥有丰富的生产管控经验和技术开发能力。主要生产氧化铝陶瓷产品和各种金属化陶瓷产品。产品具有耐高温、耐腐蚀、高强度、绝缘性能优良等特点。广泛应用于电子电器、电热电器、美容美发、机械、冶金、化工等行业。公司现有氧化铝陶瓷生产线、陶瓷精加工线、陶瓷金属化加工线、真空电子钎封线，还拥有先进的材料分析手段、机械和电气特性检测手段，以及专门的应用开发部门。

主营产品：氧化铝陶瓷件和金属化陶瓷。

湖南德亚鑫特种陶瓷科技有限公司

地址：湖南省娄底市新化县西河镇
电话：0738-3527111
网址：www.dyxtc.com
单位介绍：湖南德亚鑫特种陶瓷科技有限公司是一家专业从事特种陶瓷产品（如氧化锆陶瓷光纤插芯、保险管陶瓷、陶瓷外壳体、LED灯瓷、碳化硅散热片、氧化锆喷嘴及各类95%瓷、滑石瓷系列产品）的企业。公司成立之初就确立了品质优先、品牌制胜的经营理念，坚持精雕细琢、精益求精的高品质路线，以新颖的产品设计、严谨的工作作风，打造出了较优质产品，赢得了国内外客户的一致好评。

主营产品：氧化锆陶瓷光纤插芯、保险管陶瓷、陶瓷外壳体、LED灯瓷、碳化硅散热片、氧化锆喷嘴及各类95%瓷、滑石瓷系列产品。

新化县天辰精密电子陶瓷有限公司

地址：湖南省娄底市新化县梅苑开发区工业园内
电话：0738-3217869
网址：hntctc.cn
单位介绍：新化县天辰精密电子陶瓷有限公司生产各种电子陶瓷历史悠久，技术力量雄厚、检测手段齐全、质保体系完善、销售服务及时周到。具有年产各种电子陶瓷2亿件的生产能力。主要产品有：各种温控器用陶瓷推动杆（动作杆）、陶瓷外壳、双、单顶针、瓷环、瓷管等；各种线绕电阻器用陶瓷基体；各种保险管用陶瓷管；各种装置瓷件。并可按照客户需求生产各种管状、棒状、异型陶瓷零件。产品材质有低碱瓷、75%瓷、滑石瓷、90%～95%瓷供用户选择，性能均达到和超过GB/T 5593—2015陶瓷材料标准。

主营产品：温控器陶瓷推杆、陶瓷顶针、温控器保险管陶瓷壳、陶瓷片、陶瓷米及电子烟雾化芯系列。

新化县建平精细陶瓷有限公司

地址：湖南省娄底市新化县上梅镇滨江北路
电话：0738-3521828
单位介绍：新化县建平精细陶瓷有限公司主要生产氧化铝陶瓷，是一家集科、工、贸于一体的综合性精细陶瓷企业。产品涉及电子结构陶瓷系列、密封环系列、化学化工用瓷、宇航用瓷、机械纺织用瓷及各种颜色的陶瓷系列等诸多领域。产品销往美国、加拿大、西欧、韩国、日本、东南亚国家及国内10多个城市，形成了独具特色的陶瓷产业结构。

主营产品：绝缘陶瓷及其产品零配件、发热元件。

新化县永祥陶瓷有限公司

地址：湖南省娄底市新化县上梅镇新田村
电邮：hnyongxiangtaoci@163.com
网址：www.yongxiangtc.com
单位介绍：新化县永祥陶瓷有限公司是一家民营高科技企业，专业从事陶瓷新技术、新材料的开发、生产和营销。采用95%氧化铝陶瓷或滑石瓷生产的温控系列产品，同传统的塑胶件比是一次革命性突破，其强度、绝缘性能、耐热性能尤其是对温度的灵敏性都得到了较大的改善。产品广泛用于电子、电信、电力、纺织、机械化工、食品、医药、环保、水暖卫浴、家用厨卫、美容美发等领域。公司自成立之日起就致力于推行生产环境和社会环境保护的优化，专注于环保产品的研发生产。

主营产品：温控器氧化铝绝缘陶瓷系列。

新化县奇龙电子陶瓷有限公司

地址：湖南省娄底市新化县琅塘镇张家工业区
电邮：qilongtaoci@163.com
单位介绍：新化县奇龙电子陶瓷有限公司于2016年4月26日

3.7 绝缘陶瓷金属化组件企业

成立,经营范围包括精细陶瓷的生产、加工、销售及其新技术的开发,以及模具制造。
主营产品:氧化铝绝缘陶瓷。

湖南天之源光电科技有限公司

地址:湖南省长沙市高新开发区东方红路586号
电邮:1159998979@qq.com
网址:www.tzy666.com
单位介绍:湖南天之源光电科技有限公司是一家提供先进陶瓷金属焊接技术服务、专业设计生产先进陶瓷金属化管壳和陶瓷真空器件的公司。公司业务涵盖95%氧化铝陶瓷、陶瓷金属焊接、X管陶瓷金属焊接、陶瓷视窗焊接、陶瓷高压连接器、真空陶瓷器件焊接、真空设备陶瓷金属焊接件、陶瓷金属化管壳、陶瓷真空高压电极的生产销售。
主营产品:新能源功能陶瓷元器件和陶瓷金属焊接。

醴陵市凯欣特种陶瓷厂

地址:湖南省株洲市醴陵市王仙镇建设路52号
单位介绍:醴陵市凯欣特种陶瓷厂是一家民营高科企业,专业生产99%/95%电子结构陶瓷、工艺陶瓷、氧化锆陶瓷。产品有LED灯头、陶瓷烟嘴、开关座、U盘、笔管、绝缘子、氧化铝、氧化锆薄膜瓷基片,以及环保材料等系列产品。公司配有专职质检、质控人员对原材料进厂、生产过程、产品出厂等各环节实行全程的质量检测与控制。工厂中心化验室检测仪器设施较齐全,检测及监控方法较先进,充分保证了质量目标的落实。
主营产品:99%电子结构陶瓷、95%电子结构陶瓷、工艺陶瓷及氧化锆陶瓷。

深圳市海陶科技有限公司

地址:广东省深圳市南山区西丽街道西丽工业区第11栋3楼302
电话:0755-86238834
电邮:hardc001@126.com
网址:https://hardci.1688.com
单位介绍:深圳市海陶科技有限公司是深圳市海德精密陶瓷有限公司下属子公司,成立于2018年,是一家集开发、设计、成型、烧结、生产、销售于一体的工业精密陶瓷零件制造企业。经过十几年的发展,现在拥有国内客户近4000家,与60多所高校和研究院有业务往来。现在与海外60多个国家有业务往来,拥有国外客户近500多家,因为专业诚信,对客户忠诚,为客户着想,从而赢得客户信任和支持。公司保证产品质量,努力做好公司品牌,立足市场,服务于社会,服务于世界,期待为您提供优质的服务。
主营产品:电绝缘陶瓷产品。

深圳市硕凯电子股份有限公司

地址:广东省深圳市龙华区民清路19号和恒兴科技园C栋四楼
电话:0755-88367518
电邮:socay@socay.com
网址:www.socay.com
单位介绍:深圳市硕凯电子股份有限公司创立于2004年,总部位于深圳,在河北石家庄、广东深圳和安徽池州设立了工厂,是一家集研发、生产、销售于一体的国家级高新技术企业。公司始终坚持"以德为本,互惠共赢"的经营服务宗旨,围绕电子/电力设备、安防设备、通信设备、交通设备、汽车电子、计算机及外设、消费电子以及电源模块等产品防护需求持续创新,提供可被合作伙伴集成的电路保护器件和电路保护解决方案,帮助工程师增强产品防护等级,提升产品质量及市场口碑形象。
主营产品:电绝缘过压保护器件、过流保护器件、二极管、EMC器件及贴片电阻。

长沙豪泰陶瓷有限公司

地址:湖南省长沙市雨花区韶山南路633号
电话:0731-89852838
电邮:sales@hitechceramic.com
网址:www.hitechceramic.com
单位介绍:长沙豪泰陶瓷有限公司成立于2007年。公司自成立之日起,一直致力于新产品、新材料、新技术、新工艺的研究和开发,产品质量稳定提高。公司专业生产各种精细陶瓷,主要产品包括水龙头阀芯用的陶瓷阀片,实验室及冶炼行业用的各种氧化物坩埚,半导体行业及各种精密设备用的精密加工陶瓷部件,纺织机械用的陶瓷锭子和摩擦片,激光和焊接设备上用的陶瓷喷嘴、垫片和衬套,电子陶瓷,金属陶瓷和压电陶瓷,产品种类繁多,有标准件,也可来图定制。根据产品对材料性能的不同要求,公司可为客户提供材料解决方案,主要材料包括92%~99.5%的氧化铝、氧化锆、滑石、碳化硅、堇青石等。客户只需提出要求,便可获得一站式解决方案。
主营产品:电绝缘陶瓷。

湖南省新化县恒生电子陶瓷有限责任公司

地址:湖南省娄底市新化县上梅镇园艺村
电话:0738-3352688
电邮:chenys@hengshengdt.cn
网址:www.hengshengdt.com
单位介绍:湖南省新化县恒生电子陶瓷有限责任公司成立于1996年6月,2004年6月改制为股份公司。公司生产设备先进、技术力量雄厚,年生产各种特种陶瓷零件亿件以上。目前主要有氧化铝、氧化锆、堇青石陶瓷生产线,陶瓷金属化生产线,温控器系列生产线,干压生产线,有色瓷生产线5条生产线。主要产品有金属化放电管陶瓷、温控器系列陶瓷、其他电真空封装零部件、电子烟陶瓷、耐磨陶瓷、有色陶瓷等,可承接任何来图来样产品加工。公司致力于特种陶瓷的开发、生产和推广,产品广泛应用于电力、电子、航空航天、化工、机械、冶金、纺织等领域。
主营产品:温控器陶瓷系列、电真空器陶瓷系列、金属化陶瓷、新能源陶瓷、保险管陶瓷及热能保护器陶瓷。

醴陵市东方电子有限公司

地址：湖南省醴陵经济开发区渌江新城长庆工业区内
电话：0731-23227383
电邮：lldfdz@163.com
网址：www.lldfdz.com
单位介绍：醴陵市东方电子有限公司是生产电力器件用陶瓷管壳、模块套件、陶瓷金属化、针焊为主的电力半导体配套件生产企业。公司配备有加工中心、数控车床、卧式金属化炉针焊炉、双面研磨机等先进加工生产设备。
主营产品：陶瓷与金属针焊及金属与金属针焊、陶瓷金属化、绝缘子与金属针焊电力、模块套件、平板型凹台管壳、平板型凸台管壳、机车油泵用接线板。

新化县永标电子陶瓷科技有限公司

地址：湖南省娄底市新化县琅塘五星工业区
电邮：2298235332@qq.com
单位介绍：新化县永标电子陶瓷科技有限公司占地面积 2100 平方米，总投资 400 万元（其中环保投资 24.6 万元），年产电子陶瓷系列产品 50 吨。主要建有 3 间 1 层厂房，包括综合车间、热压成型车间、环保窑车间、烧结车间、检验包装仓库、办公综合区。主要生产工序为原料计量球磨、配制蜡饼、熔料搅拌、热压成型、装钵敷粉、排蜡、出钵清粉、烧结、研磨抛光、热水清洗、检验包装等。
主营产品：电绝缘氧化铝陶瓷、温控器壳体及线路板基。

娄底市海天特种陶瓷有限公司

地址：湖南省娄底市新化县经济开发区工业园二号
电话：0738-3521905
电邮：Service@xhttc.Com
网址：www.xhttc.comindex.html
单位介绍：娄底市海天特种陶瓷有限公司致力于 95%～99%氧化铝、氧化锆陶瓷的研制、开发和专业生产。生产的氧化铝系列电子陶瓷，被广泛地应用于电子、电信、电力、化工、机械、冶金、造纸、纺织等行业，其拳头产品放电管陶瓷及温控器瓷件已成为国内较大的供应基地。公司拥有包括高、中级陶瓷工程师等工程技术人员在内的雄厚技术力量，并拥有一大批专业从事电子陶瓷工作多年、经验丰富的技工和检验人员，生产设备和检测仪器的日臻完善，为产品质量的稳定可靠提供了坚实的基础。
主营产品：金属化陶瓷、氧化铝 95%～99%装置陶瓷、氧化锆瓷及电子烟陶瓷系列。

湖南省新化县长江电子有限责任公司

地址：湖南省娄底市新化县经济开发区向红工业园
电话：0738-3547136
电邮：cjdz@changjiangdz.com
网址：www.changjiangdz.com
单位介绍：湖南省新化县长江电子有限责任公司位于新化特种陶瓷产业园内。公司占地超过 3300 平方米，厂房面积 2 万多平方米。公司已获得国家授权的 3 项发明专利，是长沙理工大学的产学研生产基地，是国家高新技术企业，是湖南省新材料企业。产品广泛应用于航空、航天、新能源电动汽车、轨道交通、通信电子、高端电子元器件等行业。
主营产品：金属化瓷环、保险管、放电管、气阀片、新能源保险瓷壳、电子烟嘴、通信类陶瓷、高铁接轨类陶瓷。

湖南湘瓷科艺有限公司

地址：湖南省株洲市天元区珠江南路 228 号
电话：0731-22839557
电邮：xcsa@xcsa.com
网址：www.xcsa.com
单位介绍：湖南湘瓷科艺有限公司于 2000 年改制成立，前身是 1955 年成立的湖南省陶瓷研究所，是一家历史悠久，集新型陶瓷材料研发、生产、产品工艺和结构设计，以及技术服务于一体的集团化高新技术企业。旗下设有宁夏艾森达新材料科技有限公司和株洲旭森科技有限公司。主要为国内外客户提供新型陶瓷材料、器件、装备和系统解决方案。作为国家授牌的高性能工程陶瓷生产示范基地，生产的氧化铝陶瓷真空管壳、陶瓷基板、陶瓷结构件、陶瓷电子元器件、陶瓷金属化封接组件、电容器外壳等产品已输送到国内外中高端市场。产品广泛应用于电力电子、医疗、半导体、新能源、通信、石油勘探等多个领域，深受广大客户的肯定与好评。
主营产品：氧化铝真空管陶瓷及金属化、氮化铝和氮化硅陶瓷、高温共烧陶瓷（HTCC）系列、陶瓷金属封接组件等。

冷水江市汇鑫电子陶瓷有限公司

地址：湖南省冷水江市经济开发区黄埔路
电话：0738-8915399
电邮：lljfxdz@163.com
网址：www.h4272496.b2bvip.com
单位介绍：冷水江市汇鑫电子陶瓷有限公司成立于 2008 年 9 月，属于湖南高新技术企业。主要生产金属化陶瓷、高性能防爆贴片保险管、陶瓷基合金材料、新型细晶陶瓷系列产品。2010 年通过 ISO 9001：2000 质量体系认证，2011 年纳入冷水江市规模工业企业，2013 年列入湖南"创业计划"企业，2015 年列入湖南"专精特新"示范企业。公司近年获得 9 项专利，其中发明专利 2 项、实用新型专利 7 项，较好地支撑了企业快速发展。
主营产品：金属化陶瓷、功能陶瓷、陶瓷金属化、金属化保险管及金属化瓷片。

新化县顺达电子陶瓷有限公司

地址：湖南省娄底市新化县上梅街道园株岭 2 组
电话：0738-3319009
电邮：617774074@qq.com
网址：www.shunda100.com

3.7 绝缘陶瓷金属化组件企业

单位介绍：新化县顺达电子陶瓷有限公司专业生产各种电子元器件结构陶瓷。主要产品有各种型号温控器用陶瓷推动杆、陶瓷外壳、单顶针、双顶针、瓷环、瓷管、集成电路外壳、陶瓷密封环、金属化瓷管、放电管等，并可按客户要求生产各种异型陶瓷零件。产品材质有低碱瓷、75%瓷、80%瓷、90%瓷、95%瓷等，性能均达到和超过 GB/T 5593 陶瓷材料标准。公司高质量的产品在 3C 制造业、IT 电子、电器、电信、机械、石油化工、纺织等领域都得到了广泛应用。

主营产品：电绝缘陶瓷推动杆、陶瓷外壳、单顶针、双顶针、瓷环、瓷管、集成电路外壳、陶瓷密封环、金属化瓷管、放电管等。

新化县益博陶电有限公司

地址：湖南省娄底市新化县上梅镇华新区舒心园
电话：0738-6656829
电邮：davidyik@ycb-group.com
网址：www.ycb-group.com
单位介绍：新化县益博陶电有限公司是集产品研发、设计、组装、加工、销售于一体的新型高科技企业。主要经营产品范围包括金属化陶瓷、陶瓷真空管、焊接陶瓷、MCH 陶瓷发热管、陶瓷发热片、远红外陶瓷、蜂窝陶瓷、压电陶瓷发电片、叠堆压电陶瓷制动器、压电陶瓷发电机、医用陶瓷雾化片、压电瓷美容片、电光源陶瓷、高散热灯具陶瓷、氧化铝陶瓷水阀片、耐磨陶瓷、氧化锆陶瓷等。
主营产品：电绝缘陶瓷保险管、金属化陶瓷及陶瓷真空管。

新化县新辉电子瓷件厂

地址：湖南省娄底市新化县上梅镇上田村坪山垅
电话：0738-3516303
电邮：215544753@qq.com
单位介绍：新化县新辉电子瓷件厂于 2007 年 3 月 26 日成立，经营范围包括氧化铝电子陶瓷的生产、销售。
主营产品：氧化铝电绝缘陶瓷及部件。

湖南新化县五阳电子陶瓷有限公司

地址：湖南省娄底市新化县新化工业圆飞渡俱乐部内
电话：0738-3229822
电邮：234284394@qq.com
单位介绍：公司主要从事电子陶瓷研发、加工、生产、销售等业务，主要生产产品有 95%瓷、75%瓷、80%瓷、滑石瓷、高性能保险管等。生产的电子陶瓷、半导体陶瓷、氧化铝系列电子瓷件，被广泛地应用于电子、电信、电力、化工、机械、冶金、造纸、纺织等行业。公司可承接来图来样加工。所生产的电子陶瓷销往全国各地，并销往美国（UL）、英国（BS）、日本（PSE）和中国香港等国家和地区，年产值 2000 万元以上。
主营产品：电子陶瓷、半导体陶瓷及氧化铝系列电子瓷件。

新化县森威电子陶瓷有限公司

地址：湖南省娄底市新化县槎溪镇政辉村
电邮：53176570@qq.com
网址：www.swjmdz.com
单位介绍：公司主要从事各种电子元器件结构陶瓷的研发、生产，设备精良，工艺较先进，技术力量较雄厚，拥有员工 200 人。主要产品品种有 KSD 系列温控器用陶瓷、突跳式温控器用陶瓷、氧化铝电子陶瓷、温度开关陶瓷、RY 热熔断器陶瓷、RH 热熔断器陶瓷、RS 热保护器用陶瓷、过热保护器用陶瓷、温度控制器用陶瓷、温度传感器用陶瓷、温度感应开关陶瓷、电光源陶瓷、陶瓷灯杯、各种型号温控器用陶瓷动作杆陶瓷外壳、单顶针、双顶针、瓷环、瓷管、集成电路外壳、陶瓷密封环、金属化瓷管、放电管等。公司可以按客户要求生产各种异型陶瓷零件。有低碱瓷、75%瓷、95%瓷等材质供用户选择，性能均达到和超过 GB/T 5593 陶瓷材料标准。公司产品在 3C 制造业、IT 电子、电器、电信、机械、石油化工、纺织等领域都得到了广泛应用。公司所生产的电子陶瓷销往全国各地，国外客户主要有韩国、日本、俄罗斯等国家。
主营产品：75%瓷、95%瓷、滑石瓷、电子电器陶瓷、纺织陶瓷氧化铝陶瓷及各种规格瓷件

溆浦易锋精细瓷业有限责任公司

地址：湖南省怀化市溆浦县卢峰镇健康路 300 号
电邮：15629238@qq.com
单位介绍：溆浦易锋精细瓷业有限责任公司专业从事精细陶瓷精加工、特种陶瓷制造，与有关科研院所进行技术合作，主要生产放电陶瓷及金属化陶瓷灯座、温控器陶瓷和水龙头阀片等氧化铝陶瓷和滑石瓷系列产品。该系列陶瓷半成品具有高频介质损耗小、绝缘电阻大、机械强度高、耐磨、耐腐蚀、抗氧化及电性能、热稳定性和化学稳定性好等优点。产品小型多样、精密、尖端，广泛用于电子、化工、机械、铁路、冶金、纺织、热工、水暖、仪表及航空、航天等领域。
主营产品：放电陶瓷及金属化陶瓷灯座、温控器陶瓷和水龙头阀片等氧化铝。陶瓷和滑石瓷系列产品。

长沙中瓷新材料科技有限公司

地址：湖南省长沙市宁乡市金洲新区金洲大道 88 号
电话：0731-87881491
电邮：mhimdc@163.com
单位介绍：长沙市中瓷新材料科技有限公司是一家专业生产锂离子电池正极材料高温窑具、精密陶瓷、耐热材料，并集生产、销售于一体的高新技术企业，公司有丰富的技术积累，与中国地质大学材料科学与工程学院、中国科学院过程工程研究所建立长期的产学研技术合作关系，有博士 4 人，专业技术人员 10 人，制造工艺先进，技术成熟，主要骨干均从事无机材料 30 多年，有丰富的经验沉淀和管理经验。拥有高温窑炉 5 条，大吨位压机 6 台，自动干粉成型机 30 台，喷雾干燥造粒塔、自动配料称量等现代化的制造设备。
主营产品：工业精细陶瓷、电子陶瓷及电子元器件。

昌江区润盈电子陶瓷厂

地址：江西省景德镇市昌江区哪吒庙中兴瓷厂内

电话：18779822155
网址：www.rydztc.com
单位介绍：昌江区润盈电子陶瓷厂是从事保险管、氧化铝陶瓷、瓷珠、过滤陶瓷、陶瓷原料等产品生产加工的公司，拥有较完整、科学的质量管理体系。
主营产品：氧化铝陶瓷继电器、高铝真空灭弧室、高铝瓷管、陶瓷保险管、点火陶瓷套管、瓷珠等。

宜兴市三谊陶瓷有限公司

地址：江苏省宜兴市丁蜀镇查林村
电邮：sytaoci666@163.com
网址：www.sytaoci.cn
单位介绍：宜兴市三谊陶瓷有限公司坐落在江苏宜兴市丁蜀镇，环境优美，交通方便，是一家从事陶瓷研制、开发的综合性生产企业。公司专业生产电器陶瓷、纺织陶瓷、电子陶瓷、灯具陶瓷、机械陶瓷、蜂窝陶瓷、化工陶瓷、工程陶瓷、堇青石陶瓷、陶瓷电阻壳、熔断器陶瓷外壳、陶瓷板等各种陶瓷件产品。产品具有耐高压、耐高温、绝缘强度高、机械强度好等优良的电气性能，广泛应用于机械、电子、化工、纺织、冶金、建筑及航空航天等领域。
主营产品：电器陶瓷、纺织陶瓷、电子陶瓷、灯具陶瓷、陶瓷电阻壳、陶瓷板等陶瓷件。

宜兴市丰钰杰陶瓷科技有限公司

地址：江苏省宜兴市丁蜀镇潜洛村大头线10号
电话：0510-87493700
单位介绍：宜兴市丰钰杰陶瓷科技有限公司是一家致力于电子陶瓷材料研发、生产、销售的企业。公司生产的产品有流延法制作的96%氧化铝陶瓷基板、干压成型99%氧化铝陶瓷、异型结构陶瓷件、绝缘陶瓷件。产品应用于厚膜电路、陶瓷金属化、臭氧发生片、音响、LED灯饰照明、电子绝缘器件、太阳能新能源等行业。公司利用流延法生产的96%氧化铝陶瓷基片具有低介电损耗、电性能稳定、表面光洁、厚度一致、平整度好、外形尺寸精度高等特点。厚度为0.25~15mm的陶瓷基片均可生产，并可对陶瓷基片进行打孔和划线。目前，公司根据市场需求正组织力量对大规格基片进行技术攻关，并且已小批量生产后投放市场，获得用户一致好评。
主营产品：流延法制作的96%氧化铝陶瓷基板、干压成型99%氧化铝陶瓷、异型结构陶瓷件及绝缘陶瓷件。

宜兴市铭远电子科技有限公司

地址：江苏省宜兴市丁蜀镇查林
电话：0510-87485628
电邮：web@yxmydzkj.com
网址：www.yxmydzkj.com
单位介绍：宜兴市铭远电子科技有限公司位于宜兴丁蜀镇。公司生产设备较先进，工艺成熟，技术力量较雄厚。主要产品有燃气具点火瓷头、纺织瓷件、各类电子陶瓷基片、电力半导体器件陶瓷管壳、催化远红外蜂窝燃烧板、远红外辐射陶瓷、刚玉莫来石制品、高频（滑石）瓷、各类95%瓷件、球石、球衬、磨料。同时还承接高、中、低温推板式电窑，各式箱式电阻炉及控制器的设计和制造，产品性能可靠，各项技术指标均达到或超过国家标准。产品广泛应用于电子机械、化工、纺织、食品、医药、航空航天等领域。
主营产品：燃气具点火瓷头，纺织瓷件，各类电子陶瓷基片电力半导体器件陶瓷管壳、催化远红外蜂窝燃烧板、远红外辐射陶瓷、刚玉莫来石制品及高频（滑石）瓷。

宜兴市申兴瓷件厂有限公司

地址：江苏省宜兴市宜城街道大树
电话：0510-87441183
电邮：888@sxcjc.com
网址：www.sxcjc.com
单位介绍：宜兴市申兴瓷件厂有限公司位于宜兴市。专业生产电器陶瓷、纺织陶瓷、电子陶瓷、仪表陶瓷、机械陶瓷、工业陶瓷、陶瓷喷嘴、陶瓷点火头、蜂窝陶瓷、化工陶瓷、工程陶瓷、发热陶瓷、氧化锆陶瓷、氧化铝陶瓷、精密陶瓷、滑石瓷、高频瓷、瓷管、瓷棒、瓷杂件及95%、99%瓷等各种陶瓷件产品。产品广泛应用于各种温控器陶瓷壳体、各种灯具灯头及各类电器，具有耐高压、高温、绝缘强度高、机械强度好等优良的电气性能。产品销往全国各地并远销国外。
主营产品：电器陶瓷、纺织陶瓷、电子陶瓷、仪表陶瓷、机械陶瓷、陶瓷喷嘴、陶瓷点火头、蜂窝陶瓷、氧化锆陶瓷、氧化铝陶瓷等各种陶瓷件产品。

无锡市陶都电力器件厂

地址：江苏省宜兴市丁蜀镇陶都路洛涧村118号
电话：0510-87491672
电邮：web@dlqj.com
网址：www.tddlqj.com
单位介绍：无锡市陶都电力器件厂成立于1992年3月，主要研发和生产大功率半导体器件用陶瓷管壳系列。在不断扩大规模的同时，技术上不断进行改进，以高质量的产品驰名国内外，是国家电力电子协会会员单位之一，2001年通过ISO 9002质量管理体系认证。企业采用先进的生产设备、精良的工艺技术、严格的管理方式，主要生产电力半导体用平板型陶瓷管壳、螺旋型管壳。产品广泛应用于冶金、化工电力、电子、铁道、军工、纺织等行业。
主营产品：电力半导体用平板型陶瓷管壳、螺旋型管壳及陶瓷金属化产品。

太仓市纽弗科精密陶瓷有限公司

地址：江苏省太仓市经济开发区北京西路6号科技创业园东楼四楼
电话：0512-53108227
电邮：chencl@nfc-tc.com
网址：www.nfc-tc.com
单位介绍：太仓市纽弗科精密陶瓷有限公司是一家主要从事电

3.7 绝缘陶瓷金属化组件企业

极陶瓷绝缘件、热电偶陶瓷保护管、工业陶瓷结构件、高温耐火结构件的研发、生产、销售的高科技型企业。公司结合国外先进陶瓷技术及国内材料研究院的研发，生产具有高硬度、高强度、耐高温、耐磨损、耐腐蚀、耐酸碱等优点的精密陶瓷产品。

主营产品：①石墨电极陶瓷绝缘件，包括氮化硼绝缘筒、氮化硼绝缘瓦片、氮化硼绝缘垫片、氮化硼绝缘底座、氮化硼吊杆；②热电偶陶瓷保护管，包括氮化硼管、碳化硅管、氮化硅管；③高温耐火结构件，包括氮化硼坩埚。

宜兴市盛奇陶瓷制品有限公司

地址：江苏省宜兴市丁蜀镇川埠开发区
电话：0510-87493688
电邮：5832280@qq.com
网址：www.yxsqtc.com
单位介绍：宜兴市盛奇陶瓷制品有限公司地处苏、浙、皖交界处，长三角中心区，毗邻锡宜高速公路、104国道、宁杭高速公路，交通十分便捷。公司专业生产各类氧化铝陶瓷、滑石瓷，如99%瓷、95%瓷、电子陶瓷、电器陶瓷、纺织陶瓷、陶瓷绝缘环、灯具陶瓷、仪表陶瓷、三氧化二铝陶瓷、发热陶瓷等，尤其擅长生产各类温控陶瓷和传感器陶瓷。产品广泛用于电器、电子、电热等行业，具有耐磨损、耐高温、耐腐蚀、高强度、绝缘性能好等特点，深受广大用户好评。公司以保证信誉、以薄利多销为原则，可根据客户来样来图定制量产各种规格的产品。
主营产品：温控器陶瓷、传感器陶瓷、99%瓷、95%瓷、电子陶瓷及电器陶瓷。

宜兴海湛陶瓷科技有限公司

地址：江苏省宜兴市丁蜀镇赵庄村宁杭公路西侧
电话：0510-87481908
单位介绍：宜兴海湛陶瓷科技有限公司专业生产加工绝缘陶瓷、机械陶瓷、红外线燃烧板、电器陶瓷、纺机陶瓷、灯具组件、瓷座、高频瓷、堇青瓷、95%氧化铝等产品，生产的产品具有机械强度高、电阻率高、电绝缘性能好、熔点高、高耐腐蚀、化学稳定性能强、透光性能好等优点。
主营产品：电子陶瓷、照明陶瓷和耐磨陶瓷（又称氧化铝陶瓷）、氧化锆陶瓷。

江苏菲斯特特种陶瓷有限公司

地址：江苏省宜兴市丁蜀镇查林村
电话：0510-87481253
电邮：wy@jsfist.com
网址：www.jsfist.com
单位介绍：江苏菲斯特特种陶瓷有限公司位于宜兴，成立于2016年，是一家专业开发、生产和销售满足市场需求的陶瓷材料和产品的制造商。主要产品有氧化铝陶瓷、氧化锆陶瓷、滑石陶瓷、堇青石陶瓷、莫来石陶瓷、电子陶瓷、工业陶瓷、日用陶瓷等。
主营产品：氧化铝陶瓷、高频陶瓷、绝缘陶瓷、纺织陶瓷、电阻陶瓷及温控器陶瓷。

南通恒盛精细陶瓷有限公司

地址：江苏省南通市如东县河口镇
电话：0513-84877039
网址：www.yddz.com
单位介绍：南通恒盛精细陶瓷有限公司（南通玉蝶电子陶瓷有限公司）是生产无线电陶瓷的省定点企业，主要经营以氧化铝为基体的各类氧化铝陶瓷、纺织陶瓷、电子陶瓷、电力陶瓷、增韧耐磨陶瓷生产、销售；耐磨工程设计、咨询、施工；混合集成电路基片、金属化陶瓷、光敏电阻瓷件、传感器瓷件、温控器瓷件。公司已有30多年的历史，拥有较先进的陶瓷生产设备，具备生产各类陶瓷零件3000万件的能力。产品广泛应用于机械、纺织、仪表、微机、电力、航空、通信等行业。公司于2000年通过ISO 9001：2000质量管理体系认证。
主营产品：以氧化铝为基体的各类氧化铝陶瓷、纺织陶瓷、电子陶瓷、电力陶瓷、增韧耐磨陶瓷；金属化陶瓷、光敏电阻瓷件、传感器瓷件、温控器瓷件。

宜兴市上达精密陶瓷有限公司

地址：江苏省宜兴市新街街道堂前村
电话：0510-87135586
单位介绍：宜兴市上达精密陶瓷有限公司专业生产电子、电器、热工仪表等绝缘隔热陶瓷、95%氧化铝瓷件、99%氧化铝瓷件、机械耐磨陶瓷、陶瓷结构件等产品，拥有较完整、科学的质量管理体系。宜兴市上达精密陶瓷有限公司的诚信、实力和产品质量均获得业界的认可。欢迎各界朋友来公司进行指导和业务洽谈。
主营产品：电子、电器、热工仪表等绝缘隔热陶瓷、95%氧化铝瓷件、99%氧化铝瓷件、机械耐磨陶瓷、陶瓷结构件等产品。

景德镇彤威电子陶瓷有限公司

地址：江西省景德镇市昌江区兴园路41号
电话：18007988752
单位介绍：景德镇彤威电子陶瓷有限公司主要生产经营陶瓷管、陶瓷熔丝管、保险丝陶瓷管、电阻瓷棒、陶瓷研磨料、保险瓷管、陶瓷白棒、水泥电阻瓷棒、电流保险丝陶瓷管、陶瓷保险管、绝缘陶瓷管、电子陶瓷、瓷棒、熔断器陶瓷外壳、电子陶瓷元器件、穿电热丝绝缘陶瓷珠、陶瓷线眼、各种穿线陶瓷管、陶瓷引线管、耐高温绝缘瓷接头等产品。
主营产品：陶瓷绝缘管、陶瓷熔丝管、保险丝陶瓷管、电阻瓷棒、保险瓷管、陶瓷白棒、电流保险丝陶瓷管、陶瓷保险管、绝缘陶瓷管、熔断器陶瓷外壳及电子陶瓷元器件。

景德镇景泰特种陶瓷有限公司

地址：江西省景德镇市浮梁县陶瓷工业园区外环路1号
电话：13807981227

电邮：jdzjttt@163.com
网址：www.jttt.com.cn
单位介绍：景德镇景泰特种陶瓷有限公司成立于 2011 年 9 月，主要生产 95％特种陶瓷及其上釉金属化，拥有程控氢炉及二次金属化氢炉各一台，拥有膜层 X 射线检测仪一台。公司主要产品有电子管、高频加热管、真空开关管、真空电容、真空继电器、电动汽车高压直流继电器用陶瓷管壳。产品广泛应用于电动汽车、电动客车、广播、电视、通信、导航、电力、冶金、矿山、化工、工业高频加热管等领域。目前公司主要客户为国内部分真空管厂家及超大电容生产厂家，国外客户有欧洲、美国、韩国、印度等国家的厂商。
主营产品：电动汽车及客车高压直流陶瓷继电器、电子管、高频加热管、真空开关管、真空电容、真空继电器用陶瓷管壳。

景德镇万平维科电子有限公司

地址：江西省景德镇市湘湖镇
电话：0798-2087897
电邮：sales@wpvac.com
网址：www.wpvac.com.cn
单位介绍：景德镇万平维科电子有限公司是一家集生产、研发、销售于一体的高新技术企业。公司整合景德镇生产电真空元器件的优势资源，聚集一批行业内有多年研发经验的技术骨干，主要研发生产并销售真空继电器、真空电容器、真空开关管、真空电子管、空气电容器等无源电真空元器件，并加工各种陶瓷与金属焊接件。产品广泛应用于通信、广播、雷达、电子、高频、射频、煤炭、铁路、机械等行业。
主营产品：固定/可变陶瓷真空电容器（CKT/CKTB）。

景德镇创佳航空特种陶瓷有限公司

地址：江西省景德镇市浮梁县湘湖镇兰田（原七四〇厂内）
电话：0798-2665881
电邮：jdzcjhk@163.com
网址：www.jdzcjhk.com
单位介绍：景德镇创佳航空特种陶瓷有限公司是于 2000 年成立的科技型企业。主要从事生产 95％氧化铝陶瓷、99％氧化铝陶瓷等系列陶瓷工业产品以及承接瓷金属化等相关加工业务。公司的注册资金是 50 万元，产品广泛应用于军工、航空、冶金、化工、机械、纺织、热工、广播电视等各个领域。产品主要销往北京、天津、上海、江苏、浙江、广东等全国 20 多个省市以及欧美、韩国等众多国家。
主营产品：继电器用氧化铝陶瓷、真空电子管铝陶瓷、真空开关瓷管超高压瓷瓶、电子管瓷壳、微晶球磨罐等。

上海诺耕精密陶瓷技术有限公司

地址：上海市浦东新区绍峰路 1158 号
电话：021-68960182
单位介绍：上海诺耕精密陶瓷技术有限公司于 2018 年 10 月 12 日成立。公司始终为客户提供好的产品和技术支持、健全的售后服务。公司主要从事陶瓷制品科技、化工科技领域内的技术开发、技术咨询、技术服务、技术转让，陶瓷制品、五金制品、机电设备、日用百货化工原料及产品（除危险化学品、监控化学品、民用爆炸物品、易制毒化学品）、耐火材料、建筑材料、汽车配件、橡塑制品的批发、零售，金属制品制造、加工。
主营产品：超高频绝缘陶瓷、高频绝缘陶瓷、片陶瓷及氧化铝陶瓷。

上海恒脉陶瓷技术有限公司

地址：上海市松江区车墩镇香冈路 455 号 D 栋
电话：021-37601810
电邮：sales@hmcera.com
网址：www.hmcera.com
单位介绍：上海恒脉陶瓷技术有限公司是一家集科研、生产、经营于一体的先进陶瓷生产企业。公司采用先进技术和管理模式，严格控制产品质量。主要生产氧化铝陶瓷、氧化锆陶瓷、氮化硅陶瓷等精密结构件，突破了我国传统的陶瓷生产技术，将纳米技术与凝胶注模成型技术相结合，部分产品技术达到了国际同类产品的较高水平。公司成功研发 99.6％的氧化铝陶瓷基片、高压陶瓷柱塞泵、半导体陶瓷、陶瓷吸盘、液晶面板陶瓷、高压陶瓷阀门、多孔陶瓷、高精度陶瓷导轮等多种高技术要求的结构陶瓷件及功能陶瓷，打破了国外的战略垄断。长期研究国内外新型陶瓷应用领域和高科技领域陶瓷应用的设计理念，具有丰富的各种无机非金属材料的研发及加工经验，并为客户的新材料领域应用提供整体解决方案。
主营产品：半导体陶瓷绝缘环、半导体陶瓷盘、半导体陶瓷多孔环及半导体陶瓷转盘。

上海新茂精密陶瓷技术有限公司

地址：上海市长宁区剑河路 679 号 417 室
电话：021-52175318021-52175328
电邮：pan@xinmao-taoci.com
网址：www.xinmao-taoci.com
单位介绍：上海新茂精密陶瓷技术有限公司是上海市长宁区科委批准的科技型股份制生产企业，专业生产氧化铝、氧化锆、滑石瓷等结构陶瓷材料制作的管、棒、球、板、片及异型的元器件。主要应用于电子、机械、化工、冶金、纺织、电力等工业用的耐高温、耐腐蚀、耐磨损、耐高电压的特殊用途部位的配件。可根据用户的要求，开模试制各种特殊形状的配件，并可对陶瓷配件的平面、外圆、内圆进行精密研磨和抛光。目前产品主要销往日本、韩国、美国、英国、西班牙、中国台湾省等配套厂。公司集科研、生产、经营于一体，与中国科学院上海硅酸盐研究所、清华大学等有关专业研究所和高等院校有紧密的技术合作，在湖南、湖北、江苏等地设专业生产基地，大批量制造高质量、低成本的出口产品。本公司的产品技术含量较高，价格具有市场竞争力，产品质量稳定，交货期有保证，是可信赖的合作伙伴。
主营产品：电器绝缘陶瓷、陶瓷片（电器基片）及陶瓷灯座。

天津市光通陶瓷有限公司

地址：天津市南开区华苑产业园区海泰信息广场 H 座 613

3.8 高压电瓷企业

电话：022-23783138
电邮：zhoucl@126.com
网址：www.tjgttc.com
单位介绍：天津光通陶瓷有限公司是天津城建学院环境工程有限公司旗下的一家专业从事新技术陶瓷研究、开发和生产的高新技术企业。公司依托天津城市建设学院材料科学与工程系的科研和人才优势，拥有精细氧化铝陶瓷生产技术、氧化锆陶瓷生产技术、氧化铝和白金电极封装技术。
主营产品：TCT-117（BAB33）陶瓷反射体、陶瓷套管、穿心电容、陶瓷绝缘体、陶瓷分散板、激光陶瓷环及焊机陶瓷配件。

金华市湘灿利电子有限公司

地址：浙江省杭州市余杭区博园路1号西区3D120
电话：0571-89902067
单位介绍：金华市湘灿利电子有限公司是散热硅胶片、高导热陶瓷片、导热绝缘矽胶布、耐高温绝缘粒、透明云母片、散热绝缘硅胶帽套、绝缘材料、导热材料、塑料绝缘垫片、铜跳线等产品专业生产加工的公司，拥有较完整、科学的质量管理体系。
主营产品：电绝缘陶瓷。具有耐高温、抗氧化、耐酸碱、使用寿命长、有效抗干扰（EMI）、抗静电等特点。

河北盛平电子科技有限公司

地址：河北省石家庄市桥西区金石工业园4号楼1层
电话：0311-85234233
电邮：kyle648@formail.com
网址：www.hbspdzkj.com
单位介绍：河北盛平电子科技有限公司致力于陶瓷与金属和金属与金属的钎焊技术研究，拥有完整的工艺线，制得的陶瓷金属组件和金属金属组件应用广泛，从航空航天、医疗器件、激光器到微波发射管。陶瓷与金属、金属钎焊组件常用于电馈通、激光器件和微波管中，由于其在高真空、高电压、高压力和植入式医疗应用中的良好表现，近年来，医疗和军事设备对其生物相容性和结合强度提出了越来越高的要求，需要多种钎焊工艺来满足要求。
主营产品：陶瓷金属气密封接（钎焊）。

成都凯赛尔电子有限公司

地址：四川省成都市新都工业东区黄鹤路99号
电话：028-83939066
电邮：cd-kaisaier@163.com
网址：www.kaisaier.cn
单位介绍：成都凯赛尔电子有限公司是一家专业生产电真空器件的高新技术企业，创立于2003年，经过数年努力，不仅建立了国内领先的真空灭弧室生产线——10000级净化室、1000级净化装配区、高能效真空钎焊炉和全自动进出炉系统等，还造就了一支集基础研究、产品研发、生产管理、质量控制、市场营销为一体的高素质专业化队伍。
主营产品：波纹陶瓷管和金属陶瓷管。

中材江西电瓷电气有限公司

地址：江西省萍乡市芦溪县工业园
电话：0799-7616606
电邮：sangjh@126.com
网址：www.sinoma-insulator.com
单位介绍：中材江西电瓷电气有限公司是专业化电瓷生产商和服务商，主营业务为高压电瓷、复合绝缘子、高压隔离开关等高低压电器产品及用于电气化铁路与城市轨道交通的电器产品及相关技术的研究、开发、生产、销售、技术咨询和进出口贸易业务。目前，公司的瓷支柱绝缘子产品在国内特高压领域市场居于较高地位，是国家电网、南方电网、平高电气、泰开电气等国内电力行业企业和西门子、ABB、阿尔斯通等国际电力行业企业的主要供应商。公司生产的产品成功应用于晋东南至荆门百万伏串补平台、锦屏至苏南直流800kV等国家重点工程。
主营产品：瓷套绝缘子、低压架空电力线路绝缘子、高压线路针式绝缘子、棒形支柱绝缘子、高压线路盘形悬式绝缘子等。

湖南高强电瓷电器有限公司

地址：湖南省醴陵经济开发区瓷谷大道旁
电话：0731-23250051
电邮：hngqvip@163.com
单位介绍：湖南高强电瓷电器有限公司主要依照国际标准IEC-120和C-130材质生产10~800kV棒形支柱瓷绝缘子、10~1000kV各种电器瓷套、10~8000kV的SF。断路器瓷套共涉及2000多个规格品种，还可根据用户的需要按国际、美标、英标、德标、澳标、日标、IEC标准及顾客的要求进行设计、生产和检验。特别是自主开发的灰釉、天蓝釉、乳白釉系列高压电瓷达到国内领先水平，受到美国，欧洲多个国家和地区许多客户的青睐，赢得了广泛的国内外市场。把产品聚焦在高电压、高强度、高性能、高品质，产品从设计、生产和检验均严格执行有关标准，于2001年通过了英国联邦质量认证公司认证、ISO 40001标准的质量体系认证，依靠严格完善的科学管理，精湛的制造工艺，齐全可靠的检测手段，保证了产品的可靠性HNGQ牌高压电瓷产品不但畅销国内，为国家电力建设项目提供优质的服务，还直接出口到美国、加拿大、瑞典、瑞士、意大利、奥地利、澳大利亚、巴西等60多个国家。
主营产品：高压电瓷。

江西强联电瓷股份有限公司

地址：江西省萍乡市芦溪县电瓷工业城
电话：0799-7516815（技术）/7516998（销售）
电邮：1141916175@qq.com
网址：www.jxqldc.com
单位介绍：江西强联电瓷股份有限公司成立于2006年，是目前国内规模较大的综合性电瓷生产企业之一，总资产3.97亿元，年产值2.8亿元。公司在现有传统湿法生产线的基础上，引进国内外较先进的冷等静压干法成型电瓷生产新技术，采用外加莫来石超高强瓷配方。拥有较先进的喷雾干燥塔、冷等精压机、全自动数控修坯机、全自动流浪控制等温高速喷嘴抽屉窑及一整套检测设备。现有一条冷等静压棒形支柱瓷绝缘子生产线和一条湿法高强度悬式瓷绝缘子生产线。目前立项建设的超特高压输变电线路绝缘子生产线工程项目已开工建设，建成后将形成集试验、研发、生产高强度大吨位悬式绝缘子产品于一体的产业规模，以满足市场要求。公司在成功运用冷等静压干法成型技术研发生产特（超）高压110～1000kV系列耐污型户外棒形支柱瓷绝缘子产品的基础上，又创新开发了高速电气化铁路接触网用"自洁式高强度轻型"瓷绝缘子产品。该产品是我国较早用冷等静压技术生产的绝缘子，已被铁路等相关部门列为重点供应产品。

主营产品：棒形支柱瓷绝缘子、耐污盘形悬式绝缘子、普通盘形悬式绝缘子、针式系列绝缘子及电气化铁路轻型瓷绝缘子。

江西省萍乡电瓷电器厂

地址：江西省萍乡市芦溪县电瓷工业园
电话：0799-7519007
电邮：webmaster@pxdc.net
网址：www.jxpxdc.com
单位介绍：江西省萍乡电瓷电器厂，主要生产110～500kV各种等级的高压线路瓷瓶、户外棒式绝缘子、各种开关用瓷变压器、电容器瓷套、输变电设备用瓷，是全国电力行业电瓷绝缘子主要制造厂家之一。所有产品均按相应的国家标准（GB），包括国标电工委（IEC）、德标（DIN）、英标（BS）、澳标（AS）、美标（ANSI）、日标（JIS）等国际标准生产检验出厂。产品主要出口南非、南美、美国、德国、澳大利亚、伊朗、赤道几内亚、缅甸、中东及非洲等37个国家和地区，部分产品内销。

主营产品：高压线路柱式瓷绝缘子、针式复合绝缘子、针式瓷绝缘子、盘形瓷绝缘子、瓷横担绝缘子及高压支柱瓷绝缘子耐污型户外棒形支柱绝缘子等。

河北宣化新迪电瓷股份有限公司

地址：河北省张家口市宣化区滨河街67号
电话：0313-7061208
电邮：xhdcinsulator5@xhdc.com.cn
网址：www.xhdc.com.cr
单位介绍：河北宣化新迪电瓷股份有限公司（原张家口市国有宣化高压电瓷厂，以下简称宣化电瓷），专注于电除尘器瓷绝缘子和高压电站电器绝缘子的研发、设计、制造、销售和相关技术服务。经过30余年的发展，宣化电瓷已经成为高科技、专业性、全球化的大型企业，为国内较专业的瓷绝缘子制造厂家，以及电除尘器瓷绝缘子企业。科技引领可持续发展，宣化电瓷在每一个历史发展阶段都进行了大规模的技术创新，广泛吸收国内外制造业的先进技术，引进国际较先进的工艺设备，拥有较雄厚的技术力量。宣化电瓷的产品研发团队由资深瓷绝缘子专家领头组建，已经开发出95瓷、高铝瓷、莫来石瓷、石英、高分子五大材料类别、300多个规格的绝缘子产品。产品分为三大系列：静电除尘器用瓷绝缘子、瓷钢复合输灰管和电站电器用瓷绝缘子。

主营产品：高强瓷支承绝缘子。

河北新旺电力器材有限公司

地址：河北省河间市东大汉工业区
电话：0317-3897856
电邮：809256531@qq.com
网址：www.hjxwdc.com.cr
单位介绍：河北新旺电力器材有限公司是一家制造高低压电器的独资公司。公司主要生产支柱绝缘子、陶瓷绝缘子、复合绝缘子、针式绝缘子等，是一家以生产高低压瓷瓶为主，集生产制造、加工、经销等多种经营方式于一体的制造公司。公司现有一批专业的工程技术人员，具有雄厚的技术力量、丰富的生产经验、精良的制造设备、较先进的工艺水平、齐全的科技检测设备、高效的质量管理、较合理的产品价格和较完善的售后服务而饮誉电力市场。

主营产品：线路柱式瓷绝缘子。

河北永捷电力器材有限公司

地址：沧州市河间市沙河桥镇工业区
电话：0317-3868518
电邮：287285127@qq.com
网址：www.yongjiedianli.com
单位介绍：河北永捷电力器材有限公司是集电气生产、科研贸易于一体的公司。主要生产线路陶瓷绝缘子、玻璃绝缘子复合绝缘子、拉紧绝缘子、支柱绝缘子、氧化锌避雷器、高低压隔离开关、跌落式熔断器八大类产品。

主营产品：针式瓷绝缘子。

河北正恒电力器材有限公司

地址：河北省河间市沙河桥工业区
电话：0317-3866788
电邮：519791972@qq.com
网址：www.hebeidianci.com
单位介绍：河北正恒电力器材有限公司坐落在河间市。西距106国道1km、距北京180km、天津120km、石家庄180km、保定100km、沧州40km。地理位置较优越，交通发达，环境宜人。公司自成立以来专注于新型特高强度功能玻璃绝缘子制造技术的研究和特高压输变电绝缘器材开发，主营业务为高压超高压和特高压交、直流输变电线路上用于绝缘和悬挂导线玻璃绝缘子的研发、生产、销售和相关技术服务。主要产品为高压、超高压和特高压交、直流输电线路上用于绝缘和悬挂导线用的盘型悬式高强度玻璃绝缘子，产品有4大系列（标准型、耐污型、空气动力型、地线型）、30个品种、63个规格型号，线路电压等级覆盖了10～1000kV范围。

主营产品：草帽形悬式陶瓷绝缘子、支柱陶瓷绝缘子、低压瓷

3.8 高压电瓷企业

质绝缘子、柱式陶瓷绝缘子、陶瓷（玻璃）复合绝缘子等。

河间市忠淼电力器材有限公司

地址：河北省沧州市河间市沙河桥镇工业开发区
电话：0317-3896966
单位介绍：河间市忠淼电力器材有限公司，地理环境优美，交通便利，位于河北省河间市沙河桥。公司主要生产各种玻璃绝缘子、陶瓷绝缘子、复合绝缘子、氧化锌避雷器、电力金具电力施工安全器材、钢芯铝绞线等产品，拥有自主进出口权。公司通过 ISO 9001 国际质量体系认证，产品通过国家权威机构检测，深受客户好评和信赖。自成立以来长期与国网公司合作，提供了大量的绝缘子解决方案，风力电站配套线路绝缘子、有机复合绝缘子、直流棒形悬式复合绝缘子、棒形悬式复合绝缘子等产品是国家级重点新产品，设备达到国内较高水平，能有效保证产品质量。
主营产品：陶瓷绝缘子、氧化锌避雷针等。

河间市广川电力器材有限公司

地址：河北省沧州市河间市沙河桥镇西旧馆村
电话：0317-3860691
网址：www.13833777296.912688.com
单位介绍：河间市广川电力器材有限公司是一家专业生产电力绝缘子的企业，主要生产复合型绝缘子、陶瓷质绝缘子、玻璃绝缘子、氧化锌避雷器、隔离开关、高低压熔断器、支柱绝缘子、硅胶支柱绝缘子等产品，高压绝缘子型号齐全，价格低廉。
主营产品：陶瓷绝缘子。

河北鼎诺电力器材有限公司

地址：河北省沧州市河间市行别营乡后小汉村
电话：0317-3839315
电邮：2958104717@qq.com
网址：www.dingnuodl.com
单位介绍：河北鼎诺电力器材有限公司位于河间市行别营，具有良好的地理环境与发展优势。公司宗旨是"以质量求生存、以信誉求发展、以服务求效益"，严格按照国家标准和用户需求组织生产。公司产品以较先进完善的设备、较高的产品质量，销往全国各地，深得用户信赖和好评。公司将全程为您提供真诚的服务，全体员工欢迎新老客户来电垂询、参观考察、洽谈合作。竭诚欢迎国内国外新老客户莅临指导，共创发展大业。
主营产品：悬式陶瓷绝缘子。

河北初成电力器材有限公司

地址：河北省沧州市河间市沙河桥镇工业区
电话：15703172899
网址：www.hebeichucheng.com
单位介绍：河北初成电力器材有限公司是我国生产悬式瓷绝缘子、复合绝缘子、玻璃绝缘子、柱式瓷瓶绝缘子、支柱绝缘子、氧化锌避雷器、隔离开关、电力金具、电力电缆等电力器材的

企业之一，是绝缘子高新产品生产、研发、销售的专业现代化企业。产品销往全国各地及海外多个国家。公司生产设备较先进、技术力量较雄厚、检测手段较完善，多年来深受广大客户的青睐。公司一直信守"诚信、务实、稳健、高效"的经营理念，不断开拓进取，致力于电力事业的发展。"用优良的人才，出优良的产品，做优良的服务，创更高的效益，争高品质的企业"是公司的宗旨。公司会再接再厉，与同行共同迎接机遇和挑战，共同进步，在世界经济舞台上共展英姿。
主营产品：各式陶瓷绝缘子。

双安电力科技有限公司

地址：河北省河间市经济技术开发区
电话：0317-3603189
电邮：dj@shuangandianli.com
网址：www.shuangandianli.com
单位介绍：双安电力科技有限公司始创于1986年，是国家高新技术企业和中国有实力的复合绝缘子生产企业之一。主要制造和销售 10～1000kV 复合悬式绝缘子；10～230kV 复合支柱绝缘子；10～800kV 复合电站支柱绝缘子；27.5kV 铁路用复合绝缘子；氧化锌避雷器、跌落式熔断器、隔离开关等电气产品。公司通过了 ISO 9001 国际质量管理体系、ISO 14001 环境管理体系、ISO 45001 职业健康安全管理体系等认证并有效运行。设有专门的研发中心，研发中心配备先进的试验和检测设备，可完全按照 GB、IEC、BS、ANSI、AS 等标准进行产品的全部试验。公司获得了省工业企业研发机构证书、商务诚信 AAA 证书以及多项国家专利。
主营产品：复合绝缘子系列、电气化铁路接触网用绝缘子系列、瓷、玻璃绝缘子系列、避雷器、熔断器、隔离开关系列及电力金具系列。

醴陵市精格特种瓷有限公司

地址：湖南省醴陵市经济开发区瓷谷大道旁
电话：0731-23256166
网址：www.jingger.com
单位介绍：醴陵市精格特种瓷有限公司潜心学习素有行业"技术狂魔"之称的日本企业 NGK，聘请 NGK 专家组团队精心指导，率先在行业内实行全面精益生产管理和标准化作业管理，将过去凭经验控制工艺和手工制作的传统模式，升级成为以数据控制、标准化作业、自动化制造为主的现代化生产系统管理。研发出可替代 95% 瓷的新型材质——高强瓷。高强瓷以真空高压挤制的成型技术，改善原材料在加工过程中的致密性，可以稳定生产出耐热、异形、高强、尺寸精准、性能稳定的陶瓷产品，并广泛应用于电气、机械、轨道交通、新能源等众多领域。
主营产品：高强瓷系列、瓷套系列、瓷管系列、异型产品系列、星形骨架系列及熔断器系列。

湖南高阳电瓷电器有限公司

地址：湖南省株洲醴陵陶瓷科技工业园 B 区凤凰大道
电话：0731-23335222

电邮：1594084577@qq.com
网址：www.gyinsulators.com
单位介绍：湖南高阳电瓷电器有限公司主要生产高压线路盘型、普通、防污型、悬式绝缘子，高压线路绝缘子，针式绝缘子，熔断器、避雷器、隔离开关等电器瓷套及其他高、低压电绝缘子。产品品种达上百种类。
主营产品：高低压电瓷绝缘子、高压跌落式熔断器、高压隔离开关、避雷器、断路器及复合绝缘子。

醴陵市华冠电瓷电器有限责任公司

地址：湖南省醴陵经济开发区瓷谷大道旁
电话：0731-23282498
电邮：hg_insulator@126.com
网址：hgdianci.com
单位介绍：醴陵市华冠电瓷电器有限责任公司坐落于湖南省醴陵市仙岳山街道江源村，距醴陵市中心仅5千米。公司占地面积23000平方米，注册资本2100万元，年产各类电瓷超2000吨。公司于2015年通过ISO 9001质量体系认证，于2019年获得国家高新技术企业认证。拥有高级工程师一名，专业研发人员数十名，并获得十余件国家产品专利证书。主打产品10～40.5kV法兰式变压器瓷套年产量超过10万支，供应国内近50％市场份额。为该系列产品研制的永久性局放半导电釉电阻值低于10MΩ，瓷套整体局放低于10PC，深受客户好评。
主营产品：变压器瓷套管、多端子出线瓷套管、穿墙套管及支柱绝缘子。

湖南阳东电瓷电气股份有限公司

地址：湖南省醴陵市杨东经济技术区
电话：0731-23040257
电邮：ydliqixini@163.com
网址：www.yddc.com
单位介绍：湖南阳东瓷绝缘子电器有限公司成立于1992年，占地18万平方米，现有三家工厂，通过ISO 9001、ISO 14001、ISO 45001质量管理体系认证。公司的CLD商标是"中国驰名商标"，"CLD"被湖南省商务部授予"国际著名商标"。公司现有职工520人，固定资产8000多万元。公司可生产20000多吨高压瓷绝缘子，年营业额超过20000万元。现有高级工程师17人，专业技术人员76人。公司把质量放在第一位，把质量作为公司生存和发展的重点，对原材料进行了完善的物理和化学分析。公司是湖南省著名的高压电瓷支柱绝缘子大型制造商，也是中国线路支柱绝缘子的主要制造商。
主营产品：电站支柱绝缘子、线路绝缘子、套管绝缘子、玻璃绝缘子、聚合物绝缘子、高压绝缘子及长杆绝缘子。

醴陵市湖电顺雷电力电瓷电器有限公司

地址：湖南省醴陵市阳三石永红路3号
电邮：march@sl-insulator.com
网址：www.sl-insulator.com
单位介绍：醴陵市湖电顺雷电力电瓷电器有限公司成立于2005年，厂区占地面积10000平方米，经过10余年的不断发展，现有员工150余人，年产值超过4000万元。公司主要产品包括DIN（德标/欧标）变压器瓷套及成套配件、隔离开关瓷管、棒形支柱绝缘子、10～66kV避雷器瓷套、10～35kV穿墙套管。产品主要出口到欧美、亚洲、非洲、拉丁美洲等30多个国家和地区。因产品质量较高，并同时满足每个客户的特定需求，深得客户的青睐。
主营产品：DIN（德标/欧标）变压器瓷套及成套配件、隔离开关瓷管、棒形支柱绝缘子、10～66kV避雷器瓷套、10～35kV穿墙套管。

醴陵市恒瑞电瓷电器有限公司

地址：湖南省醴陵市阳山办事处立三路258号
电话：0731-23043299
电邮：188451617@qq.com
网址：www.hnhengrui.com
单位介绍：醴陵市恒瑞电瓷电器有限公司是专业生产高低压电瓷的厂家，成立于2007年7月（前身是始建于1982年的湖南电力电瓷电器厂）。目前，全厂区总面积为20000平方米，注册资本500万元，固定总资产1800万元，员工85人，年产高低压电瓷5000余吨。公司拥有较雄厚的技术力量，多个核心产品通过高级权威检测（西安高压电器研究院），可按国家标准、IEC标、美标、英标、日标、德标等标准来加工生产，也可按客户的特殊要求精加工生产。公司拥有机械装备100余套，如球磨、真空练泥机、天然气窑炉、电阴干等。拥有较先进的生产设备、较完善的工艺系统和检测系统，产品的控制过程是严格按照ISO 9000质量体系的规定来进行的。主要产品有线路绝缘子系列（包括柱式和针式）、变压器套管系列、穿墙套管系列、电抗器支柱系列、静电除尘器套管系列和各式户内外支柱12～252kV的各式电站用支柱等。
主营产品：72.5kV棒形支柱瓷绝缘子。

醴陵市新科电瓷厂

地址：湖南省株洲市醴陵市中山南路235号
电话：0731-23032158
网址：www.llxkdc.com
单位介绍：醴陵市新科电瓷厂由原醴陵市瓷城电瓷厂和市南门电瓷厂组成。企业现有员工128人，技术人员21人，其中具有高级技术职称人员5人。生产设备齐全，计量和检验手段较完善，产品性能稳定。现主要生产各类高低压电站用绝缘子、变压器系列瓷套、高低压开关类绝缘子，并能按照客户要求生产各式非标产品。产品绝缘性能可靠，供货迅速，产品销往全国20多个省市、自治区，深受用户喜爱。
主营产品：①支柱系列，包括GN19-GN30支柱系列、各式电站支柱棒形及横担、线路用针式瓷瓶；②瓷套系列，包括开关瓷套及防爆瓷瓶、计量箱系列瓷套、变压器瓷套系列、隔爆变瓷套、35kV变压器瓷套。

株洲湘渌特种陶瓷有限责任公司

地址：湖南省株洲市天元区新马金谷C-4栋

电邮：1639333181@qq.com
网址：www.zztaoci.com
单位介绍：株洲湘渌特种陶瓷有限责任公司成立于 2007 年，是一家专业生产氧化铝、氧化锆陶瓷材料及其结构件的高新技术公司。主要产品有静电除尘用 95％氧化铝瓷绝缘子，火花塞用电阻粉、铜粉、密封粉，中央空调电机接线柱，陶瓷柱塞，耐磨陶瓷，1700～2300℃耐火材料制品。
主营产品：瓷穿墙套管。

醴陵华凌电瓷电器制造有限公司

地址：湖南省醴陵市嘉树豆田
电话：0731-23383808
电邮：hualingdc@zzzc.net
网址：www.hualingdc.com
单位介绍：醴陵华凌电瓷电器制造有限公司是一家与美国美亚集团合资创办的中外合资企业。成立于 1998 年，下辖醴陵市豆田福利电瓷厂和电器厂两个分厂。公司拥有较先进的生产、检验设备和一整套较完善的质量管理和质量保证体系，可按 IEC 标准、美标、英标、德标、澳标、国标及按客户要求进行设计、生产与试验检测。产品不仅销往国内，而且远销美国、澳大利亚、英国、古巴、印尼等 20 多个国家和地区。
主营产品：750kV 及以下避雷器、互感器、变压器、电容器、断路器瓷套、220kV 及以下六氟化硫瓷套。

湖南华联火炬电瓷电器有限公司

地址：湖南省醴陵经济开发区创新创业园二期
电话：0731-23228019
电邮：hnhlcyrsb2006@126.com
网址：www.hnhlhj.com
单位介绍：湖南华联火炬电瓷电器有限公司（原湖南省醴陵电瓷厂）创建于 1946 年，是机械工业部输变电设备制造行业骨干企业，全国五大电瓷生产厂家之一，现为国有大型二档企业。公司现有职工 1500 余人，其中工程技术人员 450 人，具有技术职称人员 25 人，享受国务院政府特殊津贴 4 人。公司设有湖南省电瓷研究所和湖南省电瓷产品质量检测中心。企业职工队伍文化技术素质较高，高压电瓷电器新产品开发技术力量雄厚。公司占地面积 42.4 万平方米，拥有固定资产原值 1.2 亿元，主要生产设备 1100 多台。公司一直是国家技术改造企业之一，经过国家"双加"和"九五"压输变电专项技术改造，公司建有中南地区的高压试验中心和高压电器产品生产车间、度 SF6 大瓷套生产车间，拥有各种检验手段。
主营产品：高压电瓷电器、特种陶瓷及陶瓷新材料。

醴陵市精工瓷业有限公司

地址：湖南省株洲市醴陵市均楚镇樟桥村大曹组
电话：13787811686
单位介绍：醴陵市精工瓷业有限公司创建于 2006 年，主要生产变压器、断路器、互感器、电容器、避雷器用瓷套及线路、电站及其他绝缘子。公司拥有较完善的工艺流程和技术监控，还配置了加工仪器及设备，产品以日本瓷作典范而开发，力求产品的质量和稳定性达到国际水平。产品具有白度好、强度高且无任何斑点等优点，在技术开发和产品更新换代方面取得了较大突破。
主营产品：变压器、断路器、互感器、电容器、避雷器用瓷套及线路、电站及其他绝缘子。

湖南省醴陵市浦口电瓷有限公司

地址：湖南省株洲市醴陵市浦口工业小区
电话：0731-23130301
电邮：pk-insulator@163.com
网址：www.pk-insulator.com
单位介绍：湖南省醴陵市浦口电瓷有限公司始建于 20 世纪 80 年代初期，有 40 余年的电瓷生产历史。公司占地面积共 136000 平方米，现有员工 385 人。公司总资产 9700 余万元，具备年产电瓷 10000 多吨的能力，是国家电瓷生产的定点企业。公司技术力量较雄厚，生产设备较先进，产品检测设施较齐全，管理严谨，质量可靠。拥有高中级技术职称人员 32 名，拥有直径 1000 与直径 800 真空练泥机、内外仿型数控修坯机、自动化余热烘房及全自动化燃气窑炉。
主营产品：互感器瓷套、电容器瓷套、断路器瓷套、避雷器瓷套、电缆终端瓷套、GIS 组合电器出线瓷套、美标线轴式绝缘子、变压器瓷套、除尘器瓷套、线轴式绝缘子、棒形支柱绝缘子及针式与盘形悬式绝缘子。

醴陵华鑫电瓷科技股份有限公司

地址：湖南省醴陵市浦口镇三铺村
电话：0731-23138188
网址：www.cn-pk.com
单位介绍：醴陵华鑫电瓷科技股份有限公司始创于 1985 年，一直专注于绝缘子领域前沿产品的研发、设计、生产和销售。公司作为 ABB、SIEMENS、GE 世界三大电网设备运营商的战略合作伙伴，是其全球产业链的重要配套企业；同时，公司也是"三峡工程""兰州东—官亭 750kV 输变电示范工程""皖电东送"等多项国家重点输变电工程项目的绝缘子供应商。
主营产品：陶瓷绝缘子、复合绝缘子、套管业务、电器检测、陶瓷新材及材料检测。

江西红星瓷业有限公司

地址：江西省萍乡市安源区高坑工业园
电话：0799-6378818
电邮：402065232@qq.com
网址：www.jxhxcy.cn
单位介绍：江西红星瓷业有限公司前身是萍乡市红星电瓷厂，创建于 1981 年。公司固定资产投资 2000 万元，占地面积 8 万平方米，厂房面积 3 万平方米，员工 300 余人，其中工程技术人员 48 人。公司有较先进的生产设备和检测设施，有较精湛的制造工艺和技术，有较雄厚的技术力量和管理人才。公司常年生产 500 千伏以下电压等级输配电工程用各种线路绝缘子、电站与电器用各种支柱绝缘体和变压器、电容器、互感器等各种瓷套,以及电气化铁路用各种绝缘子。
主营产品:普通盘形悬式绝缘子、钟罩形盘形悬式绝缘子、小悬式绝缘子及户内胶装支柱绝缘子及户外棒形支柱绝缘子。

萍乡市玻瓷高压绝缘子有限公司

地址:江西省萍乡市安源区高坑镇富田村
电话:0799-7889500
电邮:jxboci@sina.cn
网址:www.jxboci.com
单位介绍:萍乡市玻瓷高压绝缘子有限公司是专业的生产高低压绝缘子现代化企业。公司不断引进先进的自动化生产设备,如全自动化成型设备、全自动烧成设备等,各类全自动化检测设备,如雷电冲击电压试验装置、自动电检设备等。在生产过程中,始终秉持精益求精的产品制造理念,对各种产品生产进行严格的质量把关,在原料—成型—烧成—装配—出厂过程中,质量管理、生产管理及产品检验检测工作始终贯穿于每一道工序。
主营产品:交流盘形悬式瓷绝缘子、针式瓷绝缘子、电气化铁路及地铁用绝缘子、拉紧绝缘子、线路柱式瓷绝缘子、瓷横担绝缘子等。

萍乡市新辰瓷业有限公司

地址:江西省萍乡市安源区高坑镇高坑村高坑工业园
电话:0799-637888
网址:www.xccy.net
单位介绍:萍乡市新辰瓷业有限公司,厂区面积30000平方米,现有职工600人。厂内通信设备较完善,生产所需原料85%以上可就地取材,有利于长期发展电瓷。公司主要生产高压线路绝缘子、高压线路针式绝缘子、变压器瓷套、电器瓷套及其他高低压电瓷绝缘子达200多种,品种系列齐全。产品除采用国标外,出口产品还按IEC标准和英、美、德、澳等国外标准检验出厂。公司年产值达2800余万元,其中出口产品500万元,创利达300余万元,是原国家经贸委第三批"全国城乡电网建设与改造所需主要设备产品及生产企业"推荐厂家。
主营产品:高压线路绝缘子、高压线路针式绝缘子、变压器瓷套、电器瓷套及其他高低压电瓷绝缘子。

江西爱瑞达电瓷电气有限公司

地址:江西省萍乡市芦溪工业园
电话:0799-7525666
电邮:airuidadianci@163.com
网址:www.jxarddc.com
单位介绍:江西爱瑞达电瓷电气有限公司创建于2015年,位于江西省萍乡市芦溪县芦溪工业园。公司地理位置优越,交通运输便利。公司注册资金3.8亿元,公司占地面积约7.8万平方米,具有先进的生产设备和产品质量检验、检测设备,有多年生产高低压电瓷、电器产品经验丰富的工程技术人员,其中电瓷专业的高级工程师有4名,工程师13名,还有一支熟悉生产工艺和掌握生产技能的技术工人队伍。公司是我国输变电行业协会电工陶瓷专业分会的成员单位之一,2019年荣获"两化深度融合示范企业",是真正智能化、信息化、现代化企业。
主营产品:悬式瓷绝缘子、柱式瓷绝缘子、针式瓷绝缘子、蝶式瓷绝缘子、线轴式瓷绝缘子、瓷横担绝缘子、拉紧绝缘子及玻璃绝缘子。

江西高强电瓷集团有限公司

地址:江西省萍乡市芦溪县新田工业园
电话:0799-7586600
电邮:qxdq123456@163.com
网址:www.jxgqdc.com
单位介绍:江西高强电瓷集团有限公司集瓷绝缘子、玻璃绝缘子、放线架、一码通、电缆桥架、电缆沟盖板等电力电气多种产业于一体。现有7条瓷绝缘子生产线,年产瓷绝缘子7万吨;1条全自动智能玻璃绝缘子生产线,年产玻璃绝缘子3吨,2024年新增投资3亿元新建两条特高压玻璃绝缘子生产线、一条特高压瓷绝缘子生产线;3条电力产品生产线,可新增年产绝缘子45000吨、放线架20万套等电力产品,以及1条电力用水泥制品生产线。公司是国家高新技术企业,是国家绝缘子标准化参与制定单位,是首批进入国家电网、南方电网采购名录的优质供应商,近三年来一直是10kV绝缘子的销售冠军。拥有1个省级实验室(工程技术中心)、1个省级工程研究中心,是国家级绿色工厂、国家级小巨人企业、省级绿色工厂;先后获得"新一代信息技术与制造业融合发展示范企业""全国重合同守信用企业""全国用户满意产品企业""全国机械行业文明单位""江西省质量管理先进企业""省级两化融合示范企业""江西省绿色创新技术培育企业"等荣誉。
主营产品:高压线路针式绝缘子、高压线路悬式绝缘子、高压线路柱式绝缘子、线路用拉紧绝缘子、低压线路绝缘子、瓷拉棒绝缘子及瓷横担绝缘子。

萍乡市宇翔电瓷制造有限公司

地址:江西省萍乡市芦溪县路行工业园
电话:0799-7560686
电邮:395102938@qq.com
网址:www.jxyxdc.com
单位介绍:萍乡市宇翔电瓷制造有限公司创建于1982年,厂区面积128000平方米,建筑面积30000余平方米,现有职工400余人,高中级技术人员60余人,总资产5000万元以上,是原国家经贸委"全国城乡电网建设与改造所需主要设备产品及生产企业"推荐厂家。公司主要生产750kV以下高压线路盘形悬式瓷绝缘子、针式瓷绝缘子、棒形支柱瓷绝缘子、穿墙瓷套管、变压器瓷套等,品种达200余种。产品除采用国标外,出口产品还按IEC标准和英、美、德、澳等国外标准生产。多年来,公司不断完善全质量保证体系和引进各种先进生产检测设备,使产品质量得到了进一步巩固和提高。较优异的产品质量、较完善的售后服务、高度的信誉,使公司的产品销往国外10多个国家及全国20多个省、市、自治区。
主营产品:750kV以下高压线路盘形悬式瓷绝缘子、针式瓷绝缘子、棒形支柱瓷绝缘子、穿墙瓷套管、变压器瓷套等。

3.8 高压电瓷企业

萍乡市通达电瓷厂

地址：江西省萍乡市上埠坪里工业区
电话：0799-7519019
电邮：tdcm3005@sina.com
网址：www.pxsdc.com

单位介绍：萍乡市通达电瓷厂是在我国电力工业大发展中新兴崛起的集电力线路、电力电器、电力电站和其他配套绝缘用瓷的中型生产厂家；年产值达1000万元，生产电瓷3000余吨；工厂占地面积1.65万余平方米，建筑面积1.1万余平方米；生产设施设备完善、检测设备齐全，完全具备110千伏及以下电压等级的高低压系列电瓷产品生产能力和同行业领军水平，60千伏及以下变压器瓷套（系列）是企业生产的主导产品之一。企业有一批懂技术善经营的专业管理人才和一支技艺精良的工人队伍，2001年顺利通过ISO 9002国际质量体系认证，产品广范销售于国内市场，部分产品配套用户产品出口，优质的产品和优良的服务深受广大用户的信赖与好评。

主营产品：互感器瓷套、电力变压器瓷套、变压器套管及高压瓷横担绝缘子。

萍乡百斯特电瓷有限公司

地址：江西省萍乡市安源区富田工业园
电话：0799-6378286
电邮：27648329@qq.com
网址：www.jxbstdc.com

单位介绍：萍乡百斯特电瓷有限公司专注于电力电网建设与发展，是全球输变电绝缘子制造商。公司一直致力于通过创新解决方案引领市场变革和提高产品品质，推动行业可持续发展，连续5年成为中国电器工业协会绝缘子避雷器分会认定的绝缘子行业五强企业之一，也是国内较大的绝缘子生产研发基地之一。其自主设计建成的研发中心，具备1000kV及以下绝缘子的研发与检测能力。该研发中心被评为"江西省绝缘子企业工程技术中心"，具备电瓷产品、附件、原料等物理性能、化学性能、产品性能及全方位实验、检测能力。目前，公司拥有百米氧化焰烧成隧道窑两座，年产柱式300万片（1.3万吨）、悬式300万片（1.25万吨）产品，产品销往全国31个省、市、自治区和5个东南亚国家。同类产品全国市场占有率为11.4%，综合实力全国排名第三。

主营产品：复合绝缘子（复合悬式绝缘子）、玻璃绝缘子及瓷质绝缘子（高压线路柱式绝缘子、针式绝缘子）。

上海电瓷厂有限公司

地址：上海市闵行区龙吴路4299-1号（澄江路729号）
电话：021-64343295
电邮：sepw8888@126.com
网址：www.sepw.com.cn

单位介绍：公司原为上海电瓷厂，始建于1946年4月，是一家专业从事生产经营上瓷牌避雷器、高压熔断器、高压隔离开关、高压绝缘子和防雷技术应用等输变电设备的中型电器制造高新技术公司，为中国电器行业协会理事单位、绝缘子避雷器分会副理事长单位、国家避雷器及熔断器标委会委员。公司长期与中国科学院、上海交通大学等科研院所合作，坚持走产学研共同发展道路。结合公司拥有行业中具有影响力的高压实验室及先进工艺研究设备等有利条件，在为用户提供较优质产品的同时，积极开展用户一体化战略，为用户提供技术解决方案。其中，公司自主研发的避雷器产品中复合纳米材料的开发与应用技术、（F）PSL系列绝缘导线架空线路用防雷支柱绝缘子等科研成果分别荣获上海市及国家电网科技进步一、二等奖；PR（H）W10系列跌落式熔断器，额定开断电流16kA，达到了国际较高水平。

主营产品：高压跌落式熔断器［PRHW10-40.5（W）/100］。

浙江人民高压电瓷有限公司

地址：浙江省乐清市柳市镇新光工业区泽博路2号
电话：0577-61718811/61785777
电邮：info@gaoci.com
网址：www.gaoci.com

单位介绍：浙江人民高压电瓷有限公司是一家集生产、销售、开发、研究于一体的高新技术企业，专业生产复合绝缘子、金属氧化物避雷器、跌落式熔断器、高低压隔离开关。公司通过了ISO 9001质量管理体系认证，通过了西安高压电器研究院有限责任公司、国家绝缘子避雷器质量监督检验中心等一系列国家权威质量检测机构的认证。

主营产品：复合外套避雷器（YH系列）。其体积小、质量轻耐碰撞、运输无碰损、安装灵活，适合在开关柜内使用。

上海隐冠半导体技术有限公司

地址：上海自由贸易试验区金海路1000号47幢1楼
电话：021-61659599
电邮：service@yg-st.com
网址：www.yg-st.com

单位介绍：上海隐冠半导体技术有限公司成立于2019年，是一家专注半导体装备及高端装备精密运动系统及核心零部件研发与生产的高科技创新型企业。利用精密运动控制与检测领域的技术优势，持之以恒研发新技术，开拓多维度应用领域，形成多品种多系列的量产精品，为精密运动定位及控制提供优越、可靠的解决方案，着力解决半导体装备关键核心部件的产业化问题，并将产品应用延伸至追求更精密技术工艺的泛半导体、新能源、高端显示装备等领域。公司打造了精密运动台、特种电机、压电产品、驱控产品和精密零部件五大产品线，配备先进的精密运动控制测试平台和一批专用工具，具备良好的生产测试条件。

主营产品：叠堆型压电陶瓷和压电致动器。

江苏联能电子技术有限公司

地址：江苏省扬州市物港路42号
电话：0514-87348687
电邮：info@china-yec.com

网址：www.china-yec.com
单位介绍：江苏联能电子技术有限公司始创于2001年，是集压电陶瓷材料、振动传感器、测试分析仪器、测试系统的研究、开发、生产、销售于一体的高新企业，拥有4大类、16个系列、300多个品种的产品。作为振动测试用传感器和动静态测试系统的专业制造厂家，电荷放大器获得全国科学大会奖。20年来，公司投入了大量的人力、物力致力于高性能压电陶瓷的二次应用开发，是市级技术中心、院士工作站和国家级新型材料压电陶瓷研发基地，其中高性能压电陶瓷D33等核心指标达到国际先进水平。已研制成熟的产品有高性能压电陶瓷材料及器件、以压电传感器为核心技术的旋转设备在线监测系统、以压电平面风扇为核心技术的散热系统。
主营产品：压电陶瓷驱动器、双晶片、压电电源及叠堆式驱动器。

哈尔滨小纳精控科技有限公司

地址：黑龙江省哈尔滨市松北区智谷二街3043号
电话：0451-58603067
网址：www.tinynano.cn
单位介绍：哈尔滨小纳精控科技有限公司是致力于打造高端精密定位产品的高科技公司，主要经营产品有压电陶瓷元器件、封装压电陶瓷、压电平移台、压电扫描台、压电物镜定位器、压电偏摆台、压电控制器、精密测量设备、精密产品及小型化控制器定制服务等。公司产品主要应用方向为半导体技术、光电子通信与集成光学、光学检测、激光调整共聚焦显微成像、天文自适应光学、激光通信、超精密加工、3D打印、生物分析技术及生命科学研究等领域。
主营产品：压电陶瓷元器件、封装压电陶瓷、压电平移台、压电扫描台、压电物镜定位器、压电偏摆台、压电控制器等。

杭州富阳中耐新材料股份有限公司

地址：浙江省杭州市富阳区场口镇大庄村
电话：0571-63333163
电邮：641118429@qq.com
网址：www.chinazeno.cn
单位介绍：杭州富阳中耐新材料股份有限公司是一家专业从事铝及铝合金熔体铸造用高温新材料的生产、销售及研发的国家高新技术企业，拥有陶瓷纤维制品生产车间、纤维堵塞生产车间、钛酸铝陶瓷生产车间、高强度陶瓷保温杯生产车间等。自成立以来，一直致力于耐高温、保温性好、强度高的特种陶瓷产品的生产及研发，致力于解决高温铝液对产品表面侵蚀，致力于服务低压铸造、同水平铸造、重力铸造等不同铝及铝合金铸造工艺厂家。
主营产品：扁锭、低压铸造、电解铝、连铸连轧及圆棒。

江苏拜富科技股份有限公司

地址：江苏省宜兴市丁蜀镇陶都工业园区蠡河路5号
电话：0510-87432286
电邮：baifu@baifutech.com
网址：www.baifutech.com
单位介绍：江苏拜富科技股份有限公司是功能陶瓷及特种玻璃新材料领域的国家高新技术企业，主要致力于陶瓷和玻璃原辅材料在光伏、汽车及日用玻璃，以及建筑、工业和卫生陶瓷等领域的应用。依托对无机非金属材料的深刻理解和20余年的工艺技术积累，公司不断拓展新技术和新产品的开发，形成了锆产品、陶瓷色釉料、特种玻璃镀膜新材料等多元化产品线。
主营产品：压敏电阻陶瓷、电子陶瓷、烧结型电子浆料用玻璃粉、锆英粉、硅酸锆、合成锆等电子专业材料。

江苏惟哲新材料有限公司

地址：江苏省无锡市新吴区汉江路15号A区15-3
电话：0510-82138861（转8005）
电邮：marketing@jsuam.com
网址：www.jsuam.com
单位介绍：江苏惟哲新材料有限公司（UAM），2017年6月成立于无锡市，注册资本2400万元，公司以氧化锆、氧化铝和玻璃复合材料及金、银、铂等金属材料为基础研究，致力于低温共烧陶瓷（LTCC）和高温共烧陶瓷（HTCC）工艺研究，在多个应用领域进行产品开发，已成功开发多系列氧化锆类传感器及相关系统。建有年产500万只氧传感器芯片的生产线，并建有完整LTCC加工平台，可以为客户研发和定制开发基于多层陶瓷的射频器件、多层基板、LTCC封装类产品。
主营产品：车用氧传感器、气体传感器及监测系统、LTCC工艺及产品、陶瓷材料。

长春禹衡光学有限公司

地址：吉林省长春市高新开发区飞跃东路333号
电话：0431-85543700
电邮：sales@yu-heng.cn
网址：www.encoders.com.cn
单位介绍：长春禹衡光学有限公司是编码器、光栅尺及旋转变压器的专业制造商，专注于位移传感器的研发和生产，已成为细分行业的领先企业。主导产品光栅编码器广泛应用于自动化领域，是控制系统构成的重要部件，是数控机床、交流伺服电机、电梯、冶金、重大科研仪器、航空航天、自动化流水线、机器人、试验检验高端设备等行业和领域必不可少的关键传感器件，是装备制造业产业升级的重要部件。
主营产品：编码器、光栅尺、旋转变压器、数据处理、安装附件及教学仪器。

江苏高凯精密流体技术股份有限公司

地址：江苏省常州市武进区常武中路18号常州科教城惠研楼南楼1201～1210
电话：0519-89886095
电邮：sales@gk-precision.com
网址：www.gk-precision.com
单位介绍：江苏高凯精密流体技术股份有限公司主营业务为压电驱动精密流体控制核心部件及相关整机设备的研发、生产和销售。公司通过为客户提供高质量的产品，助力客户大幅提升产线工艺与技术水平，改善产品质量，提高生产效率，降低生产成本。2014 年，公司在业内率先推出自主研发的国产压电喷射阀，实现了喷射点胶核心部件的进口替代。经过持续研发和创新，下游应用已覆盖声学、光学、FPC 和整机组装等多个 3C 电子制造细分领域，并逐步向新能源电池、半导体制造等领域拓展。

主营产品：真空备料站、压电系列、螺杆系列、焊锡系列、整机系列、灌封系列及热熔胶机系列。

中国振华电子集团宇光电工有限公司

地址：贵州省贵阳市乌当区新添大道北段 272 号
电话：0851-86305255
电邮：yg@yg771.com
网址：www.yg771.com
单位介绍：中国振华电子集团宇光电工有限公司（原国营第七七一厂）坐落于林城之都、避暑之城的贵州省贵阳市国家高新技术产业开发区，占地 38000 平方米，现有员工 700 余人，其中高中级技术人员 300 余人。公司是原第四机械工业部于 1966 年在贵州省凯里市布局设立的电真空器件专业生产单位，历经 50 多年的发展，具有无源电真空器件、断路器和陶瓷及其金属化组件等产品的研制、生产基础和市场影响力，具备先进的生产、试验设备和检测仪器，已成为具有较强市场竞争实力的科研、生产单位。
主营产品：陶瓷及其金属化组件。

第 4 章
生物陶瓷与产业状况

4.1 生物陶瓷及其应用概述

4.1.1 生物陶瓷的发展及特性

生物陶瓷（Bioceramics）是指用作特定的生物或生理功能的一类陶瓷材料，即直接用于人体或与人体相关的生物、医用、生物化学等的陶瓷材料。广义上讲，凡属生物工程的陶瓷材料统称为生物陶瓷。

生物陶瓷材料因其与人的生活密切相关，故一直备受材料科学工作者的重视。20 世纪 70 年代初期，国内开始研究生物陶瓷并用于临床。1974 年开展微晶玻璃用于人工关节的研究，1977 年氧化铝陶瓷在临床上获得应用，1979 年高纯氧化铝单晶用于临床，以后又有其他生物陶瓷材料不断出现，并应用于临床。国内涉及生物陶瓷研究的大学和国家重点实验室主要有：清华大学"新型陶瓷与精细工艺国家重点实验室"、中科院上海硅酸盐研究所"高性能陶瓷和超微结构国家重点实验室"、武汉理工大学"材料复合新技术国家重点实验室"、吉林大学"无机合成与制备化学国家重点实验室"、华南理工大学、华东理工大学、北京化工大学等。

作为生物陶瓷材料，需要具备如下特性：①生物相容性；②力学匹配性；③与生物组织有优异的亲和性，抗血栓，灭菌性；④具有很好的物理、化学稳定性。

目前，生物陶瓷的应用范围也正逐步扩大，包括骨科（人工骨、人工关节）、牙科（人工齿根）、整形外科（骨充填材料、骨置换材料、骨结合材料）、口腔外科、心血管外科和耳鼻喉科等。此外，还可用作手术刀等手术器械，也可以经皮引线应用于体内医学检测，以及膜、人造血管和其他医用人造气管和穿皮接头等。几种常见生物陶瓷材料的物理和机械性能见表 4-1。

生物陶瓷按其生物学性能可分为生物惰性陶瓷、生物活性陶瓷、生物活性玻璃陶瓷和齿科美学氧化锆陶瓷等。表 4-2 列出了常见生物陶瓷的主要制备方法、特征及常见用途。

表 4-1 常见生物陶瓷材料的物理和机械性能

材料	孔隙率（%）	密度（g/cm³）	杨氏模量（GPa）	压缩强度（MPa）	拉伸强度（MPa）	挠曲强度（MPa）
氧化铝	0	3.93~3.95	380~400	4000~5000	350	400~560
	25	2.8~3.0	150	500	—	70
	35	—	—	200	—	55
	50~75	—	—	80	—	6~11.4
稳定化的氧化锆	0	4.9~5.56	150~190	1750	—	150~700
	1.5	5.75	210~240	—	—	280~450
	5	—	150~200	—	—	50~500
	28	3.9~4.1	—	<400	—	50~65
生物活性陶瓷和玻璃陶瓷	—	—	—	—	56~83	—
	—	2.8	—	500	—	100~150
	31~76	0.65~1.86	2.2~21.8	—	—	4~35
羟基磷灰石	0.1~3	3.05~3.15	7~13	350~450	38~48	100~120
	10	2.7	—	—	—	—
	30	—	—	120~170	—	—
	40	—	—	60~120	—	15~35
磷酸一钙	2.8~19.4	2.55~3.07	44~48	310~510	—	60~115
	2.5~26.5	—	55~110	≤800	—	50~115
	致密	3.1	—	120~200	—	—
磷酸三钙	致密	3.14	—	120	—	—
	—	—	—	7~21	5	—
其他磷酸钙盐	致密	2.8~3.1	—	70~170	—	—

表 4-2 常见生物陶瓷的主要制备方法、特性及常见用途

材料名称	主要制备方法	特性	常见用途
氧化铝陶瓷	提拉法、导模法、化学气相沉积法、焰熔法等	高抗弯强度、耐磨性好、耐热性好	人工骨、牙根、关节、螺栓等
氧化锆陶瓷	化学法、成型烧结法等	高断裂韧性、高断裂强度和低弹性模量	牙科修复材料、人工髋关节

续表

材料名称	主要制备方法	特性	常见用途
羟基磷灰石陶瓷	固相反应法、水热反应法、沉淀反应法等	无毒、无刺激、生物相容性好;不被吸收、能诱发新骨的生长	牙槽骨缺损、脑外科手术的修补、填充等,制造耳听骨链和整形整容的材料、人工骨核治疗骨结核
磷酸三钙陶瓷	固相合成法、液相合成法、醇化合物法、前驱体法等	降解性能好、机械强度偏低	人体硬组织缺损修复和替代材料
硫酸钙陶瓷	固相烧结等	生物相容性、生物可吸收性、易加工性、高机械性能和骨传导性	人工骨替代物

4.1.2 生物惰性陶瓷

生物惰性陶瓷主要是指化学性能稳定、生物相容性好的陶瓷材料,如氧化铝、氧化锆、氧化锆增韧氧化铝、氮化硅以及它们的复合陶瓷材料等。这类陶瓷材料的结构都比较稳定,分子中的键合力较强,而且都具有较高的强度、耐磨性及化学稳定性。

4.1.2.1 氧化铝生物陶瓷

氧化铝陶瓷因具有非常稳定的物理化学性能,优异的抗腐蚀、耐磨损以及热学与力学特性,从而可满足作为生物医学材料所需要的耐磨性、抗血栓(移植的材料不会遭受血液细胞的破坏且不会形成血栓)、强度匹配性、无菌性(移植材料必须能以无菌形态生存下来)、适应性等。因此,氧化铝陶瓷很早就开始在临床医学上获得应用。1963年Al_2O_3陶瓷人工骨头被研制成功,首次在外科矫形手术中应用。随后在1964年Al_2O_3陶瓷首次被用作牙科移植物,并且于1968年采用多孔Al_2O_3陶瓷假体与人体的肌肉-骨骼系统相连,活组织长入假体内而形成生理统一体。特别是1972年法国Boutin P教授首次将Al_2O_3陶瓷球头、Al_2O_3陶瓷帽及不锈钢杆组成的假体用于人工髋关节置换手术,由此开创了在髋关节置换领域应用陶瓷之先河,并于1982年底获得美国食品与药品管理局(FDA)的正式批准。之后,陶瓷髋关节得到了相当广泛的研究与应用。

作为生物材料的Al_2O_3陶瓷,比工业用Al_2O_3陶瓷具有更严格的要求。早期的Al_2O_3生物陶瓷因受粉料纯度、粒径和制备工艺的限制,导致其晶粒尺寸较大(约$7\mu m$),密度和强度偏低,致使其性能明显低于Al_2O_3单晶,从而在用于一些承重面的人工假体(如髋关节、膝关节等)时并不十分理想。但近20年来,随着Al_2O_3粉体纯度提高(>99.9%),粒径减小(<$0.5\mu m$)以及烧结技术(如热等静压烧结)的改善,使制备的Al_2O_3生物陶瓷的各项性能指标明显提高。表4-3示出从1970—1990年Al_2O_3生物陶瓷主要性能的变化。可见,Al_2O_3生物陶瓷的最低密度和最低抗弯强度分别由1970年的3.86g/cm^3和400MPa提高至1990年的3.97 g/cm^3和580MPa,特别是显微结构更加均匀细化,其晶粒尺寸由$4.5\mu m$减小至$2\mu m$以下,从而使陶瓷关节材料表面加工后可获得更高的光洁度,有助于减小关节的摩擦,特别是可使陶瓷关节的破碎发生率减小到0.004%。

表4-3 1970—1990年Al_2O_3生物陶瓷的性能改善

性能	1970年	1980年	1990年
最低强度(MPa)	400	500	580
最低硬度(HV)	1800	1900	2000
弯曲强度(MPa)	450	>500	>550
浸润角(°)	<50	<50	<50
晶粒尺寸(μm)	≤4.5	≤3.2	≤2.0
最低密度(g/cm^3)	3.86	3.94	3.97
最低杨氏模量(GPa)	380	380	380

至今为止,作为生物材料的Al_2O_3陶瓷已在以下医学领域中获得应用:①外科矫形手术的承重假体,如人工髋关节、人工膝关节;②牙科移植物,如假牙、牙槽增强、牙齿矫形用托槽;③某些骨头替代物,如人工中耳骨;④眼科手术中的角质假体,由Al_2O_3陶瓷环和Al_2O_3单晶柱组合而成。图4-1为各种Al_2O_3生物陶瓷移植物的示意图。超纯氧化铝陶瓷髋关节陶瓷球头和陶瓷帽如图4-2所示。

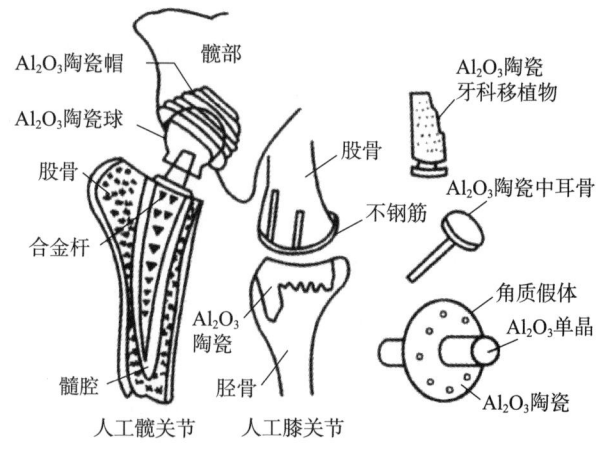

图4-1 各种Al_2O_3生物陶瓷移植物的示意图

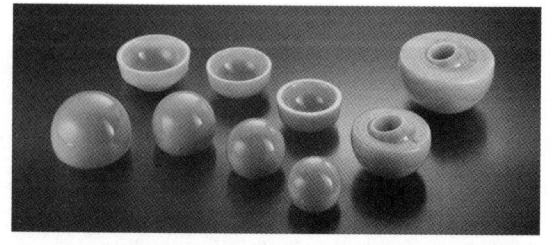

图4-2 超纯氧化铝陶瓷髋关节陶瓷球头和陶瓷帽

4.1 生物陶瓷及其应用概述

牙齿矫正用氧化铝透明陶瓷托槽作为生物陶瓷已获得广泛应用。自 1986 年，透明氧化铝陶瓷托槽首次被引入正畸领域，其后多种类型的透明陶瓷托槽被广泛地应用到牙齿矫正的临床治疗。与金属托槽比较，透明陶瓷托槽由于其良好的生物相容性、透明性和光泽度，使其更加美观实用。目前应用的透明陶瓷托槽主要为氧化铝材料，根据其制作工艺的不同又可分为单晶透明氧化铝和多晶透明氧化铝陶瓷。由于多晶透明氧化铝陶瓷制作工艺更为简单，成本较低，所以目前应用比较广泛。多晶透明氧化铝陶瓷托槽的制备主要采用气氛烧结和热等静压烧结，国际上生产厂商主要有日本的 TOMY 和美国的 3M 公司。图 4-3 列出清华大学采用注射成型和热等静压烧结制备的多晶透明氧化铝陶瓷托槽样品。

图 4-3　多晶透明氧化铝陶瓷托槽

单晶氧化铝陶瓷的机械性能更优于多晶氧化铝，适用于负荷大、耐磨要求高的部位，但其不足之处在于加工困难。无论单晶还是多晶的氧化铝陶瓷都属脆性材料，冲击韧性较低，弹性模量远高于自然骨，力学相容性欠佳，同时其抗拉强度低，在生物环境作用下会发生老化和疲劳破坏，因此不宜用作承受复杂应力的骨替换材料，若使用可能引起骨组织的应力，从而引起骨组织的萎缩和关节松动，在使用过程中，常出现脆性破坏和骨损伤。近年来，国外有关学者在氧化铝陶瓷增韧方面作了大量的工作，主要是利用 ZrO_2 相变增韧或微裂纹增韧，取得了显著的效果，相关内容将在 ZTA 陶瓷中论述。

4.1.2.2　氧化锆生物陶瓷

氧化锆陶瓷（Zirconia Bioceramics）是以 ZrO_2 为主要成分的一类生物惰性陶瓷，其显著特征是具有优良的生物相容性、极高的化学稳定性和热稳定性、良好的断裂韧性、高断裂强度和低弹性模量，适合制作需承受高剪切应力的人工关节。

纯氧化锆具有三种晶型，在一定温度条件下可以发生晶型转变（相变）。在承受外力作用时，其 t 相向 m 相转变的过程需吸收较高的能量，使裂纹尖端应力松弛，增加裂纹扩散阻力而增韧，因而具有非常高的断裂韧性。裂纹扩展使裂纹尖端亚稳态的四面体晶粒转变为单斜晶粒，由于单斜晶粒大于四面体晶粒，挤压应力将出现在裂纹尖端，需要更多能量推动裂纹扩展，使裂纹钝化。

通过 Y_2O_3 固溶到氧化锆晶格中的部分稳定氧化锆（YSZ），也称为相变增韧氧化锆，与氧化铝一样具有良好的生物相容性，且比氧化铝断裂韧性高、耐磨性更好。力学性能的增加使得在股骨头应用中氧化锆植入体直径比氧化铝更小，有利于减少植入物尺寸和实现低摩擦、磨损，用以制造牙根、骨、股关节、复合陶瓷人工骨、瓣膜等，特别是氧化锆牙科植入物，如图 4-4 所示。表 4-4 列出了用于外科植入的氧化铝与氧化锆陶瓷性能比较。

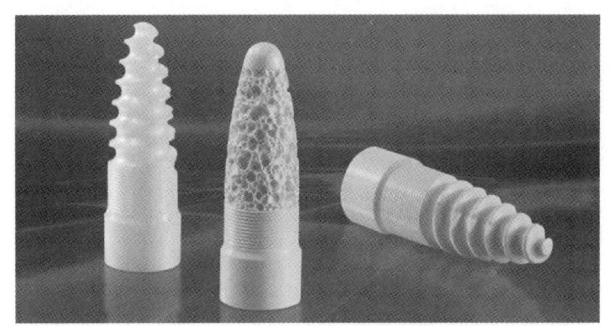

图 4-4　氧化锆牙科植入物

表 4-4　用于外科植入的氧化铝陶瓷、氧化锆陶瓷性能比较

性质	氧化铝陶瓷	氧化锆陶瓷
密度（g/cm²）	3.98	6.05
颗粒大小（mm）	3.6	0.2~0.4
抗弯强度（MPa）	595	1000
抗压强度（MPa）	4200	2000
杨氏模量（GPa）	400	150
硬度（HV）	2400	1200
断裂韧性 K_{IC}（MN/m）	5	7

4.1.2.3　氧化锆增韧氧化铝（ZTA）

如前所述，氧化铝陶瓷硬度高、弹性模量大，具有优异的化学稳定性和高温性能，但其断裂韧性比较低，一般为 $3MPa \cdot m^{1/2}$，因此表现出较大的脆性。通过添加第二相颗粒或晶须进行 Al_2O_3 增韧补强得到普遍关注，而在 Al_2O_3 中引入 ZrO_2，即 ZrO_2 增韧 Al_2O_3（简称 ZTA），证明是改善 Al_2O_3 陶瓷断裂韧性和强度的最有效方法。

近 20 年来，ZTA 陶瓷体系得到广泛研究和应用，包括 ZTA 陶瓷的制备技术、不同特性 ZrO_2 颗粒对 Al_2O_3 的增韧和强化机制，以及 ZTA 陶瓷的显微结构及力学性能等。事实上，ZrO_2 引入不但可显著提高 Al_2O_3 的断裂韧性，同时也可大大提高其断裂强度，即可同时达到增韧与补强作用。目前，已报道的 ZTA 陶瓷的断裂韧性最高可达 $10MPa \cdot m^{1/2}$、抗弯强度最高可达 1.5GPa。

ZTA 生物陶瓷的一个重要应用是作为陶瓷髋关节，通过在氧化铝中引入亚稳态四方相氧化锆或其他板状晶粒显著提高材料的抗弯强度和断裂韧性。例如，德国赛琅泰克公司报道的一种新型 ZTA 陶瓷材料具有非常优异的性能，并已广泛应用于全陶瓷髋关节的置换手术中，其商品名称为 Biolox® delta，如图 4-5 (a) 所示。该复合陶瓷材料由 82% 的 Al_2O_3、17% 的 Y-TZP 及少量的 CrO_3 和 $SrAl_{12-x}Cr_xO_{19}$ 等构成，其显微结构如图 4-5 (b) 所示。可见在细晶粒 Al_2O_3 基体中均匀分散 200~300nm 的 Y-TZP 纳米晶粒，此外，少量的铬酸锶铝（$SrAl_{12-x}Cr_xO_{19}$）板状晶粒也有助于提高断裂韧性。该复相陶瓷材料的抗弯强度和断裂韧性分别达到 1384MPa 和 $6.5 MPa \cdot m^{1/2}$，这是由于亚稳态四方相氧化锆的相变增韧以及铬酸锶铝板状晶粒增强增韧的双重作用所致，上述两种增韧机制的原理示意图如图 4-6 所示。

 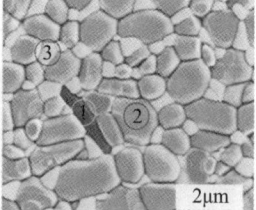

(a) 陶瓷髋关节　　　　(b) 显微结构电镜照片

图 4-5　ZTA 生物陶瓷髋关节及显微结构

注：①铬酸锶铝板状晶体；②氧化铝晶粒；③四方氧化锆晶粒

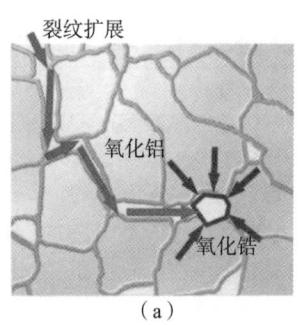 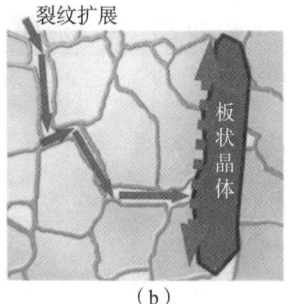

(a)　　　　　　　(b)

图 4-6　Y-TZP 晶粒与板状晶增韧机制示意图

4.1.2.4　陶瓷关节发展与应用

氧化铝和氧化锆陶瓷自 20 世纪 70 年代就替代 Co-Cr 合金材料应用于全髋关节（THA）和全膝关节（TKA）修复手术中。陶瓷关节相对于金属-聚乙烯关节的优势在于其优异的耐磨特性，磨损率非常低。氧化铝陶瓷-陶瓷的体外磨损试验结果为 $0.5mm^3/10^6$ 次，临床上翻修取出的陶瓷假体也证实了陶瓷耐磨性，15 年仅磨损数微米，线性磨损约为 0.001mm/年，是金属-聚乙烯摩擦界面的 1/2000，是金属-金属摩擦界面的 1/100，这意味着磨损颗粒大大减少。

陶瓷关节材料优势还在于无金属离子溶出，也不会导致过敏反应；少数较敏感的患者可能会因金属离子发生迟发性过敏反应，出现疼痛和假体松动。氧化铝陶瓷对人体组织具有低的反应特性，这是因为氧化铝陶瓷的磨损颗粒直径为 $(0.39\pm0.12)\mu m$，巨噬细胞对其的趋向反应较弱。此外，陶瓷离子键结构具有高亲水性，可吸引体内的极性液体，使之均匀地覆盖在陶瓷表面，由于陶瓷硬度比金属高，经过抛光处理后可获得比金属更光滑的表面，其表面粗糙度非常低，仅为 $0.01\mu m$。所以虽然液膜层厚度比金属-金属摩擦界面更薄一些，但磨损更小。因此，氧化铝陶瓷及氧化铝与氧化锆复合陶瓷在具有承重面的髋关节置换手术中获得广泛应用。

值得注意的是，四方多晶氧化锆（如 Y-TZP）陶瓷虽然强度、韧性及耐磨性也很好，但因在热液和水蒸气等条件下会发生四方相到单斜相的自发相变，因体积膨胀，陶瓷出现鼓胀或裂纹，导致材料破坏；即使在体温条件下长期使用也会出现性能下降的老化现象，从而增加了陶瓷股骨头突然失效的风险，因此临床上现已很少使用。

由于氧化锆增韧氧化铝复相陶瓷（ZTA）具有优异性能，作为髋关节和膝关节假体在欧洲、美国及亚洲得到广泛应用，代表性厂家有德国赛琅泰克（Ceram Tec）公司、日本京瓷（Kyocera）公司、英国摩根（Morgan）公司。特别是德国赛琅泰克公司分别生产了商品名为 BIOLOX（自 1974 年）、BIOLOX forte（自 1995 年）、BIOLOX delta（自 2000 年）系列牌号的陶瓷髋关节，其相应的组成和性能见表 4-5。可见与高纯度氧化铝关节（BIOLOX、BIOLOX forte）牌号相比较，含有四方晶氧化锆和铬酸锶铝晶粒的氧化铝基复合材料具有非常高的弯曲强度和断裂韧性。目前世界上每三个髋关节患者中就有一个使用 BIOLOX 陶瓷球头，每天有上千人植入，累计使用量达到 400 万件 BIOLOX 陶瓷球头和 75 万件 BIOLOX 陶瓷衬。图 4-7 与图 4-8 分别示出 Al_2O_3/Y-TZP 复合陶瓷膝关节球头和肩关节球头。

表 4-5　德国赛琅泰克公司不同牌号陶瓷髋关节的组成与性能

指标	单位	BIOLOX（自 1974 年）	BIOLOXforte（自 1995 年）	BIOLOXdelta（自 2004 年）
Al_2O_3	%	99.7	>99.8	81.6
ZrO_2	%	无数据	无数据	17
其他氧化物	%	余量	余量	1.4
密度	g/cm^3	3.95	3.97	4.37
氧化铝晶粒尺寸	μm	4	1.750	0.560
四点弯曲强度	MPa	500	631	1384
弹性模量	GPa	410	407	358
断裂韧性 K_{IC}	$MPa \cdot m^{1/2}$	3.0	3.2	6.5
硬度 HV1	GPa	20	20	19

图 4-7　Al_2O_3/Y-TZP 复合陶瓷膝关节球头

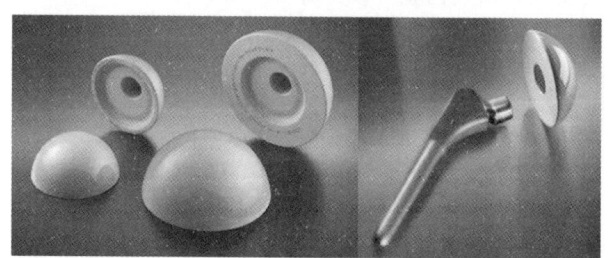

图 4-8　Al_2O_3/Y-TZP 复合陶瓷肩关节球头

4.1.2.5　氮化硅生物陶瓷

1986 年，在澳大利亚的一项小型临床试验中，氮化硅（Si_3N_4）陶瓷首次应用于 30 名患者的腰椎关节固定装置材料。经大量的研究及实践证明，氮化硅陶瓷材料既具有一系列生物相容性、骨传导性、无毒安全性等可与其他生物陶瓷材料相媲美的优点，还具有高硬度、高抗弯强度、高断裂韧性、耐高温、绝缘等其他性能，因此受到科研工作者的重视。

氮化硅作为非氧化物陶瓷，通常采用气压烧结、反应烧结或热等静压烧结等途径进行致密化，通过引入 Y_2O_3、Al_2O_3、MgO 等烧结助剂，在高温（>1740℃）和氮气气氛下进行烧结，由于烧结助剂与 Si_3N_4 颗粒上的 SiO_2 层反应形成液相，可以使 Si_3N_4 晶粒生长成细长的棒状形态，最终获得细晶棒状交织的 β-Si_3N_4 晶相，如图 4-9 所示。

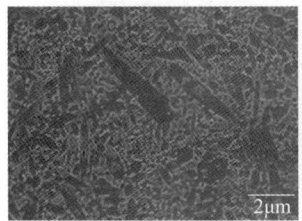 

Si_3N_4 陶瓷抛光后表面形貌　　Si_3N_4 陶瓷端口形貌

图 4-9　β-Si_3N_4 晶相细晶棒状结构

目前得到临床应用的医用级氮化硅采用常规冷等静压成型，然后通过热等静压（HIP）进行致密化烧结，相对于传统陶瓷，原位增韧 Si_3N_4 含有细长的棒状晶粒（直径大于 1 nm）其室温抗弯强度为（923±70）MPa，断裂韧性为（10±1）MPa·$m^{1/2}$。

典型的 Si_3N_4 原位增韧显微组织中，棒状晶粒交织组成独特的微观结构使得裂纹的扩展变得更加困难，如图 4-10 所示。由于 Si_3N_4 中的细长晶粒随机取向阻碍了裂纹的扩展，通过完整的棒状晶粒桥接效应阻碍裂纹扩展。此外，扩展裂纹尖端后拔出棒状晶粒或裂纹沿棒状晶粒边界偏转，这些都提供了降低裂纹快速扩展趋势的能量耗散机制，与传统复合材料中增强纤维相的方式大致相同，从而产生原位增韧效果，因此具有较高的弯曲强度和断裂韧性。

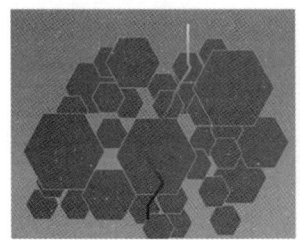 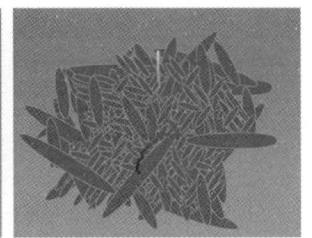

（a）传统陶瓷　　（b）原位增韧氮化硅陶瓷裂纹扩展模式

图 4-10　传统陶瓷与原位增韧氮化硅陶瓷裂纹扩展模式对比

目前开发氮化硅陶瓷椎关节植入物的一家美国公司-阿梅迪卡（Amedica, Nasdaq AMDA），于 2011 年植入了第一例人工股骨球头。该美国公司作为全球的医用氮化硅陶瓷生产商，其出产的氮化硅陶瓷椎间融合器于 2008 年获得了美国 FDA 颁发的上市许可。各种氮化硅陶瓷生物制品如图 4-11 所示。

图 4-11　美国公司用于人体关节造型和脊柱重建的氮化硅生物陶瓷

4.1.3　生物活性陶瓷

生物活性陶瓷包括表面生物活性陶瓷和生物吸收性陶瓷，又叫生物降解陶瓷。表面生物活性陶瓷通常含有羟基，还可做成多孔性，生物组织可长入并同其表面发生牢固的键合。生物吸收性陶瓷的特点是能部分吸收或者全部吸收，在生物体内能诱发新生骨的生长。生物活性陶瓷主要被作为支架材料或者作为结构坚固基体的涂层材料。常见的生物活性陶瓷有羟基磷灰石陶瓷、磷酸三钙等。

4.1.3.1　羟基磷灰石生物陶瓷（HA）

众所周知，生物活性陶瓷中应用最多的是羟基磷灰石（Hydroxyapatite，简称 HA 或 HAP）。作为人体和动物骨骼的主要无机成分，羟基磷灰石具有良好的生物相容性，植入体内不仅安全无毒，还能诱导骨生长，是典型的生物活性陶瓷，植入体内后能与组织在界面上形成化学键性结合。羟基磷灰石因其抗腐蚀性强、骨诱导生成性强、体内可降解等特点广泛应用于人体骨仿生再生材料以及羟基磷灰石涂层，目前是骨修复领域中研究较为广泛的材料之一，常常应用于骨组织再生工程。图 4-12 示出武汉理工大学开发的羟基磷灰石生物陶瓷制品。

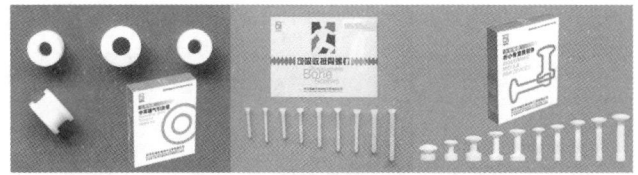

（a）中耳通气引流管　（b）听小骨置换假体　（c）可吸收接骨螺钉

图 4-12　羟基磷灰石生物陶瓷制品

我国对羟基磷灰石的研究开始于 20 世纪 80 年代，武汉理工大学、山东省工业陶瓷研究设计院、航空航天部 621 研究所、北京市口腔医学研究所、华南理工大学、上海硅酸盐研究所等单位都成功地研制出羟基磷灰石陶瓷，并进行了许多临床应用研究。

4.1.3.2　磷酸三钙生物陶瓷材料

磷酸三钙（TCP）是一种重要的磷酸钙陶瓷，具有良好的生物相容性和生物无毒性，存在 α 和 β 两种晶体形态，分别为 α-TCP 和 β-TCP。β-TCP 属三方晶系，是磷酸钙的一种高温相，其钙磷原子比为 1.5，钙磷比在决定体内溶解性和吸收趋势上起着重要作用。与 HA 相比，TCP 最大的优点在于其溶解度比 HA 高 10～20 倍，更易于在体内溶解，植入机体后与骨可以直接融合而被骨组织吸收，无任何局部炎性反应及副作用，是一种骨的重建材料。

常用的 β-TCP 植入体内可逐渐降解，降解速率可因其表面构造、结晶构型、孔隙率及植入动物的不同而异，其强度常随降解而减弱。已证实改变孔径和材料纯度能减缓降解速度，提高生物强度。同时，可根据不同部位骨性质的不同及降解速率的要求，制成具有一定形状和大小的中空结构构件，用于治疗各种骨科疾病，如图 4-13 所示。

与其他陶瓷相比，磷酸钙陶瓷更类似于人骨和天然牙的性质和结构，但其主要缺点是机械强度偏低，脆性较大，经不起力的冲击，以至于难以加工成型或固定钻孔。致密磷酸钙陶瓷可以通过添加增强相提高它的断裂韧性，多孔磷酸钙陶瓷虽然可被新生骨长入而断裂韧性极大增强，但是在再建骨完全形成之前，为及早代行其功能，也必须对它进行增韧补强。

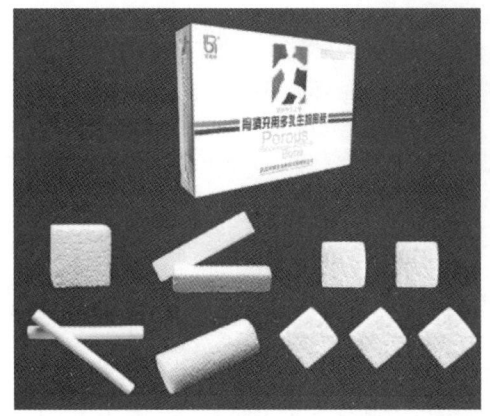

图 4-13　骨填充用 β-TCP 人工骨多孔生物陶瓷

将 β-TCP 与其他材料混合，制成双相或多相陶瓷，是提高其力学强度的方法之一。通常认为双相钙磷陶瓷（Biphasic Calcium Phosphate，BCP）的骨传导效应优于单一的 HA 或 TCP，可以结合 HA 强度高和 TCP 生物降解性能好的优点，制备出 HA/TCP 生物陶瓷人工骨，如图 4-14 所示。

图 4-14　HA/TCP 生物陶瓷人工骨

4.1.4　生物活性玻璃

生物活性玻璃（Bioactiveglass，BAG）是一类能对机体组织进行修复、替代与再生，具有能使组织和材料之间形成键合作用的材料，在生物活性玻璃的基础上，通过控制晶化还可以得到多晶体。

因其具有良好的生物相容性和生物活性，生物活性玻璃引起了相关业界的广泛关注，在牙科、骨科骨缺损修复以及软组织损伤愈合临床上在全世界范围广泛使用，在安全性和临床有效性上已得到美国 FDA、欧盟以及中国国家药品监督管理局的认可作为骨缺损修复材料，生物活性玻璃已经临床使用几十年。图 4-15 为医用生物活性玻璃粉，可用于生物骨修复、伤口止血、软组织伤口愈合，以缩短伤口的愈合时间，全面提高伤口的愈合质量。

目前已开发的生物活性玻璃主要有 Na_2O-CaO-SiO_2-P_2O_5 系玻璃、CaO-Al_2O_3-P_2O_5 系微孔微晶玻璃、Na_2O-K_2O-MgO-CaO-SiO_2-P_2O_5 微晶玻璃、MgO-CaO-SiO_2-P_2O_5 系微晶玻璃、可机械加工的生物微晶玻璃、可溶解磷酸盐玻璃等。表 4-6 列出部分生物活性玻璃的产品类型及组分。

图 4-15　生物活性玻璃粉

表 4-6　生物活性玻璃和玻璃陶瓷的组分（%）

产品类型	45S5	45S5-F	45S5-B5	52S4.6	Ceravital	稳定化Ceravital	A-W玻璃陶瓷
SiO_2	45.0	45.0	40.0	52.0	40~50	40~50	34.2
P_2O_5	6.0	6.0	6.0	6.0	10~15	7.5~12	16.3
CaO	24.5	12.3	24.5	21.0	30~35	25~30	44.9
Na_2O	24.5	24.5	24.5	21.0	5~10	3.5~7.5	—
B_2O_3	—	—	5.0	—	—	—	—
CaF_2	—	12.2	—	—	—	—	0.5
K_2O	—	—	—	—	0.5~3.0	0.5~2.0	—
MgO	—	—	—	—	2.5~5.0	1.0~2.5	4.6
Al_2O_3	—	—	—	—	—	5~15	—
TiO_2	—	—	—	—	—	1.0~5.0	—
Ta_2O_3	—	—	—	—	—	5~15	—

4.1.5　齿科美学氧化锆陶瓷

自从 1774 年法国学者 Duchateau 采用陶瓷作义齿开始，至今已有 200 多年。陶瓷材料质地致密、耐磨、表面光洁、有良好的生物相容性和化学稳定性，在口腔硬组织修复领域备受青睐。1969 年，Disked 与 Heler 等首次报道将氧化锆陶瓷应用在生物医学领域。氧化锆陶瓷具有良好的生物相容性，同时与普通陶瓷相比，具备更好的机械强度，其抗弯强度可以达到800~1000MPa，颜色与人类牙齿的天然颜色比较接近。这些优点使氧化锆陶瓷在生物材料领域的研究应用引起了人们的广泛关注。图 4-16 所示为齿科氧化锆陶瓷牙。

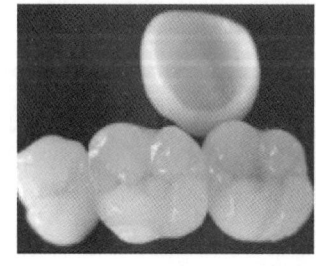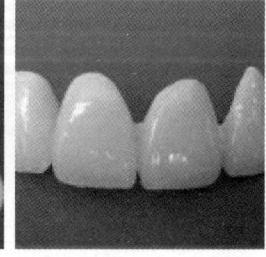

图 4-16　齿科氧化锆陶瓷牙

4.1 生物陶瓷及其应用概述

随着材料科学和口腔临床医学的快速发展，20 世纪 90 年代以来的全瓷修复技术因具有良好的生物相容性、稳定的化学性质、较低的放射性和优越的美观效果，成为目前较为理想的修复方式。同时，计算机辅助设计/计算机辅助制造（CAD/CAM）技术的引入，使其在口腔硬组织修复中受到了人们的普遍青睐。图 4-17 示出 CAD/CAM 技术制备氧化锆全瓷牙。图 4-18 为氧化锆全瓷牙的效果对比图。

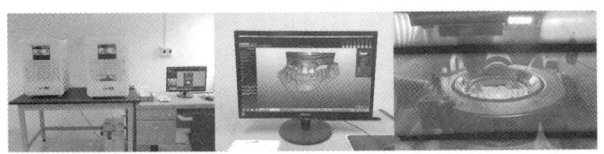

图 4-17　CAD/CAM 技术制备氧化锆全瓷牙

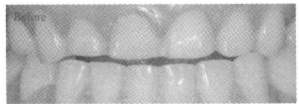 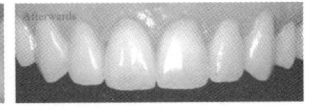

图 4-18　氧化锆全瓷牙的效果对比图

如今，齿科氧化锆陶瓷修复材料的大规模应用，结合口腔数字化技术，带来了口腔修复学的突破和新发展。特别是 3D 打印模型材料，3D 打印完全数字化控制技术制得的釉锆产品如图 4-19 所示。据《全球医用陶瓷市场预测报告》，义齿已经成为全球生物医用陶瓷市场上最重要的应用之一，预计在未来几年内将主导市场。

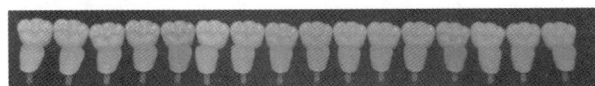

图 4-19　3D 打印完全数字化控制技术制得的釉锆产品

齿科美学氧化锆陶瓷另一个特点就是良好的透射率，表 4-7 列出了目前几种主流品牌全瓷牙相对透射率测试结果，其中 Vita 的产品为氧化铝基，而其他公司产品为氧化锆基，可以看出，大部分氧化锆基陶瓷的相对透射率与氧化铝基相当或更高，表明氧化锆不仅比氧化铝具有更高强度，还有更好的美学特性。此外，值得一提的是，国内爱尔创 Upcera 品牌瓷科氧化锆在透射率方面高于国外主流厂商，泽康 Cercon 紧随其后，Lava、威兰德和 Zenostar 三家厂商产品差异不大。

表 4-7　几种主流品牌全瓷牙相对透射率测试结果

品牌名称	主流产品名	相对透射率
Zenostar	ZR pure	0.812±0.015
Zenostar	ZR intense	0.909±0.005
Lava	Zirconia FS1	0.820±0.006
Lava	Zirconia FS7	0.910±0.004
Upcera（爱尔创）	Zirconia ST	0.930±0.008
Upcera（爱尔创）	Zirconia HT	0.974±0.009
Cercon	ht full contour zirconia A1	0.918±0.003
Cercon	ht full contour zirconia C4	0.941±0.008
Vita In-Ceram	Alumina AL2	0.869±0.001

近年来，国内瓷科氧化锆粉体及瓷块得到高速发展。山东国瓷、广东华旺、江西赛瓷采用湿化学法均能生产优质的瓷科氧化锆粉体。其中以山东国瓷产能最大，粉体纯度高，粒径尺寸 200～300nm，粒度分布窄，如图 4-20 所示，烧结后强度高、韧性好。

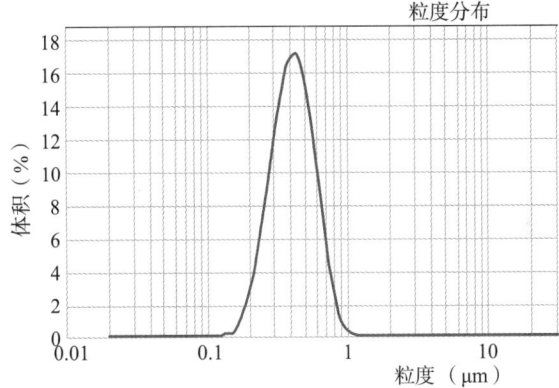

图 4-20　山东国瓷的瓷科氧化锆粉体粒径及分布

氧化锆陶瓷的瓷块是目前瓷科陶瓷市场最大的产品，主要生产企业有深圳爱尔创（已被山东国瓷收购）、秦皇岛爱迪特、深圳翔通、湖南鹏登、江西赛瓷等。图 4-21 示出氧化锆瓷块及加工后的陶瓷牙制品。

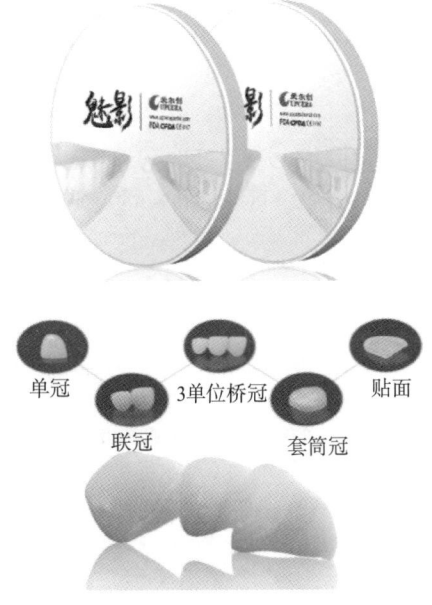

图 4-21　氧化锆瓷块及加工后的陶瓷牙

4.1.6 小结

生物陶瓷材料无毒抗菌,有良好的生物活性与生物相容性,可作为骨骼、牙床、心脏瓣膜等的修补材料或替代材料,如陶瓷牙、关节置换、陶瓷头骨植入物等都是这方面的应用。生物陶瓷材料虽然已成功地应用到人类硬组织上,但仍存在各种问题,为此对生物陶瓷材料的研究日益加强。从仿生原理组织工程的思想出发,制备与人体自然组织结构及性能相似的理想生物材料,也是今后生物医用陶瓷材料的主要发展方向。

参考文献

[1] 李世普. 生物陶瓷 [M]. 武汉:武汉工业大学出版社,1989.

[2] 谢志鹏. 结构陶瓷 [M]. 北京:清华大学出版社,2010

[3] LARRY, L, HENCH. Bioceramics: From Concept to Clinic [J]. Journal of the American Ceramic Society, 1991, 74 (7): 1487-1510.

[4] BEST S M, PORTER A E, THIAN E S, et al. Bioceramics: past, present and for the future [J]. Journal of the European Ceramic Society, 2008, 28 (7): 1319-1327.

[5] RAHAMAN M N, YAO A, BAL B S, et al. Ceramics for Prosthetic Hip and Knee Joint Replacement [J]. Journal of the American Ceramic Society, 2010, 90 (7): 1965-1988.

[6] BAL B S, RAHAMAN M N. Orthopedic applications of silicon nitride ceramics [J]. Actabiomaterialia, 2012, 8 (8): 2889-2898.

[7] JAYASWAL G P, DANGE S P, KHALIKAR A N. Bioceramic in dental implants: A review [J]. Journal of Indian Prosthodontic Society, 2010, 10 (1): 8-12.

[8] DOROZHKIN S V. Bioceramics based on calcium orthophosphates (Review) [J]. Glass and Ceramics, 2007, 64 (11-12): 442-447.

[9] HENESS G, BEN-NISSAN B. Innovative Bioceramics [J]. Materials Forum, 2004, 27: 104-114.

[10] 徐慧芳, 冷泠, 赵婉雨. 生物陶瓷应用与市场分析 [J]. 新材料产业, 2016, 266 (01): 13-16.

[11] 黄阳, 路荣建, 赵立升, 等. 四种超透明氧化锆基与In-Ceram氧化铝基全瓷材料相对透明率的对比测定 [J]. 稀有金属材料与工程, 2015 (S1): 394-396.

[12] BOUTIN P. Total arthroplasty of the hip by fritted alumina prosthesis experimental study and 1st clinical applications [J]. Revue de Chirurgie Orthopédique et Réparatrice de l Apparl Moteur, 1972, 58 (3): 229-246.

[13] ACP, BGM. Zirconia as a ceramicbiomaterial [J]. Biomaterials, 1999, 20 (1): 1.

[14] AGUSTIN-PANADERO R, ROMAN-RODRIGUEZ J, FERREIROA A, et al. Zirconia in fixed prosthesis. A literature review [J]. Journal of Clinical & Experimental Dentistry, 2014, 6 (1): e66-e73.

[15] SENNERBY L, DASMAH A, LARSSON B, et al. Bone tissue responses to surface-modified zirconia implants: A histomorphometric and removal torque study in the rabbit [J]. Clin Implant Dent Relat Res, 2010, 7 (s1): s13-s20.

[16] PICONI C, MACCAURO G, MURATORI F, et al. Alumina and zirconia ceramics in joint replacements [J]. Journal of applied biomaterials & biomechanics: JABB, 2003, 1 (1): 19.

[17] MACCAURO C P. Zirconia as a ceramic biomaterial [J]. Biomaterials, 1999, 20 (1): 1-25.

[18] N E STROUP, L W FRENI-TITULAER, J J SCHWARTZ. Unexpected geographic variation in rates of hospitalization for patients who have fracture of the hip. Medicare enrollees in the United States [J]. Journal of Bone & Joint Surgery American Volume, 1990, 72 (9): 1294.

[19] WANG L, SNIDLE R W, GU L. Rolling contact silicon nitride bearing technology: a review of recent research [J]. Wear, 2000, 246 (1): 159-173.

[20] RILEY F L. Silicon Nitride and Related Materials [J]. Journal of the American Ceramic Society, 2010, 83 (2).

[21] MAURO MAZZOCCHI, ALIDA BELLOSI. On the possibility of silicon nitride as a ceramic for structural orthopaedic implants. Part I: processing, microstructure, mechanical properties, cytotoxicity [J]. Journal of Materials ence. Materials in Medicine, 2008, 19 (8): 2881-2887.

[22] MAZZOCCHI M, GARDINI D, TRAVERSO P L, et al. On the possibility of silicon nitride as a ceramic for structural orthopaedic implants. Part II: chemical stability and wear resistance in body environment [J]. Journal of Materials ence. Materials in Medicine, 2008, 19 (8): 2889-2901.

[23] NEUMANN A, RESKE T, HELD M, et al. Comparative investigation of the biocompatibility of various silicon nitride ceramic qualities in vitro [J]. 2004, 15 (10): 1135-1140.

[24] BAL B S, KHANDKAR A, LAKSHMINARAYANAN R, et al. Fabrication and Testing of Silicon Nitride Bearings in Total Hip Arthroplasty [J]. Journal of Arthroplasty, 2009, 24 (1): 110-116.

[25] BECHER P F, SUN E Y, PLUCKNETT K P, et al. Microstructural Design of Silicon Nitride with Improved Fracture Toughness: I, Effects of Grain Shape and Size [J]. Journal of the American Ceramic Society, 2010, 81 (11): 2821-2830.

[26] BECHER P F. Microstructural Design of Toughened Ceramics [J]. Journal of the American Ceramic Society, 2010, 74 (10).

[27] ANTONIO J. SALINAS, PEDRO ESBRIT, MARÍA Vallet-Regi. A tissue engineering approach based on the use of bioceramics for bone repair [J]. Biomaterials Science, 2012, 1.

[28] A, RAPACZ-KMITA. Mechanical properties of HAP-ZrO_2 composites [J]. Journal of the European Ceramic Society, 2006, 26 (8): 1481-1488.

[29] CHEN Y, GAN C, ZHANG T, et al. Laser-surface-alloyed carbon nanotubes reinforced hydroxyapatite composite coatings [J]. Applied Physics Letters, 2005, 86 (25): 251905.1-251905.3.

[30] BESIM BENKMISSAN, H. O. YLÄNEN. Bioactive Glasses and Glass Ceramics [M]. Wiley Encyclopedia of Biomedical Engineering. John Wiley & Sons, Inc. 2006.

[31] JONES J R, BRAUER D S, HUPA L, et al. Bioglass and Bioactive Glasses and Their Impact on Healthcare [J]. International Journal of Applied Glassence, 2016, 7 (4).

[32] HENCH, L L. Biomaterials: An interfacial approach [M]. Cambridge: Academic Press, 1982.

[33] D H. J. Research on bioceramics in syp on use of ceramics as surgical implants [D]. South Carolina: Clemson University, 1969.

[34] DENRY I, KELLY J R. State of the art of zirconia for dental applications [J]. Dental Materials, 2008, 24 (3): 299-307.

4.2 齿科美学陶瓷企业

杭州而然科技有限公司

地址：浙江省杭州市滨江区六和路 368 号一幢（南）三楼 F3022 室
电话：0571-88036310
电邮：order@errantech.com
网址：www.errantech.com
单位介绍：杭州而然科技有限公司充分发挥材料技术创新的核心竞争力，将智能制造、数字化修复方案、互联网云平台等先进技术高度集成，致力于口腔修复行业全瓷修复体的研发、生产、销售和培训，成为以智能制造为核心的完全数字化、个性化口腔修复解决方案供应商。"源于瑞典瓷，超越瑞典瓷"。第二代瑞典瓷——釉锆作为匠心之作，成为全球首个智能制造个性化全瓷牙科修复体，个性化口腔修复治疗中兼具可靠性与美学的最佳选择，得到了国内外医生和患者的一致认可。目前，公司已经和北京、上海、杭州、江苏、广西、广州等城市和地区，以及瑞典等多个国家的口腔医疗机构建立了合作关系。
主营产品：釉锆陶瓷。

爱尔创科技有限公司

地址：广东省深圳市南山区高新园北区清华信息港 B 栋 5 层
电话：0755-88820818
电邮：china@upcera.com
网址：www.upceradental.com
单位介绍：爱尔创科技有限公司成立于 2001 年，源于清华大学陶瓷实验室，秉承值得信赖的材料专家愿景，专研口腔陶瓷材料及牙科修复数字化解决方案，聚焦口腔临床、技工端全场景应用。20 余年持续地全球拓展，目前拥有美国、德国以及中国生产基地等 10 余家分公司，辐射 110 多个国家和地区。全球拥有四大研发、测试中心，拥有超 150 余项研发专利，与母公司国瓷材料源头打通，开启全产业链生产优势，并将产学研结合，链接北京大学口腔医院、里斯本大学、哥伦比亚牙科学院、马来西亚大学、圣彼得堡大国立医科大学、波兰大学及武汉大学等高等学府，联合推动产业发展和技术进步。通过与德克玛、斯派丹等品牌开启战略合作完善全场景产品解决方案以及客户服务布局，为全球牙科人士提供完善的牙科修复解决方案，从而实现好材料赋能好生活的美好使命。
主营产品：爱尔创玉瓷 TT 系列瓷块。

秦皇岛泽克尼陶瓷科技有限公司

地址：河北省秦皇岛市经济技术开发区深河村 102 国道路南
电话：0335-6077669
电邮：gemmytooth@163.com
网址：www.zekeni.com
单位介绍：秦皇岛泽克尼陶瓷科技有限公司是一家集生产、研发、销售为一体的医用氧化锆瓷块企业，公司始建于 2012 年，旗下有专业的义齿制造公司及口腔医院，产品从研发生产到义齿制造，再到临床应用，确保在每个环节都对泽克尼产品进行苛刻的检测。
主营产品：生物锆瓷。

爱迪特（秦皇岛）科技股份有限公司

地址：河北省秦皇岛市经济技术开发区都山路 9 号
电话：0335-8587198
电邮：xiaozhenrui@aidite.com
网址：www.aidite.com
单位介绍：爱迪特（秦皇岛）科技股份有限公司成立于 2007 年 3 月 15 日，是一家集口腔材料与设备研发、生产、服务及数字化综合解决方案于一体的全球齿科服务商。爱迪特专注解决口腔健康问题，从口腔预防、口腔护理、口腔修复材料的研发到打造理想的数字化诊疗体验。作为口腔数字化的先行者，从 2016 年起开始打造一套集材料、设备、培训、运营、售后的一站式椅旁数字化方案。
主营产品：义齿氧化锆修复材料。

秦皇岛斯立德陶瓷科技有限公司

地址：河北省秦皇岛市经济技术开发区洋河道 1 号
电话：0335-7675824
电邮：qhdsld0335@126.com
网址：www.silidechina.com
单位介绍：秦皇岛斯立德陶瓷科技有限公司坐落于秦皇岛市经济技术开发区国家级科技企业孵化基地，是专业从事医用氧化锆陶瓷技术研发、生产与销售的高新技术企业。公司依托国内外多家氧化锆材料科研机构、院校进行新产品研发与试验，在陶瓷新材料的制备、成型、烧结及精密加工等领域取得了长足的进展，并获得多项研究成果，已顺利通过 idt ISO 13485 质量管理体系认证、SFDA（国家食品和药品监督管理局）认证及 CE、FDA 认证，为产品打入国际市场铺平了道路。公司产品的品牌商标为秦瓷。秦瓷牌齿科氧化锆瓷块系列产品有 HT 瓷块、ST 瓷块、UT 系列、彩锆系列等，产品适用于各种手动设备及自动 CAD/CAM 开放系统设备。配套产品有切削机、扫描仪、车针、染色剂、切端液等。公司拥有专业资深的设备工程师，为客户提供全方位的技术指导、培训和细致周到的售后服务。
主营产品：HT 瓷块和 ST 瓷块。

江西德锆美瓷有限公司

地址：江西省九江市湖口县新基建产业园北区 2 栋
电话：0792-6321833
电邮：info@decorematrix.com
网址：www.decorematrix.com
单位介绍：江西德锆美瓷有限公司成立于 2016 年，创始人在氧化锆粉体与材料行业耕耘 30 多年，秉承国际领先的"粉体—材料—义齿—美学"闭环品质理念，使德锆美瓷有望成为行业内最富优势的氧化锆基生物医用材料供应商。2017 起，公司先后获得国家 NMPA《医疗器械注册证》和《医疗器械生产许可证》、欧盟 CE 证书、ISO 13485：2016 质量体系证书、美国药监局 FDA 510k 证书，正在推进 ISO 14001 环境管理体系、ISO 45001 职业健康安全管理体系的认证。2023 年被认定为国家高新技术企业。

主营产品：氧化锆基生物医用材料。

深圳市翔通光电技术有限公司

地址：广东省深圳市南山区西丽街道西丽社区打石一路深圳国际创新谷 7 栋 B 座 1101
电话：0755-86001803
网址：www.xtcera.com
单位介绍：深圳市翔通光电技术有限公司成立于 2001 年 4 月 9 日，拥有 21 年氧化锆瓷块及自动化设备研发制造经验，国家级高新技术企业，隶属于中国航空工业集团，公司员工 2000 余人，生产办公面积超 100000m^2。翔通医疗事业部成立于 2011 年，从事牙科材料和数字化 CAD/CAM 设备的生产、销售和服务。翔通 X-mill 系列雕铣机销量连续 10 年遥遥领先，已经成功销往 60 多个国家和地区，市场已拥有翔通设备超过 15000 台。XTCERA 氧化锆瓷块已被 10000 多家加工厂、100000 多家口腔门诊选择和信赖，已注册运营乐口瓷、乐美瓷、AL-star 恒星等全瓷全锆义齿品牌，已授权加工中心 2000 多家。

主营产品：氧化锆瓷块。

湖南鹏登生物科技股份有限公司

地址：湖南省长沙高新开发区尖山路 39 号长沙中电软件园一期 5 栋 702 室
电话：0731-84212982
电邮：3122828155@qq.com
网址：www.bloomden.com
单位介绍：湖南鹏登生物科技股份有限公司成立于 2012 年，是一家专业从事口腔修复 CAD/CAM 二氧化锆瓷块、氧化锆种植和正畸、氧化锆 3D 打印、数字口腔技术、数字化口腔设备以及口腔修复材料产品研发、生产、销售与服务一体化的科技型公司。自创立以来，多次被评为"高新技术企业""中国工程陶瓷理事单位""湖南省新材料企业"等多项荣誉称号，并申请专利 20 余项，拥有长沙高新区总部运营中心和产学研生产基地。公司获得中国 CFDA、美国 FDA、ISO 13485 等多项国内外医疗器械产品注册证书。公司依托中南大学、湖南大学、长沙理工大学等高校以及国内外资深陶瓷技术和口腔专家等建立产学研合作和交流，一直致力于数字化口腔以及牙科氧化锆生物陶瓷的技术和开发，不仅能提供卓越的牙科氧化锆产品、牙科数字化修复材料，还能提供数字化牙科设备、数字化口腔技术和服务。

主营产品：泽美仿真全瓷锆。

东莞市爱嘉义齿有限公司

地址：广东省东莞市万江区石美溶杯村溶杯大路工业区 1 号
电话：0769-22773885
电邮：dgaijia@126.com
网址：www.dgaijia.com
单位介绍：东莞市爱嘉义齿有限公司创办于 1998 年，集义齿科研、生产、销售、培训于一体，采用现代化、人性化的管理模式，正逐步发展成为中国影响力较大的义齿制作企业之一。公司拥有专业的技工团队，掌握欧美等国家和地区先进的牙科工艺技术。目前已同湖北京山卫校、江西石城技术学校等单位建立联合办校关系。公司精工制作的产品有各种金属（钛合金、钴铬合金、钝钛和贵金属等）瓷牙和金属冠、铸瓷、瓷贴面、瓷嵌体、马利兰桥、各种金属（钛合金、钴铬合金和钝钛）支架、隐形义齿、二氧化锆、氧化铝瓷牙、各种高级精密附件及各类矫正器等。

主营产品：氧化铝全瓷系列。

广州华昌义齿有限公司

地址：广东省广州市白云区江高镇珠江村夏南路 1 号三大工业园 C 栋 2 楼
电话：020-36715006
电邮：huachangyichi@163.com
网址：www.hc-dental.com
单位介绍：广州华昌义齿有限公司创办于 2011 年，由在东莞定远陶齿制品有限公司工作 18 年的王群女士担任总经理，是一家集义齿技术研发、培训、生产、销售于一体的现代化义齿加工企业。公司拥有技术精湛、团结敬业的高素质专业团队，并引进德国、美国、日本等发达国家的尖端设备和技术。精工制作的产品有多种二氧化锆电脑车瓷、铸瓷、种植体、各种高级精密附件、套筒冠、各种贵金属瓷牙、纯钛瓷牙、钴铬瓷牙、贴面、嵌体、活动钢托、胶托、矫正系列等。

主营产品：3D 数码全瓷牙和臻瓷。

珠海美尔晶义齿科技有限公司

地址：广东省珠海市香洲区白石路 103 号
电话：0756-6253822
电邮：sales-lillian@zh-graceful.com
网址：www.zh-graceful.com
单位介绍：珠海美尔晶义齿科技有限公司多年来致力于为大众爱齿美齿提供高品质的产品及服务。拥有 CAD/CAM、全瓷、3D 金属打印机等先进的高科技生产设备，主营产品为全瓷牙、普通烤瓷牙、钢牙、种植牙、活动义齿、矫正装置、精密附件等，产品主要销往美国、欧洲等国家和地区。公司在国内较早投资引进国际先进技术理念，投入研发相关设备。十几年间，凭借前瞻性的企业战略规划与人才发展机制，已快速壮大成为一支集大批行业经验丰富的管理人员和技术骨干人员为一体、积极向上的团队。

主营产品：全瓷牙、普通烤瓷牙、钢牙、种植牙、活动义齿、矫正装置、精密附件等。

苏州鼎安科技有限公司

地址：江苏省苏州市吴江区苏州河路 18 号太湖新城科创园 2 号楼东侧
电话：0512-63395618

电邮：dingantec@139.com
网址：www.dingantec.com
单位介绍：苏州鼎安科技有限公司是由生物医用材料及高端骨科植入器械研发、应用领域资深专家和享受国务院政府特殊津贴专家为核心，携多名国家级专家、材料工程、骨科临床专家以及相关专业硕、博士等，于2010年6月创立的国内首家具有全系列外科植入物用生物活性无机材料及高端骨科植入器械自主研发、生产、销售和服务能力的高新技术企业。多年来，公司致力于高端骨科植入器械产业链中核心技术和关键产品的产业化，已建有"复合陶瓷股骨头""全瓷义齿用氧化锆瓷块""磷酸钙系列生物活性材料及高端骨植入物"和"医美微整形用填充材料"等产品的研发和生产基地，并获得"Ⅲ6846 植入材料与人工器官"三类医疗器械和"Ⅱ6863-7 金属、陶瓷类义齿材料"二类医疗器械生产企业许可证、"全瓷义齿用氧化锆瓷块"产品注册证和 ISO 13485 医疗器械质量管理体系认证书。
主营产品：全瓷义齿氧化锆瓷块、复合陶瓷股骨头、氧化铝陶瓷球头等。

4.3 陶瓷托槽企业

杭州星辰三比齿科器材有限公司

地址：浙江省杭州市拱墅区康桥街道康贤路 39 号 B 区 1 号楼
电话：0571-88173896
电邮：3bortho@hz3b.com
网址：www.ortho3b.com
单位介绍：杭州星辰三比齿科器材有限公司是中国较主流的齿科矫治器生产商，是国家高新技术企业。专业从事正畸产品研发、生产、销售，在国内较早研发了具备自主知识产权的自锁矫治器，旗下产品覆盖正畸器材组合，业务范围遍及全国省、市、区，远销国外 63 个国家和地区。公司于 1999 年在杭州创立，现拥有员工 200 余人，1 个总部研发中心，杭州、江苏 2 个生产基地。经过 20 余年的发展积淀，打造了一支专业的技术骨干团队，凝聚了一批重量级权威专家教授力量，与北京大学口腔医学院、浙江大学材料科学与工程学院等院校建立了产学研合作；同时注重服务广大基层医师，提升其临床水平，举办了一系列名师正畸公益讲座。
主营产品：陶瓷自锁托槽。

浙江新亚医疗科技股份有限公司

地址：浙江省杭州市拱墅区通益路 1032 号
电话：0571-58102878
电邮：sales@shinye-ortho.com
网址：www.shinye-ortho.com
单位介绍：浙江新亚医疗科技股份有限公司成立于 1994 年，是一家集研发、生产和销售（具有自营进出口权）于一体的专业制造口腔材料的企业，素以提供高品质的产品而享誉国内外。公司自成立之日起就致力于口腔正畸产品的研发、制造和销售，加强与大专院校和科研院所的合作，积极引进国际先进技术，针对市场发展态势，不断提升综合技术能力，确保产品品质。凭借产品质量标准、反馈系统、优质原材料、成熟的制造工艺、先进的检测设备和完善的网络系统，确保了产品全流程缜密的质量控制，形成公司优良的产品质量和良好的市场口碑，业务遍及全国 30 多个省市区和全球 100 多个国家，SHINYE 品牌在国内市场处于较高地位。在省、市医疗器械生产企业质量信用等级评定中连续多年被评为诚信企业。
主营产品：陶瓷托槽 821H-20N。

浙江普特医疗器械有限公司

地址：浙江省湖州市安吉县孝丰镇竹产业科技创业中心
电话：4000572918
电邮：market@protectmec.com
网址：www.protectmec.com
单位介绍：浙江普特医疗器械有限公司是一家专业从事齿科正畸材料研发、生产和销售的高新技术企业，是国内较先进的自主研发并在临床成功应用自锁托槽的生产企业。公司主要产品有正畸托槽、正畸带环、正畸颊面管、口腔正畸钳、陶瓷托槽、正畸弹力圈等。公司拥有现代化生产基地 20000 平方米，标准厂房 1 万余平方米，采用严格的国际通用质量管理体系，已经获得 ISO 13485 和 ISO 9001 及欧盟 CE 质量体系认证，同时产品在美国 FDA 注册。公司拥有各种专利 10 余项，和国内各大医院正畸专家、教授及职业医师长期合作，具有较强研发能力，在同行中享有很高声誉。
主营产品：美陶陶瓷直丝弓托槽。

上海埃蒙迪材料科技股份有限公司

地址：上海市嘉定区马陆镇丰登路 615 弄 5 厂房 3 楼
电话：021-59156556
电邮：export@imdmedical.com
网址：www.imdmedical.com
单位介绍：上海埃蒙迪材料科技股份有限公司于 2004 年成立，是一家集研发、生产、销售于一体的高新技术企业。目前拥有全资子公司 3 家：上海启笛医疗器械有限公司，上海爱圣美科技有限公司、武汉洪山霁洁口腔门诊部有限公司；参股公司 1 家，即杭州贝赐创医疗科技有限公司。公司在产品研发和应用方面已申请 20 多项专利和软件著作权。主要产品有镍钛根管锉 MPro、ProMIM 被动自锁托槽、镍钛牙弓丝、镍钛弹簧、普通托槽等系列。在自产自销的同时，公司也是美国 Dentsply Sirona OrthodonticsGAC、美国 DOLPHIN、法国 Lokki、德国 Jakobi 等公司的中国区总代理，代理的产品主要包括 GAC 正畸系列、DOLPHIN 口腔应用软件以及 LOKKI 激光设备、Jakobi 口腔器械等。
主营产品：托槽（OvationC 陶瓷）。

4.4 惰性与活性生物陶瓷企业

上海贝奥路生物材料有限公司

地址：上海市闵行区新骏环路 188 号 9 幢 402 室
电话：021-62399349

网址：www.bio-lu.com

单位介绍：上海贝奥路生物材料有限公司由法国博士卢建熙教授于 2000 年创立，是一家从事人工骨、医用生物材料和医疗器械研发、生产和销售的外商独资高新技术企业。公司主持制定医疗器械行业标准和企业标准各 4 项，主持国家和上海市课题 60 多项，先后获得"国家技术发明奖 1 项""上海科技进步奖 4 项"及"军队科技成果奖"，并有 3 项产品被列入"国家重点新产品""上海市自主创新产品"和"上海市专利技术产品"，公司先后二次被评定为"上海明星外资企业"等，拥有国内外专利 40 余项。公司率先在国际上提出"细胞-材料-血供三位一体的材料微结构立体空间影响生物效应理论"，为骨修复体仿生设计制造提供依据，发表 SCI 论文 76 篇，总被引用达 7791 次。公司发明了"可控互通性微结构多孔生物陶瓷制造工艺"，研制出两大系列、552 个型号的 β-磷酸三钙和羟基磷灰石生物陶瓷产品，获得国家药监局的产品注册，上市以来已覆盖 10 个国家的数千家医院，治愈骨缺损患者超过 30 多万例，被行内确认为安全性高、成骨性能好和材料降解完全。

主营产品：β-磷酸三钙生物陶瓷人工骨和羟基磷灰石生物陶瓷义眼台。

西安博恩生物科技有限公司

地址：陕西省西安市长安区沣东新城协同创新港银河 A 座 3 层
电话：029-81105202
电邮：lixp@bonetec.cn
网址：www.bonetec.cn

单位介绍：西安博恩生物科技有限公司（BONE）是一家专注人体骨骼器官生产的国家高新技术企业，利用生物 3D 打印纳米羟基磷灰石活性骨解决人体骨缺损问题。自主研发了常温 3DP（无激光）打印技术，该技术目前仅有美国麻省理工学院（MIT）3D 打印团队及 BONE 技术团队掌握。BONE 可以实现常温打印生物活性细胞，保持打印出的骨骼具有生物活性，同时具备可发育、可植入、无排异的特点。纳米级羟基磷灰石（HA）与有机生物墨水已获得国家发明专利，目前在全球公开范围内首批完成以纳米羟基磷灰石为基础的第四批动物实验。同时，研发出可发育生物陶瓷人工骨、可降解骨板、松质骨骨水泥、颌面矫形无托槽隐形矫治器、术前彩排人体骨模型等，均已经获得国家 CFDA 一类和二类认证，可上市销售，并与北京协和医院、北京大学附属第三医院合作研发、实验。

主营产品：可发育生物陶瓷人工骨等。

第 5 章
陶瓷设备种类及企业分布

5.1 陶瓷设备种类及其特点概述

先进陶瓷材料和产品的制造需要使用各种工艺设备，根据陶瓷产品制备工艺流程，可将陶瓷生产设备分为四大类：

（1）陶瓷粉体处理设备，主要包括陶瓷原料磨细和分散的球磨机、搅拌磨、砂磨机，陶瓷浆料干燥和造粒用的喷雾干燥器等。

（2）陶瓷成型工艺设备，主要包括干法成型用的干压成型与冷等静压设备、注射成型机、密炼机和造粒机、流延成型机、挤压成型机等。

（3）陶瓷烧成用设备，主要包括氧化物陶瓷烧成用的连续式隧道窑、间歇式的梭式窑、升降式烧成窑炉、箱式电炉等，氮化物陶瓷烧成用的气压烧结炉（简称GPS），碳化硅等陶瓷烧成用的真空气氛烧结炉，各种透明陶瓷烧成用的热等静压设备（简称HIP）和真空炉；此外还有高温机械加压烧结的热压炉（简称HP）、振荡压力烧结炉（简称OPS）、放电等离子烧结炉（简称SPS）。

（4）陶瓷精密加工设备，是指对陶瓷烧成后的产品进行精密加工用的设备。主要包括陶瓷磨削加工的平面磨床、内圆外圆磨床、端面磨床、无芯磨床，用于陶瓷产品高精密加工的数控加工中心（简称CNC）和精雕机，陶瓷产品表面精细加工用的研磨机、抛光机，以及陶瓷基板切割和陶瓷打孔用的激光加工，此外还有精密加工时用到的金刚石砂轮、研磨料、抛光液等。

本书收集了研究上述四大类设备的代表性企业共计600多家。下面分别介绍先进陶瓷产品生产过程中的各类设备及相应的加工工艺。

5.1.1 陶瓷粉体处理及设备

5.1.1.1 原料磨细与分散

陶瓷原料使用之前，通常需要进一步磨细和分散处理，这个过程可采用球磨机、搅拌磨和砂磨机来完成。

（1）球磨与球磨机

球磨是对陶瓷原料进行磨碎或研磨的一种常用方法。图5-1为球磨机结构示意图。球磨过程主要是利用下落的研磨体的冲击作用以及研磨体与物料的研磨作用而将物料粉碎并研磨。当球磨机转动时，由于研磨体与球磨机内壁之间的摩擦作用，将陶瓷研磨体依旋转的方向带上后再落下，这样物料就连续不断地被研磨和冲击粉碎。此外，为了避免陶瓷粉料球磨过程被金属污染，通常在球磨机内壁镶嵌耐磨聚氨酯内衬或耐磨陶瓷内衬。

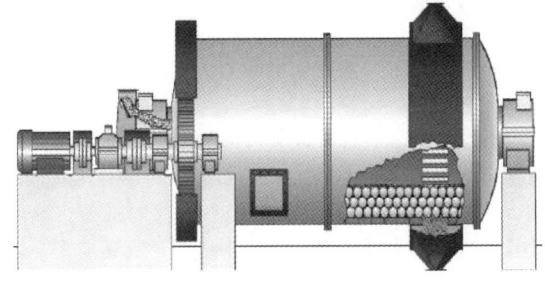

图5-1 球磨机结构示意图

（2）搅拌磨

搅拌磨是湿法超细粉碎的一种主要方式，是于20世纪70年代开始逐渐应用的粉磨设备。搅拌磨原理是通过搅拌方式推动研磨球，依靠研磨球冲击和摩擦研磨作用来粉碎磨细物料。搅拌磨的种类有多种，按搅拌器的结构可分为盘式、棒式、环式搅拌磨；按工作方式可分为间歇式、连续式和循环式搅拌磨；按安放方式可分为立式和卧式搅拌磨。目前，对于氧化物或非氧化物陶瓷原料的磨细与分散主要采用湿法立式搅拌磨，如图5-2所示。

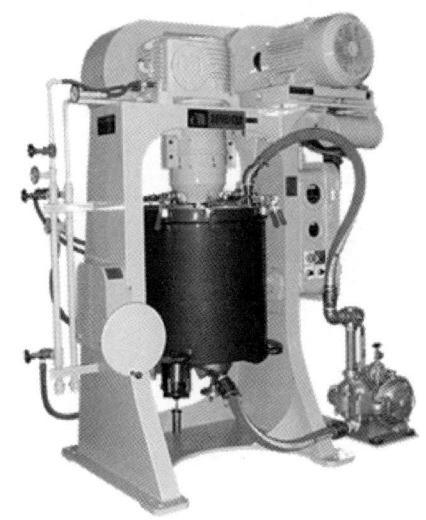

图5-2 湿法立式搅拌磨

（3）砂磨与砂磨机

砂磨机属于湿法超细研磨设备，广泛应用于超细粉体（纳米和亚微米级粉体）的磨细过程中。砂磨机与球磨机、搅拌磨等研磨设备相比较，具有生产效率高、连续性强、产品细度分布窄等优点。

砂磨机工作原理是将预先搅拌好的原料送入研磨槽，研磨槽内填充适量的小粒径陶瓷研磨介质，经由分散叶片高速转动，赋予研磨介质以足够的动能，与被分散的物料颗粒撞击产生剪切破碎力和挤压破碎力，达到磨细和分散的效果，再经特殊分离装置，将被磨细的颗粒与研磨介质分离排出。图5-3为典型的立式砂磨机和卧式砂磨机。

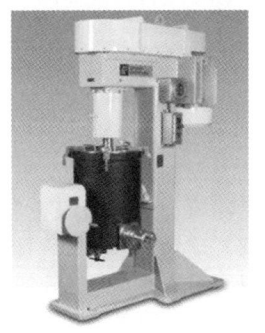 

图5-3 立式砂磨机（左）循环式卧式砂磨机（右）

5.1.1.2 干燥工艺与造粒

（1）喷雾干燥

喷雾干燥是目前工业生产中陶瓷浆料最常用的干燥方法。

喷雾干燥法是将陶瓷悬浮液或浆料用喷雾器喷入干燥塔内进行雾化形成浆料雾滴，进入塔内的雾滴即与从另一路进入塔内的热空气会合而进行脱水干燥，浆料雾滴中的水分受热空气的干燥作用在塔内蒸发而成为干粉，然后经旋风分离器吸入料斗回收。喷雾干燥优点是产量大、可连续生产，工艺也比较简单、自动化程度较高，易得到流动性好的球状团粒。图 5-4 为喷雾干燥工艺原理示意图。

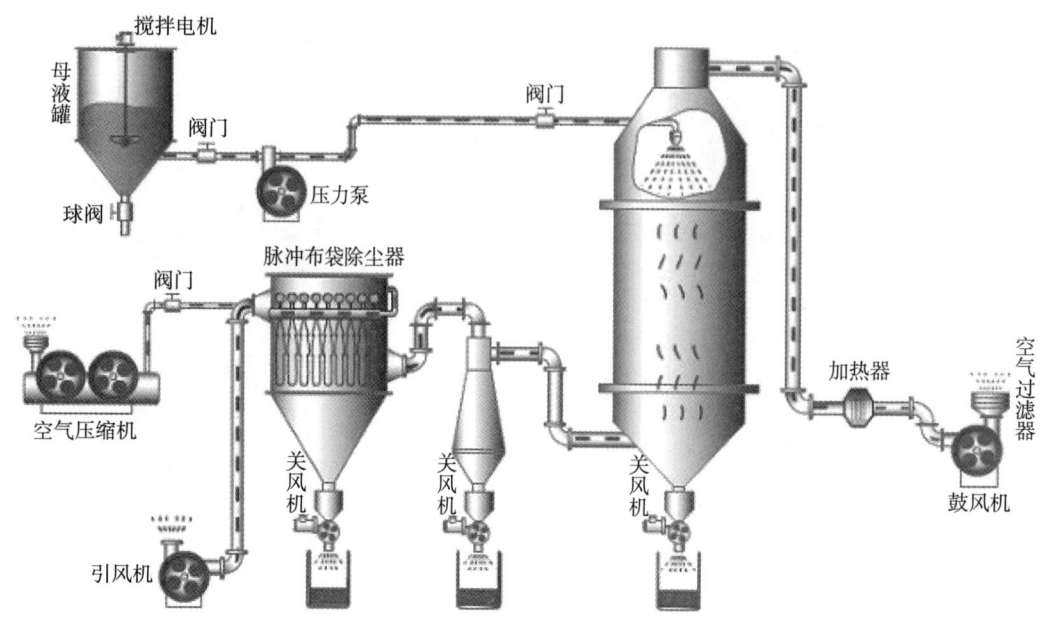

图 5-4 喷雾干燥法工艺原理示意图

喷雾干燥法根据喷雾器类型不同可分为三种：离心式喷雾干燥、压力式喷雾干燥、气流式喷雾干燥。陶瓷浆料的喷雾干燥常采用离心式和压力式喷雾干燥这两种工艺。此外，陶瓷浆料的喷雾干燥分两种情况：①一种是陶瓷浆料中无胶黏剂或胶黏剂含量很少，仅含有少量分散剂（小于1%），干燥的陶瓷粉体主要用于陶瓷产品的流延成型、注射成型、热压铸成型、注浆成型等湿法流动成型工艺，因为这类湿法成型工艺中需要独立地加入胶黏剂、分散剂、润滑剂等，以满足成型坯体的强度和显微结构均匀性要求，不希望初始粉末含有胶黏剂；②另一种情况是陶瓷浆料中含有一定的胶黏剂、分散剂、润滑剂、脱模剂等，喷雾干燥得到 50~200μm 的球形颗粒，具有很好的流动性和堆积密度，主要用于陶瓷产品的干压成型和冷等静压成型这些干法成型工艺，以便获得密度高和均匀性好的陶瓷坯体。

（2）喷雾造粒及造粒球

喷雾造粒球的粒度尺寸分布对于造粒过程来说也是一个很重要的过程参数，在大规模批量喷雾造粒球化时，由于粉料颗粒性质对流动充模和压缩成型性能有显著影响，因此必须在造粒过程中对其进行控制，主要包括：①颗粒尺寸及形状，造粒尺寸通常为 20~200μm，形状接近球形的颗粒通常具有较好的流动性；②颗粒堆积密度，具有高的堆积密度的颗粒具有良好的充模和压缩性能；③粉体颗粒间的摩擦力和颗粒表面与模壁的摩擦力，低的摩擦力有助于提高粉体颗粒堆积密度和堆积均匀性。图 5-5 为国内商业氧化锆喷雾造粒球的形貌与尺寸分布。

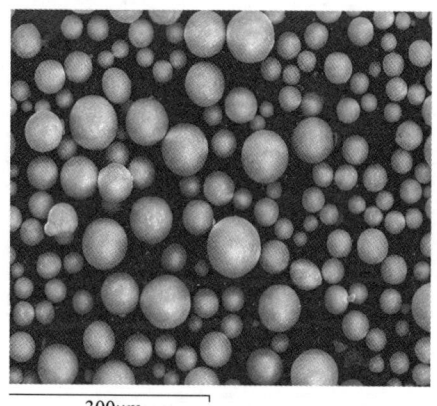

图 5-5 氧化锆喷雾造粒球的形貌与尺寸分布
（SEM 照片）

5.1.2 陶瓷成型工艺及设备

成型是为了得到内部均匀和密度高的陶瓷坯体，是陶瓷制备工艺中重要的一个环节。因为先进陶瓷的成型技术在很大程度上决定了坯体的均匀性和制备复杂形状部件的能力，并直接影响到材料的可靠性和最终陶瓷部件的成本。我们知道，具有高均匀性、高密度的陶瓷坯体，可以有效地降低烧结温度和坯体收缩，加快致密化进程，减少烧结制品的机加工量，从而消除和控制烧结过程中可能产生的开裂、变形、晶粒异常长大等缺陷。

成型方法很多，但总体说来可以归纳为以下三类：①干法压制成型，如干压成型（又称模压成型）、冷等静压成型；②塑性成型，如挤压成型（或称挤出成型）、注射成型、热压铸成型、轧膜成型；③浆料成型，如注浆成型、流延成型，以及后来发展起来的凝胶注模成型、直接凝固注模成型等胶态原位固化成型新工艺。各种成型方法的比较见表 5-1。

5.1 陶瓷设备种类及其特点概述

表 5-1 各种成型方法的比较

成型方法	成型用料	制品形状	均匀性	效率	成本
干压成型	造粒粉料	扁平形状	较差	高	低
冷等静压	造粒粉料	圆管圆柱形球状体	好	中等	中等
注浆成型	浆料	复杂形状，大尺寸	较好	较低	低
流延成型	浆料	<1mm 厚截面	好	高	中等
凝胶注模	浆料	复杂形状，厚截面，大尺寸	较好	低	较低
直接凝固注模	浆料	复杂形状转子	好	低	较低
挤出成型	塑性料	圆柱圆筒形，长尺寸制品	中等	高	中等
热压铸	黏塑性料	复杂形状，小尺寸	较好	高	较低
注射成型	黏塑性料	复杂形状，小尺寸	好	高	中等

上述各种成型方法，其成型原理和过程不同，因此其特点也不同，各自均有优缺点。干压成型和冷等静压成型已在实验室和实际生产中获得广泛应用，尽管干压成型可能存在密度梯度和不够均匀，但由于其成型效率高、尺寸精确、成本低而成为一般结构陶瓷产品首选成型工艺。冷等静压成型因可获得高密度、高均匀性及高强度的陶瓷坯体，从而成为高性能结构陶瓷部件的主要成型方法，例如高压钠灯用透明陶瓷管、陶瓷轴承球等。黏塑性成型工艺中的挤压成型特别适合于制造截面一致的陶瓷产品，特别是对长宽比高的管状或棒状产品更具有优势，并且成型的陶瓷坯件可大可小，实现连续化和机械化的批量生产。而对于呈黏塑特性的热压铸成型（国际上称之为低压注射成型）和注射成型是制备小型复杂形状精密陶瓷零部件的有效方法，特别是注射压力大、成型密度高的陶瓷注射成型工艺近10年来在国内外先进陶瓷产业中发展迅速。例如光纤联接器用氧化锆陶瓷插芯和套筒、发动机用增压器涡轮转子、金卤灯中球形陶瓷发光管大都采用陶瓷注射成型。陶瓷成型中的传统注浆成型因工艺简单，可制造形状相当复杂和尺寸较大的制品且成型坯体密度高，仍是结构陶瓷产品制造中不可或缺一种主要成型方法。以浆料形态进行的流延成型除广泛用于 Al_2O_3、AlN 等基板材料的制备，也用于燃料电池介质薄膜、仿生叠层复合材料薄层的成型，并且由传统的有机溶剂流延成型发展出环保的水基流延及凝胶流延多种方法。

5.1.2.1 干压与冷等静压成型

(1) 干压成型

干压成型又称金属模压成型，是较常用的成型方法之一。干压成型是将经过造粒的流动性好的颗粒粉料，装入金属模腔内，通过压头施加压力，压头在模腔内位移，传递压力，使模腔内粉体颗粒重排变形而被压实，形成具有一定强度和形状的陶瓷素坯。依据粉料中水分含量的不同，又分干压法、半干压法。依据压头和模腔运动方式不同，干压成型可分为以下几种：

① 单向加压：即模腔和下压头固定，上压头移动单向加压。此时，外摩擦使压坯上端密度较下端高，且压坯直径越小，高度越大，则密度差也越大。

② 双向加压：模腔固定，上压头和下压头从两端同时加压，又称同时双向压制。若先单向加压，然后在密度较低端进行一次反向单向压制，则称为非同时双向压制，又称后压。这种方式可以在单向加压的压力机上实现双向压制。

③ 浮动压制：新发展的多动作压制法和多动作浮动阴模引下压制法都设计有两个以上可动的上、下模冲或芯杆，它们都可按要求分别动作，以保证压坯各部位的压缩比相等。可以压制多台阶零件，如 5G 陶瓷滤波器和新能源汽车继电器带有台阶的产品。

图 5-6 示出佛山迈驰机械生产的用于先进陶瓷干压成型的四柱双向液压机。该液压机适合陶瓷手机背板和较厚产品的压制成型。陶瓷粉末全自动成型压机如图 5-7 所示。图 5-8 示出全自动陶瓷粉末压机成型的带有台阶类陶瓷结构件。

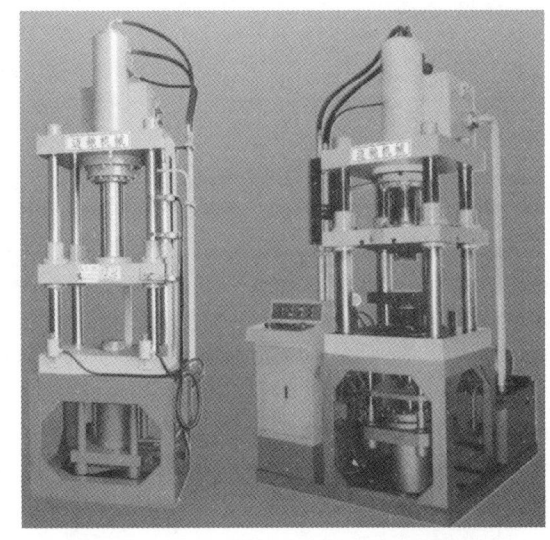

图 5-6 陶瓷干压成型的四柱双向液压机

图 5-7 可压制形状复杂的台阶类坯件的全自动干粉压机

第5章 陶瓷设备种类及企业分布

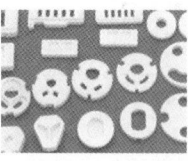

图5-8 全自动陶瓷粉末压机成型的带有台阶类陶瓷结构件

（2）冷等静压成型机

通常所说的等静压成型就是指冷等静压成型，冷等静压成型有湿袋式等静压和干袋式等静压之分。冷等静压成型机也分为湿袋式和干袋式两种。湿袋式等静压成型机为间歇式，适合各种产品和一次多件，如压制陶瓷轴承球等；干袋式等静压成型机为半连续式，对于同一尺寸形状的产品的批量连续化生产效率较高，特别适合长柱状、管状类产品，也可用于手机陶瓷背板和基板的连续化成型。

① 湿袋式等静压成型

湿袋式等静压技术是将预先成型的坯体或粉体装入可变形的橡胶包套内，再放入压力容器液体介质内，然后通过液体对橡胶包套施加各向均匀的压力，当压制过程结束，再将装有坯体的湿袋橡胶包套从容器内取出，湿袋式等静压可以成型各种形状的和较为复杂的陶瓷制品。湿袋式冷等静压机如图5-9所示：图5-9（a）为中小型湿袋式等静压机，适合实验室和企业成型小部件；图5-9（b）为中大型湿袋式等静压机，适合企业成型大部件和批量化。

（a）中小型　　　　　（b）中大型

图5-9 中小型和中大型的湿袋式等静压机

② 干袋式等静压成型

干袋式等静压成型技术是将陶瓷粉末批量地填入柔性预型模具内，再送入液压缸体内，然后施以等静压。由于干袋式成型模具被固定在设备中，当压制完后，成型制品被自动顶出，然后重复装料和压制这一循环，因此自动化程度和生产效率较高。干袋成型周期短，模具使用寿命长，特别便于进行大规模连续化工业生产，所用模具材料有聚氨酯合成橡胶或硅橡胶；相对于湿袋式等静压成型，干袋式等静压压力较低，一般在150MPa内。大家熟悉的陶瓷火花塞目前就是用干袋式等静压成型，压制时间通常只有1～2s。干袋式冷等静压机如图5-10所示。

5.1.2.2 注射成型机

（1）陶瓷注射成型简述

陶瓷注射成型（Ceramic Injection Molding，CIM）是将聚合物注射成型方法与陶瓷制备工艺相结合而发展起来的一种制备陶瓷零部件的新工艺。特别是对于尺寸精度高、形状复杂的陶瓷制品大批量生产，采用陶瓷粉末注射成型较有优势。该工艺突出的优点包括：①成型过程中的机械化和自动化程度高、

 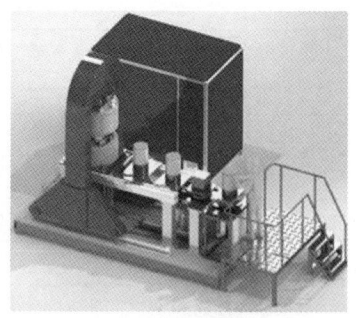

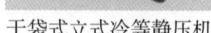

干袋式立式冷等静压机　　　大口径干袋式冷等静压机

图5-10 成都君遂公司干袋式冷等静压机

生产效率高、成型周期短、坯件强度高；生产过程中的管理和控制也很方便，易于实现大批量、规模化生产；②可近净成型各种几何形状复杂的及有特殊要求的小型陶瓷零部件，使烧结后的陶瓷产品无需进行机加工或少加工，从而减少昂贵的陶瓷加工成本；③成型出的陶瓷产品具有极高的尺寸精度和表面光洁度。因此，这种技术在国内外得到广泛的研究和应用。图5-11为陶瓷专用高速注射成型机。

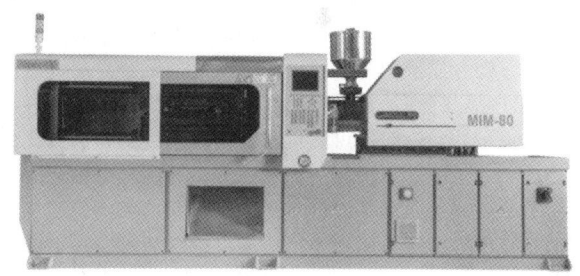

图5-11 陶瓷专用高速注射成型机

（2）注射喂料的密炼与造粒

① 密炼与密炼机

注射喂料是通过加热混炼与造粒得到的一种直径或长度在几个毫米的颗粒。陶瓷注射喂料要求：陶瓷粉末与有机胶黏剂均匀分散，具有良好的流动性，注塑过程不发生偏析；因此要求混炼过程中剪切分散效果好，无死角，无污染。

混炼过程包括原料预处理和熔融共混两个步骤，原料预处理主要指对陶瓷粉体进行干燥或者表面改性处理，以及对其他几种有机胶黏剂组分进行预混合。由于高分子聚合物熔体的黏度较高，而陶瓷粉体又易于团聚，因此混炼设备必须提供足够大的剪切力，使聚合物熔体产生足够的形变和流动，以利于陶瓷颗粒完全分散，同时还有助于将已形成团聚的陶瓷粉料进行破碎和分散。通常，混炼机（或称密炼机）对物料施加的剪切应力比团聚体的结合强度高5～10倍时，可以获得分散性良好的混合物料。图5-12为东莞市昶丰机械科技有限公司生产的开合式陶瓷专用密炼机。

② 造粒与造粒机

造粒是将密炼后的块状或大片状的料进行颗粒化处理的过程。目前陶瓷喂料的造粒机有锥形螺旋挤压式等不同结构类型。图5-13示出东莞市昶丰机械科技有限公司生产的陶瓷专用Y锥形造粒机，具有强制喂料、无须破碎、致密度高、无污染等特性；可对密炼机混炼好的陶瓷团状物料进行强制喂料，减少传统式陶瓷造粒机还需要的另外破碎环节；可有效地提高物料的致密度，颗粒均匀美观，提高后段喂料注射稳定性；造粒机与

5.1 陶瓷设备种类及其特点概述

物料接触的腔体部分采用特殊合金材质，耐磨系数高，可有效降低污染斑点。

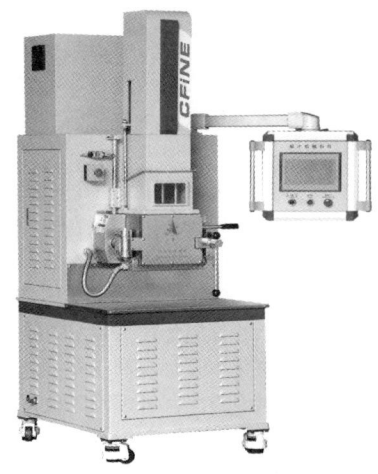

图 5-12 昶丰开合式陶瓷专用密炼机

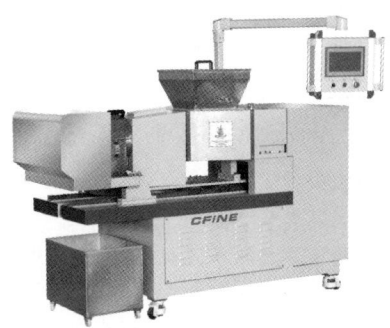

图 5-13 陶瓷专用 Y 锥形造粒机

5.1.2.3 流延成型

(1) 流延成型工艺

流延成型的基本原理是将具有合适黏度和良好分散性的陶瓷浆料从流延机料槽刀口处流至基带上，通过基带与刮刀的相对运动使浆料铺展，在表面张力的作用下形成具有光滑表面的坯膜，坯膜的厚度主要由刮刀与基带之间间隙来调控。坯膜随基带进入烘干室，溶剂蒸发而有机胶黏剂在陶瓷颗粒间形成网络结构，形成具有一定强度和柔韧性的坯片，干燥的坯片与基带剥离后卷轴待用。然后可按所需形状切割、冲片或打孔，最后经过排胶和烧结得到不同厚度的基板或膜片成品。

由于流延成型可以制备出从几个微米至 1000 微米平整光滑的陶瓷薄片材料，且具有连续操作、自动化水平高、工艺稳定、生产效率高、产品性能一致性好等优点，因此是当今制备单层或多层薄片材料最重要和最有效的工艺，无论是在实验室还是在大生产中都得到广泛使用，如生产独石电容器瓷片、厚膜和薄膜电路用 Al_2O_3 基片、AlN 基板、ZrO_2 陶瓷基板等。

流延成型制备陶瓷坯带整个过程总体上可以分为浆料制备、脱泡处理、浆料流延、坯片干燥排胶几个部分，具体工艺流程如图 5-14 所示。

(2) 流延成型机

陶瓷浆料的流延成型需要在专用流延成型机上完成。流延成型机一般由进料槽、刮刀和基带三个主要部分组成，另外包括传动机构和干燥等辅助设备。根据流延成型机的工作方式和

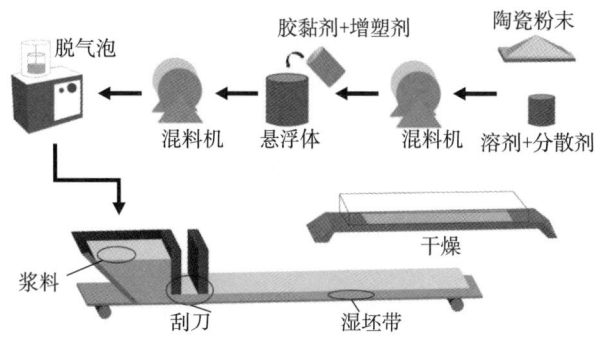

图 5-14 流延成型工艺流程图

应用不同，又可以将流延成型分为连续式和间歇式、工业化生产型和实验室型。通常连续式流延成型机采用进料槽和刮刀固定、基带运动的工作方式；在基带运动过程中，浆料经进料槽流向基带，经过刮刀后形成厚度均匀的覆盖层，在溶剂挥发后浆料固化，形成坯片。

流延成型根据设备结构和流延厚度通常可分为以下四类：①平板刮刀模式，主要为平板刮刀膜带式流延机，适合中高黏度浆料、黏度 1000mPa·s 以上、流延厚度 30μm 以上的中厚膜；②圆筒刮刀模式，适合浆料黏度 1000mPa·s 以上、中高黏度、流延厚度 30μm 以上的中厚膜；③模头挤出模式，适合低中黏度浆料、黏度 100mPa·s 以上、流延厚度 3μm 以上的薄膜；④凹版辊涂布模式，适合低黏度浆料、黏度 200mPa·s 以下、流延厚度 1～50μm 的薄膜。上述几种类型流延机原理结构示意图如图 5-15 所示。

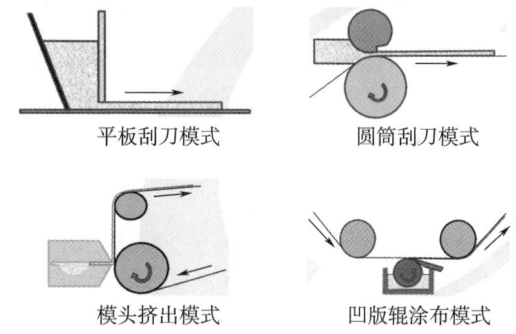

图 5-15 几种类型流延机原理结构示意图

流延机依据长度和宽度可分为实验室研发小型流延机和工业量产型流延机。图 5-16 为北京东方泰阳科技有限公司生产的 LY 系列小型流延机及相应的浆料脱泡机。该流延机适合于实验室用浆料调整和研发用途。流延宽度为 150～300mm，烘箱长度 1～3m，加热温度小于 80℃，底板加热为标配，流延速度 0.1～0.8m/min。

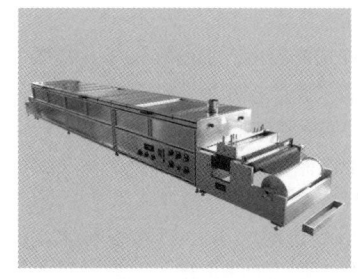

图 5-16 研发用小型流延机及相应的浆料脱泡机

工业用流延机一般长度为 15~30m，宽度为 0.6~1.5m，流延厚度范围为 25~1000μm。图 5-17 示出北京东方泰阳生产的全自动 LYL 系列高精度量产型平板刮刀膜带式流延机及相应的浆料脱泡机。该流延机的流延宽度为 500~1060mm，烘箱长度 16~32m，加热温度小于 120℃，流延速度 0.1~0.8m/min。图 5-18 为德国赛琅泰克公司批量化生产氧化铝基板的流延成型照片。

图 5-17 工业型全自动 LYL 系列高精度平板刮刀膜带式流延机及相应的浆料脱泡机

图 5-18 氧化铝基板的流延成型照片

5.1.3 陶瓷烧结工艺及设备

陶瓷素坯在烧结前是由许许多多单个的固态粉体颗粒所组成的，坯体中存在大量气孔，气孔率一般为 35%~60%（即素坯相对密度为 40%~65%），具体数值取决于粉料自身特性和所使用的成型方法与技术。当对固态素坯进行高温加热，素坯中的颗粒发生物质迁移，达到某一温度后坯体发生收缩，出现晶粒生长，伴随气孔排出，最终在低于熔点的温度下（一般在熔点的 0.5~0.7）素坯变成致密的多晶陶瓷材料，这个过程称为烧结。

烧结的驱动力是粉末坯体的系统表面能减小，烧结过程是由低能量晶界取代高能量晶粒表面和坯体体积收缩引起的总界面面积减少来驱动，而促使坯体致密化的烧结机理包括蒸发-凝聚、晶格扩散、晶界扩散、黏滞流动等传质方式。

烧结过程中通常发生三种主要变化：①晶粒尺寸及密度的增大；②气孔形状的变化；③气孔尺寸和数量的变化，通常是气孔率减小。致密陶瓷材料相对密度一般可达 98%以上，而对于透明陶瓷要求烧结后陶瓷内部气孔率趋近于零。

依据是否产生液相陶瓷烧结工艺分为固相烧结和液相烧结。对于离子键结合的许多烧结活性好的氧化物超细粉末，如 Al_2O_3、ZrO_2 可实现固相烧结；但对于共价键为主的非氧化物陶瓷，如 Si_3N_4、SiC、AlN、B_4C 等通常要加入适量的烧结助剂，通过形成液相来实现致密烧结。液相烧结可促进传质和提高致密化效率，加速晶粒生长或获得特殊的晶界性能，同时可降低烧成温度，从而在工业生产中降低制造成本。

陶瓷烧结涉及温度、气氛、压力等因素及其调控，由此产生了常压烧结、真空烧结、气氛烧结及各种压力烧结技术。常压烧结是在大气压条件下进行陶瓷烧结，气氛通常为空气，也可以是其他还原性或惰性气氛，成本低，适合规模化生产和制备复杂形状制品。大多数氧化物结构陶瓷都采用这种烧结工艺，真空烧结因不易氧化适合金属陶瓷和碳化物陶瓷烧结。而对于共价键结合自扩散系数小的非氧化物陶瓷，如 SiC、AlN、BN、B_4C、Si_3N_4 等高温陶瓷或 ZrB_2、HfB_2 等超高温陶瓷，常采用热压或热等静压烧结。由于外部施加压力而补充了驱动力，因此可在较短时间内达到致密化，并且有利于获得晶粒细小均匀的显微结构。此外，由于热等静压可有效消除瓷体内剩余气孔或缺陷，因此也是制备各种透明陶瓷和提高材料可靠性（韦伯模数）的方法。而气压烧结（GPS）对于高温下易分解的 Si_3N_4 等含氮陶瓷制备不但可获得高密度和良好性能，而且相对于热压（HP）和热等静压工艺（HIP）来说，气压烧结的成本低，便于规模化生产，目前 Si_3N_4 陶瓷结构件和轴承球大多采用气压烧结。

5.1.3.1 常压烧结窑炉

（1）箱式电阻炉

箱式电阻炉的外观形状如一个矩形箱体，炉膛呈长六面体，主要由炉体和控制箱两大部分组成。箱式电阻炉一般工作在自然空气气氛条件下，多为内加热工作方式，采用耐火材料和保温材料做炉衬，多用于单个小批量的中小型产品或研发样品的烧结过程，制品通过炉门装卸，发热体大多采用硅钼棒，最高温度可以达到 1700℃。图 5-19 为该类箱式电阻炉。

图 5-19 硅钼棒发热体箱式电阻炉

（2）梭式烧结窑炉

梭式烧结窑炉是一种台车式烧结炉，其炉膛固定，炉底可以移出炉外。梭式烧结窑炉在台车长度方向上的两端均可设置炉门，在炉外码装好陶瓷制品的台车由炉门一端推入炉内，制品烧好并冷却至一定温度后台车被推出，接着把另外已装好制品的台车推入炉内。也可以让台车从同一侧的同一炉门推入，烧结冷却后再推出，像抽屉一样在炉内来回移动，所以又称其为抽屉窑炉。因为制品是在炉外装卸，且易实现机械化操作，所以与箱式炉炉内装卸制品相比较，大大改善了劳动条件和减轻了劳动强度。图 5-20 为典型的梭式烧结窑炉照片。

5.1 陶瓷设备种类及其特点概述

图 5-20　典型的梭式烧结窑炉外形与内部结构

（3）升降式烧结炉

升降式烧结炉（也称钟罩式炉）作为一种间歇式窑炉可用于各类结构陶瓷的高温烧结。通常升降式烧结炉是由固定的炉膛和可升降的炉底两部分组成，炉膛外是保护炉膛的炉壳，炉膛与炉壳之间是起保温作用的耐火材料，炉膛下部开口，炉底由可升降平台和平台上的耐火材料组成，待烧样品放在耐火材料或承烧板上经炉底升降平台从炉膛下部开口处升入炉膛中，硅钼棒电加热元件和温控元件热电偶从炉腔上部伸入炉膛中。典型的升降式烧结炉如图 5-21 所示。

图 5-21　典型的升降式烧结炉

（4）隧道式连续推板烧结炉

与传统的间歇式窑炉相比，连续式窑炉可连续操作、产能大、机械化程度高，大大地改善了劳动条件和减轻了劳动强度，同时提高了生产效率，降低了能耗。其中连续推板炉具有占地面积小、设备简单、操作方便、温差小、气氛压力适合某些产品的特殊要求、投资少、见效快等优点，在氧化锆、氧化铝等陶瓷生产企业得到广泛应用。图 5-22 为典型的单孔隧道式连续推板炉。

图 5-22　隧道式连续推板式烧结炉

5.1.3.2　热等静压烧结炉

热等静压烧结（Hot Isostatic Pressing，HIP）是工程陶瓷快速致密化烧结最有效的一种方法，其基本原理是以高压气体作为压力介质作用于陶瓷材料（包封的粉末和素坯，或预烧结后的陶瓷），使其在加热过程中经受各向均衡的压力，借助于高温和高压的共同作用达到材料高度致密化。从 20 世纪 60 年代开始，热等静压技术首先在硬质合金产品等粉末冶金领域得到应用，随着设备所能达到的温度和压力的不断提高，引起了陶瓷工作者的极大兴趣，20 世纪 70 年代后开始应用于先进陶瓷烧结领域，成为许多高性能陶瓷产品制备的一种关键技术。

在热等静压烧结中不需要刚性模具（例如在单向热压中的石墨模具）来传递压力，从而不受模具强度的限制，因此可以选择更高的压力。典型的压力为 150～320MPa，工作温度达 2000℃或更高。由于热等静压的压力大，是单向热压的 5～10 倍，且受压坯体不存在任何与模壁的摩擦，从而加速陶瓷坯体的烧结，甚至对于难烧结的共价键陶瓷也能充分致密化。

热等静压最早是在 1955 年由美国 Battelle Columbus 实验室首先研制成功，随后瑞典的 ASEA 公司、美国的 ABB 公司生产出商业用热等静压设备。在陶瓷或金属粉末坯体烧结过程中，要求热等静压设备必须同时在可控的情况下保持高的等静压力、高温和足够长的保温时间。所以，通用的热等静压设备主要由高压容器、加热炉体、压缩机、真空泵、冷却系统和计算机控制系统组成。目前国际上热等静压设备品牌主要有瑞典的 Quintus、美国的 AIP。图 5-23 分别列出美国 AIP 实验室用小型热等静压烧结炉照片、瑞典 Quintus 的生产型热等静压烧结炉和湖南维尚科技有限公司开发的大尺寸热等静压烧结炉。

美国AIP试验型热等静压烧结炉　　瑞典Quintus生产型热等静压烧结炉

湖南维尚科技生产型热等静压烧结炉

图 5-23　几类典型的热等静压烧结炉

5.1.3.3　热压烧结炉

热压烧结（Hot Pressing，HP）是在对粉末坯体加热烧结过程中同时通过油压系统对样品施加轴向机械压力，直到烧结温度并保温一段时间，最终获得高致密度的陶瓷材料。由于从外部施加压力而补充了驱动力，因此可在较短时间内达到致密

279

化。因此，对于氧化锆、氧化铝等氧化物陶瓷进行烧结可获得均匀细小晶粒的显微结构和优异的力学性能。对于共价键难烧结的高温陶瓷材料（如 Si_3N_4、B_4C、SiC、TiB_2、ZrB_2），热压烧结是一种有效的致密化技术。热压烧结可以在低于常压烧结温度 100～200℃的温度下得到接近理论密度的陶瓷产品，并可显著提高制品的力学性能以及使用可靠性。图 5-24 为一种大尺寸卧式热压烧结炉，炉门开启便捷，方便烧结制品的装炉与出炉。图 5-25 为实验室型立式热压烧结炉。

图 5-24　大型卧式热压烧结设备

图 5-25　实验室型立式热压烧结炉

5.1.3.4　振荡压力烧结炉

振荡压力烧结的基本原理是在一个比较大的恒定压力作用下，叠加一个频率和振幅均可调的动态压力。振荡压力烧结技术的优势在于：首先，可以通过连续振荡压力产生的颗粒重排显著提高烧结前粉体的堆积密度；其次，振荡压力为粉体烧结提供了更大的烧结驱动力，更加有利于促进烧结体内晶粒旋转和滑移、塑性流动而加快坯体的致密化，打开团聚体；尤其是烧结进入后期，通过调节振荡压力的频率和大小，进而完全消除材料内部的残余孔隙，使材料达到近乎理论密度；最后，振荡压力烧结技术能够有效抑制晶粒生长、强化晶界。因此，采用振荡压力烧结技术可充分加速粉体致密化、降低烧结温度、减少保温时间、抑制晶粒生长、减少硬质合金材料中金属粘结相含量等，从而可制备出具有超高强度和高可靠性的陶瓷材料和硬质合金材料。清华大学与株洲新融利实业有限公司研发的振荡压力烧结实物照片如图 5-26 所示，清华大学采用振荡压力烧结炉先后制备出抗弯强度分别达到 1800MPa 和 1800MPa 的 Y-TZP 和 ZrO_2/Al_2O_3 复相陶瓷，其显微结构的电镜照片如图 5-27 所示。

图 5-26　振荡压力烧结炉

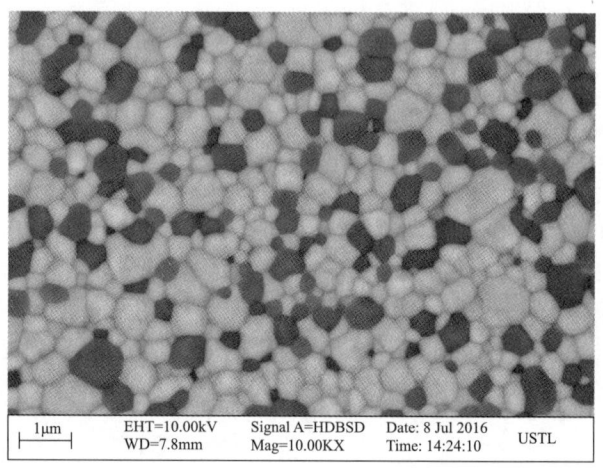

图 5-27　ZrO_2/Al_2O_3 复相陶瓷显微结构

5.1.3.5　氢气烧结炉与真空烧结炉

（1）氢气烧结炉

氢气烧结炉是以通氢气或氢与氮的混合气体（含氢量＞5%）作为保护气氛的烧结设备。通常有立式和卧式两种：立式氢气烧结炉为间歇式，容积有限，常用于实验室研发；卧式氢气烧结炉为连续式，产能大，适合于工厂生产。氢气烧结炉主要结构包括炉腔、加热系统、氢氮气路系统、冷却水系统、电力调整器及电气控制系统等。其中氢氮气路系统由手动阀、压力传感器、流量计及压力表、湿氢装置等组成；发热体通常采用钼丝（钼的熔点为 2630℃），窑具常用钼盘或钼舟。卧式氢气烧结炉可连续生产、效率高。目前氢气烧结炉广泛应用于透明氧化铝陶瓷产品的烧结。图 5-28 为卧式氢气烧结炉实物图。

图 5-28　卧式氢气烧结炉实物图

(2) 真空烧结炉

真空烧结炉是指在真空环境中对被加热物品进行保护性烧结的炉子,主要用于各种透明陶瓷的烧结。真空烧结炉有石墨炉胆和金属炉胆两种。石墨炉胆发热体为石墨发热体,隔热屏为多层石墨毡和陶瓷毡。若烧结特殊材料,则需采用金属炉胆,其发热体为耐高温的金属钼和钨,隔热屏通常采用金属钼、钨和不锈钢。真空烧结炉的工作原理是在抽真空后,利用中频感应或大电流低电压加热的原理,通过热辐射传导到工件上。容积小的真空炉多为立式,而容积大的真空炉多为卧式。其主要组成包括电炉本体、真空系统、水冷系统、气动系统、液压系统、进出料机构、底座、工作台、感应加热装置或钨加热体及高级保温材料、进电装置、中频电源及电气控制系统等。图5-29 为美国 WWW-2000-VT-G 型号真空烧结炉。

图 5-29 美国 WWW-2000-VT-G 型号真空烧结炉

5.1.3.6 气压烧结炉

气压烧结 (Gas Pressure Sintering, GPS) 是指陶瓷在高温烧结过程中施加一定的气体压力,通常为 N_2,压力范围在 1~10MPa(即 10~100atm),以便抑制在高温下陶瓷材料的分解和失重,从而可提高烧结温度,进一步促进材料的致密化,获得高密度的陶瓷制品。

气压烧结是继热压烧结 (HP)、热等静压烧结 (HIP) 工艺之后发展起来的又一种压力烧结方法。尽管气压烧结和热等静压烧结都是采用气体作为传递压力方法,但是两者的压力大小和压力作用是不同的。HIP 烧结中气体压力大 (100~300MPa),主要作用是促进陶瓷完全致密化。而 GPS 烧结中,施加的气体压力小 (1~10MPa),主要是抑制 Si_3N_4 或其他氮化物类高温材料的热分解。因为 Si_3N_4 在 0.1MPa 的 N_2 压力下,在 1800℃以上就开始产生分解。因此在制备氮化硅工程陶瓷时,烧结温度一般低于 1800℃,这在很大程度上限制了高熔点烧结助剂的使用。当 N_2 压力提高到 1MPa 和 10MPa 时,Si_3N_4 的分解温度分别提高到 2100℃和 2390℃,显然这对烧结助剂和烧结温度的选择都是极其有利的。

与热压 (HP) 工艺、热等静压 (HIP) 工艺比较,气压烧结工艺最大的优势是可以以较低的成本制备性能较好、形状复杂的产品,并实现批量化生产。比如 Si_3N_4 陶瓷轴承球的制备现主要采用气压烧结技术。而热压烧结通常只能生产简单形状的产品,热等静压烧结虽然可制备复杂形状的陶瓷部件,而且效果很好,但其设备昂贵,使用和维护的费用也很高。因此,许多高性能 Si_3N_4 陶瓷制品采用气压烧结是非常经济和有效的。

图 5-30 为湖南维尚科技有限公司生产的大尺寸卧式气压烧结炉。设备参数及特点:压力范围 1~10MPa,最高使用温度 1900℃、温场均匀性±5℃、非接触式高温光学测量、真空系统过滤保护、独特的脱蜡系统及尾气处理设计。

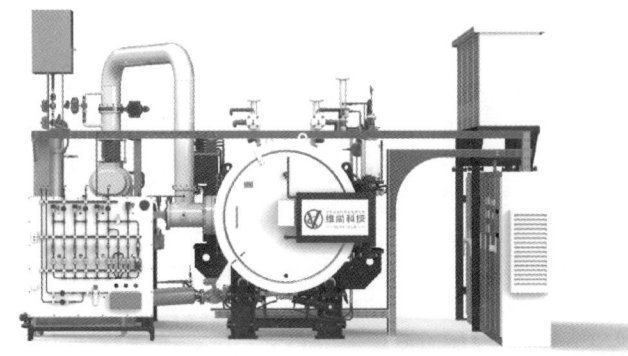

图 5-30 大尺寸卧式气压烧结炉

5.1.3.7 放电等离子烧结炉

放电等离子烧结炉 (SPS) 是利用直流脉冲电流直接通电烧结的加压烧结方式(不同于热压烧结)。可通过调节脉冲直流电的大小控制升温速率和烧结温度,整个烧结过程可在真空的环境下进行,也可以在保护气氛中进行。烧结过程中脉冲电流直接通过上下压头和烧结粉体或石墨模具,因此,加热系统的热容很小,升温和传热速度很快,从而使快速升温烧结成为可能。SPS 装置可用于短时间、低温、高压 (500~1000MPa) 烧结,也可用于低压 (20~30MPa)、高温 (1000~2000℃) 烧结。因此可以适合陶瓷、金属、各种复合材料或梯度材料的烧结制备。图5-31 为实验室型 SPS 烧结装置照片。图5-32 为大型 SPS 烧结装置及其烧结的高致密度氧化铝产品。

图 5-31 实验室型 SPS 烧结装置照片

图 5-32 大型 SPS 烧结装置及其烧结的高致密度氧化铝产品

5.1.4 陶瓷的精密加工

大多数工程陶瓷作为结构部件时都需要进行精密加工，特别是对形状复杂精度要求较高的陶瓷部件。由于陶瓷在烧结过程中发生收缩和变形，其尺寸公差和表面光洁度都难以满足要求，因此烧结后需要精密加工。陶瓷的精密加工除了达到产品的尺寸精度和改善表面光洁度外，还可以除去表面缺陷。一些精密陶瓷部件（如 Si_3N_4、ZrO_2 陶瓷轴承，ZrO_2 和 Al_2O_3 人工髋关节陶瓷球）还需要对其表面进行精细的研磨和抛光，达到镜面甚至超镜面的表面光洁度。因此，陶瓷精密加工是不可或缺的一项关键性工艺。

目前，陶瓷精密加工技术应用最多的还是机械加工，如磨削加工、研磨加工、抛光加工等。此外，近十几年发展起来的电火花加工、化学加工、激光加工、超声波加工等技术也在生产中得到了应用。表 5-2 列出陶瓷材料的主要加工方法。

表 5-2 陶瓷材料的主要加工方法

机械加工	磨削加工、研磨加工、抛光加工
电加工	电火花加工
光学加工	激光加工、超声波加工
化学加工	化学腐蚀加工、电泳加工
复合加工	超声电火花加工、化学—机械加工、ELID 磨削

5.1.4.1 磨床的种类与加工特点

随着机械制造业的发展，磨床的性能、加工精度、自动化程度都在不断的提高。目前用于精密陶瓷产品加工的磨床主要包括以下几类：①平面磨床：主要用于磨削陶瓷工件平面；②外圆磨床：主要用于磨削圆柱形和圆锥形外表面；③内圆磨床：主要用于磨削圆柱形和圆锥形内表面，此外，还有兼具内外圆磨的磨床；④坐标磨床：具有精密坐标定位装置的内圆磨床；⑤无心磨床：工件采用无心夹持，主要用于磨削量大的圆柱形表面的磨床，如光通信用陶瓷插芯；⑥珩磨机：主要用于加工各种圆柱形孔（包括光孔、轴向或径向间断表面孔、通孔、盲孔和多台阶孔），还能加工圆锥孔、椭圆形孔、余摆线孔；⑦工具磨床：用于磨削工具的磨床；⑧端面磨床：利用两个磨头的砂轮端面同时磨削工件的两个平行平面，工件由直线式或旋转式等送料装置引导通过砂轮；这种磨床效率很高，适用于大批量生产轴承环和活塞环等零件。图 5-33 分别示出了常用的平面磨床、外圆磨床和国产内圆磨床。

5.1.4.2 数控加工中心与精雕机

陶瓷部件的精密铣削加工主要采用 CNC 加工中心（也称 CNC 数控机床、数控加工中心）完成，CNC 加工通常是指计算机数字化控制精密机械加工，即数控加工。CNC 数控机床是按照事先编制好的加工程序，自动地对被加工零件进行加工。其工艺过程是把零件的加工工艺路线、工艺参数、刀具的运动轨迹、位移量、切削参数（主轴转数、进给量、背吃刀量等）以及辅助功能（换刀、主轴正转、反转、切削液开关等），按照数控机床规定的指令代码及程序格式编写成加工程序单，然后输入到数控机床的数控装置中，从而使机床按编程和指令来加工零件。

（a）平面磨床　　（b）外圆磨床

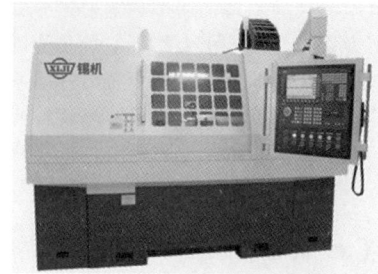
（c）国产内圆磨床

图 5-33 常用的加工陶瓷的磨床

CNC 数控加工具有下列特点：①大量减少工装数量，加工形状复杂的零件不需要复杂的工装；如要改变零件的形状和尺寸，只需要修改零件加工程序，适用于新产品研制和改型；②加工质量稳定，加工精度高，重复精度高；③多品种、小批量生产情况下生产效率较高，能减少生产准备、机床调整和工序检验的时间，而且由于使用最佳切削量而减少了切削时间；④可加工常规方法难以加工的复杂型面，甚至能加工一些无法观测的加工部位。图 5-34 为德玛吉 CNC 加工中心。

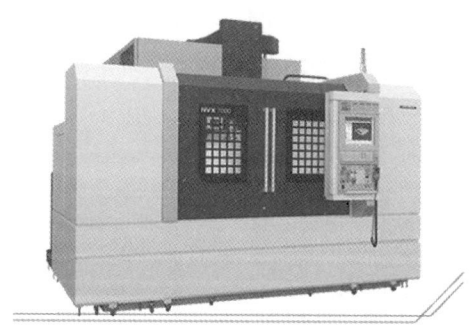

图 5-34 德玛吉 CNC 加工中心

精雕机与 CNC 加工中心类似，也是一种自动化程度高的一种数控加工机床。通常被认为是使用小刀具、大功率和高速主轴电机的数控铣床，可以对陶瓷零部件进行精确雕刻和铣削。精雕机是在雕刻机的基础上加大了主轴、伺服电机功率及床身承受力，同时保持主轴的高速，更重要的是精度很高。图 5-35 示出了北京精雕机公司生产的不同型号的精雕机。

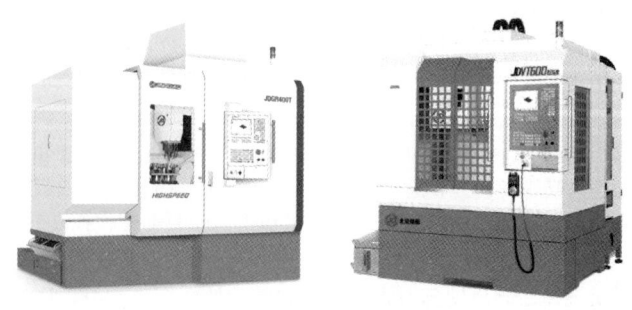

图 5-35 北京精雕机

5.1 陶瓷设备种类及其特点概述

5.1.4.3 精密研磨及设备

研磨是比磨削更精细的一种机加工,是指利用涂敷或压嵌在研具上的磨料颗粒,通过研具与工件在一定压力下的相对运动对加工表面进行的精整加工,是用研具和磨料从工件表面磨去极薄一层陶瓷的一种加工方法。在研磨加工中,研磨参数选择合理时可以达 $1\mu m/m$ 的形状精度和 $Ra<0.3\mu m$ 的粗糙度。

研磨可用于加工平面、内外圆柱面、内外圆锥面、凹凸球面、螺纹和齿形等表面。研磨时,在研具(用比工件软的材料制成)与工件被研磨的表面之间加入研磨剂;在一定压力下,研具与工件作复杂的相对运动,研磨剂中的磨料会嵌入研具表面;在相对运动中对已经精细加工过的工件表面进行切削,研磨过程中伴有化学作用,加之运动轨迹不重复,工件表面得到均匀的加工,不平的凸起部位一次次被切除,表面粗糙度便逐渐减小。

在平面研磨中,一般要求:①工件相对研具的运动,要尽量保证工件上各点的研磨行程长度相近;②工件运动轨迹均匀地遍及整个研具表面,以利于研具均匀磨损;③运动轨迹的曲率变化要小,以保证工件运动平稳;④工件上任一点的运动轨迹尽量避免过早出现周期性重复。图 5-36 为东莞金研公司生产的端面研磨机。

图 5-36　东莞金研公司生产的端面研磨机

5.1.4.4 抛光加工及设备

抛光是在研磨或磨削加工后的更精细的表面加工,很多时候抛光和精细研磨几乎是同时完成的。抛光与研磨加工方法相似,也是采用游离磨料(抛光液或其他抛光介质)对被加工表面材料产生微细去除作用以达到光洁加工效果的一种超精密加工方法。在陶瓷材料的超精加工与完整加工中,抛光加工有着不可替代的位置,光学玻璃、蓝宝石等光学材料、硅片、GaAs 基片等半导体材料、Al_2O_3、ZrO_2、Si_3N_4、SiC 等结构陶瓷材料的镜面加工也常采用抛光加工方法。

金刚石抛光液以多晶金刚石微粉为主要成分,配合分散性剂和液体,可以在保持高切削率的同时不易对研磨材质产生划伤,主要应用于蓝宝石衬底的研磨、LED 芯片的背部减薄、各种氧化物和非氧化物陶瓷件的抛光加工。

抛光垫是抛光过程中消耗量较大的耗材,其作用包括:①把抛光液有效均匀地输送到抛光皮的不同区域;②从被加工表面带走抛光过程中的残留物质、碎屑等,达到去除效果;③传递和承载加工去除过程中所需的机械载荷;④维持抛光皮表面的抛光液薄膜,以便化学反应充分进行;⑤保持抛光过程的平稳、表面不变形,以便获得较好的产品表面形貌。

按材质的不同分为无纺布磨垫、发泡聚氨酯磨皮和阻尼布磨垫;按表面结构分为有开槽和不开槽的抛光皮。图 5-37 为常用抛光垫材质。

无纺布磨垫　　发泡聚氨酯磨　　阻尼布磨垫

图 5-37　常用抛光垫材质

振动抛光是一种易行且有效的抛光方式,对于形状复杂的陶瓷件表面的毛刺去除、倒棱角、表面研磨抛光都非常有效。它是批量进行表面处理的重要设备,而且工件在经过它的处理后,不影响工件的原有尺寸和精度。

振动抛光机要完成陶瓷材料表面的抛光处理,必须具备相应的研磨介质,也就是抛光研磨材料。抛光研磨材料的品种很多,如研磨抛光磨料、抛光研磨液、研磨光亮剂等。在研磨抛光磨料中,可选择多个品种,各个品种的抛光磨料又分为多种形状、多种规格。做好工件表面的抛光处理,必须要具备抛光研磨材料中的研磨抛光磨料这种介质,所以,对研磨介质的选择也就是做好工件表面抛光处理的基础。抛光研磨介质主要有氧化铝柱状体等。图 5-38 为雷达牌陶瓷手表圈在抛光介质中的振动抛光实物照片。

图 5-38　雷达牌陶瓷手表圈振动抛光实物照片

5.1.4.5 陶瓷的激光加工

激光加工是工程陶瓷加工的一种新方法,该法与材料的硬度、强度等机械性能无关,只要材料能吸收激光,一般都能进行加工。

激光加工的基本过程是将激光照射到工件上,通过高度聚焦的光能转变成热能,产生 10000℃ 以上的高温,使得加工部位熔融和蒸发,实现材料的去除。激光加工不需要工具,不存在工具损耗,更没有更换调整等问题,适于自动化、连续化操作,不受切削力影响,亦可保证精度,且加工速度快,效率高。

激光加工可用于陶瓷板的切割、陶瓷打孔、刻蚀等,适于加工具有深度的微孔(直径小于几十微米,深度与直径之比可达 10 以上)及窄缝。图 5-39 是用于加工陶瓷的激光装置及氧化铝基板的激光打孔加工。

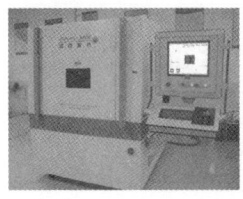 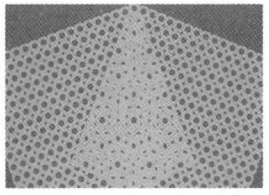

图 5-39　用于加工陶瓷的激光装置及氧化铝基板的激光打孔加工

第5章 陶瓷设备种类及企业分布

参考文献

[1] 谢志鹏. 结构陶瓷 [M]. 北京：清华大学出版社，2010.
[2] 谢志鹏. 智能终端陶瓷 [M]. 北京：清华大学出版社，2021.
[3] 田欣利，于爱兵. 工程陶瓷加工的理论与技术 [M]. 北京：国防工业出版社，2006.
[4] JANANMIR S, RAMULU M, KOSHY P. Machining of ceramics and composites [M]. New York: Marcel Dekker Inc, 1998.
[5] 于思远，林彬. 工程陶瓷材料的加工技术及其应用 [M]. 北京：机械工业出版社，2006.
[6] 童幸生. 陶瓷零件磨削加工质量研究 [J]. 江汉大学学报，2001，18（3）：82-84.
[7] 杜奕. MSY7115平面磨床的实验模态分析及动特性修改 [D]. 昆明：昆明理工大学，2002.
[8] 毕承恩. 现代数控机床 [M]. 北京：机械工业出版社，1991.
[9] 张虎，武立根，张祥林. 弯管CNC加工中的参数转换 [J]. 华中理工大学学报，1998，26（4）：46-49.
[10] WALSHR J, HERZOG A H. Process for polishing semiconductor materials: US3170273 [P]. 1965.
[11] 宋晓岚，李昱焜，江楠. 化学机械抛光技术研究进展 [J]. 化工进展，2008，27（1）：26-31.
[12] 廉进卫，张大全. 化学机械抛光液的研究进展 [J]. 化学世界，2006（9）：565-567.
[13] ［日］铃木弘茂. 工程陶瓷 [M]. 陈世兴，译. 北京：科学出版社，1980.
[14] REZA GBAFFARIAN. BGAs for high reliability applications [J]. Electronic packaging & Production, (8): 26-32.
[15] 董岚枫，徐春旭，诺门仓. 化学研磨抛光技术宰IC制造设备中的应用 [J]. 电子工业专用设备，2005（128）：42-45.
[16] 江亲瑜，张继和. 功能陶瓷表面电泳抛光的实验研究 [J]. 摩擦学学报，2002，22（4）：476-478.
[17] 彭伟，许雪峰，贺兴书，等. 电泳磨削技术及其应用 [J]. 中国机械工程，1999，10（3）：317-320.
[18] 胡建德，韩放龙，彭伟，等. 硬脆性材料塑性电泳磨削试验研究 [J]. 浙江工业大学学报，2000，28（3）：206-209.
[19] MEL M, SCHWARTZ. Handbook of Structural Ceramics [M]. New York: McGraw-Hill, Inc, 1992.
[20] 闫胤洲，季凌飞，鲍勇，等. 高硬脆陶瓷激光加工技术的研究及进展 [J]. 激光杂志，2008，29（6）：5-8.
[21] MORITA O, ISHIDA S, FUJINORI Y, et al. Pulsed laser processing of ceramics in water [J]. Appl Phys Lett, 1987, 52 (23): 1965-1966.
[22] 朱波，齐立涛，王扬. 水辅助激光加工技术的实验研究 [J]. 现代制造工程，2003，12：73-74.
[23] PERROTTET D, HOUSH R, RICHERZHAGEN B, et al. Heat damage-free laser-microjet cutting achieves highest die fracture strengh [J]. Proc Of SPIE, 2005, 5731: 285-292.
[24] 邓琦林，张永康，唐亚新，等. 激光加工陶瓷微裂纹的减少和消除 [J]. 电加工，1994，（3）：2-4.
[25] 潘洪平，梁迎春，董申. 陶瓷材料加工技术发展概况 [J]. 工具技术，1999，33（4）：3-6.
[26] 黄春峰. 工程陶瓷的加工技术 [J]. 机械，2002，29（1）：1-3.
[27] 于思远，林彬，林滨，等. 工程陶瓷超精密磨削表面质量的研究 [J]. 金刚石与磨料磨具工程，2002（5）：12-16.
[28] 陈可心，王卫乡，张有，等. 氮化硅陶瓷的激光打孔 [J]. 应用激光，1999（10）：332.
[29] 安永畅男，陈赛克. 最近的表面改性技术 [J]. 国外金属加工，1990（1）：52-57.
[30] 张银江，方鸣岗. 陶瓷激光精密打孔工艺研究 [J]. 激光与红外，2001，31（3）：161-162.

5.2 陶瓷粉体处理设备企业

5.2.1 球磨机

湖南中联陶瓷机械有限公司

地址：湖南省湘潭市易俗河生态工业园
电话：0731-57808568
电邮：hnzltj@163.com
网址：www.zltj.com
单位介绍：湖南中联陶瓷机械有限公司创办于2002年，主要产品有：球磨机、压滤机、柱塞泵、练泥机、刮板机、螺旋除砂机、分散机、高效磨剥机、搅拌机、捣浆机、全自动等静压瓷球成型机、喷雾干燥塔、压滤机泥饼输送系统、泥饼自动包装系统、电子衡器、污水处理系统等产品，广泛应用于日用陶瓷、建筑卫生陶瓷、电瓷、工业特种陶瓷以及化工、造纸、环保等行业。
主营产品：球磨机、压滤机、柱塞泵、螺旋除砂机、分散机、高效磨剥机、搅拌机、捣浆机、全自动等静压瓷球成型机、喷雾干燥塔、压滤机泥饼输送系统。

盘锦翔龙研磨科技有限公司

地址：辽宁省盘锦市大洼区新立镇小微企业创业园二期42号
电邮：532724306@qq.com
网址：www.pjxlymkj.cn
单位介绍：盘锦翔龙研磨科技有限公司致力于生产新型聚氨酯弹性体，多服务于特种陶瓷、电子行业、粉体行业、实验室及其他相关领域，其中新型聚氨酯耐磨衬里作为大型研磨设备的主要构成部分，公司可以做到在水磨条件下，聚氨酯衬里三年质保。实际上在使用过程中，许多客户的设备可以连续使用十年左右。
主营产品：湿式球磨机、混料机、罐磨机、聚氨酯球磨罐、行星磨罐、胶套及其他聚氨酯耐磨件等产品。

长沙天创粉末技术有限公司

地址：湖南省长沙市经济技术开发区螺丝塘路68号2号厂房804
电话：0731-84027560
电邮：2006216cn@163.com
网址：www.sbworld.cn
单位介绍：长沙天创粉末技术有限公司是一家实验行星球磨机的规模化生产厂家。公司与清华大学、北京大学、上海交通大学、中南大学、湖南大学等院校紧密合作，具有强大的研究、开发、技术、生产实力。公司生产的实验球磨机有小型行星球磨机、小型卧式球磨机（轻型）、小型搅拌球磨机、小型振动球磨机、小型罐磨球磨机、小型（实验）滚筒球磨机、小型棒磨机、小型快速球磨机、小型粉碎制样机、小型树脂球磨机等特制球磨机，系列齐，规格多，型号全。
主营产品：行星式球磨机。

南京驰顺科技发展有限公司

地址：江苏省南京市江宁区爱陵路2号
电话：025-86795086
电邮：chishun@126.com
网址：www.nj-chishun.com
单位介绍：南京驰顺科技发展有限公司（简称驰顺科技）成立于2005年，是一家集研发、生产、销售、服务于一体的科技型制造企业。公司产品广泛应用于科研分析、地质冶金、电子制造、生物制药、环境工程等行业和领域。公司产品拥有多项实用新型专利及软件著作，且通过欧盟CE认证，性能指标均达到了国际先进水平。
主营产品：行星式球磨机、高能量球磨机、罐磨机、球磨罐、行星式搅拌脱泡机、高温烧结炉、真空手套箱、飞驰球磨机等。

上海科欢贸易有限公司

地址：上海市闵行区江凯路98号3幢602室
电话：021-68630030
电邮：kehuan136@126.com
网址：www.kehuantrade.com
单位介绍：上海科欢贸易有限公司是一家专业的进口设备代理商和分销商，致力于为客户提供技术先进、品质一流的进口品牌产品和服务，帮助客户提升实验室产品研发、检测和生产制造能力。我公司拥有行业经验丰富的销售和售后服务团队，在粉碎、研磨、筛分、整粒等专业领域拥有超过10年的经验，不仅能够为客户提供国外原厂生产的各类标准产品，还可以根据用户的具体需求，推荐成套的系统解决方案。
主营产品：球磨机、珠磨机、振动筛分机、旋转过滤设备、针式/冲击式粉碎机、高效气流筛分机。

细川密克朗（上海）粉体机械有限公司

地址：上海市延安西路2067号仲盛金融中心2003-2006室
电话：021-53068031
电邮：shanghai@hosokawa.com.cn
网址：www.hosokawa.com.cn
单位介绍：细川密克朗（上海）粉体机械有限公司于2005年8月由细川密克朗株式会社投资成立。作为跨国性粉体设备生产商，细川密克朗集团始终致力于为全球客户提供专业的、综合性的、系统性的粉体处理工艺，为各行各业提供粉碎、解聚、分级、干燥、混合、制粒、粒子设计、供料排料、集尘、无尘隔离、粉体性能测定、充填计量等粉体处理设备和系统。凭借100多年历史经验累积，细川密克朗集团已经形成非常成熟的集研发、设计、制造、销售、售后服务一体化的粉体设备产业链，在新能源材料、制药、化工、农药、食品、矿物、环保循环物料回收等领域均享有领先地位。
主营产品：破碎球磨机、分级机、混合机、干燥机等。

第 5 章 陶瓷设备种类及企业分布

无锡市鑫邦粉体设备制造有限公司

地址：江苏省无锡市惠山区前洲镇工业园北区北惠路 39 号
电话：0510-83383223
电邮：931711196@qq.com
网址：www.wxxbft.com
单位介绍：无锡市鑫邦粉体设备制造有限公司是一家从事机械设备设计研发、制造粉体设备的高新科技专业生产厂家。其产品覆盖全国各地。引进借鉴国外粉体设备的先进技术，研发和制造，研磨设备：立式砂磨机、卧式砂磨机、纳米超细磨、搅拌球磨机、循环式搅拌球磨机、卧式球磨机、混合设备：V 形混料机、双锥混料机、VC 高效混合机、锥形混合机、螺带混合机等系列产品。设备广泛应用于先进陶瓷材料（氮化硅、氧化锆、碳化硼、氮化硼、氮化铝、氧化铝等）、碳材料（碳纳米管、碳纤维、石墨、碳复合材料和石墨烯等）、新能源材料（磷酸铁锂、钴酸锂、晶体硅等）、矿物材料及各种纳米涂料、油墨、喷墨、颜料、电子陶瓷、玻璃粉、发光粉、磁性材料、稀土抛光粉、食品生产领域等行业。
主营产品：卧式球磨机、卧式砂磨机、搅拌球磨机、V 形混料机、双锥混料机等粉体设备。

天津日晟久源仪器设备有限公司

地址：天津市南开区科研西路 12 号
电话：022-87892057
电邮：rsjysb@126.com
网址：rsjysb.1688.com
单位介绍：天津日晟久源仪器设备有限公司是一家专业从事仪器、设备研发、生产、销售及服务的公司。公司主要从事样品前处理行业，自主研发样品前处理设备，包括球磨机、行星研磨仪、高频振动研磨仪、高通量研磨仪及台式粉碎机等，并为用户提供相应的技术支持与售后服务工作。公司以为国内用户提供先进的、高科技的、高质量的仪器设备为己任，不断努力，致力于为用户提供更加适合用户需要的、先进科学化的设备和方案。
主营产品：NM-3000 纳米球磨机。

秦皇岛市太极环纳米制品有限公司

地址：河北省秦皇岛市东港镇黄南村西侧
电话：0335-3051311
电邮：taijihuan@sina.com
网址：https://taijihuannami.chemdrug.com
单位介绍：秦皇岛市太极环纳米制品有限公司专门从事纳米粉体材料的加工技术研究和产品生产，现已成功研究出可以进行多种材料纳米粉碎的多层次纳米球磨机。公司参与了 2005 年出台的国家纳米材料标准的制定工作。依托公司自主研发的该项技术，经过多年实践、创新，已在纳米中药材、纳米无机材料、纳米硬金属等多个领域开发了多种纳米粉体材料。产品可应用于医药、保健品、食品、化妆品、化工等多个行业，并能帮助厂家实现纳米产品产业化设备配套，由年产几吨至上百吨加工能力均能实现。
主营产品：高能纳米球磨机、多层次分级纳米磨球磨机。

南京莱步科技实业有限公司

地址：江苏省南京市和燕路 371 号东南大学国家大学科技园科创楼
电话：025-85351861
电邮：njlab@163.com
网址：www.cnlaibu.com
单位介绍：南京莱步科技实业有限公司是一家由高层次人才组成，富于创新精神，致力于管式炉、真空气氛炉、箱式电阻炉、升降炉、VCD 系统、立式管式炉、行星球磨机等材料仪器产品研发、生产与销售为一体的综合型创新企业。公司始终坚持以科技创新为企业生命核心，推行现代化管理，实行接受管理部门指导，与高校、研究所紧密结合的政产学研模式，有现代化的管理和完善的质量体系、丰富的行业经验、创新的生产理念。产品遍布中科院的多个研究所，以及南京大学、清华大学、北京大学、东南大学等各大院校。广泛应用于地质、矿产、冶金、电子、建材、陶瓷、化工、轻工、医药、环保等部门。
主营产品：QM-3SP4 行星式球磨机。

宜兴市都伦机械设备有限公司

地址：江苏省宜兴市丁蜀镇洛涧村
电话：0510-87183328
电邮：yxzltcjx@126.com
网址：www.yxdljx.com
单位介绍：江苏省宜兴市都伦机械设备有限公司位于风景秀丽的太湖之滨，闻名世界的陶都——宜兴市丁山镇。该公司有四十余年的历史，技术力量雄厚，设备精良，产品性能稳定，质量上乘，价格合理，生产"中伦"牌陶瓷机械及磁性材料设备。畅销国内多个省份，并远销马来西亚、泰国、印度尼西亚、越南、埃及等国家，产品荣获省优质产品称号，并获得 ISO9001 认证。另外本公司还被评为无锡市"重合同守信用单位"企业、"三 A"特级使用企业、宜兴市星级企业。
主营产品：皮带球磨机。

无锡新洋设备科技有限公司

地址：江苏省无锡市惠山区前洲工业园区惠和路 5 号
电话：0510-88301230
电邮：sales@wxxyjb.com
网址：www.wxxyhlj.com
单位介绍：无锡新洋设备科技有限公司是一家专业研发设计生产搅拌设备的综合型公司。主要产品有：混合机系列、砂磨机系列、球磨机系列和包装机系列等。主要生产销售：单锥双螺旋混合机、锥形双螺旋混合机、双螺旋锥形混合机等。公司具有优良的机械制造工艺装备、成熟的生产管理体系，生产的产品广泛应用于石油化工、污水处理、生物医药、湿法冶金、环保、化纤、造纸、食品加工等领域，产品质量可靠，深受用户好评。

5.2 陶瓷粉体处理设备企业

主营产品：球磨机系列、混合机系列、砂磨机系列、包装机系列、输送上料系列、粉碎/筛分系列、搅拌机系列、乳化机系列、灌装封尾机系列。

南京南大仪器有限公司

地址：江苏省南京市汉口路22号南大天津路门内
电话：025-83592641，025-83592557
电邮：sales@njuyq.cn
网址：www.nju-instrument.com
单位介绍：南京南大仪器有限公司前身是1952年成立的南京大学仪器厂，现有数个专利产品，多次荣获国家级、省部级奖励。生产的球磨机是混合、细磨、新产品研制和小批量生产高新技术材料的必备装置，广泛应用于电子、陶瓷、化工、建筑、医药、冶金等部门。生产的真空手套箱是在无氧无水环境中开展科学试验的必备装置，广泛应用于化工、电子、生化、冶金、医药等部门。生产的实验电炉是间歇式电阻炉的一种，主要用于实验，多用作定量分析烧结，灰化试验用。是高校、科研院所、工矿企业做粉末、陶瓷烧结、高温实验、质量检测用的理想产品。
主营产品：各种行星式球磨机、全方位球磨机、高速摆振球磨机、真空手套箱、试验电炉、振动磁强计等。

无锡市鑫燕粉体机械有限公司

地址：江苏省无锡市惠山区前洲镇
电话：0510-83385569
电邮：wuxixinyan@163.com
网址：www.xyftjx.com
单位介绍：无锡市鑫燕粉体机械有限公司坐落于经济文化名城无锡市惠山区，紧靠沪宁高速公路，是一家从事粉体设备的设计及粉体设备制造的专业性公司，其产品覆盖全国各地，出口东南亚等国家和地区。本厂以雄厚的技术力量，科学的管理体系，严格的质量管理体系，不断进取的创新精神，为您提供专业的产品和热忱的服务。犁刀混合机等产品广泛应用于电子、冶金、化工、医药、食品、印染、陶瓷等行业及各大专院校，赢得了客户的支持和信赖。
主营产品：球磨系列、混合系列、干燥系列、粉碎系列、输送系列、筛分系列、除尘系列、卷板系列、配件材料系列、砂磨机、压滤机系列。

无锡庆鑫粉体设备有限公司

地址：江苏省无锡市惠山区前洲镇工业园新石路8-2号
电话：0510-83385202
电邮：sales@wxqxft.com
网址：www.wxqxft.com
单位介绍：无锡庆鑫粉体设备有限公司是一家从事研究、设计开发、制造粉体设备的高新科技专业性厂家，其产品覆盖全国各地。公司引进借鉴国外粉体设备的先进技术，开发和制造了一系列产品，广泛应用于电子陶瓷、结构陶瓷、磁性材料、钴酸锂、磷酸铁锂、催化剂、荧光粉、长余辉发光粉、稀土抛光粉、电子玻璃粉、燃料电池、陶瓷电容器、氧化锌压敏电阻与压电陶瓷、纳米材料、圆片陶瓷电容、MLCC、热敏电阻（PTC/NTC）、ZnO压敏电阻、避雷器阀片、钛酸锶环形压敏电阻、陶瓷滤波器、氧化锆陶瓷、化工、氧化锌、粉料、氧化钴材料、Ni-ZN铁氧体等产品的生产领域等行业，基本覆盖了国内电子元器件厂家。
主营产品：对辊破碎机、试验型搅拌球磨机、生产型搅拌球磨机、干法搅拌球磨机、湿法卧式球磨机、干法卧式球磨机、罐式球磨机、循环式搅拌球磨机、纳米级超细球磨机、纳米珠磨机、高速改性混合机、机械融合机-颗粒包覆设备、搅拌分散机、振动分筛机、双锥混料机、V形混料机、压滤机、螺旋输送机等。

长沙米淇仪器设备有限公司

地址：湖南省长沙市湘江新区普瑞西路金荣中德科技园D2栋
电话：400-0033-384
电邮：weicaipeng@163.com
网址：www.mictr.com
单位介绍：长沙米淇仪器设备有限公司是集研发、设计、生产、销售为一体的实验室科研用设备为主的厂家，研发源自中南大学粉末冶金研究院（国家重要的实验室），并与湖南大学、清华大学、上海交大、西安交大等知名学府保持长期密切的产品开发及项目成果转化。
主营产品：行星球磨机、卧式滚筒球磨机、粉体材料设备、实验烧结设备、土壤研磨粉碎机、研磨机、混料机、砂磨机等。

长沙市德科仪器设备有限公司

地址：湖南省长沙市开福区万家丽北路一段669号
电话：0731-85212256
电邮：info@deco-mill.com
网址：www.deco-mill.com
单位介绍：长沙市德科仪器设备有限公司从事高端实验室仪器设备的研发、生产和销售，产品涉及实验室样品研制、粉体研磨、环境试验装置等多个领域，拥有专业和规范的研发、销售、生产、售后团队，秉承"品质是企业的生命"，现已通过网络和线下庞大的销售渠道产品遍布中国、西欧、北美洲、南美洲、非洲、东南亚、中东等世界各地。
主营产品：纳米球磨机、行星式球磨机、罐磨球磨机，真空手套箱、惰性气体操作箱、球磨罐、球磨介质等。

广州儒瑞科技有限公司

地址：广东省广州市番禺区石基镇市莲路石基村段80号同芯智造城8栋706
电话：13902286396
电邮：271451847@qq.com
网址：www.gzrurui.cn
单位介绍：广州儒瑞科技有限公司（简称儒瑞科技）是一家集研发、生产、销售、服务于一体的多元化，具有自主知识产权的高科技可持续发展的现代企业。产品涉及材料与工程学、生命科学、环境工程等。公司拥有一批技术实力雄厚的优秀专业人才梯队，长期以研发需求为指导，为广大用户提供一流的产品和服务。

主营产品：行星式球磨机、真空手套箱、管式炉、箱式气氛炉、真菌孢子分离器、中子土壤水分仪、离心机等产品。

无锡市林瑞粉体机械有限公司

地址：江苏省无锡市惠山区前洲街道友联村
电话：0510-83389291
电邮：1295404241@qq.com
网址：www.wxlrft.cn
单位介绍：无锡市林瑞粉体机械有限公司是一家从事研发、制造各类混料机、搅拌球磨机、V形混料机的混料机厂家。深刻领会"科技强国、大力发展新能源新装备"的产业规划精神，本公司与国内知名学府、科研机构达成长期技术与合作，共同研发生产创新、节能环保新产品。近几年的耕耘付出，获得了一系列可喜的成果，逐步开发和制造出了超细磨、振实机、卧式砂磨机、搅拌球磨机、循环式搅拌球磨机、卧式球磨机、V形混料机、混合机、压滤机、振动筛、对辊机等系列产品，广泛应用于电子陶瓷、结构陶瓷、磁性材料、荧光粉、发光粉、催化剂、玻璃粉、电池、陶瓷电容器、氧化铝陶瓷、介质陶瓷以及一些化工、油墨、油漆涂料、医药、食品生产域等行业。
主营产品：球磨机、砂磨机、混料机、混合机、压滤机、振动筛、对辊机等。

锦州市磊科科仪有限公司

地址：辽宁省锦州市黑山县新立屯镇二街
电邮：jzslkkygs@163.com
单位介绍：锦州市磊科科仪有限公司是行星式球磨机、卧式行星球磨机、真空手套箱、全方位球磨机、玛瑙球磨机、玛瑙研磨机、三头研磨球磨机、盘式球磨研磨机、振动球磨研磨机、快速球磨研磨机、陶瓷球磨研磨机、氧化锆球磨研磨机、土壤球磨研磨机、植物研磨球磨机、农业研磨球磨机、生物球磨研磨机、环境监测研磨球磨机、多头研磨球磨机、不锈钢研磨球磨机、聚氨酯研磨球磨机等产品专业生产加工的公司，拥有完整、科学的质量管理体系。
主营产品：球磨机、研磨机、真空手套箱等。

西安立友机械设备有限公司

地址：陕西省西安市沣东新城上林街道办黄家寨路1号
电话：029-87552860
电邮：392413497@qq.com
网址：www.xalysb.com
单位介绍：西安立友机械设备有限公司是专业研究、设计、制造超细粉体加工设备的科技型企业。公司技术力量较雄厚，生产设施较先进，质量检验严格，研制生产的部分产品经厂家使用及专家评定技术性能已达到国际较高水平。生产的各种超细粉体加工设备可广泛用于电子材料、磁性材料、稀土材料、矿产、陶瓷、磨料、化工、耐火材料、医药等行业。
主营产品：球磨设备、混合设备、搅拌设备、造粒设备。

咸阳金宏通用机械有限公司

地址：陕西省西咸新区世纪大道沣东街道办后面
电话：029-33811636
电邮：xyjh@xyjh.com.cn
网址：www.xyjh.com.cn
单位介绍：咸阳金宏通用机械有限公司是专业研究、设计、制造超细粉体加工设备的科技型企业。公司技术力量较雄厚，生产设施较先进，质量检验严格，研制生产的部分产品经厂家使用及专家评定技术性能已达到国际较高水平。公司的各种超细粉体加工设备可广泛用于电子材料、磁性材料、稀土材料、矿产、陶瓷、磨料、化工、耐火材料、医药、乳业等行业。
主营产品：球磨设备、混合设备、搅拌设备、造粒设备。

上海明工重型设备有限公司

地址：上海市奉贤区奉城镇神州路299号1幢
电话：021-59515366
电邮：web@jxjq.com
网址：www.shmgjq.com
单位介绍：上海明工重型设备有限公司是一家以生产大、中型系列矿山机械、冶金机械、建材设备为主，集研发、生产、销售于一体的股份制企业。公司注重基础管理，建有企业管理网络，物流实现ABC管理，内部实行计算机信息化，生产技术进行微机管理，产品开发工艺采用CAD、CAPP技术，不断坚持新产品研发和研制，投入技改资金，完善产品开发，满足用户的不同需求。
主营产品：球磨机、烘干机、回转窑、洗石机。

上海净信实业发展有限公司

地址：上海市松江区曹农路5弄40号
电话：021-57790908
电邮：service@tissuelyser.com
网址：www.qmj17.com
单位介绍：上海净信实业发展有限公司致力于高端科学仪器国产化，勇攀科技高峰，净信依托中国科学院、上海交通通大学、复旦大学等智囊团，组建了一支充满活力和想象力的团队，不断创新和改善产品。净信目前申请了40多项专利，使公司生产的产品更加节能，更加智能，更加人性化。先进的硬件与软件，也为生产高品质的产品提供更加坚实的基础。依靠稳定的产品质量，优质的售后服务，严谨的工作作风，净信出品的Tissuelyser系列多样品组织研磨机和"JXFSTPRP系列三维运动的全自动样品快速研磨机""单细胞测序仪""超声波超细筛分发生装置""液氮冷冻研磨仪"以及土壤研磨机、高能研磨机、臼式研磨机等产品，先后在中科院、农科院、医科院等高等研究院所以及上海交通大学、复旦大学、浙江大学、香港中文大学、香港理工大学等大专院校的国家重点实验室受到青睐而被广泛采用。
主营产品：全方位行星球磨机。

5.2 陶瓷粉体处理设备企业

上海益非亚粉体技术设备有限公司

地址：上海市浦东新区川沙新镇鹿园工业区鹿溪路 246 号 204 室 44 号
电话：021-54433256
电邮：jzcwgs@163.com
网址：www.sh-iva.com
单位介绍：上海益非亚粉体技术设备有限公司 1998 年系德国 IVA 公司驻华代表处，2004 年成为独立法人，和德国 IVA 结为紧密的战略合作伙伴。专业从事工业矿物超细加工的工艺设计、设备制造和工程技术服务。2000 年在四川提交了全国第一条球磨分级生产线，开辟了我国填料矿物加工大型化、现代化的先河；坚持"用户第一"的原则，为客户提供"量身定制"的解决方案和始终如一的优质服务。各类生产线和机械设备销往世界各地的国际知名企业赢得了良好的声誉。
主营产品：球磨机、分级机、研磨机。

无锡新而立机械设备有限公司

地址：江苏省无锡市惠山区前洲工业园兴洲路 1 号
电话：0510-83389020
电邮：sales@xeljx.com
网址：xeljx.com
单位介绍：新而立立足于当代，却着眼于未来的粉体工业设备的发展。公司自成立以来，始终把创新与诚信放在首位，产品获得两项发明型及多项实用新型专利。2018 年公司通过 ISO 9001 质量管理体系认证，2020 年公司荣获江苏省高新技术企业认证。近年来，随着科技发展的不断进步，公司在不断借鉴国内外同行先进技术的基础上，通过自主创新、精心的设计，专业为客户提供粉碎、研磨、干燥、混合、输送等一系列性能优越、品质优良的成套设备。产品广泛应用于电子、陶瓷、新材料、锂电正（负）极材料、磁性材料、金属粉、荧光粉、化工、稀土、催化剂、农药、医药、食品、颜料、涂料等各粉体工业领域。同时，公司拥有上述设备的样机及试验机型，免费为客户设备选型提供试验及检测服务，也可根据客户使用现场安装的需要，设计、制造特殊规格的上述设备。
主营产品：粉碎设备、球磨设备、砂磨设备、干燥设备、筛选分离设备、混合设备、造粒设备、输送设备。

咸阳陶瓷研究设计院有限公司热工装备中心

地址：陕西省咸阳市秦都区玉泉西路 210 号
电话：029-33579267 / 38136111
电邮：source@sinokiln.com
网址：www.sinokiln.cn
单位介绍：咸阳陶瓷研究设计院有限公司是我国唯一专门从事建筑卫生陶瓷技术及装备研发的科研院所，注册资金 1.5 亿元。对行业技术进步起重大作用的多项技术和装备均由我院研发成功，例如锂电池正负极材料煅烧窑炉、大型喷雾干燥器、大型球磨机、连续球磨机、全自动压砖机、高压陶瓷柱塞泵等。咸阳陶瓷研究设计院有限公司热工装备中心，隶属于中国建筑材料集团公司。中心以雄厚的科研实力为依托，一直致力于各种窑炉热工装备的科研设计、加工制造、安装调试及技术咨询等一体化服务。我中心以客户需求为出发点，研制的"科源"牌粉体煅烧系列窑炉拥有多项专利技术，产品广泛应用于锂离子电池材料、稀土材料、活性炭、催化剂材料、磁性材料、粉末冶金材料等。
主营产品：大型球磨机、连续球磨机、5G 陶瓷滤波器烧结设备、大型喷雾干燥器、全自动压砖机。

大工-铭冠陶瓷

地址：山东省淄博市张店区柳泉路新世界广场 2 号楼 9 层 906 室
电话：0533-6721061
电邮：info@megaceram.com
网址：www.megaceram.com
单位介绍：大工-铭冠陶瓷（大工机械与铭冠陶瓷控股）专注陶瓷原料的制备及设备研发。从陶瓷研磨介质（氧化铝球）到球磨机，从除铁器到喷雾干燥塔，大工-铭冠陶瓷成功整合了陶瓷原料制备系统以便为客户提供全方位的专业服务。
主营产品：球磨机、球石、衬砖、辊棒、碳化硅产品。

浙江裕融实业有限公司

地址：浙江省金华市王宅镇古马山工业区
电话：0579-87668028
电邮：market@zjwymy.com
网址：www.zjyurong.com
单位介绍：浙江裕融实业股份有限公司成立于 1985 年，位于浙江金华武义，是一家专注破碎设备的耐磨件厂家，前身是武义县麻阳精密铸造厂，主要经营高锰钢、合金钢、高铬铸铁、不锈钢、碳钢、耐热钢等大型矿业装备耐磨件的生产、研发与销售。研发生产的铸件广泛应用于矿山（含水泥骨料）、电力、钢铁、建筑再生资源等领域。
主营产品：球磨机与半自磨机配件、旋回破碎机配件、工程机械配件、圆锥破碎机配件、高压磨辊、颚式破碎机配件、金属破碎机配件、反击破碎机配件。

青岛迈科隆粉体技术设备有限公司

地址：山东省青岛市高新区金岭工业园一号路中段
电话：0532-89880068
电邮：feng138898@163.com
网址：www.micronchina.com
单位介绍：青岛迈科隆设备有限公司是德国 IVA 公司中国唯一合作伙伴，也是该公司的研发和生产制造基地之一。德国 IVA 公司是世界著名的粉体加工技术和设备提供商，产品遍及世界五大洲。青岛迈科隆公司与德国 IVA 公司一道秉持"专心专业 精细入微"的企业理念，应用德国技术联袂打造国际一流的粉体装备，竭诚为全球用户提供高性价比的技术与服务。
主营产品：球磨分级生产线、气流粉碎机、超微粉碎机、立式粉碎机、焦类粉碎设备、整形改性设备、解聚打散设备、低温粉碎机、气流分级机、实验型设备、粗破碎设备、天然石墨球形生产线、物料输送设备、惰性气体保护生产线。

苏州市虎丘干燥设备制造有限公司

地址：江苏省苏州市吴中区木渎镇藏书石码头勤丰路 52 号
电话：0512-65313044
电邮：hqganzao@sina.com
网址：www.hqgzsb.com
单位介绍：苏州市虎丘干燥设备制造有限公司是从事干燥设备的开发、生产、销售的有限责任制公司。二十年来，崇尚品质是企业的一贯宗旨。尤其是全新设计、制造的 HZG 双锥回转真空干燥机组，突破了单一的干燥功能而成为集供热、干燥混合、喷液掺杂、溶媒回收的高度一体化的多功能干燥设备。而内静、外动的密封技术的设计和运用杜绝了被干燥物的污染，是 GMP 药品行业的干燥品质保障。因其优良的产品制作品质而成为干燥设备大厂商，产品已经远销中国港、台及日本、英国。
主营产品：超细搅拌球磨机、干燥机等。

无锡臣力粉体设备有限公司

地址：江苏省无锡市惠山区玉祁街道曙光工业园
电话：0510-83396003
电邮：zhaojingli@clftsb.com
网址：www.clftsb.com
单位介绍：无锡臣力粉体设备有限公司是一家专业生产微粉设备、球磨设备、混合设备、筛选设备、干燥设备等系列产品的公司。公司引进国外粉体设备的先进技术，开发和制造卧式砂磨机、搅拌球磨机、循环式搅拌球磨机、卧式球磨机、V 形混料机、混合机、压滤机、振动筛、对辊机、喷雾造粒塔等系列产品，广泛应用于电子陶瓷、结构陶瓷、磁性材料、荧光粉、发光粉、稀土抛光机、玻璃粉、电池、陶瓷电容器、氧化铝陶瓷、介质陶瓷、化工、油墨、油漆涂料、医药、食品生产领域等行业。产品销往全国各地，产品质量与性能均达到国内外先进水平，深受用户的欢迎和信赖。
主营产品：球磨机、粉碎机、筛分机、混合机、搅拌筒、干燥机等。

5.2.2 砂磨机

深圳市叁星飞荣机械有限公司

地址：广东省深圳市宝安区松岗街道松岗大道 38 号
电话：0755-27055365
电邮：sanxingfeirong@163.com
网址：www.sxfrjx.com
单位介绍：深圳市叁星飞荣机械有限公司一直专注于超细研磨及分散技术的研发和相关设备的制造，已申请发明专利 14 项，8 项获得授权，与华南理工大学达成战略合作关系，是华南理工大学材料科学与工程学院产学研基地。产品广泛应用于制备精细陶瓷材料（氮化硅、氧化锆、碳化硼、氮化硼、氧化铝等）、碳材料（碳纳米管、碳纤维、石墨、碳复合材料和石墨烯等能源材料（磷酸铁锂、钴酸锂、晶体硅等）、矿物材料及各种纳米涂料、油墨、喷墨、颜料等诸多领域，是名副其实的制备先进纳米材料设备厂家。
主营产品：立式实验室砂磨机。

东莞市琅菱机械有限公司

地址：广东省东莞市寮步镇芦溪二路 40 号 3 栋
电话：400-6665813
电邮：service001@longlymill.com
网址：www.longlychina.com
单位介绍：琅菱智能始创于 2002 年，是一家集智能设备研发、生产、销售和服务于一体的国家级专精特新小巨人企业。专注于基础材料领域研磨、分散、干燥及输送等技术的研发与应用，致力于为客户打造"智能单机＋智慧工厂"一站式制造平台。

总部坐落于广东东莞寮步，在国内拥有两大生产基地和三家分公司，总占地面积超 200 亩（1 亩≈666.67 平方米），年产能逾 2000 台。目前在华南、华东、华北、西南等多个城市设立了分公司及服务网点，产品远销欧美、日、韩、中东、东南亚等 20 多个国家和地区。
主营产品：砂磨机单机、智能单机、智能产线。

东莞市康博机械有限公司

地址：广东省东莞市东城街道东海工业区二号厂区 A 栋 1 楼 101
电话：0769-83281806
电邮：kangbomech@163.com
网址：www.kangbomech.com
单位介绍：东莞市康博机械有限公司是一家集分散研磨设备和纳米分散研磨技术于一体的行业应用整体解决方案供应商。公司致力于技术研发与持续创新，在精细分散、纳米研磨、浆料过滤、自动化灌装等领域都具有的专业技术水平。目前公司的产品和解决方案应用于国内众多精细化学品领域，包括精细陶瓷、电池材料、电子产品、生命医药、涂料、印刷油墨、喷墨墨水、化妆品等新兴材料，通过不同的产品类型和周到的服务，有效地支持国内不同领域客户的差异化需求以及不断创新的追求。
主营产品：实验室砂磨机、纳米棒销砂磨机、三偏心盘砂磨机、涡轮式砂磨机、通用型卧式砂磨机、立式循环砂磨机等。

耐驰（上海）机械仪器有限公司

地址：上海市嘉定区嘉安公路 3136 号
电话：021-69576008 转 8501
电邮：steven.chu@netzsch.com
网址：www.netzsch-grinding.com
单位介绍：耐驰"研磨 & 分散"是世界上湿法和干法技术里面的领军企业之一，提供从实验室到工厂等各种大型设备。干湿法研磨设备用途广泛，使用混合、捏合或者是分散机甚至可以使物料达到纳米范围。大量的干湿法研磨系统可用于不同的研磨任务，甚至可用于纳米范围，以及用于多种应用的低黏度或

5.2 陶瓷粉体处理设备企业

高黏度产品的混合器、捏合机或分散机。
主营产品：砂磨机、机械磨、气流磨、球磨机、切割磨等。

东莞市聚志智能科技有限公司

地址：广东省东莞市茶山镇南社振南路42号2座101
电话：0769-81810936
电邮：13798761918@163.com
网址：www.jzgrind.cn
单位简介：东莞市聚志智能装备有限公司是一家专注于生产、研发、设计、产线升级等研磨、分散装备一体化整套解决方案服务商。截至目前，我们已在研磨、分散领域十六载有余，公司技术力量雄厚，加工设备先进，检测设备齐全，荣获国家专利，并且拥有国内外研磨分散先进技术和专业团队，在精细分散、纳米研磨、浆料过滤、自动化灌装、EPC系统工程、RC、自动化平台等领域都确立了行业内专业的技术水平。聚志始终秉持"汇聚精品，志存高远"的宗旨，打造高性能的产品，广泛应用于涂料、油漆、油墨、色浆、陶瓷墨水、纳米材料、MLCC、锂电、医药、农药、导电浆料等众多领域，公司先后在华南、华北、华东、西南等地建立了生产基地和分公司，产品远销马来西亚、美国、印度、越南、巴基斯坦、韩国等国家和地区。
主营产品：砂磨机、分散机、搅拌机、乳化机、脱泡机等。

广东汇京智能装备有限公司

地址：广东省东莞市东城街道汇京路8号1栋
电话：0769-28337893
电邮：info@wikingtec.com
网址：www.dgkbzn.com
单位介绍：广东汇京智能装备有限公司（原东莞市康搏智能装备有限公司），创建于2009年，公司坐落于风景秀丽的同沙生态湖区，交通便利，环境幽雅，离深圳港50千米，占地20000平方米，装配生产车间10000平方米。公司具备自动化纳米湿法研磨&分散设备及智能化整厂产线设计开发、生产制造的核心技术。通过不断耕耘，取得了高新技术企业、专精特新企业、ISO 9001：2015质量体系认证、欧盟CE认证，发明、新型实用型专利50余项。公司现有职员100余人，拥有专业的研发、生产、销售、施工团队，平均每年向全球市场输出400余台智能单机，服务于来自40多个不同行业的客户，积累了一大批新能源（正极、负极、导电浆料）、陶瓷粉体、涂料、油墨、医疗、制药、农药、新型纳米材料等行业全球知名客户。
主营产品：纳米棒销砂磨机、高效棒销砂磨机、纳米涡轮砂磨机、盘式砂磨机等。

四川瑞驰拓维科技股份有限公司

地址：四川省绵竹市高新技术产业园昆山路18号
电话：0838-6685667
电邮：rctw@retsch-topway.com
网址：www.retsch-topway.com
单位简介：四川瑞驰拓维科技股份有限公司由北京瑞驰拓维科技有限公司迁至四川绵竹，成立于2017年11月，是世界上靠前的超细研磨设备生产厂家之一，由留德博士冯平仓创立，公司拥有多项超细研磨技术，提供世界靠前水平的纳米超细研磨设备及相配套的高档研磨介质。设备主要用于钛白粉、化纤、新材料、先进陶瓷、碳化硼、碳化硅、电池正极材料如磷酸铁锂及锂锰氧化物、喷绘油墨、细胞破碎、抗生素等领域。目前设备已经出口美国、欧洲、韩国、印度等国家和地区。
主营产品：卧盘式砂磨机、中试纳米研磨设备、钇稳定氧化锆研磨珠、碳化硼研磨介质、硅酸锆研磨珠等。

潍坊兴益机械有限公司

地址：山东省潍坊市新城街道大观社区樱前街与北海路交叉路口向南200米路东
电话：13905367717
电邮：496097577@qq.com
网址：www.wfxingyi.com
单位介绍：潍坊兴益机械有限公司是国内专业从事立式砂磨机和振动水筛研发的科技企业，研发生产销售具有高精度、超细度砂磨机以及湿法超细水筛，近十年的砂磨机的生产经营历程，已积累了丰富的技术开发和科研能力。在硬度物料的超细分散及研磨领域均取得了显著的成就。设计并制造出各种不同要求材质的零组件和机型来满足不同产品的特定需求，产品从设计、造型、选材、制造均达到行业高水平。拥有产品研发实力，可及时为客户提供合理的配置方案，也可以为客户设计制作交钥匙工程。
主营产品：砂磨机、湿法超细水筛。

易数国际贸易（上海）有限公司

地址：上海市长宁区天山路600弄1号2506室（同达创业大厦）
电话：021-61457238
电邮：sales@unist.com.tw
网址：www.unist.com.cn
单位介绍：易数国际贸易（上海）有限公司成立于2002年，在中国主要经销电子元器件、粉体材料、欧美进口粉末工业生产线上所用仪器和设备，以及印制电路板工业用设备和材料。易数国际贸易（上海）有限公司通过多年的服务经验，为您提供针对陶瓷行业、磁性材料行业和粉末冶金等粉末行业，从研磨、压制到烧结工艺流程的相关设备组合——从研磨机、压机到烧结炉，可以全方位满足您的生产需求，为您提供完善的售后服务和技术支持。
主营产品：Union Process砂磨机、Gasbarre. PTX. SIMAC压机、高温烧结炉。

奎特（上海）机电科技有限公司

地址：上海市嘉定区横仓公路628号
电话：400-772-0389
电邮：sales@qeteshchina.com
网址：www.qeteshchina.com

单位介绍：奎特（上海）机电科技有限公司是一家专业从事湿法研磨及流体搅拌的科技有限公司，公司拥有雄厚的研发力量和生产能力，凝聚了行业内工程和技术精英，为广大客户提供更加专业化的湿法研磨及流体搅拌的解决方案。
主营产品：砂磨机、行星搅拌机、辅助设备。

秦皇岛宇顺智能科技有限公司

地址：河北省秦皇岛市经济技术开发区都山路12号
电话：0335-8570189
电邮：qhdyshb@qhdyshb.com
网址：www.qhdyshb.com
单位介绍：秦皇岛宇顺智能科技有限公司成立于1995年，拥有近30年的行业应用经验，专注于湿法研磨、分散、搅拌、混合成套设备的研发生产和销售，以智能设备+智能系统为基础，为客户提供EPC交钥匙工程服务。近年来，公司业务迅速拓展到新材料、新能源领域，为锂电正负极材料、陶瓷隔膜材料的生产提供智能装备和自动化生产线，满足了国家对于新材料、新能源装备制造业的"高端化、智能化、绿色化"的三化要求。公司设有国际贸易事业部，成功在俄罗斯、埃及、新加坡等地签约战略合作伙伴，产品成功出口到美国、俄罗斯、印度、澳大利亚、埃及、斯里兰卡、乌克兰、泰国、巴西、马来西亚、越南等众多国家，获得了国内外客户的广泛认可。
主营产品：砂磨机、珠磨机、混合机、捏合机、搅拌压料一体机。

博亿（深圳）工业科技有限公司

地址：广东省深圳市宝安区燕罗街道洪桥头社区下围水工业区7栋
电话：boyi@byjxw.com
电邮：0755-81766074
网址：www.byjxw.com
单位介绍：博亿，总部位于深圳，是全球领先的纳米材料技术解决方案提供商。自2004年成立以来，我们致力于为客户提供先进的智能化设备、智能化产线以及智慧工厂一站式服务，推动新材料技术研发，以科技创新引领产业升级。凭借在湿法研磨与分散技术领域超过20年的深厚积累，我们已成功研发80余项发明专利技术，拥有强大的技术研发能力与实力雄厚的产品开发和项目管理团队。产品与服务广泛应用于新能源电池正负极材料、油墨涂料、食品、制药、半导体、化妆品及化工等多个行业领域。我们秉持"匠心、创新和贴心"的服务理念，与众多知名品牌深度合作。以匠心打磨每一款产品，确保卓越品质。以创新引领技术发展，满足不断变化的市场需求。以贴心服务赢得客户信赖，成为他们可靠的合作伙伴。
主营产品：NMM大流量滤网式纳米砂磨机、NMM多功能试验机、LMM超细离心式纳米砂磨机、BYZr陶瓷涡轮砂磨机、SW通用型纳米砂磨机。

东莞市纳隆纳米科技有限公司

地址：广东省东莞市大岭山镇金桔村恒祥工业园C栋1楼117号
电话：0769-82185216
电邮：147561757@qq.com
网址：www.dgnlkj.com
单位介绍：东莞市纳隆纳米科技有限公司是一家专业集研发、生产、销售为一体，以纳米技术砂磨为核心的高科技企业。公司始终专注于材料湿法超细研磨和分散的研究和创新，拥有国际领航的研磨分散技术，提供各种砂磨机、分散机、球磨机、研磨机、乳化机及周边配套设备，包括反应釜、搅拌机、过滤机、夹层缸、拉缸、墨水灌装机、升降平台等，产品被广泛应用于涂料、油墨、染料、食品、新能源电池等化工行业。
主营产品：NTZr全陶瓷纳米砂磨机、NLB立式棒盘式砂磨机、NBP棒盘式砂磨机、NWX卧式棒销式砂磨机、NL篮式砂磨机、NLQ系列立式球磨机、NGF系列分散机等。

东莞市亿富机械科技有限公司

地址：广东省东莞市大岭山镇颜屋村莲颜路88号
电话：18128023052
电邮：364840833@qq.com
网址：www.informill.com
单位介绍：亿富机械成立于1999年，20多年来一直以"敬于业而精于业、诚于信而立于世"的理念，为广大客户提供纳米材料研磨单机及系统综合解决方案。目前拥有广东总部1.3万平方米厂区，湖北襄阳在建100亩的生产基地及4万多平方米的租用厂房，近百项专利、数百人的专业团队。目前公司的设备具有大型化、智能化、节能化等特征，有涡轮、棒销、立式、直驱等系列砂磨机，容量从1升到1000升不等，具有运行稳定、高效率、低能耗、大流量、超精细、无污染等特点。领先行业推出节能砂磨机、立式砂磨机、直驱砂磨机等。亿富机械已先后获得磷酸铁锂、导电剂、钠材料等新能源材料领域知名行业客户的认可。有数十家大型合作案例，全面赋能新能源行业发展。
主营产品：纳米陶瓷砂磨机。

东莞市利腾达智能装备有限公司

地址：广东省东莞市寮步镇石步敬业路6号
电话：0769-82566808
电邮：ltdsz@ltdsz.com
网址：www.ltddg.com
单位介绍：利腾达公司一直致力于化工领域湿法研磨与分散设备的研发与制造，技术已达到国内同行先进水平。研发生产的砂磨机系列产品已在磷酸铁锂、磷酸锰铁锂、陶瓷隔膜、油漆、油墨、农药悬浮液、喷墨墨水、印花色浆、新型纳米材料、石墨烯等行业广泛使用，出口至美国、巴西、韩国、南非、越南、马来西亚、印度、埃及、斯里兰卡、伊朗、俄罗斯、尼泊尔等国家和中国台湾地区。
主营产品：砂磨机、研磨机、搅拌分散机、研磨介质等。

东莞市勒驰机械科技有限公司

地址：广东省东莞市万江街道莫屋村图兴路5号

5.2 陶瓷粉体处理设备企业

电话：0769-23622626
电邮：lechijx@163.com
网址：www.deguolechi.com
单位介绍：东莞市勒驰机械科技有限公司是引进德国先进研磨技术、专门从事湿法研磨设备研发、生产的高新科技股份制有限公司，专注于材料研磨领域细度解决方案。通过对先进流体力学和机械力化学的研用，设计高效研磨组件核心技术，并将经过科学试验验证的研磨工艺同高品质的研磨设备进行结合，面向材料湿法研磨领域提高高效、高能超细分散及纳米研磨技术，现有湿法纳米棒销卧式研磨机、湿法盘式卧式砂磨机、湿法篮式砂磨机、实验室纳米砂磨机、真空脱水机、高能分散机等，广泛应用于工业涂料、油墨、油漆、医药、化妆品、精细化工、陶瓷、矿物加工、造纸、纤维素、农药、电池、纳米新材料等高端领域。
主营产品：纳米卧式砂磨机。

广州从化新科轻化设备厂

地址：广东省广州市从化区温泉镇石海工业大道1号
电话：0833-5685453
电邮：gzsinco@126.com
网址：www.gzsinco.com
单位介绍：广州从化新科轻化设备厂创建于1998年3月，是化工、陶瓷、食品等行业的精磨、混合、分散和乳化的轻化设备的专业生产厂家，主营自主品牌——长有设备，专业设计、生产、制造卧式砂磨机、高速分散机、篮式砂磨机、分散搅拌设备、篮式研磨设备、混合设备、实验室搅拌机、粉碎机、珠磨机、球磨机等研磨、分散、乳化设备。工厂坐落于珠三角的经济发展中心——广州，占地面积6000多平方米。工厂自成立以来，专注于研磨、混合、分散和乳化技术，不断研发创新，开拓进取，精益求精，先后引进了国内外的生产和检测设备，经过十多年努力的发展，我们拥有了雄厚的技术力量、精良的设备、丰富的生产经验、成为化工、陶瓷、食品等行业精磨、混合、分散和乳化设备的轻化设备专业生产厂家。
主营产品：砂磨机、分散机、分散搅拌设备、研磨设备、混合设备。

广东派勒智能纳米科技股份有限公司

地址：广东省广州市番禺区钟村街创源路一号
电话：020-61925888
电邮：market@puhler.com
网址：www.puhler.com
单位介绍：派勒（PUHLER）集团公司建于1896年，为世界上享有盛名的跨国企业集团，是专注于为全球客户提供研磨先进材料与加工高端装备的"工业母机"制造商，致力于成为全球微纳米工艺研磨设备领域的领导者。派勒是国内少数能够同时提供容积5000升且细度达50纳米的研磨机制造企业，也是国内首家量产并稳定供应50纳米研磨机的企业，公司的数控纳米研磨机、五轴联动加工中心等国产高档专用数控系统产品成功应用于先进材料、化工行业、矿物行业、锂电行业、大健康产业、电子信息产业、新能源汽车、航空航天和硬质非金属（半导体、陶瓷、蓝宝石以及硅晶片）等多个领域，是国产高档微纳米研磨装备和关键功能部件的完整产业制造商，自主可控化率达到85%以上。
主营产品：纳米研磨机。

湖南省欧华科技有限公司

地址：湖南省株洲市天元区天易大道959号高科新马金谷C2栋
电话：0731-28446998
电邮：oh@ohjx.com
网址：www.ohjx.com
单位介绍：湖南欧华科技有限公司是从事化工分散、精细研磨设备的研究与制造、销售与服务的专业公司。多年来公司依靠完备的生产设备和雄厚的技术实力，不断跟进瑞士、德国等国外先进技术，结合客户反馈的宝贵信息，利用本地硬质合金、陶瓷材料的优势，先后开发了多种达到国际先进水平、国内领先的研磨与分散设备。公司的产品在全国二十多个省市均有销售。不仅实实在在为客户解决了生产中的难题，而且被许多客户誉为替代进口设备的首选产品。
主营产品：实验室砂磨机、微米级砂磨机、纳米级砂磨机、矿砂大型砂磨机等。

深圳市科力纳米工程设备有限公司

地址：广东省深圳市宝安区后亭第二工业区东亭中路94号
电话：400-059-8896
电邮：szklnm@163.com
网址：www.cnklnm.com
单位介绍：深圳市科力纳米工程设备有限公司成立于2011年3月，是一家在国际纳米研磨领域具有技术优势的国家级高新技术企业。为了提升纳米材料研磨分散领域的研发和检测鉴定能力，科力纳米KENA与清华大学研究生院、华中理工大学华南理工大学、武汉理工大学联合进行技术开发，建立了产、学、研一体化的厂校联合研发机构，致力于将纳米研发成果快速投放国际市场，服务全球客户。与此同时，科力纳米KENA还斥巨资独立组建了科力纳米KENA实验中心，专注于材料精细研磨和超细分散的研试验，积极为客户研发产品加工工艺流程，并以纳米级、亚纳米级研磨分散研磨设备，为全球合作客户提供纳米研磨产品及一站式材料技术咨询、设备技术咨询、工艺解决方案、交钥匙工程、维修保养服务。
主营产品：卧式纳米陶瓷砂磨机。

佛山市格菱自动化科技有限公司

地址：广东省佛山市高明区荷城街道海田路88号中南高科智汇城18栋
电话：0757-88861668
电邮：luyisen8@163.com
网址：www.grow-at.com
单位介绍：佛山市格菱自动化科技有限公司是一家专门从事电子专用设备和自动化项目研制开发的国家级高新科技企业，致力于成长为一家拥有自主知识产权的高端优质的自动化制造企业。公司的技术团队具有三十多年电子专用设备和自动化项目研制经验，汇集光、机、电一体及自控软件等优秀技术人才，具有较强的开发创新能力，将客户需求与设备设计有机结合，成功研制了离心电镀机、纳米级砂磨机、自动装袋机、自动贴胶机、自动灌装机、微电子元件测试机、自动印刷机及在线外观检测等系列产品，实现专用设备自动化、信息化和智能化，以优异的性价比及良好的专业服务完全代替进口产品。已获二十多项发明专利及软件著作权。在自动化项目方面定制开发 MES（制造执行系统），将 MES 与 ERP 有机结合，实现工厂的智能制造和智能管理，成功研制了全自动智能配料系统、测量仪器数据自动采集系统等。

主营产品：纳米级砂磨机、离心电镀机、自动装袋机、自动贴胶机、自动灌装机、微电子元件测试机、自动印刷机及在线外观检测等系列产品。

江阴市爱达机械有限公司

地址：江苏省江阴市青阳镇里旺里工业园区润阳路 6 号
电话：0510-86566789
电邮：sales@idamill.com
网址：www.idamill.comcn
单位介绍：爱达机械是一家专业从事流体 & 粉体设备研发、设计、制造、销售和服务于一体的企业。产品广泛应用于如下行业和领域：油漆 & 涂料、油墨、染料 & 颜料、香精香料、食品、造纸、医药、化妆品、农药、橡胶、锂电池材料、建筑材料、润滑油、胶黏剂、表面活性剂、硬材料 & 陶瓷材料、电子化学品、油田化学品。爱达机械针对各种工艺拥有多种不同的分散研磨设备可以满足客户对产品和工艺的要求。

主营产品：卧式砂磨机、篮式砂磨机、三辊研磨机等。

青岛联瑞精密机械有限公司

地址：山东省青岛市市北区会昌路 11 号
电话：0532-80822686
电邮：sales@unionprocess.com.cn
网址：www.unionprocess.com.cn
单位介绍：1945 年，作为搅拌研磨机的发明人，Dr. Andrew Szegvari 在美国俄亥俄州的 Akron 成立了 Union Process Inc.，搅拌研磨技术成为 Union Process 公司的起点。今天，搅拌研磨机已被认为是研磨或分散系统中非常有效的机器，并在世界上许多工业和研究领域中广泛使用。2005 年，美国 Union Process 进入了中国成立外资企业——青岛联瑞精密机械有限公司。致力于设计、研发、生产"卧式砂磨机 & 立式搅拌磨"，美国 UP 全系列机型采用结构件本地化生产。对于关键部件，美国以进口的方式在中国组装生产。着重于将优质、具性价比的产品奉献给您，同时拥有完备的实验室，向客户提供全方位的本地化实验服务，包含从微米级的粉体研磨和检测，满足您在产品精细研磨方面的需求。

主营产品：砂磨机。

莱州市巴特机械有限公司

地址：山东省烟台市莱州市沙河镇宋家村
电话：0535-2356357
电邮：3672344@qq.com
网址：www.batejixie.com
单位介绍：莱州市巴特机械有限公司是一家化工机械专业设计和销售商，我们秉持"为客户提供最优的解决方案，为社会贡献最和谐的价值体系"，已经为涂料、油漆、保温、油墨、树脂、橡胶、胶黏剂、日化用品、农药、医药、食品、电池、建筑等领域提供了众多的设备与服务支持。如今我们拥有出色的设计、销售及售后服务体系，可以为您提供最好的设计方案、最优的设备支持、贴心的技术咨询和最完善的售后服务。相信您能感受到我们专业的服务水平与诚实的合作精神，期待我们未来成为并肩携手的美好合作伙伴。

主营产品：三辊研磨机、LB 篮式升降砂磨机、SK 立式砂磨机、卧式砂磨机、胶体磨、球磨机。

淄博启明星新材料股份有限公司

地址：山东省淄博市高新区尚功路 4678 号
电话：0533-3110125
电邮：qmx@chinaqimingxing.com
网址：www.chinaqimingxing.com
单位介绍：淄博启明星新材料股份有限公司创建于 1997 年，注册资本 5636 万元，是国家高新技术企业、国家专精特新小巨人企业、山东省瞪羚企业、山东省民营企业创新潜力 100 强等。建有山东省企业技术中心、山东省科技成果转化中试基地，下设子公司山东合创明业精细陶瓷有限公司、山东亿莱盛新材料科技有限公司、淄博星澳新材料研究院。致力成为中国先进陶瓷产业、智能超细研磨装备产业的领军企业。已通过质量、环境、职业健康安全管理"三体系"、知识产权管理体系、能源管理体系及武器装备质量管理体系认证。专注先进陶瓷、微纳米材料研磨及分散技术解决方案，为智能化研磨 EPC 工程提供定制化整体方案。

主营产品：砂磨机、搅拌磨、球磨机、斜式混料机、钇稳定氧化锆球、微晶氧化铝球、硅酸锆球、锆铝复合球、氧化铝粉等。

湖南欧华科技有限公司

地址：湖南省株洲市天元区新马金谷工业园 C2 栋
电话：0731-28446998
电邮：1622706651@qq.com
网址：www.ohjx.com
单位介绍：湖南欧华科技有限公司是从事化工分散、精细研磨设备的研究与制造、销售与服务的专业公司。依靠完备的生产设备和雄厚的技术实力，不断跟进瑞士、德国等国外先进技术，结合客户反馈的宝贵信息，利用本地硬质合金、陶瓷材料的优势，先后开发了多种达到国际先进水平、国内一流的研磨与分散设备。

主营产品：实验室砂磨机、微米级砂磨机、纳米级砂磨机、矿砂大型砂磨机等。

湖南南国设备科技有限公司

地址：湖南省株洲市云龙示范区大丰工业园 27 号

电邮：511102327@qq.com
单位介绍：湖南南国设备科技有限公司成立于2014年，集研发、生产、销售、服务于一体，是一家专注于湿法研磨设备制造的企业，面向材料湿法研磨领域，为客户提供定制化、一体化解决方案。南国科技研发出高效反射式砂磨机、双动力纳米型砂磨机、涡轮式砂磨机及传统的棒销式、盘式砂磨机等系列产品。相应的耐磨材料也在不断地进行多元化发展，从最初的不锈钢、耐磨钢到现在的碳化硅、氧化锆陶瓷、硬质合金、高分子、PU等新材料。产品广泛应用于涂料、油墨、医药、食品、农药、染料、造纸、磷酸铁锂、电子浆料、石墨烯、碳纳米管等新材料领域。
主营产品：高效反射式砂磨机。

琥崧科技集团股份有限公司

地址：上海市宝山区逸仙路2816号华滋奔腾大厦B座21楼
电话：021-60828333
电邮：HSmarketing@hoosuntec.com
网址：www.hoosuntec.com
单位介绍：琥崧科技集团股份有限公司专注于为微纳米材料客户提供纳米分散、研磨、输送及压延设备和智能化成套生产线。一直以来，琥崧凭借着创新技术、高性能的产品以及高品质的服务，不断为微纳米材料行业用户创造价值。从设备到工艺、从硬件到软件、从实验室样品到产业化商品，琥崧无不以专业、专注的态度和匠心的品质成为行业引领者。琥崧总部位于上海，在德国、美国、马来西亚建有技术支持和服务中心；在西安、成都建有研究院；在常州、湖州、宣城建有设备研发制造基地，拥有一支由中德专家组成的研发团队。
主营产品：砂磨机、分散机。

上海儒佳机电科技有限公司

地址：上海市奉贤区南桥镇肖南路1658号
电话：021-31006099
电邮：market@ruccachina.com
网址：www.ruccachina.com
单位介绍：上海儒佳机电科技有限公司隶属于儒佳集团，致力于粉体输送，湿法分散研磨，装备开发、制造和销售，纳米材料制备技术及工艺装备，并且提供以分散研磨工艺为核心的自动化生产线的设计和建造。儒佳为全球客户提供了大量成熟、先进的设备。广泛应用于微米、亚微米及纳米领域，在自有核心关键设备基础上，为客户提供一体化生产单元及完整生产线的设计建造，广泛应用于涂料、油墨、染料、农药、橡胶、喷墨、电子研磨液、陶瓷、电池纳米级粉体等领域。
主营产品：砂磨机、IDS在线分散系统、分散机&搅拌机、乳化机、非标设备。

诺研（上海）机械仪器有限公司

地址：上海市嘉定区复华路28号6栋（国家级复旦大学复华工业园区）
电话：021-39550100/39557002
电邮：info@norwa.net
网址：www.norwa.net
单位介绍：诺研（上海）机械仪器有限公司成立于2004年，是专业研发、生产材料超细粉碎领域细度解决方案的高新科技公司，拥有德国专利技术纳米研磨机、纳米砂磨机、棒销砂磨机、球磨机、陶瓷砂磨机、盘式砂磨机，专门从事湿法超细物理机械研磨和纳米分散设备的技术研究，采用德国DIN工业标准和欧洲EMC产品标准设计，拥有广泛而较先进的纳米研磨工艺。诺研（上海）机械仪器有限公司2010年在NORVA公司的技术支持下，成立了物理粉碎研磨流体力学研究中心，通过对先进流体力学和机械力粉碎化学的研用，设计高效研磨组件核心技术。并将经过科学实验验证的研磨工艺同高品质的研磨设备进行结合，面向材料干法、湿法研磨领域提供高效、高能超细分散及纳米研磨技术，现有干法万能气流研磨机、湿法纳米棒销卧式砂磨机、湿法盘式卧式砂磨机、湿法篮式砂磨机、实验室纳米研磨机、真空脱气机、高能分散机等，广泛应用于工业涂料油墨、油漆、食品（巧克力、可可粉）、医药、化妆品、精细化工、陶瓷、矿物加工、造纸、纤维素、农药、电池、纳米新材料等高端领域。
主营产品：砂磨机、研磨机、脱气机、分散机等。

森勒（上海）机械设备有限公司

地址：上海市嘉定区马陆镇周赵路568号1幢1层A区
电话：021-59514299
电邮：xyzhang123@126.com
网址：www.sunller.com
单位介绍：森勒（上海）机械设备有限公司，是一家引进德国研磨技术从事干法、湿法研磨设备研发、生产的高新科技股份制有限公司，专注于材料研磨领域，细度解决方案。拥有精湛的生产工艺，代表国际研磨技术。采用德国DIN工业和欧洲EMC产品标准设计，森勒通过对流体力学和机械力化学的研用，设计研磨组件核心技术，并将经过科学实验验证的研磨工艺同的研磨设备进行结合，面向材料干法、湿法研磨领域提供、高能超细分散及纳米研磨技术，现有干法万能气流研磨机、湿法纳米棒销卧式砂磨机、湿法盘式卧式砂磨机、湿法篮式砂磨机、实验室纳米研磨机、真空脱气机、高能分散机等。
主营产品：研磨机、砂磨机。

上海索廷智能设备股份有限公司

地址：上海嘉定区江桥镇博园路898号
电话：021-31001893
电邮：suotn@suotn.com
网址：www.suotntech.com
单位介绍：上海索廷智能设备股份有限公司专注于湿法研磨设备系统及解决方案的供应商，产品以高档实验砂磨机、生产型专用砂磨机和成套设备为主。公司拥有湿法研磨单机设备、成套设备以及一体化的整体解决方案。高性价比、高效服务、众多行业成功案例，奠定了索廷在整个行业的地位。拥有广泛而先进的生产工艺，"因为专一，所以专业"。索廷装备通过对先进流体力学和机械力化学的研用，将经过科学实验验证的研磨

第 5 章　陶瓷设备种类及企业分布

工艺同高品质的研磨设备进行合理结合，面向材料湿法研磨领域提高高效、高能超细分散及纳米研磨技术，目前有湿法纳米棒销卧式砂磨机、棒块式涡轮纳米砂磨机、湿法盘式卧式砂磨机、湿法篮式砂磨机、实验室纳米砂磨机、高速分散机、行星搅拌机、真空均质乳化机、成套生产线等。

主营产品：砂磨机、分散机、搅拌机、乳化机等。

上海易勒机电设备有限公司

地址：上海市青浦工业区崧复路 11 号
电话：021-55380043、65319425
电邮：sale@elemix.cn
网址：www.elemix.cn
单位介绍：上海易勒机电设备有限公司自 1996 年开始在国内开拓市场，并于 1996 年在上海投资建厂。目前公司已发展成为全球加工和服务中心。公司的产品以效率高、高可靠性和综合效益而备受关注。公司主要生产砂磨机、篮式研磨机、均质乳化设备、湿法研磨设备、混合设备、粉体混合机器及化学工业反应产品。该设备可用于各种流体化工行业，如涂料、油漆、油墨、颜料、电子材料、食品工业、农药工业、日化行业、生物医学、纳米材料等。
主营产品：砂磨机、研磨机、乳化机、分散机、搅拌机等。

镀睿（上海）实业有限公司

地址：上海市松江区曹农路 588 号 1 幢 203、204 室
电话：021-59182198
电邮：shdrsy@163.com
网址：www.dureindustry.com
单位介绍：镀睿（上海）实业有限公司是一家专业研究、开发、生产各种超细湿法研磨设备及高效流体混合设备的高科技企业。自创立以来，凝聚湿法研磨及流体混合设备行业的精英，深入纳米科技、锂离子电池、现代陶瓷材料、生物科技等新能源、新材料领域，长期专注于该领域湿法研磨及流体混合设备的技术研发与产品革新，在十多年的生产实践和客户服务中我们进行了许多基础性的研究和数据积累。
主营产品：超细湿法研磨设备、高效流体混合设备。

上海法孚莱机电科技发展有限公司

地址：上海市通协路 288 弄旭辉国际广场 1 号楼 407 室
电话：021-51093066
电邮：sale@farfly.com
网址：www.farfly.cn
单位介绍：上海法孚莱能源技术有限公司成立于 2005 年，总部位于大虹桥商务区的虹桥国际广场，生产基地位于无锡顾山工业园区，占地面积超过 1.8 万平方米，是化工机械设备的专业生产厂商。公司主要产品有搅拌设备、分散设备、高剪切乳化设备、湿法研磨设备、粉体混合设备及各种反应釜等，并能够依据客户的要求完成以我们产品为核心组件的相关领域生产线的整体设计、集成及安装调试。公司经过十几年的发展，产品已远销世界各地 100 多个国家和地区，出口额稳居行业领先地位。公司将继续本着质量第一和顾客满意为宗旨，进一步发扬法孚莱人精益求精的工匠精神，铸造精品，成就民族品牌。
主营产品：研磨机、分散机、乳化机、搅拌机、釜罐缸、灌装机、过滤器。

长沙西丽纳米研磨科技有限公司

地址：湖南省长沙市宁乡夏铎铺机械工业园
电话：0731-85851385
电邮：xug@xeeray.com
网址：www.xeeray.com
单位介绍：长沙西丽纳米研磨科技有限公司是国内专业且专注于湿法研磨设备系统及解决方案的高端供应商。产品以中高档实验研磨机、生产用研磨机和成套设备为主，是一家集研发、生产、销售、设计和施工于一体的高新技术企业。产品广泛适用于磷酸铁锂、碳硅负极、电子陶瓷、结构陶瓷、磁性材料、墨水涂料、医药食品、生物化工等相关纳米材料领域。产品设计以高效棒销式为主，研磨材质可根据产品工况灵活选择，设备转子采用空心轴结构，空心轴内装有超大过滤面积的缝隙式分离器，特点是过流面积大、散热快，且可选用较小尺寸的研磨介质，使材料能够高效地达到纳米级范围。
主营产品：卧式棒销纳米陶瓷砂磨机。

无锡市少宏粉体科技有限公司

地址：江苏省无锡市惠山区前洲工业园区惠和路 5 号
电话：0510-88301230
电邮：ssh@shftkj.com
网址：www.shftkj.com
单位介绍：无锡市少宏粉体科技有限公司是一家专业的砂磨设备生产厂家，实验室砂磨机、纳米砂磨机、纳米研磨机整体解决方案供应商，致力于湿法分散砂磨设备的服务、研发、生产和销售。公司设立了分散砂磨实验室，为客户提供专业的试验、小试等服务以及清晰准确的数据，以减少客户的前期工作量。产品应用于涂料、油墨、墨水、农药、染料、电子砂磨液、陶瓷、电池以及不同纳米级粉体等亚微米、纳米砂磨领域，并且获得了市场的肯定。
主营产品：实验室砂磨机、纳米砂磨机、纳米研磨机等。

无锡福安粉体设备有限公司

地址：江苏省无锡市惠山区前洲镇工业园开发区
电话：0510-83392662
电邮：wxfaft@163.com
网址：www.wxfaft.com
单位介绍：无锡福安粉体设备有限公司是一家从事研究、设计开发、制造粉体设备的高新科技专业性厂家，公司引进并借鉴国外粉体设备的先进技术，开发和研制了新能源材料粉体的制备设备，如：正极材料的机械融合机——振实机、负极材料的高温包覆改性机、超细磨、混料机、卧式砂磨机、搅拌球磨机、循环式搅拌球磨机、卧式球磨机、搅拌磨、混合机、压滤机、

振动筛、对辊机、喷雾干燥机等系列产品,广泛应用于电子陶瓷、结构陶瓷、磁性材料、钴酸锂、锰酸锂、催化剂、荧光粉、长余辉发光粉、稀土抛光粉、电子玻璃粉、燃料电池、陶瓷电容器、氧化锌压敏电阻、压电陶瓷、纳米材料、圆片陶瓷电容、MLCC、热敏电阻(PTC、NTC)、ZnO压敏电阻、避雷器阀门、钛酸锶环形压敏电阻、陶瓷滤波器、介质陶瓷、压电换能器、压电变压器、片式电阻、厚膜电路、聚焦电位器、氧化铝陶瓷、氧化锆陶瓷、荧光粉、氧化锌粉末、Ni-Zn铁氧体、Mn-Zn铁氧体、油漆涂料等产品的生产领域等行业。

主营产品:砂磨机、球磨机、粉碎设备、分散设备、混合设备等。

上海翎羽机电科技有限公司

地址:上海市嘉定区华亭镇宝钱公路921号
电话:400 823 0108/021-59918857
电邮:381395239@qq.com
网址:www.lead-win6.com
单位介绍:上海翎羽机电科技有限公司是TL集团公司的子公司,致力于湿法分散研磨生产工艺的设计、设备配置及整体方案的服务,是集研发、生产和销售于一体的高新技术企业,翎羽品牌目前拥有上海嘉定营销中心、嘉定工厂和广西分工厂。上海翎羽科技成立于2013年,倡导技术创新、产品创新,拥有一支优良的研发和设计、生产团队。自主研发生产的卧式/立式的湿法研磨设备、超大流量的纳米循环式研磨设备方面,具有自己的知识产权,产品大量应用在涂料、油墨、墨水、喷墨、农药、染料、手套、电子研磨液、陶瓷、电池、食品、医药以及各种纳米级粉体等亚微米、纳米研磨领域,并且取得了广泛的市场认可。

主营产品:砂磨机、研磨机、球磨机、搅拌机等。

佛山市通广智能装备制造有限公司

地址:广东省佛山市顺德区勒流街道冲鹤村富安工业区26-1号地块之六
电话:13825578181
电邮:123946928@qq.com
网址:www.tghgjx.com
单位介绍:佛山市通广智能装备制造有限公司是一家从事化工机械及成套非标化工设备的设计研发生产销售为一体的生产企业,成立于2008年,专注化工设备的研发和生产,经过多年发展与积累,目前已成为行业内颇具影响力的化工设备生产制造商之一。迄今为止,佛山市通广智能装备制造有限公司已向国内外输出数十万台合格设备,涉及涂料、油墨、染料、农药、非矿业、陶瓷、电池、胶水等十多个行业,并取得了客户的一致好评。

主营产品:砂磨机、分散机、搅拌设备、灌装机、实验室设备。

常州市龙鑫智能装备股份有限公司

地址:江苏省常州市经开区横山桥镇奚巷村308号
电话:0519-88608368/88661998/89581878
电邮:longxin@hbhj.com
网址:www.hbhj.com
单位介绍:龙鑫智能成立于2001年,是一家智能制造领域的高新技术企业,专注于纳米超细粉体制备的整体解决方案。主要从事研磨、分散、干燥设备及纳米材料制备技术的研发、制造和销售,致力于为客户打造自动化工厂的设计与建造。运用于锂离子电池材料、纳米材料、电子浆料、陶瓷材料、5G半导体材料、油墨、涂料、生物医药、化妆品、食品等。公司总部位于江苏常州,目前拥有常州、江阴两大制造基地及四家全资子公司,同时在华东、华南、华北、西南等区域设有十多个服务点。公司产品远销欧美、南美、俄罗斯、日、韩、东南亚等多个国家及地区。

主营产品:砂磨机、珠磨机、三辊研磨机等。

拓帕实业(上海)有限公司

地址:上海市嘉定区曹联支路27号
电话:021-59132829
电邮:Zhaosm@topazmill.com
网址:www.topazmill.com
单位介绍:拓帕实业(上海)有限公司专注于湿法砂磨技术的研究和开发,采用先进的砂磨技术,以"湿法砂磨机"和"分散成套设备"为核心产品,形成了针对纳米新材料、喷墨、陶瓷墨水、色浆、新能源材料、电池材料、催化剂、电子材料、陶瓷、铁氧体、食品(巧克力)、功能材料、印刷油墨、矿物加工、涂料/油漆、纸张、农用化学品、医药、化妆品、颜料/染料、等不同行业、不同应用的五大系列产品和针对性解决方案,是砂磨行业具有影响力,真正掌握纳米研磨核心技术的砂磨机、分散设备提供商之一。经第三方英国著名粒径仪提供商马尔文激光粒度仪检测以及扫描电镜(SEM)拍摄,由拓帕实业(上海)有限公司纳米砂磨机生产的纳米材料(ATO)、SiO_2、$BaTiO_3$、TiO_2等材料平均粒度均可达到30nm以下。

主营产品:纳米砂磨机、实验室砂磨机、盘式砂磨机、篮式砂磨机、高速分散机等。

宏工科技股份有限公司

地址:广东省东莞市桥头镇大洲社区桥常路(大洲段)429号B栋
电话:400-800-7180
网址:www.ongoaltech.com
单位介绍:宏工科技股份有限公司,是一家专注于物料处理自动化的国家高新技术企业,为客户提供成套工程设计与交付、核心设备与配件、自动控制软件及技术服务。宏工具备完善的科研、设计、生产、销售、项目交付与软件开发服务体系,能够为客户提供物料处理自动化一站式解决方案,包括:解包投料、储存破拱、气力输送、计量配料、混合干燥、搅拌制浆、分散研磨、除尘清洁、成品包装、智能控制等,广泛应用于电池匀浆、电池材料、精细化工、食品医药、橡胶塑料等行业。

主营产品:棒销式砂磨机、气流磨、双行星动力搅拌机、犁刀混合机、螺带混合机等。

东莞市佳信机械科技有限公司

地址：广东省东莞市万江区小享社区小享工业区葵树路
电话：0769-22718809
网址：www.jiaxinchina9.com
单位介绍：东莞市佳信机械科技有限公司，引进德国技术与优良材质，专业从事湿式研磨设备开发研究、是集生产、销售、研发于一体的涂料化工设备厂家，专注于砂磨机纳米研磨领域，提供砂磨机细度解决方案。拥有砂磨机广泛而可靠的生产工艺，代表国内外研磨技术。佳信机械通过对流体力学和机械力化学的研究，设计研磨组件核心技术，并将经过科学试验验证的研磨工艺同高品质的研磨设备进行结合，面向材料湿法领域提供高能超细分散及纳米研磨技术。
主营产品：湿法纳米棒销卧式砂磨机、盘式卧式砂磨机、涡轮式砂磨机、篮式砂磨机、实验室纳米研磨机。

5.2.3 气流磨

江苏密友粉体新装备制造有限公司

地址：江苏省昆山市高新区玉城中路1号
电话：0512-55176688
电邮：hig1@miyou.com.cn
网址：www.miyou.com.cn
单位介绍：江苏密友粉体新装备制造有限公司坐落于昆山国家高新技术开发区，1985年创办，2008年经国家工商总局批准成立国家级集团公司，总注册资本1.8亿元，总资产4.8亿元。专业研发制造销售：锂电池用大型高温包覆釜、常压容器、搅拌传动密封装置、高温及高压釜用机械密封、新一代节能气流粉碎机、冲击式气流粉碎机、微米分级机、高温气体保护粉碎分级生产线、惰性气体保护气流粉碎机、深冷超细粉碎制备生产线、非金属矿粉体等系列产品的国家高新技术企业。
主营产品：气流粉碎机、微米分级机、搅拌研磨机。

石家庄日加粉体设备科技有限公司

地址：河北省石家庄市正定县南牛乡东杨庄
电话：0311-83506091
电邮：kongyj@cnchida.com
网址：www.nikkatech.com
单位介绍：石家庄日加粉体设备科技有限公司为专业的粉体成套设备和精密设备的设计与生产厂家。公司引进日本先进技术，与日本粉体设备行业领军企业合作，派遣公司技术人员赴日学习，并聘请日本资深技术专家作为日常技术主干常驻工厂。确保先进的设计理念，设备制作的精度与实用。公司有着三十余年的粉体设备行业的丰富经验。公司单体精密设备主要包括NIKKA气流磨（卧式）、NSM系列粉碎机（ACM）、NIMP系列叶轮粉碎机、CLASSIEL-N系列精密气流分级机（0.5～100微米）、NMC系列分级机（5～150微米）、NSEG混合造粒机等。单体精密设备完全引进日本先进技术和图纸，设备性能领先于国内同行业水平。

主营产品：气流磨、粉碎机、破碎机、气流分级机、气流干燥设备、混合造粒机等。

营口航盛科技实业有限责任公司沈阳分公司

地址：辽宁省沈阳市皇姑区塔湾街40号
电话：024-86368375
电邮：sales@saripowder.com
网址：www.saripowder.com
单位介绍：营口航盛科技实业有限责任公司沈阳分公司（原沈阳飞机研究所粉体公司），是隶属中航工业集团沈阳飞机设计研究所的直属国有企业，凭借战斗机研究所的技术、人才和专业设备、材料工艺等有利条件，沈飞粉体在国内率先研制成功流化床式气流磨和卧式涡轮分级机，QLM-II QLM-IV型流化床式气流磨被科技部等部门评为国家级新产品。经过三十多年的发展，沈飞粉体已成为闻名中外的粉体设备企业。
主营产品：气流粉碎机、机械磨系列、气流分级机、气力输送系列等。

潍坊正远粉体工程设备有限公司

地址：山东省潍坊市经济开发区民主西街14177号
电话：0536-2105367
电邮：wfzy1999@126.com
网址：www.wf-zhengyuan.com
单位介绍：潍坊正远粉体工程设备有限公司是一家集超微粉体设备研制、开发、试验、生产、销售和服务于一体的综合性国家级高新技术企业。自1999年成立以来，公司不断深化自主创新，实现了持续跨越式发展，各项经济技术指标一直名列全国同行业前茅，现已发展成为大中型专业粉体装备研发生产企业，可以满足客户从单台设备到大型组合生产线的各种粉体装备需求。
主营产品：气流粉碎机、气流分级机、机械粉碎机、包覆改性机、融合机、球磨分级生产线、湿法研磨机、混合机等。

绵阳九方智能装备科技有限公司

地址：四川省江油市高新技术产业园区大鹏路东段31号
电话：0816-2260222
电邮：myjiufang@163.com
网址：www.myjiufang.com
单位介绍：绵阳九方智能装备科技有限公司历经多年发展，已成为一家专注超细粉体粉碎及分级技术研发、生产、销售、服务于一体的国家级高新技术企业。公司矢志为国内外客户提供超微粉体设备及生产线设计咨询、设备研发/生产与销售、技术培训、建设安装一揽子整体解决方案。
主营产品：气流粉碎分级机、分级式冲击磨、高精气流分级机等。

四川巨子粉体设备有限公司

地址：四川省绵阳市高新区火炬西街南段19号

5.2 陶瓷粉体处理设备企业

电话：15390483322
电邮：juzichaowei@163.com
网址：www.juzichaowei.com
单位介绍：四川巨子粉体设备有限公司是一家集超微粉体设备研制、生产、销售于一体的科技型集团公司，是四川省定制制造气流粉碎机、气流分级机、分级式冲击磨的高新技术企业，也是国内超微粉体设备专业企业。公司创始人从国防尖端科研机构（中国空气动力研究与发展中心）转业，与国内气流粉碎分级及研发团队组成高新技术企业，创立国内具有专利技术的超微粉碎分级设备专业研发生产基地。公司拥有专业的研发团队，产品核心技术先进，产品种类涉及诸多应用领域，可提供上万种粉体系统工程解决方案，解决了大量的粉体加工难题。
主营产品：气流粉碎机、气流分级机、分级式冲击磨等。

潍坊新亚能粉体设备有限公司

地址：山东省安丘市关王工业园昌盛路66号
电邮：sdxynft@163.com
网址：www.xynttsb.com
单位介绍：潍坊新亚能粉体设备有限公司是一家集研发、制作、服务于一体的粉体工程装备有限公司，专业从事粉体工程行业各类超细粉碎机、超细分级机、粉体改性机、粉体打散机、粉体混合机等设备的经营。
主营产品：XYN-QL气流粉碎机。

四川众金粉体设备有限公司

地址：四川省绵阳市安州区花菱工业园
电话：0816-4628635
电邮：sczjpe@163.com
网址：www.sczjpe.com
单位介绍：四川众金粉体设备有限公司位于"两弹"故乡、中国科技城——绵阳，依托中国空气动力研究与发展中心民用技术成果，集空气动力学、材料科学、机械制造学等于一体，致力于超细超微粉碎设备的研发、生产和售后服务。公司专业生产气流磨、高精气流分级机、超细分级式冲击磨、惰性气体保护粉碎分级设备、除尘器、水平圆盘磨、射流粉碎分级机、蒸汽动能磨、整形机、气力输送设备等超微超细粉体设备及配套生产线。
主营产品：超细气流粉碎机、精密气流分级机、惰性气体保护粉碎机。

绵阳流能粉体设备有限公司

地址：四川省绵阳市科创园区财元路5号
电话：0816-2280206
电邮：pengwei@inpe.com.cn
网址：www.inpe.com.cn
单位介绍：绵阳流能粉体设备有限公司是一家行业领先的粉体装备综合服务商，以粉碎、输送及颗粒表面修饰技术为核心为客户提供高端粉体成套加工装备，同时提供从生产线设计、设备制造、安装调试到投产交付的一体化粉体工程服务。现研发出的设备有节能粉碎机、蒸汽动能磨、高效微量水分粉碎烘干设备、控制性粉碎机、纳米粉碎机、粉体形貌整形机、特种材料粉碎、气流粉碎机、机械粉碎机、气力输送系统等10大系列、30余类、100余种型号的设备。是国内技术领先、设备完善粉体装备的专业公司。产品已出口美国、法国、德国、日本、韩国、俄罗斯等二十几个国家和地区。
主营产品：气流粉碎、机械粉碎、气流分级等。

四川德维微纳科技有限公司

地址：四川省绵阳市高新区绵兴东路133号B204
电话：0816-2680206
电邮：scdewei@126.com
网址：www.scdwwn.com
单位介绍：四川德维微纳科技有限公司是一家集超微粉体设备研发、销售、生产、售后服务于一体的新型科技创新企业，也是国家"军转民"军民融合企业，位于四川省绵阳市——中国"两弹"故乡和中国科技城。公司拥有多名专业人员，遵循严格的技术操作流程规范，执行严格苛刻的质量管理体系。同时，公司拥有一个专业化的销售团队和详尽的售后服务制度。我们是超微粉碎设备一站式服务企业平台，能为广大新老客户提供方便、快捷的专业服务。
主营产品：流化床气流磨/气流粉碎分级机、新型纳米气流磨等。

宜兴市宏达通用设备有限公司

地址：江苏省宜兴市丁蜀镇川埠路32号（陶都工业园内）
电话：0510-87498313/87496111
电邮：sales@yxhdsb.com
网址：www.yixinghd.com
单位介绍：宜兴市宏达通用设备有限公司是国内生产超微成套设备的专业厂家（已通过ISO 9001质量体系认证）。公司生产的产品具有成套性、系列化、机电一体化等特色，主要生产各种气流粉碎机系列（分为扁平式气流粉碎机及流化床式气流粉碎机两种形式）、机械式超细粉碎机系列、刚玉陶瓷破碎机系列、气流（机械式）分级机系列、自动加料机系列、冷冻式压缩空气干燥机系列、气固分离器系列、高效精密捕集器系列精密过滤器系列等产品。公司拥有一支用户值得信赖的科研开发、生产管理、经营服务及售后技术培训、安装调试服务的队伍。公司以顾客满意为宗旨，在多年的经营中为全国各地众多粉碎行业提供装备。公司产品已广泛应用于非金属矿、化工、农药、染料、医药、食品、锂电池正负极材料等各个行业的不同领域。
主营产品：各种气流粉碎机系列、机械式超细粉碎机系列、刚玉陶瓷破碎机系列、气流（机械式）分级机系列、自动加料机系列、冷冻式压缩空气干燥机系列、气固分离器系列等。

宜兴精新粉体设备科技有限公司

地址：江苏省宜兴市丁蜀镇川埠路30号
电话：0510-87499201
电邮：yxjxft@sina.com

网址：www.yxjxft.com

单位介绍：宜兴精新粉体设备科技有限公司是一家提供粉体材料自动化深加工装备和整体系统解决方案的企业，具备从研发、设计、试验到制造、安装、调试的完整服务能力。企业依托数十年的粉体装备与工程陶瓷的研发和制造经验，具有完全自主的"无污染"粉体深加工产线的生产能力，在国内外粉体材料领域有着较强的影响力。公司核心产品包括系列化的"无污染"粉体深加工装备，将耐磨工程陶瓷与机械设备结合。产品应用领域广泛，包括新能源材料如锂电池负极材料、光伏材料、电子材料、高新陶瓷材料、高端食品医药材料、精细化工材料、精细非矿材料等，产线功能涵盖投料、存料、喂料、破碎、粉碎、打散、分级、混合、输送、包装、码垛等，且针对每一位客户个性化定制，提供从小试至中试的全方位免费售前服务。

主营产品：全陶瓷流化床气流粉碎机、全陶瓷扁平式气流粉碎机等。

山东华特磁电科技股份有限公司

地址：山东省临朐县经济开发区华特路6999号
电话：0536-3158866/3214543
电邮：htcd@chinahuate.con
网址：www.sdhuate.com

单位介绍：山东华特磁电科技股份有限公司是创新型试点企业、高新技术企业、国家专精特新"小巨人"企业、国家知识产权示范企业、火炬计划临朐磁电装备特色产业基地龙头企业，磁电与低温超导磁体创新战略联盟理事长单位、中国重型机械工业协会副理事长单位、山东省制造业单项冠军、山东省瞪羚企业。设有博士后科研工作站、综合院士工作站、省级磁电工程技术中心、省磁力应用技术装备重点实验室、山东省工业设计中心等9个省级以上研发平台，是磁力应用设备专业制造基地。公司总占地面积27万平方米，注册资本1.1亿元，总资产8亿多元，员工800余人，专业生产低温超导磁力应用装备、磁力除铁器、磁选机、磁力搅拌器、超细粉碎分级设备、矿山成套设备、有色金属分选成套设备、电磁流体海水浮油分离与回收设备等产品，服务范围涉及矿山、煤炭、电力、冶金、有色金属、环保、医疗等10多个领域，产品远销美国、德国、巴西、印度等国家，客户超过2万家。

主营产品：气流粉碎机、气流分级机等。

潍坊市精华粉体工程设备有限公司

地址：山东省潍坊市安丘市新安街道安阳路999号
电话：0536-6946689/6946687
电邮：13583651108@163.com
网址：www.powder-jh.com

单位介绍：潍坊精华粉体工程设备有限公司，是一家集研发、制造、销售于一体的高新技术企业，总部坐落于山东安丘市节能环保产业园，占地10万平方米。现有职工360名，科研人员48名，创新能力强，科研成果丰富。专注于提供冲击磨、超细磨、气流磨、分级机等超细粉体设备，产品广泛应用于非金属矿、电池材料、金属粉末、陶瓷、医药、食品等多个行业，畅销全球，深受客户信赖。我们致力于提供高效、稳定、可靠的

一站式粉体设备解决方案，满足客户多样化需求。

主营产品：气流粉碎机、气流分级机、气流混合机等。

上海细创粉体装备有限公司

地址：上海市奉贤区南桥镇杨王工业区杨海路210号
电话：021-64071149
电邮：mill@hi2000.com
网址：www.chemmachine-3j.com

单位介绍：上海细创粉体装备有限公司是由原上海化工机械三厂国有改制成立的股份制企业，公司秉承原国有企业产品质量稳定、可靠的特点，对人员结构等进行了大刀阔斧的改革，大大提升工作效率，现已经形成了高效、稳定、可靠的工作体系。公司是原化工部定点生产各种类型、规格粉碎机及粉体深加工成套设备的专业制造企业，国家气流粉碎机行业标准起草并获奖单位，产品数次荣获国家化工部、上海市科技进步奖、新产品奖。经四十多年的拼搏、开拓，现已形成了设计、选型、安装、调试一条龙服务体系的专业性企业。

主营产品：超音速气流粉碎机。

无锡新而立机械设备有限公司

地址：江苏省无锡市惠山区前洲工业园兴洲路1号
电话：0510-83389020
电邮：sales@xeljx.com
网址：www.xeljx.com

单位介绍：新而立立足于当代，却着眼于未来的粉体工业设备的发展。公司自成立以来，始终把创新与诚信放在首位，产品获得两项发明型及多项实用新型专利。2018年公司通过ISO 9001质量管理体系认证，2020年公司荣获江苏省高新技术企业认证。近年来，随着科技发展的不断进步，公司在不断借鉴国内外同行先进技术的基础上，通过自主创新、精心的设计，专业为客户提供粉碎、研磨、干燥、混合、输送等一系列性能优越、品质优良的成套设备。产品广泛应用于电子、陶瓷、新材料、锂电正（负）极材料、磁性材料、金属粉、荧光粉、化工、稀土、催化剂、农药、医药、食品、颜料、涂料等各粉体工业领域。同时，公司拥有上述设备的样机及试验机型，免费为客户设备选型提供试验及检测服务，也可根据客户使用现场安装的需要，设计、制造特殊规格的上述设备。

主营产品：粉碎设备、球磨设备、砂磨设备、干燥设备、筛选分离设备、混合设备、造粒设备、输送设备。

昆山强威粉体设备有限公司

地址：江苏省昆山市张浦民营开发区同舟路225号
电话：0512-57452658/57452655
电邮：qwft@qiangwei.com
网址：www.qiangwei.com

单位介绍：昆山强威粉体设备有限公司是一家生产各种气流粉碎机系列的开发、制造、应用的科技民营企业，生产各种气流粉碎机及气流磨，与外商技术合作进行各类粉碎粉体研究、开发、加工，技术力量较雄厚，有较完整的测试手段和试样设备

5.2 陶瓷粉体处理设备企业

及实验室用设备,生产的粉碎机广泛应用于化工、医药、矿产、电子、农药、陶瓷等行业。公司产品17个项目获得国家专利,其中1项获得国家发明专利。

主营产品:流化床对撞式气流粉碎机、实验室用气流粉碎机、超音速气流粉碎机。

青岛德瑞科粉体技术设备有限公司

地址:山东省青岛市即墨区环秀办事处珠江二路139号
电话:13465822515
电邮:981810728@qq.com
单位介绍:青岛德瑞科粉体技术设备有限公司是一家致力于粉体加工设备的研发、设计、制造、销售、技术咨询与技术服务的高新技术型企业,专业生产各种结构的气流粉碎机、机械式粉碎机、气流分级机、粉体颗粒整形设备、粉体颗粒包覆改性设备等粉体深加工设备。公司的技术团队在粉体行业已经有20多年的经验,在粉体工艺设计、设备设计、制造、成套项目交工方面积累了丰富的经验,掌握了各种不同性质的粉体加工工艺诀窍。公司不断研究与开发先进的粉体加工工艺与生产技术,使国产气流粉碎机和气流分级机技术实现了质的飞跃,分级精度可实现D100<5微米、D97<2微米,该项技术处于国际同步水平。公司的粉体深加工设备已经广泛用于各种精细化工品,如填料、颜料、阻燃材料、电子材料、电池材料、核原料、黑火药材料等;公司粉体加工生产线在世界各国广泛应用,如韩国、马来西亚、印度尼西亚、越南、中东、希腊、保加利亚、波兰、俄罗斯、中国台湾等国家和地区。

主营产品:气流粉碎机、气流分级机等。

潍坊德鹏粉体环保设备有限公司

地址:山东省潍坊市安丘市新安街道莲花山西路西首
电话:0536-4516377
电邮:wfdpft888@163.com
网址:www.wfdpft.com
单位介绍:潍坊德鹏粉体环保设备有限公司坐落于山东潍坊安丘经济开发区,是集研发、制造、销售、服务于一体的现代化企业,主要从事超细粉体加工技术和粉体工程设备的集成。公司引进德国IVA公司技术,主导产品有气流粉碎机、气流分级机、机械粉碎机、超微粉碎机、超细粉碎机、超细磨、LM华版立磨、RM雷蒙磨、球磨分级生产线、氮化硅专用粉碎设备、石英砂制砂机、高梯度磁选、各种超细粉碎机设备等。

主营产品:气流粉碎机。

山东达利尔重工股份有限公司

地址:山东省潍坊市安丘市央赣路中段
电话:0536-4743666、4743888
电邮:15853649489@163.com
网址:www.dlezg.com
单位介绍:山东达利尔重工股份有限公司是潍坊市精华粉体工程设备有限公司,为适应市场环境、扩大企业规模而成立的一家集研发、制造、销售于一体的科技型民营股份制企业,公司建有2万多平方米的生产、制造、研发标准化厂房,配备各类先进机械加工制造设备100多台(套);建有国内较大的多功能粉体试验中心、检测中心、粉体工程教学实验基地;拥有各类试验样机80余台套,配置激光粒度分析仪、振实密度仪白度仪等粉体检测设备,可满足多种粉体材料的工业化试验要求,并提供高效的粉体工程解决方案。

主营产品:AB气流粉碎机、AF气流分级机、CR超微粉碎机、RM华版雷蒙磨等。

山东经欣粉体设备科技有限公司

地址:山东省潍坊市昌乐县营丘镇赵家崖头村155号
电话:0536-6945886
电邮:wgf@jxpowder.com
网址:www.wfjxwf.com
单位介绍:山东经欣粉体设备科技有限公司是专业研发、生产、销售粉体设备的高新技术企业。公司坐落于潍坊安丘,毗邻济青高速、206国道,交通便利,环境清幽。公司以德国成熟的粉体技术为基础,结合国内粉体客户的需求,以专业的粉体工艺、高效的产品、务实的精神,为客户提供专业的粉碎、分级设备。主要产品有粉碎机、流化床气流粉碎机、扁平式气流粉碎机、球磨机分级机生产线、气流分级机、机械式粉碎机、粉体包装机、环保除尘器、实验室气流粉碎机、实验室振动研磨机等。粉体实验中心拥有多套粉碎分级试验设备,先进的激光粒度检测仪、白度仪,可以提供各种粉体粉碎分级试验,如医药、化工、食品、农药、电池材料、非金属矿、精细化工、中草药,粉碎细度100~6000目任意调节,通过试验可以为客户提供优良的粉体生产线。

主营产品:振动喂料QLMA-10气流磨。

潍坊市友信粉体设备有限公司

地址:山东省潍坊市安丘市黄山西街
电话:15063669828
电邮:admin@wfyxft.com
网址:www.wfyxft.com
单位介绍:潍坊市友信粉体设备有限公司坐落在风筝之都潍坊市南三十千米处安丘经济开发区,友信制造生产气流粉碎机、气流分级机、超微机械粉碎机、球磨+分级生产线、粉碎整形机、颗粒干洗机、微粉超细磨、SH立磨、矿物表面改性生产线等各类粉体设备;在矿物、制药、医药、食品、精细化工、新材料、新能源和环保设备生产制造研发领域,为客户提供粉碎分级解决方案。

主营产品:FW系列气流分级机、MQW系列气流粉碎机等。

潍坊科磊机械设备有限公司

地址:山东省潍坊市安丘市双丰大道金安产业园
电话:0536-4255775
电邮:wfkeleiix@126.com
网址:www.wfkeleijx.com
单位介绍:潍坊科磊机械设备有限公司成立于2008年,是专业研发、生产、销售粉体设备的技术创新企业。公司坐落于潍坊安丘，毗邻齐青高速和潍日高速，交通便利，环境优美。公司现有员工120人，其中各类研发技术人员30人。公司以德国成熟的粉体技术为基础，结合国内粉体客户的需求，以专业的粉体工艺、较完善的检测、务实的精神，为客户提供优质的粉碎、分级设备。公司主要产品有机械式超微粉碎机、流化床式气流粉碎机、圆盘式气流粉碎机、气流分级机、实验室气流粉碎机、振动研磨机、万能粉碎机、粉体包装机、无尘拆包机、管链输送机等粉体设备。公司产品广泛应用于医药、化工、食品、非金属矿、电池材料、陶瓷、磨料、耐火材料、染料、涂料、金属材料、超硬材料、稀土材料、磁性材料、打印材料、塑料、农药、中草药、保健品、化妆品等行业。

主营产品：机械式超微粉碎机、流化床式气流粉碎机、圆盘式气流粉碎机、气流分级机，实验室气流粉碎机、振动研磨机万能粉碎机、粉体包装机。

潍坊汇鑫环保粉体设备有限公司

地址：山东省安丘市新安街道岔河子社区
电话：0536-4930998、4380765
电邮：sunyuye88@163.com
网址：www.wf-huixin.com
单位介绍：潍坊汇鑫环保粉体设备有限公司是一家专业生产球磨分级生产线、气流分级机、气流粉碎机、粉碎整形机、粉碎制砂机、颗粒清吹机、中药超微粉碎机、振动磨、环保除尘器、磁选机等粉体设备的公司。公司产品主要应用于非金属矿、耐火材料、磨料、金属粉末、医药化工、农药、新材料等行业。公司成立几年来，始终以用心的从业宗旨和服务客户成就自我的经营理念，赢得了客户的广泛赞誉。
主营产品：气流粉碎机、气流分级机、粉碎整形机、颗粒清吹机。

青岛迈科隆设备有限公司

地址：山东省青岛市高新区金岭工业园一号路中段
电话：0532-87908988
电邮：feng138898@163.com
网址：micronchina.com
单位介绍：青岛迈科隆设备有限公司是德国IVA公司中国唯一合作伙伴，也是该公司的研发和生产制造基地之一。德国IVA公司是世界著名的粉体加工技术和设备提供商，产品遍及世界五大洲。青岛迈科隆公司与德国IVA公司一道秉承"专心专业 精细入微"的企业理念，应用德国技术联袂打造国际一流的粉体装备，竭诚为中国及全球用户提供高性价比的技术与服务。
主营产品：气流粉碎机、超微粉碎机、立式粉碎机、焦类粉碎设备、整形改性设备、解聚打散设备、低温粉碎机、气流分级机、实验型设备、粗破碎设备、天然石墨球形生产线、球磨分级生产线、物料输送设备、惰性气体保护生产线。

苏州金远胜智能装备股份有限公司

地址：江苏省太仓市沙溪镇大木桥路395号
电话：0512-53201904
电邮：info@jinyuanshengmach.com
网址：www.jinyuanshengmach.com
单位介绍：苏州金远胜智能装备股份有限公司位于江苏省太仓市沙溪古镇，东邻上海，西接苏州。公司成立于2013年3月，引进了当今国际国内先进的气流超细粉碎技术，将原有技术进行了消化吸收和再创新，可以根据用户物料的特性定制针对性的超细粉碎技术整体解决方案。
主营产品：流化床气流粉碎机、圆盘式超音速气流粉碎机、气流分级机、符合GMP/FDA要求的气流粉碎机、智能环保型农药粉碎混合系统及智能防爆型气流粉碎装备系统等。

戈瑙（上海）工业设备有限公司

地址：上海市闵行区申滨南路1156号A栋8层825室
电话：13140841999
电邮：chris@genaupro.com
网址：www.genaupro.com
单位介绍：戈瑙（上海）工业设备有限公司的核心服务是为客户提供更高效投入产出比的工业新型解决方案。无论是新型设备还是新兴材料及耗材，无论是高校研究院还是大中小型工业企业，都将提供给客户一个全新的方案。所涉及的行业十分广泛，包括：电子、化工、新型材料、锂电新能源、太阳能、生物、制药及其他洁净能源等。产品线及产品型号涵盖了从小量样品到中试投产，直至大规模生产的需求。
主营产品：气流磨、盘式磨、ADM干式磨、粉体混合改性机。

宜兴市清华粉体机械设备有限公司

地址：江苏省宜兴市丁蜀镇陶瓷产业园紫砂村
电话：0510-80725511
电邮：13961552282@qq.com
网址：www.yxqhft.com
单位介绍：宜兴市清华粉体机械设备有限公司结合二十多年来研究超微粉碎和分级机的经验及五十年耐磨工程陶瓷的技术，制造出国内高技术的气流粉碎机和分级设备，以及与之相配套的粗、中粉碎设备。近年来为了军工、锂电池、电子、医药、三基色荧光材料、LED发光材料、超纯氧化物、精细化工等材料的升级换代，发明了新产品，为高新材料粉碎、分级、改性作出新的贡献。不但生产粉碎设备，同时还生产以工程陶瓷、工程塑料材质的耐酸泵、砂浆泵，广泛应用于化工、石油、造纸、化纤、制药、农药、环保、有色冶炼等行业。
主营产品：CO型气流粉碎机、AO型台式微型气流粉碎机等。

5.2.4 其他研磨机/振动筛

山东埃尔派粉体科技股份有限公司

地址：山东省潍坊市安丘市先进制造业产业园文化路168号
电话：400-088-7625
电邮：sales@alpapowder.com
网址：www.alpapowder.cn

5.2 陶瓷粉体处理设备企业

单位介绍：埃尔派是国内知名的超细粉体解决方案提供商。拥有逾 330 亩的机械生产基地和现代化的管理制度，专注于超细超纯粉碎与分级研究、粉体形状控制与选择性粉碎、粉体表面改性以及为粉体工程设备的系统集成提供解决方案。

主营产品：MZ 系列振动粉碎机。

安徽博进化工机械有限公司

地址：安徽省合肥市肥东新城开发区泗水路
电话：6551-67707017
电邮：info@bunkinchina.com
网址：www.bunkinchina.com
单位介绍：安徽博进化工机械有限公司主要从事流体分散、混合、研磨、乳化和搅拌等机械设备的设计、制造、销售、安装和售后服务。公司成立于 2006 年 3 月，经过数十年的发展和进步，已经建立起较完善的现代企业组织制度，包含国内和国际营销团队、技术研发服务中心和生产制造中心等。公司在安徽合肥市肥东经开区购买土地，并于 2010 年 10 月建设成近 5000 平方米标准化厂房和标准办公楼，成立安徽博尚化工设备有限公司作为核心制造中心和集团公司总部。
主营产品：高速分散机、篮式研磨机、卧式研磨机、高剪切乳化机和乳化泵、定制搅拌机、灌装机和过滤器、精细化工流体成套设备、各类釜罐容器，以及各类实验室设备。

特友粉体设备（上海）贸易有限公司

地址：上海市长宁区仙霞路 137 号盛高国际大厦 501 室
电邮：info.cn@toyohitec.com
网址：www.toyohitec.cn
单位介绍：特友粉体设备（上海）贸易有限公司成立于 2003 年，是东洋高科技株式会社投资的日资企业，面向包括日本企业在内的广大顾客，积极开拓和发展粉体装置和生产线的总承包事业。经过多年来的奋斗和努力，公司在生产线设计、机器采购、设备安装调试方面，取得了较大的成绩和发展。
主营产品：细珠式研磨机。

弗尔德（上海）仪器设备有限公司

地址：上海市浦东新区康威路 739 弄 15 号楼
电话：021-33932950
电邮：info.cn@verder.com
网址：www.verder-scientific.cn
单位介绍：弗尔德科学仪器事业部主要销售产品为德国 RETSCH（莱驰）粉碎、研磨、筛分设备、德国 MICROTRAC MRB（麦奇克莱驰）多功能粒度粒形分析仪，Carbolite·Gero（卡博莱特·盖罗）烘箱、马弗炉、多气氛马弗炉、真空高温马弗炉及灰化炉，Eltra（埃尔特）碳/氢/氧/氮/硫元素分析仪，QATM（奥德镁）切割机、镶嵌机、磨抛机、硬度计在中国的市场销售、推广和技术服务。
主营产品：粉碎、研磨、筛分设备，磨抛机等。

河南君驰机械制造有限公司

地址：河南省新乡市卫滨区西环路
电话：0373-5856290
电邮：hnsfjx@163.com
网址：jckjzz.com
单位简介：河南君驰机械制造有限公司是一家集振动筛分、真空输送、称重给料、环保设备、定制化产品设备及智能化控制系统于一体的技术型制造商。拥有完备的设计、研发及生产团队，可提供定制化、智能化的产品生产与研发服务。专注于为生物医药、食品、精细化工、矿山冶金、新能源材料等多行业和领域提供定制化智能化解决方案。
主营产品：振动筛、真空上料机、环保投料站、摇摆筛、超声波振动筛、定量输送设备及智能化生产线等。

新乡市银星机械设备有限公司

地址：河南省新乡市朗公庙张庄工业园区
电话：0373-5705111
电邮：995932843@qq.com
网址：www.xxzyzd.com
单位介绍：新乡市银星机械设备有限公司是一家集破碎筛分、给料输送、除尘环保的研发、设计、生产、销售与服务于一体的制造服务商。坚持以技术为核心竞争力，以机械制造优势为依托，不断在新产品、新技术、新模式、新业态方面突破，形成了摇摆筛、气流筛、三次元旋振筛、超声波振动筛、矿用振动筛、振动给料机、振动输送机械、直线振动筛等几十个产品系列，畅销山东、内蒙古、四川等地，广泛应用于医药、化工、食品、糖业、面业、盐业等众多领域。
主营产品：摇摆筛、气流筛、三次元旋振筛、超声波振动筛、矿用振动筛、振动给料机、振动输送机械、直线振动筛。

纳维加特（上海）筛分技术有限公司

地址：上海市闵行区陪昆路 206 号 B11 厂房
电话：021-64095150
电邮：service@navector.com
网址：www.vibroscreen.cn
单位介绍：纳维加特（上海）筛分技术有限公司起始于 2005 年的纳维加特（Navector），是一家致力于全球化的公司，在 7 个国家与地区设立事务处，与德国、瑞士、韩国、马来西亚、泰国等国家的企业合作。主要产品有超声波振动筛、摇摆筛、超声波摇摆筛、旋振筛、圆形旋振筛、3D 打印筛分机等。目前有一万多台（套）产品运行在世界各地，为各行业的颗粒分离，提供卓有成效的解决方案。纳维加特（Navector）始终以筛分技术为核心，创造性地研发新技术，通过各项国内及国际认证，其中不包括新行业已实施的小范围核心技术。
主营产品：超声波振动筛、摇摆筛、超声波摇摆筛、旋振筛、圆形旋振筛、3D 打印筛分机等。

第5章 陶瓷设备种类及企业分布

新乡市先臣振动机械有限公司

地址：河南省新乡市牧野区定国村工业园6号
电话：0373-5095848
电邮：xiancjx@126.com
单位介绍：新乡市先臣振动机械有限公司集振动机械的专业设计、开发、制造于一体，设备广泛应用于陶瓷、化工、食品、医药、冶金、采矿、造纸、磨料等诸多行业。
主营产品：摇摆筛、回旋筛、旋振筛、高频筛、超声波振动筛、塑料筛、直线筛、气流筛、直排筛等振动设备。

上海如昂超声波设备有限公司

地址：上海市奉浦大道1599号上海交通大学国家科技园2号楼2F
电话：021-34717779
电邮：service@runnest.com
网址：www.shruang.com
单位介绍：上海如昂超声波设备有限公司是国内拥有超声波研发技术的高新技术企业，目前已拥有多项专利技术，如昂坚持以客户需求为导向，不断探索、创新，以研发为公司核心力量。公司主营产品包括超声波振动筛、旋振筛、超声波摇摆筛、多功能检验筛、超声波检验筛等筛分设备。如昂目前拥有可达10微米级别的超声波振动筛，以创新的解决方案为客户服务，以筛分技术为核心设计的产品线，涵盖了拆包、输送、筛分、混合、称重包装等整套自动化解决方案。致力于精细筛分领域研发、依托可靠的技术支持、产品取得国内外客户的认可。公司建立以来，以市场为依托，严格按ISO 9001认证企业的标准为原则，本着"务实、开拓、创新"的企业精神，不断加强科技创新。
主营产品：超声波筛分系统，超声波振动筛，真空上料机，多功能检验筛等。

苏州微格纳米科技有限公司

地址：苏州工业园区胜浦镇江浦路65号
电邮：sales@vgreentech.com
网址：www.vgreentech.com
单位介绍：苏州微格纳米科技有限公司成立于2014年，注册资本1100万元，位于中新合作的国家级高新区苏州工业园区厂房面积3000m²，致力于实验室用纳米砂磨机的研发、设计与组装，并为客户配备适合的研磨介质与分散剂。公司以稳定、创新、价值作为企业的核心经营理念。公司配备设备配件检测中心与材料分析实验室，并制定相应的规章制度，保证研发、生产基本试验、检测顺利进行。同时，确保产品精度，为客户提供精确清晰的检测数据。
主营产品：VB系列纳米研磨机。

无锡海波粉体设备有限公司

地址：江苏省无锡市前洲工业园龙潭路7号
电话：13861705382
电邮：info@xbftjx.com
网址：www.xbftjx.com
单位介绍：无锡海波粉体设备有限公司创建于1998年，是专业从事粉体生产设备的企业，公司主要产品有搅拌球磨机、循环式搅拌磨、卧式球磨机、V形混料机、混合搅拌桶、压滤机、振动筛、振动磨等粉体加工生产设备。"精心制作、创立品牌、竭诚服务、追求品质"是我们企业发展的一贯宗旨。由于质量稳定、服务周到、价格合理、多项技术和质量指标均属同行业前列水平，因而深受广大用户的青睐，对于科学技术不断发展的现在，我们将与时俱进、竭诚为您服务，努力使公司产品成为您的选择，不断满足您的需求就是我们永远的追求！
主营产品：湿法研磨设备、立式纳米砂磨机、干法研磨设备、干粉混合设备、干燥设备等。

东莞鑫鼎盛智能研磨科技有限公司

地址：广东省东莞市大岭山镇安生街37号
电话：18944767056
电邮：2922616787@qq.com
网址：www.cndskj.com
单位介绍：东莞鑫鼎盛智能研磨科技有限公司是一家致力于研磨设备、研磨金属处理剂及研磨材料的技术开发与销售的新兴高科技企业。公司长期与国内外同行业进行技术合作，一直致力金属表面研磨技术的研究和推广，并培养了生产团队与销售服务团队。公司所有产品都经过严格检测，并符合Authenticty环保认证及欧盟CE出口质量认证。
主营产品：研磨设备系列、研磨材料系列、研磨助剂系列。

江苏中远机械设备制造有限公司

地址：江苏省溧阳市埭头工业园区画诗路98号
电话：0519-87366688
电邮：js_zhongyuan@163.com
网址：www.js-zyjx.cn
单位介绍：江苏中远机械设备制造有限公司是国内专业生产大型湿法超细磨、湿法超细研磨机、解聚分散机、超细粉碎机、分级机、除尘器等粉体加工设备企业的领头兵。生产的超细粉体机械设备，环保机械设备，具有一套切实可行的质量保证体系，拥有一批技术素质非常过硬的职工队伍。
主营产品：大型湿法超细磨设备、湿法超细研磨机、粉体解聚打散机、干法气流分级机、超细粉碎机等。

无锡泰贤粉体科技有限公司

地址：江苏省无锡市惠山区前洲街道惠洲大道899号
电话：0510-83390800
电邮：sales1@taiji-group.com.cn
网址：www.wxxgft.com
单位介绍：无锡泰贤粉体科技有限公司，经过三十年的市场洗礼，成为国内专业的超细纳米研磨、混合、包覆装备的生产及研发基地，在2007年获得了"江苏省高新技术企业""江苏省

5.2 陶瓷粉体处理设备企业

科技型小企业""无锡市功能粉体技术研发中心"等荣誉。多年来，致力于粉体粉碎、纳米混合、融合改性、干燥等流程的研究。与复旦大学材料学院、天津十八所、中南大学电化学系、中科院过程所等国内外知名学府、科研机构达成广泛的技术合作，共同研制、开发亚微米、纳米颗粒的研磨、分散，以及颗粒表面设计等项目。本公司产品主要应用于电子陶瓷、结构陶瓷、磁性材料、钴酸锂、催化剂、荧光粉、纳米材料、MLCC、热敏电阻（PTC、NTC）等产品的生产领域等行业。

主营产品：微纳米分散研磨设备、纳米粉体改性设备、湿法粉碎研磨、湿法分散设备、混合处理设备、颗粒表面设计、干燥处理设备、干法粉碎设备、产线辅助设备、实验室用设备等。

昆山海碧维克机械制造有限公司

地址：江苏省昆山市张浦镇花苑路811号3厂
电话：0512-55136061
电邮：niko@cosei.cn
网址：www.semi-hpwk.com
单位介绍：集团成立于2008年，凭借着十多年研磨相关经验，我们能够提供客户专业且务实的方案，创造产品效益是我们的强项，高效率与高弹性的服务表现更是让我们在业界独树一格，所以可称之为研磨专家。
主营产品：自动调压研磨机、小型环状砂带研磨机、陶瓷基板全自动上下料机等。

河南先锋振动机械有限公司

地址：河南省新乡市国家电源产业园敬业路2号
电话：13837319095
网址：www.xfzds.com
单位介绍：河南先锋振动机械有限公司集研发、生产、销售、服务于一身，目前主打的设备是圆形摇摆筛、方形摇摆筛、概率筛、超声波振动筛和3D材料筛分回收装置等多款轻型、重型筛分设备。目前，公司拥有在职技术职称管理干部和工程技术人员达50余人、6万平方米现代化设备生产厂房，已经服务了90多个国家和地区的用户。
主营产品：圆形摇摆筛、超声波振动筛、方形摇摆筛等。

新乡市大振筛机有限公司

地址：河南省新乡经济技术开发区经八路
电话：0373-5091204
电邮：shaiji@tom.com
网址：www.shaiji.com.cn
单位介绍：新乡市大振筛机有限公司（原新乡市振动筛机厂有限公司）是生产振动筛的厂家，1991年成立之初，在史董的带领下靠仅有的800元创业资金，经过20年的发展，成为了如今总资产近亿元的企业。公司一直坚持严格把控质量，以合理的供货价格，经过积累赢得了广大用户的肯定和赞誉。多年来，公司工程技术人员在引进国外振动筛技术的基础上，听取用户的反馈信息，不断地对产品设计进行改进，多次对技术参数进行优化，使得产品性能更加完善，质量更加稳定可靠。公司具备生产各种规格型号的振动筛、振动类机械的生产能力，产品广泛应用于化工、食品、医药、环保、陶瓷、铸造、建筑、矿山、磨料等行业，行销全国各地区。
主营产品：精细筛分设备、摇摆筛分设备、矿用筛分设备、检验筛分设备、输送设备、振动电机、筛机配件。

新乡市硕方机械设备有限公司

地址：河南省新乡市牧野工业园区
电话：13673513837
电邮：317810148@qq.com
网址：www.xxshuofang.com
单位介绍：新乡市硕方机械设备有限公司，是河南振动筛专业的供应商。公司的主要产品有振动筛、旋振筛、检验筛、超声波振动筛、直线振动筛、气流筛、摇摆筛、矿用振动筛、过滤筛、直排筛等筛机及配件。输送机、提升机、振动给料机等也均为面向客户提供的成熟产品，产品广泛应用于食品、化工、医药、矿山、冶金、磨料等行业。公司产品依托行业技术力量、严格的检测手段、完善的管理体系、口碑信誉。公司的振动筛价格合理，质量靠谱。公司依靠科学的管理体系，匠心制作工艺、完善的检测技术，口碑宣传，赢得了广大用户的好评。
主营产品：振动筛分设备、摇摆筛分设备、筛分过滤设备、气流筛分设备、试验筛分设备等。

新乡市大汉振动机械有限公司

地址：河南省新乡市延津县森林公园大门西1000米路北
电话：0373-2682333
电邮：cndahan@163.com
网址：www.xxzds.cn
单位介绍：新乡市大汉振动机械有限公司成立十多年来，凭借在精细筛分领域技术服务、工程承包、投资运营等方面的实力，为客户提供灵活的一体化解决方案。公司始终秉承"以客户为中心，品质为先，诚信为本"的核心价值观，其业务已遍及80余个国家和地区。
主营产品：精细筛分设备、试验筛分设备等。

新乡市豪迈机械设备有限公司

地址：河南新乡市新辉路环宇立交桥北200米
电话：0373-3870889
电邮：852478458@qq.com
网址：www.xxhmjx.com
单位介绍：新乡市豪迈机械设备有限公司是一家集技术研发、加工制造与贸易服务于一体的创新型民营企业，致力于真空上料机、超声波振动筛、混料机、粉体输送包装自动化生产线等设备及其相关配套产品的设计、制造与安装调试，同时，承接业内信息咨询、系统方案规划及相关项目开发等业务。公司技术力量较雄厚，生产设备较先进，检测手段较完善，具有科学规范的管理模式和严格有效的质保体系。生产的真空上料机、超声波振动筛、混料机、粉体输送包装自动化生产线等各类机械设备，广泛用于医药、食品、煤炭、电力、冶金、矿山、化工、建材等行业,在国内外有良好的销售市场,客户遍布全国,得到了广大新老客户的广泛赞誉。

主营产品:超声波振动筛等。

新乡市振泰机械有限公司

地址:河南省新乡市卫滨区平原乡八里营村西
电话:0373-2685893
电邮:36231178@qq.com
网址:www.xxztjx.com
单位介绍:新乡市振泰机械有限公司是一家以生产振动筛分设备为主,集科研、生产、销售于一体的专业厂家。振泰机械位于新乡市卫滨区工业区,公司以技术力量雄厚、生产设备先进、管理体系严格为基础,以重视企业信誉、勇于创新技术、用心做好服务为宗旨,经过几年的发展,现已成为筛分设备行业的知名企业。产品已广泛应用于食品、化工、医药、金属粉末冶金、矿山、煤炭、电力、磨料、粮食等行业。
主营产品:精细筛分设备、实验室筛分设备、重型筛分设备、输送给料提升设备、相关配件、破碎混料包装设备。

新乡市三辰机械有限公司

地址:河南省新乡市卫滨区梁任旺工业园
电话:18737361793
网址:www.xxsanchen.com
公司简介:新乡市三辰机械有限公司是一家专注于振动筛分设备制造与销售。针对于每个行业筛分要求研发一系列行业专用振动筛,深受广大客户的青睐。拥有配套齐全的大功率激光切割机、750吨冲压设备、自动化卷圆翻边机、160吨折弯机、剪板机、激光打标机、机械手臂焊等众多焊接设备。已全面通过了ISO 9001认证,生产的各种筛分设备品质和精度都很高。除常规系列产品外,还为客户提供个性化产品及设备选型服务,广泛用于食品、化工、树脂、医药、陶瓷金属粉末矿冶、造纸、矿石加工等行业。
主要产品:SC系列三次元旋振筛、直线振动筛、超声波振动筛、摇摆筛、直排筛、气流筛、泥浆高频筛、拍击筛、试验筛、振动电机、输送机等各种振动机械设备。

新乡市阿瑞斯机械设备有限公司

地址:河南省新乡市凤泉区新辉路三里桥北邻30米路东
电话:0373-5578886
电邮:ares1818@126.com
网址:www.aresjx.com
单位介绍:新乡市阿瑞斯机械设备有限公司是国内生产精细筛分设备、矿用筛分设备等的生产厂家。建厂至今,励精图治,开发并生产出了十五种产品(一百多种规格),产品已具成套化,从颗粒制粉、筛分、给料、输送、提升、搅拌、过滤、烘干、冷却等,是进行粉体加工到成品生产流水线作业的成套设备。新乡市阿瑞斯机械设备有限公司地处巍巍太行山下,滔滔黄河岸边的豫北名城新乡市,京广、新荷铁路在此交会,107国道贯穿南北。交通便利,地理位置优越,优良的设备,雄厚的技术力量,完善的检测手段,良好的企业信誉,得到了国内外广大新老客户的广泛赞誉。
主营产品:精细筛分、矿用筛分、输送设备、给料设备系列、提升设备系列、产品配件。

新乡市万宏机械设备有限公司

地址:河南省新乡市红旗区工业区
电话:0373-3036055
电邮:xxwhjx@163.com
网址:www.xxwhzd.com
单位介绍:新乡市万宏机械设备有限公司是国内设计、生产各类振动筛分、提升输送设备的专业厂家之一。主要产品有WH系列振动筛、超声波振动筛、直线振动筛、摇摆筛、气流筛、螺旋输送机、斗式提升机、垂直振动螺旋提升机、水平冷却输送机、真空上料机以及实验室专用检验分析筛、拍击式标准检验筛、超声波检验分析筛等。产品广泛用于食品业、化学合成业、塑胶业、树脂业、中西药业、油漆涂料业、磨料行业、陶瓷业、金属粉末矿冶业、电子磁性材料业、造纸业、环保业等行业。
主营产品:精细筛分设备、检验筛分设备等。

新乡市振英机械设备有限公司

地址:河南省新乡市新飞大道南段1789号高新区火炬园综合楼四楼
电话:0373-3532118
网址:www.zdschina.com
单位介绍:新乡市振英机械设备有限公司成立于2008年,位于新乡市高新区火炬园工业园B区,拥有先进的制造工艺和生产、调试、检验设备,是一家集研发、设计、生产制造为一体的专业精细筛分制造商,主要研发、生产超声波振动筛以及相关的配套产品。自成立以来,振英追求技术创新,发展振动行业技术,建立企业标准,与国内高校河南科技学院、河南工学院等达成战略合作,研发全频筛和筛网监控系统、振动筛在线监控和维护系统、人工智能集成控制等先进技术。为国内新能源行业正极材料和负极材料的发展作出了自己的贡献。
主营产品:筛分设备、给料设备、混料设备、输送设备等。

浙江丰利粉碎设备有限公司

地址:浙江省嵊州市罗东路18号
电话:0575-83105888
电邮:fengli@zjfengli.cn
网址:www.zjfengli.com
单位介绍:浙江丰利粉碎设备有限公司(前身为嵊州市机械厂)专注超微粉碎设备制造38年,集粉体(粉碎)工程研发、方案设计、技术服务、技术咨询、生产制造、销售应用于一体的科技型企业。公司引进德国超微粉体加工技术,与国内大专院校合作,消化吸收国内外先进技术,成功开发了二十大系列100多个品种的超微粉体设备。目前公司累计有2万多家客户,产品广泛应用于化工、医药、冶金、食品、塑料、建材、非金属

5.2 陶瓷粉体处理设备企业

矿、新材料（锂电石墨负极）等行业的超微粉碎。
主营产品：超微粉碎设备、粗/中粉碎设备、输送/集尘设备、筛分配套设备、专用超微粉碎设备生产线、环保装备（废固处理）成套设备、实验室粉碎设备。

昕芙旎雅商贸（上海）有限公司

地址：上海市长宁区仙霞路 317 弄 3006 室
电话：021-62750606
网址：hibiki. sinfo-t. jp/cn
单位介绍：昕芙旎雅商贸（上海）有限公司是为了扩大在中国市场的昕芙旎雅集团的业务，由日本的昕芙旎雅株式会社（2009 年 4 月旧日本神钢电机株式会社更名 SHINKO）100％投资而成立的第一个在中国的营业据点。我们为了在高度成长的中国市场成为顶尖的销售、采购、售后服务的公司而全力以赴。我们的主要产品有电磁式离合器、电磁刹车、电磁振动供料机、起重设备、控制器、汽车实验装置、超低惯性测功机、伺服驱动器、零件供料机、振动筛选设备、振动干燥设备、振动电机、起重电磁铁、发电机、打印机、OA 电磁离合器、汽车减振装置等。
主营产品：振动筛选设备等。

河南省金特振动机械有限公司

地址：河南省新乡市新乡经济开发区太行北路西段
电话：0373-5597320
电邮：jinte2000@163.com
网址：www.hnjtzdjx.com
单位介绍：河南省金特振动机械有限公司是从事冶金矿山设备的专业厂家，拥有大型剪板机、大型折弯机、锻压设备、加工机床、起重设备、冷铆设备等加工设备，拥有计算机、振动参数测试台等先进的设计及检测设备。经过 20 多年的不懈努力，公司现已发展成为一家集设计、研发、生产、销售为一体的筛分装备、成套砂石生产输送线的企业。公司生产各种用于冶金、焦化、煤炭、电力等行业的矿山机械设备、振动筛系列、给料机系列、输送机系列、斗式提升机、振动料斗、激振器、振动电机、破碎设备、各种耐磨筛板、衬板、环保设备等产品。产品设计合理、性能优异、价格合理，深受用户信赖和好评，产品覆盖国内 30 个省、自治区、直辖市。
主营产品：滚筒筛、振动筛等。

鹤壁市冶金机械设备有限公司

地址：河南省鹤壁市卫河路东段 9 号
电话：0392-3280188
电邮：hbyjjx@163.com
网址：www.hbyjyq.com
单位介绍：鹤壁市冶金机械设备有限公司创建于 1983 年 9 月，2005 年改为股份制经营，公司拥有现代化实验楼、生产车间和自己的技术研发团队，是集研发、生产和销售为一体的老厂家。主要经营产品：实验室破碎机，小型颚式破碎机，密封锤式破碎机，实验室对辊破碎机，联合破碎制样机，密封化验制样粉碎机，振动磨样机，实验室棒磨机，焦炭转鼓机及配套鼓前筛、鼓后筛，量热仪，定硫仪等煤质化验室化验设备和分析仪器。
主营产品：破碎粉碎制样设备、筛分-缩分设备等。

唐山胜利机械制造有限公司

地址：河北省唐山市路南区稻地镇范庄工业区
电话：0315-8551331
电邮：shengli331@126.com
网址：www.cvicgroup.com
单位介绍：唐山胜利机械制造有限公司是一家集研发、生产、销售和服务于一体的综合性实业公司，业务范围包括竖炉球团、链篦机-回转窑球团、带式焙烧机球团的筛分布料系列设备的设计、研发与生产。公司管理严密，技术力量雄厚，拥有一支勇于创新、专业知识过硬的技术骨干队伍，采用先进的生产工艺和设备，开发出多项科技新产品，其中圆盘给料机、辊式筛分机、陶瓷辊筛等产品就是具有代表性的科技新产品。目前公司已成功地为国内外大型钢铁企业设计并生产了数千套竖炉球团、链篦机-回转窑、带式焙烧机筛分布料系统设备，均获得顾客好评。
主营产品：辊式筛分机、陶瓷辊筛等。

常州天马粉体科技有限公司

地址：江苏省常州市郑陆镇河丰路
电话：0519-88930882，88930883
电邮：tm@china-tmtek.com
网址：www.china-tmtek.com
单位介绍：常州天马粉体科技有限公司是国内从事输送设备、除尘设备及配件、混合设备、筛选设备、投料站及气动破拱助流设备（气动振动器、空气锤、助流气碟）研发生产的公司。位于风景秀丽且繁荣富庶的江南水乡——常州市郑陆镇，交通便利。公司建立以来，以生产为基地，以市场为依托，严格按 ISO 9001 认证企业的标准为原则，本着"务实、开拓、创新"的企业精神，不断加强科技创新。
主营产品：旋风筛、方形振动筛等。

新乡市胜宇机电有限公司

地址：河南省新乡县经济开发区 20 号桥兴业路 8 号
电话：13373735209
电邮：info@chinasenyouco.com
网址：www.chinasenyou.com
单位介绍：新乡市胜宇机电有限公司成立于 2013 年，是一家集技术研发、生产制造、安装调试及咨询服务于一体的磁选及筛分过滤为特长的科技型机电企业。自公司成立以来，以"稳定可靠，胜宇之道"的理念，不断为相关行业提供产品及服务。同时，不断集中精力完善改进和创新磁选及筛分过滤方面的产品，得到了客户的一致好评。本公司服务范围涉及陶瓷选矿、化工、制药、造纸、橡胶、食品、污水处理等行业。产品以磁选机、除铁机、振动筛、脱水筛为主。成为行业内质量稳定、品质可靠、服务周到的机电企业，产品畅销世界各地。公司拥有从小试到中试到类生产的产品实验室，可独立全面为客户提供除铁率、精矿率、力度分析、白度测试、产能、精度及投入产出成本分析的测试及相关报告，为客户事业腾飞提供数据及技术支持。

主营产品：筛分设备、粉料除铁设备、液体除铁设备、相关配套设备。

5.2.5 喷雾干燥机

大川原粉体技术（苏州）有限公司

地址：江苏省苏州工业园区唯亭奇业路 68 号
电话：0512-62835725
电邮：xingxinwei@szocpowder.com
网址：www.szocpowder.com
单位介绍：大川原粉体技术（苏州）有限公司是日本喷雾干燥设备行业的领头企业——大川原化工机株式会社于 2002 年 8 月在中国江苏的苏州工业园区投资设立的独资企业。大川原化工机株式会社是"液体雾化、干燥、造粒"的专业公司，喷雾干燥设备销售实绩居日本同行业之首，约 2700 套。公司除了设计、制造、销售喷雾干燥设备之外，还积极开发研究微胶囊技术、流动造粒、喷雾热分解、废气处理等，并根据客户的需要致力开发新产品、新技术，拥有多项专利技术。我们愿以雄厚的技术力量、先进的设备和严格的质量管理，向各行业的客户提供最先进的技术、最满意的产品和服务。

主营产品：喷雾干燥设备。

无锡市东升喷雾造粒干燥机械厂

地址：江苏省无锡市惠山区前洲镇邓巷汽车站
电话：0510-83382327
电邮：master@dspwgz.com
网址：www.dspwgz.com
单位介绍：锡市东升喷雾造粒干燥机械厂是生产喷雾干燥及其他干燥设备的专业厂家。产品主要性能指标达到国内同类产品的先进水平，采用 CAD（计算机辅助设计）使产品组合满足不同的客户需求。采用微机或 PLC（可编程序控制器）达到自动化控制。我厂整体素质较高，集研究与制造为一体，与大专院校、专家学者合作，为用户进行特殊的工程设计、制造、安装、调试及技术培训。可为化工、石化、冶金、精密陶瓷、林产化工、食品医药等行业提供可靠、实用、经济、高效的干燥设备。

主营产品：LGZ 高速离心喷雾干燥机、LGZ 离心造粒喷雾干燥机、卧式喷雾造粒干燥机等。

上海乔枫实业有限公司

地址：上海市奉贤区肖南路 468 号
电话：021-54385660
电邮：sales@qfn17.com
网址：www.qfn17.com
单位简介：上海乔枫实业有限公司成立于 2012 年，是从事粉体干燥设备的研发、生产、销售和售后于一体的综合性公司。本公司现成为一家致力于为新能源材料、精细化工、生物制药以及食品工程等领域提供全套解决方案的整线交钥匙工程企业。本公司现已与上海交通大学、复旦大学、清华大学和山东大学等科研单位长期合作，成为科研型设备领域的喷雾干燥设备供应商。同时为香飘飘集团、宁德新能源集团以及兖矿集团等多家大型上市公司提供服务。

主营产品：喷雾干燥机、沸腾干燥机等。

常州市中盛干燥设备有限公司

地址：江苏省常州市郑陆镇焦溪工业园
电话：0519-88900667
电邮：zsdryer126.com
网址：www.zsdryer.com
单位介绍：常州市中盛干燥设备有限公司是从事干燥设备和制药器械的研究、开发及制造的专业性厂家。中盛干燥是目前国内生产干燥设备品种较多、规格较全的企业之一。公司多年来吸收国内外的先进技术与经验，严格按行业内相关要求设计、开发、生产、安装和服务于一体，确保产品质量。在干燥设备的开发、研究中不断地创新及改造，设计制造了一系列工艺先进且节能的产品。并根据市场的需要研制开发了几十种干燥、制粒、混合、除尘系列，产品广泛适用于制药、化工、食品、轻工等行业工业原料或产品的干燥除湿，深受用户好评。

主营产品：干燥设备、烘箱设备、混合设备、粉碎设备、制粒设备等。

江苏圣曼科技工程有限公司

地址：江苏省常州市郑陆工业园区
电话：0519-81235888
电邮：lj.mz.feel@163.com
网址：www.smdryer.com
单位介绍：江苏圣曼科技工程有限公司是一家以干燥创新设备为主的高新技术企业。公司专业生产各类干燥设备、制粒设备、混合设备、粉碎设备及除尘设备，技术生产力量雄厚。公司已设立与南京理工大学合作的干燥技术研发中心，并拥有干燥设备试料车间，现代化大型重型车间及相关计量检测设备，具备专业研发、设计及生产适用于制药、化工、农产品深加工、生物工程及食品添加剂等行业干燥系列设备的能力。

主营产品：喷雾干燥设备等。

焦作市嘉特热能工程设备有限公司

地址：河南省焦作市丰收路西段路南南朱村
电话：0391-2752103
电邮：wjj121@163.com
网址：www.jzjtrn.com
单位介绍：焦作市嘉特热能工程设备有限公司成立于 2008 年，主要从事干燥、燃烧、环保和节能设备技术开发和推广工程。企业秉承以技术创新为基础、以诚信经营为理念的企业发展观，取得了一系列成绩。

5.2 陶瓷粉体处理设备企业

主营产品：喷雾干燥造粒塔、闪蒸干燥机、高效回转式干燥机等干燥设备。

常州志恒干燥设备有限公司

地址：江苏省常州市天宁区郑陆工业园
电话：0519-83851588
电邮：sales@zhdrying.com
网址：www.zhdrying.com
单位介绍：常州志恒干燥是一家集研发、生产、销售、服务于一体的综合型企业，是国内制造喷雾干燥、真空干燥设备的领头供应商，公司设有国际先进的实验中心，致力于将客户产品的生产工艺与设备制造加工、工业自动化控制等相结合，给客户提供符合自己生产工艺的干燥解决方案。注重培育长期的客户关系，用丰富的经验、前沿的技术、优良的产品质量和完善的售后服务帮助客户解决一个又一个难题，始终致力于为客户提供专业全面的解决方案。
主营产品：喷雾干燥系列，闭路循环干燥系列，真空、传导干燥系列，热风烘箱。

江苏先导干燥科技有限公司

地址：江苏省常州市天宁区郑陆镇
电话：400-928-6887
电邮：sales@cndryer.com
网址：www.china-dryer.com
单位介绍：江苏先导干燥科技有限公司是一家专门从事干燥设备研究、开发、设计与制造的民营股份制企业。其研究课题与方向以"喷雾干燥、流化床制粒"为主，在粉体技术领域获得一系列研究成果。连续十年被评为重合同守信用单位、高新技术企业、常州市产品质量监督检验所重点检验单位，被江苏远东国际资信评估公司评为"AAA"级企业，2005年被中国干燥协会评为干燥设备行业优秀企业。
主营产品：喷雾干燥、造粒包衣机、流化床喷雾干燥、真空喷雾干燥、箱式喷雾干燥机、喷雾干燥混合机、通用喷雾干燥、喷雾干燥配套设备。

无锡市群征干燥设备有限公司

地址：江苏省无锡市前洲镇工业园区宝露路12号
电话：0510-83385315
电邮：sales@qunzhen.com
网址：www.qunzhen.com
单位介绍：无锡市群征干燥设备有限公司自2004年成立至今，一直从事循环喷雾干燥装置的研发、生产。公司属民营股份制企业，现有员工40人，年销售额1800万元。企业崇尚小而精的发展模式，致力于打造循环喷雾干燥机精品。公司循环喷雾干燥机产品有两大系列：BP系列（压力式）、BG系列（离心式），可用于各类粉体制备。公司技术力量雄厚，拥有一支过硬的技术队伍和良好的售后保障。公司有良好的制造装备，产品用材规范，制造精细，质量保证，交货及时，产品畅销全国。公司本着"诚信立足，创新致远"的理念，不断追求产品品质和服务质量，为客户提供精良的粉体制造装备。
主营产品：喷雾干燥装置。

常州市森茂机械设备有限公司

地址：江苏省常州市天宁区郑陆镇三河口人民路103号
电话：15851956577
电邮：1030553652@qq.com
网址：www.czsenmaojx.com
单位介绍：常州市森茂机械设备有限公司，是专业制造干法造粒机的厂家，拥有专业的技术队伍和丰富的行业经验，能够在整个项目实施过程中为客户提供全方位的服务。先进的技术设备，生产新颖、高效、节能的干燥设备，产品种类齐全，各项产品均达国家标准和行业标准，现已集多年的干燥技术与经验于一体，专业设计生产"干燥、混合、制粒、粉碎、除尘、筛分"等三十多个系列。一百多种规格型号的产品。广泛适用于制药、化工、食品、饲料、轻工等领域。
主营产品：干燥设备、制粒设备、混合设备、粉碎设备、筛分设备、热源设备、除尘设备等。

常州市步步干燥设备有限公司

地址：江苏省常州市横山桥镇五一开发区
电话：400 667 9858
电邮：gyc@czdry.com
网址：www.bubudry.com
单位介绍：常州市步步干燥设备有限公司在干燥设备的开发、研究中不断地创新及改造，设计制造了一系列工艺且节能的产品，并根据市场的需要研制开发了几十种干燥、制粒、混合、除尘系列，产品广泛适用于制药、化工、食品、轻工等行业工业原料或产品的干燥除湿，深受用户好评。
主营产品：真空干燥机、喷雾干燥机、空心桨叶干燥机等。

无锡晨颖机械科技有限公司

地址：江苏省无锡市惠山区堰桥工业区堰杰路1号
电话：13665111404
电邮：616908889@qq.com
网址：www.chenyingjx.com
单位介绍：无锡晨颖机械科技有限公司成立于1995年，是国内较早从事干燥技术和干燥设备工程研制、生产、销售、服务的厂家，是一家科研与生产相结合的科技先导型企业。近年来，我公司加速了新产品的开发，提高了产品的技术含量。目前已拥有6大软著，9大专利，并取得了ISO 9001质量体系认证。
主营产品：实验型干燥设备、高速离心造粒喷雾干燥机、离心喷雾干燥机、压力造粒喷雾干燥机、旋转闪蒸干燥机、闭式循环喷雾干燥机。

无锡市卓灵干燥设备有限公司

地址：江苏省无锡市惠山经济开发区堰桥配套区堰桥路5号
电话：15106116988

电邮：hexm@wxzlgz.com
网址：www.wxzlgz.com
单位介绍：无锡市卓灵干燥设备有限公司是生产各类喷雾干燥设备的专业企业。本公司核心技术人员有着三十多年丰富的工作经验，一直专业从事干燥技术和干燥工程的研究、设计、开发与制造，并与多家科研单位及院校建立了长期的合作关系。加速了新产品的开发速度，提高了产品技术含量。公司的产品主要有：LPG 高速离心喷雾干燥机、YPG 压力造粒喷雾干燥机、GZ 离心造粒喷雾干燥机、QPG 气流雾化喷雾干燥机及 BPG 闭路循环喷雾干燥机。在 LPG 高速离心喷雾干燥机的基础上又开发出 LDG 多级喷雾干燥机，产品的性能超过国内同类产品。公司拥有专业生产喷雾干燥设备的管理、技术、制造人员，多年来在化工、食品、医药、生化、饲料、陶瓷、磁性材料、锂电池正负极材料等行业为用户提供了高品质的各系列喷雾干燥设备。
主营产品：离心式喷雾干燥机、离心造粒喷雾干燥机、闭路循环喷雾干燥机、实验室喷雾干燥机、压力式喷雾干燥机。

常州力马干燥科技有限公司

地址：江苏省常州市武进区锦华路 11 号
电话：0519-88968880、88968881
电邮：lm@chinalemar.com
网址：www.chinalemar.com
单位介绍：常州力马成立于 2009 年 12 月，是一家致力于承接大型干燥工程，提供干燥设备设计、制造、销售服务和进行工业热能研究的专业型企业。主要产品年生产量超过 200 台套。企业通过多年的运营积淀，技术实力雄厚，工程经验丰富，汇聚了由在行业工艺工程研究、机械结构设计、电气自动化编辑等领域深耕二十年以上的专家领衔的一批精英人才；凭借丰富的工程管理经验、先进的现场施工技术，优良的加工工艺装备，积极参与国内外市场竞争，业绩显赫：先后获得中国干燥设备十强企业、中国干燥技术专业组副组长单位和商务部评定的中国十佳诚信企业等诸多荣誉。
主营产品：喷雾干燥机、闪蒸干燥机、空心桨叶干燥机。

常州市新业制粒干燥设备有限公司

地址：江苏省常州市天宁区郑陆镇三河口新沟桥徐家村 110 号
电话：0519-88909358、88909662
电邮：550646010@qq.com
网址：www.xy-gz.com
单位介绍：常州市新业制粒干燥设备有限公司是国内生产制粒、干燥设备的专业性工厂，多年以来一直致力于干燥设备的设计、制造与服务，尤其在制粒方面更具实力，并不断以 GMP 生产标准开发新技术、新产品。主要从事干燥机的深入研究与开发，研发了多种农产品深加工类干燥设备，并且拥有强大的非标设备设计、制造及工程能力，成果颇丰。产品覆盖全国各地。现已拥有八大类、100 多个品种的制粒、干燥机。广泛应用于全国各地的制药、化工、食品、轻工等行业，在用户中拥有良好的声誉。产品远销俄罗斯、韩国、马来西亚、美国等。
主营产品：沸腾制粒干燥机、电加热双锥回转真空干燥机、沸腾干燥机（立式）、方形/圆形静态真空干燥、盘式连续干燥机等。

浙江钱江伟岸干燥设备有限公司

地址：浙江省湖州市长兴县泗安镇工业区
电话：13385716658
电邮：13385716658@163.com
网址：www.qjdryer.com
单位介绍：浙江钱江伟岸干燥设备有限公司是中国通用机械干燥设备行业协会副理事长单位和首批重点骨干企业、浙江省优秀科技型企业，是一家从事热力干燥技术开发、设备制造、销售、安装和技术咨询服务于一体的高新技术企业。前身杭州钱江干燥设备有限公司成立于在 2001 年，由成立于 1988 的集体企业转制而来。公司拥有固定资产 5000 万元，现代化办公实验楼 5400 平方米，现代化生产厂区 10000 平方米，工艺装备齐全。公司还创办了国内干燥行业唯一的期刊《干燥技术与设备》，聘请国内干燥行业知名专家负责编辑《干燥技术与设备》杂志。其中 FG 沸腾干燥机荣获全国干燥行业首批推荐产品称号，内加热流化床干燥机已通过浙江省科技成果鉴定，其热效率高达 75%。
主营产品：喷雾干燥机、流化床干燥机、带式干燥机、闪蒸干燥机、气流干燥机、实验室干燥机系列、真空传导干燥机等。

无锡市弘杰干燥设备有限公司

地址：江苏省无锡市惠山经济开发区前洲配套区惠和路 5 号
电话：0510-83395337
电邮：hongjiegz@163.com
网址：www.hongjiegz.cn
单位介绍：无锡市弘杰干燥设备有限公司位于中国工业百强镇——江苏省无锡市惠山经济开发区前洲镇，是一家专业从事闭式循环喷雾干燥设备研究、设计与制造的股份制企业。公司在消化和吸收国外先进的干燥技术基础上，通过数十年理论与实践的相结合，使企业积累了相当丰富的闭式循环喷雾干燥设备的设计、制作和调试经验。"弘杰"牌系列闭式循环喷雾干燥机正受到越来越多的客户的青睐。公司本着"以信为本，以质取胜"的理念，凭借雄厚的专业技术实力，通过优良的加工设备，在严格的质量体系保证下，为广大客户生产出各类制造精良的闭式循环喷雾干燥设备。
主营产品：压力喷雾造粒干燥机、离心喷雾干燥机、离心喷雾造粒干燥机、无菌喷雾干燥机、压力喷雾造粒干燥机、气流喷雾干燥机等。

无锡市富超喷雾干燥机械有限公司

地址：江苏省无锡市惠山区前洲工业园北区北惠路与兴石路交界
电话：0510-83383365
电邮：zgf5518@126.com
网址：www.fcpwgz.com
单位介绍：无锡市富超喷雾干燥机械有限公司是专业生产喷雾

5.2 陶瓷粉体处理设备企业

干燥及其他干燥设备的公司，尤其在微型透明喷雾干燥机上面，走在全国的前列，并且申请了国家专利。公司通过了 ISO 9000 认证，目前拥有四项专利，在同行中技术处于领先位置。公司产品广泛用于食品、化工、医药、电子、粉末冶金、国防工业等领域。

主营产品：喷雾网带干燥机（专利）、水平压力喷雾流化干燥机（专利）、内置流化床喷雾干燥机（专利）等。

常州市益思特干燥设备有限公司

地址：江苏省常州市焦溪工业园
电话：0519-88906877、88906767
电邮：market@eastdry.com
网址：www.eastdry.com
单位介绍：常州市益思特干燥设备有限公司是一家股份合作制企业，专业生产干燥设备、化工设备、制粒设备、环保设备及粉料体工程设备。公司技术团队由多名在干燥行业从事 10 多年设计制造经验的工程师组成，能够对多种干燥设备和干燥系统工程进行优化设计。多年来，公司始终以科技为先导、市场为导向，以提高用户的生产效益为宗旨。公司拥有较先进的加工设备及较雄厚的技术实力，重视科技创新和技术储备，先后与多家科研院校合作并迅速把技术转化为生产力，对产品不断进行更新与开发。
主营产品：高速离心喷雾干燥机、闭路循环喷雾干燥机。

常州市嘉鹏干燥设备有限公司

地址：江苏省常州市钟楼区北港塘门顶村
电话：0519-83977989
电邮：manager@jpdryer.com
网址：www.jpdryer.com
单位介绍：常州市嘉鹏干燥设备有限公司是一家民营企业，创建于 2001 年，主要从事干燥设备及其附属设备的研发和生产。公司充分吸收东南大学干燥研究所的先进技术，使之转化为生产力，为广大客户解决了很多生产实际中的难题，同时公司研制开发了三十多个干燥、制粒、混合、除尘系列，广泛适用于化工、食品、轻工等行业的不同特性物料的干燥，本公司的设计、开发、安装和服务严格按 ISO 9001 国际质量体系标准实施，确保了产品质量，多年以来赢得了广大市场，深受用户的好评。
主营产品：高效闪蒸干燥机、高速离心喷雾干燥机、压力喷雾造粒干燥机、沸腾干燥机。

上海大川原干燥设备有限公司

地址：上海市浦东新区天雄路 588 弄 4 号楼
电话：021-53028877
电邮：sales@ojn-sd.com
网址：www.ojn-sd.com
单位介绍：上海大川原成立于 1996 年，系喷雾干燥行业中广为业内人士所知的日本大川原化工机株式会社与中船第九设计研究院工程有限公司的合资公司，是喷雾干燥技术的专业公司，喷雾干燥机的销售业绩已达 1100 余套（截至 2024 年 5 月底）。涉及用户有医药、食品、精密陶瓷、铁氧体、硬质合金、大豆分离蛋白、骨胶原蛋白、调味品、农药等领域的企业。公司获得"上海市高新技术企业"等称号，并通过 ISO 9001 质量管理体系、ISO 45001 职业健康安全管理体系、ISO 14001 环境管理体系、GB/T 29490—2023 知识产权管理体系认证。
主营产品：喷雾干燥机、喷雾干燥造粒机、流动造粒喷雾干燥机、喷雾冷却造粒装置、喷雾热分解装置。

常州科迪粉体设备有限公司

地址：江苏省常州市经开区横山桥镇五一村
电话：0519-88610522
电邮：sales1@czkdft.com
网址：www.czkdft.com
单位介绍：常州科迪粉体设备有限公司主要从事干混设备、粉体设备、干燥设备、输送设备、自动计量设备、包装等设备的研发与制造，已在医药、化工、建材、农药、饲料、冶金等领域中创造出良好的企业形象，近几年研发的预拌砂浆成套设备、自动包装机械手码垛，深得国内外用户和同行业人士的好评。公司现汇集了一大批高技术、高素质的设计研发人员，并拥有二十几年干混预拌砂浆成套设备的专业设计人才和售前、售中、售后的服务团队，并且吸收国内外如德国、韩国等国的生产技术。可针对每一位客户不同条件、要求和地区差异，设计出一套既经济又实惠且完美的粉体生产线。
主营产品：真空干燥机、旋转闪蒸干燥机、高效沸腾干燥机、振动流化床干燥机、沸腾制粒干燥机等。

南京煜鑫机械科技有限公司

地址：江苏省南京市栖霞区龙潭街道长江经济技术开发区
电话：025-58818960
电邮：njnstyq@167.com
网址：www.njyuxinjx.com
单位介绍：南京煜鑫机械科技有限公司是一家集设计、制造、安装、服务于一体的综合性企业，其核心技术与主导产品为各种类型的干燥设备、混合设备、制粒设备、粉碎设备、筛分设备及辅助设备，产品应用于食品、生物、医药、化工、军工、环保等众多领域。公司坚持以科技为依托，不断吸收国内外先进机械加工及设计经验，大胆创新研制，引进高素质人才，强化企业内部管理，以灵活的经营机制积极参与市场竞争，以质量求生存、以科技求发展，良好的设备质量、完善的售后服务，赢得了海内外客户的支持和信赖。公司在干燥领域拥有丰富的生产经验和人才、技术、管理优势，公司汇聚了行业内具有高素质的专业技术员工，为用户提供成套的工程设计制造、安装调试和技术操作培训。
主营产品：真空干燥机、高效沸腾干燥机、高速离心喷雾干燥机等。

无锡市阿特兹智能装备有限公司

地址：江苏省无锡市惠山区前洲街道鑫园路 5 号

电话：0510-83380958
电邮：wxatz@shengyi777.com
网址：www.wxsyft.com
单位介绍：无锡市阿特兹智能装备有限公司（无锡市胜艺粉体机械设备厂）是生产及研发喷雾干燥设备的专业企业。技术力量雄厚，机械加工设备齐全，具备先进的设计理念、健全的质量保证体系、精湛的制作工艺及良好的信誉。公司联合国外企业与国内科研单位及院校，将引进、消化、吸收国外先进技术与科研开发创新结合，充分发挥技术优势，提高了干燥技术装备的国产化能力，为用户提供高信誉、高性能的粉体装备。
主营产品：离心喷雾干燥设备、压力式喷雾干燥设备、高速离心喷雾干燥设备、喷雾造粒干燥设备。

江苏均红机械设备有限公司

地址：江苏省无锡市惠山区前洲工业园
电话：15251686951
电邮：CEO@ls1001.com
网址：www.jsjh88.cn
单位介绍：江苏均红机械设备有限公司是一家从事干燥设备、混合设备、制粒设备、粉碎设备、环保设备的专业厂家，提供设备选型、设计、制造、安装调试等优质服务，是目前国内生产干燥设备品种较多、规格较全的企业。公司骨干人员起步于干燥机的研发与生产，从事干燥行业近三十年，以雄厚的技术力量、丰富的生产经验、严格的质量管理、优质的售后服务为广大化工、食品、制药等行业服务。
主营产品：离心式喷雾干燥机、压力式喷雾干燥机、闭式循环喷雾干燥机、上排风喷雾干燥机、气流式喷雾干燥机、卧式喷雾干燥机、冷却造粒喷雾干燥机、低温喷雾干燥机、小型喷雾干燥机等。

无锡市力胜粉体科技有限公司

地址：江苏省无锡市惠山区前洲镇鑫源路5号
电话：0510-83382500
电邮：lishengfenti@sina.com
网址：www.wxlisheng.cn
单位介绍：无锡市力胜粉体科技有限公司位于江南水乡——江苏省无锡市惠山区前洲镇。我公司专业设计、制造、安装、调试喷雾干燥设备，拥有二十多年从事喷雾干燥行业的技术团队和生产管理及施工队伍，现有职工35人（其中技术人员8人）。生产厂房3000平方米，拥有自动焊机、激光焊机、抛光机、数控剪板机、折弯机等50多台套制造装备，具备年产50台（套）喷雾干燥机能力。产品有两大类、六个系列、60多个规格，可根据客户要求非标定制。产品广泛应用于硬质合金、陶瓷、锂电、化工、医药、食品等行业的粉体制备。
主营产品：闭式循环喷雾干燥机、开式喷雾干燥机。

无锡市林洲干燥设备有限公司

地址：江苏省无锡市惠山区前洲工业园区万寿路1-3号
电话：0510-83391436
电邮：13901512820@163.com
网址：www.linzhou.com
单位介绍：无锡市林洲干燥设备有限公司创建于1980年，是国内研制生产喷雾干燥机的专业化工厂，是一个科研与生产相结合的科技先导型企业。公司创办以来，先后同中国科学院、中国林科院、南京林产化工研究所及南京理工大学、大连理工大学等科研单位紧密合作，加快了新产品的开发力度，提高了产品技术含量。新产品不断涌现，目前已形成高速离心喷雾干燥系列、压力喷雾干燥系列、气流喷雾干燥系列三大系列共几十个品种，为化工、医药、食品、陶瓷、生化等行业服务。多年来产品畅销全国，并出口韩国、泰国、日本、马来西亚、美国等国家。喷雾干燥设备在国内占有率达30%。
主营产品：高速离心喷雾干燥设备、压力喷雾干燥设备、气流喷雾干燥设备等。

5.2.6 搅拌机/混合机

青岛科尼乐机械设备有限公司

地址：山东省青岛市城阳区夏庄街道后古镇成泰路
电话：15253277366
电邮：sales@co-nele.com
网址：www.co-nele.com
单位介绍：青岛科尼乐机械设备有限公司始创于2004年，拥有三大生产基地，属于国家科技创新企业，拥有100多项国家专利技术，全球用户突破10000。科尼乐致力于高端混合搅拌设备的研发、制造与销售，目前已发展成为我国最具专业化、最具实力的搅拌设备制造企业之一。科尼乐源于德国先进、严谨的技术理念，在新产品研发过程中，精益求精，力求产品完美。科尼乐产品以优异的品质应用于国内各省市并出口至欧洲、美洲、亚洲、非洲、大洋洲等80余个国家及地区。
主营产品：立轴行星搅拌机、强力混合机、混合造粒机、耐火材料混合机等。

江苏驰通机械制造有限公司

地址：江苏省常州市郑陆镇三河口新沟工业园区
电话：0519-81667686
电邮：524082865@qq.com
网址：www.chitongchina.com
单位介绍：江苏驰通机械制造有限公司是一家集干燥机、混合机、粉碎机、制粒机、输送机、振动筛、EPC粉体设备工程的研发、制造、服务于一体的技术制造企业。公司成立于2016年，在原公司经过10余年的发展，已成为中国的粉体设备供应商。驰通拥有十余年开发经验的研发团队，生产设备与检测设备包括研发中心、实验室、精密车床、等离子自动切割机、自动焊机、自动打磨机、喷砂房、X光焊缝检测等；从2016年起，驰通与粉体设备制造商广泛开展技术交流与合作，包括定制OEM设备等，由此驰通的制造技术得到了突飞猛进的提高。公司年出口额约占销售总额的30%，产品销售到欧洲、亚洲、非洲、北美洲、南美洲等。
主营产品：实验室双运动混合机、三偏心混合机、二维运动混

5.2 陶瓷粉体处理设备企业

合机、槽型混合机、双螺旋锥形混合机、卧式螺带混合机、双锥混合机、V形混合机、三维运动混合机等。

江苏高准智能装备有限公司

地址：江苏省无锡市滨湖区喜年中心A栋718
电话：0510-85229199
电邮：dali.wang@gaozon.com
网址：www.gaozon.com
单位介绍：江苏高准智能装备有限公司在"输送计量、粉体混合、矿物分离"三大方面有着长年的积累和沉淀。公司设计和研发的技术人员都有10年以上相关行业设计和项目经验，能够针对不同客户的多种需求提供高水平、高品质的针对性设备及工程系统的方案，能提供从设计到生产、从工程实施到调试运行的一条龙服务，为众多的企业客户解决了诸多生产和设备难题。公司凭借粉体、液体、粒体领域不断创新的技术，为PVC（聚氯乙烯）塑料/医药，电子材料，颜料/涂料，树脂/薄膜、油脂/石碱、农药/饲料、陶瓷/建材、垃圾处理等行业提供"输送计量、粉体混合、矿物分离"等方面的全套设备和解决方案。
主营产品：气流混合机、卧式螺带混合机、气力输送/真空上料系统、气力输送/正压输送系统等。

苏州松远环保科技有限公司

地址：江苏省苏州市张家港市乐余镇永利工业园南区
电话：0512-58530008
电邮：songyuan@sunyoungmachine.com
网址：www.sunyoungmachine.com
单位介绍：苏州松远环保科技有限公司成立于2001年，于2012年改制，主要生产各系列输送、计量、混合设备，以及集中供料系统、自动称重系统等机械，产品深受国内外客商的青睐和好评。本公司在塑料领域、锂电领域、涂装领域、摩擦领域和其他材料领域具备多年宝贵经验，一直以科技为先导，视质量为生命，不断更新设备和引进人才，使企业不断壮大，现已形成集设计、研发、生产、销售为一体的企业。公司坐落于风景秀丽的张家港市乐余镇，拥有完善的配套加工设施和便利的交通运输条件，同时，拥有多年生产混合输送机械经验的工程人员和设计人员，为每一位客户提供个性化的设计方案。
主营产品：卧式混合机、翻转混合机、高速混合机、金属粉末绑定机、混合输送生产线等。

天津市宏天机械设备有限公司

地址：天津市武清区京津科技谷产业园祥园道160号117室-85
电话：13920724909
电邮：787510684@qq.com
网址：www.tianjinhongtian.com
单位介绍：天津市宏天机械设备有限公司从成立之初一直从事上料机、分筛机、无尘输送工程等机械产品的开发及销售，经过多年的发展，公司产品已广泛用于医药、食品、化工、电池材料、生物制药、农药、电子能源等行业。作为集研发、设计、制造及销售为一体的粉体生产制造厂家，公司本着"信赖、合作、追求"的宗旨，为客户提供适合的粉体输送给解决方案。目前公司的产品主要有气动式真空加料机、电动式真空加料机、混合式真空加料机、无尘投料站、吨袋投料站、吨袋小袋两用投料站、振动筛分机、斗式提升机、螺旋上料机、周转料仓等粉体输送设备。
主营产品：混合机、真空加料机、振动筛分机等。

罗斯（无锡）设备有限公司

地址：江苏省无锡市锡山经济技术开发区万全路55号
电话：0510-85080300
电邮：sales@mixers.com.cn
网址：www.mixers.com.cn
单位介绍：罗斯（无锡）设备有限公司成立于2000年，专业生产各类工业用混合、搅拌、分散、乳化等设备，主要应用于新能源、化工、涂料、医药、胶黏剂、电子材料、食品等行业。罗斯（无锡）依托于美国罗斯的实验研发中心及无锡自有的实验室，与全球知名的制造商长期合作进行各类仿真实验及数据分析研究，能满足广大客户群体对混合搅拌设备的多种需求。
主营产品：双行星混合机、双行星分散机、三辊研磨机等。

青岛萨科米机械设备有限公司

地址：山东省青岛市城阳区惜福镇街道前金社区王沙路北侧200米
电话：0532-81155787
电邮：saceme@126.com
网址：www.saceme.com
单位介绍：青岛萨科米机械设备有限公司是一家专业从事混合设备的设计开发、加工制造及销售服务的科技创新型企业。公司坚持以质量为本，积极汲取欧洲成熟技术，并坚持创新研发，以丰富的实践经验不断开发出技术先进、性能优良的混合设备。产品广泛应用于固废处理、新型建筑材料、耐火、铸造、陶瓷、粉末冶金、电池、废物再利用工业、玻璃、化工、炭黑、肥料等多个领域。
主营产品：倾斜式强力混合机/造粒机、实验室强力混合造粒机、高效强力混合机。

青岛森泰科机电科技有限公司

地址：青岛胶州市海尔大道北首
电话：13658679076
电邮：admin@satecmix.com
单位介绍：青岛森泰科机电科技有限公司是一家专业从事混合及造粒设备的设计开发、加工制造及销售的科技创新型企业。公司坚持以质量为本，积极汲取欧洲成熟技术成果，并坚持创新研发，以丰富的实践经验不断开发出技术先进、性能优良的搅拌设备。主要生产制造强力混合机、立式混合机、混合造粒机、混炼机等混合造粒设备，产品广泛应用于混凝土、耐火、玻璃、陶瓷、铸造、环保以及干粉砂浆等多个领域。
主营产品：混合造粒机、强力混合机。

绵阳世诺科技有限公司

地址：四川省绵阳市游仙区科学城大道 1 号
电话：0816-2158557
电邮：mail@sinomix.com.cn
网址：www.sino-st.com
单位介绍：绵阳世诺科技有限公司是一家专注于材料分散、均质、脱泡和在线连续脱泡装备的专业生产厂家。公司产品在基础工业材料制成领域应用极为广泛，为半导体行业、光电行业、胶黏剂行业、新能源行业、电子浆料行业、医疗医美等诸多领域材料的研发贡献着自己的力量，其各项性能、质量长期以来得到了国内外客户的一致好评，为我国的材料制成领域的高端智能装备和原材料的制备奠定了基础。
主营产品：行星式重力搅拌机、在线式连续消泡系统。

无锡市中银机械制造有限公司

地址：江苏省无锡江海西路金山北工业园 C 区 3-1 号
电话：0510-83736312
电邮：info@wxzy.net
网址：www.wxzy.net
单位介绍：无锡市中银机械制造有限公司是专业性混合搅拌设备制造公司，创立于 2003 年。代表性产品主要有：卧式螺带混合机、卧式犁刀干燥混合机、双螺旋锥形混合机、无重力双轴（桨叶）混合机、连续式螺带混合机，产品广泛运用于新能源材料、建筑材料、精细化工、磁材料、染料、生物制品、食品、农药、冶金、涂料、医药、颜料等几十个行业。无锡市中银机械制造有限公司从成立至今，依靠强大的技术力量和加工设备，出口额占据总额的 30%。并且自主研发出一种新型的主轴密封件，可达到 100% 的密封效果，使设备运转更加可靠、延长了使用寿命。
主营产品：卧式螺带混合机、卧式犁刀干燥混合机、双螺旋锥形混合机、无重力双轴（桨叶）混合机、连续式螺带混合机。

宏工科技股份有限公司

地址：东莞市桥头镇大洲社区桥常路（大洲段）429 号 B 栋
电话：400-800-7180
网址：www.ongoaltech.com
单位介绍：宏工科技股份有限公司，是一家专注于物料处理自动化的国家高新技术企业，为客户提供成套工程设计与交付、核心设备与配件、自动控制软件及技术服务。宏工具备完善的科研、设计、生产、销售、项目交付与软件开发服务体系，能够为客户提供物料处理自动化一站式解决方案，包括：解包投料、储存破拱、气力输送、计量配料、混合干燥、搅拌制浆、分散研磨、除尘清洁、成品包装、智能控制等，广泛应用于电池匀浆、电池材料、精细化工、食品医药、橡胶塑料等行业。
主营产品：双行星动力搅拌机、犁刀混合机、螺带混合机、棒销式砂磨机、气流磨。

无锡臣力粉体设备有限公司

地址：江苏省无锡市惠山区玉祁街道曙光工业园
电话：0510-83396003
电邮：zhaojingli@clftsb.com
网址：www.clftsb.com
单位介绍：无锡臣力粉体设备有限公司是一家专业生产微粉设备、球磨设备、混合设备、筛选设备、干燥设备等系列产品的公司。公司引进国外粉体设备的先进技术，开发和制造卧式砂磨机、搅拌球磨机、循环式搅拌球磨机、卧式球磨机、V 形混料机、混合机、压滤机、振动筛、对辊机、喷雾造粒塔等系列产品，广泛应用于电子陶瓷、结构陶瓷、磁性材料、荧光粉、发光粉、稀土抛光机、玻璃粉、电池、陶瓷电容器、氧化铝陶瓷、介质陶瓷、化工、油墨、油漆涂料、医药、食品生产领域等行业。产品销往全国各地，产品质量与性能均达到国内外先进水平，深受用户的欢迎和信赖。
主营产品：混合机、球磨机、粉碎机、筛分机、搅拌桶、干燥机等。

无锡市明海粉体机械设备厂

地址：江苏省无锡市惠山区前洲镇工业园万寿路 19 号
电话：0510-83386787
电邮：mhftjx@126.com
网址：www.yhftjx.com
单位介绍：无锡市明海粉体机械设备厂是一家专业生产微粉设备、球磨设备、混合设备、筛选设备、干燥设备等系列产品的生产商。产品广泛应用在太阳能 EVA 胶膜、钴酸锂、锰酸锂、磷酸铁锂、电子陶瓷、磁性材料、结构陶瓷、陶瓷电容器、氧化铝陶瓷、介质陶瓷、耐火材料、荧光粉、非金属矿产、磨料、化工、冶金、稀土磁性材料、催化剂、塑料、农药、医药、电池材料、金属粉末、颜料、涂料、粉煤灰、食品添加剂、冶金等各粉体行业等领域。可应用于高硬度物料（碳化硅、刚玉、石榴石、氧化锆、锆英砂、电气石），亦可应用于轻质物料——二氧化硅消光剂，还可应用于惰性气体保护下的物料（镁粉、铝粉、钕铁硼、钕铁氮等）。
主营产品：搅拌球磨机、循环式搅拌球磨机、搅拌磨、卧式球磨机、卧式搅拌球磨机、搅拌机、压滤机、V 形混料机、W 形双锥混合机、双螺旋锥形混合机、喷雾干燥机、振动筛、除尘设备等。

山东龙兴化工机械集团有限公司

地址：山东省莱州市沙河镇路旺龙王埠
电话：0535-2358838
电邮：426483500@qq.com
网址：www.2358838.com
单位介绍：山东龙兴化工机械集团有限公司是一家专业从事化工机械设备及压力容器研究、设计、制造、服务的大型实体集团企业，拥有 Ⅰ、Ⅱ、Ⅲ 类压力容器设计生产资质和锅炉生产资质。自创立以来主要致力于混合捏合机，干粉混合机，砂磨研磨机，搅拌分散机，搅拌反应釜，锅炉、压力容器等成套设备的设计与制造。经过四十余年的市场淬炼，山东龙兴集团已发展成为国内长江以北行业规模大、品种全、质量优的化工机械设备生产基地。

主营产品：干粉混合搅拌设备、液体砂磨研磨机、液体分散搅拌设备等。

深圳市思迈达智能设备有限公司

地址：广东省深圳市光明区公明街道将石路坪岗权炬工业园B栋12楼
电话：0755-27858540
电邮：smdcn01@smida.com.cn
网址：www.smida.com.cn
单位介绍：深圳市思迈达智能设备有限公司成立于2008年，是一家集自动化方案咨询、方案输出、研发、制造、销售及售后服务于一体的科技型企业。企业已取得商标总局颁发的中英文商标注册证书，并拥有自主进出口经营权。核心团队都来自业内，均有10多年的专业经验。企业愿景：坚持以精心设计、用心制造为原则，做合格的中国设备制造商，用优质产品和专业服务为客户创造价值，实现双方共赢；我们所做的一切，就是希望能够为客户提供持续的服务，实现长续经营。
主营产品：真空脱泡搅拌机、激光打标机、激光切割机等。

5.2.7 陶瓷研磨介质

5.2.7.1 氧化铝研磨球

广东佛山金刚企业集团

地址：广东省佛山市禅城区石湾榴苑路18号
电话：0757-82271190
电邮：zbzjb@fcri.com.cn
网址：www.fcri.com.cn
单位介绍：广东佛山金刚企业集团是一家覆盖新材料、检测服务、能源合同管理以及媒体传播、健康服务等领域的多元化集团公司。集团聚焦于高性能陶瓷新材料应用和产业化领域，以生产"金刚"牌系列高性能陶瓷产品闻名于业界。目前备受行业认可的产品及服务包括：氧化锆陶瓷辊棒及辊棒涂料、氧化铝球石/衬砖、碳化硅产品、多孔陶瓷、高性能磁性材料、节能产品及专业检测技术服务，分别应用在建陶、新能源、粉体加工、铸造、环保、半导体、通信及汽车等行业。金刚产品不仅在国内享有盛誉，同时广受国外客户青睐，产品出口到意大利、西班牙、土耳其、印度、印度尼西亚、泰国、越南等20多个国家和地区。
主营产品：氧化铝球石等。

长沙珲泰陶瓷科技有限公司

地址：湖南省长沙市芙蓉区湘湖街道车站北路230-1号经典名家公寓1B栋2823-2826号
电话：0731-89876104
电邮：marketing@chinafine-tech.com
网址：www.chinafine-tech.com
单位介绍：长沙珲泰陶瓷科技有限公司成立于2009年，系德国Furthertrading GmbH在中国的关联企业，在新材料行业耕耘超过三十年，致力于向全球客户提供优质的材料供应与技术方案。本着"为客户解决问题，为客户创造价值"的宗旨，积极投入研发，与国内外各大高校科研机构深度合作，成功引进并开发各类新技术和产品。引进欧洲先进工艺，自主生产的硅酸锆、氧化锆、氧化铝研磨与喷砂介质，建有严格的质量管理体系，引领国内行业技术发展，长期销往世界各地，同时推动了国内消费电子、航空航天、精密铸造等行业的金属表面处理工艺的进步。2012年公司展开与德国纳博特NABALTEC深度合作，并成为该公司在国内的代理商，致力于将高端工艺氧化铝粉带入中国市场，借助德国技术优势，帮助客户提供整体解决方案，其金属与非金属材料抛光、特种精密陶瓷、导热、耐火材料等工艺被国内客户广泛认可并应用。
主营产品：氧化铝球、99.99%氧化铝球、95%锆球、80%锆球、65%硅酸锆球。

金石科技集团

地址：山东省淄博市张店区湖光路28号
电话：0533-2302283
电邮：gemstone@gemstonegroup.cn
网址：www.gemstonegroup.cn
单位介绍：金石科技集团是一家集研发、生产、销售无机非金属材料制品及技术装备为一体的国家高新技术企业，致力于无机非金属材料领域的生产制造，产品涉及特种陶瓷研磨介质、高纯化工填料制品、活性氧化铝制品、矿业研磨技术、高温氧化铝耐火材料、氧化铝陶瓷耐磨板材、特种氧化铝粉体材料等七大系列，160多个品种，以其突出的高硬度、耐高温、耐腐蚀、高耐磨的优异性能被广泛应用到石油化工、金属矿业、建筑建材、日用陶瓷、军工产业、造纸、医药、新能源材料制备等领域。
主营产品：特种陶瓷研磨介质。

河源帝诺新材料有限公司

地址：广东省河源市东源县蝴蝶岭工业园汇通区1号
电话：0762-8810227、8810228
电邮：durabeads@aliyun.com
网址：www.durabeads.cn
单位介绍：河源帝诺新材料有限公司以雄厚的技术人才致力于先进陶瓷制品的开发和生产。主要的产品有氧化钇稳定氧化锆珠、氧化铈稳定氧化锆珠、铝复合氧化锆珠、硅酸锆珠（球）、氧化铝微晶球、氮化硅珠和碳化钨珠等高档研磨介质，以及高性能的陶瓷喷砂等。占地两万平方米的现代化工厂坐落在山清水秀的河源市东江河畔，创新的技术、自动化的生产设备和进取的黄金团队为用户专业提供稳定、耐磨的帝诺（Durabeads®）陶瓷研磨介质。
主营产品：微晶氧化铝珠、复合锆珠、复合氧化锆珠、硅酸锆珠。

第 5 章　陶瓷设备种类及企业分布

佛山市中徽工业材料有限公司

地址：广东省佛山市禅城区福宁路 213 号君宁大厦一座写字楼 2302-2303 室
电话：0757-83030748、83337863
电邮：sales1@amic.biz
网址：www.gmico.net
单位介绍：佛山市中徽工业材料有限公司供应各种氧化铝-刚玉材质、堇青石-莫来石材质、氧化铝-氧化锆材质的耐火材料、耐火制品和结构陶瓷产品，服务于陶瓷、玻璃、水泥、建材、冶金铸造、石化、电子电力、有色金属等行业。公司始终致力于提高和完善质量管理、品质控制和技术进步，努力建立科学高效的产品质量管理体系和研发创新机制，努力从单纯提供产品和服务的普通供应商，转型为提供材料和工艺技术整体解决方案的增值型供应商。公司致力建立完善的营销网络和技术服务支援体系，服务于全球超过 30 个国家和地区的客户，成为值得信赖的合作伙伴。
主营产品：氧化铝研磨球等。

广东鑫陶科技有限公司

地址：广东省珠海市横琴镇永兴二巷 6 号 301 单元
电话：020-84666846
电邮：info@xintaokeji.com
网址：www.xintaokeji.com
单位介绍：广东鑫陶科技有限公司创建于 2013 年，前身为珠海鑫陶科技有限公司，是鑫陶股份（股票代码 836481）下设子公司，注册资金 1000 万元，拥有雄厚的技术力量和各种先进生产设备及检测手段齐全的质量保证体系。主要生产经营各种生物填料、挂膜填料、散堆填料、分子筛、活性氧化铝、瓷球等环保材料产品。公司产品质量稳定可靠，在同行业中达到了先进水平，并且受到了用户的一致好评。我们还致力于技术革新和科研开发，并以客户的实际需要为方针，最大限度地优化产品的性能。公司已经与多家科研单位建立了长期的协作关系，拥有强大的技术支持的壁垒。
主营产品：高铝填料球、微晶刚玉研磨球、惰性氧化铝填料球、刚玉研磨球。

洛阳鹏飞耐磨材料股份有限公司

地址：河南省洛阳市汝阳县产业集聚区鹏飞路一号
电话：400-603-7995
电邮：lypf0379@126.com
网址：www.lypf.cn
单位介绍：洛阳鹏飞耐磨材料股份有限公司（原洛阳鹏飞耐磨材料有限公司）是"河南省高新技术企业""洛阳市明星企业"和市政府选定的"百家重点企业"。公司下设"耐磨陶瓷涂料分厂""金属陶瓷复合管道磨盘分厂""预热器纳米陶瓷内筒分厂""市级科研开发中心""河科大产学研创新基地""中原工学院研究生科研创新基地""洛阳鹏飞商务会馆""煤炭物资运销公司"。公司主要生产自主创新发明研制成功的专利产品"预热器纳米陶瓷内筒""三次风闸板""耐磨陶瓷涂料""各种金属陶瓷复合管道、构件、金属陶瓷复合磨盘和构件""各种碳化硅、氮化硅制品"和"各种高档耐火材料"。公司占地面积 300 亩，总资产六亿元人民币，总设计生产各种纳米陶瓷内筒、各种金属陶瓷管道、磨盘、构件 10000 吨，耐磨陶瓷涂料 6000 吨，高分子耐磨防腐管道构件 10000 吨，各种碳化硅、氮化硅制品 4000 吨，各种高档耐火材料 10000 吨。
主营产品：高耐磨微晶陶瓷球。

萍乡市众泰环保化工填料有限公司

地址：江西省萍乡市开发区工业园区
电话：0799-6760018
电邮：mail@pxzttl.com
网址：www.pxzttl.com
单位介绍：萍乡市众泰环保化工填料有限公司始建于 1989 年，前身为萍乡市下埠工业陶瓷填料厂，公司下设化工陶瓷填料厂、塑料填料厂、金属填料厂以及环保设备厂，是一家采用高新技术开发、推广及发展、生产、销售为一体的现代化高新产业科技企业。本公司具有悠久的生产历史、雄厚的技术力量和先进的生产工艺设备，可生产各种陶瓷、塑料、金属材质的化工填料、瓷球、分子筛、催化剂、环保滤料及各种化工塔内件等产品。公司生产的各种产品广泛用于石油、化工、化肥、焦化、冶炼、电力、硫酸、制药、环保等生产企业。公司所有产品质量由中国化工部非金属材料和设备质量监测中心检验认证。
主营产品：氧化铝研磨球、高铝研磨球等。

江西圣峰科技有限公司

地址：江西省萍乡市经济技术开发区硖石工业园
电话：0799-6662223
电邮：info@jxsftech.com
网址：www.jxsftech.com
单位介绍：江西圣峰科技有限公司（以下简称圣峰科技）位于江西萍乡经济开发区硖石工业园内，紧靠火车站，连接 320 国道，临近京珠高速和长沙黄花机场，交通物流便利。圣峰科技是化工填料、塔内件、瓷球载体等系列产品的设计、生产和销售公司，拥有完整、科学的质量管理体系。公司主营：环保技术开发、脱硫工程设计、化工成套设备（含填料和塔内件）等。
主导产品：化工填料、塔内件、瓷球、环保设备等。
主营产品：氧化铝惰性瓷球。

萍乡市金达莱化工填料有限公司

地址：江西省萍乡市安源区永新路 4-102 号
电邮：1715863228@qq.com
网址：www.jindalai752.com
单位介绍：萍乡市金达莱化工填料有限公司成立于 2010 年，主营"精填"牌陶瓷、塑料、金属等三大类材质的散堆填料和规整填料（孔板波纹填料与丝网波纹填料）、惰性氧化铝瓷球、开孔球、TP 板、分子筛、活性氧化铝、三相分离器波纹板、丝网除沫器等，以及各种规格的微孔陶瓷过滤砖板管、稀土滤料、

5.2 陶瓷粉体处理设备企业

陶粒滤料等环保过滤材料、催化剂、石化助剂、活性炭、三相分离器填料支撑、溢流孔板、填料压栅、入口分离组件、驼峰支撑板、槽式液体分布器、球拱、条梁等化工塔内件等。

主营产品：惰性氧化铝瓷球、高纯氧化锆瓷球、耐磨锆铝复合瓷球等。

萍乡市中天化工填料有限公司

地址：江西省萍乡市安源新区工业园
电话：0799-6679978
电邮：marketing@pxzt.com
网址：www.pxzt.com
单位介绍：萍乡市中天化工填料有限公司成立2006年3月，位于江西省萍乡市安源新区工业园，占地面积48.8亩，注册资金1亿元。主要生产经营石油化工和冶金工业用的各种材质填料，包括各种塔填料、瓷球、蜂窝陶瓷蓄热体、活性氧化铝、分子筛及环保过滤材料及设备等产品。公司通过了 ISO 9001 质量管理、ISO 14001 环境管理和 GB/T 45001—2020 职业健康安全管理体系，获中国绿色材料标志授权使用证书。公司自建立以来取得了高速发展，产品畅销国内外，包括美国、日本、韩国及东南亚等地区，同时还是中国石化、中国石油、中国海油及中国钢铁集团公司的一级供应商单位。与广大客户建立了良好的合作关系。

主营产品：研磨瓷球等。

萍乡市南翔化工填料有限责任公司

地址：江西省萍乡市经济开发区工业园西区
电话：18907994038
网址：www.pxnxtl.com
单位介绍：萍乡市南翔化工填料有限责任公司始建于1989年，前身为萍乡市下埠工业陶瓷填料厂，为进一步扩大生产规模，提高产品质量及技术含量，以适应不断发展的市场需求，现改为萍乡市南翔化工填料有限责任公司。公司下设化工陶瓷填料厂、塑料填料厂、金属填料厂以及环保设备厂，是一家采用高新技术开发、推广及发展、生产、销售为一体的现代化高新产业科技企业。本公司具有悠久的生产历史、雄厚的技术力量和生产工艺设备。可生产各种陶瓷、塑料、金属材质的化工填料、瓷球、分子筛、催化剂、环保滤料及各种化工塔内件等产品。公司生产的各种产品广泛用于石油、化工、化肥、焦化、冶炼、电力、硫酸、制药、环保等生产企业。

主营产品：氧化铝研磨球等。

江西鑫陶科技股份有限公司

地址：江西省萍乡市经济开发区新三板工业园尚贤西路12号
电邮：info@xt988.com
网址：www.xt988.com
单位介绍：江西鑫淘科技股份有限公司是国内较大的气体分离材料制造实业有限公司，创建于2002年。2015年公司完成股改，并于2016年2月成功在新三板挂牌。公司主要生产经营各种石油和化学工业用的催化剂和填料，包括分子筛、活性氧化铝、惰性氧化铝瓷球、陶瓷塑料和金属化工填料、蜂窝陶瓷、微孔过滤砖板管、催化剂、石化助剂、活性炭及环保过滤材料等产品。目前公司是中石化网络资源市场供应商，产品已广泛用于全国各地电力、石油化工、冶金、环保、制药、航空航天等行业，并远销海外140多个国家和地区。

主营产品：氧化铝研磨球等。

萍乡市睿泽新材料科技有限公司

地址：江西省萍乡市湘东区陶瓷产业聚集区
电话：18979992530
电邮：274261639@qq.com
网址：www.rich-sc.com
单位介绍：萍乡市睿泽新材料科技有限公司始建于2001年，前身为萍乡市鑫源化工填料有限公司。主要从事惰性瓷球、催化剂保护剂、催化剂载体、高质量塔填料、干燥吸附剂的设计与生产。经过长年与市场结合，巩固已有的产品生产结构。2008年公司又以全新的面貌迈入催化科技领域，主要生产提供纯碳化硅催化剂惰性载体、氧化铝催化剂载体、滑石瓷惰性载体。拥有众多的专业、技术支撑，一年可以生产惰性瓷球8000吨、散堆填料20000立方米、催化剂载体1000吨、干燥吸附剂6000吨。产品系列包括各种惰性瓷球、不同材质的散堆填料和规整填料、催化剂保护剂、纯碳化硅催化剂惰性载体、氧化铝性载体、滑石瓷惰性载体、干燥吸附剂等。主要用于石油化工、有机化工、精细化工、光伏、焦化、食品、医药、冶金采矿、水处理等领域。

主营产品：惰性氧化铝瓷球、高纯氧化铝瓷球/刚玉瓷球、开孔瓷球/瓷柱。

江西慧骅科技有限公司

地址：江西省萍乡市陶瓷产业园
电话：0799-6886563
电邮：18979961389@189.cn
网址：www.jxhuihua.com
单位介绍：江西慧骅科技有限公司成立于2007年，注册资金8288万元，占地面积30000平方米，固定资产达5000万元，系列工业陶瓷产品年生产能力达10000吨。主营产品为工业陶瓷、催化剂。公司依托中科院大连化物所、中国石油集团吉林设计院、萍乡学院等科研院所的技术支撑，建立了3个产、学、研研究平台。公司依托中石油设计院、中国科学院、萍乡学院等科研院所的技术支撑，主攻传统工业陶瓷向环保材料转型，在萍乡工业陶瓷产业基地起典范和领军作用，公司组建了江西省粉煤灰基环保催化材料工程技术研究中心省级科研平台，具备催化剂及工业陶瓷产品开发、设计、生产和安装一条龙服务的综合实力，可生产工业陶瓷（波纹填料、瓷球、开孔瓷球、瓷环、瓷砖、板、波纹填料）、金属、塑料质的各种填料及塔内件，以及分子筛（3A、4A、5A、13X系列产品）、活性氧化铝。

主营产品：高铝研磨瓷球。

江西省萍乡市天马工业陶瓷有限公司

地址：江西省萍乡市湘东区下埠（陶瓷集聚工业园内）

电话：0799-6357296
电邮：448612171@qq.com
网址：www.pxtmtc.com
单位介绍：江西省萍乡市天马工业陶瓷有限公司始建于1980年，几经体制改革和全厂干职员工几十年的共同努力，几经拓展扩建，现已在萍乡市陶瓷集聚园内形成了以工业陶瓷、化工填料（陶瓷、金属、塑料、环保滤料等产品）及防腐施工一体的工业企业。产品广泛应用于化工、冶炼、电力、石化、环保等各个领域，并具有良好的业绩和实力，曾多次得到用户满意产品的荣誉称号。
主营产品：研磨瓷球等。

嘉琪化工科技（上海）有限公司

地址：上海市中山北路1759号浦发广场D座2003室
电话：021-60900145
电邮：shjq.gm@vip.163.com
网址：www.shjq-tech.com
单位介绍：嘉琪化工科技（上海）有限公司主营业务为研发生产和销售耐火、陶瓷、抛磨、胶黏、阻燃、保温、线缆制品等铝系氧化物和氢氧化物系列粉体原材料产品（煅烧氧化铝氢氧化铝等）。公司环保水处理材料以及环保技术的咨询、耐火陶瓷制品其他粉体原料、大宗矿产品、有色金属、机械设备等业务也不断得到强化和增长。公司总部位于上海，在山东淄博设有生产研发中心和仓储物流中心，在江苏宜兴、广东佛山、福建泉州、中国台湾省台北设有销售办事处和现货库存，在日本、印度、伊朗、越南、泰国、巴基斯坦、马来西亚、印度尼西亚等国家建立了稳定的销售渠道，为客户提供品质稳定、性价比高的产品和专业的客制化服务。
主营产品：微晶耐磨氧化铝球等。

淄博金航晶体材料科技有限公司

地址：山东省淄博市博山区北岭工业园丁家山路1号
电话：0533-4280811
电邮：zbjinhang@163.com
网址：www.zbjinhang.com
单位介绍：淄博金航晶体材料科技有限公司成立于2008年，以氧化铝作为基础产品，致力于研发和生产高纯氧化铝系列：高纯度氧化铝粉体、高纯度氧化铝球精细先进材料，广泛地用于LED（发光二极管）蓝宝石晶体、航空航天、光学材料、超级陶瓷、高级耐火材料、催化剂载体等诸多高科技领域。公司拥有先进的设备和独特的技术，用于高纯氧化铝的生产、质量控制系统和测试系统完备，使得产品品质稳定可靠。简洁有效的管理模式主导着公司的健康运行，同时也不断地更新管理理念。这一切支撑着公司的良性发展和进步。公司秉承质量第一、信誉至上的发展理念，使产品已远销美国、欧洲、俄罗斯，韩国、中国台湾等二十多个国家和地区，并获得了国内外客户的一致肯定。
主营产品：高纯度氧化铝耐磨球等。

淄博赛纳新材料科技有限公司

地址：山东省淄博市淄川区罗村镇罗村

电话：0533-5678019
电邮：cuihong@zibosaina.com
网址：www.zibosaina.com
单位介绍：淄博赛纳新材料科技有限公司是一家专业从事工业陶瓷和精细结构陶瓷研发、制造和销售服务的高新技术企业。现有两条专业生产线，拥有等静压压机11台、四柱油压机10台、两条110米高温隧道窑、两台3500型喷雾造粒塔、10台15吨球磨机，2台60吨球磨机。生产过程中，根据质量要求严格控制每个工序的质量指标，以确保产品质量的稳定性。多年来，我们的产品主要出口到欧洲市场，现已建立起完善的质量控制体系，并已通过北京中大华远认证中心的ISO 9001质量管理体系认证。
主营产品：氧化铝研磨球等。

淄博齐佳耐磨陶瓷有限公司

地址：山东省淄博市淄川区西楼工业园
电话：13280673666
电邮：sdqjnmtc88@163.com
网址：www.sdnmtc.com
单位介绍：淄博齐佳耐磨陶瓷有限公司拥有较先进的陶瓷生产设备，并与多家专业院校建立长期科研合作关系，常年致力于耐磨陶瓷的技术开发、产品设计制造以及现场施工等，确保为用户提供较优质的耐磨材料及工程服务。公司主要生产氧化铝瓷球、微晶氧化铝研磨球、高纯氧化铝填料、氧化铝马赛克、氧化铝陶瓷件，水泥用微晶陶瓷球、氧化铝粉、复合陶瓷设备，并承接各类耐磨陶瓷工程施工、设计、技术咨询的创新型高新技术企业。
主营产品：微晶氧化铝研磨球、微晶高铝衬砖、氧化铝耐磨陶瓷片、耐磨马赛克等。

5.2.7.2 氧化锆研磨球

广州柏励司研磨介质有限公司

地址：广东省广州市番禺区南堤东路780号
电话：020-84603730、84604831、84600825
电邮：info@nanorbeads.com
网址：www.nanorbeads.com
单位介绍：自2001年以来，广州柏励司研磨介质有限公司专业为涂料（油漆、油墨、水墨和喷墨）、农药（悬浮剂和种衣剂）、化妆品、食品、电子浆料、电池材料（正负极、导电液和隔膜材料）、非金属矿（碳酸钙、高岭土、钛白粉、石英砂和硅酸锆等）和有色金属矿等用户提供优质的耐诺（Nanorbeads®）研磨介质。产品适合各种卧式、立式砂磨机（珠磨机）和球磨机，就用户的物料和工艺的不同而推选合适的珠子，确保对浆料、粉体作经济、高效和环保的分散和研磨。
主营产品：氧化锆珠、复合氧化锆珠、钇稳定的氧化锆珠、铈稳定的氧化锆珠、硅酸锆珠、锆铝复合珠等。

赣州科盈结构陶瓷有限公司

地址：江西省赣州市章贡区水东镇虔东大道289号

5.2 陶瓷粉体处理设备企业

电话：0797-8462000
电邮：pns@jxgqd.com
网址：www.kyceramics.cn
单位介绍：赣州科盈结构陶瓷有限公司创建于2006年，是一家专业从事结构陶瓷材料生产加工的高新技术企业。母公司赣州虔东稀土集团股份有限公司是一家集稀土基础材料、功能材料和稀土应用开发为一体的高新技术企业集团。公司现有稀土稳定增韧氧化锆粉料湿法生产线、结构陶瓷制品两条生产线。现有氧化锆粉料、研磨介质、氧化锆陶瓷结构件、氧化锆陶瓷钟表外观件、陶瓷餐刀及厨房工具等系列产品，具有高品质、高稳定性、耐磨性好、健康环保等优点，根据客户的要求，还可生产加工各种异型、彩色及高精度产品。
主营产品：氧化锆磨介等。

株洲市创锐高强陶瓷有限公司

地址：湖南省株洲市天元区海纳川工业园4号厂房
电话：18673681016
电邮：crac@crac-cn.com
网址：www.crac-cn.com
单位介绍：株洲市创锐高强陶瓷有限公司是一家专业研发与生产高性能陶瓷材料和制品的制造商。1997年，推出了氧化锆微珠，打破了国外在该领域的技术垄断。2006年公司正式成立，以"制造强国，质量强国"为初心，以"技术创新、技术引领、特色工艺、规模生产"为核心，继而先后成功独立研发并量产纳米级氧化锆微珠和氮化硅微珠、氧化锆陶瓷结构件、氮化硅陶瓷结构件、复合陶瓷构件、微米级精密陶瓷注射件等产品矩阵，其中陶瓷磨介系列产品，在解决锂电池材料、电子材料、医药制品、油漆油墨等研磨问题上有着无可比拟的优势。
主营产品：纳米氧化锆珠、高纯氧化锆微珠、超耐磨氮化硅微珠等。

上海汇平新能源有限公司

地址：上海市闵行区沪闵路6088号12层1-7室
电话：021-64186121
电邮：dulj@scmchem.com
网址：www.scmbattery.com
单位简介：上海汇平新能源有限公司成立于2016年，是汇平集团下属子公司，在中国的锂电池、镍氢电池、胶体铅酸电池、超级电容器、锂离子电容器、先进陶瓷等行业已经成为产品较为齐全的材料供应商。公司的客户包括了上述领域中国大部分企业，产品来自日本、美国、欧洲的知名化工巨头，产品竞争力处于行业领先地位。
主营产品：氧化锆珠、锆粉等。

株洲金陶高能材料有限公司

地址：湖南省株洲市天元区天易大道959号新马金谷C区4栋
电话：0731-28812788
网址：www.gozirco.com
单位介绍：株洲金陶高能材料有限公司是一家专业生产高性能陶瓷材料和制品的企业。公司以世界先进陶瓷技术和工艺为创新目标，采用先进的设备和检测仪器，严格控制产品品质。向国内提供氧化锆、陶瓷珠Y-Zr、A-Zr以及FZTA多种高强度、耐磨损、耐腐蚀、耐高温等锆类工程陶瓷零部件以及其他多功能陶瓷零部件和产品。
主营产品：氧化锆陶瓷微珠、金陶研磨升级锆珠等。

浙江金琨锆业有限公司

地址：浙江省杭州市钱塘区临江高新技术园区经六路1399号
电话：0571-82929108、82980388
电邮：infor@jkzro.com
网址：www.jkzro.com
单位介绍：浙江金琨锆业有限公司是专业生产氧化锆系列产品的高新技术企业。公司占地60余亩，拥有40000余平方米的厂房、3000余平方米研发中心、10000余平方米的办公空间。公司采用先进的湿化学水解工艺和水热法生产高纯、超细氧化锆粉体，年产量2000吨。通过严格的工艺控制和德国SiLi公司的技术支持，确保粉料的高品质。主要产品JK-3Y-ZN、JK-Y-DENTAL适用于干压成形、注塑成形、等静压成形、流延成形和挤出成形等多种成形方式。满足了手机背板、齿科陶瓷、光纤产业、陶瓷结构件等行业的不同需求。
主营产品：氧化锆珠。

萍乡柏田新材料有限公司

地址：江西省萍乡市经济开发区陶瓷工业园
电话：0799-6396268
电邮：info@ball-tec.com
网址：www.ball-tec.com
单位介绍：萍乡柏田新材料有限公司是由数名在日本和以色列陶企工作多年的技术专家和国内相关从业人员联合创办的集研发、生产和销售于一体的高新企业。占地面积100000平方米，专注于氧化锆、氧化铝微晶陶瓷研磨介质，结构件、生物齿科、固体燃料电池、3D（三维）打印等高纯氧化锆粉体。同时公司代理以色列进口雷米RIMAX锆珠，并与以色列陶瓷研究院保持长期的合作伙伴关系。从2000年开始，柏田公司就一直致力于众多高新行业的纳米超细解决方案。今日柏田专注于锆系列研磨介质、锆结构件、锆系列粉末，致力于给客户提供高品质、多选择的超细研磨解决方案。
主营产品：氧化锆珠、铈锆珠、增强锆珠、硅酸锆珠、高纯氧化铝微珠、氧化铝珠、氧化锆粉。

萍乡禾田新材料有限公司

地址：江西省萍乡市安源经济开发区西区纬二路
电话：0799-6612508
电邮：360301@pxhetian.com
网址：www.pxhetian.com
单位介绍：萍乡禾田新材料有限公司生产的氧化铝、氧化锆研磨介质以高密度、超耐磨损等特性得到了广大客户的信赖。非常适用于砂磨机、搅拌球磨机、滚动球磨机中对电子材料（如

第 5 章　陶瓷设备种类及企业分布

$BaTiO_3$、$BaCO_3$ 等)、磁性材料、油漆、油墨、涂料、釉料(硅酸锆)、医药、化妆品等的超细研磨及分散。
主营产品：氧化锆研磨介质、氧化铝研磨介质、陶瓷结构件等。

灯头及各类电器，具有耐高压、高温、绝缘、强度高、机械强度好等优良的电气性能。产品畅销于全国各地并远销国外。
主营产品：氧化锆/氧化铝陶瓷研磨介质、工业陶瓷配件等。

江西省叁鑫新材料有限公司

地址：江西省萍乡市安源区工园北路永坡南下 89 号
电话：19070858212
电邮：sale@sxceramics.cn
网址：www.sxceramics.cn
单位介绍：江西省叁鑫新材料有限公司是一家中美合资，并集工、贸、研于一体的高技术企业，成立于 2008 年，致力于研发与生产以氧化锆、氧化铝、硅酸锆为陶瓷研磨介质、喷丸、结构陶瓷、电子陶瓷、化工陶瓷、环保陶瓷等产品，应用于研磨、表面处理、石油化工、水处理、耐火材料、电子材料、军工等领域。2010 年被评为"2010（一届）中国江西具有投资价值科技企业 100 强"，2011 年被评为"江西省民营科技企业"，2012 年产品全面通过 ISO 9001：2008 质量管理体系认证，同时获得拥有多个自主知识产权。
主营产品：钇稳定氧化锆珠、铈稳定氧化锆珠、复合锆珠、硅酸锆珠、氧化锆珠、氧化铝研磨球、氧化铝球等。

苏州化联高新陶瓷材料有限公司

地址：江苏省苏州市吴中区光福工业园
电话：0512-66956085、66956086
电邮：kdmj@kdmj.com
网址：www.kdmj.com
单位介绍：苏州化联高新陶瓷材料有限公司是由苏州康达工业陶瓷材料有限公司与新加坡 CHEMCO INTERNATIONALPTE LTD 共同投资建立的一家开发生产各类陶瓷研磨介质的高科技企业。公司占地 18000 平方米，建筑面积近 12000 平方米，已通 ISO 9001 质量管理体系认证，拥有的生产规模、技术水平和研发能力在国内较高。公司自主开发生产的氧化锆、氧化铝和硅酸锆等陶瓷研磨介质工艺，性价比优越，拥有一批国内外知名客户，被广泛应用于国内外非矿（如高岭土、重质碳酸钙）、涂料、油漆、染料、电子陶瓷、钛白粉、油墨、喷丸、特种化工等行业。
主营产品：氧化锆珠、硅酸锆珠、锆铝复合珠等。

萍乡市吉力尔陶瓷有限公司

地址：江西省萍乡市安源区中山路 18 号
电话：0799-6831678
电邮：webmaster@jilir.com
网址：www.jilir.com
单位介绍：萍乡市吉力尔陶瓷有限公司是中国较早的研磨介质生产企业之一，始建于 1988 年，以生产氧化锆、氧化铝、氮化硅等精细陶瓷结构件为主。自 1989 年起自主研发并批量生产滑石瓷珠及氧化铝研磨珠。1994 年从美国引进氧化锆研磨介质生产线，成为国内较早生产制造氧化锆研磨介质的企业之一，并陆续自主研发生产了 JZM95、JZM80、JZM64、JZM30 等多种高性能、低磨耗研磨珠。目前，公司拥有员工 140 余人，其中技术人员 37 人，还聘请了多家高校及研究院所的专家学者作为技术顾问，拥有了较完善的产品研发、生产、销售体系。
主营产品：氧化锆珠、氧化锆球、硅酸锆珠、氧化铝珠、氧化锆结构件等。

山东盛太锆业资源有限公司

地址：山东省滨州市博兴县陈户镇纯梁工业园
电话：18265786871
电邮：mary@zrcenter.com
网址：www.zrcenter.com
单位介绍：山东盛太锆业资源有限公司成立于 2018 年 1 月，注册资金 1500 万元。专注从事锆产品新材料的研发、生产和销售，主要产品有氧化锆粉、硅酸锆粉、锆英粉、锆英砂、陶瓷结构件（氧化锆珠、硅酸锆珠、水滑片、锆铝复合珠等）等五大品类共 40 余种规格产品，被评为全国名优产品，市场占有率逐年增加，深受广大客户的好评。产品广泛应用于新能源电池、新材料、口腔义齿等生物医疗、军用防弹、不锈钢精密铸造、陶瓷色釉料、精铸涂料、研磨等领域。公司已经成为国内锆材料及制品专业制造商，为客户提供高品质的产品，赢得海内外客户的广泛赞誉。
主营产品：氧化锆珠、硅酸锆珠、氧化锆陶瓷结构件等。

无锡市耀恩科技有限公司

地址：江苏省宜兴市宜城街道南园村
电话：0510-87441183
电邮：sales@wxyaoen.com
网址：www.wxyaoen.com
单位介绍：无锡市耀恩科技有限公司自有专业生产线生产研磨微珠、电器陶瓷、纺织陶瓷、电子陶瓷、仪表陶瓷、机械陶瓷、工业陶瓷、瓷喷嘴、陶瓷点火头、蜂窝陶瓷、化工陶瓷、工程陶瓷、发热陶瓷、氧化锆陶瓷、氧化铝陶瓷、精密陶瓷、滑石瓷、高频瓷、瓷管、瓷棒、瓷杂件、99％瓷、95％瓷等各种陶瓷件产品，产品广泛应用于各种温控器陶瓷壳体、各种灯具

深圳市亿科研磨材料有限公司

地址：广东省深圳市宝安区宝源路渔业旧村一巷 4 号
电话：13923453720
电邮：2046948228@qq.com
单位介绍：深圳市亿科研磨材料有限公司是集研发、生产、销售为一体的高新技术型公司。本公司引进陶瓷生产设备，公司自主开发"熔融法"工艺生产氧化锆陶瓷微珠及陶瓷喷丸、陶瓷砂，以及用"烧结法""滴定成型法""等静压法"工艺生产氧化锆珠、硅酸锆珠、钇稳定锆珠、铈稳定锆球等研磨介质。另外，本公司具有独特的陶瓷件镜面精抛光技术，为提高我们产品的亮度、色泽、光洁度等各方面奠定了基础，使我们的产

品在这些方面能优于同类产品。亿科工艺、质量先进，被广泛应用于国内外航天工业、精密金属、汽车工业、油墨涂料、农用化学品、陶瓷材料、非金属矿、食品工业、纳米材料等行业。产品出口欧、美、东南亚等世界各地，赢得客户广泛认可。
主营产品：氧化锆球、氧化锆珠等。

广州天镒研磨材料有限公司

地址：广东省广州市花都区花山镇平西村南门125号
电话：13829777241
电邮：763861467@qq.com
单位介绍：广州天镒研磨材料有限公司是一家高新科技企业。为满足当前世界粉体研磨等工业配套领域不断发展的需求，本公司自成立之初便研制新型的锆系列产品。作为公司的长期产品战略，必须有较大的技术优势。在此理念引导下，公司积极引入世界前沿技术，并逐步建立了自己的产品研发团队，不断开发创新。公司当前开发并且应用成熟的产品是锆微珠系列-TZ95、TZ90、TZ80、TZ65。此系列产品已经在陶瓷、磁性材料、氧化硅、高岭土、碳酸钙、钛白粉、涂料、颜料、染料、油墨、造纸、医药、喷丸、采矿等多个特种化工及冶金行业获得广泛的应用。
主营产品：氧化锆珠、硅酸锆珠、铈稳定氧化锆珠。

深圳市九州研磨介质有限公司

地址：广东省深圳市宝安中心区兴华路南侧荣超滨海大厦A座620
电话：0755-23051183
电邮：bob@grindingbeads.com
网址：www.grindingbeads.com.cn
单位介绍：深圳市九州研磨介质有限公司总部坐落在陶都宜兴，工厂成立于1994年，占地66000平方米，建筑面积28000平方米，是国内最早生产研磨介质的企业之一。公司于2010年在深圳成立分公司，负责华南区市场业务，同时兼公司部分进出口及大陆地区贸易商业务。公司自主开发生产"熔融法"工艺氧化锆陶瓷微珠及喷丸，以及用"烧结法"工艺生产的氧化锆、氧化铝、硅酸锆等研磨介质。工艺先进，质量领先，被广泛应用于国内外非金属矿（如高岭土、重质碳酸钙）的湿法超细研磨以及涂料、油漆、油墨、钛白粉、电子材料、特种化工等行业。产品出口欧美、东南亚等世界各地，赢得广泛好评。
主营产品：氧化锆、氧化铝、硅酸锆等研磨介质。

5.2.7.3 其他研磨球研磨盘

吉林长玉特陶新材料技术股份有限公司

地址：吉林省长春市北湖科技开发区建丰街720号
电话：0431-86276888
电邮：sale@cyceramic.cn
网址：www.cyceramic.cn
单位介绍：吉林长玉特陶新材料技术股份有限公司创办于2017年，注册资金16600万元，属于股份制国有内资企业。公司主营可用作涂层或合成材料的高纯超细非氧化物陶瓷粉体、精密加工陶瓷工具及热管控陶瓷构件等新兴产业功能材料，瞄准精密加工、新能源和半导体等行业局部先进陶瓷国产化相对空白的市场，拥有授权专利20项。公司作为长春市"十四五"规划中无机非金属材料产业链的龙头企业之一，产品覆盖原材料及结构件、高速精密加工刀具、抗摩擦磨损关键陶瓷零部件、高热导陶瓷基板、热管控陶瓷零部件等。现已开发出碳化钛、碳化锆、碳氮化钛等七大品类陶瓷粉体、六大类近50种陶瓷刀具产品、多种氧化物基和氮化物基各类结构件及氮化铝和氮化硅基板等，正在逐步建成超细陶瓷粉体产品100吨、陶瓷零部件1000万件、陶瓷基板250万片的生产线。
主营产品：Ti（C，N）基金属陶瓷研磨球。

衡阳凯新特种材料科技有限公司

地址：湖南省衡阳市雁峰区工业大道46号
电话：0734-8237887
电邮：XiaoShouDept@hykaixin.com
网址：www.hykxtzcl.com
单位介绍：衡阳凯新特种材料科技有限公司成立于2013年，注册资本金5900多万元。通过10年的发展，已成为全国规模大并集研发、生产、销售于一体的可设计氮化硅复合特种材料高新技术企业、国家专精特新"小巨人"企业。公司具有完整的技术研发体系与成熟的现代化生产线，拥有独立的研发中心和完整的自主知识产权布局，是国内目前少有能够生产高纯氮化硅产品（纯度99%）的企业。公司现已具备氮化硅及其复合材料产品500吨/年的生产能力，产能规模全国位居前列，具备从精密小零件至大型结构件的全系产品加工能力。公司基于99%高纯配方，研制出高导热氮化硅基板材料、隔热透波氮化硅复合材料、高强绝缘氮化硅材料、高强耐磨氮化硅材料、高硬增韧氮化硅材料等系列产品，各项性能指标居国际前列，广泛应用于航空、光伏、芯片电子、精密轴承等行业。
主营产品：高强耐磨氮化硅磨介球等。

河南新源超硬材料有限公司

地址：河南省柘城县工业园区
电话：0370-7292688
电邮：xinyuan@xinyuan.co
网址：www.xinyuan.co
单位介绍：河南新源超硬材料有限公司成立于1992年，是一家集研究、开发和生产于一体的超硬材料及精密超硬工具的高新技术企业。公司拥有新源和新航两大主导品牌，是磨料磨具产品较为完善的制造商。主要产品有加工玻璃、陶瓷、岩板、刀具、合金、高速钢及光电等行业的各种金刚石和CBN砂轮及抛光钻铣工具。公司拥有多项发明专利和实用新型专利，并成立一家研磨材料及制品工程技术中心。新源采用先进的制造工艺，生产各种玻璃行业深加工工具。新航生产陶瓷结合剂和树脂结合剂砂轮，能够满足国内外客户的不同需求。依靠公司完善的生产链，新源超硬材料有限公司成为能够为客户提供从粗磨、半精磨、精磨及抛光等全面磨削方案的生产厂家。
主营产品：陶瓷结合剂金刚石磨盘、陶瓷结合剂研磨盘等。

山东双立磨具有限公司

地址：山东省淄博高新区卫固镇傅山工业园区（235 省道东 150 米）
电话：0533-3788339
电邮：sdshuangli@163.com
网址：www.sl1788.cn
单位介绍：山东双立磨具有限公司于 2014 年 6 月成立，2018 年 7 月完成与台湾嘉宝自然工业股份有限公司董事长许芳荣先生合资，成为台资合资企业。通过"十年磨一剑"专注高端磨具制造和技术自主研发，现已快速成长为国内重要的磨削应用技术服务商。公司注册品牌为"双立""卡宝"和"UMARG"，研发、生产、经营各种陶瓷、树脂、超硬磨具产品，年生产能力 3000 吨，产品广泛应用于航空航天、军工、汽车、钢铁等关键领域，服务风电齿轮、高端轴承、精密机械等智能制造环节。磨料包括：TG、SG 磨料、单晶刚玉（SA）、铬刚玉（PA）、棕刚玉（A）、白刚玉（WA）、微晶刚玉（MA）、黑碳化硅（C）、绿碳化硅（GC），以及多种混合磨料等等。63 米/秒以上高速砂轮、细粒度高硬度精磨砂轮、弧齿磨砂轮、强力珩齿砂轮、飞机叶片镍钛合金专用砂轮等专精特新产品系列性价比优异，可进一步实现对国际先进磨具产品的国产转化替代，为高端客户提供复杂应用场景下的个性化产品及磨削方案。
主营产品：各种陶瓷、树脂、超硬磨具产品等。

宁国市安泰油石有限责任公司

地址：安徽省宁国市山门南路 94 号
电话：0563-4180842
电邮：maillky@163.com
网址：www.antaiys.com
单位介绍：宁国市安泰油石有限责任公司主要开发生产各种超硬材料制品（含树脂结合剂、陶瓷结合剂、电镀结合剂、金属结合剂）、人造金刚石油石、CBN 油石（立方氮化硼）、珩磨头、珩磨杆、金刚石砂轮。公司拥有专业的技术力量、专业的生产设备或检测设备，可根据用户的不同要求研制开发各种具有特殊用途的油石。广泛用于硬质合金（钨钢）模具、轴承、汽车部件、压缩机部件、航空航天、陶瓷、高速工具钢、铁氧体（磁性）材料、PCD 刀具、玻璃、宝石、半导体等行业的磨削或切削。珩磨工具系列珩磨头及珩磨杆适用于国内外珩磨机厂家，广泛应用于汽车摩托车缸套、发动机、制冷压缩机、航空、液压、缝纫机配件、轴承、石英制品等行业的内孔珩磨加工，能够解决不同客户对不同产品的生产需求，并在广大客户中树立了良好的信誉。
主营产品：树脂立方氮化硼油石、立方氮化硼珩磨条等。

武汉美琪林新材料有限公司

地址：湖北省武汉市新洲区阳逻毛集街 21 号
电话：13886118027
电邮：305007373@qq.com
网址：www.meiqilin.cn
单位介绍：武汉美琪林新材料有限公司是一家专业从事粉体造粒、粉体改性、陶瓷及其他无机材料成型相关多种绿色环保工业助剂研发、生产和经销的企业，特别是公司特种陶瓷——无压烧结碳化硅碳化硼陶瓷质量好。公司尊崇务实、开拓、责任的企业精神，并以诚信、共赢、开创经营理念，创造良好的企业环境，以新的管理模式、较完善的技术、周到的服务、高品质的标准为生存根本，我们始终坚持用户至上，用心服务于客户，坚持用自己货真价实的产品与优异的服务去打动客户。
主营产品：碳化硅陶瓷球、碳化硼陶瓷球、氮化硅陶瓷球等。

5.3 陶瓷成型设备企业

5.3.1 干压成型机

江苏久压久智能设备制造有限公司

地址：江苏省常州市金坛区金城路 209 号
电话：13814795050
网址：www.jiuyajiu.cn
单位介绍：江苏久压久智能设备制造有限公司是目前全球规模较大的集研发、生产、销售、服务于一体的压片机企业。久压久旗下的"JYJ"压片机，业务遍及全球 20 多个国家和地区。公司成立至今，久压久压片机的产销量、市场占有率节节升高；久压久全球用户累积增加。公司拥有一支技术力量雄厚的设计和研发队伍，从事设备制造以及配套的模具加工。公司现有产品以单冲式压片机、液压式压片、热压机等为主。设备操作方便，稳定性高，自动化生产可实现一人多机、一模多压的操作模式，大大提高了生产效率。广泛应用于陶瓷粉干压、粉末冶金、磁性材料、化工粉末成型、电子、制药等行业，满足不同需求的客户。作为一家专注于压片机产品的大型机械制造商，至今已开发出包括模具、包装在内的 8 大类、100 个系列、200 多个品种规格的产品，能充分满足不同消费群体的各种需求；拥有几项技术专利，自主研发的各种大型压片、包装机、产品无黏粉、位移压片机等一系列高端产品在市场中有较高的占有率，打破了国外压片机巨头的技术垄断，一步步从"中国制造"走向"中国创造"，在国际舞台上赢得了越来越多的知名度。
主营产品：液压式压片机、花篮式压片机等。

天通智能装备有限公司

地址：浙江省海宁市海宁经济开发区双联路 129 号
电话：0573-80701223、80701268
电邮：tdgmt@tdgmt.com
网址：www.tdgmt.com
单位介绍：天通智能装备有限公司是天通股份（SH.600330）旗下装备产业的全资子公司，主要业务是粉体材料、晶体材料、显示材料三大行业专用设备的研发、制造、销售与服务。公司致力于智能化专用设备的技术研发和工艺服务，竭诚为粉体材料行业提供"成型—烧结—磨削"等成套专用设备，为晶体材料行业提供"生长—截断—滚圆—切片—倒角—磨抛—清洗—检测"等成套专用设备，为显示材料行业提供自动化成套专用

5.3 陶瓷成型设备企业

设备，同时提供污泥干化机等环境工程专用设备。
主营产品： 多系列粉末成型机、粉体烧结炉等。

南京六度自动化设备有限公司

地址： 江苏省南京市江北新区智能制造产业园智和园9号C16栋
电话： 025-57671936
电邮： nj6d@6dam.com
网址： www.6dam.com
单位介绍： 南京六度自动化设备有限公司成立于2013年，是一家集研发、制造、销售、服务于一体的国家级高新技术企业。公司一直致力于高端精密粉末成型装备及非标自动化设备的研发、制造、销售、服务。长期与多家国际企业相互合作，积累了大量的前沿技术。近年来先后开发了伺服直驱电动压机、全自动精密电动调整机械式压机、智能多关节机器人取排坯单元、多轴直线机械手取排坯单元、全自动影像定位高速烧结炉转盘机等智能产品。公司在未来几年内将逐步拓宽伺服直驱电动压机的产品范围，实现产品多元化、系列化，不断与更多的企业进行深度合作，为它们提供性价比更高的伺服直驱电动压机，让更多的企业能够轻松使用安全、高效、环保、节能的新一代智能成型设备。
主营产品： 伺服直驱电动压机。

深圳市鑫台铭智能装备股份有限公司

地址： 广东省深圳市坪地六联社区鹅公岭西路6-11、6-12号
电话： 0755-28365643、4006626500
电邮： xtm@sz-taiming.com
网址： www.sz-taiming.com
单位介绍： 深圳市鑫台铭智能装备股份有限公司是一家精密压装设备及智能化解决方案提供商，2008年公司成立至今，积累了丰富的经验，创新能力强，拥有雄厚的技术研发团队，在智能化压装和液压机械的产品技术方面一直处于国内先进地位。鑫台铭一直专注于智能压装装备领域，随着几年来大力发展与研发，开发出有自己的核心技术且在国内处于先进地位的产品：伺服压力机、伺服粉末成型机、气凝胶真空热压机、高压成型机、电感一体成型机、通用四轴、六轴工业机器人等标准及非标机械，并可配套模具，提供生产技术支持。产品广泛应用于氢电、电子、电器、电机、马达、汽配、压铸、热压整形、智能压装、科研单位等行业。
主营产品： 伺服粉末成型机等。

极米（宁波）智能设备有限公司

地址： 浙江省宁波市鄞州区潘火街道金谷北路228号
电话： 0574-88318615
电邮： xgimi@jw-mt.com
网址： www.jw-mt.com
单位介绍： 极米（宁波）智能设备有限公司是专门从事智能式粉末成型装备与干性粉料整线装备研发、设计、制造、应用销售及智能化系列集成的宁波高新技术企业。产品应用于磁性材料、粉末冶金、碳化硅及各类陶瓷、硬质合金、热压石墨等干性粉末。公司生产的XGIMI品牌全自动粉末成型压力机，是在充分吸收德国、日本和美国等行业先锋国家粉末成型技术的优缺点基础上，不断优化创新而成，部分核心技术已达到国际领先水平。其中伺服液压机还大量借鉴了机械式和全电式粉末成型机的优点，最终形成了相对科技智能、节能环保和高性价比的产品。先进的液压系统、电器配置造就节能的优良表现，大量使用进口配件形成的液压组合、人机界面数控系统、PLC编程、生产线计算机联网监控、整机工业设计等等成就了相对完善、结构坚固的产品特性。
主营产品： 伺服液压机、全电伺服成型机。

广东鑫信智能装备有限公司

地址： 广东省东莞市东坑镇凤大村横东路鑫信工业园
电话： 0769-85447747-888
电邮： clncy@clncy.com.cn
网址： www.cincy.com.cn
单位介绍： 广东鑫信智能装备有限公司成立于2005年6月，深耕粉末冶金模具及粉末成型压机领域十多年，公司以长远的战略规划，创造高性价比的产品，缔造一个行业的发展传奇。公司不断发展壮大，现有员工800余人。目前，广东鑫信智能装备有限公司是全球规模及实力较为雄厚的粉末冶金模具及粉末成型压机的生产制造商之一，产品广泛应用于粉末冶金、磁性材料、电感一体成型、精密陶瓷、5G滤波器、药业、碳刷、硬质合金、数控刀片、刀具、冷镦、紧固件、注射成型、冲压成型、新能源、氢能源、锂电池、半导体塑封、汽车零部件、3C等行业。公司的客户分布于全国各地，并出口日本、东南亚及欧美等国家或地区。
主营产品： CNC粉末成型压机、粉末成型旋转压机、粉末成型直立式压机、电感一体成型压机、半导体塑封设备、新能源锂电设备、方形磁芯多功能加工机、热压成型机等。

道尔斯特机械技术（上海）有限公司

地址： 上海市闵行区七莘路1839号2915&2916室
电话： 136 81633173
网址： www.dorst-technologies.com/zh
单位介绍： 道尔斯特技术有限公司（Dorst Technologies）是陶瓷和粉末冶金制品制造机器和设备的国际领先供应商。材料制备、加工成型以及自动化属于公司的专业领域。Dorst拥有有关各个工艺步骤的专业知识以及生产不同成品时的相互作用参数。Dorst智能系统解决方案便是数十年专注研发、与全世界客户密切合作的硕果。
主营产品： 轴向粉末压力机、精整压力机、等静压式粉末压力机、压铸设备、真空总成压力机、喷雾干燥机等。

德国柯美佳（KOMAGE）干粉压机有限公司

地址： 上海市东方路1881弄68号101室
电话： 13468620917
电邮： mailbox@giagon.com

网址：www.komage.de
单位简介：德国柯美佳（KOMAGE）于 1908 年在柏林成立，制造各种类型的粉末压制系统，如机械、伺服-液压、伺服电动和机械伺服液压，以及机械伺服-电动混合压力机。此外，德国柯美佳（KOMAGE）还配套提供自己的自动化取坯系统，这些系统是针对客户和产品需求而设计的。德国柯美佳（KOMAGE）液压压机的设计及其灵活性能精准满足各种产品要求。比如，可以实现填充高度达 400 毫米以上的碳化钨棒材的垂直压制；利用固定中模的优点，德国柯美佳（KOMAGE）的压机系统很容易实现多层填料系统；此外能实现粉末分离最小化，从而提高产品质量。
主营产品：机械压机、液压压机、静电压机、机械伺服-电动压机、伺服电动压机、自动化取坯系统等。

博罗县何氏模具制造有限公司

地址：广东省惠州市博罗县长宁镇广汕公路（罗浮国药东侧）
电话：18948221750
电邮：hermanwoo@qq.com
网址：www.hsmc88.com
单位介绍：博罗县何氏模具制造有限公司是一家集设计、研发、生产为一体的粉末冶金模具制造公司，所涉及的行业包括电子通信、汽车、航空等。何氏 24 年专业为"粉末制品厂商"定制粉末成型机，从 0.5～480 吨，从伺服粉末成型压机，到机械粉末成型压机，我们总能为有着不同需求的客户定制合适的粉末成型压机。何氏 HESHI 系列伺服粉末成型机专门用于压制粉末冶金坯件，广泛应用于硬质合金、电子陶瓷、电感磁芯、T-Core 电感、磁性材料、铁硅铝、玻璃、合金等粉末材料成型，尤其适用于超小、异形件、复杂、多台阶等精密制品粉末成型。同时，也适用于结构件为主的粉末冶金、机械零件的生产，以及精密陶瓷、电子陶瓷及硬质合成金制品的压制成型。
主营产品：伺服粉末成型机、机械粉末成型机、粉末冶金模具等。

常州金坛宝压机械制造有限公司

地址：江苏省常州市金坛区金城路 209 号-D 座
电话：0519-82821685
电邮：yapianji@163.com
网址：www.czbaoya.com
单位介绍：常州金坛宝压机械制造有限公司是目前全球规模较大的集研发、生产、销售、服务于一体的压片机企业，宝压机械旗下的"宝压"压片机的产销量、市场占有率节节升高，全球用户累计增加。公司现有产品以单冲式压片机、液压式压片、热压机等为主。设备操作方便，稳定性高，自动化生产可实现一人多机、一模多压的操作模式，大大提高了生产效率。广泛应用于陶瓷粉干压、粉末冶金、磁性材料、化工粉末成型、电子、制药等行业，真正意义上满足不同需求的客户。
主营产品：单冲式压片机、液压式压片、热压机等。

天津品创科技发展有限公司

地址：天津滨海高新区华苑产业区（环外）海泰发展二路 3 号 103
电话：022-87938642
电邮：963483141@qq.com
网址：www.tianjin17.com
单位介绍：天津品创科技发展有限公司是专业生产压片机和模具的厂家。产品广泛应用于催化、硅酸盐、粉末冶金、陶瓷、电池、超导、生化分析以及新材料制样研发等行业。此外本产品还可与傅立叶红外光谱、荧光光谱等测试仪器配套制样使用，可替代同类进口产品。
主营产品：手动粉末压片机、电动粉末压片机、粉末压片模具等。

扬州普锐斯成型装备有限公司

地址：江苏省扬州市高新技术产业开发区华钢路 1 号
电话：0514-87849888
电邮：yz@yadonpress.com
网址：www.yzprs.net
单位介绍：普锐斯成立于 2021 年，注册资本金 1500 万元。公司收购了原扬州锻压机床有限公司与日本 MIE 公司技术合作的粉末成型装备项目，接管了原扬锻公司粉末冶金装备事业部原班技术、生产、品质和管理团队，并在此基础上成立了新的独立法人企业——扬州普锐斯成型装备有限公司。普锐斯专注于粉末冶金成形、整形、关联装备及配套自动化系统的研究、开发、制造、销售与服务，致力于为客户提供专业咨询、全面规划、个性化设计、制造及后续提升的一站式服务。公司拥有 FSP、FPT、FPC、FSA、FSB、FSE 共 6 大系列，30 多种规格产品，远销欧洲、日本、巴西、印度、泰国、越南等国家和中国台湾地区，市场保有量逾千余台套，深得粉末冶金、陶瓷、硬质合金、磁性材料、电碳等行业客户的信赖和赞誉。
主营产品：粉末冶金成形机、粉末冶金整形机、关联自动化装备。

南京迈田智能科技有限公司

地址：江苏省南京市江宁区东善桥工业园开拓路 5 号
电话：13813087458
电邮：387815346@qq.com
网址：www.electricpress.com.cn
单位介绍：南京迈田智能科技有限公司（MAT）专注电动伺服压机，由在压机行业里工作多年的技术和团队所组成，致力于金属粉末、陶瓷粉末、粉末压制成型装备的研发和制造，公司电动伺服压机产品广泛服务于国内外汽车、家电、五金、电子、电气、通信、半导体等领域。
主营产品：电动伺服压机。

山东沃达重工机床有限公司

地址：山东省滕州市经济开发区郭河路 789 号
电话：0632-5157567
电邮：296494545@qq.com
网址：www.sdwdjc.com

5.3 陶瓷成型设备企业

单位介绍：山东沃达重工机床有限公司，始创于2015年，是一家专注于大中型液压机床设备研发、生产和服务的液压机械厂家，多年的自主研发与生产经验，打造了一支高素质的技术管理团队，并制定了一套完整的液压成型设备制造工艺流程，为客户制造出稳定、适用、环保的优质液压机产品。

主营产品：热压网箱浮球成型液压机、粉末成型液压机、三梁四柱液压机、框架式液压机、金属拉伸液压机、四梁四柱液压机、单柱液压机、龙门液压机等。

东莞木村机械有限公司

地址：广东省东莞市长安镇厦边社区S358省道1393-1号
电话：0769-85327473
电邮：mcjxzbh@163.com
网址：www.mucun668.com
单位介绍：东莞木村机械有限公司是专业从事粉末成型、生产为一体的技术团队而成立的新型企业，并且是中国压敏电子会员单位。产品广泛适用于电子产品：压敏、NTC、PTC、电容、芯片、热敏电阻、氧化铝、碳化硅、金属粉末、医药、食品、精密陶瓷镍锌系SMD、RH、EMI、电脑元件、锰锌系EP、EE、RE、EFD、变压器、高导磁率元件等各类电子元器件厂家。压制的产品形状包括方形、日字形、E字形、杯形、圆柱形等。

主营产品：旋转式粉末成型机、回转式成型机系列、回转式加工机系列、模具配件、MC自动化装载机、伺服旋转式粉末成型机。

南京东田精密机械有限公司

地址：江苏省南京市江宁开发区东善桥工业园开拓路5号
电话：025-85096266
电邮：opc@opcpress.com
网址：www.opcpress.com
单位介绍：南京东田精密机械有限公司是一家高科技民营企业，公司坐落在美丽的历史文化名城南京，占地面积5000平方米。公司专业研发、生发、销售机械式全自动粉末压机，承接国内、外粉末成型设备的维修、技术升级以及粉末成型技术咨询，模具、模架及相关自动化设备的研发、制造。公司可根据客户个性化需求，提供1～6轴自动化设备及相关技术解决方案，助力客户实现产业升级。公司在消化吸收美国、德国、日本等工业发达国家粉末成型技术的基础上，由熟知世界干粉成型技术工艺的研发团队，不断优化设计，研制开发出5种系列的产品，分别为OPC-A、OPC-B、OPC-G、OPC-J、OPC-M系列全自动粉末成型压机及配套设备，吨位为6～120吨。OPC系列压机广泛应用于粉末冶金、硬质合金、磁性材料、陶瓷材料、电碳及不锈钢制品等行业。

主营产品：全自动粉末成型压机。

南通国龙锻压设备有限公司

地址：江苏省如皋市白蒲镇
电话：0513-87891300
电邮：ntpress@163.com
网址：www.ntpress.cn
单位介绍：南通国龙锻压设备有限公司专业生产各种类型的液压机及其配套模具，以全自动粉末制品液压机、高性能磁性材料制品液压机、四柱万能液压机、单双动薄板冲压、拉伸液压机为主导产品，并可根据用户需要设计制造各种专用液压设备。产品结构形式多样：单柱、双柱、四柱、框架、卧式等，应用领域广泛，适用于：粉末、陶瓷、橡胶、磁材、金属、复合材料等的压力成型，设备功能齐全，从最简单的手动操作到全自动操作均可按需生产。

主营产品：粉末制品液压机等。

滕州市中合锻压机床有限公司

地址：山东省滕州市经济开发区郭河路789号
电话：13963280040
电邮：tzzhjx@163.com
网址：www.tzzhqb.com
单位介绍：滕州市中合锻压机床有限公司（原滕州中合机械厂）集产品研发、设计、制造、销售于一体。主要产品有：四柱液压机、四柱拉伸机、框架式液压机、单臂液压机、龙门液压机、复合材料模压机、坩埚匣钵成型液压机、锻压液压机、汽车配件液压机、牛羊砖成型液压机及各产品配套模具一站式服务的液压机生产厂家，服务于拉伸成型、钢板压型、热压成型、冷挤压成型、粉末成型、压装等领域。

主营产品：全自动液压陶瓷粉末成型机等。

淄博澳亨液压机械有限公司

地址：山东省淄博市淄川区昆仑工业园
电话：13325235393
网址：https://zbaoheng.1688.com
单位介绍：淄博澳亨液压机械有限公司成立于2006年，公司拥有液压、电气、机械和模具等高级专业科技人员，自主研发、设计和制造各种单柱、双柱、四柱液压机、框式液压机及专用液压机和生产线。澳亨机器涉及耐火材料、特种陶瓷、粉末成型、金属成型、碳素制品等领域。产品遍及国内各省市并远销韩国、墨西哥、印度尼西亚、伊朗等。公司致力于解决不同行业、不同产品的成型工艺，为客户量身定制不同类型的机器。公司崇尚质量至上的原则，对产品无论价值大小都做到精益求精。对产品零件、工艺路线等每个环节都能执行跟踪、监督和控制。

主营产品：高压全圆瓷球压机、等静压瓷球压机、耐火材料压机等。

南京东部精密机械有限公司

地址：江苏省南京江宁经济技术开发区水阁路长盛街3号
电话：025-68120265、52121655
电邮：xyc@chinaepm.com
网址：www.chinaepm.com
单位介绍：南京东部精密机械有限公司成立于1995年，是一家民营国家级高新技术企业，公司成立以来专注于粉末成型技术、成型设备、模架以及自动化系统的开发、研究、生产与销售，产品具有极高的技术含量和国内外市场竞争力。公司自成立以来，为磁性材料、电子及特种陶瓷、粉末冶金、硬质合金及电碳等行业提供了数千台高性能、高品质、能压制高档制品的机械式全自动干粉压机。在满足国内市场需求的基础上，公司一方面积极开拓国际市场，目前 EPM 的销售网络已遍布全球数十个国家和地区，并成功销往德国、美国、西班牙、意大利等发达国家的世界一流制品企业，并获得良好的信誉和评价；另一方面不断消化吸收欧洲发达国家高性能粉末成型技术和设备制造技术及设计理念，进一步开发出可替代进口的 15～100 吨电动伺服以及 150～2000 吨机液伺服全自动干粉压机，以满足国内日益增长的高端粉末冶金制品生产的需要。

主营产品：全自动干粉压机。

滕州市联运液压机械设备厂

地址：山东省滕州市西郊大彦开发区
电话：0632-5036798
电邮：lianyun-sd@163.com
网址：www.lianyun-sd.com
单位介绍：滕州市联运液压机械设备厂主要生产各种型号的液压机，包括四柱三梁液压机、四柱二梁液压机、龙门式液压机、单臂式液压机以及各种多功能液压冷铆机、液压刹车蹄/片投铆机、传动轴平衡校验机床、液压冷铆钳等系列产品。公司奉行"用户为先、质量为本"的宗旨，采用先进液压和电控操作系统，同时引进德国 FESTO 技术，广泛适用于剪切、加压、铆接、校直、弯曲拉伸、拆装、顶升、成型、起重等各种作业。
主营产品：150 吨粉末挤压成型液压机等。

山东威力重工机床有限公司

地址：山东省滕州市经济开发区春藤路 999 号
电话：18306370979
网址：www.sdwlzgjc.com
单位介绍：山东威力重工机床有限公司是集数控机床生产、销售及服务于一体的综合性企业。公司近几年来主导产品已形成：冲床系列、摇臂钻床系列、铣床系列、液压机系列、数控车床系列、剪板折弯机系列、加工中心系列等八大系列九十余种规格，产品以其性能稳定、质量可靠畅销全国，其中多项产品和技术填补了国内空白，达到了数控产品系列化和特色产品个性化的预期目标，在积极满足用户的个性化需求的同时，形成了自己的品牌优势。
主营产品：粉末成型液压机等。

广州创芯旗自动化控制设备有限公司

地址：广东省广州市南沙区榄核镇蔡新路 284 号 C 栋
电话：020-84929691
电邮：chengdajixiepanyu@163.com
网址：www.gzcxq.com
单位介绍：广州创芯旗自动化控制设备有限公司是一家专注于软磁铁氧体和陶瓷行业相关机器配套设备的研发、生产及销售于一体的创新科技型企业，公司以创造磁性材料行业机器设备标杆企业为愿景，向广大客户提供优质的机器设备、专业的服务。主要产品有：高精密粉末成型机、回转式粉末成型机、NR多功能加工机、DR 高速切割机、锰锌气隙研磨机、视觉智能外观选别机等非标设备。
主营产品：高精密粉末成型机。

东莞市宏康机械有限公司

地址：广东省东莞市长安镇新安横中路 8 号 3 栋 104 室
电话：0769-82256950
网址：www.dghkjx168.com
单位介绍：东莞市宏康机械有限公司成立于 2010 年，是一家集研发、生产、销售、服务于一体的机械设备制造商。宏康机械凭借自身资源优势与过硬技术团队，深入到机械、电子领域，从事高端粉末成型、工业自动化设备的研发与制造，产品以过硬的品质和贴心的服务，赢得客户的信赖与好评。
主营产品：伺服粉末成型机、伺服粉末成型机附件等。

南京法艾英精密机械有限公司

地址：江苏省南京市秦淮区常府街 29 号
电话：025-86640681
电邮：741421124@qq.com
网址：www.njfedwz.com
单位介绍：南京法艾英精密机械有限公司主要从事粉末成型设备及相关配套子设备的研制开发、生产制造及服务。公司主要从事各类压机、电动压机、等静压机、混料机、烧结炉及配套生产线的研制开发，同时承接定制业务、国内外压机的维修整改业务、自动化系统的开发配套及技术指导服务。公司可根据客户的个性化要求为客户提供技术改进与配套服务，亦可为客户进行相关设备开发的项目合作。
主营产品：全自动粉末压机。

扬州市海力精密机械制造有限公司

地址：江苏省扬州市西区盘古工业园区
电话：0514-83838366、0514-87782661
电邮：lcp@hailimachine.com
网址：www.hailijixie.com
单位介绍：扬州市海力精密机械制造有限公司是专业从事粉末成型机、精整机等粉末冶金专用装备研发的企业。公司通过与大专院校、科研机构、国内外行业资深专家及典型用户进行技术合作，系统开发了广泛用于粉末冶金、硬质合金、磁性材料、精密陶瓷和电碳等领域的多系列成型机和精整机，吨位从0.5～1000 吨。目前正在研发 CNC 闭环成型机的控制系统及智能程序生成系统。公司拥有国家重点新产品、省高新技术产品、重大装备产品 75 余个，拥有发明专利 23 项，实用新型专利 52 项。承担国家重点创新基金项目、国家重点新产品计划、国家火炬计划、省企业知识产权战略推进计划、省专利实施计划、江苏省重点研发计划等国家及省部级科技项目 7 项，参与行业

5.3 陶瓷成型设备企业

标准制修订多项。
主营产品：全自动粉末成型机。

河南黄河田中科美压力设备有限公司

地址：河南省长葛市人民路 200 号
电话：0374-6108629、0374-6108939
电邮：hh@hhcame.com
网址：www.hhcamemac.com
单位介绍：河南黄河田中科美压力设备有限公司成立于 2004 年，是河南黄河实业集团股份有限公司全资子公司，是国家高新技术企业，是集设计、研发、生产、销售为一体的制造厂家。公司拥有先进的研发中心和全面执行解决方案的专业团队，拥有发明、实用新型、软件著作专利等 30 余项。与全国多个著名高校、研究机构、分管经济与信息化工作的政府机关，建立了长期、有效、务实的合作关系。田中科美主导产品是锻造型六面顶压机、全自动锯片压机、全自动刀头压机等金刚石制品冷压设备，电阻片压机、石墨柱压机、磁性材料压机、触点制品压机、粉末冶金制片压机等粉末成型压力设备，同时具有多种形式模架的设计经验及关联设备的立体衔接、设计、制造、控制能力。产品畅销国内外，市场占有率 8% 以上，在消费者当中享有较高的地位，广泛出口到德国、美国、俄罗斯、韩国、印度、泰国、东南亚及南非等地，具有国际市场竞争力。
主营产品：陶瓷电子元件压机、全自动石墨柱成型压机、精整压机等。

南通富仕液压机床有限公司

地址：江苏省如皋市九华镇润华路 315 号
电话：0513-87575568
电邮：ntyj@ntyj.com
网址：www.ntyj.com
单位介绍：南通富仕液压机床有限公司创立于 2002 年 9 月，是专业研发、生产粉末制品自动成型液压机及模架的高新技术企业。产品主要应用于粉末冶金、磁性材料、电子陶瓷、摩擦材料、硬质合金、复合材料、金刚石等行业，多年的潜心耕耘，现已发展成为加工与检测手段完善、产品系列齐全、研发队伍专业、服务团队优秀的行业标杆。公司产品在业内率先推广使用变频伺服智能驱动控制单元，独立研发并全系列采用多轴泵控、阀控 CNC 闭环系统，产品的迭代开发应用，为客户创造了良好效益、有力推动了下游行业的技术进步。公司拥有多项粉末压机发明专利、数十项实用新型专利，在公司设有南通市粉末成型装备工程研究中心。
主营产品：干粉自动成型液压机等。

上海斯高蕊机械设备有限公司

地址：上海市奉贤区奉城镇东湖路 28 号
电话：021-57175548、021-57175108
网址：www.sh-sigaorui.com
单位介绍：上海斯高蕊机械设备有限公司是致力于研发和专业制造高精度、全自动机械式粉末成型、精整设备的高科技企业。在消化吸收欧美、德国、日本等工业发达国家的先进性的基础上，与中国台湾技术企业合资，系统开发了中模固定式及中模浮动式成型机。有两种不同类型的吨位：一是中模固定式成型机，即 0.5 吨、4 吨、8 吨、20 吨、35 吨、50 吨、90 吨；二是中模浮动式成型机，即 8 吨、10 吨、16 吨、20 吨、40 吨、60 吨、80 吨、100 吨、150 吨、250 吨、500 吨。设备结构采用高强力铸钢一体成型，具有刚性好、不易变形、噪声低、工件加工尺寸稳定、产品密度均匀等优点。适用行业为铜基、铁基、稀土强磁、氧化铁系、陶瓷、碳素、不锈钢、碳化钨及其他高科技电子产业粉末冶金制品与特殊精密零件等领域。
主营产品：高精度、全自动机械式粉末成型、精整设备。

扬州市博之特粉末压机有限公司

地址：江苏省扬州市仪征市八桥工业区 11 号
电话：0514-82089099
电邮：pojto@pojto.com
网址：www.pojto.com
单位介绍：扬州市博之特粉末压机有限公司是专业研发、生产、销售自动化粉末冶金机械式精密成型机和粉末冶金辅助设备的技术型企业。产品包括 0.5~100 吨的粉末冶金成型机（部分机种可实现两次送粉）、碳刷成型机、工业陶瓷成型机、磁性材料成型机、一体成型电感粉末压机、精整设备、粉末冶金温压设备等。成型设备广泛应用于粉末冶金、硬质合金、碳刷、陶瓷、电子等行业。公司研发、制造的部分精密成型设备填补了我国在这一领域的空白，成为中国该领域最大的制造商之一。制造的系列机械式成型设备具有操作界面简单、性能稳定、高效率、体积小、易维护等优点，并不断整合业界顶尖技术，推进人才化战略，推出核心技术更高的精密成型设备，推动粉末冶金生产行业全面升级。
主营产品：数控高效精密粉末成形机等。

无锡市前洲名家机械有限公司

地址：江苏省无锡市惠山区前洲街道龙潭路 10 号
电话：0510-83391158、0510-83391779
电邮：mj@wxmingjia.cn
网址：www.wxmingjia.cn
单位介绍：无锡市前洲名家机械有限公司是一家集粉末成型压机设计、制造、销售、服务为一体的专业生产企业，创建于 2009 年，占地面积约 2 万平方米，现有固定资产 5000 多万元，配备了一整套设计、生产、加工、装配及检测设备，拥有各类精加工设备 30 多台。公司汇集了粉末成型、机械设计领域的人才，目前已成为我国干粉压机制造企业之一。公司实力雄厚、精英云集、具备强大的技术研发和制造能力。名家机械的产品门类齐全，现有七大系列 30 多个型号的产品。公司系列产品不仅畅销全国各地，并远销美国、德国、俄罗斯、巴西、埃及、韩国、越南、巴基斯坦和印度等国家。产品广泛应用于粉末冶金、硬质合金、磁性材料、电碳、电子及特种陶瓷等领域。
主营产品：单冲式、旋转式、液压式全自动粉末压机。

第5章 陶瓷设备种类及企业分布

无锡丰瑞液压机械科技有限公司

地址：江苏省无锡胡埭镇龙腾路8号
电话：0510-85595109
电邮：672445316@qq.com
网址：www.wuxifengrui.com
单位介绍：无锡丰瑞液压机械科技有限公司专业从事大吨位液压机的生产制造，及液压系统、液压站、液压油缸的设计生产，有多年制造和维修的经验。公司专业技术力量较雄厚，拥有开发、测绘、制造各种液压机及液压系统、液压缸的能力和设备条件，较完善的检测手段和较先进的加工工艺，产品性能可靠稳定。多年来为陶瓷、换热器、五金、橡塑、冶金、建筑、金属结构件、矿山、铸造、工程运输、轻工机械等行业提供了可靠的产品和服务，深受广大用户的信赖与支持。
主营产品：陶瓷液压机等。

南通力友液压机制造有限公司

地址：江苏省南通市白蒲镇G15高速白蒲出口东1千米
电话：0513-87885088
电邮：13813644602@163.com
网址：www.ntlyhp.com
单位介绍：南通力友液压机制造有限公司是高科技企业，专业从事各种类型液压机，以及配套模架、模具研究、生产。公司分别与苏州大学、长春汽车研究所、四川华川工业有限公司、上海汽车粉末冶金有限公司等多家高校和知名公司合作生产多种类型液压机，获得用户的一致好评。我公司以粉末制品液压机、高性能稀土永磁液压机、四柱液压机、单双动薄板冲压拉伸液压机、内高压成型液压机以及各类专机为主导产品，根据用户需要设计制造各种专业液压设备。产品结构形式多样：单柱、双柱、四柱、框架、卧式等。吨位在3～3000吨。应用领域广泛，适用于粉末、陶瓷、橡胶、磁材、金属、复合材料等的压力成型。
主营产品：全自动粉末制品液压机等。

常州金坛立森机械有限公司

地址：江苏省常州市金坛金胜东路16-6号
电话：0519-82897378
电邮：jtlisen@163.com
网址：www.jtlisen.com
单位介绍：常州金坛立森机械有限公司是专业生产压片机的规模制造公司。企业规模、产品档次以及市场研发等方面都有飞速发展，目前已成为国内主要的压片机产品研制、生产企业之一。公司主要生产机械式压片机和液压式压片机，拥有100多个品种的各类液压压片机和机械式压片机。产品广泛用于化工粉末、粉末冶金、磁性材料、电子及特种陶瓷、硬质合金及电碳等。公司先后为国内多家单位设计并生产数条生产线装备。产品销往全国20多个省、自治区、直辖市，深受国内外客户的广泛好评。
主营产品：陶瓷压片机等。

郑州市鑫源液压机械有限公司

地址：河南省巩义市河洛路中段
电话：0371-64319672
电邮：417634836@qq.com
网址：www.xinyuanyeya.com
单位介绍：郑州市鑫源液压机械有限公司是一家以生产大、中、小型系列压块机，及金属屑压块机、海绵铁压块机、粉末冶金成型机、耐火砖机、铁屑压块机、铝屑压块机等为主，集研发、生产、销售于一体的股份制企业。公司生产的"鑫源"XY32系列（40～630吨）自动粉末成型液压机，主要适用以结构件为主的粉末冶金、机械零件的生产，同时也适用于精密陶瓷、电子陶瓷及硬质合成金制品的压制成型。
主营产品：自动粉末成型液压机等。

天津市科器高新技术有限公司

地址：天津市南开区冶金路49甲1号（冶金路与海洋道交口）
电话：13752048084
电邮：596862262@qq.com
网址：www.kqgx.com
单位介绍：天津市科器高新技术有限公司是天津市高新技术产业园区认证的高新技术企业，拥有一支实力较雄厚的科研队伍，主要从事高新技术产品的研发和生产。我公司的代表性产品有769YP系列手动、DY系列电动及ZYP系列自动粉末压片机、DJY系列等静压机、ZDM系列振动磨、MJ系列模具及HW系列红外附件。我公司生产的压片机采用较优质密封件及钢材，不掉压、不漏油，广泛用于电池、超导、水泥、陶瓷、催化、硅酸盐、粉末冶金、海泥分析、生化分析以及新材料制样研发等行业。此外，本产品还可与钙铁红外、X荧光等测试仪器配套制样使用，可替代同类进口产品。
主营产品：手动、电动、自动粉末压片机。

宁波汇众粉末机械制造有限公司

地址：浙江省宁波市镇海澥浦广源工业区
电话：0574-86503882
电邮：manager@nbhz.com.cn
网址：www.nbhz.com.cn
单位介绍：宁波汇众粉末机械制造有限公司创建于2001年，专业研制生产高精度、高效率、高强度粉末成形机和机械式整形机，公司致力于为客户提供专业的咨询、全面规划、个性化设计、制造及后续提升的一站式服务。公司建有浙江省高新技术企业研发中心，技术力量雄厚，装备精良，检测设备先进。公司率先成功研制了FY140型机械式粉末成形机，并继续开发了粉末成形机FY15-FY900、机械式整形机ZY25-FZ800等十多种规格的产品。公司拥有发明专利31项，两次荣膺国家重点新产品，两次列入火炬计划项目，国家高新技术企业，粉末冶金行业标准《粉末冶金机械式压机技术条件》起草单位，产品远销中国台湾、泰国、欧洲等国家和地区，深受客户的青睐。
主营产品：中小型粉末成型机、大型粉末成型机、超大型粉末成型机、FZ 系列粉末整形机等。

湖南竣工百年机械有限公司

地址：湖南省娄底市新化县高新技术产业园向红工业园循环产业园 A4 栋
电话：13607381557
电邮：13607381557@139.com
单位介绍：湖南竣工百年机械有限公司成立于 2019 年，坐落于中国先进陶瓷之乡新化，是一家集自主研发、生产、销售、服务于一体的精密机械设备制造商。致力于智能化专用设备的技术研发和工艺服务，竭诚为粉体材料行业提供"成型—烧结—磨削"等配套的专用自动化设备。多年专注钻研先进陶瓷、粉末冶金、硬质合金、磁性材料等行业的制造痛点与行业趋势，推出新款 BN 系列高精密粉末成型电动伺服压机，压机压制吨位最大可达 200 吨，压制结构全电最多可做到上三下六，帮助客户在效率和价格之间实现精妙的平衡。研发设计制造的机器所生产之产品是军工、航天、手机、汽车、电脑、家电及电子设备等领域的核心元器件。竣工百年坚定不移地走高精密、高品质路线，为客户高效稳定生产提供有力保障，全面地实现企业价值与客户价值的共同成长。
主营产品：高精密粉末成型电动伺服压机。

常州双兰液压机械有限公司

地址：江苏省常州市武进区雪堰镇雪城路 178 号
电话：13646177072
电邮：780134105@qq.com
单位介绍：常州双兰液压机械有限公司生产以液压配套的各类液压机械，能为客户提供最新的设计理念，以及生产线遇到的各种解决方案，从供料、成型、成品脱模到输出的一系列设计及制造。
主营产品：全自动粉末成型液压机。

鹤壁市鹤山区鑫隆机械厂

地址：河南省鹤壁市山城区山城路北段
电话：0392-2677110
电邮：taoci666@163.com
网址：www.taoci2008.cn
单位介绍：本厂前身为鹤壁市陶瓷设备厂，1968 年由电子工业部收编，更名为鹤壁市无线电专用设备厂。1998 年市国有企业改制，更名为鹤壁市鹤山区鑫隆机械厂。以生产陶瓷机械设备和无线电元件设备为主。厂内具有先进的科研力量、雄厚的经济实力和规范的管理制度，在长期的工作实践中，注重吸收专家和用户的宝贵意见，充分学习、跟踪、分析相关技术的发展趋势，采用最新的设计理念和技术，结合实际需要，自主创新。产品配套，技术先进，质量可靠，性能稳定，外观精美。
主营产品：蜂窝陶瓷挤出机、真空练泥机、真空陶瓷挤管机、蜂窝陶瓷模具和陶瓷制品、热压铸机和真空搅拌热压铸机、真空搅拌机和实验混捏锅。

鹤壁市山城区中博陶瓷机械厂

地址：河南省鹤壁市山城区汤河街 271 号
电话：0392-2677110
电邮：taoci666@163.com
网址：taocijixie.com
单位介绍：本厂前身为鹤壁市陶瓷设备厂，1968 年由电子工业部收编，更名为鹤壁市无线电专用设备厂。2008 年国有企业破产重组，注册为鹤壁市山城区中博陶瓷机械厂。以生产陶瓷机械设备和无线电元件设备为主。厂内具有先进的科研力量、雄厚的经济实力和规范的管理制度，在长期的工作实践中，注重吸收专家和用户的宝贵意见，充分学习、跟踪、分析相关技术的发展趋势，采用先进的设计理念和技术，结合实际需要，实现自主创新。产品配套，技术先进，质量可靠，性能稳定，外观精美。我厂在研制生产过程中，以规范的设计、严格的管理、精良的制造、细致的检测，使每件产品得到用户的满意。
主营产品：热压铸机（真空搅拌热压铸机）、真空搅拌机、真空练泥机蜂窝陶瓷液压挤出机（挤管机）、蜂窝陶瓷模具和陶瓷制品、聚氨酯球磨机粉煤灰加气砌块生产线成套设备与技术、干粉砂浆混合成套设备、真空陶瓷挤管机（真空练泥挤出机）、实验室混捏锅。

5.3.2 冷等/温等静压成型机

中航工业四川航空工业川西机器有限责任公司

地址：四川省雅安市经济开发区园区大道 186 号
电话：0835-2632210
电邮：chuanxi@avic.com
单位介绍：中航工业四川航空工业川西机器有限责任公司，隶属于中国航空工业集团公司，属军品、民品结合型企业，科研、生产并重，是具有机、电、液、热表、工艺装备等多门类综合生产能力的国家大二型企业，中国等静压装备科研生产基地。目前，公司建有较完善的等静压装备生产线、电器装配生产线、某发射装置生产线、防弹头盔生产线。先后获得了 16 项国家专利，并编制了国家等静压行业产品标准。
主营产品：冷等静压机、温等静压机、热等静压机。

LOOMIS 设备制造公司

地址：上海市江宁路 838 号芙蓉大厦 5 楼 D2 室
电话：021-54911126
电邮：13501918242@vip.sina.com
网址：www.loomisproducts.com
单位介绍：LOOMIS 设备制造公司，一个多世纪以来一直处于高压成型应用的前沿，赢得了行业领先地位。作为不断发展的行业领导者，LOOMIS 设备制造公司为等静压机和挤压机的创新树立了标杆。公司致力于这些技术的发展，赢得了卓越的声誉，我们将继续推动尖端设备的发展。
主营产品：干袋/湿袋等静压机、活塞/柱塞挤压机。

第5章 陶瓷设备种类及企业分布

成都东谷精工机械有限公司

地址：四川省成都市龙泉驿区星光东路68号
电话：15828171518
网址：www.dgjgjx.com
单位介绍：成都东谷精工机械有限公司是依托高端航天技术、专业从事智能干袋式冷等静压技术研发及装备制造的企业。公司成立于2006年，独家拥有行业多项技术，聚集行业内优秀技术人才，成功解决了粉体干袋成型过程中的效率低、材料利用率低、精度低等多项技术难题。公司研发的大尺寸干袋压机、多种智能干袋成型生产线、压坯整形机、压坯切割机、自动计量装料机等自动化装备，采用智能控制系统，加工精度高、效率高、材料利用率高。凭借领先的技术、过硬的质量、高效的服务，公司赢得了硬质合金、粉末冶金、各类陶瓷、石墨、磁性材料等行业广大朋友的信任与赞誉。
主营产品：微型棒管自动干袋压机、陶瓷智能双缸干袋线、异型件智能干袋压机等。

广东迈驰机械有限公司

地址：广东省恩平市米仓一路8号
电话：0750-7370988
电邮：much6188@163.com
网址：www.much-cn.com
单位介绍：广东迈驰机械有限公司是一家以设计制造单向液压机、双向液压机、冷等静压机、干袋式等静压机等非标液压、超高压设备为主的企业，多年来结合企业的需要，迈驰机械研发了多个领域的上百种专用设备，主要服务于特种陶瓷、耐火材料、硬质合金、石墨碳素等行业。迈驰机械目前拥有YS系列10~400吨四柱式双向特种陶瓷液压机、YSN系列50~400吨四柱式双向耐火材料液压机、YK系列600~3200吨框架式双向耐火材料液压机、JC系列20~400吨液压陶瓷挤出成形机、LDJ系列100~1500mm缸径冷等静压机，广泛应用于瓷球、衬砖、耐磨陶瓷、耐酸陶瓷、陶瓷辊棒、陶瓷手机背板、陶瓷防弹板、锂电池匣钵及耐火材料等制品的生产。
主营产品：立式冷等静压机、卧式冷等静压机、干袋式冷等静压机、双向特种陶瓷液压机、陶瓷液压挤出成型机、双向耐火材料液压机以及其他特种液压设备、超高压液压设备等。

山西金开源实业有限公司

地址：山西省太原市尖草坪区阳曲镇广立机械加工工业园11号
电话：0351-5268841
电邮：nina@sxkyyc-cip.com
网址：www.sxkyyc-cip.com
单位介绍：本公司成立于1996年，其前身山西开源永磁公司于1988年研制并生产了中国第一台烧结钕铁硼专用磁场压机以及第一台钕铁硼专用等静压机。此后我们专注于等静压粉体成型装备的设计、制造与服务。发展到今天，山西金开源（SXKYYC）已成为国内重要的等静压粉体成型解决方案的提供者，是山西省正式授牌的高新技术企业，拥有省级中小企业技术中心，累计获得国家发明专利及实用新型专利数十项，在超高压增压装置、超高压密封、超高压精益控制等方面均拥有自己的核心技术和知识产权。同时我们也建立了完善的生产管理信息化体系，从技术工人到管理人员的内训和外部培训体系，拥有生产等静压设备所需的机械加工、材料检测、金属管路内窥等全部设备和仪器仪表。
主营产品：U系列试验型一体式冷/温等静压机、S系列小型冷等静压机、C系列中小型冷等静压机、M系列大中型冷等静压机、G系列干袋式等静压机、配套装置、深海环境模拟实验舱。

成都君遂科技有限公司

地址：四川省成都市龙泉驿区星光东路68号
电话：028-83470958
电邮：774026827@qq.com
单位介绍：君遂科技是国内首家专业研制干袋冷等静压成型设备的高新技术品牌，拥有多项干袋冷等静压机专利证书，为粉末冶金、陶瓷、碳素、磁性材料等行业提供粉末压制成型设备。君遂科技持续完成了干袋冷等静压机、大口径干袋压机、超长管棒料干袋压机、超高压干袋压机等系列产品的研制生产，其设备长时间连续运行安全稳定、工艺先进、好用耐用，真正实现高效环保压制出高品质的管材、棒材及球材等产品，广受客户赞誉。君遂科技拥有丰富的干袋式冷等静压机研发生产技术及经验，为用户提供完整的工厂自动化生产线的定制开发，也为客户提供进口干袋式冷等静压机技术升级维护等技术服务。
主营产品：经典型干袋冷等静压机、增强型干袋冷等静压机、全自动干袋冷等静压机、卧式干袋冷等静压机、自动装料器等。

厦门曦华新材料科技有限公司

地址：福建省厦门市海沧区霞阳路8号
电话：0592-6360316
电邮：xihua@xihuakeji.cn
网址：www.xihuakeji.cn
单位介绍：厦门曦华新材料科技有限公司是一家专业从事机械设备的技术研发、生产、销售和服务的高新技术型公司。凭着较先进的技术和经验，在粉末冶金、碳化钨、陶瓷材料、超硬材料、碳素材料、磁性材料加工设备中处于较高地位。公司目前研发生产的干模型冷等静压机及碳素材料新型制造工艺技术推向市场以来，深受国内外客户的青睐与好评，已为国内外多家公司解决生产效率问题并为其产品品质提供保障。
主营产品：干袋冷等静压机。本设备可广泛应用于高温耐火材料、陶瓷、硬质合金、稀土永磁、稀有金属粉末、电子材料等板材产品的成型。

江苏海得实科技有限公司

地址：江苏省镇江市丹徒区辛丰工业园
电话：15905285887
电邮：cip@highindustryco.com
网址：www.highindustryco.com
单位介绍：江苏海得实科技有限公司专业研发生产高性能冷等

5.3 陶瓷成型设备企业

静压弹性体模具。公司主营产品为聚氨酯等静压模具和冷等静压机，在国内各行各业中广泛应用，并出口到多个国家和地区，以品质和服务广受客户好评。公司多年来一直致力于高性能弹性体模具的研发和生产，为等静压用户解决弹性模具的各类设计、制作等问题。公司具备成熟的生产加工工艺及配套齐全的模具弹性体分析实验设备，以保障产品抗冲击、抗磨损、切割、耐撕裂及尺寸稳定性。其产品广泛应用于磁性材料、陶瓷、硬质合金、高温耐火材料、稀土永磁、碳素材料、稀有金属粉末等行业。

主营产品：等静压模具、等静压设备等。

太原忠睿合科技有限公司

地址：山西省太原市西矿街143号科大世纪花园6-1-601
电话：13834227356
电邮：xu-jia-fa@163.com
网址：www.tyzrh.com
单位介绍：太原忠睿合科技有限公司是一家专业从事超高压设备研究、开发、制造的专业厂商。数年来我们主要开发了冷等静压机、温等静压机、干袋式等静压机三大系列产品，其专业技术人员和生产管理人员都有着较长期从事本专业研究和实践的经历。
主营产品：冷等静压机、温等静压机、干袋式等静压机三大系列。

北京最时科技发展有限公司

地址：北京市海淀区长春桥路11号万柳亿城中心C2座302室
电话：010-58816806
电邮：info@zsqspring.com
网址：www.zsqspring.com
单位介绍：北京最时科技发展有限公司专业代理国际先进的热加工工艺技术和产品，涉及热处理、焊接、铸造、检测等专业。
主营产品：热等静压机、温等静压机、冷等静压机、深海采油模拟器等。

太原市衡力科技有限公司

地址：山西省太原市杏花岭区胜利东街53号4幢5号
电话：0351-3950065
电邮：616057350@qq.com
单位介绍：太原市衡力科技有限公司是从事超高压设备及粉末成形材料设备研究、开发和销售的高新技术型企业。生产的等静压机在本领域已获得多项专利，深受客户的一致好评。
主营产品：冷等静压机、温等静压机、干袋式等静压机、大型超高压等静压机、全自动等静压机等系列产品。

德阳科菲特液压设备有限责任公司

地址：四川省德阳市旌阳区岷江西路一段256号B栋1-28-1号
电话：0838-2209586
电邮：scdykft@163.com
单位介绍：德阳科菲特液压设备有限责任公司是等静压机、冷等静压机、热等静压机、温等静压机、干袋式等静压机、气氛压力烧结炉、等静压机备件、等静压机成型模具、等静压技术咨询、等静压机维修等产品专业生产加工的公司，拥有较完整、科学的质量管理体系。
主营产品：等静压机、冷等静压机。其性能优良，生产周期短，应用范围广。

德阳龙海翔机电设备有限公司

地址：四川省德阳市旌阳区黄许镇双原村1组
电话：0838-2821261
电邮：dylhxcip@163.com
网址：www.dylhx.cn
单位介绍：德阳龙海翔机电设备有限公司是一家从事等静压机技术和设备的开发、设计、搬迁、维修、改造、服务等工作的企业，至今已为国内陶瓷材料、耐火材料、粉末冶金材料、石墨碳素材料、磁性材料、晶体材料等行业和科研院所提供各型等静压机改造、维修、搬迁、备件供应200多台（套），获得广泛信任和赞誉。
主营产品：冷等静压机、温等静压机、干袋等静压机，设计、制造、改造与维修服务。

四川佰瑞隆机械设备有限公司

地址：四川省成都市青白江同济大道816号
电话：028-83603086
电邮：scbrl@scbrl.cn
网址：www.scbrl.cn
单位介绍：四川佰瑞隆机械设备有限公司专业从事等静压设备和等静压工艺技术，是一家集开发、设计、制造、服务为一体的技术企业。2005年开始从事冷等静压机设备的研制，经过不懈的努力，已具备设计和制造最大直径达2500mm，最高工作压力达600MPa的能力；独立开发了全程比例式卸压、高压减压阀等多项专利技术，满足了不断创新发展的等静压工艺技术要求，极大提高了制品的合格率；对高压密封结构、水介质密封结构的不断创新，大大降低设备的维修和故障率，满足了高频率和连续性生产的要求。
主营产品：冷等静压机设计、制造、维修、改造。

德阳西海等静压设备制造有限公司

地址：四川省德阳市岷山路三段46号
电话：13990221930
电邮：zgspx@163.com
网址：www.scxhdjy.com
单位介绍：德阳西海等静压设备制造有限公司为实现公司专注、专业，打造品牌，与每一位客户真诚合作的愿景，将等静压机业务完全独立设立。公司是国家高新技术企业、德阳市机械制造同业商会会长单位、德阳高端装备制造行业协会常务副会长单位。公司占地面积50000m^2，拥有机加、金结、锻造、热处理4个专业分厂，具有强大的制造能力、技术能力、经济实力。

依托德阳重装基地的非标生产能力和设备、技术、人才优势，于 2008 年引进与开发了等静压机业务。等静压机广泛应用于核工业、航天工业、军工、粉末冶金、工业陶瓷、耐火材料、石墨碳素、磁性材料、人工晶体、食品保鲜、制药等行业。公司从事等静压机开发、设计和制造达 10 余年，拥有专业的开发、设计、制造和技术售后服务队伍，用户广泛分布在全国各地。

主营产品：冷等静压机、温等静压机、热等静压机、干式冷等静压机、油压机。

四川力能超高压设备有限公司

地址：四川省成都经济技术开发区（龙泉驿区）南五路 666 号
电话：028-84685053
电邮：372955278@qq.com
网址：www.sclineng.cn
单位介绍：四川力能超高压设备有限公司是一家专业从事超高波压成套机械的开发、设计、制造、销售、组装、维修维护的生产制造型企业。公司于 2018 年通过 ISO 质量体系认证。目前公司设计生产的工作缸直径从 80～2150mm，压力从 50～100MPa 系列冷等静压机和温等静压机超高压食品等静压机、大型油压压机、螺栓拉伸机（含核用）、超高压分离式波压千斤顶及波压扳手、超高压板材成型压机、四柱压机及其他液压设备等。已取得多项国家发明专利，2018 年公司研制成功 120MPa，内径 500mm 的大缸径水浴式温等静压机，并交付客户投入使用，解决了客户较大氢燃料电池陶瓷催化板的制备难题。2019 年为客户研制成功冷/温两用等静压机；2020 年研制成功 200MPa 的水浴式温等静压机，并获得国内大型 MLCC 生产企业风华高科的认可，作为层压机的进口替代设备；2021 年为客户研制生产大缸径 600mm 的温等静压机，解决了手机背板成型的技术需求。2021 年 12 月，公司研制的水浴式温等静压机被工信部列入滤波器、MLCC 行业生产环节中的关键设备目录，这也是国产温等静压机的开创之举。

主营产品：冷等静压机、温等静压机。

合肥汉廷新材料科技有限公司

地址：安徽省合肥市肥西县上派镇方岗村向北 100 米
电话：0551-68342907
电邮：1354939906@qq.com
网址：www.hfhtxcl.com
单位介绍：合肥汉廷新材料科技有限公司是一家专业生产粉末成型设备的高新技术企业，坐落于合肥，交通便利，配套较完善。产品主要有干袋式冷等静压机、干袋式压机、冷压机等粉末冶金设备。公司集研发、销售、生产和服务于一体，依赖于一线技术专家顾问团队和国内行业技术人才，拥有自主开发设计能力，经过长时间的研制，目前已拥有国内较为先进的第三代干袋式等静压机结构和技术并可以为客户提供全自动化方案，产品一经推出，热销北京、山西、江苏、浙江、广东、重庆、四川、内蒙古、江西等全国磁性材料和陶瓷生产基地。设备主要应用于硬质合金工业陶瓷、耐火材料、磁性材料、石墨等粉末成型领域。

主营产品：干袋式冷等静压机、干袋式压机、冷压机等粉末冶金设备。

太原市东龙机械有限公司

地址：山西省太原市杏花岭区中涧河乡谷旦工业园北区
电话：0351-3376664
电邮：113703606@qq.com
单位介绍：太原市东龙机械有限公司是专业从事等静压机研发和制造的高新科技型企业。十五年来的发展造就了一支高素质的技工和工程技术人员队伍。并通过了 ISO 9001 质量管理体系认证，具备了一整套严格的质量监测及企业管理体系，精良的产品加工质量得到业界和用户的一致好评。并荣获 CHC 全国高科技质量监督促进工作委员会、中国质量监督管理委员会、中国质量品牌促进会、中国企业信誉测评中心、中国质量诚信企业协会、中国品牌价值评估中心颁发的"中国著名品牌"暨"AAA＋级质量信誉资质单位""全国质量诚信 AAA 级品牌企业""全国服务质量无投诉满意首选品牌"荣誉证书和铜牌。2010 年又荣获《中国质量万里行》"全国产品质量、服务质量用户反馈满意品牌"证书。

主营产品：干袋式冷等静压机、冷等静压机、温等静压机、冷萃取机。

太原市中平科技有限公司

地址：山西省太原市杏花岭区不锈钢工业园区
电话：0351-7225868
电邮：sxndfeb@163.com
网址：www.sxzpkj.cn
单位介绍：太原市中平科技有限公司从 1989 年开始从事冷等静压机、温等静压机、冷温两用等静压机、自动磁场压机、氢碎设备、充磁机、超高压发生器、超高压海鲜脱壳、超高压截止阀、超高压泄压阀等超高压阀的研究开发制造，以较强的研发力量为后盾，调用大量人力财力资源进行新产品的研发。

主营产品：冷等静压机、温等静压机、干袋式冷等静压机、微型等静压机、等静压模具、温水等静压机、模拟深海压力装置、磁场压机、配套设施与构件等。

成都赢得实科技有限公司

地址：四川省成都经济开发区车城西二路 288 号
电话：028-62048018
电邮：cdydssuyangchun@163.com
网址：cdyds.com.cn
单位介绍：成都赢得实科技有限公司位于成都经济开发区（龙泉驿区），是国内专业研发设计生产 CIP 柔性模具及 DIP 柔性模具的高新技术企业。粉末冶金等静压成型行业，提供等静压压制成型的解决方案及技术服务。公司主营业务产品为湿袋冷等静压模具和干袋冷等静模具、等静压机密封水袋、等静压包袋、等静压胶套、等静压机易损配件、工位工装设计及国内外等静压设备故障维修和改造升级。公司产品在国内外粉末冶金等静压成型行业中广泛应用，并与国内多家高校、科研单位、

5.3 陶瓷成型设备企业

军工及行业新材料龙头企业都有深度合作及供应商关系。是粉末冶金等静压成型行业供应链中等静压模具的优质供应商。并出口到全世界多个国家和地区，专业的团队和多年的行业经验，以优异的品质和良好的服务广受客户好评。

主营产品：粉末冶金成型聚氨酯模具及设备。

山西鸿燧机械设备股份有限公司

地址：山西省太原市尖草坪区向阳镇向阳村（金山电镀厂院内）
电话：0351-3931592
电邮：1120936427@qq.com
网址：www.tyshljxsb.com

单位介绍：山西鸿燧机械设备股份有限公司目前一共取得17项实用新型专利及1项发明专利；执行ISO 9001质量管理体系运营；2015年至今，连续三次荣获国家高新技术企业称号；2023年荣获专精特新企业称号，通过两化融合管理体系评定。

主营产品：冷等静压机、温等静压机、干袋式等静压机。

上海思恩装备科技股份有限公司

地址：上海市松江区三浜路9弄100号
电话：021-58104933
电邮：sunjing@ssntech.com
网址：www.ssntech.com

单位介绍：上海思恩装备科技股份有限公司是国家认可的高新技术企业，专业制造基于SEMI标准，具有国际CE认证，而且是制造与国际先进水平同步的基片湿处理系统及相关零部件的企业。我们拥有中国和美国专利，并能为中国市场上制造与国外高科技同步的湿处理清洗设备而感到自豪。SNA生产的设备包括全自动/手动基片湿处理系统、单/多晶硅、太阳能电池片湿处理设备、异丙醇取干系统（IPA专利设备）、化学供液系统、零部件清洗系统等。我们企业文化是BEST！（更合理的价格，更优质的服务，更出众的品质，全方位的湿处理方案）。

主营产品：用于HTCC\LTCC\MLCC的温等静压机、叠层机、冲腔机、陶瓷零件清洗设备等。

5.3.3 注射成型机

宁波海天塑机集团有限公司

地址：浙江省宁波市北仑区小港海天路1688号
电话：0574-86188888
电邮：haitian@mail.haitian.com
网址：www.haitian.com

单位介绍：宁波海天塑机集团有限公司是海天国际的子公司之一。海天塑机集团一直处于世界同行业较高地位。公司产品定位清晰，针对急速增长的通用化塑料制品生产领域，积极调整生产布局，通过加强产品加工标准化，采用相应的装配流程，不断提高自身的生产效率。

主营产品：螺杆式注塑机、塑料机械产品及其配件等。

广东顺德诺恩工业技术有限公司

地址：广东省佛山市顺德区大良五沙工业园顺意南路北
电话：0757-22281671
电邮：18038702402@163.com
网址：www.sdnuoen.com

单位介绍：广东顺德诺恩工业技术有限公司成立于精密机械之都"顺德"，是一家集专业研发、生产、销售为一体的精密高速专用注塑机的工业技术有限公司，有二十年的行业经验积累。在MIM领域有一整套解决方案和拥有丰富资源及技术。可根据产品特性或客户要求进行跟踪服务，所研发、生产、销售的MIM、CIM等各专用系列注塑机广泛应用于该专用领域；本公司所销售的节能型高速系列注塑机是融合二十多年精密注塑技术开发的全新力作，机器采用原装进口高响应节能泵、高精密电脑控制器、全新优化的快速注塑机构设计；以节能、高效率、精密、操作方便等特点获得行业高度评价。本公司拥有自主研发团队，着力为客户提供在特定领域的注塑成型解决方案，力求为客户做到"私人订制"。

主营产品：注射成型机。

广东泓利机器有限公司

地址：广东省佛山市顺德区伦教工业区兴业北路17号
电话：0757-27722988
电邮：only@cn-only.com
网址：www.cn-only.com

单位介绍：广东泓利机器有限公司自1994年成立以来一直从事精密、高精密全液压注塑机的专业化生产与研究。产品核心技术获中国、美国、德国、英国、日本等多国发明专利。产品曾列入国家火炬计划国家重点新产品，广东省科技攻关等国家、省部项目。2001年起与国家军工企业、MIM科研院校联合开发出MIM全液压四缸锁模专用注塑机。随着MIM的发展，公司持续投入技术研发，秉承"从高从严，追求优良品质；倾心尽力，提供优质服务"经营理念，不断提升售前、售中、售后服务，保持ONLY品牌专用注塑机在MIM及CIM较高的市场占有率。

主营产品：C系列标准注射成型机、粉末冶金MIM\CIM全液压专用注塑机、H系列医用塑料制品注射成型机、PET瓶坯注射成型机、E系列精密注射成型机、Y系列电液混合注塑机、高速精密注射成型机、混双色注射成型机、清双色注塑机、VCD/CD光盘注射成型机。

广州一道注塑机械股份有限公司

地址：广东省广州市高新技术产业开发区神舟路19号
电话：020-86571294
电邮：ws@unique-pet.com
网址：www.unique-pet.cn

单位介绍：作为"广东省新型PET成型装备工程研究中心"，国内首家并处于国际领先水平的PET瓶坯注塑系统解决方案提供商，中国PET瓶坯标准（DBL440100/T 12-2009）起草单位,广州一道业务遍及三十多个国家和地区,为客户提供一整套专业注塑成型系统解决方案与个性化定制服务。广州一道先后成功研发出包括 UPET、UE-PET、UPACK、UCAP 等诸多系列在内的新一代注塑系统。

主营产品:注塑机。

深圳市德润机械有限公司

地址:广东省深圳市龙华新区观澜街道福前路 438 号汇隆智造空间 B301

电话:0755-84659591

电邮:liuyuhong@szderun.com

网址:www.szderun.com

单位介绍:深圳市德润机械有限公司成立于 2005 年,是亚洲专业的立式注塑机、特殊成型注塑机生产制造企业之一。公司成立目的是为客户提供注塑成型综合解决方案,以客人所需为己任,为此公司有如下的生产流程:倾听需求—工程部研究开发—产品测试—交付客人(包括对客人的使用培训)—长期跟踪服务。公司拥有以本科生为主的工程研发、大中专生为生产技术骨干的团队,与华南理工大学、新聚合物国家研究中心合作,使德润机械具有持久的创新能力、高技术含量的生产力,从而为注塑行业提供一系列高科技、高精密、高速度的立式成型注塑机。如两站圆盘注塑机、高射速注塑机、多色多物料注塑机、陶瓷粉末注塑机、金属粉末注塑机等。

主营产品:金属粉末注射成型机、陶瓷粉末注射成型机、精密立式注塑机等等。

广东省正茂精机有限公司

地址:广东省东莞市横沥镇山厦工业区

电话:0769-89182111

电邮:bmsales@bloomachine.com

网址:www.bloomachine.com

单位介绍:广东正茂精机有限公司是集研发、生产与销售于一体的内循环二板直压式注塑机专业制造商。独立研发成功了内循环二板直压式合模结构,是单缸一线式注射结构国内应用成功的企业;新一代二板直压式注塑机锁模结构在精密、洁净、节省、效益等方面取得了重大突破。

主营产品:BM-H 系列高速精密注塑机、BM-M 系列-粉末冶金专用注塑机、BM-L 系列光学器件精密注塑机等。

佛山市顺德区震德塑料机械有限公司

地址:广东省佛山市顺德区大良红岗工业区

电话:0757-22338790

电邮:chenweijuan@chenhsong.com

网址:www.chende.com

单位介绍:震德塑料机械有限公司位于广东省佛山市顺德区,成立于 1986 年,目前为中国香港震雄集团独资企业,是中国注塑机行业较具规模的注塑机生产基地之一。震德公司目前占地面积 13 万多平方米,拥有超亿元固定资产和精良设备,现有员工 1000 多人。震德作为中国注塑机行业的制造商之一,年生产规模达到 24000 单位台,向用户提供注射量 44～62845 克各型中英文电脑全自动精密注塑机,并根据客户需要提供个性化的产品,得到了社会各界广大用户的充分肯定和大力支持。为了满足震德公司高速发展的需要,公司新注册成立震德精密机械有限公司,厂址在顺德大良凤翔工业区,于 2011 年已全部投入使用。

主营产品:捷霸第二代伺服驱动大型注塑机系列、易霸第二代伺服驱动注塑机系列、超霸全电动注塑机系列等。

新化县竣工特种陶瓷设备有限公司

地址:湖南省娄底市新化县上渡开发区

电话:0738-3211866

电邮:xinhuajungong@163.com

网址:www.jungongtaoci.com

单位介绍:新化县竣工特种陶瓷设备有限公司坐落于新化古城。公司正式注册成立于 2016 年,是一家专注于研发、生产销售特种陶瓷热压铸成型设备的技术型公司。经过几年的努力发展,公司团队不断完善,在技术上取得了多项突破性的成果,并开发出了多款自动热压铸成型机,可满足不同用户的不同需求。公司坚持技术营销与行业营销,坚持为细分行业提供装备+工艺的定制化解决方案及进口替代的经营策略,实现企业价值与客户价值共同成长。随着陶瓷材料在电子烟领域的应用越来越广,比如有陶瓷烟嘴、陶瓷连接器、陶瓷雾化芯、陶瓷发热片等,陶瓷件已然是电子烟内部的核心部件之一。公司基于对陶瓷自动热压铸成型工艺多年的经验积累,专门针对电子烟领域的陶瓷件坯体成型工序开发出了一系列的专用成型设备,主要有丝印厚膜工艺的坯体成型机、带发热丝的坯体成型机、烟嘴和连接器的坯体成型机及非标定制等。

主营产品:小型单工位自动热压成型机 JS01-1、增压式自动热压注浆成型机 JLZ01、卧式自动热压注浆成型机 JW01、双工位自动热压注浆成型机 JS01、JL01 通用型全自动热压铸机。

日制钢机械商贸(上海)有限公司

地址:上海市长宁区娄山关路 555 号 301-304 室

电话:021-52067031

网址:www.jsw-china.com

单位介绍:JSW 日本制钢所,自 1907 年创业以来,秉持以"制造产品"和"创造价值"为主旨,利用自身先进技术为社会作出贡献。日制钢机械商贸(上海)有限公司为其在中国的销售和售后服务点,主营包括挤出造粒、薄膜、注塑成型等综合树脂机械,以及 FPD、半导体相关设备,服务于汽车、医疗、家电、生活等各个领域。

主营产品:注射成型设备、挤出造粒设备、薄膜设备、FPD 相关设备。

深圳市兴荣精密机械有限公司

地址:广东省深圳市福田区深南中路 3027 号嘉汇新城汇商中心 2922-2925

5.3 陶瓷成型设备企业

电话：0755-25337871
电邮：liulh@nhpsz.com
网址：www.nhpsz.com
单位介绍：深圳市兴荣精密机械有限公司是一家集贸易、生产于一体的专业性注塑行业技术支持服务型企业。本公司专业代理经营日本东洋TOYO、日钢JSW及沙迪克Sodick进口品牌精密注塑机、线切割、电火花、3D金属打印设备。主要有电动卧式机（2T-3500T）、立式电动注塑、双色电动注塑机及镁合金注塑机、挤出机、中空成型机等。
主营产品：精密注塑机、挤出机、中空成型机。

现代精密塑胶模具（深圳）有限公司

地址：广东省深圳市坪山新区碧岭社区金碧路588号
电话：0755-89930688
电邮：gongfu.wang@mppes.com.cn
网址：www.modernprecision.com.hk/
单位介绍：现代精密已经发展成为致力于以多射植入注塑（MSIM®）工程技术为核心，集模具设计与制造、立式注塑机制造、精密塑胶件注塑生产、自动化生产系统设计与制造、IML模内贴标技术和材料研发于一体，多元化集团运营的工程技术服务企业，同时也是国家高新技术和拥有多项专利技术的创新型企业。
主营产品：立式注塑机。

小精密工具有限公司（SPT）

地址：江苏省无锡蠡园经济开发区A2楼
电话：0510-85161968
电邮：info-cn@spt.net
网址：www.SPT.net
单位介绍：SPT总部位于瑞士，被称为世界领先的半导体行业全方位工具供应商，同时也是专注于微小型产品的陶瓷注射成型技术领导者。今天，我们为50多个国家的一千多名长期客户提供服务，他们经常在服务和质量方面给予我们最高的评价。我们专注于最苛刻的、具有创新精神的产品和服务，并尽可能达到最高的质量标准。这方面的基础是我们始终如一地将工作重点放在客户的需求上。我们的机器设备和制造技术是行业中最先进的。所有SPT分公司都通过了ISO 13485和（或）ISO 9001质量管理体系认证。
主营产品：陶瓷注射成型技术及高精度陶瓷零件。

5.3.4 密炼机/造粒机

东莞市昶丰机械科技有限公司

地址：广东省东莞市厚街镇溪头沙塘村京盟工业园1号
电话：0769-81523338
电邮：13829290463@139.com
网址：www.cfxsjx.com
单位介绍：东莞市昶丰机械科技有限公司主营密炼机、造粒机等设备。2012年专门针对MIM金属粉末行业密炼机、造粒机做技术改良，优化密炼腔体耐磨升温问题。2014年再次优化密炼机性能，解决CIM陶瓷混炼耐磨及污染斑点问题，产品是一款可以和日本进口密炼机媲美的国产昶丰密炼机。2015年自主研发出MIM金属水口料专用造粒机。2016年自主研发出气氛保护密炼机（钛合金密炼机）。2017年工厂乔迁新厂房，厂房占地8000m²，注册资金增资到1116万元。公司专利18项：2项国际发明专利、4项国内发明专利、其他实用新型专利12项。
主营产品：金属陶瓷密炼机、密炼机造粒一体机、小型密炼机、金属陶瓷造粒机、双腕造粒机等。

青岛亘易隆机械设备有限公司

地址：广东省佛山市南海区大沥镇黄岐泌冲台展工业区
电话：0532-81155768
电邮：qd_greenlong@163.com
网址：www.greenlong.cn
单位介绍：亘易隆专业从事无机粉末混炼、造粒设备的研发、制造和销售。自主发明的"混炼造粒一体机""360度无死角立体混炼"更是得到全球同行业的青睐和认可。研发制造的陶瓷混炼设备、陶瓷造粒设备，已经广泛用于军工、3C、医疗等领域，并填补了国内空白。专门研究大件（＞300g）产品的成型、脱脂和烧结以及新材料技术。
主营产品：直压式陶瓷造粒机、陶瓷混炼机H形。

广东利拿实业有限公司

地址：广东省东莞市厚街镇将军岭工业区利拿科技园
电话：0769-81633499
电邮：1687595675@qq.com
网址：www.linajx.com
单位介绍：广东利拿实业有限公司是一家致力于研发、生产销售、维护的橡塑机械制造企业，核心产品有密炼机、开炼机、造粒生产线。拥有较强的生产能力和较先进的技术及设备，如大型镗床、铣床、磨床、车床、钻床、CNC等专业设备，经过多年的发展，产品持续改进，不断升级，取得30多项国家专利，其中有发明专利4项。成功研制出抽真空密炼机和离合式密炼机。
主营产品：LN陶瓷-粉末冶金的混炼造粒一体机。

东莞市宝轮精密检测仪器有限公司

地址：广东省东莞市厚街镇上屯上涌路25号厚道路边
电话：0769-85834598
电邮：18924354626@163.com
网址：www.baolun.com
单位简介：东莞市宝轮精密检测仪器有限公司成立于2000年，经过十九年的坚持不懈努力，成为拥有研发、生产、销售于一体的检测设备制造商，产品涵盖橡胶、塑胶、制鞋、化工等领域。
主营产品：小型密炼机、小型开炼机、实验室平硫化机、平板硫化机、开炼机、密炼机、挤出机、拉力机等。仪器经过不断创新、改进，深受国内外客户的好评。为材料的开发、教学研究、进料检验、品管保质提供了有力的保证。
主营产品：密炼机、开炼机、挤出机、拉力机、平硫化机等。

厦门威伯伦科技有限公司

地址：福建省厦门市湖里岐山北路 516 号清华海峡研究院 A 栋
电话：400-0592-586
电邮：steve@weibolun.com
网址：www.weibolun.com
单位介绍：公司于 1981 年成立于台湾，经过 40 多年的经验累积及不断研发创新，拥有超过 5000 台的客户口碑认证，俨然已成为全球专业的密炼机大厂之一；于 2019 年在福建厦门投资及阶段性建设新厂，另外公司启动了 100 年永续经营计划，阶段性注入新兴人才培育，使得公司企业文化有所传承，专业技术能与时代接轨，让客户拥有了永久性的配合供应商。是专业从事研发设计，制造销售，售后维修服务为一体的金属陶瓷橡塑机械科技企业。
主营产品：密炼机、连续密炼机、金属密炼机、陶瓷密炼机、双螺杆挤出机、开炼机。

东莞市正工机电设备科技有限公司

地址：广东省东莞市厚街镇厚街村石角路 133 号
电话：0769-85925106
电邮：13809825259@139.com
网址：www.b5668.com
单位介绍：东莞市正工机电设备科技有限公司创建于 1988 年，2009 年创办合资企业，主营产品有：小型开炼机、小型炼胶机、自动翻胶机、小型密炼机、小型压片机、小型硫化机，小型挤出机等各种定制实验室用混炼机橡胶塑料机械设备。公司凭借先进的技术、雄厚的加工实力、客户至上的贴心服务已成为国内外客户信赖的企业，产品不但在国内市场有很高的占有率，而且在墨西哥、马来西亚、印度尼西亚、东南亚、中东等世界各地均受到广大新老客户的一致好评。
主营产品：实验室密炼机、实验室开炼机、实验室压片硫化机、实验室挤出机等。

德国贝拉方（Bellaform）机械公司

地址：上海市黄浦区马当路 388 号 C 座
电话：18920018097
电邮：bellaformchina@163.com
网址：www.bellaform.cn
单位介绍：德国 Bellaform 不仅能提供给客户全套自动化生产线，还能提供给客户单独的设备，如整套生产线中的一个设备以及所有零配件。我们的优势：可为客户的特殊需求提供解决方案，且达到同等生产质量要求。我们具备这个专业知识和专业能力。
主营产品：完整挤出机生产线、挤出机、热成型设备、混炼、造粒等加工设备及其他配套设备。

广东开研装备科技有限公司

地址：广东省东莞市厚街镇宝屯社区金丰昌路 19 号
电话：0769-85583359
电邮：jp.ye@dg-kaiyan.com
网址：www.openmillky.com
单位介绍：广东开研装备科技有限公司是一家专业生产质量检测仪器的企业，公司成立于 2009 年，在广东东莞组建工厂专业生产试验设备。开研集合软件设计、机械、力学、油压、电子、电机以及研发、品保、生管、检校等专业人才，撷取即时资讯，生产领先的产品与提供优质的服务。生产流程遵循规范化标准：ISO、ASTM、DIN、EN、GB、BS、JIS、ANSI、UL、TAPPI、AATCC、IEC、VDE，以保证所生产的产品质量一流。产品广泛适用于：科研单位、质检机构、大专院校以及橡胶、轮胎、塑料、金属、电线电缆、制鞋、皮革、包装、建材、石化、航空等产业。开研产品专用于材料开发、物性试验、教学研究、品质管制、进料检验等领域，且是这些领域不可或缺的试验设备。
主营产品：开炼机、密炼机、压片机、造粒机、KY-3101 气压式自动切试片机、全电脑伺服拉力试验机、吹膜机、破碎机。

5.3.5 流延成型机

西安鑫乙电子科技有限公司

地址：陕西省西安市高新技术开发区唐延路 35 号
电话：029-88350958
电邮：xa002@163cm
网址：www.xianxydz.com
单位介绍：西安鑫乙电子科技有限公司位于西安高新技术产业开发区唐延路 35 号，是研发、设计、生产用于流延成型产品的生产线以及制料成套装备的专业化企业。目前所生产的系列流延机已达到国际较高水平，可取代国外进口产品。自 2002 年以来，公司曾先后为广东、湖南、浙江、山东、江苏、福建等地用户提供了技术参数不同、产品用途各异的多种类型的流延机及相关的制料与后处理工序加工设备。
主营产品：流延机。流延宽度：200～1250mm。流延厚度：0.015～2.0mm。流延速度：100～5000mm/min。配套设备：①制料工段：球磨机、预混机、脱泡机、自动称量装置、过滤装置等；②预成型工段：恒温水浴系统、真空系统、脱泡系统、压力控制系统、溶剂回收系统；③相关成型设备：自动切片机、自动模切机、自动覆膜包装机、多功能自动分切机、自动干/湿敷粉机。

北京东方泰阳科技有限公司

地址：北京市丰台区汽车博物馆东路 2 号院丰科中心 A 座 303 室
电话：010-51078138
电邮：info@sun-tec.com.cn
网址：www.sun-tec.com.cn
单位介绍：北京东方泰阳科技有限公司成立于 2002 年，总部位于北京中关村丰台科技园区，专业开发、设计、制造电子陶瓷流延成型设备，深耕行业二十年。经过二十年的积累，公司已经形成了从研发到量产的全系列流延机产品以及前后道脱泡、

5.3 陶瓷成型设备企业

切割、敷粉、层压、烧结等工艺设备的配套。广泛应用于陶瓷封装、96%/99%氧化铝基板、氮化铝基板、氮化硅基板、LTCC/HTCC等电子陶瓷、燃料电池、高分子等领域。建立了从原材料、设备、工艺、售后的集成服务能力，在业内获得广大用户的高度认可。伴随电子陶瓷行业的迅猛发展，新材料、新工艺的涌现，公司将继续加大研发投入，创新产品，继续秉承"严谨务实、科技创新、客户第一、服务至上"的理念，携手与广大新老用户共谋发展。

主营产品：流延机系列产品 LY、LYM、LYMH、LYL 及 μ 系列，脱泡机、切片机、敷粉机、压延机。

浙江德龙科技有限公司

地址：浙江省温州市永嘉县瓯北镇安丰工业区礁下路 212 号
电话：0577-67470303
电邮：delong.lin@cndelong.com
网址：www.wzdelong.com
单位介绍：浙江德龙科技有限公司创立于 2004 年，是经浙江省工商行政管理局批准注册的一家集开发设计、研制生产、销售服务为一体的高新技术企业。公司生产薄膜陶瓷流延机、等静压机、冲孔机、生磁带切割机、球磨机、分切机等设备和汽车教学制造设备。目前公司产品和技术已成为国内行业的主要领导，其设备广泛应用于电子、物理、环保、新能源材料、烘焙、制药等领域。企业先后被评为"科技创新型企业""中国创新基金项目执行单位"。德龙公司秉承"以人为本"的核心理念、"主动创新"的经营理念，全力打造行业高科技设备品牌。
主营产品：陶瓷流延机（30ME1100）。

舟山市金秋机械有限公司

地址：浙江省舟山市普陀区浦西工业园区东海西路 2123 号
电话：0580-3098009
电邮：jqjxygs@sina.com
网址：www.zjzsjqjx.com
单位介绍：舟山市金秋机械有限公司是一家集金属表面技术加工处理、电子元件生产、机械制造与研发为一体的科技型企业。致力于生产晶振外壳、流延机制造与研发、石油抽油泵柱塞及表面工艺处理等。公司生产的石油抽油泵柱塞已经出口印度尼西亚和美国。研发生产各种型号的流延机采用日本目前先进的技术；49U/S 晶振外壳已经从第一代升级为目前第六代产品，并仍在研发更高端的 SMD 替代品，并与上海交通大学合作研发新能源项目。公司通过了 ISO9001 质量体系认证，拥有自主知识产权的发明和实用新型专利共计二十多项，分别被评为国家高新技术企业、省（市）专利示范企业、省科技型企业等荣誉称号。
主营产品：流延机系列、石油柱塞系列、晶体外壳系列、电镀表面处理等。

浙江京驰科技发展有限公司

地址：浙江省舟山市定海区干览镇揽华路 1 号
电话：13515805060
电邮：info@zjjc-tech.com
网址：www.zjjingchi.com.cn
单位介绍：浙江京驰科技发展有限公司主要生产销售流延机及辅助设备脱泡机、过滤器。配备了精密的生产加工设备，包括光纤激光切割机、数控折弯机、数控车床、摇臂钻床、油压机、外圆磨床、平面磨床等机械设备。
主营产品：流延机、过滤器、脱泡机等。

东阳市圣柏林特种设备技术服务有限公司

地址：浙江省东阳市江北经济开发区中山北路 183 号
电话：0579-86837457
电邮：dylj265@163.com
网址：www.cnlyj.vip
单位介绍：东阳市圣柏林特种设备技术服务有限公司，成立于 2010 年，是集陶瓷设备设计与生产、制造、加工于一体的综合型专业化企业，从事电子专用自动化设备研发与生产已有十多年经验。特别是在电子陶瓷设备中的流延机、球磨机、脱泡机、分散机、过滤器等自动化设备的设计和制造中有着丰富经验，产品主要应用为浙江新纳陶瓷新材有限公司片阻陶瓷基板项目、横店东磁无线充电铁氧体项目、绵阳九所无线充电项目、福建闽航电子陶瓷发热体项目、上海交大燃料电池项目、上海京瓷封装陶瓷项目、江苏磁亿磁性材料项目、衢州仙鹤纸业 1052 项目等，年生产量 15 条流延生产线。
主营产品：流延机、脱泡机、球磨机、分散机、过滤器、厚度检测装置、扩散泵、流量检测设备等。

武汉坤元流延科技有限公司

地址：湖北省武汉市蔡甸区常福工业示范园常贵南路九康大道仟岛工业园 2 栋
电话：027-84970080
电邮：1012806681@qq.com
网址：www.kylysb.com
单位介绍：武汉坤元流延科技有限公司专业制造：陶瓷流延机、质子交换膜流延机、电池隔膜流延机、薄膜流延机、可食膜流延机、磁性材料流延机、燃料电池薄膜流延机等流延设备，适用范围：陶瓷薄膜流延、高分子薄膜流延、磁性材料薄膜流延。为电子、物理、环保、食品、医疗、新能源材料等领域的新材料片膜流延成型工艺提供专业设备。目前被广泛应用在电池隔膜储能质子交换膜、燃料电池质子交换膜、LTCC、HTCC、MLCC 等整线生产。功能薄膜材料、压电陶瓷、片状陶瓷元件、柔性磁性薄膜等整线流延成型工艺中的设备有：陶瓷流延机、质子交换膜流延机、辊筒球磨机、裁切机、温等静压机、热切机、真空叠层机、涂覆机、流延膜机等各类高分子材料薄膜成型成套设备。
主营产品：涂覆流延机、陶瓷流延机、薄膜流延机、脱泡机、球磨机、裁切机、温等静压机、热切机、真空叠层机、涂布机等各类高分子材料薄膜成型设备。

昆山永宏棋智能科技有限公司

地址：江苏省昆山市玉山镇环庆路 2967 号 N-PARK 产业园 1

号楼
电话：17715158487
电邮：josh@honqchi.com
网址：www.honqchi.

单位介绍：2023年4月，为了更好地服务大陆客户，在江苏省昆山市建立新型陶瓷研发实验室、销售部门和售后服务中心，并成立中国大陆分公司：昆山永宏棋智能科技有限公司。公司员工拥有多年设备及工艺经验，可提供电感、压电、固态电池、滤波器等领域整线方案与服务。实验室样机可满足客户前期小批量研发测试需求。

主营产品：流延机、裁片机、片/卷式印刷机、片/卷式叠层机、印叠一体机、全自动巴块包装机、温水等静压机、切割机。

5.4 增材制造与3D打印成型设备企业

武汉三维陶瓷科技有限公司

地址：湖北省武汉市东湖高新区汤逊湖北路武汉理工科技园新能源研发基地
电话：027-87867588
电邮：info@3dceram-cn.com
网址：www.3dceram-cn.com

单位介绍：3D-AIM是3DCERAM针对客户的定制化的支持服务，尤其适用于航空航天类客户，协助客户实现从传统方式到增材制造的转型，从陶瓷零部件的单个打印到规模化打印生产。从实际的应用场景出发，3DCERAM期望与客户一道从讨论陶瓷产品规格开始相关工作（包括陶瓷件的技术参数、性能指标、成本估算等）。合作方式方便灵活，3DCERAM既可以承担"交钥匙工程"，帮助实现从无到有的开始利用增材制造生产陶瓷零件，也可以协助改进优化客户已有的陶瓷产品。

主营产品：工业级陶瓷打印机。

北京十维科技有限责任公司

地址：北京市海淀区北清路103号中科产业园3幢1层A1
电话：13911524778
电邮：inquiry@10dim.com
网址：www.10dim.com

单位介绍：十维科技拥有国内自主研发的商业化高性能陶瓷光固化3D打印解决方案。高精度先进陶瓷3D打印，直击陶瓷传统加工的难点和痛点，在牙科义齿、个性化人工骨、航空发动机及零部件制造、电子及传感器等方向，具有广阔的前景。

主营产品：陶瓷3D打印设备、炫彩陶瓷。

江苏乾度智造高科技有限公司

地址：江苏省无锡市滨湖区滴翠路太湖智谷C3栋
电话：0510-85064389
电邮：qd@quickdemos.cn
网址：www.quickdemos.cn

单位介绍：乾度高科致力于发展从新材料到高端装备的全链条先进制造技术，核心团队成长于国内外知名实验室，在立足自主研发的同时，与国内多个顶尖机构建立了紧密的研发与应用合作，具有坚实的先进材料与高端制造装备研发实力。针对航空航天、生物医疗、能源通信等领域特种构件的制造需求，不断推出多款高精密喷射成型、立体光刻工艺装备，以及陶瓷/陶瓷基复合材料、高性能金属及聚合物等丰富的材料体系，可根据不同领域的用户特点定制最优化的综合技术解决方案。

主营产品：高精度大尺寸陶瓷3D打印设备。

共享智能装备（安徽）有限公司

地址：安徽省芜湖市繁昌区繁昌经济开发区春谷3D打印产业园
电话：0951-6835919
网址：www.kocel.com

单位介绍：公司秉持"引领行业进步，创造更好未来"的愿景，致力于实现"聚焦高质量发展，共筑铸造强国梦"的使命。近10年累计投入20多亿元助推现有产业智能转型、新兴产业创新发展，将销售收入的8%以上用于研发，已形成三大布局（国际化市场布局、零距离服务区域布局、高端零部件和3D打印产业链布局），做到三个一流（铸造3D打印及其产业化应用世界领跑、高端装备关键零部件配套能力世界一流、智能铸造及服务行业领先），正在构筑一个生态（"互联网＋双创＋绿色智能制造"的产业生态），持续为行业绿色智能转型贡献力量。

主营产品：铸造3D打印设备。

深圳升华三维科技有限公司

地址：广东省深圳市光明区凤凰街道汇业路8号汇业科技园4B栋四楼401
电话：0755-2822799
电邮：1994358702@qq.com
网址：uprise3d.cnpowder.com.cn

单位介绍：深圳升华三维科技有限公司成立于2017年6月，中国金属·陶瓷间接3D打印技术的开拓者和领航者，是一家专注于金属/陶瓷间接3D打印装备及材料研发生产的国家高新技术企业。其品牌升华三维UPRISE 3D是全球化的金属·陶瓷3D打印装备及打印材料品牌。

主营产品：3D打印设备、真空炉、混合机、定制加工件、马弗炉。

嘉兴饶稷科技有限公司

地址：浙江省嘉兴市嘉善县罗星街道归谷二路111号3幢4层
电话：0573-84888748
电邮：sales@ceramplus.com
网址：www.ceramplus.com

单位介绍：嘉兴饶稷科技有限公司成立于2018年，是一家以先进陶瓷无模增材制造技术为核心的科技创新驱动型国家高新技术企业。公司自成立之初就专注于各类先进陶瓷增材智造装备、材料和产品智能设计的研发和应用。公司掌握了全种类先进陶

5.4 增材制造与 3D 打印成型设备企业

瓷（包括氧化铝、氧化锆、氧化硅、羟基磷灰石、氮化硅、碳化硅等）的增材制造核心工艺和材料技术。饶稷科技致力于为用户提供包括陶瓷 3D 打印材料、陶瓷 3D 打印设备和陶瓷制品定制化打印服务等全方位的支撑，积极拓展陶瓷 3D 打印技术在医疗、航天、工业和艺术等领域的应用。

主营产品：先进陶瓷 3D 打印机 CeramPlus-RJ-4K1000 系列、先进桌面级陶瓷 3D 打印机 CeramPlus DLP-Desk、先进陶瓷 3D 打印机 CeramPlus DLP 系列等。

深圳光韵达光电科技股份有限公司

地址：广东省深圳市南山区高新区北区朗山路 13 号清华紫光信息港 C 座 1 层
电话：0755-26981000
电邮：shenzhen@sunshine-laser.com
网址：www.sunshine-laser.com
单位介绍：深圳光韵达光电科技股份有限公司——激光智能制造解决方案与服务提供商，于 2011 年 6 月 8 日在深圳证券交易所创业板成功上市，股票代码为 300227。公司利用精密激光技术＋智能控制技术突破传统生产方式，实现产品的高精密、高集成及个性化，为全球制造业提供全种类的精密激光制造服务和全面创新解决方案。公司的主要产品和服务包括：增材制造（3D 打印）、激光三维电路（3D-LDS）、精密激光模板、柔性电路板激光成型、精密激光钻孔（HDI）、电子制造产业的关联产品、航空航天及军工零部件制造等应用服务；智能检测设备、自动化设备、激光设备及 3D 打印设备等智能装备；激光光源及关键零部件制造等。

主营产品：陶瓷激光 3D 打印机。

上海数造机电科技股份有限公司

地址：上海市浦东新区沪南公路 8666 弄智城工业园 11 栋
电话：021-31180558
电邮：sales@digitalmanu.com
网址：www.digitalmanu.com
单位介绍：上海数造机电科技股份有限公司是全国增材制造标准技术委员会会员单位。数造科技专注于 3D 打印机、三维扫描仪等高技术装备的研发生产和销售，提供 3D 数字化整体解决方案，同时也是美国 Stratasys 的代理商。
主营产品：陶瓷 3D 打印机。

上海复志信息科技股份有限公司

地址：上海市杨浦区国权北路 1600 号湾谷科技园 A5 座 13 楼
电话：021-65337855
电邮：inquiry@raise3d.com
网址：www.raise3d.cn
单位介绍：上海复志信息科技股份有限公司是一家国际化的 3D 打印公司，中、美、欧三地协同创新，业务范围包括研发、生产和销售 3D 打印设备、材料和软件。公司目前在专业级 3D 打印市场排名第三，并被国家工信部认证为专精特新小巨人企业。此外，Raise3D 还成为了 All3DP 的 2022 年度十大创新 3D 打印公司之一（亚洲唯一上榜企业）。经过多年的发展，Raise3D 构建了一个包括"3D 打印咨询、服务和落地"于一体的生态系统，以落地柔性制造为目标，帮助终端客户满足全球灵活多变的生产需求，提供 3D 打印服务，系统性交付 3D 打印整体解决方案。

主营产品：陶瓷 3D 打印机、金属陶瓷材料等。

合肥新杉宇航三维科技有限公司

地址：安徽省合肥市高新区创新大道 96 号 3 号楼 1 楼
电话：15316161901
电邮：sales@sinsun-tech.com
网址：www.sinsun-tech.com
单位介绍：合肥新杉宇航三维科技有限公司致力于 3D 打印综合技术解决方案，可提供的技术有 SLM、金属 3DP、FDM 陶瓷等打印技术，为客户提供经济、高效的最佳解决方案。可以提供 3D 打印服务、3D 打印设备、耗材、金属 3D 打印粉末，如：钛合金、高温合金、铝合金、难熔合金（钨合金、钼合金、钽合金、司太立合金等）、陶瓷材料（碳化硅、氧化铝、氧化锆等）。此外，新杉宇航还可以提供打印后处理、机加工、性能检测、技术咨询等服务。通过持续创新和优质的服务，目前产品已经广泛应用于航空航天、核工业、能源动力、汽车、模具、电子、医疗、科研院所等相关行业。
主营产品：FDM 陶瓷（金属）线材打印成套设备、胶黏剂（3DP）金属 3D 打印机等。

东莞慧瓷智造打印科技有限公司

地址：广东省东莞市南城区水濂山路 96 号联科信息产业园 2 栋负一楼新材料实验室
电话：0769-21687263
电邮：infos@3dwisechina.com
网址：www.3dwisechina.com
单位介绍：东莞慧瓷智造打印科技有限公司是港资和法国投资者合作的外资企业，主要从事 3D 陶瓷打印的应用和产业研发。在多年的经营发展中，以材料研发为根本，衍生出了一系列相关产品及服务，涵盖了产业链上从材料研发、3D 打印服务、烧结到研磨抛光等相关领域。目前慧瓷公司有四大主营业务：①法国 Prodways 的 3D 打印机在中国市场的一级代理商，同时研制配套设施并进行相关技术改良。②针对不同领域的应用，研制功能性的陶瓷材料，现有氧化铝、氧化硅、氧化锆三类材料，六种具体应用的膏料和一种浆料；同时能针对企业的大批量量产需求，开发功能性光固化树脂材料。③提供光固化 3D 打印陶瓷成型和烧结服务，也提供光固化树脂材料的打印服务。④研制与销售 3D 陶瓷打印机及其配件和配套服务（清洗机等），目前小批量量产。
主营产品：高精密度量产级陶瓷 3D 打印机、高精密度量产级陶瓷浆料/树脂 3D 打印机、4K 分辨率陶瓷 3D 打印机等。

青岛博瑞科三维制造有限公司

地址：山东省青岛市黄岛区胶州湾东路 2566 号中国广电青岛

第5章 陶瓷设备种类及企业分布

5G 高新视频实验园区 6 号楼
电话：0532-86959089
电邮：info@breuck3d.com
网址：www.breuck3d.com
单位介绍：博瑞科三维源于德国 Breuckmann 公司，其核心成员均有留德背景；自 2009 年进入 3D 行业，致力于提供全三维技术解决方案。从陶瓷、金属 3D 打印原材料的制备，到 3D 打印技术和工艺的开发，以及贯穿复合材料和金属材料成型过程的光学测量乃至增强现实的 3D 定位技术。10 年行业历程，1100 多个项目经验，涉及医疗、汽车制造、火车、机械、复合材料、航空航天、造船、教科研多个行业；丰富的行业经验、良好的技术集成研发能力是博瑞科三维的核心竞争力。
主营产品：BJ3D 陶瓷系列、Lithoz 工业高精度陶瓷 3D 打印机、UpNano 双光子纳米 3D 打印机、Blue Power 气雾化制粉机、光固化 3D 打印机、FDM 3D 打印机、烧结炉。

点云生物（杭州）有限公司

地址：浙江省杭州市钱塘新区下沙街道和享科技中心 9 幢 17 层
电话：service@dianyunkeji.com
电邮：0571-86051029
网址：www.particlecloud.cn
单位介绍：点云生物是一家为生物工程、医疗健康和先进制造等领域提供先进材料、创新产品和智能装备的国家高新技术企业。先后获得第三届全球新材料行业大赛一等奖、2020 粤港澳大湾区生物科技创新企业"明日之星"。2018 年点云生物完成世界首例大段骨缺损再生修复临床移植，被认定为"3D 打印生物组织再生技术"全球工程开发前沿核心专利 TOP10 产出机构。公司担任中国医疗器械行业协会 3D 打印医疗器械专业委员会团体标准化技术委员会起草单位，参与了增材制造医疗器械的团体标准的制定工作，创始人曾庆丰博士被聘请为全国医用增材制造技术标准化技术归口单位专家。点云生物凭借对新型生物陶瓷材料开发、3D 打印产品研发、软件设计、临床前研究、植入实验表面活性与功能化等领域的研究优势，为客户"按需定制"系列 3D 打印机，为客户提供从 3D 打印材料、打印设备到实际应用的全套解决方案。
主营产品：生物陶瓷 3D 打印机、光固化陶瓷 3D 打印机、生物 3D 打印机、3D 打印材料、3D 打印生物陶瓷支架等。

苏州中瑞智创三维科技股份有限公司

地址：江苏省苏州市吴江区云龙路复线 8 号（中瑞科技总部大楼）
电话：0512-63398240
电邮：zr100@zero-tek.com
网址：www.zero-tek.com
单位介绍：公司拥有 7500 平方米综合办公中心、试验研发中心和生产制造中心。公司由周宏志博士及国内外拥有先进工作经验的博士团队创立，核心技术人员具有 18 年 3D 打印研究工作经验，拥有全套自主研发的 3D 打印数据处理软件及 3D 打印设备控制系统。打印材料涵盖树脂、金属、尼龙、陶瓷、覆膜砂等种类。中瑞科技现为江苏省快速制造 3D 打印工程技术研究

中心支撑单位，立足国际增材制造技术前沿。以海内外市场需求为导向，推动中国增材制造产业化发展。
主营产品：工业级光固化 3D 打印设备，金属 3D 打印设备，陶瓷 3D 打印设备，尼龙粉末 3D 打印设备。

昆山博力迈三维打印科技有限公司

地址：江苏省昆山高新区元丰路 168 号小核酸研究所中试楼一层
电话：0512-57772557
电邮：350274170@qq.com
单位介绍：昆山博力迈三维打印科技有限公司创建于 2014 年 2 月。主营业务有：3D 打印技术有关装备的生产与销售；定制式 3D 打印义齿的生产与销售；3D 打印技术服务。生产的 3D 打印机门类和型号众多，多数为国内首创。公司与华中科技大学、浙江大学、大连理工大学常熟研究院等著名高等院校与上海交通大学医学院附属第九人民医院，以及 3D 打印材料的生产企业有密切合作关系，从而能充分发挥综合优势，为客户提供最佳的 3D 打印服务。
主营产品：3D 陶瓷打印机、3D 生物打印机、3D 支架打印机。

浙江迅实科技有限公司

地址：浙江省绍兴市柯桥区柯北经济开发区西环路 586 号科技园起航楼二幢 4 楼
电话：400-619-0002
电邮：info@sprintray.cn
网址：www.soonsolid.com
单位介绍：浙江迅实科技有限公司 2013 年成立，在洛杉矶、法兰克福、广州、杭州等地均设有分支机构，是一家以 3D 打印技术为核心的全球化科技公司。公司致力于在全球范围内推动齿科数字化的应用与发展，为口腔机构提供一站式椅旁数字化解决方案（包含各类 3D 打印机及周边设备、材料、软件服务、AI 设计服务等），赋能口腔机构数字化转型升级，从而实现降本增效。
主营产品：多材料高精度陶瓷打印机。

杭州普太科技有限公司

地址：浙江省杭州市西湖区转塘科技经济区块 8 号 1 幢一层七区
电话：0571-87392591
电邮：hr@pentatech.cn
网址：www.pentatech.cn
单位介绍：杭州普太科技有限公司位于杭州云栖小镇，是一家集 3D 设计打印、三维仿真业务、终端产品开发于一体的增材制造解决方案提供商。公司采用 3D 打印喷墨定制技术，全面应用"精益创业"理念，与全球多所高校及科研院所建立产学研合作平台，引进研发全球领先的制造技术，服务于中国企业。
主营产品：3D 打印解决方案。

深圳市金石三维打印科技有限公司

地址：广东省深圳市光明区光明街道东周社区双明大道南侧云

5.4 增材制造与3D打印成型设备企业

智科技园 B4 栋 15 层
电话：0755-29102990
电邮：market@kings3d.com
网址：www.kings3d.com
单位介绍：深圳市金石三维打印科技有限公司是一家专注于三维科技的高新技术企业，致力于3D打印技术的市场化应用，为企业商家提供高效科学的三维打印综合解决方案。金石作为工业级3D打印机厂商，旗下有3D打印设备及原材料研发制造基地、专业的定制化3D打印服务机构。2008年，金石进入3D打印行业，并得到较快发展。2012年于上海成立3D打印机设备生产基地。2016年在深圳宝安沙井建成了标准化、规模化的3D打印设备生产基地，并开始3D打印材料的多样化研发和生产。金石在手板、模型、医疗、汽车、灯饰工业件、乐器、建筑、陶瓷洁具等领域，也怀着成就和帮助客户的初心，解决行业的痛点，组织专业的研发团队进行各行业突破。
主营产品：3D打印机、3D打印材料。

爱司达智能制造（江苏）有限公司

地址：江苏省靖江市经济开发区富阳路1号
电话：0523-84888816
电邮：amstar@amstar3d.com
网址：www.amstar3d.com
单位介绍：爱司达智能制造（江苏）有限公司致力于3D打印技术的工业领域的产业化应用，为客户提供较完善的3D打印产品及服务。拥有2100平方米的3D智能打印中心，装备了拥有国内完全自主知识产权的3D打印砂型设备和3D陶瓷打印设备，在研发应用和生产能力上为客户提供了有力的保障。同时，公司拥有国内院校博士生导师及从业多年且经验丰富的技术团队，将传统的铸造工艺和较先进的3D打印技术进行了深度的融合，无论是产品还是服务，都可以给客户带来更优质可靠的价值。公司以客户需求为导向，结合较先进的打印技术及材料，为客户提供专业、合理的3D打印方案。
主营产品：陶瓷3D打印机。

江苏薄荷新材料科技有限公司

地址：江苏省南京市浦口区惠达路9号A座2层
电话：18020108838
电邮：info@basingtech.com
网址：www.mint3d.cn
单位介绍：江苏薄荷新材料科技有限公司拥有安徽薄荷三维科技有限公司（薄荷科技）、江苏贝森智能科技有限公司（贝生领行）二家成员企业。薄荷科技（Mint Tech）致力于提供完善的3D打印综合解决方案，以全彩色多材料喷射黏结3D打印设备、SLM激光选区熔化3D打印设备、光固化树脂/陶瓷3D打印设备的研发、生产、销售为主营业务的高科技型企业。薄荷科技作为国家高新技术企业、3D打印陶瓷与石膏技术的领军企业，曾参与中国3D打印材料及应用发展战略研究咨询项目等，被评为中国3D打印服务百强企业、中国陶瓷3D打印产业联盟理事单位。贝生领行（Basing Lead）主要以生物力学、人体工学

原理为理论基础，结合人体运动过程中的潜在、已在损伤，利用高性能新型材料及3D打印生产工艺，以功能性3D鞋材产品的研发、生产、销售为主营业务的高科技型企业。
主营产品：陶瓷3D打印设备等。

上海魅湃实业有限公司

地址：上海市宝山区金融科创产业孵化园D座10栋
电话：021-66180323
电邮：792606984@qq.com
单位介绍：上海魅湃实业有限公司是先进陶瓷打印专业服务商。荷兰ADMATEC全球出货的陶瓷3D打印机就落户于魅湃实业，同时魅湃实业也是ADMATEC的陶瓷打印机代理商。公司从2017年3月开始，面向航空航天、医疗、牙科、电子、时尚装饰、设计等行业提供了近百种产品。上海魅湃实业有限公司和中科院硅酸盐研究所在为国家人才培养、高端应用领域的开拓方面进行着深度合作，以推动高精度先进陶瓷3D技术在中国快速发展。设备采用DLP成型原理，可以做氧化铝、氧化锆、氧化硅等材料，还可以根据客户需要共同开发各种新型材料，如生物活性陶瓷、自己改性的各种氧化物或非氧化物陶瓷等。
主营产品：荷兰ADMATEC陶瓷3D打印机。

湖南源创高科工业技术有限公司

地址：湖南省长沙市人民东路189号中部智谷产业园5栋601号
电话：0731-86866902
网址：www.innov-source.com
单位介绍：源创高科拥有一支在材料工艺、微波能应用、机械、模拟、自动化控制等方面具有高素质精英技术团队，团队具有丰富的工程经验，并与国内外各大知名科研院所学校均有长期技术合作，为各个材料工业领域提供装备与工艺结合的整体解决方案和配套装备。
主营产品：陶瓷3D打印机。

上海融跃电子科技股份有限公司

地址：上海市浦东新区川宏路230号1号楼
电话：021-50967338
电邮：alexzheng@royalelectron.com
网址：www.royal3dp.com
单位介绍：上海融跃电子科技股份有限公司成立于2008年。15年来公司技术团队专注于工业喷墨打印控制系统的研发；为喷墨打印相关的各行业提供打印控制解决方案。在3D应用领域我们专注于3D-BJ打印技术的探索研究，从切片软件、打印头控制板卡、打印软件，打印辅助功能模组到3D打印成型机。如今，我们可以提供全套的3D-BJ技术打印解决方案，应用场景可覆盖3D砂模、3D金属、3D陶瓷、3D蜡模以及3D全彩树脂打印。
主营产品：3D-BJAM黏结剂喷射机、喷头打印控制系统、喷墨功能模组、切片软件、打印软件API等。

河北尚睿电子科技有限公司

地址：河北省石家庄市新华学府路 93 号数字法务产教融合示范园
电话：0311-85816786
电邮：sunray_hb@163.com
网址：sunray3d.com
单位介绍：河北尚睿电子科技有限公司是一家集 3D 打印机、三维扫描仪、三维设计软件等智能制造设备等产品的研发、生产、销售及服务于一体的企业。公司本着"以人为本、创优求存、开拓创新、携手共进"的企业精神，"关注需求、用心服务、超越期待、创造价值"的服务理念为指导，紧紧围绕尚睿的发展规划，实现"质量可靠，服务无忧，品牌强大"的公司战略，开拓创新，开发新产品，优化产品结构，加强内部管理，精益生产，提高工作效率，不断拓展国内、国外销售市场，用我们专业的产品、精湛的技术和无忧的服务，为我们忠实的客户服务。
主营产品：3D 打印机、三维扫描仪。

广东峰华卓立科技股份有限公司

地址：广东省佛山市南海区丹灶镇丹灶物流园利众路 8 号 C2-2
电话：0757-88775583
电邮：gdjc1106@163.com
网址：www.fhzl.co
单位介绍：广东峰华卓立科技股份有限公司（证券代码：834914）是一家聚焦于 3DP（黏结剂喷射技术）打印装备的研发、制造、销售及应用服务为一体的综合性服务供应商，国家高新技术企业，行业专精特新企业，工业级 3DP 砂型打印装备的全球性供应商之一。作为中国最早一批 3D 打印技术开创者，峰华卓立近 20 年来一直深耕于 3DP 打印（黏结剂喷射）砂型技术的研发与创新，自 2006 年推出第一代商用工业级 3DP 砂型打印机以来，迄今已为国内外 100 余家客户提供砂型打印设备，产品远销日本、巴西、俄罗斯、印度等国，并为 1000 余家客户提供了砂型 3D 打印及快速铸造的技术咨询和产品服务，涵盖了汽车、军工、航空航天、船舶、新能源、轨道交通、机械化工、泵阀、陶瓷、核电风电等众多领域。
主营产品：工业陶瓷 3D 打印解决方案、3DP 金属打印解决方案、工业级砂型 3D 打印解决方案、多样化 3D 砂型打印产品线等。

上海普利生三维科技有限公司

地址：上海市松江中心路 1158 号科技绿洲 7 号楼 3M
电话：021-54991871
电邮：info@prismlab.com
网址：www.prismlab.cn
单位介绍：上海普利生三维科技有限公司是一家专业从事 3D 打印相关技术研发的高新技术企业，旗下拥有多款应用于多个领域的 3D 打印设备，以及多款联合德国化工业巨头德国巴斯夫（BASF）共同研发的定制树脂材料，公司整合研发、销售和服务，产品行销世界 50 多个国家和地区。Prismlab 普利生主要从事高速光固化（SMS）3D 打印机的研发、生产、销售及服务。2013 年开始，Prismlab 普利生利用其在感光技术上的积累，以及批量生产的经验，跨界转型，成功开发了其原创的 MFP 光固化 3D 打印技术，并在此基础上研发出锐打系列 3D 快速成型系统，以及配套光固化树脂材料。作为一家以技术为驱动力的 3D 打印公司，Prismlab 普利生在近十几年的时间里，凭借自身力量攻克了众多技术难题，目前已获得 70 多项专利技术，为国内的 3D 打印科技发展作出了重大贡献。
主营产品：MCP 系列高精度陶瓷 3D 打印机。

武汉华科三维科技有限公司

地址：湖北省武汉市江夏区黄家湖大道 14 号
电话：027-81802777
电邮：huake3d@126.com
网址：www.huake3d.com
单位介绍：武汉华科三维科技有限公司是华中地区资历雄厚的专业 3D 打印装备及材料研发制造平台，注册资本 6000 万元人民币；由华中科技大学产业集团、合旭控股及华中科技大学史玉升团队等联合发起设立的高新技术企业。拥有一批在国内外享有盛誉的专业 3D 打印科研人员，以"成为 3D 打印装备及材料研产销全通道的领军企业；建立国内乃至国际 3D 打印产业技术协同创新平台"为宗旨。为实现我国 3D 打印技术的产业化，加快我国高端制造业的转型升级。
主营产品：陶瓷 3D 打印机、3D 打印碳化硅陶瓷材料。

佛山市光垒智能制造有限公司

地址：广东省佛山市南海区狮山镇力合科技园研发楼 A 栋 303
电话：0757-81207989
电邮：info@ceraepi.com
网址：www.ceraepi.com
单位介绍：佛山市光垒智能制造有限公司成立于 2017 年，是一家从事 3D 陶瓷打印设备、光敏材料及陶瓷浆料研发和销售的高科技公司。光垒人专注核心光机组件自主开发，具有一支 UV-LED 紫外光源设计开发、光学成像 & 非成像设计加工、电路及控制的研发团队，能根据产品的需求随时开发。研发团队依次在近紫外（365～405nm）LED 芯片技术、非成像光源设计、近紫外微显示芯片开发等方向取得重要成果。"光垒智造"专注陶瓷 3D 打印领域，做中国的"京瓷"，中国的"圣戈班"，重焕中国现代的"陶瓷之路"。专注陶瓷领域，携 3D 打印陶瓷最新科技，为中国现代陶瓷注入新的科技元素。
主营产品：3D 打印设备、3D 打印耗材、陶瓷打印工厂解决方案。

康硕电气集团有限公司

地址：北京市顺义区兴天路 15 号元航天汇智造谷 1 号楼 3 层 3001 室
电话：lihuifang@ks-jt.com
电邮：010-64395398

网址：www.ks-jt.com
单位介绍：康硕集团诞生于 2010 年，作为"国家高新技术企业""专精特新小巨人企业""智能制造试点示范工厂""关键零部件领域创新成果产业化公共服务平台"，致力于以等材制造、增材制造、减材制造、低应力制造、智能制造等先进技术为基础，形成完整的研发、设计、生产、检测、服务于一体的智能制造全产业链条。
主营产品：3D 陶瓷打印设备及 3D 陶瓷打印服务。

佳能（中国）有限公司

地址：北京市朝阳区针织路 23 号楼中国人寿金融中心 33 层
电话：Feedback@canon.com.cn
电邮：010-85139999
网址：www.canon.com.cn
单位介绍：佳能自 1937 年开始创业，秉持"共生"的企业理念，以创造世界一流产品为奋斗目标，不断向多元化和全球化发展。目前，佳能的事业以光学技术为核心，涵盖办公产品、影像系统产品、医疗系统产品以及产业设备及其他产品等广泛领域。位于东京的集团总部与美洲、欧洲、亚洲、大洋洲以及日本的各区域总部紧密联系，构筑了全球化与本土化有机结合的经营体制。1996 年，佳能启动了旨在实现以技术服务社会，成为全球范围内被信赖、受尊敬的企业为目标的"全球优良企业集团构想"。
主营产品：陶瓷 3D 打印服务。

5.5　陶瓷烧结设备企业

5.5.1　空气气氛烧结炉

5.5.1.1　箱式升降式电烧结炉

纳博热（上海）工业炉有限公司

地址：上海市闵行区瓶北路 150 弄 158 号
电话：021-64902960
电邮：contact@nabertherm-cn.com
网址：www.nabertherm-cn.com
单位介绍：纳博热在生产电加热炉方面已有 70 多年的历史，现在已经拥有超过 270 种标准化电炉，处理温度从 30～3000℃。应用领域有：陶艺、陶瓷、MIM/CIM、太阳能光伏、实验室和牙科、金属和塑料热处理及表面处理技术、铸造、玻璃等。产品系列：真空炉、气密罐式炉、箱式炉、马弗炉、管式炉、梯度窑、钟罩式炉、台车炉、坩埚保温及熔化炉、井式炉、盐浴炉等。这些电炉广泛应用于各生产企业和各大院校及研究机构。同时，纳博热除了系列标准电炉外还能为客户量身定做特种电炉。
主营产品：实验室设备仪器、先进材料/陶瓷烧结、热加工行业/热处理等。

洛阳赫特仪器设备有限公司

地址：河南省洛阳市高新区洛宜路至圣科技院内
电话：13213665267
电邮：heatest@qq.com
网址：www.heatest.cn
单位介绍：赫特仪器®（HEATEST®）作为一家高温测试仪器生产商，不仅提供广泛的标准马弗炉（1000～1300℃）、高温炉（1400～1800℃）、高温力学性能试验机、高温熔融特性测试仪、导热系数测定仪、高温膨胀测试仪、（高温）弹性模量测定仪、高温荷软蠕变测试仪、抗热震性试验机、X-荧光专用熔样机以及配套的制样设备；还凭借专业的高温测试经验技术，可为单个项目规划和提供定制的热测试系统。同时还可以为用户提供全方位的技术咨询和样品测试服务以及实验室整体解决方案。
主营产品：马弗炉、高温炉等。

合肥科晶材料技术有限公司

地址：安徽省合肥市高新区柏堰科技园团山路 8 号
电话：0551-65592566
电邮：sales@kjmti.com
网址：www.kjmti.com
单位介绍：合肥科晶材料技术有限公司成立于 1997 年，目前主要从事氧化物晶体（A-Z）系列材料研发生产、溅射靶材制备和材料实验室及电池研发全套设备。公司从成立之初研发高温超导薄膜基片大尺寸 $LaAlO_3$ 单晶做起，目前 $MgAlO_4$、$NdGaO_3$、LSAT、3 英寸 $LaAlO_3$ 等晶体是行业知名供应商。设备研发的各种高温炉、大尺寸高温高压炉、热等静压炉、单晶生长炉等，用于石墨烯、高通量、蒸发镀膜、高温超导薄膜、超导块材和线材的制备设备，涉及新能源材料、电池制备等成套设备，并为科研工作者提供材料研究解决方案，已经成为行业领军企业。
主营产品：加热炉设备、辊压设备、箱式炉、高压炉、管式炉、晶体生长炉等。

天津中环电炉股份有限公司

地址：天津市北辰科技园区双川道 11 号
电话：022-26980130
电邮：ctjzh2828@126.com
网址：www.ctjzh.com
单位介绍：天津中环电炉股份有限公司是集研发、制造、营销于一体的生产制造型高新技术企业，以实验室电炉、工业电炉及热分析仪器为产品核心，其中实验室电炉 280 余种，工业炉两大系列、热分析类仪器 30 余种。在科研院所、知名高校和重点领域企业累计用户上万家。公司产品主要应用于金属材料、特种陶瓷、复合材料、半导体、纳米材料、碳纤维、石墨烯等新材料领域。
主营产品：高温接触角测量仪、管式炉、箱式炉。

咸阳华友新能源窑炉设备有限公司

地址：陕西省咸阳市秦都区文兴西路装备制造产业园内
电话：029-32121299
电邮：924961200@qq.com

单位介绍：咸阳华友新能源窑炉设备有限公司是致力于工业用窑炉设备制造、销售，工业窑炉拆迁、安装、改造，窑炉备件及电子元件销售的知名企业，为客户提供优质的产品、良好的技术支持、健全的售后服务。

主营产品：箱式烧结炉、热风循环排胶炉、排胶炉、钟罩炉、隧道式推板炉、网带炉、实验炉、气氛炉等。

肇庆市宏华电子科技有限公司

地址：广东省肇庆市端州三路 8 号
电话：0758-2725206
电邮：hh@zqhonghua.com
网址：www.gd-honghua.com

单位介绍：肇庆市宏华电子科技有限公司是一家专业从事研制和销售高端电子元件智能装备的高新技术企业，产品适用于片式电容/电感/电阻、LTCC/HTCC 元件、传感器、陶瓷材料、新能源材料、钙钛矿电池等生产行业。公司通过了 ISO 9001 质量体系、ISO14001 环境体系等管理体系认证。获得发明专利、实用新型专利、软件著作权等 40 多项。

主营产品：箱式炉、推板式排胶炉、推板式气氛热脱脂炉、推板式氢气氛隧道炉、网带式氮气氛烧结炉等。

河南三特炉业科技有限公司

地址：河南省洛阳市高新区青城 6 号
电话：18637977060
电邮：bryan@saftherm.com
网址：www.santely.cn

单位介绍：河南三特炉业科技有限公司总部位于中国（洛阳）自由贸易区高新技术开发区青城路 6 号，在北京、上海、重庆、西安、成都、武汉、长沙、深圳设有业务分支机构，并全资控股"赛弗热（洛阳）热工技术有限公司"。公司通过 ISO 9001 质量体系认证、欧盟 TUV 和 CE 认证、SGS 工厂认证；拥有自主知识产权五十余项，被授予"国家高新技术企业""国家科型中小企业""专精特新中小企业""创新型中小企业""洛阳市难熔材料工艺烧结研发中心""洛阳市风口产业高新技术企业"等荣誉资质。

主营产品：马弗炉、箱式气氛炉、管式电阻炉、热风循环炉、真空热处理炉、义齿炉、脱脂炉、网带炉、推板炉、升降炉、台车炉、熔炼炉。

合肥高歌热处理应用技术有限公司

地址：安徽省合肥市长丰县双凤工业园凤仪路 48 号
电话：0551-65778078
电邮：18256936367@163.com
网址：www.hfgaoge.com

单位介绍：合肥高歌热处理应用技术有限公司是一家专门从事制造和销售高、中、低温工业电炉和实验电炉的高新技术企业。立足服务于国家新能源、新材料等领域的科研与实验，与国内众多高校理工实验室和科研院所建立了长期的合作关系，共同承担多项国家 863、973 等高精尖领域的科研工作，并提供全方位的热工技术解决方案。更致力于帮助国内新能源、新材料等行业的成果向产业化发展，与国内众多电子、化工、粉末冶金、功能材料、磁性材料、纳米材料、先进陶瓷、光电光伏、特种纤维及军工企业建立紧密的合作关系，为合作伙伴提供成套的先进电炉装备与后续技术服务。

主营产品：各种高、中、低温箱式炉及连续炉脱脂烧结设备。

安徽贝意克设备技术有限公司

地址：安徽省合肥市肥西县宜秀路 6 号
电话：besteq@163.com
电邮：0551-65146333
网址：www.ahbeq.com

单位介绍：安徽贝意克设备技术有限公司是一家集新材料设备研发、生产、销售与技术服务于一体的高科技企业。公司历经十余年的艰苦创业，已由当年的行业追随者发展成为今天的行业佼佼者。公司重视技术攻关和产品研发，建有精优的产品研发中心，拥有一支由多名博士、硕士组成的专业研发队伍，累计获得专利 200 余项。并通过产学研合作，与北京大学、南开大学等多所知名院校建立联合实验室及研究生联合培养基地。专注于新材料装备工艺开发及装备制造，产品门类涵盖了 OLED 材料提纯专用设备系列、碳材料制备设备系列、半导体专用设备系列及金属纳米颗粒设备系列四大类共十余个子类，与众多材料厂商、科研院校等保持长期合作关系，市场营销网络遍布全球各地。

主营产品：各类型箱式炉、管式炉、CVD、ALD、真空镀膜、纳米材料制备装备、各种高精度真空箱及各类非标定制。

洛阳市博莱曼特试验电炉有限公司

地址：河南省洛阳高新开发区东马沟工业园
电话：0379-60626696
电邮：lyblmtyl@163.com
网址：www.gaowenlu.net

单位介绍：洛阳市博莱曼特试验电炉有限公司是集开发、生产、销售于一体的现代化电炉专业厂家，地处河南洛阳，从事实验室高温设备和生产设备的研制，拥有多年的制造经验。公司引进先进技术，研制、开发、生产各种型号电炉。现拥有 3000 多平方米生产基地与多种生产加工设备，及较完善的质量检测体系。公司致力于技术的研究、开发与应用，产品规格较齐全，技术较先进，质量稳定可靠，在新工艺、新材料、新技术推广应用，新产品研制、开发等方面在国内处于较高水平，特别是在全国各大院校已得到充分肯定。

主营产品：箱式炉、管式炉、立式炉、钟罩炉、熔块炉、升降炉、气氛炉、真空炉、烧结炉。产品广泛用于陶瓷高温的烧结、纳米材料的烧结、金属零件淬火、玻璃的精密退火与微晶化、晶体的精密退火、陶瓷釉料制备、粉末冶金等。

洛阳昌瑞炉业有限责任公司

地址：河南省洛阳市高新技术开发区洛宜路南侧白营段
电话：0379-64672313

5.5 陶瓷烧结设备企业

电邮：lycrly@163.com
网址：www.changruily.com
单位介绍：洛阳昌瑞炉业有限责任公司是集科、工、贸为一体，专注于从事高温电炉行业、工业自动化控制设备的研发、生产、加工及销售、出口为一体的高新技术企业。拥有数控冲床、数显折弯机、剪板机、下料机、纤维板切割机等20多台高精度加工机械设备。产品广泛应用了计算机、PID、液晶触摸屏、变频器和工控处理器，以及先进的软件技术，对多个行业的生产工艺过程，实现了自动监控、通信、信息储存、设备运行保护、智能分析等功能。
主营产品：高温电炉、实验电炉、箱式电炉、电子烧结炉、熔块炉、坩埚炉、陶瓷炉、纳米电炉、ITO靶材窑炉、推板窑、隧道窑、梭式窑等窑炉。

郑州市恒塑电子科技有限公司

地址：河南省郑州高新技术产业开发区枫林路27号4号楼5层507号
电话：0371-86531637
电邮：15617909283@139.com
网址：www.zzshs.com
单位介绍：郑州市恒塑电子科技有限公司是一家专业从事集热处理产品的研发、生产、制造、销售、服务于一体的高新技术企业。公司产品涵盖箱式炉、高温管式炉、气氛炉、箱式马弗炉、CVD系统、PECVD设备、牙科炉、升降炉、真空炉、定制炉型等，广泛用于粉末冶金、真空钎焊、陶瓷烧结、新能源材料研发、金属光亮处理、零部件退火、科学研究等多个领域。多年来公司坚持以客户需求为导向，致力于不断提高产品品质和完善技术服务，凭借过硬的技术、丰富的实践积累，先后研发出了一系列具有国际先进水准的实验电炉和工业炉。
主营产品：钎焊炉、真空炉、淬火炉、回转炉、台车炉、井式炉、气氛炉、箱式马弗炉、管式炉、氧化锆烧结炉、钟罩炉、化学气相沉积系统PECVD、CVD设备、熔炼炉。

郑州铂晶电炉工业有限公司

地址：河南省郑州市荥阳市工业路中车高科园22栋
电话：0371-60256006
电邮：15286801600@163.com
网址：www.zzbjyq.com
单位介绍：郑州铂晶电炉工业有限公司是一家以生产高温炉设备为主，集科研、生产、销售于一体的企业。目前公司产品涵盖箱式马弗炉系列、管式炉系列、气氛炉系列、升降炉系列、CVD化学气相沉积系统系列、真空炉系列设备六大系列产品，广泛应用于高校、科研所、军工业、航空航天、超硬材料、3D打印、电池、电子、水泥、金属制品、陶瓷等行业。铂晶公司用产品抢占市场，用服务创造市场。"铸铂晶品牌，让用户满意"是铂晶公司永恒的追求。
主营产品：箱式炉系列、管式炉系列、气氛炉系列、升降炉和坩埚炉系列、真空炉系列、CVD/PECVD系统系列、配件系列。

洛阳飞泰窑炉有限公司

地址：河南省洛阳市宜阳县香鹿山镇产业集聚区轴承专业园朝阳路8号
电话：0379-61126793
电邮：lyftyl@126.com
网址：www.lyftyl.
单位介绍：洛阳飞泰窑炉有限公司是集设计、生产、销售为一体的专业电炉设备生产厂家，拥有成套的加工设备、完善的质量检测体系，设有专业设计研发中心，引进国内外先进的技术，研制开发生产各种型号工业电炉。其产品具有升温快、节能、操作简单，微电脑控制可编程、全自动升（降）温、温控精度及恒温精度高、炉体温度接近室温等特点。产品适用于大专院校、研究院所、工厂实验室、单位实验室等研究与开发新产品。
主营产品：箱式电炉、管式电炉、真空气氛炉、熔块炉升降炉、台车炉、井式电炉、实验电炉、马弗炉。

河南奥菲达仪器设备有限公司

地址：河南省郑州市二七区马寨工业园区
电话：15136458886
电邮：252526506@qq.com
网址：www.aofeidayiqi.com
单位介绍：河南奥菲达仪器设备有限公司是一家集研制、开发、生产和销售于一体的专业生产企业，拥有专业的技术生产、高科技的设备、高素质的人才。在经营过程中以优良的职业道德与商业信誉、高质量的产品、较完善的售后服务赢得了广大用户的信赖和支持。在生产过程中严格执行产品制造要求，建立了一套较完整的质量管理体系，使产品质量具有可靠的保证。已通过ISO 9001国际质量管理体系认证。在生产和销售过程中，秉承创新、专业的质量方针，一直致力于产品的研发创新。在功能设计、能量数据、用料选择、安全性能等每一个过程都严格要求。
主营产品：马弗炉、管式炉、高温炉、真空管式炉、气氛管式炉、箱式气氛炉、陶瓷纤维马弗炉、熔块炉、非标高温炉、氧化锆烧结炉、硅碳棒烧结炉。

洛阳高新开发区天创实验电炉厂

地址：河南省洛阳市高新开发区创业路36号
电话：0379-6566025
电邮：tcdlc@163.com
单位介绍：洛阳天创实验电炉厂是研制、开发、生产快速升温节能实验电炉和窑炉的专业厂家，产品采用可靠的温控仪表和集成化电气控制，炉膛全部使用精制高温陶瓷纤维制品，升温快，保温性能好，微电脑可编程全自动控制，控制精度±1℃。任意编制升温、保温、降温曲线，程序结束自动停止，超温保护，可无人值守。广泛用于陶瓷、化工、电子、冶金、玻璃烧结、新材料开发、耐火材料研制、熔块配方试验，用于建材、机械、特种材料等行业以及大专院校的物理和化学试验等，深受新老客户的好评。

主营产品：箱式电炉、熔块炉、管式炉、井式炉、升降炉、钟罩炉、气氛炉和梭式窑炉等。

郑州成越科学仪器有限公司

地址：河南省郑州市高新区金盏街郑州亿达科技新城5号楼四楼401
电话：0371-55199322
电邮：wjb@cykeyi.com
网址：www.cykeyi.com
单位介绍：郑州成越科学仪器有限公司位于郑州高新技术开发区863软件园内，是一家专业从事材料制备设备和材料制备原料代理的高科技公司。重点专注于CVD石墨烯制备设备、荧光粉烧结设备、氧化锆生物陶瓷烧结、纳米材料制备、电池材料制备、陶瓷材料的微波烧结、稀有金属的区域提纯等研究发展方向，立志做先进材料制备技术及设备和原料的提供商。
主营产品：氧化锆烧结炉、高温熔炼炉、放电等离子烧结炉、高温真空炉、氧化锆烧结炉、高温箱式炉、箱式气氛炉、高温高压炉等。

洛阳智普炉业有限公司

地址：河南省洛阳市高新技术开发区天津路45号
电话：0379-60139235
电邮：lyzply888@163.com
网址：zhipuluye.com
单位介绍：洛阳智普炉业有限公司成立于2012年3月，是工业电炉、试验电炉的生产厂家，拥有从事多年电炉设计的技术人员，自主设计开发能力强，并拥有自己的制作团队，所生产的电炉种类繁多，如马弗炉、真空炉、高温炉、真空气氛电炉、高温煅烧炉、真空烧结炉、升降炉、台车炉、回转管式电阻炉、智能提拉式、倾斜式电阻炉等。
主营产品：箱式炉、管式炉、真空炉、工业炉、异形炉、特殊用途电炉、电炉配件、机械设备零部件。

洛阳耀星高温窑炉有限公司

地址：河南省洛阳市新安县经济技术开发区洛新园区滨河路207号
电话：13938857290
电邮：yxgwdl@163.com
网址：www.gaowenyaolu.com
单位介绍：洛阳耀星高温窑炉有限公司在生产电加热电炉方面已有多年的历史，现已拥有超过20种标准化电炉，处理温度从400℃到1800℃。应用领域有高温电炉、箱式电炉、实验电炉、马弗电炉、管式电炉、升降电炉、真空炉、真空气氛炉、梯度电炉、ITO靶材窑炉、井式电炉、钟罩式电炉、台车电炉、陶瓷玻璃熔块炉、辊道窑、网带窑、回转窑、坩埚保温及熔化电炉等。产品具有全自动控制，升温快，节能，操作简单，微电脑控制可编程，全自动升（降）温，温控精度和恒温精度高，炉体温度接近室温等优利特点。在售后服务方面，有专职的售后服务工程师，竭尽全力为客户提供完善的技术支持和售后服务。
主营产品：箱式电炉、管式电炉、升降电炉、真空气氛炉、熔块炉、台车炉、井式炉、网带炉、回转炉、马弗炉等。

洛阳鲁威窑炉有限公司

地址：河南省洛阳市洛新工业园区科隆南路
电话：0379-67309988
电邮：lyytdl@163.com
网址：www.lylwyl.com
单位介绍：洛阳鲁威窑炉有限公司是研制、开发、生产窑炉的专业厂家。其产品具有升温快（20～40min）、节能、温控精度高、保温性能好、微电脑控制、可编程全自动升温与降温炉壁温度接近室温等特点，常用于陶瓷、化工、电子、冶金新材料开发、机械、耐火材料、建材、特种材料等领域的实验和生产，深受广大新老用户好评。
主营产品：高温电炉、实验电炉、气氛炉、窑炉、台车炉、熔块炉、熔块电炉钟罩炉、升降炉、升降电炉、ITO靶材窑炉、节能电炉、箱式炉等。

湘潭米塔电炉有限公司

地址：湖南省湘潭市高新区双马五号路8号东方金谷产业城一期C03栋1单元0101001号
电话：0731-52835066
电邮：xtmtdl@163.com
单位介绍：湘潭米塔电炉有限公司直属湘潭市三星仪器有限公司，系在原湘潭市电城实验电炉厂基础上经股份改制组建而成，专业生产标准实验电炉、节能电炉、快速升温电炉、真空电炉、特种电炉等各款电阻加热设备。主要产品有箱式电阻炉、坩埚电阻炉、真空成型全纤维快速升温电阻炉、电热鼓风干燥箱、真空干燥箱、管式气氛炉、真空管式气氛炉、热压烧结炉、梯度电阻炉、高温熔块炉、反应烧结炉、旋转管式气氛炉、真空烧结炉、真空气压烧结炉、真空热处理炉、平板加热器、线加热装置、温度控制器（柜）等
主营产品：全纤维快速升温电炉、特种电炉、标准实验电炉、标准烘箱等。

宜兴市金凯瑞炉业有限公司

地址：江苏省宜兴市和桥镇和桥工业园创业大道18号
电话：18921313866
电邮：1851822006@qq.com
网址：www.jkrly888.com
单位介绍：宜兴市金凯瑞炉业有限公司是一家集设计研发、生产加工及销售电炉为一体的技术型企业，聚集了一批长期从事电炉制造和服务的技术人员，主要生产经营各类工业电炉、试验电炉等热处理设备。公司结合陶瓷地区特有的耐火材料优势，精工设计制造的窑炉已广泛应用于多个行业领域，适用于各类产品的烧成、热处理等。在精准的温度控制领域，而且在自动化控制系统上也有很大的突破。
主营产品：辊道窑、推板炉、高温炉、烧结炉、回转炉、网带

5.5 陶瓷烧结设备企业

炉、箱式炉、管式炉、升降炉、隧道炉、氢气炉、台车炉、气氛炉、试验炉。

宜兴市精益电炉有限公司

地址：江苏省宜兴市丁蜀镇大浦汤庄村
电话：0510-87492218
电邮：yxjydl@163.com
网址：www.yxjydl.com
单位介绍：宜兴市精益电炉有限公司专业设计制造各种试验电炉和工业窑炉，实现了间隙式窑炉与连续式窑炉的全覆盖，包括箱式炉、管式炉、井式炉、立式炉、梯度炉、升降炉、罩式炉、台车炉、网带炉、推杆推板炉、滚筒炉、辊道炉、气氛保护炉、真空热压炉、热风循环炉等，广泛应用于电子材料、金属材料、化工材料、陶瓷粉料、稀土材料、磁性材料、粉末冶金、玻璃、环保、检验与检测等行业。
主营产品：试验电炉、连续生产型推板电窑、网带电窑、辊道电窑、连续或间歇型回转式滚筒窑、连续生产型立式炉、间歇生产型台车炉、工业配套定作加热器、窑炉配件等。

张家港市盛澳电炉科技有限公司

地址：江苏省张家港市锦丰镇双福村早发安全玻璃公司内
电话：0512-58392366
网址：www.sadlkj.com
单位介绍：张家港盛澳电炉科技有限公司具有从设计研究到生产制造各种电炉的能力，公司工艺设备齐全，技术力量雄厚。公司一直致力于高温节能电炉的生产和创新，在不断提高产品质量的前提下，力求降低产品的生产成本，让产品更具有竞争力。
主营产品：各种高低温窑炉，包括实验电炉、高温箱式炉、热处理台车炉、退火炉、天然气加热炉等工业窑炉。

宜兴市万隆电炉有限公司

地址：江苏省宜兴市万石镇银河路
电话：0510-87842952
电邮：yxwldl@163.com
网址：www.yxwl.cn
单位介绍：宜兴市万隆电炉有限公司创建于1995年，是从事工业窑炉、试验电炉及其他非标电炉的设计制造、销售服务于一体的专业公司。同时积极引进国外窑炉公司的先进技术及管理方式。从原材料进厂到产品出厂实行全方位的质量跟踪，确保产品合格率98%以上。产品主要为国内锂电池行业、氧化锆光通信行业、氧化锆泡沫过滤陶瓷、氧化铝防弹陶瓷行业、氧化锆结构陶瓷行业、特种陶瓷行业、大专院校科研单位提供配套生产服务。
主营产品：实验电炉、中温推板窑炉、高温推板窑炉、辊道窑炉等。

上海热凡高温设备有限公司/苏州厚耀工业炉有限公司

地址：江苏省常熟市创晋产业园11栋
电话：021-59975181
电邮：refanyq@163.com
网址：www.refanyq.com
单位介绍：上海热凡高温设备有限公司是专业设计、研发、生产、销售高温热处理设备的企业；公司在短短数年，已经快速成长为具有一批高深资质的热处理研发团队、完善的生产加工和质量检测体系的热处理制造企业；凭借高端的品质、成熟的技术、实用及人性化的设计、以客户需求及应用为基础的解决方案、环保的材料及专业的服务，在试验型及生产型的热处理设备中，赢得了各大院校、科研单位、工矿企业、新材料及能源的研发生产企业的一致好评。热凡高温依托技术开拓市场空间的经营策略，在传统工艺的基础上，不断引进新技术，持续发展，开拓创新。以"专业 品质 科技 创新"的产品价值观，精心打造国内的一流品牌——"热凡"电炉，为您提供最专业的热工技术及热工设备。
主营产品：高真空钎焊炉、3D金属打印真空退火炉、网带炉等。

江苏恒力炉业有限公司

地址：江苏省丹阳市里庄工业园转盘处
电话：13775011111
电邮：jsczchenyun@163.com
网址：www.dyshlly.cn
单位介绍：江苏恒力炉业有限公司是生产各种热处理设备的专业化工厂，主要产品有箱式炉、台车炉、热风循环炉、井式炉、罩式炉、管式炉、网带炉、连续式滚筒炉、辊底炉、推杆炉、可倾式滚筒炉、钢带炉、铝合金淬火炉、时效炉、坩埚炉、熔铝保温炉等。可对工件进行以电、天然气、煤气、工业燃油等为介质的真空、保护气氛、控制气氛等各种自控热处理。
主营产品：台车炉、井式炉、箱式炉、罩式炉。

丹阳市恒泰电炉有限公司

地址：江苏省丹阳市云阳镇留雁工业园区
电话：0511-86697500
电邮：dyhtdl@163.com
网址：www.2006ht.com
单位介绍：国家级高新技术企业丹阳市恒泰电炉有限公司是生产各种热处理设备的专业化公司。公司占地面积13000多平方米，是镇江地区大规模热处理设备生产厂家，以及三维石墨烯粉体材料生产设备地方标准制定单位。公司于2014年成立江苏省研究生基地，承接了多项省市级工业设备科研项目。生产的产品引进先进技术及节能材料，荣获多项国家发明专利和几十项新型实用型专利。产品经国家电子工业部工业炉协会检测中心抽检合格、江苏省电炉行业验收合格。公司拥有自己的设计研发人员和制造厂房，及全套电炉加工及检测设备，为全球客户提供各种热处理工业炉设备。
主营产品：箱式炉、台车炉、热风循环炉、井式炉、光亮退火罩式炉、管式炉、网带炉、全自动硅烷交联磷化蒸汽炉、连续式滚筒炉、辊底炉、推杆炉、可倾式滚筒炉、钢带炉、铝合金淬火炉、时效炉、坩埚炉、锯片烧结炉等。

第 5 章 陶瓷设备种类及企业分布

宜兴市经纬电炉有限公司

地址：江苏省宜兴市万石镇工业园区东风桥
电话：0510-87850229
电邮：yxjingwei@163.com
网址：www.jwdianlu.com
单位介绍：宜兴市经纬电炉有限公司位于江苏省宜兴市万石镇，是集窑炉开发设计于一体的电炉生产企业。主要生产系列推板式电阻炉、网带式电阻炉、气氛保护炉、高温耐火材料、陶瓷材料，广泛应用于电子元件、粉体、陶瓷、玻璃等行业领域。适用于各类产品的预烧、排胶、烧成、烘干、烧银、热处理、固化、陶瓷金属化等工序，主要产品有箱式炉、井式炉、梭式窑、网带窑、回转窑、窑车窑、推板式隧道电阻炉、真空炉、气氛保护炉、超高温管式推板炉（碳管炉）、钨钼粉焙烧炉、还原炉等各种高、中、低温工业窑炉，工作温度范围为200～2500℃。
主营产品：生产箱式电炉、电阻炉、实验电炉、气氛电炉、管式电炉。

宜兴市炜丰热工科技有限公司

地址：江苏省宜兴市丁蜀镇蠡路9号
电话：0510-81738755
电邮：yangyongsheng2002@126.com
网址：www.yxwfrg.com
单位介绍：宜兴市炜丰热工科技有限公司位于江苏省宜兴市丁蜀镇，是从事电炉设计制作和耐火材料生产的股份有限公司。公司在电炉设计制造方面已有30多年的历史。公司致力于节能、环保加热窑炉设备制造，主要应用于热处理、锂电池粉末、磁性材料、陶瓷产品及陶瓷粉末、PTC、NTC材料、耐火材料行业。为适应新型窑炉的生产，公司和日本窑炉技术的专家进行资源整合，引进日本窑炉公司的技术专家，合作设计制作新型窑炉。在消化日本窑炉的技术基础上，结合自身的生产制造优势，生产出高性价比的窑炉。
主营产品：锂电池烧成用气氛辊道炉、稀土烧成用大气气氛辊道炉、铁氧体烧成用气氛推板炉。

宜兴市艳阳天炉业有限公司

地址：江苏省宜兴市和桥镇西锄村荷花路158号
电话：0510-81701121
电邮：cjy@yxyyt.com
网址：www.yxyyt.com
单位介绍：宜兴市艳阳天炉业有限公司是一家专业从事工业窑炉及烟气处理设备的设计、制造、安装、维护的窑炉设备制造厂家。窑炉设备广泛配套于玻璃、陶瓷、化工、新能源及新材料行业，主要用于退火、烤花、烧成、烘干等热处理工艺，产品自投放市场以来深受国内外客户好评。产品远销美国、日本、韩国、加拿大、俄罗斯、土耳其、埃及、法国、乌兹别克斯坦、越南、印度等二十多个国家。
主营产品：玻璃深加工窑炉、陶瓷稀土窑炉、烘干线。

宜兴市中亚电炉有限公司

地址：江苏省宜兴市万石镇工业区342省道南首
电话：0510-87846088
电邮：1961105097@qq.com
网址：www.yxzydl.com
单位介绍：宜兴市中亚电炉有限公司是江苏省AAA重合同守信用企业、中国电器工业质量承诺单位、中国窑炉行业ISO9001质量体系认证单位，也是一家有着20多年生产窑炉经验的专业公司。现有工程技术人员均有10多年的实践制造经验，能根据客户要求设计各种烧结陶瓷粉体、电子陶瓷粉体、硅酸锂、钴酸锂、锰酸锂、三元材料、氧化钴、氧化锆、氧化铝等窑炉。公司地处长三角中心的宜兴市万石工业区内，占地近6700平方米，现有厂房1万多平方米、办公面积1000多平方米。中亚人本着诚信、务实、感恩、奋进的精神竭诚为各界人士服务，在不断将系列产品成功推向市场的同时，认真做好产前售后的技术服务，赢得了广大客户的赞誉。
主营产品：气氛箱式炉、单通道双推板回转式电窑、推板窑炉组、高温双通道推板窑炉、高温升降炉、升降式钼棒炉、高温箱式炉等。

宜兴市万石电炉厂有限公司

地址：江苏省宜兴市万石镇万石街
电话：0510-87841622
电邮：sales@wsef-cn.com
网址：www.wsef-cn.com
单位介绍：宜兴市万石电炉厂有限公司是一个历史悠久的电炉专业生产厂，具有从设计研究到生产制造各种试验电炉、电阻炉、加热炉的能力。工艺装备齐全，技术力量雄厚。自1970年起开始生产各种电阻炉，产品畅销全国各地，深得国内外用户的信赖。
主营产品：气氛保护电阻炉、SX系列箱式试验电阻炉、SX系列碳棒电阻炉、气氛保护箱式试验电阻炉、气氛保护箱式试验电阻炉、CGME系列硅钼棒箱式电阻炉、JGMT系列硅钼棒升降炉、TGMF系列硅钼棒升降炉、气氛保护硅钼棒箱式电炉、GMY系列硅钼棒隧道式电阻炉、GTY系列硅碳棒隧道式电阻炉、硅碳棒辊道式隧道炉、SK系列管式电阻炉、串芯发兰炉、RQ3系列井式气体渗碳炉、RJ2系列井式回火电阻炉、RT2系列台车式电阻炉、DM系列埋入式电极盐浴炉、RX系列箱式电阻炉。

上海德恭实业有限公司

地址：上海市浦东新区成山路1088号汇郡大厦605
电话：021-64038165
电邮：info@degenindustry.com
网址：www.degenindustry.com
单位介绍：上海德恭实业有限公司是专业化的国际热工设备销售服务公司。公司凭借在热加工行业多年的经验，向客户推荐较理想的热处理设备及相关配套产品，包括国际通用的各种标

5.5 陶瓷烧结设备企业

准设备和定制设备、国际较先进的热加工工艺、为用户量身定做的系统化解决方案等。

主营产品： MK 精密铸造设备、国产试验箱式电炉、光谱仪制样设备、进口试验箱式电炉、控温仪表系列。

济南德天力电炉制造有限公司

地址： 山东省济南市花园路 3 号
电话： 0531-88901318
电邮： jufuzhen@163.com
网址： www.jndianlu.com
单位介绍： 济南德天力电炉制造有限公司是专业从事设计、开发、制造热处理设备的厂家。以技术为先导，以节能为目标，为冶金、机械、航空、铁路、船舶、电子、汽摩、高温陶瓷等行业以及国家重点工程生产了上千台适用于金属冶炼、熔炼、保温、加热、热处理、热装卸、烘焙等热处理设备，产品多达三十多个系列几百个品种。

主营产品： 箱式电阻炉、台车炉、气体渗碳炉、井式回火炉、井式加热炉、氮化炉、试验炉、罩式炉、盐浴炉、铝合金淬火炉、熔铝炉、真空炉、专用电炉、电炉控制柜、电炉配件、仪表。

龙口市电炉制造厂

地址： 山东省龙口市兰高镇政府驻地路北
电话： 0535-8635328
电邮： info@dianluzhizao.com
网址： www.dianluzhizao.com
单位介绍： 龙口市电炉制造厂始建于 1988 年，为山东规模专业生产电炉、干燥箱企业。经过 20 年的努力，为广大科技工作者提供了可靠的试验电阻炉、工业电炉、电热鼓风干燥箱、培养箱、恒温水浴锅、油浴锅、电热套、电热板、智能控制仪等加热设备。产品畅销国内各大院校科研机构、工厂矿山，以良好的产品质量、完善的售后服务受到了客户的好评。公司拥有一批长期从事设计、研制的高级工程师和专业技术人员，并与国内众多科研院所合作开发具有世界水平的各种非标特种加热设备。今后我们将不断努力，依据客户的需要，改进并完善产品性能和档次，我们衷心期待您的指导和支持。本厂设有仪器公司、化玻公司，代理国内国外先进的科学试验仪器、化学试剂、玻璃仪器。

主营产品： 工业电炉、试验电炉（马弗炉）、专用烘干箱、培养箱、电热板、干燥箱、试金炉和灰吹炉、真空炉（气氛炉）、矿山设备、微波消解仪、分光光度计、温度控制柜、中频炉、产品配件、实验室设备、电子天平、实验室仪器。

龙口市龙一炉业有限公司

地址： 山东省烟台市龙口市兰高镇政府驻地
电话： 0535-8638077
电邮： 316836859@qq.com
单位介绍： 龙口市龙一炉业有限公司是一家从事研究、生产、销售电炉和电炉产品的综合性企业。公司多年来专注于试验电炉的研发，积极以市场和客户为导向，以提高产品和服务质量为要求，为广大客户提供高品质炉产品。公司主要产品有马弗炉、万用炉、真空炉、管式炉、气氛炉、台车炉、烘箱、电热板等，广泛应用于材料、化学、金属、陶瓷、电子等高科技领域。龙口市龙一炉业有限公司凭借良好的企业信誉、可靠的产品质量和周到的售后服务，使产品不仅在国内市场广受欢迎，而且远销美国、德国、比利时、英国、俄罗斯，以及中东及南美国家和地区。

主营产品： 工业电炉、试验电炉、专用烘干箱、培养箱、电热板、干燥箱、试金炉和灰吹炉等。

淄博明鸿电炉有限公司

地址： 山东省淄博市文昌湖区萌水镇北安村西首
电话： 13853334999
电邮： 361834598@qq.com
网址： www.zbxmh.com
单位介绍： 淄博明鸿电炉有限公司是一家集研发、制造、销售为一体的现代化工业电炉生产企业，有十多年的设计制造经验，汲取国内外电炉的优点，采用先进的温控仪表及计算机控制技术，具有先进的生产技术和成熟的生产工艺。

主营产品： 台车炉、井式炉、箱式炉、滚筒炉、网带炉、搪烧炉、电炉配件、电控柜、燃气炉、坩埚炉（熔铝炉）、中频炉、回火炉、保温炉、氮化炉。

淄博永创窑炉技术有限公司

地址： 山东省淄博市张店区小套工业园
电话： 0533-8171406
电邮： yongchuangyaolu@163.com
网址： www.yongchuangyl.com
单位介绍： 淄博永创窑炉技术有限公司主要从事工业窑炉的设计、开发、施工、安装和调试，承接各类工业窑炉的改造及维修，同时经营各类窑炉配件以及相关耐火保温材料，并为客户无偿提供长期的售后技术服务。长期致力于陶瓷、化工、冶金、能源、电子、轻工、建材、环保、耐火材料等多领域工业窑炉的技术研发。产品广泛应用于化工原料焙烧、催化剂再生和生产、汽车尾气净化器焙烧、矿石（渣）煅烧、稀土和金属氧化物焙烧、冶金辅料、陶瓷玻璃产品焙烧、钢铁退火等行业。

主营产品： 回转窑炉、热风炉、梭式窑炉、干燥窑炉、网带窑炉、辊道窑炉、隧道窑炉、退火炉、工业电炉及其他加热炉，另有窑炉配件、窑炉自动控制系统、窑炉改造及维修、耐火材料。

淄博正丰电炉有限公司

地址： 山东省淄博市淄川区双杨镇牟村村东
电话： 0533-5491590
电邮： zfdl0533@126.com
单位介绍： 淄博正丰电炉有限公司是一家集研制、开发、制造、销售为一体的现代化工业电炉，台车炉生产企业，是山东省机械工业生产定点企业。产品广泛应用于机械、冶金、化工、电子、陶瓷、稀土等行业。
主营产品：箱式炉系列、台车炉系列、井式渗碳炉、井式回火炉、井式氮化炉系列，电热鼓风干燥箱、网带式电炉、燃气炉燃煤炉及各种工业用炉，并承接各种工业电炉的维修及供应各种电炉的配件。

淄博超科硅碳棒有限公司

地址：山东省淄博市淄川区昆仑镇工业园
电话：0533-5760233
电邮：chaoheguitanbang@163.com
单位介绍：淄博超科硅碳棒有限公司是专业从事研究、开发、生产硅碳棒的厂家。我厂设备精良，生产工艺较先进，重技术善管理。现生产的特大型等直径硅碳棒，直径40～60mm，总长度可达4.80m，满足了铝厂、压铸厂、玻璃厂、电缆厂合金厂、弹簧厂及不锈钢精密铸造、热镀锌熔化等各行业的大型电炉的需要。
主营产品：电热模壳焙烧炉、高温箱式电炉。

山东璐广电炉有限公司

地址：山东省潍坊市临朐县辛寨工业园
电话：0536-3443988
电邮：623606561@qq.com
网址：www.sdlgdl.com
单位介绍：山东璐广电炉有限公司是专业从事工业电炉、异型非标准炉、机械设计制造、工业电器自动化控制、控制盘、干燥设备研究、开发、制造和营销的企业。多年来，公司紧跟市场的发展和客户的需求，已向省内外机械、冶金，提供了大量的各种规格形式多样的箱式、井式、台车式、渗碳、回火、盐浴、氮化、固化、烘干、烤漆、热风、煅烧炉、燃气炉、电气自动化控制盘盘等设备及各种电炉配件，经用户的长期使用，获得了广大用户的好评。
主营产品：工业电炉系列、天燃气炉系列、台车炉系列、井式炉系列、箱式炉系列、罩式炉系列、回火炉系列、退火炉系列、淬火炉系列、锻造炉系列、工业炉系列、渗碳炉系列、时效炉系列、设备配件系列、控制系统系列、中频电炉系列、盐浴炉系列。

西安嘉博电炉有限公司

地址：陕西省西安市灞桥区水安路318号
电话：029-82297531
电邮：9-2000@163.com
网址：www.xajbdl.com
单位介绍：西安嘉博电炉有限公司是以制造各类高/中/低温试验电阻炉、工业电阻炉、气氛电阻炉及各种成套电阻加热设备以及其他非标机电设备为主的专业制造公司，也是以产品多系列、多品种、多规格、高精度、高效益实现快速和敏捷制造为特点的专业开发公司，以满足用户各种需要为目标的高技术服务公司。公司产品主要分四大类多种规格：第一类，试验及工业用各种规格的箱式、管式、坩埚式、台车式、井式电阻炉外热式及内热式真空电阻炉；第二类，试验及工业用各种电阻加热成套生产线；第三类，研究所、各大高校试验用和生产用标准及非标机电设备及控制系统；第四类，钣金折弯、等离子切割、氩弧焊、铝焊、铜焊、机加工等。
主营产品：真空管式电阻炉、旋转管式电阻炉、多温区梯度气氛炉、真空电阻炉、高温管式气氛炉、双温区管式气氛炉等。

成都华一炉业有限公司

地址：四川成都市蛟龙工业港双流园区李渡路18座
电话：028-85738073
电邮：cdhy11@126.com
单位介绍：成都华一炉业有限公司创建于1994年，是专业从事电子陶瓷烧结设备及相关设备的研制、开发和生产的技术型企业。已通过ISO 9001质量体系认证。所开发的设备以可靠、节能、环保等著称，特别是在立式炉结构方面已获得三项专利。半自动PTC（消磁热敏电阻）成品（正、负片盒装后）分选机的成功开发及应用填补了国内空白。
主营产品：隧道炉、立式炉、网带烧银（烘银炉）、链式粉体烘干炉、链式固化炉、真空炉、罩式炉、底开式升降炉、试验炉、热风回流焊接炉。另有PTC耐压连续测试机、小型磁芯分选机等检测设备。

杭州萧山众汇工业电炉厂

地址：浙江省杭州市萧山区进化镇机电配套工业园园区路6号（墅上王村）
电话：0571-82472877/82485216
电邮：hzzhdl@163.com
网址：www.hzzhdl.com
单位介绍：杭州萧山众汇工业电炉厂始建于1999年，随着热处理设备品种规格不断完善，生产规模不断扩大，逐渐发展为浙江工业炉行业骨干企业。公司拥有较先进的加工设备、实验仪器和检测设备，产品实现CAD/CAPP/CAM设计制造，设有热处理设备试制、工艺性能试验、性能验证考核的生产流程。公司专业研发、生产各种热处理生产线及工业电炉、燃气炉、井式渗碳炉、台车式电阻炉、滚筒式电阻炉、箱式电阻炉、井式回火炉、氮化炉、罩式炉、推送烧结炉、电热烘箱、网带炉、振底炉、节能电炉、真空炉、托辊式连续退火炉、快速自动淬火油槽、真空光亮退火炉、台车式光亮退火炉、燃气烘箱、恒温恒湿箱、托辊燃气炉、网带燃气炉、气氛炉、铝合金时效炉、烘干炉等76个系列，200余种工业炉类型，品种十分齐全。能源可采用电、油、气，性能良好，质量稳定。产品广泛用于五金、机械、冶金、军工、石油、化工、航空航天等行业的淬火、渗碳、渗氮、回火、退火、调质、氮化、失效、光亮处理、烧结、提炼、加热、烘干。
主营产品：箱式电阻炉、井式回火炉、氮化炉、罩式炉、推送烧结炉、电热烘箱、网带炉、振底炉、节能电炉、真空炉。

湖州恒亿工业炉有限公司

地址：浙江省湖州市长兴县林城镇午山岗路310号

5.5 陶瓷烧结设备企业

电话：0572-6878267
网址：www.huzhouhengyi.com
单位介绍：湖州恒亿工业炉有限公司是一家集科研开发、生产销售于一体的热处理设备制造企业。不断致力于科技进步，并消化吸收国内外电炉业之精华，研制开发出全新"效率高、节能、保护环境"连续式钎焊炉自动生产线（由超声波清洗机、钎剂喷淋、干燥炉、钎焊炉这些主要部分组成）。
主营产品：钎焊炉、高温钎焊炉、焙烧炉、网带淬火炉、烧结炉、可倾式转炉、渗碳炉、氮化炉、回火炉、台车炉、推杆炉、烧油炉、燃气炉、熔炼炉、保温炉、铝合金均匀炉、铝合金淬火炉、时效炉、铝卷板材退火炉、铝箔退火炉等三十多个系列，二百多个品种（可根据客户的要求，设计制造非标准特种设备）。

上海精钊机械设备有限公司

地址：上海市青浦区华新镇新凤北路885号
电话：18217745129
电邮：shjingzhao@163.com
网址：www.shhjingzhao.com
单位介绍：上海精钊机械设备有限公司是一家专业从事多种机械设备设计、研发、生产、销售与服务的高科技企业。公司拥有一批工程师、大学教授、材料专家作为技术顾问，同时拥有一支高素质的热工、气动力学、机械及自动控制专业的团队。公司自行设计的机电一体化产品具有升温快、能耗小、热容低、温控精、保温好等显著特点。可广泛用于陶瓷、电子、化工、玻璃、机械、建材、耐火材料、新材料、特种材料的研制和开发，是科研机构、工矿企业、高等院校的试验和生产的较理想产品。公司引进德国的筑炉工艺技术，不断推出市场需求的电炉产品，积极应用新材料、新工艺，为高科技电炉产品和非标准定制电炉产品的研制、开发及新技术的推广应用提供了可靠保证。可按客户需要设计各种非标准型号电炉、窑炉。
主营产品：JZ系列硅钼棒箱式电阻炉、硅碳棒电阻炉、智能一体马弗炉、气氛炉、管式炉、高温炉、台车炉玻璃炉、烧结炉、罩式电阻炉、1700℃升降式电阻炉、500℃高温热风循环炉、恒温热风循环烘箱等本公司自行设计的机电一体化产品。

深圳市鑫陶窑炉设备有限公司

地址：广东省东莞市黄江镇星光村清祥科技园
电话：13044251147
网址：szsxt.cnpowder.com.cn
单位介绍：深圳市鑫陶窑炉设备有限公司是集科研设计、制造、安装、调试、窑炉配件、耐火材料供应于一体的窑炉设备工程技术公司。拥有热工、机械、模具加工、自动化控制、硅酸盐等专业工程师和具有丰富施工经验的项目经理等专业人才，建立了研制开发新产品窑炉的技术班子和施工队伍。公司专业生产各种系列的试验电炉、高温单（双）通道推板窑、辊道窑、气氛保护（窑）炉、网带炉、升降炉、箱式等工业电炉。产品具有节能、环保、升温快、控温精度高、保温性能好、微电脑控制、可编程全自动升降温等特点。设备主要应用于氧化铝陶瓷基板、氧化锆陶瓷、磁性材料、稀土材料、电子元器件、金属热处理等产品的排胶脱脂烧结，适用温度范围300~1700℃。
主营产品：烧结炉、网带炉、试验炉、排胶炉、MIM排胶脱脂网带炉。

咸阳华光窑炉设备有限公司

地址：陕西省咸阳市高新区汉仓路6号
电话：029-33731567
电邮：hgyl_sc@xyhgyl.com
网址：www.xyhgyl.com
单位介绍：咸阳华光窑炉设备有限公司主要生产两大系列产品：工业窑炉、非标专用设备。其中，工业窑炉的主要产品有全自动气氛保护双推板炉、全自动辊道煅烧炉、超高温气氛真空炉、双通道窑车炉、气氛保护网带炉、全自动气氛保护回转炉、真空管式气氛炉、多温区台车炉、自动升降炉、试验炉等。
主营产品：升降炉系列、回转炉系列、推板炉系列、网带炉系列、辊道炉系列、特殊工艺和实验炉、固废油泥热解炉。

5.5.1.2 隧道式窑炉

苏州鸿昱莱机电科技有限公司

地址：江苏省苏州高新区科技城五台山路116号意大利工业园89栋
电话：13584405650
电邮：wuhaixian@hylsz.com.cn
网址：www.hylsz.net
单位介绍：苏州鸿昱莱机电科技有限公司专业从事设计、研发、生产、销售窑炉产品及自动化设备。2016年取得ISO9001的认证，目前已取得实用新型专利40项，2018年取得高新技术企业、"专精特新"等。全自动辊道窑设备在锂电行业中取得了业界的广泛认可，产品品质和服务在行业中享有很高的声誉。
主营产品：陶瓷电容烧结用推板炉、实验用窑炉等。

江苏博涛智能热工股份有限公司

地址：江苏省苏州市常熟市辛庄镇富丽路18号
电话：0512-83383258
电邮：dongmiban@suzhoubotao.com
网址：www.botaogroup.com
单位介绍：江苏博涛智能热工股份有限公司主要致力于推板炉、辊道炉、网带炉等电子窑炉以及过滤装置、涂装设备的生产，产品广泛应用于新能源电池、电子元器件、电子陶瓷、荧光粉、太阳能、精密机床、汽车等领域。
主营产品：推板炉、辊道炉、网带炉。

黄冈市华窑中晋窑炉设备有限公司

地址：湖北省黄冈市黄州区宝塔大道166号
电话：0713-8808789
电邮：hyzj2019@126.com
网址：www.hghyzj.com

单位介绍：黄冈市华窑中晋窑炉设备有限公司是集科研设计、加工制造、施工安装与调试一体化服务的公司。目前公司在化工行业铬渣有害处理、硅微粉、煤制油催化剂、金属催化剂、高温耐火材料、氧化锆过滤器、氧化锌制品的方面具有专业技术。产品涉及陶瓷、建材、化工、冶金、稀土等多个领域，先后承建各种窑炉工程600多项，业务遍及全国33个省、市、自治区，产品出口东南亚、非洲、欧美等国家和地区。
主营产品：辊道窑、隧道窑、梭式窑。

黄冈市中亚热能科技有限公司

地址：湖北省黄冈市黄州区宝塔大道166号
电话：0713-8690880
电邮：hyzykiln@hotmail.com
网址：www.hgzykiln.com
单位介绍：黄冈市中亚热能科技有限公司是一家为客户提供整线窑炉设备专业化窑炉公司。公司先后承建过卫生洁具、日用陶瓷、耐火材料、锂电材料、稀土化工等行业窑炉及配套工程上百项。出口窑炉近百座，业务遍及国内多省份，并远销海外10多个国家和地区。深耕精进，聚焦创新，公司先后设计并制造出高效节能卫生洁具隧道窑及梭式窑、高温隧道窑等各类窑型，在多行业广泛运用，得到市场充分认可。
主营产品：隧道窑、梭式窑、辊道窑、热风炉等。

咸阳华光特种陶瓷有限公司

地址：陕西省咸阳市渭城区文汇东路16号
电话：029-33731567
电邮：309584618@qq.com
单位介绍：咸阳华光特种陶瓷有限公司主要经营特种陶瓷设备。全自动双推板电阻炉广泛用于电子陶瓷、稀土化工、有色金属、机械热处理等行业。
主营产品：全自动双推板电阻炉、高温推板窑炉。

洛阳国炬精密电炉有限公司

地址：河南省洛阳市涧西区科技工业园兴业一路一号
电话：0379-64562296
电邮：liuguo@gwdl.com
网址：www.gaowendianlu.com
单位介绍：洛阳国炬精密电炉有限公司是专业研制、开发、生产各种高温窑炉、高温电炉、实验电炉、真空气氛炉、箱式炉、管式电炉、升降炉、立式电炉、井式电炉、卧式电炉、高温马弗炉的厂家。其产品为全自动控制，升温快，节能，操作简单，微电脑控制可编程，全自动升、降温，温控精度和恒温精度高，炉体温度接近室温等，深受客户好评。公司经过多年的发展，现已拥有成熟的高温窑炉生产线，有一支高、中级科研队伍，是集科研开发、生产、营销于一体的私营企业。本着求真务实、科技创新的原则，不断引进国内外先进技术和现代管理经验，制定了严谨的工艺标准，并具备严格的质量控制体系和检测手段。
主营产品：试验电炉、高温窑炉、气氛炉、高温电炉、管式炉、熔块炉、钟罩炉、烧结炉、真空炉、立式炉、箱式电炉等。

黄冈市中誉工业窑炉有限责任公司

地址：湖北省黄冈市黄州区东门路25号
电话：0713-8352825
电邮：hbhbzyyl@163.com
网址：www.zykiln.com
单位介绍：湖北省黄冈市中誉工业窑炉有限责任公司，是一家具有国家二级资质的专业窑炉公司，公司成立至今有三十多年的历史，业务遍及全国二十多个省市及境外部分地区。先后为电瓷行业、耐火材料行业、建材行业及特种陶瓷行业设计和承建了各种隧道窑、辊道窑、梭式窑和热处理炉等数百条（座）。公司技术力量雄厚，各专业技术人员配备齐全，有窑炉专业、自控专业、机械专业及环保专业技术人员十多人，技术职称均为工程师以上级别，他们长年战斗在生产第一线，具有丰富的设计、施工、调试经验，可为用户设计建造各型工业窑炉。
主营产品：36.8m电子陶瓷全自动高温（1500℃）隧道窑。

湖北华夏窑炉工业（集团）有限公司

地址：湖北省黄冈市宝塔大道166号
电话：0713-8691522
电邮：hxyl1981@163.com
网址：www.hykiln.com
单位介绍：湖北华夏窑炉工业（集团）有限公司是集科研设计、加工制造、施工安装与调试于一体的国家冶金工程总承包一级资质企业。华窑生产陶瓷隧道窑、建材辊道窑、玻璃熔窑等窑炉产品40多种，涉及陶瓷、建材、化工、冶金等10多个领域，先后承建各种窑炉工程5000多项，业务遍及全国33个省、市、自治区，产品出口东南亚、非洲、欧美等国家和地区。2007年，华窑集团投资6500多万元在黄冈市西湖工业园区新建了华窑工业园。该园区建设用地1.4万m^2，兴建厂房2万m^2，综合科研楼6000m^2，职工宿舍3000m^2，购置设备50台套，主要进行窑炉组装制造，同时生产窑炉配套风机、窑车、进出窑机、传动、燃烧器及电控系统等10余项产品。项目建成后将形成年组装制造窑炉50条（座），年产风机1000台、窑车2000辆、进出窑机200台套、传动线100条、烧嘴5000只、电控200台套，实现年产值1.8亿元，利税5000万元的规模。
主营产品：网带辊道窑、耐火材料梭式窑、磁性材料梭式窑等。

黄冈市华窑中启窑炉科技有限公司

地址：湖北省黄冈市新港一路45号
电话：0713-8675166
电邮：13907258326@126.com
网址：www.zhongqikiln.com
单位介绍：黄冈市华窑中启窑炉科技有限公司是一家从事工业炉窑开发、设计、制造、安装、调试一条龙服务的专业公司。公司以严谨先进的设计、严格规范的管理、诚信热忱的服务在业界赢得了良好的声誉。中启窑炉从我国能源的实际情况出发，本着消化吸收国内外较先进的炉窑技术的理念，以开发研制高效、节能、环保的精品炉窑为己任，长期与国内科研单位和各大专业设计院所建立合作关系，业务范围涵盖日用陶瓷、耐火材料、电瓷电碳、特种陶瓷、新型建材、石油化工及煤焦化等领域。承建的工程项目遍及全国多省区，并出口亚非国际市场。公司拥有自己的设计研发人员和制造厂房，业务、技术骨干多是业内资深专业人才，他们具有深厚的理论基础、丰富的实践经验、创新的研发思想、精益求精的敬业精神。多年来通过不断探索和实践积累了丰富的经验，在高新材料领域开发出一系列具有国内较高水平的工业炉窑，如风电并网超容量储能领域中的β-氧化铝陶瓷管、精细化工领域中的高性能陶瓷膜组件、光伏领域中石英坩埚多层步进式养护窑，并获得多项国家专利。

主营产品：隧道窑、辊道窑、梭式窑、网带窑、特种窑。

黄冈市华窑中洲窑炉有限公司

地址：湖北省黄冈市宝塔大道169号
电话：0713-8690758
电邮：zhongzhoukiln@zhongzhoukiln.com
网址：www.zhongzhoukiln.com
单位介绍：黄冈市华窑中洲窑炉有限公司是一家以窑炉科研设计、加工制造、工程总承包一体化为主营业务的国家级高新技术企业。拥有各类加工、制造、检测设备300多台（套），年生产各类热工设备100余台（套），是国内首家集各式窑炉研发、加工制造、装配于一体的生产基地。自成立以来，在全国各大设计院、校及有关单位的鼎力支持与合作下，以开发研制适合国情的高质量、低能耗的窑炉精品为己任，不断追求与探索，在冶金、耐火材料、陶瓷、化工、有色金属、新型建材等窑炉领域中取得了长足的进步与发展。
主营产品：冶金工业炉、陶瓷工业窑炉、耐火材料工业窑炉、石油化工窑炉、玻璃工业窑炉。

无锡中工热控科技有限公司

地址：江苏省无锡市锡山区鹅湖镇甘露工业规划区B区
电话：0510-88758030
电邮：lujianchangl@wxcitt.com
单位介绍：无锡中工热控科技有限公司（原无锡甘露焦化设备有限公司）简称CITT，位于太湖之滨、长三角洲之畔，距无锡机场、无锡火车站及高铁、沪宁高速公路、312国道、京杭大运河均仅10余千米。公司创始于20世纪60年代初，原主要从事机械制造，后转为焦炉设备以及电子工业炉设备制造，是集开发、生产、销售于一体的高新技术企业。现有职工人数276人，仅电阻炉事业部就有68人，其中高级职称人数2人、中级职称人数19人，在工业电炉的设计、采购、制造、安装调试、售后服务等方面全部有10年以上的工作经验。
主营产品：AB组合炉。

宜兴市昌明炉业有限公司

地址：江苏省宜兴市环科园谢桥工业区十六栋
电话：0510-87960655
电邮：info@yxcm.com
网址：www.yxcm.com
单位介绍：宜兴市昌明炉业有限公司是一家在国内外具有很强竞争实力的专业生产工业电炉的企业，具备一批10多年从事国外知名炉业公司的设计和制作精英骨干。公司从成立之初，就立足高技术、高要求、高质量的起点，经多年努力，终于使昌明炉业成为集电炉设备研发、制造、销售、服务于一体的现代企业。设计上采用计算机制图，制造过程由经验丰富的老技师总负责，并带领一批年轻骨干，质量由专业质检员把关，严格的管理使产品质量有了保障。
主营产品：全自动回转式推板炉（双推板炉）、推板炉控制柜。

宜兴市万石兴业电炉厂

地址：江苏省宜兴市沪宜路万石镇
电话：0510-87848182
电邮：sale@xydianlu.com
网址：www.wsdianlu.com
单位介绍：宜兴市万石兴业电炉厂位于景色秀丽的太湖西南侧、锡宜高速边的万石镇，这里环境优美，人文环境优越，同时交通十分的方便。在21世纪的现代化生产到来之际，我厂以崭新的机制、高的起点和优质的服务为宗旨，生产多系列多品种的电炉产品以满足社会的需要。在生产过程中，积极拓展自己的研发能力，先后和国内的多所高校与科研单位合作开发新产品。新开发的系列快速升温节能型电炉，经无锡市产品质监所检测，各项技术指标全部达到要求，节能效果十分显著。同时全自动气氛保护窑炉的产品质量和售后服务好，真正达到了"一次购买，终身受益"的效果。公司以科技为先导，以满足用户需求为行动，拥有雄厚的经济基础、技术力量和丰富的电炉制造经验，并依靠完善的管理决策和严格的生产管理体系，从而保证了产品质量的可靠性，先进性。
主营产品：CR2系列坩埚式熔化炉、梭式节能窑炉、回转炉、CGME 1700℃系列箱式电阻炉、钟罩式电阻炉等。

宜兴市万鑫炉业有限公司

地址：江苏省宜兴市万石镇工业区
电话：0510-87843456
电邮：web@wanxinly.com
网址：www.wanxinly.com
单位介绍：宜兴市万鑫炉业有限公司始建于2000年，是华东地区规模生产各系列实验电炉、工业电炉的厂家。公司主要生产100~1700℃范围内的电窑、燃气窑（包含推板窑、辊道窑网带炉、小车窑、井式炉、箱式炉、立式炉、升降炉以及实验炉等），主要用于电子陶瓷、PTC、锂电池、荧光粉、磁性材料、压敏电阻、陶瓷电容、稀土、电子粉末、化工粉末、金属热处理器等。公司有着严格的质量管理体系和较完善的售后服务机制。关注客户、诚信共赢、创新发展是公司的经营理念，致力于构建知识型企业管理体系，以更加敏捷、更高技术为目标，万鑫以体系化的团队力量促进个体智慧的充分发挥；以换位性的价值设计，促进客户投资的回报；以持续更新产品性能，满足客户增长需求；以精致的设备、温馨的服务，引领产品走向世界；以用心的合作、较完善的国际营销网络，为全世界的客户提供各种较优质的产品与快捷的服务。
主营产品：推板窑、辊道窑、网带炉、隧道窑、小车窑、井式炉、箱式炉、立式炉、升降炉以及实验炉等。

苏州汇科技术股份有限公司

地址：江苏省苏州市常熟市辛庄镇科融路 6 号
电话：0512-52476088
电邮：szhuike@szhuike.com
网址：www.szhuike.com
单位介绍：苏州汇科技术股份有限公司创立于 2000 年 10 月 30 日，位于江苏省常熟市辛庄工业开发区，具有电子专用设备的开发、设计、制造能力，并可提供安装调试、售后服务。公司主要生产系列推板式电阻炉、网带式电阻炉、气氛保护炉，广泛应用于电子元件、粉体、陶瓷、玻璃、PDP、LCD、LED、OLED、太阳能、新能源动力电池材料等行业领域。适用于各类产品的预烧、排胶、烧成、烘干、烧银、热处理、固化、陶瓷金属化等工序。公司产品具有较广阔的市场前景，在本行业领域具备很强的竞争力。
主营产品：辊道炉、推板炉、钟罩炉、箱式炉、回转炉、真空炉等。

宜兴市西川电炉制造有限公司

地址：江苏省宜兴市丁蜀镇任墅工业区二号路东
电话：0510-87496358
电邮：info@yxxcdl.com
网址：www.yxxcdl.com
单位介绍：宜兴市西川电炉制造有限公司坐落于宜兴川埠工业区，交通方便。随着我国科技的不断发展和创新、信息产业的飞速发展，公司引进了各类高科技。公司专业制造各种电阻炉、燃气炉、升降炉、推板窑和辊道窑等，以较好的产品获得了广大用户的一致好评。
主营产品：电阻炉、燃气炉、升降炉、推板窑和辊道窑等。

常州市兴光窑炉有限公司

地址：江苏省溧阳市经济开发区胥渚村 133 号
电话：0519-87389566
电邮：kilns@kilns.com.cn
网址：www.kilns.com.cn
单位介绍：常州市兴光窑炉有限公司是集窑炉开发设计、高温材料研制于一身的公司。主要生产系列推板式电阻炉、网带式电阻炉、气氛保护炉、高温耐火材料、陶瓷材料，广泛应用于电子元件、粉体、陶瓷、玻璃等行业领域。适用于各类产品的预烧、排胶、烧成、烘干、烧银、热处理、固化、陶瓷金属化等工序，处理温度为 30~3000℃。应用领域有陶艺、陶瓷、MIM/CIM、太阳能光伏、实验室和牙科、金属和塑料热处理及表面处理技术、铸造、玻璃等。实验电炉系列有真空炉、气密罐式炉、箱式炉、马弗炉、管式炉、梯度窑、钟罩式炉、台车炉、坩埚保温及熔化炉、井式炉、盐浴炉等。这些电炉广泛应用于国内生产企业和各大院校及研究机构。同时，兴光窑炉除了系列标准电炉外还能为客户量身定造特种电炉。能满足各行各业不同应用的要求，如化学、材料科学、工程和工业研究、测试和开发实验室，以及航空航天试验和生产规模、汽车、表面处理、工具、陶瓷、玻璃、制药、化工、塑料、工程、电子、矿产提取、钢铁，以及世界各地的煤和焦炭行业。
主营产品：箱式炉、井式炉、梭式窑、网带窑、回转窑、窑车窑、推板式隧道电阻炉、真空炉、气氛保护炉、超高温管式推板炉（碳管炉）、钨钼粉焙烧炉、还原炉等各种高、中、低温工业窑炉等。

山东华威炉业有限公司

地址：山东菏泽鄄城经济开发区伏羲路与南环交叉口
电话：0530-2439888
电邮：chinahuaweiluye@163.com
网址：www.chinahuaweiluye.com
单位介绍：山东华威炉业有限公司是经省级相关部门批准成立的综合性合法大型企业。山东第一家建厂最早，最具有实力生产制造的龙头企业。经过多年的发展现拥有一所省级重点技术研发中心和产业制造基地，从产品的研发、生产、销售、售后服务真正形成了一条龙。公司现占地 90 余亩，现有员工 100 余人，拥有各类工程技术人员 26 人，3 个省部级劳模、5 名市劳模为带头人的高素质员工队伍。
主营产品：工业炉、真空炉、熔块炉、辊道窑、箱式电炉、立式炉、高温炉等。

陕西华象工业科技有限公司

地址：陕西省西安市未央区咸阳渭城区
电话：029-33752337
电邮：1693590766@qq.com
网址：www.huaxianggongye.com
单位介绍：陕西华象工业科技有限公司是一家在陕西省工商局注册的高科技民企。下辖华象工业、华象科技以及华象窑炉三个事业部。华象工业包括工业技术与工业智造两个方向。工业技术包括工业自动化生产线设计建设、工业机器人、非标自动化、生产线流水线的设计建设与改造、环保工程、污水处理、废气治理、环保设备、工业工程、专用设备、机电设备、技术改造、技术服务、电子电气元器件、设备的安装调试及维修与维护、工业测控技术的研究设计与安装、工业 4.0 等产品与服务。工业智造包括工业设计、3D 打印机、3D 扫描仪、智能制造、模具开发、注塑加工、金属机加、钣金加工、产品设计、结构设计、逆向设计、模具制造、外观设计、手板模型、3D 打印制作、新品开发等产品与服务。
主营产品：工业电阻窑炉、工业微波窑炉、推板窑、隧道窑、网带炉、回转炉、钢带炉、辊道窑、高温箱式炉及各种实验室用烧结设备。

湖北省黄冈市中誉工业窑炉有限责任公司

地址：湖北省黄冈市黄州区东门路 25 号
电话：0713-8352825

5.5 陶瓷烧结设备企业

电邮：hbhbzyyl@163.com
网址：www.zykiln.com
单位介绍：湖北省黄冈市中誉工业窑炉有限责任公司，是一家具有国家二级资质的专业窑炉公司，公司成立至今有三十多年的历史，业绩遍及全国二十多个省市及境外部分地区。先后为电瓷行业、耐火材料行业、建材行业及特种陶瓷行业设计和承建了各种隧道窑、辊道窑、梭式窑和热处理炉等数百条（座）。公司技术力量雄厚，各专业技术人员配备齐全，有窑炉专业、自控专业、机械专业及环保专业技术人员十多人，技术职称均为工程师以上级别，他们长年战斗在生产第一线，具有丰富的设计、施工、调试经验，可为用户设计建造各型工业窑炉。
主营产品：新能源窑炉、高温隧道窑、高温梭式窑、焚烧炉、陶瓷窑炉、冶金窑炉、其他类型窑炉。

黄冈市华窑中盛窑炉有限公司

地址：湖北省黄冈市黄州区沿江路46号
电话：0713-8692719
电邮：zhongshengkiln@126.com
网址：www.zhongshengkiln.com
单位介绍：黄冈市华窑中盛窑炉有限责任公司成立于2003年，是一家集各类工业窑炉的研发设计、加工制造、施工安装、调试及售后服务于一体的专业窑炉企业。窑炉业务涵盖碳素和新能源、新型环保建材、陶瓷、环保化工、耐火材料和冶金行业，提供专业窑炉服务、项目可行性研究、总体设计、设备选型等总承包服务。公司长期与国内知名的科研院所和专业院校，以及国内外专业窑炉公司进行广泛的合作交流。推出的碳素焙烧炉、石墨化炉、隧道窑、辊道窑、抽屉窑、网带炉、熔化窑、晶化窑、退火炉、加热炉等系列新型节能环保窑炉，增强了企业的发展后劲和竞争力。
主营产品：碳素-石墨制品和新能源行业窑炉、新型环保建材窑炉系列、陶瓷制品系列、耐火材料、冶金等高温窑炉、环保化工产品窑炉系列。

黄冈市华窑中祥窑炉设备有限公司

地址：湖北省黄冈市沿江大道46号
电话：0713-8695788
电邮：zx19630323@163.com
网址：www.zhongxiangkiln.com
单位介绍：黄冈市华窑中祥窑炉设备有限公司是华窑集团的一支主力军，技术领先，实力雄厚，公司先后承建了电磁、蜂窝陶瓷、卫生陶瓷、建筑陶瓷、日用瓷、砖瓦隧道窑、石灰窑、碳素炉、焦炉、热处理炉、冶金窑炉等窑炉800余座的科研设计、施工安装调试、配件供应等一体化服务。作为窑炉制造的市场经营主体，不断开拓创新、诚信服务、紧贴国际化运作模式。多年来公司不断开发和引进的窑炉技术博采众长，精心打造先进、环保型精品窑炉。长期与德国瑞德哈姆、日本NGK、日本相和株式社会、景德镇陶瓷学院、贵州墙材研究设计院以及其他国外知名窑炉公司长期交流合作，产品出口全球。其中，国际电子行业巨头TDK公司厦门分公司，台湾电子ACME广州、苏州分公司，国内电子巨头天通公司的锰锌、镍锌炉都是由公司与日本NGK合作生产、调试各种电磁、锰锌、镍锌推板窑、蜂窝陶瓷、梭式窑、卫生瓷、工艺陶瓷窑炉以及其他各种窑炉，合格率98%以上，创优率98%以上。
主营产品：推板窑系列、辊道窑系列、隧道窑系列、梭式窑系列、冶金窑炉系列、其他窑炉系列、窑炉配套设备。

黄冈市华窑中亚窑炉有限责任公司

地址：湖北省黄冈市高新技术产业开发区南湖工业园区二路
电话：0713-8690961
电邮：zhongya@zhongyakiln.com
网址：www.zhongyakiln.com
单位介绍：黄冈市华窑中亚窑炉有限责任公司是一家具备专业资质卫生洁具窑炉设备供应商，创建于1981年，现已成为中国卫浴窑炉市场出名企业，产品国内市场占有率85%，并出口到东南亚、中东、非洲、南美等地区和国家。中亚窑炉总部和工厂位于黄冈市，旗下有2个办事处及售后服务中心，分别位于河北唐山和福建南安。拥有多个出色的施工团队，可年产10多条隧道窑和20多座梭式窑。在国内陶瓷、耐火材料、新型建材、化工、冶金等行业领域，中亚窑炉设计并建造的新型窑炉产品，树立了良好的品牌，积累了大量的诚信客户群。
主营产品：隧道窑、梭式窑、卫生洁具隧道窑、卫生洁具梭式窑、中亚窑炉匣钵推板窑。

南京苏鑫炉业有限公司

地址：江苏省南京市江宁区谷里工业集中区安康路-6路
电话：025-52795217
电邮：suxinluye@126.com
网址：www.suxinfurnace.com
单位介绍：南京苏鑫炉业有限公司办公室地址位于南京市江宁区谷里街道工业集中区，于2010年04月01日在南京市江宁区市场监督管理局注册成立，注册资本为50万元人民币。在公司发展壮大的14年里，我们始终为客户提供好的产品和技术支持、健全的售后服务，我公司主要经营工业电炉的制造及配件销售、环保设备制造及配件销售。
主营产品：网带炉、推杆炉、高温炉、摩擦材料压力炉、金属粉末炉、磁性材料气氛保护烧结炉、特种陶瓷炉、回转炉、淬火炉、粉末冶金工业蒸汽处理炉。

北京中础窑炉设备制造有限责任公司

地址：北京市朝阳区金盏乡雷庄
电话：010-84343499
电邮：info@bj-zc.com.cn
网址：www.bj-zc.com.cn
单位介绍：北京中础窑炉设备制造有限责任公司是专业从事工业窑炉设计、制造的厂家，原为中国电子基础产品装备公司的实体单位。主要技术人员是国内较早面对电子行业的推板窑、网带式炉、罩式窑、高温辊道窑和气氛保护隧道窑的设计者，在国内具有较高的知名度，窑炉技术在国内处于先进水平。公司迄今已为国内外电子、机械、化工、轻工、建材等行业提供了大量专业窑炉设备，质量和服务得到了国内外用户的普遍认可。同时公司与美国、日本、德国等先进国家的著名窑炉公司进行广泛的技术交流和合作，进一步提高了窑炉生产技术水平。

主营产品：推板窑、网带式炉、罩式窑、高温辊道窑。

黄冈市华窑中宏窑炉有限责任公司

地址：湖北省黄冈市沿江大道46号
电话：0713-8691785
电邮：LWA@163.com
网址：www.zhonghongkiln.net/
单位介绍：黄冈市华窑中宏窑炉有限责任公司始建于1981年，前身为湖北华夏窑炉工业（集团）有限公司，于1999年改制为民营股份制企业，是集科研设计、加工制造、安装调试、配件供应等服务于一体的具有冶金工程施工总承包三级资质专业的窑炉公司。多年来，中宏窑炉有限责任公司业务遍及四川、重庆、山东、广东、福建、浙江、江苏、江西、湖南、河南、河北、新疆等地，工程范围涵盖耐火、泡沫玻璃、卫生、日用、电工陶瓷及玻璃、冶金、化工、焦化、新型建材、垃圾处理等系列窑炉，工程合格率100%，创优率98%。

主营产品：发泡玻璃窑炉、建筑陶瓷窑炉、卫生陶瓷窑炉、日用陶瓷窑炉、电瓷窑炉、隧道窑、梭式窑、干燥窑、焦化炉、煅烧炉、焙烧炉、炭化炉、铸石辊道窑、金属镁还原炉、热处理炉、石灰窑、水泥窑、催化剂梭式窑。

黄冈市华窑中赢窑炉有限责任公司

地址：湖北省黄冈市黄州区沿江路46号
电话：0713-8695538
电邮：hyzhongying@163.com
网址：hyzhongying.com
单位介绍：黄冈市华窑中赢窑炉有限责任公司是一家集科研设计、加工制造、施工安装、热工调试一体化服务的专业窑炉公司，是国内首家达到国家专业窑炉施工二级资质并具乙级窑炉设计资质的企业。公司拥有多年的窑炉生产安装历史和管理经验，工程遍及国内18个省、市、自治区，与国内外多家科研院所和大专院校建立了长期技术协作关系，并和德国、法国、日本等国同行有过多次友好合作和广泛的业务往来。公司主要产品有：电瓷、卫生洁具、日用瓷、建设陶瓷及砖瓦、冶金、化工、玻璃等窑炉。在电瓷窑炉方面，公司陆续成功开发了窑炉容积在150~200m³、内腔高度在2.8~12.5m的高、大型主流产品通用的"全自动等温高速喷射抽屉窑"，其烧成产品可涵盖1100kV以下的交直流大棒型和500kV以下的电器瓷套产品。

主营产品：电瓷窑炉、卫生洁具窑炉、日用瓷窑炉、热处理窑炉、砖（瓦）类窑炉、建造墙、地砖类窑炉、稀土化工窑炉、焦炉及其他类型窑炉、配套设备。

黄冈市劲马窑炉机械有限公司

地址：湖北省黄冈市浠水县洪山工业园1创业大道6号
电话：0713-4232342
电邮：13607250620@163.com
网址：www.jinmatj.com
单位介绍：黄冈市劲马窑炉机械有限公司是一家生产各类窑炉机械设备的专业厂家，具有科研、设计、加工、制作、安装、调试机电一体化的能力。公司共有A、B、C、D、E五个厂区，总占地面积220余亩，注册资金1080万元。现拥有50000平方米钢结构厂房、两栋办公楼、两栋综合楼、各类机械加工设备585台（套）。现有员工738人，其中高级职称3人、中级职称15人、大专及以上学历263人、各种技术骨干450人、固定资产过亿元。公司的主导产品为砖瓦、陶瓷、冶金、化工、玻璃、耐材、锂电池粉等各类窑炉机械配套设备，以及其他行业的智能输送设备。

主营产品：隧道窑系列、辊道窑系列、冶金化工系列。

陕西华星电子开发有限公司

地址：陕西省咸阳市文汇东路16号
电话：029-33786366
电邮：hxdz795@126.com
网址：www.hx795.com
单位介绍：陕西华星电子开发有限公司，隶属陕西华星电子集团有限公司（原国营第795厂），是陕西电子信息集团的三级企业。公司主要研制和生产的产品有全系列Ⅰ/Ⅱ类电容器用陶瓷介质材料、微波介质陶瓷材料、瓷介电容器半成品、瓷介电容器成品、铝基覆铜箔层压板及线路板、微波介质元器件，以及军用瓷介电容器成品、军用微波介质元器件。

主营产品：钢带式隧道电阻炉、压电陶瓷专用窑炉、辊道窑、石英谐振器、石英振荡器、石英滤波器、线绕电阻器、制动电阻器、大功率负载、膜式电阻器、压敏电阻器、浪涌保护器、防雷压敏、陶瓷电容器、微波瓷粉、微波器件、熔断器瓷管、各种装置瓷件、电子陶瓷脱脂烧结炉、锂电专用烧结炉、电子专用设备、非标设备/模具、锂离子动力电池组、射频组件、电源模块。

广东中鹏热能科技有限公司

地址：广东省佛山市南海区丹灶镇金沙华南五金产业基地西区盘金路9号
电话：0757-6682 6678
电邮：jumpersales@163.com
网址：www.jumpergroup.net
单位介绍：广东中鹏热能科技股份有限公司，成立于2008年，是一家聚力于优质热工装备，为工业窑炉热工装备智能化绿色生产提供高效解决方案的专业公司，代表了国内工业窑炉的最新水平，面向全球不同区域的客户提供性价格比优越的整线集成或单机服务。产品包括单层辊道窑、多层辊道窑、隧道窑、推板窑、网带炉及各式干燥窑和配套的自动化系统，用于生产新能源电池（正、负极材料）材料、建筑材料、卫生陶瓷、特种陶瓷、碳纤维材料等领域。拥有知识产权100多项，主持或参与国家级、行业标准等共8项。拥有省级热工及配套设备工程技术研究中心、省级企业技术中心等研发平台。中鹏热能以优秀的创造力，成功为各大头部企业提供窑炉、干燥等生产线设备，并斩获"2021新锐榜科技创新奖""南海制造业全国隐

5.5 陶瓷烧结设备企业

形冠军"，入选 2019 年"国家工业节能技术装备目录"。
主营产品：辊道窑、隧道窑、梭式窑、各式干燥窑及自洁式换热器等热工设备。

佛山高砂工业窑炉有限公司

地址：广东省佛山市禅城区南庄镇高新技术产业开发区吉利工业园新源二路东侧
电话：0757-85393939
电邮：zena_chen@takasago-kiln.com
网址：www.takasago-kiln.com
单位介绍：佛山高砂工业窑炉有限公司创立于 2004 年，为日本高砂株式会社（1953 年创立）在中国投资的企业。创业之地日本岐阜县土岐市以"陶瓷器（美浓烧）"作为当地产业。高砂工业通过向当地的制陶厂提供窑炉，与地区的发展携手共进。生产的设备不仅用于陶瓷行业，而且还用于各种行业。
主营产品：回转窑、辊道窑、间歇炉、隧道窑及其他窑型和附属设备。

5.5.1.3 梭式窑炉

黄冈市金丰窑炉机电设备有限公司

地址：湖北省黄冈市西湖一路特 1 号
电话：0713-8693693
电邮：lvg63@163.com
网址：www.jfkiln.com
单位介绍：黄冈市金丰窑炉机电设备有限公司是一家具有"冶金工程施工总承包三级"资质的窑炉施工及配套机电设备制造企业。金丰窑炉是科技创新型企业，致力于海绵铁隧道窑的设计、施工、安装及调试。在粉末冶金海绵铁生产成套工艺装备上，有着先进、可靠、成熟的设计技术生产能力。与国内知名粉末冶金海绵铁生产骨干企业、科研院所、业内专家学者、行业协会以及相关信息网站，建立了长期技术协作关系。在研究、开发、完善粉末冶金海绵铁生产技术工艺装备上，取得了多项的技术成果。在实际生产使用中，为广大的业内生产企业创造了良好的经济效益和社会效益。
主营产品：高温抽屉窑、电瓷抽屉窑。

黄冈市中基窑炉有限公司

地址：湖北省黄冈市青砖湖路 288 号
电话：0713-8622990/8690798
电邮：czd691109@163.com
网址：www.zhongjikiln.com
单位介绍：黄冈市中基窑炉有限公司是一家从事工业窑炉设计开发、加工制造、施工安装、热工调试、技术咨询的专业窑炉公司，是国内较大的粉末冶金和炼钢还原铁隧道窑生产企业之一。公司具备国家二级窑炉工程专业施工资质，通过了 ISO 9001 质量管理体系认证，是中国粉末冶金协会理事单位、中国废钢铁协会会员单位、黄冈窑炉协会理事单位。公司技术力量雄厚，具备多项还原铁隧道窑实用型发明专利。业务主要涉及粉末冶金、炼钢等还原铁行业。尤其是通过多年来的成功实践，研发了多项生产节能型还原铁窑炉、工艺环保科技。公司具备设计、制造、安装、调试直到出产品"一条龙"全方位服务，为用户创造更好的经济效益。
主营产品：碳化硅罐梭式窑、隧道窑等。

黄冈市中联窑炉设备有限公司

地址：湖北省黄冈市黄州区黄州大道 63 号
电话：0713-8690115
电邮：zhonglinkiln@126.com
网址：www.zhonglinkiln.com
单位介绍：黄冈市中联窑炉设备有限公司是湖北省黄冈市一家专业窑炉生产企业。主要从事各类陶瓷玻璃、稀土化工、冶金焦化、砖瓦、耐火材料、新型环保建材等多个行业窑炉的研发设计、加工制造、安装调试、售后服务、维修改造及配件供应等一体化服务。公司自成立以来，立足品质管理与售后服务，注重科技创新，通过多年的经验累积、与多家科研院所的广泛合作，以及对国外窑炉先进技术的消化吸收，成功开发了多种成熟窑型。生产的隧道窑、辊道窑、梭式窑系列，可以烧液化气、天然气、煤气、油、电、煤、水煤浆等燃料；烧成温度为 300～1800℃，在稀土化工、陶瓷建材、耐火材料等多个行业多家企业被广泛推广和应用。公司自主研发的高效节能稀土系列窑炉、全自动控制电瓷抽屉窑、冶金焦隧道窑、镁金属还原炉被国内企业采用，反响强烈。
主营产品：梭式窑、隧道窑、辊道窑等。

淄博昊炬窑炉设备有限公司

地址：山东省淄博市淄川区昆仑镇康家坞村村委南 100 米
电话：0533-5516784
单位介绍：淄博昊炬窑炉设备有限公司是多年来专业从事工业窑炉设计开发、筑造、安装及调试一条龙服务的窑炉制造企业。该公司拥有较雄厚的窑炉热工、机械、电气控制等专业的设计力量，有经验丰富的窑炉调试人员为客户后台服务，还有一支专业的施工队伍，为筑造出窑炉精品奠定了良好的基础。昊炬窑炉广泛适用于磨具砂轮行业、耐磨耐火材料行业、陶瓷与化工行业高温加热产品生产厂家。
主营产品：自动控制梭式窑炉、电加热辊道窑炉，燃气辊道窑炉、高温碳棒电加热梭式窑炉等。

淄博隆泰窑业科技有限公司

地址：山东省淄博市高新区柳泉路 125 号先进陶瓷创新园
电话：0533-3591679
网址：www.zbltyy.com
单位介绍：淄博隆泰窑业科技有限公司，是一家集硅酸盐泡花碱（水玻璃）窑炉、陶瓷熔块窑炉、微晶玻璃（粒料）窑炉、玻璃窑炉、玻璃坩埚窑炉工程、各类耐火材料、窑炉配套设备、玻璃机械、煤气发生炉工程、换热工程、各类能源燃烧应用工程、自动控制工程多个门类于一体的多学科、多专业高科技公司。公司自创建以来，不断引进吸收国内外先进技术，开发缔造出自己独具特色的技术资源,并有机地利用了上述工程的兼容性,实现了复杂专业在本公司的统一应用。设计出不同规格、不同类型高科技含量的窑炉 20 余种,以及开发出多种材质的高、中、低档,不同功能的优质耐火材料 50 余种。公司有自营出口权,窑炉和耐火材料已经在国内外多个著名公司得到广泛应用。

主营产品:全自动陶瓷熔块蓄热式马蹄焰池炉、梭式窑炉、试验窑炉、退火窑、隧道窑等。

淄博联星窑业技术有限公司

地址:山东省淄博市高新区民祥路 759 号
电话:0533-3582897
电邮:lx3582897@163.com
网址:www.lxgs.com
单位介绍:淄博联星窑业技术有限公司,是一家专注高效节能窑炉技术研发与制造的综合型企业,公司是由长期从事热工窑炉、材料研究、机械设计、工业控制及计算机软件开发应用等方面的专业人士组成的合作团队公司,拥有 2000 平方米研究开发及试验基地,并配有热工、机械、电气控制等相关专业检测试验设备等。设计完成的窑炉项目不仅能达到客户提出的需求,同时将节能减排为己任,多座窑炉成为行业标杆。
主营产品:LXS 系列梭式窑、LXG 系列辊道窑、LXGS 系列高温隧道窑、LXJ 系列井式炉。

5.5.1.4 微波加热烧结炉

安徽锐达微波应用科技有限公司

地址:安徽省蚌埠市双墩路 2730 号
电话:0552-4086766
电邮:ahrdwb@163.com
网址:www.ahrdwb.com
单位介绍:安徽锐达微波应用科技有限公司是一家集科研、生产、销售、服务于一体的高新科技企业,是当前国内一家从事超大型、大功率工业微波应用技术研究、工业微波设备设计、生产制造的厂家。公司拥有众多从事微波能应用研究的学者、教授、高级工程师和高级管理人员,有着不断更新的微波技术以及一大批中青年后起之秀。公司生产制造中心拥有行业内优良的加工设施,引进现代化管理机制和国内外优良生产设备(数控冲床、数控剪板机、数控折弯机、数控车床、龙门刨床、精密万能铣床等大型设备与先进的测试仪器)。精工细作确保产品高质量、高稳定、高效率。
主营产品:微波烘干设备、微波杀菌设备、转盘式微波炉、微波膨化设备、RD-MSD120S 隧道式陶瓷定型干燥设备、RD-MXT10S 蜂窝陶瓷定型干燥设备、RD-MXT6S 陶瓷烘干烧结转炉等。

湖南长仪微波科技有限公司

地址:湖南省长沙市高新技术开发区汇智中路 169 号金导园 A5 栋工业厂房
电话:0731-88613766
电邮:3314275847@qq.com
网址:www.changemw.com
单位介绍:湖南长仪微波科技有限公司是集设备开发、生产、销售及材料、化工工艺研究为一体的高新技术型企业。公司拥有多年设备开发经验,在微波腔体设计、微波控制系统设计、微波加热系统设计、微波材料加热工艺设计方面处于行业重要地位。公司产品已广泛用于危废处理、矿物加工、物料分析、冶金烧结、新材料制备等多个方面。同时公司致力于持续不断地为高校、研究院所的科学研究、教学育才提供优质服务;为其化学、物理、材料、能源、高分子等专业创新提供优良的实验仪器设备。目前公司拥有多项专利,60 多种型号。
主营产品:微波马弗炉、微波灰化炉、微波义齿烧结炉、微波管式炉、微波烧结炉、微波热压烧结炉、微波真空炉、微波膨化炉、微波热解炉、微波试验炉、微波回转炉、微波升降炉、微波推板窑、微波催化反应器、微波高压反应釜等。

湖南华冶微波科技有限公司

地址:湖南省长沙市高新技术产业开发区岳麓西大道 2450 号环创企业广场 B8 栋 101、201
电话:0731-89816578
电邮:sales@huaemw.com
网址:www.huaemw.com
单位介绍:湖南华冶微波科技有限公司是专业研发、制造微波热工装备的国家高新技术企业。公司位于长沙国家高新区,拥有设备类型齐全的试验中心和先进的装备制造基地。公司与国防科技大学、中国科学院、中南大学等高校、科研院所深度合作,致力于在科学试验、新材料、化工和环境技术领域推进微波能的应用,在高技术陶瓷、有色冶金、高品质石墨烯的规模化制备、化工及环保的有机危险废物热处理等领域成功开发了大量的试验和工业级生产装备,可为客户提供从低温到高温、常压与真空、多种气氛条件、间歇式与连续式等多系列的标准设备。
主营产品:微波烧结炉、微波马弗炉、微波灰化炉、微波管式炉、石墨微波膨化炉、微波热解炉、微波专用设备。

湖南中晟热能科技有限公司

地址:湖南省岳阳市经济开发区通海路
电话:0730-8868668
电邮:zs8868668@163.com
网址:www.thersun.com
单位介绍:湖南省中晟热能科技有限公司成立于 2011 年,主要致力于微波热能技术的研发、应用及微波技术装备的设计、制造、销售。公司技术主要应用领域有微波选矿及钛铁矿的微波碳热还原;烟草行业的烟杆微波膨化;新材料领域如新型陶瓷材料、珠光颜料材料的干燥、焙烧;石油、化工行业的微波干燥、焙烧、合成和破乳与裂解;人造金刚石行业的微波碳热还原、叶蜡石干燥与金刚石除杂;各类生物质(麦秆与秸秆)、各种生活垃圾、医疗垃圾、电子垃圾、废旧轮胎、石油油泥、工业固废、危废的微波裂解处理和资源化利用;各类污水的微波处理；陶瓷材料行业的特种陶瓷的微波烧结与合成；磁性材料行业的微波干燥与烧制；铁合金材料的微波烧结与合成；动力电池材料的微波烧结与合成；含水物料的微波干燥脱水；大米、茶叶及农产品的微波杀虫杀菌等。在上述领域和行业，公司不仅提供设备、装备，而且还提供技术及新工艺，保证客户的产品品质优良且节能高效。

主营产品：工业微波炉、微波实验设备、微波设备配件、工业电加热窑炉等。

唐山任氏巨源微波仪器有限公司

地址：河北省唐山市路北区荣华东道
电话：0315-3188245
电邮：rsjywb@sina.com
单位介绍：唐山任氏巨源微波仪器有限公司是从事实验室级和工业级微波能加热仪器研发、制造和销售的高科技企业，公司注册资金1000万元。拥有雄厚的技术实力。董事长任亚利，与时俱进、高瞻远瞩，与国内知名大学强强联手，推出了微波材料学工作站等一系列产品，成功申请了8项国家发明专利，在微波能应用领域走在了世界前沿。近年来，在国家煤炭、石油等资源愈发匮乏的大环境下，微波具有高效节能等显著特点。以往欧美发达国家采用的微波加热设备，只能加热吸收微波的材料。而"任氏巨源"研发的混合加热技术解决了上述问题，在国际上率先提出了"微波材料学""混合加热-传统电加热与纯微波加热""微波材料学工作站"等一系列新概念，使微波能节能产品应用领域更为广泛。该产品具有功能全、占用空间小、设计美观、性能优异、节能效果显著等。

主营产品：微波真空热压烧结炉、微波马弗炉、微波管式炉、微波井式炉、微波旋转炉、微波化学反应器等。

5.5.2 真空气氛烧结炉

5.5.2.1 真空烧结炉

北京北方华创真空技术有限公司

地址：北京市朝阳区酒仙桥东路1号M4楼
电话：010-84572692
电邮：sales.nvt@naura.com
网址：www.naura.com
单位简介：北方华创科技集团股份有限公司（以下简称"北方华创"）成立于2001年9月，2010年在深圳证券交易所上市，股票代码002371，是目前国内集成电路高端工艺装备的先进企业。北方华创以科技创新为基点，着眼未来，致力于加快推进北方华创向新型制造业的战略转型；致力于成为半导体基础产品领域值得信赖的引领者；致力于提升人类智能生活品质；致力于实现中国"智造强国"的梦想蓝图。北方华创主营半导体装备、真空及锂电装备、精密元器件业务，为半导体、新能源、新材料等领域提供解决方案。公司现有六大研发生产基地，营销服务体系覆盖欧、美、亚等全球主要国家和地区。未来的北方华创，将以半导体基础产品领域先进企业的姿态登上世界舞台，深耕发展，引领未来，坚持以客户为中心，以价值创造者为本，持续创新，推动产业进步，创造无限可能。

主营产品：高温真空烧结炉、热压烧结炉、气压烧结炉、真空脱脂烧结炉等。

湖南顶立科技股份有限公司

地址：湖南省长沙市经济开发区凉塘东路顶立科技星沙产业园
电话：400-677-0098
电邮：sales@sinoacme.net
网址：www.chinaacme.net
单位介绍：湖南顶立科技股份有限公司创建于2006年，专注于特种材料及特种热工装备研制、生产和销售。公司是A股主板上市公司（楚江新材002171）的控股子公司，国家产业投资基金投资企业。公司拥有"全国博士后科研工作站""航空动力特种焊接技术与材料湖南省国防科技重点实验室""湖南省新型热工装备工程技术研究中心""绿色节能热工装备与智能控制技术湖南省工程实验室""航天航空热工装备湖南省工业设计中心"等创新平台。公司攻克了长期制约我国热工装备及新材料领域的重大关键核心技术，取得了一系列科技成果。先后主持或承担国家及省部级重大科研专项30余项；累计申请国家专利360余项，其中发明专利215项；牵头/参与完成国家、行业、团体标准19项；完成科技成果鉴定（科学技术评价）28项；荣获省部级科技奖励23项，其中湖南省技术发明一等奖1项、中国有色工业科技进步一等奖4项、湖南省国防科技进步一等奖2项。

主营产品：碳基复合材料热工装备、陶瓷基复合材料装备、真空钎焊/扩散装备、真空热压装备、半导体材料热工装备、粉末冶金装备、高性能陶瓷热工装备、真空热处理装备等。

宁波恒普技术股份有限公司

地址：浙江省慈溪市高新技术开发区新兴一路365号
电话：86-0574-58013080
电邮：bin.zhou@hiper.cn
网址：www.hiper.cn
单位介绍：宁波恒普技术股份有限公司致力于材料基础研究，为行业提供创新解决方案。恒普在粉末冶金行业达成多项成就，其中包括整炉设备温度分布的在线控制并使最高温与最低温温差保持在2℃以内。十年间开发的近20台设备，帮助公司在不同设备的温场控制、压力控制等多方面的制作和设计经验不断提升。

主营产品：石墨热场真空脱脂烧结炉、步进梁式连续脱脂烧结炉、金属热场真空脱脂烧结炉等。

森特真空工业炉公司中国代表处/北京迪富爱科技有限公司

地址：北京市昌平区回龙观镇文华东路8号院1号楼4层406
电话：010-82619608
电邮：sales@centorr.com
网址：www.vacuum-furnaces.com.cn
单位介绍：北京迪富爱科技有限公司成立于2012年，是森特

第5章 陶瓷设备种类及企业分布

真空工业炉公司（Centorr Vacuum Industries LLC）中国代表处在国内的代理运营商。森特真空工业炉公司是由北美的两个主要的炉子制造公司 Centorr 森特炉公司和 Vacuum Industries 真空工业公司合并组成的。这两家真空炉制造公司在热加工处理解决方案的发展和制造领域均有着悠久历史。Centorr 森特炉公司建立于1962年，为金属和陶瓷加工提供了广泛应用的高温真空炉，并在光纤光缆拉伸和气体净化方面具有特有的专门技术。Vacuum Industries 真空工业公司，建立于1954年，主要致力于各种各样的金属和陶瓷的脱黏、烧结和致密化的产业化规模生产型炉设备。多年来，已经成功开发了应用于 MIM 金属注射成型、退火、真空钎焊、真空扩散焊接、陶瓷烧结、粉末金属加工、热处理、真空感应加热、碳/石墨应用等各系列高温真空设备。

主营产品：生产型真空炉、实验室真空炉、定制真空炉、连续炉等。

广东星特烁装备科技有限公司

地址：广东省深圳市宝安区松岗街道溪头社区沙江路162号
电话：0769-26990890
电邮：sales@sinterzone.com
网址：www.tuozhilu.com
单位介绍：广东星特烁装备科技有限公司（前身是深圳市星特烁科技有限公司）始建于2012年，是一家专注于脱脂烧结热工装备的专业厂商。公司主要研发、生产、销售催化脱脂炉、真空烧结炉、陶瓷炉、氢气炉、连续炉等一系列粉末冶金，以及3D打印专用热工装备。星特烁是草酸脱脂炉发明者，是全球第一家研发并实现量产的企业。草酸催化脱脂炉是公司的拳头产品，市场占有率超70%，是粉末冶金产业链公认的优秀合作伙伴，优秀炉子供应商，公司部分主要客户有：比亚迪、富士康、上海富驰、常州精研、广州昶联、艾利门特、艾利佳公司，合作的高等院校有：北京科技大学、南方技术大学、中南大学等。公司产品远销日本、韩国、俄罗斯、越南、印度、泰国、新加坡、意大利、西班牙、非洲等国家和地区。

主营产品：草酸催化脱脂炉、硝酸催化脱脂炉、MIM 真空脱脂炉、MIM 真空烧结炉、MIM 真空脱脂烧结炉、陶瓷金属化气氛烧结炉、氢气烧结炉、空气型陶瓷烧结炉、3D打印实验炉等。

北京中孚悦达真空科技有限公司

地址：北京市大兴区生物医药基地珺悦国际4-2809
电话：13810086488
电邮：marketing@jointvac.com
网址：www.jointvac.com
单位介绍：北京中孚悦达真空科技有限公司是一家专业设计、生产和制造真空炉的国家高新技术企业，团队由从事真空热处理行业15年以上的专业人员创建。创始人员本着专业、创新的原则，结合多年的现场实践经验，对现有真空炉设备进行了更加合理的改进创新，力求为客户提供全套完整的真空热工技术解决方案。已通过 ISO 9001：2015 质量体系认证，产品严格贯彻国标、军标、航标以及 AMS 2750F 等标准设计、生产、制造、维修。是中国焊接协会钎焊分会的发起单位之一，同时也是中国热处理协会会员单位、重庆热处理行业协会理事单位。部分产品已通过欧盟 CE 安全体系认证。产品不仅广泛应用于航空、航天、军工、船舶、汽车等行业，也为航空工业、中航发、航天科工、航天科技、中船重工、国家增材制造研究院等大型国有企业提供设备及服务。

主营产品：真空烧结炉、实验用真空炉、真空热处理炉、真空钎焊炉等。

美扬科技有限公司

地址：江苏省昆山市张浦镇花苑路1178号
电话：18501575029
电邮：327173777@qq.com
网址：www.meiyang-bwell.com
单位介绍：美扬科技有限公司是中国台湾一家专业生产全进口真空烧结炉和真空烘烤炉及热处理炉厂家，原材料采用德国、美国及日本全进口牌，专精于 MIM、PM、硬质合金及 LED 行业的各式真空脱脂烧结炉和真空热处理系统的设计研发、生产制造及销售。公司的技术人员深耕真空热制程技术多年，不仅具备硬体上机电整合的能力，更能针对业界现有真空炉的其他品牌升级，提供专业的 MIM 和热处理技术咨询及高品质的维修服务。

主营产品：高温陶瓷烧结炉、真空脱脂烧结炉、高温烘烤炉、真空热处理炉、真空加压烧结炉等。

合肥费舍罗智能装备有限公司

地址：安徽省合肥市经开区天都路3896号
电话：0551-68998684
电邮：sales@facerom.com
网址：www.facerom.com
单位介绍：合肥费舍罗智能装备有限公司是一家专业从事热工装备的研发、销售、生产制造及售后服务的热工装备制造商，自成立以来一直专注于半导体、芯片、集成电路、3D打印、碳纤维、航空航天、5G 以及动力电池材料等领域。公司产品管式炉、马弗炉、灰化炉、真空烧结炉、排胶炉、烧结炉、箱式炉、钟罩炉、网带炉、排蜡玻化炉、熔封炉、干燥炉、烧银炉、推板炉等主要服务于材料、物理、化学、核能等众多学科，与国内众多高校实验室和科研院所建立了长期的合作关系，同时提供全方位的热工技术解决方案。

主营产品：排胶炉、脱脂炉、烧结炉、排胶烧结一体炉、HTCC 排胶炉、气氛排胶炉、箱式炉、钟罩炉、网带炉、推板炉等。

深圳市中达强电炉有限公司

地址：广东省深圳市龙岗区龙岗街道南联社区宝南路33号方兴科技园 C 区 14 栋 101
电话：0755-81700620
电邮：zhongdadl@139.com
网址：www.zhongdagiangdl.com

5.5 陶瓷烧结设备企业

单位介绍：深圳市中达强电炉有限公司拥有一个资深的长期从事工业电炉制造的技术团队，专注于物联网智能全直流变频电炉行业，是一家集自主研发、生产、销售于一体的物联网智能变频高端装备供应商。目前拥有多项专利知识产权，通过ISO质量认证。服务于工业4.0，为加工企业提供优质解决方案，公司产品拥有过硬的质量及完善的售后服务。产品销往国内外，主要为生产半导体芯片、量子、超导材料、5G通信、光电、电子、电器、电池、汽车、新材料、陶瓷、粉末冶金、珠宝、玻璃、高分子、铍铜、五金模具、合金、铝合金、金属、药品、军工产品、热处理加工等提供设备。

主营产品：高温烧结真空炉、全直流变频电炉等。

河南诺巴迪材料科技有限公司

地址：河南省郑州市新郑市新华街道竹园8号
电话：0371-63202801/63202805
电邮：nbd@nbdkj.com
网址：www.nbdkj.com
单位介绍：河南诺巴迪材料科技有限公司成立于2011年，是集研究、开发、制造、经营于一体的高新科技创新型企业。公司经过长期的研发和不断的技术积累，拥有热工、制造、控制相关技术专利40余项，为化学、物理、材料、电子、高分子工程、新材料制备和研发领域的科学研究提供精良热工设备。目前公司已研发生产29个系列343款产品，产品囊括管式炉、真空炉、升降炉、快速退火炉（RTP）、箱式炉、浇注炉、旋转炉等各类热工烧结设备，主要适用于新材料、新能源领域，物理特性及化学特性研究开发的科研院校以及工矿企业。产品远销欧美及东亚地区，多款设备取得了欧盟CE认证。

主营产品：管式炉、真空炉、升降炉、快速退火炉、箱式炉、浇注炉、旋转炉等。

洛阳炬星窑炉有限公司

地址：河南省洛阳市涧西区科技工业园兴业一路1号
电话：0379-69936789/64562296
电邮：wgq@gwdl.com
网址：www.gwdl.com
单位介绍：洛阳炬星窑炉有限公司是一家专业从事热处理技术服务及工业电炉研发、制造、销售的企业，是洛阳热处理行业的骨干企业，中国热处理行业协会会员单位。公司专业研制、生产各种高温电炉（电阻加热）。产品涉及实验电炉、工业窑炉、环保设备等，广泛用于陶瓷、冶金、电子、玻璃、发光材料、有色金属、化工、机械、耐火材料、新材料开发、特种材料、建材等领域，自动化控制系统，电气控制柜等，客户群体遍布各先进材料实验室、各工矿企业，以及各大高校、研究所等，远销欧洲、北美、俄罗斯、菲律宾、日本等国家和地区，在同行业中享有较高的声誉。

主营产品：实验电炉、真空/气氛炉、工业电炉、电热烘干箱、耐火隔热材料、高温窑具、耐火原料等。

陕西东吉金属科技股份有限公司

地址：陕西省宝鸡市高新区马营镇黄家山村7号
电话：0917-3637500
电邮：AE@getwick.com.cn
网址：www.getwick.com.cn
单位介绍：陕西东吉金属科技股份有限公司（股票代码：670063）成立于2007年，是国家级高新技术企业，真空炉加热室总成解决方案供应商。主打产品为真空炉加热室总成，通过10余年生产经验的积累以及国内外先进技术的学习，公司形成以钨钼热场、隔热屏为核心的真空炉、长晶炉等加热室产品，拥有数个实用新型专利，并通过质量管理体系认证，成为国内屈指可数的真空炉加热室总成解决方案优质提供商。

主营产品：真空炉加热室总成、真空炉加热室配件、先进陶瓷烧结用钨钼制品等。

上海广树机电有限公司

地址：上海市嘉定区安亭镇
电话：18121138768
电邮：wd@guangshu.net
网址：www.guangshu.net
单位介绍：上海广树机电有限公司专注于半导体、电子、精密光学、光伏、新能源、电池等行业的设备研发与生产。公司专业研发生产半导体、光伏等行业的高精度加热设备，拥有雄厚的技术实力和丰富的工程设计、施工经验，具备机电三级总承包资质、三级道路照明资质。提供各种应用分布式光伏发电系统及工程服务，主要包括：智能高温炉、高温马弗炉、真空气氛炉、箱式电阻炉、高温退火炉、真空管式炉、CVD镀膜设备、精密光学加热设备、半导体电子加热设备等。公司专注于精密加热设备研发生产近20年，致力于半导体、汽车电子、光伏、锂电池、新能源、精密光学玻璃、先进陶瓷、粉末冶金等行业精密产品的研发、生产销售，以及提供自动化封装流水线的开发、设计、生产、维护的全方面解决方案。**主营产品**：高温加热炉、陶瓷烧结炉、退火炉、脱脂炉、排胶炉等。

拉普拉斯（广州）半导体科技有限公司

地址：广东省广州市黄埔区瑞泰路2号
电话：020-31569374
电邮：saf@laplace-tech.com
网址：www.laplace-semi.com
单位介绍：拉普拉斯（广州）半导体科技有限公司成立于2021年，公司以多名半导体研发、制造、零部件、设备等领域经验丰富的从业人员为核心，致力于成为领先的半导体领域核心工艺解决方案商。公司核心产品以晶圆段立/卧式氧化、退火、LPCVD，以及生产陶瓷基板钎焊炉、烧结炉为主，应用领域集中在半导体芯片和陶瓷基板相关生产制造。公司成立当年，即获得并圆满交付多项SIC高温激活、氧化、LPCVD订单，公司重视研发的投入，截至2024年8月，广州公司总计申请专利超过60项，获得超过30项授权专利。

主营产品：陶瓷基板钎焊炉、烧结炉等。

上海全硕电炉有限公司

地址：上海市浦东新区东方路3539号5102-33室

电话：021-58933728
电邮：yinyl@shalarge.com
网址：www.shalarge.com
单位介绍：上海全硕电炉有限公司是一家集研发、生产、销售及服务于一体的专业性电炉生产销售源头企业。公司旗下有两个生产工厂，主要生产专业真空电炉设备。位于上海的南汇工厂主要生产大型真空设备，如中频熔炼炉、气压烧结炉、真空钨丝炉、真空碳管炉、真空热压炉、台车炉、大型工业用烘箱；位于郑州的工厂主要生产中实验设备，如马弗炉、箱式气氛炉、中小型真空炉、真空管式炉、多温区管式炉及旋转管式炉等。可根据客户需求设计和定制生产。
主营产品：实验室和工业用热处理炉、烧结炉、真空熔炼炉等。

北京艾林维科炉业技术有限公司

地址：北京市昌平区振兴路 35 号 218 室
电话：010-62800745
电邮：info@afi-furnace.com
网址：www.afi-furnace.com
单位介绍：北京艾林维科炉业技术有限公司一直专注于高端真空炉供应及服务，依托于欧美知名炉业公司，国内独家代理具有业内一流水平的实验室和行业用高温真空炉，以为国内高端实验室和企业提供先进的装备和完善的技术服务为己任，以期为国内外炉业提供一个交流、融合的平台。同时，提供进口炉子大修、优惠备件供应和外延技术服务，希望为客户的生产和科研解除后顾之忧。
主营产品：高温真空烧结炉、气压炉、热压炉、放电等离子烧结炉、反应烧结炉、CVD/CVI、钎焊、陶瓷金属化及特种高温炉、热等静压设备、温等静压设备、冷等静压炉等。

咸阳科源新材装备有限公司

地址：陕西省咸阳市秦都区玉泉西路 210 号
电话：029-33579267
电邮：source@sinokiln.com
网址：www.sinokiln.com
单位介绍：咸阳科源新材装备有限公司，隶属于中国建筑材料集团公司。公司以雄厚的科研实力为依托，一直致力于各种窑炉热工装备的科研设计、加工制造、安装调试及技术咨询等一体化服务。对行业技术进步起重大作用的多项技术和装备均由公司的技术团队研发成功，如锂电池正负极材料煅烧窑炉、5G陶瓷滤波器烧结设备、大型喷雾干燥器、大型球磨机、连续球磨机、全自动压砖机、高压陶瓷柱塞泵等。公司以客户需求为出发点，研制的"科源"牌粉体煅烧系列窑炉拥有多项专利技术，产品广泛应用于锂离子电池材料、稀土材料、活性碳、催化剂材料、磁性材料、粉末冶金材料等。
主营产品：5G 滤波器烧结炉等。

苏州晶玺茂机械科技有限公司

地址：江苏省苏州市相城区渭塘镇珍珠湖路 12 号 A 栋
电话：13913529579
电邮：szjxm0705@163.com
网址：szjxm.cnpowder.com.cn
单位介绍：苏州晶玺茂机械科技有限公司成立于 2021 年，是一家专注于新能源新材料工艺配用设备研发的科技型企业。公司产品的核心竞争力是推动新能源产业发展的关键设备，包括外热式回转炉、气氛箱式炉、气氛管式炉、高温真空炉设备等。
主营产品：氧化亚硅真空炉、实验型高温石墨化炉、碳纳米管一拖二高温碳化炉、外热式回转炉等。

昆山艾科迅真空装备有限公司

地址：江苏省昆山市六时泾路 28 号
电话：0512-50139855
电邮：sjh@acxchina.cn
网址：www.acxchina.cn
单位介绍：公司专注于真空钎焊产业链设备的生产、销售与技术转让服务，年生产量 1000 余台。公司拥有一批具有材料、机械、电子、自动化等方面高水平的专业知识和丰富的经验的技术人员，为优质的产品提供了有力的技术保障。公司以先进的科学设计、精湛的制作工艺和强大的科研团队为广大科研院所、高等院校及工矿企业实验室提供专业的仪器设备和高品质的服务。
主营产品：高温炉、高真空炉等。

上海晨鑫电炉有限公司

地址：上海市宝山区潘泾路 831 号
电邮：mfg1898@163.com
电话：13817293862
网址：www.sh-vac.com
单位介绍：上海晨鑫电炉有限公司是一家从事电热电炉应用技术的研发、生产、销售和服务于一体的高新科技企业。公司专业生产真空无压烧结系列、真空热压烧结系列、真空特种烧结系列、真空感应熔炼炉、连续烧结系列、气氛烧结系列等，共 20 多个品种。公司还可根据用户的要求定制各种非标真空炉。产品广泛应用于航空、航天、军工、铁道、汽车、机械、模具、电子、电光源、科研等行业和部门。公司有着十几年的真空炉生产历史，是国内真空炉的典范。
主营产品：真空无压烧结系列、真空热压烧结系列、真空特种烧结系列、真空感应熔炼炉、连续烧结系列、气氛烧结系列等。

湖南诺伯特高温设备股份有限公司

地址：湖南省湘潭市湘潭县易俗河镇海鸥东路 755 号（天易示范区）
电话：15873387676
网址：www.hnrbt.com
单位介绍：湖南诺伯特高温设备股份有限公司是一家专门从事超高温恒温场热工设备研发与生产的企业，主要研制真空无压烧结炉，具有烧结、脱黏一体功能，比国内一般烧结炉效率要提高 60%，并能够根据客户要求，量身定做适合客户自身生产工艺所需的各种超高温真空烧结设备，主要技术参数均达国内

5.5 陶瓷烧结设备企业

领先水平,其中产品恒温场的设计达到国际领先水平,设备性能与同行相比更稳定。通过多年的建设与发展,产品远销国内外,产品性能得到国内市场的充分认可,性价比优势突出,市场竞争力强劲。

主营产品：2300℃石墨化炉、超高温真空试验炉烧结炉、高温电炉设备等。

株洲瑞德尔智能装备有限公司

地址：湖南省株洲市天元区仙月环路755号瑞德尔科技园
电话：17773358017
电邮：jianwei.xiang@zzrde.com
网址：www.zzrde.com
单位介绍：株洲瑞德尔智能装备有限公司是一家从事高端热工装备研发、制造以及提供涂层工艺系统解决方案的高新技术企业,是国家级专精特新重点"小巨人"企业。公司已开发出"高温高压"与"化学气相沉积"两大核心技术,拥有产品类型10余种。产品远销欧、美、日等发达国家及地区。其中主营产品压力烧结炉国内市场占有率遥遥领先。
主营产品：压力烧结炉、真空烧结炉、快速冷却炉、真空热处理炉、氮化硅陶瓷立式压力烧结炉等。

洛阳八佳电气科技股份有限公司

地址：河南省洛阳市高新区白桦路附3号
电话：0379-60689363
电邮：bajia@126.com
网址：lybjkj.com
单位介绍：洛阳八佳电气科技股份有限公司是一家研发、生产真空熔炼炉、真空烧结炉等烧结设备,感应加热电控设备及大功率半导体元器件的民营股份制企业。公司拥有一批多年从事研发、生产、销售的中青年核心队伍。在20多年的发展历程中,公司坚持以客户为中心,基于客户需求持续创新,赢得了客户的尊重和信赖,形成了自己的企业文化和经营理念。
主营产品：真空速凝炉、真空/气氛保护感应烧结炉、真空熔炼炉、CVI/CVD气相沉积炉、真空碳化炉、真空高温石墨化炉、真空石墨煅烧炉、真空热处理炉、整流器和晶闸管、加热电源和整流器等。

郑州尔莫新材料科技有限公司

地址：河南省新密市曲梁镇密杞路与人和路交叉口新密市环保科技创新创业综合体2#孵化器5层522号
电话：0371-63365003
电邮：1207725985@qq.com
单位介绍：郑州尔莫新材料科技有限公司一直从事各种真空仪器的设计、开发和制造。经过不断的积累和创新,公司部分产品已达到国内较高水平。产品深得用户好评,并出口国外。公司与清华大学、浙江大学、上海交通大学、华中科技大学、河北工业大学、成都理工大学等多所高等院校均有合作。公司主要生产和销售真空感应熔炼炉、真空甩带炉、真空烧结炉、真空磁悬浮熔炼炉、晶体生长炉、真空电弧炉、真空热处理炉、真空蒸馏炉、快速熔样机、多功能熔融炉、真空封接装置等,同时可定制各种非标电炉。公司产品广泛应用于新能源、特种陶瓷、化工、电子、冶金等领域的实验和生产。
主营产品：真空感应熔炼炉、真空甩带炉、真空烧结炉、真空磁悬浮熔炼炉、晶体生长炉、真空电弧炉、真空热处理炉、真空蒸馏炉、快速熔样机、多功能熔融炉、真空封接装置等。

郑州博纳热窑炉有限公司

地址：河南省郑州市国家大学科技园东区10号楼14层
电话：199-4380-6602
电邮：zzbnr@bonaregroup.com
网址：www.zzbnr.com
单位介绍：郑州博纳热窑炉有限公司成立于2008年,其前身为郑州兄弟窑炉有限公司。2016年为适应公司发展需要,更名为郑州博纳热窑炉有限公司,并于该年建立了位于焦作武陟县占地1万平方米的大型生产基地,2023年在河南省封丘县建立了占地2.5万平方米的第二生产基地,以及拥有先进检测和实验设备的2000平方米研发大楼。公司产品广泛应用于国内100多所高等院校和企业,并出口至30多个国家,获得了国内外客户的认可。
主营产品：真空电炉、脱脂炉、箱式炉、管式炉、气相沉积炉等。

郑州安晟科学仪器有限公司

地址：河南省郑州市上街区洛宁路77号院7幢1单元9层903号
电话：18037316198
电邮：378977271@qq.com
网址：www.sysmfl.com
单位介绍：郑州安晟科学仪器有限公司在产品设计过程中,分析不同行业用户的特点,借鉴国际先进设计理念,跟踪先进的产品设计技术,不断升级现有产品,确保产品设计的前瞻性、实用性、新颖性;以5S标准进行生产现场管理,引进先进技术,采用高科技数控设备,生产各种规格的马弗炉、高温箱式电阻炉、管式气氛炉、箱式气氛炉、坩埚炉、真空炉、升降炉、台车炉、牙科义齿炉、真空炉石墨烯管式炉等。公司从研发、生产、销售、售后服务等各个环节高效服务客户,建立起一系列快速响应机制,完善公司的售后服务。
主营产品：真空烧结炉、真空炉、气氛炉、超高温电炉、电阻炉、箱式/台式/立式炉、实验电炉、马弗炉、真空热处理炉等。

洛阳华熔窑炉有限公司

地址：河南省洛阳市涧西区辛店镇辛店街道
电话：0379-6111666
电邮：1012603088@qq.com
网址：www.lyhryl.com
单位介绍：洛阳华熔窑炉有限公司主要研制、开发、生产各种高温窑炉、高温电炉、实验电炉、真空气氛炉、箱式炉、管式电炉、升降炉、立式电炉、井式电炉、卧式电炉、高温马弗炉等。产品因具有全自动控制、升温快、节能、操作简单、微电脑控制可编程、全自动升降温、温控精度和恒温精度高、炉体温度接近室温等优良特性,深受客户好评。各种电炉窑炉自动化程度高,居国内较高水平,在同行业中享有较高的声誉。

主营产品:高温真空气氛炉、高温箱式电阻炉、高温台车炉、高温智能马弗炉、高温升降炉、高温熔块炉、高温管式炉等。

洛阳西格马炉业股份有限公司

地址:河南省洛阳市高新区河洛路瑞泽大厦 912
电话:0379-63082510
电邮:sgm@sigmayq.com
网址:www.sigmayq.com
单位介绍:洛阳西格马炉业股份有限公司成立于1999年,专注于生产真空炉、烧结炉、真空气氛炉、真空烧结炉、热压烧结炉、实验电炉。2007年公司产品被河南省质量技术监督局认定为"质量稳定、售后服务满意产品"。2006年独立开发陶瓷纤维型人工智能箱式电阻炉,并把"冲温值1℃~3℃"作为箱式电阻炉的控温标准之一,其综合性能达到国际品牌的先进水平。"西格马"也因此成为实验室行业的品牌。公司拥有多项专利发明、商标、软件等多项知识产权。
主营产品:真空炉、烧结炉、真空气氛炉、真空烧结炉、热压烧结炉、实验电炉等。

开封市泰达电炉科技有限公司

地址:河南省开封市禹王台区开尉路168号
电话:0371-23925566
电邮:271102865@qq.com
单位介绍:开封市泰达电炉科技有限公司是一家专业设计、制造工业电炉,以及提供燃煤、油、气等工业热处理的企业。公司专业从事工业电炉的开发、设计、制造、安装、调试及维护工作。公司设计、开发技术力量雄厚,生产设备先进、工艺齐全,产品结构合理、性能可靠、质量稳定,多年来深受用户好评。
主营产品:工业炉、真空炉、熔块炉等。

郑州广弘高温科技有限公司

地址:河南省登封市大金店三里庄4号
电话:13253595599
电邮:18037806000@136.com
单位介绍:郑州广弘高温科技有限公司成立于2016年,主要从事特种陶瓷的研发、生产和销售,以及高温电炉、耐火材料、硅钼棒、硅碳棒的生产和销售。
主营产品:真空炉、电阻炉、全纤维快速升温炉等。

河南酷斯特仪器科技有限公司

地址:河南省郑州市航空港区中南高科智慧电子产业园8-1
电话:0371-63365003
电邮:15921582625@139.com
网址:www.emkusite.com
单位介绍:河南酷斯特仪器科技有限公司一直从事各高等院校、科研院所等科研单位用的真空电炉、真空仪器设备、实验电炉的设计、开发、制造。经过不断的积累和创新,部分产品已经达到国内靠前水平。产品深得用户好评,远销国内外。公司与清华大学、北京科技大学、浙江大学、武汉理工大学、兰州理工大学、上海交通大学、华中科技大学、西北工业大学、吉林大学、西安交通大学、西安理工大学、河北工业大学、成都理工大学、中南科技大学、国防科技大学、郑州大学等多所高校均有合作。公司还是中核集团、中冶集团的合作供应商,与中国原子能科学研究院、中国科学院长春光学精密机械与物理研究所、过程工程研究所、上海硅酸盐研究所、中国兵器工业第五九研究所等都有合作。
主营产品:真空感应熔炼炉、真空烧结炉、真空甩带炉、真空速凝炉、真空电弧熔炼炉、真空磁悬浮熔炼炉、真空退火炉等。

南阳市鑫宇新材料科技有限公司

地址:河南省南阳市卧龙区龙升工业园
电话:0377-63533899
电邮:sales@nyxinyu.cn
网址:www.nyxinyu.cn
单位介绍:南阳市鑫宇新材料科技有限公司拥有完整、科学的质量管理体系,标准化的生产车间。公司致力于高品质的高温箱式炉、管式炉、气氛炉、实验电炉、高温箱式马弗炉、高温真空管式炉、高温气氛炉、台车炉、升降炉、牙科义齿炉、高温高真空试验设备的研发、制造、销售和技术服务。公司产品远销欧洲、美国、南美、亚洲、非洲、澳大利亚、中东等80多个国家和地区,并和多家国际性公司建立合作关系,在分析性测试设备、医药、牙科、石油化学、煤炭冶金、仪器工艺、半导体等领域得到广泛应用,以及服务于高等院校、科研院所等科研单位。
主营产品:规格的箱式炉、管式炉、气氛炉、坩埚炉、真空炉、升降炉、台车炉、牙科义齿炉。

洛阳市大好机电有限公司

地址:河南省洛阳市邙山310国道与机场路交叉口东200米路北
电话:0379-62322536
网址:dahaojd.sm160.com
单位介绍:洛阳市大好机电有限公司是从事生产、科研开发、技术服务等综合功能的经济实体。已形成集产、学、研、销、服于一体的经营机制,产品远销全国各地,并且已经出口到泰国、越南等国家。根据用户反馈,公司生产的产品,质优价廉,安全可靠,使用寿命长,操作简便,节能环保。各系列产品在新老用户中赢得了很好的口碑。主要产品有KGPS系列晶闸管中频电源、IGBT超音频全固态高频电源、中频熔炼炉、锻造用感应透热炉、真空炉、真空烧结炉、真空熔炼炉、中频热处理设备、表面淬火机床、各种中高频电源电炉配件,同时承揽各种机械零件的加工和热处理等。

5.5 陶瓷烧结设备企业

主营产品：真空炉、真空烧结炉、真空熔炼炉、中频熔炼炉、锻造用感应透热炉、中频热处理设备等。

长沙科鑫炉业有限公司

地址：湖南省长沙市岳麓区坪塘集镇工业园
电话：0731-88501488
电邮：kexinluye@126.com
网址：www.kexinluye.com
单位介绍：长沙科鑫炉业有限公司是一家专业从事工业加热设备、粉末冶金设备、实验电阻炉的集研究开发、生产、销售和服务为一体的现代民营企业。公司拥有得天独厚的人才、信息、技术优势，多年来积累了丰富的经验，不断创新研制开发了大量的新产品，满足了广大客户的需求，并与粉末冶金行业的各知名企业和高等院校建立了长期的合作关系。公司始终以"质量求生存，以创新求发展"作为企业宗旨，将以完善的售后服务赢得广大客户的信赖。
主营产品：真空脱脂预烧炉、真空气氛烧结炉、气氛烧结真空炉、陶瓷金属化钼丝烧结炉、高纯氧化铝钼丝烧结炉等。

株洲鼎鑫电热设备有限公司

地址：湖南省株洲市荷塘区金山街道金山路与映日路交叉路口往东约 300 米金山工业园 A 栋厂房
电话：0731-28352508
电邮：hnzzdx168@163.com
网址：www.hnzzdx.com
单位介绍：株洲鼎鑫电热设备有限公司是一家从事设计、生产中频、高频、超音频及工频感应加热设备的专业化高科技企业。公司拥有一支具有十几年行业经验丰富的专家研发队伍，并与多家科研机构建立密切合作关系，充分吸收、消化了国内外同类设备的先进技术。拥有中频炉、石墨化炉、中频熔炼炉、感应加热、感应淬火等产品，广泛应用于航天、交通、机械、冶金、硬质合金、难熔合金、难熔金属、特种陶瓷、炭炭复合材料、半导体材料等几十种加工制造行业及领域。
主营产品：中频炉、石墨化炉、中频熔炼炉等。

株洲远航工业炉科技有限公司

地址：湖南省株洲市天元区仙月环路新马动力创新城 B5 栋
电邮：yhgyl9105@zzyhgyl.com
电话：0731-27618728
网址：www.hnyuanhangkeji.com
单位介绍：株洲远航工业炉科技有限公司是一家提供各种热处理设备成套解决方案的新型科技企业。生产工厂坐落于湖南省株洲市，其技术成熟，供应配套优越，环境友好。公司立足于新的起点、新的高度成立，坚持客户需求、跟随市场升级的发展思路，为客户提供使用便捷、质量优良、生产高效的成套设备。公司重点生产各种规格高温石墨化炉及碳化炉，为客户提供高科技、高品质、高性价比的热处理设备。
主营产品：高温石墨化炉、高温炭化炉、烧结炉、新材料专用炉等。

株洲晨昕中高频设备有限公司

地址：湖南省株洲市芦淞区航空大道湖南辉佳环保产业园
电话：0731-2863-2875
电邮：cx122@chenxinzz.com
网址：www.chenxinzz.com
单位介绍：株洲晨昕中高频设备有限公司是一家以半导体变流技术为依托，集科研开发、生产经营于一体的国家高新技术企业，同时也是湖南省专精特新企业，致力成为全球领先的先进复合材料设备供应商。2003 年成功研制出 3000℃高温石墨化炉，20 年来始终保持行业排头兵的地位，产品出口到多个国家和地区。产品温度范围从为 30～3200℃，主要生产高温石墨化炉、实验型石墨化炉、高温碳化炉、连续碳化炉、熔炼炉、合金烧结炉、碳化硅烧结炉、真空钎焊炉等。为先进复合材料提供创新性热处理方案，主要应用于高导热石墨膜、石墨烯散热膜、燃料电池气体扩散层、碳纤维、碳/碳复合材料、锂电池负极材料热处理等行业，并以优质的产品、完善的服务赢得广大用户企业的信赖与赞誉。
主营产品：高温石墨化炉、实验型石墨化炉、高温碳化炉、连续碳化炉、熔炼炉、合金烧结炉、碳化硅烧结炉、真空钎焊炉等。

株洲鑫阳热处理设备有限公司

地址：湖南省株洲市石峰区联诚路 79 号轨道智谷 4 号标准厂房
电话：0731-28100682
电邮：zhuzhouxinyang@163.com
网址：www.zzxyrcl.com
单位介绍：株洲鑫阳热处理设备有限公司是一家专业研发、生产、销售高温碳化炉、高温石墨化炉、碳化硅、碳化硼无压烧结炉、反应烧结炉、3000℃高温炉及试验炉的高科技企业。公司设计骨干从事中频电源、IGBT 电源、成套感应加热设备和非标电热设备研制 20 余年，产品深受用户青睐。
主营产品：高温碳化炉、高温石墨化炉、碳化硅、碳化硼无压烧结炉、反应烧结炉、3000℃高温炉及试验炉、3200℃石墨化炉、石墨烯膜石墨化炉等。

株洲弗拉德科技有限公司

地址：湖南省株洲市天元区科瑞路 12 号
电话：13607331905
电邮：2683402817@qq.com
网址：www.fullad.com.cn
单位介绍：株洲弗拉德科技有限公司是一家具有 20 多年感应加热历史的专业制造企业，同时也是国家高新技术企业，集研发、制造、销售于一体。拥有厂房 14000 平方米，其中 6000 平方米厂房为重钢结构超高厂房，配有 3000 千伏安电网容量、大型循环水冷却系统和大型氮气供给站，可进行各类感应加热负载试验，是国内较大的感应加热专业实验厂房之一。公司具有大型加工中心、立车等各类加工设备，可生产超大型感应加热成套装备。公司拥有先进的高温示范基地，高温基地配有自研自产

3000℃大型连续热处理炉生产线、3200℃间歇高温炉、3400℃球化炉和闪速烧结炉等高温装备，可承担负极材料石墨化、高导热膜石墨化、石墨提纯、硬面材料及热喷涂材料球形化、耐高温 3D 打印材料及纳米材料闪速烧结等工艺生产任务及来料加工。

主营产品：超高温石墨化炉、碳化炉、加热机、铸造碳化钨连续球化炉等。

东海高热（苏州）工业炉有限公司

地址：江苏省苏州市漕湖街道方桥路 569 号 A2 厂房
电话：0512-86860650
网址：www.tkksuzhou.com
单位介绍：东海高热（苏州）工业炉有限公司秉承日本东海的技术和业绩，联手苏州汇科形成较大优势。日本东海从 1936 年开始就向社会提供 EREMA 发热体、耐火材料、工业炉等产品，拥有丰富的工业炉及相关设备的设计和制造业绩，是工业炉行业必需的发热体和耐火材料的综合制造商，拥有高度的复合技术。苏州汇科在中国自 2000 年开始生产工业炉以来，在电子材料等热处理领域得到了高速发展，并作出了较大贡献。
主营产品：ALN/BN 材料烧结炉、透明 Al_2O_3 材料烧结炉、推板式隧道炉（连续炉）、间歇炉、回转蒸馏炉、各种热处理炉（特殊炉）及附属装置等。

南京博蕴通仪器科技有限公司

地址：江苏省南京市江宁区高桥工业园市井路 7 号北星院内
电话：025-83111681
电邮：njbytyq@163.com
网址：www.njbytyq.com
单位介绍：南京博蕴通仪器科技有限公司是一家专业从事生产、销售电炉和球磨机的企业。公司聘请了多名大学教授为指导，吸收了国外众多知名品牌的优点并结合自身多年产品设计开发经验，先后研制出多款外观优美、结构紧凑、功能强大的材料研发设备。公司研发的侧开门真空感应热压炉、空气热压炉等产品拥有性能优异、使用方便、占地空间小等优点，广受客户好评，并且填补了国内市场在这一领域的空白。
主营产品：活性碳烧结炉、OLED 研究设备、晶体生长设备、碳纳米管纤维制备设备、高熵合金/非金熔炼设备、MoS_2 等二维材料生长设备、玻璃熔化研究设备等。

沈阳恒进真空科技有限公司

地址：辽宁省沈阳市浑南新区学院路 1 号
电话：024-24693100
电邮：hjzk@hjzk.com.cn
网址：www.hjzk.com.cn
单位介绍：沈阳恒进真空科技有限公司是一家专业从事真空设备研发及制造的科技型股份制企业。多年来恒进真空研制了温度从 100℃到 2200℃、装料方式从卧式水平装取到大型立式底部装取的各种炉型，形成了雄厚的技术积累。1999 年被评为国家重点新产品，同时申请并获得了多项技术专利。公司生产的高真空烧结炉、高压气淬炉、高真空钎焊炉、高真空退火炉、真空回火设备、真空氮化设备、真空晶化设备、真空快淬设备、真空储藏柜、真空操作箱、真空干燥器等各类真空设备已达 1000 多台，产品遍及国内 20 多个省份，广泛应用在材料、IT 产业、冶金、机械等领域。公司已在山西、浙江地区设立了客户服务中心，至今已拥有 300 多名客户，其中不乏一些知名企业。
主营产品：高真空烧结炉、高压气淬炉、高真空钎焊炉等。

锦州华诚力德真空设备有限公司

地址：辽宁省锦州市古塔区北方明珠北行 400 米
电话：0416-4112018
电邮：jz_hcld@163.com
网址：www.jzhcld.com
单位介绍：锦州华诚力德真空设备有限公司是一家集电炉设计、制造、冶金材料加工以及科研试验于一体的综合型企业，是锦州市科委首批确定的技术创新示范企业之一。公司成立于 2008 年，成立之初就致力于新型设备的研发、工艺流程开发、粉末冶金制作以及新材料冶炼工艺的研究等，多年来通过与高等院校广大科研人员的深入接触，积累了诸多经验，在多方的配合与支持和多年试验与研究的基础上，开发出了多种规格的冶金设备，并在国内的真空冶金行业占领一席之地，得到用户的好评。
主营产品：真空设备、感应电炉等。

潍坊华德真空工业炉制造有限公司

地址：山东省潍坊市昌邑奎聚工业园万宝路
电话：0536-7703998
电邮：zhaiyaohua423@sohu.com
网址：www.sdhuade.com
单位介绍：潍坊华德真空工业炉制造有限公司是一家集研制、设计、制造于一体的真空工业炉专业生产企业。公司的主要产品已形成五大系列，分别是：热处理真空炉、钎焊真空炉、烧结真空炉、熔炼真空炉、气氛保护炉，拥有 23 种类型、上百种规格，具有品质高、效率高、节能好等特点。公司产品广泛应用于航空、航天、军工、冶金、机械、汽车、模具、电光源、特种材料等行业，以及服务于高等院校等科研单位。
主营产品：热处理真空炉、钎焊真空炉、烧结真空炉、熔炼真空炉、气氛保护炉等。

西格马（上海）高温电炉有限公司

地址：上海市黄浦区北京东路 433 号
电话：021-63502110
电邮：119tnt@163.com
网址：www.shsigma.com
单位介绍：西格马（上海）高温电炉有限公司创建于 1996 年，拥有 20 项国家专利发明和多项知识产权。全部专利技术已经产业化，应用于企业的技术进步，取得了良好的社会效益。2007 年，公司与中国科学院上海硅酸盐研究所合作开发的底部加热

5.5 陶瓷烧结设备企业

旋转钟罩炉被专家组评定为省（市）级科技成果。公司研发的2600℃超高温陶瓷烧结炉、2400℃超高温陶瓷烧结炉、2400℃感应熔炼炉、1600℃坩埚熔炼炉、2600℃真空感应热压炉、2600℃超高温软化点测定仪、2600℃超高温熔点仪、抗热震实验炉、2600℃超高温热震炉已经广泛应用于工矿企业和科研院所。

主营产品：超高温陶瓷烧结炉、感应熔炼炉等。

上海辰荣电炉有限公司

地址：上海市宝山区银石路 285 号-5
电话：021-65382346
电邮：chenrong@chenrong.cc
网址：www.chenrong.cc
单位介绍：上海辰荣电炉有限公司是一家集研发、生产、销售为一体的真空炉高新技术企业。自 2000 年成立之初，就确定了依托上海电炉厂的真空炉传承技术开拓市场空间的经营策略，在秉承真空炉传统工艺的基础上，不断创新、稳步发展。多年来企业获得了长足的进步与发展。公司产品质量可靠、品种齐全、服务周到，自进入市场以来，得到了用户的充分肯定。
主营产品：真空中频感应熔炼炉、真空钼丝炉、真空碳管炉、真空碳棒炉、真空钨丝炉、真空热压炉、真空钎焊炉、真空热处理炉及气压炉等。

湖南汉冶科技有限公司

地址：湖南省国家级常德高新区汉寿产业园
电话：0736-2854568
电邮：hnhykj888@163.com
网址：www.hanyekj.com
单位介绍：湖南汉冶科技有限公司是由中国早期一批从事烧结炉的专业生产团队组建而成，现有技术研发团队平均从业经历超过 15 年，申报各类知识产权专利超过 50 余项，主持研发生产制造超过 100 项各类非标热工装备的系统解决方案，超过 2000 台（套）的各类非标热工装备生产制造经验。公司研发生产的非标热工装备广泛应用于粉末冶金、金属注射成形（MIM）、非氧化物陶瓷（氮化铝、氮化硅、碳化硅）、高性能陶瓷、硬质合金、电池正负极材料、磁性材料、金属粉末材料等多个领域。
主营产品：真空脱脂烧结炉、2000～2800℃高温真空脱脂烧结炉、钛合金真空脱脂烧结炉、真空钎焊炉、真空碳化炉、真空石墨化炉、真空热压炉、真空气相沉积炉、立式真空脱脂烧结炉、真空中频感应烧结炉、真空气淬炉、真空退火炉、真空感应熔炼炉、真空定向凝固炉、实验室用真空炉等。

苏州哈腾科技有限公司

地址：江苏省苏州市吴江区泉源路 288 号 2 号门 5 幢
电话：0512-63032361
电邮：sales@haatn.com
网址：www.haatn.com
单位介绍：苏州哈腾科技有限公司作为一家高科技企业，将为世界各地的高校、科研院所和企业提供全新的材料快速烧结技术、产品和服务。公司自主开发、国内首创的快速烧结技术和设备可以优化用户产品的烧结生产工序，降低成本，提高效率，制备的产品具有优良的组织和性能。提供金属、陶瓷、磁性材料、铁电材料、热电材料等快速烧结和超高温烧结试制全套服务。

主营产品：快速热压炉、气相沉积炉、真空炉、实验室电炉等。

沈阳北真真空科技有限公司

地址：辽宁省沈阳市沈北新区七星大街 69-77-104 号
电话：18141732037
电邮：sybzzk@sybzzk.com
网址：www.sybzzk.com
单位介绍：沈阳北真真空科技有限公司成立于 2011 年，是一家专业从事真空相关设备研发及制造的科技型股份制公司。主营产品包括碳化硅反应烧结炉、无压烧结炉、重结晶烧结炉、氮化硅结合碳化硅烧结炉、真空钎焊炉、真空烧结炉及真空退火炉等专业真空设备。主要应用于新能源电池、半导体设备、光伏设备、国防军工及防弹材料、复合陶瓷、粉末冶金、新材料及汽车领域。
主营产品：碳化硅烧结设备、氮化硅烧结炉、真空钎焊炉、真空烧结炉、真空退火炉、钛合金烧结炉等。

沈阳沈真真空技术有限责任公司

地址：辽宁省沈阳市苏家屯区清州街 66-1 号苏南工业园三期 D6-1、6-2
电话：024-31387366
电邮：syszvac@163.com
网址：www.szvac.com／www.szvac.com.cn
单位介绍：沈阳沈真真空技术有限责任公司是一家专业从事真空电炉及相关真空设备研制、开发、加工、制造、销售、维修及技术咨询的股份制公司。公司生产的真空炉的各项指标均已达到国内先进水平，并向国际先进水平靠拢。与国内同类型真空炉相比具有结构紧凑、维修方便、性能可靠、精度高、操作简便的特点。产品广泛应用于材料、冶金、机械、电子、食品、航空等领域。对系列外的产品公司可以根据用户的具体情况进行非标设计，最大程度地满足用户的要求；对自产真空炉产品保修一年，终身维护。另外，提供对外真空设备改造、技术支持、维护维修等服务。
主营产品：VQS 系列碳化硅高温真空烧结炉、VHS 系列高温真空烧结炉、VAF 系列真空退火炉、VSF 系列真空烧结炉等。

湖南恒升热工机械设备有限公司

地址：湖南省韶山市高新技术产业开发区创业大厦 5 楼
电话：0731-55670828
电邮：304858157@qq.com
单位介绍：湖南恒升热工机械设备有限公司是热工装备领域的生产厂家，集研发、生产、销售、服务为一体。公司主要提供冶金专用设备，智能装备，工业自动控制系统装置，有色金属

第5章 陶瓷设备种类及企业分布

合金、石墨及碳素制品，烘炉、熔炉及电炉的制造；机械设备、工业窑炉技术的研发；金属材料加工；机械技术推广服务。

主营产品：烘炉、熔炉及电炉的制造，机械设备、工业窑炉技术的研发。

爱力德欣安真空设备（苏州）有限公司

地址：江苏省苏州市吴江经济技术开发区叶港路333号
电话：0512-6385 8833
电邮：info@ald-cnk.com
网址：www.ald-cnk.com
单位介绍：爱力德欣安真空设备（苏州）有限公司是德国ALD真空工业有限公司和欣安（中国）有限公司在中国设立的合资企业。母公司德国ALD真空工业有限公司是全球领先的工程制造和工艺服务供应商，在真空冶金、真空烧结、真空热处理以及多晶硅铸锭炉的研发和加工制造领域处于领先地位。欣安（中国）有限公司在中国有多年的真空设备销售及服务经验。公司采用与德国总部相同的设计、施工及生产标准，为中国和全球市场提供更具性价比的优质产品和服务。
主营产品：真空烧结炉等。

湘潭市高昇粉末冶金设备制造有限公司

地址：湖南省湘潭市湘大新路麓先路168号
电话：0731-58379289
电邮：283118142@qq.com
网址：xiangtan024318.11467.com
单位介绍：湘潭市高昇粉末冶金设备制造有限公司是一家专门从事粉末冶金、硬质合金、精密陶瓷设备设计、制造的专业公司。公司与中南大学、长沙有色设计院等国内多家科研单位建立了密切的协作关系，并与亚洲最大的硬质合金企业——株洲硬质合金集团建立了伙伴关系。公司与各科研机构共同研制开发相关设备。除了市场上常见的粉末冶金设备，公司已开发成熟并研制成功的真空脱蜡烧结一体炉，是一种可以替代美国进口设备、国内首创、产品附加值高、工艺先进的产品，它的推出将推动整个行业生产工艺跃上一个新的高度，并带动行业的技术进步。
主营产品：真空炉、脱脂炉、烧结炉等。

湖南艾普德工业技术有限公司

地址：湖南省株洲市石峰区红旗北路9号
电话：0731-22131560
电邮：2287075296@qq.com
网址：www.hnapd.com
单位介绍：湖南艾普德工业技术有限公司是一家集研发、生产、销售、服务为一体的股份制民营企业。经过多年发展，公司已成为中国能够制造2600℃以上高温炉的企业。公司有着丰富的真空烧结炉、碳化炉、高温石墨化炉、硬质合金设备的研发、设计、制造经验。在新材料电热设备及感应加热设备研发方面具有较强的技术创新能力，公司与国内多所高校、科研院所联合进行了多项新材料领域的设备研制，产品为国内包括赣钨等中高端用户群所认可，并已出口多个国家和地区。
主营产品：真空烧结炉、碳化硅烧结炉、真空熔炼炉、碳化炉、高温石墨化炉、中频透热炉等。

上海皓越真空设备有限公司

地址：上海市嘉定区安亭镇嘉松北路7301号B幢2
电话：13311665350
电邮：sale@haoyue-group.com
网址：www.haoyueyq.cn
单位介绍：上海皓越真空设备有限公司是一家集研发、生产、销售电炉于一体的高新技术企业。公司拥有大型现代化标准厂房、成套的加工设备、完善的质量检测体系，荟萃了一批长期从事热处理炉、真空炉及特种炉制造和服务的技术精英，具备年产200套热处理炉、60套大型真空炉的生产能力。并与上海复旦大学、上海同济大学建立了长期友好的科技合作与人才培养基地。公司一直专注于半导体材料、碳材料、先进陶瓷及复合材料和锂电材料四大领域，积累了丰富的行业经验和技术，竭诚服务于客户，为客户提供完善的一体式产业解决方案。
主营产品：真空热压炉、真空炉、气压炉、氢气炉、气相沉积炉、真空扩散焊炉、回转窑、实验真空炉等。

上海晨华科技股份有限公司

地址：上海市嘉定黄渡绿苑路488号莱英国际603室
电话：021-69596938
电邮：13916202951@139.com
网址：www.chenhua.cn
单位介绍：上海晨华科技股份有限公司（原上海晨华电炉有限公司）是一家专业生产工业电炉的高新技术企业。总部位于上海，在西安、成都、郑州、廊坊和东莞设有办事处，负责西北、西南、中原、华北和华南地区的相关业务。近20年的辛勤耕耘换来累累硕果，在一些航空、航天、尖端武器等国防重点工程和项目的研制基地，其材料制备装备有上海晨华的参与；在全国大多数理工类高等院校、科研院所下属实验室有上海晨华的实验设备；在当前无数工矿企业进行产业升级、科技转型发展的创新实践现场有上海晨华的主要生产设备，甚至2010年上海世博会展示项目"钠硫储能电池"，其金属陶瓷封接制备关键设备也是由上海晨华研制。
主营产品：真空热压烧结炉、真空双向加压热压炉、配真空手套箱热压炉、框架式结构真空热压炉等。

株洲广吉昌科技有限公司

地址：湖南省株洲市天元区天易大道959号新马金谷工业园B4-D号
电话：0731-22498108
电邮：gjckj@139.com
网址：www.gjckj.com
单位介绍：株洲广吉昌科技有限公司是高温石墨化炉领域的专业生产厂家，集研发、生产、销售与服务于一体。公司拥有多项高温石墨化炉专利认证，为不断满足客户需求，提供"定向应用、重点开发、量身打造"的高效特色服务。公司拥有国内多个首例，如氯气烧结炉（可使产品纯度达到 99.9999%）、真空石墨化炉、粉体连续石墨化炉等。在秉承传统工艺的基础上，公司凭借着现代化的设计理念，不断创新，以优异的产品性能和服务获得市场，赢得客户的一致好评。

主营产品：高温石墨化炉、碳化炉、气氛保护烧结炉、真空烧结炉、真空石墨化炉、粉体连续石墨化炉等。

5.5.2.2 气氛烧结炉

天津中环电炉股份有限公司

地址：天津市北辰区科技园区双川道 11 号
电话：022-26980130
电邮：ctjzh@ctjzh.com
网址：zhonghuan.cnpowder.com.cn
单位介绍：天津中环电炉股份有限公司始建于 1993 年，以"为用户提供优质的产品"为使命，致力于成为材料烧结测试系统专业生产商，致力于成为材料烧结测试系统解决方案专家。公司集研发、制造、销售于一身，以实验室电炉和热分析系统两大产品线为核心，已拥有实验室电加热类产品 21 个系列 280 余种，热分析类产品可视化高温形变分析仪和高温接触角测试仪等产品，广泛服务于国家级科研院所、重点高等院校和重点领域企业，公司产品主要应用于金属材料、特种陶瓷、复合材料、半导体、纳米材料、碳纤维、石墨烯等新材料领域。

主营产品：真空气氛箱式电炉、排胶预烧一体炉、钟罩炉高温烧结炉、不锈钢电热真空干燥箱、不锈钢电热鼓风干燥箱、自动进料旋转管式炉等。

洛阳力宇窑炉有限公司

地址：河南省洛阳市新安涧川大道 2888 号
电话：0379-64678999
电邮：liyuyaolu@163.com
网址：www.liyuyaolu.com
单位介绍：洛阳力宇窑炉有限公司（原恒宇电炉厂）是一家集研发、生产、销售、服务于一体的电炉制造基地，引进国外先进技术，可根据用户要求设计、制造各种不同尺寸及型号、各种高精度电炉及窑炉。公司产品经历 20 余年的市场锤炼，质量可靠，性能稳定，深受广大新老客户的好评，产品畅销国内外，广泛应用于高等院校、科研院所、工矿企业等做粉末、煤炭、医药、陶瓷、玻璃、铝业、化工、金属烧结和金属热处理用。

主营产品：高温马弗炉、真空气氛电炉、高温台车电炉、高温升降电炉、高温熔块电炉、高温辊道窑、高温管式电炉、高温立式电炉等。

合肥恒力装备有限公司

地址：安徽省合肥市高新区合欢路 28 号
电话：0551-65846903
电邮：ecm@ecmee.com
网址：www.ecmee.com
单位介绍：合肥恒力装备有限公司，隶属中国电子科技集团第四十三研究所，是国家高新技术企业。1992 年成立以来，公司深耕电热装备、环保及表面处理装备、智能装备三大领域，凭借技术领先与卓越品质，品牌影响力和市场占有率均持续领先。在电热装备领域，公司以尖端技术为核心，打造高效能、高可靠性的产品，凭借其深厚的技术底蕴与不懈的创新追求，稳居行业前列，赢得客户的广泛认可，并在行业内树立了良好的口碑；在环保及表面处理装备领域，公司不断创新，提供定制化、高效能的解决方案，在行业内树立了绿色、智能、高效的标杆，满足了市场多样化的需求；在智能装备领域，智能装备作为公司战略重点，融合最新科技，推出智能化系统解决方案，推动产业升级。

主营产品：气氛炉、马弗炉、烧结炉、烘干炉、推板炉等。

宝鸡鼎晟真空热技术有限公司

地址：陕西省宝鸡市陈仓区西虢大道 27 号
电话：18691706868
电邮：fang860503@163.com
网址：www.bjds-tt.com
单位介绍：宝鸡鼎晟真空热技术有限公司成立于 2016 年。公司核心技术人员在高温炉及非标装备行业有着几十年的积淀。公司致力于新材料及其先进热工装备的研发和制造，主营产品为氮化铝烧结炉、钨丝网发热体、陶瓷高温烧结炉。公司秉承客户至上、精益求精、技术先进、质量制胜的经营理念，积极汲取国际先进经验和技术，立志成为中国高温热技术装备一流企业。公司研制开发的高温设备，广泛适用于氮化铝、激光陶瓷、电子陶瓷、蓝宝石长晶、半导体等多个领域。

主营产品：真空/气氛烧结炉、HTCC 共烧炉、氮化铝基板烧结炉、气压烧结炉、陶瓷金属化炉等。

安徽富耐斯机电科技有限公司

地址：安徽省合肥市肥西县花岗工业园
电话：0551-65652060
电邮：sales@mail.ahfns.com
网址：www.ahfns.com
单位介绍：安徽富耐斯机电科技有限公司是一家专业从事工业窑炉设备研发、设计、制造和销售的制造公司。主营的产品有高温炉、网带炉、实验炉、推板炉、箱式炉、管式炉和钟罩炉等，为企业的产品实现排胶、烧结、烧成、熔封、预氧化、退火、钎焊、气氛保护等工艺功能。为工业企业、科研院所提供专业的高温窑炉设备、售后服务和零配件销售以及进出口设备的维护与保养等。

主营产品：气氛炉、排胶炉、气氛烧结炉、推板炉、钟罩炉等。

洛阳焱华加热科技有限公司

地址：河南省洛阳市高新技术开发区辛店镇白营爱民路 6 号
电话：0379-64320326
电邮：lyhxdl@126.com
网址：www.lyhxdl.cn

单位介绍：洛阳焱华加热科技有限公司主要从事经营实验炉、工业炉、电炉配件、设备的研发设计、生产、加工、销售，主要生产销售 300～1750℃电加热设备，以及生产各种非标工业和民用炉丝、电阻带、工业瓷件。广泛应用于玻璃加工，高校物理鉴定及小型钢件等金属材料的热处理，工矿企业等做粉末、冶金、烧结和退火，科研单位新材料烧成及化验熔样分析等领域，以及陶瓷艺术，三彩艺术，玻璃艺术，搪瓷，砂轮，铝、镁、铅等有色金属的熔化与保温，机械加工、冶金建材等行业，并为国内玻璃进行钢化、加工，为国内知名玻璃技术（钢化炉）企业常年配套提供全套炉丝和瓷件。

主营产品：箱式真空气氛炉、高温立式真空管式炉、箱式式金炉、回转窑、辊道炉、网带炉、气固体反应生成炉、马弗炉、空气循环箱式铝合金时热处理炉等。

洛阳研博炉业有限公司

地址：河南省洛阳市麻屯飞机场工业园区
电话：0379-60193738
电邮：2077768409@qq.com
网址：www.yanboly.com
单位介绍：洛阳研博炉业有限公司是一家专业研制、开发、生产各种高温窑炉、高温电炉、高温炉、真空气氛炉、箱式炉、管式电炉、升降炉、立式电炉、井式电炉、卧式电炉、高温马弗炉的厂家。其产品具有全自动控制、升温快、节能、操作简单、微电脑控制可编程、全自动升降温、温控精度和恒温精度高、炉体温度接近室温等特点，深受客户好评。公司经过多年的发展，已具有成熟的高温窑炉生产线，有一支高、中级科研队伍，集科研开发、生产、销售于一体。

主营产品：真空气氛炉、箱式炉、高温窑炉、高温电炉、高温炉、管式电炉、升降炉、立式电炉、井式电炉、卧式电炉、高温马弗炉等。

洛阳高新开发区蓬达窑炉厂

地址：河南省中国（河南）自由贸易试验区洛阳片区辛店街道白营村河洛路与爱民路交叉口向东 30 米
电话：13613895258
网址：www.lypdyl.com
单位介绍：洛阳高新开发区蓬达窑炉厂是一家集科、工、贸为一体的高温窑炉设备企业。公司承接各种电阻炉的大修改造业务，并承接各种非标准电阻炉的设计与制造。公司本着一切为用户服务的原则，供应相应的电炉配件。广泛使用于陶瓷、冶金、电子、玻璃、化工、机械、耐火材料、新材料开发、特种材料、建材等领域，作物理测定、化学分析、高温实验、小型钢件热处理等。特别是陶瓷行业烧结实验、小批量产品烧结应用相当广泛。

主营产品：高温节能真空气氛炉、电阻炉、管式炉、井式炉、热处理烧结炉、熔块炉、升降炉、梭式炉、台车炉、箱式电炉等。

长沙诺天电子科技有限公司

地址：湖南省株洲市天元区天易路 959 号新马金谷工业园 A4 栋 D 号
电邮：nth@ntdzkj.com
电话：0731-28212882
网址：www.ntdzkj.com
单位介绍：长沙诺天电子科技有限公司是一家以半导体变流技术为依托，集科研开发、生产经营为一体的科技型企业。公司以高新技术为依托的经营理念，致力于中高频感应加热设备和工业控制设备的开发生产与推广应用。产品广泛应用于航天、交通、机械、冶金、轨道交通机车车辆行业等几十种加工制造行业，并以优质的产品、完善的服务赢得广大用户企业的信赖与赞誉。多年来，为各行业提供了优质的产品和良好的售后服务。

主营产品：感应炉、电阻炉、实验炉、高温实验代加工、脱胶炉等。

湖南新天力科技有限公司

地址：湖南省长沙市岳麓区潇湘南路 208 号柏宁地王广场南栋 19 楼
电话：0731-88881615-8000
电邮：sales@hn-stc.com
网址：www.hn-stc.com
单位介绍：湖南新天力科技有限公司是一家主要从事电子电力专用装备、新能源新材料装备、陶瓷材料装备、蓝宝石装备、环保装备、太阳能光伏装备及 LED 光电装备等高端智能装备研发、制造的高新技术企业，是国内第一家自然人控股的上市公司天通控股股份有限公司（600330）的控股子公司。自主研发生产出 50 米气氛保护全辊道窑、50 米空气氛全辊道窑、22 米空气氛高低温全辊道窑、台车升降式气氛保护烧结炉、台车升降式蓝宝石退火炉、陶瓷材料烧结炉、铁氧体材料烧结炉、蓝宝石烧结退火炉等一系列产品。涉及行业包括锂电池材料、陶瓷材料、磁性材料、蓝宝石材料、3D 玻璃、冶金材料、环境保护、太阳能光伏、LED 光电等。

主营产品：脱脂炉、高温烧结炉、全自动辊道窑、台车升降式烧结炉、气氛保护推板窑等。

株洲和创中高频设备有限公司

地址：湖南省株洲云龙示范区云霞大道 668 号云创智城智能终端产业园 13 号栋 101 号
电话：0731-22575626
电邮：zzhczgp@163.com
网址：www.zzhczgp.com
单位介绍：株洲和创中高频设备有限公司是一家以半导体变流技术为依托，集研发、生产、服务于一体的高科技公司，公司研发产品主要应用于新型导热材料、特种陶瓷高温烧结、碳材料、电池负极材料、石墨材料、热处理加工、半导体提纯等行业。

主营产品：高温石墨化炉、特种陶瓷烧结炉、真空钎焊炉、真空烧结炉、晶体烧结炉、气相沉积炉、热压烧结炉、真空裂解炉等成套感应加热设备和非标真空或气氛电热设备等。

株洲金瑞中高频设备有限公司

地址：湖南省株洲市天元区新马创新城天易大道 959 号仙月环

5.5 陶瓷烧结设备企业

路新马金谷工业园 A1-B 栋
电话：400-0731-682
电邮：hnzzjr@163.com
网址：www.hnzzjr.com
单位介绍：株洲金瑞中高频设备有限公司是一家专业从事中高频感应加热设备设计制造的高科技民营企业。生产的设备在 10 千赫兹大功率可控硅中频电源方面国内领航，粉末冶金碳化炉、超高温石墨化炉、真空烧结炉、铁路轨道扣件透热设备等也均领航国内。产品主要服务于铸造、钢铁、钢管、汽车摩托车零部件、厨具、铁路、航空航天、机械制造、有色金属、硬质合金、太阳能电池等行业。
主营产品：中频高频感应炉、超高温石墨化炉、中频烧结炉、有色金属冶炼炉、淬火炉、石英拉管炉、石英焙烧水淬炉、棒料透热设备、中频热套设备、钎焊、热压焊接设备、淬火机床、电磁线生产线等。

无锡贝鲁斯热工科技有限公司

地址：江苏省无锡市南长区红星路 8 号 1516
电话：0510-87936937
电邮：qiuyu6563@163.com
单位介绍：无锡贝鲁斯热工科技有限公司是一家专业从事磷酸铁锂实验炉、钴酸锂实验炉、石墨材料实验炉、管式实验炉、真空钢包炉、真空管式炉、马弗炉、升降式实验气氛炉、氢气实验炉、氮气实验炉、氩气实验炉、高温实验炉、锰酸锂实验炉及窑炉配件等窑炉设备的设计与制造厂家。公司结合陶瓷特区的耐火材料优势，精工设计制造的窑炉已广泛应用于氧化镍、电子陶瓷、压电陶瓷、结构陶瓷、荧光粉、单晶、玻璃、有色金属、粉末冶金等行业，适用于各类产品的烧成、排胶、烘银、热处理等，采用优质品牌的电器元件、控温仪表、发热元件及其配套设备，学习汲取国内外先进的炉衬技术与设计理念，以确保产品达到可靠的性能、优化的设计、稳定的质量与合理的价格。
主营产品：磷酸铁锂实验炉、钴酸锂实验炉、石墨材料实验炉、管式实验炉、真空钢包炉、真空管式炉、马弗炉、升降式实验气氛炉等。

宜兴市锦源电炉制造有限公司

地址：江苏省无锡市宜兴市和桥工业园区
电话：0510-87884069
单位介绍：宜兴市锦源电炉制造有限公司是一家专业制造各种工业电炉、实验电炉、燃油燃气窑炉及相关设备的高科技企业。公司拥有多名高素质的电炉高等工程师及自动化控制相关专业人才，从事设计和制造较合理、较节能的工业电炉，可根据客户的具体要求设计自控和流水线成套设备，提供和探讨相关产品的工艺流程，并由拥有长期从事现场调试经验的工程师为客户解决使用中的相关问题，积极提供售后服务。
主营产品：电炉、钼丝炉、推板窑、隧道窑、实验炉、台车炉、井式炉、升降炉、陶瓷辊道窑、氮氢气体保护炉、高温箱式电炉、多管式电炉等。

宜兴市腾达热工科技有限公司

地址：江苏省宜兴市万石镇大尖村
电话：18351517087
网址：www.yxtdrgkj.com
单位介绍：宜兴市腾达热工科技有限公司是一家集热工设备设计、开发、制造于一体的生产企业。设备主要应用领域有新能源、锂电正负极材料、钠电正负极材料、硅负极材料、先进陶瓷、特种陶瓷、结构窑瓷、稀土材料、硬质合金、陶瓷金属化、催化剂、抛光粉、光学玻璃退火、荧光粉、钙钛矿发光材料、稀土材料、磁性材料、抛光材料、能源材料回收、金属热处理、粉末冶金、有色金属以及其他无机新材料等。另外，公司还为窑炉配套烟气处理等环保设备。
主营产品：箱式气氛炉、真空回转窑、摇摆炉、摇摆合成炉、旋转管式炉、箱式真空井式炉、箱式实验气氛炉等。

苏州美腾炉业有限公司

地址：江苏省常熟市辛庄（杨园）工业区 1 号
电话：0512-52079810
电邮：xdxyis@vip.sina.com
网址：www.szmtly.cn
单位介绍：苏州美腾炉业有限公司成立于 2013 年，其核心人员全部来自公司前身某大型钨钼制品真空炉事业部，在超高温烧结方面有丰富的经验。公司专业生产超高温烧结炉，温度达 3000℃，应用于钨基烧结、陶瓷烧结、金属化和碳化烧结等新材料行业。
主营产品：超高温烧结炉、纯化炉、超高温真空炉、退火炉等。

无锡市奥尔精工电炉有限公司

地址：江苏省宜兴市环科园竹海路南
电话：0510-87137566
电邮：allfine@vip.163.com
单位介绍：无锡市奥尔精工电炉有限公司从工业发达国家带来先进的设计和窑炉开发理念，凭借丰富的经验和频繁的合作与交流，向客户提供先进的窑炉产品、标准和服务。公司拥有炉温从 150℃ 到 3000℃，工作气氛为氢气、氨分解气、氩气、真空、特殊配混气体等的窑炉品种，广泛应用于电子陶瓷、结构陶瓷、晶体、粉体工程、玻璃、有色金属等领域。涵盖排胶、烧成、干燥、烘银、烧银、固化、金属化、热处理等工艺过程。每年产品的销量为 800 多台（套），并向国外提供程式化电炉出口业务。公司的主要炉种均采用代表当代窑炉前沿技术的材料制造，如高温材料、低蓄热低热导材料、抗气氛材料，以及先进的 PLC、人机界面、上位计算机等控制器件，生产的窑炉具有工艺超前、节能、多种气氛、高温、控制先进、制造精工、炉种齐全等特点。
主营产品：气氛箱式电炉、实验管式电炉等。

宜兴市邦世达炉业有限公司

地址：江苏省宜兴市和桥镇鹅洲南路 588 号
电话：0510-87195028
电邮：yxbsdly@163.com
网址：www.yxbsd.net

单位介绍：宜兴市邦世达炉业有限公司专业从事制造各种工业窑炉、实验用炉。主要产品有各种实验电炉、实验炉、气氛炉、管式炉、升降炉、高温炉、箱式实验炉、箱式气氛炉、气氛管式炉、真空气氛炉、箱式真空炉、淬火炉、网带炉、辊道炉、隧道窑、推板炉等工业窑炉，还可根据用户需要设计、生产各种非标热处理设备（工业电炉）。控制并掌握全部的热处理设备的设计、制造、调试和产品工艺的全过程，广泛应用于电子元件、粉体、陶瓷、锂电等领域，适用于各大高等院校、科研单位、生产企业，设备常出口加拿大、美国、巴基斯坦等国家。
主营产品：气氛烧结炉、箱式气氛炉、气氛还原炉、真空实验炉、实验电炉、箱式实验炉、箱式气氛炉、气氛管式炉、箱式真空炉、网带炉、辊道炉、推板炉等。

宜兴市飞达电炉有限公司

地址：江苏省宜兴市万石镇扬祥路5号
电话：0510-85851106
电邮：ycy1104@163.com
网址：www.yxfddl.com
单位介绍：宜兴市飞达电炉有限公司于2011年创建，是一家专业生产、加工实验气氛炉、实验炉、气氛炉、辊道炉、网带炉、推板炉、管式气氛炉、箱式气氛炉、管式炉、磷酸铁锂炉、钴酸锂炉、石墨负极炉、锰酸锂炉、煅烧炉、烧结炉、LED发光材料炉、氧化锆煅烧炉、氧化锆烧结炉等实验炉和窑炉产品的企业，公司精工设计制造的窑炉已广泛应用于电子陶瓷、结构陶瓷、锂电池正负极材料、磁性材料、发光材料（LED）、有色金属、粉末冶金等领域。
主营产品：实验气氛炉、实验炉、气氛炉、辊道炉、网带炉、推板炉等。

宜兴市创卓炉业设备有限公司

地址：江苏省宜兴市和桥镇创业大道35号
电话：13921306198
网址：www.zgczly.com
单位介绍：宜兴市创卓炉业设备有限公司是一家专业从事实验电炉、气氛箱式炉、气氛管式炉、气氛高温炉、气氛推板炉、烘干炉、网带炉、旋转炉、马弗炉、电阻炉、真空炉、坩埚炉、熔化炉、退火炉马弗炉、辊道炉、压电陶瓷推板炉、锂电正负极材料推板炉、荧光粉材料烧结炉、锰酸锂钴酸锂烧结炉、拉丝炉、三元材料辊道炉、常压煤气发生炉等工业电炉设备的设计、生产、制造、销售的生产型企业。具有完善的组织机构，高素质的产品研发、生产加工、总装调试、售后服务等专业员工队伍，以及完善的工艺、工装、检测设备和质量管理制度。
主营产品：气氛箱式炉、气氛管式炉、气氛高温炉、气氛推板炉、实验电炉等。

宜兴市尚能炉业有限公司

地址：江苏省宜兴市万石镇工业园集中区南区
电话：0510-87848198
电邮：sunnorn@126.com
网址：www.sunnorn.com
单位介绍：宜兴市尚能炉业有限公司专业生产实验气氛炉、实验炉、气氛炉、辊道炉、网带炉、推板炉、管式气氛炉、箱式气氛炉、管式炉、磷酸铁锂炉、钴酸锂炉、石墨负极炉、锰酸锂炉、煅烧炉、烧结炉、LED发光材料炉、氧化锆煅烧炉、氧化锆烧结炉等实验炉和工业窑炉设备。公司以科技创新为主，以服务社会为宗旨，积极研究开发新产品，服务于高等院校、科研机构以及企业等，经过长期的研发和不断的技术积累，拥有热工、制造、控制相关专业技术，广泛应用于电子陶瓷、结构陶瓷、锂电池正负极材料、磁性材料、发光材料（LED）、有色金属、粉末冶金等领域。
主营产品：管式气氛炉、箱式气氛炉、管式炉、磷酸铁锂炉等。

上海贵尔机械设备有限公司

地址：上海市松江区叶榭镇浦亭路8号
电话：021-65555557
电邮：shguier@163.com
网址：www.shguier.com
单位介绍：上海贵尔机械设备有限公司是专业设计、研发、制造、销售高温热处理设备的综合性企业。公司通过多年生产高温设备积累的经验和通过与客户实际需求沟通，已自主研发出数百种高温热处理设备，深受国内的工厂、高等院校、科研院所的好评。高温热处理设备主要应用于特种陶瓷、电子陶瓷、磁性材料、化工粉末、荧光粉、抛光粉、锂电池材料、稀土材料、电子器件、长余辉发光粉、硬质合金、陶瓷金属化、石油催化剂、珠光云母、氧化钛粉体、氧化锆粉体以及其他无机新材料等领域。
主营产品：箱式气氛炉、高温炉、管式炉、真空炉、钟罩炉、台车炉等。

中健铭睿（天津）工业炉有限公司

地址：天津市北辰区津围公路北孙庄
电话：022-86850027
电邮：info@secowarwick.com.cn
网址：www.furnacechina.cn
单位介绍：中健铭睿（天津）工业炉有限公司成立于2006年，是由中国、美国、波兰的3家企业共同组建的合资公司。成立伊始，公司即以更好地为国内外客户提供优良的设备和优质的服务为己任。公司拥有世界级先进技术，主要产品包括但不限于下列产品：铝合金熔化保温炉，铝合金退火、时效、固溶、均质、加热等热处理炉，铝/铜合金钎焊处理炉，金属真空加热、热处理炉，气氛保护/空气加热处理炉等多品种炉型及附属设备。
主营产品：陶瓷烧结炉、连续式渗碳（氮）炉、铝合金熔化保温炉等。

陕西罡正窑炉科技有限公司

地址：陕西省西安市沣东新城世纪大道沣东路以西3号
电话：18082204264

5.5 陶瓷烧结设备企业

电邮：gangzhengyaolu@163.com
网址：www.gzkiln.com
单位介绍：陕西罡正窑炉科技有限公司成立于2019年，主要从事窑炉装备的研发、设计、制造、销售和售后。公司由从事多年热工设备经验的专家团队组建而成，拥有优秀的技术研发、技术服务队伍，具备研发特殊要求的实验设备及中期实验设备，规模化生产的一系列设备及整个生产线。
主营产品：连续式回转炉、管式炉、连续式气氛回转炉、复合非金属实验炉、复合非金属回转炉、中试实验炉等。

宜兴市斯太尔热力科技有限公司

地址：江苏省宜兴市和桥镇创业大道35号
电话：0510-87849191
电邮：13347922210@126.com
网址：www.yxstr.com
单位介绍：宜兴市斯太尔热力科技有限公司是一家集窑炉开发设计、高温材料研制于一体的企业。产品广泛应用于电子元件、粉体、陶瓷、锂电、钠电等领域，适用于各类产品的预烧、排胶、烧成、煅烧、烧结、烘干、烧银、热处理、固化、陶瓷金属化等工序。公司采用优质品牌的电器元件、控温仪表、发热元件及其配套设备，学习汲取国内外先进的炉衬技术与设计理念，以确保产品达到更高的可靠性能、优化的设计、稳定的质量与合理的价格。
主营产品：高温实验炉、实验炉、气氛炉、管式炉、旋转管式炉、真空气氛炉、真空气氛管式炉、箱式气氛炉、辊道窑炉、井式坩埚炉等。

洛阳纳维特炉业有限公司

地址：河南省洛阳市新安县310国道下三里
电邮：nwtyl168@163.com
网址：nwtyl.com
单位介绍：洛阳纳维特炉业有限公司是一家研制、开发、生产各种高温电炉、窑炉、工业电炉的厂家。公司产品广泛应用于陶瓷、冶金、电子、玻璃、发光材料、有色金属、化工、机械、耐火材料、新材料开发、特种材料、建材等领域。公司经过多年的发展，已具有成熟的高温窑炉生产线，在电加热设备行业具备丰富的设计、生产经验。
主营产品：烧结炉、气氛炉、焙烧炉、管式电炉、熔块炉、台车炉、马弗炉、高温电炉、升降炉、实验电炉、热处理炉、管式炉、高温炉、电阻炉、箱式炉、箱式电炉等。

南京维能窑炉科技有限公司

地址：江苏省南京市江宁区谷里镇工业区安康路10号
电话：025-68905246
电邮：njldsjxzmm@163.com
单位介绍：南京维能窑炉科技有限公司主要生产有各种箱式炉、管式炉、钟罩炉、升降炉、气氛炉、真空炉、烧结炉、窑炉、辊道窑等。其产品主要用于高等院校、研究院（所）的实验室，以及工厂与生产的热处理。

主营产品：智能管式气氛炉、陶瓷工业窑炉、箱式高温马弗炉、升降式钟罩退火炉等。

辽宁伊菲科技股份有限公司

地址：辽宁省东戴河新区A区燕山路东段11号
电话：0429-6330488
电邮：yifeixutao@126.com
单位介绍：辽宁伊菲科技股份有限公司自成立以来，始终致力于工业陶瓷和特种陶瓷材料的研发、制造和销售。公司主营业务为人工晶体陶瓷、屏蔽材料、屏蔽产品、特种工业陶瓷、新型复合陶瓷、工业窑炉陶瓷的研发与制造，陶瓷机械产品的制造，陶瓷产品的进出口业务（以上范围属法律法规禁止生产经营和许可经营的除外），机械设备的制造、销售。公司主要为铝铸造行业提供相关服务及产品。已拥有8项实用新型专利，公司在生产的400多个型号的系列产品中，实现了对传统的铝车轮铸造工艺设备和部件的升级改造，显著地提高了汽车轮毂（铝轮毂）生产等企业的效率和成品率。
主营产品：气氛烧结炉、GPS卧式气氛炉等。

陕西中电华星窑炉设备有限公司

地址：陕西省咸阳市渭城区文汇东路16号
电话：029-33767415
电邮：13809108779@139.com
网址：www.hxkiln.com
单位介绍：陕西中电华星窑炉设备有限公司是一家集研发、生产和销售工业窑炉与电子专用设备的专业公司。1994年，公司获得推板式隧道电阻炉等三项有关窑炉及控制技术的国家专利；1998年制造出国内最长的31.5米氮气保护双推板隧道炉和35米双推板隧道炉；2000年完成国家"八六三"计划项目——组合式气氛保护炉，并通过信息产业部鉴定；2002年在行业内率先取得ISO 9001质量体系认证；2003年合作完成晶界层电容器三种气氛三组合联体炉并取得国家专利；2004年完成1100℃金属内胆氢气保护网带炉；2009年承担国家《电子工业窑炉节能技术研发》项目并通过国家验收。
主营产品：空气及各种气氛推板炉、网带炉、辊道炉、钟罩炉、回转炉等。

5.5.3 压力烧结炉

5.5.3.1 热压烧结炉

株洲新融利实业有限公司

地址：湖南省株洲市天元区中达路9号汽配园C-6号车间
电话：0731-22277955
网址：www.zzxrlsy.com
单位介绍：株洲新融利实业有限公司成立于2000年，是集开发、设计、制造、经营于一体的高科技民营企业。专业设计、制造、销售粉末原料制备、混合料制备、压制成型、真空烧结等四大系列粉末冶金设备，尤其在硬质合金生产设备的制造方面具有自己独特的技术优势，为国内一些粉末冶金制品厂家提供多条生产线，年制造销售设备达 600 多台（套）。与国内许多厂家建立了深厚的合作关系，株洲硬质合金厂、四川自贡硬质合金厂、成都硬质合金厂、南昌硬质合金厂等企业，均有该公司生产的设备及生产线。近年来，公司在材料加工及相关机械设备研制方面取得了一定的成效，首次开发出了国内第一台双向热夯实烧结炉、程控真空烧结炉等专业化设备，自主研发了单晶叶片自冷通孔加工技术，是中航公司发动机叶片通孔加工定点委托单位，已成功提供了合格叶片。

主营产品：振荡热压烧结炉、双向热压烧结炉、程控真空热压烧结炉、真空烧结炉等。

沈阳威泰科技发展有限公司

地址：辽宁省沈阳市沈北新区蒲文路 17-18 号
电话：024-78992751
网址：www. syweitai. com
单位介绍：沈阳威泰科技发展有限公司是一家主营真空应用设备开发研制与经营的股份制企业。公司作为高新技术企业，2000 年成立以来，已经为国内科研院所及新材料企业提供了数百台（套）真空应用设备，产品销往多个国家。公司主要产品包括真空热压炉、真空/气氛烧结炉、真空退火炉、真空钎焊炉、真空扩散焊炉、真空压力浸渍设备、真空感应熔炼炉等，并拥有多项发明专利。

主营产品：真空热压炉、真空/气氛烧结炉、真空退火炉、真空钎焊炉等。

精工锐意科技（河南）有限公司

地址：河南省郑州市新材料产业园区科学大道 121 号
电话：400-881-6968
电邮：pire@pire. net. cn
网址：www. pire. net. cn
单位介绍：精工锐意科技（河南）有限公司是国机精工集团股份有限公司所属郑州磨料磨具磨削研究所有限公司的全资子公司。2023 年国机精工根据战略安排，将三磨所装备业务划入精工锐意独立运营并对精工锐意提级管理，作为国机精工的装备业务平台，肩负着牵引新材料、基础零部件、机床工具、供应链管理与服务板块协同发展，引领行业核心装备整体技术水平向高端迈进的重要任务。公司的产品起源于 1965 年中国第一台具有自主知识产权的铰链式六面顶压机，经过多年发展，现有产品主要用于超硬材料、半导体材料、磨料磨具、培育钻石、粉末冶金、先进陶瓷、制药等领域，包括高压装备、气相沉积装备、混合装备、成型烧结装备、智能化产线、专机加工装备及行业专用检测装备等。

主营产品：粉体检测、粉体混合、冷压成型、热压烧结等装备。

株洲鑫韵科技发展有限公司

地址：湖南省株洲市渌口区跃达大道湾塘工业园
电话：0731-27376268
电邮：xinyunzz88@163. com
网址：www. xinyunzz. com
单位介绍：株洲鑫韵科技发展有限公司是一家以半导体变流技术为依托，集科研开发、生产经营为一体的科技型企业。公司致力于中高频感应加热设备和工业控制设备的开发生产与推广应用，产品有高温石墨化炉、碳化炉、熔炼炉、烧结炉等。公司还从事非金属及其复合材料、碳/碳复合材料的研制、生产、销售和相关技术服务，以及各种工具、石墨、碳布、碳绳、碳毡、高导热膜的销售。产品广泛应用于航天、交通、机械、冶金、军用设备、轨道交通机车车辆行业等数十种加工制造行业，并以优质的产品、完善的服务赢得广大用户企业的信赖与赞誉。

主营产品：高温石墨化炉、碳化炉、熔炼炉、烧结炉等。

郑州科佳电炉有限公司

地址：河南省郑州高新开发区冬青街 26 号 9 号楼 1505 室
电话：17737149370
电邮：1533162638@qq. com
网址：www. zzkjdl. com
单位介绍：郑州科佳电炉有限公司是一家专业从事热处理产品的研发、生产与销售的高新技术企业。公司产品广泛用于粉末冶金、真空钎焊、陶瓷烧结、电池材料干燥、金属光亮处理、零部件退火、科学研究等多个领域。科佳电炉具有年产 1000 台电炉生产制造能力，生产规模位居行业前列，是国内具有影响力的实验电炉、工业窑炉生产制造商。10 多年来，科佳坚持以客户需求为导向，致力于不断提高产品品质和完善技术服务，凭借过硬的技术、丰富的实践积累，先后研发出一系列具有较高水准的实验电炉和工业窑炉，并获得多项产品的专利。公司的产品和服务受到国内外众多客户的肯定与赞赏，产品远销 30 多个国家和地区。

主营产品：箱式马弗炉、管式电阻炉、真空炉、气氛炉、CVD 系统、牙科炉、升降炉、轨道炉等。

广东金鑫得新材料有限公司

地址：广东省佛山市南海区丹灶镇南海日本中小企业工业园 2-4C
电话：0757-86600576
电邮：562147197@qq. com
网址：www. kingxind. net
单位介绍：广东金鑫得新材料有限公司始创于 1992 年，经过 20 多年的磨砺，2016 年底落户于广东佛山市南海区丹灶镇，并改为今名。公司秉持"知行合一、创造价值、感恩利他、共享未来"的文化理念，致力于粉末冶金行业的高端制造，以创新驱动发展产业，绿色制造为发展导向，为我国粉末冶金，乃至于世界粉末冶金行业做出自己独有的贡献。产品已被广泛应用于军工、航空航天、冶金、电子、机械、汽车、石材、建筑、机场、高铁、石油与钻井、地质勘探、矿山等领域。

主营产品：HPS 数字化真空热压烧结系统、氮化硅、碳化硼、纯碳化钨等。

湘潭新大粉末冶金技术有限公司

地址：湖南省湘潭市易俗河海棠路（107 国道边）

5.5 陶瓷烧结设备企业

电话：0731-57803660
电邮：xinda2007cgb@126.com
网址：www.xindapm.net
单位介绍： 湘潭新大粉末冶金技术有限公司通过了 ISO 9001：2015 质量管理体系认证，是一家科技型中小企业。20 多年来专注于粉末冶金设备特别是硬质合金行业成套设备的设计和制造。可提供从全自动多管还原炉、钼丝碳化炉、湿磨机、喷雾塔到烧结炉等多种类型的设备，可直接满足客户对粉末制备以及硬质合金生产全生产线的多种设备需求。
主营产品： 加压烧结炉、混合干燥器、喷雾式干燥塔、研磨设备、制粉设备等。

锦州市博达高温材料设备制造有限公司

地址： 辽宁省锦州市太和区锦娘路 3-5-24 号
电话： 0416-5196020
电邮： jzbd2013@163.com
网址： www.jzbdzz.cn
单位介绍： 锦州市博达高温材料设备制造有限公司拥有员工 50 人，其中，高级技术人员 2 人，工程师 5 人，管理人员 7 人，工人 36 人。由技术、生产、销售、管理 4 个部门组成，其中生产部门由铆焊、机加工、组装车间组成。公司占地 20000 多平方米，办公楼面积为 1000 余平方米，车间面积为 2500 平方米。公司专为生产高温材料公司（厂）生产专业设备，并服务于各大高等院校、科研院所。
主营产品： 真空热压炉、真空氢气烧结炉、新型真空电炉、真空烧结炉等。

上海聚勒实业发展有限公司

地址： 江苏苏州市太仓城厢锦琪工业园
电话： 400-893-7580
电邮： 1254155035@qq.com
网址： www.china-jule.com
单位介绍： 上海聚勒实业发展有限公司（简称上海聚勒实业）是一家集技术研究、开发、生产、销售为一体的半导体新材料设备制造企业，公司主要围绕半导体材料、碳材料、先进陶瓷及复合材料和锂电材料等四大领域，积累了丰富的行业经验和专利技术，竭诚服务于客户，积极为客户提供完善的一体化产业解决方案。在陶瓷基复合材料领域，拥有碳化硅陶瓷的无压烧结、反应烧结和重结晶烧结设备，氮化硅粉体合成炉，陶瓷制品烧结炉，碳化硼陶瓷热压烧结炉等。
主营产品： 真空热压炉、高温炉、工业炉、高温陶瓷件等。

上海萨佑电炉技术有限公司

地址： 上海市嘉定区宝钱公路 5011 号
电话： 021-59580206
电邮： 15800623059@139.com
网址： www.sayoudl.com
单位介绍： 上海萨佑电炉技术有限公司是一家集生产、制造、销售为一体的现代化企业公司。公司已研发产品十大类 20 多个系列。其中，实验炉产品主要包括高温管式炉、滑动管式炉、旋转管式炉、箱式氢气炉、箱式气氛炉、高温升降炉、真空电阻炉、坩埚气氛炉、快速退火炉、义齿烧结炉、石墨烯专用炉（PECVD 系统）等，主要面向国内外高等院校实验室以及科研机构、新型材料的研发企业，满足其不同的烧结、退火、回火、淬火等热处理工艺，不同的材料及工艺的科研实验之用；真空炉产品主要包括真空碳管烧结炉、真空气压烧结炉、真空烧结脱脂一体炉、真空热压炉、SPS 放电等离子烧结炉等不同的工艺要求。
主营产品： 高温管式炉、滑动管式炉、旋转管式炉、箱式氢气炉、箱式气氛炉、真空碳管烧结炉、真空气压烧结炉、真空烧结脱脂一体炉等。

上海格航真空科技有限公司

地址： 上海市浦东新区新金桥路 1299 号
电话： 13918094662
网址： www.vacfurnace.cn
单位介绍： 上海格航真空科技有限公司是一家从事真空工业炉和配套热处理系统的设计、研发、生产专业企业。产品广泛应用于汽车、工程机械、轨道交通、船舶、机械基础零部件等行业。产品出口到阿根廷、波兰、以色列、阿联酋、沙特、瑞典、英国等国家和地区。公司产品线涉及真空热处理炉、真空钎焊炉、真空烧结炉等产品。除标准设备以外，凭借强大的工程能力，公司还能够为客户提供非标定制设备。宽广的产品线以及从设计到售后全方位的服务，使公司可以为客户提供"一站式"解决方案。
主营产品： 真空热处理炉、真空烧结炉、真空钎焊炉、电子电工设备等。

5.5.3.2 气压烧结炉

湖南维尚科技有限公司

地址： 湖南省株洲市天元区泰山路 2008 号 8 号厂房
电话： 0731-28837588
电邮： wskj_858@163.com
网址： www.hnvesa.com
单位介绍： 湖南维尚科技有限公司是一家集研究、设计、生产、销售于一体的高端炉用热工装备企业。主导产品包括三大系列：一是硬质合金类装备系列，如金属陶瓷烧结炉、加压脱脂烧结一体炉等；二是先进陶瓷类装备系列，如气压烧结炉（GPS）、热等静压烧结（HIP）炉等；三是低碳节能环保系列，如各类测试平台、网络仿真平台、节能水冷系统、球磨群控系统等。公司致力于为先进硬质材料、陶瓷材料上下游企业提供产品研究、检测、技术、工艺实验等全套系统解决方案，在强化先进硬质材料、陶瓷材料等上下游产业链的同时，共同推进我国先进材料及高端装备产业高质量发展。
主营产品： GPS 气氛压力烧结炉、HIP 热等静压烧结炉、陶瓷基板烧结炉、碳化硅重结晶烧结炉、多功能实验炉等。

中国钢研科技集团有限公司

地址： 北京市海淀区学院南路 76 号

电话：010-62182602
电邮：cisri@cisri.cn
网址：www.cisri.com
单位介绍：中国钢研科技集团有限公司是我国冶金行业目前最大的综合性研究开发和高新技术产业化企业。公司自1956年开始研发气压烧结设备和热等静压烧结设备，至今已有60多年的历史，先后为国内外用户提供了近200台各种性能的气氛压力烧结和热等静压烧结设备。产品被广泛地应用于高温合金、钛铝合金、硬质合金、高性能陶瓷、粉末冶金和复合材料的成型烧结和致密化。此外还广泛地应用于材料的连接及扩散焊等领域。
主营产品：气氛压力烧结炉等。

湖南省金特克科技有限公司

地址：湖南省长沙市雨花区振华路199号湖南环保科技产业园创业中心
电话：0731-85212628
电邮：hongqingkun@126.com
网址：www.11467.com/qiye/27204277.htm
单位介绍：湖南省金特克科技有限公司是一家致力于智能化真空处理设备的研发、制造和销售的企业。团队的主要成员在热处理和工业炉制造有超过20年的行业经验，曾服务于外资企业和合资企业多年，客户主要为国内的航空、航天、兵器等单位，积累了大量的先进技术和客户资源。将传统热处理设备与互联网结合，让传统设备适应自动化、智能化的需求，公司在热处理设备领域迅速崛起。
主营产品：气压烧结炉、热压烧结炉、氮化硅脱脂炉、氮化硼气相沉积炉、碳化硅化学气相沉积炉、渗硅炉、PVT炉等。

厦门至隆真空科技有限公司

地址：福建省厦门市集美区灌南工业区莲上路61号
电话：400-810-0069转2269
电邮：cnthrone@163.com
网址：xmzl.cnpowder.com.cn
单位介绍：厦门至隆真空科技有限公司是一家集产品研发、设计、制造和销售于一体的粉末冶金设备热处理设备及方案提供商，是国家级高新技术企业。公司生产基地位于海上花园城市厦门。公司拥有坚实可靠的技术实力，以及严谨务实、科学管理、团结一致的工作团队，一直致力于为各行业客户提供各种专业化真空热应用设备。
主营产品：氮化硅气压烧结炉、真空脱脂压力烧结炉等。

钢研昊普科技有限公司

地址：北京市海淀区学院南路76号23幢
电话：010-62181121
电邮：sales@hipex.cn
网址：www.hipex.cn
单位介绍：钢研昊普科技有限公司成立于2019年，是中国钢研科技集团有限公司为整合其热等静压技术业务板块成立的全资子公司，总部位于北京市中关村核心区，在河北涿州、江苏镇江、山东青岛、陕西渭南设立子公司及产业基地，配套系列热等静压加工设备，全面服务高端产品制造。公以司主营热等静压技术相关业务，提供热等静压致密化处理、扩散连接、粉末冶近终成型技术支持，热等静压加工处理、设备制造、维保服务。多年来服务于航空航天、能源、石油天然气、医疗、轨道交通、电子半导体、机械、增材制造等领域。
主营产品：热等静压烧结炉等。

5.5.4 高温窑具陶瓷

沈阳星光技术陶瓷有限公司

地址：辽宁省沈阳市经济技术开发区5号路14甲3号
电话：024-25195905/25195592
电邮：xgjt_yxb@ssaccchina.com
网址：www.ssaccchina.com
单位介绍：沈阳星光技术陶瓷有限公司是一家设计一流、研发创新、质量稳定、产能庞大的新型碳化硅材料制造企业，产品远销海外20多个国家和地区。基于碳化硅材料的优越性，经过20余年的不断研发与创新，不仅在工业窑炉等领域占据稳定的市场份额，同时开辟多领域新应用，包括环保行业陶瓷膜、电子陶瓷承烧框架、光伏领域、碳化硅颗粒捕集器、半导体行业材料新应用等。
主营产品：碳化硅窑具、电子陶瓷承烧框架等。

山东华美新材料科技股份有限公司

地址：山东省潍坊市坊子区翠坊街中段
电话：0536-7656360
电邮：kefu@sd-hm.cn
网址：www.wf-hm.com
单位介绍：山东华美新材料科技股份有限公司作为全国碳化硅制品行业领航企业，成立于1995年，是国内较早的反应烧结碳化硅制品专业制造商，高新技术企业，国家级专精特新"小巨人"企业，山东省制造业单项冠军、隐形冠军、瞪羚企业、技术创新示范企业，山东省新材料新能源行业领军10强，中国陶瓷行业十强。公司主要生产高技术碳化硅陶瓷制品（主导产品反应烧结碳化硅、无压烧结碳化硅制品），该产品作为一种新材料，具有高强度、高硬度、耐高温、耐磨损、耐腐蚀、抗氧化、抗热震，以及导热性好、耐急冷急热和抗高温蠕变等优良性能，被广泛应用于JG、航空航天、电子半导体、液晶、新能源汽车、光伏太阳能、冶金、化工、机械、造纸、医药等几乎所有需要耐高温、耐热震、耐磨损和耐腐蚀材料的工业领域。
主营产品：碳化硅、碳化硅喷嘴、碳化硅板、碳化硅陶瓷、方梁、碳化硅炉管、常压烧结碳化硅、反应烧结碳化硅、辊棒等。

山东宏瑞耐火材料科技有限公司

地址：山东省菏泽市高新区银川路1699号
电话：0530-6660199
电邮：jia163con@126.com

5.5 陶瓷烧结设备企业

网址：www.sdhr01.com
单位介绍：山东宏瑞耐火材料科技有限公司是一家致力于耐火新材料和新工艺的研发、制造与销售的高科技型企业。依托山东大学、济南大学及国内多家科研机构创立了由13名专家组成的科研团队，通过多年的不懈努力公司取得了丰硕的成果。目前公司产品打破国外窑具多年来在中国市场的垄断，填补了高端窑具在国内的空白。公司利用丰富的专业知识，根据客户的实际使用要求，采用复合工艺以及精加工的方案，获得了高性能的产品，大大增加了产品的技术含量和附加值。公司生产的各种高技术窑具（承烧板、推板、匣钵）具有高硬度、高强度、高纯度、耐高温、耐腐蚀、使用循环次数多等优异性能"宏瑞"由此成为代替进口窑具的中国品牌。
主营产品：刚玉-莫来石承烧板、匣钵、推板、立柱等高温窑具产品。

无锡市诚信耐火陶瓷有限公司

地址：江苏省宜兴市丁蜀镇洛涧
电话：0510-87498118
电邮：chinanrc@gmall.com
单位介绍：无锡市诚信耐火陶瓷有限公司是一家生产耐火产品且具备窑炉砌筑专业性的企业，是宜兴市一级信用企业、无锡市重合同守信用企业。公司主要以生产和制造各种类型的中高温电推板窑及油烧推板窑为主导产品，尤其以生产集素烧、排蜡、上釉等高、中、低多种温度于一体的多功能窑炉而著称，在国内占有较大的市场。与其相配套的耐火材料、窑具材料及陶瓷产品，广泛应用于陶瓷、稀土等行业，享有良好的声誉。
主营产品：高温窑具、氧化铝陶瓷、高温耐火材料、99%瓷坩埚等。

西安超码科技有限公司

地址：陕西省西安市田洪正街特字一号
电话：029-83607229-8865
电邮：shichangbu@xacmkj.com
网址：www.xacmkj.com
单位介绍：西安超码科技有限公司于2005年正式成立，前身是西安航天复合材料研究所于1999年建立的炭摩擦材料厂，现为中国航天科技集团有限公司下属陕西中天火箭技术股份有限公司的全资子公司，资产总计近17亿元。公司下设田王、蓝田、阎良三大生产基地，立足于以炭/炭、炭/陶复合材料制品为主的系列化和多元化生产，主要有飞机、汽车用制动材料，光伏产业晶体硅炉用炭/炭热场材料，固体火箭发动机用复合材料三大主营业务，产品覆盖航空、航天、光伏、电子等众多领域。
主营产品：炭/炭坩埚、炭/炭埚棒、炭/炭外导流筒等。

淄博奥克耐火材料科技有限公司

地址：山东省淄博市淄川区昆仑镇东高村
电话：15092352666
电邮：ziboaokehong@163.com
单位介绍：淄博奥克耐火材料科技有限公司主要经营陶瓷辊棒、耐火材料的研发、生产和销售，与多家淄博企业建立了长期稳定的合作关系，重信用、守合同、保证产品质量，赢得了广大客户的信任。
主营产品：氧化铝陶瓷辊棒等。

河北山启新材料科技有限公司

地址：河北省邢台市沙河市人民大街南侧企业办公中心华旗办公楼9层
电话：0319-8866888
电邮：hbsq@hbthanky.com
网址：www.hbthanky.com
单位介绍：河北山启新材料科技有限公司成立于2017年。公司拥有国内专业的技术团队和销售团队，致力于清洁新能源锂电池材料烧结用匣钵、新型电子陶瓷以及高端粉体烧结用坩埚等各种窑具制品的研发和销售。
主营产品：烧结用坩埚、匣钵等。

湖南德景源科技有限公司

地址：湖南省长沙市宁乡高新技术产业园区金沙西路068号
电话：0731-87127071
电邮：zhglb@djy-tech.com
网址：www.djy-tech.com
单位介绍：湖南德景源科技有限公司是一家专业为新能源材料行业服务的国家高新技术企业。公司具备新能源原材料、前驱体材料、正负极材料全产线的工程设计、装备提供、节能优化的能力，在行业内形成了良好的品牌。公司经营宗旨是做中国新能源材料行业的先进技术服务商，不断创新，为客户提供最具性价比的产品和服务，推动行业技术进步。公司已为超过120家国内新能源材料企业，以及特斯拉、三星、LG、优美科等多家国外高端客户提供了高品质的产品和服务，正朝着打造世界知名品牌的方向大步迈进。
主营产品：精密陶瓷匣钵、石墨匣钵、陶瓷配件等。

石家庄惠含密封材料厂

地址：河北省石家庄市藁城区廉州镇北马村
电话：0311-88108860
电邮：huihan_mifeng@163.com
单位介绍：石家庄惠含密封材料厂成立于1999年，20多年来公司秉持着"精益求精，追求完美"的理念，致力于研制设计各种工况环境下不同规格形状的工程陶瓷构件，为客户解决抗磨损、抗腐蚀、耐高温的难题。多年来，在帮助客户提高企业竞争力方面作出了杰出的贡献。
主营产品：无压烧结碳化硅、反应烧结碳化硅、反应烧结氮化硅、无压烧结氮化硅、硬质合金等高技术陶瓷材料、无压烧结碳化硅坩埚、热电偶套管等耐高温件。

广西三元华鑫特种陶瓷有限公司

地址：广西壮族自治区北流市城东三路0089号

电话：0775-6355516
电邮：3076830438@qq.com
网址：www.syhxtt.cn
单位介绍：广西三元华鑫特种陶瓷有限公司创建于2021年，主要营业范围是金属复合材料和陶瓷基复合材料销售、特种陶瓷制品销售、非金属矿物制品制造、新材料技术研究、耐火材料生产、耐火材料销售等。从主要生产日用陶瓷行业用的窑具扩展到建陶卫浴、化工、石油、冶炼、水泥、各类窑炉、环保、耐酸碱性等领域用的耐火材料制品，材质上也由生产传统的高铝、石英、莫来石质等向微纳纤纳Sic材料的新型耐火制品转变。
主营产品：微纳纤维碳化硅舟托、舟盒、悬臂桨、辊棒、方梁、板类、烧火嘴、匣钵等。

宜兴市宏辉耐火陶瓷有限公司

地址：江苏省宜兴市丁蜀镇
电话：0510-87405623
网址：yxhhnh.cn.tonbao.com
单位介绍：宜兴市宏辉耐火陶瓷有限公司是一家多年从事研发、生产窑炉、窑具的耐火材料的专业企业。主要产品有为辊道窑炉、隧道窑炉、梭式窑炉配套使用的堇青石-莫来石移进板、莫来石吊顶板、吊顶砖、高温电炉推板窑用刚玉-莫来石推板砖、承烧板，冶金高温窑炉用刚玉制、碳化硅制耐火炉衬、耐火胶泥、耐火捣打料、高温耐火纤维、高温胶黏剂，磁性材料窑炉使用的高温莫来石匣钵、刚玉匣钵、刚玉-莫来石坩埚，环保过滤设备使用的陶瓷滤芯、过滤陶瓷、微孔陶瓷过滤器、多孔碳化硅炉管。产品质量稳定，使用周期长，深受客户好评。公司可为客户设计、制造各种异型耐火产品，满足客户不同需求，同时还生产各种刚玉、氧化铝、碳化硅、莫来石、锆刚玉等产品。广泛应用于陶瓷、玻璃、磁性材料、钢铁、化工等行业。
主营产品：超细刚玉承烧板、超细莫来石承烧板等。

湖北华联耐火材料有限公司

地址：湖北省汉川市马口镇窑新路2号
电话：0712-8518444、8512838
电邮：250726559@qq.com
网址：www.hlnhcl.com
单位介绍：湖北华联耐火材料有限公司是国内专业生产耐火窑具、各种窑炉用耐火材料和不定型耐火材料的民营企业。公司主要产品有适合行业特点的低、中、高温燃气梭式窑炉，辊道窑等多座窑炉；原料检测、破碎、搅拌混炼、产品成型、产品检测等专用设备20多台(套)。生产的"华牌"各种窑炉用耐火材料（标准型、异型、特异型）有高铝、莫来石、刚玉-莫来石，不定型耐火材料有高温耐火胶泥、高温黏结剂、耐火浇注料，可与各类窑炉设备配套使用，均能达到节能降耗、低成本、高效益之目的。
主营产品：高铝、莫来石、刚玉-莫来石、棚板、垫板、匣钵、推板、立柱等。

北京中科奥博科技有限公司

地址：北京市朝阳区姚家园西里
电话：010-89921220
电邮：bjzkab@126.com
网址：www.bjzkab.cn
单位介绍：北京中科奥博科技有限公司是集研制、开发、生产、销售为一体的现代化技术企业，凭借着科学的管理体制、科技人才和研发队伍及多年的专业经验，不论管理层、技术层、还是生产层从事该行业的经验都在4年以上，中级工、技师、高级技师在生产上发挥着保证主要产品质量作用。公司的技术设计工程师在热处理行业、机械行业、材料行业、电子行业都具备十分丰富的工作实践经验。公司产品已广泛使用在煤炭、电力、冶金、地质、石油、化工、橡胶、化肥、环保、建材、焦化、造纸等领域，并服务于高等院校及科研院所等。
主营产品：刚玉坩埚、陶瓷管、刚玉管、氧化锆坩埚、陶瓷纤维马弗炉等。

苏州市伊贝高温技术材料有限公司

地址：江苏省苏州市相城区太平街道金瑞路南25号1幢
电话：0512-65438537
网址：www.sz-ebe.com
单位介绍：苏州市伊贝高温技术材料有限公司依托苏州大学陶瓷研究院、新型精细陶瓷重点实验室等先进生产工艺技术，引进先进设备，不断提高工艺技术水平，为客户提供高品质、较具竞争力的高温耐火窑具。
主营产品：超高温耐火窑具、高纯氧化铝窑具、刚玉-莫来石、氧化锆承烧板、刚玉坩埚、高铝承烧板、匣钵、精密陶瓷烧结冶具等。

宜兴市振泰耐火材料有限公司

地址：江苏省宜兴市丁蜀镇洛涧村
电话：0510-80725511
单位介绍：宜兴市振泰耐火材料有限公司是一家集科研开发、生产经营、施工安装于一体的横向联合和参股紧密协作的综合性经济实体，合作方包括有关高等院校、科研单位、学会协会、特色的耐火材料生产企业、建筑施工安装单位。企业拥有众多的高级、中级工程技术人才，以及先进的生产、施工工艺和设备，是持有ISO 9001质量管理体系认证证书的生产耐火、保温材料的生产厂家，在冶金、电力、玻璃、石化、水泥、建材、机械等行业中享有较高声誉。公司依托新型精细陶瓷国家重点实验室等先进生产工艺技术，引进部分高档进口设备并长期聘用专家作为技术支持，专业生产工业陶瓷与高温窑具。
主营产品：氧化铝陶瓷、氧化锆陶瓷、刚玉坩埚、刚玉匣钵、刚玉承烧板、锂电池材料专用匣钵、超细氧化铝刚玉承烧板、机压推板、棚板、堇青石复合莫来石推板、氧化锆承烧板等。

兴达特种耐火材料有限公司

地址：江苏省宜兴市和桥镇王母桥村
电话：0510-87871260
电邮：sales@jsxdtn.com

5.5 陶瓷烧结设备企业

单位介绍： 兴达特种耐火材料有限公司专业从事磁性行业及高温窑炉、窑具耐火材料的生产与开发，生产设备较先进，技术力量较雄厚，为全国 100 多家大、中、小型磁性材料企业配套生产高温耐火材料。公司产品通过 ISO 9001 质量体系认证，产品质量稳定性好，使用寿命长。

主营产品： 高温刚玉-莫来石制品（匣钵、承烧板、推板、绝缘砖、棚板等）、轻质隔热耐火制品、碳化硅耐火制品、氧化铝空心球及制品等。

江苏三恒高技术窑具有限公司

地址：江苏省宜兴市丁蜀镇陶瓷产业园区通蠡路 11 号
电话：0510-87487210
电邮：wx3h@sina.com

单位介绍： 江苏三恒高技术窑具有限公司是一家专业从事高性能窑具、炉体部件和精细陶瓷研发制造的高新技术企业。公司是复合承烧板技术完善者，是目前全球规模较大的复合承烧板、推板（台板）供应商。拥有员工 100 名，公司占地面积 30000m²，总资产 5000 多万元。公司技术力量较雄厚，拥有较先进的压制和烧结设备，管理手段科学，具有多种材质优选应用的研发能力，已获得 8 项授权且通过 ISO 9001 体系认证。多年来，公司确立了人本、持续的价值观，按 ISO 9001 标准建立质量保证体系使产品品质得到可靠保证，各项管理规范较完备，流程管理实施到位。

主营产品： 复合承烧板、承烧板、推板、匣钵、坩埚、炉体部件、陶瓷基板以及过滤功能陶瓷等精细陶瓷。

宜兴市盛发高温窑具炉料有限公司

地址：江苏省宜兴市和桥镇周家滨 111 号
电话：0510-87815186、87815822
电邮：Wbzyxsf@163.com
网址：www.yxsf.com

单位介绍： 宜兴市盛发高温窑具炉料有限公司是一家专业生产各种新型耐火材料和保温材料一体化的企业。自创办以来，公司在社会各界和新老用户的大力支持下，艰苦创业，企业实力不断壮大。公司技术力量雄厚，拥有各类专业技术人员，并与洛阳耐火材料研究院、武汉冶金建筑研究所、上海耐火材料公司等多家科研单位、企业长期合作，不断开发高科技新型产品，提高产品质量及施工工艺，就用户实际需要，实行设计、供货、施工一体化服务，深受用户好评。产品广泛应用于冶金、水泥、玻璃、电炉、化工、电力、机械等行业。

主营产品： 高刚玉制品、刚玉-莫来石制品、碳化硅制品、抗渗碳轻质和重质制品、刚玉-莫来石轻质砖、轻质高铝砖、珍珠岩制品、硅酸铝纤维制品、矿岩棉制品等保温系列。

宜兴市金用工业陶瓷有限公司

地址：江苏省宜兴市丁蜀镇潜洛陶都工业园蠡河路向北到底右转金用路 8 号
电话：0510-87189321
电邮：jyyj868@sina.com

单位介绍： 宜兴市金用工业陶瓷有限公司是一家专业生产莫来石制品、堇青石窑具、莫来石-堇青石制品、刚玉-莫来石制品、刚玉窑具、莫来石-承烧板、堇青石承烧板、莫来石-堇青石承烧板、刚玉-莫来石烧结垫板、刚玉垫板、移进板、匣钵支柱等产品的企业。可为不同温度、不同产品的窑炉配套定制各类窑具，以满足不同窑炉的烧成需要。

主营产品： 堇青石承烧板、堇青石垫板、衬板、堇青石推板等。

济源赛孚工业陶瓷有限公司

地址：河南省济源市虎岭产业集聚区
电话：0391-6898006
电邮：sftcsf@126.com
网址：www.saterola.com

单位介绍： 济源赛孚工业陶瓷有限公司是一家以特种陶瓷生产为主的综合性高新技术企业，公司依靠雄厚的技术研发实力和设备优势，采用高品质原料，专业生产高温陶瓷辊棒及陶瓷窑具，可提供直径 25~65mm、有效长度 4300mm 的辊道窑用高温陶瓷辊棒，以及各种规格窑用方梁、辊道窑急冷区内外花棒、陶瓷辊用涂料等产品，具备年产 40 万支的生产能力。

主营产品： 高温陶瓷辊棒、陶瓷窑具等。

湖南醴陵新天汇实业有限公司

地址：湖南省醴陵市经济开发区 B 区 10 号
电邮：newcenverge@163.com

单位介绍： 湖南醴陵新天汇实业有限公司成立于 20 世纪 90 年代初，是一个专业生产碳化硅窑具、陶瓷颜料的企业。公司拥有众多的高科技人员和丰富的高素质生产人力资源，拥有先进的生产技术设备和领先的生产技术水平。公司所属一、二厂主要生产碳化硅、棚板、支柱、高温隔焰板等窑具产品。陶瓷颜料公司专业生产陶瓷颜料包裹大红、包裹黄系列、锆系列、钴系列等产品，为高/中温度日用瓷、卫生瓷、电瓷、工程瓷等生产厂家提供优质高档的碳化硅、颜料产品。碳化硅年生产能力 4000 吨以上，颜料生产能力 1200 吨。产品畅销国内 20 余个省，并远销欧洲、美国、东南亚、俄罗斯等国家和地区，是陶瓷耐火窑具、化工颜料行业中的一颗明珠。

主营产品： 碳化硅、棚板、支柱、高温隔焰板等。

醴陵市凯德特种陶瓷有限公司

地址：湖南省醴陵市王仙镇司徒村茶亭组
电话：0731-23515478
电邮：1580898259@qq.com

单位介绍： 醴陵市凯德特种陶瓷有限公司是一家专业制造碳化硅窑具及电瓷生产的厂家，是集研发、生产、营销于一体的民营企业。公司产品广泛应用于日用瓷、艺术瓷、中高档卫生瓷及电瓷等行业的各式窑炉，具有高温强度大、热传导率高、抗热震性能好、使用寿命长等优点。产品已销往全国各地，得到用户的好评，享有良好的声誉，部分产品远销海外。

主营产品： 中高档碳化硅板、莫来石碳化硅棚板、莫来石支柱和碳化硅支柱等。

第 5 章　陶瓷设备种类及企业分布

湖南仁龙新材料有限公司

地址：湖南省醴陵市东富工业园
电话：0731-23357528
电邮：renlongsc@163.com
网址：www.rlztzc.com
单位介绍：湖南仁龙新材料有限公司是一家专业生产真空反应烧结碳化硅（SISIC）工程陶瓷的高新技术企业。年设计生产能力达 500 吨。产品质量已达到欧洲同行业水平标准。部分产品已批量出口美国、韩国、澳大利亚、南非、日本、马来西亚、越南、阿联酋、泰国等国家和地区。
主营产品：燃烧器喷火嘴套、辐射管导焰套、脱硫喷嘴、横梁、辊棒、热电偶保护管、冷风管、棚板、匣钵坩埚、喷砂嘴、轴套、密封件，以及各种耐高温、耐磨、耐腐蚀碳化硅异型件等。

无锡市晨光耐火材料有限公司

地址：江苏省宜兴市大浦镇
电话：0510-87452999
电邮：web@cgnh.com
网址：www.cgnh.com
单位介绍：无锡市晨光耐火材料有限公司立足市场，不断创新，和全国多个科研院所合作，以完善的检测手段，从事着各种耐火制品和新型不定形耐火材料的生产技术，不断创新、服务上乘已是晨光近年来的主要经营策略。非氧化物结合材料的研究与生产，已得到实践证明和用户的肯定技术，其 SalonAl_2O_3 滑板、Si_3N_4 和 SiC 制品、特种 SiC 窑具，分别获得多个奖项，Alon 系列产品也将投放市场。年生产 4000 吨非氧化物结合材料、10000 吨耐火制品和不定形耐火材料，将服务于电力、冶金、石化、建材等多个行业。产品服务于氮化硅结合碳化硅制品及砖、轻质隔热浇注料、隔热耐磨浇注料、耐磨浇注料、高耐磨浇注料、耐火泥浆等领域。
主营产品：塞隆碳化硅系列陶瓷窑具、非氧化物复合耐火材料、炼油乙烯制氢装置用不定型耐火材料等。

上饶中昱新材料科技有限公司

地址：江西省上饶市广信区经济开发区龙门路
电话：0793-8455561
电邮：elena@conyutech.com
网址：www.conyutech.com
单位介绍：上饶中昱新材料科技有限公司是一家集研发、生产、销售、服务于一体的科技型企业。拥有一批高素质、高水平的技术研发团队和自主知识产权，其中发明专利 3 项、实用型新型专利 52 项。公司立足于单晶硅材料生产链，提供太阳能/半导体石英坩埚、碳碳、塑料板及石墨产品的专业定制化服务。
主营产品：石英圆坩埚、太阳能级多晶硅用的陶瓷方坩埚、石墨热场、半导体坩埚、石墨舟、碳碳材料等。

淄博天亿耐火材料厂

地址：山东省淄博市淄川区城南镇北石工业园
电话：0533-5855133
电邮：110177624@qq.com
单位介绍：淄博天亿耐火材料厂主要生产碳化硅质、莫来石质、堇青石质耐火窑具，以碳化硅棚板、匣钵、立柱为主导产品，是碳化硅板、碳化硅棚板、碳化硅制品、碳化硅支柱等专业生产商。碳化硅含量在 98% 以上。采用先进的硅氮氧结合技术，产品导热性能高、热振稳定性强、具有明显的节能效果。广泛使用于隧道窑、棱式窑、辊道窑、推板窑、倒焰窑，使用温度高达 1400℃，是陶瓷、电瓷、砂轮、玻璃、化工等厂家理想的耐火窑具产品。产品销往全国各地，并出口韩国、日本、越南等国家和中国台湾地区。
主营产品：碳化硅质、莫来石质、堇青石质耐火窑具等。

淄博艾博莫森陶瓷科技有限公司

地址：山东省淄博市高新区民祥路以南青龙山路西侧综合楼三楼
电话：0533-3980186
电邮：736094501@qq.com
单位介绍：淄博艾博莫森陶瓷科技有限公司始创办于 2014 年，集陶瓷辊棒、熔融石英辊棒、碳化硅、氮化硅结合碳化硅等产品的研发、生产与销售于一体，产品广销海内外。公司与印度、越南等国家的当地经销商有着非常紧密的合作关系，在当地建立了仓库以满足当地客户的需求及及时的服务。
主营产品：陶瓷辊棒、熔融石英辊棒、碳化硅产品等。

淄博华岩工业陶瓷有限公司

地址：山东省淄博市淄川区磁村
电话：0533-5558118
电邮：sales@huayantaoci.com
单位介绍：淄博华岩工业陶瓷有限始建于 1986 年，是专业生产氧化铝陶瓷、石英陶瓷的国家高新技术企业，工业陶瓷标准委员会成员单位。公司占地面积 32000m^2，其中建筑面积 13000m^2。公司拥有员工 200 余人，其中专业技术人员 36 人。公司产品通过 ISO 9001 质量管理体系认证，拥有年产 30 万支陶瓷辊棒生产线、2 万支熔融石英陶瓷辊生产线、10 万支刚玉质高铝质保护管生产线、3000t 碳化硅制品生产线。
主营产品：陶瓷辊棒、高温辊棒、石英辊棒等。

怀仁市理思新材料科技有限公司

地址：山西省怀仁市金沙滩镇南家堡村
电话：13633493925
电邮：13633493925@163.com
网址：www.sxlsxcl.cn
单位介绍：怀仁市理思新材料科技有限公司成立于 2014 年，是一家集科研、设计、生产和销售为一体的专业窑具生产企业。生产设备采用先进工艺，配套建设有适合行业特点的中温、高温、超高温节能环保天然气窑炉 7 座，反应烧结真空炉 8 台，全自动液压机 5 台，以及原料检测、搅拌混炼、产品成型、产品检测等专用设备 60 多台，年可生产各类窑具达 6000 吨。公

5.5 陶瓷烧结设备企业

司设计研发生产的系列窑具,品类丰富,以客户信赖的品质与价位被广泛应用于日用陶瓷、卫生陶瓷、建筑陶瓷、电子陶瓷、电瓷、稀土、磁性材料、离子新材料、电光源材料等行业热工设备中(如辊道窑、隧道窑、梭式窑、推板窑等)。同时,公司可以根据客户的不同需求,针对各类窑炉设备,进行专业配套设计,采取温度分阶段技术,加工生产各类高难度耐火材料产品,所有成品均可实现耐高温、耐腐蚀、耐磨损、耐高压、低耗能、低成本、高效益等实际需求。

主营产品:耐火材料、碳化硅窑具、莫来石窑具、匣钵、日用陶瓷、工艺陶瓷制品等。

长兴恒盛耐火材料有限公司

地址:浙江省湖州市煤山镇山鹰大道28号
电话:15205828698
网址:www.cxhsnh.com
单位介绍:长兴恒盛耐火材料有限公司是耐火材料的专业生产厂家。产品具有耐高温、耐腐蚀、热震稳定性好、使用寿命长等特点。产品广泛应用于特种陶瓷、电子陶瓷、金属锻造、合金熔炼、磁性材料、硬质合金、钴酸锂、氧化钴、碳酸锶、碳酸钡粉体的烧结和熔炼以及各种电炉行业等。
主营产品:刚玉质坩埚、炉管、炉膛、刚玉-莫来石质匣钵、推板、碳化硅质炉膛、炉管、炉芯、推板、坩埚等。

长兴宏业高科高温耐火材料有限公司

地址:浙江省湖州市长兴县李家巷镇工业集中区
电话:0572-6609858
电邮:14278573@qq.com
单位介绍:长兴宏业高科高温耐火材料有限公司是一家总投资200万美元的中韩合资企业。公司成立于2005年,占地面积17000平方米,年生产能力4000吨。公司的研制、生产、检测设备完善,拥有1800℃高温窑2座、18M推板式油窑2座、1000吨压机、混料机等各种成型设备,同时配备化学及物理检测设备,专业生产刚玉-莫来石匣钵推板、熔融石英钳锅、氧化铝制品以及各种刚玉制品,产品销往韩国和国内20多个省份。
主营产品:刚玉-莫来石匣钵、推板、熔融石英钳锅、氧化铝制品。

浙江诺华陶瓷有限公司

地址:浙江省东阳市巍山镇六怀工业功能区
电话:0579-86015121
电邮:Sales@zjnhpbn.com
网址:www.zjnhpbn.com
单位介绍:浙江诺华陶瓷有限公司拥有全球先进PBN等大型加工设备多台(套),具备完善的化学和物理试验设施,从而确保产品的优良品质。公司设有办公室、技术质量部、生产部、销售部、供应部、设备部、财务部等部门。完备的管理系统中,具有高级职称3人,中级职称20余人,各类技术人员40多人,占员工总数的30%以上,优良的技术及管理素质和谐共进的团队,为公司提供了强劲的实力,保证了公司为顾客提供的服务品质。公司主要从事PBN生产,产品范围包括坩埚、舟、桥、圆盘等产品。
主营产品:PBN环、PBN综合件、LEC坩埚、VGF坩埚等。

长兴盛发耐火材料有限公司

地址:浙江省湖州市长兴县煤山镇工业园区
电话:0572-6701168
电邮:cxsfnh@vip.163.com
网址:www.cxsfnh.com
单位介绍:长兴盛发耐火材料有限公司从1990年开始致力于耐火材料的发展,拥有天然气高温窑、液压机等耐火材料生产设备。提供氧化铝坩埚、雾化中间包坩埚、刚玉-莫来石坩埚、刚玉-莫来石制品、刚玉坩埚等产品。公司专业生产国内钢铁、玻璃、有色金属、稀土、永磁、陶瓷、锻造、钨、钼、锑、钛、铂金等行业的耐火材料。公司秉承"质量第一、用户至上、服务周到、开拓创新"的宗旨。赢得客户广泛好评。
主营产品:刚玉坩埚、氧化锆坩埚、氧化锆喷嘴、刚玉匣钵、管子、各型浇注料、捣打料、陶瓷产品、碳化硅制品、高铝制品、莫来石纤维板、炉膛、耐火砖,中间包等耐火制品。

焦作市北星耐火材料有限公司

地址:河南省焦作市博爱县柏山镇工业区
电话:0391-8985680
电邮:ymd@beixing.cn
单位介绍:焦作市北星耐火材料有限公司是耐火材料协会成员单位。公司主导产品有氮化硅结合碳化硅制品、高级氧化物结合碳化硅制品、黏土结合碳化硅制品、自结合碳化硅制品、轻质隔热制品、不定形耐火材料制品、陶瓷窑具材料制品、有色冶炼炉系列产品等十大系列,50多个品种,100多种产品。广泛应用于钢铁行业的大型高炉、焦炉、热风炉、石油化工、火电、陶瓷、玻璃、电解铝、碳素等行业的各式窑炉(已具备电解槽内衬用保温材料的整套加工、供应能力)。在电解槽和碳素焙烧炉用材料上,公司已形成氮化硅结合碳化硅侧部块、碳化硅浇注料、干式防渗料、重质、轻质浇注料、轻质保温砖等系列品种,产品远销海外市场。
主营产品:氮化硅结合碳化硅制品、高级氧化物结合碳化硅制品、黏土结合碳化硅制品、反应烧结碳化硅制品、横梁、辊棒、脱硫喷嘴、冷风管、板材、匣钵、异形件、节能框架、研磨桶、内筒挂片等。

河北邢台新兴耐火材料有限公司

地址:河北省邢台市南石门镇
电话:0319-29950992
电邮:xxnhcl@126.com
单位介绍:河北邢台新兴耐火材料有限公司成立于1994年,是高性能莫来石-堇青石耐火窑具制造商。公司窑具广泛应用于卫生陶瓷、微晶玻璃、日用陶瓷、泡沫陶瓷、建筑陶瓷、窑炉工程等领域,同时,公司也是堇青石、莫来石原料生产基地,产品广泛用于耐火窑具、蜂窝陶瓷、冶炼铸造等行业。

主营产品：实心板、支柱及支柱附件、中空板、窑体材料、专用窑具、匣钵等。

江苏三责新材料科技股份有限公司

地址：江苏省南通市经济技术开发区东常兴路99号
电话：400-820-9967
电邮：market@sanzer.com
网址：www.sanzer.com
单位介绍：江苏三责新材料科技股份有限公司成立于2014年，总部位于江苏南通，业务中心位于上海。公司致力于高性能碳化硅陶瓷的研发、生产、销售和工程应用，拥有先进的无压烧结碳化硅陶瓷生产技术和生产装备，产品广泛应用于精细化工和制药、环保工程、航空航天、石油化工、新能源材料、电子玻璃、微电子和半导体、光学、高温工业窑炉等领域。公司拥有核心材料自主知识产权，强劲的新产品、新应用开发能力，为各领域客户提供优质实用的高性能碳化硅陶瓷解决方案，推动高性能碳化硅陶瓷在节能环保和先进制造的应用。
主营产品：碳化硅反应管、碳化硅块式微反应模组、碳化硅微反应组件、碳化硅方坩埚、碳化硅热辐射管、反应烧结碳化硅热辐射管、反应烧结碳化硅烧嘴套等。

摩根海登皇格技术陶瓷（无锡）有限公司

地址：江苏省宜兴市丁蜀镇公园西路
电话：0510-87182811
电邮：yixingsales.mtc@morganplc.com
网址：www.yixinghaldenwanger.com
单位介绍：海登皇格作为高科技陶瓷生产商，1865年成立于德国，1997年加入摩根先进材料公司，是摩根重要的业务组成部分。在德国、中国和美国有工厂和机构，为全球的客户提供优良的产品和服务。摩根海登皇格技术陶瓷（无锡）有限公司于1993年由德国海登皇格投资成立，并引进德国海登皇格技术，是英国摩根先进材料在中国的独资公司。产品主要应用于玻璃、太阳能、建筑陶瓷、金属热处理、能源、半导体、钢铁、石化等领域。
主营产品：陶瓷辊棒、熔融石英辊棒、刚玉保护管、陶瓷电极、碳化硅保护管、碳化硅窑具、镁铝尖晶石窑具、全稳定氧化锆陶瓷、实验室理化瓷、可加工玻璃陶瓷、陶瓷件、熔融石英产品等。

浙江美晶新材料股份有限公司

地址：浙江省绍兴市杭州湾上虞经济技术开发区
电话：18967530309
电邮：mjm@mjmtek.com.cn
网址：www.mjmtek.com.cn
单位介绍：浙江美晶新材料股份有限公司创建于2017年，总部设立在浙江绍兴，是国内领先的先进材料高新技术企业，多年来一直深耕于半导体光伏材料领域。公司主要从事半导体与太阳能石英坩埚产品的生产，石英坩埚是由高纯石英砂制成的容器，具有洁净、同质、耐高温等性能，主要应用于半导体和光伏领域，可支持光伏和半导体用户高温条件下连续拉晶（属于硅片生产环节），用来装放多晶硅原料（工作中原料处于融化状态的硅液）的消耗性石英器件，作为消耗性器皿可支持太阳能和半导体用户在高温条件下连续拉制大直径单晶硅，用于盛装熔融硅并制成后续工序所需硅棒，主要用于半导体及太阳能拉晶制棒等的生产。单晶硅采用多晶硅为原料和直拉法生产工艺。在单晶硅生产中，石英坩埚作为一次性使用的熔硅和晶体生长的关键材料，对单晶硅的生产成本和产品产量质量都有直接的重要影响。
主营产品：石英坩埚产品。

无锡市鑫石陶瓷有限公司

地址：江苏省无锡市滨湖区雪浪街道军嶂村
电话：0510-85551190
电邮：wxxscer@163.com
网址：www.wxxscer.com
单位介绍：无锡市鑫石陶瓷有限公司是一家专业生产石英陶瓷的企业。产品无论是理化指标、产品性能还是使用效果都具有行业水平，广泛应用于化工、冶金、电子及军工等领域。
主营产品：熔融石英水口、熔融石英坩埚、高碱玻璃用石英坩埚、异形熔融石英加工制品等。

山东铭特陶瓷材料有限公司

地址：山东省滨州市邹平市明集镇开发区
电话：13864461382
电邮：zpmingte@163.com
网址：www.sdmingte.com
单位介绍：山东铭特陶瓷材料有限公司主要生产特种耐高温材料、特种陶瓷及不定形耐火材料。产品包括石墨制品，铝镁、铝碳、铝硅系列复合材料，高纯石英制品。产品服务于钢铁连铸、有色金属、玻璃建材、国防等领域。随着行业的发展及市场要求的提高，公司秉承服务、创新、共享的理念，不断开发研究新材料、新产品，让客户获得更好的使用体验，以更优质的产品和材料为客户创造价值。
主营产品：石墨坩埚，刚玉坩埚，石英坩埚，刚玉、石英、碳化硅、碳化硅氮化硅等制品，匣钵，刚玉炉管等。

淄博纳米特精细陶瓷有限公司

地址：山东省淄博市淄川区刘瓦工业园
电话：18678200999
电邮：234470142@qq.com
网址：www.namitetaoci.com
单位介绍：淄博纳米特精细陶瓷有限公司是以氧化铝为基体的精细陶瓷制品生产企业。公司集技术研发、生产、销售于一体，是国内专业的耐温和耐腐蚀陶瓷辊棒/套管、耐磨管、耐磨马赛克贴片供货商。公司拥有雄厚的技术力量、先进的生产设备以及完善的检测手段，产品造型美观、质量保证。公司的主要产品有耐腐蚀辊棒-套管NT-99、高温辊棒NT-93、超高温辊棒NT-95、氧化铝陶瓷耐磨管、耐磨马赛克贴片系列等。产品具

5.5 陶瓷烧结设备企业

有高强度、高硬度、耐磨损、耐腐蚀性好等优点，广泛应用于化工、石油、冶金、建材等领域，以及水泥厂耐磨设备、钢铁厂耐磨设备、电厂耐磨设备等行业。

主营产品：超高温辊棒、超高温辊棒、耐腐蚀辊棒/套管、氧化铝陶瓷耐磨管、耐磨马赛克贴片等。

苏州深铂维温控设备有限公司

地址：江苏省昆山市周市镇长江北路355号宝裕广场103栋6号
电话：0512-57669648 57669748
电邮：leeyuan365@163.com
网址：www.thermoway.com.cn
单位介绍：菘启工业股份有限公司成立于1995年，是中国台湾知名温度传感器制造公司、全方位温度测量控制产品及高温材料供应商，于2002年在珠三角地区设立服务据点松扬温控。公司拥有BS EN ISO 9001：2000品质认证、ISC/IEC GODE25温度实验室认证、UL IEC 17025二级温度实验室认证等三大认证。公司以其先进的设备、专业的知识、世界先进的技术，旨在为国内外广大客户提供温度传感控制方面的解决方案。公司多次参与中国传感器协会会议，并于会中针对先进温度传感技术发表专题研讨。公司产品应用于航天、半导体、太阳能光伏、LED、石油化工、汽车工业、食品业等高科技产业及传统产业。
主营产品：热电偶、热电阻、测温线、补偿导线、仪表记录仪等。

山东恒科金石新材料科技有限公司

地址：山东省安丘市新安街道恒山街9号
电话：138-5443-8768
电邮：wfjsxcl@163.com
网址：www.wfjsxcl.com
单位介绍：山东恒科金石新材料科技有限公司是一家集研发、设计、制造和销售为一体的专业反应烧结碳化硅制品企业，拥有先进的高温真空烧结炉和完善的产品检测设备，年生产能力200吨。公司拥有先进的生产设备和检测设备，有一批科技人才，科学管理，确保产品质量稳定可靠，为客户提供专业技术方案，服务及时到位。
主营产品：反应烧结碳化硅陶瓷、无压烧结碳化硅陶瓷等。

宜兴中陶特陶科技有限公司

地址：江苏省宜兴陶瓷产业园通蜀中路258号
电话：0510-80383186
电邮：yxztkj@163.com
网址：www.yxztkj.com
单位介绍：宜兴中陶特陶科技有限公司是一家注重科技创新，以诚信为本，专业性较强的综合性企业。依托中科院上海硅酸盐研究所、清华大学新型精细陶瓷国家重点实验室等生产工艺技术，引进部分高档进口设备并长期聘用专家作为技术支持，专业生产工业陶瓷与高温窑具。现具备制造耐火、耐磨材料6000吨/年生产线一条，主要产品广泛应用于建筑卫生陶瓷、非金属矿、水泥、钢铁、化工涂料、造纸、医药和热电厂等行业。
主营产品：高温窑具。

景德镇三圆华鑫特种陶瓷有限公司

地址：江西省景德镇市昌南新区陶瓷产业加速基地16栋
电话：0798-2085888
电邮：syhxtt@126.com
网址：www.syhxtt.com
单位介绍：景德镇三圆华鑫特种陶瓷有限公司是一家高科技民营企业，专业生产微纳纤维碳化硅产品。公司自成立之日起就引进国际先进的高温真空大型窑炉和各种机加工设备，与清华大学、景德镇陶瓷大学等全国顶尖先进陶瓷研发机构合作，采用国际领先工艺和生产标准为市场提供国际一流的微纳纤维碳化硅产品。生产的微纳纤维碳化硅产品性能稳定，标准化程度高，具有高强度、高硬度、耐高温（1380℃）、耐腐蚀、抗氧化、耐急冷急热、抗热震性能好、导热好、热效率高的特点。尤其是公司生产的第二代碳化硅窑具，可比第一代碳化硅窑具节能超过30%，同时具有不形变、不落渣、寿命延长5倍等革新性优势。其他产品广泛应用于电厂除硫除尘设备、钢厂淬火炉、矿山物料分级旋流器等多个工业领域。公司与国内顶级模具企业合作，可按客户要求定制各式产品。
主营产品：碳化硅节能窑具，如棚板、方梁、立柱、圆条、辊棒等。

醴陵兴泰隆特种陶瓷有限公司

地址：湖南省株洲市醴陵神坛工业区
电话：0731-23253338
电邮：sintyron@xtlceramic.com
网址：www.xtlceramic.cn
单位介绍：醴陵兴泰隆特种陶瓷有限公司是一家集科研、生产于一体的自主研发生产企业。公司拥有10000平方米的新厂房，全自动生产线，是一家实力雄厚的实验室坩埚专业生产厂家。公司产品通过ISO 9001和ROHS认证，获得国家技术企业、AAA级信用企业、高新技术企业称号，以及各项专利证书。产品广泛应用于矿业、半导体应用、电子电器产品、电热产品、汽车零件、耐磨绝缘材料等。
主营产品：火试金坩埚、黏土坩埚、匣钵、镁砂灰皿、氮化铝陶瓷、氧化铝陶瓷、耐火材料产品、耐酸陶瓷等。

长兴嘉和耐火材料有限公司

地址：浙江省湖州市长兴县煤山镇工业园区
电话：0572-6705369
电邮：13705825250@163.com
单位介绍：长兴嘉和耐火材料有限公司是生产刚玉碳化硅高温炉管、炉膛等电炉耐火材料的专业厂家。生产的刚玉碳化硅高温炉管、炉膛等电炉耐火材料具有耐高温、耐腐蚀、热震稳定性好、使用寿命长等优越性能。产品规格齐全、质量可靠，广泛应用于特种陶瓷、电子陶瓷、功能陶瓷、金属锻造、压电瓷、电器陶瓷、金属陶瓷、磁性材料、稀土荧光粉、长余辉发光粉、高比重硬质合金、锂电池正负极材料、钴酸锂、氧化钴、碳酸锶、磷酸铁锂、化工粉末、纳米氧化铁、碳酸钡粉体、氧化锆粉体、电子超纯粉体等无机新材料领域。
主营产品：坩埚、匣钵、炉管、炉膛、炉衬等。

宜兴市前锦特陶科技有限公司

地址：江苏省宜兴市新庄镇工业集中区震泽北路12号
电话：0510-87568686（窑具）
电邮：yxqjtt@163.com（窑具）
网址：www.yxqjtt.com
单位介绍：江苏前锦集团是集实验电炉、窑炉、耐火材料、特种陶瓷为一体的综合性企业，固定资产5600万元，员工165人，其中专业工程师18人，内设江苏功能材料热工装备研发中心，年产150吨锂电池正负极材料中试基地各一个。公司生产设备完善，配套设施齐全，可充分保证产品质量和交货期，凭借合理的价格、优良的服务与多家企业建立了长期的合作关系。宜兴市前锦特陶有限公司作为成员企业之一，主要生产工业陶瓷、高温窑具、工业窑炉系列。
主营产品：匣钵、坩埚、承烧板、推板、管状、辊棒、窑炉附件等。

湖南兴洲窑具制造有限责任公司

地址：湖南省醴陵市浦口工业区
电话：13378082888
网址：www.hnxzyj.com
单位介绍：湖南兴洲窑具制造有限责任公司主要是一家专业研发、生产及销售耐火窑具、窑体材料的技术型企业。产品主要有氧化结合碳化硅棚板、支柱、高纯高密度碳化硅棚板，用于电瓷行业、磁性材料行业等。
主营产品：耐火材料窑具、耐火陶瓷制品。

新疆百特碳化硅陶瓷有限公司

地址：新疆维吾尔自治区图木舒克市五十团创业园区标准厂房
电话：191 9000 2306
电邮：gary@bt-sic.com
网址：www.bt-sic.com
单位介绍：新疆百特碳化硅陶瓷有限公司专注于生产重结晶碳化硅陶瓷及窑具（RSiC Ceramics & Kiln Furniture），如方梁、承烧板、喷火嘴、炉管、热电偶保护管、匣钵等，也可进行表面喷涂、平面磨、开槽、打孔、高精度异形件加工。
主营产品：重结晶碳化硅方梁、重结晶碳化硅棚板、重结晶碳化硅喷火嘴、重结晶碳化硅管子、重结晶碳化硅匣钵、重结晶碳化硅定制、再结晶碳化硅陶瓷涂层等。

5.5.5 耐火保温材料

江苏中磊节能科技发展有限公司

地址：江苏省东台市后港工业园区
电话：0515-85540059
电邮：xgp@zljn.com
网址：www.zljn.com
单位介绍：江苏中磊节能科技发展有限公司创办于1985年，近年来，公司致力于高档节能耐火材料的研究与开发，走引进消化吸收再创新的发展思路，与国内多所著名院校建立了良好的科研协作关系，先后开发了适用于焦电、石化、冶金、陶瓷、机械热处理、水泥、环保、玻璃等行业节能耐火材料科研项目37项，其中16项成功地进行了成果转化，新研制的抗渗碳莫来石轻质砖填补了国内空白。
主营产品：轻质隔热耐火砖、刚玉-莫来石孔砖、抗渗碳莫来石砖、莫来石轻质砖、抗渗碳莫来石转角砖等。

中钢集团洛阳耐火材料研究院有限公司

地址：河南省洛阳市西苑路43号
电话：0379-64206040
电邮：peicq5761@qq.com
网址：http://www.lirr-fiber.com/
单位介绍：中钢集团洛阳耐火材料研究院有限公司（简称中钢洛耐院）创建于1963年，是中国耐火材料专业领域大型综合性研究机构，是我国耐火材料行业技术、学术、信息与服务中心和耐火材料科技成果的主要辐射中心。经营范围涵盖耐火材料产品，产品质量检测，信息服务，工程设计、咨询、承包，检测仪器、齿科医用设备、包装材料、加工工具生产等多个领域。公司拥有以耐火材料国家工程研究中心和国家高技术产业化特种耐火材料示范工程为主体的产业基地。现有复合材料、高级氧化物、冶金功能、不定形耐火材料等多种类产品，主要应用于钢铁、有色金属、石化、陶瓷、建材、水泥、玻璃、电力等多个行业，销至全世界40多个国家和地区。
主营产品：陶瓷、电瓷用耐火材料等。

四川骏瑞碳纤维材料有限公司

地址：福建省厦门市嘉禾路396号鑫新景地大厦B403
电话：0592-5538109
电邮：info@chemshine-group.com
网址：chemshine.com
单位介绍：四川骏瑞碳纤维材料有限公司是一家集科研、开发、生产于一体的碳纤维相关产品的高科技企业，主要产品有各种真空烧结炉、热处理炉用炭毡、石墨毡、硬质复合毡及筒、单晶炉用石墨毡和保温筒、多晶炉用保温板、炭炭复合材料等。公司占地30000余平方米，标准化厂房20000余平方米，形成年产各种碳素制品1000吨的生产能力，其产品能满足广大用户的多种需求。公司产品质量可靠，执行ISO 9001质量管理体系，被四川省评为守信誉重合同企业。
主营产品：液流电池用碳毡、半导体行业用高纯石墨毡、超高纯石墨毡、黏胶基石墨毡、聚丙烯腈基石墨毡等。

苏州福瑞德陶瓷有限公司

地址：江苏省苏州市吴中区郭巷金丝港工业区

5.5 陶瓷烧结设备企业

电话：15850162733
电邮：freeceram@hotmail.com
网址：www.freeceram.com
单位介绍：苏州福瑞德陶瓷有限公司占地 24000 平方米，建筑面积 13000 平方米，总投资 4000 万元，企业与国内知名院所（如景德镇陶瓷学院、中科院上硅所、上海交通大学、华东理工大学）的技术团队建立了良好的产学研究合作关系，在新型陶瓷制品、高可靠性石英产品等领域进行了深入的创新研究工作。公司以浮法玻璃线用陶瓷辊道、水平钢化炉用陶瓷辊道、钢铁冶金行业用陶瓷器件、熔融石英坩埚等为主营产品。公司由拥有丰富工作经验及陶瓷行业知识的海内外专家团队组建和管理，致力于打造全球领先的陶瓷科技集团。公司本着全心全意为客户服务的宗旨，秉承创新精神，始终坚持以客户利益为重的理念，注重产品质量和售后服务，公司产品已经在国内外市场中占据了一定的份额。
主营产品：浮法玻璃线用陶瓷辊道、水平钢化炉用陶瓷辊道、钢铁冶金行业用陶瓷器件、熔融石英坩埚等。

东莞市坤鑫电子有限公司

地址：广东省东莞市长安镇新民兴隆街 14 号
电话：13825797115
电邮：fsnhk@163.com
单位介绍：东莞市坤鑫电子有限公司主要研发、生产和经营中高温结构陶瓷产品，有专业的研发技术人员，配套设施齐全的生产设备以及完善的质量控制体系。产品广泛应用于磁性材料、MLCC、PTC、瓷介电容器、压敏电阻、电感等行业。产品主要包括氧化锆喷涂板，氧化锆氧化铝承烧板，氧化锆粉，氧化铝粉，氧化锆、氧化铝异型制品。公司与高等院校和科研院所有长期合作关系，研发力强，技术可靠，生产设备齐全，工艺流程先进。公司奉行求真务实的方针，以质量求生存，以信誉求发展，为国内外客户提供优质的产品。
主营产品：各种类型、各种规格尺寸的氧化铝、氧化锆喷涂耐火承烧板。

吴羽（上海）碳纤维材料有限公司

地址：上海市嘉定工业区兴荣路 1585 号
电话：021-3996 3006
电邮：caixiaoyun@kureha.sh
网址：www.kureha.sh
单位介绍：株式会社吴羽于 1970 年发明了沥青系碳素纤维并开始工业化生产，2003 年，在中国上海市设立吴羽（上海）碳纤维材料有限公司，为了尽快满足用户端日益增长的需要，于 2004 年初在上海正式开始生产。第一期开始生产商品名为"KRECAFR"的标准规格碳素纤维隔热成型材，厂区内设置了大型高温真空炉，自 2004 年初开始生产以尽快满足用户端日益增长的需要。2005 年初第二期项目建成，生产与高温真空炉隔热材相配套的碳纤维丝束，这种丝束经特殊工艺精纺同时也可用于耐高温、耐腐蚀密封产品之中。
主营产品：真空炉用碳素纤维隔热材料。

浙江德鸿碳纤维复合材料有限公司

地址：浙江省嘉兴市嘉善县魏塘街道万盈路 199 号 4 号、5 号厂房
电话：13375735066
电邮：gongbingbing@zhejiangdehong.com
网址：www.zhejiangdehong.com
单位介绍：浙江德鸿碳纤维复合材料有限公司成立于 2021 年 12 月，拥有具备 10 年以上的碳碳复合材料专业研发、生产、销售、质量管理团队以及卓越的联合创始人——同创伟业。公司拥有完整的碳碳复合材料生产线，产品主要有碳碳结构件，碳/碳保温毡、石墨制品等，主要应用于晶体生长、真空热处理、制动系统、新能源等领域。公司拥有技术研发、生产、质量管理、销售等方面的专业人才，研发团队由复合材料、纺织及机械设计等领域的工程师组成，尤其在晶体生长热场技术方面具有丰富的实际应用经验，可为终端客户提供专业的热场设计及改造升级。
主营产品：碳碳结构件、碳/碳保温毡、石墨制品等。

湖南九华碳素高科有限公司

地址：湖南省湘潭市九华工业园纬一路五号
电话：0731-52319256
电邮：xiaoshoubu@hnjhts.cn
网址：www.hnjhts.cn
单位介绍：湖南九华碳素高科有限公司成立于 2006 年，主要从事先进碳基复合材料及产品的研发、生产和销售，是一家具有自主研发能力和持续创新能力的高新技术企业。公司致力于碳/碳复合材料的民用化应用，开发高密度、中密度、低密度碳/碳复合材料。为客户提供性能卓越、性价比高、具有显著节能减排效应的高性能产品和全套解决方案。
主营产品：碳碳复合材料、高温碳毡、硬毡等材料。

凯本碳中和（天津）新材料有限公司

地址：天津市宁河区宁河经济开发区五纬路 22 号 4 号楼
电话：13700052663
电邮：744397643@qq.com
单位介绍：凯本碳中和（天津）新材料有限公司成立于 2016 年，是一家专门从事碳碳先进复合材料全产业链研发与生产的国家高新技术企业。公司主营包括 CFC 碳碳模套（40 兆帕以上），三维碳纤维预制体的设计及生产，多规格、大尺寸碳碳板材，碳纤维绳，碳碳螺栓，多领域、不同密度碳碳复合材料制品的设计及生产。产品主要应用于真空热压烧结炉、真空高温炉结构件、军工、半导体、光伏等领域。
主营产品：CFC 碳碳模套（40 兆帕以上）、三维碳纤维预制体、碳碳板材等。

湖南美特瑞新材料科技有限公司

地址：湖南省株洲市天元区天易科技城自主创业园一期 A8 栋

电话：0731-22575898
电邮：18975351523@163.com
网址：www.zzgltxw.com

单位介绍：湖南美特瑞新材料科技有限公司（原株洲格里碳纤维制品有限公司）是一家高温炉热场保温材料生产企业。公司致力于热场保温材料技术的持续研发及应用。公司产品适用于各类高温真空炉设备，在太阳能、真空冶金、化工新材料、原子能、半导体、电子新能源等领域得到广泛应用。

主营产品：石墨硬毡、增强复合硬毡、多型复合硬毡（异型整体制作）、石墨毡、高温碳毡等热场保温材料。

江苏康泰尔高热制品有限公司

地址：江苏省盐城市解放南路中建大厦9楼
电话：13382600729
电邮：2880687039@qq.com
网址：www.jskanthal.com

单位介绍：江苏康泰尔高热制品有限公司创建于2015年，是一家综合性生产销售企业。公司销售瑞典康泰尔电热丝、电阻带、电热管、陶瓷纤维模块等各种进口电加热产品，专业生产各种可配套光伏半导体行业的高温网带，同时经营各种新能源汽车配套的高温电炉丝。公司所售卖的各种电热产品均可按照客户需求定制。

主营产品：瑞典康泰尔电热丝、电热管、陶瓷纤维模块等。

厦门市欣迪美达科技有限公司

地址：厦门市海沧区海沧大道899号泰地海西中心写字楼A座裙楼2层272-06号
电话：18665924372
电邮：37944914@qq.com

单位介绍：厦门市欣迪美达科技有限公司是韩国YJC公司的中国总代理。YJC公司成立于1987年，拥有来自德国、日本制造的大吨位压机、超高温窑炉等先进设备，专业生产高温耐火材料。产品以高纯度电熔氧化铝、电熔莫来石为主原材料，经高压成型、超高温烧结制造而成，具有优越的机械强度，出色的抗热震性、抗高温蠕变性及高温负载能力，产品性能得到国内外氧化铝氧化锆特陶、ITO靶材、锂电三元材料、MLCC、HTCC、LTCC、微波介质陶瓷、高纯粉体煅烧等行业客户的广泛认可。

主营产品：高铝棚板、推板、承烧板、匣钵、高温轨道砖、MLCC承烧支架等。

甘肃郝氏炭纤维有限公司

地址：甘肃省白银市靖远县刘川工业集中园区北一路01号
电话：0931-8893752
电邮：haoshicf@haoshicf.com
网址：www.haoshicf.com

单位介绍：甘肃郝氏炭纤维有限公司是国内较早的碳纤维生产研发企业，是一家专门从事碳纤维及其复合材料的家族民营企业。产品广泛应用于航空航天、真空冶金、光伏新能源、轨道交通、电子电气、体育用品等行业。从2005年开始，企业先后同中科院化学所、北京航空航天大学、兰州理工大学、兰州交通大学等高等院校和科研院所建立了长期、稳定、务实的合作关系。公司分别被认定为高新技术企业、省级企业技术中心，同时是甘肃省高性能碳纤维工程实验室和甘肃省特种碳素新材料工程技术研究中心的依托单位。

主营产品：碳纤维、软毡、硬毡、特种碳碳复合材料、碳纤维复合材料等多种碳纤维制品。

江苏阿拉丁高温材料有限公司

地址：江苏省沛县孔庄煤矿西门北侧
电话：0516-89655069
电邮：1319112890@qq.com
网址：jsalading.com

单位介绍：江苏阿拉丁高温材料有限公司是一家定位于专注生产优质陶瓷纤维的专业化企业。公司以优良的设备、专业化的技术及管理团队为基础，生产1260型、1400型、可溶（降解吸收）型陶瓷纤维毯，产品广泛服务于国内外热工设备供应商。

主营产品：陶瓷纤维散棉、陶瓷纤维毯、陶瓷纤维组块、陶瓷纤维纸、多晶氧化铝纤维针刺毯、陶瓷纤维板、高温涂料、高温黏合剂、真空成型纤维制品、陶瓷纤维纺织棉、覆铝箔陶瓷纤维毯等。

上海伊索热能技术股份有限公司

地址：上海市普陀区武宁路19号丽晶阳光大厦22楼
电话：021-62315001
电邮：sales@yeso.net
网址：www.yeso.net

单位介绍：上海伊索热能技术股份有限公司成立于1999年，专业从事机动车尾气排放控制系统专用的催化转化器衬垫的生产与研发以及陶纤维制品，同时提供专业的隔热工程技术和施工服务。致力于以先进的高温隔热产品和创新的隔热技术，为客户创造更高的价值。公司生产的机动车尾气排放控制系统专用的催化转化器衬垫以及陶瓷纤维制品不仅在中国市场受到广泛赞誉，并且出口到欧洲、美洲、亚洲、非洲的20余个国家。

主营产品：不定形耐火材料、耐火砖、三元催化器、陶瓷铺地砖、黏土砖、陶瓷纤维制品、催化转化器衬垫、窑炉设计施工等。

焦作市世恒耐火材料有限公司

地址：河南省焦作市温县谷黄路东段
电话：0391-6519866
电邮：jzshnc@163.com
网址：www.shhnc.com

单位介绍：焦作市世恒耐火材料有限公司是一家集研发、生产、经营、服务于一体的特种耐火材料厂家，公司自成立以来，一直注重产品的研发和生产技术的创新，与洛阳耐火材料研究院和北京建材院有着广泛合作。产品广泛应用于钢铁、有色金属冶炼、垃圾焚烧、危废处理、水泥、锂电、焦化、陶瓷、玻璃、

5.5 陶瓷烧结设备企业

化工等行业。
主营产品：碳化硅制品、氮化硅结合碳化硅制品、氧化铝空心球制品、白刚玉制品、刚玉-莫来石制品、铬刚玉砖、锆质砖、高温窑具、硅莫砖等。

郑州市豫立实业有限公司

地址：河南省郑州市上街区峡窝镇豫立路西段
电话：0371-68919233
电邮：YL11185@126.COM
网址：www.yuli-china.cn
单位介绍：郑州市豫立实业有限公司创建于1995年，拥有员工120人，大专以上文化程度12人，其中博士1人、硕士1人，高级工程师5人，高级经济师1人，郑州市豫立实业有限公司有着丰富的生产经验和新产品研发能力。近20年来，经过公司全体员工的共同努力，取得较大的发展，公司占地25000平方米，建筑面积13500平方米，拥有固定资产3000万元，流动资金2500万元，逐步形成年产电熔高纯白刚玉6000吨、氧化铝空心球3000吨、电熔氧化锆2000吨、稳定锆空心球（黄、白）1000吨的规模，并与科研院校共同研发出氧化铝电工填料年产3000吨、钛合金铸造填料年产200吨，可以加工各种磨料、粒度号砂、耐火材料四段砂、W63-0.5 微粉等产品，并能承接各种炉窑设计、制作、安装、改造、维修、技术咨询等服务。
主营产品：氧化铝空心球、稳定氧化皓、稳定氧化锆空心球、人造刚玉等。

苏州瑞阳陶瓷纤维设备有限公司

地址：江苏省苏州市吴中区苏州工业园区甪直凌港
电话：0398-3854233
电邮：rytx11@126.com
网址：sznhxw.foodmate.net
单位介绍：苏州瑞阳陶瓷纤维设备有限公司是一家结合了耐火纤维生产技术，以及长年工业窑炉配套施工总结的经验，发展起来的专业从事陶瓷纤维毡、板自动化设备及相关配套产品，工业窑炉配套安装、维修、制造的技术型企业。公司致力于工业窑炉炉衬节能技术的改造研发，设计出了纳米纤维与传统纤维、热辐射涂料的组合型炉衬，以求在多托辊散热较多的情况下，达到纤维绝热的大功效。
主营产品：硅酸铝耐火纤维（陶瓷纤维）毡、硅酸铝耐火纤维（陶瓷纤维）折叠块、硅酸铝耐火纤维（陶瓷纤维）针刺毯、硅酸铝耐火纤维（陶瓷纤维）绳、硅酸铝耐火纤维（陶瓷纤维）纸等。

上海骐杰新材料股份有限公司

地址：上海市奉贤区岚丰路850弄33号楼
电话：021-34635315
电邮：info@qcarbons.com
网址：www.qcarbons.com
单位介绍：上海骐杰新材料股份有限公司成立于2007年，主要从事国家战略性新材料——碳基复合材料及产品的研发、生产和销售，已为全球超2000家企业提供卓越的产品和服务。公司坚持技术创新，聚焦新材料在航空航天、太阳能、半导体、新能源汽车、大规模储能等领域的应用，致力于为客户提供高效创新性系统解决方案，实现"材料创新，让世界更美好"的使命。
主营产品：碳碳复合材料、石墨材料、碳陶材料、碳纤维制品、软毡、硬毡、原料等。

辽宁奥亿达新材料股份有限公司

地址：辽宁省鞍山市海城市腾鳌镇奥虹街4号
电话：0412-8311508
电邮：ayd@lnayd.com
网址：www.lnayd.com
单位介绍：辽宁奥亿达新材料股份有限公司的碳材料产品深度参与并推动着行业的进步。作为从原材料到最终产品的全产业链一体化科技企业，公司不仅是客户需求的方案解决者，更是科技行业变革的深度参与者和推动者。公司坚信，将科技和创造力应用于碳材料的制造中，是公司为客户提供先进解决方案的核心动力。公司的热场产品广泛应用于高温热处理行业的定制使用中。凭借对碳材料的深入理解，公司为各行业客户提供定制化热场设计与产品应用。公司的热场产品广泛服务于粉末冶金炉、高温烧结炉、沉积炉、扩散炉等。
主营产品：沥青基保温硬毡、黏胶基保温软毡等。

中宝（西安）科技集团有限公司

地址：陕西省西安经济技术开发区凤城八路228号
电话：029-86196299
电邮：tianbao_love@163.com
单位介绍：中宝（西安）科技集团有限公司主要提供新能源技术的研发生产，新材料技术的研发生产，智能装备的研发生产，光伏设备及元器件的制造，石墨及碳纤维制品的生产、制造、销售。
主营产品：碳纤维隔热材料、碳纤维保温材料、碳碳复合材料、石墨、炭素、耐火/保温材料。

湖南搏盛天弘新材料技术有限公司

地址：湖南省浏阳高新技术产业开发区永和南路新能源汽车零部件标准厂房5号栋、16号栋
电话：18673157993
电邮：11700931@qq.com
网址：www.bostihoong.com
单位介绍：湖南搏盛天弘新材料技术有限公司是集科研、开发、生产于一体的碳纤维相关产品的高新技术企业，形成年产各种碳素制品1000吨的生产能力，产品涉及太阳能光伏及组件、航空航天、粉末冶金、半导体等领域，是国内产品种类齐全、研发能力强的专业生产硬质复合毡、高纯石墨毡材料的厂家。
主营产品：黏胶基石墨毡、石墨软毡等。

安徽马鞍市中能耐火材料有限公司

地址：安徽省马鞍山市雨山区天门大道小九华山路口
电话：0555-2100990
电邮：919122817@qq.com
网址：www.zntcxw.com
单位介绍：安徽马鞍山市中能耐火材料有限公司是一家专业从事耐火材料及冶金辅助材料生产的企业。产品销往马钢、武钢、福建三钢、三安钢厂、科达洁能、石化等企业，应用于火力发电、工业窑炉、加热炉、热处理炉、垃圾焚烧炉、红砖隧道窑等各个领域，产品节能保温，深受客户好评。公司历来重视产品质量，质量是企业的生命，为了使产品质量能持续提高，建立了完善的管理体系，确定了质量方针目标。在质量管理手册统一规范的指导下，公司在物资采购过程、生产过程、不合格品处置、人力资源配置、新产品开发等程序得到有效控制，管理水平得到持续不断的提高。
主营产品：陶瓷纤维棉、陶瓷纤维毯、陶瓷纤维模块、陶瓷纤维板、多晶莫来石纤维贴块、高铝浇注料、耐磨浇注料、镁质浇注料等。

北京费普福工程技术有限公司

地址：北京市昌平区回龙观西大街9号院6号楼318
电话：010-80754852
电邮：marketing@feipufu.com
网址：www.feipufu.com
单位介绍：北京费普福工程技术有限公司本着"做防火就是做良心，做保温就是做功德"的企业理念，在完整的从原料到成品乃至交钥匙工程的全部设备配备的同时，配有专业的实验室进行日常的实验和检测。持续不断地改进现有产品、改进生产工艺，研发新产品，满足新需求。公司产品跨度大——设计工业保温材料、隔热材料、密封材料、建筑防火材料等；品种多——从纱、布、带、绳并辅以蛭石、石墨、硅胶、丙烯酸等涂层，一直到隔热罩、保温被、防火罩、防火卷帘、挡烟垂壁、快速卷帘门等有几千个品种。
主营产品：陶瓷纤维、石墨、硅胶、丙烯酸涂层等。

宜兴市科旺耐火材料有限公司

地址：江苏省宜兴市丁蜀镇潜洛村
电话：0510-87492805
电邮：sales@yx-kw.cn
单位介绍：宜兴市科旺耐火材料有限公司是重点耐火材料生产厂家之一，有着10多年的生产历史和经验，是一家集科研、生产、销售为一体的专业公司，生产设备齐全。产品在电力行业、焦化行业、石化行业、冶金行业、五金、电子电器、化工、有色金属行业、锌炉用耐火材料等得到了广泛的应用。
主营产品：高铝制品、刚玉制品、碳化硅材料等。

苏州红恩新材料科技有限公司

地址：江苏省苏州市吴江区长安路邦宁电子信息产业园
电话：0512-63936385
网址：e-honen.com
单位介绍：苏州红恩新材料科技有限公司是一家主要从事耐火材料及其相关产品的研究开发、设计、生产及销售的企业。公司致力于对新型耐火材料的研发与生产，并着力开拓国内外耐材市场，已成为国内优秀的陶瓷纤维生产企业。产品已广泛应用于实验、钢铁、环保、光伏、工业热处理等多个领域。
主营产品：电热模块、高温炉膛、纤维组块、纤维板、纤维毯、纤维异形件、牙科炉、扩散炉、缝制件、电热模、单晶炉体、陶瓷纤维除尘管等。

宜兴中村窑业有限公司

地址：江苏省宜兴市大浦镇洋岸村
电话：0510-87451823、87456786
电邮：yxzhongcun@msn.com
网址：www.ydyj.com.cn
单位介绍：宜兴中村窑业有限公司是一家专业化生产高级碳化硅耐火板的企业。公司自1996年创建以来，迅速发展，生产规模不断扩大，年生产棚板能力已达120多万片，折合8000多吨。公司生产的高级碳化硅耐火板在国内高档日用瓷、卫生瓷、高压电瓷等行业中使用多年，已在广大用户心中占有一席之地。产品在配套国内客户的同时，已远销到日本、韩国、泰国、马来西亚、印度、越南、德国、法国、澳大利亚等国家。
主营产品：碳化硅耐火板。

廊坊中英石棉化工有限公司

地址：河北省廊坊市大城广安工业区
电话：0316-5958888
电邮：hbzysm88@126.com
单位介绍：廊坊中英石棉化工有限公司始建于1975年，是生产保温、化工、密封材料等的中型企业。1998年全国工业普查统计，在同行业全国197家企业中，公司名列第30名。产品先后获廊坊市名牌产品、河北省优质产品称号，是中石化企业防腐保温推荐单位、河北省科技型企业，并顺利通过ISO国际质量体系认证。
主营产品：高强复合垫片、陶瓷盘根、陶瓷纤维布等。

廊坊中瑞防火材料有限公司

地址：河北省廊坊市大城县留各庄镇刘蔡间村
电话：15533449119
电邮：909317171@qq.com
网址：fire-proof.cn
单位介绍：廊坊中瑞防火材料有限公司是一家集研发、生产、销售于一体的大型防火材料企业，产品已通过ISO 9001：2015质量管理体系认证，严格的质量体系保证了公司产品的高质量和稳定性。公司产品广泛应用于建筑、电力、石化、冶金、钢铁、船舶、机械制造、造纸、港口、航空航天等领域。
主营产品：自黏性防火包带、电缆中间接头防爆盒、陶瓷化电缆接头包覆片、阻火包、柔性有机堵料、阻火模块、电缆防火涂料、钢结构防火涂料、防火板、硅胶布等。

洛阳科冠耐火材料有限公司

地址：河南省洛阳市孟津送庄工业园三权线与负图大道交叉口
电话：15515347139（田）/13838853898（司）
电邮：lykgnh@163.com
网址：www.lykgnh.com
单位介绍：洛阳科冠耐火材料有限公司生产设备精良，拥有各种设备30台（套），技术工艺先进，多次在洛阳市获奖，质量保证体系健全，已通过ISO 9000认证，检测设备齐全，售后服务制度完善，多年来与洛阳耐火材料研究院、北京科技大学、西安冶金建筑科技大学等各科研院校保持密切联系和合作关系。公司拥有雄厚的技术力量、丰富的生产经验以及优秀的企业管理队伍，有硕士1人，本科3人，高级技工10多人，具有合理的人才搭配，建立了一整套完善的管理体制及售后服务制度。公司主要产品有刚玉、莫来石、碳化硅、锆英石、锆刚玉等高档定形耐火制品，以及中间包干式捣打料、出钢口填充料、尖晶石浇注料、大面补炉料、高强浇注料等多种不定形耐火材料，年生产能力3000吨。
主营产品：氧化锆制品、刚玉、莫来石、碳化硅制品等。

三门峡金腾耐火材料有限公司

地址：河南省三门峡西惠能工业园区
电话：0398-3833667
电邮：yhjhyrn@163.com
网址：www.smxnhxw.com
单位介绍：三门峡金腾耐火材料有限公司是一家集料、工、贸于一体的高科技现代化企业，拥有15年生产热工装备和耐火、保温材料的丰富经验。公司位于豫、陕、晋三省交界的新兴工业城市——三门峡市，陇海铁路、连霍高速公路、310国道横贯东西、黄河大桥、三运高速公路、209国道沟通南北，交通条件十分便利。公司拥有先进的生产设备、完整的检测设施，可生产标准和非标准热工装备，定形和不定形耐火材料。公司生产的普通、标准、高纯、高铝、含锆（陶瓷纤维）硅酸铝耐火纤维以及多晶氧化铝耐火纤维，满足了800～1600℃温度范围的热工装备和热工工程的节能需要。产品通过了ISO 2000质量管理体系认证。广泛应用于石化、电力、冶金、陶瓷、建材、机械、航天、军工等领域。
主营产品：硅酸铝耐火纤维模块、硅酸铝耐火纤维板、硅酸铝耐火纤维毡、硅酸铝耐火纤维毯、多晶氧化铝纤维、硅酸铝耐火纤维棉、硅酸铝纤维编织品、硅酸铝纤维黏结剂、耐火浇注料、硅酸铝纤维异型制品、硅酸铝耐火纤维纸、耐火砖系列、氧化铝空心球、氧化锆制品等。

摩根凯龙（荆门）热陶瓷有限公司

地址：湖北省荆门市泉口路20-1号
电话：0724-2309153
电邮：jiaqi.huang@morganplc.com
网址：www.morgantcchina.com.cn
单位介绍：摩根凯龙（荆门）热陶瓷有限公司是一家保温、耐火材料产销商。公司拥有甩丝线、喷吹线、真空成型板线、纤维纸线、异型及模块等生产线，年生产轻质保温和耐火材料1万多吨，产品具备优良的热稳定性、抗热震性、化学稳定性、抗腐蚀性、优良的吸音性能及弹性、低导热率、低热容，广泛应用于冶金、化工、电力、船舶、玻璃、陶瓷等行业。
主营产品：硅酸铝耐火材料、耐火纤维毯、耐火纤维棉、耐火纤维纸等。

湖北汉川晶盛耐火材料有限公司

地址：湖北省汉川市汉川马口镇窑新路
电话：0712-8510331
电邮：hanjanping@sina.com
单位介绍：湖北汉川晶盛耐火材料有限公司是国内专业生产耐火窑具各类异型耐火材料和不定形耐火材料的企业。工艺设备先进，有燃气梭式窑，1200吨、500吨液压成型机新型振动压机2台，800型、500型混合搅拌机等。年生产各类窑具2000吨、耐火保温材料1000吨。公司主导产品"火晶牌"耐火窑具（匣钵、棚板、垫板、推板、立柱）有六大类：堇青石、莫来石、堇青石-莫来石、莫来石-堇青石、莫来石-刚玉、刚玉-莫来石。以让客户信赖的品质和价位，被广泛应用于锂电池、磁性材料、电子陶瓷、冶金、煅烧粉体等行业热工设备中（辊道窑、隧道窑、梭式窑、推板窑）。产品使用温度分阶段设计，满足不同客户选用。
主营产品：堇青石、莫来石、堇青石-莫来石等。

宜兴市励志电炉耐火材料有限公司

地址：江苏省宜兴市南塍路
电话：0510-87843881
电邮：690255215@qq.com
单位介绍：公司具有一定的规模和先进的生产设备，技术力量雄厚。公司生产的各类耐火材料和电炉，品种全、门类多，可广泛用于冶金、机械、石化、电子、电厂、电炉、钢厂、建材等行业。公司的服务宗旨是以质为本、信守合同、热忱服务。
主营产品：电炉、耐火材料制品、玻璃仪器的制造、加工，石墨制品，碳素制品等。

南通佳禾保温材料有限公司

地址：江苏省南通市海安市曲塘镇佳禾路3号
电话：0513-88601309
电邮：398672910@qq.com
网址：http://www.ntjhbw.com/
单位介绍：南通佳禾保温材料有限公司成立于2013年，是一家专业生产陶瓷纤维隔热、保温、过滤材料的综合性企业。下辖海安瑞锋保温材料厂及专门的技术研发体系、营销体系和售后服务体系，在业内已有10多年的经营发展历程。公司拥有现代化的标准厂房，设备齐全，生产工艺成熟，并已通过ISO 9001质量体系认证。产品广泛应用于钢铁冶炼、铝及其他有色金属冶炼、精密合金铸造、机械热处理等生产工艺过程的耐火、隔热,以及家电、节能等产品保温层。公司自主研发的新型纳米陶瓷纤维滤管及其脱硝催化剂,深度聚焦火力发电、水泥企业、玻璃窑炉、垃圾焚烧及小型锅炉等行业的除尘脱硝环节,为客户提供集规划设计、建设运营、融资于一体的环保解决方案和相关服务,助推企业达标排放。

主营产品:高温纤维催化剂滤管、陶瓷纤维保温帽、陶瓷纤维堵头、陶瓷纤维密封圈等。

苏州伊索来特耐火纤维有限公司

地址:上海市自由贸易试验区奥纳路188号1幢5层574室
电话:0512-6807-8570
电邮:szisolite@szisolite.com.cn
网址:www.isolite.co.jp/cn
单位介绍:苏州伊索来特耐火纤维有限公司是日本伊索来特工业株式会社于1997年在苏州高新技术开发区成立的外商投资企业,主要生产"ISOWOOL"系列陶瓷纤维制品,产品广泛应用于冶金、电子、化工、陶瓷、航天、试验等领域。公司将灵活应用伊索来特工业株式会社先进的生产技术,制造高质量水平的产品,为中国乃至全世界的耐火保温市场贡献力量。

主营产品:耐火材料、陶瓷纤维制品、高性能陶瓷等。

泰州市精诚耐火密封材料有限公司

地址:江苏省兴化市安丰镇振安南路
电话:18151157819
电邮:993482597@qq.com
网址:www.cnjingcheng.com
单位介绍:泰州市精诚耐火密封材料有限公司创建于1997年,年产陶瓷纤维制品和玻璃纤维膨体制品800吨以上,产品主要有各种规格的陶瓷纤维线、陶瓷纤维绳、陶瓷纤维编绳、陶瓷纤维方绳、陶瓷纤维盘根、陶瓷纤维编织套、陶瓷纤维布、陶瓷纤维带、玻璃纤维膨体绳、玻璃纤维膨体布、玻璃纤维膨体带以及无石棉橡胶垫圈等隔热、密封、耐热制品,并可根据用户的需求开发生产具有增强型含铜丝、耐高温合金丝的陶瓷纤维制品和玻璃纤维膨体制品。生产的产品除了具有石棉制品的使用性能,还具有无毒、无害、不污染环境、质量轻、耐高温、耐腐蚀、化学稳定性好、电绝缘性好等特点,可广泛应用于电子、机械、石油、化工、电力、橡塑、造船、冶金、陶瓷、军工等工业。

主营产品:陶瓷纤维线、陶瓷纤维绳、陶瓷纤维编绳、陶瓷纤维方绳、陶瓷纤维盘根等。

三门峡市隆汇陶瓷纤维技术有限公司

地址:河南省三门峡市湖滨工业园区
电话:0398-2987778
电邮:tm0398@126.com
网址:www.smxlonghui.cn
单位介绍:三门峡市隆汇陶瓷纤维技术有限公司是根据现代企业管理制度建立的高新技术企业,是一家生产热工装备和耐火、保温材料的企业。拥有完善的生产设备、完整的检测设施。产品拥有陶瓷纤维、氧化铝纤维、浇注料、耐火涂料、黏结剂等系列,产品形态为棉、毯、毡、板、异形制品、模块、纸、纺织品以及不定形耐火材料等。陶瓷纤维年生产能力万余吨,满足了800~1600℃范围内热工装备和热工工程的节能需要。

主营产品:陶瓷纤维、氧化铝纤维、浇注料、耐火涂料等。

南通恩普热能技术有限公司

地址:江苏省南通市海安白甸节能环保科技产业园西2区1号
电话:0513-69898388
电邮:wangbso@enpro-cn.com
网址:www.enpro-cn.com
单位介绍:南通恩普热能技术有限公司是一家专业从事陶瓷纤维制品研发和制造的企业。公司成立于2002年,总投资1000万元,占地约33333平方米,年生产能力达10000吨陶瓷纤维制品。经过多年的积累,公司已建立起稳定的生产管理系统、可靠的质量体系以及完善的销售渠道。公司产品因其低热容、低导热率、高耐火度等优点而被众多用户作为首选的节能型材料,广泛应用在石油、化工、电力、钢铁、水泥、玻璃、陶瓷等行业。产品销往全国各地并出口到美国、韩国、日本、越南、印度、土耳其、伊朗等国家和地区。在节能降耗、炉体轻型结构和改善操作环境等方面,为诸多企业作出了努力。

主营产品:陶瓷纤维板、陶瓷纤维异型件、陶瓷纤维纸、陶瓷纤维棉、陶瓷纤维毯、陶瓷纤维模块等耐火纤维制品。

江西丰硕耐火材料有限公司

地址:江西省丰城市泉港镇塘坊村
电话:13979195238
电邮:1279218354@qq.com
网址:www.fsnhcl.com
单位介绍:江西丰硕耐火材料有限公司始建于2000年,主要生产、销售耐火、保温材料,其主要产品有高炉、热风炉用耐火材料、水泥窑用耐火材料、轻质保温耐火材料、黏土质耐火材料、不定形耐火材料等,广泛应用于碳素焙烧、陶瓷、冶金、建材、冶炼、电力、化工、锅炉等行业。2013年生产线改造更新,实现了全自动化生产,产品质量得到了提升。

主营产品:黏土砖、高铝砖、轻质保温砖、莫来石砖、刚玉砖、磷酸盐砖等,以及各种耐火材料定制。

山东民烨耐火纤维有限公司

地址:山东省淄博市高新开发区青龙山路
电话:0533-3983082
电邮:info@shandongminye.com
网址:www.shandongminye.com
单位介绍:山东民烨耐火纤维有限公司成立于2002年,是一家集陶瓷纤维及其配套耐火、隔热材料的设计、研发、生产、销售、施工于一体的股份制企业。下设内蒙古民烨新材料科技有限公司、山东民烨耐火纤维有限公司上海分公司、山东民烨耐火纤维有限公司工程分公司、怀仁市昌元陶瓷原料有限公司。经过20年的潜心经营,公司在生产规模等方面均已成为国内陶

5.5 陶瓷烧结设备企业

瓷纤维材料行业的先进企业。公司为中国工业窑炉材料系统定制专家,这一民族品牌意识已经深入人心。

主营产品：陶瓷纤维、晶体纤维、环保可溶纤维、黏合剂、涂料纳米气凝胶毡、纳米板、浇注料、轻质莫来石砖、配套胶泥等。

山东金石高温材料有限公司

地址：山东省淄博市高新技术开发区
电话：0533-6120919
电邮：282221951@qq.com
网址：http://www.jinshicastable.com/
单位介绍：山东金石高温材料有限公司是一家集研发、生产、销售、施工为一体的耐火材料生产厂家,有多年丰富生产实践经验,技术力量雄厚,可根据客户要求定制各种耐火材料。公司秉承"品质如金石,服务至精诚"的发展理念,历经30年已经发展为国内重要的陶瓷纤维产品大型生产基地"。
主营产品：陶瓷纤维毯、陶瓷纤维模块、耐火喷涂料、耐磨陶瓷涂抹料、刚玉质高强耐火浇注料等。

山东鲁阳节能材料股份有限公司

地址：山东省淄博市沂源县南麻街道办事处沂河路11号
电话：0533-3282152
电邮：luyang@Luyang.com
网址：www.luyang.com
单位介绍：山东鲁阳节能材料股份有限公司始建于1984年,2006年11月在深圳证券交易所上市,是集陶瓷纤维、可溶纤维、轻质耐火砖等节能材料研发、制造、销售等于一体的中外合资企业,是全球知名的陶瓷纤维制造基地、中国无机纤维材料行业专家、行业国家标准起草单位、国家火炬计划重点高新技术企业、国家新材料产业化骨干企业、全国守合同重信用企业。
主营产品：陶瓷纤维、硅酸镁纤维、可溶纤维、氧化铝纤维等。

淄博金河保温材料有限公司

地址：山东省淄博市淄川区昆仑镇南石谷村
电话：15564385678
网址：www.zbjinhebw.com
单位介绍：淄博金河保温材料有限公司致力于保温耐火纤维产品的生产与销售。用专业化的经营理念管理企业,始终坚持以人为本的服务宗旨,现已逐步发展成为耐火、保温、隔热行业的一颗璀璨新星。金河保温材料公司主营产品有陶瓷纤维纸、硅酸铝纤维纸、陶瓷纤维毯、陶瓷纤维模块、陶瓷纤维板、陶瓷纤维棉、寿毯耐火垫、浇注料等,共计30余种。经验丰富的生产团队,专业的技术力量始终是产品质量的基础。公司根据化工、石油、电力、冶金、建材、机械等不同行业市场需求,不断改进创新,并进一步加强售后服务,赢得了新老客户的好评。
主营产品：陶瓷纤维板、陶瓷纤维毯、陶瓷纤维纸、陶瓷纤维模块、陶瓷纤维棉等。

淄博同发耐火保温材料有限公司

地址：山东省淄博市周村区恒星路136号
电话：13589589617
电邮：zbtongfa@126.com
网址：www.zbtongfa.com
单位介绍：淄博同发耐火保温材料有限公司是国内陶瓷纤维材料生产研发基地。公司现已具备两大生产研发中心基地,6条国际先进的连熔连甩生产流水线,6条真空成型纤维制品生产线,2条纤维纺织、组合块生产线,2条干法树脂制品生产线,1条晶体氧化铝纤维生产线,1条纤维纸生产线,主要生产普通、标准高纯、高铝等类型的纤维棉、针刺毯、毡、板、纸、组合块及纺织品,具有陶瓷纤维棉、陶瓷纤维毯、硅酸铝毡、硅酸铝板、陶瓷纤维纸、陶瓷纤维绳、陶瓷纤维布、硅酸铝纤维异形件、陶瓷纤维模块、陶瓷纤维折叠块、浇注料、喷涂料等不同形态的产品30余种。产品销往全国30多个省份,并出口美国、新加坡、俄罗斯、英国、德国、韩国、日本等国家,受到中外客户的好评。
主营产品：陶瓷纤维棉、陶瓷纤维毯、硅酸铝毡、硅酸铝板、陶瓷纤维纸等。

济南炜弘保温材料有限公司

地址：山东省济南市历下区二环东路5001号
电话：0531-87198755
网址：www.jnwhbw.com
单位介绍：济南炜弘保温材料有限公司是一家在高温产业内多元化发展的高新技术企业,同时也是集科研、生产、经营于一体的综合性经济实体单位。公司拥有多条先进的硅酸铝陶瓷纤维(耐火纤维)生产线,不同形态的产品30余种,年产普通、标准高纯、高铝、含锆型硅酸铝纤维棉、针刺毯、毡、板、纸、组合模块、纺织品及各种类型的黏结剂、纤维浇注料等制品20000余吨,耐温300~1600℃的各种不定形耐火材料和高温窑炉用耐火材料。产品可广泛应用于平顶隧道窑、移动式隧道窑、冶金装置、石油化工工艺、建材窑炉、电厂节能、机械、煤炭、环保、玻璃,以及超高温领域工业窑炉、管道、锅炉、加热炉等领域,可满足不同客户需求的使用。
主营产品：硅酸铝陶瓷纤维、陶瓷纤维棉、陶瓷纤维毯、陶瓷纤维模块、陶瓷纤维板、陶瓷纤维毡、陶瓷纤维纸、陶瓷纤维纺织品、陶瓷纤维异形件、锚固件等。

山东东大热能材料科技有限公司

地址：山东省淄博市淄川区昆仑镇磁村工业园
电话：0533-5559000
电邮：sddongda@163.com
单位介绍：山东东大热能材料科技有限公司是以生产硅酸铝(陶瓷纤维)系列产品为主导的多元化耐火、保温材料的专业企业。长久以来,公司过硬的产品质量、较高的性价比和可靠的售后服务在新老客户中形成了良好信誉。
主营产品：硅酸铝陶瓷纤维毯、棉、毡、板及其制品,高温胶泥，高温黏合剂，以及耐磨、耐酸、高铝、高强浇注料等保温材料。

淄博利奥工贸有限公司

地址：山东省淄博市淄川区昆仑镇刘瓦村
电话：0533-5559878
网址：www.ziboliao.com
单位介绍：淄博利奥工贸有限公司是一家专业生产陶瓷纤维异形件和陶瓷纤维挡火板的厂家。集耐火、保温材料的生产和销售为一体，拥有先进的生产设备、完善的成品检测体系，下设两个保温材料生产厂区，其中配备配料车间、浇注车间、养护车间、切割车间、磨光车间、包装车间。可生产不同型号的保温材料，产品质量稳定。
主营产品：陶瓷纤维板、陶瓷纤维异形件、陶瓷纤维挡火板、陶瓷纤维模块等。

上海杰热高温隔热材料有限公司

地址：上海市松江区沈砖公路5666号恒耀广场A栋505
电话：021-37657131
电邮：13801623147@163.com
单位介绍：上海杰热高温隔热材料有限公司是一家专业销售高温隔热产品和提供隔热工程服务的企业。公司不仅提供高品质的产品，同时为客户提供产品应用咨询、炉衬设计和施工服务。公司的工程专家倾力于节能型工业炉衬的应用和发展，在冶金、石油化工、电子、机械、陶瓷、玻璃等工业领域所推介的炉衬设计和产品得到了广泛应用，节省能耗达15%～25%。公司以不懈的创新和先进的品质管理，努力为客户创造价值。
主营产品：陶瓷纤维制品（纤维棉、毯、板、组块、纸、纤维浇注料）、异形制品、纺织品、隔热砖、耐火浇注料等。

上海艾卡热能科技有限公司

地址：上海市中山北路3064号绿洲广场A-1001
电话：021-62227418
电邮：sales@acawool.com
网址：www.acawool.com
单位介绍：上海艾卡热能科技有限公司是一家专业生产、销售ACAWOOL品牌高温隔热产品，并提供隔热工程服务的企业。公司为各种企业提供400～2000℃高温领域内隔热、耐火、保温等专业的解决方案，并致力于为社会提供先进的节能产品与服务。产品包括陶瓷纤维及制品、纤维表面涂料及硬化剂、轻质隔热耐火砖、耐火隔热浇注料、胶泥等。公司不仅提供高品质的高温节能产品，同时为客户提供隔热产品应用咨询，隔热、密封工程设计和施工服务，具有先进的工艺技术和创新的隔热设计。
主营产品：陶瓷纤维棉、陶瓷纤维毯、陶瓷纤维模块、陶瓷纤维纸、陶瓷纤维板、高密度纤维板、异形品、电加热板、陶瓷纤维布、陶瓷纤维带、陶瓷纤维绳等纺织品。

浙江嘉华晶体纤维有限公司

地址：浙江省湖州市埭溪镇上强工业功能区创业大道21号
电话：0572-3826333
电邮：zjjh@tpedwool.com
网址：www.tpedwool.com
单位介绍：浙江嘉华晶体纤维有限公司占地17000余平方米，建有15000余平方米标准现代化厂房，拥有国内先进的晶体纤维生产工艺及装备，是一家集设计、研发、生产、销售、工程服务于一体的现代化生产型企业。公司主要产品有多晶莫来石纤维、氧化铝纤维、氧化锆纤维、陶瓷纤维的耐火纤维系列产品。公司生产的产品被广泛应用于冶金、化工、稀土、太阳能、机械、电子、陶瓷、玻璃搪瓷、航天、军工等行业的各种高温工业窑炉、加热设备、隔热保温工程和各种热工设备的耐火绝热内衬，为用户降低了设备的能耗和产品成本。公司还可免费给用户提供耐火隔热工程设计与咨询服务，同时还配备一支高素质的安装施工与维护团队，以更好地为用户服务，满足用户的需求。
主营产品：多晶莫来石纤维、氧化铝纤维、氧化锆纤维、陶瓷纤维、纤维贴面块、纤维预制块等。

浙江宏达晶体纤维有限公司

地址：浙江省湖州市德清县雷甸镇临杭工业区
电话：0572-8681280
电邮：2019576104@qq.com
网址：www.zjhdjtxw.com
单位介绍：浙江宏达晶体纤维有限公司作为一家专业从事无机非金属耐火材料生产的多晶莫来石纤维厂家，在业界有着很高的知名度。年生产多晶纤维（晶体纤维、陶瓷纤维、硅酸铝纤维）500吨。通过引进、消化先进的非金属材料加工工艺和技术，加之不断地探索和创新，公司已经成为多晶莫来石纤维系列产品的资深生产商。多晶莫来石纤维主要技术指标已达到国际先进水平，产品的应用技术被列入国家"九五"攻关项目和国家"九五"重点推广项目，并已通过鉴定和验收。产品广泛应用于冶金、机械、电子、陶瓷、化工、玻璃等行业的高温工业窑炉，达到十分明显的节能效果。节能率30%以上，被广大的用户誉为工业窑炉的"节能天使"。
主营产品：晶体纤维、陶瓷纤维、硅酸铝纤维、TY耐火纤维异型制品、TY多晶莫来石纤维板、TY多晶莫来石耐火纤维粘贴模块、TY纤维毯和组块、纺织纤维等。

浙江德清蓝雅晶体纤维有限公司

地址：浙江省湖州市德清县雷甸工业区
电话：0572-8485175
电邮：dqlanya@163.com
网址：www.zjlanya.com
单位介绍：浙江德清蓝雅晶体纤维有限公司是一家高新技术企业，拥有一支具有十几年专业从事轻质环保耐火材料研发、制造、管理和销售经验的高素质人才队伍，拥有先进的耐火材料制造工艺技术。产品广泛应用于冶金、电子、机械、陶瓷、玻璃、化工、军工等行业的高温工业窑炉、加热设备、隔热保温工程。节能效果非常明显，同时提供工程设计、安装施工和维护。

5.5 陶瓷烧结设备企业

主营产品：多晶莫来石纤维、氧化铝纤维、晶体纤维、高温胶黏剂、陶瓷纤维等。

德清卡诺晶体纤维有限公司

地址：浙江省湖州市德清县乾元镇苕溪东街 888-1 号二楼
电话：0572-8281033
电邮：sonia@carnot-tec.com
网址：www.carnot-tec.com
单位介绍：德清卡诺晶体纤维有限公司是一家接轨国际，兼设计、研发、生产和销售保温隔热材料的生产型企业。公司拥有一支专业的研发和生产团队，主要产品包括多晶莫来石纤维产品、陶瓷纤维产品、高温炉膛（钛棒/钼棒炉膛）、电阻丝炉膛、异形制品（来图定制）、高温黏结剂、复合纤维预制块等。
主营产品：多晶莫来石纤维产品、陶瓷纤维产品等。

德清宏业晶体纤维有限公司

地址：浙江省湖州市德清县乾元镇乾龙经济开发区新德公路 2-1 号
电话：0572-8033603
网址：www.dqhyjtqw.com
单位介绍：德清宏业晶体纤维有限公司拥有先进的耐火材料制造工艺技术，产品包括多晶莫来石纤维、氧化铝纤维、陶瓷纤维等各种纤维制品，纤维模板，纤维电阻炉膛，高温黏结剂等。广泛应用于冶金、电子、机型、陶瓷、玻璃、军工、化工等行业的高温工业窑炉、隔热保温工程、加热设备。公司同时为客户提供相关工程设计，安装施工和维护。
主营产品：多晶莫来石纤维、氧化铝纤维、陶瓷纤维等。

浙江炜烨晶体纤维有限公司

地址：浙江省湖州市德清县钟管镇工业区横塘桥路 3 号
电话：13615727227
网址：www.weiyezj.com
单位介绍：浙江炜烨晶体纤维有限公司生产、销售以"炜烨"为品牌的多晶莫来石纤维及其制品、陶瓷纤维及其制品两大系列，产品广泛应用于冶金、化工、机械、电子、陶瓷、玻璃搪瓷、航空航天以及科研军工等行业中的罩式炉、钢包、退火炉、加热炉、热风炉、烧结炉、电阻炉、箱式炉、辊道窑、推板窑等工业炉中，作为其内衬材料具有节能增产、减少炉内温差、提高产品质量、延长炉体寿命、改善工作环境等显著效果。应用轻质耐火纤维替代传统重质耐火材料、耐火砖改造工业窑炉内衬，已是一种趋势。
主营产品：多晶莫来石纤维、95％多晶氧化铝纤维、陶瓷纤维散棉、陶瓷纤维贴面块、陶瓷纤维板、陶瓷纤维毯、陶瓷纤维毡、陶瓷纤维模块、陶瓷纤维模衬（纸）、陶瓷纤维真空成型标异制品、高温黏结剂等。

德清嘉合晶体纤维有限公司

地址：浙江省湖州市德清县乾龙经济开发区
电话：0572-8233733
电邮：jhqy@jiahezj.com
网址：www.jiahezj.com
单位介绍：德清嘉合晶体纤维有限公司是一家集设计、研发、生产、销售、工程服务于一体的中外合资企业。公司已通过 ISO 9001 质量体系认证。建有 6000 余平方米的现代化标准厂房，公司通过引进、消化先进技术，拥有国内先进的生产工艺及装备。管理团队均为具有从事研发、生产、管理、销售多晶莫来石纤维及各种陶瓷纤维制品 10 多年的资深专业人士。生产的多晶莫来石纤维及各种纤维制品技术指标已达到国际先进水平。产品可广泛应用于陶瓷、电子、冶金、化工、玻璃、机械、航天等行业的高温工业窑炉绝热内衬，节能率达 10％～40％。
主营产品：多晶莫来石纤维、多晶氧化铝纤维、硅酸铝纤维、高铝纤维等。

余姚市同创密封件厂

地址：浙江省余姚市朗霞街道新华路东路口
电话：0574-62816222
网址：www.tongchuang-cn.com
单位介绍：余姚市同创密封件厂建立于 1980 年，是一家专业生产各类玻纤、陶纤、玄武岩纤维、高温密封绳制品的企业，拥有一整套专业生产设备。主要生产陶瓷纤维布、陶瓷纤维铝箔布、陶瓷纤维带、陶瓷纤维铝箔带、陶瓷纤维斜纹带、陶瓷纤维套管、陶瓷纤维绳（扭绳、圆绳、方绳）盘根、玻璃纤维布、玻璃纤维铝箔布、玻璃纤维斜纹布、玻璃纤维带、玻纤铝箔带、玻璃纤维套管、玻璃纤维铝箔套管、玻璃纤维灯芯绳、弹性绳、玻璃纤维绳（扭绳、圆绳、方绳）、玄武岩纤维布、玄武岩纤维带、玄武岩纤维套管、玄武岩纤维绳、碳纤维带、炉门密封绳、耐高温垫片、芳纶盘根、四氟盘根、聚四氟乙烯盘根、棉纱黄油盘根、碳纤维盘根、石墨盘根、石墨带等产品。
主营产品：各类玻纤、陶纤、玄武岩高温密封条等。

浙江奥卡耐火材料有限公司

地址：浙江省湖州市德清县乾元镇苕溪东街 996 号
电话：0572-8899595
网址：www.aokar.com
单位介绍：浙江奥卡耐火材料有限公司是一家专注于研发和生产新型轻质耐火材料的高新技术企业。致力于新型节能耐火材料行业的发展，专业从事集中新型节能耐火材料的研究、开发、制造及销售，凭借强大的技术力量和经济实力，不断开发出具有先进技术水平的新产品，且产品拥有相关认证证书及多种发明专利。产品广泛适用于光伏、半导体、冶金、电力、建筑、化工、铸造、玻璃、窑炉等行业。
主营产品：陶瓷纤维板、陶瓷纤维毯、陶瓷纤维布、陶瓷纤维炉膛、异形件等纤维制品。

浙江欧诗漫晶体纤维有限公司

地址：浙江省湖州市德清县雷甸工业区
电话：0572-8485450

电邮：sales@osmcf.com
网址：www.osmcf.com
单位介绍：浙江欧诗漫晶体纤维有限公司生产、销售以"欧诗漫"为品牌的多晶莫来石纤维及其制品和陶瓷纤维及其制品两大系列，在业界集聚了较高知名度。形成了800～1800℃适合高、中、低各档温度复杂热工设备使用的陶瓷耐火纤维系列品种产业链，产品广泛应用于冶金、化工、机械、电子、陶瓷、玻璃搪瓷、航空航天及科研军工等行业中的罩式炉、钢包、退火炉、加热炉、热风炉、烧结炉、电阻炉、箱式炉、辊道窑、推板窑等工业炉中，作为其内衬材料具有节能增产、减少炉内温差、提高产品质量、延长炉体寿命、改善工作环境等显著效果，节能率达15%～35%。
主营产品：多晶莫来石纤维、95%多晶氧化铝纤维、陶瓷纤维散棉、陶瓷纤维贴面块、陶瓷纤维板、陶瓷纤维毯、陶瓷纤维毡、陶瓷纤维模块等。

浙江圣诺隔热材料有限公司

地址：浙江省湖州市德清县雷甸镇乔莫中路116号
电话：0572-8018111-808
电邮：202895338@qq.com
网址：www.thermaltec.com.cn
单位介绍：浙江圣诺隔热材料有限公司于2013年成立，主要生产陶瓷纤维等隔热耐火材料。公司创始人和经营管理团队拥有多年成功经验，着力为客户提供高质量产品和可靠的技术服务，伴随着公司的成长，逐步为隔热耐火材料行业的发展作出贡献。公司主要生产1000～1800℃的陶瓷纤维隔热材料。基于对客户及市场的深入了解，公司利用多年的经验和专业知识，根据不同应用需求，向客户提供多种材料、设计以及安装施工方案，力求在安全和经济两个方面做到优秀。不论是只需要采购材料，还是遇到特殊工况需要帮助，只要是有关工业热能管理方面的问题和需求，都可以寻找公司的帮助。
主营产品：陶瓷纤维散棉、针刺毯、模块、挡火板、背衬板、高密板，真空成型异形件、纤维纸、纤维纺织品、纤维压入修补料，纤维表面涂料，胶泥，黏合剂，纤维固化剂等。

德清能诚晶体纤维有限公司

地址：浙江省湖州市德清县雷甸镇塘北村武林头
电话：0572-8295956
电邮：ncjt@zjncjt.com
网址：www.zjncjt.com
单位介绍：德清能诚晶体纤维有限公司集设计、研发、生产、销售和工程服务于一体，已通过ISO 9001质量体系认证。公司专注于生产超轻质高温保温节能材料。产品从多晶莫来石纤维棉发展到现在适应高、中、低各档温度的能诚轻质耐材系列，主要包括多晶莫来石纤维、多晶氧化铝纤维、硅酸铝纤维、高铝纤维、含锆纤维以及各种纤维制品，复合纤维预制块、全纤维炉胆箱式电阻炉，高温黏结剂等，应用领域已拓展到稀土、半导体、光伏、玻璃、军工、铸造、熔炼、医疗、磁性、涂料、冶金、化工等多个领域。NC/PMF1600是当今国内外新型超轻质耐高温绝缘材料之一，在国际上仅有少数国家能生产这种产品，如美国碳化硅公司和英国ICI（卜内门）公司等。该产品具备良好的耐火稳定性和导热性能，被广泛应用于冶金、化工等需要使用高温窑炉及其他设备进行绝缘处理的领域。
主营产品：真空气氛炉、陶瓷纤维棉、纤维毯、纤维毡、纤维板、纤维纸、PMF-1600纤维贴面块、纤维折叠模块、复合纤维预制块、纤维异形制品、电阻丝系列制品、高温纤维炉膛等。

宁波索科新材料有限公司

地址：浙江省宁波市余姚市朗霞街道新新工业村
电话：0574-62195308
电邮：237834086@qq.com
单位介绍：宁波索科新材料有限公司（原宁波索科耐高温材料有限公司）主要生产、销售"索科"牌隔热材料、"Kinhuan"牌流体密封材料。产品包括玻璃纤维隔热材料，陶瓷纤维隔热材料，其他耐高温隔热纤维材料，安全防护产品（消防和劳动安全领域），特种隔热密封垫片等隔热耐火材料制品，密封盘根、密封板材、密封垫片、橡塑密封件、机械密封件、密封膨胀节等各类流体密封制品。
主营产品：玻璃纤维、陶瓷纤维、高硅氧、玄武岩、碳纤维等。

德清县雷晶晶体纤维有限公司

地址：浙江省湖州市德清县雷甸镇乔莫中路17号
电话：15268289598
网址：www.dqleijing.cn
电邮：m15268289598@163.com
单位介绍：德清县雷晶晶体纤维有限公司是一家生产轻质高温保温节能材料企业。已通过ISO 9001质量体系认证，是浙江省科技型企业、国家高新技术企业，拥有多项专利。公司有生产车间5个，占地面积10000多平方米，员工人数70多人，拥有技术型人才6人。产品从多晶莫来石纤维棉发展到现在的适应高、中、低各档温度的雷晶轻质耐材系列，应用领域已拓展到光伏、半导体、冶金、电子、陶瓷、铸造、稀土、玻璃、航天、涂料等行业。公司发挥高新技术产业化的规模经营优势，致力于提高窑炉技术进步，努力推动国内工业窑炉向符合国际窑炉全纤维轻质化的环保节能型潮流发展。高科技系列化的产品，能满足复杂的热工需求。
主营产品：多晶莫来石纤维及制品、纤维板、异型件、纤维模块等。

醴陵市石成金特种陶瓷实业有限公司

地址：湖南省醴陵市西山办事处石成金村
电话：0731-23051058
电邮：2249271073@qq.com
单位介绍：醴陵市石成金特种陶瓷实业有限公司创建于1998年，公司主导产品有刚玉、刚玉-莫来石、堇青石-莫来石、碳化硅、耐磨陶瓷、不定形耐火材料等系列。公司拥有一支高素质的员工队伍，生产设备先进，实验手段齐全，先后与北京科技大学、天津大学、武汉科技大学、洛阳耐火材料研究院等单位的多位专家、教授进行技术合作，为广大客户提供了大批优

5.5 陶瓷烧结设备企业

良产品和优质的服务。
主营产品：刚玉-莫来石、堇青石-莫来石、碳化硅、耐磨陶瓷、不定形耐火材料等。

北京天兴陶瓷复合材料有限公司

地址：北京市大兴区经济开发区金苑路2号1幢310室
电话：010-60253762
电邮：ceramict@cei.cn
网址：www.ceramic-tx.com.cn
单位介绍：北京天兴陶复合材料有限公司创建于1992年，是一家专门生产耐高温工业产品的企业。创建以来，公司以生物体可溶耐火纤维、陶瓷纤维、玻璃纤维、高硅氧纤维、预氧丝纤维、芳纶纤维等无机纤维为主要原料，开发和生产耐高温纺织品、耐高温密封制品、防火制品、安全防护制品、高温过滤制品等多种类产品。
主营产品：陶瓷纤维、玻璃纤维、高硅氧纤维等。

唐山阿尔菲索耐火纤维有限公司

地址：天津市宁河区芦台农场三分场开发区
电话：022-69386102
电邮：hellen@alfiso.com
网址：www.alfiso.com
单位介绍：唐山阿尔菲索耐火纤维有限公司是由奥地利阿尔法泰克公司与中国埃索泰克公司共同投资建立的中外合资企业。公司从事耐火纤维制品的研发和制造，帮助客户解决高温绝热、熔融金属输送及加热系统的问题。公司装备有先进的生产设备，并以其创新的材料技术，经验丰富的产品研发、应用设计团队，不断为客户提供标准的系列化产品，以及设计、制造出符合客户特殊应用需要的产品。
主营产品：陶瓷纤维棉、陶瓷纤维针刺毯、陶瓷纤维模块、高温氧化铝纤维板、真空成型耐火纤维板、耐火纤维可塑料、高温黏结剂、陶瓷纤维纺织品、铝行业耐火纤维制品、冶金铸造用耐火纤维制品、工业窑炉耐火材料部件等。

天津金摩洛新能源科技有限公司

地址：天津滨海高新区塘沽海洋科技园东江路5051-3-14
电话：022-66355227
电邮：2437384821@qq.com
单位介绍：天津金摩洛新能源科技有限公司（原天津金摩洛热陶瓷科技有限公司）成立于2013年，是耐火材料销售与工业炉筑炉专业领军者。公司主要从事各种耐火隔热材料销售，以及各种热工窑炉筑炉工程、衬里工程及耐火材料方案优化设计与施工，覆盖领域包括石化行业、钢铁行业、化铝行业、冶金行业、陶瓷行业、玻璃行业、水泥行业等。公司销售的耐火隔热材料主要有各种规格的纳米微孔隔热板、陶瓷纤维棉、陶瓷纤维毯、纤维模块、耐火纤维板、纤维背衬板、真空异型制品、陶瓷纤维纸、陶瓷纤维毡、耐高温纺织品、轻质隔热砖、浇注料、锚固件等。
主营产品：陶瓷纤维棉、陶瓷纤维毯、纤维模块等。

宜兴市旭日耐材制品有限公司

地址：江苏省宜兴市湖父镇大东村
电话：0510-87476528
电邮：123946492@qq.com
网址：www.xrnaicai.com
单位介绍：宜兴市旭日耐材制品有限公司是一家专业开发和生产各种新型节能耐火材料、冶金辅料的科技一体化企业。窑炉耐火材料广泛应用于冶金、水泥、玻璃、电炉、化工、电力、钢铁、机械等行业。公司承接各种工业窑炉的设计及耐火材料施工项目、火电厂循环流化床锅炉等浇注耐火材料整体施工工程，以及各类熔铝、熔铜竖炉，保温炉整体耐火材料施工工程。
主营产品：刚玉制品、碳化硅制品、耐火砖、不定形耐火材料、窑炉、高温烧嘴砖、高温陶瓷、保温材料、瓷件系列、石墨制品、连铸三大件系列、石墨匣钵等。

宜兴市泰士达耐火电瓷厂

地址：江苏省宜兴市新街镇铜山工业区
电话：0510-87359000
电邮：web@yxtsd.com
网址：www.yxtsd.cn
单位介绍：宜兴市泰士达耐火电瓷厂集开发、生产、施工于一体，是宜兴专业生产电炉耐火材料的企业。公司主要生产工业电炉用砖和试验电炉炉膛，各种碳化硅制品，刚玉制品，莫来石制品，各种高温陶瓷管，捣打料、高温胶泥、高温黏结剂及自流料等各种钢铁耐火浇注料。产品广泛用于热处理、电力、石化、冶金、实验室等行业。
主营产品：碳化硅制品、刚玉制品、莫来石制品、冶炼坩埚等。

东台市圣德尔耐热材料有限公司

地址：江苏省东台市时堰镇后港工业区
电话：18118933069
电邮：995284892@qq.com
网址：www.dtsdr.com
单位介绍：东台市圣德尔耐热材料有限公司是一家专业设计、制造、销售耐火材料的实体企业。公司设计年生产能力12000吨，拥有真空挤压成型生产线2条，一次成型生产线3条，注浆成型生产线1条，高温隧道窑、高温梭式窑3座，半自动控制切割线2条，以及化学指标、物理指标检测装备等。公司研制开发的CGM系列轻质隔热砖、不定形耐火材料、保温材料及特种耐火材料等，应用于冶金、陶瓷、石化、电力、机械等行业的各种高温窑炉内衬的耐火隔热保温。产品质量稳定，性能可靠，出口东南亚等国家和地区。
主营产品：CGM系列轻质隔热砖、不定形耐火材料等。

东台市黄海耐火材料厂

地址：江苏省东台市时堰镇后港工业园区

电话：0515-85545098
电邮：zzh@hhnhcl.com
网址：www.hhnhcl.com
单位介绍：东台市黄海耐火材料厂是一家专业生产耐火材料的企业。公司生产技术力量雄厚，质量管理严格，生产工艺、检测程序严谨，设备设施现代化，产品质量稳定，融研发、设计、生产、制造、销售、服务于一体。主要产品有 Hh 系列莫来石轻质砖，氧化铝空心球砖，抗渗碳砖，刚玉-莫来石砖，聚轻高铝砖，硬质纤维制品，高、中、低温浇注料，高温胶泥，高温辐射涂料，不定形耐火材料等。产品广泛应用于冶金、机械、石油、化工、陶瓷、电力等行业。
主营产品：碳化硅、氮化硅-碳化硅、堇青石-莫来石、堇青石窑具、氧化铝空心球砖、抗渗碳砖、刚玉-莫来石砖等。

唐山鑫冶碳化硅有限公司

地址：河北省唐山市丰润区曹雪芹东道 75 号
电话：0315-3857913
电邮：gezhaohui121@126.com
单位介绍：唐山鑫冶碳化硅有限公司是专门从事新材料碳化硅工程技术陶瓷用超纯超微特种精细粉体和新一代耐火材料用各种产品的高新技术企业。随着世界科学技术的迅猛发展，碳化硅陶瓷制造技术不断得以创新，性能不断提高以至于被公认为在高温结构和功能陶瓷中较有活力的代表材料之一，其应用范围越来越广，在现代国防机械、化工、电子、汽车新能源、冶金等领域得到大规模应用。陶瓷技术也为粉体技术。公司多年来针对碳化硅陶瓷材料对粉体工艺性质的需求，通过学习和借鉴国外先进产品生产工艺技术并自主研发创新、设计生产出了多种应用于碳化硅工程结构陶瓷、功能陶瓷、多孔泡沫陶瓷以及精细切割材料等不同规格的超微特种粉体产品。此外，公司基于自主冶炼生产高品质碳化硅原料的条件，为新一代耐火材料配置了从超细粉一直到 10mm 大晶体整形骨料等一系列产品，供广大耐火材料用户选择。
主营产品：碳化硅耐火材料。

唐山市国新耐火材料有限公司

地址：河北省唐山市开平区北环路 7 号
电话：0315-3377662
电邮：704228414@qq.com
网址：www.tsguoxin.cn
单位介绍：唐山市国新耐火材料有限公司是专业从事碳化硅质耐火材料的生产厂家。在北京钢铁研究总院、中国建材院、北京科技大学、河北理工大学等科研机构的指导下，吸收国内外先进技术，产品具有特殊风格。广泛应用于钢铁冶金、有色金属、陶瓷、工业炉、热处理、建材、电力、化工等领域，能耐酸、碱、还原气体等各种介质的侵蚀，且耐磨、抗冲击性好，使用寿命长。
主营产品：碳化硅棚板、黏土结合碳化硅制品、氧化物结合碳化硅制品、氮化硅结合碳化硅制品、各种散状料及碳化硅质浇注料、捣打料、氮化硅结合碳化硅及各种异形制品等。

巩义市锦科耐火材料有限公司

地址：河南省郑州市巩义市河洛镇耐材工业区
电话：15617927057
电邮：gyjknc@163.com
网址：www.gyjknc.com
单位介绍：巩义市锦科耐火材料有限公司是一家集耐火材料生产、销售和窑炉工程服务为一体的创新型企业。公司地处中原，地理条件优越，陇海铁路、连霍高速公路（G30）贯穿巩义，交通便利。巩义市耐火原料储量大、品种齐全、质地优良，为发展耐火材料工业提供了得天独厚的优势条件。公司拥有耐火材料生产设备、质量管理系统，以此来控制产品的使用性能。公司大胆创新且尊重科学、尊重人才，与合作伙伴耐火材料研究院相关人士进行交流、研究、实验，成功推出了系列专项使用耐材，有效解决了高温熔炼行业中存在的难题。
主营产品：碳化硅砖、氧化铝空心球砖、氮化硅砖、耐火浇注料等。

湖北红花高温材料股份有限公司

地址：湖北省宜都市红花套镇吴家岗六组
电话：13872628815
电邮：honghuagaowen@aliyun.com
网址：www.honghuagaowen.com
单位介绍：湖北红花高温材料股份有限公司于 2012 年成立。主要经营复合高温陶瓷材料的研发、生产和销售。自公司成立以来，着力推动科技创新发展，与武汉科技大学、中国钢铁研究总院等高等院校及科研机构合作，投资 2 亿多元，建成了公司自主知识产权的高温复合陶瓷生产车间。公司生产的先进高温陶瓷材料广泛应用于国防、化工、冶金、电子、机械、航空、航天、生物医药等国民经济的各个领域，已逐步成为新材料的重要组成部分，是最具有发展活力和快速成长的材料产业领域，符合国家产业结构调整需要，代表了我国该领域材料产业的先进水平。
主营产品：高温运转设备材料、高温容器、绝热保温材料、高温高强度耐酸碱材料等。

醴陵友立特种陶瓷有限公司

地址：湖南省醴陵市醴陵陶瓷科技工业园
电话：0731-23262738
电邮：hnyltt@163.com
网址：www.hnyltt.com.cn
单位介绍：醴陵友立特种陶瓷有限公司是专业生产特种耐火材料的民营科技企业。公司致力于耐火材料的研制、开发和生产。
主营产品：刚玉制品、莫来石制品、氧化铝空心球制品、高铝制品、不定形耐火材料、耐磨陶瓷、蓄热体等。

株洲湘渌特种陶瓷有限责任公司

地址：湖南省株洲市天元区新马金谷 C-4 栋

5.5 陶瓷烧结设备企业

电邮：368736165@qq.com
电话：13332537208
网址：www.zztaoci.com
单位介绍：株洲湘渌特种陶瓷有限责任公司成立于2007年，是一家专业生产氧化铝、氧化锆陶瓷材料及其结构件的高新技术公司。主要产品有静电除尘器用95%瓷绝缘子，火花塞用电阻粉、铜粉、密封粉，中央空调电机接线柱，陶瓷柱塞，耐磨陶瓷，1700℃、23000℃耐火材料制品。
主营产品：静电除尘器用95瓷绝缘子、火花塞用电阻粉等。

株洲恒一新材料有限责任公司

地址：湖南省株洲市渌口区县渌口工业园
电话：13874177003
电邮：torch8002@163.com
单位介绍：株洲恒一新材料有限责任公司是一家专业生产特种耐火材料的企业。公司致力于高档耐火材料的研制、开发和生产。
主营产品：95%～99%瓷陶瓷制品、高纯刚玉制品、刚玉-莫来石制品、莫来石-刚玉制品、氧化铝空心球制品、氧化锆砖、氧化锆空心球制品、特种轻质隔热复合砖、刚玉浇注料、耐磨浇注料、高强度浇注料、抗渗透浇注料、保温浇注料等。

宜兴市益铭节能材料厂

地址：江苏省宜兴市丁蜀镇三洞桥
电话：0510-87435243
电邮：weh@ymjncl.con
单位介绍：宜兴市益铭节能材料厂是一家从事窑炉、窑具耐火材料研制、生产，陶瓷制品研发、制造、销售的生产厂家。经过20多年来的发展，已开发出各种耐火材料及陶瓷制品等。
主营产品：刚玉-莫来石制品、董青石-莫来石制品、精细刚玉制品、碳化硅制品、石英制品、氧化锆制品、石墨制品、刚玉炉管制品、刚玉坩埚及管等。

宜兴市科力耐火材料有限公司

地址：江苏省宜兴市丁蜀镇大浦街道
电话：0510-87454888
电邮：yxkeli@163.com
网址：www.yxkeli.com
单位介绍：宜兴市科力耐火材料有限公司是一家生产耐火材料、陶瓷过滤片、功能陶瓷的专业制造企业。公司已通过ISO 9001国际质量体系认证、ISO 14001环境管理体系认证。多年以来，凭借公司自身雄厚的技术开发能力，以及清华大学、武汉科技大学等科研单位的支持，公司不断创新，持续发展，稳健生存。各种耐火材料产品、陶瓷过滤片和蜂窝陶瓷载体在冶金铸造行业、环保行业中广泛应用，并深受好评和信赖。公司把质量建立在业务的各个方面，广泛的检测、试验和质量控制，保证为所有客户生产出有始有终的高质量产品。
主营产品：耐火材料、陶瓷过滤片、功能陶瓷、直孔陶瓷过滤片、泡沫陶瓷过滤片、蜂窝陶瓷蓄热体、工业废气用蜂窝陶瓷载体、无焦冲天炉用陶瓷球、水冷长炉龄冲天炉用耐材、不定形耐火材料、浇包流槽用成型砖、铸造用透气塞等。

宜兴市海宇耐火材料有限公司

地址：江苏省宜兴市丁蜀镇陶瓷产业园川埠村
电话：0510-87935365
电邮：sales@yx-haiyu.com
网址：www.yx-haiyu.com
单位介绍：宜兴市海宇耐火材料有限公司是一家专营耐火材料、磨料磨具、冶金辅料、陶瓷制品、保温材料的大型企业。公司主要产品有白刚玉、棕刚玉、亚白刚玉、黑碳化硅、绿碳化硅、氧化铝、电熔来石、氧化铝空心球、电熔镁铝尖晶石、电熔致密刚玉、高铝水泥、纯铝酸钙水泥、董青石、铝钒土等各种耐火原料，还承接各类散装料、喷补料、喷涂料、捣打料、覆盖剂、浇注料等多种耐火材料的业务。
主营产品：精密铸造材料、氧化铝陶瓷、耐火原料、耐火材料、白刚玉、棕刚玉、亚白刚玉、黑碳化硅、绿碳化硅等。

宜兴市方圆耐火材料有限公司

地址：江苏省宜兴市和桥镇工业集中区南新路
电话：18601565118
网址：www.yxfynh.com
单位介绍：宜兴市方圆耐火材料有限公司是一家专业生产各种定形与不定形耐火材料的企业。公司自创办以来，在社会各界和新老用户的大力支持下，艰苦创业，企业实力不断壮大，凭借精湛的安装工艺，深受用户好评。公司技术力量对比雄厚，生产设备优良，并拥有一支设备完善、技术过硬的高素质的施工队伍。公司生产高质量的各种耐火制品，为冶金、建材、化工、电子、军工等行业配套服务。加工设备齐全，生产制造的产品具有独特的风格。多年来，在各大企业中使用，信誉很高。自主设计、生产的各种不同材质耐火组合砖和窑具砖更具特色，有抗剥落、耐磨损等良好性能，给广大用户带来很高的经济效益。
主营产品：电力行业用耐火材料、电力行业用耐磨材料、焚烧炉用耐火材料、垃圾焚烧炉用耐火材料、石化行业用耐火材料、水泥行业用耐火材料、冶金行业用耐火材料、高温窑炉窑具、修补料、线圈胶泥、董青石匣钵推板、耐磨浇注料、高温胶黏剂、可塑料、氧化铝空心球砖、刚玉浇注料、董青石匣钵、高铝浇注料、莫来石浇注料、钢纤维浇注料、不黏铝浇注料、石墨、氧化铝空心球砖、莫来石轻质砖、探伤防护器、钢包料、高刚玉炉管、重结晶碳化硅砖等。

江苏台永机电设备有限公司

地址：江苏省泰州市经济开发区创新创业产业园一期5号厂房三楼
电话：13301605065
电邮：yan@taiyongelec.com
网址：www.taiyongelec.com
单位介绍：江苏台永机电设备有限公司是一家专业从事工业实

验室设备研发和销售的企业，并代理德国高温窑炉用隔热材料，以及加热元件、日本 JFCC 测温块、美国 FERRO 测温环、英国 Bullers 测温环和测温币，另自有品牌 1800℃ 高温陶瓷纤维黏结剂。一直致力于实验仪器的研发创新和窑炉温度的控制，为客户提供方便、迅捷、可靠的测试，有效地降低了企业的采购成本、生产成本，提高了企业产品的合格率。
主营产品：新型窑车用隔热材料、耐火纤维板和耐火纤维炉管、测温材料、加热材料、高温黏结剂等。

江苏晶鑫新材料股份有限公司

地址：江苏省扬州市江都区真武镇杨庄工业区
电话：0514-86236078
电邮：jsjh@vip.sina.com
网址：www.jsjinghui.com
单位介绍：江苏晶鑫新材料股份有限公司成立于 1979 年，一直致力于烧结合成材料新技术、新产品的研发和应用。主要生产烧结刚玉、烧结莫来石、镁铝尖晶石以及氧化物超细粉等四大系列产品，年生产能力 7 万吨。产品广泛应用于钢铁、水泥、玻璃、陶瓷、石化等行业用的耐火材料。产品市场覆盖国内近 20 个省份，并远销东南亚、欧美及中东等 10 多个国家和地区。
主营产品：刚玉系列、莫来石系列、尖晶石系列、氧化铝微粉系列等。

宜兴市锦泰耐火材料有限公司

地址：江苏省宜兴市丁蜀镇大港村 8 号
电话：0510-87469100
电邮：chen@kamtai.cc
网址：www.kamtai.cc
单位介绍：宜兴市锦泰耐火材料有限公司是一家集研发、生产、销售、售后服务为一体的专业性耐火陶瓷生产企业。现阶段主要生产各种窑炉耐火材料制品，包括各类承烧板、推板、支柱、匣钵等产品，批量应用于磁性材料、电子陶瓷、粉末冶金、稀土、锂电池正极材料等的烧结过程。生产的技术陶瓷制品利用其高耐磨、高强度、耐腐蚀等特性，广泛应用于电子元器件、化工、机械、纺织、装饰等行业。
主营产品：耐火窑具，如承烧板、匣钵、支柱、推板、窑炉材料；工业陶瓷，如氧化铝陶瓷、氧化锆陶瓷、莫来石陶瓷、堇青石陶瓷等。

淄博市淄川春城耐火材料厂

地址：山东省淄博市淄川区磁村镇东
电话：0533-5558153
电邮：506820928@qq.com
单位介绍：淄博市淄川春城耐火材料厂是山东冶金部高温耐火材料定点生产企业。公司凭借着多年在碳化硅制品领域、硅酸铝纤维制品领域的潜心研究，加上较雄厚的资质实力、较先进的生产工艺、现代的工业窑炉、专业的专家团队、较完善的管理体系，产品执行国家标准世行业标准，在耐火材料行业取得了广大客户的认可及支持。
主营产品：碳化硅棚板、碳化硅制品、碳化硅保护管、莫来石砖、碳化硅隔焰板等。

淄博众腾高温材料有限公司

地址：山东省淄博市淄川区昆仑镇刘瓦工业园 88 号
电话：0533-5555169
电邮：zbzhongteng@126.com
网址：www.zbzhongteng.com
单位介绍：淄博众腾高温材料有限公司是国内较早以碳化硅为原料进行深加工的企业之一，是生产碳化硅制品的专业厂家。多年来在与多家科研单位的共同合作下，不断地改进生产工艺和生产技术，使产品质量和产量一直处于领先地位，为冶金、化工、搪瓷、电瓷、日用陶瓷、建筑陶瓷、玻璃造纸、电厂、化工、冶金、矿山设备等行业，提供了大量质量稳定的优质节能碳化硅制品。
主营产品：碳化硅制品、碳化硅耐磨管道、热电偶保护管等。

山东冠华新材料有限公司

地址：山东省滨州市高新区高十三路 511 号
电话：0543-3616588
电邮：wangxueq@188.com
单位介绍：山东冠华新材料有限公司始建于 2000 年，占地 40000 平方米，是一家以碳化硅磨料，反应烧结碳化硅制品和重结晶碳化硅制品为主的高新技术企业。公司现有磨料生产线 4 条，年产黑绿碳化硅粒度砂 8000 吨、黑绿碳化硅微粉 4000 吨，产品主要用于抛光、研磨、磨具制造及太阳能光伏电池等行业；反应烧结碳化炉 6 条，年产反应烧结碳化硅制品 500 吨，产品主要用于节能窑具、脱硫环保产品、抗热制品及先进领域等；重结晶碳化硅真空炉 2 套，年产各种重结晶件 25000 件。
主营产品：反应烧结碳化硅喷火嘴、碳化硅方梁、轴套等直径硅碳棒、辐射管。

上海佑热高温材料有限公司

地址：上海市静安区江宁路 445 号 24 楼 B
电话：13472610808
电邮：wensongzi@163.com
网址：www.unithermal.cn
单位介绍：上海佑热高温材料有限公司是 Unitherma 纳米微孔绝热产品在中国的生产商和销售服务商。秉承 Unithermal 的普世理念，凭借良好的本地化服务优势，为广大客户提供优质专业服务。公司有多名经验丰富的中国工程专家和外籍工程师。
主营产品：纳米、微孔保温板、纳米隔热板等。

成都光明特种耐火材料公司

地址：四川省成都市温江区海峡两岸科技产业开发园蓉台大道南段 119 号
电话：028-82666724

5.5 陶瓷烧结设备企业

电邮：1442532721@qq.com
单位介绍：成都光明特种耐火材料有限公司主要从事高级耐火材料的研发、生产、销售。产品种类多，规格齐全，主要有：窑炉炉体用高温耐火材料，如高耐腐蚀、高耐磨刚玉制品系列，高抗热震的刚玉莫来石制品系列，隔热耐高温、耐腐蚀的氧化铝空心球制品系列，高纯氧化锆制品系列，马弗炉管制品系列等；产品承烧、盛装用耐火材料，如窑具、推板（移进板）、匣钵、承烧板、台板、槽板等系列。高温耐材、窑具等系列产品广泛应用于各特种材料及新材料领域，如广泛应用于特种陶瓷、电子陶瓷（电子元器件）、氧化锆陶瓷、蓝宝石晶体材料、粉末冶金材料、荧光粉、锂电池材料、稀土材料、石墨烯、陶瓷金属化、稀贵金属材料等产品生产用的窑炉或窑具中，其应用的窑炉包括推板炉、梭式窑、辊道炉、钟罩炉（升降炉）、井式炉等高温窑炉。
主营产品：高耐腐蚀、高耐磨刚玉制品，高抗热震的刚玉-莫来石制品，隔热耐高温、耐腐蚀的氧化铝空心球制品，高纯氧化锆制品等系列。

天津摩根坤德高新科技发展有限公司

地址：天津经济技术开发区汉沽现代产业区彩云街 26 号
电话：022-66285880
电邮：zoe@morgankundom.com
网址：mogentianjin.cn.makepolo.com
单位介绍：天津摩根坤德高新科技发展有限公司创建于 2006 年，诞生伊始，便致力于打造工业热能管理第一品牌、做整体解决方案的企业，是集能源审计、解决方案设计、材料生产研发、工程服务于一体的专业化公司。10 年来，公司深度参与了推动高温绝热节能行业改革和产业技术进步，见证了高温绝热节能行业的成长和壮大。至今，摩根坤德公司拥有 10000 平方米工业用地，建筑面积 7000 平方米，已经成为国家级高新技术企业、天津市知识产权局试点单位、绝热节能材料协会会员单位，通过了 ISO 9001、ISO 14000、OHSAS18001 等相关认证，被中石化、中海油纳入合格供应商名录，奠定了在中国高温绝热节能行业的公信力与品牌地位。
主营产品：纳米微孔隔热材料、耐火纤维、不定形耐火材料、1600 晶体纤维等。

天津南极星隔热材料有限公司

地址：天津市滨海高新区海泰发展六道 6 号 K1-2-602
电话：022-83726551
电邮：info@nanjistar.cn
网址：www.nanjistar.cn
单位介绍：上海南极星高科技股份有限公司致力于新型纳米高科技材料的研发，专注于新型纳米隔热材料和纳米陶瓷材料的推广应用。旗下子公司天津南极星隔热材料有限公司的纳米隔热材料用于高温窑炉和高温设备的节能，在东北、华北和华东分别建有 3 个创新型的生产制造基地。长期从事耐火隔热材料的推广应用，具有丰富的工业窑炉热工设计和隔热材料的应用经验。现已在冶金、工业炉、水泥、石化、陶瓷、玻璃、黑匣子数据盒、汽车、航空、电子、军工等行业取得了丰富的业绩，经验丰富的技术背景和完善的现场售后服务，赢得了用户的一致称赞。
主营产品：950 型纳米隔热板、1000 型纳米隔热板、1050 型纳米隔热板、1100 型纳米隔热毡、1200 型纳米隔热毡、纳米隔热材料软毡、异形制品、微晶陶瓷材料等。

湖州氮化硅制品有限公司

地址：浙江省湖州市长兴县洪桥工业园区
电话：0572-6064928
电邮：dhgzp@sina.com
网址：www.hz-dhg.com
单位介绍：湖州氮化硅制品有限公司是高温用耐火材料的重要生产基地，ISO 9001 国际质量认证、ISO 14001 环境体系认证企业。公司年产各种高温材料和冶金辅料 8 万余吨，主要从事高温材料与冶金辅料的研发、生产、经营、管理和服务，具有炼铁、转炉、电炉、循环流化床锅炉、钢包、中间包、工业炉、铸造等行业耐火材料的总包能力。产品遍及 50 余家全国大中型钢铁及电力、铸造企业，并远销日本、美国等国，获得良好的信誉与业绩。在公司的产品安装与操作上也解决了所有富有挑战性的技术问题。
主营产品：电力行业用耐火材料、炼铁用耐火材料、转炉用耐火材料、电炉用耐火材料、钢包用耐火材料、中间包用耐火材料、轧钢用耐火材料、工业窑炉用高温材料、冶金辅料等。

浙江科奥高温技术集成有限公司

地址：浙江省湖州市长兴县夹浦镇月明村丁北路 2 号
电话：0572-6296806
电邮：1749073719@qq.com
单位介绍：浙江科奥陶业有限公司创始于 1998 年，占地约 26666 平方米，是一家制造各种高、中、低温气氛窑炉（辊道窑、推板窑、网带炉、回转炉等），各种高、中、低温耐火材料（三明治承烧板、推板、匣钵等）的企业。拥有各种压力机 8 台，高温隧道窑 1 台，气氛推板炉 1 台，20 立方米、7 立方米、9 立方米梭式窑等设备。公司产品硅线石制品获全国"星火计划"优等奖，电子行业用推板、棚板、三明治承烧板等新产品，于 2003 年通过浙江省科学技术厅组织的技术鉴定，深得客户的好评。
主营产品：莫来石推板、莫来石承烧板、刚玉-莫来石制品、硅线石制品、熔融石英制品、氧化铝空心球制品、莫来石、刚玉匣钵、三明治承烧板、碳化硅推板、棚板、耐火材料、台板、锂电池粉体匣钵、锂电池粉体匣钵（NK002）、锂电池粉体匣钵（YF1）、锂电池粉体匣钵（KR1-1）、MLCC 台板、MLCC 匣钵等。

江苏威尔斯通陶瓷有限公司

地址：江苏省宜兴市灵谷洞 214223
电话：0510-87470465
电邮：jwc@welceram.com
网址：www.welceram.com

单位介绍：江苏威尔斯通陶瓷有限公司是国内专业生产耐火材料和技术陶瓷的优秀民营企业。成立于2006年，是一家集研发、生产、销售为一体的经济实体，生产设备齐全，工艺流程先进，检测设备完善。公司致力于成为优秀的耐火材料和技术陶瓷供应商。公司主要生产各种窑炉耐火材料制品，包括各类承烧板、推板、支柱、匣钵等产品，批量应用于磁性材料、电子陶瓷、粉末冶金、稀土、锂电池正极材料等烧结过程。生产的技术陶瓷制品利用其高耐磨、高强度、耐腐蚀等特性，广泛应用于电子元器件、化工、机械、纺织、装饰等行业。
主营产品：陶瓷喷嘴、结构件、陶瓷衬垫、保温板、耐磨片等。

江苏伊索科技有限公司

地址：江苏省宜兴市丁蜀镇
电话：0510-87444989
电邮：sale@yeso.cc
网址：www.yeso.cc
单位介绍：江苏伊索科技有限公司是一家高温隔热产品制造和隔热工程服务的企业。公司成立于2003年，致力于高温领域的节能与服务。产品广泛应用于石化、冶金、电力、机械、陶瓷、建材等工业窑炉。公司不仅提供高品质的节能产品，同时为客户提供隔热产品应用咨询、隔热/密封工程设计和施工服务。
主营产品：轻质隔热耐火砖、耐火隔热保温浇注料、高温耐火胶泥、耐磨耐火砖、陶瓷纤维制品、柔性密封装置等各种定形、不定形耐火材料。

天津泽希矿产加工有限公司

地址：天津市滨海新区塘沽泰山道66号
电话：022-23133085
电邮：cmpchina@cmptj.com
网址：www.cmptj.com
单位介绍：CMP集团成立于1993年，是一家致力于为全世界用户提供优质中国矿产品的企业。CMP集团秉承中国自古以来人与自然和谐共处和以人为本的经营理念，从创业之初，就坚持以提升客户价值、环境保护以及可持续发展为己任。公司于1998年通过了ISO 9002—1994质量体系认证，目前已升级为ISO 9001：2015版质量体系，并获得ISO 14001：2015体系认证证书。全体CMP人兢兢业业，刻苦钻研，共同奋斗，经过近20年的发展，CMP集团逐步形成了从矿山开采到成品制造的完整产业链，产品涉及耐火材料、钢铁、冶金、陶瓷、涂料、造纸、铸造、公路建设、电子等多个行业领域。
主营产品：耐火原材料、煅烧高岭土、球形类产品等。

宜兴摩根热陶瓷有限公司

地址：江苏省宜兴市陶瓷产业园区北旦路2号
电话：0510-87434988
电邮：yixing.tc@morganplc.com
网址：www.hl-ifb.com
单位介绍：宜兴摩根热陶瓷有限公司成立于2002年，由原宜兴市陶都高温炉料厂与英国摩根坩埚有限公司合资组成。公司是国内生产系列高温莫来石质轻质隔热砖的技术领先的生产厂家，专业为石化、冶金、玻璃、电力、机械热处理等行业的热工窑炉提供高品质的隔热耐火材料，并大量出口国外市场。公司成立以来，已经成立了三个生产基地，拥有各类制造装备，包括108米的高温隧道窑炉1座，其他类型的高温隧道窑、梭式窑若干，产品烧成温度范围为1200~1600℃，公司的年生产量可达到20000吨。除此之外，公司还有完备的质量控制和保证体系。公司理化实验室拥有可满足GB/ISO/ASTM/JIS等各类国际通用检测所要求的轻质砖基础检测设备。
主营产品：轻质隔热砖、隔热浇注料、耐火浇注料等。

中钢洛耐科技股份有限公司

地址：河南省洛阳市涧西区西苑路一号
电话：0379-64208540
电邮：gongsiban@lyrg.com.cn
网址：www.lyrg.com.cn
单位介绍：中钢洛耐科技股份有限公司由原中钢集团耐火材料有限公司与中钢集团洛阳耐火材料研究院有限公司联合重组而成，于2019年12月实现重组，成立了"中钢洛耐新材料科技有限公司"。公司以中高端耐火材料的研发、制造、销售和服务为核心业务，致力于为高温工业提供全方位、全过程、个性化和精益化的服务，是中国中高端耐火材料研发制造、工程设计和技术集成服务商。公司主要产品有硅质系列制品、镁质系列制品、高铝系列制品、复合系列制品、高纯氧化物制品、功能型材料制品、不定形及预制件制品八大系列的多品种耐火产品，远销世界五大洲40多个国家和地区，广泛应用于钢铁、有色金属、石油和煤化工、建材、电力、节能环保和国防军工多个高温领域。
主营产品：中高端耐火材料。

中国建筑材料科学研究总院有限公司

地址：北京市朝阳区管庄东里1号
电话：010-85158015
电邮：zhaoyulian@cbmamail.com.cn
网址：www.cbma.com.cn
单位介绍：中国建筑材料科学研究总院有限公司是中国建材集团所属全资二级企业，创建于1950年，是新中国首批建材科研机构，2004年与中国建材集团实施战略重组，成为我国无机非金属材料领域极具规模的国家科研机构。公司聚焦发展战略性新兴产业，以关键核心技术攻关为驱动，瞄准集成电路的关键材料、低碳建材、先进复合材料、耐火材料、新能源材料与装备、国防新材料、高技术服务七大方面布局新产业，围绕价值创造提高核心竞争力，围绕服务国家战略增强核心功能，加快输出新质生产力，增强发展新动能。
主营产品：先进复合材料、耐火材料、新能源材料等。

三门峡凯特耐火纤维有限责任公司

地址：河南省三门峡陕州区工业园纬七路

5.5 陶瓷烧结设备企业

电话：0398-3806003/13839815123
电邮：kaite@smxkaite.com
网址：www.smxkt.com
单位介绍：三门峡凯特耐火纤维有限责任公司主要生产高温陶瓷耐火纤维及其制品。经过30多年不断改革、创新，形成了一套完善、成熟的生产工艺。自有纤维棉毯生产线和陶瓷纤维板生产线，10条陶瓷纤维坩埚真空吸滤成型线，8条真空吸滤异型制品及电加热模块成型线。于2003年7月通过了ISO 9001：2008质量管理体系认证。已获得15项专利，其中，3项创新发明专利，6项外观设计专利，6项实用新型专利。公司面向全球，与国际同行业企业合作，生产用户可信赖的、满意的、可靠的耐高温节能材料，满足用户的需求，并提供方案设计、施工监理等一体化服务。
主营产品：陶瓷纤维坩埚、陶瓷纤维电加热模块、陶瓷纤维异形制品、耐火保温陶瓷纤维制品等。

江苏东方伟业环保科技有限公司

地址：江苏省宜兴市大浦城东工业园
电话：0510-87448666
电邮：web@yxdf.com
网址：www.yxdf.com
单位介绍：江苏东方伟业环保科技有限公司（原宜兴市东方节能工程材料厂）是专业生产环保系列产品、耐磨刚玉陶瓷、耐火制品、金属表面耐磨合金堆焊、电站以及水泥行业配套设备的综合性企业。公司自1992年成立以来，拥有专业的精英管理团队，雄厚的经济技术实力。公司从事的耐磨产品、环保产业、电站锅炉、水泥行业的配套设备的生产加工，在国内外用户中受到好评。
主营产品：陶瓷板、复合承烧板、锅炉卫燃带专用耐火材料等。

辽源市富朗新材料有限公司

地址：吉林省辽源市东辽县经济开发区集贤村四组
电话：18043752658
电邮：605881190@qq.com
单位介绍：辽源市富朗新材料有限公司成立于2017年，经营范围包括碳毡、石墨毡、碳绳、碳布、复合碳毡、聚丙烯腈毡的生产和销售。
主营产品：碳毡、石墨毡、硬质复合毡、碳绳、碳布等。

浙江德清明耀科技有限公司

地址：浙江省湖州市德清县洛舍镇东衡众创园衡溪路67号
电话：13754223877
电邮：285305349@qq.com
单位介绍：浙江德清明耀科技有限公司是集研发、生产、设计、制品加工、销售及安装服务于一体的现代化绝热新材料生产企业。企业一直注重产品研发创新，并拥有一批具有学术引领能力和产业发展、技术引领能力的优秀人才，长期与浙江大学材料研究院、中科院固体物理研究所、清华大学研究院创新中心在PMF生产及其制品加工工艺以及科学技术创新材料应用方面合作，产品基本达到国内外先进水平，已具备精湛的生产经验和可靠的质量保证，并提供应用技术咨询，安装施工一系列售后服务。
主营产品：多晶莫来石纤维原材料生产、多晶莫来石纤维贴面块、多晶莫来石纤维制品（板材/异形件）、多晶纤维复合模块等。

山东瑞得新材料有限公司

地址：山东省潍坊市潍城区军埠口综合项目区祥泰大街89号2号厂房
电话：13953605271
电邮：506661979@qq.com
单位介绍：山东瑞得新材料有限公司是一家集反应烧结、无压烧结、重结晶烧结碳化硅陶瓷，以及新材料研发、制造、销售、服务于一体的高新技术企业。
主营产品：耐火材料。

沈阳科斯莫科技有限公司

地址：辽宁省沈阳市铁西区沈辽路79号
电话：18640087085
电邮：zxh@cosmo-sy.cn
网址：http://m.cosmo-sy.cn/cn/
单位介绍：沈阳科斯莫科技有限公司成立于2017年，拥有行业先进的CNC加工中心、数控铣床、大型石墨加工设备、精密石墨加工设备等生产设备，三次元等检测设备。长期致力于碳素行业的发展，已与世界先进的相关企业建立了长期、广泛、密切的合作关系，具备国际贸易、生产加工、研发设计、技术咨询等能力，产品和服务已经进入国内各相关领域的领先企业，成为新型炭材料行业的一支重要力量。
主营产品：碳纤维保温毡、石墨、碳素制品。

山东德艾普节能材料有限公司

地址：山东省济南市高新区新泺大街312号
电话：15165137866
电邮：sa008@sddipole.com
网址：www.sddipole.com
单位介绍：山东德艾普节能材料有限公司是山东禹王集团和山东大学强强联合创建的一家创新型节能新材料企业。公司主要致力于超高温至超低温、深冷隔热、绝热节能新材料的行业应用，在两极温域隔热纤维材料及相关应用产品方面拥有独立自主专利和专有技术，是山东大学晶体材料国家重点实验室许东教授团队近20年的重大研究成果，先后被列入国家重大课题、国家高技术研究发展计划（即"863"计划）、国家自然科学基金等。
主营产品：氧化锆纤维纸、氧化锆纤维异型件制品、承烧板等。

杭州清瓷新材料科技有限公司

地址：浙江省嘉兴市南湖区浙江清华长三角研究院军民融合产

业园C座
电话：13628677777
网址：www.tsingcera.com
单位介绍：杭州清瓷新材料科技有限公司是国内少有开创高韧性聚硅氮烷陶瓷前驱体的企业，技术团队历经多年研发，已经在聚硅氮烷领域实现了产业化。聚硅氮烷是北大西洋公约对华禁售高新材料的背景下，在此领域的突破，真正解决高端制造中的众多"卡脖子"问题。公司建有清华长三角研究院超能陶瓷中心，与浙江清华长三角研究院和沈阳化工大学展开了深入的产学研合作，研发优势明显，技术实力雄厚。基于自主研发的核心材料聚硅氮烷陶瓷前驱体技术，将聚硅氮烷设计、制造成各种应用产品，如功能涂料、特种纤维、复合材料和特种胶黏剂，应用于人们日常生活和大型制造中。员工与各行各业的客户进行合作，从建筑、家电、电力、医疗，到汽车、工业装备、航空航天以及通信网络，公司用更创新、更迅速、更出色的技术，赋予下游应用更多的可能。
主营产品：陶瓷前驱体聚硅氮烷。

伊索来特（上海）贸易有限公司

地址：江苏省苏州新区渔洋街20号
电话：liufang@szisolite.com.cn
电邮：0512-6807-8570
单位介绍：伊索来特（上海）贸易有限公司成立于2005年，是日本伊索来特工业株式会社在中国设立的独资子公司，为中国市场提供包括陶瓷纤维和轻质耐火砖等耐火隔热材料销售，以及节能热诊断、耐材设计、安装工程服务。专注在高温节能领域，凭借长达百年积累的应用经验、独特的产品性能和良好的市场口碑稳定发展，拥有包括RCF（陶瓷纤维）、PCW（多晶纤维）、AES（环保纤维）等全系列陶瓷纤维和LBK系列轻质耐火隔热砖产品。
主营产品：陶瓷纤维、轻质隔热砖等耐火隔热材料，工业炉的炉衬设计、施工及热诊断服务。

威赫热能技术（上海）有限公司

地址：上海市青浦区盈港东路8300弄6号1幢
电话：021-69746031
电邮：sales@shwht.com
网址：www.shwht.com
单位介绍：威赫热能技术（上海）有限公司成立于2013年，专注于耐火、保温、隔热新型节能产品的研发、生产和销售。公司通过自主研发已获得26项知识产权，于2017年被上海市认定为高新技术企业，并在同行业中率先通过了知识产权管理体系认证，且已取得ISO 9001、ISO14001、ISO 45001、欧盟CE等体系认证。公司具有全系列纳米绝热保温节能材料生产线，所生产产品均通过第三方权威检验机构检测，性能达到行业领先水平，节能率高达10%～40%。公司所提供的纳米气凝胶微孔系列、可溶件环保纤维系列以及陶瓷纤维系列产品广泛应用于航空航天、船舶、电力、金属冶炼、石油化工、热工设备、废气处理设备、矿用救生设备、医疗及新能源汽车制造等行业。

主营产品：纳米隔热材料、气凝胶隔热材料、陶瓷纤维隔热材料等。

5.5.6 石墨制品

上海东洋炭素有限公司

地址：上海市松江区新飞路486号
电话：021-37742888
网址：www.sttanso.com
单位介绍：上海东洋炭素有限公司成立于1994年，是日本东洋炭素株式会社在中国的全资子公司。公司主要生产、加工、销售各种特殊炭素制品，产品广泛应用于半导体、光伏、冶金、有色金属、家电、模具、石油、化工、造纸、玻璃、航空航天等工业领域。
主营产品：特种石墨及制品、电碳制品、碳碳复合材料、机械用碳-石墨、PF石墨纸、保温材料等。

东海耀碳素（大连）有限公司

地址：辽宁省大连市金州区
电话：0411-82303053
电邮：ss@tokaicarbon.com.cn
网址：www.tokaicarbon.com.cn
单位介绍：东海耀碳素（大连）有限公司是日本东海碳素集团于2006年在中国大连投资设立的合资公司，是东海特种碳素事业中国区负责整体运营、生产、销售的总公司。在东海碳素集团的强大技术支持下，公司已与中国各行业领头企业建立了深度合作关系。产品应用覆盖泛半导体、多晶硅、LED、光纤、3D玻璃热弯、高温炉、新能源、模具、电化学等领域。
主营产品：等静压石墨、冷等静压石墨、模压石墨、纯化品石墨、浸渍石墨、碳碳复合材料、碳毡材、碳化硅、碳化硅涂层石墨、玻碳、钽碳涂层石墨、含浸铜/银石墨。

成都方大炭炭复合材料股份有限公司

地址：四川省成都市龙泉驿区经开区南二路88号
电话：028-84860443
电邮：lindazuo@cdcarbon.cn
网址：www.cdcarbon.cn
单位介绍：成都方大炭炭复合材料股份有限公司是辽宁方大集团旗下企业。公司始建于1993年，主要从事等静压石墨、碳碳复合材料及石墨烯等新型碳材料产品的研发、生产、经营，是一家具有自主研发能力、持续创新能力的高新技术企业。公司生产的等静压石墨制品拥有自主知识产权，等静压石墨产能达到全国前列，公司还大力发展石墨烯、碳碳复合材料等新材料。2021年，公司获工信部授予专精特新"小巨人"企业称号。2023年，公司在新三板挂牌（证券代码874035）。截至2023年底，公司总资产20.54亿元，净资产14.78亿元。2023年，全年实现营业收入10.20亿元，较上年增长27.84%。2024年4月，公司成功取得"民用核安全设备制造许可证"。
主营产品：等静压石墨制品等。

5.5 陶瓷烧结设备企业

成都阿泰克特种石墨有限公司

地址：四川省成都市崇州经济开发区华业路 128 号
电话：028-82602128/82602818
电邮：atk011@artech-graphite.com
网址：www.artech-graphite.com
单位介绍：成都阿泰克特种石墨有限公司是一家专门从事碳石墨加工的企业。公司主要专注于碳石墨产品的加工和制造。为光伏、电子及半导体，高温及真空电炉，传统工业［如有色冶金、模具制造、玻璃石英、（玻）光纤、电解（镀）、水泥、人造金刚石工具等］，汽车及机械领域（如制造机械密封、真空泵及压缩机等），电气工程用碳石墨（如电机用碳刷、机车的接地装置以及受电弓用碳滑板等）等工业领域的客户提供可靠的、高品质的碳石墨产品。
主营产品：光伏及电子半导体领域用石墨、高温及真空电炉用石墨、传统工业领域用石墨、汽车及机械领域用石墨、电气工程用碳石墨等。

河南碳路者新材料科技有限公司

地址：河南省许昌市襄城县循环经济产业集聚区丹霞路 01 号
电话：18103908769
电邮：Tanluzhe369@163.com
网址：www.hncarbons.cn
单位简介：河南碳路者新材料科技有限公司成立于 2020 年，投资 8.6 亿元建成年产 20000 吨（含全资子公司开元石墨）的特种石墨生产全产业链。公司与全国炭石墨材料研制的清华大学、湖南大学等双一流高校开展了产学研用深度合作，建有河南省等静压石墨工程技术研发中心、许昌市高性能石墨材料及应用研发重点实验室。公司聚焦做强年产超细结构各向同性石墨新材料 2 万吨主业，分阶段持续推动传统碳基产业向绿色低碳半导体石墨改造升级。
主营产品：等静压石墨、模压石墨、石墨加工件等。

佛山市南海宝碳石墨制品有限公司

地址：广东省佛山市南海区狮山镇塘头村委会地段塘头工业园自编厂房 9 号
电话：13380505336
电邮：info@koboi.cn
网址：www.koboi.cn
单位简介：佛山市南海宝碳石墨制品有限公司成立于 2002 年，是一家集石墨材料及石墨制品研发、生产、销售、服务于一体的高新技术企业，在广东省佛山和河南省平顶山设有两个全流程生产基地。公司的业务不仅遍布全国，还覆盖了主要发达国家，主要服务于电子和半导体、新能源、电火花加工、环保、模具、高温热处理、金属烧结、防雷、光伏等重点行业的大中型企业客户。
主营产品：石墨双极板、双极石墨板、真空炉配件、石墨模具、石墨加热器、石墨棒、石墨坩埚、石墨管、石墨钻头、石墨原料等。

辽阳坤鼎石墨制品有限公司

地址：辽宁省辽阳市灯塔市古城街道小东山堡
电话：0419-8550888
电邮：1033302709@qq.com
网址：www.lykdsm.cn
单位介绍：辽阳坤鼎石墨制品有限公司是一家集生产、加工、销售为一体的综合性企业。公司拥有专业的技术人员、管理人才，以及先进的石墨加工设备和精湛的生产技术，专用石墨CNC 加工中心，可按照客户要求加工各种高难度产品，为客户提供从设计编程到机加工的一体化服务，以"质量为先，信誉为本"为宗旨，高精度、高速度、高服务"三高"为准则，能为客户缩短制作周期，降低成本，提高效率。产品广泛应用于冶金、化工、电子、机械、模具、玻璃、人造金刚石、稀贵金属、石油、半导体、汽车、军工、航空航天等行业。
主营产品：石墨制品、石墨粉、石墨加热器及其支撑件、石墨坩埚、石墨套、石墨密封件等。

杭州幄肯新材料科技有限公司

地址：浙江省杭州市钱塘区河庄街道江东六路 5588 号
电话：15988236365
电邮：wrx@vulcan-hz.com
网址：www.vulcan-hz.com/
单位介绍：杭州幄肯新材料科技有限公司是一家专注于高端热场材料研发及生产的高新技术企业。公司产品已广泛应用于硅碳及化合物半导体长晶、硅基半导体长晶、光伏拉晶和镀膜、光通信预制棒生长 & 光纤拉丝、蓝宝石 &LED 长晶、高端热处理与粉末冶金等领域，可为客户提供整套热场材料应用技术方案及服务。
主营产品：石墨及碳纤维制品、硬毡/软毡、碳碳复合材料等。

江西宁和达新材料有限公司

地址：江西省宜春市奉新县冯田工业区
电话：18370509070
电邮：alisa@nhdcarbon.com
网址：www.nhdcarbon.com
单位介绍：江西宁和达新材料有限公司成立于 2017 年，为江西宁新新材料股份有限公司控股子公司，是一家专业从事特种石墨的研发、生产和销售的企业。公司总投资 1.8 亿元，占地面积约 66666 平方米，年产特种石墨 10000 吨，处于国内行业龙头地位。公司主要从事石墨制品机加工、石墨产品配套服务。专门为锂电行业、稀土行业、机械行业、航空航天、电子半导体及太阳能光伏产业等提供石墨材料、石墨电极和相关的石墨制品，并为这些行业及产品提供相应的应用技术服务和技术更新方案。
主营产品：石墨材料、石墨制品、石墨坩埚等。

江苏金亚隆科技有限公司

地址：江苏省常熟市东南街道黄浦江路 133 号 B2

电话：0512-57652620
电邮：huan.wang@jylong.com.cn
单位介绍：江苏金亚隆科技有限公司（原昆山金亚隆工业材料有限公司）成立于 2012 年，是一家专业制造中高端精密石墨零部件的企业。公司总部占地 7000 平方米，拥有 100 多名员工，120 多台高精密加工设备。在中国拥有昆山和广州 2 家制造分公司。公司专业制造中高端精密石墨零部件，并致力于燃料电池、太阳能光伏、5G 应用、半导体等高新技术领域中石墨零部件的应用研究、性能改善及生产制造。
主营产品：石墨制品、碳素制品、粉末冶金工件、热场热工部件、氢燃料电池板、石墨舟等。

青岛兴和石墨有限公司

地址：山东省青岛市崂山区海尔路 63 号数码科技中心 A 座 1412
电话：0532-83813821
电邮：admin@xhgraphite.com
网址：www.qdxhsm.com
单位介绍：青岛兴和石墨有限公司成立于 1996 年，是以石墨矿开采、生产加工、销售为一体的大型企业。公司下设青岛市平度富康石墨厂等 3 个加工厂、1 个石墨矿，是天然鳞片石墨的重要生产基地。公司作为国内少数具有石墨准入行业许可的生产企业之一，可生产中碳、高碳石墨、高纯石墨、微粉石墨、可膨胀石墨、球形石墨、碳纳米管、石墨烯等十大系列 500 余个品种，石墨年产量达 5 万多吨，年产值 2.5 亿元。公司产品具有很强的生产成本优势，在国内外享有很高的声誉。产品除在国内占有大量市场外，还早已占领欧美、日韩、俄罗斯、印度、土耳其、伊朗、波兰等 60 多个国家和地区的市场。
主营产品：中碳、高碳石墨、高纯石墨、微粉石墨、可膨胀石墨、球形石墨、碳纳米管、石墨烯等。

上海矽卿科贸有限公司

地址：上海市徐汇区漕河泾开发区桂平路 471 号 7 号楼 613 室
电话：021-50677769
电邮：zhi.miao@silicology.com
网址：www.silicology.com
单位介绍：上海矽卿科贸有限公司成立于 2016 年，在日本东京都千叶县设有办事处。公司主要向硅半导体、化合物半导体、蓝宝石、真空炉、先进陶瓷等行业供应日本原装进口的热场材料及其他耗材、晶圆减薄砂轮等产品。
主营产品：石墨制品、石墨纤维、碳碳材料、SIC/PBN 超高纯陶瓷制品等。

青岛布雷德石墨有限公司

地址：山东省青岛市深圳路 101 号
电话：0532-88893296
电邮：sales1@br-graphite.com
网址：www.br-graphite.com
单位介绍：青岛布雷德石墨有限公司是冶金、机械、电气、电子、化工、航空航天、交通运输等领域石墨材料的先驱，多年来已成为石墨产品的专业供应商，其产品组合包括鳞片石墨、可膨胀石墨、无定形石墨，以及碱性电池专用石墨粉、摩擦材料、镁碳砖、碳刷、碳棒、铅笔芯等，还涉及其他石墨碳产品。
主营产品：天然鳞片石墨、可膨胀石墨、人造石墨、球形石墨、无定形石墨、石墨乳液、碳素产品、增碳剂等。

天津创导热材料有限公司

地址：天津市宝坻节能环保工业区宝中道 39 号
电话：010-80580588
电邮：sales@trendmaterials.com
网址：www.trendmaterials.com
单位介绍：天津创导热材料有限公司是一家专业化主要生产抗热震高温材料的高新技术企业。公司专注于为陶瓷工业、砖瓦工业、微晶石材、泡沫陶瓷保温材料、粉末冶金、锂电及太阳能、磁性材料、磨具磨料、探矿分析、精密铸造、食品工业、钢铁工业等高温领域提供热工解决方案，主要产品有耐火窑具、快装窑体结构材料、轻量低蓄热窑车、粉体煅烧匣钵、火试金法坩埚以及其他抗热震材料。公司于 1998 年创立，在天津市宝坻区和浙江省湖州市各有一个生产基地，在北京市通州区设有销售接待中心。公司采用引进和自主开发的多种成型工艺，如半干法压制、可塑法滚压、高压真空挤出及压力注浆等，生产以堇青石-莫来石质、刚玉-莫来石质、熔融石英质、碳化硅质等四大类及其复合材料为主体的各种形状高温制品。
主营产品：堇青石-莫来石质、刚玉-莫来石质、熔融石英质、碳化硅质高温制品等。

辽阳晟源新材料有限公司

地址：辽宁省辽阳市太子河区王家镇前河洪村
电话：13841963290
电邮：771242726@qq.com
单位介绍：辽阳晟源新材料有限公司成立于 2021 年，是一家集石墨深加工、科技研发、国际贸易于一体的高新技术企业。公司致力于把优质的石墨产品带到每个客户手中。公司业务遍及全国及海外地区，产品广泛应用于冶金、机械、电子、化工、轻工、半导体军工、航空航天、核能及耐火材料等行业。
主营产品：石墨槽板、石墨棒、石墨管、石墨加热体、石墨坩埚、石墨舟皿、石墨烧结盒、石墨毡、碳毡、碳碳紧固件等。

灯塔市译丰新材料有限公司

地址：辽宁省辽阳市灯塔市东鑫馨园 14 号楼 A 段 9 门 9-10 轴室
电话：18341931777
电邮：1044360094@qq.com
网址：www.lnyfxc.com
单位介绍：灯塔市译丰新材料有限公司成立于 2021 年，所属行业为科技推广和应用服务业，经营范围包含：石墨及碳素制品制造，新材料技术推广服务，塑料制品制造，塑料制品销售，纸制品制造，纸制品销售，黑色金属铸造，金属材料制造，金属材料销售，机械零件、零部件加工，机械零件、零部件销售，化工产品销售。

主营产品：石墨、碳素制品，新材料技术推广服务。

山东伟基炭科技有限公司

地址：山东省济南市高新区综合保税区港兴一路 2777 号
电话：0531-82379666
电邮：info@sdweiji.com
网址：www.sdweiji.com

单位介绍：山东伟基炭科技有限公司是以经营新型炭材料为主，为客户提供高温环境下整体解决方案的专业企业。经过 20 多年的不断发展，已与世界先进的相关公司建立了长期、广泛、密切的合作关系，具备了国际贸易、生产加工、材料提纯、研发设计、技术咨询等能力。公司产品和服务已经进入国内各相关领域的领先企业，拥有完善的销售网络和售后服务体系，为客户提供售前、售中、售后以及咨询等完善的服务。成为新型炭材料行业的一支重要力量。

主营产品：等静压成型石墨、挤压成型石墨、固化石墨毡、石墨软毡等。

上海力滋碳素有限公司

地址：上海市长宁区福泉路 99 号一层
电话：021-52700880
电邮：sales@reitz-carbon.com
网址：www.reitz-carbon.com

单位介绍：上海力滋碳素有限公司是一家在石墨行业拥有多年的行业经验和雄厚的技术实力的企业。从事设计、加工、安装、调试、改进各类石墨热场的各类业务。公司产品包括各类进口等静压石墨、国产模压石墨、电极石墨、进口短纤硬毡、软毡、碳碳复合材料、热压氮化硼等，适用于光纤拉制和预制棒制造、离子注入、碳化硅晶体生长、碳化硅外延、石墨烯碳化硅外延法、电弧等离子烧结、航空航天等领域。

主营产品：等静压石墨、碳纤维硬毡、碳碳复合材料等。

嵊州市西格玛科技有限公司

地址：浙江省嵊州市仙岩镇工业园
电话：0575-83103999
电邮：szsxgmkj@163.com
网址：www.sigmacarbon.cn

单位介绍：嵊州市西格玛科技有限公司是一家专业的碳-石墨器件研制企业，也是国家高新技术企业。公司的历史可以追溯到 20 世纪 80 年代的上海碳素厂嵊州联营厂。公司产品广泛应用于国内外各类真空炉具，特别是半导体和光伏行业。公司的发热元件采用高强度人造石墨制作，加工精度高、导电性能好，具有发热均匀、抗氧化、长寿命的优异性能。同时，公司为用户提供碳碳复合材料炉用部件和碳保温材料，包括碳纤维软毡和固化硬毡，通过科学的设计、严格的选材和精确的加工，在提高真空炉使用效率和寿命的基础上，显著降低真空炉的能耗。

主营产品：石墨产品、碳碳产品、保温产品、高纯石墨粉等。

辉县市振源碳素制品厂

地址：河南省辉县市南寨镇北流工业区
电话：18637332027
电邮：727205320@qq.com
网址：www.zytszp.com

单位介绍：辉县市振源碳素制品厂成立于 2011 年，是一家集设计、加工定制、销售各种石墨制品于一体的综合型企业。不断为客户提供高精度、耐用的石墨制品是公司始终不变的追求。公司不断提高产品的质量，完善石墨制品的品种，产品已广泛应用于电子半导体、工业炉高温处理、机械加工、有色金属冶炼、金刚石烧结模具等领域。

主营产品：石墨棒、石墨环、石墨坩埚等。

辽阳宏图碳制品有限公司

地址：辽宁省灯塔市铁西工业园
电话：13904196787
电邮：hongtu_sales@htthw.com
网址：www.httzp.com

单位介绍：辽阳宏图碳制品有限公司成立于 2014 年，是一家集碳素制品、石墨制品、冶金炉料等生产、制造于一体的综合性企业，以共赢、创新为经营理念，以全新的管理求发展。多年来，同东北大学、大连理工大学等院校进行跨学科领域横向联合，引导博士、硕士、在校生和企业工程师进行纵向联合，有效发挥产学研效应。

主营产品：石墨板、石墨坩埚、石墨方舟等。

辽阳兴顺石墨制品有限责任公司

地址：辽宁省辽阳市灯塔市铁西工业园区
电话：0419-8781818
网址：www.lyxssm.cn

单位介绍：辽阳兴顺石墨制品有限责任公司是集科研、生产、经营先进炭石墨材料为一体的企业。公司成立于 2019 年，凭借多年炭石墨材料的生产及研究经验，服务于国内外几千家科研院所、科研院校以及大中型生产企业。为客户提供炭石墨材料的应用解决方案。公司产品广泛应用于冶金、化工、电子半导体、太阳能、石油、航空、航天、军工等高精尖行业。

主营产品：石墨制品、石墨粉等。

5.6 陶瓷精密加工设备企业

5.6.1 研磨抛光加工设备

汇专科技集团股份有限公司

地址：广东省广州市高新技术产业开发区科学城南云二路 6 号
电话：400-777-1111
电邮：sales@conprofetech.com

网址：www.conprofetech.com
单位介绍：自创建以来，汇专科技集团股份有限公司始终秉承"汇全球资源，专行业领先"理念，紧紧围绕"高效、绿色、智能"主线，实现产品从零件级、部件级到整机级的跨越，形成高性能工具、关键部件、数控机床三大产业布局，涵盖超硬刀具、螺纹刀具、精密刀柄、超声技术、绿色技术、精密部品、超声绿色数控机床、自动化八大产品线，客户遍布半导体、航空航天、医疗、汽车、消费电子、教育和通用精密制造等领域。公司坚持立足国内、着眼全球，在全国七大片区、中国台湾和香港地区均设有销售技术服务中心，并在美国、韩国、印度和越南等国家建立研发、销售、服务体系，产品远销全球六大洲超过70个国家和地区，逐步形成研发、生产、销售、服务全球一体化布局。
主营产品：数控机床、立式五轴联动加工中心等。

浙江固本精密机械有限公司

地址：浙江省桐乡经济开发区同仁路788号
电话：0573-81888733
电邮：zjgbwuchuntian@126.com
网址：www.zjguben.com
单位介绍：浙江固本精密机械有限公司成立于2012年，是国家级高新技术企业，专业研发制造高精密数控磨床。10多年来，公司稳步发展，潜心在数字智能磨削产业技术领域发展，解决客户一个个生产痛点、难点，很好地实现了客户进口替代的需求。公司品牌也获得中国数控磨床高端品牌的良好口碑，为固本技术在桐乡的快速发展奠定了扎实的基础。公司致力于成为数字智能磨削的引领者，为客户提供高精、高速、易操作的产品，最大限度地实现节省人工的目标，成为中国磨削应用方案的优秀供应商。
主营产品：高精密数控磨床。

广东博芽智能机械有限公司

地址：广东省东莞市横沥镇维实东路8号1号楼
电话：0769-83230858
电邮：2753234518@qq.com
网址：www.boyajingji.com
单位介绍：广东博芽智能机械有限公司是一家专业研发、生产、销售磨削设备制造商。公司拥有先进的生产加工设备和检验设备仪器，经过多年的技术积累和人员组建，可承接数控磨床非标定制，精度为0.001~0.01毫米的各种自动磨床、数控磨床。可与流水线的自动化、无人车间及各种精密工程配合。先后通过了ISO 9001、ISO 14001国际质量、环境体系认证，多款产品已达到全国领先水平，获得专利10多项，产品享誉海内外，同时与奇瑞、比亚迪、瓦轴、洛轴、格力、富士康、NSK等国内外多家知名大型企业保持良好的合作关系，公司产品在3C电子业、航空航天精密配件加工业、精密模具、钟表精密配件加工业，以及钨钢、陶瓷、玻璃、蓝宝石、塑胶、铜、铝、金属和非金属等领域得到广泛应用和认可。
主营产品：高精密数控磨床、自动平面磨床、高精密手动磨床等。

旭精密机械有限公司

地址：广东省惠州市博罗县石湾镇建设东路374号
电话：138-2698 4498
电邮：huarongjixie@126.com
网址：www.dghuarong.cn
单位介绍：旭精密机械有限公司是专业生产高精密数控手动成型平面磨床的企业。握琳—华荣牌精密成型平面磨床，是公司在结合日本精密成型平面磨床制造技术与经验的基础上，研发设计的专业荣誉系列产品，主要品种有：手动精密成型平面磨床、CNC数控精密磨床。机床平磨度0.002毫米以内，重复定位精度0.003毫米以内，主轴采用德国左马精密P4级滚柱，双排轴承，配有全套附件及电磁或永磁细目吸盘。可根据客户的不同要求加装数显、研磨丝杆，具有操作简单方便、噪声低、成型加工精度高、机械性能稳定、液压系统平稳可靠、使用寿命长等特点，适用于各种陶瓷、模具、电脑连接件、端子模、导光板等精密成型磨削加工。
主营产品：数控精密成型平面磨床、手动精密磨床等。

广东大群数控机床有限公司

地址：广东省东莞市松山湖高新技术开发区国际金融创新园A区61栋
电话：0769-88697788
电邮：daqun@daquncnc.com
网址：www.daquncnc.com
单位介绍：广东大群数控机床有限公司是集精密CNC设备研发、销售、服务于一体的国家高新技术企业。公司主要生产多头雕铣机、玻璃精雕机、钻铣高光复合机、三轴、五轴精密模具加工中心等数控设备。公司拥有自己的研发团队，可根据客户提供的加工工艺和具体要求为各类企业设计并生产各类非标精密数控设备。公司成熟的产品已广泛应用于制造业的各个领域，如手机、电脑、钟表、液晶显示器、汽车配件、光学模具、铜公等领域。
主营产品：超精密加工中心、大功率多头雕铣中心机、多头雕铣机、高精密高光机、精密大型精雕机、精密双通道雕铣中心机、精密双头雕铣中心机、钻铣高光复合机等。

无锡市二机精密机械有限公司

地址：江苏省无锡市南长区扬名欧美工业园5-1号
电话：0510-66060839
电邮：wxejc2139@163.com
网址：www.wuxierji.com
单位介绍：无锡市二机精密机械有限公司拥有几十年从事磨床制造与设计经验的技术型人才，专业技术力量雄厚、工艺精湛、检测手段完备、产品质量优良，并能保证提供优质的售后服务。
主营产品：数控内圆磨床、数控外圆磨床、普通内圆磨床、普通外圆磨床、无心磨床及专为工程机械设计研发的专用深孔磨床等。

5.6 陶瓷精密加工设备企业

宇环数控机床股份有限公司

地址：湖南省长沙市浏阳制造产业基地（浏阳高新区）永阳路9号
电话：400-832-0220/400-625-1288
电邮：lichan.luo@yh-cn.com
网址：www.yh-cn.com
单位介绍：宇环数控机床股份有限公司是专业从事数控磨削设备及智能装备的研发、生产、销售与服务，为客户提供精密磨削与智能制造技术综合解决方案的装备制造业企业。宇环数控是高新技术企业，是国家重大科技支撑计划项目、国家重点新产品计划项目、国家火炬计划项目、国家产业振兴及技术改造项目、国家发展改革委中小企业技术改造项目的实施单位，是被工信部列入"循环经济再制造"试点单位名单的数控机床企业，以及长沙市四大千亿产业集群重点企业。公司现为中国机械工业联合会会员单位、中国机电装备维修与改造技术协会理事长单位、中国机床再制造产业技术创新战略联盟副理事长单位、中国触控协会理事单位、湖南省机床工具工业协会理事长单位及长沙市数控装备产业技术创新战略联盟理事长单位。
主营产品：数控磨床系列、研磨抛光设备、工业工厂智能装备、能源行业智能装备等。

宁波思瑞得磨具科技有限公司

地址：浙江省宁波市北仑区小港镇鹰山路35号
电话：0574-88396880
电邮：nbdeft@163.com
网址：www.chinacbn.net
单位介绍：宁波思瑞得磨具科技有限公司是浙江省唯一的集研发、生产、销售超硬磨具和数控磨床于一体的企业。公司先后推出陶瓷、树脂结合剂的CBN、金刚石砂轮，2011年成功合并上海索图数控机床有限公司，继而成立了双端面磨床的研发和生产项目。2013年隶属于公司的第一台双端面磨床成功下线，并完成首台（套）的销售。公司以宁波为中心，先后在上海、河南设立了生产和配套基地。多年的技术积累和研发经验，造就了公司的双端面磨床完全达到国内外同行业的先进水平，凭着精度高、效率快、易操作、服务好等优势，设备一进入市场就得到了广大客户的高度肯定和好评。陶瓷CBN、金刚石系列砂轮在市场上获得了各行业高度的赞赏和评价，树脂CBN、金刚石系列砂轮在市场上已达到行业领先。公司本着立足于客户、服务于客户、发展于客户的准则，先后与国内外的航天、军工、制冷、液压、轴承、汽车零部件、磁性材料等知名企业产生了重要的业务链接。
主营产品：立式数控双端面磨床、数控双端面研磨机、磨具系列等。

上海佑台精密机械有限公司

地址：上海市嘉定区临夏路801弄
电话：021-69131526
电邮：shjotan@163.com
网址：www.jotancnc.com
单位介绍：上海佑台精密机械有限公司是生产和经销精密机械和模具加工机械，工业陶瓷、玻璃、蓝宝石等特殊材料的数控加工设备，各种超硬材料超声波加工设备的专业公司。各种机型以高品质的定位、合理的性价比、优质的服务获得广大用户的认可，用户遍布机械制造行业。2017年投资3000多万元在江苏常熟市成立新的数控设备生产基地，年产值2个亿左右。
主营产品：长工件陶瓷加工专机、精密陶瓷雕铣机、陶瓷加工中心、高速陶瓷加工中心等。

广东科瑞精密研磨技术有限公司

地址：广东省佛山市顺德区陈村镇广隆工业园兴业八路7号
电话：0757-23832669-807
电邮：13068603606@163.com
网址：www.conrui.com
单位介绍：广东科瑞精密研磨技术有限公司是一家专注高精密平面加工设备的高科技、技术型企业。科瑞精密赋予奔朗新材集团产业链优势，为客户提供优质耗材，以及智能化、自动化的整体解决方案。作为精密平面加工装备制造商，公司的每一种量身定制解决方案都充分体现了公司在平面磨削行业拥有的丰富知识和技术沉淀。产品广泛、批量应用于空调压缩机零部件、汽车零部件、液压阀套、航空航天、光学玻璃、3C消费类电子、5G通信、新能源汽车、合金刀具、精细陶瓷、国防军工等领域。
主营产品：高端精密磨床、研磨机、抛光机和平面去毛刺机等。

深圳市青鼎装备有限公司

地址：广东省深圳市宝安区贵航石岩工业园2栋
电话：0755-23228665
电邮：service@tsingding.com
网址：www.tsingding.com
单位介绍：深圳市青鼎装备有限公司是一家由清华大学及其团队发起的集超声精密超精密加工技术、装备及工艺研发、制造、销售于一体的国家级高新技术企业。青鼎装备主要面向高端制造领域解决"硬、脆、黏、软"等难加工材料精密加工问题，围绕超声加工装备、超声控制系统和超声工艺解决方案三大核心技术开展了创造性的研发和市场推广，业务领域涉及超声精密加工核心产品及系统、超声精密加工设备集成、难加工材料精密加工工艺方案及服务等，逐步形成"装备＋工艺＋服务"等业务模式，同时涉及超声焊接、超声医疗装备等其他超声应用领域。
主营产品：超声机床、精密加工系统等。

北京凝华科技有限公司

地址：北京市门头沟区石龙经济开发区平安路5号4幢3层312室
电话：010-60804673
电邮：zh@ninghua.com.cn
网址：www.ninghua.com.cn

第 5 章 陶瓷设备种类及企业分布

单位介绍：北京凝华科技有限公司是一家精密数控机床制造商，其前身为成立于 1995 年的北京凝华实业有限公司，创始人团队拥有 30 多年的电加工技术的积累。2004 年北京凝华科技有限公司成立。公司依靠电加工技术的积淀，专注于超硬材料（PDC）加工工艺的创新和不断改善，开发出了数控金刚石磨刀机、锯片专机、砂轮修整机、数控金刚石磨床、数控电火花线切割机、轻型高速铣等一系列产品。

主营产品：数控金刚石磨刀机、锯片专机、砂轮修整机、数控金刚石磨床，数控电火花线切割、轻型高速铣等一系列产品。

广东广雕数控设备有限公司

地址：广东省广州市从化区鳌头镇白兔村幸福街 241 号
电话：400-8926-288
网址：www.guangdiao.com
单位介绍：广东广雕数控设备有限公司是一家集开发、生产、销售、服务为一体的国家高新技术企业，有 20 多年精密数控设备生产经验，已成为全国数控产品著名企业。
主营产品：陶瓷机、精雕机、雕铣机、铜公机、鞋模机、钻攻机、加工中心等。

东莞市望辉机械有限公司

地址：广东东莞市大朗镇犀牛陂瓦窑街 35 号
电话：0769-81060056
电邮：linzhen@xwhcnc.com
网址：www.xwhcnc.com
单位介绍：东莞市望辉机械有限公司是一家专业从事数控机床研发与生产的厂家。鑫腾辉数控是公司的注册商标。公司始创于 2004 年，主营产品有陶瓷雕铣机、石墨雕铣机、模具雕铣机、钻攻中心、加工中心等产品。陶瓷雕铣机是用来数控加工各种工业陶瓷材料的专用数控机床。常见的工业陶瓷材料如氧化铝陶瓷、氧化锆陶瓷、氧化铍陶瓷、氮化铝陶瓷、氮化硅陶瓷、氮化硼陶瓷等都可以使用陶瓷雕铣机进行快速精密加工，并且可以按照图纸要求快速生产各种陶瓷的异形件和结构件。经过市场推广，陶瓷专用铣机已经成为公司的特色产品，成为工业陶瓷加工厂提升加工精度、提高生产效率的利器。经过不断的试验优化和产品迭代，陶瓷专用雕铣机已经向市场推出了第三代陶瓷雕铣机产品，在客户群体中受到广泛的欢迎和认可。
主营产品：CNC 陶瓷机、石墨机等。

东莞金研精密研磨机械制造有限公司

地址：广东省东莞市寮步镇上屯第三工业区
电话：0769-81121242
电邮：sales1@kizicn.com
网址：www.kizicn.com
单位介绍：东莞金研精密研磨机械制造有限公司主要研发、生产、制造、销售高精密平面研磨机、精密平面抛光机等数控设备，以及与其相配套的易耗品。产品广泛应用于金属、非金属（包括陶瓷蓝宝石视窗片和衬底片、碳化硅衬底、氮化镓晶片、硅晶片等半导体材料）等零件研磨、抛光加工工艺，工件可以获得最佳 1 微米的平面度和 0.01 微米的粗糙度。
主营产品：单平面研磨/抛光机、双平面研磨机/抛光机、高精度减薄机、双端面研磨机、半导体 CMP 抛光机、耗材等。

坂口电子机械（上海）有限公司

地址：上海浦东新区沪南公路 5235 弄 2 号 8 幢
电话：0213-3455956
单位介绍：在研发上拥有超过 40 年经验的日本专家给予的技术和工艺指导，在半导体集成电路/汽车/家电/LED 光学等各领域为客户提供高效可靠的单/双面磨抛设备。为确保设备的加工精度和稳定性配置了直读称重系统，为确保加工物的品质和安定性增设了移动平均式测厚装置。为客户生产提供较适宜的解决方案，同时为客户提供高效稳定、节省成本的加工工艺，使客户实现低成本、高质量、高效率的生产。满足客户的要求，根据客户需求定制设备，为中小企业研发创新提供质优价廉的产品，为科研院所大学提供微型设备，为企业提供加工设备。
主营产品：双面研磨机、双面抛光机、单面研磨机、单面抛光机等。

标乐中国

地址：上海市闵行区新骏环路 88 号 13A
电话：400-111-8683
电邮：info.cn@buehler.com
网址：www.buehler.cn
单位介绍：标乐（Buehler）建立于 1936 年，是最早为材料分析行业制造科学设备和材料的厂商。标乐的切割、镶嵌、研磨与抛光和硬度测试设备的操作界面相当友好。金相领域资深工程师可以针对客户的样品提供出色的制备解决方案。产品可以支持多行业不同实验室，包括生产、研发、质量控制和故障分析，还可以用于分析和测试各种金属和非金属样品。
主营产品：研磨与抛光、切割、镶嵌、腐蚀等设备。

江苏微影智能装备有限公司

地址：江苏省无锡市新吴区江溪街道锡泰路 566 号联东 U 谷云智科技园 15 号楼
电话：0510-85898576
电邮：peter.gao@microvision.net.cn
网址：microvision-wx.com
单位介绍：江苏微影智能装备有限公司研发的陶瓷劈刀精密加工设备有陶瓷劈刀内孔倒角研磨机 CD-Polish、CD 研磨工具磨床、陶瓷劈刀内孔研磨机 Hole-Polish、清洗机，晶圆划片刀的加工设备有划片刀电解抛光设备、划片刀 6 工位去铝设备、划片刀 3 工位浸锌设备。全自动劈刀内孔研磨机、全自动劈刀内孔倒角研磨机极大地减少了这两道工序对于人工的依赖程度，大幅度提高了加工效率及良品率，解决了陶瓷劈刀生产加工过程中的关键瓶颈问题，赢得了客户的好评及赞誉。公司以测试测量、自动控制、机器视觉、机器人为技术核心，为汽车空调、汽车电子、汽车零部件行业以及 3C 电子行业、轴承行业提供装配生产线、静音测试房、功能检测 FCT、视觉检测 VCT、机械

5.6 陶瓷精密加工设备企业

手及机电人系统集成,提供从结构设计、电气设计、软件开发、生产加工到安装调试、操作培训及售后服务的交钥匙工程。

主营产品:陶瓷劈刀内孔研磨机、陶瓷劈刀内倒角研磨机、CD研磨工具磨床、陶瓷劈刀清洗机等。

深圳赛贝尔自动化设备有限公司

地址:广东省深圳市光明区新湖街道新羌社区新陂头牛场 21 号 1 层(新景科技园)
电话:0755-23421559
电邮:spr@sz-spr.com
网址:www.sz-spr.com
单位介绍:深圳赛贝尔自动化设备有限公司是一家集产、学、研于一体的智能装备专精特新、国家高新技术企业和软件企业。2019 年完成 A 轮融资,现有深圳、安徽两处产业基地,占地约 73333 平方米,自建 70000 多平方米重工厂房,机架钣金加工、机械零件机加工、表面处理、生产装配等装备制造产业链配套齐全。公司产品应用于半导体衬底、3C 零部件、汽车零部件、光伏新能源等诸多行业的产品加工。公司多项设备产品填补了国内外同类的空白,部分设备性能及技术达到并超过了国外同类设备的水平。多次参与国家重大技术攻关任务,突破了国外"卡脖子"技术。

主营产品:弧面、单面抛光机系列,双面研磨抛光系列,真空式玻璃热弯机,精雕机系列等。

苏州正佳智能科技有限公司

地址:江苏省昆山市周市镇陆杨迎宾路 29 号
电话:18912688181
电邮:tiantujixie@163.com
网址:www.sz-zjzn.com
单位介绍:苏州正佳智能科技有限公司生产销售的正佳外径研磨机、内径研磨机、平面磨床、无心磨床、内外圆磨床车床畅销市场,以多品种经营特色和薄利多销的原则,从设备、工艺、耗材、配件、检测为客户提供机械加工整体化的解决方案。

主营产品:平面磨、无心磨、研磨机等。

特鲁利(苏州)材料科技有限公司

地址:江苏省苏州市吴中区甪直镇龚塘路 228 号 26 幢
电话:0512-65283666
电邮:sales@trojanchina.com
网址:www.trojanchina.com
单位介绍:特鲁利(苏州)材料科技有限公司于 2005 年成立,是一家专业金相检测设备及耗材生产商、供应商与服务商,19 年来,公司一直专注于金相检测设备及耗材的研发、销售与应用技术服务。产品广泛应用于国内外各行业金相检测实验室,并获得客户的广泛认可。创新发展是公司前进的动力,创造民族品牌是公司努力的目标。公司立志打造一个真正中国自主品牌金相设备及材料的公司,满足更多中国乃至于全世界客户的需求。

主营产品:研磨抛光设备、研磨耗材、抛光耗材、切割设备、镶嵌设备等。

东莞市中研机械设备有限公司

地址:广东省东莞市寮步镇寮东路 390 号福发工业园
电话:0769-81779766
电邮:johnydg@126.com
网址:www.johny168.com
单位介绍:东莞市中研机械设备有限公司成立于 2012 年,是一家专业研发生产单面研磨抛光机、双面研磨抛光机、翻转机等机械的企业,公司研发的产品主要应用于手机玻璃、手机壳、蓝宝石、陶瓷、不锈钢金属、非金属等材质的超高精密研磨抛光。公司为客户提供专业平面高精密超高镜面研磨生产系统的全套解决方案。其中包括单面、双面研磨抛光机床,各类磨盘、磨皮、磨液以及与之配套的生产工艺。公司自成立以来,获得多项专利,如"一种带驱动的四头平面研磨抛光机""研磨抛光机的调节装置""翻转型研磨抛光机的上下轨装置""真空研磨抛光机""研磨抛光机""翻转型研磨抛光机"等。

主营产品:单面研磨抛光机、双面研磨抛光机、真空研磨抛光机等。

洛阳市润智数控设备有限公司

地址:河南省洛阳市老城区邙山镇苏潭坨村工业园 59 号
电话:138-0373-1847
电邮:lyrzse@lyrz.cn
网址:www.lyrz.cn
单位介绍:洛阳市润智数控设备有限公司是一家从事数控和光机电一体化重要装备的研究、开发和制造,专精制造高精端平面数控装备的企业。生产的数控研磨机、数控去毛刺机、多用途循环工作站已成为航空发动机、核电站、汽车制造、高精轴承、高精端液压、数控刀具等行业的主力装备。公司也是商务部批准的自营进出口企业,产品出口多个国家和地区,广受国内外用户好评。主要生产设备 30 余台(套),拥有 OA、CAD、CAPP 等局域网。应用二维、三维 CAD、Solidwork 软件、CAPP 软件、BOM 软件和电气、液压 CAD、LabVIEW 等软件进行产品设计。公司研发的产品均采用人工仿真技术进行模拟,拥有独立的知识产权,众多科研成果,达到行业先进水平。

主营产品:智能研磨机、刀具研磨机、重型研磨机、加强型研磨机、研磨抛光机、单面研磨机、数控去毛刺机、多功能循环工作站。

深圳市中毅科技有限公司

地址:广东省深圳市宝安区福海街道华丰智谷产业园 B 栋
电话:0755-86264800
电邮:sales@zyegroup.com
网址:www.zyegroup.com
单位介绍:深圳市中毅科技有限公司创立于 2007 年,是中国超细分领域的精密设备制造商。专注于混合、分散、脱泡、灌装、涂布与检测制备技术的研发、制造和销售,致力于为客户提供全链条解决方案。广泛应用于胶黏剂、油墨涂料、电子工业、电子浆料、新能源、纳米新材料、医药、化妆品等领域。
主营产品：三辊研磨机、非介入式材料均质机等。

湖南宇晶机器股份有限公司

地址：湖南省益阳市长春经济开发区资阳大道北侧01号
电话：158-6988-6212
电邮：liuyan1@hnyj-cn.com
网址：www.hnyj-cn.com
单位介绍：湖南宇晶机器股份有限公司是一家专注光伏、新能源汽车与消费电子行业的智能装备制造企业。公司主要从事多线切割机、研磨抛光机等硬脆材料加工装备、金刚石线、热场系统及光伏硅片系列产品的研发、生产和销售。公司产品主要用于太阳能光伏硅片、蓝宝石、碳化硅、手机触摸屏及后盖、视窗玻璃、LED照明、磁性材料、压电水晶及陶瓷等硬脆材料的精密加工，广泛应用于光伏行业、消费电子行业、汽车工业与仪器仪表等行业，在国内多线切割机、研磨抛光机等生产及研发领域处于领先地位。
主营产品：双面研磨抛光机、多线切割机、硅片加工、精密零件加工等。

新乡市迈威数控机械有限公司

地址：河南省新乡市新乡县翟坡镇宏业大道16号
电话：13937304588
电邮：13937304588@163.com
网址：www.xxmwsk.com
单位介绍：新乡市迈威数控机械有限公司是一家从事双端面研磨机及其配套产品装备的研发和制造企业。致力服务于轴承装备制造、汽车制造、液压零部件、刀具量具等行业。针对公司市场主流产品2M84系列、2M43系列，综合用户使用反馈，精细化改进。机械设计运用有限元分析，三维仿真检验，进一步强化机床功能；电气设计升级换代，采用全新一代三菱人机界面、PLC、变频器以及伺服控制，更加安全可靠；进一步整合优化机电协同，使操控更加便捷，工作效率提升，为客户创造更大利益空间。
主营产品：全自动在线测量精密双面研磨机、半自动双面研磨机及单面研磨机等。

新乡市至德精密设备有限公司

地址：河南省新乡市高新区南环路与107交叉口东200m和兴街1号
电话：0373-5460191
电邮：wjzhang9383@sina.com
网址：www.zdjmsb.com
单位介绍：新乡市至德精密设备有限公司研发实力雄厚，拥有发明专利3项、其他专利30余项。为钢球及滚子、汽车等行业生产、制造各种专用设备，加工、销售各种零配件。主要产品包括钢球（陶瓷、塑料球）系列加工设备、滚子加工设备及精密生产线、滚子检测设备、双面研磨设备、光伏多线切割机等

五大系列。钢球设备分为立式钢球机系列、卧式钢球机系列、光球机系列、磨球机系列和研球机系列，其产销量居国内第二位。先后研制出拥有自主知识产权的精密圆锥滚子无心磨床系列产品、3MM6040CNC、3MG6025CNC等产品。主要用于轴承用圆锥滚子的外圆磨削，适用于大批量Ⅱ级滚子的加工，圆锥滚子硬磨加工自动线达到用户大批生产Ⅱ级圆锥滚子要求。滚子检测设备主要包括圆柱滚子直径及长度分选机、圆锥滚子直径分选机、球面滚子直径分选机、滚子连线轴承连线，机外检测设备等系列仪器，已经出口印度、韩国等。双面研磨设备具备高精度、高自动化、高可靠性等优点，已经广泛应用于高等级轴承以及汽车零部件的加工。
主营产品：双面研磨机、钢球研磨机等。

新乡市万华数控设备有限公司

地址：河南省新乡市大召营产业集聚区富兴路南段
电话：13937329358
电邮：12384826@qq.com
网址：www.xxwhsk.com
单位介绍：新乡市万华数控设备有限公司是一家专业从事数控精密双端面研磨设备研发、生产、销售、服务的高新技术企业。致力服务于轴承装备制造、汽车制造、液压零部件、刀具量具等行业。产品远销全国30多个省、区、市，深受用户的支持与信赖。
主营产品：全自动在线测量精密双面研磨机、半自动双面研磨机及单面研磨机等。

新乡日升数控轴承装备股份有限公司

地址：河南省新乡市文岩路2号
电话：0373-5835006
电邮：xxrs168@126.com
网址：gb.xxrs-cnc.com
单位介绍：新乡日升数控轴承装备股份有限公司专业从事轴承套圈、滚动体轴承装备的研发、生产和销售。公司是中国轴承工业协会理事单位、中国机床工具协会磨床分会理事单位、国家级专精特新"小巨人"企业、高新技术企业，拥有省级企业技术中心，是河南省轴承装备工程研究中心的依托单位。是目前国内轴承装备行业能够批量提供轴承"三大件"全套精密加工装备的企业之一，形成了以数控球轴承套圈磨超系列、数控滚子轴承套圈磨超系列、立式钢球"光、磨、研"系列、卧式钢球"光、磨、研"系列、高精度数控立式车床系列、轴承座加工系列、精密平面研磨机系列等为代表的较为完整的轴承数控装备产品系列，产品品种多达150余种。是国内目前轴承数控装备制造企业中产品品种齐全的专业轴承数控装备制造商。无论是在轴承套圈加工数控装备领域，还是在轴承滚动体"光、磨、研"数控装备领域，公司市场份额都位于行业较前列。
主营产品：双端面研磨机，中心孔研磨、立车、立磨、硅钢片去毛刺机等。

新乡市斯凯夫机械有限公司

地址：河南省新乡市新飞大道1789号高新区火炬园E1

5.6 陶瓷精密加工设备企业

电话：0373-3533138
电邮：sales@skfjx.com
网址：www.skfjx.com
单位介绍：新乡市斯凯夫机械有限公司是一家集科研、生产销售、服务于一体的高新技术企业。公司拥有较先进的生产及检验设备，专业生产 GMM700、GMM1000 系列高端高精度双端面研磨机，DM700、DM1000、DM1200 系列单面研磨机，抛光机。GMM 系列产品精度可达到 0.001 毫米，可替代进口研磨机，可广泛应用于汽车转向阀零部件、制冷压缩机零部件、油泵油嘴零部件、发动机零部件、高精密轴承、密封件活塞环、量刃具、硬质合金刀片、陶瓷阀芯、磁性材料等产品的双端面的精研加工。
主营产品：高精密双端面磨床、单面研磨/抛光机、金刚石/CBN 研磨盘、其他研磨耗材等。

洛阳聚享新科智能科技有限公司

地址：河南省洛阳高新区华夏 6 号中科科技园
电话：18537935556
电邮：cnvjoy@163.com
网址：www.juxiangxinke.com
单位介绍：洛阳聚享新科智能科技有限公司是一家从事智能自动化科技领域研发、制造和销售的企业。自主研发的聚享智能数控双端面研磨设备系列产品可广泛应用于汽车零部件、制冷压缩机零部件、高精密轴承、密封件、活塞环、量刃具、硬质合金刀片、陶瓷阀芯、磁性材料等产品的双端面精研加工。
主营产品：智能型数控双端面研磨设备、重型数控双端面研磨设备、改进型数控双端面研磨设备、基础型数控双端面研磨设备等。

盐城市恒利研磨机械制造有限公司

地址：江苏省盐城市建湖县民营工业园 2 号路 13 号
电话：0515-86319997
电邮：jshlym88@126.com
网址：www.jshlym.com
单位介绍：盐城市恒利研磨机械制造有限公司是一家从事数控双面单面研磨机、抛光机及相关设备的研制和制造的企业。有多年的生产经验，在实践中积累了丰富的研磨机、抛光机设计和技术，可针对客户产品要求提供多种研磨、抛光系列。产品广泛应用于光学晶体、光学玻璃、表玻璃、半导体硅片、石英晶体片、压电陶瓷、砷化镓、铌酸锂、钼片、活塞环、机械密封件、陶瓷磨片、油泵叶片，以及石墨、宝石、铜等金属和非金属材料的双面与单面研磨及双面与单面抛光。
主营产品：数控双面研磨机、双面抛光机、单面研磨机、单面抛光机、平面粗磨机等。

九富振动研磨材（东莞）有限公司

地址：广东省东莞市大岭山镇大塘工业区莲峰三横路 25 号
电话：15920245958
电邮：jofull8899@jofull.com
网址：www.jofull.com.cn
单位介绍：九富振动研磨材（东莞）有限公司是早期研究开发成功振动研磨的专业厂商，至今仍不断投入开发研究更新、更环保的系列产品，以满足客户对研磨加工的更高要求，不断提高竞争力，维护品牌形象。累积近 40 年振动研磨技术经验，自主研发，掌握振动研磨核心技术，至今已有百余种研磨石及数十种高效能研磨剂提供给五金工业领域配合选择使用，并接受特殊规格用途的产品定制。可根据客户实际加工的产品提供技术分析、样品研磨测试、进行现场技术指导。
主营产品：离心式研磨机。

东莞市宝桢研磨机械有限公司

地址：广东省东莞市大岭山镇杨屋村大兴路 148 号
电话：0769-82784982
网址：www.baozhenym.com
单位介绍：东莞市宝桢研磨机械有限公司专业研发制造各种研磨、抛光设备及研磨材料。公司延续德国、意大利的研磨、抛光技术，以更专业的精神服务五金行业。在研磨、抛光设备方面，生产的全自动研磨抛光生产线、三次元振动研磨机、高速离心式抛光机、高速脱水干燥机、各类六角、八角滚筒机以高性价比赢得五金行业的高度认可。研磨、抛光剂对五金的研磨抛光效果起至关重要的作用，公司对研磨、抛光剂的研发投入大量人力、物力，尤其在不锈钢研磨、抛光方面取得突破性进展。
主营产品：干式高速离心式抛光机、干式溜光机、全自动振动研磨生产线、三次元振动研磨机、流动式光饰机、磁力抛光机、卧式振动研磨机、滚筒研磨机、振动筛选机等。

东莞市莞研精密电子五金有限公司

地址：广东省东莞市寮步镇华南工业区金富路 72 号一栋三楼
电话：0769-82223949
电邮：2246334949@qq.com
单位介绍：东莞市莞研精密电子五金有限公司拥有先进的生产技术及生产设备，有完整、科学的质量管理体系。以"铸造精品，精益求精"为宗旨，赢得业界的好评。公司专业生产、销售平面研磨抛光、双面研磨抛光机等机械设备及系列产品来料加工服务。经营项目包含各种五金平面研磨、双面研磨、平面研磨抛光加工、双面研磨抛光加工、精密研磨抛光加工、金属抛光加工、平面工件研磨抛光加工、异形曲面工件研磨抛光加工，产品广泛应用于超硬材料精密工具加工以及汽车零配件、半导体硅晶片、光学玻璃、陶瓷、液晶、手表玻璃、宝石、各种法兰、阀片、密封件、刀片等金属及非金属的零部件。
主营产品：单面研磨加工、双端面研磨加工、单面镜面平磨抛光加工、双端面镜面平研磨抛光加工、自动平面研磨抛光设备、平面研磨抛光耗材等。

东莞市安厚实业有限公司

地址：广东省东莞市长安霄边社区双龙路太联工业园 C4-2
电话：0769-82710688

第5章　陶瓷设备种类及企业分布

电邮：13929262588@qq.com

单位介绍：东莞市安厚实业有限公司拥有专业的研发与生产人才，专业生产各类形状的抛光磨具，主要应用于手机、平板电脑、电脑硬盘零件、硬质塑胶、汽车零件、汽车外壳表面、蓝宝石基片、蓝宝玻璃、液晶显示器玻璃、照相机等电子零件。

主营产品：五轴联动磨抛机、碳化硅陶瓷研磨抛光机等。

东莞市启隆研磨机械有限公司

地址：广东省东莞市长安镇宏丰路9号之一
电话：0769-38932304
网址：www.chiiyea.com
单位介绍：东莞市启隆研磨机械有限公司致力于生产、开发、销售零件表面处理相关的研磨抛光机械、研磨抛光材料、脱水烘干机械，以及配套的非标机台定制、工艺测试、机台维修等业务及服务。经过14年的不断努力与探索，公司已发展为国内研磨行业内产品质量稳定、品种齐全、生产规模位居前列、生产技术领先、自动化配套设备齐全的领导企业之一。

主营产品：全自动研磨抛光系列、振动研磨抛光系列、高速离心研磨抛光系列、滚筒研磨抛光系列、涡流研磨抛光系列、磁力研磨抛光系列、高速脱水烘干/脱油系列、研磨抛光耗材系列等。

深圳市光美研磨抛光有限公司

地址：广东省深圳市龙岗区横岗街道六约社区牛始埔万利路18B104-105
电话：0755-28919297
电邮：1596384314@qq.com
网址：www.szguangmei.cn
单位介绍：深圳市光美研磨抛光有限公司是一家集研发、生产、销售研磨抛光设备及辅料为一体的科技企业。公司致力于以完善的研磨抛光工艺来减少人工投入的先进技术，以最低的成本达到最佳的产品效果。提供免费试板及技术指导，并将提供详细的测试报告和完善的技术支持。致力于产品表面工程的处理，已成功研发出磁力研磨系列、涡流研磨系列、高速离心研磨系列、八角滚筒系列、震动研磨系列等产品。拥有各类不同功能、材质、形状、性质的研磨抛光材料1000余种，适用于各种材质的光亮剂20余种，广泛应用于眼镜、五金、电子、塑胶、珠宝、饰品、机械等领域。

主营产品：高速离心研磨抛光机系列、涡流研磨抛光机系列、磁力研磨抛光机系列、干式研磨机系列、震动研磨机系列、滚筒研磨机/筛选机系列、电解抛光机系列、粗研磨石系列、塑质研磨石系列、幼研磨石系列、干式磨料系列、光亮剂/研磨膏系列、不锈钢研磨材料系列等。

深圳市纳诺斯精密机械技术有限公司

地址：广东省深圳市龙岗区同乐村吓坑二路64号C栋2楼
电话：0755-89642658
电邮：jilan168@126.com
网址：www.sznanomax.com
单位介绍：深圳市纳诺斯精密机械技术有限公司专业研发、制造高精密平面研磨抛光机及配套研磨抛光消耗品。公司产品应用领域广泛，如光学、航空航天、汽车、模具、医疗、电子光电等行业。设有专门实验室，并提供免费实验、配套工艺、项目研发等，结合美、日、欧国家高端先进的技术，致力打造中国顶级研磨抛光专家。提供全方位的服务，为客户提供最适合的高质可靠的产品。

主营产品：平面研磨机、平面抛光机、高速精密减薄机、超硬光学摇摆抛光机等。

温州市百诚研磨机械有限公司

地址：浙江省温州市瓯海区慈湖工业区南村湾底路8弄9号
电话：0577-86196588
电邮：805684063@qq.com
网址：www.wzbcym.com
单位介绍：温州市百诚研磨机械有限公司是专业生产平面/双面研磨机、平面抛光机、超声波清洗机等设备的股份制企业。产品广泛应用于电镀、电子、五金、汽车、航空、国防武器、钟表、玻璃制品、化纤、医疗器械、液晶光学、珠宝、轴承、陶瓷及塑料制品等行业，可对机械密封环、陶瓷磨片、陶瓷阀瓷密封、汽缸活塞环、油泵叶片、硅、锗、铜、铝、石英晶体、玻璃、蓝宝石、工程塑料、装饰五金等工件进行平面研磨和抛光。

主营产品：数控双面研磨机、平面抛光机、超声波清洗机、调速双面研磨机、金刚石平面磨床及研磨机常用附属件。

河南明威数控设备有限公司

地址：河南省新乡市新乡县七里营镇兴业路18号
电话：0373-5791988
电邮：791961142@qq.com
网址：www.hnmwsk.com
单位介绍：河南明威数控设备有限公司是一家从事研发、生产、销售、服务于一体的高新技术开发企业。公司严格按照系统工程的生产流程，精心组织实施生产的每一个环节，从而保证了产品稳定、优质、高精度的使用性能，制造出让用户放心、满意的产品，为用户提供全方位、高水平的综合服务。研发生产的双端面研磨机实现交互式人机界面，使用简单，功能强大，性能稳定，机床控制集各种控制模式、数值仪表、报警信息于一体，便于维修检查，操作方便快捷，达到节能、增效的目的。

主营产品：双端面研磨机、单面研磨机等。

新乡市奥华数控设备有限公司

地址：河南省新乡市新乡县黄河大道298号
电话：13353736652
网址：zhongshan.aohuask.com
单位介绍：新乡市奥华数控设备有限公司主要是一家从事数控轴承专用磨床及钢球机床设备制造的企业。主要产品有双盘研磨机、钢球机等。

5.6 陶瓷精密加工设备企业

主营产品：双盘研磨机、钢球研球机、钢球磨球、钢球光球机、立式车床等。

河南捷利达超硬制品有限公司

地址：河南省焦作市武陟县产业集聚区兴业路318号
电话：13643857695
电邮：jld@jldym.com
网址：www.jldym.com
单位介绍：河南捷利达超硬制品有限公司是一家专业研发、生产、销售、服务双端面精密研磨设备的高新技术企业。公司技术力量雄厚，拥有国内优秀的专业双端面精密研磨设备研发制造团造团队，并与河南工业大学等高等院校强强合作，研磨技术国内领先，其中高端双端面精密设备可代替同类进口产品。
主营产品：双面研磨机、大直径陶瓷结合剂CBN研磨盘（扇形）、大直径陶瓷结合剂CBN等。

东莞市春草研磨科技有限公司

地址：广东省东莞市塘厦镇河畔路9号奥克斯工业园A5、A7栋
电话：0769-81775297
电邮：sales@chuncao-grinder.com
网址：www.chuncao-grinder.com
单位介绍：东莞市春草研磨科技有限公司致力于塑胶、金属（铝合金、不锈钢、钛合金以及液态金属）、硬质非金属（玻璃、陶瓷、蓝宝石以及硅晶片）的设备和研磨材料的研发、制造、销售。根据3C产品表面特有的工艺走向，公司自主研发制造的侧面打磨机、五轴联动数控抛光机、搓板机、叠抛机、环保手抛机等具有独特的设计理念及核心技术，已广泛应用于3C产品生产中。
主营产品：数控抛光机系列。

东莞市宝晟研磨自动化机械有限公司

地址：广东省东莞市大岭山镇连马路东盛科技园三区
电话：0769-81123826
电邮：2273295380@qq.com
网址：www.baoshengym.com
单位介绍：东莞市宝晟研磨自动化机械有限公司的产品主要应用于手表配件、自行车配件、眼镜配件、铝、锌压铸件、家具五金配件、服装五金配件、箱包五金配件、电子配件、各类首饰、珠宝及粉末冶金、树脂的表面抛光等行业，针对不锈钢、铁、铜、锌、铝、镁合金等材质可冲压、压铸、铸造、锻造，针对线材、陶瓷、玉石、珊瑚、合成树脂、塑料、瓷器等材质物品均有不同的切削及抛光效果。有关于零件表面抛光、倒角、去除毛边、除锈、粗磨光、精密磨光、光泽打光等问题，公司将提供给经济有效的方法。公司拥有一支专业的维修队伍，可针对各式研磨机进行维修，如橡胶、PU胶的更换修复，马达的维修，以及周边零配件的维修等，提供一条龙的服务。
主营产品：自动溜光机（干式）系列、无治具式高速滚筒抛光机系列、磁力研磨抛光机系列、三次元振动研磨系列、高速离心抛光机系列、滚筒研磨抛光机系列、流动光饰机系列等。

东莞市凯保精密机械有限公司

地址：广东省东莞市东城区牛山上山门村厂房
电话：0769-23053681
电邮：goyzhu@163.com
网址：www.kaibaotools.cn
单位介绍：东莞市凯保精密机械有限公司成立于2009年，主要生产气动打磨、抛光机及其打磨盘，同时也代理销售日本等进口品牌工具。打磨机、抛光机80%的配件选自美国、日本等企业（如风叶轮选用美国杜邦原料，叶片选用日本材料，轴承选用日本IJK，小轴心选用中国台湾棒材加工成型等），进口材料12%的配件直接在中国台湾进口，68%的配件委托台企加工厂（车、洗、磨设备齐全、检测设备齐全，有丰富的械加工经验，有LSO管理体系）加工成型，合格管控第一个配件尺寸的精准度，确保产品质量的一致性，99%的产品可通过CE认真检测，产品已受到国内外业界的好评。
主营产品：自动化打磨机、气动角磨机、气动抛光机等。

深圳西可实业有限公司

地址：广东省深圳市宝安区石岩街道洲石路49号凯欣达科技园
电话：0755-23212431
电邮：sales@xikoe.com
网址：www.xikoe.com
单位介绍：深圳西可实业有限公司是一家研磨抛光设备与新材料应用的综合方案供应商。专注于研磨抛光设备、抛光新材料的研发与制造，是国内顶级的研磨抛光设备制造商，服务的优秀客户超千家，包括蓝思、比亚迪、富士康、伯恩光学、康宁、群创、长盈、水晶光电、蓝特光学、维达力、三环、天通、南玻、鑫景、台玻、联创、中天、凯欣、旭光、顺络、长信等。公司拥有中高职称技术人才近百人，拥有专利数超百项，是国家专精特新"小巨人"企业、国家高新技术企业。研磨抛光产品应用于3C、汽车、医疗、航空航天、新能源、半导体等行业，对玻璃、硅基新材料、金刚石、钛合金、超硬金属、宝石、石英等新材料的加工累积了丰富的经验，对无人驾驶车载显示、智能家居、VR（虚拟现实）眼镜、半导体晶圆、AI（人工智能）光学成像等领域有很好的应用方案。
主营产品：自动曲面扫光机、精密抛光机、双面研磨机、晶体单面抛光机等。

东莞市速派研磨科技有限公司

地址：广东省东莞市大岭山镇教育路教育北街大领山中学旁
电话：0769-82753196
电邮：fengfei1818@163.com
网址：www.dgsupor.com
单位介绍：东莞市速派气动工具有限公司专业从事气动工具的研发、生产及销售，产品主要有打磨、抛光系列。公司以优良的性价比、完善的售后服务，赢得了广大客户的赞赏。产品远销欧美及东南亚等国家和地区，并与许多国际知名品牌保持着

良好的 OEM 合作关系。
主营产品：气动角磨机、自动化打磨机、气动刻磨机研磨笔、气动方形砂光机等。

东莞市启翔研磨机械有限公司

地址：广东省东莞市道滘镇南城工业区
电话：400-8299-060
电邮：357487883@qq.com
网址：www.dgyanmoji.com
单位介绍：东莞市启翔研磨机械有限公司是一家集研发、生产、销售研磨抛光设备及研磨抛光材料于一体的台资企业。公司致力于以较完善的研磨抛光工艺来减少人工投入的先进技术，以低成本达到高效率的产品效果。致力于产品表面工程的处理，至今已成功研发出振动研磨机、东莞振动研磨机、三次元振动研磨机、振动抛光机、研磨抛光机、高速离心研磨机、高效率卧式振动研磨机、离心光饰机、磁力抛光机、流动式光饰机、涡流机、首饰抛光机、振动筛选机、高速脱水烘干机、脱水机、水流式研磨机、全自动流动式光饰机、直线式振动研磨抛光线、振动烘干机等产品，以及各类不同功能、材质、形状、性质的研磨抛光材料 1000 余种，如棕刚玉、白刚玉、塑胶研磨石、树脂研磨石、塑胶研磨石、日本进口抛光黄珠、高铝瓷研磨石、高频瓷抛光机、滚光油、研磨膏、抛光膏、增光剂、光亮剂、抛光液、研磨液、不锈钢针、钢针、钢珠等。同时拥有一支专业的维修队伍，可针对各式研磨机进行维修，如橡胶、PU 胶的更换修复，马达的维修，以及周边零配件的维修等，提供一条龙的服务。
主营产品：干式镜面抛光机、振动研磨抛光机、高速离心研磨机、滚筒研磨抛光机、磁力研磨抛光机、流动系列光饰机等。

深圳市顺佳研磨科技有限公司

地址：广东省深圳市龙华新区东环二路中执时代广场 B 座 8 楼
电话：137-288-97815
电邮：admin@szsuna.com
网址：www.szsuna.com
单位介绍：深圳市顺佳研磨科技有限公司是中国金属表面处理领先企业之一。主业是以"表面抛光"为主题的研磨制造业，主导产品为传统研磨抛光设备及高端抛光设备和相关耗材，如磁力研磨机、离心研磨机，抛光液、研磨液、光泽剂、清洗剂等全系列产品。
主营产品：振动研磨机、磁力研磨机、离心研磨机、涡流研磨机、拖拽式研磨机等。

东莞市隆盛研磨科技有限公司

地址：广东省东莞市樟木头镇金河社区金岭路 79 号
电话：0769-82051260
电邮：longxin6666@163.com
网址：www.lsymkj.com
单位介绍：东莞市隆盛研磨科技有限公司是一家专业生产、经营自动化抛光研磨设备和各种研磨抛光耗材，集"产、供、销"于一体的实业企业。公司历史悠久，技术力量雄厚，在同行业中一直处于领先地位。
主营产品：全自动隧道式振动研磨生产线、三次元振动研磨机、磁力研磨机、平移式磁力研磨机、全自动流水线磁力研磨机、5G 通信配件多工位研磨机、全自动超声波清洗机、高速离心研磨机、行星式研磨机、高速离心机、涡流研磨机、脱水烘干机、各类六角/八角滚筒研磨机等。

湖州星星研磨有限公司

地址：浙江省湖州市双林镇千亩山工业区
电话：0572-3623688/3623777
电邮：xxym@cnxxym.com
网址：www.cnxxym.com
单位介绍：湖州星星研磨有限公司主要产品有研磨设备 12 个大类 70 余种规格，分别生产有全自动振动研磨光整生产线、全自动涡流光整生产线、振动光饰机、行星式光饰机、涡流式光饰机、滚筒式光饰机、磁力研磨机、卧式振动光饰机、离心干燥机、振动分选机、振动烘干机、抛丸清理机及其他配套设备。研磨材料等 12 个大类千余个品种，分别有氧化锆、高频瓷、高铝瓷、棕刚玉、碳化硅、白刚玉、铬刚玉、陶瓷、陶瓷微珠、树脂磨具、钢球、特殊研磨材料。研磨助剂 5 个大类 10 多种产品，分别有光亮剂、研磨剂、防锈剂、清洗剂、消泡剂。以上产品全部用来各种工件表面抛光处理，在处理过程中不会破坏工件的原有尺寸、形状，操作简单，能够实现自动化作业，可随时检查工件的处理要求，并可进行大批量工件表面抛光加工处理。
主营产品：自动化光饰设备、光饰机、辅助设备、抛磨块产品、化工助剂、研磨介质等。

浙江森永光电设备有限公司

地址：浙江省嘉兴市秀洲区加创路 1509 号中国节能产业园 10、17 幢
电话：0573-82753980
电邮：sales001@zjsygd.cn
单位介绍：浙江森永光电设备有限公司致力于高精密平坦化研磨抛光技术的研究与应用，生产制造一系列高品质精密单双面研磨、抛光机械。产品广泛适用于 LED 蓝宝石衬底、电子材料（硅片、锗片等）、陶瓷基片、光学玻璃、石英晶体液晶显示、记忆硬盘以及其他半导体材料等非金属和金属硬脆易碎薄型精密零件的研磨和抛光。经过单面、双面精密研磨和抛光后可轻易使工件达到平坦度 $0.3\mu m$、平行度 $1\mu m$、厚度差 $1\mu m$、面粗度 $0.01\mu m$ 以下的精密程度，可满足半导体芯片制造、高精密陶瓷零部件、精密光学零部件以及精密机械配件的生产加工需要。在众多客户的关心与支持下，公司发展迅速，赢得了市场的认可和客户的信赖。产品在半导体、蓝宝石、压电晶体等行业中得到了广泛的应用，并得到了客户的一致好评和信任。
主营产品：双面研磨/抛光机、单面研磨/抛光机及其配件、耗材等。

5.6 陶瓷精密加工设备企业

温州市瓯海智勇研磨机械设备有限公司

地址：浙江省温州市瞿溪街道兴革路 17 号
电话：0577-86100898
电邮：zy@zhiyongjx.com
网址：www.zhiyongjx.com
单位介绍：温州市瓯海智勇研磨机械设备有限公司是专业生产研磨机和抛光机的企业。引进的生产设备和质量检测设备，从原料的购入、生产、检测、销售全过程管理均采用严格的质量标准。数控双面研磨与抛光机适用于高精度工件外圆、平面和抛光，如各种材质机械密封的密封环、陶瓷磨片、气缸活塞环、油泵叶片，以及硅、锗、石英晶体、石墨、兰宝石、铜、铝等金属材料、工程塑料等外圆、平面的研磨和抛光。公司对外加工陶瓷磨片、瓷管外圆抛光、工程塑料、汽车油泵密封件等。
主营产品：研磨机、抛光机等。

沈阳和研科技股份有限公司

地址：辽宁省沈阳市沈北新区沈北路 37 号 2 栋
电话：024-31238383
网址：www.heyantech.com
单位介绍：沈阳和研科技股份有限公司于 2011 年成立，2021 年在苏州成立子公司苏州和研精密科技有限公司，在南京、苏州、南通、淄博、成都、厦门、西安、南昌、东莞等地均设有销售中心，致力于为客户提供集研发、生产、销售、服务于一体的半导体装备及配套工艺解决方案。公司主营 HG 系列晶圆研磨机、DS 系列精密划片机、JS 系列全自动切割分选一体机及其他半导体专用设备，专注于硅片、玻璃、陶瓷、砷化镓、铌酸锂、金属等硬脆材料的精密磨划加工。经过十余载的不懈努力和积极创新，公司先后斩获高新技术企业、辽宁省瞪羚企业、国家级专精特新"小巨人"企业、辽宁省制造业单项冠军等称号，积累授权发明专利 72 项、实用新型专利 29 项、外观设计专利 5 项、软件著作权 17 项。
主营产品：晶圆研磨机、精密划片机、全自动切割分选一体机等。

苏州博宏源设备股份有限公司

地址：江苏省苏州市相城区渭塘镇爱格豪路 22 号
电话：0512-65486261
电邮：bohong@szbhyjx.com
网址：www.bhy-sz.com
单位介绍：苏州博宏源设备股份有限公司是专业研发及生产单双面研磨、抛光设备的高科技企业。在苏州、兰州设有研发中心，拥有各类机加设备近 50 台（套），检测仪器、仪表 20 余台（套），厂房 11100 余平方米。主要从事高精密的单双面研磨、抛光设备的研发、制造、销售，自主研发的产品有：32B、28B、24B、22B、20B、18B、16B-5、16B-8、13.9B、13B、15B、16S、9B、6B、485、360 等单双面研磨、抛光机，数控48 工位 CNC 手机面板（玻璃、蓝宝石）高精度外形加工设备及面板自动倒边机。主要用于蓝宝石、蓝玻璃、手机面板、触摸屏、光学光电子、液晶玻璃、半导体、各类晶体、金属等硬脆材料的单双面高精度的研磨、抛光加工。
主营产品：单双面研磨、抛光设备。

东莞市盛泰自动化科技有限公司

地址：广东省东莞市虎门镇树田基智北路 3 号 101
电话：0769-33350058
电邮：282926062@qq.com
网址：www.shengtaicnc.com
单位介绍：东莞市盛泰自动化科技有限公司凭借近 20 年来的技术积累与沉淀，现有立式数控加工中心、高速加工中心、高速龙门加工中心、大型龙门加工中心、卧式加工中心等精密机床设备产品，应用领域涵盖电子、医疗、汽车制造、航空航天、军工、模具制造、通信设备制造、钟表制造等行业。所有产品均为自主专利研发设计制造，采用先进的设计理念和设计手段，机械主体机构采用模组化，坚固封闭箱型多层结构设计，铸件经人工时效处理后还经自然长时间时效，获得彻底的可靠性，产品配备自主研发优化的电路系统，拥有优良的机电匹配性能，大大提高了产品的稳定性。
主营产品：高速陶瓷精加工专用机、高速小型精雕机、数控高速雕铣机系列等。

5.6.2 激光加工/切割设备

大族激光科技产业集团股份有限公司

地址：广东省深圳市南山区深南大道 9988 号大族科技中心
电话：400-666-4000
电邮：hans@hanslaser.com
网址：www.hanslaser.com
单位介绍：大族激光科技产业集团股份有限公司创立于 1996 年，2004 年在深圳证券交易所上市（代码：002008）。公司致力于智能制造装备及其关键器件的研发、生产和销售，具备从基础器件、整机设备到工艺解决方案的垂直一体化优势，是全球领先的智能制造装备整体解决方案服务商。作为中国工业激光设备制造的开拓者，经过 20 多年的成长，大族激光现已全面服务于世界 500 强企业和中国行业标杆工业企业，销量领先，领跑全球。
主营产品：高功率激光切割机、全自动激光切管机、三维五轴激光切割机、精密激光切割机、激光剥线机等。

武汉华工激光工程有限责任公司

地址：湖北省武汉市东湖高新技术开发区光谷未来科技城未来二路 66 号华工科技精密微纳智能制造产业基地
电话：027-87180200
电邮：Network@hglaser.com
网址：www.hglaser.com
单位介绍：武汉华工激光工程有限责任公司是中国激光工业化应用的开创者、引领者，全球激光加工解决方案权威提供商。公司全面布局激光智能装备、量测与自动化产线、智慧工厂建设，为智能制造提供整体解决方案。
主营产品：全功率系列的激光切割装备、激光焊接装备、激光清洗装备、激光打标设备、激光热处理设备、激光打孔设备、激光毛化成套设备、激光器及各类配套器件、激光加工专用设备及等离子切割设备等。

深圳市光道激光技术有限公司

地址：广东省深圳市宝安区福海街道和平社区高新科技园和景工业区 I 栋
电话：0755-33834189
电邮：chenh@gdalaser.com
网址：gdalaser.com
单位介绍：深圳市光道激光技术有限公司是一家集激光设备研发制造、激光切割代工和激光打微孔于一体的精密激光技术应用企业。公司秉承专注技术，专注品质的理念，致力于激光技术的应用和研究，为精密电子及 LED 制造业界和加工业提供高科技、高品质的技术支持与服务。
主营产品：机器人激光焊接机、转盘双工位激光焊接机、滑台双工位激光焊接机、光纤精密钻孔机、CO_2 精密切割机等。

创轩（南京）激光智能科技有限公司

地址：江苏省南京市高淳区经济开发区东旭路 8 号
电话：15850106768
电邮：vip@chanxan.com
网址：www.chanxan.com
单位介绍：创轩（南京）激光智能科技有限公司是一家从事激光技术开发、推广激光工艺应用的高新技术企业。公司致力于将激光技术推广到各工业生产领域，并着重专注于研发非金属材料的激光加工工艺及超快激光技术成套设备的开发应用。自主研发的 CW 系列、SG 系列、CW/P 系列、CX 系列激光设备广受用户好评。还致力于将激光技术进行跨界融合，开发了激光加视觉，激光加自动化等前沿应用并获得完整知识产权。
主营产品：陶瓷激光切割机。

弗尔德（上海）仪器设备有限公司

地址：上海市浦东新区康威路 739 弄 15 号楼
电话：021-33932950
电邮：info.cn@verder.com
网址：www.verder-scientific.cn
单位介绍：弗尔德科学仪器事业部主要销售产品为德国 RETSCH（莱驰）粉碎、研磨、筛分设备，德国 MICROTRAC MRB（麦奇克莱驰）多功能粒度粒形分析仪，Carbolite·Gero（卡博莱特·盖罗）烘箱，马弗炉，多气氛马弗炉，真空高温马弗炉，灰化炉，Eltra（埃尔特）碳/氢/氧/氮/硫元素分析仪，QATM（奥德镁）切割机、镶嵌机、磨抛机、硬度计。
主营产品：切割机、镶嵌机、磨抛机等。

金威刻（广东）智能装备有限公司

地址：广东省东莞市长安镇盛航东路 1 号
电话：400-8061-521
电邮：market@wklaser.com
网址：www.wklaser.cn
单位介绍：济南金威刻激光科技股份有限公司是一家集研发、生产、销售、服务为一体的高新技术企业，致力于引领激光装备的革新升级，为全球客户提供优质的全场景化激光智能解决方案。公司拥有高规格的钣金生产能力、科学高效的装配产线、全面系统的服务网络，产品远销全球 180 多个国家和地区。
主营产品：陶瓷激光切割、钻孔设备，超硬材料激光切割、钻孔设备等。

郑州宏飞超硬材料有限公司

地址：河南省郑州市上街区许昌路 167 号奥克斯智造产业城 A08 栋
电话：0371-68626571
电邮：hengfeixbc@163.com
网址：www.zzhftools.cn
单位介绍：郑州宏飞超硬材料有限公司专业生产玻璃切割片、陶瓷切割片、金刚石切割片、金刚石锯片、超薄树脂切割砂轮等各种超薄金刚石切割片系列产品，口碑享誉消费者市场。公司始终秉承"精心制造，尽心服务"的核心价值观，本着"帮助企业降低成本，提高工作效率，满足客户的个性化需求"的原则，致力于市场的拓展与产品的开发，保证为用户提供放心的产品和良好的服务。
主营产品：氧化锆陶瓷专用切割片、氧化铝陶瓷专用切割片、氮化硅陶瓷专用金刚石切割片等。

泰州市江洲数控机床制造有限公司

地址：江苏省泰州市九龙镇龙翔路 168 号
电话：0523-86562799
电邮：sales@jzsk.com.cn
网址：www.jzsk.com
单位介绍：泰州市江洲数控机床制造有限公司是国内数控电火花线切割机床、电火花成型机床、数控铣床的专业生产大型企业。具有产品开发设计、生产制造能力。高素质的员工队伍，科学的管理，与大中院校、科研机构的联合，使公司生产的各种机床性能稳定、可靠，能满足各种模具及机械零件的加工制造。公司产品销往国内 20 多个省份，并出口马来西亚、韩国、新加坡、越南、泰国、巴基斯坦、埃及、乌克兰等国家和地区。产品实行"三包"终身维修，免费为用户提供技术培训。
主营产品：数控线切割机床、电火花成形机床、数控加工中心、砂棒磨削机、数控铣床、数控砂线机、数控雕铣机床、电火花穿孔机等。

烟台力凯数控科技有限公司

地址：中国（山东）自由贸易试验区烟台片区台北南路 7 号
电话：0535-2133055
电邮：likaikeji@ytlikai.com
网址：www.ytlikai.com

5.6 陶瓷精密加工设备企业

单位介绍：烟台力凯数控科技有限公司是一家集装备、金刚石线、多线切割服务于一体的切割技术全产业链条发展的高新技术企业，是国家重点专精特新"小巨人"企业。核心产品广泛应用于金属材料、稀土材料、蓝宝石、半导体材料等硬脆先进材料领域。

主营产品：金刚石单线切割设备、摇摆多线切割设备等。

广州亿博智能装备有限公司

地址：广东省广州市番禺区大龙街市新路新水坑段49号3栋111
电话：17724529300
电邮：yibokeji8888@163.com
网址：www.gzybsk.com
单位介绍：广州亿博智能装备有限公司是一家从事光学玻璃、石英晶体、特种陶瓷、半导体材料、稀有合金金属、工业蓝宝石等各类硬脆性材料金刚砂线切割设备的研发、生产、销售和服务的高科技企业。公司的数控线切自创建以来，一直致力于数控线切割设备行业的改革。经过多年的研发设计中，不断提升设备的切割技术。公司基于技术创新的产品发展战略，致力于技术创新体系的建设以及技术成果的转化，实现科技转化为市场产品。

主营产品：单线切割机、环线切割机、五轴精雕机以及配件耗材等。

深圳市亚星迪科技有限公司

地址：广东省深圳市宝安区观澜镇库坑大富工业区金豪创业园D栋
电话：0769-81271181
电邮：yaxingdi@163.com
网址：www.yaxingdi.com
单位介绍：深圳市亚星迪科技有限公司是一家专业从事数控CNC精雕机的研发、制造、销售的科技公司。公司紧邻观兰富士康、硅谷动力等一大批高新产业园，交通便利、环境幽雅。自成立以来，公司已拥有一支技术过硬的生产团队，其中高级工程师、工程师多人，以精湛的技术和丰富的经验开发了最具行业优势的高端数控设备。主要产品有玻璃镜片切割机、亚克力镜片、PET镜片切割机，高光用CNC雕刻机，手板、模型用雕刻机，塑胶、非金属类用CNC雕刻机，铜公、五金件用CNC雕刻机，磁材专用精雕设备等系列。还可根据客户需求定做非标设备。

主营产品：陶瓷精雕机、磁材专用精雕机、异形磁芯精雕技术等。

佛山市森楠激光设备有限公司

地址：广东省佛山市南海区狮山镇长虹岭工业园长岗北路1号
电话：0757-85109589
电邮：fssnlaser@hotmail.com
单位介绍：佛山市森楠激光设备有限公司（原森楠激光设备厂）凭借精湛的生产工艺，严格的现场管理，造就了产品的优越质量。拥有国际一流的生产设备，尖端的生产、检测设备。在汽车焊接、激光加工中心、激光自动切割生产线、大幅面激光切割机、大幅面数控坡口切割机等大中型设备中得到了广泛应用。

主营产品：激光打标机、激光焊接机、激光打孔机、激光雕刻机、激光切割机等。

深圳市铭镭激光设备有限公司

地址：广东省深圳市宝安区福海街道桥头社区立新北路2号
电话：0755-29191102
网址：www.herolaser.com
单位介绍：深圳市铭镭激光设备有限公司是国家级高新技术企业，集激光设备研发、生产与销售于一体，已形成完整的工业激光设备系列供应平台。公司与富士康、格力、比亚迪、中船重工等大型企业建立长期合作关系。公司掌握数控系统、精密切割头、高速传动系统等核心技术，实现加工产品精度更高、切割口更光滑、速度更快，wobble焊接技术，让激光焊接应用领域更广泛。

主营产品：激光焊接机、激光切割机、激光清洗机、激光打标机等。

华工科技产业股份有限公司

地址：湖北省孝感市经济开发区孝汉大道1号华工科技产业园
电话：027-87180126
电邮：hgkj@hgtech.com.cn
网址：www.hgtech.com.cn
单位介绍：华工科技产业股份有限公司孵化于中国知名学府——华中科技大学，是"中国激光第一股"、中国高校成果产业化的先行者。经过多年的技术、产品积淀，形成了以激光加工技术为重要支撑的智能制造装备业务，以信息通信技术为重要支撑的光联接、无线联接业务，以敏感电子技术为重要支撑的传感器业务格局，产业基地近133公顷。

主营产品：激光智能装备、激光全息防伪产品、传感器、光通信等。

深圳市大宏激光设备有限公司

地址：广东省深圳市宝安区新桥街道新二社区庄村二路17号1栋1层
电话：0755-29476299
电邮：2005fh@163.com
网址：www.dhlaser.net
单位介绍：深圳市大宏激光设备有限公司是一家专业生产工业激光设备的厂家。大宏激光产品专注于非金属材料的中小功率激光切割领域，针对非金属材料切割领域的高精度、高品质加工需求而设计、制造精密激光加工设备。公司重合同、守信用，奉行以诚待客、取信于客、脚踏实地、稳健经营的方针，以优良的品质、实惠的价格、优质的服务为中外企业供应各类激光加工设备和相关附件。

主营产品：激光切割、雕刻机，院校教学模型激光切割雕刻机等。

第 5 章　陶瓷设备种类及企业分布

西安远诚机电科技有限公司

地址：陕西省西安市未央区三桥赵家堡工业园区天台四路 20 号
电话：029-84357090
电邮：xaycjda@163.com
网址：www.xaycjda.jqw.com
单位介绍：西安远诚机电科技有限公司是一家致力于水刀切割加工、激光切割加工、数控等离子火焰切割加工、数控折弯、成套设备和精密钣金制造并能为客户提供全方位服务的现代化科技型企业。
主营产品：激光切割、水刀切割、钣金加工等。

杭州银湖激光科技有限公司

地址：浙江省杭州市富阳区银湖创新中心 5 号楼 3 楼
电话：0571-87190780
电邮：Sales@yinhulaser.com
网址：www.yinhulaser.com
单位介绍：杭州银湖激光科技有限公司是一家专注于高端激光微纳加工设备的研发、生产和销售的高新科技企业。公司的激光设备应用于显示、微电子、新能源、5G 通信、电路板、新一代汽车和传感等行业，尤其是玻璃、蓝宝石和陶瓷等高硬度脆性材料及 FPC/PCB 的高精密加工，在激光器、激光设备和加工方法上拥有自主知识产权，在加工速度和精度方面国际领先。
主营产品：陶瓷激光加工设备、玻璃激光钻孔设备、玻璃激光切割设备、金刚石激光切割设备、FPC/PCB 激光加工设备等。

苏州德龙激光股份有限公司

地址：江苏省苏州工业园区杏林街 98 号
电话：0512-65070150
电邮：sq.wang@delphilaser.com
网址：www.delphilaser.com
单位介绍：苏州德龙激光股份有限公司主营业务为高端工业应用精密激光加工设备及其核心器件激光器的研发、生产和销售。公司专注于激光精细微加工领域，凭借先进的激光器技术、高精度运动控制技术以及深厚的激光精细微加工工艺积淀，聚焦于泛半导体、新型电子及新能源等应用领域，为各种超薄、超硬、脆性、柔性及各种复合材料提供激光加工解决方案。同时，通过自主研发，已拥有纳秒、超快（皮秒、飞秒）及可调脉宽系列固体激光器的核心技术和工业级量产的成熟产品。产品批量应用于碳化硅、氮化镓等第三代半导体材料晶圆划片、MEMS 芯片的切割，Mini LED 以及 5G 天线等的切割、加工等。
主营产品：精密激光加工设备。

武汉宇昌激光科技有限公司

地址：湖北省武汉市江夏区高新六路 18 号长咀科技园（凤凰园）B 座一楼
电话：027-87877848
电邮：wxr888@yclaser.com.cn
网址：www.yclaser.com.cn
单位介绍：武汉宇昌激光科技有限公司是武汉东湖新技术开发区成立的一家集研发、生产和销售于一体的高科技创新型企业。公司先后与华中科技大学光学与电子信息学院、武汉纺织大学机械工程与自动化学院建立了长期的校企合作关系，并设立了产学研合作研发基地，主要研发生产各种型号的高精密激光切割机和多种硬脆材料超高精密微纳加工设备，广泛应用于半导体芯片、太阳能光伏、新能源汽车、先进陶瓷、航空航天、医疗器械等领域，同时，宇昌激光加工中心对外承接各种代加工服务。宇昌激光秉承"以服务为基础、以质量为生存、以科技求发展"的企业宗旨，践行国家工业 4.0 计划和《中国制造 2035》战略规划，努力打造中国智能智造尖端设备。
主营产品：陶瓷激光切割打孔划片机。

德中（天津）技术发展股份有限公司

地址：天津市西青区华苑产业园区海泰华科一路 11 号 C 座
电话：022-23756530
电邮：nnik.wang@dct-china.cn
网址：www.dct-china.cn
单位介绍：德中（天津）技术发展股份有限公司是一家以直接加工技术为核心，开发、生产激光材料微加工设备、快速电路板制作成套设备的中德合资企业。硬件技术、软件技术、应用经验，是公司的技术基础，将三者有机结合、综合运用，使公司走上了守中抱一的发展之路。公司的设备，拥有"窍门软件化，经验产品化"的特色，凭借质量、经济、环境、柔性、多功能五个方面的优势，不断地满足高端制造业和前沿研发活动对材料精密加工、微细加工日益增长的需求，开启了用直接加工替代间接加工的崭新生产方式。
主营产品：激光精密加工设备、激光切割划线设备等。

临沂泓泽激光设备有限公司

地址：山东省临沂市河东开发区昆明路与珠海路交会激光产业园 5 号楼
电话：135-6296 0814
电邮：fangzexuq@163.com
单位介绍：临沂泓泽激光设备有限公司是一家专业致力于研发生产高光束质量的固体激光加工机的高新技术企业。公司研发生产的激光加工设备品种多样，包括高精密激光切割机、激光打标机、激光打孔机以及激光焊接机等，性能稳定可靠，适用于各种精密加工。激光打标机分为光纤激光打标机、CO_2 激光打标机、紫外激光打标机、绿光内雕机、气动打标机等。适用于各种金属材料、非金属材料的表面标刻加工，技术成熟，质量可靠，广泛应用于工业生产以及个性定制。公司拥有完整、科学的质量管理体系。
主营产品：激光切割机、激光打标机、激光打孔机、激光焊接机等。

上海东河机电科技有限公司

地址：上海市嘉定区安亭镇园际路 828 号

5.6 陶瓷精密加工设备企业

电话：021-59585288
电邮：Dong@DongheScience.com
网址：www.donghescience.com
单位介绍：上海东河机电科技有限公司注册于2016年，专注于硬脆材料加工工艺和装备的研发、制造，向全球客户提供该领域的标准和定制设备。服务领域包括石墨和碳素制品、石英和玻璃制品、各种晶体、陶瓷、碳碳以及稀土磁材等硬脆材料领域。公司已获得高新技术企业、上海市专精特新中小企业及质量体系认证等多项荣誉资质。
主营产品：多线切割机、干式切割机、湿式切割机等。

5.6.3 金刚石砂轮等磨料磨具

东莞市台兴钻石工具有限公司

地址：广东省东莞市长安镇涌头村涌盛路5号
电话：0769-85314992
电邮：txshalun@163.com
网址：www.txshalun.com
单位介绍：东莞市台兴钻石工具有限公司生产的产品主要用于钨钢加工、模具钢、氧化锆、氮化硅、碳化硅系列、精密陶瓷零部件加工用钻石砂轮及方案设计。磁性材料生产用于青铜砂轮、DR金刚石砂轮、方形加工机用超薄0.15T切刀。
主营产品：树脂金刚石SDC砂轮、氮化硼CBN钻石砂轮、电镀砂轮、金属砂轮、陶瓷砂轮及各种金刚石工具。

东莞一钻金刚石工具有限公司

地址：广东省东莞市寮步镇富竹山莞樟路42号
电话：0769-81113337
电邮：2609294998@qq.com
网址：www.yizuanshalun.com
单位介绍：东莞一钻金刚石工具有限公司成立于2005年，是一家集生产、开发、直销为一体的高科技企业。公司主要生产金刚石树脂结合剂（CNC）砂轮、电镀金刚石（CNC）砂轮、CNC专用磨头，适用于钨钢刀具、钨钢磨具合金锯化、高速钢磁性材料、光学玻璃、手机触摸屏等领域，长期以来。公司以追求钻石品质，创造第一品牌的质量为方针，以求实、创新的经营理念为动力。
主营产品：金刚石树脂砂轮、陶瓷结合剂砂轮、电镀砂轮等。

树熊新材料科技（河源）股份有限公司

地址：广东省河源市源城区风光工业园
电话：0762-3832996
电邮：shuxiong@shuxiong.com.cn
网址：www.shuxiong.com.cn
单位介绍：树熊新材料科技（河源）股份有限公司是河源市明林实业有限公司的全资子公司，是一家集研发、生产和销售于一体的高科技综合性实体企业。"诚信 创新 永恒，精品、人品同在"是公司的企业宗旨。超硬磨具产品广泛应用于各种玻璃、陶瓷、宝石、硬质合金、医疗器械、空调、船舶及航空航天等行业的磨削加工，而高精度玻璃配件产品则以其高品质及优良的性价比得到了光通信、电子电器及医疗器械等行业客户的一致好评。
主营产品：树脂砂轮、电镀砂轮、烧结砂轮、高精密砂轮等。

普瑞思（厦门）精密工具有限公司

地址：福建省厦门市火炬高新区翔安产业区同龙二路886号1楼
电话：13903996298
电邮：13903996298@163.com
网址：www.prctools.com
单位介绍：普瑞思（厦门）精密工具有限公司是一家致力于超硬材料精密工具的研发、生产和贸易的高科技企业。主要产品包括陶瓷结合剂金刚石和CBN砂轮、树脂和金属结合剂砂轮、金刚石线锯、其他研磨和切割工具。
主营产品：陶瓷/树脂结合剂金刚石/CBN砂轮、双端面研磨盘、槽磨、内圆磨、无心磨、周边磨等。

郑州钻煌超硬材料有限公司

地址：河南省郑州市上街区许昌路167号
电话：155-1574 2616
电邮：zhcycl@163.com
网址：www.zzzhmj.com
单位介绍：郑州钻煌超硬材料有限公司是一家集科研、生产、销售为一体的企业。一直从事超硬金刚石/CBN工具的开发和生产。金刚石/CBN切割片和砂轮对包括精密加工、工具和模具、陶瓷、电子、光子学和光学在内的各行各业生产过程至关重要。公司致力于为全球多个行业提供优质切割片，用于精密槽磨削、开槽、切割，以及单切和组合切割操作。
主营产品：树脂结合剂锯片、青铜结合剂锯片、树脂金刚石砂轮、青铜金刚石砂轮、陶瓷金刚石砂轮、钎焊金刚石系列、电镀金刚石系列等。

河南磨澳超硬材料有限公司

地址：河南省郑州市中原区中原中路171号
电话：19900915906
电邮：sales@moresuperhard.com
网址：www.moresuperhard.cn
单位介绍：河南磨澳超硬材料有限公司自成立以来始终专注于解决生产制造中的切磨抛问题，致力于金刚石和CBN超硬工具的制造和销售，持续为国内外高端制造业提供高速、高效、符合FEPA标准的磨料磨具产品。公司拥有完整的科学质量管理体系，以及从事行业多年的资深专业技术人才。经过多年的研发淬炼，公司凭借坚持技术持续创新、丰富的设计经验、先进的制造技术和完善的行业推广解决能力，不断为客户创造价值，赢得了客户的支持和信任。产品已出口至西班牙、俄罗斯、德国、日本、法国、英国、土耳其、美国、加拿大、新加坡、泰国、印度等100多个国家和地区。
主营产品：陶瓷金刚石&CBN砂轮、树脂金刚石&CBN砂轮、

第5章 陶瓷设备种类及企业分布

高精密电镀砂轮、金属金刚石&CBN砂轮等。

郑州瑞特金刚石砂带有限公司

地址：河南省郑州高新技术产业开发区红松路龙鼎一期3号楼1号
电话：0371-67837298
电邮：sales@ruitechn.com
网址：www.ruitechn.com
单位介绍：郑州瑞特金刚石砂带有限公司是开发、生产砂带、研磨页轮、弹性磨盘、拉绒磨片和不干胶磨片等系列涂附磨具制品的专业企业。公司的涂附磨具系列产品于2005年10月获得了ISO9001标准质量认证。公司拥有强大的专业技术团队，成功开发了具有自主知识产权的金刚石砂带、金刚石磨片、金刚石砂套、金刚石海绵手擦块，并在国内率先研制成功了CBN（立方化硼）砂带、CBN磨片、CBN砂套、CBN海绵手擦块等高档超硬材料涂附磨具产品。超硬材料涂附磨具产品，既具有传统涂附磨具的柔软性，又具有超硬材料高硬度的双重优势。金刚石砂带产品可广泛应用于石材、玻璃、陶瓷、单晶硅、合成材料、硬质合金、铝合金等硬脆材料复杂面的磨抛加工，CBN砂带可广泛用于机械制造领域各种铁基合金、钛合金、不锈钢、高温合金等硬韧材料复杂面的磨抛加工。与传统涂附磨具相比，超硬材料涂附磨具的最大特点是磨削效率高、耐用度高、光洁度高、性价比好。
主营产品：金刚石磨盘、金刚石砂带、金刚石磨片、金刚石砂圈、金刚石手擦块、CBN砂带、CBN磨片、CBN砂圈、CBN手擦块等超硬材料涂附磨具产品。

深圳市恒锐金刚石砂轮技术有限公司

地址：广东省深圳市宝安区福永白石厦新塘工业区永泰东路1号海辉工业大厦3楼
电话：0755-23013816/13824387266
电邮：hengruijgs@126.com
网址：www.hengruijgs.com
单位介绍：深圳市恒锐金刚石砂轮技术有限公司是一家拥有多项专利创新，集研发、生产、销售于一体的金刚石工具专业生产厂家。公司拥有树脂结合剂、金属结合剂、青铜金属烧结、陶瓷结合剂和电镀结合法金刚石、立方氮化硼（CBN）超硬材料制品多条生产线，产品规格齐全，可根据客户需求来图来样定制。产品广泛用于硬质合金、精密陶瓷、玻璃、石材、磁性材料、水晶宝石、蓝宝石、硅片、脆硬金属合金、半导体、光导光学纤维、触摸屏显示屏等较硬材料的切割、打磨、抛光。公司已与国内外众多光学公司、半导体公司、硬质合金公司、精密陶瓷公司、航空器材公司等建立合作伙伴关系。过硬的产品质量，诚实守信的企业态度，良好的售后服务使公司在各行业中深受客户好评。
主营产品：金刚石工具，如树脂金刚石砂轮、金属金刚石砂轮、陶瓷金刚石砂轮、电镀金刚石砂轮及磨棒、金刚石抛光盘等。

深圳市利华金刚石工具有限公司

地址：广东省深圳市宝安区福永街道白石厦社区新塘工业区永泰东路3号海辉工业大厦B栋3楼
电话：0755-23036806转666
电邮：lihuajgs@126.com
网址：www.lihuajgs.com
单位介绍：深圳市利华金刚石工具有限公司是一家拥有多项专利创新，集研发、生产、销售于一体的金刚石工具专业生产厂家。公司拥有树脂结合剂、金属结合剂、青铜金属烧结、陶瓷结合剂和电镀结合法金刚石、立方氮化硼（CBN）超硬材料制品多条生产线，产品规格齐全，可根据客户需求来图来样定制。产品广泛用于硬质合金、精密陶瓷、玻璃、石材、磁性材料、水晶宝石、蓝宝石、硅片、脆硬金属合金、半导体、光导光学纤维、触摸屏显示屏等较硬材料的切割、打磨、抛光。公司已与国内外众多光学公司、半导体公司、硬质合金公司、精密陶瓷公司、航空器材公司等建立合作伙伴关系。
主营产品：树脂金刚石（CBN）砂轮、青铜金刚石（CBN）砂轮、电镀金刚石（CBN）砂轮、电镀金刚石磨盘、金属烧结金刚石砂轮、金刚石抛光盘、陶瓷金刚石砂轮、减薄砂轮、金刚石磨块磨头、金刚石切割片等。

深圳市中钻磨具磨料有限公司

地址：广东省深圳市宝安区沙井街道南环路华丰高新产业园C栋3楼
电话：13510461180
电邮：66183330@qq.com
单位介绍：深圳市中钻磨具磨料有限公司是一家集生产制造、产品设计、提供磨削方案、实验分析和经营于一体，有着10余年专业生产定制各类金刚石磨具的企业。产品选用日本、韩国进口金刚石微粉精制而成，产品多、规格全，并引进德国全自动镀砂工艺，具备强大的定制化生产能力。产品主要有电镀金刚石砂轮、青铜烧结砂轮、树脂砂轮、陶瓷砂轮、磨盘、磨头、切割片等，还可根据客户需求来图来样加工各种磨具制品。产品广泛用于磁性材料、光学冷加工、水晶、蓝宝石、汽车零部件、硬质合金、压缩机等深加工行业，年生产能力达20余万片。
主营产品：烧结金刚石砂轮、青铜金刚石磨头、烧结磨头、烧结砂轮等。

郑州嘉威超硬材料有限公司

地址：河南省郑州市上街区许昌路167号奥克斯智造产业园A19-1单元1层
电话：13937102488
电邮：gavin_yang@zzjiawei.com
网址：www.zzjiawei.com
单位介绍：郑州嘉威超硬材料有限公司致力于金刚石、CBN原材料及其工具的研发、生产、销售以及技术服务。公司以技术创新与客户服务为根本，依靠区域及资源优势，与国内著名高等院校、国家磨具研究机构形成产学研联合。拥有深厚的技术实力，高级工程师和熟练技工数十名，同时拥有各种数控机床、内外圆磨床、无心磨床、平面磨床、刃磨床、工具磨、烧结炉、压块机、电火花成型设备、真空钎焊炉和动静平衡机等各种高端设备。产品主要应用于陶瓷、玻璃、刀具、宝玉石、各种硬

5.6 陶瓷精密加工设备企业

质合金、磁性材料、光伏、铸造件加工领域。
主营产品：树脂结合剂金刚石和CBN工具、陶瓷结合剂金刚石和CBN工具、金属结合剂金刚石和CBN工具、电镀金刚石和CBN工具、钎焊金刚石工具、金刚石和CBN原料及其他各种金刚石制品。

河南华茂新材料科技开发有限公司

地址：河南省洛阳市洛新产业集聚区京津路1号
电话：0379-63087601
电邮：huamaowheel@163.com
网址：www.henanhuamao.com
单位介绍：河南华茂新材料科技开发有限公司是上市公司郑州华晶金刚石股份有限公司的全资子公司，从2008年开始研发超硬精密砂轮，产品用于刃磨床、外圆磨床、内圆磨床、无芯磨床、平面磨床、研磨机、工具磨床等型号磨床，服务于手机、汽车、刀具、超硬产业、航空航天、机械重工、军工等领域。
主营产品：磨PCD、PCBN刀具砂轮，磨盘，周边磨，无芯磨，强力开槽砂轮等。

郑州特锐超硬材料有限公司

地址：河南省郑州高新技术开发区红松路52号3幢104室
电话：13937101085
电邮：terei@zzterei.com
网址：www.zzterei.com
单位介绍：郑州特锐超硬材料有限公司是一家专业提供人造金刚石及立方氮化硼超硬材料制品的企业。公司致力于提升超硬材料制品的磨削性能，坚持技术创新，为智能制造产业提供优质的精密磨削加工解决方案。产品线包括树脂结合剂、陶瓷结合剂、金属结合剂及电镀系列金刚石和立方氮化硼砂轮，广泛应用于半导体、电子、汽车、刀具、光学、工模具、轴承、光伏等领域。
主营产品：周边磨树脂金刚石砂轮、周边磨陶瓷金刚石砂轮、晶圆减薄砂轮、陶瓷结合剂CBN开槽砂轮等。

郑州博尔德磨料磨具有限公司

地址：河南省郑州高新技术开发区冬青街10号
电话：0371-67662016
电邮：chengyu@bold68.com
网址：www.bold68.com
单位介绍：郑州博尔德磨料磨具有限公司是一家金刚石（SDC）及立方氮化硼（CBN）磨具的专业制造商。
主营产品：陶瓷CBN端面磨砂轮，磨PCD、PCBN陶瓷金刚石砂轮等。

郑州金地超硬材料有限公司

地址：河南省郑州市高新技术开发区红叶路18号
电话：0371-67121559
电邮：540818817@qq.com
单位介绍：郑州金地超硬材料有限公司是一家集研发、生产、销售于一体的高新技术企业，以生产金刚石砂轮和聚晶、复合片等超硬材料为主。金刚石复合片、聚晶、拉丝模芯也是公司的拳头产品，凭借领先行业的先进配方和加工工艺，产品一经问世即赢得客户的认可与赞同。公司拥有专业化的研发中心和生产基地，拥有一批经验丰富的高技术科研及管理人才，形成了门类较齐全的科技开发和技术含量高、敬业精神强的员工队伍。
主营产品：金刚石砂轮、无心磨砂轮、陶瓷金刚石砂轮、陶瓷磨盘、树脂金刚石砂轮、无心磨砂轮、陶瓷金刚石砂轮、陶瓷砂轮、陶瓷结合剂砂轮等产品。

河南锐锋金刚石制品有限公司

地址：河南省漯河市经济技术开发区南环路与衡山路交叉口
电话：0395-5582222
电邮：ruifengjgs@126.com
网址：www.rfjgs.com.cn
单位介绍：河南锐锋金刚石制品有限公司是一家专注于金刚石修整工具的研发、生产的创新型金刚石工具制造企业。公司引进数台国际上高精度加工设备和高精密检测设备，有德国哈斯Haas五轴cnc磨削机床、英国霍普森泰勒轮廓分析仪、德国马尔轮廓分析仪、精密光学投影仪、万能工具显微镜等精密检测设备。产品涵盖航天航空、新能源汽车、精密轴承、工业机床、量具刃具、精密五金等领域。
主营产品：叶片榫齿金刚石滚轮、导轨类金刚石滚轮、成型磨齿金刚石滚轮等。

河南科恩超硬材料技术有限公司

地址：河南省郑州市高新区正弘西悦城13楼899室
电话：0371-67989991
电邮：huhu4725@sina.com
网址：www.hnkeen.com
单位介绍：河南科恩超硬材料技术有限公司是一家集科研、生产、销售于一体的高新技术企业。超强的创新能力，高端的技术支持，完善的质量保证体系，丰富的产品种类，快速、灵活的服务，确立了公司在高精密金刚石工具制造领域的国内领先地位。公司长期致力于高精密金刚石工具的开发和制造，已形成以金属结合剂、树脂结合剂两大类，600多种规格的产品系列。产品应用领域涵盖光学玻璃、电子材料、磁性材料、精密陶瓷、半导体材料、晶体材料等脆性难加工材料的精密加工。
主营产品：金刚石研磨盘、蓝宝石减薄砂轮、硅晶圆减薄砂轮、碳化硅减薄砂轮、电子陶瓷材料减薄砂轮、金属结合剂整体型切割砂轮、树脂结合剂整体型切割砂轮、高精密超薄金刚石电铸镍刀、金属结合剂基体型切割砂轮、树脂结合剂基体型切割砂轮、树脂结合剂精密砂轮、金属结合剂精密砂轮、陶瓷结合剂精密砂轮等。

西安市临潼区英隆超硬材料厂

地址：陕西省西安市临潼区西关77号

电话：029-63354776
电邮：Info@cnherohome.com
网址：www.cnherohome.com
单位介绍：西安市临潼区英隆超硬材料厂是一家集新技术开发、研究制造、经营为一体，有着30余年生产经验的磨料磨具专业企业。主要产品包括金刚石、立方氮化硼砂轮两大系列几十个品种，2000余种规格。产品用途广泛，主要应用的行业有：卫生纸行业、瓦楞纸行业、LED行业、磁性材料行业、陶瓷行业、无纺布行业、带锯行业、链条行业等。
主营产品：金刚石砂轮、树脂砂轮、金属砂轮等。

山东泰广奕砂轮有限公司

地址：山东省淄博高新区中润大道198号
电话：0533-3980177
电邮：susha@tygymj.com
网址：www.tygymj.com
单位介绍：山东泰广奕砂轮有限公司主要经营各种精加工陶瓷磨具、超精密研磨树脂磨具、SG磨具、CBN磨具、金刚石磨具，以及白刚玉、金刚石微粉，是一家集研发、设计、生产、销售于一体的高科技企业。是目前国内同行业规模较大、综合实力较强的钢球及轴承用精加工磨具产品以及微粉的生产商。公司凭借设计和制造能力，实现了较快的成长，产品远销至日本、欧洲和美洲。在轴承装备技术领域有较高的地位。除了机械等传统需求市场，还扩大至汽车、半导体等新高附加价值领域。
主营产品：SG砂轮、CBN双端面砂轮、金刚石砂轮等。

德卡特（郑州）超硬工具有限公司

地址：河南省郑州市管城回族区航海东路启航大厦
电话：15938707970
电邮：diacutt@126.com
单位介绍：德卡特（郑州）超硬工具有限公司是一家集研发、生产、销售、服务于一体的企业。技术力量雄厚、产品开发能力强，不断地推陈出新、丰富产品系列，提高产品各项性能指标，满足机械加工新材料层出不穷、加工难度越来越大的要求。在产品研发、工程设计、供应管理、生产一致性，以及售前、售中、售后服务等各过程、各工种、各岗位为制造精密的产品而倾情倾智。专心、贴心、及时、高效的服务，让每个客户备感使用德卡特产品均得心应手。公司引进的检测设备，使得每批出厂产品都保持稳定的性能，并且公司能够为非标刀具客户提供量身定做的贴身服务。公司遵循以出口为导向的销售策略，替代进口的产品方针，在严格质量体系和管理体系的控制下，公司的产品销售到很多国家和地区，得到客户的普遍认可。
主营产品：陶瓷结合剂金刚石砂轮、陶瓷金刚石周边磨、双端面研磨盘、金属结合剂金刚石修整滚轮等。

上海钰程钻石有限公司

地址：上海市青浦区崧复路777号B5栋2层
电话：021-54780609
电邮：info@yucheng15.com
网址：www.yucheng15.com
单位介绍：上海钰程钻石有限公司隶属于郑州博尔德磨具集团，为其下属第七公司，以金刚石磨具和金刚石刀具为主要产品。
主营产品：电镀结合剂砂轮、陶瓷金刚石砂轮、陶瓷CBN砂轮、树脂结合剂砂轮、光伏专用砂轮。

湖南兴大新材料有限公司

地址：湖南省长沙市雨花区新兴路268号国际企业中心12栋303
电话：0731-85264488
电邮：xd@hnxdxcl.com
网址：www.hnxdxcl.com
单位介绍：湖南兴大新材料有限公司是一家专业从事超硬材料制品的研发、生产、销售与服务的高新技术企业。参照国际标准不断地进行研发、创新，逐渐掌握核心高端技术，自主研发并生产的高效、高精产品日益增多，形成了以陶瓷CBN砂轮、陶瓷金刚石砂轮、金刚石滚轮、CBN珩磨油石、电镀金刚石砂轮为主的产品体系，技术达到国际较高水平。全方位提供磨削技术解决方案以及根据客户的需求量身定制，依靠精益求精的产品质量、合理的价格、周到的服务在空调压缩机、航空航天、汽车、硬质合金、半导体材料、蓝宝石以及冶金等行业获得了良好的信誉和广大客户的好评，并与多家世界500强企业建立了长期稳定的合作关系。
主营产品：CBN内圆磨砂轮。

长沙市萨普斯新材料有限公司

地址：湖南省长沙市岳麓区麓枫路69号
电话：0731-88570909
电邮：sharpenwheel@126.com
网址：www.sharpen-cn.com
单位介绍：长沙市萨普斯新材料有限公司依托教育部长江学者特聘教授创新团队，拥有较雄厚的技术研发能力，主导产品拥有自主知识产权，主要有针对超硬材料开发的高性能金刚石砂轮和立方氮化硼砂轮，针对硬脆材料（氧化锆、蓝宝石）磨削及抛光的金刚石砂轮盘，以及粉末冶金高速钢产品。公司生产的高性能金刚石砂轮和立方氮化硼砂轮，具有高锋利度、高保型性、易修复、使用寿命长等优点，特别适合于加工直径10毫米以上的大尺寸硬质合金和粉末冶金高速钢回转体刀具，以及适用于加工Ti（C，N）金属陶瓷刀具、PCD刀片、PCBN刀片等其他难加工材料的各种类型刀具，非常适用于替代进口砂轮。
主营产品：金属陶瓷结合剂、金刚石/CBN砂轮等。

南昌巨晶砂轮科技有限公司

地址：江西省南昌市经开区庐山南大道2599号（南昌第一砂轮厂内）
电话：0791-83888919
电邮：abrasive@126.com
网址：www.bsd168.com

5.6 陶瓷精密加工设备企业

单位介绍：南昌巨晶砂轮科技有限公司一直专注于金刚石砂轮制造领域，专业生产树脂、陶瓷、金属、电镀金刚石和立方氮化硼砂轮。公司有数控热压机、数控车床、动平衡仪、万能工具磨床、万能精密外圆磨床、激光标刻机等专业生产设备，外圆磨砂轮外径可达700毫米，端面磨砂轮外径可达1200毫米。采购进口的高品质原材料，致力于为客户提供高品质的各型砂轮，并与客户一起解决各种磨削技术问题。

主营产品：树脂结合砂轮、陶瓷结合砂轮、电镀结合砂轮、金属结合砂轮等。

江阴兴华钻石工具有限公司

地址：江西省南昌市南昌经济技术开发区下罗（南昌第一砂轮厂内）
电话：15052162929
电邮：zcs@jyxhzs.com
网址：www.jyxhzs.com
单位介绍：江阴兴华钻石工具有限公司有五大系列产品，分别是树脂结合剂系列、青铜结合剂系列、陶瓷结合剂系列、电镀结合剂系列、钎焊系列。产品广泛应用于蓝宝石、汽配、半导体、光伏、磁性材料、工程陶瓷、硬质合金、硅片、钢铁、电子以及3C等领域。
主营产品：金刚石砂轮、金刚石切割片、立方氮化棚砂轮、CBN砂轮、金刚石无心磨砂轮等。

河南精钻超硬材料有限公司

地址：河南省郑州市管城区未来路888号
电话：0371-86171582
电邮：sale@tkd-hn.com
网址：www.pcdlasermachine.com
单位介绍：河南精钻超硬材料有限公司是较专业的高精度激光切割机组装中心之一，公司提供整套切割解决方案及PCD复合刀片、PCD高精度激光切割机和金刚石陶瓷砂轮，专门为木工和数控金属加工行业提供服务。根据超硬材料的特殊切割要求，公司与相关激光科研院所和2家超硬材料厂合作共同开发激光切割机。该激光切割机的主要性能达到了世界同类产品的较高水平，它是切割超硬材料的理想设备。公司长期专业从事超硬材料激光切割机的研发、设计、装配和销售服务。研发团队不仅具有激光系统的专业知识，而且在超硬材料切割解决方案方面拥有丰富的经验。公司专注于设备的创新以及品质的稳定性，为不同客户的需求提供完整有效的解决方案。公司提供激光切割、打孔、倒角服务，机器的维护和保养服务，激光机零件的配套供应和销售。
主营产品：金刚石/CBN陶瓷超级磨料砂轮等。

西安柯麦斯机械工具有限公司

地址：陕西省西安市雁塔区科技一路40号汇德科技园
电话：029-17092988-70
单位介绍：西安柯麦斯机械工具有限公司成立于2006年，致力于为客户提供可靠、实用的刀具和磨具。公司提供的产品广泛运用于多种产业。在各个重要的生产环节，公司为广大用户的生产提供了有效的保障，在广大国内外客户群体中形成较好的口碑。公司致力于超硬材料工具的研发及生产，不断改进工艺，紧跟科技步伐。公司分设两厂生产，采用世界上较先进技术及制作工艺，并有专门的研发部门。

主营产品：树脂砂轮、陶瓷砂轮、青铜砂轮、电镀砂轮等。

东莞市冠锋金刚石制品有限公司

地址：广东省东莞市东城街道砖窑三横路1号1栋102室
电话：0769-28825925
电邮：yy20070516@163.com
网址：www.chinagfsl.cn
单位介绍：东莞市冠锋金刚石制品有限公司是一家专业生产磨料磨具的企业。主要产品为金刚石磨轮、磨块、磨头、钨钢车刀，各种规格型号的人造金刚石、树脂砂轮、青铜砂轮、光碟、电镀砂轮、陶瓷砂轮和金刚石微粉。公司有较齐全的生产设施和技术配方，管理工艺从中国台湾地区引进，生产设备大部分自动化。生产的产品对国内市场机械行业、木工机械行业、造船行业、电器行业、汽车行业、五金工具行业等专业砂轮都有批量生产，并可承接高难度的异形、超厚、超细、超软、进口配套绝版砂轮的生产、加工。
主营产品：冲子机专用砂轮、大水磨平面磨砂轮、大水磨外圆磨专用、大水磨外圆磨专用、金刚石树脂切割片、磨刀机专用砂轮、无心磨砂轮、钻头倒角专用砂轮等。

安徽祥泰芯材料科技有限公司

地址：安徽省阜阳市太和县经济开发区创新大道8号
电话：13598096946
网址：www.ahxiangtaixin.com
单位介绍：安徽祥泰芯材料科技有限公司是一家专业从事金刚石及立方氮化硼制品的研发、生产与销售的高新技术企业。公司具有先进的生产设备、专注的技术人员、严格的质量管理体系、完善的销售网络，生产的金刚石及CBN制品性价比达到或接近进口同类产品水平。产品广泛应用于光学玻璃、蓝宝石、精密陶瓷、水晶、电子材料、汽车零部件、压缩机部件、磁性材料等领域。
主营产品：金刚石及CBN砂轮、磨盘、超薄切割片、精磨片、超精片、抛光片等。

昆山硕展电子科技有限公司

地址：江苏省昆山市张浦镇垌圻路88号
电话：0512-5745 4480-3
电邮：dia@shdiacbn.com
网址：www.shdiacbn.com
单位介绍：昆山硕展电子科技有限公司主要制作应用于电子行业、模具行业、刀具行业所需的精密钻石砂轮与钻石工具。2015年提供给手机与智能手表研磨陶瓷、玻璃、蓝宝石所需的金属烧结法钻石工具。2018年开始新工艺陶瓷烧结法钻石工具与氮化硼工具的研发。

主营产品：钻石/氮化硼砂轮等。

深圳市奥司卡精密技术有限公司

地址：广东省深圳市宝安区西乡街道幸福港湾尚品居 430 号
电话：15814600616
电邮：717723151@qq.com
单位介绍：深圳市奥司卡精密技术有限公司是一家中日合资企业。公司专业制作稀有金属烧结金刚石钻头和各种砂轮，产品应用于陶瓷、钨钢、碳化硅、蓝宝石、玻璃等领域，打孔、开槽、铣磨、内圆磨等加工设备来自日本、德国、奥地利，材料来自德国、俄罗斯、爱尔兰、日本，技术来自日本、德国。公司刀具在使用寿命、效率上是行业第一，根据市场客户反馈，使用公司刀具后良率可提升至 99.98%，效率可提升 45% 以上。
主营产品：金刚石烧结砂轮、树脂砂轮、陶瓷砂轮、电镀砂轮、研磨抛光材料等。

南通尚东磨具有限公司

地址：江苏省南通市通州湾江海联动开发示范区乐海大道中南高科产业园 1 号地块 15 号厂房
电话：021-58180339
电邮：yanlikang@126.com
网址：sundo-tools.com
单位介绍：南通尚东磨具有限公司成立于 2008 年，是由国内著名砂轮行业科技专家创建的生产型技术企业。公司凭借 10 余年的钻石研磨工具的生产经验快速崛起，主要经营金刚石砂轮、CBN 砂轮等机械精密磨具的研发、生产与销售，竭诚为客户提供咨询及加工服务。
主营产品：金属结合剂金刚石砂轮、陶瓷结合剂金刚石砂轮、树脂结合剂金刚石砂轮等。

河南爱磨仕超硬磨具有限公司

地址：河南省郑州高新技术产业开发区梧桐街 68 号
电话：400-0805-520
电邮：achenlcx@163.com
网址：www.hnamos.com
单位介绍：河南爱磨仕超硬磨具有限公司是一家专业从事超硬材料磨具研发、制造及销售的综合性企业。于 2019 年 10 月通过了 ISO 9001：2015 质量管理体系认证。拥有内外圆磨床、数控机床、立磨机床等高精密生产设备及多种高精密检测仪器。公司专注于陶瓷结合剂砂轮的研制，主营多种规格型号的平面磨砂轮、外圆磨砂轮、内圆磨砂轮。产品适用于高锰钢、高合金钢、各类铸铁、各类淬硬钢及齿轮、轴承、轧辊、模具、钢套、玻璃、宝石等高硬度难加工材料的磨削加工，广泛应用于机械制造、液压、轴承、压缩机等加工领域。陶瓷 CBN 砂轮作为磨削工具，具有高强度、高耐磨性、高热稳定性、高化学惰性、高加工效率等磨削性能，解决了各种难加工材料的磨削问题，在提高生产效率的同时为用户带来巨大的经济效益。

主营产品：内圆磨砂轮、外圆磨砂轮、平面磨砂轮、周边磨砂轮等。

河南省惠丰金刚石有限公司

地址：河南省郑州郑东新区 CBD 商务外环路格拉姆国际中心 A 座 25 楼
电话：0371-88883005
电邮：info@hfdiamond.com
网址：www.hfdiamond.com
单位介绍：河南省惠丰金刚石有限公司是中国机床工具工业协会超硬材料分会常务理事单位，现行国家标准"超硬材料人造金刚石微粉"起草单位之一，是金刚石微纳粉体河南省工程实验室、河南省亚微米超硬材料粉体工程技术研究中心建设依托单位，设立了河南省微纳米金刚石粉体材料院士工作站及河南省博士后研发基地。
主营产品：金刚石微粉通用型系列、金刚石微粉专用型系列、金刚石微粉特性型系列等。

河南省亚龙超硬材料有限公司

地址：河南省郑州市金水区鑫苑路三石大厦六层
电话：0371-67650010
电邮：lidongjie@yalongling.com
网址：www.yalongdiamond.com
单位介绍：河南省亚龙超硬材料有限公司是一家专业生产人造金刚石微粉的高新技术企业。公司拥有较独特的微粉生产工艺和较先进的全自动微粉生产线，配备有高端的微粉分析检测设备，如扫描电镜 phenom-prox，粒度分析仪 Microtrac-s3500、Microtrac-x100，库尔特 Multisizer3 等，并严格按照 ISO 9001 质量管理体系的要求进行管理和生产，确保产品质量的稳定性和可追溯性。公司是中国超硬材料协会副理事长单位，是制定国家标准《超硬磨料人造金刚石微粉》（GB/T 35477—2017）的企业之一，拥有 22 项发明专利和实用新型专利。产品广泛应用于航空航天、信息产业、精密机械、光学仪器、汽车制造、地质勘探、太阳能光伏、陶瓷材料等领域。
主营产品：经济型金刚石微粉、标准等级微粉、高品级金刚石微粉等。

苏州爱华钻石工业有限公司

地址：江苏省苏州新区高新技术产业园
电话：0512 67550611-8001
电邮：aihuad@aihuad.com
网址：www.aihuad.com
单位介绍：苏州爱华钻石工业有限公司是一家集科研、生产、经营于一体的高新技术企业。产品广泛应用于汽车发动/传动系统、制冷压缩机/液压系统、航空/航天制造、轴承/工具制造等制造领域，可为客户的磨削系统提供"一站式"解决方案。
主营产品：CBN 砂轮/磨盘砂轮、钻石工具/超硬磨削优势服务等。

5.6 陶瓷精密加工设备企业

江阴市浩锋工具有限公司

地址：江苏省江阴市祝塘镇河湘村锡文路
电话：0510-86349328
电邮：lzhfjx@lzhfjx.com
单位介绍：江阴市浩锋工具有限公司是专业生产、加工切割工具等产品的私营独资企业。公司总部设在江苏，拥有完整、科学的质量管理体系。
主营产品：陶瓷结合剂金刚石砂轮、陶瓷结合剂 CBN 砂轮等。

河南博锐新材料有限公司

地址：河南省郑州市高新区梧桐街春兰路交叉口南 200 米路东
电话：0371-86670037
电邮：sales@hnboreas.com
网址：www.hnboreas.com
单位介绍：河南博锐新材料有限公司于 1990 年开始从事金刚石产品的生产，是超硬材料协会（IDACN）常务理事单位。公司已通过（QMS）GB/T 19001—2016/ISO 9001：2015，（EMS）GB/T 24001—2016/ISO 14001：2015，(OHSMS) GB/T 28001—2011 /的认证，被评为 2015 年国家高新技术企业 OHSAS18001：2007，(CMS) GB/T 31950—2015。
主营产品：通用型金刚石微粉、特性型金刚石微粉、金刚石整形料、破碎料、金刚石镀覆等。

长沙市恒锋超硬材料有限公司

地址：湖南省长沙市岳麓区咸嘉湖路越秀悦湖台公寓楼 5 栋 1307-1313 室
电话：0731-88003666
电邮：info@hf-abrasives.com
网址：www.hf-abrasives.com
单位介绍：长沙市恒锋超硬材料有限公司是一家专业从事人造金刚石单晶、破碎料、微粉生产与研发的企业。公司坚持以人为本，秉承诚信、求真、务实、创新的经营理念，实施品牌化、差异化发展战略，开发个性化产品，满足客户的个性需求，为客户创造价值。公司拥有专业的技术团队和先进的检测技术，严格控制生产过程和严格按照国家标准生产。工厂现年产金刚石单晶、破碎料、微粉约 6 亿克拉。
主营产品：金刚石单晶、金刚石破碎料、金刚石微粉等。

邢台县银利翔矿产品有限公司

地址：河北省邢台市桥西区顺义街 1 号
电话：0319-2053304
电邮：xtxyx@163.com
网址：www.xtxylx.cn
单位介绍：邢台县银利翔矿产品有限公司是集生产、销售、贸易为一体的综合性公司。作为一家工业矿物磨料企业，主要生产和销售石榴砂和金刚砂，可用于水切割、研磨、喷砂、涂层、水处理，应用于各种行业和工程应用。
主营产品：金刚砂、石榴砂、耐磨地坪骨料等。

深圳市万马金刚石砂轮有限公司

地址：广东省深圳市宝安区沙井镇共和第一工业区 7 栋 2 楼
电话：0755-23572867
电邮：szwmmj@163.com
网址：www.szwm8.com
单位介绍：深圳市万马金刚石砂轮有限公司成立于 2013 年，是一家从事超硬材料工具制品的研发、生产、销售和服务的高新技术企业。公司严格按照质量管理和环境体系运行，产品采用国内外优质原材料生产，专业设计制造金刚石超硬磨具，已形成电镀结合剂、青铜结合剂、树脂结合剂、青铜结合剂、陶瓷结合剂五大类共 800 多种规格的系列产品。先进的生产设备、优质的产品，使得公司产品在视窗玻璃、蓝宝石玻璃、光学玻璃、工艺玻璃、晶体材料、磁性材料、精密陶瓷、汽车配件、硬质合金、半导体、压缩机、航空航天等多种深加工行业得到了广泛应用并取得了良好的声誉。公司擅长根据客户的需求定向开发、研制各种形状特殊的高精度砂轮，并且为客户提供高效的磨削方案。
主营产品：陶瓷结合剂磨轮、陶瓷磨块等。

郑州磨料磨具磨削研究所有限公司

地址：河南省郑州市高新区梧桐街 121 号
电话：400-6608-121
电邮：zzsm@zzsm.com
网址：www.zzsm.com
单位介绍：郑州磨料磨具磨削研究所有限公司是我国磨料磨具行业唯一的综合性研究开发机构，是全国磨料磨具、超硬材料行业技术研究、开发、信息和咨询服务中心。1999 年转制为科技型企业，隶属于世界五百强的中国机械工业集团有限公司。
主营产品：超硬材料、超硬材料制品、精密特材等。

河南耐利久超硬材料有限公司

地址：河南省郑州市巩义市回郭镇柏峪村
电话：17803866686
电邮：2055271334@qq.com
网址：www.nailijiu.com
单位介绍：河南耐利久超硬材料有限公司成立于 2019 年，主要是研发、生产电镀型超硬涂覆磨具（金刚石和立方氮化硼），主要产品有砂带、抛光带、砂圈、百叶片、千叶轮、转矩砂碟、圆磨片、手擦块、砂纸等磨抛工具，用于石材、玻璃、石英、陶瓷、单晶硅、多晶硅、宝石、硬质合金、钛合金、碳化钨、不锈钢、热喷涂超硬涂层等难加工材料的磨抛加工。
主营产品：砂带、抛光带、砂圈、百叶片、千叶轮、转矩砂碟、圆磨片、手擦块、砂纸等。

东莞市森永精密磨具有限公司

地址：广东省东莞市虎门镇路东社区凤凰山南路和合工业园 B

栋 3 楼
电话：0769-89068768
电邮：sales@dgsenyong.com
网址：www.dgsenyong.com
单位介绍：东莞市森永精密磨具有限公司是一家专业生产金刚石制品的生产型企业。公司管理与技术来自中国台湾地区以及韩国，采用先进的生产技术和管理手段，拥有进口加工设备和优秀的专业技术团队，从材料选择、工序设计、产品制造、客户服务等环节严格执行质量管理体系标准，立足于科学化管理。主要产品应用于手机触摸屏切割打磨、盖板磨边、LCD TFT 磨边、精密光学玻璃加工、超薄精密电子玻璃加工、蓝宝石加工、陶瓷加工、磁性材料加工等。
主营产品：陶瓷结合剂平面磨盘、陶瓷结合剂平行轮等。

东莞市创力研磨科技有限公司

地址：广东省东莞市长安镇霄边平谦国际现代产业园 G 栋
电话：0769-85538098
电邮：clymkj@clymkj.com
网址：www.clymkj.com
单位介绍：东莞市创力研磨科技有限公司是一家专业生产半导体研磨抛光材料、金刚石研磨液、纳米级抛光液等超精密研磨抛光材料的科技型企业。公司拥有专业的研发技术团队、精湛的生产工艺和先进的加工设备，以优质的服务得到国内高端客户的信赖。产品广泛应用于半导体材料碳化硅、氮化镓、砷化镓、磷化铟衬底、陶瓷材料、红外晶体材料、蓝宝石材料和精密光学元器件的研磨、抛光加工。公司通过 ISO 9001 质量管理体系认证企业，以构建合理的运营管理机制以及技术创新为动力，致力于通过向客户提供微米、纳米材料及其应用工艺方案，协助客户提高产品性能和技术含量，进而提高产品附加值并增强市场竞争力，使客户在其相关行业内长期保持创新优势，为客户创造了良好的经济效益。
主营产品：研磨液系列、抛光液系列、抛光垫系列、金刚石系列等。

河南黄河旋风股份有限公司

地址：河南省长葛市人民路 200 号
电话：0374-6123706
网址：www.hhxf.com
单位介绍：河南黄河旋风股份有限公司是一家集科研、生产、贸易于一体的国家大一型企业，下属成员企业分布于长葛、郑州、北京、上海四地。公司拥有国家级企业技术中心、企业博士后科研工作站和河南省超硬复合材料及其制品工程技术研究中心，拥有多项关键核心技术和自主知识产权，其中部分产品的综合指标已达到国际先进水平，是国家高新技术企业、超硬材料及智能制造的龙头企业。公司主要产品有碳系新材料（超硬材料及制品、超硬复合材料及制品、首饰用钻石、金刚石线锯、金刚石微粉、石墨烯）、合金粉、3D 打印金属耗材及制件等，"旋风"牌系列产品销往日、美、欧等发达国家及东南亚市场。
主营产品：超硬材料及制品、超硬复合材料及制品等。

盐城市锐锋磨料有限公司

地址：江苏省盐城市亭湖区盐城市新洋路
电话：0515-89967778
电邮：215203715@qq.com
网址：www.rfml66.cn
单位介绍：盐城市锐锋磨料有限公司拥有一批有多年生产经验的专业技术人员，他们具有丰富的实践经验和严谨的工作态度。公司以设备齐全，管理良好，磨料品种齐全，质量稳定可靠，产品具有粒度组成均匀、磁性物质含量低、化学成分稳定等特点，对印刷版、玻璃、陶瓷制品、皮革、石料等的加工，均可获得良好的效果。
主营产品：金刚砂磨料系列、绿碳化硅系列、黑碳化硅系列、地坪金刚砂骨料系列。

西安博尔新材料有限责任公司

地址：陕西省西安市航空基地蓝天六路 7 号 B09-1
电话：029-85583211
电邮：boersic@163.com
网址：www.boernm.cn
单位介绍：西安博尔新材料有限责任公司是一家专门从事高品质碳化硅（SiC）微粉和晶须及其下游制品等研发、生产、销售的国家级高新技术企业，自主发明实现工业化生产立方碳化硅（β-SiC）微粉和晶须的专业企业。其中主营产品立方碳化硅经陕西省工信厅及工信部批准被纳入重点新材料，公司的 SiC 微粉在精细分级和表面改性处理等方面也都处于前列水平。拥有国内先进的粉体加工与测试仪器设备和高技术陶瓷、精密磨抛材料与工具等研发与生产条件。有 SEM、STM、XRD、Malvern 激光粒度分析仪等先进测试仪器，有专门的材料化学性质、物理性能和力学性能测试分析室，可确保产品质量的精准和稳定。公司生产的精细 SiC（α 相和 β 相）微粉系列产品、精细磨料、堆积磨料、复合磨料、流体磨料和高技术 SiC 制品等产品在磨料磨削、机械、电子、冶金、化工、军工和航空航天等领域有广泛应用。
主营产品：立方 SiC 磨片、立方 SiC 磨块、立方 SiC 流体磨料、立方 SiC 研磨液等。

苏州金星磨料有限公司

地址：江苏省苏州相城区望亭镇巨华路 7 号
电话：0512-67550699
电邮：chentiansheng11@126.com
网址：www.szml.com
单位介绍：苏州金星磨料有限公司磨料品种规格齐全，质量稳定可靠，具有粒度组成均匀、磁性物质含量低、化学成分稳定等特点。各项磨料技术指标均已达到国内领先水平，拥有先进的生产技术和设备、完善的检测手段，得到了广大磨料用户的一致信赖。
主营产品：绿碳化硅、黑碳化硅磨料、棕刚玉、白刚玉磨料、铬刚玉磨料、金刚砂、玻璃珠等各种规格的金刚砂及研磨微粉。

5.6 陶瓷精密加工设备企业

鸡东县和越磨料有限公司

地址：黑龙江省鸡西市鸡东县石河北
电话：0467-5572345
电邮：heyue@heyue-abr.com
网址：www.heyue-abr.com
单位介绍：鸡东县和越磨料有限公司是一家集冶炼、生产、研发于一体的企业。现拥有年产 15000 吨高纯精细碳化硅微粉生产线、冶炼炉。在发展的过程中，对生产技术进行不断的改革，采用新型的检测设备，以及较先进的质量控制系统来控制产品质量。已由初建时的生产型公司转变为综合型企业，以及集冶炼加工、贸易于一体的集团公司。
主营产品：绿碳化硅微粉、粒度砂、黑碳化硅微粉、棕刚玉微粉、白刚玉微粉、锆刚玉微粉的磨料磨具制品等。

山东省博兴县华冠磨料磨具有限公司

地址：山东省滨州市博兴兴福工业园
电话：0543-2260858
电邮：cnhuaguan@126.com
单位介绍：山东省博兴县华冠磨料磨具有限公司是一家以产品出口为主的外向型企业。公司现有黑、绿碳化硅生产线各 1 条，年产各种粒度砂 6000 吨，黑、绿微粉生产线各 1 条，年产微粉 1500 吨，拥有较先进的检测设备及较雄厚的技术力量，从而确保了产品质量稳定，产品符合 ASTM、FEPA、JIS、ISO 标准，也可以根据客户的需求加工生产。
主营产品：黑、绿碳化硅，棕刚玉，白刚玉等。

武邑县祥泰磨料磨具有限公司

地址：河北省衡水市武邑县审坡镇
电话：0318-5966601
单位介绍：武邑县祥泰磨料磨具有限公司前身为武邑县联合金刚砂厂，拥有颚式破碎机、对辊机干式磁选机、干洗机、振动分筛机及粒度检测设备。主要生产金刚砂，广泛用于制作砂轮、砂布、抛光研石磨料。金刚砂年产量可达 6000 吨，产品销售网络覆盖河北、山西、北京、天津等省（市）。
主营产品：金刚砂、棕刚玉、磨料砂等。

牡丹江宏达碳化硼有限公司

地址：黑龙江省牡丹江市爱民区北安路 191 号
电话：13091859655
电邮：mdjhdthp@163.com
网址：www.hdthp.com
单位介绍：牡丹江宏达碳化硼有限公司是生产碳化硼的专业厂家。为满足不同厂家的不同生产要求，不断求新，努力提升每个员工的素质，完善生产工艺。对于产品的质量、粒度都有现代化的设备仪器跟踪检查、检验，已顺利通过 ISO 9001 质量管理体系认证，现已形成碳化硼产品 500 多吨的生产能力。为适应市场需求，提高产品参与竞争的能力，企业投资引进了世界上较先进的生产技术，全面改造了生产工艺。改造后，工厂的产品质量跃居为同行业较高水平。可根据国内外客户的要求生产加工特殊规格粒度的碳化硼。
主营产品：碳化硼。

大连正兴磨料有限公司

地址：辽宁省大连保税区工业新区振工街 10 号
电话：0411-82507316
电邮：zxml@zxabrasive.com
网址：zh.zxabrasive.com
公司简介：大连正兴磨料有限公司始建于 1986 年，是面向全球的高端碳化硼和含硼新材料制造商。公司有碳化硼、碳化硅、造粒粉、工业陶瓷制品的完整产业链，应用于国防、民用核电、半导体芯片、高性能陶瓷靶材、工业陶瓷、医药中间体，汽车安全等领域。公司已成为全球 30 多个国家和地区的高端应用市场的重要供应商。公司的碳化硼长晶基地位于黑河俄电加工区，是中国采用自主研发自控技术、负压真空烧结碳化硼晶体的工厂。公司总部坐落于中国大连，是科技部认定的高新技术企业。拥有欧美进口的先进加工设备、在线粒度检测系统、德国陶瓷过滤系统，符合国际环保要求并系统化部署了 ISO 认证体系。
主营产品：碳化硼、碳化硅等。

淄博市淄川金龙磨料磨具有限公司

地址：山东省淄博市淄川区双杨镇小屯村
电话：400-0533-198
电邮：jinlong.cnjlml@163.com
网址：www.cnjlml.com
单位介绍：淄博市淄川金龙磨料磨具有限公司专业生产白刚玉、铬刚玉等系列磨料，强化木地板耐磨纸专用耐磨砂，以及白刚玉、铬刚玉系列微粉（W 系列、F 系列、P 系列和 JIS 系列）。公司针对不同用户需求分牌号生产，品种规格齐全，磁性物含量低，各项技术指标均达到或优于国内及国际先进水平，开发生产的白刚玉 P 砂、铬钢玉微粉、木地板用耐磨砂等系列产品，具有性能优越、适用性强、清洁度高等特点。
主营产品：白刚玉砂、白刚玉微粉、铬刚玉砂、铬刚玉微粉、木地板专用耐磨砂等。

无锡成旸科技股份有限公司

地址：江苏省无锡市新区城南路 215 号
电话：0510-85259163
电邮：wxchenyang@aliyun.com
网址：www.wuxichengyang.cn
单位介绍：无锡成旸科技股份有限公司是高新技术企业，由原无锡成旸科技有限公司于 2011 年完成股份制改造而成，注册资本 1500 万元。公司创立于 2005 年，主要从事大直径硅片研磨微粉研发、生产与销售，是目前国内可以批量生产，并替代进口的企业。公司主要产品有半导体专用研磨材料、光学专用研磨材料、不锈钢抛光材料、涂层材料等专业微粉材料，包括氧化铝微粉材料、混合型研磨材料等。公司整合国内外专家团队，采用自主设计的专用破碎设备、独特的分选控制方法，研制成高致密、高耐压、耐高温特性的氧化铝微粉产品，产品主要应用于半导体研磨、高精密光学研磨和超耐高温新材料等领域。经多家有影响力的半导体材料生产企业和半导体器件及集成电路企业使用，认为公司产品的质量完全可以达到标准水平。

主营产品：氧化铝微粉材料，混合型研磨材料等。

河南四成研磨科技有限公司

地址：河南省郑州市二七区嵩山路长江路亚星时代广场1903室
电话：0371-63211286
电邮：admin@hnsicheng.cn
网址：www.scabrasive.com
单位介绍：河南四成研磨科技有限公司是一家从事多种磨料、耐火材料及铸造材料的生产、研发和销售的科技类企业。公司依靠成熟的生产工艺和优秀的销售服务团队，为国内外众多合作伙伴提供了优质的产品和服务。
主营产品：白刚玉、棕刚玉、板状刚玉、碳化硅各种型号的粒度砂、段砂、细粉、微粉以及各种规格的氧化铝粉等。

重庆市腾龙磨料磨具有限公司

地址：重庆市九龙工业园区金科五金机电城B区106号
电话：023-68666208
电邮：lianfu69@163.com
网址：www.tlmlmj.cn
单位介绍：重庆市腾龙磨料磨具公司是专业生产重庆陶瓷砂轮和磨料磨具的企业。主要生产直径在900毫米以内的陶瓷砂轮、纤维增强高速树脂切片、研磨片。生产的中国腾龙牌砂轮已顺利通过ISO 9001国际质量体系认证。产品主要销往全国各地及海外市场。产品具有平稳性好、安全性高、耐磨等特点，使其在木工、机械、造船、汽车等行业里都被广泛使用。还可承接高难度的异形、超厚、超细、超软、进口配套绝版砂轮的生产加工。
主营产品：陶瓷砂轮、纤维增强高速树脂切片、研磨片等。

山东锐石研磨材料有限公司

地址：山东省淄博市文昌湖区萌水镇萌四村
电话：13805336221
电邮：ruishi.sv@abrasivestocks.com
网址：www.white-fused-aluminium.com
单位介绍：山东锐石研磨材料有限公司专业生产白刚玉粒度砂、耐火材料段砂，有着丰富的管理经验和先进的生产技术。公司通过ISO 9001质量体系认证，并取得全球权威机构SGS企业金牌核证。同时也是磨料库存网SV会员企业，并成为研磨企业（中国）诚信宣言成员企业。
主营产品：白刚玉、白刚玉粒度砂、棕刚玉等。

四砂泰利莱（青岛）研磨股份有限公司

地址：山东省青岛市黄岛区前湾港路618号
电话：0532-86815299
电邮：office@sisa-abrasives.com
网址：www.cnsisa.cn
单位介绍：四砂泰利莱（青岛）研磨股份有限公司是专业从事超硬研磨领域相关技术研发和经营的高新技术企业。公司建立了完善的质量管理体系，并取得了ISO 9001质量管理体系认证。各项工作严格按照PDCA（策划、实施、检查、改进）实施闭环管理，确保产品质量的稳定和不断提高，在市场竞争中始终处于领先地位，市场占有率逐年大幅提高，核心竞争力稳步增强。
主营产品：陶瓷刚玉系列磨料、立方氮化硼和金刚石超硬磨具、陶瓷及树脂结合剂固结磨具等。

济宁辰大磨料磨具有限公司

地址：山东省济宁市任城区二十里铺105国道东侧68号
电话：86-0537-6595776
电邮：tzhifeng@jncarbon.com
网址：www.jnyunhe.com
单位介绍：济宁辰大磨料磨具有限公司是冶炼、精选、加工制粒机械化生产白刚玉的专业厂家。公司拥有1250千伏冶炼电弧炉2座，精选、加工制粒机械化生产线3条。生产工艺采用阶梯直线筛分技术及粒度整形技术和高强磁磁选技术。年产白刚玉（WA6号~180号）1万吨。分析仪器精良，检测手段较完善，产品注册商标为"鱼跃"。公司生产的白刚玉颗粒晶体均匀、机械强度高，被广泛用于磨具、磨料、磨削、耐火、机械加工等行业。产品质量均符合GB/T 2479标准。
主营产品：白刚玉。

淄博环宇磨料有限公司

地址：山东省淄博市淄川区昆仑镇西工业园
电话：0533-5766789
电邮：sunzhaokuan@126.com
网址：www.zbhuanyu.com
单位介绍：淄博环宇磨料有限公司是生产黑、绿碳化硅砂及微粉的专业厂家，系淄博市磨料行业的骨干企业。公司拥有先进的设备和工艺，技术力量雄厚，检测手段齐全，产品质量稳定。产品均按GB/T 6003.1、GB/T 2481.1—1998标准组织生产，产品规格有"F"系列F12—2000，"P"系列P12—2500，碳化硅陶瓷专用微粉系列、专用碳化硅泡沫过滤器系列，并可根据用户要求加工生产特殊规格的产品。
主营产品：黑碳化硅砂、黑碳化硅微粉、碳化硅泡沫陶瓷过滤器SIC、绿碳化硅砂、绿碳化硅微粉、棕刚玉、白刚玉、铬刚玉等。

山东雷浦新材料科技有限公司

地址：山东省淄博市高新区柳泉路125号先进陶瓷产业创新园A座1615室
电话：13355203212
电邮：117828594@qq.com

5.6 陶瓷精密加工设备企业

网址：www.lpweifen.com
单位介绍：山东雷浦新材料科技有限公司是一家专业从事白刚玉、低钠白刚玉、煅烧氧化铝等系列等产品的生产、开发、销售的企业。公司有着完善的管理体系及先进的粉碎和制粒设备，形成了以氧化铝原料前期处理、冶炼、破碎、制粒、微粉生产为一体的产业链结构，年生产能力 20000 吨，生产的白刚玉颗粒形状好，等积体多，堆积密度高，球磨韧性值高，质优价廉，是生产陶瓷砂轮和树脂切割片的最佳选择。
主营产品：低钠白刚玉、高纯白刚玉、镀铱白刚玉、铬刚玉等。

灵寿县金岸矿产品加工厂

地址：河北省石家庄市灵寿县燕川乡
电话：0311-87751251
网址：www.lsjinan.cn
单位介绍：灵寿县金岸矿产品加工厂是集矿产品开采、生产、加工、销售于一体的大型矿产生产、销售企业。公司充分利用当地的地理优势和资源优势，引进现代先进的生产工艺，并聘请化工选矿行业的专家实行科学管理，建立了具有高水平的多层管理体系，对产品质量严格把关。
主营产品：石英砂、金刚砂、棕刚玉、鹅卵石、火山石等矿产品。

东莞市宏研抛光材料有限公司

地址：广东省东莞市厚街镇新围村白泥井
电话：13509244856
电邮：x3h.polishwax@163.com
网址：www.hongyan999.com
单位介绍：东莞市宏研抛光材料有限公司是专业生产液体抛光蜡（抛光浆）、固体抛光蜡、抛光材料的生产厂家。集办公、设计、研发、生产，品质服务于一体，生产的"H"牌抛光蜡、抛光浆、抛光轮用途广泛，适用于手机、餐具、厨具、灯具、光学眼镜、钟表、玻璃、钥匙扣、五金工具、乐器、五金家具、卫浴器材、滴胶表面、油漆表面、医疗器械等领域，深受全国各地及国外客户的好评与信赖。
主营产品：液体抛光蜡系列、研磨液系列、抛光布轮系列、固体抛光蜡系列等。

东莞市中为研磨科技有限公司

地址：广东省东莞市虎门镇
电话：0769-82263967
电邮：zwymkj@163.com
网址：www.zwymkj.com
单位介绍：东莞市中为研磨科技有限公司是一家专业从事高精密陶瓷研磨抛光材料的研发、生产和销售的高科技企业。自主研发的陶瓷专用金刚石研磨液达到国际先进水平，填补了国内双面铜盘研磨陶瓷用金刚石研磨液的空白，广泛应用于陶瓷产品的双面研磨工艺，大幅度降低了研磨成本。其中，陶瓷专用研磨液在超薄指纹片的双面研磨上获得广泛应用，陶瓷精磨液取代进口研磨液用于研磨垫上双面研磨陶瓷背板取得较佳效果。

主营产品：陶瓷背板专用研磨液、陶瓷开粗专用研磨液、3D陶瓷扫光液、二氧化硅抛光液等。

东莞市巨研磨料磨具有限公司

地址：广东省东莞市寮步镇石大路良边段12号
电话：0769-88908848
电邮：52613945@qq.com
网址：www.dgjuyan.cn
单位介绍：东莞市巨研磨料磨具是一家专业生产、销售白刚玉、棕刚玉、黑碳化硅、绿碳化硅（粒度砂及微粉）等系列金刚砂产品和表面处理剂的企业。得益于环境的有利条件，并通过几十年的发展和努力，公司发展日趋成熟和完善。公司所生产的产品不仅得到国内广大用户的好评，而且还赢得了欧、美、日、韩及东南亚客户的信赖。
主营产品：白刚玉、棕刚玉、黑碳化硅、绿碳化硅（粒度砂及微粉）等系列金刚砂产品和表面处理剂等。

东莞市鸿磊研磨科技有限公司

地址：广东省东莞市寮步镇西溪芦溪路20号
电话：0769-83528661
电邮：mouselihonglin@126.com
网址：www.hongleigs.com
单位介绍：东莞市鸿磊研磨科技有限公司是一家专业生产、销售各种研磨抛光清洗助剂和研磨抛光耗材，集生产、研发、销售于一体的实业企业。产品主要用于不锈钢、铁、铜、银、锌、铝、镁合金等材质，经冲压、压铸、铸造、抛光后，处理工件表面倒角、毛边、氧化层、油污、蜡、抛光等。
主营产品：研磨抛光清洗助剂、研磨抛光耗材等。

温岭市科盈磨具有限公司

地址：浙江省温岭市温峤工业区松山路7号
电话：400-101-8698
网址：www.kytools.cn
单位介绍：温岭市科盈磨具有限公司主要服务各种制造加工应用行业，如金属加工磨削、3D产品、厨卫用品、家具、医疗科技、建筑材料、船舶制造、汽车制造与修理行业、模具制造业、动车与航天制造、发电站建设等其他高精表面部件与结构的打磨抛光。产品适用于各种内孔、凹槽和表面，可加工材料有钢材、不锈钢、有色金属、铝合金制品、玻璃钢、玻璃、塑料、石材、大理石、其他非金属需精细抛光表面等表面清洁、除锈、去毛刺、清理焊疤、清洁涂层、抛光、打磨和提亮、喷漆预处理等。
主营产品：全尺寸的抛光磨头，包括带柄页轮、活柄页轮、百叶片、无纺布制品系列、羊毛制品系列、橡胶和芝麻打磨头、砂布卷、刚玉磨头以及其他除漆除锈抛光打磨用途的磨具。

永康市超宇磨具厂

地址：浙江省永康市经济开发区九鼎路18号

电话：0579-87431376
电邮：ykcy88@163.com
网址：wwwykchaoyu.com
单位介绍：永康市超宇磨具厂是一家专业生产气动打磨盘、背绒砂纸片、抛光盘、绿钢纸磨片、强力砂带、千叶轮、百叶轮等抛光磨具产品的企业。公司拥有先进的设备、雄厚的技术力量和完善的检测手段，产品质量过硬，在同行中享有较高的声誉，受国内外客户的好评。
主营产品：气动打磨盘、背绒砂纸片、抛光盘、绿钢纸磨片、强力砂带、千叶轮、百叶轮等抛光磨具产品。

永康市奇星制刷有限公司

地址：浙江省永康市经济开发区九龙北路101号
电话：0579-87158600
电邮：sales@qxabrasive.com
网址：www.qxabrasive.com
单位介绍：永康市奇星制刷有限公司拥有国际先进水平的生产技术和全套设备，并有数名磨料磨具专家加盟，是集科研、开发、生产、销售于一体的综合型企业，是有可靠质量保证的、实力雄厚的生产企业。
主营产品：各种规格的角磨片、切割片、PVA抛光轮、金刚石锯片、金刚石抛光轮、羊毛轮、钢丝轮等。

永康市银星磨料磨具有限公司

地址：浙江省永康市五金科技工业园金山东路25号
电话：0579-87228358
单位介绍：永康市银星磨料磨具有限公司成立于1997年，建有现代化标准厂房、高效率的生产流水线，引进日本、德国设备与技术，专业生产纤维增强树脂薄片砂轮、钹形砂轮，是国内较具规模的树脂砂轮制造厂家之一。公司技术力量雄厚、生产经验丰富、质保体系健全，拥有当前较先进的生产设备与检测仪器，产品严格按照国家标准组织生产，各项性能指标均达到国内外同类产品水平。产品出口20多个国家与地区，深受用户好评。
主营产品：砂轮片、切割片、切片、磨片、增强树脂钹形砂轮等。

永康市开航磨具有限公司

地址：浙江省永康市象珠镇山西工业区
电话：0579-87331041
单位介绍：永康市开航磨具有限公司是一家集生产、销售和科研开发于一体的实业性私营企业，长期以来一直从事以抛光膏、平面砂布轮、植绒砂纸片等抛光磨具为主的研发与生产，能及时调整产品结构。抛光膏类产品可根据客户要求及时调整与研发，产品质量及售后服务得到客户的一致好评。
主营产品：抛光膏、植绒砂纸片、砂布轮等。

永康市任氏磨具厂

地址：浙江省永康市舟山镇大路任村
电话：0579-8737 0093
电邮：1634231413@qq.com
单位介绍：永康市任氏磨具厂成立于1998年，有着丰富的专业知识、较强的技术力量和较广的销售网络，专业生产增强纤维树脂切割片、角磨片、百叶轮以及抛光蜡等。公司拥有鼠皇、耐磨、鼎DT泰等品牌，生产各种档次的切割片和角磨片，满足不同的用户需求。公司以客户需要为宗旨，以客户安全为前提，在2002年就已经通过ISO质量管理体系认证，在2004年通过MPA认证。公司优化原材料选购，控制产品生产过程，规范产品出厂程序，使产品更具有竞争力，并且通过保险公司承保，对产品进行保险，进一步保障客户的使用安全。
主营产品：增强纤维树脂切割片、角磨片、百叶轮。

河南锐研钻石科技有限公司

地址：河南省新乡市原阳县齐街镇327国道与焦韦线向北800米
电话：0373-5578418
电邮：ldcbn106@163.com
网址：www.hnryym.com
单位介绍：河南锐研钻石科技有限公司是一家集科研、生产、销售、服务于一体的技术性企业。公司拥有先进的生产及检验设备，主要生产陶瓷金刚石，陶瓷CBN，树脂等系列高精度单面和双端面研磨盘，研磨精度可达到0.001毫米，能适配国内外大多数中高端研磨机，可广泛应用于汽车转向阀零部件、制冷压缩机零部件、油泵油嘴零部件、发动机零部件、高精度轴承、密封件、活塞环、量刃具、硬质合金刀片、陶瓷阀芯、磁性材料等产品的双端面的精研加工。产品质量和生产能力，可满足不同行业、不同用户需求。开发出了对金属与硬脆材料进行磨削、切割、修整、研磨抛光的金刚石、立方氮化硼、磨料磨具等系列产品。自主研制开发的拥有自主知识产权的立方氮化硼、金刚石研磨盘以独特的技术、严格的制造工艺和稳定的产品质量多次被评为精密研磨盘优秀供应商。
主营产品：陶瓷研磨盘系列、树脂研磨盘系列、开刃修整砂轮、金刚石研磨膏等。

河南新源超硬材料有限公司

地址：河南省商丘市柘城县工业园区
电话：0370-7292688
电邮：xinyuan@xinyuan.co
网址：www.xinyuan.co
单位介绍：河南新源超硬材料有限公司是一家集研究、开发和生产超硬材料及精密超硬工具的高新技术企业。拥有新源和新航两大主导品牌，是磨料磨具产品较为完善的制造商。凭借较先进的磨削技术应用，公司为工业制造领域的客户提高生产效率，提供优质的产品服务。拥有多项发明专利和实用新型专利，并成立一家研磨材料及制品工程技术中心。采用先进的制造工艺，生产各种玻璃行业深加工工具。公司生产的陶瓷结合剂和树脂结合剂砂轮，能够满足国内外客户的不同需求。依靠完善的生产链，成为能够为客户提供粗磨、半精磨、精磨及抛光等全面磨削方案的生产厂家。

5.6 陶瓷精密加工设备企业

主营产品：加工玻璃、陶瓷、岩板、刀具、合金、高速钢及光电等行业的各种金刚石、立方氮化硼砂轮，以及抛光钻铣工具等。

安徽同创电力科技有限公司

地址：安徽省合肥市新站区皇藏峪路669号博通创意园2号楼
电话：0551-63502889
电邮：torch_ah@163.com
网址：www.ahtorch.com
单位介绍：安徽同创电力科技有限公司是一家集研发、生产、贸易于一体的现代化工业企业。公司长期与国家电力工业耐磨材料实验中心、华北电力大学共同研究和开发磨煤机节能工艺新技术，独立拥有多项磨煤机专利技术。为国家电力工业耐磨材料试验研究中心授权的耐磨材料研发、生产基地，燃煤电厂耐磨件标准、电力行业耐磨管道标准的起草单位之一，国家耐磨材料学术委员会会员单位。
主营产品：热熔金属陶瓷一体化磨辊、分段导流环、喷嘴动环等。

山东双立磨具有限公司

地址：山东省淄博高新区卫固镇傅山工业园区（235省道东150米）
电话：0533-3788339
电邮：sdshuangli@163.com
网址：www.sl1788.cn
单位介绍：山东双立磨具有限公司注册品牌为"双立""卡宝""UMARG"，主要研发、生产、经营各种陶瓷、树脂、超硬磨具产品，年生产能力3000吨。产品广泛应用于航空航天、军工、汽车、钢铁等关键领域，服务风电齿轮、高端轴承、精密机械等智能制造环节。磨料包括TG/SG磨料、单晶刚玉、铬刚玉、棕刚玉、白刚玉、微晶刚玉、黑碳化硅、绿碳化硅以及多种混合磨料等。63米/秒以上高速砂轮、细粒度高硬度精磨砂轮、弧齿磨砂轮、强力珩齿砂轮、飞机叶片镍钛合金专用砂轮等专精特新产品系列性价比优异，可进一步实现对国际先进磨具产品的国产转化替代，为高端客户提供复杂应用场景下的个性化产品及磨削方案。
主营产品：强力珩齿砂轮、TG砂轮、细粒度800号砂轮、高速蜗杆磨等。

宁国市安泰油石有限责任公司

地址：安徽省宁国市山门南路94号
电话：0563-4180842
电邮：maillky@163.com
网址：www.antaiys.com
单位介绍：宁国市安泰油石有限责任公司拥有专业的技术力量，专业的生产设备或检测设备，可根据用户的不同要求研制开发各种具有特殊用途的油石。产品广泛应用于硬质合金（钨钢）模具、轴承、汽车部件、压缩机部件、航空航天、陶瓷、高速工具钢、铁氧体（磁性）材料、PCD刀具、玻璃、宝石、半导体等行业的磨削或切割。珩磨工具系列珩磨头及珩磨杆适用于国内外珩磨机厂家，广泛应用于汽车摩托车缸套、发动机、制冷压缩机、航空、液压、缝纫机配件、轴承、石英制品等行业的内孔珩磨加工，能够解决不同客户对不同产品的生产需求，并在广大客户中树立了良好的信誉。
主营产品：树脂结合剂、陶瓷结合剂、电镀结合剂、金属结合剂、人造金刚石油石、CBN油石（立方氮化硼）、珩磨头、珩磨杆、金刚石砂轮等。

联合钻石超硬工具（大连）有限公司

地址：辽宁省大连市甘井子区西路96号6单元4层2号
电话：0411-66998359
电邮：chuli@dsgdl.com
单位介绍：联合钻石超硬工具（大连）有限公司为国内目前最大、专业汇集进口和生产天然工业钻石、首饰钻石、精密钻石工具、金刚石制品、PCD/CBN复合材料、碳化硼、碳化钨陶瓷合金材料等超硬耐磨材料的企业。公司业务面向全球，产品广泛应用于航空航天、造船、汽车、机车、机床、工具、轴承、曲轴、精密光电、光学器材、机械加工等领域。
主营产品：金刚石工具、PCD刀具、CBN刀具、磨具磨料等。

西安双秦磨具有限责任公司

地址：陕西省西安市临潼区私营企业园区
电话：029-83886464
电邮：296082248@qq.com
网址：www.shuangqin.com
单位介绍：西安双秦磨具有限责任公司是以科研生产人造金刚石制品、硬质合金刀具、金刚石砂轮、枪钻、深孔加工的专业厂家，拥有一批长期从事深孔加工刀具研究和制造的专业技术人员。可满足各行各业深孔加工的需求，以更好的质量、更短的交货期和更合理的价格为用户提供硬质合金深孔刀具，设有市场部负责销售和服务业务、接收订单、来图加工、代理设计、协助枪钻专机供应以及深孔加工技术咨询。
主营产品：深孔钻、深孔加工、金刚石砂轮等。

河北三丰磨具有限公司

地址：河北省河间市束城镇大超市168号
电话：0317-3815831
电邮：custo@sf-abrasives.com
网址：gb.china-custo.com
单位介绍：河北三丰磨具有限公司是集研发、生产、销售磨具为一体的专业化企业，是国内颇具规模的树脂砂轮制造厂家之一。拥有优良的技术和设备，并在全国同行业率先通过了ISO 9001质量体系和欧盟MPA认证。产品广泛应用于汽车、船舶、机器制造、石油、化工、建筑等领域，是金属与非金属材料高效的磨削与切割工具。
主营产品：金属磨片27A（棕刚玉），用于削碳钢、铸钢、不锈钢、焊缝等金属；不锈钢切割片41WA（白刚玉），主要用于切割不锈钢、合金钢等贵重金属。

第 5 章　陶瓷设备种类及企业分布

湖北承利磨料磨具股份有限公司

地址：湖北省咸宁市通城县经济开发区陶瓷工业园 18 号
电话：0715-4332888
电邮：564606928@qq.com
网址：www.chengliabrasives.com
单位介绍：湖北承利磨料磨具股份有限公司是湖北省咸宁市通城县实施"产业倍增计划"、延伸涂覆磨具产业链、打造百亿产业集群而新上的重点项目，是一家生产尼龙轮、钢丝棉、石墨布及涂覆磨具深加工产品的磨料磨具企业。公司先后被认定为磨料磨具行业协会副会长单位、湖北省知识产权示范企业、国家高新技术企业。在接下来的发展中，公司将继续保持上下一心，将为用户提供多样化产品与专业化服务，致力打造国内品类最全、服务最佳的涂覆磨具提供商，努力不懈地为国内涂覆磨具行业发展贡献力量。
主营产品：尼龙轮产品、钢丝棉产品、石墨布产品、涂覆磨具全系列、水磨片等。

河南恒信工矿产品有限公司

地址：河南省郑州市建设西路鑫苑国际广场 536 室
电话：0371-67529327
电邮：hengxin.sv@abrasivestocks.com
网址：www.hnhxgk.com
单位介绍：河南恒信工矿产品有限公司致力于为国内外广大客户提供优质的磨料、耐火材料及冶金炉料产品。产品广泛应用于研磨、耐材、冶金、建材、抛光、喷砂等工业领域。
主营产品：白刚玉，黑、绿碳化硅微粉，石榴石等。

东莞市中微力合半导体科技有限公司

地址：广东省东莞市大朗镇佛子凹村佛富路 53 号松湖大厦 8 楼
电话：18928218666
电邮：zonewe999@126.com
单位介绍：东莞市中微力合半导体科技有限公司成立于 2014 年，由清华大学博士后研发技术团队组成，是一家以工研院公共技术服务平台为支撑，聚焦纳米材料表面改性，微观粉体整形和溶胶抛光等技术研究应用的高科技企业。公司专注于研磨的研发、生产、销售与服务。目前应用领域有第三代半导体碳化硅晶圆衬底、蓝宝石衬底及窗口片、陶瓷、单晶硅、玻璃、太阳能基板等基材的粗磨、中磨、精磨，以及高精度抛光产品。公司以粉体微观整形和粉体复合改性角度和对产品进行研发设计，颠覆传统的化学配方复合设计材料，产品抛光效率和性能处于世界先进水平。
主营产品：金刚石研磨垫、金刚石树脂磨头、弹性抛光头、研磨液等。

河南飞孟金刚石股份有限公司

地址：河南省孟州市前姚工业区
电话：0391-8551158
电邮：sales@famous-cn.com
网址：www.famous-cn.com
单位介绍：河南飞孟金刚石股份有限公司是由河南飞孟金刚石工业有限公司改制而来，始建于 1984 年，是一家从事超硬材料及其制品的研发、生产和服务的企业，主要产品有多晶树脂金刚石磨料、立方氮化硼磨料、超硬材料微粉以及 CVD 金刚石厚膜等四大系列 100 多个品种。公司承担"火炬计划"项目、国家重点新产品项目等，并与北京科技大学、河南工业大学、河南理工大学建立了长期的合作关系。产品已出口到美国、日本、德国、韩国等国家和地区。
主营产品：多晶树脂金刚石磨料、立方氮化硼磨料等。

南京三超新材料股份有限公司

地址：江苏省南京市江宁区淳化街道泽诚路 77 号
电话：025-84154668/84154777
电邮：sanchao@diasc.com.cn
网址：www.diasc.com.cn
单位介绍：南京三超新材料股份有限公司成立于 1999 年，是一家专业从事金刚石、立方氮化硼工具的研发、生产与销售的高新技术企业。公司拥有金刚石砂轮和金刚石线两大类相互协同的产品系列，应用于硅、蓝宝石、石英、铁氧体、钕铁硼、陶瓷、玻璃、硬质合金等硬脆材料的精密切割、磨削与抛光。公司自成立以来，始终坚持"以人为本、技术优先"的发展理念，先后引入多名外籍专家，并在日本成立了超硬材料工具的专业研发机构。
主营产品：金刚石、立方氮化硼工具等。

宜兴市赛锐特金刚石制品有限公司

地址：江苏省宜兴市丁蜀镇川埠工业开发区
电话：0510-87189168
电邮：web@srtgs.com
网址：www.srtgs.com
单位介绍：宜兴市赛锐特金刚石制品有限公司是一家生产金刚石工具的专业化企业，产品选用优质金刚石精制而成，品种多，规格全。产品分为三大类：电镀系列、树脂系列、青铜系列。同时生产金刚石磨棒、磨头、锉刀、金刚石打孔钻等系列金刚石工具制品。产品畅销全国各地，深受用户好评，在业界享有较高的声誉。
主营产品：陶瓷结合剂超硬磨具、青铜结合剂超硬磨具、树脂结合剂超硬磨具、电镀超硬磨具、陶瓷系列等。

敦化市正兴磨料有限责任公司

地址：吉林省敦化市开发区工业路 4 号
电话：0433-6340889
电邮：rula@boroncarbide.cn
网址：www.boroncarbide.cn
单位介绍：敦化市正兴磨料有限责任公司是中国最早从事碳化硼冶炼加工及粉体深加工的民营碳化硼生产企业，同时也是专业生产国内/国际标准，如 FEPA（F4 to F1500）、ISO 6344—

2013、GB/T 2481—2012、JIS R 6001、ASTM C750—2009，以及 YS/T 423—2000 核级标准认可的碳化硼粉体产品的高新技术企业。生产的碳化硼产品，在工艺过程、产品质量、检测手段等，已经完全可以满足航天、核工业设施、军事设施的防护工程陶瓷甲板、防弹甲片制造等用料的技术指标要求。公司技术中心拥有国际公认先进的全套化学指标检测设备和多国认可的激光粒度分析仪，如美国贝克曼库尔特 LS13320、英国马尔文 MALVERN 2000、德国 J. Engel smann AG STAV Ⅱ振实密度仪、美国力可氧氮测定仪 LECO TC400，以及力可碳硫分析仪 LECO C230 等理化成分检测仪器。公司自主创新的"高品位碳化硼微粉"项目被科学技术部列为国家级"火炬计划"项目，并得到科学技术部科技型企业创新基金的支持。

主营产品：生产加工碳化硼各种磨料、陶瓷制品等。

凯吉斯金刚石（广州）有限公司

地址：广东省广州市高新技术产业开发区科学城瑞和路 39 号纳金科技产业园 G3 栋 8 楼 801
电话：020-37585369
电邮：China@kgs.swiss
网址：www.kgsswiss.cn
单位介绍：凯吉斯金刚石（广州）有限公司是柔性金刚石磨具和金属纤维网布的专业生产企业。公司掌握了多项先进复杂的技术，如金属纤维布生产、电镀、金属结合剂和树脂结合剂烧结、树脂压模技术、喷涂和标准涂附磨料技术。在此基础上将技术协同整合，不断创新。为了更好地服务全球客户，公司在欧洲、北美、中东、澳洲和亚洲的 15 个国家建立了 21 家分公司，构成国际销售网络。为航空航天、玻璃、陶瓷、电子、汽车、建筑、石材、精密工具和地面等行业提供相匹配的高效解决方案。

主营产品：金刚石砂带、砂布及相关衍生品等。

苏州市九研超硬材料有限公司

地址：江苏省苏州市吴江区五方路 87 号
电话：0512-63324966
电邮：13913199379@163.com
网址：www.szjiuyan.cn
单位介绍：苏州市九研超硬材料有限公司是一家集专业研发、生产、销售与技术服务为一体的 CBN 金刚石砂轮制造型高新技术企业。公司拥有多项实用新型专利，并拥有成熟稳定的超硬砂轮陶瓷结合剂、树脂结合剂、金属结合剂等多种类型结合剂。公司生产多型号的 CBN 金刚石双端面砂轮磨盘、平面砂轮、外圆砂轮、内圆砂轮、槽口砂轮、曲线砂轮等多种成型磨削砂轮。其产品在汽车零部件、制冷、航空航天、电子通信、风能、轴承、液压、陶瓷、刀具、磁性材料、光学仪器等领域得到了良好的应用。

主营产品：CBN 磨盘、金刚石磨盘、修整滚轮、平面磨砂轮、内圆磨砂轮、金刚石/CBN 异形砂轮、槽磨砂轮等。

深圳市川菱科技有限公司

地址：广东省深圳市龙岗区平湖街道华南城铁东物流园区 11 栋 11 楼
电话：0755-28792978
电邮：cl@factorywill.cn
网址：www.chuanlin.com.cn
单位介绍：深圳市川菱科技有限公司是一家集研发、生产和销售抛光研磨耗材为一体的企业。公司拥有 30 年行业经验，公司以雄厚的技术力量、尖端的产品为核心，以专业的研发团队为支撑，深耕抛光研磨行业，多年来致力于为苹果、OPPO、华为、小米等客户提供专业、精准的抛光研磨解决方案。

主营产品：氧化铝抛光液、液体抛光蜡、二氧化硅抛光液、氧化铈抛光液、钻石水性研磨液、喷砂耗材等。

深圳市振鸿兴研磨科技有限公司

地址：广东省深圳市宝安区固戍村朱坳工业区 F 栋 3 楼
电话：0755-27931086
电邮：chenhung@vip.sina.com
网址：www.szzhenhong.com.cn
单位介绍：深圳市振鸿兴研磨科技有限公司多年来致力于研磨、抛光、喷砂、拉丝、遮蔽等表面处理工艺的研究、开发，以及设备耗材的生产、销售。主要在磨料磨具、超硬材料及制品、表面处理领域进行研究、开发、生产和提供服务。公司下设研发部、生产部、营销部、品管部、财务部和工程部等部门。提供的产品服务行业广泛，包括电子、家具、餐具、厨具、玻璃、石材、木材、灯饰、礼品、眼镜、自行车、汽车、模具、光电、通信、印刷、喷涂、电镀及焊割等。

主营产品：镜面抛光耗材、喷砂耗材、镜面打磨耗材、拉丝耗材、振动/滚动研磨、遮蔽保护、镜面研磨耗材等。

第 6 章
陶瓷检测仪器分类与企业

6.1 陶瓷检测分析仪器概述

6.1.1 陶瓷粉体检测及仪器

6.1.1.1 粉体粒径的分析表征

粉体粒径表征通常用下面两个关键参数：

D_{50}：一个样品的累计粒度分布百分数达到50%时所对应的粒径。其物理意义是粒径大于它的颗粒占50%，小于它的颗粒也占50%。D_{50}也叫中位粒径或中值粒径，D_{50}常用来表示粉体的平均粒度。

D_{97}：一个样品的累计粒度分布数达到97%时所对应的粒径。它的物理意义是粒径小于它的颗粒占97%。D_{97}常用来表示粉体粗端的粒度指标。

粉体粒径及粒径分布测试方法主要有筛分法、沉降法、激光法、电子显微镜分析法等。这几种测试方法对比见表6-1。

表6-1 粉体粒度几种测试方法对比

方法	优点	缺点
筛分法	成本低，操作简便	应用领域小，低于400目的干粉较难测量，不能测量乳浊液
电子显微镜分析法	可以直观测量颗粒大小，观察颗粒的形貌	电子显微镜操作比较复杂
沉降法	直观	测量速度慢，不能测量不同密度的混合物。易受温度等环境因素和人为因素的影响
激光法	适用范围广，测试范围宽；准确性高；重复性好；测试速度快	不宜测量粒度分布较窄的样品，分辨率相对较低

（1）筛分法

使用多个不同孔径的筛子进行筛选，将颗粒分成若干个粒级，分别称重，根据比例来求粒径分布的方法。图6-1为筛分原理示意图和德国 Fritsch ANALYSETTE 3 SPARTAN 筛分机，比较适合粒径较粗的粉体颗粒。

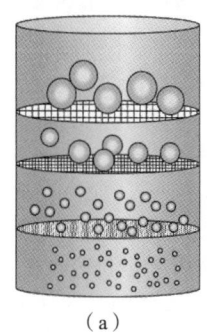

（a）　　　　　　（b）

图6-1 筛分原理示意图和德国筛分机

（2）沉降法

沉降法粒度分析，是基于颗粒在液体中的沉降符合斯托克斯定律这一原则，通过检测颗粒在介质中的沉降速度来确定颗粒粒度分布。图6-2为美国贝克曼库尔特 Multisizer 4e 颗粒计数及粒度沉降分析仪。该仪器可检测的最小极限为 $\phi 0.2\mu m$ (200nm)，可以对粒度进行三维测量，总体粒径分析范围为 $0.2 \sim 1600 \mu m$。

图6-2 美国贝克曼库尔特颗粒计数及沉降分析仪

（3）激光法

激光法是目前最常用的粒度分析方法。在粉体加工、应用与研究领域，激光粒度仪作为一种新型的粒度测试仪器已得到广泛的应用。国内外已有多款激光粒度分析仪应用于陶瓷粉体粒径及粒径分布的测量，其中以英国马尔文激光粒度仪为代表的激光粒度仪在大学研究机构和企业检测中心获得较多应用，图6-3为英国马尔文激光粒度仪（Mastersizer 3000）。

图6-3 英国马尔文激光粒度仪（Mastersizer 3000）

（4）电子显微镜分析法

原始颗粒的粒径分析可以采用扫描电子显微镜（Scanning Electron Microscope, SEM）和透射电子显微镜（Transmission Electron Microscope, TEM）这两种仪器进行统计观测。为了减小统计误差，一般要求被测颗粒不少于600个。由于电镜法是对样品局部区域的观测，所以在进行粒度分布分析时需要多幅照片的观测，通过软件分析得到统计的粒度分布。图6-4和图6-5分别示出了SEM和TEM仪器及氧化锆粉体颗粒照片。

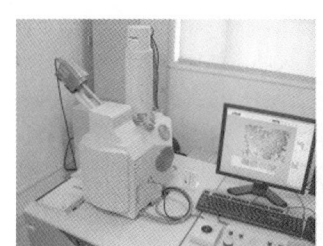

图6-4 扫描电镜及氧化锆粉体扫描照片

6.1.1.2 粉体比表面积测试

粉体的许多性质，如烧结活性和成型性能等都与比表面积有关。通常颗粒越小，形状越不规则，则比表面积越大。

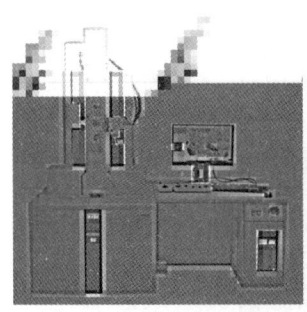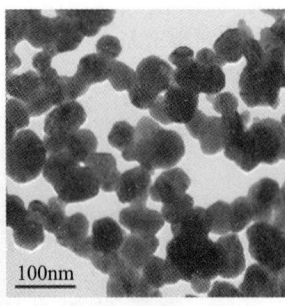

图 6-5 透射电镜及氧化锆粉体透射照片

比表面积测试方法主要分为吸附法、透气法和其他方法，其中吸附法比较常用且精度较高。吸附法根据吸附质的不同又分为吸碘法、压汞法、低温氮吸附法等。目前广泛应用的方法是低温氮吸附法。

比较而言，动态色谱法比较适合测试中小吸附量的小比表面积样品（对于中大吸附量样品，静态法和动态法都可以定量得得很准确），静态容量法比较适合孔径及比表面测试。图 6-6 示出常用的美国康塔 Monosorb 直读动态流动法比表面积分析仪器。

图 6-6 美国康塔 Monosorb 直读动态法比表面积分析仪

6.1.2 陶瓷材料性能测试及仪器

6.1.2.1 陶瓷的密度及测试

(1) 密度的表示方法

密度是指单位体积的质量，常用 g/cm^3 表示。对于陶瓷材料其密度可分如下几种情况：

①理论密度，与结晶学密度同义，但考虑了固溶体和多相；②体积密度，陶瓷体实际测出的密度，包括陶瓷内部所有的晶格缺陷、各种相组成和制造中形成的气孔；③相对密度，是指陶瓷实测体积密度与其理论密度比值的相对百分数。表 6-2 为陶瓷金属及有机材料的密度比较。

表 6-2 陶瓷金属及有机材料的密度比较

材料	组成	密度 (g/cm^3)	材料	组成	密度 (g/cm^3)
陶瓷材料			方石英	SiO_2	2.32
α-氧化铝	$\alpha\text{-}Al_2O_3$	3.95	碳化硅	SiC	3.17
γ-氧化铝	$\gamma\text{-}Al_2O_3$	3.47	氮化硅	Si_3N_4	3.19
氮化铝	AlN	3.26	二氧化钛	TiO_2	4.26
莫来石	$Al_6Si_2O_{13}$	3.23	碳化钨	WC	15.70
碳化硼	B_4C	2.51	氧化锆	ZrO_2	5.80
氮化硼	BN	2.20	锆石	$ZrSiO_4$	4.65
氧化铍	BeO	3.06	金属		
钛酸钡	$BaTiO_3$	5.80	铝	Al	2.7
金刚石	C	3.52	铁	Fe	7.87
石墨	C	2.1~2.3	镁	Mg	1.74
萤石	CaF_2	3.18	1040 钢	Fe 基合金	7.85
氧化铈	CeO_2	7.30	耐盐酸镍基合金 X (Hastelloy X)	镍基合金	8.23
氧化铬	Cr_2O_3	5.21	HS-25 (L_{605})	钴基合金	9.13
尖晶石	$MgAl_2O_4$	3.55	黄铜	$_{70}Cu\text{-}_{30}Zn$	8.5
铁铝尖晶石	$FeAl_2O_4$	4.20	青铜	$_{95}Cu\text{-}_5Sn$	8.8
磁铁矿	$FeFe_2O_4$	5.20	银	Ag	10.4
氧化铪	HfO_2	9.68	钨	W	19.4
锂辉石	$LiAlSi_2O_6$	3.20	有机材料		
堇青石	$Mg_2Al_4Si_5O_{18}$	2.65	聚苯乙烯	苯乙烯聚合物	1.05
氧化镁	MgO	3.75	特氟隆	聚四氟乙烯	2.2
镁橄榄石	Mg_2SiO_4	3.20	耐热有机玻璃	聚甲基丙烯酸甲酯	1.2
石英	SiO_2	2.65	聚乙烯	乙烯聚合物	0.9
鳞石英	SiO_2	2.27			

(2) 体积密度的测试

陶瓷体（烧结后）的体积密度的测量通常采用排水法，按阿基米德原理计算出来。当陶瓷体内部与表面含有连通气孔，此时应按美国试验和材料标准协会 ASTMC373 规定的"水煮法"进行测定。"水煮法"可测量体积密度、开口气孔率、吸水率和表观密度，并可间接评估封闭气孔。其测量步骤为：

① 在空气中先称出陶瓷试样的质量（D）；

② 将试件放在沸水中煮沸 2~5h，然后冷却至室温，静放 24h；

③ 陶瓷试样悬挂在水中称其质量（S）；

④ 将试样从水中取出，并用干净棉纸或纱布轻轻将试样表面的水擦去，在空气中称其质量（W）；

然后可按下述公式计算：

体积密度： $P = \dfrac{D}{W-S}$ （g/cm³）

显气孔率： $P = \dfrac{W-D}{W-S} \times 100\%$

此外，还有一种较为简单但精度稍低的方法。即在含连通气孔的陶瓷试样表面涂上一层密封性好的石蜡层，此时可按无连通气孔，即不吸水的陶瓷材料直接用排水法测定。

体积密度： $P = \dfrac{D}{D-S}$ （g/cm³）

吸水率： $A = \dfrac{W-D}{D}$

可将表观密度与真密度（一般可以从手册上查出或用结晶学计算法得出）对比，以测定封闭气孔率。

如果陶瓷体具有简单的均匀对称的几何形状（如实心的圆柱体或矩形棒），则可通过测量外形尺寸计算出体积，再称量试样在空气中干重，进而求出体积密度。

6.1.2.2 陶瓷硬度表征及测试

硬度代表材料抵抗硬的物体压陷表面或破坏的能力，常见的硬度表示法有：莫氏硬度、布氏硬度（HB）、洛氏硬度（HRC）、维氏硬度（HV）、努普硬度（HK）和显微硬度等。

由于测量方法不同，测得的硬度所代表的材料性能也各异。例如金属材料常用的硬度测量方法是在静荷载下将一种硬的物体压入材料，这样测得的硬度主要反映材料抵抗塑性形变的能力；而陶瓷、矿物材料使用的划痕硬度却反映材料抵抗破坏的能力。所以硬度测试方法不同，测定数值不同而且单位也不同，彼此间没有固定的换算关系。

用静载荷压入的硬度试验法种类很多，常用于测定材料的布氏硬度（HB）、维氏硬度（HV）及洛氏硬度（HRC）。这些方法的原理都是将一硬的物体在静载下压入被测物体表面，表面上被压入一个凹面，以凹面单位面积的荷载表示被测物体的硬度。布氏硬度（HB）主要用来测定金属材料中较软及中等硬度的材料，很少用于陶瓷。洛氏硬度法测量的范围较广，常用于硬质金属和陶瓷材料的硬度表征。维氏硬度和努普硬度都适用于较硬的材料，也用于陶瓷硬度的测定。陶瓷材料硬度测试中必须要用金刚石压头，这是因为其他材料的压头很有可能被扭曲，即便是金刚石压头也存在被压裂的危险，所以压头需要定期检查。图 6-7 示出了不同测试硬度方法的加载示意图。

大多数陶瓷材料具有较高的硬度，但也有一些陶瓷硬度较低，如氮化硼。这与其化学键和内部结构有关。此外，硬度在一定程度上可以反映材料的耐磨损性，通常陶瓷的硬度越高耐磨性能越好，但是有一些耐磨损性好的陶瓷硬度并不是很高（如 Y-ZrO₂），所以硬度测试不能代替磨损测试去衡量一种材料的耐磨性能的程度。

(1) 维氏硬度（HV）

维氏硬度的符号为 HV。维氏硬度测量的压头采用一个相对两面夹角为 136°的金刚石正四棱锥形压头，在一定载荷 P 的作用下压入试样表面，经规定保压时间后卸除载荷。此时在试样测试面上压出一个正方形的压痕，然后在读数显微镜下测量其

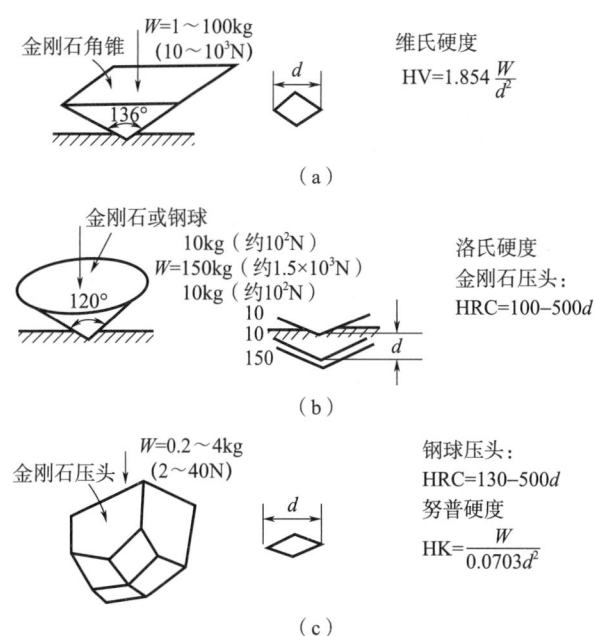

图 6-7 不同测试硬度方法的加载示意图

正方形压痕两对角线 d_1 和 d_2 的长度，算出平均值 $d = 1/2(d_1 + d_2)$，并算出压痕凹面的面积 F，即可计算出维氏硬度值 P/F，其单位为 MPa，如图 6-8（a）所示，计算公式为：

$$HV = \frac{P}{F} = 1.8544 \frac{P}{d^2}$$

式中，P 为载荷（N）；F 为压痕凹面（mm²）；d 为压痕两对角线长度的平均值（mm）。

图 6-8（b）为美国威尔逊（Wilson）公司 Tukon2500B 型号的全自动维氏硬度计，其特点是试验加载和卸载采用全自动封闭环传感器控制，配备自动测量系统，自动转台自动对焦，定点或多点连续测试，测量结果自动读数。仪器测试标准符合 ASTM E384、ASTM E92、ISO 6507、ISO 9385 标准。

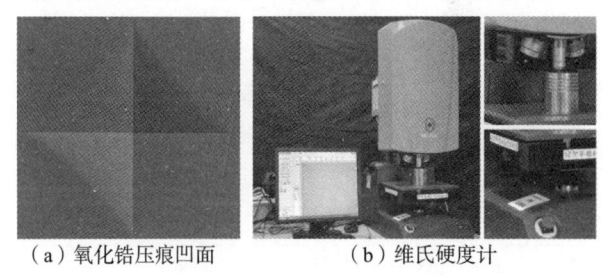

(a) 氧化锆压痕凹面　　　(b) 维氏硬度计

图 6-8 维氏硬度测试压痕凹面与显微硬度计

维氏硬度实际测定中有三点须特别注意：

① 测试中负荷 P 的大小应依据试样的大小、厚薄及材料性质确定。陶瓷材料从 9.807～294.21N 中选择。日本采用维氏硬度试验方法测定精细陶瓷材料的硬度，压痕负荷为 10N 和 100N。

② 被测陶瓷试样的上下表面必须平行，测试表面不得有油污或脏点，需抛光成镜面，且试样的厚度至少大于压痕对角线的两倍。

③ 为了避免材料局部不均匀性引起大的误差，同一试样上至少测定不同位置的 3～5 个点，求出其平均值作为该试样的硬度。试验在常温下进行负荷的保压时间为 10～20s。

(2) 洛氏硬度（HR）

洛氏硬度测试一般采用120°的圆锥形金刚石压头，如图6-7 (b) 所示，它以测量压痕深度值的大小来表示材料的硬度值。洛氏硬度的测试是在先后两次施加负荷（初负荷 P_0 及总负荷 P）的作用下，将标准型压头（金刚石圆锥）压入试样或零件表面来进行；总负荷 P 为初负荷 P_0 及主负荷 P_1 之和，即 $P = P_0 + P_1$。

洛氏硬度值是用加总负荷 P 并卸除主负荷 P_1 后，在初负荷 P_0 继续作用下，由主负荷 P_1 所引起的残余压入深度值 e 来计算，数值 e 以规定单位 0.002mm 表示。因此，当压头轴向位移一个单位时，即相当于洛氏硬度变化一个数，试验时 e 值越大，材料的硬度越低。反之，则硬度越高。

洛氏硬度值以符号 HR 表示，并标注所用标尺 A、B、C、D、F 或 G。其中 HRA、HRC、HRD 表示圆锥形金刚石压头，用于陶瓷和高硬度铸铁或淬火钢的测量；HRB、HRD 等表示钢球压头，用于合金及其他金属材料的洛氏硬度测量。

e 值可采用下式计算：

$$e = \frac{h_1 - h_0}{0.002}$$

式中，h_0 为在初负荷 P_0 作用下，压头压入试样表面的深度（弹性变形＋残余变形），h_1 为在已施加总负荷 P 并卸除主负荷 P_1、但仍保留初负荷 P_0 时压头压入试样表面的深度。

当用标尺 A、C、D 试验时：

$$HR = 100 - e$$

结构陶瓷的洛氏硬度值硬度值通常在 70~90；对于 HRC＞70 的试样，应使用圆锥压头在 100kg 或 60kg 负荷下测量 HRD 或 HRA 值，否则负荷过大会损坏压头。

与维氏法相比，洛氏法得到的硬度值数据分散性更小，而且不存在读数错误，但是一般需要至少测量 5 次再取平均值。表 6-3 列出常见陶瓷材料维氏硬度、努普硬度及洛氏硬度。

表 6-3 常见陶瓷材料维氏硬度、努普硬度及洛氏硬度

陶瓷种类	$HV_{2.5}$	$HV_{0.1}$	$HK_{0.1}$	$HK_{0.05}$	HR
氧化铝 ＞99% Al_2O_3	1450	1900	1930	2030	83
95% Al_2O_3	1170	1600	1590	1780	78
90% Al_2O_3	1050	1400	1400	1620	77
BeO（99%）		1100~1300			
MgO（致密）	500		~600		
尖晶石（致密）	1200	1500	1700		
稳定 ZrO_2			1200	1500	
反应烧结 Si_3N_4		750			
热压烧结 Si_3N_4		1600~1800	2500~2700		
常压烧结 Si_3N_4				1840	84
B_4C	2800	3200	2800		90
反应烧结 SiC		2000	2500	2900	
热压烧结 SiC		2400~2800			
常压烧结 SiC		~2500			89
金刚石		~8000			
WC（含 6%Co）		1300~1600			
云母玻璃陶瓷				420	
蓝宝石		1800~2400			

6.1.2.3 陶瓷的强度测试及仪器

陶瓷材料的强度，若根据原子键断裂能来计算可得到理论强度；若将材料内部和表面的各种缺陷，如裂纹、气孔或夹杂物都考虑进去，则为实际强度。

陶瓷材料的实际强度依测定方法不同，又可分拉伸强度、弯曲强度和压缩强度。下面将讨论这些强度的计算与测量方法、不同强度之间相互关系以及强度大小的影响因素。

（1）理论强度与实际强度

理论强度的含义是指理想晶体中使原子键断裂，使结构破坏所需的拉伸应力，其计算公式为：

$$\sigma_{th} = \left(\frac{E\gamma}{a_0}\right)^{+}$$

式中，σ_{th} 为理论强度；E 为弹性模量；γ 为断裂表面能；a_0 为原子间距。

由上式可知，材料的刚性（弹性模量）越大，表面能越大，原子间距越小，即结合得越紧密，理论强度 σ_{th} 值越大。

陶瓷材料的理论强度的范围一般为弹性模量的 1/10~1/5。例如，氧化铝的平均弹性模量为 380GPa，其理论强度的范围为 38~76GPa；碳化硅的平均弹性模量为 440GPa，理论强度为 44~88GPa。

然而，陶瓷材料的实际强度远达不到理论强度，这是由于材料中存在制造缺陷和结构缺陷，如气孔、夹杂物、裂纹、团聚等，从而导致应力集中，使材料在远低于理论强度的载荷下发生断裂。通常多晶陶瓷的实际断裂强度大约为理论强度的 1/500~1/50。表 6-4 列出 Al_2O_3 和 SiC 陶瓷的弹性模量、理论强度和测出的实际强度，同时也给出 Al_2O_3 和 SiC 纤维的实测强度。

表 6-4 某些陶瓷的理论强度与实际强度对比

材料	E (GPa)	估算的理论强度 (GPa)	测出的纤维强度 (GPa)	测出的多晶试样强度 (GPa)
Al_2O_3	380	38	16	0.3~0.6
SiC	440	44	23	0.4~0.7

（2）拉伸强度及测试

拉伸强度也称抗拉强度，是指材料在单向均匀拉应力作用下断裂时的应力值。其计算可用断裂时的载荷 P 除以试件的横截面积 A：

$$\sigma_t = \frac{P}{A}$$

拉伸强度测量是在万能试验机上进行，一般用于具有塑性特征的金属，其测量可确定材料的屈服强度、断裂强度和伸长值。

陶瓷制备成拉伸试样后可进行拉伸强度的测试，拉伸试验试件的形状如图6-9所示。但通常情况下较少采用拉伸试验来测定陶瓷材料的拉伸强度，主要有两点原因：一是陶瓷拉伸试件的制作困难、成本高；二是拉伸试验要求试件内的应力是均匀拉应力，这对于陶瓷等脆性材料是很困难的。因为这不仅要求试件非常光滑和对称，还要求试验机尖头绝对垂直中心，没有偏斜，在试验中负荷顺序要排列得好，这就使得拉伸试验费用高而且精度难以保证。

6.1 陶瓷检测分析仪器概述

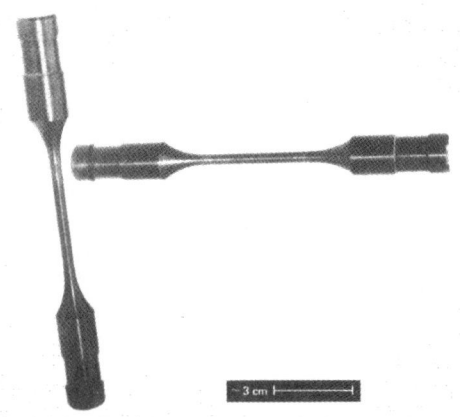

图 6-9 典型的陶瓷拉伸试验试件形状

此外，拉伸强度也可对薄壁空心圆柱形试件的内部施加水力静负荷来测量。这种方法已用于室温下的强度测量，但不适合升温情况下，这是因为在高温下加压流体的密封困难。

（3）弯曲强度及测试

弯曲强度又称抗弯强度，是指试件在弯曲应力作用下受拉面断裂时的最大应力。试件横截面通常为矩形，沿整个长度的截面是均匀的，这种试件制作成本远低于拉伸强度试件。

抗弯强度依加载方式不同可分三点弯曲和四点弯曲两种。图 6-10 为两种加载方式的示意图。

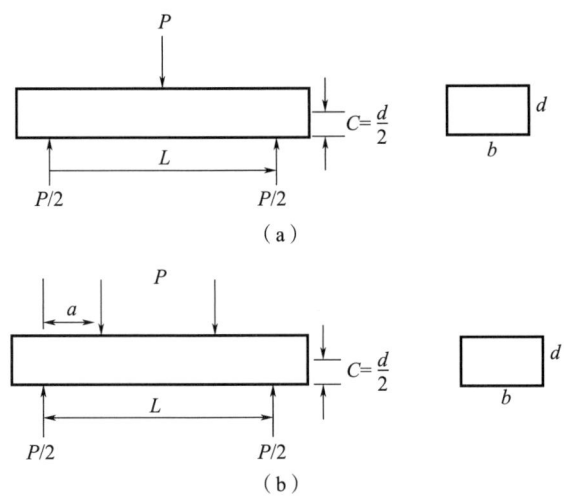

图 6-10 三点弯曲试验与四点弯曲试验

三点弯曲强度计算公式为：

$$\sigma_f = \frac{3PL}{2bh^2}$$

四点弯曲强度计算公式为：

$$\sigma_f = \frac{3P(L-l)}{2bh^2}$$

式中，P 为断裂时载荷（N）；L 为试样支座间距（mm）；b 为试样宽度（mm）；h 为试样高度（mm）；l 为上支点跨距（mm）。

弯曲强度试件尺寸通常采用 36×4×3（mm）。测试数据具有较大离散性，这就要求有一定试件数量，一般每组为 10～12 根，高温试验时试样数量可适当少一些，每组为 5～10 根。图 6-11 为日本岛津公司的电子万能试验机，采用三点弯曲和四点弯曲夹具，可以分别测试陶瓷式样的三点弯曲强度及四点弯曲强度。此外，该仪器还配备了一个加热系统，可以测试室温至 1200℃ 范围内陶瓷材料的抗弯强度和断裂韧性。

图 6-11 日本岛津电子万能试验机

值得注意的是，陶瓷材料的三点弯曲、四点弯曲以及拉伸强度测试过程中，外加载荷在试件上的应力分布是不同的，如图 6-12 所示。

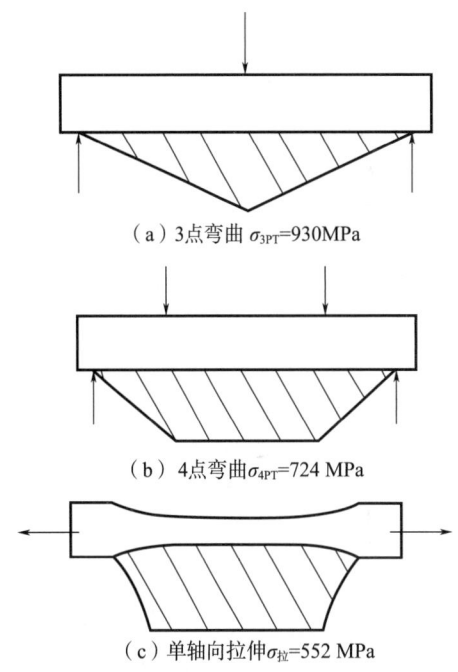

图 6-12 强度测试中陶瓷试件上应力分布示意图

三点弯曲强度测试的应力分布如图 6-12（a）所示。最大应力位于试件加载点对面表面的中线上，应力沿着试件两端呈线性下降，在试件底部支点处应力降到零。

四点弯曲试件中的应力大致分布如图 6-12（b）所示。其最大应力是在两个加载点之间的整个拉伸表面内，拉伸应力从加载荷点至底部支点降至为零。对于处在最高拉伸应力或接近最高拉伸应力范围内的面积或体积，四点弯曲试验要比三点弯曲试验大得多，因而暴露于高应力下的较大的缺陷出现的概率就会增大。因此，对于给定的陶瓷材料，四点弯曲试验得出的强度值比三点弯曲试验得出的数值要低一些。例如，测试同一批热压烧结的 Si_3N_4 试件，其三点弯曲强度值为 930MPa，而四点弯曲强度值为 724MPa。

拉伸强度试验的应力分布如图 6-12（c）所示。在测量断面的整个体积内都处于最高应力状态下，从而试件内缺陷都处于高应力下。因此，对于给定的陶瓷材料，单轴向拉伸强度试验得出的强度值低于弯曲强度值。仍旧以热压 Si_3N_4 为例,其拉伸强度仅为552MPa,比三点弯曲强度值930MPa和四点弯曲强度值724MPa均要低许多。

(4) 压缩强度

压缩强度又叫抗压强度,是指一定尺寸和形状的陶瓷试样在规定的试验机上受轴向应力作用破坏时,单位面积上所承受的载荷;或是陶瓷材料在均匀压力下破坏时的应力。其计算公式如下:

$$\sigma_c = \frac{P}{A}$$

式中,σ_c 为试样的抗压强度(MPa);P 为试样压碎时的总压力(N);A 为试样受载截面面积(mm^2)。

抗压强度的试样一般要求高度:直径=2:1(如高度为18mm,直径应为9mm),每组试样为10个以上。

陶瓷材料的压缩强度比拉伸强度和弯曲强度要高许多,因而陶瓷部件处于受压状态下有利于发挥陶瓷材料的力学性能,抗压强度对工程陶瓷部件的设计是有利的。精细陶瓷材料抗压强度试验方法参见 GB/T 8489—2006。

6.1.2.4 陶瓷的断裂韧性及测试

(1) 基本概念

如前所述,陶瓷材料内裂纹的尖端存在应力集中。裂纹尖端的应力集中用应力强度因子 K 表示,当裂纹尖端应力强度因子达到某一临界值时,裂纹将会扩展并导致断裂,这一临界应力强度因子称为材料的断裂韧性,用 K_{IC} 表示。它是应力强度因子使裂纹失稳扩展导致断裂的临界值。由上可知,断裂韧性是材料的一种基本性能,是材料抵抗裂纹扩展的阻力,材料断裂韧性值越高,引起裂纹和裂纹扩展越困难。

材料断裂韧性与断裂强度存在下述关系:

$$K_{IC} = \sigma_f \gamma \sqrt{a}$$

式中,K_{IC} 为断裂韧性($MPa \cdot m^{1/2}$);σ_f 断裂强度(MPa);γ 为无量纲因子,取决于裂纹形状和加载的几何情况;a 为裂纹长度(m)。部分陶瓷与金属材料断裂韧性值见表6-5。

表6-5 部分陶瓷与金属材料断裂韧性值

材料	K_{IC}($MPa \cdot m^{1/2}$)
氧化铝	3~6
莫来石	2~3
部分稳定氧化锆(PSZ)	7~15
四方相氧化锆(TZP)	10~20
热压烧结氮化硅(HPSN)	6~8
反应烧结氮化硅(RBSN)	3~5
常压固相烧结碳化硅	3~4
常压液相烧结碳化硅	4~8
硅酸盐玻璃	<1

(2) 断裂韧性的测试

陶瓷材料断裂韧性测试方法包括单边切口梁法(简称SENB法)、双悬臂梁法(简称DCB法)、双扭法(简称DT法)、压痕法(简称IM法)等。目前应用最多的是单边切口梁法和压痕法。

① 单边切口梁法

单边切口梁法是在矩形截面的长柱状陶瓷试件中部开一个很小的切口作为预制裂纹,切口宽度最好不要大于0.25mm,切口深度为试件高度的0.4~0.5,采用三点或四点弯曲对试样加载直至断裂,示意图如图6-13所示。

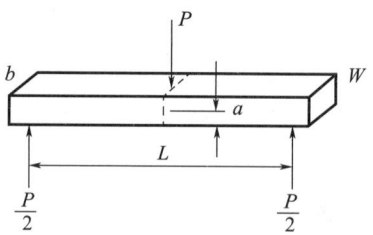

图6-13 单边切口梁法示意图

用三点弯曲加载时,K_{IC} 计算式如下:

$$K_{IC} = Y \times \frac{3PL}{26W^2} \times \sqrt{a}$$

式中,b 为梁的宽度;W 为梁的高度;a 为切口的深度;L 为支点间距;ρ 为断裂载荷;Y 为与试样有关的常数。因此,对试件必须要求形状一致。

单边切口梁法的主要优点是:A.试样加工比较简单,采用矩形长试样[2×4×(36~40) mm],中间用金刚石圆形刀开一狭窄的切口(切口宽≤0.25mm,深度为0.4~0.5W);B.测定值比较稳定,得到可比性较好、又比较接近真实值的 K_{IC} 值;C.可在高温或不同介质与气氛中试验。因此,该法已被许多国家用作标准方法。

但该法也存在一个问题,即断裂韧性受开口宽度的影响,K_{IC} 值随切口宽度的增大而显著增大。这样,若开口宽度控制不当,用单边切口梁法所测定的断裂韧性值(K_{IC})就会偏高,大大超出实际断裂韧性值。

② 压痕法

压痕法是在陶瓷材料表面进行精密抛光,表面光洁度达到1μm以上,在硬度仪上用Vickers金刚石压头以适当载荷加压,制造压痕及沿压痕对角线扩展的裂纹如图6-14所示。在光学显微镜或扫描电子显微镜下测量压痕对角线长度 $2a$ 及裂纹扩展长度 l,$c=l+a$。根据裂纹几何尺寸选择合适的计算公式,计算材料 K_{IC}。

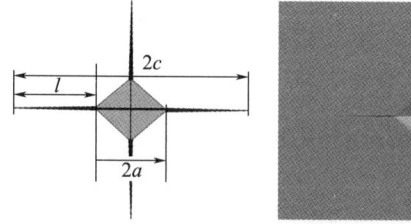

图6-14 压痕法测量陶瓷材料的断裂韧性

压痕法的主要优点是:A.对试样尺寸、数量要求低,便于制备,可用小尺寸样品测试断裂韧性;B.试样加工简单,仅需对表面精密抛光;C.不需预制裂纹,测试速度快;D.不需要特殊的装置和夹具,只需要一台硬度计;E.可以测试同一个试样中的 K_{IC} 的不均匀性。

但是该方法还存在一些问题:A.受材料组织均匀性影响,对某些材料,如气孔率高和组织非常不均匀的材料不适用;

B. 测量值分散性大；C. 压痕应力场复杂，解析结果中含很多假设，各计算公式得到的值差别较大。所以，应尽量增加测试点数，以提高结果准确性。

6.1.2.5 陶瓷介电性能

陶瓷材料在许多领域的应用不仅对其电阻率有要求，而且其介电性能也非常重要，如在真空电子器件中不但要求陶瓷绝缘特性，还要求较小的介电常数和介电损耗，此外还要求高的介电强度。而对于优异的绝缘陶瓷，其电学性能须具备如下性能：①体积电阻率 $(\rho) \geqslant 10^{12} \Omega \cdot cm$；②相对介电常数 $(\varepsilon_r) \leqslant 30$；③介电损耗 $(\tan\delta) \leqslant 0.001$；④介电强度 $DS \geqslant 5.0 kV/mm$。不同结构陶瓷材料介电性能见表 6-6。

表 6-6 先进陶瓷材料的介电性能

材料	$\tan\delta$ （1MHz室温）	ε_r （1MHz室温）	DS $(kV \cdot mm^{-1})$
滑石瓷	0.0008~0.0035	5.9~6.1	7.9~13.8
镁橄榄石瓷	0.0004~0.001	5.8~6.7	7.9~11.9
堇青石瓷	0.003~0.007	4.1~5.4	5.5~9.1
Al_2O_3 瓷	0.0003~0.002	8.2~10.2	9.9~15.8
尖晶石瓷	0.0004	7.5	11.9
莫来石瓷	0.004~0.005	6.2~6.8	7.8
MgO 瓷	0.001	8.2	8.5~11.0
BeO 瓷	0.001	5.8	9.5~13.8
ZrO_2 瓷	0.01	12.0	~5.0
ThO_2 瓷	0.0003	13.5	~5.3
CeO_2 瓷	0.0007	15	—
热导 SiC 瓷	<0.05	40	0.07
热导 AlN 瓷	<0.001	8.8	14~17
BN 瓷	0.001	4.2	35.6~55.4
Si_3N_4 瓷	0.0001	6.1	15.8~19.8
石英玻璃	0.0003	3.8~5.4	15~25

（1）介电常数

介电常数 ε 是衡量电介质材料在电场作用下的极化行为。极化有不同类型，可分电子极化、离子极化、偶极子取向极化，但陶瓷材料中最重要的是离子极化，即在电场作用下离子偏离它的平衡位置。介电常数 ε 值是随材料温度变化的，当温度升高时离子的活动能力增大，因而 ε 值也增大。

陶瓷材料室温下的介电常数为几至几十万，因具体陶瓷种类不同，其 ε 数值有很大差异。例如瓷器的介电常数约为 6，Al_2O_3 约为 10，TiO_2 约为 100（室温下 1MHz 的条件下），$BaTiO_3$ 瓷可达到几千，而高介电常数的 $BaTiO_3$ 基介质陶瓷可达 1 万以上。

根据陶瓷材料用途不同，对其介电常数要求也不同。对于装置瓷和电真空陶瓷要求介电常数必须很小，一般为 2~12。介电常数若偏大，则会使电子线路的分布电容较大，会影响线路的参数，导致线路的工作状态恶化。而介电常数大的陶瓷材料可用来制作电容量大、体积小的电容器。

（2）介电损耗

介电损耗是陶瓷材料在交变电场内，由于电导和极化过程中产生的能量损耗。常用陶瓷介质损耗角正切 $\tan\delta$ 来衡量介电损耗大小，称介电损耗因子。介电损耗因子 $\tan\delta$ 值与电场频率和环境温度有关，在频率增高时 $\tan\delta$ 值减小；室温中长石瓷、氧化铝瓷、特种滑石瓷的 $\tan\delta$ 值，对于 50Hz 频率时其顺序为 0.02、0.003、0.001；对 10^6 Hz 频率时减小到约 0.01、0.002、0.0004。温度升高后离子易于运动，会使 $\tan\delta$ 值增大，在 50Hz 时温度由 20℃升高至 100℃，瓷器的 $\tan\delta$ 值可能增大 5 到 10 倍。此外陶瓷介质材料的 $\tan\delta$ 值对湿度也很敏感，受潮后试样的 $\tan\delta$ 值急剧增大。

（3）介电强度

当作用于陶瓷材料上的电场强度超过某一临界值时，它就丧失了绝缘性能，由介电状态转变为导电状态，这种现象称之为介质击穿。击穿时的电压称为击穿电压，相应的电场强度称介电强度，也称之为击穿电场强度或抗电强度。介电强度单位为每单位厚度的介电材料受到的单位伏特。通常 Al_2O_3 瓷的介电强度为 9~15kV/mm，莫来石陶瓷为 7.8kV/mm，AlN 陶瓷为 14~17kV/mm，Si_3N_4 陶瓷为 15.8~19.8kV/mm。

一般陶瓷介质材料的击穿分为电击穿和热击穿，电击穿是指在电场直接作用下，陶瓷材料中载流子迅速增值造成的击穿。该过程约在 10^{-7} s 完成，电击穿的介电强度较高，为 10^3~10^4 kV/cm 或 10^2~10^3 kV/mm。热击穿是指陶瓷材料在电场作用下由于电导和极化等介质损耗使陶瓷介质的温度升高造成热不稳定而导致的破坏，由于热击穿有一个热量积累过程，其击穿电场强度较低，一般为 10~10^2 kV/cm 或 1~10kV/mm。

陶瓷材料的介电强度一般为 4~60kV/mm。介电强度大小与材料本身的组成、结构均匀性、内部缺陷，特别是气孔大小密切相关。当陶瓷中存在气孔时，气孔本身的击穿电场强度比陶瓷材料低得多，气孔容易首先被击穿，引起气孔中的气体电离，产生大量热量使周围的陶瓷材料温度升高，从而使击穿电场强度降低。而气孔击穿又使该局部材料的厚度相对变薄，造成整个陶瓷材料击穿，电场强度进一步降低，从而可能引起整体陶瓷介质材料发生击穿。

6.1.3 陶瓷化学成分与物相分析

6.1.3.1 陶瓷材料化学成分分析

化学成分是表征粉体的重要部分，化学组成直接决定了材料的结晶相和化学物理性能，若化学组成偏离化学计量比，陶瓷的性能可能发生根本性改变。陶瓷原料一般要求较高的纯度，即要求粉体的杂质含量低，杂质含量将影响产品的工艺性能和力学、电学、热学等性能，在粉体的制备过程中应避免杂质的引入。

陶瓷原材料化学成分常用分析方法有原子吸收光谱法（Atomic Absorption Spectroscopy，简称 AAS）、X 射线荧光分析法（X-Ray Fluorescence，简称 XRF）、ICP 发射光谱法（Inductive Coupled Plasma Emission Spectrometer）、火焰原子吸收法（Flame AA）、电感耦合等离子体发射光谱法（ICP-OES）、加热炉原子吸收法（Furnace AA）等。

（1）原子吸收光谱法（AAS）

原子吸收光谱法，又称原子分光光度法，是基于待测元素的基态原子蒸汽对其特征谱线的吸收，由特征谱线的特征性和谱线被减弱的程度对待测元素进行定性定量分析的一种仪器分析的方法。原子吸收光谱法采用的原子化方法主要有火焰原子吸收法（Flame AA）、石墨炉法（Furnace AA）、氢化物发生法。日本岛津 AA-6880 型原子吸收仪如图 6-15 所示。

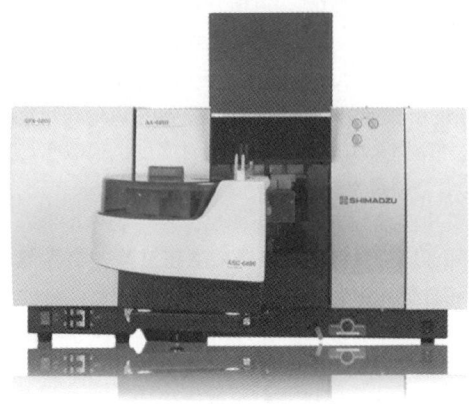

图 6-15　岛津 AA-6880 型原子吸收仪

（2）X 射线荧光分析法（XRF）

X 射线荧光分析是可以对任何种类的样品进行元素分析的技术，无论分析的样品是液体、固体还是粉末均可。

通过 XRF 进行元素的分析其优势在于：基本不需要样品的特殊制备，可以进行无损分析；分析范围从百万分之几（10^{-6}）到百分之几（%）含量水平，对钠至铀的元素可进行精确分析；不使用化学试剂；固体、液体、粉末、薄膜、颗粒等均可分析；可进行快速分析，得到结果只需几秒；可进行定性、半定量、定量分析；操作相对简单；对于陶瓷材料的化学成分使用 X 射线荧光分析还是比较方便快捷。图 6-16 为日本岛津 MXF-2400 型 FACTORY LAB 多道 X 射线荧光光谱分析仪。

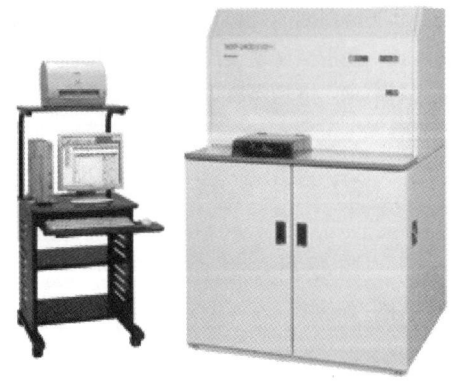

图 6-16　岛津 MXF-2400 型多道 X 射线荧光光谱分析仪

（3）ICP 发射光谱分析法（ICP-OES）

ICP 发射光谱仪即电感耦合等离子体光谱仪。ICP 发射光谱法是根据处于激发态的待测元素原子回到基态时发射的特征谱线对待测元素进行分析的方法，主要应用于无机材料元素的定性及定量分析。

ICP 发射光谱法包括了 3 个主要的过程：①由等离子体提供能量使样品溶液蒸发，形成气态原子，并进一步使气态原子激发而产生光辐射；②将光源发出的复合光经单色器分解成按波长顺序排列的谱线，形成光谱；③用检测器检测光谱中谱线的波长和强度。由于待测元素原子的能级结构不同，因此发射谱线的特征不同，据此可对样品进行定性分析；根据待测元素原子的浓度不同，因此发射强度不同，可实现元素的定量测定。

ICP-AES 全称为电感耦合等离子体-原子发射光谱（Inductively Coupled Plasma-Atomic Emission Spectrometry），也被称为电感耦合等离子体-发射光谱（Inductively Coupled Plasma Optical Emission Spectrometry，ICPOES）。由于等离子发射光谱技术中不仅选用原子谱线而且更多地采用离子谱线，因而称 ICP-OES 更为科学准确。ICP-OES 测量的是光学光谱（120～800nm），检测原子光谱中的多条谱线，检测限也比较低，而且多通道的可以同时检测多种原子和离子。图 6-17 为美国 PerkinElmer 公司 Avio 500 Scott/Cross Flow ICP-OES 仪器。

图 6-17　美国 PerkinElmer 公司 ICP-OES 仪器

6.1.3.2　陶瓷材料的物相分析

由于不同结晶形态的粉体致密化行为不同，或对烧结后陶瓷材料结晶形态的要求不同等原因，往往要求了解陶瓷粉体的陶瓷材料内部物相或相组成，这就是陶瓷的物相分析。粉体的物相分析常用的是 X 射线衍射法，此外还有高分辨透射电子显微镜、选区电子衍射、拉曼光谱等检测手段。

（1）X 射线衍射（XRD）

XRD 全称 X 射线衍射（X-Ray Diffraction），即利用 X 射线在晶体中的衍射现象来获得衍射后 X 射线信号特征，经过处理得到衍射图谱，获得材料的成分、材料的晶型结构、材料内部原子或分子的结构或形态等信息。将具有一定波长的 X 射线照射到结晶性物质上时，X 射线因在结晶内遇到规则排列的原子或离子而发生散射，散射的 X 射线在某些方向上相位得到加强，从而显示与结晶结构相对应的特有的衍射现象。X 射线衍射满足布拉格（W. L. Bragg）方程 $2d\sin\theta = n\lambda$；式中，λ 是 X 射线的波长；θ 是衍射角；d 是结晶面间隔；n 是整数。波长 λ 可用已知的 X 射线衍射角测定，进而求得面间隔，即结晶内原子或离子的规则排列状态。将求出的衍射 X 射线强度和面间隔与已知的表对照，即可确定试样结晶的物质结构，此为定性分析。若从衍射 X 射线强度的比较和相应计算，可进行定量分析。注意采用 X 射线衍射方法测定相组成的检测极限为 0.1%～1%，且不能检测非晶态物质。

粉末衍射仪主要由 X 射线发生系统、测角及探测控制系统、记录和数据处理系统三大部分组成。图 6-18 为美国 Bruker D8 ADVANCE X 型射线衍射仪。

6.1 陶瓷检测分析仪器概述

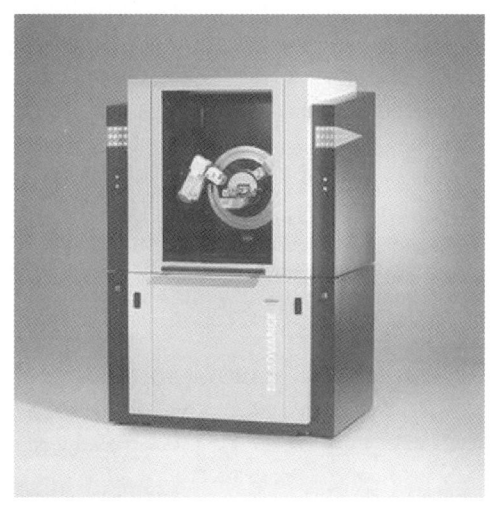

图 6-18 美国 Bruker D8 ADVANCE X 射线衍射仪

（2）高分辨透射电镜与选区电子衍射

高分辨透射电镜（High Resolution Transmission Electron Microscope，HRTEM）是透射电镜的一种，将晶面间距通过明暗条纹形象地表示出来；通过测定明暗条纹的间距，然后与晶体的标准晶面间距 d 对比，确定属于哪个晶面。这样很方便地标定出晶面取向或者材料的生长方向，用 HRTEM 研究纳米颗粒可以通过结合高分辨像和能谱分析结果来得到颗粒的结构和成分信息。图 6-19 是采用高分辨率透射电镜对二氧化锆的分析图像，其中（a）显示的为四方相，（b）显示的为单斜相。

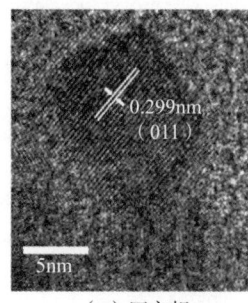
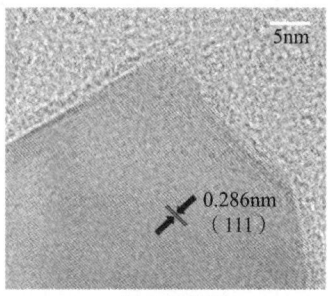

（a）四方相　　　　（b）单斜相

图 6-19 二氧化锆 HRTEM 图像四方相和单斜相

选区电子衍射（Selected Area Electron Diffraction，SAED）由选区形貌观察与电子衍射结构分析的微区对应性，实现晶体样品的形貌特征与晶体学性质的原位分析。

（3）拉曼光谱分析

拉曼光谱是一种研究物质结构的重要方法。特别是对于研究低维纳米材料，它已经成为首选方法之一。利用拉曼光谱可以对材料进行分子结构分析、理化特性分析和定性鉴定等，可揭示材料中的空位、间隙原子、位错、晶界和相界等方面信息。

拉曼光谱是由分子的非弹性光散射现象所产生。非弹性光散射现象是指光子与物质分子发生相互碰撞后，在光子运动方向发生改变的同时还发生能量的交换（非弹性碰撞）。拉曼光谱产生的条件是某一简谐振动对应于分子的感生极化率变化不为零时，拉曼频移与物质分子的转动和振动能级有关，不同物质有不同的振动和转动能级，同时产生不同拉曼频移。拉曼光谱具有灵敏度高、不破坏样品、方便快速等优点。图 6-20 为法国 HOIBA 公司生产的 LabRAM HR Evolution 拉曼光谱仪。

图 6-20 法国 HOIBA 公司拉曼光谱仪

参考文献

[1] 谢志鹏．结构陶瓷 [M]．北京：清华大学出版社，2010．

[2] 谢志鹏．智能终端陶瓷 [M]．北京：清华大学出版社，2021．

[3] 戴维·W·里彻辛．现代陶瓷工程：性能·工艺·设计 [M]．徐秀芳，宪文，译．北京：中国建筑工业出版社，1992．

[4] 江东亮．精细陶瓷材料 [M]．北京：中国物资出版社，2005．

[5] 肖汉宁，高朋召．高性能结构陶瓷及其应用 [M]．北京：化学工业出版社，2006．

[6] 金志浩，高积强，乔冠军．工程陶瓷材料 [M]．西安：西安交通大学出版社，2000．

[7] 吴清良，王云英，梁以流．波长色散 X 射线荧光光谱法测试钇稳定二氧化锆 [J]．陶瓷，2011（4）：45-47．

[8] 史玉芳，黄兆丽，肖红雁．纳米级 ZrO_2（Y_2O_3）粉体材料的 X-射线荧光光谱分析 [J]．广西师范大学学报（自然科学版），2003．

[9] 李剑，孙友宝，马晓玲，等．氢氟酸直接进样-电感耦合等离子体原子发射光谱法（ICP-AES）测定氧化锆中多种杂质元素 [J]．中国无机分析化学，2013，3（S1）：31-32．

[10] 郑典模，温爱鹏，温圣达，等．正交法优化均匀沉淀法制备超细氧化锆粉体工艺 [J]．硅酸盐通报，2015，34（4）：973-977．

[11] HERTZ A，DROBEK M，RUIZ C，et al. Robust synthesis of yttria stabilized tetragonal zirconia powders （3Y-TZPs） using a semi-continuous process in supercritical CO_2 [J]. Chemical Engineering Journal，2013，228：622-630.

[12] GOSSARD A，GRASLAND F，GOFF X L，et al. Control of the nanocrystalline zirconia structure through a colloidal sol-gel process [J]. Solid State Sciences，2016，55：21-28.

[13] SU J，LI Y，FAN B，et al. Eco-friendly synthesis of nanocrystalline zirconia with tunable pore size [J]. Materials Letters，2016，174：146-149.

[14] 阎松，吴维成，张静．水热法合成条件对氧化锆晶相影响的光谱研究 [J]．石油化工高等学校学报，2012，25（5）：13-17．

[15] HUANG C，TANG Z，ZHANG Z，et al. Study on a new, environmentally benign method and its feasibility of preparing nanometer zirconia powder [J]. Materials Research Bulletin，2000，35（9）：1503-1508.

[16] GUPTA P K，KHAN Z H，SOLANKI P R. Effect of Nitrogen Doping on Structural and Electrochemical Properties of Zirconia Nanoparticles [J]. Advanced Science Letters，2018，24（2）：867-872.

[17] 黄红英，尹齐和．傅立叶变换衰减全反射红外光谱法（ATR-

FTIR) 的原理与应用进展 [J]. 中山大学研究生学刊（自然科学：医学版），2011（1）：20-31.

[18] AHEMEN I, DEJENE F B, BOTHA R. Strong green-light emitting Tb^{3+} doped tetragonal ZrO_2 nanophosphors stabilized by Ba^{2+} ions [J]. Journal of Luminescence, 2018, 201: 303-313.

[19] TANI E, YOSHIMURA M. Formation of ultrafine tetragonal ZrO_2 power under hydro. thermal conditions [J]. J Am Ceram Soc, 1983, 66 (1): 11-14.

[20] DELL AGLI G, ESPOSITO S, MASCOLO G, et al. Films by slurry coating of nanometric YSZ (8 mol% Y_2O_3) powders synthesized by low- temperature hydrothermal treatment [J]. Journal of the European Ceramic Society, 2005, 25: 2017-2021.

[21] BALA P C, R AGHUPATHY, JON G P. Spray granulation of nanometric zirconia particles [J]. Journal of the American Ceramic Society, 2011, 94 (1): 42-48.

[22] 王秀峰，王永兰，金志浩. 水热法制备纳米陶瓷粉体 [J]. 稀有金属材料与工程，1995，24（4）：1-6.

[23] 黄存新，彭载学，王雁鹏，等. 光学透明陶瓷铝酸镁（$MgAl_2O_4$）的制备工艺和性能 [J]. 人工晶体学报，1996，25（2）：108-112.

[24] 王跃忠，卢铁城，喻寅，等. 铝热还原法合成 AlON 粉体及其热力学分析 [J]. 稀有金属材料与工程，2009，38（S2）：48-51.

[25] 蒲季春，齐建起. 铝热还原氮化法一步烧结制备 AlON 陶瓷研究 [J]. 四川大学学报，2015，52（5）：1101-1106.

[26] SU M, ZHOU Y, WANG K, et al. Highly transparent AlON sintered from powder synthesized by direct nitridation [J]. Journal of the European Ceramic Society, 2015, 35 (4): 1173-1178.

[27] QI J, WANG Y, XIE X. Effects of Al_2O_3 phase composition on AlON powder synthesis via aluminothermic reduction and nitridation [J]. International Journal of Materials Research, 2014, (4): 409-412.

[28] GONZALO-JUAN I, FERRARI B, COLOMER M T. Influence of the urea content on the YSZ hydrothermal synthesis under diluteconditions and its role as dispersant agent in the post reaction medium [J]. J Eur Ceram Soc, 2009, 29 (15): 3185.

[29] HUANG YUEXIANG, GUO CUNJI, XIE YIFEN. Characteristics of hydrous zirconia gel prepared by different process [J]. Bull Chinese Ceram Soc, 1993, 21 (5): 461 (in Chinese).

[30] 李汶军，施尔畏. 氧化物晶体的成核机理与晶粒粒度 [J]. 无机材料学报，2000，15（5）：781-783.

[31] 郝顺利，王新. 纳米粉体制备过程中粒子的团聚及控制方法研究 [J]. 人工晶体学报，2006，35（2）：43-345.

[32] ANNA WAJLER, HENRYK TOMASZEWSKI, HELENA WEGLARZ, et al. Study of magnesium aluminate spinel formation from carbonate precursors [J]. Journal of the European Ceramic Society, 2008, 28: 2495-2500.

[33] LI JIGUANG, TAKAYASU IKEGAMI, LEE JONG-HEUN, et al. A wetchemical process yielding reactive magnesium aluminate spinel ($MgAl_2O_4$) powder [J]. Ceramics International, 2001, 27: 481-489.

[34] NIEDERBERGER M, GARNWEITNER G, NIEDERBERGE M. Organic Reaction Pathways in the Nonaqueous Synthesis of Metal Oxide Nanoparticles [J]. Chemistry-A European JOURNAL, 2006, 12 (28): 7282-7302.

[35] CORRIU R J P, LECLERCQ D, MUTIN P H, et al. Preparation of Monolithic Binary Oxide Gels by a Nonhydrolytic Sol-Gel Process [J]. Chemistry of Materials, 1992, 4 (5): 961-963.

[36] ADAK A K, SAHA S K, PRAMANIK P J. Synthesis and characterization of $MgAl_2O_4$ spinel by PVA evaporation technique [J]. Mater Sci Lett, 1997, 16 (3): 234-235.

[37] MARAKKAR KUTTY P V, SUBRATA DASGUPTA. Low temperature synthesis of nanocrystalline magnesium aluminate spinel by a soft chemical method [J]. Ceramics International, 2013, 39: 7891-7894.

[38] ROBERTIANOS, RADU LAZAU. Combustion synthesis, characterization and sintering behaviour of magnesium aluminate ($MgAl_2O_3$) powders [J]. Materials Chemistry and Physics, 2009, 115: 645-648.

[39] ALI SABERI, FARHAD GOLESTANI FARD, HOSEIN SARPOO LAKY, et al. Chemical synthesis of nanocrystalline magnesium aluminatespinel via nitratecitrate combustion route [J]. Journal of Alloys and Compounds, 2008, 462: 142-146.

[40] PRABHAKARAN K, PATIL D S, DAYAL R, et al. Synthesis of nanocrystalline magnesium aluminate ($MgAl_2O_4$) spinel powder bythe ureaformaldehyde polymer gel combustion route [J]. Materials Research Bulletin, 2009, 44: 613-618.

[41] MACKENZIE K J D, TEMUUJIN J, JADAMBAA T S, et al. Mechanochemical synthesis and sintering behaviour of magnesium aluminate spinel [J]. Journal of Materials Science, 2000, 35: 5529-5535.

6.2 粉体特性分析仪企业

丹东百特仪器有限公司

地址：辽宁省丹东市临港产业园区金泉工业区甘泉路9号
电话：400-655-8837
电邮：sales@bettersize.com
网址：www.bettersize.com
单位介绍：丹东百特仪器有限公司于1995年成立，距今有30年历史，是中国知名的粒度仪器制造企业。现有员工超200人，占地面积15亩，建筑面积超过10000m²，下设研发中心、销售服务部、仪器制造部、质管部、供应部、办公室等部门。公司生产智能激光粒度仪、显微图像粒度粒形分析仪、粉体综合特性测试仪、沉降粒度仪、光阻法颗粒计数器、PM2.5监测仪、光阻法粒径谱仪等。公司拥有68项专利，其中发明专利22项，此外还拥有20项软件著作权和3项商标权。专有技术共有140多项，典型技术有双镜头光路技术、正反傅立叶结合光路技术、激光散射＋显微图像二合一技术、样品折射率测量技术、产品复配技术、一键测试技术、超声波防干烧技术、高精度反演计算技术、干法分散技术、高速采样技术、鞘流技术、显微颗粒图像识别技术、颗粒图像重建技术、智能PM2.5监测技术。
主营产品：激光粒度仪、纳米粒度仪、显微图像粒度粒形分析仪、粉体综合特性测试仪、光阻法颗粒计数器、PM2.5环境监测仪和智能采样器、光阻法粒径谱仪。

珠海真理光学仪器有限公司

地址：广东省珠海市高新区金唐路1号港湾1号科创园湾5栋3层
电话：0756-8629811
电邮：sale@linkoptik.com
网址：www.lt-particle.com
单位介绍：珠海真理光学仪器有限公司专注于高端颗粒表征仪器的研发和制造，产品涵盖激光（衍射法）粒度分析仪、动态光散射纳米粒度及Zeta电位分析仪、颗粒图像分析仪，既有实验室仪器，又有在线检测系统。真理光学秉持"科学态度，工匠精神"，为用户提供先进的高端产品和服务。激光（衍射法）粒度分析仪虽然已得到广泛应用，但它并不完美，不论是科学基础方面，还是技术方案方面。真理光学的团队针对当前市面上仪器存在的不足，展开了系统的理论研究和技术创新，发现了衍射光斑（爱里斑）的反常变化现象（ACAD），解释了为什么不能测量3μm左右的聚苯乙烯微球，并给出了反常区（不能测量粒径）的一般公式；研究了衍射仪器的测量上限和下限；研究了颗粒折射率偏差对测量结果的影响，发明了两种根据散射光分布估算颗粒折射率的方法；提出了斜置梯形窗口技术方案（专利），解决了前向超大角测量盲区的问题，使衍射仪器的亚微米颗粒测量水平显著提高；提出了统一的反演算法（专有技术），消除了不同计算模式给出不同结果的尴尬；设计出了高达20kfps的超高速并行数据采样电路，使干法测量的精度不亚于湿法测量，对高速喷雾场的测量（时间）分辨率也更高。
主营产品：激光粒度分析仪、进样器、纳米粒度分析仪、喷雾粒度分析仪、微孔径快速测量仪等。

珠海欧美克仪器有限公司

地址：广东省珠海市高新区唐家湾镇科技三路33号厂房3第二层
电话：15900031348
电邮：ivy.liao@omec-instruments.com
网址：www.omec-instruments.net
单位介绍：珠海欧美克仪器有限公司创立于1993年，是中国颗粒测量仪器制造商、广东省高新技术企业、软件企业及广东省粒度粒形分析仪器工程技术研究中心，具有较深厚的测量理论研究功底和活跃的技术创新能力，取得了多项专利及有价值的成果。欧美克的用户超过8000家，涉及粉体生产企业、高等院校、科研院所等不同客户，并出口至美、英、德、日等30多个国家和地区。欧美克及其科研人员参加了水泥、磨料、碳粉等多个行业粒度测量标准的制定，同时也是激光粒度仪2016年版国标的起草单位之一。
主营产品：激光粒度分析仪、纳米粒度仪、电阻法颗粒计数器、颗粒图像分析处理仪、动态图像仪、ASD近红外光谱仪和粉体特性测试仪等。

丹东费氏仪器有限公司

地址：辽宁省丹东市江城大街184号
电话：0415-2825723/2825728
电邮：aihw@yahoo.cn ai@ddfsss.com
网址：www.hjfxyqc.com
单位介绍：丹东费氏仪器有限公司专业生产各种型号平均粒度仪（费氏仪），可以满足（GB/T 3249—2022）《金属及其化合物粉末费氏粒度的测定方法》的测试要求；在国际上可以满足美国标准（ASTMB330—88）《难熔金属及化合物粉末粒度的测定方法——费氏法》。尤其是企业转制后增添了新的后劲与动力，突破了过去传统的模式。由于老中青技术力量的结合，又研制出了新一代费氏仪——WLP-205A、208A平均粒度测定仪，实现了在老产品基础上的新品升级换代，使公司再一次站在全国费氏仪（Fsss）的制造和费氏法测试技术的前沿。
主营产品：WLP-205平均粒度测定仪、WLP-205A平均粒度测定仪、WLP-208平均粒度测定仪、WLP-208A平均粒度测定仪、WLP-206平均粒度测定仪、YXQ-100压力校正器。

丹东汇美科仪器有限公司

地址：辽宁省丹东市振兴区立交新路17-5号
电话：400-851-0200
电邮：hmktest@163.com
网址：www.hmk17.com
单位介绍：丹东汇美科仪器有限公司作为中国颗粒学会与中国分析测试协会会员，一直与用户及大学机构紧密合作，用专业技术在颗粒相关物理特性的表征领域努力探索着。2004年以后，随着不断接触国际客户，公司得到国际用户在粒度方面的急切诉求。因为在粒度领域，有一些粉体是激光粒度仪所无法测量的。汇美科积极参照国际标准，与国际知名专家进行合作，并进行技术升级，又开发出适应国际高端市场的 HMK-200 系列空气喷射筛。国际粒度用户的满意是推动汇美科前行的持续力量。

在满足粒度市场的同时，汇美科在流动性测试方面投入了资本进行研究，成功开发出 HMKFlow 6393 PT1000 智能粉体综合特性测试仪等，更全面地满足了用户在流动性测试方面的要求。堆密度仪也是汇美科擅长的领域。汇美科的密度仪涵盖振实密度测定仪与其他堆密度仪。振实密度测定仪方面汇美科不断推陈出新，开发出了目前世界上先进的 LABULK 0335 四代全智能触屏振实密度测定仪，扭转了振实密度测试领域长期使用不符合国际标准的或长期使用简单低效振实密度测定仪的局面。其他堆密度仪方面，汇美科坚持质量及标准方面从高、从严要求，小仪器，大心意。汇美科所生产的堆密度仪种类多样，质量较好，市场占有率高，国际市场保有量在 20000 台以上。

主营产品：空气喷射筛、振动筛分仪、粉体综合特性测试仪、振实密度测定仪、旋转分样仪、三叶高速混合搅拌器。

济南润之科技有限公司

地址：山东省济南市高新区舜风路 101 号齐鲁文化创意基地 15 号楼 602
电话：0531-88164996
电邮：jnrise@163.com
网址：www.runzhiyiqi.com
单位介绍：济南润之科技有限公司位于济南市高新技术产业开发区。2002 年成立至今，一直从事于湿法、干法、干湿两用、喷雾及在线激光粒度仪，比表面积及孔隙度分析仪，颗粒图像分析仪，粉尘分散度测定仪和糖浆结晶效果分析仪等仪器仪表的研制开发和生产销售。公司研制生产的 Rise 系列激光粒度仪、全自动比表面积及孔隙度分析仪、颗粒图像分析仪、粉尘形貌分散度测试仪，设计符合技术标准 ISO 9001、ISO-13320、ISO-9277、ISO-15901、ISO-13322-1 及国家标准 GB/T 19077、GB/T 10722、GB/T 21782.13、GB/T 15445.1、GB/T 19587、GBZ/T 192.3、GB/T 19001 等，在清华大学、中石化、中石油、中铝、中材、中煤、中国重汽、大庆油田、铜陵有色、金川集团、瓮福集团、恒瑞制药、科伦药业、比亚迪、国佳新材、将军烟草等科研院校及企事业单位得到了广泛的使用和高度认可。

主营产品：激光粒度仪、颗粒图像分析仪、粉尘分散度测试仪、全自动比表面积及孔隙度分析仪。

济南微纳颗粒仪器股份有限公司

地址：山东省济南市高新区舜华路 750 号大学科技园北区 F 座东二单元
电话：0531-88873312
网址：www.jnwinner.com
单位介绍：济南微纳颗粒仪器股份有限公司是集研发、生产、销售颗粒测试相关仪器设备于一体的高新技术企业。公司研制的激光粒度仪、纳米粒度仪、颗粒图像分析仪、喷雾粒度仪、在线粒度监测仪、颗粒计数器等系列的颗粒分析仪器均代表了同行业先进水平，并于 2006 年推出国内先进水平的在线测试激光粒度仪，2007 年推出动态颗粒图像分析仪，2009 年推出动态光散射原理的光相关纳米粒度仪，将中国颗粒测试技术推向一个全新的高度。

主营产品：纳米粒度及电位仪、喷雾激光粒度仪、湿法激光粒度仪、干法激光粒度仪、干湿两用激光粒度仪、图像粒度粒形分析仪、在线粒度仪。

山东耐克特分析仪器有限公司

地址：山东省济南市天桥区梓东大道 299 号鑫茂齐鲁科技城
电话：0531-61388337
电邮：jnnktyq@163.com
网址：sdnkt.com
单位介绍：山东耐克特分析仪器有限公司是集专业粒度分析仪、新型激光粒度仪等智能仪器的研发、生产、销售和服务为一体的高新技术型企业。公司被列为国家级高新技术企业、山东省软件企业和省级粒度粒形分析仪器技术研究中心、济南市专精特新企业。公司具有深厚的激光、图像粒度分布测量理论研究功底和卓越的技术创新能力，取得了多项专利及丰硕的科研成果，是目前国内著名的颗粒测量仪器制造商，产品的技术性能和质量达到国际先进水平。

主营产品：湿法激光粒度仪、干法激光粒度仪、干湿一体激光粒度仪、纳米激光粒度仪、喷雾激光粒度仪、在线激光粒度仪、图像粒度分析仪等。

武汉瑞恒工控技术有限责任公司

地址：湖北省武汉市东湖高新区关山大道光谷软件园
电话：027-87505216
电邮：whrhgk@163.com
网址：www.rhgk.cn
单位介绍：武汉瑞恒工控技术有限责任公司是一家专注于工业气体在线分析和工业控制的研发、生产、销售为一体的高新技术企业。分析仪器类产品主要有氧分析仪、氢分析仪、湿度露点仪等各种红外线分析仪和各种气体分析系统，工业控制类产品主要有工业锅炉、加热炉、连退炉、热处理工业炉等工业 DCS 控制系统。公司产品广泛用于石油化工、机械电子、食品酿造、钢铁冶金、医药卫生、航空军事、汽车工业、水文电力等领域，并赢得客户的一致好评和信赖。

主营产品：分析仪器类产品包括氧分析仪、氢分析仪、露点仪、湿度仪、二氧化硫分析仪、一氧化碳分析仪、二氧化碳分析仪、六氟化硫分析仪、乙炔分析仪、NO$_x$ 高炉煤气分析系统、伴水煤气分析系统、空分分析系统、水泥窑分析系统、电石尾气分析系统、镀锌线分析系统、硅钢线分析系统、烟气排放分析系统等。

湖南火神仪器有限公司

地址：湖南省醴陵市经济开发区创新创业园二期

电话：0731-23277558
电邮：1600592729@qq.com
单位介绍：湖南火神仪器有限公司是一家以从事仪器仪表制造业为主的国家级高新技术企业。公司曾先后获授"国家高新技术企业""国家科技型中小企业"等资质和荣誉。
主营产品：氧氮氢分析仪（ONH-801）。

湘潭新联仪器有限公司

地址：湖南省湘潭市高新区国家火炬创新创业园 A 区 3 号
电话：0731-58557386
电邮：1136168157@qq.com
单位介绍：湘潭新联仪器有限公司（原湘潭三联仪器有限公司）是国家级高新技术企业，入库科技型中小企业。针对陶瓷、建材、耐火材料、地质矿产、有色金属、化工等行业及高等院校、科研院所的生产检验和研究试验的需要，公司自主开发生产了化学成分分析、工艺试验、成品检测、样品制备及烧成四大类、30 多个系列、100 多个品种的仪器设备。公司自行研制开发的 SL 和 DHF 系列多元素成分分析仪，光度分析联测 20 余种元素，在硅酸盐分析领域具有很大优势，产品销往各省市的陶瓷、耐火、玻璃、水泥、非金属以及有色金属矿产和冶炼行业的大专院校、科研院所、工矿企业，并远销韩国、东南亚、西亚、非洲、中国香港和台湾等国家和地区。
主营产品：智能多元素快速分析仪、Z30 智能多元素快速分析仪、B20 玻璃元素快速分析仪、水泥元素成分快速分析仪。

上海方瑞仪器有限公司

地址：上海市松江区泗砖南路 255 弄（名企公馆）257 号 7 楼
电话：021-34625027
电邮：li@fangruitech.com
网址：www.shfangrui.com
单位介绍：上海方瑞仪器有限公司是计量仪器生产企业（有电子天平和水分测定仪的计量器具许可证）。公司生产的各类仪器或装置均为自行研发生产，具有独立自主的知识产权，用户可长期、安全地使用。产品适用于各大专院校、医疗卫生、工矿企业的研发、试验、质检等部门，用于质量、颗粒度、黏度、温度、表面张力等方面的分析测定。
主营产品：数字旋转黏度计、高精度电子天平、全自动表面张力仪/界面张力仪；接触角仪/水滴角仪、电子密度仪/比重仪；恒温水浴（油浴）/低温恒温浴槽/超低温恒温浴槽、颗粒测定仪（沉降天平）等 7 大系列近百种规格的实验室仪器或装置等。

纳诺奥耐（天津）科技有限公司

地址：天津市南开区白堤路万科时代中心 1-1-2408 室
电话：022-83699190
电邮：yiyang@nanoionics.co.kr
网址：www.nanoionics.cn
单位介绍：纳诺奥耐（天津）科技有限公司由韩国首尔大学电子材料研究所的金博士于 2005 年创立于首尔。基于固态离子导体学的科研团队的先进技术，公司专注于高精度气体传感器和分析仪的开发与制造。通过近 20 年的发展，产品性能已达到行业先进水平。公司始终把质量和客户满意度视为至高的价值理念。公司坚持以传感器为核心技术进行研发，基于严格的开发标准以确保性能，进而通过可靠优质的材料及配套技术来确保稳定高效的用户体验。在原有氧化锆氧含量分析仪基础上，公司又逐渐推出了适用于不同环境和对象的产品和服务。目前产品已逐渐得到了广泛认可和支持，并且公司已成为诸多跨国企业的长期供应商。
主营产品：氧分析仪/传感器/传感探头、总烃传感探头/分析仪、氢分析仪、防结露数字转子流量计、电容可靠性测试系统。

6.3 陶瓷理化性能测试仪企业

北京中科科仪股份有限公司

地址：北京市海淀区中关村北二条 13 号
电话：010-62560908
电邮：market@kyky.com.cn
网址：www.kyky.com.c
单位介绍：北京中科科仪股份有限公司，是中国科学院首家事业单位整体转改制企业。历经 60 余年的发展，公司始终致力于电子光学和真空技术领域，承担了多个国家重要科研攻关项目，研制出我国第一台扫描电子显微镜、第一台涡轮分子泵、第一台商用氦质谱检漏仪，新产品研发成果始终代表中国高端电子光学仪器和真空技术先进水平。近年来，公司成功研制出国内首台场发射枪扫描电子显微镜、首台磁悬浮分子泵，均达到国际先进水平。公司 2008 年被评为国家级高新技术企业，2014 年被评为国家级企业技术中心，2021 年获评国家级"专精特新"小巨人企业称号，2022 年获评国家级"单项冠军企业"称号。业务领域覆盖扫描电子显微镜、氦质谱检漏仪等科学仪器设备和分子泵、真空应用设备等核心零部件及产业设备，产品广泛应用于航空航天、半导体、汽车工业、新能源、新材料、节能环保等前沿科学研究和高端装备制造领域。
主营产品：扫描电镜及附属设备、氦质谱检测设备、真空获得产品、真空应用设备、真空配套产品等。

北京辰泰克仪器技术有限公司

地址：北京市通州区梨园中街 259 号
电话：010-69552528
电邮：ctk@chentaike.com
网址：www.chentaike.com
单位介绍：北京辰泰克仪器技术有限公司一直致力于颜色测量设备、光学测量设备的开发、研制、组装、销售，拥有设计、组装、检测、销售、技术支持等规模化的运作能力，产品都以先进的技术为根本，以人性化的设计为前提，以创新的思路为标准，以达到客户满意的服务为最终目标。
主营产品：色差计系列、白度仪系列、控制器系列

浦森自动化仪表（昆山）有限公司

地址：江苏省昆山市花桥镇纬二路 259 号中城商务广场 2 号楼

711室
电话：0512-36850397
电邮：foisonne@163.com
网址：www.shfsck.com
单位介绍：浦森自动化仪表（昆山）有限公司是专业生产气体分析仪的企业，依靠优良的技术力量和长期研究的成果，在引进好的技术的基础上先后开发生产了 ZO 系列氧化锆氧量分析仪（用于锅炉的监测与节能），还有各行业需要做氧分析的微量氧分析仪、高氧分析仪、电化学微（常）量氧分析仪、热导式氢气分析仪等，取得了较好的社会效益和经济效益，还在不断完善现有产品的基础上积极研制市场所需的各种新品。
主营产品：氧化锆分析仪、微量氧分析仪、高氧分析仪等。

厦门易仕特仪器有限公司

地址：福建省厦门市同安区西柯镇美人山中路 288 号厂房
电话：0592-5135132
电邮：766336225@qq.com
网址：www.eastyq.com
单位介绍：厦门易仕特仪器有限公司坐落于风景秀丽的经济特区——厦门，EAST 致力于各种快速分析检测技术的创新和应用推广，是集研发、制造、销售和服务于一体的综合性技术企业。EAST 坚守 "E-高效、A-实力、S-标准、T-可信" 的东方仪器制造精神，为客户提供高效的测试方案和高品质产品。
主营产品：①模拟环境试验箱：高低温试验箱、老化试验箱、盐雾试验箱等；②检测力学试验机：电子拉力试验机、扭转试验机、冲击试验机、跌落试验机等；③水分测定仪：便携式水分仪、卤素水分仪、卡尔费休水分仪、在线红外水分仪等；④密度检测仪：电子固体密度计、在线密度计、粉体密度计、音叉密度计等。

广东宏拓仪器科技有限公司

地址：广东省东莞市道滘镇创意东路 8 号 2 号楼 9F
电话：0769-2240-3434
电邮：412530904@qq.com
网址：www.hongtuo.com.cn
单位介绍：广东宏拓仪器科技有限公司，致力于密度仪的研发、生产和销售，主要为国内外代理商代工生产电子密度仪。公司集研发、生产、销售和服务四位于一体，专业提供优质、高可靠性能的材料试验仪器解决方案；同时也为业界提供优质的 OEM、ODM 与 CEM 产品代工方案与服务。宏拓仪器重视生产过程中的质量管控，通过 ISO 9001：2015 质量体系管理认证；依据 GB/T 7722 与 GB/T 26497 产品质量标准，通过由华南国家计量测试中心的 33 项全面质量与性能检测，检测报告编号：C2019109；并获得国家计量器具型式批准的 CPA 证书。
主营产品：拉力试验机、橡塑胶类仪器、环境检测仪器、磨损类仪器、皮革鞋类仪器、纸品类仪器、箱包类仪器、电池类仪器、线缆与电工电器仪器、密度仪、水分测试仪、材料阻燃性能测试仪等仪器。

上海甫森测控技术有限公司

地址：上海市佳通路 31 弄 2 号 817 室
电话：021-51028708
电邮：foisonne@163.com
网址：www.foisonne.com
单位介绍：上海甫森测控技术有限公司是一家专业从事自动化系统工程的公司，致力于设计研发密闭采样系统、储罐自动采样系统、氧化锆分析仪、流体压力控制系统设备、气体监测控制系统、一般工业供气系统、高洁净供气系统、实验室集中供气系统、医用供气系统设备、纯水系统、实验室系统集成、仪器仪表系统集成等。产品主要应用于中心实验室、医院、半导体、气体、石油化工、电力、天然气、生物科技、造船、食品饮料等。
主营产品：氧化锆分析仪。

上海申锐测试设备制造有限公司

地址：上海市闸北区晋城路 663 号
电话：021-64738940/64313753
电邮：sr_lsx@163.com
网址：www.shsr17.com
单位介绍：上海申锐测试设备制造有限公司是一家以产品研发、项目配套为一体的综合性检测仪器企业。公司产品涵盖了检测仪器的大部分关键环节，具体产品包括建工混凝土检测仪器、砖瓦陶瓷检测仪器、水泥物检测仪器、工程质量现场检测、土工合成材料试验仪器、公路工程集料试验仪器等，能够满足客户不同的产品配套需求及相应服务。公司与上海市政工程设计研究总院、上海建科院、同济大学等有着紧密的技术合作。公司追求团体的高度协调，追求高效有序地完成项目研发任务，确立公司在研发、生产机、电一体化产品和销售的整体竞争优势。
主营产品：砖瓦陶瓷试验仪器、水泥物检测试仪器、沥青混合料试验仪器、土工试验仪器等。

杭州金迈仪器有限公司

地址：浙江省杭州市经济技术开发区世茂江滨商业中心 2 幢 3 单元 408 室
电话：0571-88035229
电邮：2558114459@qq.com
网址：www.midujichina.com
单位介绍：杭州金迈仪器有限公司坐落在杭州经济技术开发区，是一家专注于 "密度测量仪器" 的公司，致力于为各行业提供密度测量领域的整体解决方案，其 Quarrz（科思）为公司核心经营。在中国，科思品牌产品已全面覆盖橡胶、塑胶、轮胎、电线电缆、复合材料、高分子、电工电器、体育器材、玻璃工业、合金材料、硬质合金、粉末冶金、磁性材料、精密陶瓷、耐火材料、矿物与岩石、珠宝、贵金属、机械行车、机动车零部件、航空航天零部件等多个行业的供应链上下游。
主营产品：固体密度计、液体密度计、粉末密度计、日本 alfa

6.3 陶瓷理化性能测试仪企业

mirage 进口密度计、恒温密度计系列等。

安徽美康仪表自动化有限公司

地址：安徽省天长市经济开发区经10路
电话：0550-7092499
电邮：2086317630@q9.com
网址：www.ahtkgroup.com
单位介绍：安徽美康仪表自动化有限公司专业生产气体分析仪，气体分析仪产品有防腐、防水、防爆、耐磨型氧化锆探头，高温抽气式和高温直插式、一体式氧量分析仪。部分用户有亚新钢铁、光大环保、阳煤集团、重庆川仪、中国一重、德龙镍业、先锋化工等。公司已经取得了SIL3安全证书、防爆证书。
主营产品：工业PH/ORP测试仪、智能氧分析仪、工业热电偶、工业热电阻、压力变送器等。

安徽天分仪表有限公司

地址：安徽省天长市经济开发区经三路创业技术服务中心C栋
电邮：18225808093@163.com
网址：www.tf-yb.com
单位介绍：安徽天分仪表有限公司致力于高品质的氧化锆分析仪、氧化锆氧量分析仪、氧化锆传感器、氧化锆探头、残氧分析仪、高氧分析仪、微量氧分析仪、氧含量分析仪、氧气分析仪的研发生产，为客户提供专业的气体分析解决方案，是国内专业的高端氧化锆氧量分析仪的生产制造商。氧化锆氧量分析仪产品可为客户提供个性化定制服务。公司可为各个仪表成套商提供OEM代工服务，提供定制开机欢迎界面，开机logo显示。氧化锆氧量分析仪功能全面，除标配4~20mA输出外，氧化锆氧量分析仪还可选配RS485通信、HART协议通信、手机蓝牙连接、自动标定、自动吹扫等功能。
主营产品：氧化锆氧量分析仪、氧化锆分析仪、高氧分析仪、微量氧分析仪、氧气分析仪、氧化锆探头、氧化锆氧传感器、烟气综合分析仪等各种气体分析仪器仪表。

武汉华敏测控技术股份有限公司

地址：湖北省武汉市东湖高新技术开发区光谷大道特1号国际企业中心锦丰楼C-202
电话：400-8774-881
电邮：huamin@china-huamin.com
网址：www.whhm88.com
单位介绍：武汉华敏测控技术股份有限公司是专业从事气体传感器、气体在线分析仪、取样预处理系统、气体在线分析系统研发、生产、销售及工程安装调试服务的高新技术企业。公司以华中科技大学为研发后盾，与华中科技大学国家煤燃烧实验室和固态离子实验室建立了战略合作关系，在燃烧控制、节能降耗以及气体传感器等领域有着广泛的合作。已为国内众多大中型工业企业提供系列气体分析产品，以及满足企业特殊需求的气体分析解决方案和技术服务。
主营产品：气体分析仪、氧化锆氧量分析仪、气体传感器、氮氧化物分析仪。

厦门宇电自动化科技有限公司

地址：福建省厦门市湖里区火炬高新区火炬北路17号（湖里园区） 福建省厦门市翔安区龙窟东路6号（翔安园区）
电话：0592-5653698
电邮：AI@yudian.com
网址：www.yudian.com
单位介绍：厦门宇电自动化科技有限公司是中国智能调节器和温控器的龙头企业，在厦门拥有两个产业园区。湖里园区建筑面积1万平方米，年产智能仪表160万台。翔安园区建筑面积5.4万平方米，规划仪表年产量超800万台，即将面向全球市场销售。宇电是"国家专精特新小巨人"企业，连续多年被评为"国家高新技术企业""厦门纳税明星企业"，2014年当选为中国仪器仪表行业协会显示控制仪表理事长单位。公司产品通过RoHS、UL、CE等多项专业标准认证，并列入"国家重点新产品计划"，高端产品取得了国际先进水平的认定。同时，宇电主持起草了GB/T 20819.1—2015调节器国家标准，并参与起草物联网变送器、嵌入式控制器等几十项国家标准。

宇电专注温控领域30多年，全球领先推出AI人工智能调节算法、仪表模块化和平台化结构等技术，产品广泛应用于陶瓷、热处理、环保、锂电、光伏、半导体、超导材料及精密试验设备等上百个行业领域。
主营产品：温控器、智能调节器、多回路测量及控制仪表、多功能通信控制器、可编程控制器、触摸屏、无纸记录仪、手持式测温仪、固态继电器、移相触发器、可控硅电炉控制柜等。

上海煜志科技有限公司

地址：上海市嘉定区兴文路885弄6幢D区1层
电话：021-39968011
电邮：yze@yzechn.com
网址：www.shyztech.cn
单位介绍：上海煜志科技有限公司是一家专注于高温极端热条件下熔体热物性分析检测仪器的研发、设计、生产与销售的高新技术企业。公司拥有一支高水平的研发团队，已经成功开发了用于熔盐、金属、玻璃、煤灰等材料在高温极端条件下的密度、黏度、初晶温度、表面张力、电导率、热稳定性、比热/焓、导热系数/热扩散系数等参数的测量技术，部分产品已达到国际先进水平。产品已应用于中国科学院上海应用物理研究所、上海大学、上海交通大学、北京工业大学、中山大学、冀中能源井陉矿业集团等科研院所、高校和企业。
主营产品：熔盐物性综合测试仪、高温熔体物性综合测试仪、扭摆法高温黏度仪、旋转法高温熔盐黏度仪（低黏度）、旋转法高温真空黏度仪（高黏度）、短热线法高温熔体导热仪、高温量热仪、高温熔体热稳定性测试仪。

上海紫莓仪器有限公司

地址：上海市闵行区金都路4299号6幢2楼A56室
电话：021-62965280

电邮：Info@purpleberry.cn
网址：www.purpleberry.cn
单位介绍：上海紫莓仪器有限公司作为一家专业的高科技产品代理商和技术服务商，致力于引进欧美先进和具有创新性的高性能、高可靠性和高性价比的科技产品。公司以帮助中国新兴科技产业、工业制造企业和科学研究事业提升核心技术含量和产业附加值为使命，为中国科技企业和技术走向国际市场贡献力量。公司的经营策略是以行业应用和提供系统整体解决方案作为供应商拓展、市场开拓和技术支持的主心轴。产品涵盖范围宽，包括核心光电器件、精密机电产品、光机电子系统、测试仪器和加工设备等，被广泛地应用于物理、生物医疗、光电子、光通信、光传感、激光、激光加工等科研和工业应用领域。
主营产品：电光产品、精密光学产品、精密走位产品、仪器、设备、材料。

上海中研仪器制造有限公司

地址：上海市奉贤区奉城镇南奉公路1478号2号厂房
电话：021-51693591
电邮：zhongyanyiqi@163.com
网址：www.yrmade.net
单位介绍：上海中研仪器制造有限公司（原中研仪器制造厂）前身是仪器研究所，拥有40年的技术沉淀，致力于精密测试仪器的发展和创新，是国内少数拥有自主知识产权的研发制造企业之一。曾多次与国际知名企业及研究机构有过技术合作，一些技术方案被广泛应用到航天、航空、超薄技术材料、表面渡层材料、淬火材料、热处理及碳化、冶金、汽车、珠宝、新材料研发，精密零部件的测试等。
主营产品：精密切割、研磨抛光-显微观察-金相分析、硬度测试、材料力学试验设备。

苏州凯斯通机电科技有限公司

地址：江苏省昆山市玉山镇都市路88号
电话：0512-55122150
电邮：www@ksitong.com
网址：www.ksitong.com
单位介绍：苏州凯斯通机电科技有限公司，成立于2013年05月。客户遍及海内外，包括光电业、电子通信业、半导体业、电器电机业、航天工业、汽车工业、食品业、制药业、医疗卫生、学术研究机构等各行各业。同时，配合国内产业发展政策与趋势，凯斯通不断研发新产品，近年来更是在高科技产业与生化科技产业掌握更多商机，深具国际竞争力，可承接自动化设备、自动化检测设备、产线用配套设备等。面对新世纪的竞争，凯斯通将更精准掌握产业脉动，提供环测产品与服务。
主营产品：ksitong 三坐标测量机、ksitong 二次元影像测量仪、ksitong 智能蓝光扫描仪、可程序恒温恒湿试验机、冷热冲击试验机、等温试验机、大型环境试验室、盐水喷雾试验机、老化试验机、复合式振动试验机、蒸气老化试验机、高加速寿命试验机等。

昆山全丰精密仪器有限公司

地址：江苏省昆山市玉山镇乐山路6号裕大商业广场529室
电话：0512-57996780
电邮：zhangxuezhi8@126.com
网址：www.ksqfyq.com
单位介绍：昆山全丰精密仪器有限公司位于江苏省昆山市，注册资金100万元。于2007年成立至今，公司一直致力于从国外引进高端计量仪器，公司吸收全国的量仪技术人才，专业销售精密量仪和测量设备，致力于高精密气动测量、电动测量、综合测量、机械检具四大类产品销售，广泛服务于机械、电子、模具、注塑、五金、橡胶、精密冲压、端子、手机、家电、计算机、汽车、摩托车、粉末冶金、纺织、轴承、连杆综合测量装置等行业。
主营产品：①精密检测仪器：测量投影仪、圆度仪、轮廓仪、粗糙度仪、硬度计、影像测量仪、显微镜、三坐标、高度仪、抛光机、切割机、金相耗材、材料试验机等；②精密检测工具：日本三丰量具、千分表、高度尺、卡尺、千分尺、扭力工具、针规、块规等100多个品种；③工业分析仪器：测厚仪、色差仪、光泽度计、检测仪、光谱仪、色谱仪、质谱仪、乳品分析仪、凯氏定氮仪、岛津分析仪器等。

麦克默瑞提克（上海）仪器有限公司

地址：上海民生路600号1505-1509室
电话：400-630-2202
电邮：2731955037@qq.com
单位介绍：麦克默瑞提克（上海）仪器有限公司（简称麦克仪器公司）是提供材料表征解决方案的全球业务厂商，在密度、比表面积及孔隙度、粒度及粒形、粉体表征、催化剂表征及工艺开发等五个核心领域拥有先进的仪器和应用技术。麦克仪器公司发现并商业化的独特和创新的材料表征技术，对核心产品线进行补充。公司秉承以客户为中心的全盘理念，建立了商业测试实验室——Particle Testing Authority（PTA）实验室，具有麦克仪器公司及其他仪器厂家的众多仪器，可提供粉体和颗粒材料表征分析测试服务。
主营产品：粒度仪、比表面积仪、密度仪、粉体特性测定仪等。

苏州博飞克分析技术服务有限公司

地址：江苏省苏州市工业园区淞北路175号4幢2号楼4楼
电话：0512-81880919
电邮：info@patlabs.cn
网址：www.patlabs.com.cn
单位介绍：苏州博飞克分析技术服务有限公司总部位于苏州工业园区，是一家具有CMA与CNAS资质的第三方材料分析检测实验室。公司主要为企业、研究院所在先进材料、工艺、高端设备组件研发生产过程中提供质量监控、研发验证和反向解析等测试服务。公司主要服务领域有半导体、太阳能、汽车、电池、纯金属、单质材料或化合物、特种合金、陶瓷、稀土等。
主营产品：专业的GDMS实验室，同时拥有Nu AstruM 和 El-

6.3 陶瓷理化性能测试仪企业

ement GD PLUS 两种 GDMS 设备。

湘潭宇科分析仪器有限公司

地址：湖南省湘潭市国家高新区书院路 38 号
电话：0731-58567326
电邮：sunping@xtykyq.com
网址：www.xtykyq.com
单位介绍：湘潭宇科分析仪器有限公司是专业研发、生产和销售 DHF 系列多元素快速分析仪及 YKF 系列硅酸盐化学成分快速分析仪和 Flash 系列有色金属材料分析仪的国家高新技术企业。公司在多元素快速分析仪器及硅酸盐化学成分快速分析仪器的研究开发方面处于行业优势地位，产品广泛应用于陶瓷（日用陶瓷、建筑陶瓷、卫生陶瓷、工程陶瓷、电子陶瓷等）、耐火材料、玻璃、水泥、地质、非金属矿产、有色金属冶炼等行业中的快速定量分析。仪器具有数据准确、检测快速、操作简单、使用方便的特点。
主营产品：多元素快速分析仪、硅酸盐成分快速分析仪、陶瓷材料分析仪、耐火材料分析仪、无机非金属材料分析仪、矿石化学成分分析仪、多元素高速分析仪。

林赛斯（上海）科学仪器有限公司

地址：上海市浦东新区沪南路 2653 号 3 号楼 2 层
电话：021-50550642
电邮：market@linseis.com.cn
网址：www.linseis.com.cn
单位介绍：林赛斯热分析事业部自 1957 年成立之初就已成为全球性的热分析仪器制造商。林赛斯制造并销售用于热分析领域以及热物性测定的多种仪器。创新的思想促使公司与科学界紧密联系，创新与客户满意度是衡量公司所有工作的准则。公司提供了一套完整的用于科学研究和质量控制的仪器，包括差示扫描量热仪（DSC）、热天平、同步热分析（TG-DSC/DTA）、热机械分析仪（TMA）、单杆-热膨胀仪、差示（双杆）-热膨胀仪、四杆-热膨胀仪、热膨胀相变仪、激光热膨胀仪。
主营产品：全线热分析仪器（导热仪、膨胀仪、差热分析仪、同步热分析仪、塞贝克、霍尔等），并提供定制化服务。

长沙山普智能科技有限公司

地址：湖南省长沙市经济技术开发区星沙产业基地蓝田北路 1 号梦工厂工业配套园二期 A4 栋 105 室
电话：0731-86395176
电邮：longyunbo@sunporttech.com
网址：www.sunporttech.com
单位介绍：长沙山普智能科技有限公司成立于 2017 年，位于湖南省长沙市星沙经济开发区，公司专注于非标自动化设备、视觉检测自动化设备、CCD 视觉识别检测设备、工业自动化控制，以及工厂智能化、信息化整体解决方案，并为客户提供设计、图纸、制造、非标定制生产一站式技术服务。公司以优异的性能与稳定的质量，深得用户信赖。团队积累了丰富的工程技术经验，针对客户不同的技术应用要求，可以实施可行、高效、经济的个性定制控制方案，可以为工程机械、汽车零部件、纺织机械、电子机械、食品饮料机械、制药机械、机床、试验和测试机械等行业用户进行多种形式的技术合作和服务。
主营产品：视觉检测自动化设备、光学检测设备、CCD 视觉检测设备、视觉缺陷检测技术。

第 7 章
国内先进陶瓷研究机构分布

7.1 国内先进陶瓷研究机构概述

7.1.1 先进陶瓷及其研究机构简述

我国先进陶瓷材料的研究主要起始于20世纪70年代，以中科院上海硅酸盐研究所、清华大学、天津大学、山东工业陶瓷研究设计院（简称山东工陶院）、北京建材设计研究总院（现中国建筑材料科学研究总院）为代表的一批高校和研究院所率先开展结构陶瓷、功能陶瓷的基础理论与制备技术的研究。早期科研成果的产业化包括高压钠灯透明氧化铝陶瓷灯管、氮化硅陶瓷刀具、透波石英陶瓷头罩、光学晶体等。

特别是在国家"七五"和"八五"期间，以高效发动机和燃气轮机中使用的高温陶瓷关键零部件开发为导向的陶瓷材料的组成设计、晶界工程、净尺寸陶瓷成型、气压烧结、热压烧结、热等静压烧结技术的研发。当时参与"发动机用先进陶瓷"这一国家层面的重大联合攻关项目的单位有清华大学、上海硅酸盐研究所、山东工陶院、天津大学、浙江大学、华南理工大学、北京建材设计研究总院、上海内燃机研究所等单位。研究的课题包括：①气氛加压烧结Si_3N_4界面特性；②柴油机ZrO_2陶瓷针阀研制；③氮化硅陶瓷镶块材料的烧结制备；④氮化硅陶瓷电热塞研制；⑤增压器陶瓷涡轮转子注射成型和压滤成型工艺研究；⑥绝热发动机用增韧莫来石复相陶瓷部件；⑦压滤成型陶瓷涡轮转子的研究；⑧Mg-PSZ陶瓷材料及发动机用陶瓷材料；⑨赛隆（Sialon）陶瓷气门的制备研究；⑩氮化硅陶瓷与钢的连接技术研究；⑪检测陶瓷零件的微焦点X-CT实验系统；⑫陶瓷的无损检测与力学行为分析。正是通过上述这一历时数年的先进陶瓷大项目大工程，为我国先进陶瓷的研究与发展培育了人才队伍、奠定了技术与工艺基础。

目前，国内已有100多所大学和科研院所从事先进陶瓷材料的研究，其中包括一批国家级陶瓷重点实验室或工程研究中心，如清华大学"新型陶瓷与精细工艺国家重点实验室"、中科院上硅所"高性能陶瓷和超微结构国家重点实验室"、武汉理工大学"材料复合新技术国家重点实验室"、山东工陶院的"国家工业陶瓷工程技术研究中心"及"全国工业陶瓷标准化技术委员会"等。

研究先进陶瓷材料的主要大学包括：哈尔滨工业大学、东华大学、湖南大学、浙江大学、西北工业大学、西安交通大学、景德镇陶瓷大学、长沙理工大学、广东工业大学、国防科技大学、江苏大学、天津大学、东北大学、郑州大学、北方民族大学、陕西科技大学、武汉科技大学、华南理工大学、华中科技大学、北京大学、上海大学、海南大学、山东理工大学、昆明理工大学、辽宁科技大学、厦门大学、合肥工业大学、北京航空航天大学、北京理工大学、北京科技大学、湖南人文科技学院、湖北工业大学、西南交通大学、大连海事大学、上海海事大学、江苏师范大学、厦门理工学院、红河学院、合肥学院、铜仁学院等。

研究先进陶瓷材料的主要科研院所包括：中科院理化技术研究所、中材人工晶体研究院、中科院过程工程研究所、中科院上海光学精密机械研究所、中电科集团十二所、中电科集团十三所、中电科集团四十三所、中科院兰州化学物理研究所、山东省硅酸盐研究设计院、中国建筑材料科学研究总院陶瓷科学研究院、咸阳陶瓷研究设计院、江苏陶瓷研究所、天津硅酸盐研究所、广东佛山陶瓷研究所、辽宁省轻工业研究院。

7.1.2 结构陶瓷及其研究机构分析

早在20世纪80年代，清华大学、中科院上海硅酸盐研究所、天津大学、山东工陶院、中国建筑材料科学研究总院等高校和研究单位就以国家科技部的"陶瓷发动机"项目为依托，开展多种结构陶瓷材料及高温陶瓷零部件的研发，包括发动机增压用氮化硅涡轮转子、发动机缸盖顶板的镁部分稳定氧化锆陶瓷（简称Mg-PSZ）、发动机高温燃烧室碳化硅陶瓷，以及耐高温耐腐蚀的氮化硅陶瓷气门、摇臂镶块等，为此，在结构陶瓷基础理论方面开展了"晶界工程""相变增韧""微观结构调控"等方面研究探索；在结构陶瓷复杂形状零部件成型方面开展了"陶瓷注射成型""压滤成型""塑性挤压成型"等新工艺；在陶瓷致密化烧结方面先后开展了"气压烧结""气氛烧结""热压烧结""热等静压烧结"等烧结新技术的研发。上述这些基础研究和陶瓷零部件的制备技术开发为我国后续先进陶瓷的发展奠定了良好的基础，同时也培养了一批骨干人才队伍。

清华大学苗赫濯教授团队研发的氮化硅基陶瓷刀具是最早实现成果转化和产业化的结构陶瓷产品之一，这种采用Si_3N_4与TiC复合的陶瓷刀具在机械行业得到许多应用；随后发展了复合TiCN金属陶瓷刀具，用于加工炮弹以及冷铸铁泥浆泵等硬质钢铁。此外，研发的SiC晶须强韧化的Si_3N_4陶瓷刀具及燃气轮机用陶瓷叶片等结构件如图7-1所示。

图7-1 SiC晶须强韧化的Si_3N_4陶瓷刀具及燃气轮机用陶瓷叶片

天津大学在Mg-PSZ材料研究基础上，制备出发动机用陶瓷部件，并开展氧化锆陶瓷成果转化，先后开发出发动机用高温陶瓷缸盖及石油钻井泥浆泵用氧化锆陶瓷缸套，如图7-2所示。

图7-2 发动机用氧化锆陶瓷部件与陶瓷缸套

10余年来，中科院上海硅酸盐研究所在碳化硅陶瓷制备材料上取得突破，成功制备出大尺寸碳化硅反射镜，在空间对地观测等重要领域获得应用。

山东工陶院发展了Si_3N_4粉末的封闭式氮气保护喷雾造粒技术，采用气压烧结与热等静压烧结相结合技术制备出耐磨损、长寿命、高可靠性氮化硅陶瓷轴承球。这种陶瓷轴承在航天发动机、高速机床、风力发电、高端医疗设备方面获得重要应用。

哈尔滨工业大学在航天防热陶瓷复合材料和ZrB_2基等超高温陶瓷零部件制备上取得许多成果，并成功应用于航天工程与国防军工。

西北工业大学在 C_f/SiC 和 SiC_f/SiC 陶瓷基复合材料的研发与产业化方面取得重要成果，采用 C_f/SiC 和 SiC_f/SiC 陶瓷基复合材料制备的部件在航空航天领域获得许多应用。

西安交通大学在氮化硅-碳化硅纳米陶瓷的无压烧结制备、氮化硅陶瓷的相转变和致密化、多孔氮化硅陶瓷的制备、反应烧结碳化硅多孔陶瓷及多孔氮化硅-碳化硅纳米复合材料方面做出了有特色的工作，所开发的无压烧结制备的氮化硅-碳化硅纳米复合材料具有高强度、耐磨性等优点，具有较高的实用价值。

北方民族大学长期坚守从事 SiC 陶瓷相图与制备工艺研究，并将 SiC 常压烧结技术应用于高性能 SiC 防弹陶瓷制备及产业化。

山东大学、景德镇陶瓷大学与企业合作开发的热压烧结高硬度、高密度 B_4C 防弹陶瓷通过认证，在军队人体防护和直升机上获得应用。

武汉理工大学开发的梯度复合材料、超硬陶瓷、导电陶瓷材料已应用于国防军工领域；清华大学和昆明理工大学在低热导率热障涂层材料的研发上也取得许多新成果。

近几年，哈尔滨工业大学、东华大学、华南理工大学、北京理工大学等单位又开展高熵陶瓷的基础研究。此外，中科院沈阳金属所、北京交通大学、清华大学、河南理工大学等单位在 MAX 相（如 Ti_3SiC_2、Ti_3AlC_2）导电陶瓷方面做了不少研究工作，北京交通大学并将这种导电陶瓷应用于电力机车受电弓滑板。图 7-3（a）和（b）示出了 Ti_3SiC_2 高温燃烧器喷嘴。

中材人工晶体研究院开发出可加工的云母玻璃陶瓷。该材料质轻，抗热冲击性能好且体积电阻大，绝缘强度高，是一种优良的电子绝缘材料，已获得许多重要应用，如图 7-3（c）所示。

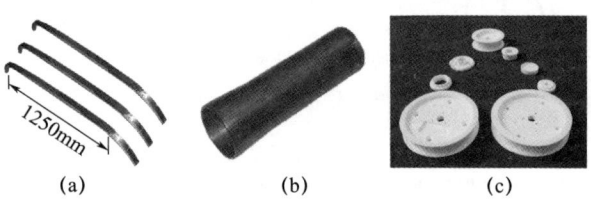

图 7-3　(a) 电力机车受电弓滑板；
(b) Ti_3SiC_2 高温燃烧器喷嘴；(c) 云母玻璃陶瓷

7.1.3　功能陶瓷及其研究机构分析

功能陶瓷是具有电、磁、声、光、热、力、化学或生物功能等的介质材料。因此，功能陶瓷材料种类繁多，用途广泛；主要包括铁电、压电、介电、热释电、半导体、电光和磁性等功能各异的新型陶瓷。它是电子信息、集成电路、移动通信、消费电子、能源技术和国防军工等现代高新技术领域的重要基础材料。自 20 世纪 70 年代，国内一批高校和科研院所就陆续对各种功能陶瓷材料从基础理论到工程应用展开研究。

多层片式陶瓷电容器（MLCC）是一种量大面广的重要电子元器件，广泛用于电子信息产品的各种表面贴装电路中，清华大学、西安交通大学、同济大学等高校相继开展研究工作。特别是清华大学李龙土院士团队通过复合添加剂掺杂、调控显微结构，制备出的钛酸钡基 X7R 502 MLCC 材料的室温介电常数可达 5000 左右，室温介电损耗小于 1%，电阻率为 $10^{11}\Omega\cdot m$，击穿场强高于 5kV/mm，为制备军用高可靠性、大容量陶瓷电容器提供了关键材料，并与风华高科股份有限公司合作，获得产业化应用。此外进行的片式电感（MLCI）研究，开发了共烧陶瓷技术，推动了片式电感与片式电容在我国的发展，如图 7-4 所示。

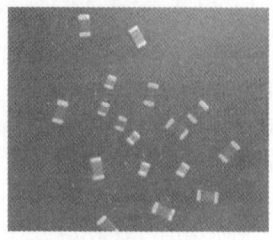

图 7-4　片式电感与片式电容元器件

铁电压电陶瓷作为机、电、声、光、热敏感材料，在传感器、换能器、无损检测和通信技术等领域已获得广泛应用。其中压电陶瓷及器件一直是人们关注和研究的一个热点。中科院上海硅酸盐研究所、清华大学、武汉理工大学、浙江大学、北京大学工学院、天津大学、景德镇陶瓷大学先后开展了这方面的研究工作，其中上海硅酸盐研究所研发的压电陶瓷产品及器件在航空航天、医疗系统、油气勘探等领域中得到了实际应用。清华大学和北京大学开发的压电蜂鸣器、超声波振子，如图 7-5（a）和（b）所示。特别是在超声波压电马达方面取得许多成果，开发出转速高达 11200r/min 的压电微电机，首次提出可 10 万次步进累积误差小于 1 度的压电微马达，如图 7-5（c）所示。先后成功研制出可用于电声、消费电子、电子通信、军工等行业需求的新型压电元器件和应用技术，如超精密压电定位台、人机交互的压电陶瓷触摸屏、超轻压电音箱和压电耳机。

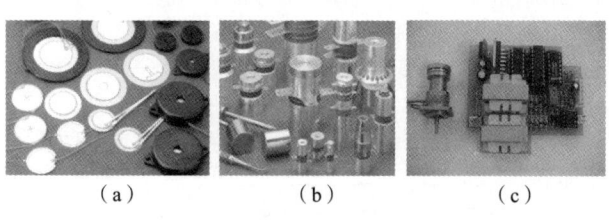

图 7-5　(a) 压电蜂鸣器；(b) 超声波振子；
(c) 压电微马达

微波介质陶瓷是现代通信中广泛使用的谐振器、滤波器、介质基片、介质天线、介质导波回路等微波元器件的关键材料，也是功能陶瓷领域中研究十分活跃、发展迅速的一类材料。参与研究的高校和科研院所众多，包括清华大学、浙江大学、上海硅酸盐研究所、电子科技大学等单位，其中浙江大学在介电常数大于 100 的高介电常数微波介质陶瓷新体系探索方面取得重要进展。清华大学与同方公司合作开发了天线用微波陶瓷材料系列，介电常数从 K10 到 K150 的不同微波介质陶瓷，可用于谐振器、滤波器。特别是针对 5G 基站滤波器应用，制备出钛酸镁/钛酸钙微波介质陶瓷样品如图 7-6（a）所示，其显微结构的电镜照片如图 7-6（b）所示。据市场预测 2020—2025 年，5G 基站用陶瓷滤波器将达到近 100 亿元。

作为半导体功能陶瓷应用的 PTC 热敏电阻，继日本、美国之后，国内天津大学、华中科技大学先后研发出不同特性的 PTC 热敏电阻陶瓷材料，并且实现规模化生产。

电子封装用陶瓷基板，如 Al_2O_3、ZTA、BeO、AlN，特别是高导热氮化铝、氮化硅陶瓷基板近 10 年来成为半导体功率器

7.1 国内先进陶瓷研究机构概述

(a) 钛酸镁/钛酸钙微波介质陶瓷

(b) 显微结构电镜照片

图 7-6　5G 用微波介质陶瓷及内部显微结构

件、IGBT 功率模块中的关键封装材料。早在 21 世纪初，清华大学开发出高导热 AlN 基板的流延成型与低温烧成工艺，中电科集团十三所在 AlN 基板烧结、AlN 基板金属化工艺取得实用化成果，基板表面镀铜（100μm Max）满足电流承载需求，表面镀覆镍金适合键合和焊接，如图 7-7 所示。此外，在 AlN 多层陶瓷封装方面，实现了 AlN 与 W 金属化体系高温共烧，多层陶瓷布线设计电路满足需求，可以与金属进行钎焊，如图 7-8 所示。

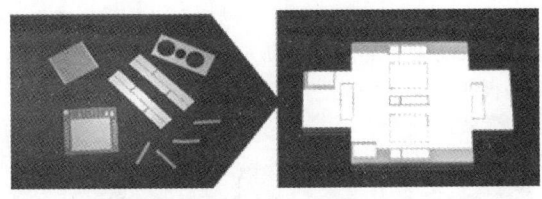

图 7-7　氮化铝厚膜金属化-表面镀铜（100μm Max）

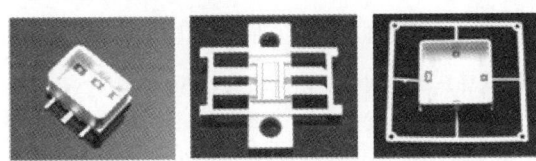

图 7-8　AlN 多层陶瓷封装与金属进行钎焊

近几年，同时具有高导热率、高强度、高韧性的氮化硅陶瓷基板成为功能-结构一体化陶瓷的研究热点。中科院上海硅酸盐研究所、清华大学、广东工业大学、山东工陶院等单位均开展了大量研发工作。上海硅酸盐研究所采用的硅粉氮化再进行致密化烧结的技术路线已制备出热导率高达 100W/(m·K) 的 Si_3N_4 样品，山东工陶院采用流延成型再排胶烧结得到 80～90W/(m·K) 的 Si_3N_4 基板，并进行了覆铜试验。清华大学与企业合作分别采用气压烧结和振荡压力烧结新工艺制备出热导率达到 85～95W/(m·K) 的大尺寸 Si_3N_4 基板，其抗弯强度和断裂韧性分别为 750MPa 和 7MPa·$m^{1/2}$。

在电子电气工业上广泛应用的绝缘电子陶瓷的代表性研究单位有中电科集团十二所，主要进行电真空器件的研制生产。产品包括行波管、磁控管、速调管、闸流管、加速管、电力开关管等，广泛用于通信、医疗、集装箱在线检测、工业无损探伤、电力开关柜等。

7.1.4　透明陶瓷及其研究机构分析

透明透波陶瓷是指对可见光和红外波长范围电磁波具有良好透过性的陶瓷材料。这些陶瓷主要包括透明氧化铝（Al_2O_3）、氧化钇（Y_2O_3）、氧化镁（MgO）、镁铝尖晶石（$MgAl_2O_4$）以及阿隆（AlON）透明陶瓷、钇铝石榴石透明陶瓷（简称 YAG）和稀土掺杂钇铝石榴石激光透明陶瓷（如 Nd：YAG）。图 7-9 示出透明氧化铝样品及其晶粒形貌的显微结构电镜照片。

图 7-9　透明氧化铝样品及其显微结构电镜照片

早在 20 世纪 70 年代，清华大学苗赫濯教授团队采用氢气氖烧结制备出透明 Al_2O_3 陶瓷与高压钠灯，高压钠灯发光效率比当时的高压汞灯高一倍以上，透射性强，从而在北京长安街、首都机场、港口获得广泛应用。由于高压钠灯内的透明灯管要耐受 1300℃ 高温钠蒸气腐蚀，因此玻璃灯管会被腐蚀导致失透，但透明 Al_2O_3 灯管可以胜任。图 7-10（a）示出了高压钠灯及透明氧化铝灯管。进入 21 世纪，另一种新光源"陶瓷金卤灯"因为光线自然柔和、省电节能，从而获得关注和应用。中科国科学院上海硅酸盐研究所（简称上硅所）和清华大学分别开发出"金卤灯"中的透明 Al_2O_3 放电管，如图 7-10（b）所示，并且获得成果转化与产业化应用。

(a) 高压钠灯及透明氧化铝灯管

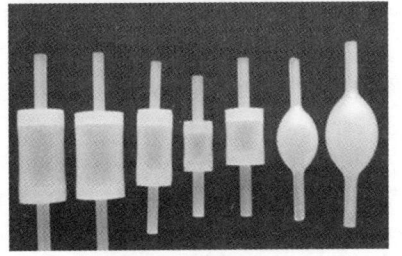

(b) "金卤灯"用透明氧化铝放电管

图 7-10　透明氧化铝陶瓷的新光源应用

透明 Al_2O_3 陶瓷也是一种生物相容性良好的齿科陶瓷材料，其中透明 Al_2O_3 陶瓷托槽被引入正畸领域，广泛地应用于牙齿矫正的临床治疗；与金属托槽比较，透明陶瓷托槽由于其良好透明性和光泽度，使其更加美观实用。多晶透明 Al_2O_3 托槽主要采用氢气氛烧结或热等静压烧结，继美国、瑞士、日本之后，清华大学、上硅所等单位也开发出此类产品。图 7-11 示出清华大学采用注射成型与热等静压烧结制备的透明 Al_2O_3 陶瓷托槽，通过与北京首都医科大学口腔医院合作，成功应用于牙齿矫正领域。

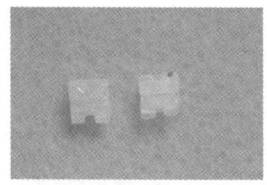 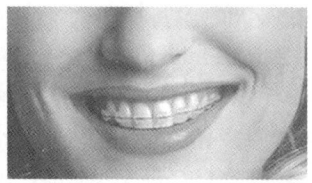

图 7-11 透明 Al_2O_3 陶瓷托槽及应用于牙齿矫正领域

镁铝尖晶石（$MgAl_2O_4$）透明陶瓷具有光学各向同性的特性，因此比六方晶系的 Al_2O_3 透明度更高，而且对于红外光和紫外光均具有良好的透过率。20 世纪 80 年代美国军方率先开展热压烧结透明尖晶石红外整流罩的研究，美国著名的CoorsTec 和 Raytheon 公司成功制备出性能较为完善的透明尖晶石材料，并很快应用于红外战术导弹系统。国内 90 年代初开始研制透明尖晶石陶瓷。中材人工晶体研究院采用热等静压烧结材料首先研发出透明尖晶石陶瓷，随后中科院上海硅酸盐研究所也制备出不同直径的透明镁铝尖晶石陶瓷整流罩，如图 7-12 所示。

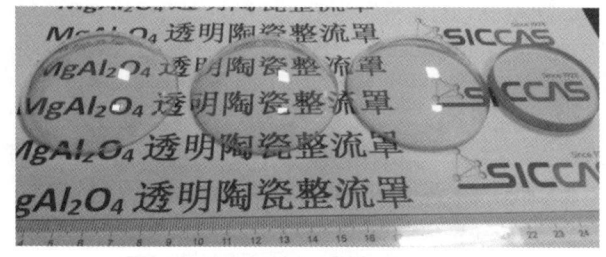

图 7-12 透明镁铝尖晶石陶瓷整流罩

阿隆（AlON，即氮氧化铝）透明陶瓷由于具有良好的光学性能、介电性能、化学性能，同时还具有较高的抗弯强度和硬度，其适用范围宽，从紫外区的 $0.2\mu m$ 一直到外红区的 $6.0\mu m$，从而在透明装甲和许多光学领域是非常有用的材料。例如用于雷达天线罩、耐高温红外传感器窗口材料、坦克装甲车的观察窗、超音速飞机的风挡。美国 Surmet 公司已可制备出 $610mm \times 914mm$ 的大尺寸板材及各种窗口，成功应用于航空航天及防弹透明装甲等领域。国内参与 AlON 透明陶瓷研究的主要有中科院上海硅酸盐研究所、中材人工晶体研究院、武汉理工大学、山东理工大学、大连理工大学、天津津航技术物理研究所。其中上海硅酸盐研究所和人工晶体研究院已报道制备出性能较为优异的中小尺寸 AlON 透明陶瓷产品。

钇铝石榴石透明陶瓷是近 20 年来发展迅速的透明陶瓷材料，重点关注和研究钇铝石榴石（简称 YAG）掺杂 Nd^{3+}、Yb^{3+}、Ln^{3+}、Er^{3+}、Tm^{3+} 等稀土离子的激光透明材料与器件。1995 年，日本科学家 Ikesue 等人通过高温固相反应，于 1750℃真空烧结的 1.1%Nd：YAG 激光透明陶瓷的折射率、热导率、硬度等物理性能与 0.9%Nd：YAG 单晶性能相当，其散射损耗低至 $0.009cm^{-1}$，某些发光性能甚至优于提拉法（CZ 法）制备的 Nd：YAG 单晶。与此同时，研制出世界第一台能与 Nd：YAG 单晶激光器相媲美的 Nd：YAG 透明陶瓷激光器。2016 年美国利弗莫尔实验室与日本合作，采用 Nd：YAG 透明陶瓷板条研发的激光器可产生 67kW 的平均输出功率。国内中科院上海硅酸盐研究所、中科院理化所、东北大学、四川大学、江苏师范大学、中材人工晶体研究院先后开展了有关 Nd：YAG 粉体的化学合成、致密化烧结工艺和烧结助剂的开发以及 Nd：YAG 透明陶瓷激光器的研究。其中，上海硅酸盐研究所的激光透明陶瓷的应用取得了显著成绩，采用固相反应烧结技术研制的大尺寸 Nd：YAG 激光透明陶瓷板条（$120mm \times 50mm \times 3mm$）实现激光输出平均功率为 4350W，为国内当时 Nd：YAG 激光透明陶瓷激光输出最高功率。

7.1.5 陶瓷制备技术研究机构分析

7.1.5.1 粉体制备技术方面

粉体合成制备新工艺新方法中自蔓延燃烧合成（SHS）由于时间短、效率高、成本可控而成为近二十几年粉体合成技术一个方向。国内武汉理工大学、北京科技大学、清华大学、中科院理化所等单位都开展了大量研发工作。武汉理工大学率先进行各种非氧化物陶瓷粉末的 SHS 合成机理的探索，北京科技大学在 SHS 合成技术与实际应用上取得许多成果。近几年，清华大学和中科院理化所在高纯度氮化硅粉体的 SHS 合成上取得突破，通过气相路径实现大规模反应合成高 α-Si_3N_4 粉体，进一步调控优化合成工艺条件，使 α 相含量逐步提升，产品质量和生产稳定性逐步提高，研发出新一代燃烧合成反应釜逐步实现设备智能化与自动化，如图 7-13 所示。该粉体可用于高导热氮化硅陶瓷基板和结构件生产。

图 7-13 氮化硅粉体电镜照片及其 SHS 合成设备

作为高导热陶瓷基板应用的氮化铝粉体过去一直被日本垄断，近几年北京科技大学也取得突破，采用碳热还原法制备出高性能 AlN 陶瓷粉且已实现规模化生产。在透明陶瓷粉体方面，中材人工晶体研究院、中科院上海硅酸盐研究所、东北大学、东华大学、中科院理化所等单位采用湿化学法或物理法先后合成制备出易烧结镁铝尖晶石（$MgAl_2O_4$）、阿隆（AlON）、掺杂稀土氧化物的钇铝石榴石（如 Nd-YAG）亚微米粉体，并已获得实际应用。

在电子陶瓷粉体和配方瓷料方面也取得许多重要进展和突破，清华大学合成出纳米 $BaTiO_3$ 粉体，并通过复合掺杂得到性能优异的片式陶瓷电容器瓷料，该瓷料已获得产业化应用。上海硅酸盐研究所开发的压电陶瓷配方瓷料在国防军工和工业上被使用。在无铅压电陶瓷方面，清华大学、上海硅酸盐研究所、景德镇陶瓷大学、武汉理工大学、华中科技大学等单位在基础理论和实验室研究方面都取得许多进展，但距产业化商业应用还有一些差距。微波介质陶瓷粉体配方瓷料方面，浙江大学、清华大学、上海硅酸盐研究所分别研发出各具特色配方瓷料，以满足国防军工、5G基站、通信电子所需的陶瓷滤波器、谐振器的制备与性能要求。

7.1.5.2 陶瓷成型工艺方面

陶瓷坯体的近净尺寸和高均匀性快速精密成型是先进陶瓷产品和零部件成型技术的一个方向。近10多年来，伴随智能穿戴陶瓷外观件（如智能手表和手环）、通信电子中的插芯和套管、半导体工业中铜线键合用的陶瓷劈刀，以及医疗器械和生物陶瓷（如陶瓷托槽）等复杂形状或尺寸精密的陶瓷零部件市场的巨大需求，陶瓷粉末的精密注射成型工艺得到快速发展。清华大学自20世纪80年代开始研究注射成型技术，近40年来先后开发了蜡基、水基陶瓷注射喂料，以及相应的热脱脂、有机溶剂萃取和水萃取脱脂技术。氧化锆、氧化铝等陶瓷粉体的表面改性和产品注射成型技术已申请多项国家发明专利。长沙理工大学近几年建立了一个设备完善的陶瓷注射成型研发中心，配备了先进的陶瓷喂料密炼机、造粒机、不同吨位的注射成型机以及脱脂和烧成设备，并在手机陶瓷背板、陶瓷手表、氧化铝、氧化锆、氮化硅陶瓷结构件注射成型应用方面取得许多应用型成果。

以凝胶注模成型（或称注凝成型，英文为Gel-casting）为代表的胶态成型工艺是近10多年来陶瓷成型技术的研究热点和一个重要研究方向。清华大学"新型陶瓷与精细国家重点实验室"比较早地系统研究了 Al_2O_3、ZrO_2、Si_3N_4、SiC等结构陶瓷件的直接凝固注浆成型和凝胶注模成型技术与机理，制备出多种陶瓷产品。此外，采用凝胶注模成型原理，可以批量化制备氧化锆等陶瓷微球的技术已获得应用。北京航空621所采用凝胶工艺成型 Al_2O_3 和 ZrO_2 陶瓷基板取得成功，并在山东淄博进入产业化应用。山东工陶院在大尺寸陶瓷结构件的凝胶注模成型的工程化技术应用取得突破，应用于大尺寸熔融石英陶瓷坩埚、玻璃窑炉用石英陶瓷盖板的批量化生产，如图7-14所示。

图7-14 大尺寸熔融石英陶瓷坩埚和盖板凝胶铸成型

近几年，中科院上海硅酸盐研究所王士维研究员团队发明了一种自凝胶成型新体系，采用一种具有多官能团的共聚物（异丁烯与马来酸酐共聚物，简称PIBM），该共聚物既当分散剂又当凝胶剂，添加量小，无毒，可在常温空气环境下操作，该凝胶体系特别有利于大尺寸致密陶瓷产品的制备，如图7-15所示，已获得产业化应用。此外，上海硅酸盐研究所还发展了一种磁场辅助注浆成型与氢气氛烧结相结合的方法制备高透明氧化铝陶瓷新技术，由于c轴在强磁场下趋向于平行排列，从而获得具有高的可见光透光率的 Al_2O_3 陶瓷。

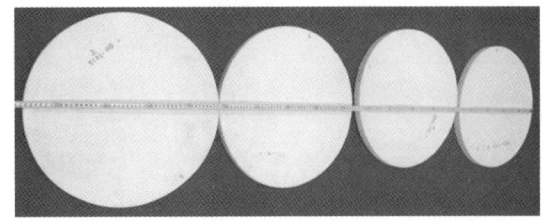

图7-15 氧化铝陶瓷盘的注凝成型

陶瓷3D打印技术由于无需任何模具，只需通过计算机建立三维模型，然后通过计算机切片并控制打印程序，层层堆叠而成型出所需各种复杂形状的陶瓷坯体，从而受到广泛关注。许多高校和研究机构及企业都在进行大量研发工作。清华大学引进了奥地利Lithoz公司开发的光固化成型陶瓷3D打印设备，先后对 Al_2O_3 精密结构件和 ZrO_2 齿科陶瓷的3D打印浆料、光固化过程、打印坯体的排胶和烧结进行系统研究。国内中科院上硅所、华中科技大学、北京理工大学、北京航空航天大学、长沙理工大学等单位都开展了陶瓷3D打印技术的研发工作。山东工陶院重点研究了 Si_3N_4 陶瓷结构件和生物陶瓷种植体的3D打印并取得重要进展。广东工业大学针对 Al_2O_3、ZrO_2、ZTA等陶瓷浆料的光固化3D打印展开研究，重点探索了 Al_2O_3 陶瓷切削刀具的3D打印制备以及材料微观结构与性能的评价，如图7-16所示。

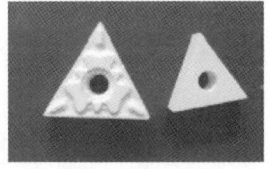

图7-16 Al_2O_3 陶瓷切削刀具的3D打印制备

长沙理工大学开发了一种微热压熔融沉积3D打印新工艺，可制备出复杂形状的 ZrO_2、Al_2O_3 等工程陶瓷零部件，如图7-17所示。近几年，基于传统的熔融沉积技术（FDM），又发展新型热压辅助熔融沉积3D打印技术，借鉴了陶瓷注射成型中成熟的螺杆挤出机构，将线材原料替换为颗粒原料。颗粒耗材可以在螺杆挤出过程中再次混合、排气和均匀化。采用真空、微区加热和加压方法消除层间空隙，控制打印过程的温度分布和残余应力，利于制备高可靠性碳化物和氮化物复杂形状陶瓷部件，如图7-18和图7-19所示。

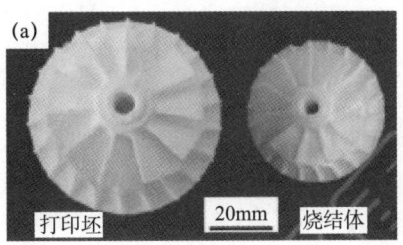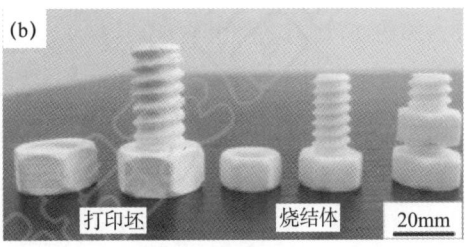

图7-17 微热压熔融沉积3D打印氧化物陶瓷零部件

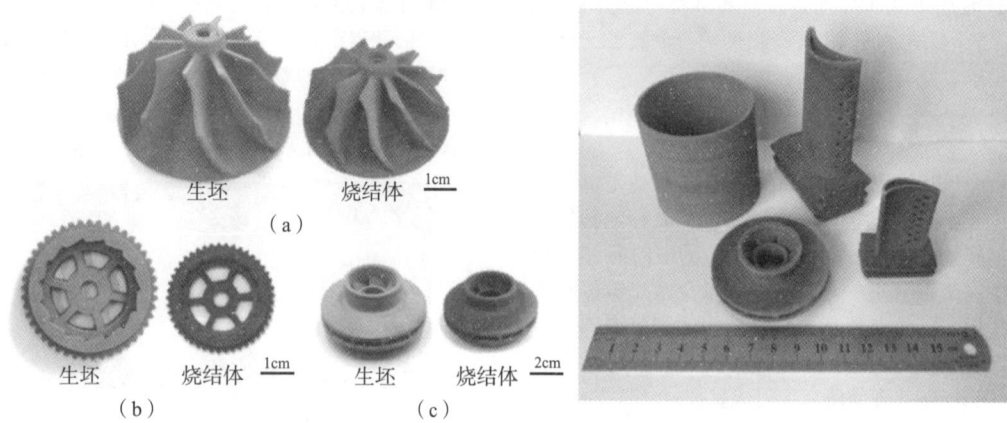

图 7-18 热压辅助熔融沉积（FDM）3D 打印非氧化陶瓷部件

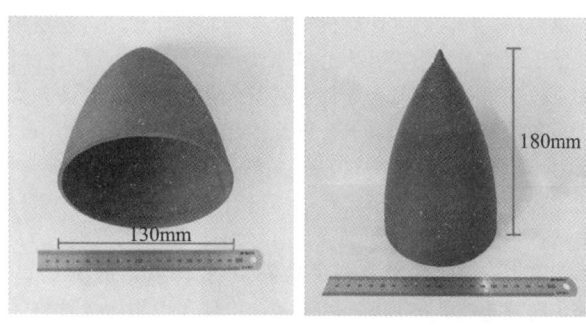

图 7-19 FDM+GPS 制备致密氮化硅陶瓷头罩

北京航空航天大学利用新型温度诱导挤出 3D 打印氧化铝陶瓷，使得打印素坯具有足够高的强度，从而实现了无支撑大倾斜角度复杂陶瓷零部件的近净成型，如图 7-20 所示。此外，北京理工大学、华中科技大学、上海硅酸盐研究所等单位在陶瓷 3D 打印浆料、固化机理、打印技术等方面也取得许多创新性成果。

图 7-20 温度诱导挤出 3D 打印大倾斜角度复杂陶瓷构件

7.1.5.3 陶瓷烧结技术方面

近 10 多年来，一些全新的烧结技术得到研究和发展，包括二步烧结法、闪烧、振荡压力烧结等新技术。清华大学与美国滨州大学合作提出两步烧结法。该方法是升温至某个临界温度再降低到一个合适的温度点，然后进行长时间保温烧结。该方法是利用晶界扩散机制来促进致密化，避免晶界迁移和晶粒长大。采用该技术成功制备出晶粒尺寸为 60nm 的 Y_2O_3 致密陶瓷，该技术也应用于 $BaTiO_3$、ZnO、TiO_2 等纳米晶或亚微米晶陶瓷烧结。国内四川大学、兰州大学也开展二步烧结研究，但目前工作还停留在实验室层面，缺乏实际应用性探索。

闪烧属于电场辅助烧结的一种，是指陶瓷生坯在一定温度和临界电场下实现试样的低温极速烧结，烧结时间一般是几秒钟，且具有高效快速特点。国内西北工业大学、北京理工大学、西南交通大学等单位先后开展了 ZrO_2 陶瓷的闪烧，大约在 1000℃ 可以快速致密化。但目前还缺乏闪烧法所得陶瓷材料综合性评价，尚未进入实际应用阶段。

振荡压力烧结是由清华大学与株洲新融利公司在国际上率先开发的一种全新烧结设备与技术。该烧结方法是在恒定机械压力基础上施加一定的振荡频率（1～50Hz）和振幅压力（1～10t），采用振荡动态压力替代传统的静态压力，更有助于陶瓷材料内部团聚体的破碎和彻底消除残余气孔等缺陷，从而获得接近理论密度的超高强度陶瓷材料。例如采用振荡压力新技术烧结 3Y-ZrO_2 陶瓷的抗弯强度达到 1800MPa，烧结 ZrO_2 与 Al_2O_3 复合的 ATZ 陶瓷块体（$\phi100\times10mm$）的抗弯强度更是高达 2100MPa，3Y-ZrO_2 陶瓷块体及显微结构如图 7-21 所示，其如此高的强度尚属首次报道。该烧结技术还适用于金属陶瓷（如 TiCN 等）、硬质合金、高温合金等材料的高度致密化烧结，具有重要的实际工程应用价值。该烧结技术引起高度关注，西南交通大学、武汉理工大学、河南工程学校、郑州航空管理学院、佛山陶瓷研究所等单位也相继开展了功能陶瓷、硬质合金、结构陶瓷的振荡压力烧结工艺和烧结机理的研究，取得许多成果，材料性能得到显著提高。此外，依据热场下振荡热压这一原理，可以对某些难熔金属、高温合金进行"热煅"致密化，制备靶材和涡轮盘等高端产品。

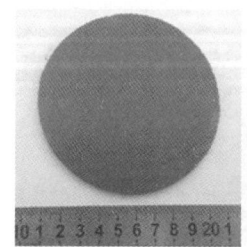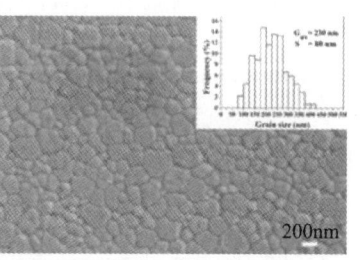

图 7-21 高强度 3Y-ZrO_2 陶瓷块体及显微结构

7.1 国内先进陶瓷研究机构概述

7.1.6 陶瓷基复合材料研究机构分析

陶瓷基复合材料主要由 SiC 等陶瓷材料为基体，以碳纤维（C_f）或碳化硅纤维（SiC_f）、晶须（如 SiC_w）和颗粒（如 SiC_p、B_4C_p）为增强体，通过适当的工艺复合制备而成。此外，碳纤维增强碳基体的碳/碳（C_f/C）复合材料也具备与 C_f/SiC 相类似的特性。这些复合材料的突出优点是：①轻质高强，比强度和比模量高；②良好的抗疲劳性能，复合材料能有效地阻止疲劳裂纹的扩散；③高韧性和抗热冲击性；④耐热性和高温强度高；从而在航空航天、国防军工等领域得到广泛应用。

西北工业大学张立同院士团队建成了我国第一个超高温陶瓷基复合材料实验室，打破了西方国家对我国的技术和设备封锁，使我国一跃成为继法国和美国之后，全面掌握碳化硅陶瓷基复合材料的化学气相渗透法（CVI）制造技术及其设备的第三个国家。这种陶瓷基复合材料称为"摔不破的陶瓷复合材料"，是目前国际上公认的能够反映一个国家航空航天器制造能力的新型热结构材料。C_f/SiC 陶瓷基复合材料用于瞬时寿命的固体火箭发动机的使用温度可达 2800～3000℃；用于有限寿命的液体火箭发动机的使用温度可达 2000～2200℃；C_f/SiC 用于长寿命航空发动机的使用温度为 1650℃。

化学气相渗透法（CVI）是在化学气相沉积基础上发展起来的一种制备陶瓷基复合材料的方法，在 CVI 过程中，反应物以气体的形式存在，能渗入到碳纤维和碳化硅纤维预制体的内部发生化学反应，并原位沉积在纤维表面形成陶瓷基体。其显微结构如图 7-22（a）所示。采用该技术制备出的 C_f/SiC 复合材料航天飞机头锥如图 7-22（b）所示。中科院上海硅酸盐研究所董绍明院士团队在陶瓷基复合材料的抗氧化、抗烧蚀的组成与结构设计和新工艺新技术方面也取得突破，成功制备出耐高温关键材料与部件。

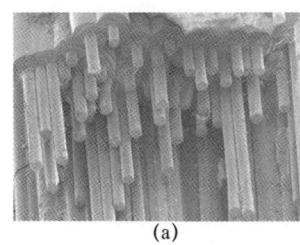 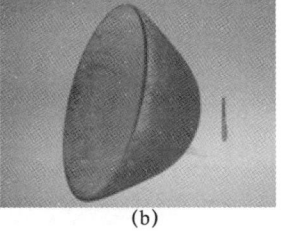

(a) (b)

图 7-22 C_f/SiC 陶瓷基复合材料显微结构及航天飞机头锥

中科院上海硅酸盐研究所董绍明院士团队在陶瓷基复合材料复杂形状部件制备技术和工程应用方面也取得重大成果，在航空航天超高温防护领域获得应用。

国防科技大学和厦门大学在陶瓷基复合材料所需的关键原材料碳纤维、碳化硅纤维的合成制备方面取得许多成果，制备出高强度、高模量的碳化硅等多种性能优良的纤维，打破了西方国家的垄断。

中南大学在碳/碳（C_f/C）复合材料及 $C_f/C-SiC$ 复合材料方面取得突破，首次提出并采用全碳纤维准三维针刺整体毡预制体，运用热解碳和浸渍碳复合增密技术，大大提高了复合材料的产品性能，成功制备出航空用高性能碳/碳刹车盘，具有密度低、性能好、寿命长等特点，代表了当今航空制动材料的发展方向；航空碳/碳刹车盘及其显微结构如图 7-23 所示。此外碳/碳复合材料还可用作固体火箭发动机、航天飞机等先进飞行器和赛车等的刹车片，也可用于化工、半导体、高温紧固件及高温模具等众多领域。

 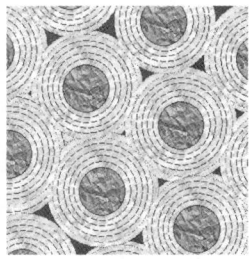

图 7-23 碳/碳（C_f/C）复合材料刹车盘及其显微结构示意图

参考文献

[1] 《发动机用先进陶瓷》编委会. 发动机用先进陶瓷 [M]. 北京：科学出版社, 1993.

[2] [美] 田增英. 来自西方的知识：精密陶瓷及应用 [M]. 北京：科学普及出版社, 1993.

[3] 张立同. 纤维增韧碳化硅陶瓷复合材料 [M]. 北京：化学工业出版社, 2009.

[4] 谢志鹏. 结构陶瓷 [M]. 北京：清华大学出版社, 2011.

[5] 黄勇, 汪长安. 高性能多相复相陶瓷 [M]. 北京：清华大学出版社, 2008.

[6] 谢志鹏, 秦笑威, 安迪, 等. 我国先进结构陶瓷产业分布与发展及面临的问题与挑战 [J]. 陶瓷学报, 2019, 40 (1): 1-13.

[7] 南策文, 王晓慧, 陈湘明, 等. 信息功能陶瓷研究的新进展与挑战 [J]. 中国材料进展, 2010, 29 (8): 30-35.

[8] 张伟儒, 李伶, 王坤. 先进陶瓷材料研究现状及发展趋势 [J]. 新材料产业, 2016, (1): 2-8.

[9] 谢志鹏, 许靖堃, 安迪. 先进陶瓷材料烧结新技术研究进展 [J]. 中国材料进展, 2019, 38 (9): 821-830.

[10] 张伟儒, 郑彧, 李正, 等. 半导体器件用陶瓷基片材料发展现状 [J]. 真空电子技术, 2017, 5: 20-23.

[11] 蔡德龙, 陈斐, 何风梅, 等. 高温透波陶瓷材料研究进展 [J]. 现代技术陶瓷, 2019, 40 (1-2): 4-120.

[12] 褚祥诚, 严仁博, 董蜀湘, 等. 国内压电陶瓷马达的研究现状 [J]. 材料导报, 2001, 15 (5): 26-29.

[13] 于多, 殷杰, 张步豪, 等. 碳化物超高温陶瓷材料研究进展 [J]. 航空制造技术, 2019, 62 (19): 53-63.

[14] 杨晓, 黄政仁, 刘学键. 常压烧结碳化硅陶瓷的表面裂纹对其力学性能的影响 [J]. 硅酸盐学报, 2014, 42 (7): 841-845.

[15] 郑彧, 张伟儒, 彭珍珍, 等. 高纯氮化硅粉合成研究进展 [J]. 硅酸盐通报, 2015, 34: 344-347.

[16] 王天资, 周志勇, 李伟, 等. 高温压电振动传感器及陶瓷材料研究应用进展 [J]. 传感器与微系统, 2020, 39 (6): 1-4.

[17] 陈磊, 王恺, 苏文韬, 等. 过渡金属非氧化物高熵陶瓷的研究进展 [J]. 无机材料学报, 2020, 35 (7): 748-758.

[18] 毛小建, 陈晗, 赵瑾, 等. 自发凝固成型研究进展 [J]. 现代技术陶瓷, 2019, 40 (6): 398-416.

[19] 张景贤, 段于森, 江东亮, 等. 高导热氮化硅陶瓷的低温烧结和性能研究 [J]. 真空电子技术, 2017 (5): 16-19.

[20] 张芳, 王士维, 张昭, 等. AlON 粉体制备及透明陶瓷烧结 [J]. 稀有金属材料与工程, 2009, 38 (S2): 403-406.

[21] 顾俊峰, 邹冀, 张帆, 等. 高熵陶瓷材料研究进展 [J]. 中国材料进展, 2019, 38 (9): 855-863.

[22] 赵东亮,高岭. 功率模块用陶瓷覆铜基板研究进展 [J]. 真空电子技术. 2014,(5): 17-20.

[23] 裘进浩,董显林,王齐华,等. 压电精密驱动功能部件的基础研究 [J]. 中国基础科学. 2019 (4): 1-6.

[24] 余晓初,张辉,陈聪,等. 氮化硅陶瓷覆铜基板制备及可靠性评估 [J]. 硅酸盐通报, 2020, 39 (5): 1614-1619.

[25] 陈克丕,李泽民,马金旭,等. 高熵陶瓷材料研究进展与展望 [J]. 陶瓷学报, 2020, 41 (2): 157-163.

[26] 赵亚娟. 国际先进陶瓷材料研究现状 [J]. 新材料产业, 2006,(8): 55-62.

[37] 张辉,王晓慧,郑亚楠,等. 纳米晶钛酸钡粉体的相结构 [J]. 硅酸盐学报, 2014, 42 (2): 216-219.

[38] 阎立,褚祥诚,董蜀湘,等. 压电微马达研究进展 [J]. 压电与声光, 2002, 24 (2): 116-121.

[39] 江东亮. 透明陶瓷: 无机材料研究与发展重要方向之一 [J]. 无机材料学报, 2009, 24 (5): 873-881.

[40] 谢启明,李奕威,潘顺臣. 红外窗口和整流罩材料的发展和应用 [J]. 红外技术, 2012, 34 (10): 559-566.

[41] 张乐,周天元,陈浩,等. Nd:YAG激光透明陶瓷的研究进展 [J]. 材料导报, 2017, 31 (7): 41-48.

[42] 杨亮亮. 温度诱导Al_2O_3陶瓷3D打印近净尺寸成型研究 [D]. 北京: 北京航空航天大学, 2020.

[43] 胡尊兰,谢志鹏,康国兴,等. 非晶态Si_3N_4结晶及α-Si_3N_4晶种调控结晶行为研究 [J]. 硅酸盐学报. 2020, 48 (12): 1920-1926.

[44] 刘剑,谢志鹏. 烧结助剂对氮化硅陶瓷热导率和力学性能的影响 [J]. 硅酸盐学报, 2020, 48 (12): 1865-1871.

7.2 高等院校

清华大学

地址：北京市海淀区清华大学
电话：010-62794603
电邮：xzp@mail.tsinghua.edu.cn
网址：www.mse.tsinghua.edu.cn
单位介绍：清华大学材料学院于2012年12月正式组建，由原材料科学与工程系、原机械工程系材料加工学科组成。其前身材料科学与工程系建于1988年，由化学工程系的无机非金属材料专业、工程物理系的材料物理专业、原机械工程系的金属材料专业组成。学院现有多个国家和部委级科研和教学平台，包括新型陶瓷与精细工艺国家重点实验室、先进材料教育部重点实验室、先进成型制造教育部重点实验室、北京电子显微镜中心、"先进材料"虚拟仿真国家实验教学示范中心、"材料科学与工程"国家教学示范中心、材料科学与工程研究院中心实验室等教学科研平台，以及贝氏体钢推广中心、镁铝合金成型技术研究开发中心、北京市高技术陶瓷材料与工艺国际科技合作基地和功能材料国际联合研究中心等国家级产学研基地。
研究方向：①信息功能陶瓷材料。纳米晶陶瓷的制备、尺寸效应及其控制原理；高性能低温烧结软磁铁氧体材料及片式元器件；新一代高性能低成本多层陶瓷电容器材料及元器件；多元体系中准同型相界（MPB）组成的线性组合规律；新型压电材料与器件；高性能电子陶瓷基板及其元器件、流延法制备科学与技术；新型微波/毫米波介质材料；陶瓷基光子晶体与超常介质。②功能复合材料设计与新材料探索。非均质材料显微结构与性能关联研究和多铁性复合材料；复合功能陶瓷中界面效应的物理机制及新材料研制；多铁性复合陶瓷薄膜的多场耦合效应；新型多铁性磁电复合材料的研制。③陶瓷材料先进制备工艺。高性能新型结构陶瓷的设计；陶瓷烧结工艺与材料性能可靠性；脆性材料断裂与破坏机理；极端环境下的陶瓷新材料探索；低导热陶瓷材料及其涂层；陶瓷材料的低成本、高性能制备技术；高性能结构陶瓷材料零部件的精加工技术及透明陶瓷材料。

哈尔滨工业大学

地址：黑龙江省哈尔滨市南岗区一匡街2号哈尔滨工业大学科学园C3栋
电话：0451-86414291
电邮：ce921@hit.edu.cn
网址：www.hit.edu.cn
单位介绍：哈尔滨工业大学特种陶瓷研究所建成了以航天和国防需求为主，同时辐射高端机械装备制造、能源、冶金、化工、辐射与防护等领域需求牵引的先进陶瓷材料与涂层设计—制备—评价—应用研究平台，研究方向由最初的先进陶瓷相变与韧化机理，拓展到多功能防热陶瓷基复合材料、非晶及纳米等亚稳态材料、先进结构陶瓷及复合材料、高温与超高温陶瓷、特种功能陶瓷涂层与表面改性、信息功能陶瓷与薄膜、生物瓷材料与涂层等方向。研究所拥有较完备的材料制造平台和材料检测平台，如SPS烧结炉、AVS真空/可控气氛热压烧结炉（2300℃/50t和250t各一套）、ZKLRY-400型半连续式热压烧结炉（1800℃/60t，6工位）、DIL402C/7/G型高温热膨胀分析仪、激光粒度仪、STA449C/6/G型综合热分析仪、高温力学性能试验机（使用温度高达1650℃）
研究方向：非晶/纳米晶等亚稳态材料的制备及其组织结构演化规律与机理；多功能航天防热陶瓷基复合材料及其在极端服役条件下损伤机理；异型或大尺寸陶瓷构件的凝胶注模成型、3D打印成型技术；轻质隔热/阻燃或耐热/防热用无机聚合物及其复合材料；无机聚合物转化法低成本制备先进陶瓷基复合材料。研究所在硅硼基氮（碳）化物先进陶瓷与复合材料及应用技术、新型Si_3N_4与Sialon基复合材料的合成及相关基础研究、钡长石玻璃陶瓷其复合材料的合成及相关基础研究等方面取得了重大成就。

武汉理工大学

地址：湖北省武汉市武昌区洪山珞狮路122号
电话：027-87884448
电邮：sklwut@publicwh.hb.cn
网址：sklwut.whut.edu.cn
单位介绍：材料复合新技术国家重点实验室是依托于武汉理工大学建设的新材料领域中的国家重点实验室，武汉理工大学材料科学与工程学科是一级学科国家重点学科，被列入国家"985"工程建设世界一流学科计划，在国家第四轮学科评估中排名A+。实验室以创建和发展材料多组分、多尺度、多层次复合原理与材料设计理论为重要引领，以构建材料梯度复合技术、原位复合技术、纳米复合技术及其集成创新平台为核心支撑。
研究方向：薄膜与涂层技术研究室主要利用气相沉积法（激光化学气相沉积、金属有机化学气相沉积、粉体旋转化学气相沉积、脉冲激光物理气相沉积）、液相凝固法（弧光放电、悬浮区熔）和固相反应法（热压烧结、放电等离子体烧结）制备各种氧化物、碳化物、氮化物和硼化物等超硬陶瓷和涂层、生物陶瓷涂层、热障涂层、无铅铁电陶瓷和薄膜、高温超导薄膜、汽车尾气净化触媒、制氢触媒、宽禁带半导体薄膜和离子导体薄膜等。近几年来研究了YSZ、$SrRUO_3$、ReBCO、HAp、TiN_x、$BaTi_2O_5$、SiC、Diamond、Graphene、B_4C-TiB_2-SiC、$TiC-TiB_2-SiC$等材料体系，探究薄膜与涂层材料的创新制备技术对其微观结构与性能的影响。实验室在先进陶瓷方面的研究涉及了C-BN对于SPS烧结Si_3N_4/BN复相陶瓷结构和性能的影响、Preparation of B_4C composites toughened by TiB_2-SiC agglomerates、Effects of ball-milling on fabrication of yAGceramics-by a phase transformation assisted spark plasma sintering、细晶MgO·1.44Al_2O_3透明陶瓷的制备及其性能研究等。同时，实验室拥有一批较先进的材料合成与加工设备，以及现代化的材料结构分析、表征与性能测试设备，如放电等离子烧结系统、晶体结构及物相分析系统、超声波扫描显微镜、大尺寸块体材料热电性能快速扫描测试装置等。实验室在先进陶瓷研究方面取得了较大成就，其中，实验室以傅正义教授所带领的SHS课题组为主的科研团队获得了多项科研成果，如抗热震、导电复相陶瓷蒸发舟的制备关键技术及其应用、陶瓷复合材料蒸发坩埚低成本制造技术的开发与应用研究、Mn^{2+} 活化的 MgAlON 透明陶瓷：一种用于大功率白光 LED 的新型绿色发光透明陶瓷荧光粉、一种快速制备 LiAlON 透明陶瓷粉末的方法等。

北京科技大学

地址：北京市海淀区学院路 30 号
电话：010-62334951
电邮：ccge@materustb.edu.cn
网址：mse.ustb.edu.cn/shiziduiwu/shiziduiwu/hecailiaoyanjjusuo/2016-11-02/184.html
单位介绍：北京科技大学材料科学与工程学院粉末冶金与先进陶瓷研究所课题组由 5 位教授博导、1 位副教授、1 位副研究员、2 位讲师、2 位师资博士后以及近 70 名博士、硕士研究生组成葛昌纯院士团队。基于国家能源发展战略的迫切需求，在葛昌纯院士倡议和学校学院的支持下，在特种陶瓷粉末冶金研究室基础上，于 2013 年正式成立核能与新能源系统材料研究所。通过承担各类研究项目，为国家培养能源领域的科技人才，研制了热等静压烧结炉、热压烧结炉、放电等离子烧结炉、陶瓷切割机、火花等离子放电、燃烧合成釜设备等。发表 600 多篇高水平论文，申请 72 项专利，其中陶瓷领域 40 多项。
研究方向：以清洁高效的先进核能发电系统、太阳能发电系统、风能发电系统、航空发动机系统的关键材料为研究对象，以粉末冶金技术、燃烧合成技术、涂层技术为支撑，开展先进金属材料、先进陶瓷材料、先进复合材料的成分设计、制备技术和应用研究，通过合金强化、弥散强化、纤维增韧提高材料的强韧性、抗腐蚀性、抗辐照性能；进行了高品质氮化硅和碳氮化钛超细粉体的低成本制备技术，氮化硅、氮化铝等的陶瓷粉体的燃烧合成技术，氮化硅基陶瓷刀片的研制，以及氮化硅基导热基片、氮化硅氧化铝氧化钛复合陶瓷过滤膜、碳化钛陶瓷功能梯度材料的研制。

华南理工大学

地址：广东省广州市天河区五山路 381 号华南理工大学 8 号楼
电话：020-87113924
电邮：memzhu@scut.edu.cn
网址：www2.scut.edu.cn/aesm
单位介绍：华南理工大学材料与工程学院现设有 6 个系（高分子材料科学与工程系、无机材料科学与工程系、金属材料科学与工程系、电子材料科学与工程系、生物医学工程系、光电材料与器件系）；1 个国家重点实验室（发光材料与器件国家重点实验室）；1 个国家工程技术研究中心（国家人体组织功能重建工程技术研究中心）；22 个省部级国际合作联合实验室/重点实验室/工程实验室/技术研究中心；1 个国家级实验教学示范中心（材料科学与工程教学实验中心）；1 个国家级光电材料与器件虚拟仿真实验教学中心。2015 年，依托材料学院，获教育部和国家外专局联合批准成立华南理工大学先进材料国际化示范学院。学院教学育人条件优越，拥有先进材料国际化示范学院，近 5 年获广东省高等教育教学成果奖 4 项。共拥有教学和实验室面积约 3.4 万 m^2，完备先进的教学与科研仪器设备约 2.8 万台，总价值约 6.3 亿元，能够充分保障各层次学生得到系统的实验训练和全面的综合素质培养。
研究方向：超级电容器电极材料、储氢材料、锂离子电池材料。

景德镇陶瓷大学

地址：江西省景德镇市景德镇陶瓷大学新厂校区/湘湖校区
电邮：xiaozhuohao@126.com
网址：www.jci.edu.cn
单位介绍：学校始终致力于陶瓷材料、生产工艺、装备技术创新研究，建成了国家日用及建筑陶瓷工程技术研究中心、陶瓷新材料国家地方联合工程研究中心 2 个国家级科研服务平台和绿色陶瓷教育部工程研究中心等 29 个省部级科研服务平台以及省级院士工作站 1 个。学校拥有国家陶瓷质量检测中心、全国日用陶瓷标准化中心和中国陶瓷知识产权信息中心。
研究方向：①应用研究主要内容：采用产业化的技术路径开展平板式、大规格阳极支撑型固体氧化物燃料电池（SOFC）单电池的制备技术研究。利用水系流延技术制备陶瓷薄板等。②基础研究主要内容：主要以高性能、新型结构的 SOFC 材料为研究对象，对其阴极材料、阳极材料、电解质材料和封接玻璃材料的制备和性能进行研究。纤维网络状抗积碳钙钛矿型 SOFC 阳极和固体氧化物电解池（SOEC）氢电极研究。新型无铅压电功能陶瓷材料与器件应用研究、高服役温度压电陶瓷与高温传感器研制、高性能无铅铁电压电单晶、硅酸锌结晶釉及其析晶动力学研究等。新型能源存储及转化陶瓷（超级电容器、锂离子电池、太阳能电池、质子交换膜燃料电池、光催化等）；高性能微纳多相结构复合陶瓷（超高温陶瓷、防弹陶瓷等）；多孔陶瓷结构和功能化应用研究（隔热材料、污水处理、催化等）高性能无铅压电陶瓷材料研究与器件制备技术、新型微波介质陶瓷材料与器件开发、高功率储能电介质陶瓷材料、功能陶瓷粉体的可控制备技术；环境友好型大红陶瓷色料的研究与应用；燃料电池阳极材料、钠硫电池固体电解质材料的研究与应用；陶瓷材料力学性能与评价方法研究等。

东华大学

地址：上海市松江区人民北路 2999 号
电话：021-67792362
电邮：clxy@dhu.edu.cn
网址：www.dhu.edu.cn
单位介绍：东华大学材料科学与工程学院始建于 1954 年。学院现拥有高分子科学与工程系、复合材料系、无机非金属材料系和化学纤维研究所等机构。长期以来，学院在服务化学纤维工业升级改造中发挥着主力军作用，先后攻克了功能共聚酯、细旦丙纶、纳米复合功能纤维、大容量聚酯直纺等一系列行业共性基础问题与关键技术，为我国跃升为世界化纤生产第一大国作出了重大贡献。同时积极研发国防军工所需的战略性新材料，特别是在高性能纤维研制中取得重大突破和进展，解决了碳纤维、高强高模聚乙烯纤维、芳香族聚酰胺纤维等战略材料的有无问题，为我国迈入纤维强国奠定了基础。先进玻璃材料在神舟飞船上的成功应用显示了学院在无机材料研究方面形成了新的特色。

研究方向：陶瓷复合材料微结构可控制备及性能研究；多场耦合作用下结构功能材料的性能评价；石墨烯功能化复合材料；光功能玻璃陶瓷材料；有机/无机热电材料电磁屏蔽材料；新型无机、高分子、有机/无机杂化等光热转换材料的开发及其在癌症诊疗方面的应用；高效光热转换织物的制备及其在太阳能利用、海水淡化等领域中的应用；光致变色新型织物的构筑及其在智能可穿戴设备中的应用纳米光催化材料的开发及其在污水净化和有机催化反应中的应用；纳米晶薄膜太阳能电池、柔性可编织太阳能电池的设计、构筑及应用；新型生物纳米发电机的设计、构筑及应用。

湖南大学

地址：湖南省长沙市麓山路382号
电话：13607445327
电邮：hnxiao@hnu.edu.cn
网址：clxy.hnu.edu.cn

单位介绍：湖南大学陶瓷研究所成立于1981年，由著名陶瓷专家杜海清教授创办。现任所长、博士生导师肖汉宁教授是留日博士后，享受国务院政府特殊津贴专家。该所现有博士生导师5人，教授4人（国家级青年人才2人），副教授2人，助理教授2人。在读硕士和博士研究生30多人。主要从事高性能结构与功能陶瓷的基础研究和应用开发，运用新工艺、新技术改造和提升传统陶瓷产业，培养具有较强创新能力和科研能力的陶瓷领域一流专业人才。

研究所先后承担了国家重点研发计划、国家"863"计划、国家科技支撑计划、国家自然科学基金、国防军工、国际科技合作及部省科研项目60余项。在特高压输变电用高强度电瓷、碳化硅等高温结构陶瓷，压力传感器等新型功能陶瓷，氮化铝和氮化硅等高强高导热陶瓷，水处理用高性能陶瓷膜，甲醇制氢用结构功能一体化陶瓷等方面取得了一系列重要研究成果。已有多项成果实现产业化转化，产生良好的社会效益和经济效益。研究成果先后获国家技术发明二等奖1项，省、部科技进步一等奖1项、二等奖6项，授权发明专利50多件，出版专著4部，发表高水平学术论文500多篇。

浙江大学

地址：浙江省杭州市浙大求是村54-705
电话：0571-87952324
电邮：dupy@zju.edu.cn
网址：www.zju.edu.cn

单位介绍：浙江大学材料科学与工程学院建有半导体材料、材料物理、高温合金、功能复合材料与结构、金属材料、无机非金属材料6个研究所和1个电子显微镜中心，并拥有硅材料国家重点实验室、表面与结构改性无机功能材料教育部工程研究中心、电池新材料与应用技术研究浙江省重点实验室、新型信息材料技术研究浙江省重点实验室、磁性材料浙江省工程实验室以及浙江省电子显微镜中心。长期从事材料科学与器件应用的研究，侧重于无机非金属及凝聚态材料的化学与物理。

研究方向：光、电、磁敏感功能材料、智能结构及应用，光电半导体薄膜、敏感器件应用及电子信息功能陶瓷、薄膜及相关器件应用等，特别在超高介电、高磁多相复合高性能电子陶瓷材料、微波介电可调薄膜材料、大面积快速沉积纳米硅薄膜和无催化自诱导硅化物纳米线的CVD法形成及纳米线电极/功能薄膜一体化结构的研究与应用方面取得了重要和创新成果。①微波介质陶瓷。②多铁性材料。③铁电与弛豫铁电陶瓷。④储能介质陶瓷。

天津大学

地址：天津市南开区卫津路92号
电话：022-27890027
电邮：caishu@tju.edu.cn
网址：www.tju.edu.cn

单位介绍：天津大学材料科学与工程学院成立于1997年，其前身为成立于1985年的材料科学与工程系，是我国成立较早、学科方向较为齐全的材料类院系之一，是我国高水平材料类专业人才培养和高水平材料科学研究的重要基地之一。学院所属"材料科学与工程"一级学科为国家重点学科，设有材料科学与工程一级学科博士点和博士后流动站。学院下设先进金属材料研究所（金属材料系）、先进高分子材料研究所（高分子材料系）、先进陶瓷研究所（无机非金属材料系）、焊接与先进制造技术研究所（材料科学与加工自动化系）、新能源材料研究所、天津大学—日本国立物质材料研究所（NIMS）联合研究中心6个教学科研单位。学院科研实力雄厚，拥有先进陶瓷与加工技术教育部重点实验室、教育部材料复合与功能化工程研究中心、天津市材料复合与功能化重点实验室、天津市现代连接技术重点实验室等省部级重点科研基地，形成了材料复合与功能化、纳米材料与器件、生物医用材料、现代焊接技术、先进高分子材料、先进陶瓷材料与器件、材料物理化学、材料环境行为与表面工程等重要科研方向。

研究方向：结构陶瓷制备；骨组织材料；耐磨耐腐蚀涂层；电池材料；碳基功能材料用于电化学能量存储与电催化，陶瓷摩擦学及应用、水润滑轴承、陶瓷精密加工、智能制造、人工智能。

江苏大学

地址：江苏省镇江市学府路301号
电话：0511-88791947
电邮：gjqiao@ujs.edu.cn
网址：material.ujs.edu.cn

单位介绍：江苏大学材料科学与工程学院是江苏省高校中较早设置材料科学相关本科专业和较早具有硕士点授予权的单位之一，1992年组建材料学院。材料学院建有高端金属材料与冶金、材料先进成型技术、特种合金与复合材料、无机材料与器件、高分子材料5个研究所和新材料研究院、绿色材料与冶金研究院2个研究院。重视产学研合作和为地方经济发展服务是科学研究的重要特色，与企业共建有15个江苏省工程技术研究中心、34个校企合作平台、1个产业研究院和2个行业授权的专业工程师培训基地等一批产学研基地。江苏大学多功能材料与器件研究团队自2014年成立，目前有全职教师11人（包括教授 5 人，讲师/师资博士后 3 人）和在读博士/硕士研究生 40 余人，拥有光学薄膜镀膜机、多功能高温炉、高温接触角测量仪、气敏检测等设备。团队成员累计发表 SCI 论文 300 余篇，授权 50 余项发明专利，获得省部级以上科研及人才项目 50 余项，主要完成人曾获得国家技术发明一、二等奖等奖项。拥有温度探测或气体检测用红外滤光片设计与制备、红外吸收涂层、陶瓷金属化与焊接、气敏膜材料制备等专利技术。

研究方向：力—电—热—光等多功能材料与器件的设计、制备、结构性能表征和应用的实验和理论研究，贯通新材料创制、设计与机理阐明，产品开发和功能器件封装集成。目前，集中于敏感材料与传感器、陶瓷/金属连接与复合和材料计算模拟三个研究方向，具体涉及光热、光电、热电、气敏等功能材料及薄膜/涂层、结构陶瓷、陶瓷焊接、气体和压力传感器等。

郑州大学

地址：河南省郑州市科学大道 100 号
电邮：119whl@zzu.edu.cn
网址：www5.zzu.edu.cn
单位介绍：郑州大学材料科学与工程学院成立于 2001 年，由原郑州大学材料系、原郑州大学建筑工程学院（部分专业）、原郑州工业大学材料系、原郑州工业大学数理力学系（部分专业）合并组建，2019 年 9 月材料科学与工程学院和河南省资源与材料工业技术研究院合署运行。学院设有材料科学与工程、高分子材料与工程、包装工程和材料化学 4 个本科专业和 1 个（材料科学与工程）国际化班。

研究方向：碳化硅基复合材料的制备及高温特殊电性能研究，微波烧结复合材料制备及相关机理研究；超高温陶瓷的制备与性能研究，高性能超硬材料制品的制备与性能研究，微波加热技术在无机材料领域内的应用等。

东北大学

地址：辽宁省沈阳市和平区文化路三巷 11 号
电话：024-83680248
电邮：ruhq@smm.neu.edu.cn
网址：www.mse.neu.edu.cn
单位介绍：东北大学材料科学与工程学院依托材料科学与工程学科建有轧制技术及连轧自动化国家重点实验室、先进钢铁材料技术国家工程研究中心、材料各向异性与织构教育部重点实验室、材料电磁过程研究教育部重点实验室、电磁冶金技术及装备国家地方联合工程实验室等科研基地。2014 年入选国家"钢铁共性技术协同创新中心（2011 计划）"。经过近 70 年的发展，该学科保持了在金属材料研究领域的优势，同时在陶瓷材料等研究领域形成了特色。

研究方向：先进陶瓷材料；粉末冶金材料；摩擦材料；防弹材料。

北京大学

地址：北京大学燕南园 60 号
电话：010-62765994
电邮：sxdong@pku.edu.cn
网址：en.coe.pku.edu.cn/faculty/facultyaz/891289.htm
单位介绍：北京大学董蜀湘课题组长期从事压电陶瓷材料、器件、系统及应用研究，在国际刊物 Science Advances，Advanced Materials，Advanced Functional Materials，Energy and Environmental Science，Applied Physics Letters 等发表论文 160 多篇，拥有授权美国和中国发明专利 30 余项。研制的压电陶瓷马达成功用于空间卫星光通信和医学内窥镜中。压电陶瓷材料广泛应用于各种电子元件与设备，包括超声换能器、传感器、拾音器、驱动器等。课题组自主研制了铌镍酸铅-锆钛酸铅（PNN-PZT）基软性压电陶瓷、铌锑酸铅-铌锌酸铅-锆钛酸铅（PSN-PZN-PZT）基硬性压电陶瓷和铋酸铋-钛酸铅（BS-PT）基高温压电陶瓷，其压电性能都处于国际较高水平。压电器件方面，研制了多种压电驱动器、压电微能源采集器、纳米分辨率运动平台。提出的磁电-压电双机理纳米驱动器可实现跨纳观、微观、介观、宏观的精密驱动，在精密工程、生物医学等领域具有重要应用价值。课题组自主研发的 3D 打印设备已获授权中国发明专利。该设备可用于柔性电子传感器的 3D 打印。

研究方向：涉及铁电、铁磁材料、器件和理论。包括：①磁电复合材料、磁电器件和磁-弹-电耦合理论。②压电微马达、空间（低温）超声马达与驱动器。③磁传感器、电流传感器、氢气传感器、速度传感器和压电传感器。④压电变压器。⑤声换能器。⑥微泵和微阀。

广东工业大学

地址：广东省广州市番禺区广州大学城外环西路 100 号
电话：020-39322601
电邮：swu@gdut.edu.cn
网址：www.gdut.edu.cn
单位介绍：广东工业大学是一所以工为主，工、理、经、管、文、法、艺结合，多科性协调发展的省属重点大学，广东省高水平大学重点建设高校，1995 年由原广东工学院、广东机械学院和华南建设学院（东院）合并组建而成，1958 年开办本科教育。学校科研工作坚持顶天立地战略，科研整体实力不断增强。学校建有省部共建国家重点实验室 1 个、国家地方联合工程实验室 1 个、国家地方联合工程研究中心 1 个、国家发改委现代服务业产业集聚基地 1 个、教育部重点实验室 2 个、教育部国际合作联合实验室 1 个、教育部协同创新中心 1 个、广东省重点实验室及其他省级科研平台 70 余个，其中便有广东省高技术陶瓷精密制造工程技术研究中心。学院拥有现代化的教学、科研仪器设备，总资产约 1.2 亿元，实验室面积约 13500 m^2。建有广东省重点实验室、广东省高校重点实验室、省级工程研究中心 9 个及专业实验室 15 个。拥有透射电镜、场发射扫描电镜、钨灯丝扫描电镜、实时红外光谱仪、热分析及导热系数测试仪、宽角 X 射线衍射仪、Haake 流变仪、电化学工作站等几十台高端仪器设备，实行统一管理，资源共享。

研究方向：高性能陶瓷材料及其微纳部件的 3D 打印、高性能陶瓷切削刀具及其硬质涂层的制备、陶瓷胶态成型技术、超浸润界面材料的制备及界面化学、金刚石及立方氮化硼超硬刀具材料及制备工艺研究、高温高压法制备强韧型超硬刀具材料及制备工艺优化研究、生物陶瓷材料、结构陶瓷和复合材料部件的高温力学性能和可靠性、陶瓷和复合材料环境防护涂层。

长沙理工大学

地址：湖南省长沙市长沙理工大学云塘校区
电话：0731-85258610
电邮：525651996@qq.com
网址：www.csust.edu.cn
单位介绍：材料科学与工程学院秉承"高起点、高标准、高水平"的学院建设要求，以学科建设为依托，以创新驱动发展为原动力，积极开展特色鲜明的高水平研究型、科技成果转化应用型学院的建设；紧密围绕国家重大发展战略，致力于解决新材料、新能源等领域中有关材料的制备、性能和应用的科学前沿和核心问题及科技成果产业化问题；重点建设"新能源材料与器件""绿色化工新材料与技术""高端催化材料""先进无机非金属材料""纳米材料与器件""生态环境材料""智能材料"和"资源循环科学与工程"等研究方向。
研究方向：①工程陶瓷材料先进制造技术。主要包括高性能氧化锆、氧化铝、氮化硅和碳化硅陶瓷的注射成型、凝胶注模和流延成型等近净尺寸成型工艺基础和技术研究。②特种陶瓷材料结构功能一体化研究。主要包括高导热陶瓷基板材料及制造技术、齿科陶瓷材料及其制造技术和陶瓷过滤膜材料及其制造技术。③特种陶瓷3D打印技术及其在生物、环境及新能源领域的应用。

国防科技大学

地址：湖南省长沙市国防科大一院CFC
电话：0731-84575118
电邮：wyd502@163.com
网址：www.nudt.edu.cn
单位介绍：国防科技大学是一所直属中央军委领导的军队综合性大学，是国家"双一流""985工程"和"211工程"重点建设院校。学校的前身是1953年创建于哈尔滨的中国人民解放军军事工程学院，即著名的"哈军工"，陈赓大将任首任院长兼政治委员。军事工程学院创建时，毛泽东主席亲自为学院颁发《训词》，为院刊题写刊名"工学"。学校拥有较先进的教学、科研实验条件和公共服务体系，有3个国家重点实验室、7个国防科技重点实验室、4个国家地方联合工程研究中心、3个国家级实验教学示范研究中心、12个军队重点实验室和一批整体水平跨入国内高校先进行列的公共教学实验室。主校区图书馆面积47000m^2，各类藏书350多万册，中外文印刷型期刊5800余种，在全军院校中较早实现了SCI、EI、ISTP三大系统的国际同步检索。
研究方向：材料设计与先驱体转化技术、陶瓷纤维制备技术、先驱体转化复合材料制备技术、材料的性能测试与评估、伪装隐身技术、连续碳化硅纤维等新型陶瓷纤维的研究。

武汉科技大学

地址：湖北省武汉市青山区和平大道947号武汉科技大学武钢楼709室
电话：027-68862188
电邮：zhutianbin@wust.edu.cn
网址：refcerm.wust.edu.cn
单位介绍：武汉科技大学省部共建耐火材料与冶金国家重点实验室是在耐火材料与高温陶瓷省部共建国家重点实验室培育基地（2003年）和钢铁冶金及资源利用省部共建教育部重点实验室（2005年）基础上建设发展起来的。实验室涵盖了材料科学与工程、冶金工程、矿业工程、机械工程、化学工程与技术等学科，材料学为国家重点（培育）学科、湖北省优势学科，拥有材料科学与工程、冶金工程、机械工程、化学工程与技术一级学科博士学位授予权和博士后科研流动站。实验室以高温工业为背景，以耐火材料与冶金为特色，围绕国家节能减排、可持续发展要求，针对行业及地方经济建设中存在的关键、重大和共性问题，先后承担和完成了自"六五"以来的国家科技攻关（支撑）、国家"973"、国家"863"等项目，形成了耐火材料设计理论与制备技术、耐火材料高温服役行为及功能化、冶金过程理论与高性能钢铁材料、耐火材料与特色冶金资源高效利用等研究方向，科研成果转化率达80%以上。实验室注重对外交流与合作，与武钢、宝钢、攀钢、濮耐等国内大中型企业建立了稳定的合作伙伴关系，与美国、德国、英国、加拿大、韩国、日本、法国、奥地利、巴西、中国香港等国家和地区的科研机构及公司进行广泛的学术交流与合作，多次成功举办国际国内学术会议。
研究方向：高技术陶瓷与耐火材料。近年来，一方面，针对高温燃烧领域用多孔材料的力学性能和抗热震性能差，制约着多孔介质高温燃烧技术的工业化应用的问题，开展了碳化硅网状陶瓷的制备及性能的研究，主要包括碳化硅网状多孔陶瓷制备与结构优化、基于CT扫描的三维重构多孔陶瓷断裂行为、多孔陶瓷内预混气体燃烧特性研究等，制备了兼具优异力学性能和抗热震性的碳化硅网状多孔陶瓷；另一方面，针对现有的烧结技术尚难以获得高致密度超高强度的亚微米或纳米尺度的结构陶瓷材料的问题，基于动态振荡压力烧结新技术，开展了氧化锆基、氧化铝基、碳化钨基、氮化硼基陶瓷材料的研究，系统地研究了振荡压力烧结工艺条件与材料致密度、晶粒生长、缺陷结构及分布等微结构演变的相关性，揭示了其对材料力学性能变化的影响规律，探明了材料烧结动力学过程及晶粒生长可控的致密化机理和材料的强韧化机理，制备了一系列高强度、高韧性和高可靠性的陶瓷基复合材料。基于上述研究成果，已在本领域核心的国内外刊物上发表论文30余篇，申请授权发明专利10余项。

华中科技大学

地址：湖北省武汉市洪山区珞喻路1037号华中科技大学东八楼附楼快速制造中心
电话：027-87558155，联系人：吴甲民
电邮：jiaminwu@hust.edu.cn
单位介绍：华中科技大学材料科学与工程学院创建于1953年，经过几代人的不懈努力，现已具备较独特的学科优势和办学风格、良好的软硬件环境和浓郁的学术氛围，成为华中科技大学规模较大、实力雄厚的学院之一。学院拥有材料成型与模具技术全国重点实验室、材料科学与工程国家实验教学示范中心、

国家示范性工程专业学位研究生联合基地、科技部快速原型制造技术生产力促进中心、教育部材料学科创新型人才培养实验区等多个国家级科研与教学平台。该学科是武汉光电国家实验室和脉冲强磁场实验装置国家科学中心等的重要依托学科。其中，华中科技大学快速制造中心自 1991 年开始研究增材制造技术，是中国较早、实力较强的 3D 打印技术研究单位之一，先后开发出了激光选区烧结、激光选区熔化等增材制造装备及其成型材料。经过长期系统和开创性的研究，取得一系列具有自主知识产权的成果，发表学术论文 700 多篇，授权发明专利 90 多项；成果实现产业化，3D 打印产品和服务在国内外 1000 多家单位获得应用，并出口美、英、德、澳、俄等国。获国家发明二等奖 1 项、国家进步二等奖 2 项、中国十大科技进展 1 项、省部级一等奖 5 项。陶瓷增材制造技术在航空航天、生物医疗等领域用高性能陶瓷零件制造方面具有广阔的应用前景和市场。

研究方向：陶瓷增材制造技术及其应用。在陶瓷激光选区烧结、光固化等方面取得了一系列研究成果。研发出拥有完全自主知识产权"四激光、四振镜、大台面"陶瓷激光选区烧结增材制造装，实现了近 1.7m 的大尺寸复杂结构碳化硅陶瓷基复合材料零件的整体成型；研发出具有自主知识产权的工业级陶瓷光固化装备，材料及装备价格均低于国外同类产品。

电子科技大学

地址：四川省成都市高新区（西区）西源大道 2006 号
电话：028-61831137
网址：materials.uestc.edu.cn
单位介绍：2018 年 1 月，原微电子与固体电子学院（示范性微电子学院）和原能源科学与工程学院的材料、化学和能源等相关学科合并成立了电子科技大学的材料与能源学院。
研究方向：新能源材料与器件研究、生物材料与生物电子研究、先进磁性材料及器件研究、先进光电材料与器件研究。

北京理工大学

地址：北京市海淀区中关村南大街 5 号
电话：010-68913345
网址：www.bit.edu.cn
单位介绍：北京理工大学 1940 年诞生于延安，是中国共产党创办的第一所理工科大学，是中华人民共和国成立以来国家历批次重点建设的高校，首批进入国家"211 工程"和"985 工程"，首批进入"世界一流大学"建设高校 A 类行列。毛泽东同志亲自题写校名，李富春、徐特立、李强等老一辈无产阶级革命家先后担任学校主要领导。在英国 QS 教育集团公布的 2018 世界大学排行榜中，学校位居世界第 389 名、亚洲第 76 名、中国大陆第 17 名。
研究方向：金属和无机非金属材料的基础研究、新材料、新工艺开发、质量控制等。

北方民族大学

地址：宁夏回族自治区银川市西夏区文昌路 204 号
电话：0951-2067378
电邮：lyhchen@163.com
网址：www.nun.edu.cn
单位介绍：北方民族大学省部共建"粉体材料及特种陶瓷"重点实验室是在 2002 年建立的国家民委重点开放实验室基础上，2007 年由宁夏回族自治区科技厅与国家民委共建的重点实验室。实验室结合西部新材料产业发展的需要，从高技术陶瓷材料制备技术及应用研究，冶金渣料粉体材料表面改性、性能检测与表征方法研究，以及材料设计、相平衡分析等方面开展民族地区经济建设迫切需要的新材料基础理论与应用研究以及高新技术开发研究。现有固定研究人员 32 名，其中博士占比 70%，具有海外研修经历的占比 20%。自治区"青年拔尖人才"国家级学术技术带头人后备人选 1 名，"西部之光"项目入选人才 2 名，宁夏青年托举人才 4 名。设备方面，拥有场发射扫描电镜、透射电镜、激光粒度仪、XRD、ICP 等检测手段，拥有热压高温烧结炉、无压高温烧结炉、放电等离子烧结炉、微波烧结炉等高温设备，以及纳米制备设备等粉体及陶瓷制备手段。
研究方向：超细粉体、亚微米级粉体的制备技术研究；特种陶瓷制备、成型与烧结技术；高温相平衡研究及高温材料设计；冶金基地大宗固废无害化利用技术；新能源功能粉体材料制备及应用研究。工艺技术方面有：碳化硅粉体及陶瓷技术，氮化铝和稀土氧化物液相烧结技术，碳化硅液相烧结粉体水基造粒技术，碳化硅复合材料胶态成型技术，碳/碳化硅陶瓷制备技术。

北京航空航天大学

地址：北京市海淀区学院路 37 号
电话：010-82317114
网址：www.buaa.edu.cn
单位介绍：北京航空航天大学是国家"985""211"建设高校、国防航空航天领域高校，院士 26 人，双一流 A+。
研究方向：航空航天及航空发动机特种材料构件，包括钛合金、高温合金、陶瓷等，以及高温合金铸造陶瓷芯模。

北京交通大学

地址：北京市海淀区西直门外上园村 3 号
电话：010-62263332
网址：www.bjtu.edu.cn
单位介绍：北京交通大学理学院化学系始建于 1998 年，其前身是北京交通大学理学院化学研究所。为了适应材料科学的飞速发展，2006 年建立材料化学本科专业并开始招生，化学研究所更名为化学系。经过多年发展，化学系发展迅速，目前已经形成了本、硕、博三个层次的人才培养体系。目前在光学专业的"纳米功能材料的光学性质与应用"方向招收博士研究生，在化学工程与技术专业招收学术型硕士研究生，在化学工程专业招收专业型硕士研究生，在材料化学专业招收本科生。
研究方向：多孔陶瓷材料，TiAlC、TiSiC 导电陶瓷。

湖南人文科技学院

地址：湖南省娄底市氐星路

7.2 高等院校

电话：0738-8325065
网址：www.huhst.edu.cn/hxx
单位介绍：湖南人文科技学院材料与环境工程学院目前拥有化学、材料科学与工程、环境工程、材料化学、高分子材料与工程 5 个全日制本科专业；拥有"功能粉体材料与电子陶瓷湖南省应用基础研究基地"和"精细陶瓷与粉体材料湖南省重点实验室"两个省级创新平台；拥有教育部普通高等学校"十二五"本科专业综合改革试点专业—材料化学专业 1 个；拥有湖南人文科技学院"材料科学与工程""十二五"校级重点学科和"十三五"双一流应用特色学科各 1 个。
研究方向：碳化硅泡沫陶瓷、3D 打印、氧化铝陶瓷、氧化锆陶瓷、核壳结构纳米复合材料、陶瓷粉体等。

南京工业大学

地址：江苏省南京市江北新区浦珠南路 30 号
电话：025-83587234
网址：cly.njtech.edu.cn
单位介绍：南京工业大学材料科学与工程学院渊源于有百年历史的中央大学化工系。学院拥有无机材料与工程系、材料物理与化学系、复合材料系、高分子系、金属材料与冶金工程系 5 个专业系，材料科学与工程实验中心、南京工业大学新材料研究院、先进工程材料研究院、水泥设计研究院、现代分析中心、高分子材料研究所、光伏材料研究所、复合材料研究所、高技术陶瓷研究所、新材料制备中心、纳米材料研究所、粉体科学与工程研究所微波材料与器件研究所、安全材料与技术研究所等。
研究方向：纳米材料及超细粉体、微孔陶瓷膜及微波陶瓷、电子陶瓷、结构陶瓷、热敏陶瓷、多孔陶瓷、压电陶瓷、生态环保陶瓷、生物陶瓷、陶瓷超塑成型技术等。

辽宁科技大学

地址：辽宁省鞍山市立山区千山中路 189 号
电话：0412-5928089
电邮：luoxudong@aliyun.com
网址：www1.ustl.edu.cn/gxjsyiy/kypt/sjpt/13716.htm
单位介绍：辽宁科技大学冶金新技术用耐火材料团队依托辽宁镁质材料工程研究中心，现有教授 2 人、副教授 4 人、讲师 8 人。目前团队具有独立的实验室，重点围绕陶瓷 3D 打印技术方向、新型镁质材料方向组织建设，除了学校学院公共实验装置仪器，包括用于菱镁产业绿色工艺的轻烧窑、电熔炉、高温箱式电炉、马弗炉等，用于耐火材料成型的 3D 打印机、压片机等，用于粉体制备及检测的旋转蒸发仪、比表面积仪等。团队共承担各类科研项目 40 余项，其中国家自然科学基金项目 4 项，省部级以上项目 10 余项。近年来，团队发表学术论文及申请专利共计 100 余篇，其中 SCI、EI 收录论文 50 余篇，获省级及以上科研奖励 4 项。2019 年，获中国非金属矿科学技术奖，科技进步类二等奖。
研究方向：冶金新技术用耐火材料研究与新产品的开发、高温固相反应烧结机理以及 3D 打印技术在新型氧化物陶瓷中的应用研究。

西南交通大学

地址：四川省成都市郫都区犀安路 999 号
电话：028-66368063
电邮：lixue@swjtu.edu.cn
网址：http://lixue.swjtu.edu.cn
单位介绍：西南交通大学航空材料与工艺研究所成立于 2022 年，主要围绕振荡热压烧结技术与装备、电场辅助烧结技术与装备、金属基复合材料、结构陶瓷和复合材料等方向开展研究。建设了独具特色的场辅助材料制备技术、粉末冶金、原位表征和材料力学性能测试平台，拥有实验用房 500 余平方米、设备资产 1500 余万元。承担了国家自然科学基金、四川省科技计划、国家重点实验室和重点企业课题等项目 20 余项，发表学术论文 100 余篇，获得美国发明专利 1 项、中国发明专利 10 余项。
研究方向：烧结技术、场辅助烧结装备、陶瓷基复合材料、陶瓷涂层、陶瓷力学性能。

昆明理工大学

地址：云南省昆明市五华区文昌路 68 号
电话：0871-65109952
电邮：253809161@qq.com
网址：clxy.kmust.edu.cn
单位介绍：昆明理工大学创建于 1954 年，时名"昆明工学院"，1995 年更名为"昆明理工大学"，1999 年原昆明理工大学与原云南工业大学合并组建新的昆明理工大学。经过 70 多年的发展，现已发展成为一所以工为主，理工结合，行业特色、区域特色鲜明，经济、管理、哲学、法学、文学、艺术、医学、农学、教育等多学科协调发展的综合性大学，是国家国防科技工业局与云南省人民政府共建高校，也是云南省规模较大、办学层次较高和类别较齐全的重点大学，在中国有色金属行业和区域经济社会发展中发挥着重要作用。2015 年年初习近平总书记视察云南时，给予学校"全国著名高校"的赞誉。学校现有呈贡、莲华、新迎三个校区，占地 3915 亩，主校区为呈贡校区，位于昆明市呈贡大学城。当前实验室有 SPS 系统、EB-PVD 系统、APS 系统、LFA457、TMA、DSC、超声反射测试系统、Mini-PEM、室温及原位纳米压痕测试系统、SEM（2 台）、UV-Plus3600、ZEM-3、电化学工作站和高温炉（15 台）等设备，能够满足各类先进高端陶瓷材料的制备、测试及性能评估。成功开发新一代超高温热障涂层稀土钽酸盐材料，在理论设计耐高温抗氧化机理科学方面取得了重大突破，在钽酸盐的理论与应用领域获得了国际性地位。
研究方向：热功能结构材料的设计与应用，主要包括超高温热障涂层材料、热电材料、隔热涂层材料、耐高温材料、材料基因工程、钙钛矿材料、轻质高强度合金材料等，其中研究成果为"1400～1600℃超高温稀土钽酸盐热障涂层材料及其制备技术"。

中国科学技术大学

地址：安徽省合肥市金寨路 96 号中国科技大学东区

第7章 国内先进陶瓷研究机构分布

电话：0551-63602940
网址：mse.ustc.edu.cn/2011/0422/c3321a29046/page.htm
单位介绍：中国科学技术大学材料科学与工程系是应国民经济与现代科学技术发展的需求于1987年成立，主要研究材料的合成、制备技术、组成、结构、性能和应用及其相互间的关系和变化规律。材料科学与工程系按材料物理和材料化学两个专业组织本科教学，设有材料科学与工程一级学科博士点，包括材料学、材料物理与化学和材料加工工程3个博士点，同时还招收无机（固体）化学、凝聚态物理博士生。中国科学技术大学成立有陶瓷分离膜和电子陶瓷的课题组，课题组负责人为陈初升、杰青。课题组的研究工作涉及功能陶瓷材料、固体化学和能源化工等领域，重点研究气体分离和海水淡化用陶瓷分离膜材料和过程技术、电子陶瓷材料和元器件。
研究方向：①致密陶瓷氧分离膜材料、高温膜法制氧技术、燃料加工和纯氧燃烧技术；②多孔陶瓷分离膜材料、膜蒸馏海水淡化技术；③负温度系数热敏陶瓷材料和器件。

山东大学

地址：山东省济南市山大南路27号
电话：0531-88364701
网址：www.cmse.sdu.edu.cn
单位介绍：山东大学材料科学与工程学院始建于1952年，坐落于济南。历经山东工学院机械工程系、山东工学院金属工艺系、山东工学院第二机械系和第三机械系、山东工业大学第二机械系、山东工业大学材料工程系、山东工业大学材料科学与工程学院、山东大学材料科学与工程学院等历史发展时期，是我国较早设有金属热加工专业的院系之一。
研究方向：高性能工程陶瓷及其复合材料、硼化物功能晶体材料。

中南大学粉末冶金国家重点实验室

地址：湖南省长沙市岳麓区麓山南路932号
电邮：sklpm@csu.edu.cn
网址：https://sklpm.csu.edu.cn/
单位介绍：粉末冶金国家重点实验室于1989年经国家计委批准依托于中南大学进行建设，1995年通过国家验收并正式对外开放运行。实验室现有固定人员89人，其中，院士2人，国家杰出青年基金获得者6人，长江学者特聘教授7人，教授或研究员57人。现任实验室主任为周科朝教授，学术委员会主任为李元元院士。学术委员会委员有：刘锦川院士、黄伯云院士、金展鹏院士、欧阳世翕教授等。
研究方向：粉末冶金材料的集成计算材料工程及其应用；粉末冶金新原理、新技术与新装备；功能材料与纳米材料；轻质合金与碳基材料。实验室立足于服务国家重大国防和经济建设对新材料的重大需求，为我国重点工程和战略武器提供了上百种特种粉末冶金材料。研制的高性能碳/碳制动材料使我国成为第四个能够制造该类材料的国家，并获得了连续6年空缺的国家技术发明一等奖，研究成果在博云新材孵化，成功应用于我国C919大飞机；研制的多功能摩擦副，确保了天宫系列空间站与神舟、天舟系列飞船的成功对接；研制的粉末冶金铜碳密封环成功应用于我国新一代液氧煤油发动机，保障了长征五号、六号和七号运载火箭的成功发射。实验室先后完成了国家863计划、973计划、国家重点研发计等国家级科研项目500余项，获国家级和省部级科技奖励60余项，其中国家技术发明（科技进步）一等奖3项，拥有发明专利300多项，是我国粉末冶金高层次科研、人才培养与合作交流的综合基地。

厦门大学

地址：福建省厦门市思明区思明南路422号
电话：0592-2186110
网址：www.xmu.edu.cn
单位介绍：厦门大学由爱国华侨领袖陈嘉庚先生于1921年创办，是中国近代教育史上第一所华侨创办的大学，也是国家"211工程"和"985工程"重点建设的高水平大学。2017年，厦门大学入选国家公布的A类世界一流大学建设高校名单。
研究方向：结构陶瓷、高性能陶瓷纤维、新能源材料、前驱体陶瓷。

浙江工业大学

地址：浙江省杭州市潮王路18号
电话：0571-88320450
电邮：lqiao@zjut.edu.cn
网址：www.rcmem.zjut.edu.cn
单位介绍：磁电同源，连通天下；陶瓷同根，强我家国。浙江工业大学磁电功能材料研究所重点围绕磁电功能陶瓷材料及复合材料开展科学研究和人才培养工作，是面向国家和社会重大需求，集陶瓷材料设计、制备、结构分析、性能表征和产业化研发于一体的综合性产学研协同创新平台。研究所由车声雷教授领衔，有中科院院士（兼职）、国家特聘教授、长江学者（兼职）、钱江特聘教授等高端人才以及完善的科研人员队伍。现有8名教师、数名博士后及研究助理，每年在读博士生和硕士研究生共60余人，每年毕业研究生20人左右。研究所拥有磁电功能陶瓷材料制备相关先进设备以及扫描电子显微镜、波长色散X射线荧光光谱仪、软磁材料直流磁化特性评价装置、软磁材料交流BH仪、LCR表、射频阻抗/材料分析仪等表征和测试设备，设备对外开放，可为高校、科研院所和企业提供磁电功能陶瓷材料研发和测试服务。承担国家、省部级以及企业研究项目40余项，发表论文100余篇，授权发明专利30余件，成果转化总产值超过5亿元。
研究方向：高性能铁氧体磁性陶瓷材料、高导热陶瓷封装材料、介电铁电陶瓷与多铁性材料、稀土发光材料、高导热陶瓷封装材料、磁电热复合功能材料的制备、改性以及产业化。

东莞理工学院

地址：广东省东莞市松山湖区大学路1号
电话：0769-22861232/22861868
网址：hshx.dgut.edu.cn
单位介绍：东莞理工学院现有4个省级工程中心：广东高校化工清洁生产与绿色化学品工程技术开发中心、广东省废水资源化工程技术研究中心、广东省化工材料清洁生产工程技术研究中心、广东省新型纳米材料工程技术研究中心；一个市级公共技术服务平台：东莞市清洁生产科技中心，该平台获批为广东省新型研发机构和"省清洁生产技术中心"。土木工程实验中心和基础化学实验中心被评为广东省实验教学示范中心；7个市级重点实验室与中国科学院高能物理研究所联合成立了中国散裂中子源先进材料联合实验室。

研究方向：污水处理用高效催化电极材料研究、结构设计与制备技术，如新型导电催化陶瓷；污染物传质理论及新型膜式电催化装置设计。

香港科技大学

地址：香港九龙清水湾
电话：852-23588888
网址：www.ust.hk
单位介绍：香港科技大学化学系的教职员工活跃于化学研究的各个领域，并取得了众多受到国际认可的成果。化学系教师有着多元化的教育背景，始终在国际上处于所在研究领域的前沿。化学系研究生项目覆盖化学及相关学科的所有方向，强调兼顾基础、跨学科和应用的原创研究训练。在2018年QS世界大学排名中，香港科技大学化学系排世界第23位。
研究方向：纳米（陶瓷）材料、生物材料、有机电子材料、合成化学、分析化学、生物化学等。

合肥工业大学

地址：安徽省合肥市屯溪路193号合肥工业大学材料学院
电邮：rzzuo@hotmail.com
网址：ceramics.hfut.edu.cn
单位介绍：合肥工业大学电子陶瓷与器件研究所成立于2007年年初，主要从事新型介电、铁电和压电等信息功能陶瓷块材、电磁薄膜材料、功能厚膜材料、低维功能材料的合成技术、成型技术、烧结技术和理论，以及各种机、电、磁学等性能的表征，及其在器件应用方面和无源器件集成技术方面的基础研究和应用研发，特别是探索这一研究领域里具有新型结构和性能的材料体系，研究其在高频通信领域和智能结构和器件方面的应用潜力。我们拥有广泛的国内和国际的学术交流与合作，有着良好的产学研合作的基础，良好的科研环境和科研条件。
研究方向：新型介电、铁电和压电等信息功能陶瓷块材、电磁薄膜材料、功能厚膜材料、低维功能材料的合成技术、成型技术、烧结技术和理论，以及各种机、电、磁学等性能的表征。

安徽理工大学

地址：安徽省淮南市泰丰大街168号
电话：0554-6690442
网址：clx.aust.edu.cn
单位介绍：安徽理工大学材料科学与工程学院起源于学校1952年设立的矿物加工工程专业，2007年8月更名为材料科学与工程学院。在70多年的建设和发展过程中，为我国煤炭行业输送了大批专业技术人才，同时也成为我国硅酸盐工程材料、高性能陶瓷材料和新型材料领域教学、科研和应用技术开发的高级专门技术人才培养基地。
研究方向：高性能陶瓷材料、陶瓷基复合材料。

合肥学院

地址：安徽省合肥市经开区锦绣大道99号合肥学院能源材料与化工学院
电话：0551-62158510
电邮：yangjo@hfuu.edu.cn
网址：www.hfuu.edu.cn/hgx
单位介绍：双碳材料与资源化工实验室功能陶瓷与器件团队是在原无机非陶瓷材料团队的基础上形成的创新团队，隶属于合肥学院能源材料与化工学院。实验室具备良好的科研环境和科研基础。团队承担国家自然科学基金、安徽省自然科学基金、安徽省科技计划项目、省教育厅基金、企业合作课题等30余项。在Advance SCIENCE，JAmCeramSoc，JAlloysCompd，JPowerSources，INTJHYDROGENENERG，JRareEarth等发表SCI、EI论文50余篇，团队人员获授权发明专利20余项，获得省部级以上奖5项。
研究方向：催化吸附功能陶瓷、陶瓷薄膜、燃料电池陶瓷、传统陶瓷、半导体陶瓷、清洁陶瓷、多孔陶瓷、玻璃陶瓷等方向的基础研究和应用研发。

安徽大学

地址：安徽省合肥市九龙路111号安徽大学磬苑校区理工楼E楼
电话：0551-63861257
网址：wlxy.ahu.edu.cn
单位介绍：安徽大学物理与材料科学学院成立于2003年，其前身是安徽大学物理系。学院下设3个系和1个教学部：物理系、材料系、光电信息系和基础物理教学部。全院现有教职工114人，专任教师95人。学院现设3个本科专业（应用物理、材料物理、信息显示与光电技术）。材料方面具有安徽省信息材料与器件重点实验室、磁性材料安徽省工程技术研究中心、安徽省光电感测工程技术研究中心等研究平台。
研究方向：介电功能陶瓷材料。

深圳大学

地址：广东省深圳市南山区南海大道3688号
电话：0755-25635279
网址：elatc.szu.edu.cn
单位介绍：深圳陶瓷先进技术工程实验室于2012年开始建设。组建目的主要为在若干先进陶瓷制备技术上取得突破，建立先进陶瓷材料及应用工程化平台，推动先进陶瓷材料在航空航天、电子信息、光电、机械、新能源及生物医用领域的应用，促进相关产业技术进步。在深圳市政府、深圳大学等部门的领导和关怀下，经过全室科研人员的共同努力，实验室的建设不断完善。实验室项目建设以微波沉积与烧结技术、脉冲激光沉积技术（PLD）、纳米自组装技术、放电等离子烧结技术（SPS）等核心技术的基础条件、创新团队和工程研究为主要内容，通过添置关键仪器设备构建良好的研究平台，组建高层次、结构合理、创新意识强、具有较好研究基础的研究团队，开展核心技术的基础和工程技术研究。工程实验室建设计划总人数为32人，其中专职研发人数为32人；相关研发设备原值不少于1800万元，相关研发场地以深圳大学材料学院为基础，建设面积达到1200m²，并且统一管理、开放使用。项目依托单位深圳大学材料学院在先进陶瓷材料领域已开展了多年系统和深入的研究，取得了显著成绩，并已有相对完善的研发平台，为本项目的建设打下了坚实的基础。

研究方向：结构陶瓷、功能陶瓷。

汕头大学

地址：广东省汕头市大学路243号
电话：0754-86502153
网址：eng.stu.edu.cn
单位介绍：汕头大学工学院拥有较完善的教学条件和丰富的教学资源，按照国际标准建设教学、科研、学习设施。现有教育部人才培养模式创新实验区"工学院EIP-CDIO工程教育模式创新实验区"、智能制造技术教育部重点实验室、广东省数字信号与图像处理技术重点实验室、广东省教育厅结构和风洞重点实验室等省、部级重点实验室、计算机基础课程实验室、现代电工电子实验教学中心等广东省高等学校实践教学示范中心，汕头轻工装备研究院等广东省重点产业科技创新平台，以及风洞实验室、结构实验室、现代通信综合实验室、现代网络技术研究所、柔性制造系统实验室和独具特色的工学院CDIO创新实践中心等40个专业实验室。

研究方向：大功率陶瓷基板材料、超硬工具以及自蔓延高温合成技术的研究与应用。

北京工业大学

地址：北京市朝阳区平乐园100号
电话：010-67391609
网址：clxy.bjut.edu.cn
单位介绍：北京工业大学材料科学与工程学院以电子信息、环境与能源、城市建设和国防军工等领域功能和结构材料研究、制备及成型加工和应用开发为主体，结合首都经济和社会发展需求，重视材料与资源能源和环境的协调发展，建立了优势明显的生态环境材料与材料环境协调性评价、难熔金属与稀土功能材料、绿色连接新材料技术和有实力的先进结构材料、光电材料等学科方向，形成了以环境友好为主导的多门类材料专业人才培养、科学研究和技术开发的办学特色，在国内外产生了广泛影响。旗下有新型功能材料教育部重点实验室。

研究方向：压电陶瓷与能量收集系统、介电陶瓷与多层片式元器件、复相陶瓷与嵌入式电容器、纳米光电材料与拓扑合成。

北方工业大学

地址：北京市石景山区晋元庄路5号
电话：010-88802114
网址：www.ncut.edu.cn
单位介绍：北方工业大学机械与材料工程学院成立于2014年，其前身机电工程学院是北方工业大学较早成立的学院之一。学院拥有机械工程一级学科学术型硕士学位授予权和机械工程、材料科学与工程、工业设计工程三个专业硕士学位授权点。作为国家级人才培养创新试验区，开展的创新人才培养模式先后两次获得国家教学成果二等奖。学院拥有国家级工程训练示范中心、北京市变截面辊弯成型工程技术研究中心、有色冶金过程现代检测技术及装置工程研究中心。

研究方向：新材料制备与加工、材料成型与加工、材料计算设计及分析，面向航天、军工、电子、冶金、高端装备制造等新材料应用领域。

北京化工大学

地址：北京市朝阳区北三环东路15号
电话：010-64435706
网址：www.buct.edu.cn
单位介绍：北京化工大学材料科学与工程学院是北京化工大学1958年建校时创办的院系，是我国较早建立的以高分子（聚合物）材料为特色，兼顾复合材料、无机非金属材料和金属材料协同发展的院系之一，学院目前与其他学院共建有2个国家重点实验室（化工资源有效利用国家重点实验室、有机无机复合材料国家重点实验室），独立建设1个国家级工程技术中心（国家碳纤维工程技术研究中心）、1个教育部重点实验室（碳纤维及功能高分子教育部重点实验室）、1个教育部工程研究中心（弹性体节能与资源化教育部工程研究中心）、1个北京实验室（生物医用材料北京实验室）等。

研究方向：矿物综合利用、新生物能源化学、催化新材料、纳米材料化学、纳米材料制备技术。

厦门理工学院

地址：福建省厦门市理工路600号
电邮：ha_zhang@163.com
网址：mse.xmut.edu.cn
单位介绍：材料科学与工程学院下设材料学系、材料物理化学系、材料加工工程系3个系部，现有材料成型与控制工程（国家卓越工程师实施专业、省级特色专业、省级综合改革试点专业、省级服务地方特色专业、IEET工程及科技教育认证专业）、材料科学与工程、高分子材料与工程、电子封装技术（国家战略新兴专业）和新能源材料与器件（国家战略新兴专业）五个本科专业，其中材料成型与控制工程、材料科学与工程、高分子材料与工程三个专业按材料大类进行招生。2012年，材料科学与工程学科被遴选为福建省重点建设学科，2018年获批为福建省应用型学科。现拥有福建省功能材料及应用重点实验室、福建省创新方法研究推广应用基地等2个省级平台，厦门市粉末冶金技术与新材料重点实验室、厦门市聚合物加工重点实验室、厦门市高效精密智能制造工程技术中心3个市重点实验室或工程中心。搭建了粉末冶金、材料成型、光电材料、新能源材料、高分子材料合成与加工、膜材料、模具CAD/

CAE 等实验室和平台。拥有 STEM、SEM、XRD、XRF 等大型精密仪器，仪器设备原值达 4100 万元，实验室面积约 3000m²。此外，学院材料工程教学实验中心被评为省级教学实验示范中心。

研究方向：新材料的制备与应用技术、材料强韧化机制与技术、摩擦磨损与抗磨技术、新型涂层材料的制备与性能评价等方面的研究。

华侨大学

地址：福建省泉州市丰泽区城华北路 269 号
电话：0595-22691947
网址：clxy.hqu.edu.cn/index.htm
单位介绍：学院现有材料科学与工程、化学两个一级学科博士点，拥有"材料科学与工程"福建省高校优势学科创新平台培育项目和福建省特色重点学科建设项目，材料科学与工程和化学 2 个福建省重点学科建设项目，材料学国务院侨办重点学科，福建省高等学校省级"基础化学化工实验中心"和"材料学专业实验教学中心"两个实验教学示范中心。
研究方向：光电功能材料、石墨烯粉体及复合材料。

福州大学

地址：福建省福州地区大学城学园路 2 号福州大学材料学院
电邮：yuyan@fzu.edu.cn
网址：www.fzu.edu.cn
单位介绍：福州大学材料科学与工程学院以学科建设为龙头，重点学科建设持续稳步发展。目前学院被列入化学科学与工程学科群的世界一流学科建设。截至 2023 年 9 月，材料科学学科 ESI 全球排名 167 位，全球排名率 1.263‰。2023 年泰晤士高等教育世界中国学科评级 A−。学院拥有博士后科研流动站、省级重点学科、特色重点学科各 1 个；1 个一级学科博士点（材料科学与工程），涵盖材料学、材料物理与化学、材料加工工程、新能源材料 4 个二级学科博士点。学院十分注重科研创新平台、科研与教学基础条件的建设。依托学院设有 7 个省级创新平台：下一代能源与环境材料协同创新中心、福建省功能材料行业服务型制造公共服务平台、福建省生态环境功能材料行业技术开发基地、福建省环境功能材料先进技术工程研究中心、生态环境材料先进技术福建省高校重点实验室、福建省功能高分子材料工程技术研究中心和福建省功能材料技术开发基地。学院具备较先进齐全的各类大型研究测试设施设备。经学校、省项目和中央财政支持地方高校专项资金项目等多渠道筹措资金，建成了福建省"十二五"高等学校实验教学示范中心"材料科学与工程实验中心"，包括材料结构表征与分析实验室、材料物理性能实验室、材料力学性能实验室、金属材料制备与加工实验室、无机非金属材料制备与加工实验室、高分子材料制备与加工实验室、材料设计与计算模拟实验室。现有材料制备、加工、合成以及分析测试仪器设备 4000 余台套，固定资产总值超过 1 亿元。
研究方向：纳米能源材料设计及其光催化/光电催化机理研究、环境功能材料、纳米材料、高性能碳素材料、固体氧化物燃料电池等。

兰州交通大学

地址：甘肃省兰州市安宁区安宁西路 88 号
电话：0931-4955788
网址：www.lzjtu.edu.cn
单位介绍：兰州交通大学材料科学与工程学院的办学历史可追溯到 1958 年建校伊始的金工教研室和金工实验室，2003 年成立了材料科学与工程系，2018 年 6 月以材料科学与工程系为基础、联合相关材料研究机构成立了材料科学与工程学院。
研究方向：新型光电材料、特种碳素新材料、新能源材料与器件、薄膜材料的制备及性能的研究、石墨烯功能材料、磁性材料、生物陶瓷材料。

广西大学

地址：广西壮族自治区南宁市大学东路 100 号
电话：0771-3232999
网址：zyhjcl.gxu.edu.cn
单位介绍：学院拥有 1 个省部共建国家重点实验室——有色金属及材料加工重点实验室；1 个教育部重点实验室——有色金属及材料加工重点实验室；1 个广西重大科技创新基地，3 个自治区级重点实验室，9 个研究所。
研究方向：无机非金属材料、功能陶瓷。

广西师范大学

地址：广西壮族自治区桂林市育才路 15 号
电话：0773-5818532
网址：www.gxnu.edu.cn
单位介绍：广西师范大学地处世界级旅游城市、国家历史文化名城桂林，是教育部与广西壮族自治区人民政府共建高校，"中西部高校基础能力建设工程项目"高校，广西重点建设的"国内一流大学"高校，全国文明校园。有王城、育才、雁山 3 个校区，校园面积 4000 亩，各类教职工近 5000 人（含离退休及外聘教师），全日制学生近 38000 人，各类学生共 75000 余人（含业余、函授本专科生，全日制本硕博生，非全日制硕士生，国际学生）。拥有省部级以上高层次人才 205 人次，其中国家级重大人才项目人选 31 人次，享受国务院政府特殊津贴专家、广西八桂学者、广西特聘专家、广西优秀专家、广西十百千人才工程人选等省部级人才 174 人次。
研究方向：光电陶瓷。

桂林电子科技大学

地址：广西壮族自治区桂林市金鸡路 1 号
电话：0773-2291434
单位介绍：学院以新材料设计与制备、成型与加工、性能检测与评价以及复杂工程问题解决能力、实际动手能力培养为核心的具有一定国际视野的高素质工程应用型人才培养为宗旨。建有中国科学院深圳先进技术研究院联合培养基地、国家新型元器件工程技术中心——风华桂电电子材料实验室、桂电-华锡新材料共建实验室、桂电-桂林电器科学研究院研究生联合培养基地、桂电-国家特种矿物材料工程技术研究中心材料科学与工程学科研究生创新人才联合培养基地、桂电材料学院-中铝有色金源稀土股份有限公司研究生联合培养基地。

研究方向：新 A6B5O17 型微波介质陶瓷的结构调控和性能研究；介质负载天线用高介电常数微波陶瓷的低温烧结和性能调控；低温共烧玻璃陶瓷的制备及强韧化机理研究。

桂林理工大学

地址：广西壮族自治区桂林市建干路 12 号
电话：0773-5896079
网址：departs.glut.edu.cn
单位介绍：桂林理工大学拥有"广西有色金属及特色材料加工"省部共建国家重点实验室培育基地，"有色金属及材料加工新技术"教育部重点实验室，"广西有色金属及特色材料加工"广西壮族自治区重点实验室、"材料工程中心"广西壮族自治区科技创新金源单位、"新型干法水泥制造""广西工业废渣建材资源利用"、广西工程技术研究中心、广西"化学与材料实验教学示范中心"等国家和省部级科研、教学平台。
研究方向：结构陶瓷材料及应用（热压氮化硅陶瓷刀具、热等静压氮化硅轴承球、氮化铝高导热基片，自蔓延燃烧合成氮化硅粉末、氮化硅棒晶、Sialon 粉末、氮化铝粉末、氮化钛粉末等）。

贵州大学

地址：贵州省贵阳市花溪区
电话：0851-8292178
网址：www.gzu.edu.cn
单位介绍：学院科研工作坚持以科技创新为原动力，以服务区域经济为立足点，已形成矿产资源综合利用、金属材料和高分子材料等 6 个特色鲜明、初具规模、具有一定技术优势、行业内有一定影响力的科研团队。
研究方向：生物医学陶瓷材料。

铜仁学院

地址：贵州省铜仁市碧江区川硐教育园区启航路 238 号
电话：0856-5225521
电邮：smallone.@163.com
网址：www.gztrc.edu.cn/m
单位介绍：铜仁学院位于贵州省铜仁市，坐落于梵净山麓、锦江河畔的川硐教育园区，2006 年升格为全日制本科院校。学校主动适应区域经济社会发展需要，不断加强学科建设和科学研究工作，现有贵州省区域一流学科 1 个（教育学）、省级重点建设（含支持）学科 7 个，"教育发展与山区乡村振兴"学科群是区域内一流建设学科 I 类学科群；建有博士后科研工作站 1 个、贵州省 2011 协同创新中心 1 个、国家民委民族理论政策研究基地 1 个、全国民族团结进步教育基地 1 个、贵州省重点实验室 1 个、贵州省大学科技园 1 个、省级科普示范基地 1 个、省级人文社科示范基地 1 个、贵州省高校特色重点实验室 3 个、贵州省高校工程中心 3 个、贵州省高校产学研基地 5 个、贵州省高校人文社科基地 1 个、省级专业技术基地 1 个、贵州省民族传统体育训练基地 1 个及市人文社示范基地 1 个和梵净教育研究院、梵净民族文化研究院、梵净生态研究院、铜仁学院中老（老挝）研究中心等校级科研机构 12 个。三年来，学校获得科研总经费 15990.6 万元。
研究方向：功能陶瓷材料、储能材料、电子陶瓷材料、新能源陶瓷材料、环保陶瓷材料、锰系功能陶瓷材料、锰基锂离子电池材料和高附加值绿色建筑陶瓷材料的研究与应用。

海南大学

地址：海南省海口市人民大道 58 号
电邮：chenyj99@163.com
网址：www.hainanu.edu.cn
单位介绍：海南大学是双一流部省合建高校、"211"建设高校。课题组拥有陶瓷材料成型、烧结、加工和测试一系列仪器设备，包括冷等静压成型、热压烧结炉、线切割机、磨抛机、万能试验机等。申请了相关专利。利用天然橡胶、热带生物质、矿产资源（石英砂、锆英砂、钛铁矿等）以及热带海洋生物资源等海南热带特色资源为研究对象，全面系统地开展相关资源开发利用的基础和应用基础研究，在实现源头创新方面，取得了一批高水平的学术研究成果，逐步形成了以先进无机材料制备技术、天然橡胶新型加工技术、新能源材料应用技术、生态环境材料的开发应用技术、生物材料、天然产物化学及资源开发利用等研究方向为主的优势学科群，集资源优势、人才优势、平台优势于一体，奠定了较好的科学研究工作基础。
研究方向：超硬耐磨涂层，腐蚀与防护涂层，功能薄膜/涂层，光催化抗菌涂层，材料表面功能化改性加工技术，陶瓷及碳材料的基础理论、制备方法及结构和性能表征，陶瓷材料的强韧化，纳米材料和纳米技术，进行了陶瓷托辊和陶瓷过滤管的研制和示范应用。

中国人民解放学学械工程学院

地址：河北省石家庄市和平西路 97 号
电话：0311-87993496/87992225
单位介绍：中国人民解放军军械工程学院是全国重点高等院校，担负为全军培养军械工程技术研究与保障、指挥管理自动化人才的任务，具有"团结、创新、严谨、求实"的校风。学院有博士、硕士、大学本科和大学专科 4 个培训层次。
研究方向：陶瓷的自蔓延燃烧合成。

河北工程大学

地址：河北省邯郸市光明南大街 199 号
电话：0310-8579060
网址：www.hebeu.edu.cn
单位介绍：河北工程大学现拥有复合材料工程系、金属材料工程系、冶金工程系、过程装备与控制工程系、应用化学系、化学工程系六个教学系，另设有基础化学教研室、化学化工实验室和综合实验室，同时还设有金属材料先进技术研究所

7.2 高等院校

和化工研究所两个科研机构。校内实验室总面积 3460m²，实验仪器设备总台套数 194 套，总值 791 余万元。学院在校外与相关企业联合建立了 37 个实习基地，在校内建立了校企联合实验室。

研究方向：高性能非氧化物陶瓷复合材料的设计、制备及应用研究；铁电材料与器件研究，包括铁电陶瓷、无铅压电陶瓷、热释电陶瓷及器件等；下一代水处理用先进功能陶瓷。

河北科技大学

地址：河北省石家庄市裕华东路 70 号
电话：0311-81668135
网址：www.hebust.edu.cn
单位介绍：河北科技大学是河北省重点建设的多科性骨干大学，1996 年由河北轻化工学院、河北机电学院和河北省纺织职工大学合并组建，2002 年河北纺织工业学校并入。学校坚持区域性、应用型、国际化的办学特色定位，紧紧围绕"致力于人的全面发展，服务于区域经济建设和社会进步"的办学宗旨，抢抓京津冀协同发展、"一带一路"和雄安新区建设等重大历史机遇，坚持大力深化教育教学改革，大力加强学科建设，大力推动开放办学，实现了持续健康快速发展。

研究方向：特种功能粉体材料成型机理及制备技术、新型特种铸造成型理论及技术、精确挤压成型理论及工艺装备、精确焊接成型技术及自动化装备等。

华北理工大学

地址：河北省唐山市新华西道 46 号
电话：0315-2592618
网址：www.ncst.edu.cn
单位介绍：华北理工大学是一所以工、医为主，理、经、管、文、法、艺、教等多科性协调发展，省重点支持的国家一流大学建设高校。学校前身河北联合大学于 2010 年 5 月经教育部批准，由原河北理工大学和华北煤炭医学院强强联合组建而成。河北理工大学前身为创办于 1895 年的北洋西学学堂矿务学门，1958 年建校，1959 年天津大学矿冶系成建制并入，曾沿用唐山矿冶学院、河北矿冶学院、唐山工程技术学院、河北理工学院等校名。

研究方向：先进陶瓷与新型耐火材料，包括研究新型复合材料、新工艺、新技术。

燕山大学

地址：河北省秦皇岛市河北大街 438 号
电话：0335-8057069
网址：www.ysu.edu.cn
单位介绍：燕山大学是河北省人民政府、教育部、工业和信息化部、国家国防科技工业局四方共建的全国重点大学，河北省重点支持的国家一流大学和世界一流学科建设高校，北京高科大学联盟成员。

研究方向：超硬材料和硅酸盐材料，包括金刚石、立方氮化硼及其他人工晶体的结构和特点、合成理论、高温高压合成技术、超硬材料性能及其检测方法，超硬磨具、刀具、钻具和超硬功能材料的制备工艺以及高性能先进陶瓷、功能陶瓷、浮法玻璃和新型功能玻璃、新型水泥等的结构、化学成分与生产工艺之间的关系。

河南科技大学

地址：河南省洛阳市开元大道 263 号
电话：0371-64231460
网址：cl.haust.edu.cn/xkjs/xkjd/gwclyjiy.htm
单位介绍：河南科技大学的高温材料研究院是 2004 年下半年新组建的一个科研机构，以满足高温工业尤其是冶金工业用高性能、节能、环保、功能型高温材料为主要研发方向，包括新型合成耐火原料、不定型耐火材料、定型耐火制品、耐热工业陶瓷等的组成、工艺过程、结构、性能与应用效果之间的关系以及相关应用技术。

研究方向：洁净钢冶炼用耐火材料、新型合成耐火原料。

河南工业大学

地址：河南省郑州市高新区莲花街 100 号
电话：0371-67756753
网址：mse.haut.edu.cn
单位介绍：河南工业大学材料科学与工程学院创建于 1956 年，是河南工业大学特色院系之一。在 60 多年的建设与发展过程中，秉承"博学、明理、勤思、善行"的院训，在全国磨料磨具、超硬材料行业形成了自己独有的优势。

研究方向：磨料磨具、特种陶瓷、低温陶瓷结合剂金刚石砂轮。

河南理工大学

地址：河南省焦作市高新区世纪路 2001 号
电话：0371-3986927/3987479
网址：mse.hpu.edu.cn
单位介绍：河南理工大学材料科学与工程学院拥有材料科学与工程河南省一级重点学科，建有"煤炭节能减排材料与技术"河南省工程实验室、"矿业工程材料"河南省高等学校重点学科开放实验室、河南省"凝固技术与亚稳材料"院士工作站。学院是中国硅酸盐学会水泥分会副理事长单位、河南省硅酸盐学会混凝土与水泥制品专业委员会挂靠单位。

研究方向：Ti_3SiC_2、先进陶瓷材料。

郑州航空工业管理学院

地址：河南省郑州市大学中路 2 号
电话：0371-66002205
网址：mse.zua.edu.cn/info/1114/1194.htm
单位介绍：河南省航空材料与应用技术重点实验室于 2016 年获批立项建设，是目前河南省内具有航空特色和专业背景的重点实验室。实验室秉承"注重国际前沿与自然科学探索，注重关键技术与领域突破，注重自主创新与核心成果转化"的发展理念，实现了航空先进功能材料与器件相关基础、前沿理论研究

第7章 国内先进陶瓷研究机构分布

与应用技术研究的交叉融合。
研究方向：微波合成 SiC 晶体、碳化硅基复合材料、钙钛矿功能氧化物材料、氧化铝及氧化锆陶瓷材料。

哈尔滨工程大学

地址：黑龙江省哈尔滨市南岗区南通大街 145 号
电话：0451-82569890
网址：heucec.hrbeu.edu.cn
单位介绍：哈尔滨工程大学材料科学与化学工程学院无机功能材料研究所于 2016 年正式成立。无机功能材料研究所承担的研究课题包括微纳米材料、先进碳材料、新型催化剂的制备及性能表征、先进储氢材料等。
研究方向：具有层状、多孔等特殊结构的纳米碳的制备；三维多孔结构纳米石墨烯材料的可控合成及其在超级电容器领域内的应用。

哈尔滨理工大学

地址：黑龙江省哈尔滨市南岗区学府路 52 号
电话：0451-86392588
网址：www.hrbust.edu.cn
单位介绍：哈尔滨理工大学无机非金属材料工程学院以新型碳材料、环境材料与新能源材料等无机非金属功能材料为研究重点，在石墨烯、石墨层间化合物、碳纳米管、碳纤维及其复合材料的功能化研究方面形成特色。环境材料的特色体现在绿色上，具体包括绿色电子封装新技术、开发环境污染治理的绿色新技术、绿色阻燃新技术三方面。新能源材料的研究以获得光电性能优良的染料敏化太阳能电池为研究特色。
研究方向：功能陶瓷材料的研究、工程结构陶瓷及其复合材料的韧化研究、无机纳米氧化物粉体和薄膜的合成、特种陶瓷的制备、陶瓷基复合材料的研究、多孔陶瓷材料的研究。

湖北工业大学

地址：湖北省武汉市洪山区南李路 28 号
电邮：xiongyan1980@hotmail.com
网址：smce.hbut.edu.cn
单位介绍：湖北工业大学材料与化学工程学院始建于 1978 年，40 余年来，学院坚持"以人为本、质量立院、特色兴院、和谐建院"的办学理念，实现着跨越式的发展。学院下设四系两院一中心，即材料科学与工程系、材料成型及控制工程系、轻化工程系、化学与化工系、制浆造纸研究院、绿色轻工材料研究院、材化学院实验中心。学院具有良好的教学科研平台，建筑面积近 12239.8m^2，分布在生化楼、轻工楼、实训楼和机械楼，仪器设备价值近 5000 万元。学院建设有轻工技术与工程湖北省优势学科、材料科学与工程湖北省重点学科、化学工程与工艺校级重点学科。其中，轻工技术与工程为博士点授权学科，材料科学与工程为学校博士点建设学科。学院建设有绿色轻工材料湖北省重点实验室、车用轻质材料与加工湖北省工程实验室、橡塑材料及成型加工湖北省工程研究中心、绿色催化材料湖北省协同创新中心等省级科研平台，还拥有湖北省化学实验教学示范中心、湖北省轻工技术与工程研究生教育创新基地，以及两个湖北省校企共建研究生工作站。
研究方向：①材料微观结构与宏观性能的关系，先进材料加工技术。②纳米陶瓷、透明陶瓷。③人工骨、齿科生物材料。

湖北大学

地址：湖北省武汉市武昌区友谊大道 368 号
电话：027-88661729
网址：matsci.hubu.edu.cn
单位介绍：湖北大学材料科学与工程学院成立于 2006 年，现为湖北省高校试点改革学院。学院现设有高分子材料与工程、材料化学、材料物理、无机非金属材料工程、新能源材料与器件 5 个本科专业和新能源材料湖北省战略新兴（支柱）产业人才培养计划、材料化学中外合作办学（英国）、"荆楚卓越工程师"协同育人计划、材料类拔尖创新人才培养计划 4 个特色办学项目。其中，高分子材料与工程为国家级特色专业、湖北省品牌专业。在校生规模已达 1900 多人，其中本科生近 1500 人，博硕士研究生 400 人左右。
研究方向：微波陶瓷、无机非金属材料制备、铁电/多铁材料与器件、纳米复合材料与器件。

三峡大学

地址：湖北省宜昌市大学路 8 号
电话：0717-6397505
网址：clyhg.ctgu.edu.cn
单位介绍：三峡大学材料与化工学院于 2014 年 1 月组建成立。学院下设化学工程系、材料工程系、材料科学系三个教学系；有化学工程与工艺、金属材料工程、新能源材料与器件三个本科专业；有化学、物理学科两个共建一级学科硕士点、新能源材料与器件二级学科硕士点和材料工程专业硕士点。
研究方向：新型建材与功能陶瓷、锂离子电池与器件、能源环保晶态材料、动力与储能电池材料、精细化工、催化材料等。

武汉工程大学

地址：湖北省武汉市雄楚大街 693 号
电话：027-87195661
网址：mse.wit.edu.cn
单位介绍：武汉工程大学材料科学与工程学院师资力量较雄厚，以湖北省自然科学基金创新群体、湖北省教育厅优秀中青年创新团队和材料学学术创新团队为基础，现有专任教师 80 人，其中教授（含特聘教授）36 人，副教授 25 人，教师中具有博士学位的 71 人，有海外留学经历的 26 人，博士生导师 15 人，硕士生导师 56 人。材料科学与工程学科 2006 年被评为湖北省一级重点学科，2007 年被评为湖北省高校首批一级特色学科，2012 年被评为湖北省高校一级重点特色学科。
研究方向：无机固体发光材料、陶瓷分离膜材料、陶瓷的制备与性能、功能矿物材料、光电功能材料、新能源材料、薄膜材料、医用材料等。

7.2 高等院校

中国地质大学

地址：湖北省武汉市鲁磨路388号
电话：027-67884530/67884283
网址：chxy.cug.edu.cn
单位介绍：中国地质大学（武汉）材料与化学学院创建于1998年，由应用化学系（1984年建立，前身为1953年建立的化分系）和材料系（1995年建立）合并而成。原名为材料科学与化学工程学院，2011年更名为现名。学院现有教职员工142人。其中，国家杰出青年基金获得者1人，国家优秀青年基金获得者1人，学校"腾飞计划"入选者3人，学校"摇篮计划"入选者14人，教授42人（博士生导师19人），副教授65人，形成了学历层次高、年龄结构合理的教学研究梯队。
研究方向：陶瓷材料、耐火材料、矿物材料、能源材料、功能与复合材料、生物传感材料、地质分析、资源化学。

湖南工业大学

地址：湖南省株洲市天元区泰山西路
电话：0731-22183465
网址：metal.hut.edu.cn
单位介绍：湖南工业大学冶金与材料工程学院下设冶金工程系、金属材料工程系、无机非金属材料工程系、粉体材料科学与工程系、实验室和冶金材料研究所、焊接材料研究所、材料基因研究所等教学科研机构，开设冶金工程、金属材料工程、无机非金属材料工程、粉体材料科学与工程4个本科专业，现有全日制本科生1570余人，硕士研究生26人。
研究方向：纳米陶瓷、透明陶瓷、人工骨、齿科生物陶瓷、粉末冶金结构材料、金属与陶瓷复合材料、有色冶金新技术与资源综合利用、高性能钢铁材料。

湖南科技大学

地址：湖南省湘潭市桃园路
电话：0731-58290782/58290888
网址：mse.hnust.edu.cn
单位介绍：湖南科技大学材料科学与工程学院成立于2016年7月，由机电工程学院的金属材料工程专业、材料成型及控制工程专业和化学化工学院的材料化学专业、无机非金属材料工程专业合并组建而成。学院拥有材料科学与工程一级学科硕士学位授予权，在机械工程材料等方向可招收博士研究生，建设了新能源储存与转换先进材料湖南省重点实验室、高温耐磨材料及制备技术湖南省国防科技重点实验室。
研究方向：高温结构陶瓷、负膨胀陶瓷、新型环保生态复合水泥材料、泡沫混凝土、稀土功能材料、轻金属结构材料等。

湘潭大学

地址：湖南省湘潭市湘潭大学第二教学楼
电话：0731-58298119
网址：clxy.xtu.edu.cn
单位介绍：湘潭大学材料科学与工程学院成立于2014年6月，与西北核技术研究所（以核科学和技术为主要研究领域的多学科综合性研究机构）合作组建。学院以国家重点学科"一般力学与力学基础"一级学科博士点和"材料科学与工程"一级学科博士点为学科平台，以材料与力学学科交叉为特色，致力于国家重大战略需求，着重解决信息、能源、航空航天、探测技术等领域的材料设计、制备、性能与应用中的重大科学和工程化问题。
研究方向：热障涂层、硅探测器、铁电材料、锂离子电池关键材料、材料计算与模拟。

吉林师范大学

地址：吉林省四平市铁西区海丰大街1301号
电话：0434-3292210
网址：web.jlnu.edu.cn/njt/xygk.php?id=380
单位介绍：吉林师范大学功能材料物理与化学教育部重点实验室面向新型功能材料科学前沿，聚焦国家战略需求和地方经济社会发展需求，在各主要方向开展了基础和应用基础研究工作，形成了特色和优势，取得了一批较重要的研究成果与进展，为国家和地方经济社会发展做出了贡献，取得了良好的社会效益和经济效益。
研究方向：无机纳米功能材料、磁性材料、半导体光电子学材料及器件、磁性纳米结构与磁存储材料、半导体生物靶标材料。

江苏师范大学

地址：江苏省徐州市铜山新区上海路101号
电话：0516-83403242
电邮：ftang@jsnu.edu.cn
网址：phy.xznu.edu.cn/64/ea/c5588a222442/page.htm
单位介绍：江苏省先进激光材料与器件重点实验室依托单位为江苏师范大学，主要围绕光学功能陶瓷材料与器件、激光晶体材料、红外玻璃材料与器件以及中红外激光技术等研究方向开展协同合作，通过新型激光材料的研发创新推动激光器研究以及激光应用技术研究的创新，充分实现材料科学与光学工程学科的交叉融合。在先进光功能陶瓷材料、激光晶体、红外玻璃与光纤及中红外激光技术等方面开展原创性应用基础研究，建立先进光功能材料研究、中红外激光光源研制到应用的完整的研发创新链。作为一个主要研究方向，实验室为透明陶瓷研究提供了各种大型仪器设备，如精密喷雾造粒系统、浆料制备平台、高性能流变仪、流延成型机、冷等静压成型机、液压成型机、温等静压成型机，各种不同规格的高低温烧结炉以及抛光检测等，基于以上设备平台，目前实验室研制的透明陶瓷其质量已经达到国际较高水平，尤其在荧光陶瓷、多层复合激光陶瓷以及倍半氧化物透明陶瓷等领域形成了自己特色研究。近年来实验室已获得国家和省部级项目共40余项，在高水平SCI学术刊物发表论文近300篇，申请发明专利60余项，并已开始积极孵化一些具有自主知识产权的新型产业化项目。
研究方向：①光功能陶瓷材料与器件。主要在激光陶瓷、窗口陶瓷、荧光陶瓷等若干光功能陶瓷研究方面实施重点攻关，进一步提升现有的陶瓷制备技术水平，探索规模产业化的道路。

第7章 国内先进陶瓷研究机构分布

②红外玻璃材料与器件。以已掌握的高纯红外玻璃制备技术为基础,进一步改进和完善工艺,开发超高纯红外玻璃与光纤等功能器件。③中红外激光技术与应用。本研究方向将基于实验室良好的红外激光增益材料制备基础,开展中远红外先进激光技术的基础和应用基础研究,包括高功率中红外光纤和固体激光器研发及其应用、超短脉冲光纤激光器研发和激光动力学研究。④晶体光纤新型激光材料。对晶体纤制备及其应用的研究,探索新的材料体系、优化功能材料设计及复合功能特性。⑤微纳光子学。发展微纳米结构制造,拓展基于局域表面等离子体和表面增强拉曼散射技术的生化传感器件研发与应用。

常州大学

地址:江苏省常州市科教城常州大学武进校区东区材料楼
电话:0519-86330095
网址:clxy.cczu.edu.cn/2009/0612/c2510a34234/page.htm
单位介绍:常州大学材料科学与工程学院历经30多年的建设,已发展成为具有多材料门类、在省内高校中具有特色和优势的材料学院。学院现有材料科学与工程博士学位授权点和硕士学位授予点,本科专业4个。此外,学院还拥有材料科学与工程国家级实验教学示范中心1个、江苏省高校协同创新中心1个、江苏省国家重点实验室培育建设点1个、江苏省高校重点实验室4个、江苏省高校实验教学示范中心2个、江苏省中小企业公共技术服务平台1个、国家特色专业1个、江苏省品牌专业1个。
研究方向:压电、铁电单晶、陶瓷材料及器件、新材料与陶瓷表面工程技术。

河海大学

地址:江苏省南京市江宁区佛城西路8号
电话:025-83787027
网址:lcy.hhu.edu.cn
单位介绍:河海大学力学与材料学院历史可以追溯到1922年河海工程专门学校设立的力学部,以及1952年华东水利学院创办的工程力学教研室、水力学教研室和建筑材料教研室。学院设有工程力学系、材料科学与工程系2个系,工程力学研究所、计算力学研究所、结构与材料力学研究所、水力学流体力学研究所、动力与灾变力学研究所、工程材料研究所、金属材料与防护研究所、功能复合材料研究所8个研究所和力学与材料实验中心。
研究方向:结构功能一体化陶瓷材料。

南京航空航天大学

地址:江苏省南京市秦淮区御道街29号
电话:025-52112626
网址:msc.nuaa.edu.cn
单位介绍:南京航空航天大学材料科学与技术学院现有教职工90余名,包括中科院院士1名,已形成了一支以中青年教授为骨干的教学和学科梯队。材料科学与技术学院下设三个系:材料科学与工程系、应用化学系、医学物理系;两个省级工程中心:江苏省复合材料工程中心和江苏省热处理及表面改性工程研究中心;一个测试与分析中心;六个研究所:复合材料研究所、纳米材料研究所、等离子表面工程研究所、文物保护材料研究所、环保技术研究所、涂料与涂装技术研究所。
研究方向:金属陶瓷复合材料、磁性磨料、陶瓷复合材料、超细粉体材料。

江西理工大学

地址:江西省赣州市红旗大道86号
电话:0797-8312508
网址:cljxust.edu.cn
单位介绍:江西理工大学材料科学与工程学院长期致力于我国有色金属工业领域的人才培养和科学研究,在金属材料加工与制备、无机非金属新材料研发及在铜、钨、稀土新型材料制备等领域特别是在动力电池及其材料等方面形成了自身特色的研究方向。
研究方向:无机非金属新材料。

南昌大学

地址:江西省南昌市红谷滩新区学府大道999号
电话:0791-83969553
网址:mse.ncu.edu.cn
单位介绍:经过20多年的发展,南昌大学材料学院已拥有材料物理与化学国家重点学科、材料科学与工程博士后流动站、材料科学与工程一级学科博士点、材料学和材料物理与化学学科硕士点、材料工程学科工程硕士点,是江西省材料科学与工程学科人才培养和科学研究的重要基地。
研究方向:氧化物高温超导材料、介电陶瓷材料、氧化物发光材料、纳米材料及器件和新型玻璃材料等。

南昌航空大学

地址:江西省南昌市丰和南大道696号
电话:0791-86453203
网址:cailiao.nchu.edu.cn
单位介绍:南昌航空大学材料学院设有金属材料及热处理系、金属腐蚀与防护系、高分子材料与工程系、复合材料与工程系、无机非金属材料工程系。
研究方向:航空航天用先进耐/超高温陶瓷、透明材料与环氧树脂基碳纤维结构材料。

萍乡学院

地址:江西省萍乡市萍安北大道211号
电话:0799-6682171
网址:clhx.pxc.jx.cn
单位介绍:萍乡学院材料与化学工程学院的前身是化学工程系,始建于1978年,是萍乡学院较早设立的院系之一。目前,拥有无机非金属材料工程(2013年)、应用化学(2015年)、环境科

7.2 高等院校

学与工程（2017年）、环境生态工程（2018年）四个本科专业，在籍学生733人。

研究方向：多孔陶瓷、陶瓷托辊、化工填料、石油支撑剂等。

大连海事大学

地址：辽宁省大连市甘井子区凌海路1号
电话：0411-84723376
电邮：shanychun@dlmu.edu.cn
网址：www.dlmu.edu.cn/info/1052/19298.htm
单位介绍：大连海事大学徐久军研究团队依托海底工程技术与装备国际联合研究中心和船机修造工程交通运输行业重点实验室，面向航空航天和深海探测等领域，针对苛刻环境中装备对高强度兼具高透光性透明窗口材料的需求，已掌握高纯、超细、高烧结活性AlON及AlN粉体批量合成技术（公斤级）、高透光性（直线透过率＞80%）AlON透明陶瓷快速无压烧结技术（使AlON透明陶瓷的无压烧结温度降至1820～1880℃，保温时间缩短至1.5～2.5h）以及直线透过率＞70%大尺寸α-SiAlON陶瓷热压烧结制备技术。团队拥有热等静压烧结炉、热压烧结炉、冷等静压成型机、大型气氛合成/烧结炉等陶瓷成型、烧结设备，所依托的研究中心和重点实验室拥有对陶瓷材料进行性能表征所需的较为齐全的测试分析设备，为团队科研工作顺利开展提供了设备保障。团队近年来完成了总装备部、科技部、教育部、国家基金委等部门资助的多项课题，发表学术论文50余篇，申请发明专利10余项。

研究方向：AlON陶瓷粉体合成及SiAlON、AlON等高性能结构-功能一体化陶瓷研制。同时，研究团队还针对大规模集成电路对基板材料高散热性能的需求及我国AlN产业的研究现状，在科技部重点研发项目资助下开展了低氧含量高性能AlN粉体合成方面的研究工作。

大连工业大学

地址：辽宁省大连市甘井子区轻工苑1号
电话：0411-86323438
网址：fc.dep.dlpu.edu.cn/qghgbackup/ShowArticle.asp?ArticleID=330
单位介绍：大连工业大学纺织与材料工程学院是办学特色鲜明、师资力量较雄厚、设施条件优良的教学研究型学院，具有50余年的办学历史。学院拥有纺织科学与工程、材料科学与工程两个一级学科。

研究方向：玻璃及玻璃表面工程、高性能陶瓷材料、新能源材料、生物及环境多孔材料。

大连交通大学

地址：辽宁省大连市沙河口区黄河路794号
电话：0411-84106287
网址：smse.djtu.edu.cn/cn/_infolist/index.asp?fmenu_id=802&f type_id=2
单位介绍：大连交通大学材料科学与工程学院拥有辽宁省高等学校无机超细粉体制备及应用重点实验室。

研究方向：高纯超细氧化铝（Al_2O_3）粉体制备技术研究。

大连理工大学

地址：辽宁省大连市甘井子区凌工路2号
电话：0411-84708320
网址：mse.dlut.edu.cn/kypt/gxncligxjspt/sy.htm
单位介绍：大连理工大学材料科学与工程——高性能材料加工成型新技术平台拥有辽宁省高校"原材料特种制备技术"重点实验室和辽宁省"激光3D打印装备及应用"工程技术研究中心。

研究方向：航空用高温陶瓷、吸波和轻质复合材料制备过程中相关的组织控制和成型加工等关键问题的应用研究。

沈阳大学

地址：辽宁省沈阳市大东区望花南街21号
电话：024-62268315
网址：www.syu.edu.cn/info/1077/1139.htm
单位介绍：沈阳大学先进材料制备技术重点实验室成立于2003年，2007年晋升为辽宁省高校重点实验室，2008年晋升为辽宁省重点实验室。

研究方向：纳米陶瓷粉体制备、表征与应用及先进功能陶瓷材料制备、纳米结构陶瓷复合材料成型与制备。

沈阳化工大学

地址：辽宁省沈阳经济技术开发区11号街
电话：024-89388092
网址：caili ao.syuct.edu.cn/zysz/wjfjsclgc.htm
单位介绍：沈阳化工大学材料科学与工程——无机非金属材料工程为国家级特色专业建设点和辽宁省特色专业。

研究方向：传统无机非金属材料（水泥、玻璃、陶瓷、耐火材料等）、新型无机非金属材料（先进陶瓷材料、复合与功能材料、薄膜与微晶玻璃）。

沈阳理工大学

地址：辽宁省沈阳市浑南新区南屏中路6号
电话：024-24686088
网址：www.sylu.edu.cn/cailiao/index.html
单位介绍：沈阳理工大学材料科学与工程学院现有教师9名，其中教授4名，副教授5名，具有博士学位的有9名，现有国家级教学名师、教育部无机非金属材料专业指导委员会委员1名；近五年共承担科研课题40余项，其中主持国家自然科学基金、国家重大科技攻关项目、重点科技支撑计划、国际合作项目等国家级项目8项，其他为省部级课题及横向课题，科研总到款840余万元；出版学术专著、教材5部；发表学术论文100余篇，其中三大检索文章共60余篇；授权发明专利5项。

研究方向：高性能耐磨耐蚀结构陶瓷增韧理论与技术、陶瓷-金属复合功能材料制备技术与应用。

第7章 国内先进陶瓷研究机构分布

青海大学

地址：青海省西宁市宁大路251号
电话：0971-5310440
网址：jxxy.qhu.edu.cn
单位介绍：青海大学机械工程学院形成了轻金属合金及其复合材料、光电功能材料等研究方向。近5年承担了包括"973"前期专项、科技部国际合作专项和国家自然科学基金等项目40余项。科研成果服务社会有所突破，其中1项成果经评价为国际较高水平，实现出口销售收入6600万美元，获得青海省科学技术进步二等奖。
研究方向：新能源陶瓷材料、陶瓷粉体材料、环境保护陶瓷部件、气体陶瓷过滤管、微孔陶瓷气体分布板。

山东理工大学

地址：山东省淄博市张店区新村西路266号山东理工
电话：0533-2781719
电邮：lishuang@sdut.edu.cn
网址：xcl.sdut.edu.cn
单位介绍：山东理工大学为国家工业陶瓷材料工程技术研究中心、工程陶瓷制备技术国家地方联合工程研究中心组成单位，是国家新材料产业化基地技术支撑单位，建有山东省陶瓷基复合材料工程技术研究中心（示范）、山东省超高温材料与测试评价工程技术研究中心、山东省高等学校先进陶瓷协同创新中心、山东省"十三五"高校先进复合材料重点实验室等多个省级科研平台，1个中央与地方共建高校基础实验室——材料科学与工程基础实验室。实验室面积7137m²，拥有用于材料制备和分析的大中型设备150余台套，资产总额4000余万元。学院立足国家和地方社会特色经济发展需求，围绕淄博"陶瓷品牌"与"国家新材料高新技术产业化基地"建设，紧跟山东省新旧动能转换重大工程实施规划，在先进陶瓷及陶瓷基复合材料、固废材料化利用科学与工程、纳米功能材料物理化学、金属材料高品质设计与低耗制造、高分子改性与复合技术5个研究方向形成了自己的特色和优势。
研究方向：先进陶瓷及陶瓷基复合材料。重点开展：面向航天防热、装甲防护、高温腐蚀、耐磨减摩、生物医学等应用的新型结构陶瓷的设计、制备及强韧化技术研究；面向能源、催化和环境工程应用的稀土与过渡金属氧化物功能陶瓷的制备、表面改性及器件化研究；陶瓷材料高通量计算、超材料设计与增材制造技术研究。

太原理工大学

地址：山西省太原市迎泽西大街79号
电话：0351-6014101
网址：cl.tyut.edu.cn
单位介绍：太原理工大学材料科学与工程学院由原太原工业大学材料科学与工程系和材料工程学院部分专业于1998年7月合并组建而成。1998年正式成立了太原理工大学材料科学与工程学院。2015年8月学校机构调整，将表面工程研究所并入材料科学与工程学院。
研究方向：功能陶瓷材料、无机粉体制备。

中北大学

地址：山西省太原市学院路3号
电话：0351-3557519
网址：3y.nuc.edu.cn
单位介绍：中北大学材料科学与工程学院成立于2006年。材料科学与工程学科是中北大学基础较雄厚的学科之一，拥有材料科学与工程一级博士学位授权点与博士后流动站，材料加工工程、材料学、材料物理与化学等二级学科，其中材料加工工程为山西省重点学科。学院设有材料成型及控制工程（国管专业）、金属材料工程、无机非金属材料工程、高分子材料与工程、复合材料与工程5个本科专业。
研究方向：TiBCN新型陶瓷、建筑陶瓷、精细陶瓷、高温结构陶瓷材料、燃烧合成技术、激光烧结技术、压电以及光电陶瓷材料。

西北工业大学

地址：陕西省西安市友谊西路127号
电邮：yuan4@nwpu.edu.cn
网址：cailiao.nwpu.edu.cn
单位介绍：西北工业大学材料学院坚持立足材料科学前沿，服务国家重大战略需求和经济社会发展，以航空航天先进材料及其制备成型技术为特色，形成了以材料科学与工程系、材料成型及控制工程系、复合材料与工程系、材料前沿交叉研究中心、核材料研究中心、科教实践与材料分析创新中心为支撑的学科发展体系。材料学院依靠较雄厚的科研力量和先进的材料制备加工和分析测试平台，多年来紧紧围绕材料领域的科学发展前沿、国防科技发展中的重大需求和国家重点科研任务深入开展科学研究，取得了一大批开创性的科研成果，形成了高水平科研团队，成为我国材料学科和国防领域重要的人才培养和科研基地。学院现有凝固技术国家重点实验室、超高温结构复合材料国防科技重点实验室、陶瓷基复合材料制造技术国家工程研究中心、国防科技工业难变形材料锻造技术研究应用中心、先进金属材料精确热成型技术国家地方联合工程研究中心、国家钛材产品质量监督检测中心等国家级科研平台、国家先进材料及其成型技术"111计划"学科创新引智基地、材料国家级实验教学示范中心，以及15个省部级科研平台和3个省部级科技创新与人才培养平台。拥有多种大中型设备、仪器500余台，总资产超6亿元。
研究方向：从事航空航天结构陶瓷及其复合材料研究，研发成功高温隔热用高纯超细石英纤维。耐高温、抗氧化、长寿命陶瓷基复合材料，自主发展碳化硅陶瓷基复合材料及其制备技术。从事先进陶瓷纤维研究，有力支撑我国高性能多品种陶瓷基复合材料发展，并为陶瓷基复合材料持续发展搭建工程转化平台，工程化成果广泛用于航空航天领域，并向核能等民用领域拓展。其他研究领域有：高温抗氧化涂层技术，碳/碳复合材料基体改性技术，碳和碳化硅纳米材料的制备、表征与应用；钙钛矿太阳能电池（Perovskite Solar Cells）、光电化学水分解（Photo-

7.2 高等院校

electrochemical Water Splitting)、锂离子/锂硫电池(Lithium/Lithium Sulphur Batteries)、量子点显示(QLED)、激光物质相互作用(Laser Matter Interation)、界面超声(Interfacaial Sonochemistry)。

西安交通大学

地址：陕西省西安市咸宁西路28号
电话：029-82667942
电邮：Yang155@mail.xjtu.edu.cn
网址：mse.xjtu.edu.cn
单位介绍：西安交通大学材料科学与工程学院建有金属材料强度国家重点实验室。学院下设以教学为主的材料学系、材料加工工程系、材料物理与化学系，并设有以科研为主的材料强度研究室、新材料研究室、表面工程研究室、微纳尺度材料行为研究中心、焊接研究所、耐磨材料及铸造研究所等研究室，拥有较先进的教学、科研设备，长期从事先进陶瓷材料与制备工艺的研究，在非氧化物陶瓷材料、纳米陶瓷复合材料、多孔陶瓷材料、生物陶瓷材料，以及相关新型器件及部件方向做出了许多有应用价值的研究成果。2005年至今主要研究方向为先进陶瓷及复合材料，包括：①新型陶瓷制备工艺；②组织、界面、性能及强化机制；③陶瓷基纳米复合材料的增强增韧机理研究；④多孔陶瓷材料的气孔尺寸、形态及力学性能控制；⑤陶瓷-金属复合材料的设计和性能；⑥应用研究。
研究方向：先进陶瓷材料的制备技术、严酷条件下的力学性能，结合产业化成套设备的研究，已形成具有特色、具有一定产业化规模的研究方向，包括碳化硅陶瓷、碳化硅纳米复相陶瓷、碳化硅多孔陶瓷、碳基复合材料（如碳/碳复合材料、碳纤维增强碳化硅复合材料、硅化石墨等）。特种可加工陶瓷、碳/陶复合材料、陶瓷梯度材料、陶瓷/金属特种焊接、特种金属材料，为航天、核能、兵器等部门提供关键部件，承担完成了一系列国防预研、军品配套项目，为国防现代化作出了大量贡献。

陕西科技大学

地址：陕西省西安市未央大学园区学府中路6号
电话：029-86168802
电邮：zhujf@sust.edu.cn
网址：cl.sust.edu.cn
单位介绍：陕西科技大学材料科学与工程学院创建于1958年，时称硅酸盐工程系，1993年改名为材料工程系，2001年定名为材料科学与工程学院。现拥有材料科学与工程学科博士后流动站、材料科学与工程博士与硕士学位授予权。学院设有本科专业4个：无机非金属材料工程专业（国家特色专业、卓越工程师试点专业、国际工程教育认证专业、国家一流专业）、材料物理专业（国际工程教育认证专业、陕西省一流专业）、材料化学专业（国家战略新兴产业）、纳米材料与技术专业（国家战略新型产业）。学院在高性能陶瓷玻璃材料、电子信息材料与器件、纳米能源与环境材料、文化遗产保护材料等领域特色优势明显。
研究方向：陶瓷材料绿色制备、新型储能与环境净化用功能复合材料、硅酸盐质文化遗产保护材料、陶瓷/金属复合材料、陶瓷色釉料及古陶瓷科学、多铁薄膜材料、纳米催化与环境污染物催化净化材料、无铅压电陶瓷、高温结构材料、建筑卫生陶瓷材料。

西安科技大学

地址：陕西省西安市雁塔路58号
电话：029-85583114
网址：clxy.xust.edu.cn
单位介绍：经过20余年的发展，西安科技大学材料科学与工程学院现有材料科学与工程、无机非金属材料工程和高分子材料与工程3个本科专业，拥有机械工程材料、矿物加工工程2个二级学科博士点，材料科学与工程一级学科硕士点（含材料物理与化学、材料学、材料加工工程3个二级学科硕士点）、机械工程材料二级学科硕士点和材料工程领域专业硕士学位点，同时具有微电子学与固体电子学、矿物加工工程硕士学位授予权。
研究方向：硅镁碳微纳米材料与应用、电子材料与元器件、新能源材料、功能化复合材料。

西安电子科技大学

地址：陕西省西安市长安区西沣路兴隆段266号
电话：029-88201000
网址：amn.xidian.edu.cn
单位介绍：西安电子科技大学先进材料与纳米科技学院在以石墨烯及稀土硫族化合物为代表的二维材料、氮化镓基紫外材料及探测、绿色能源材料及绿色微电子技术、功能薄膜材料与器件、新型陶瓷材料、纳米材料与器件等方向开展了系统、深入的研究工作，形成了材料设计制备、器件工艺开发以及电子、能源和生物等应用研究的完整体系。
研究方向：新型陶瓷材料、纳米材料。

西安建筑科技大学

地址：陕西省西安市碑林区雁塔路中段13号
电话：029-82202600
网址：clxy.xauat.edu.cn/info/1036/1372.htm
单位介绍：西安建筑科技大学高温陶瓷实验室依托材料与矿资学院建设，始建于20世纪70年代初期。原冶金工业部在全国三所高校布点耐火材料专业，我校为三所院校之一。1972年耐火材料专业开始招生，耐火材料实验室成立。40多年来，耐火材料专业几经易名，实验室经多次扩充、改建，现名为高温陶瓷实验室。
研究方向：含镁铝尖晶石的铝酸盐水泥的制备、CBN高速磨削工具用陶瓷结合剂、反应烧结氮化硅结合碳化硅陶瓷。

西安理工大学

地址：陕西省西安市金花南路5号
电话：029-82312977
网址：clxy.xaut.edu.cn
单位介绍：西安理工大学材料科学与工程学院是校内创建较早的院系之一。学院下设材料科学与工程系、材料成型与控制系、材料物理与化学系,能源材料与器件四个教学系和一个以本科实验教学为主的材料实验中心。另有6所依托本院建设的国家级和省级研究机构:国家铸铁水平连铸连轧技术推广中心、陕西省镁合金应用工程研究中心、陕西省军民两用铝镁钛合金应用工程技术中心、陕西省电工材料与熔(浸)渗技术重点实验室、陕西省腐蚀与防护重点实验室和复合材料及其产品智能制造技术国际联合研究中心。

研究方向:材料摩擦学及性能优化、粉末冶金及陶瓷材料、高温结构材料及成型技术、日用瓷。

长安大学

地址:陕西省西安市南二环路中段
电话:029-82338114
网址:clxy.chd.edu.cn/info/1228/5900.htm
单位介绍:长安大学材料科学与工程学院的复合材料科学与工程应用研究所瞄准复合材料、建筑材料研究领域,充分利用材料科学与工程专业学科和交通运输工程学科的优势,整合复合材料、建筑材料、高分子材料、无机非金属材料等多个专业学科的人力和资源,成立了复合材料科学与工程应用研究所,在长安大学开展了高性能复合材料科学与工程应用研究工作。

研究方向:硅酸盐基复合材料、有机/无机复合材料、新型功能复合材料。

上海大学

地址:上海市宝山区上大路99号
电话:021-56332475
电邮:info@shu.edu.cn
网址:mat.shu.edu.cn
单位介绍:上海大学材料科学与工程学院主要承担材料和钢铁冶金领域的科学研究,以及材料科学与工程、冶金工程两个学科的本科、硕士、博士及博士后等各级人才的培养,已成为上海市和全国的材料科学领域高层次人才培养和前沿科学研究的重要基地。学院由材料工程系、电子信息材料系、高分子材料系、材料研究所(微结构研究中心、分析测试中心)、复合材料研究中心组成。拥有省部共建"高品质特殊钢冶金与制备"国家重点实验室、"材料复合及先进分散技术"教育部工程中心以及"材料力学性能"上海市教委开放实验室。

研究方向:激光陶瓷材料掺Yb氧化镧钇多晶陶瓷,铁电、压电陶瓷和薄膜,微波介质陶瓷。

上海海事大学

地址:上海市临港新城海港大道1550号
电话:021-38284800
网址:immse.shmtu.edu.cn/zh-hans/xsky/kycg/kyxm.htm
单位介绍:上海海事大学海洋材料科学与工程研究院乘借中国海洋科技战略发展的强劲东风,于2008年2月正式成立。成立伊始,就以其鲜明的海洋材料特色被列为学校重点发展的学科之一。高起点的规划与重点投资,使学校的海洋科技优势迅速与材料学科交叉融合而形成了独特而新颖的研究生长点。初步建立了以海洋(包括深海)材料腐蚀与防护、海洋工程材料、海洋生态环境材料、海洋功能材料、海洋生物与药物材料等研究方向为主体的综合研究平台。

研究方向:TiAl/ZrO,陶瓷基复合材料,Mo-Ni-B三元硼化物陶瓷合成,Cr,C_3-VC复相陶瓷合成,碳化物基超硬纳米多层膜,(K,Na)$NbO_3 LiTaO_3$纳米陶瓷。

上海理工大学

地址:上海市军工路516号
电话:021-55270632
网址:clxy.usst.edu.cn
单位介绍:上海理工大学材料科学与工程学院成立于2009年3月。学院拥有材料科学与工程、材料成型与控制两个本科专业,拥有机电功能材料博士、硕士点,新能源材料博士、硕士点,材料科学与工程一级学科硕士点,材料工程专业硕士点。学院目前重点发展的学科方向有材料成型与模具、电功能材料、新型碳材料、聚合物复合材料、纳米材料、新能源材料、微纳材料与器件等。

研究方向:高温高强泡沫陶瓷和微波介质陶瓷、压电陶瓷等功能陶瓷,新型碳材料。

上海应用技术大学

地址:上海市奉贤区海泉路100号
电话:021-60873117
网址:materials.sit.edu.cn/2208/list.htm
单位介绍:上海应用技术大学材料科学与工程学院成立于2000年9月,由原上海冶金高等专科学校冶金系与原上海化工高等专科学校化工系高分子材料教研室合并组建而成。该院共有教职工71人,现有材料科学与工程(国家级特色专业)、复合材料与工程、材料物理(光电材料)三个本科专业和材料化学工程硕士点。拥有"材料加工工程"上海市重点学科、"材料科学与工程"国家级特色专业、"材料加工工程"上海市本科教育高地、上海市冶金工艺与检测技术服务中心等平台。

研究方向:晶体生长、纳米晶与粉体合成、陶瓷材料组织与结构、磷酸铁锂正极材料。

同济大学

地址:上海市曹安公路4800号同济大学材料科学与工程学院
电话:021-69584723
网址:mif.tongji.edu.cn
单位介绍:同济大学材料科学与工程学院无机材料系成立于2015年7月,拥有金属基材料、无机非金属材料、功能材料等多个核心研究团队。无机材料学科具有与工程紧密结合的优势,学科交叉优势明显,与土木、建筑、交通运输、汽车、医学、航天、机械等学科联系紧密。铁电、压电材料、磁性材料等在国内均有影响,未来将重点发展新型功能材料及器件方向。无机材料系也拥有上海市金属功能材料开发应用重点实验室、上海市粉末冶金汽车材料工程技术中心和上海复杂金属构件增材制造工程技术研究中心等市级研究平台。

研究方向：铁电、压电陶瓷，铁电-磁电-光电耦合多功能材料，新型无机功能陶瓷。

四川大学

地址：四川省成都市二环路北一段 111 号
电话：028-85416050
网址：mse.scu.edu.cn
单位介绍：四川大学材料科学与工程学院于 2001 年 7 月，由原材料科学系、金属材料系和无机材料系三个实体系组建而成，主要从事材料科学与工程、生物医学工程及相关领域的人才培养、科学研究和技术开发。新的材料科学与工程学院突出了理、工、医结合及新兴交叉学科的特色，在材料科学与工程、生物医学工程等领域取得了显著的成绩。
研究方向：光电功能薄膜材料、压电功能材料及其应用、高储能密度介电材料、生物陶瓷。

四川轻化工大学

地址：四川省自贡市汇兴路学苑街 180 号
电话：0813-5505670
网址：mse.suse.edu.cn
单位介绍：四川轻化工大学材料类专业办学历史较悠久，特色鲜明，学院现有材料科学与工程、无机非金属材料、高分子材料与工程、材料化学四个本科专业，下设金属材料教研室、防腐教研室、无机非金属材料教研室、材料化学教研室、高分子材料与工程教研室、材料实验中心 6 个教学机构，拥有材料腐蚀与防护四川省重点实验室与高分子创新团队等科研机构。
研究方向：无机非金属光功能材料的研究、超高温陶瓷氧化腐蚀机理的第一性原理研究。

西南科技大学

地址：四川省绵阳市涪城区青龙大道中段 59 号
电话：0816-2419201
网址：www.clxy.swust.edu.cn
单位介绍：西南科技大学材料科学与工程学院具有材料科学与工程博士后科研流动站、博士学位授予权，材料科学与工程、化学、化学工程与技术三个一级学科硕士学位授予权，在材料工程、化学工程工程硕士授权领域以及材料科学与工程、材料物理、应用化学、功能材料和能源化学工程 5 个本科重点批次招生。办学历史悠久，在校本科生 2000 余人，硕博研究生 400 余人。
研究方向：先进建筑材料、特种陶瓷、特种玻璃、人造器官无机功能材料形貌控制、功能材料。

西南石油大学

地址：四川省成都市新都区新都大道 8 号
电话：028-83037406
网址：www.swpu.edu.cn/cly
单位介绍：西南石油大学材料科学与工程学院成立于 2003 年，拥有能量转换与储存先进材料四川省国际科技合作基地、四川省不锈钢工程技术研究中心、四川省焊接工程技术研究中心、四川省碳基储能材料工程技术研究中心、四川省石墨烯产业技术研究院、中国石油天然气集团公司"石油管工程"重点研究室、"油气田材料"四川省高等学校重点实验室、新能源材料及技术研究中心、能源高分子材料研究中心和先进固井材料研究中心。
研究方向：新型储能电池与材料、石墨烯材料、油气田用无机非金属材料研究、薄膜及涂层制备技术。

国立台湾大学

地址：中国台湾省台北市罗斯福路四段一号
电话：02-33664531
网址：www.mse.ntu.edu.tw/index.php? lang=tw
单位介绍：国立台湾大学材料系聚集全台湾有竞争力的理工组高中毕业生。另外，本系位于工学院，毗邻图书馆、语言中心、计算机中心、理学院、电资学院以及即将落成的社会科学院，以此占地利之便位居台大理工的核心地段，研究风气较盛。
研究方向：金属、陶瓷、高分子、电子、能源、生物医学、理论模拟。

天津城建大学

地址：天津市西青区津静路 26 号
电话：022-23085000
网址：www.tcu.edu.cn
单位介绍：天津城建大学材料科学与工程学院前身是建筑材料系，拥有材料科学与工程（天津市品牌专业）、材料化学、无机非金属材料工程及高分子材料与工程四个本科专业，拥有固体废弃物建材资源化利用技术国家地方联合工程研究中心一个，天津市建筑垃圾与燃煤废弃物利用技术工程中心一个，固体废弃物资源化综合利用研究开发中心一个，绿色建材研究所和环境净化与新能源材料研究所各一个，天津市优秀教学实验室、天津市实验示范中心一个。
研究方向：功能陶瓷材料、高性能水泥基材料研究、生态环境材料、固体废弃物资源化、建筑物修复与加固材料。

天津工业大学

地址：天津市河东区成林道 63 号
电话：022-24528227
网址：clxy.tjpu.edu.cn
单位介绍：天津工业大学材料科学与工程学院由 1958 年建校之初的染化系发展而来，1999 年 5 月组建了材料科学与化学工程学院，2009 年 4 月组建了材料科学与工程学院。材料科学与工程学院现有材料科学与工程系、复合材料系、无机非金属材料系、高分子材料与工程系 4 个教学单位，材料科学与工程研究所、功能纤维研究所、生物与纺织材料研究所、分离材料与过程控制研究所和生物化工研究所等多个科研单位，以及材料科学与工程国家级实验教学示范中心（包括材料分析测试中心、实验中心）。

第7章 国内先进陶瓷研究机构分布

研究方向：纤维成型理论、改性与功能纤维材料、分离膜材料及膜过程、功能陶瓷材料、新能源材料、新型储能器件。

河北工业大学

地址：天津市北辰区西平道 5340 号
电话：022-60438029
网址：clxy.hebut.edu.cn
单位介绍：河北工业大学是国家"211 工程"重点建设的地方工科大学。为适应学校发展的需要，1998 年 10 月经河北省教委批准，由原来的材料科学与工程系和河北工业大学材料研究中心合并成立材料科学与工程学院。目前学院有金属材料工程系、材料成型与控制系、无机非金属材料系、功能材料系、材料物理系 5 个教学系，以及金属材料研究所、信息功能材料研究所、能源与环保材料研究所、铸造研究所 4 个研究所和 1 个金工教研室、1 个材料教学实验中心与材料测试分析中心。
研究方向：氮化镓厚膜材料的制备与性能研究；新型掺杂光折变晶体和新型光折变聚合物材料中各类新效应和新机制的研究；化合物薄膜太阳电池材料的研究。

红河学院

地址：云南省红河州蒙自市红河学院理学院
电话：0873-3694786
电邮：yizhongzhou@126.com
网址：science.uoh.edu.cn
单位介绍：红河学院理学院先进复合陶瓷材料研究课题组，组长为易中周教授，目前共有 5 名教师，其中教授 2 人，副教授 1 人，具有博士学位的教师 4 人，实验室现有的主要仪器设备包括场发射扫描电子显微镜（SEM）和能谱仪（EDS）、X 射线衍射分析仪（XRD）、陶瓷高温烧结炉、可控干燥箱、激光粒度分析仪、行星式球磨机、真空恒温箱、红外光谱仪、超声仪、差热分析仪、高分辨拉曼光谱仪及电化学工作站等，基本能满足课题组实验用仪器设备的需求。截至目前，课题组共承担有国家自然科学基金项目 4 项，云南省科技厅项目 2 项，云南省教育厅项目 3 项，校级项目 9 项，在国内外学术刊物上共发表学术论文 80 余篇，其中 SCI/EI 收录论文 60 余篇，获得发明和实用新型专利授权 9 项，每年课题组成员均参加新材料研究方面的国际国内学术交流会议。
研究方向：氧化锆陶瓷多聚体系凝胶注模成型，纳米氧化锌的化学合成研究，氧化锆粉体及涂层的制备和表征，多元体系 YSZ 材料的组成、结构特征、增韧机理和力学性能，高性能陶瓷基复合材料的制备、工艺及其性能研究，建水紫陶的结构、性能及开发研究，功能陶瓷材料及电化学传感器研究等。

宁波大学

地址：浙江省宁波市风华路 818 号
电话：0574-87609987
网址：fmsce.nbu.edu.cn/info/1001/2351.htm
单位介绍：无机材料研究所隶属于宁波大学材料科学与化学工程学院，拥有无机化学专业硕士学位点、浙江省材料物理与化学重点学科、宁波市无机化学重点学科。本研究所现有教授（研究员）4 人，副教授 2 人，全部团队成员均有博士学位，其中享受国务院政府特殊津贴专家 1 人，国家"百千万人才工程"入选者 1 人，浙江省中青年学科带头人 2 人，浙江省"151 人才工程"入选者 2 人，宁波市"领军与拔尖人才培养工程"入选者 1 人。
研究方向：光电功能晶体材料、稀土永磁材料、纳米多孔材料、有色金属材料等。

宁波工程学院

地址：浙江省宁波市江北区风华路 201 号
电话：0574-87616023/86843057
网址：chxy.nbut.edu.cn
单位介绍：宁波工程学院材料与化学工程学院由原化工学院、材料学院合并而成，中国工程院薛群基院士担任院长，现有教职工 123 人，其中院士 3 人（兼职），钱江学者（兼职）1 人，享受国务院特殊政府津贴 1 人，正高 14 人，副高 45 人，具有博士学位的教师 82 人。
研究方向：碳化硅陶瓷纤维、复相陶瓷。

重庆交通大学

地址：重庆市南岸区学府大道 66 号
电话：023-62789154
网址：clxy.cqjtu.edu.cn
单位介绍：重庆交通大学材料科学与工程学院的前身可追溯到 20 世纪 50 年代成立的建材教研室。学院下设材料科学与工程系、材料物理系、应用化学系和物理教研室，现有材料科学与工程、材料物理、应用化学三个本科专业，其中材料科学与工程专业入选重庆市"一流建设专业""三特行动计划"特色专业和土建建筑特色学科专业群专业。
研究方向：新型长余辉发光材料的研发与应用、金属薄膜生长与高温条件下功能陶瓷生长的分子动力学模拟。

重庆科技学院

地址：重庆市沙坪坝区重庆大学城
电话：023-89092370
网址：yjxy.cqust.edu.cn
单位介绍：重庆科技学院冶金与材料工程学院始建于 1951 年，下设冶金工程系、材料科学系、材料工程系、材料加工系 4 个系，冶金材料实验中心和材料分析测试中心 2 个中心，开设有冶金工程、矿物加工工程、无机非金属材料工程、功能材料、金属材料工程、复合材料与工程、材料成型及控制工程、焊接技术与工程 8 个本科专业和石油与天然气领域（油气材料工程方向）全日制工程硕士专业。
研究方向：油气用陶瓷基复合材料与制品、光催化与燃料电池用陶瓷材料、高端装备制造用陶瓷材料。

重庆理工大学

地址：重庆市九龙坡区杨家坪兴胜路

电话：023-62563178
网址：cl.cqut.edu.cn
单位介绍：重庆理工大学材料科学与工程学院成立于2001年，是一个团结合作、快速发展、充满生机与活力的学院。现有材料科学与工程、材料成型及控制工程、高分子材料与工程、焊接技术与工程四个本科专业。2018年材料科学与工程学院以材料类大类招生，以新材料设计、制备、应用与循环利用为主线，强化材料科学与机械、化工等领域的交叉融合和协同发展。
研究方向：薄膜、涂层制备及界面物理化学、功能材料及制备技术。

7.3 科研院所

中国科学院上海硅酸盐研究所

地址：上海市长宁区定西路1295号
电话：021-52412990
网址：www.sic.ac.cn
单位介绍：中国科学院上海硅酸盐研究所（简称上海硅酸盐所）渊源于1928年成立的国立中央研究院工程研究所，1953年更名为中国科学院冶金陶瓷研究所。1959年独立建所，定名为中国科学院硅酸盐化学与工学研究所。1984年改名为中国科学院上海硅酸盐研究所。经过九十多年的发展，上海硅酸盐研究所现已成为集材料前沿探索、高技术创新、应用发展研究于一体的无机非金属材料科研机构，形成了"基础研究—应用研究—工程化、产业化研究"有机结合的较为完备的科研体系。
研究方向：高性能结构陶瓷、功能陶瓷、透明陶瓷、陶瓷基复合材料。金属焊接技术方案，通过界面结构和浸润性的设计与调控，成功实现了超大尺寸SiC陶瓷以及复合材料的低应力高强度焊接，突破了3m量级拼接式SiC光学部件制备关键技术。通过控制β-Si_3N_4低温转化生长，实现了具有高气孔率、单孔径分布、高强度的多孔Si_3N_4陶瓷制备，并攻克高精度大长径比的Si_3N_4陶瓷毛细芯制备技术。
研究方向：重点开展先进结构陶瓷材料的组成、结构、应力设计和制备科学等方面的研究。在透明陶瓷、氧化物复相陶瓷和陶瓷基复合材料的强化与增韧、非氧化物陶瓷湿法成型、非氧化物纳米粉体和金属—陶瓷纳米复合粉体制备及性能研究等方面取得了一系列重要研究成果和创新性制备工艺技术；在陶瓷部件先进成型、制备技术研究，先进陶瓷材料的表面改性技术研究，陶瓷材料的连接技术研究，陶瓷材料和部件的无损检测技术研究，超高温陶瓷材料研究等方面取得了突破性进展。

山东工业陶瓷研究设计院

地址：山东省淄博市高新区裕民路128号
电话：0533-3597888
网址：www.sinofinecera.cn
单位介绍：山东工业陶瓷研究设计院（以下简称山东工陶院）的历史可追溯到1950年成立的建材科研机构——华北窑业公司研究所，即后来逐渐形成的建筑材料科学研究院。1970年9月经国家建设委员会批准，建筑材料科学研究院陶瓷一室、陶瓷原料室和热工室的部分人员组建陶瓷一队迁往山东淄博，1971年10月经山东省革命委员会批准成立山东工业陶瓷研究所。1985年8月12日经国家建材局批准所改院。1999年7月1日，山东工陶院由科研事业单位转制为企业。2010年9月改制更名为山东工业陶瓷研究设计院有限公司。
研究方向：高温陶瓷膜及装备、氮化硅制品、陶瓷螺杆制品、3D打印陶瓷制品等。

中国科学院理化技术研究所

地址：北京市海淀区中关村东路29号
电话：010-82543693
电邮：lijiangtao@mail.ipc.ac.cn
网址：www.ipc.ac.cn
单位介绍：中国科学院理化技术研究所是以物理、化学和工程技术为学科背景，以高科技创新和成果转移转化研究为职责使命的研究机构。其主要研究领域为光化学转换与功能材料、低温科学与工程、功能晶体与激光技术、仿生智能界面材料、特种功能材料与生物医用技术。全所现有1个国家级工程研究中心，1个国家级重点实验室，6个中科院重点实验室，2个北京市重点实验室，若干研究中心和研究组。
研究方向：①超重力燃烧合成极端制造新技术。极端制造是指在极端条件下制造具有较高功能的材料、器件或系统。当代的极端制造技术集中体现在三大类，分别是微制造、巨系统制造、强场制造。中科院理化技术研究所首创了一种典型的强场极端制造技术——超重力燃烧合成技术。其主要特征是利用强放热的燃烧合成反应所产生的超高温，同时利用高速离心旋转产生的超重力场实现过程强化，从而通过超重力场与超高温场的耦合实现以一系列特种结构及功能材料的快速制造。经过近10年的研究积累，该技术已经在相关领域起着国际引领作用。立足于已有的良好基础、进一步深入开展针对此类材料的极端制造技术研发，对于形成具有我国特色的特种材料极端制造新技术，在引领自主创新、抢占制造业价值链核心、推动我国由制造大国向制造强国转型等方面意义重大。②红外辐射陶瓷材料的设计、制备和节能评价研究。重点是研发具有高发射率的红外氧化物陶瓷材料，目标是实现一系列高温热工装备的辐射节能。其原理是利用特种陶瓷材料在近红外波段的强吸收和强辐射特征，强化热工炉窑在高温服役过程中的辐射传热，实现热效率的大幅度提升，从而实现热工节能。③先进陶瓷材料的燃烧合成新工艺研究。主要开展先进陶瓷粉体材料（SiC、Si_3N_4、AlN）的燃烧合成工艺和中试，旨在发展先进陶瓷材料的低成本制造新工艺，提高陶瓷粉体材料的性价比。
研究方向：超重力燃烧合成极端制造新技术；红外辐射陶瓷材料的设计、制备和节能评价研究；先进陶瓷材料的燃烧合成新工艺研究。

中国科学院宁波材料技术与工程研究所

地址：浙江省宁波市镇海区中官西路1219号
电话：0574-86685114
网址：www.nimte.ac.cn
单位介绍：为加快国家和区域创新体系建设，发挥中国科学院

第7章 国内先进陶瓷研究机构分布

作为科技国家队的支撑引领作用，满足长三角经济迅猛发展和转型升级的迫切需要，中国科学院、浙江省人民政府、宁波市人民政府三方领导高瞻远瞩，运筹帷幄，于2004年4月20日共同签署了共建中国科学院宁波材料技术与工程研究所（简称宁波材料所）协议书。由此，实现了浙江省内中科院系统研究所零的突破，拉开了宁波材料所建设的序幕。

研究方向：陶瓷复合材料、固体氧化物燃料电池、碳纤维及其复合材料、石墨烯、海洋材料等。

北京中材人工晶体研究院

地址：北京市朝阳区东坝红松园1号
电话：010-6549262
电邮：risc@risc.cn
网址：www.risc.com.cn
单位介绍：中材人工晶体研究院有限公司隶属于中国建材集团有限公司，其前身是成立于1963年的建筑材料工业部非金属矿研究所。公司注册资本22125万元，主要从事人工合成晶体材料、先进功能复合材料、超硬材料及制品的研究、开发和产业化经营。晶体院拥有一支以国家级专家为核心的技术人才团队，具有雄厚的科技开发实力。在非线性光学晶体、红外光学晶体、闪烁晶体、微晶玻璃陶瓷、透明陶瓷、人工合成金刚石用触媒合金粉等的制备技术方面分别达到国际先进或国内领先水平。

研究方向：人工合成金刚石用触媒合金粉及复合粉、热压氟化镁制品、热压硫化锌制品、CVD硫化锌制品、CVD硒化锌制品、氮化硅陶瓷制品、可加工陶瓷制品、超低膨胀微晶玻璃制品、碘化钠（掺铊）闪烁晶体、熔铸云母陶瓷制品。

中国建筑材料科学研究总院

地址：北京市朝阳区官庄东里1号
电话：010-51167297
网址：www.cbma.com.cn
单位介绍：中国建筑材料科学研究总院的前身可追溯至1950年10月成立的原重工业部华北窑业公司研究所，是新中国第一个建材科研机构。1988年1月1日，正式成立中国建筑材料科学研究院，1999年7月1日起转制为中央直属大型科技企业，2004年年底与中国建材集团重组，2006年中国建材集团整合所属13家科研设计院所，组建成立中国建筑材料科学研究总院，构成了国内建筑材料与无机非金属新材料专业的综合型研究机构和技术开发中心。

研究方向：水泥、平板玻璃、混凝土及特种工程材料、墙体材料、新型建材、石英玻璃与特种玻璃、纤维与纤维复合材料、建筑卫生陶瓷与高技术陶瓷材料、耐火材料及新材料等。

沈阳材料科学国家研究中心

地址：辽宁省沈阳市沈河区文化路72号
电话：024-23971762
网址：www.synl.ac.cn/org/high/index.htm
单位介绍：沈阳材料科学国家研究中心——高性能陶瓷材料研究部针对陶瓷材料普遍存在的可靠性差和加工难度大等问题，开展了新型高温结构陶瓷和陶瓷基复合材料的多层次结构设计和制备方法研究，发展了多种可加工、高损伤容限、准塑性、抗热冲击、抗氧化和热腐蚀、高温至超高温可靠性好的先进陶瓷新体系。近年来研究了M（M＝Ti，Cr，Nb，Ta，Zr，Hf）Si(Al)-C、Y-Si-O-N、Al-B-C和Si-B-O-N等新材料体系。

研究方向：高性能非氧化物陶瓷的高温氧化与腐蚀、新型抗氧化陶瓷涂层及表面改性技术、抗氧化导电易加工多孔陶瓷、柔性陶瓷及复合材料的制备、表征与应用。

中国电子科技集团有限公司第十二研究所

地址：北京市朝阳区酒仙桥路13号
电话：010-84352741
电邮：xz_yu@sina.com
网址：12.cetc.com.cn
单位介绍：中国电子科技集团公司第十二研究所始建于1957年，主要从事微波真空电子器件研发制造，是真空电子学领域的综合性研究所和产品供应商。60多年来，十二所始终致力于国防工业和国民经济建设，拥有一支结构合理、研发能力强的科技人才队伍，形成了以基础研究、产品研发、工程制造为一体的科研生产体系；产品和技术达到国内较高水平，部分达到国际较高水平，广泛应用于雷达、通信、电子对抗、战略武器等国防工业领域和医疗电子、电力电子、大科学装置等国民经济领域。主要研究行波管、速调管、磁控管、加速管、闸流管、开关管、特种陶瓷类、陶瓷金属化、安检设备、CT球管等X射线源、微波源、加速器、微波能应用设备。

研究方向：绝缘电子陶瓷及微波真空电子器件。

中国电子科技集团公司第十三研究所

地址：河北省石家庄市合作路113号
电话：0311-87045523
电邮：xxhtjb@cetc.com.cn
网址：www.cetc13.cn
单位介绍：中国电子科技集团公司第十三研究所，1956年始建于北京，1963年迁至河北石家庄。经过50多年的发展壮大，十三所成为我国规模较大、技术力量较雄厚、专业结构配套合理的综合性半导体研究所，其专业方向为半导体专业的微电子、光电子、微电子机械系统（MEMS）、半导体高端传感器、光机电集成微系统五大领域和电子封装、材料和计量检测等基础支撑领域。十三所是工学硕士招生培养单位、联合培养博士单位。十三所现有员工6000余人，其中事业编制1800余人，事业编制人员中工程技术人员1200余人，包括研究员83人，高级工程师359人，工程师442人。十三所目前总资产89.4亿元。其中所本部68.1亿元，公司21.3亿元。2015年目标实现总收入42亿元，利润总额4.2亿元。2016年实现总收入50.8亿元，利润总额5亿元。十三所拥有国家级专用集成电路重点实验室、国家科技部"863计划"光电子器件产业化基地和MEMS工艺封装基地、博士后科研工作站以及10个专业部、研究室，生产线和8个控股的高新技术产业公司，其产品涵盖基础支撑类（半导体材料和电子封装等）、芯片类（各类半导体分立器件和集成电路）以及应用类（微波毫米波的模块组件和小整机）。

7.3 科研院所

1999 年通过了 ISO 9001 质量体系认证，2002 年通过 ISO 9001—2000 换版认证，2004 年通过 GJB 9001A—2001 认证；2011 年通过 GJB 9001B—2009 版标准体系换版审核。

研究方向：电子封装，包括陶瓷、金属外壳及封装（微电子器件封装、光电子器件封装、MEMS 封装、微波 MCM 微组装），陶瓷材料及基板、盒体及功能陶瓷元件、组件（汽车点火器等）；半导体材料，包括磷化铟单晶材料以及硅、砷化镓、磷化铟、氮化镓和碳化硅等外延材料；石墨烯、金刚石、THz、微波光子等高技术前沿领域。

中国电子科技集团公司第四十三研究所

地址：安徽省合肥市合欢路 19 号
电话：0551-63635381
网址：www.cetc43.com.cn/43/335860/index.html
单位介绍：中国电子科技集团公司第四十三研究所（简称 43 所）创建于 1968 年，最初坐落于陕西凤县，1982 年整体搬迁至合肥，是我国较早从事微电子技术研究的国家一类研究所，也是我国定位于混合微电子的专业研究所。该所致力于混合集成电路（HIC）及相关产品的研制与生产，为电子信息系统提供小型化解决方案，先后主持制定了 30 余项国家及行业通用规范和标准，为推动国内混合集成电路行业的发展作出了贡献。
研究方向：氮化铝陶瓷基板材料。

中国工程物理研究院

地址：四川省绵阳市绵山路 46 号
电话：0816-2482470/2482659
网址：www.caep.ac.cn
单位介绍：中国工程物理研究院简称中物院，是国家科研计划单列的核武器研制生产单位，是以发展国防尖端科学技术为主的集理论、实验、设计、生产于一体的综合性研究院。中物院成立于 1958 年的北京第九研究所，1964 年更名为二机部第九研究设计院，1968 年被授予军队番号——中国人民解放军第九研究院，1973 年使用第二机械工业部第九研究院名称，1982 年更名为核工业部第九研究院，1985 年对外使用中国工程物理研究院。
研究方向：3D 打印技术、陶瓷包壳材料。

山东省硅酸盐研究设计院

地址：山东省淄博市高新技术产业开发区柳泉路北首 286 号
电话：0533-3582419
电邮：sicer@sicer.com
网址：www.sicer.com
单位介绍：山东省硅酸盐研究设计院秉承了山东硅院在无机非金属材料专业四十余年的经验与优势，大力发展高新技术，改造传统产业，取得了丰硕的成果。公司重点围绕高技术陶瓷、高级日用陶瓷、陶瓷原辅料、特种耐火材料等领域，为造纸、冶金、电子、陶瓷、化工、机械及宾馆餐饮行业提供优质的产品与服务。
研究方向：陶瓷阀门、陶瓷缸套、氧化铝、氧化锆、碳化硅泡沫陶瓷等。

上海材料研究所

地址：上海市邯郸路 99 号
电话：021-65533030
网址：www.srim.com.cn
单位介绍：上海材料研究所源于 1946 年成立的材料性能实验室，随着新中国工业的崛起和发展而得到同步壮大。至 20 世纪 90 年代，已成为我国机械工业工程材料技术的核心研发机构。20 世纪末，在深化科技体制改革推动下，本所发展成为上海市新材料高科技企业。本着以市场需求为牵引，建设多条批量生产线，实施精品战略，形成了具有自主知识产权高技术新材料产品，广泛应用于机械、石油化工、航空航天、国防等领域，可满足国内外客户的需求。
研究方向：氮化硅陶瓷球、陶瓷校准球、氮化硅高压柱塞棒、氮化硅及氧化锆结构件、深海浮力材料、热等静压技术服务。

江苏省陶瓷研究所

地址：江苏省宜兴市丁山北路 196 号
电话：0510-87185314
网址：www.jstys.com
单位介绍：江苏省陶瓷研究所是一家集科研开发、技术咨询服务和生产经营于一体的现代科技企业。公司下设工程陶瓷、功能陶瓷、日用艺术陶瓷、陶瓷原辅材料等分公司和进出口部，并建有江苏天裕陶瓷与耐火材料检测有限公司和宜兴陶誉科技创业服务有限公司。主要从事工程结构陶瓷、功能敏感陶瓷、日用陶瓷、艺术陶瓷、发泡陶瓷、复合多孔陶瓷、陶瓷过滤机（板）、陶瓷用色素颜料、釉料等陶瓷新材料的科研、开发、生产并形成了产业化，同时从事陶瓷产品进出口，陶瓷、耐火材料质量检测，陶瓷原辅材料经营，陶瓷技术咨询服务等业务。
研究方向：管类大件产品，平板类产品，精加工类产品，耐磨、阀类产品，氧化锆产品，多孔陶瓷产品，陶瓷过滤机，PTC 波纹发热器件，PTC 热敏陶瓷发热片等。

航天材料及工艺研究所

地址：北京市丰台区南大红门路 1 号
电话：010-68755654
网址：www.arimt.com
单位介绍：航天材料及工艺研究所于 1957 年在北京成立，是中国航天领域材料及工艺技术的研究中心。首任所长姚桐斌为两弹一星功勋奖章获得者；研究所共获得过全国科学大会奖 32 项，国家科技进步奖 26 项，国防科学技术奖和部级科技进步奖 400 余项。航天材料及工艺研究所专业设置齐全，主要从事航天及高新技术新材料、新工艺的研究开发工作，非金属、特种金属、复合材料产品的生产，是我国先进复合材料的研究开发基地，集科研和生产于一体的应用型研究所，承担着大量航天产品研制、生产任务，拥有丰富的复合材料设计、加工、生产经验，以新颖独到的材料工艺设计方案，为火箭、卫星及其他

第 7 章 国内先进陶瓷研究机构分布

高技术领域提供了更轻、更强及特种功能的部件。
研究方向：树脂基隔热复合材料、树脂基多功能复合材料、高性能陶瓷基复合材料、碳/碳复合材料、高效隔热复合材料等先进功能复合材料制备及工艺技术研究工作。

中国科学院过程工程研究所

地址：北京市海淀区中关村北二街 1 号
电话：010-62554241
电邮：wgzhang@ipe.ac.cn
网址：www.ipe.cas.cn
单位介绍：现拥有中关村本部、廊坊分部和郑州分所三个园区。中关村本部面向基础理论侧重原始创新，廊坊分部支撑成果转化进行模式验证，郑州分所推进产业应用进行示范工程，形成一所两翼研发格局。研究所现有四个国家级研发平台：生化工程国家重点实验室、多相复杂系统国家重点实验室、湿法冶金清洁生产技术国家工程实验室、国家生化工程技术研究中心（北京）；六个省部级研发平台：中科院绿色过程与工程重点实验室、离子液体清洁过程北京市重点实验室、纳米材料北京市工程技术研究中心、过程污染控制环境工程研究中心、生物质研究中心、循环经济技术研究中心。研究所以促进重大产出、承担重大任务、培育人才队伍为核心，集中优势力量组建 12 个研究部，大幅提升承担重大科研任务的能力。研究所科研仪器设备投入逐年增加，通过购入、创新研制等方式大力进行科研装备建设，目前资产总值已达 9.3 亿元，其中单价 50 万元以上先进设备 190 台，总值 2.8 亿元，120 余台先进通用仪器设备实现了公用共享。
研究方向：①高温复合材料与涂层的制备研究。化学气相沉积制备碳/碳、碳/碳化硅复合材料的快速致密化过程和微观结构控制研究；高温抗氧化涂层研究。②纳米-微米颗粒复合技术的研究。高压氢还原、化学镀和水热技术制备特种复合粉体材料。③热喷涂技术研究。纳米多孔结构材料的制备、表征和应用。

中国科学院电工研究所

地址：北京市海淀区中关村北二条六号
电话：010-82547001
网址：www.iee.ac.cn
单位介绍：中国科学院电工研究所（以下简称电工所）于 1958 年在北京开始筹建，迄今已有 60 余年的历史，是我国目前从事电气科学研究的国立研究机构。组建 60 多年来，电工所一直承担着国家能源与电气领域的战略高技术发展及电气科学前沿研究的任务，在电力系统稳定性、电力系统自动化、大型电机、高电压技术、电工测量仪器、电弧风洞技术、大型电感储能技术、电火箭技术、微特电机、特种电源、电加工与离子束加工、计算机应用、数控机床、超导磁体系统、磁流体发电等方面取得了科研成果 500 余项。
研究方向：氮化铝陶瓷基板材料、超导与新能源材料的制备技术、超导电力科技、基于新型电工材料的应用探索和新型输电技术、储能电池技术。

中国科学院化学研究所

地址：北京市海淀区中关村北一街 2 号
电话：010-62554001
网址：www.iccas.ac.cn
单位介绍：中国科学院化学研究所成立于 1956 年，是以基础研究为主，有重点地开展国家急需的、有重大战略目标的高新技术创新研究，并与高新技术应用和转化工作相协调发展的多学科、综合性研究所，是具有重要国际影响、高水平的化学研究机构。化学所的主要学科方向为高分子科学、物理化学、有机化学、分析化学、无机化学。多年来，化学所面向世界科技前沿，取得一批有重要影响的基础研究成果，原始创新能力不断提升；面向国家战略需求，取得多项关键核心技术突破，高技术创新与集成不断加强。
研究方向：陶瓷前驱体，纳米材料绿色打印印刷基础研究，有机光功能材料研究集体，新型光电功能分子材料与相关器件，材料断裂微观和纳观机理的表征方法、理论及实验。

中国科学院物理研究所

地址：北京市中关村南三街 8 号
电话：010-82649361
网址：www.iop.cas.cn
单位介绍：中国科学院物理研究所（以下简称物理所）前身是成立于 1928 年的国立中央研究院物理研究所和成立于 1929 年的北平研究院物理研究所，1950 年在两所合并的基础上成立了中国科学院应用物理研究所，1958 年 9 月 30 日启用现名。物理所是北京物质科学与纳米技术大型仪器区域中心筹建的牵头单位、北京量子信息科学研究院的共建单位。现有超导、磁学、表面物理 3 个国家重点实验室，光物理、先进材料与结构分析、纳米物理与器件、极端条件物理、软物质物理、清洁能源前沿研究、凝聚态理论与计算 7 个院重点实验室，固态量子信息与计算、微加工实验室 2 个所级实验室。
研究方向：SiC 晶体生长和加工、铁基新超导体和硼酸盐晶体、掺杂宽禁带半导体的物性以及 SiC 衬底上外延石墨烯及其性能等。

中国科学院兰州化学物理研究所

地址：甘肃省兰州市天水中路 18 号
电话：0931-4968026
电邮：hzhfan@licp.cas.cn
网址：www.licp.cas.cn
单位介绍：中国科学院兰州化学物理研究所特种润滑和密封材料团队主要致力于我国高技术领域和高端装备用特种润滑与密封材料的应用基础研究和技术创新工作。团队以高技术和高端装备发展需求为牵引，针对空天、船舶、兵器等领域对极端使役条件作用特种陶瓷（金属陶瓷）润滑与密封材料的迫切需求，聚焦材料及其制造的瓶颈和共性技术及科学问题开展研究。主要开展高性能陶瓷（金属陶瓷）基润滑耐磨材料与部件、新型智能动密封材料与部件、复杂形状零部件成型与异质材料连接技术等研究工作。提出了多种体系氧化铝（氧化锆、氮化硅、氮化硼）基自润滑复合材料（部件）的精准与可控制备工艺。团队已建成高性能陶瓷（金属陶瓷）基润滑与密封材料（部件）成型、性能测试和服役评估评价平台。中国科学院兰州化学物理研究所国家润滑材料产品质量监督检验中心是国内具有相关领域法定效力的检测机构。团队入选 2019 年度国防科技创新团队，研制的多种新型润滑和密封材料与技术成功应用于航空航天等高技术领域。核心技术在 Journal of the American Ceramic Society, Journal of the European Ceramic Society,《硅酸盐学报》《摩擦学学报》等期刊发表论文 70 余篇，申请国家发明专利近 20 件（授权 10 余件）。

研究方向：高性能陶瓷（金属陶瓷）基润滑耐磨材料与部件、新型智能动密封材料与部件、复杂形状零部件成型与异质材料连接技术等。

中国电子科技集团公司第二研究所

地址：山西省太原市万柏林区南内环西街
电话：0351-6521231
网址：www.ersuo.com
单位介绍：中国电子科技集团公司第二研究所（简称二所）成立于 1962 年，是专业从事电子先进制造技术研究和电子专用设备研发制造的国家级研究所。目前，二所已形成以液晶显示器件生产设备、半导体及集成电路制造设备、特种工艺设备为主的电子专用设备和以太阳能多晶硅片、三代半导体 SiC 单晶抛光片为主的半导体材料两大业务方向，能够为用户提供工艺和设备的系统集成服务。
研究方向：LTCC 陶瓷基板、SiC 衬底材料。

中国电子科技集团公司第二十六研究所

地址：重庆市南坪花园路 14 号
电话：023-62919648
电邮：fengdj@sipat.com/162080738@qq.com
网址：cetccq.cetc.com.cn
单位介绍：中国电子科技集团公司第二十六研究所材料与装备产业中心从事压电与声光晶体的研发、生产近 50 年，主要产品有铌酸锂、钽酸锂、镓镧系列、氧化碲等，并具有退火极化、切割、研磨、抛光、检测等一系列配套能力，产品获省级、国家级多个奖项，热销国内外多个高校、研究所、企业等。中国电子科技集团公司第二十六研究所办公地点位于交通便利的重庆市南岸南坪花园路 14 号（邮编：400060。行政区号：500108），于 1971 年 10 月 1 日在重庆市南岸工商局注册成立，注册资本为 7750 万元。在职员工有 850 人。公司与多家重庆南岸零售商和代理商建立了长期稳定的合作关系，品种齐全、价格合理。企业实力雄厚，重信用、守合同、保证产品质量，以多品种经营特色和薄利多销的原则，赢得了广大客户的信任。公司始终奉行诚信求实、致力服务、唯求满意的企业宗旨，全力跟随客户需求，不断进行产品创新和服务改进。
主营产品：压电陀螺、声光滤光器、频率合成器、压电与声光晶体材料、陶瓷滤波器、晶体滤波器、电致伸缩微位移器、声表面波滤波器。

研究方向：声表面波技术研究、压电惯性技术研究、声体波微波技术研究、声光技术研究、压电铁电陶瓷材料研究、压电与声光晶体材料研究。

佛山市陶瓷研究所股份有限公司

地址：广东省佛山市禅城区石湾榴苑路 18 号
电话：0757-82268360
网址：www.fcritest.com
单位介绍：佛山市陶瓷研究所股份有限公司源自 1958 年成立的佛山市陶瓷研究所，总部坐落在广东省佛山市。在 60 多年的发展历程中，以科技创新为发展之本，不断引进现代化管理理念，坚持多元化、集团化、国际化发展，成为一家集科研开发、生产营销、经济贸易、技术服务及科技期刊出版于一体的综合型高新技术企业。质量是企业的生命是佛山金刚企业集团奉行的质量方针。
主营产品：金刚牌陶瓷辊棒、辊棒涂料、耐火材料、球石衬砖、泡沫陶瓷、无机陶瓷膜管、精密陶瓷零件以及晶石陶瓷刀具、手表、首饰等。

中国有色桂林矿产地质研究院有限公司

地址：广西壮族自治区桂林市七星区辅星路 9 号
电话：0773-5839305
网址：www.rigm.ac.cn
单位介绍：中国有色桂林矿产地质研究院有限公司前身是重工业部地质局矿物检验所，1955 年创建于北京，1970 年迁至桂林，1983 年划归中国有色金属工业总公司，并明确为直属地市级事业单位，1999 年转制为高科技企业，2000 年归属广西壮族自治区人民政府管理，2008 年进入广西有色金属集团有限公司，2011 年成为中国有色矿业集团有限公司控股企业。桂林矿地院下设矿产地质研究所、资源环境研究所、资源综合利用所、有色金属矿产地质测试中心和国家特种矿物材料工程技术研究中心等研究开发机构，拥有地质勘查、矿权经营与矿业开发、超硬材料研发及制品、资源环境工程公司、矿产品贸易等 10 余家全资子公司。
研究方向：重点开展高端超硬材料制品如深孔钻探用地质钻头、金属材料切割用系列金刚石工具等方面的研发，利用水热合成法，开展新型人工晶体材料的研究，通过替代元素探索，开展改性超细合金粉末研究，形成系列化、专用化，拓展在金刚石工具中的应用范围，开展新型纳米金属粉体制备工艺研究，开发新的纳米金属粉体材料、功能材料，如导电浆料、纳米涂层材料等新材料。

中钢集团洛阳耐火材料研究院

地址：河南省洛阳市西苑路 43 号
电话：0379-64205114
网址：www.lirrc.com
单位介绍：中钢集团公司是国务院国资委管理的中央企业，是一家为钢铁工业和钢铁生产企业提供综合配套、系统集成服务的集资源开发、贸易物流、工程科技、设备制造、专业服务于一体的大型跨国企业集团，主要从事冶金矿产资源开发与加工、冶金原料、产品贸易与物流、相关工程技术服务与设备制造等。

研究方向：陶瓷、电瓷用耐火材料。

郑州磨料磨具磨削研究所有限公司

地址：河南省郑州市高新区梧桐街121号
电话：0371-67657952
网址：www.zzsm.com
单位介绍：郑州磨料磨具磨削研究所有限公司（简称三磨所）成立于1958年，是我国磨料磨具行业的综合性研究开发机构，全国磨料磨具、超硬材料行业技术研究、开发、信息和咨询服务中心。1999年转制为科技型企业，隶属于世界500强企业——中国机械工业集团有限公司。
研究方向：高速陶瓷CBN砂轮、陶瓷结合剂制品。

中国船舶集团有限公司第七二五研究所

地址：河南省洛阳市洛龙区滨河南路169号
电话：0379-67256326
网址：www.725.com.cn
单位介绍：中国船舶集团有限公司第七二五研究所（原洛阳船舶材料研究所）1961年成立于首都北京，1962年迁至大连，1971年至今扎根洛阳。七二五研究所是国防科工系统专业从事船舶材料研制及工程应用研究的军工科研事业单位，先后隶属于国防部、国防科委、中国人民解放军海军、第六机械工业部、中国船舶工业总公司、中国船舶重工集团公司。
研究方向：耐高温涂料、高性能SiC陶瓷制备技术、高防、轻质防护装甲的设计与制造。

中国科学院上海光学精密机械研究所

地址：上海市嘉定区清河路390号
电话：021-69522126/39530680
电邮：sale@shisom.com
网址：www.shsiom.com
单位介绍：中国科学院上海光学精密机械研究所成立于1964年，在各种新型、高性能激光器件、激光与光电子功能材料的研制与生产方面，处于国际较高水平。它是为适应我国科技体制改革、实现科技成果转化、发展激光与光电子产业而组建的高科技企业。本所为广大科研院所、高校及工矿企业实验室专业提供激光电子晶体材料及配套高温实验炉设备，并与中国科学院许多兄弟院所、清华大学、中国科学技术大学、复旦大学、山东大学等科研院所和一批上市公司建立了长期的科技合作项目和贸易往来关系。其研究的二氧化碲（TeO_2）晶体，是一种具有高品质因数的声光材料，有良好的双折射和旋光性能。用TeO_2单晶制作的声光器件的分辨率有数量级的提高，响应速度快，驱动功率小，衍射效率高，性能稳定可靠。
研究方向：面向未来激光聚变能源、超强超短激光和先进激光制造等重大应用前沿，开展高性能激光晶体/陶瓷和非线性晶体的组分设计、制备技术、光谱/激光性能调控等方面的研究。针对下一代宽禁带GaO半导体材料，开展材料性能掺杂调控及大尺寸材料制备技术研究工作，拓展其在电力电子、日盲紫外探测等方面的应用。

中国科学院长春光学精密机械与物理研究所

地址：吉林省长春经济技术开发区东南湖大路3888号
电话：0431-84627031
网址：www.luminescence.cn
单位介绍：中国科学院长春光学精密机械与物理研究所（简称长春光机所）始建于1952年，由中科院长春光机所与中科院长春物理所于1999年整合而成，是新中国在光学领域建立的第一个研究所，主要从事发光学、应用光学、光学工程、精密机械与仪器的研发生产。建所70余年来，长春光机所研制出了中国第一台红宝石激光器、第一台大型电影经纬仪等多种先进仪器设备，创造了十几项"中国第一"；组建、援建了10余家科研机构、大专院校和企业单位，并为其输送了2200多名各类专业人才；有23位在本所工作过的优秀科学家当选为两院院士，并涌现出"知识分子的优秀代表"蒋筑英等众多英模人物；先后参加了"两弹一星""载人航天工程"等多项国家重大工程项目，为我国国防建设、经济发展和社会进步作出了突出贡献。
研究方向：半导体发光与探测、新型发光材料与应用、大功率半导体激光器及应用、先进光学材料、新型光学陶瓷材料等的制备及光学加工工艺技术。

洛阳轴承研究所有限公司

地址：河南省洛阳市吉林路1号
电话：0379-6488082
网址：www.zys.com.cn
单位介绍：洛阳轴承研究所有限公司是重点为国民经济建设各领域关键主机及国防建设研制高、精、尖、特、专轴承产品的高新技术企业。其前身洛阳轴承研究所成立于1958年，是我国轴承行业的国家级一类综合性研究所，1999年进入中国机械工业集团有限公司，转制为科技型企业。
研究方向：Si_3N_4陶瓷球。

中国铝业郑州有色金属研究院有限公司

地址：河南省郑州市上街区济源路82号
电话：0371-68918517
网址：201251.fm086.com
单位介绍：中国铝业郑州有色金属研究院有限公司（原中国铝业郑州研究院）是中国轻金属专业领域的大型科研机构，是我国铝镁工业新技术、新工艺、新材料和新装备的重大、关键和前瞻技术的研发基地，基础研究及原创性技术成果的孵化与转化基地。主要研究领域包括铝土矿综合利用、氧化铝、电解铝、铝用碳素以及轻金属材料。
研究方向：氧化铝粉及氧化铝制品。

长沙矿冶研究院有限责任公司

地址：湖南省长沙市岳麓区麓山南路966号

电话：0731-88657306
电邮：crimm1@minmetals.com
网址：www.crimm.com.cn
单位介绍：长沙矿冶研究院有限责任公司始建于1955年，曾先后隶属于中国科学院、国防科工委、冶金工业部，1999年转制为中央直属大型科技企业，2003年开始由国务院国资委直接管理，2009年成为中国五矿集团有限公司的直管科研单位，拥有国家金属矿产资源综合利用工程技术研究中心、深海矿产资源开发利用技术国家重点实验室等国家及省部级研发平台13个。
研究方向：氧化剥离法石墨烯、高导电碳材、硅碳复合材料、硅氧化物原料。

江苏省先进激光材料和器件重点实验室

地址：江苏省徐州市铜山区上海路101号7号楼
电话：0516-83500485
网址：phy.xznu.edu.cn/64/ea/c5588a222442/page.htm
单位介绍：江苏省先进激光材料与器件重点实验室成立于2013年8月，由超快激光领域的领军人才唐定远博士担任实验室主任。重点实验室下设3个研究子平台和1个分析与测试中心，共6000m²。实验室主要围绕光学功能陶瓷材料与器件、激光晶体材料、红外玻璃材料与器件以及中红外激光技术等研究方向开展协同合作，通过新型激光材料的研发创新推动激光器研究以及激光应用技术研究的创新，充分实现材料学与光学工程学科的交叉融合。
研究方向：光功能陶瓷材料。

辽宁省轻工科学研究院有限公司

地址：辽宁省沈阳市皇姑区崇山西路3号
电话：024-86873386
电邮：lnqky@vip.163.com
网址：www.lnqky.cn
单位介绍：辽宁省轻工科学研究院有限公司（简称轻科院）成立于1957年，是专业从事无机非金属新材料及新产品科学研究、设计、生产、检测、科技推广、人才培养的综合性科研机构。目前设有科技质量部、测试实验部、特种玻璃及封接器件事业部、特种涂层及涂料事业部、特种粉体及制品事业部、3D陶瓷事业部、铸造材料事业部、绿色建材事业部等12个部门，参与建设并顺利运营辽宁法库陶瓷工程技术研究中心、中国瓷谷新材料科技企业孵化器、沈阳市轻科小微企业创业创新基地、辽宁轻科技术转移中心等平台。产品广泛应用于航空、航天、兵器、船舶、石油化工、纺织工业等领域。
研究方向：特种工程陶瓷材料及制品、特种电子陶瓷材料及制品、特种陶瓷涂层材料及制品、特种玻璃及制品、特种涂层材料及制品、金属薄膜材料及制品、特种纸等。

宁夏机械研究院股份有限公司

地址：宁夏回族自治区银川市金凤区宝湖中路420号
电话：0951-5044131
网址：www.nxjixie.com
单位介绍：宁夏机械研究院股份有限公司注册于银川市高新技术开发区，制造基地位于银川市金凤工业园，主要从事机电仪新产品、新材料、工业自动化控制的研究、开发、生产与销售。公司于2000年6月由省级科研院所改制为企业，2002年9月正式注册为宁夏机械研究院有限责任公司，2014年4月变更为宁夏机械研究院股份有限公司。
研究方向：常压烧结碳化硅防弹陶瓷、常压烧结碳化硅密封件。

国家陶瓷与耐火材料产品监督检验中心

地址：山东省淄博市张店区昌国路88号
电话：0533-2858000
网址：www.nicrc.cn
单位介绍：国家陶瓷与耐火材料产品质量监督检验中心位于山东省淄博市。中心于2007年6月26日经国家质检总局批准筹建，2008年6月通过国家计量认证/审查认可验收、实验室认可三合一评审。2008年8月该国家质检中心通过国家质检总局验收，是完全独立于开发、生产、使用、销售的第三方综合性检验机构。截至目前，已具备1000种产品和602个方法的综合检测能力。
研究方向：建筑陶瓷、日用陶瓷、卫生陶瓷、耐火材料、增强玻璃纤维等。

淄博高新技术产业开发区先进陶瓷研究院

地址：山东省淄博市高新区柳泉路125号先进陶瓷产业创新园A座1016室
电话：0533-8170959
网址：www.xjtcyy.com
单位介绍：淄博高新技术产业开发区先进陶瓷研究院成立于2013年1月，是高新区管委会、武汉理工大学、山东工业陶瓷研究设计院有限公司三方共建单位，位于淄博高新技术产业开发区先进陶瓷产业创新园，主要面向先进陶瓷材料的研究开发、先进陶瓷材料应用技术研究及工程化转化、无机非金属材料性能检测与评价，是创新产学研合作、研究生科研创新、工程师培养基地等。
研究方向：先进高温陶瓷基复合材料、高效隔热材料、微波介质陶瓷、特种涂层、先进成型、氧化物功能陶瓷膜、节能、陶瓷膜等。

山西省玻璃陶瓷科学研究所

地址：山西省太原市杏花岭区马道坡街37号院
电话：0351-4410253
网址：www.taoci.sx.cn
单位介绍：山西省玻璃陶瓷科学研究所成立于1976年，其前身为山西省陶瓷工业研究所，是山西省内专业从事陶瓷、玻璃和新型无机非金属材料应用技术研究与开发的省级科研机构。2012年4月，研究所划转到山西省国有资产投资控股集团有限公司，为其全资子公司。
研究方向：蜂窝陶瓷、Al_2O_3-TiC复合陶瓷喷砂嘴的研制及氮化硼复合导电陶瓷蒸发舟、氮化硼基超硬陶瓷材料。

第7章 国内先进陶瓷研究机构分布

中国建材咸阳陶瓷研究设计院

地址：陕西省咸阳市渭阳西路 35 号
电话：029-38136155
网址：www.xytcy.com
单位介绍：中国建材咸阳陶瓷研究设计院面向建筑卫生陶瓷行业进行新工艺、新技术、新装备、新产品研究开发和设计制造，有机械装备研究开发、先进陶瓷产品研究开发、行业服务、技术服务及设计四大科研经营服务板块。全国建筑卫生陶瓷标准化委员会、国家建筑卫生陶瓷质量监督检验中心和国家刊物——建材技术《陶瓷》杂志社设在我院。主要技术服务有：建筑卫生陶瓷工艺技术的研究、开发和服务；陶瓷企业的老厂改造、新厂设计；陶瓷机械装备的设计、制作和配套；新型卫生瓷模具的设计、开发、制作、推广；热工窑炉的开发制造；建筑卫生陶瓷的质量的监督检测；卫生瓷专业信息网及《陶瓷》期刊的编辑出版。主要产品有：YB 系列陶瓷柱塞泥浆泵及配件；各种陶瓷色料及熔块、陶瓷柱塞及其他材质特种陶瓷制品；辊棒、板材、烧嘴套等特种窑具；各种陶瓷检测仪器；球磨机、喷塔、压机、窑炉等陶瓷生产设备。
研究方向：氧化铝、陶瓷制品。

天津市硅酸盐研究所

地址：天津市南开区冶金路 18 号
电话：022-27682699
单位介绍：天津市硅酸盐研究所成立于 1958 年，2000 年转制成为具有独立法人的科技型企业单位。现有职工 82 人，其中高级工程师 18 人，工程师 26 人，各类专业人员 31 人。天津市硅酸盐研究所是从事无机非金属材料研究的专业研究所，是具有一定生产经营规模的科技型企业。其研究领域包括特种玻璃、技术陶瓷、人工晶体、石英纤维、新型节能电炉、超细功能粉体材料及发热元件等，产品广泛应用于航空、航天及高科技院所的试验研究工作中，同时在电子、机械、化工、冶金、环保、纺织、医疗保健等行业也有着广泛应用。近 10 年来，研究所进行了 30 多项科研项目的研究工作，其中包括国家"863"项目、国家军工重点工程配套项目、市科委中试项目以及市科委自然基金、青年基金等。多项研究成果获国家、部、市级以上科技成果奖，并有多项成果获得国家发明专利。
研究方向：特种玻璃、技术陶瓷、人工晶体、石英纤维、新型节能电炉、超细功能粉体材料及发热元件等。

第 8 章
国外先进陶瓷企业与产业状况

8.1 国外先进陶瓷及产业状况概述

8.1.1 国外先进陶瓷研发概况

从 2000 年开始,美国国家能源部与美国陶瓷协会联合资助并实施了为期 20 年的美国先进陶瓷发展计划。这个计划将基础研究、技术开发和产品应用几个环节有机地结合起来,共同推进先进陶瓷材料的制备技术发展,其中包括用于国防方面的激光透明陶瓷材料和导弹引导用透波陶瓷材料的制备技术。此外,由于宇航技术发展的需要,美国国家航空和宇航局(NASA)在高温结构陶瓷的开发和制备技术方面正在实施大规模的研究与发展计划,将高温陶瓷基复合材料制备技术作为研究重点,其目标是将发动机热端部件的使用温度提高到 1650℃ 或者更高。

欧盟第六次框架计划支持广泛的多领域课题研究,其中一些专门针对高性能陶瓷及其复合材料的先进制备技术,特别是法国、英国、德国以航空航天应用背景加强陶瓷基复合材料和超高温陶瓷材料的制备技术研究,例如德国已开发出可以连续烧结大型致密高温陶瓷部件的脉冲电流烧结装备。

在先进陶瓷制备技术具有优势的日本更是加大力度发展新技术新工艺,包括国立研究机构、大学及一些世界 500 强企业(如日本京瓷公司)。研究内容之一是下一代耐热结构陶瓷材料制备技术,要求在 1500℃ 高温下也能承受 1400MPa 压强的特性,应用于飞机和汽车耐热部件。而日本村田株式会社则是全球最大电子陶瓷元器件供应商和领导者。日本在各种精细陶瓷粉体高性能陶瓷产品具有优势,特别是半导体领域中的高纯氧化铝、氮化铝、碳化硅、氧化钇、石英等精密陶瓷零部件。

美国已将新型陶瓷材料如纳米陶瓷技术、陶瓷装甲、半导体设备精密陶瓷、环保陶瓷、核电用陶瓷、透光透波陶瓷等制备技术作为优先发展方向,且已取得重大进展。欧洲从事陶瓷材料研究和开发的主要国家(如德国、法国、英国、意大利)在航空航天所需的耐高温抗烧蚀陶瓷基复合材料(如 Cf/SiC、SiCf/SiC)、超高温陶瓷(ZrB_2-SiC、HfB_2-SiC)占有优势。日本在陶瓷粉末(如 ZrO_2、Si_3N_4、AlON、Nd:YAG、$BaTiO_3$)合成、半导体芯片封装陶瓷基板、电子陶瓷、纳米/微米复合陶瓷材料技术方面继续发挥引领作用。同时在积极开发高强度和高韧性的陶瓷及其复合材料,例如 1500℃ 抗弯强度达 1400MPa 的氮化硅陶瓷。此外,随着高技术陶瓷在各种尖端技术和重大工程中应用的深入,极端环境下(超高温、超低温、超高腐蚀、超高辐射、超强磁场)使用的陶瓷材料及服役行为也得到重要发展。

8.1.2 国外先进陶瓷产业分布状况

在国际上特别是美国、西欧、日本等发达国家由于其现代工业和高科技产业发达,近 10 年来对于性能优异的新一代陶瓷需求持续增加,保持每年近 5%~8% 的增长速率,产生一批国际上具有很高知名度的先进陶瓷企业,如日本京瓷公司(Kyocera)、日本村田公司(Murata)、日本碍子/特殊陶业公司(NGK/NTK)、法国圣戈班公司(Saint-Gobain)、美国阔斯泰公司(CoorsTek)、美国赛瑞丹公司(Ceradyne)、美国康宁公司(Corning)、英国摩根(Morgan)、德国赛琅泰克(CeramTec),其中日本京瓷、村田、法国圣戈班已成为世界 500 强企业。此外,韩国的 Mico 公司在半导体设备用精密陶瓷部件制备也具有一定能力。

从销售趋势来看,先进陶瓷年平均增长率总体为 6.3%,但美国为 5.2%,欧洲 5.8%,略低于该增长率,亚太地区为 7.4%。近几年,伴随全球半导体、新能源、5G 通信、智能制造等新兴产业的发展,进一步推动了先进陶瓷产业的快速发展。

从 2016 年先进陶瓷产业数据来看,以日本为主导的亚太地区在全球市场份额为 50% 以上,其次是美国约占 28%,欧洲占 14%。随后几年亚太地区的销售额/份额和增长率逐年升高。图 8-1 是 2021 年国外部分知名先进陶瓷企业销售额,表 8-1 列出全球先进陶瓷产品应用领域及代表性企业。

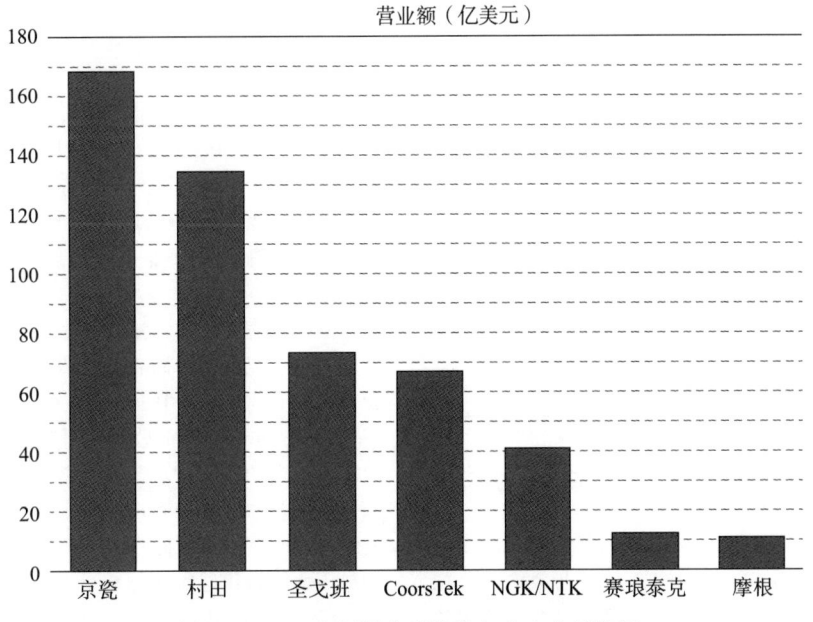

图 8-1 2021 年国外先进陶瓷知名企业销售额

第8章 国外先进陶瓷企业与产业状况

表 8-1 国外先进陶瓷产品应用领域及知名企业

应用领域	产品类型	主要材料举例	代表性企业
冶金业	炉膛、炉管、炉衬、坩埚、器皿、铸造用过滤器、轧辊、辊环、导辊、热电偶保护管、水平连铸分离环、真空镀膜用蒸发舟	SiC、Al_2O_3、Si_3N_4/SiC、ZrO_2、Si_3N_4、SiC、BN、BN/TiB_2	美国 Norton、德国 Foseco、日本碍子、日本金属公司、德国 ESK、法国圣戈班
机械	密封环、轴承、轴套、泵的内衬、叶片、柱塞、阀门、拔丝模、喷丝嘴、喷砂嘴、热挤模、切削刀具	SiC、Al_2O_3、Si_3N_4、ZrO_2	美国 Carborumdum、日本东芝陶瓷、日本光洋精工、日本京瓷公司、日本特殊陶业、英国 Morgan、德国 CeramTec、瑞典 Sandvik
汽车零部件	火花塞、电热塞、挺柱、摇臂银块、涡轮增压机转子、气门、蜂窝陶瓷催化剂载体	Al_2O_3、Si_3N_4、堇青石瓷	日本特殊陶业、德国 CeramTec、日本京瓷公司、美国康宁公司
电子行业	集成电路基片、电真空陶瓷、半导体制造装置（吸盘、夹具）、电子信息与5G通信	Al_2O_3、SiC、$BaTi_3$ 等	日本京瓷、德国 CeramTec、美国 CoorsTek、日本陶瓷技术公司、日本村田株式会社
建筑业	窑炉辊棒、炉膛、棚板、磨球、衬里、水龙头阀芯	SiC、Al_2O_3	德国海登皇格、英国 Morgan、美国 CoorsTek、日本特殊陶业
生物医疗	人工关节、人工骨、牙根、陶瓷手术刀	Al_2O_3、ZrO_2/Al_2O_3、HAP、ZrO_2	德国 CeramTec、日本京瓷、日本旭光学工业、美国 CoorsTek
电光源	透明陶瓷发光管 透明陶瓷放电管	Al_2O_3	美国 GE 公司、荷兰 Phillips、日本碍子公司
造纸业	陶瓷脱水元件、锥形除砂器、导向掌、复卷机刀盘	Al_2O_3、ZrO_2、Si_3N_4	法国圣戈班、日本特殊陶业
纺织业	导丝轮、各式陶瓷挂钩	Al_2O_3、TiO_2	德国 CeramTec、英国 Morgan
核能	核燃料、中子吸收材料	UO_2、B_4C	德国 Starck 公司
军事	防弹陶瓷、透明透红外陶瓷、激光透明陶瓷	SiC、B_4C、Y_2O_3、AlON、$MgAl_2O_4$、Nd：YAG	美国 Ceradyne 公司、法国圣戈班、英国 Morgan、美国 Raythen 和 Surmet 公司

在以往十几年里，先进陶瓷中的结构陶瓷的市场规模平均以 5%~8% 的速度递增，达到近 500 亿美元，不同的应用领域所占的比例见表 8-2。由这些统计数据大致看到其发展的趋势和作用。

表 8-2 结构陶瓷的应用领域及占比

应用类别	所占比例/%	应用类别	所占比例/%
密封件和轴承	10	膜材料和过滤器	9.1
切削刀具	5.7	高温应用陶瓷部件	12.8
生物医学陶瓷	2.7	防弹陶瓷	2.57
催化剂载体	15.6	耐磨耐腐蚀零件	33.4
透明透波激光陶瓷	3.5	超高温陶瓷基复合材料	5.5

8.1.3 欧美先进陶瓷企业与产业概况

在欧美市场，有超过 150 家的先进陶瓷制造商和几十家相关的原料供应商，但超过 65% 的先进陶瓷是由七个跨国公司生产的。以近几年的数据来看，德国仍生产和消费了欧洲先进陶瓷市场的 37%。法国和英国的市场合起来则占 27%。欧洲的主要先进陶瓷生产国包括德国、法国、英国、瑞典和意大利。

（1）欧洲先进陶瓷企业情况

欧洲比较大的先进陶瓷公司有法国圣戈班公司（Saint-Gobain）、德国赛琅泰克公司（Ceram Tec）、英国摩根公司（Morgan），此外德国还有几十家专业的中小型先进陶瓷公司，如生产陶瓷粉末的 Starck 公司，提供烧结设备和大尺寸陶瓷制品的 FCT 公司。特别是还有一批百年老店的先进陶瓷企业具有较强企业实力和产品竞争力，例如德国 FRIATEC 公司，800 名员工，营业额高达 1.35 亿欧元（合 10 亿元人民币）。该公司成立于 1863 年，已有 100 多年历史。早期为一个砖厂，现发展成为一个高技术陶瓷公司，涵盖氧化铝、氧化锆、碳化硅、氮化硅、金属陶瓷、氧化锆增韧氧化铝/氧化铝增韧氧化锆各类产品，如图 8-2 所示。类似的中小企业在德国还有不少。

法国 Saint-Gobain 公司是世界 500 强企业之一，是世界工业工程材料的先驱者，名列财富 500 强企业第 188 位。年销售收入达到 300 多亿美元，其中高性能陶瓷材料占 15%。此前圣戈班收购了美国著名的 Carborundum 和 Norton 陶瓷公司。生产的常压烧结碳化硅陶瓷结构件具有世界较高水平，图 8-3（a）和（b）分别示出半导体晶圆支撑用碳化硅部件和可承受 1600℃ 的碳化硅高温横梁。同时圣戈班作为世界精密加工碳化

8.1 国外先进陶瓷及产业状况概述

硅陶瓷滚珠的供应商，检测和加工各种尺寸（1/32～2.5），精度（3、5、10、24、48）和规格（M3～P3）的碳化硅陶瓷滚珠，具有如下优点：热膨胀更小、硬度更高、质量更轻、摩擦磨损更小、耐腐蚀更好、表面更光滑、几何形状更好；主要应用于机械工具轴、航空、汽车、半导体、医学、体育用品、纺织设备、机器人、油泵、化学处理设备等各个方面。

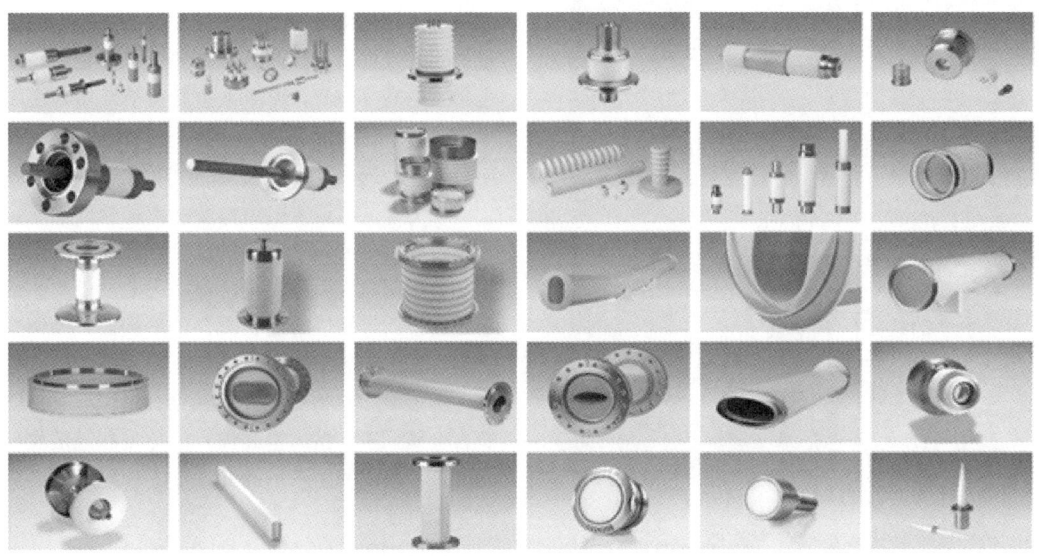

图 8-2 德国 FRIATEC 公司精密陶瓷与金属化封接产品

（a）半导体晶园支撑碳化硅部件　　（b）1600℃应用碳化硅高温横梁

图 8-3 法国圣戈班公司常压烧结碳化硅陶瓷结构件

圣戈班在氧化锆粉体及研磨介质方面具有优势，可生产单斜氧化锆粉、钇稳定相变增韧氧化锆粉、彩色氧化锆粉，以及用于注射成型的氧化锆喂料和干压、等静压成型的造粒料。

特别是最近开发出的一种高韧性氧化锆粉体，采用该粉体于 1450℃/2h 空气气氛下烧结致密化的氧化锆陶瓷产品，其断裂韧性高达 $15MPa \cdot m^{1/2}$，比同样条件下制备的氧化锆陶瓷韧性高出一倍以上。而圣戈班的品牌——西普研磨介质系列产品，在全球占据相当大的市场份额。此外为扩大亚洲市场，还建立了圣戈班上海研发中心。图 8-4 为圣戈班开发的彩色氧化锆系列陶瓷样本。

图 8-4 圣戈班开发的彩色氧化锆系列陶瓷样本

英国 Morgan 公司是一家中型企业，以碳材料以及结构陶瓷和电子陶瓷为主要产品，在 60 多个国家设立了 160 多家生产厂。摩根技术陶瓷和摩根热陶瓷隶属于摩根坩埚集团旗下摩根陶瓷事业部，公司专注于陶瓷和碳制品的设计、制造和销售，其产品被广泛应用于运输、电信、消防及医疗器械行业中。关于摩根技术陶瓷，主要生产陶瓷组件以及装配件，其陶瓷材料种类繁多，包括结构陶瓷、压电陶瓷、介电陶瓷材料、钎焊合金以及专业陶瓷涂层。摩根技术陶瓷一直与制造商的设计和开发团队保持密切的合作，公司在全球范围内约有 2500 名员工以及 23 个制造基地，其中包括欧洲、美国、墨西哥、中国和澳大利亚。图 8-5 为摩根技术陶瓷部分产品照片。

(a) 可加工玻璃陶瓷与耐磨零部件

 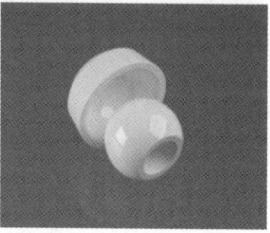

(b) 高强度高韧性氧化锆陶瓷结构件

图 8-5　摩根技术陶瓷部分产品照片

摩根热陶瓷公司是先进耐火隔热产品的设计与制造商，致力于为钢铁、电力、系统结构防火以及一系列工业行业减少能源消耗。主要产品包括低生物持久性隔热纤维，公司在全球 50 多个地区拥有雇员约 3000 名，在 25 个国家拥有生产基地。

摩根坩埚集团是在伦敦证券交易所上市的工程公司。图 8-6 为摩根公司不同应用的耐热陶瓷坩埚。

图 8-6　摩根耐热陶瓷坩埚

赛琅泰克公司 (CeramTec) 是德国较大的技术陶瓷公司，它生产各类先进陶瓷材料，应用于现代工业、汽车、电子和生物医疗各个领域。特别是生物陶瓷关节具有国际较高水平，目前世界上每三个髋关节患者中就有一个使用赛琅泰克公司的 BIOLOX 陶瓷球头，每天有上千人植入，累计使用量是 400 万件 BIOLOX 陶瓷球头和 75 万件 BIOLOX 陶瓷衬。图 8-7 示出 BIOLOX 陶瓷球头和陶瓷衬。除了全陶瓷髋关节外，陶瓷球头与高交联超高分子量聚乙烯配伍使用的关节假体也得到了广泛应用。

 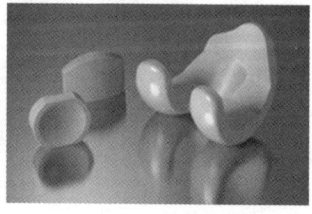

图 8-7　赛琅泰克公司 BIOLOX 陶瓷髋关节及膝关节

膝关节替换手术数目逐年增多。现今估计世界范围内有 50 万例。在全球范围内，膝关节替换手术是第二个最常见的关节置换手术，仅次于髋关节替换手术。现在，所有人对生活的期望值比以往任何时候都高，对膝关节替换后的灵活性和生活质量的要求也提高了。此外，膝关节替换在年轻患者中的发生率也越来越高。因此，要求人造膝关节使用寿命更长。出于这个原因，替换材料的选择十分重要，特别是所选择的材料的生物学行为和磨损性能，最重要的一个问题是耐磨。

人造膝关节通常由钴铬合金或钛合金制成，其磨损表面通常是与聚乙烯与钴铬合金的组合。长期临床结果表明，无菌性松动会限制植入后的使用寿命。无菌性松动的最重要的原因之一是由聚乙烯制成的塑料部件的磨损。许多调查表明，聚乙烯磨损率增加会导致其更加松动，原因是伴随着相关骨质破坏的肉芽肿形成和异物反应。文献也有报道，对金属植入物中合金所含金属元素（钴、铬和镍）的免疫和过敏性反应，也有可能是无菌性松动和手术后的并发症，如延迟伤口愈合和皮肤反应的一个可能原因。

新型陶瓷为膝关节替换手术提供了一个新的材料，德国赛琅泰克公司通过与国际骨科公司合作为自己设定了目标，即通过降低磨损率和过敏性反应的风险，显著提高人工膝关节的使用寿命。为此，从机械性能、耐磨性和良好的生物相容性考虑，牌号为 BIOLOX® delta 的生物陶瓷是较佳选择。

(2) 美国先进陶瓷企业情况

美国拥有多家知名陶瓷公司，如美国 CoorsTek 公司、赛瑞丹公司 (Ceradyne)、康宁公司，还有一些国防军工用先进陶瓷的专业制造商如 Raythen 公司和 Surmet 公司。

美国虽然是先进陶瓷生产大国，但它更是先进陶瓷的消费大国，因此有许多产品从日本和欧洲进口。美国较大的生产先进陶瓷的公司 CoorsTek 是美国技术陶瓷市场较大的供应商，1910 年成立，当时公司名称为 Pottery Company，1920 年改名为 Coors Porcelain，2000 年改名为 CoorsTek。CoorsTek 拥有超过 100 年的陶瓷生产经验，主导了 300 多种工程陶瓷材料的开发。在日本、欧洲和美国设有研发中心，一直致力于开拓新的陶瓷领域和陶瓷技术发展。

CoorsTek 技术陶瓷公司生产各种精密陶瓷部件、电真空陶瓷、半导体工业用陶瓷基板和半导体设备用高纯度耐腐蚀陶瓷部件，部分产品如图 8-8 所示。

美国 Raythen 公司和 Surmet 公司在国防军工材料及电子器件方面具有优势。图 8-9 示出高纯度亚微米级 AlON 陶瓷粉体经干压冷等静压成型，或者经注浆与注射成型得到陶瓷坯体，高温烧结后，经研磨抛光即可获得透明透波的陶瓷。

在军工国防用到的透明和透红外线陶瓷材料，如 Y_2O_3（氧化钇）、MgO（氧化镁）、AlON（阿隆）、$MgAl_2O_4$（镁铝尖晶石）陶瓷以及激光（Nd：YAG）透明陶瓷。目前国际上美国 Armorline 公司的大尺寸尖晶石透波陶瓷达到 483mm×889mm，如图 8-10 (a) 所示，美国 Surmet 公司的大尺寸 AlON 透波陶瓷为 483mm×914mm，如图 8-10 (b) 所示，已成功用于大飞机驾驶室前的防弹玻璃，如图 8-10 (c) 所示。

8.1 国外先进陶瓷及产业状况概述

Al$_2$O$_3$电真空陶瓷

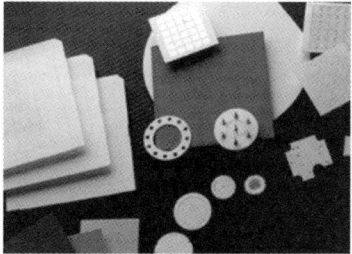
电子陶瓷基板及元器件

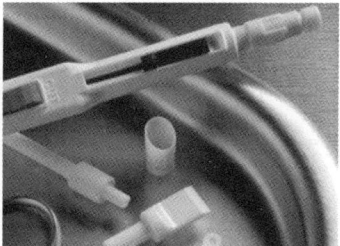
医疗器械精密陶瓷

射频腔室盖

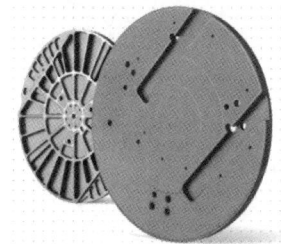
吸盘

聚焦环

图 8-8 美国 CoorsTek 技术陶瓷公司部分产品

研磨抛光

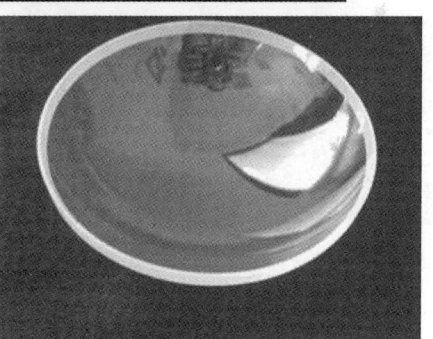
AlON透明陶瓷

图 8-9 AlON 透明陶瓷从粉体到产品

（a）尖晶石透波陶瓷

（b）AlON透明陶瓷

（c）大飞机驾驶舱防弹玻璃

图 8-10 美国 Armorline 和 Surmet 制备的公司大尺寸透明陶瓷

康宁公司成立于 1851 年，公司总部位于纽约州康宁市，2000 年营业额达 71 亿美元，是光纤光缆及光电材料、高功能玻璃、先进陶瓷，特别是蜂窝陶瓷载体及汽车尾气过滤器的主要供应商，其蜂窝陶瓷技术和生产处于世界领先地位。图 8-11 示出康宁公司的典型陶瓷产品。目前康宁公司在全球有近 10 个研究中心和 100 处生产基地。

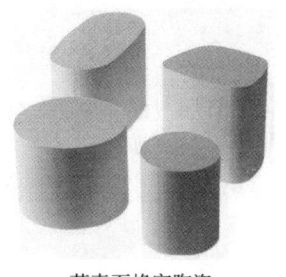 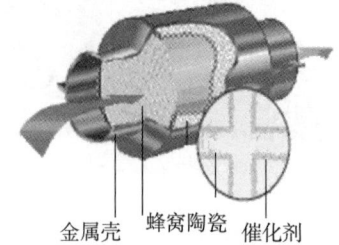 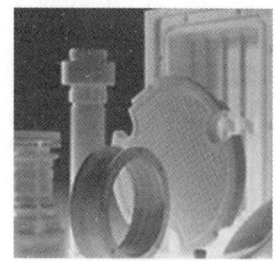

堇青石蜂窝陶瓷　　汽车尾气过滤器　　可加工玻璃陶瓷

图 8-11　康宁公司的典型陶瓷产品

此外，美国赛瑞丹（Ceradyne）公司独特的高性能的先进陶瓷系列，广泛应用在耐热、耐腐蚀、耐侵蚀的环境领域，以及半导体和电子加工行业，特别是为美国军工国防提供防弹陶瓷装甲等先进产品。在过去的 20 多年中，公司在 California 和 Kentucky 的工厂生产的轻型陶瓷装甲价值超过 200 亿美元，公司的产品质量和准时交货的跟踪记录，加上内部的纵向一体化生产，使 Ceradyne 在碳化硼轻质陶瓷领域有较大优势。在 2009 年收购了 New Hampshire 的军用头盔制造商 Diaphorm 技术有限责任公司后，Ceradyne 又在 California 的 Irvine 建造了现代化新工厂，来生产大量的增强型战斗头盔（ECH）。公司精密加工的圆锥形陶瓷天线罩，是专为防御导弹前端设计的。当导弹速度高，运行环境严峻时，就会使用这些雷达天线罩，也称导弹鼻锥。它要求所使用的先进技术陶瓷具有耐热冲击、耐腐蚀、强度高和透微波的性能。公司的陶瓷天线罩适用于 PAC-3（爱国者）导弹和各种未来导弹系统原型。图 8-12 为碳化硼轻质防弹陶瓷板和圆锥形导弹天线罩。

  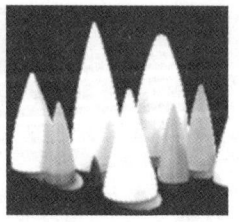

图 8-12　碳化硼轻质防弹陶瓷板和圆锥形导弹天线罩

近 10 年来，欧洲和美国的环境保护立法是很多新一代先进陶瓷产品商业化的推动因素。例如，很多类型的催化器载体、气体过滤器、喷嘴、陶瓷薄膜、陶瓷泵密封件以及一些发动机部件。环境因素的推动作用未来必将在很多领域得以继续，例如，发动机、焚化装置、零排放泵等。

微粒过滤器和除氮氧化物的催化装置也被引入到各种大小的柴油发动机。雪铁龙公司将在它的一些新车中装上 SiC 陶瓷微粒过滤器，美国好几个州的发电厂正在开始一个很大的投资项目，以期在未来几年降低氮氧化物的排放。到 2020 年为止，美国对除氮氧化物的陶瓷催化剂的需求每年已超过 10 亿美元。目前正在开发的介孔材料（有序纳米结构的多孔材料）在催化、分离、吸附工程方面存在很广阔的应用前景。

8.1.4　日本先进陶瓷产业与企业概况

日本仍然是全球先进陶瓷的最大生产国，技术实力和水平也处于领先地位。主要企业有日本京瓷公司（Kyocera），日本村田株式会社（Murata）、日本特殊陶业（NTK）、日本碍子公司（NGK）、东芝精细陶瓷公司（Toshiba Ceramic）等，还有上百家各具特色的中小企业。此外，日本许多企业也是全球性能优异的陶瓷粉体的生产商和供应商，例如生产纳米氧化锆粉体的东曹（TOSHO）公司，采用液相化学反应制备烧结性能优异氮化硅粉的日本宇部（UBE），生产高质量氮化铝粉体的日本德山曹达。还有众多性能优良的高纯氧化铝粉体的供应商，如日本大明化学工业公司、住友化学工业公司等。图 8-13（a）和（b）分别示出日本宇部采用液相化学反应制备优异的氮化硅粉体和大明高纯度氧化铝粉。

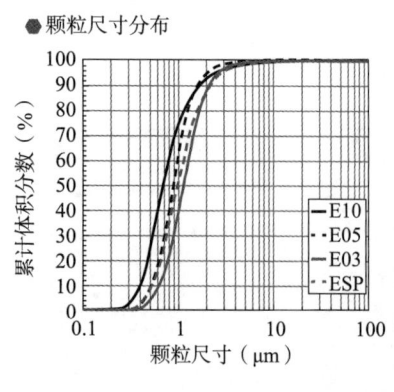 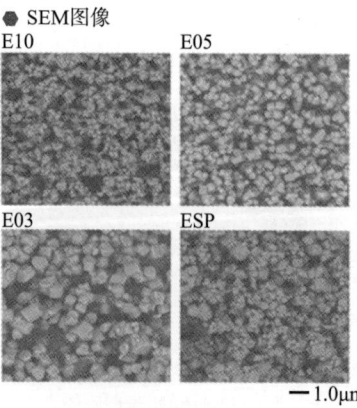 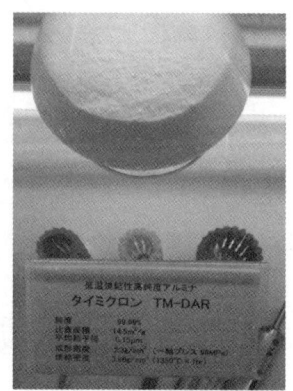

（a）UBE 公司化学合成大的高纯超细氮化铝　　（b）大明高纯度氧化铝粉

图 8-13　日本化学合成制备的优质氮化硅和氧化铝粉体

8.1 国外先进陶瓷及产业状况概述

日本京瓷公司是全球较大的先进陶瓷公司。半个世纪以前，京瓷创始人稻盛和夫与20多位年轻人为了自己伟大的梦想聚集在一起，建立了一个小规模街道工厂，这就是京瓷的前身。公司最初从用于黑白电视显像管的陶瓷绝缘部件"U字形绝缘体"开始，现在已成为世界500强企业。

京瓷公司不但生产各类电子陶瓷、功能陶瓷、结构陶瓷、生物陶瓷等产品，而且还拓展到与高性能陶瓷材料相关的终端消费电子产品，如智能手机、智能穿戴产品、太阳能电池系统等。2010年销售额为165亿美元，利润近100亿元人民币。图8-14为京瓷公司先进陶瓷部分照片。

 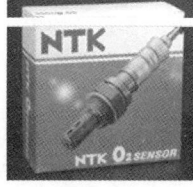 

| 陶瓷火花塞 | 氧传感器 | IC封装 |

图 8-16　日本 NGK 和 NTK 公司生产汽车用陶瓷件与电子陶瓷器件

  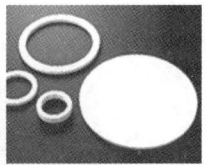

| 陶瓷切削刀头 | 多层集成电路封装 | 晶圆磨光盘 |

图 8-14　京瓷公司先进陶瓷部分照片

日本村田制作所是全球较大的电子陶瓷及元器件供应商，该公司创建于1944年。村田昭（1921—2006）在京都市中京区创立了个人经营的村田制作所，在京都市中心开设的150平方米的小工厂开始生产氧化钛陶瓷电容器。2014年，村田已成长为营业额超过万亿日元的企业（近100亿美元）。公司经营目标是以每年5%～10%的增长率发展，营业利润达到20%以上。

日本村田公司生产的电子陶瓷及元器件包括电容器、电感器、静噪元件、电阻器、热敏电阻、传感器、声音元件、小型能源装置、微型机电产品、耦合器、滤波器、移相器、电路基板等。公司还开发出了世界最小尺寸0.2mm×0.1mm的片状多层陶瓷电容器，智能手机和平板电脑小型化的通信模块，也是华为公司的主要电子元器件供应商。图8-15示出村田公司生产的部分电子陶瓷元器件。

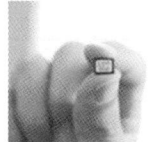 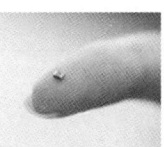 

| MEMS传感器 | 微型片式多层MLCC | 片状电感器 |

图 8-15　村田公司生产的部分电子陶瓷元器件

日本NGK公司主要生产汽车发动机用的陶瓷火花塞、蜂窝陶瓷催化剂载体、陶瓷过滤器等。而作为NGK下属的NTK公司主要生产结构陶瓷件，包括轧辊和导辊、陶瓷机械密封环等，其材料包括堇青石瓷、SiC、Si_3N_4、Al_2O_3 等陶瓷材料。NGK和NTK公司生产的多种先进结构陶瓷产品，如汽车发动机用火花塞、耐磨陶瓷、真空绝缘陶瓷、陶瓷刀具、生物陶瓷等均具有国际较高水平。图8-16示出NGK和NTK公司陶瓷火花塞、氧传感器、IC封装。

日本东芝精细陶瓷公司在许多结构陶瓷制品开发与生产上处于先进水平，主要材料包括 Al_2O_3、Si_3N_4、ZrO_2 和 SiC 等半导体生产线上的易损耗零配件，特别是其生产的氮化硅陶瓷轴承球具有国际先进水平。图8-17示出日本东芝陶瓷公司氮化硅陶瓷轴承及陶瓷球的照片。该轴承可用于火箭发动机涡轮增压系统，大型风力发电的机械无润滑状态下工作环境。

图 8-17　日本陶瓷公司氮化硅轴承及陶瓷球

8.1.5　韩国先进陶瓷产业与企业概况

近10年来，得益于韩国半导体、平板显示、新能源等产业的快速发展，在韩国半导体产业巨头三星电子、SK海力士、LG电子的支持下，韩国先进陶瓷产业得到前所未有的发展，产生了一批精细陶瓷企业，如MiCo、BoBoo、DanDan、PLUS MANAGER、MAX-TECH、DANDAN、HK Tech、DN-Tech and DAYANG、IN BEST、ORIENT CERAMIC。其中具有代表性的企业有MiCo公司、BoBoo公司、DanDan公司，上述几家公司产品都是半导体或者泛半导体制程设备中的关键陶瓷零部件供应商，包括半导体刻蚀、沉积、离子注入、抛光设备用的陶瓷静电卡盘（ESC）、真空吸盘、氮化铝加热器、搬运臂、聚焦环、抛光盘、鼓形腔体等，涉及的陶瓷材料包括氧化铝（Al_2O_3）、氮化铝（AlN）、碳化硅（SiC）、氧化钇（Y_2O_3）、堇青石及氧化钇陶瓷涂层等。

MiCo公司在静电卡盘和加热器这两类关键陶瓷部件上具有优势，包括材料设计、计算模拟、产品制备工艺、烧结技术设备、焊接技术、研磨抛光工艺、材料性能测试、产品形位公差和粗糙度检测，建立了从原材料到最终产品评价系统的全套技术规范。图8-18示出韩国MiCo公司开发的两类静电卡盘，一类是高纯度的静电卡盘，另一类是高介电常数的静电卡盘。高纯度静电卡盘具有高介电强度和相对密度，高介电常数静电卡盘产生高静电夹紧力，可将加热器或多个电极嵌入多层陶瓷板中，MiCo公司静电卡盘（ESC）在高密度等离子体蚀刻工艺中具有优异的耐久性。

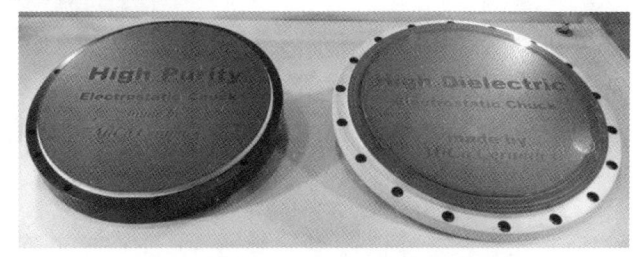

图 8-18　韩国 MiCo 公司开发的两类静电卡盘

第8章 国外先进陶瓷企业与产业状况

韩国 BoBoo 公司开发的半导体刻蚀用氮化铝加热器,也在三星集团获得应用,这种加热器温场均匀,可靠性高。图8-19示出这种氮化铝加热器产品及其内部结构。

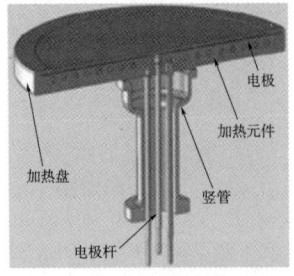

图8-19 氮化铝加热器产品及其内部结构

韩国 DanDan 公司先后开发了半导体与泛半导体制程设备中所需的多种精密陶瓷产品,其中包括氧化铝陶瓷搬运臂、氧化钇聚焦环、碳化硅载盘等,如图8-20所示。此外,公司还具有包括离子喷涂设备在内的各种陶瓷喷涂工艺技术,采用多品种小批量的生产形式,服务行业半导体;其中精密陶瓷结构件占公司营收70%,陶瓷涂层产品占30%。

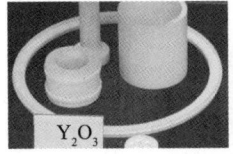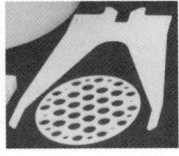

图8-20 DanDan 公司开发的半导体精密陶瓷部件

8.1.6 国外先进陶瓷产品及应用分析

8.1.6.1 陶瓷密封件和滑动轴承

陶瓷密封件和滑动轴承(图8-21)在欧美已形成很大的稳定市场,一个趋势是碳化硅陶瓷材料密封件的应用会越来越多,如汽车水泵、石油化工泵、离心机泵、磁流泵、屏蔽泵等,且使用寿命通常比这些整机还长。此外,碳化硅密封件还可应用于诸如高速压缩机和核反应冷却水泵中关键密封领域。近几年开始应用于大型轮船和军舰上的滑动轴承取得突破,例如德国赛琅泰克公司生产的大型游轮螺旋推进系统中的 SiC 系列滑动轴承,如图8-21(中)所示,最大直径达1005mm 的系列 SiC 密封环,依靠其独特的设计,密封环能承受高达200Pa 的压力,在-200℃到+500℃的环境下工作,滑动速度高达150m/s;四个巨型的螺旋桨将发动机的动力传递到水中,每天要转动14万次。

陶瓷密封件　螺旋推进系统中系列滑动轴承　陶瓷滑动轴承

图8-21 碳化硅陶瓷陶瓷密封件及滑动轴承

8.1.6.2 高性能陶瓷防弹装甲

陶瓷防弹装甲在国际上因反恐战争而成为快速成长的一个产业。无论是人体防护还是车辆装甲防护,新一代结构陶瓷拥有许多优于常规材料不具备的优点,主要包括质量轻、硬度高,可对微结构进行统一控制,因此可以抵御更高层次的威胁。防弹陶瓷材料主要包括碳化硼(B_4C)、碳化硅(SiC)、氧化铝(Al_2O_3)等高硬度陶瓷材料,其中碳化硅陶瓷因硬度高、防弹效果好且制造成本远低于防弹性能更好的碳化硼陶瓷,近几年成为国际防弹陶瓷的主流产品,包括人体防弹背心、直升机腹部防弹层、坦克装甲车防弹层,如图8-22所示。其中美国赛瑞丹公司(Ceradyne)每年给美国军方提供的防弹陶瓷装甲达到20亿美元以上。表8-3示出国际上几家公司生产的 SiC 防弹陶瓷材料的性能比较。

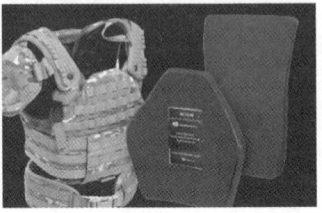

图8-22 防弹陶瓷板及防弹背心

表8-3 国际上大公司生产的 SiC 防弹陶瓷材料的性能

性能	单位	法国圣戈班	美国 CoorsTek	日本京瓷
密度	g/cm³	3.13	3.15	3.16
硬度	维氏 Hv(GPa)	—	26	23
	努氏(kg/mm²)	2800	2800	—
三点抗弯强度	MPa	—	480	450
四点抗弯强度	MPa	380	—	—
弹性模量	GPa	410	410	440
抗压强度	MPa	3900	3500	—
断裂韧性	MPa·m^{1/2}	4.6	3~4	3

8.1.6.3 耐磨长寿命陶瓷轴承

陶瓷轴承对发展现代高端装备的重要性越来越突出。在航空发动机设计中,轴承材料和技术至关重要。可以说轴承技术代表着发动机极限转速、耐温能力和可靠性水平。20世纪末,美、日、欧等国家和地区在各类技术计划的引导和资助下,完成了大量材料的应用基础、设计、制造工艺、质量控制等基础研究,建立了可靠的基础数据。目前国际上的轴承公司如瑞典 SKF 公司、德国 FAG 公司、日本 KOYO 和日本东芝公司都先后建立了陶瓷轴承球或轴承生产线,主要用于高速高精度机床主轴轴承、计算机硬盘驱动器轴承、牙钻轴承以及防磁、防腐、绝缘等领域,特别是军用的和航空航天等尖端技术采用的特殊轴承。尤其是热等静压烧结的氮化硅(Si_3N_4)陶瓷相对密度可以达到99.9%以上,三点抗弯强度高于1000MPa,断裂韧性可达到8~9,大大优于滚动轴承的最低门槛值。因此 Si_3N_4 陶瓷轴承已经应用在直升机主传动装置、航空 APU、飞机附件传动、导弹发动机、火箭发动机和航天卫星上,已成为高端制造装备中高速和高功率主轴的标配轴承,图8-23示出目前应用较广的氮化硅陶瓷轴承及轴承球。

8.1 国外先进陶瓷及产业状况概述

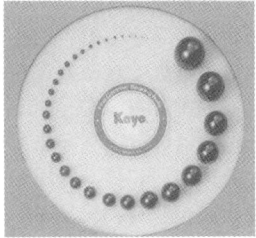

图 8-23 氮化硅陶瓷轴承及轴承球

8.1.6.4 高效率陶瓷切削刀具

陶瓷切削刀具应用于汽车零件和高温合金的高速切削，近10年得到很大发展。像日本京瓷（Kyocera）、日本 NGK、瑞典 Sandvik、美国肯纳、德国 CeramTec 公司都有先进的陶瓷刀具生产线，生产 Al_2O_3 基、Si_3N_4 基、TiCN 金属陶瓷以及晶须增韧 Al_2O_3 陶瓷刀具。目前发达国家陶瓷刀具的构成比例为 5%～10%，由于它能大幅度提高加工效率，已经为机械加工过程带来巨大的经济效益。美国、瑞典还研制成功 SiC 晶须增韧 Al_2O_3 陶瓷刀具 Al_2O_3+SiCw。晶须的加入使 Al_2O_3 基陶瓷的断裂韧性提高两倍多，同时保留了很高的硬度。这种刀具投放市场，其抗弯强度可达 $\sigma=750MPa$，断裂韧性 $KIC=8.7MPa \cdot m^{1/2}$，硬度 HRA 94～95，使 Al_2O_3 基陶瓷刀具能够进行对高硬材料有冲击力的加工。目前，Al_2O_3+SiCw 刀具主要用于淬硬钢、工具钢、冷硬铸铁和镍基超合金的加工；TiCN 金属陶瓷刀具在汽车工业加工上应用较多。图 8-24 为日本 NGK 公司生产的各种精密陶瓷刀具，适用于各种自动车床（CNC）的加工。

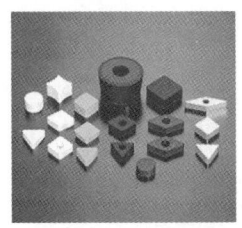

图 8-24 日本 NGK 公司生产的各种精密陶瓷刀具

8.1.6.5 透明透波激光陶瓷

透明透波激光陶瓷主要包括半透明 Al_2O_3 陶瓷、全透明或具有透红外光的 Y_2O_3（氧化钇）、MgO（氧化镁）、AlON（阿隆）、$MgAl_2O_4$（镁铝尖晶石）陶瓷，以及具有激光特性的稀土掺杂钇铝石榴石（如 Nd：YAG）激光透明陶瓷。由于上述这些透明陶瓷不仅具有良好的透明性和光学特性，同时又保持结构陶瓷的高强度、耐腐蚀、耐高温、电绝缘好、导热率高及良好的介电性能，因此在新型照明技术、高温高压及腐蚀环境下的观测窗口、红外探测窗口、导弹用防护整流罩、军事用透明装甲以及激光武器等领域的应用得到快速发展和产业化。如美国 Surmet 公司批量生产的 AlON 透明陶瓷，在紫外、可见光、红外波段有高的光学透过率，具有蓝宝石的机械强度和硬度，但其制造成本低于蓝宝石，是红外窗口和整流罩的比较理想材料，已应用于导弹和战斗机，如图 8-25 所示。特别是以 Nd：YAG 为代表的透明激光陶瓷朝着大尺寸、高掺杂浓度、高功率方向迅速发展。Nd：YAG 陶瓷激光器除了在材料加工激光医疗等民用及工业有着广阔应用前景外，更重要的是在激光测距、激光制导、激光武器、空间遥感等军事尖端技术领域中的应用。如图 8-26 所示，美国采用日本 Konoshima 化学公司生产的 10×10×2（cm）的 Nd：YAG 激光陶瓷板条制造的固态热容激光器（简称 SSHCL），其产生 25kW 输出功率所形成的激光束，在 2～7s 内可穿透 2.5cm 厚的钢板。

图 8-25 AlON 透明陶瓷和导弹引导用红外整流罩

图 8-26 Nd：YAG 激光陶瓷板条和激光束穿透 2.5cm 厚的钢板

8.1.6.6 石化冶金工业耐热耐磨耐腐蚀陶瓷产品

结构陶瓷在耐热、耐磨、耐腐蚀方面比金属材料具有更好的性能和更长的使用寿命，从而在石油、化工、机械、冶金等领域的应用更加广泛，而且国际市场需求仍然不断增长。该类陶瓷产品种类繁多，包括石油化工用的缸套、球阀、管道，各类陶瓷泵，机械工程中的喷砂嘴、密封环，电子器件的承烧板、基板，冶金工业中的水平连铸分离环、非晶钢带成型用高温喷嘴、薄带连铸用陶瓷侧封板、汽车铝合金轮毂制造用陶瓷升液管等。图 8-27 所示为日本京瓷公司生产的陶瓷离心泵及陶瓷球阀等耐腐蚀耐磨损陶瓷零部件。这种泵是由高纯氧化铝（99.5%）材料制成的，尤其适用于化学液体、有机溶剂和液体浆料的传输。图 8-28 示出德国赛琅泰克公司生产的铝合金轮毂制造用钛酸铝陶瓷升液管及其他耐金属溶液侵蚀的陶瓷部件，

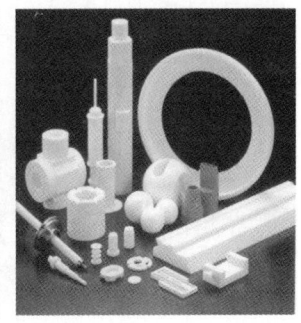

图 8-27 耐腐蚀陶瓷离心泵和氧化铝陶瓷柱塞等耐磨瓷件

可在高温铝液中长期使用。法国圣戈班公司生产的金属薄带连铸用陶瓷侧封板及金属雾化用氮化硼基陶瓷喷嘴（图8-29），既要承受高温应力又要承受非常大的热冲击。

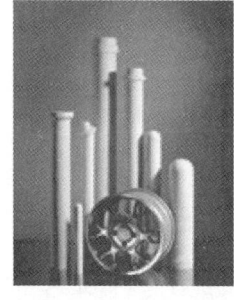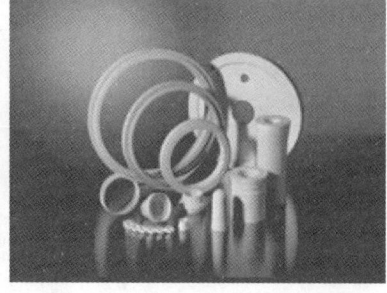

图 8-28　汽车铝合金轮毂制造用钛酸铝陶瓷升液管等

图 8-29　金属薄带连铸用陶瓷侧封板和金属雾化用氮化硼基陶瓷喷嘴

8.1.6.7　能源环保热交换陶瓷产品

能源与环保往往与高温、过滤、腐蚀、反应等过程有关联，因此应用于这一领域的先进结构陶瓷产品在欧美发达国家增长迅速。市场较大的是汽车尾气净化用的堇青石蜂窝陶瓷，用作净化汽车排放的废气中的一氧化碳（CO）、碳氢化合物（H_xC）和氮氧化物（NO_x）等有害气体的催化剂载体。国际上的主流生产企业有美国康宁公司、日本 NGK 公司和日本电装公司，这三家公司已占到世界市场的 80%，其产品具有较优异的综合性能。例如，康宁公司的 600 孔/in^2 蜂窝陶瓷，壁厚仅为 1.7mm，热膨胀系数为 $0.6×10^{-6}℃^{-1}$（25～1000℃），抗热震性可达 700℃以上。其次是陶瓷滤膜，因具有耐高温、耐酸碱、抗微生物侵蚀、机械性能好、孔径均匀、化学稳定性好、分离效率高等特点，在污水废液处理、饮料除菌去杂、高温烟气的净化、分离与合成和催化反应等工程领域应用广泛。在这一领域，美国陶氏化学较先推出 FT-30 反渗透复合膜，柯氏（Koch）制备出 φ18 英寸、60 英寸长的最大型反渗透膜组件，日本的日东电工和东丽也均开发出多品种的反渗透复合膜组件，东洋纺开发出多品种的 CTA 中空纤维膜组件。有关国内外反渗透膜公司所占市场份额如图 8-30 所示。

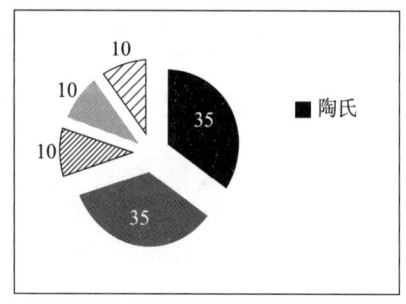

图 8-30　反渗透膜公司所占市场份额

陶瓷热交换器比金属热交换器提高工作温度数百摄氏度，可将许多工业窑炉、冶金、化工工业中排出的高温烟气中的热能通过物理的热交换过程进行有效回收和利用，使各类窑炉与高温设备节省 20%～40% 的能源消耗，同时用作高温燃烧喷嘴和燃烧器等，以高导热 SiC 为代表的陶瓷热交换器和燃烧喷嘴在美国欧洲和日本等国家的应用越来越多，如图 8-31 所示。主要生产企业有德国 ESK 公司、美国 Carborumdum 公司、日本京瓷公司等。这是因为 SiC 导热系数是钽的 2 倍、不锈钢的 5 倍、哈氏合金 10 倍。优异的抗氧化和侵蚀性，即使在超高温度下也能工作于热的气体和液体环境、氧化和腐蚀性气氛、强酸和强碱中。即便在极端高温和压力下，也具有超强的耐磨性和完全的不渗透性，允许介质以高速通过，且热交换率高。

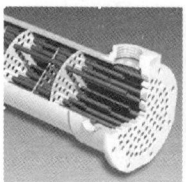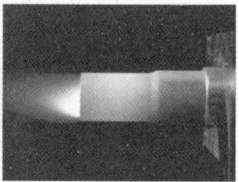

图 8-31　SiC 陶瓷热交换器和高温燃烧器

8.1.6.8　航空航天用轻量化高温陶瓷

航天领域用于控制卫星轨道的火箭燃烧室必须轻质而且能够承受高温气体的燃烧，氮化硅陶瓷推进器能够承受 1500℃ 以上更高的温度，从而取代了铌合金。图 8-32（a）为日本京瓷公司生产的火箭燃烧室氮化硅陶瓷高温尾喷管。此外，近 10 年太空陶瓷反射镜的产业发展很快，从过去直径为 0.5m 已发展到 2m 甚至更大。图 8-32（b）为美国 CoorsTek 高技术陶瓷公司特别设计的光学系统碳化硅陶瓷反射镜，反射镜质量轻的镜子约为 $10kg/m^2$，反射镜表面经过抛光后的形状误差低于光的波长的 1/10，表面粗糙度小于 2Å，采用常压烧结碳化硅光学系统设计，具有结构简便、轻巧、无热设计等特点，从而增强了系统性能和可靠性，同时降低了系统成本。

图 8-32　火箭燃烧室陶瓷尾喷管和碳化硅陶瓷反射镜

8.1.6.9　半导体设备用精密陶瓷零部件

半导体晶圆芯片的制程主要涵盖三段：（前段）晶片制造，（中段）芯片制造，（后段）封装测试。（前段）晶片制造主要包括拉单晶、磨外圆、切片、倒角、研磨抛光、清洗、检测；（中段）晶圆芯片制造主要包括氧化、扩散等热处理、薄膜沉积（CVD、PVD）、光刻、刻蚀、离子注入、金属化、研磨抛光、测试；（后段）封装测试主要涉及晶圆芯片切割、引线键合、塑封、测试等。整个半导体产业链包括 IC 设计、IC 制造、IC 封装测试几大部分。涉及的关键技术和设备包括光刻技术、刻蚀

8.1 国外先进陶瓷及产业状况概述

技术、离子注入技术、薄膜沉积技术、化学机械抛光技术、高温处理技术、封装技术、测试技术等。

在半导体芯片的工艺制程中，其中化学机械抛光（CMP）、高温处理、沉积（CVD、PVD）、光刻、刻蚀、离子注入这六个重要制程，不但需要尖端的设备，而且这些设备中要使用大量性能优异的精密陶瓷零部件，表8-4列出这六个应用制程所需的各种关键陶瓷零部件。

表 8-4　半导体制程及关键陶瓷零部件

应用制程	陶瓷部件
CMP	抛光台、抛光板、搬运臂
光刻	空吸盘、晶圆卡盘、工作台、搬运臂
高温处理（RTP/外延/氧化/扩散）	绝缘子、基座、晶舟、炉管、悬臂桨
沉积	室盖、腔内衬、沉积环、静电夹盘、加热器、电镀绝缘子、真空破坏过滤器
刻蚀	圆顶、腔体、聚焦环、喷嘴、静电夹盘、搬运臂
离子注入	轴承、真空吸盘、静电夹盘

国际上，上述半导体制程的关键陶瓷零部件主要制造企业和供应商有：日本京瓷、日本 NGK/NTK、日本东芝陶瓷、美国 CoorsTek、美国 Ceradyne、英国摩根、韩国 Mico 等。

日本京瓷公司生产的半导体制程用关键陶瓷零部件包括：氧化铝抛光盘和转台、碳化硅抛光盘、垫修整器（Al_2O_3、SiC、Si_3N_4）、蓝宝石托板、抗等离子体氧化铝穹顶、抗等离子体陶瓷环（Y_2O_3 聚焦环、Al_2O_3 环）、（Al_2O_3、AlN、蓝宝石）静电卡盘（Electric-Static Chuck 简称 ESC）、氮化铝加热器（Heater）、Al_2O_3、多孔 Al_2O_3、SiC 真空吸盘（Vacuum Chuck）、氧化铝气体分流喷嘴、搬运臂或末端执行器（Al_2O_3、SiC、蓝宝石），部分产品如图 8-33 所示。

日本 NGK/NTK 公司在半导体制程用静电卡盘和加热器的制备具有优势，是全球半导体设备用精密陶瓷部件的供应商，图 8-34 示出其典型陶瓷加热器和静电卡盘。加热器采用高导热的氮化铝材料，内部发热电极与陶瓷整体烧结而成，产品具有卓越的均热性，可大幅降低金属污染杂质的产生。静电卡盘具有高强度、高导热性、耐高温和抗冲击特性，通过体积电阻控制技术可使产品在更为广泛的温度带使用，且任何厚度具有对晶圆较大的夹紧力（静电吸力）及高的介电常数和良好的耐磨性，静电卡盘材料以氮化铝和氧化铝为主。

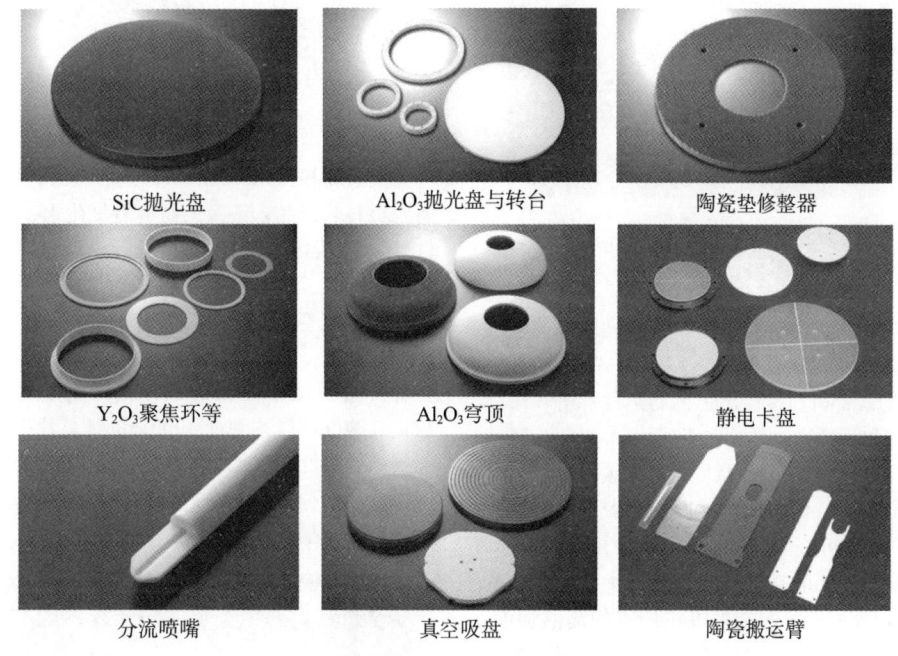

图 8-33　京瓷公司半导体制程用关键陶瓷零部件

 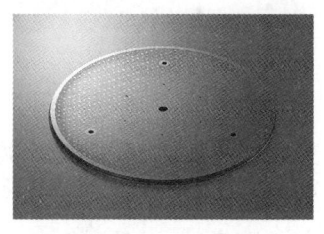

图 8-34　日本 NGK/NTK 典型陶瓷加热器和静电卡盘

日本东芝陶瓷公司在半导体制程中晶圆高温处理（氧化/扩散/外延/RTP）工艺中所需的高纯度碳化硅或反应烧结碳化硅炉管、衬管、工艺管、晶舟、悬臂桨等产品上具有成套技术与优势，部分产品如图 8-35 所示。

美国 CoorsTek 为美国半导体设备提供关键的精密陶瓷材料，为了确保最佳的产品性能，CoorsTek 工程师在设计和制造过程的每个阶段都提供帮助，包括组件设计协助、材料选择和生产专业知识，从而生产特别耐用、可靠及高纯度的各种陶瓷组件，材料包括碳化硅、氧化铝、氮化铝、氮化硅、石英、氧化钇。

沉积设备的加热器要求整个晶圆的热分布均匀及高纯度和耐等离子体的腐蚀。CoorsTek 已开发出 300mm 晶圆直径用的氮化铝加热器，已批量生产的表面带有凸点的陶瓷真空晶圆夹头具有平面度高、镜面抛光、轻质、高刚度、大尺寸（直径 300mm 或更大）、优异的耐磨性；可以减少微粒污染的影响、

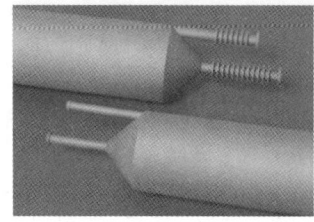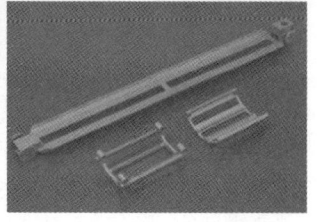

图 8-35 碳化硅炉管、衬管、工艺管、晶舟

最小化晶圆接触、在腐蚀性化学清洗中有很好抗腐蚀特性。因此，广泛应用于刻蚀、晶圆清洗、非真空工艺室。上述氮化铝加热盘和带有凸点的陶瓷真空吸盘如图 8-36 所示。

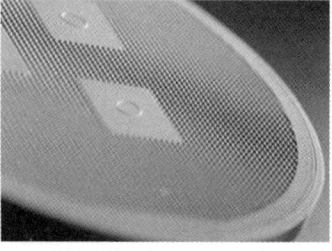

图 8-36 美国 CoorsTek 氮化铝加热盘和带有凸点的陶瓷真空吸盘

此外，CoorsTek 公司为垂直/立柱和水平热处理工艺室提供高纯碳化硅晶舟、基座和定制晶圆载体以及卧式晶圆支架，如图 8-37 所示。先进的陶瓷材料提供出色的耐热性和等离子体耐久性，同时减少颗粒和污染物，半导体级碳化硅（SiC）还为大容量晶圆载体提供高温强度。CoorsTek 的高纯碳化硅悬臂桨用于将半导体晶片"舟"或载体定位在工艺管、炉反应器和其他热系统中。陶瓷悬臂式桨叶在工艺管中插入和取出晶圆载体，仅在一端提供支撑。更长的桨叶在更大的反应器中支持更高的晶圆产量，使用碳化硅（SiC）等陶瓷来提供所需的高温强度、刚性和清洁度的综合性能；而碳化硅喷射器旨在通过输送受控的速度和一定数量的气体来提高工艺室周边的工艺均匀性。先进的陶瓷结合了高温稳定性和耐腐蚀性，可在喷油器应用中实现长期性能和耐用性，高纯碳化硅悬臂桨和喷射器如图 8-38 所示。

图 8-37 CoorsTek 热处理工艺室碳化硅晶舟、基座和晶圆支架

图 8-38 CoorsTek 碳化硅悬臂桨和陶瓷喷射器

美国 Ceradyne 公司的半导体设备用精密陶瓷材料包括氧化铝、氮化铝、碳化硅、氮化硅、碳化硼、氧化钇、石英等，相应产品有聚焦环、边缘环、真空卡盘、气流分布盘、射频视窗、加热器、静电吸盘、腔室衬垫等。图 8-39 示出上述部分产品照片。

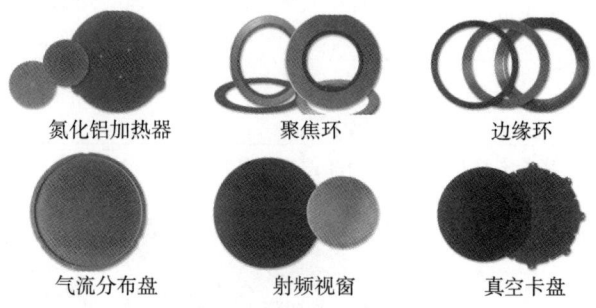

图 8-39 美国 Ceradyne 公司半导体设备用精密陶瓷部件

英国摩根（Morgan）公司也开发出多种半导体设备用精密陶瓷材料与产品，涉及的材料有氧化铝、氮化铝、陶瓷/金属组件、CVD 碳化硅、可加工玻璃陶瓷、热解氮化硼（PBN）、碳化硅（SiC）等，应用的精密陶瓷零部件包括静电卡盘（E-Chuck）、真空吸盘、室内环、加热器、针夹头 CMP 垫调节器、RTP 边缘环、边缘室组件、加热组件、抛光盘、升降销、搬运臂等。图 8-40 示出高纯氧化铝陶瓷搬运臂和超高纯碳化硅圆盘，其纯度可以达到 99.999% 的纯单片碳化硅材料的突出特性包括高导热性、极低水平的杂质、增加的不透明度和高抗化学侵蚀性。这种材料非常适合晶圆载体、基座、RTP 边缘环、溅射靶材以及加热元件。

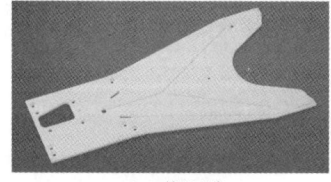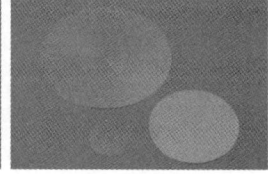

Al_2O_3 搬运臂　　　　超高纯 SiC 盘

图 8-40 英国摩根公司半导体设备用精密陶瓷部件

如上所述，在半导体晶圆芯片的工艺制程中，化学机械抛光（CMP）、高温处理（氧化，扩散）、薄膜沉积（CVD，PVD）、光刻、刻蚀、离子注入这六个重要制程，需要尖端的专用设备和与之配套的各种高纯度精密陶瓷零部件，国际上知名的半导体设备供应商有美国应用材料（AMAT）、荷兰阿斯麦（ASML）、日本东京电子（TEL）、美国泛林半导体（LAM）、韩国 SEMES 等公司。图 8-41 示出晶圆芯片的工艺制程中扩散、薄膜沉积、光刻、刻蚀、离子注入、抛光六大工序及所需设备。

8.1 国外先进陶瓷及产业状况概述

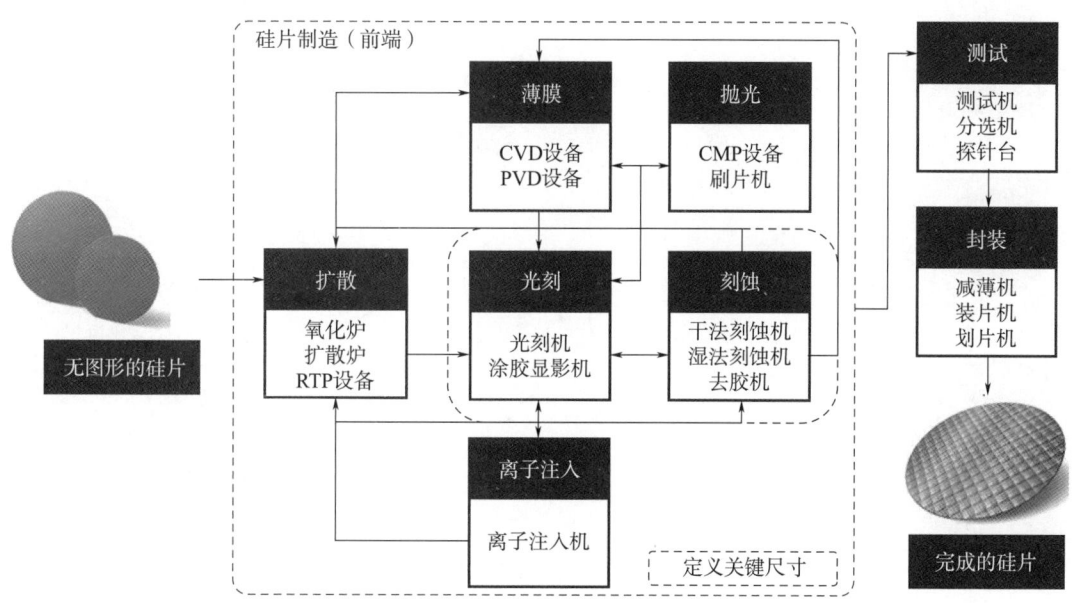

图 8-41 晶圆芯片的工艺制程六大工序及相应设备（虚线框图）

上述制程工艺中扩散、沉积、光刻、刻蚀、离子注入、抛光这些设备都需要使用大量精密陶瓷部件。下面以刻蚀工艺设备为例说明精密陶瓷零部件的应用。图 8-42 为刻蚀设备照片及其内部结构示意图。由图可见工艺腔中的聚焦环、静电吸盘、气体分配器、气体分配盘、绝缘环、喷嘴、视窗等均为不同材质的高纯精密陶瓷产品。刻蚀机腔体内耐等离子刻蚀陶瓷材料的主要特点是：①材料的晶粒尺寸小，缺陷低；当大尺寸颗粒和缺陷沉积到晶圆上时，对芯片来说是致命的，很大程度上降低了芯片的产率；②腔体陶瓷材料表面应避免金属污染，若材料内含金属 Na、K、Fe、Ni、Gr、Cu 及其他颗粒时，当其沉积到 Si 片上同样会污染芯片；③与卤素反应较慢，晶圆的刻蚀通常采用卤素气体或者惰性气体进行等离子体轰击，如 Cl_2、N_2、C_2H_4、BCl_3、F、HBr、HCl 等，因此腔室材料应尽量避免与气体发生反应或者反应速率很慢；④在射频能量耦合的条件下，仍具有优异的可重复的介电性能；⑤为了减少腐蚀速率以及减弱等离子对腔室材料的轰击，应尽可能保证腔体材料无孔隙或孔隙度极低；⑥晶圆的刻蚀过程需要反复利用化学试剂清洗，因此要求腔体材料具备优异的抗化学腐蚀性能；⑦某些部件可能还有其他性能要求，如良好的介电性能、导电性或导热性等；⑧生产、加工成本低；⑨使用寿命长。图 8-43 示出日本京瓷公司为刻蚀工艺腔提供的各种精密陶瓷零部件。

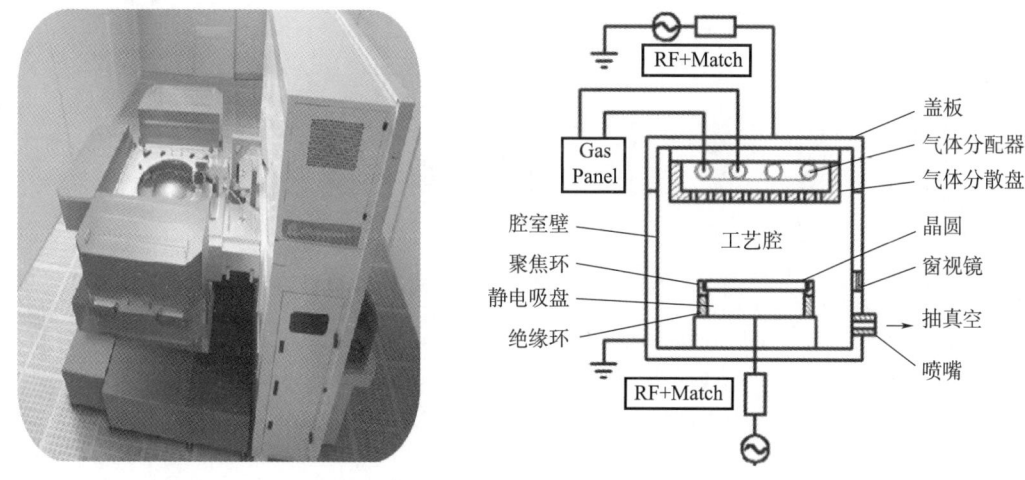

图 8-42 刻蚀设备照片及其内部结构示意图

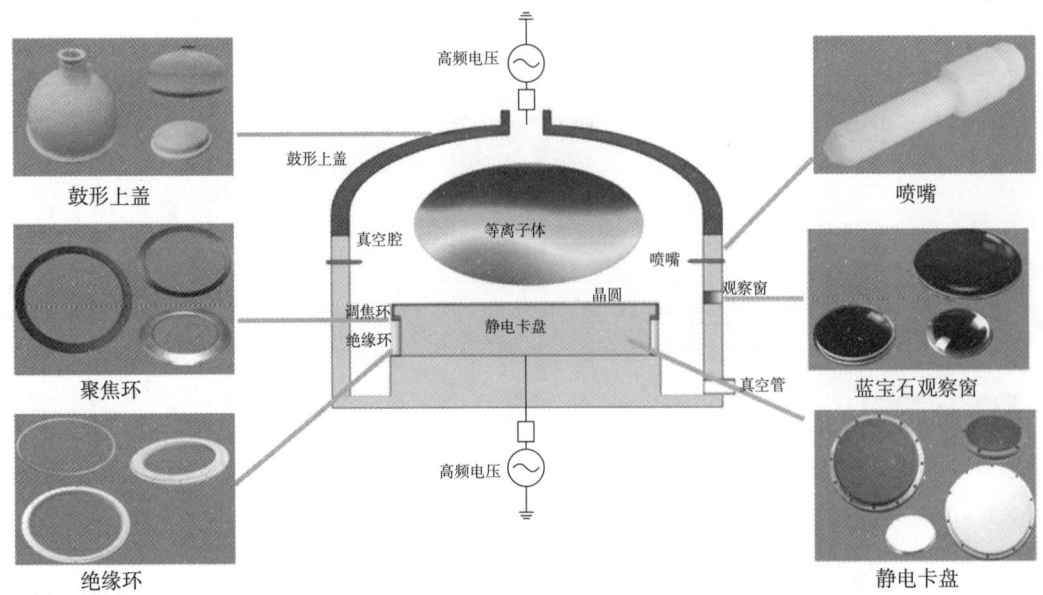

图 8-43　刻蚀工艺腔及其各种精密陶瓷零部件

上述刻蚀工艺腔所使用的精密陶瓷部件的功能作用，以及刻蚀环境对陶瓷材料的化学性能、物理性能、力学和电学特性的苛刻要求，分别叙述如下。

(1) 鼓形上盖（又称穹顶）：刻蚀机腔室材料作为晶圆污染的主要来源，等离子刻蚀对其影响程度决定了晶圆的良率、质量、刻蚀工艺的稳定性。高纯氧化铝陶瓷是一种很好的耐等离子腐蚀材料，由于机械强度和弹性模量高，并且可制备大尺寸结构件，因此是最佳选择。

(2) 聚焦环：聚焦环旨在提高晶圆边缘或周围的蚀刻均匀性，将晶圆固定到位以保持等离子体密度并防止晶圆侧面受到污染。当与静电卡盘一起使用时，晶圆放置在聚焦环上，由静电荷固定到位，由于聚焦环在真空反应室内会直接接触等离子体，因此，需要采用耐等离子体腐蚀的材料，同时还需要具有与硅晶圆相近的电导率；聚焦环的材质主要有高纯度氧化钇、氮化铝、高纯碳化硅、高纯氧化铝等。图 8-44 示出不同陶瓷材料在 CF_4 腐蚀性环境下 6h 后的等离子体对材料的腐蚀率，比较而言，高纯度氧化钇（99.9%）陶瓷具有更好的耐受等离子体腐蚀性能。

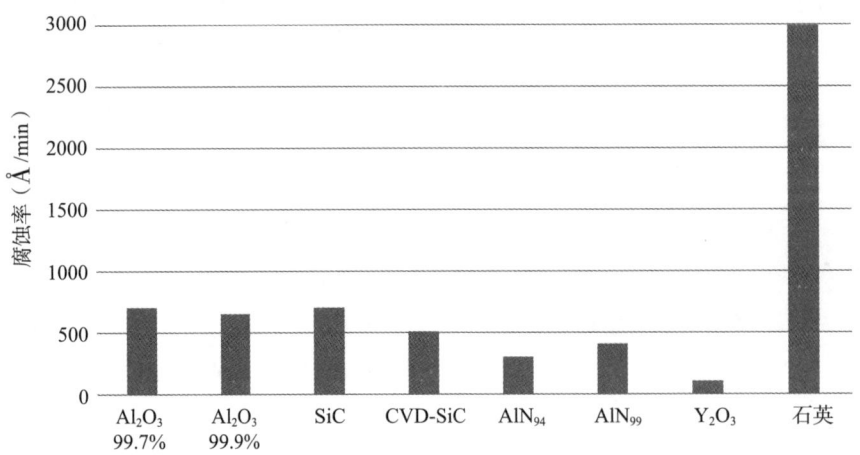

图 8-44　不同陶瓷材料在 CF_4 性环境下等离子体对材料的腐蚀率

(3) 静电卡盘（ESC）：静电卡盘通过静电吸附作用来固定晶圆，其优点在于吸附作用均匀分布于晶圆表面，晶圆不会发生翘曲变形，吸附作用力持续稳定，可以保证晶圆的加工精度；静电卡盘对晶圆污染小，对晶圆无伤，可以应用于高真空环境中。

晶圆在刻蚀的整个过程中是被下电极系统中的静电卡盘（ESC）吸附固定住的，并且向静电卡盘通入射频 RF，这样射频 RF 会在晶片上形成 DC bias（直流偏压）。这样促成等离子体对晶片的刻蚀反应。同时，静电卡盘会对晶片实现温度控制，以促进晶片刻蚀的均匀性。静电卡盘内部主要由介电层、基座以及加热层组成，其内部结构剖面如图 8-45 所示。氧化铝和氮化铝因其热导率高，热膨胀系数低，常用于制作静电卡盘的介电层材料。

按照力学模型来划分，陶瓷静电卡盘可分为库仑型（Chuck）和 Johnsen-Rahbek（J-R-Chuck）两大类。库仑型静电卡盘与晶片接触的表面的介电层为高电阻率陶瓷材料，陶瓷层中夹有一层导电电极层，当电极被接通到高压直流电源后，介电质的表面会产生极化电荷，分布在晶圆背面的电荷与分布在卡盘上面的电荷极性相反，晶圆即会被卡盘吸住；库仑卡盘（>10kV）以高电压在介电层产生极化电荷（电容），介电材料

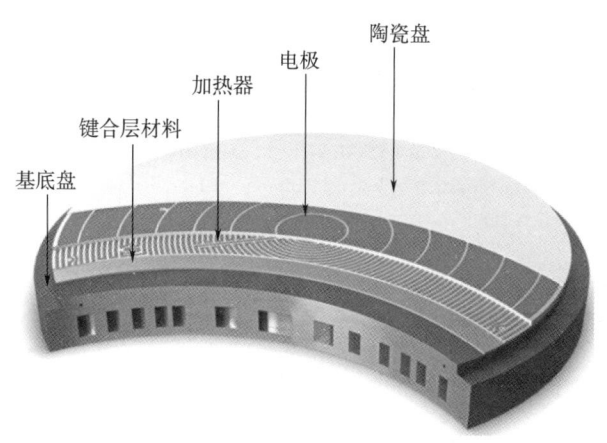

图 8-45 静电卡盘内部结构剖面图

性能要求：高电阻率＞10^{15} Ω·cm，高击穿电压＞20kV/mm，常用介电材料为高纯氧化铝 96%～99.9%。而 J-R 型静电卡盘使用的介电层材料为具有一定导电性，其介质表面不仅有极化电荷，还有很大部分自由电荷，而且 JR 静电吸盘的吸力比库仑型的吸力要大。上述两类静电卡盘产生电荷的原理及分布状态如图 8-46 所示。JR 卡盘（＜10kV）除了极化电荷外，在一定导电性的介电层中由漏电流产生额外自由电荷。介电材料性能要求：可控电阻率：10^8～10^{12} Ω·cm。常用介电材料：导电陶瓷。

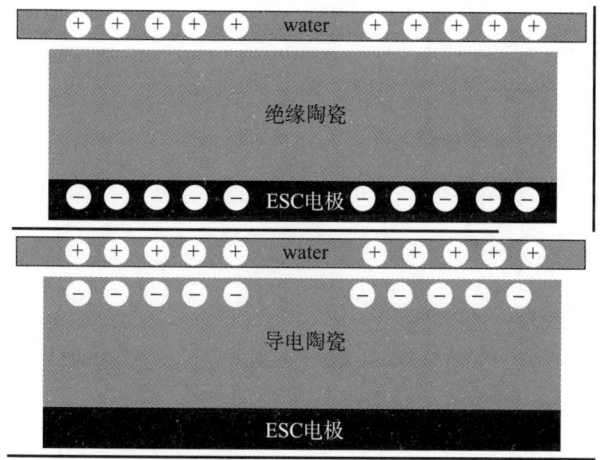

图 8-46 库仑型和 J-R 型静电卡盘电荷分布状态

无论是 J-R 型静电吸盘还是库仑力型静电吸盘的主体结构都是三部分：电介质吸附层、电极层（单区，双区，三区）、基底层。三部分都以层状结构叠合在静电卡盘内。一般的静电卡盘直接由这三层主体结构构成并加入部分辅助结构如电极柱、导热通道、固定孔等（图 8-47）。

图 8-47 三层型静电吸盘模型

（4）视窗镜：刻蚀机的视窗镜对材料透光率、耐刻蚀性要求较高，当视窗镜的耐刻蚀性能较差时，视窗镜表面易变模糊。氧化钇是一种可见光范围内透明的陶瓷材料，具有较高的透光率，可用作等离子刻蚀设备的视窗镜材料。但是氧化钇陶瓷具有烧结性能差、生产成本高、机械性能较差、难加工的缺点，通过对氧化钇陶瓷加入一定量的氧化铝形成钇铝石榴石（YAG）复合材料，其透光率和耐刻蚀性表现优异，且具有较好的机械性能，是比较理想的替代材料。

（5）喷嘴：喷嘴用于精确地控制气体流速，以将气体均匀地分散到蚀刻工艺室中。这些组件需要高等离子耐受性、介电强度以及对工艺气体和副产品的强耐腐蚀性。通常采用的陶瓷材料有氮化铝陶瓷和氧化铝陶瓷。

8.1.7 结语

国际上，日本、美国和欧洲的先进陶瓷产业在工艺、技术、设备上仍保持领先地位，尤其是日本已诞生了像京瓷、村田这样年销售达到千亿级的世界 500 强的先进陶瓷公司。近些年来，全球在电子产品、新能源汽车、军事装备、半导体芯片与封装、泛半导体关键设备、机器人与人工智能、节能环保和医疗器械等领域对先进陶瓷材料及零部件的需求量日趋增长，也推动了陶瓷产业不断发展。各种高纯氧化物陶瓷、氮化物陶瓷、碳化物陶瓷、硼化物陶瓷的发展，特别是陶瓷材料制备技术和纳米陶瓷复合材料技术的发展，先进结构陶瓷材料的各种力学性能、热学性能、透光透波性能大幅提高，使其应用领域更加广阔。

陶瓷未来发展的趋势是通过不断满足在应用上的更高需求，发掘其针对特殊条件下的潜在性能。先进陶瓷材料有许多独特的优异性能等待我们去开发和提升，所以发展潜力巨大。随着科技的发展和人们对陶瓷材料研究的深入，先进陶瓷材料将在新材料领域占有更重要的地位。

参考文献

[1] 谢志鹏. 结构陶瓷 [M]. 北京：清华大学出版社，2011.
[2] 谢志鹏. 智能终端陶瓷 [M]. 北京：清华大学出版社，2021.
[3] 王零森. 特种陶瓷 [M]. 长沙：中南工业大学出版社，2003.
[4] 郝元凯, 肖加余. 高性能复合材料学 [M]. 北京：化学工业出版社，2004.
[5] 宋涛, 宁小亮, 李伶, 等. 国内外先进陶瓷发展现状及趋势 [J]. 山东陶瓷，2016，39 (3)：19-23.
[6] 张伟儒, 李伶, 王坤. 先进陶瓷材料研究现状及发展趋势 [J]. 新材料产业，2016 (1)：2-8.
[7] 赵亚娟. 国际先进陶瓷材料研究现状 [J]. 新材料产业，2006 (8)：55-62.
[8] D R 约翰逊, R B 舒尔茨, 潭泳絮. 日本结构陶瓷的研究与开发 [J]. 江苏陶瓷，1985 (2)：74-79.
[9] 崔滢. 仿生有序多孔材料的制备及其应用 [D]. 杭州：浙江大学，2018.
[10] 苏海萍. 酚醛树脂基多维炭材料的制备及其在能源环境方面的应用研究 [D]. 上海：华东理工大学，2017.
[11] ZHOU Y, HYUGA H, DAI K, et al. Development of high-thermal-conductivity silicon nitride ceramics [J]. Journal of Asian Ceramic Societies, 2015, 45 (8): 12-16.
[12] ZHOU YOU, HIDEKI HYUGA, DAI KUSANO, et al. A tough silicon nitride ceramic with high thermal conductivity [J]. Adv Mater, 2011, 23: 4563-4567.
[13] 王黎钦, 贾虹霞, 郑德志, 等. 高可靠性陶瓷轴承技术研究进展 [J]. 航空发动机，2013，39 (2)：8.

[14] 徐慧芳,冷泠,赵婉雨.生物陶瓷应用与市场分析[J].新材料产业,2016(1):13-16.

[15] CHEN Y W, MOUSSI J, DRURY J L, et al. Zirconia in biomedical applications [J]. Expert Review of Medical Devices, 2016: 1-19.

[16] 黄国灿,刘鹏,徐斌,等.复合结构激光陶瓷研究进展[J].人工晶体学报,2016,45(5):1248-1254.

[17] LI JIANG, WU YUSONG, PAN YUBAI, et al. Fabrication, microstructure and properties of highly transparent Nd:YAG laser ceramics [J]. Optical Materials, 2008, 31 (1): 6-17.

[18] E BURCU. Sintering applications: powder preparation, properties and industrial applications of hexagonal Boron Nitride [J]. In Tech, 2013: 33-53.

[19] RUMEN DARAKCHIEV, SIMEON DARAKCHIEV, DANIELA DZHONOVA-ATANASOVA, et al. Ceramic block packing of Honeycomb type for absorption processes and direct heat transfer [J]. Chemical EngineeringScience, 2016, 155: 127-140.

[20] B K NANDI, R UPPALURI, M K PURKAIT. Preparation and characterization of low cost ceramic membranes for micro-filtration applications [J]. Applied Clay Science. 2008, 42 (1-2): 102-110.

[21] 程卫桃.碳化硼防弹陶瓷工程应用分析[J].中国陶瓷,2005 (3):31-32.

[22] 吴燕平,燕青芝.防弹装甲中的陶瓷材料[J].兵器材料科学与工程,2017,40(4):135-140.

8.2 先进陶瓷粉体企业

东曹株式会社（Tosoh）

地址：日本东京都港区芝 3-8-2
电话：0081 3 5427 5118
网址：www.tosoh.com
单位介绍：东曹株式会社于1935年诞生在日本山口县周南市。在这块位于濑户内海的土地上，经过半个多世纪的艰苦创业，东曹已经由一家以生产烧碱和纯碱的单一型企业发展成为日本的大型石油化工综合企业集团。公司前身为东洋曹达工业株式会社（TOYO SODA），1987年更名为现在的东曹株式会社。现在，东曹为了实现通过化学创新，实现幸福，回报社会这一企业理念，一直立足于技术革新，重点实施以通用化工产品和功能产品为两大核心的发展战略。公司产品涉及石油化工、无机化工、精细化工、电子材料、医疗诊断和食品制造等领域。目前在全球共设有130多家分支机构，拥有员工11000多人。
主营产品：TZ系列氧化锆粉末。

宇部兴产株式会社（UBE）

地址：日本东京 105-8449 芝浦港区 1-2-1Seavans 北楼/山口 755-8633 宇部 Kogushi
电话：0081 3 5419 6186
网址：www.ube-ind.co.jp
单位介绍：宇部兴产株式会社（Ube Industries）是日本一家生产化学品、塑料、电池材料、医药、水泥、建材、机械产品的化工公司。宇部兴产于1897年由日本众议院成员 SukesakuWatanabe 创建。自成立以来，公司已建立八大核心业务部门：化学品、塑料、特种化学品及制品、水泥、医药、机械、金属制品、能源和环境。宇部兴产股票在东京证券交易所福冈证券交易所上市交易，是日经225股票指数成分股。宇部兴产是三菱UFJ金融集团 Keiretsu 成员。宇部兴产株式会社与日本 IHI 株式会社、标盾公司等于2017年度试制陶瓷基复合材料（CMC）的飞机发动机用高压涡轮叶片，还与日本京瓷株式会社签署合资协议，合作生产用于5G基站的陶瓷滤波器。宇部兴产利用化学合成法制备的粉体产品质量高，是制备高精度氮化硅轴承的较好材料。
主营产品：高纯氮化硅粉（SN-E10/SN-E05/SN-E03/SN-ESP）。

住友化学

网址：www.sumitomo-chem.co.jp
单位介绍：住友化学创办于1913年。为解决在爱媛县新居滨别子铜山炼铜时产生的废气所导致的烟害问题，利用造成烟害的亚硫酸气体制造肥料，这是住友化学的起点。谋求解决别子铜山的烟害问题，同时也为了对粮食增产作出贡献应运而生的住友化学，始终秉承公司自创立之初的理念，即不仅只是追求公司自身的利益，而是要通过发展事业为社会作出广泛贡献。这一理念代代相传。公司也随着时代的变迁，不断进行事业变革发展至今。现在，住友化学集团的事业涉及石油化学、能源、功能材料、信息电子化学、健康、农业相关事业、医药品五大领域，面向全球为多个产业提供产品并为人们提供日常生活所需的用品。为获得客户、股东、投资者以及地区等相关各方的高度认可，住友化学集团将一如既往，以解决资源、能源、粮食、环境问题等国际社会关注的课题并以提高人们的生活品质为目标，灵活运用长年积累和培育的技术，为社会作出更大贡献。
主营产品：氧化铝。

Iwatani Corporation

网址：www.iwatani.co.jp
单位介绍：我们周围的工业，如钢铁、玻璃、陶瓷、汽车和半导体工业，都是由各种各样的原材料支撑的。重要的是，在日本这个资源贫乏的国家，获得高质量的原材料并确保它们的稳定供应对工业活动至关重要。在资源和先进材料部门，公司根据客户的需求从日本和其他国家选择和采购好的原材料，并利用公司多年来在处理矿物砂、耐火材料方面的经验，努力确保它们的稳定供应。
主营产品：高纯氧化铝。

KCM Corporation

网址：www.kyoritsu-kcm.co.jp
单位介绍：公司成立于1936年，当时的名称为"KyoritsuGenryo Co.，Ltd."。多年后，公司作为 Noritake 集团的成员，向广泛领域的客户提供各种陶瓷材料。这些年来，公司已将业务扩展，从成立时的陶瓷原料到玻璃原料、电子零件和材料等。
主营产品：KZ-3YF type NF-S 氧化锆。

NIPPON AEROSIL CO.，LTD

地址：Shinjuku Monolith 13F 2-3- 1 Nishi-Shinjuku Shinjuku-ku Tokyo 163-0913
电邮：yuko.kawabe@evonik.com
网址：www.aerosil.com
单位介绍：如果没有这种气相氧化物，许多日常事情都将无法想象。AEROSIL® 随处可见，例如在化妆品行业，它可以增加口红的耐温性。AEROSIL® 还用于游艇的生产以及电子行业。与此同时，AEROSILO® 也被用于浴缸有机硅密封剂及汽车涂料中。在这种情况下，AEROSILO® 能够实现触变性、低吸湿性、机械稳定性和流变性能的优化。在公司的研究中心，我们致力于为众多产品设计新型解决方案，这会促进公司客户产品的持续发展。公司致力于研究面向未来的创新应用，使得我们的客户也能共同分享这些持续成长中的市场。凭借产品的多功能性，我们相信 AEROSIL®。
主营产品：AEROSILO® 气相法二氧化硅。

NIPPON CHEMICAL INDUSTRIAL CO.，LTD

网址：www.nippon-chem.co.jp

单位介绍：我们重视人与自然环境和谐相处的科技发展。这是因为我们希望成为一个支持创新思想萌芽的公司，从追求日常的努力和工作效率，到提高我们公司独特的技术能力。此外，我们支持每个人的激情，在化学的各个领域，有无限的可能性，我们期待成为一个实现梦想的公司。

主营产品：氢氧化钡。

SAKAI CHEMICAL INDUSTRY CO., LTD

地址：5-2, Ebisujima-cho, Sakai-ku, Sakai-shi, Osaka 590-8502
电话：0081-722234111
网址：www.sakai-chem.co.jp
单位介绍：粉末加工技术为无机化合物增加了先进的功能。我们在将业务从无机物质扩展到有机物质的过程中获得了有机合成技术，以及可满足医疗和健康领域各种需求的制药制造技术。KAl化学集团在2018年庆祝成立100周年。在漫长的历史中，我们通过深化和扩展这些核心技术发展了一系列业务，同时克服了许多艰巨的挑战，并且一直是日本尖端制造的组成部分。近年来，在我们的社会和经济环境中看到的变化速度进一步加快，并且它们对公司活动的影响比以往任何时候都更大。在过去的几年中，我们一直在全集团范围内努力提高现有业务的收入，拓展新的业务领域，并加强海外业务。这些活动开始稳定地取得成果。秉承承诺和热情，满足您的所有期望。我们将继续汇聚所有董事和员工的智慧、技能和能量，并帮助发展坂井人民的基因和历史悠久的技术，以便我们可能会在接下来的100年和超越我们的新时代继续自我更新。

主营产品：二氧化钛。

昭和电工株式会社（Showa Denko）

地址：神奈川县横滨市神奈川区惠比须町8番地
单位介绍：自1939年公司成立至今，集团在全球拥有139家关联公司，11200余名雇员，在全球开展富有个性化的事业。昭和电工除了石油、化学、无机、铝加工产品以外，也生产电脑等的核心部件——硬盘电路板，并且采用昭和电工独有的技术推进与中国的战略合作，面向汽车、信息、电子元件市场，以稀土磁铁用合金事业等信息相关部件、构件等作为主力事业。其中本公司的硬盘生产量占全世界份额20%，市场销售量也处于领先地位。另外，昭和电工集团已经在上海区域设立了6个分公司，并以此为中心在全中国的14个分公司开拓事业。

主营产品：绿色碳化硅细粉

第一稀元素化学工业株式会社

地址：4-4-7, imabashi, chuo-ku, osaka 541-0042, japan
电话：0081-662313835
电邮：enomoto-mitsutaka@zr.dkkk.co.jp
网址：www.dkkk.co.jp
单位介绍：公司成立于1956年。公司的创立是出于创始人的愿望：在没有任何约束的情况下，研究其他任何人都无法从事的物质。当时，锆非常昂贵，除在核反应堆中使用金属锆外，并不普遍使用。该物质没有用处，需求很少，没有公司对此进行研究。但是，它是一种迷人的物质。公司自成立以来，一直致力于阐明锆化合物的特性并致力于开发其应用。最初，由于其具有疏水性，因此被用于纸板的表面处理剂。现在，它用于涂料、造纸、陶瓷、光学材料、电子材料、氧气传感器、精细陶瓷和许多其他工业领域。特别是由于其耐热性和离子传导性，它被用于排气净化催化剂中，并且从环境的角度来看被认为是汽车工业中必不可少的物质。作为一种用于原子能领域的材料，锆诞生了60多年，如今它正以燃料电池的形式出现在能源革命的中心阶段。作为全球较大的锆化合物制造商之一，我们将领导其应用开发，并努力进一步增强集成的生产系统，该系统的所有流程均在内部进行，从而提高了质量、数量和成本，增强技术能力，以满足所有需求，并提高企业价值。

主营产品：氧化锆（DK-1）。

3M

地址：美国明尼苏达州的圣保罗市
电邮：info.technical-ceramics@3m.com
网址：www.3m.com
单位介绍：3M（3M Company），全称明尼苏达矿业及制造公司（Minnesota Mining and Manufacturing Company），是世界知名的多元化科技创新企业，创建于1902年，总部位于美国明尼苏达州的圣保罗市。3M开发的产品从家庭用品到医疗产品，从运输、建筑到商业、教育和电子、通信等各个领域，极大地改变了人们的生活和工作方式。

主营产品：高纯度熔融石英（99.7%）。

ZIRCAR Ceramics, Inc.

地址：100 N. Main St. Florida, NY 10921 USA
网址：www.zircarceramics.com
单位介绍：ZIRCAR Ceramics, Inc.（ZCI）于2000年7月1日开始运营。它是在ZIRCAR Products, Inc.（ZPI）重组后成立的。ZIRCAR Ceramics是一家独立的公司，旨在更好地为客户提供服务，并继续ZPI真空成型产品利润中心的业务。ZCI从事高温绝缘，加热器和耐火产品的设计、开发、制造和销售。

主营产品：氧化铝散纤维。

J. M. Huber Corporation

电邮：fra.asia@huber.com
网址：www.hubermaterials.com
单位介绍：Huber工程材料（HEM）是全球领先的工业化学制造企业，不断创新和转型，超越客户的期望和行业标准。公司以优质的客户服务和技术服务为傲，同时专注于创造、开发和生产优质的工程专用配料。我们所有的工业化学品生产都是为了提高工业、农业和消费类应用产品的性能、吸引力和加工能力。

主营产品：Martoxid® 煅烧铝。

SACHEM

地址：5700 S MOPAC EXPY BLDG B, STE 200, AUSTIN,

8.2 先进陶瓷粉体企业

Texas, United States
电话：001-512-4214920
网址：www.sacheminc.com
单位介绍：SACHEM 公司成立于 1950 年，是一家私人控股的化工科技公司。由于我们专注于开发高纯度技术、高性能产品以及为我们的高科技客户所提供的服务，源源不断的需求使得我们不断扩大服务、生产和在全球发展的支持能力。SACHEM 始终坚持世界级制造标准，并分别在奥斯汀（美国得克萨斯州）、克利（美国得克萨斯州）、扎尔特博默尔（荷兰）、东大阪（日本）以及无锡（中国）全球五个地区设有办事处，开展业务。在发展办事处的同时，我们还扩充了我们的全球精英团队，大力引进科学家、工程师、操作员、服务专员以及业务专员等专业人才以满足客户不断发展的需求。
主营产品：先进陶瓷纳米粉：Avanta AC™。

MOMENTIVE

地址：中国上海浦东新区张江高科技园区李冰路 227 号
网址：www.momentive.com
单位介绍：在迈图，我们问的重要问题就是"如果……将会怎么样"，这个问题直接说出了我们的信仰。这就像是一种探索精神，一种致力于发现更新及更好事物的热忱。我们用不懈坚持和先进技术接近每一个机会。我们确信合作和伙伴关系会产生积极的结果。我们相信，和您一起，可以共同突破我们认为的可能性的界限。在过去超过 75 年的时间里，我们形成了以意想不到的、创新的方式，来看待和解决各种挑战。从首次登月行走的靴子的鞋底，到地球上紧扣路面的轮胎，我们研发行之有效的解决方案，即呈递预想结果的解决方案。我们是渴望理解您所面临挑战的强有力的合作伙伴。我们拥有深厚的行业知识和丰富的综合经验，能够激发大胆的解决方案和突破性的创新。我们坚持提出"如果……将会怎么样"的问题，然后通过创新让"如果……将会怎么样"成为现实。
主营产品：氮化硼粉末和涂料、热压成型的氮化硼制品和复合材料、热解氮化硼、热解石墨、高导热石墨及复合材料、加热器和加热总成、二硼化钛粉末、碳化物涂层、石墨单色器。这些产品可用于化学物半导体、电气绝缘、加热、光电池等设备中重要电子元件的散热，保持设备冷却的同时还能延长使用寿命，提升可靠性。

AlMATIS 安迈铝业公司

电话：0049（0）699573410
电邮：info@almatis.con
网址：www.almatis.com
单位介绍：Almatis 的业务遍及全球，在中国、德国、荷兰、美国、日本、印度分别设立了多家全资拥有的子公司。全球化的布局使安迈铝业化学能够向世界各地的客户提供高质量的产品和及时的售后服务和技术支持。安迈铝业遵循严格的环境、健康和安全的方针和准则，在全球范围内安全、负责地工作，尊重环境和员工的健康，尊重承包人、客户及公司所属的社区。安迈的产品被广泛地应用于各个行业，包括炼钢、水泥制造、有色金属制造、塑料制造、造纸、陶瓷制造、地毯制造及电子行业。我们塑造了氧化铝的未来。Almatis 拥有 100 多年的氧化铝专业知识，是全球的高级氧化铝和氧化铝基产品的研发、制造和供应者。Almatis 是全球完全集成的生产商，为客户提供了来自 16 个战略定位的销售、研究和制造地点的服务。我们的员工通过好的客户服务、技术支持和制造服务，努力超越客户的期望。我们实施较先进的技术和不断的改进计划，这些计划已经建立了较好的产品作为质量和一致性的基准。我们对与客户建立强有力的伙伴关系的承诺创造了支持和加强世界所有区域经济增长的创新解决方案。
主营产品：煅烧氧化铝。

TREIBACHER INDUSTRIE AG

地址：TreibacherIndustrie AG Auer-von-Welsbach-StraBe 1 9330 Althofen
电话：0043-（0）4262/505-0
电邮：treibacher@treibacher.com
网址：www.treibacher.com
单位介绍：TREIBACHER INDUSTRIE AG 是一家拥有 120 多年化工、冶金经验的跨国公司。公司总部设在德国特雷巴赫工业公司，主要开发和生产用于钢铁和铸造工业的铁合金、用于碳化物工业的粉末、用于高性能陶瓷和精细化学品的材料以及特殊合金。
主营产品：稀土氧化物（REO）。

Nabaltec AG

地址：Nabaltec AG AlustraBe 50-5292421 Schwandorl
电话：0049-94353-0
电邮：sales@nabaltec.de
网址：https://nabaltec.de
单位介绍：作为环保、阻燃填料和特殊氧化物的提供商，我们为全球不断增长的市场提供服务。造成这种情况的原因是人们对环境、安全和可持续性的意识日益增强。在法规要求和行业自愿承诺的推动下，可持续发展的环保产品和工艺不断占据上风。这也增加了对我们产品的需求。
主营产品：氢氧化铝。

HENZE Boron Nitride Products AG

电话：0049（0）837458997
电邮：info@henze-bnp.de
网址：www.henze-bnp.de
单位介绍：HENZE Boron 是一家六方氮化硼创新产品制造商。公司位于德国南部肯普滕附近的劳本，拥有 40 名员工。这家年轻而充满活力的家族企业由彼得·亨茨（Peter Henze）于 1993 年创建，目前由他的两个儿子克里斯托弗·亨茨（Christoph Henze）和马蒂亚斯·亨茨（Matthias Henze）管理。我们的主要业务之一是加工由烧结氮化硼制成的工业陶瓷，用于各种高温应用，如板、棒、垫片、气缸、中空件管、轧辊、坩埚、喷嘴和塞子。我们使用较先进的加工中心生产烧结氮化硼以满足客户的要求。零件的形状和尺寸似乎可以无限变化，也可以是复杂的几何形状。由于我们的 HeBoSinto 产品使用的原材料纯度高,最终产品确保了工艺安全,减少了故障。我们的产品范围还包括氮化硼粉末、涂料、喷雾剂和润滑油添加剂。我们为客户开发创新和量身定制的解决方案。他们受益于我们在持续的对话中提供的建议和专业知识,这往往会导致全新的和客户定制的发展。我们的快速决策过程、灵活性以及跳出思维定势的能力是关键特点,同时我们为全球 30 多个工业部门供货。用户行业涉及汽车、航空、太空旅行电子及传感器能源技术、发电、减摩、耐磨及耐腐蚀、高温应用、金属工业、光伏、等离子体处理、耐火材料、半导体加工、设备表面处理、真空技术。生产设备包括:3D 工艺,精加工,硬加工。

主营产品:氮化硼粉体、氮化硼陶瓷、机械工程陶瓷。

Nanoe

地址:6 Rue des Frênes,91160 Ballainvilliers,FRANCE
电话:+33 6 50 88 91 26
电邮:l.lin@nanoe.com
网址:www.nanoe.com
单位介绍:Nanoe 于 2008 年由三位工程师创立,是一家专注于创新材料设计制造的法国企业。Nanoe 在 2019 年实现了超过 100 吨工业用高纯度粉末的产能,如今已成为在陶瓷粉末领域,尤其是氧化锆增韧氧化铝材料生产方面的杰出参与者。我们凭借在原材料制造方面的专业实力,在 2018 年推出 Zetamix 品牌,是首个致力于生产人人皆可用的 3D 打印陶瓷长丝和金属长丝的品牌。
主营产品:纳米 ZTA/ATZ、氧化铝、氧化钇、氧化锆等,FDM 技术陶瓷/金属 3D 打印线材。

Alteo 阿泰欧法铝业

地址:中国上海市徐汇区虹桥路 1 号港汇中心办公楼一座 3507 室
电话:021-63351300
电邮:xiaoxi.sun@alteo-alumina.com
网址:www.alteo-alumina.com
单位介绍:多年来依次作为法国 Pechiney 集团、加拿大铝业集团和力拓矿业集团的业务单位,在被 H.I.G 欧洲资本收购后,Alteo 集团于 2012 年 8 月 1 日正式成立。作为具有 120 多年历史的氧化铝生产企业,Alteo 集团已发展成为全球顶尖的一体化专业氧化铝供应商。作为全球较大的非冶金级氧化铝生产商,Alteo 提供独特而广泛的产品系列:从常用的氢氧化铝和专业煅烧氧化铝,到板状刚玉和电熔刚玉。对于我们的目标市场:陶瓷、耐火材料、磨料、玻璃和阻燃剂,产品质量和服务就是关键。Alteo 供应高附加值的专业氧化铝基产品,为客户以及他们的高技术应用确保提供物理和化学特性稳定一致的产品。经验丰富的优秀雇员团队,不断致力于持续改进,确保了产品的质量和稳定。Alteo 所有业务经 ISO 9001 质量、ISO 14001 环境和 OHSAS 18001 健康与安全的企业标准认证。
主营产品:氧化铝。

Cerpotech

电话:0047(0)91671322
电邮:anne@cerpotech.com
网址:www.cerpotech.com
单位介绍:Cerpotech 公司专注于生产功能材料用的先进陶瓷粉体。我们的生产能力包括定制研发需要的粉体以及工业生产所需的吨级粉体供应。借助我们独特的生产工艺,我们能够为顾客合成具有特殊加工要求和终端产品性能的定制化高质量粉体。因此,我们使顾客和合作伙伴可以在许多不同的技术领域发展并生产出创新产品。主要应用包括:用于电子元件和传感器的电子陶瓷和介电陶瓷;能源技术及发电领域所需的薄膜及 SOFC/SOEC;高温装置的涂层材料;激光技术和光学器件所需的光学材料和透明陶瓷;等离子体处理所需的靶材材料及靶材;增材制造中的不同应用。本公司位于挪威 Trondheim,于 2007 年在挪威科技大学成立。行业用户涉及 CIM、绝缘隔热元件、电子传感器、能源技术、粉末生产、环保技术、高温装置、激光技术、光学元件、光伏工业、等离子体处理、研发需要(大学、研究机构、公司)、表面处理。生产技术为陶瓷原料生产、粉体加工、合成技术、喷雾热解技术。
主营产品:氧化物陶瓷粉体。

VestaSi Sweden AB

电话:0046(0)69132910
电邮:infoeu@vestasi.com
网址:www.vestasi.com
单位介绍:行业用户涉及装甲、汽车、航空航天、氮化硅电池产品、能源技术、粉末生产、环保技术、减阻装置、耐磨耐腐蚀装置、高温装置、机械工程和化学工程。生产技术包括粉体加工,合成技术。
主营产品:轴承用氮化硅粉体、氮化硅。

Bakony Technical Ceramics Ltd

电话:0036(0)88563471
电邮:info@bakonycer.hu
网址:www.bakonycer.hu
单位介绍:在高纯氧化铝技术陶瓷系列生产方面拥有 40 多年的经验,我们的高品质技术陶瓷产品广泛应用于各个行业。我们生产燃气灶和锅炉的点火绝缘子和电极,用于焊接垫加热器的陶瓷珠,手术器械的陶瓷插件,用于识别(RFID)山羊绵羊、牛等动物的陶瓷瘤胃团,陶瓷刀片完整的脱水元件,适用于长达 10m 的造纸机,用于循环泵的轴和轴承,阀门陶瓷和各种行业中使用的其他部件。产品应用领域涉及电气和保温、电气工程、电力工程、能源技术、发电、流体技术、食品和饮料应用、高温应用、医疗技术、OEM、石油和天然气、技术陶瓷、真空技术。生产工艺与设备包括三维测量、CIM、脱脂、干压、挤压、玻璃研磨、磨削尺寸凿成、硬加工、注射成型、等静压、研磨抛光、粉加工、快烧结、生坯素坯处理。
主营产品:氧化铝粉体、高纯度氧化铝、氧化铝陶瓷结构件、可加工陶瓷、氧化锆陶瓷件、焊接用陶瓷珠绝缘套管、燃气器具用陶瓷绝缘体、fid 系统用陶瓷丸、陶瓷轴承密封圈、各种陶瓷组件。

8.3 陶瓷设备厂商

大川原化工机株式会社

地址：3847，IKEBE-CHO，TSUZUKI-KU，YOKOHAMA，224-0053 JAPAN

网址：www.ohkawara-dryers.com

单位介绍：大川原化工机株式会社是一家专业的喷雾干燥机械制造商和工程服务提供商，为各种粉末和颗粒相关的行业提供研究设施。作为颗粒设计师，从早期的可行性和粉末性质研究到生产工厂的投产，努力陪伴客户。Ohkawara 的产品包括广泛的喷雾测试和粉末分析，即用喷雾干燥设备以及定制的任何类型和尺寸的喷雾干燥设备。此外，公司擅长喷雾冷却、流化床造粒、粉末性能控制以及废气脱硫，并提供喷雾袋式干燥机和双喷嘴系列专利技术。

主营产品：喷雾干燥机。

长峰制作所株式会社

地址：1725-26，KISHINOUE，MANNO-TOWN，NAKATA-DO-GUN，KAGAWA-PREF，766-0026JAPAN

电话：0081-877750007

电邮：rshin@nagamine-manu.co.jp

网址：www.nagamine-manu.co.jp

单位介绍：创业已100余年的长峰制作所以"制造惊喜和感动"为口号并参与到制造之中。以长年积累培养的精密模具的设计和制造技术的经验专攻陶瓷注射成型、蜂窝陶瓷挤压成型、特殊冲压等精密微细的制造领域，还融合功能性陶瓷和多孔体金属材料等独自研发材料技术，应对客户要求，时刻提供产品的价值和技术。

主营产品：蜂窝陶瓷成型模具。

中工精机株式会社

地址：5177-7Hiyoshi-cho，Mizunami-shi，Gifu-ken，japan 509-6251

电话：0572-69-1025

网址：www.chukoh-seiki.com

单位介绍：成立于1925年，主营加工精细陶瓷材料和一系列其他矿物的机器、污水处理机器及厂房、用于循环工业的破碎机的设计和制造、机械加工的金属元件等。

主营产品：辊式破碎机。

KROSAKI HARIMA CORPORATION

地址：15-6Nihonbashikabuto-chochuou-ku，tokyo 103-0026，Japan

网址：www.krosaki.co.jp

单位介绍：100多年来，KrosakiHarima集团通过向钢铁等材料行业销售耐火材料，为日本社会的基石——日本制造业提供支持。此外，我们利用陶瓷和与热相关的技术，探索新的可能性，例如我们的高性能、节能工业炉的设计和建造，以及我们的精细陶瓷的开发和制造，这些在前沿领域如半导体和电子元件行业是必不可少的。无论是在日本国内还是在国际上，我们都看到了影响社会生活的新问题的出现，这些问题变得越来越严重。在日本国内，我们正迈向一个超高龄社会，劳动力短缺和许多其他因素将破坏社会和工业基础设施的稳定。IT和数字领域的创新正以惊人的速度向前发展。在我们这个不可预测和不稳定的现代时代，实现可持续社会需要具备准确满足时代需求的能力，例如促进多样性和实施以可持续发展目标为代表的能源和环境措施。

主营产品：Krosaki Harima 的热陶瓷。

Shimadzu Mectem，Inc.

地址：HeadOfficeandFactory8- 1，1-chome，Tsukinowa，Otsu-shi，Shiga，520-2152Japan

电话：0081775453250

网址：www.shimadzu-mectem.co.jp

单位介绍：公司主营工业精密设备制造、销售，包括真空热处理炉烧结和热髓炉、真空/超压脱蜡及烧结炉、真空脱蜡及烧结炉、热压机、磁铁热处理炉、净化炉、烧结工艺分析仪。

主营产品：真空热处理炉（S-HIPFurnaceHHS）。

XJet

地址：Science Park，4OppenheimerStreet，Rehovot7670104，Israel

网址：www.xjet3d.com

单位介绍：XJet 是一家开创性的金属和陶瓷添加剂制造技术和解决方案的提供商。XJet 成立于2005年，研发并引进了革命性的纳米颗粒喷射技术。经过20年的研究，我们的 NPJ 技术使金属或陶瓷部件的生产与喷墨打印一样容易和多用途，而不影响产量或质量。我们的世界级团队由经验丰富的行业老手和富有活力的研发专家组成，拥有超过75项已注册和正在申请的专利。凭借我们的专有技术和成熟的专业知识，XJet 正在重新定义金属和陶瓷 AM 行业。

主营产品：XJet Carmel 700C。

Advanced Materials Technology

地址：11553ShagBarkTrailStrongsvilleOH44149

电话：440-5725243

网址：www.advancedmattech.com

单位介绍：Advanced Materials Technology 是一家独立的管理咨询公司，专门从事的行定有矿产市场、再生材料和设备等。我们的职责包括详细的市场研究和供应、需求分析，以协助矿工、矿物加工商和工业矿物的最终用户。我们还协助产品消费后的回收玻璃和工业废弃物。先进材料技术公司及其顾问在矿物加工和回收行业拥有超过35年的经验。我们在市场研究和采矿经济学方面提供广泛的专业知识，通过这种方式，客户能够根据其产品的适销性和获利能力做出现实世界的决策，我们提供矿物管理服务和矿物经济学咨询专业知识。我们致力于进行市场研究和分析、流程开发和战略规划，将生产商与分销商联系起来，为项目开发提供支持，并在矿物经济学、矿物加工、

第8章 国外先进陶瓷企业与产业状况

材料处理、资源回收和相关行业方面提供支持。我们与主要人员就塑料和涂料市场的可持续性问题进行合作,并在整个产品生命周期中(从始至终)与客户合作。我们仔细监控供应和价值链,不断提高产品性能,并寻求回收利用或寻找废料的生产用途的方法。在这方面,减少碳足迹以及产品再利用和回收是关键举措。先进材料技术可帮助客户提高产品性能并减少对环境的影响。我们与美国绿色建筑委员会等组织密切合作。我们帮助涂料客户限制 VOC 含量,并将工业后和消费后产品纳入其最终产品中。

主营产品:高山 ASP Stratoplex 空气分级机。

AdTech Ceramics

地址:511Manufacturers Roadchattanooga,Tn 37405
电话:0423-7555400
电邮:sales@adtechceramics.com
网址:www.adtechceramics.com
单位介绍:AdTech 陶瓷拥有 45 年以上的材料科学、工程模具设计和制造经验,致力于完善多层陶瓷工艺。
主营产品:HTCC 共混物。

CerCo,Inc

地址:Shreve 453 W. McConkey St,Ohio,USA
电话:3305672145-1106
网址:www.cercocorp.com
单位介绍:赛科公司专注陶瓷事业部生产和销售陶瓷护套、研磨介质和研磨衬、窑具系统、耐磨陶瓷解决方案和先进的结构部件。
主营产品:可应用于建筑陶瓷的窑炉,煅烧-粉末制备,商业烘焙电瓷电子产品(电容器、MOV's、衬底、铁氧体),砂轮陶器。

Centorr Vacuum Industries

地址:55 Northeastern Blvd Nashua,NH 03062
电邮:sales@centorr.com
网址:vacuum-furnaces.com
单位介绍:Centorr 真空工业公司由两个北美的公司合并而成:centorr 熔炉和真空工业。在热处理解决方案的开发和制造方面,两者都具有悠久的历史。Centorr 熔炉成立于 1962 年,在光缆拉伸和气体纯化领域提供了范围广泛的受控气氛,在高真空用高温炉、金属和陶瓷的处理,提供了特定的产品专业知识。真空工业始建于 1954 年,主要侧重于各种金属和陶瓷的致密化。多年来,公司在炉金属注射成型、粉末金属加工、热处理等方面累积了丰富的专业知识。
主营产品:MIM Vac 中在真空/可控气氛 Debind 和烧结 Furance。应用于金属注射成型、脱脂、烧结。温度可达 1650℃ (3000°F)。

Stratasys 3D

地址:7665CommerceWayEdenPrairie,MN55344
电话:0019529373000
电邮:marketing.cn@stratasys.com
网址:www.stratasys-china.com
单位介绍:Stratasys 是航空航天、汽车、医疗、消费品和教育等行业的应用型增材技术解决方案的大型美国 3D 打印公司。30 多年来,对客户业务需求持续深入的关注推动了公司有针对性的创新。目前公司已获得批准和待批准的增材技术共有 1200 项,这些创新从设计原型到制造模具再到最终生产零件的整个产品生命周期都创造了新的价值,当然也包括 stratasys 中国。
主营产品:牙科 3D 打印机(J720)。大吞吐量、全彩牙科打印。在同一个托盘上同时打印多个对象类型甚至多种材料,产出速度远超容量较小的单一材料打印机。产出色彩准确逼真的患者口腔模型,提高患者案例的可接受度,减少 C&B 重制次数。凭借高出 1.75 倍的吞吐量,每次产出更多打印案例。

FREY

地址:ImagePapyrerstraBe 12D-83661 Lenggries-Fleck
电邮:Imageinto@trey-lenggries.de
网址:www.trey-lenggries.de
单位介绍:Frey&Co 有限责任公司于 1989 年在德国慕尼黑成立,专注研发和制造粉末冶金用成型设备和模具工具。基于公司全体员工多年在粉末冶金行业所积累的经验,公司开始研发及制造等静压机和粉末压机设备。如今,公司的雇员在 40 名左右,主要专注于设备的研发制造、产品的设计咨询、工具模具的设计与生产、工艺技术开发及内部测试服务等。我们的设备主要面向以下不同的应用领域进行开发和制造:为汽车行业供应商生产齿轮、油泵或铁基闭合器部件,在硬质合金、钨钼深加工行业制造各种刀具、棒材、管材等,在牙科行业可用于制造由氧化锆制成的植入物和牙桥,在医疗技术上可用于制造人造膝关节和踝关节,在电子工业用于生产电子元件、基板和磁芯。此外,还有更多其他的应用领域。
主营产品:德国 FREY 干袋式冷等静压机——EasyISO 型。

ECT-KEMA GmbH

电话:0049(0)473581878777
电邮:info@ect-kema.de
网址:www.ect-kema.de
单位介绍:ECT-KEMA GmbH 是一家专注于陶瓷应用的公司,提供多种工业应用解决方案。ECT-KEMA GmbH 的应用领域广泛,包括添加剂制造、航空航天、汽车工程、陶瓷和连接技术、化学和制药、电子工程、环境工程、玻璃工程、测量系统、医疗工程、金属工程、军事工程、光学、造纸技术、塑料工程、粉末供应商、电力工程、纺织工业等。
主营产品:陶瓷及其相关技术产品。

Fraunhofer-Allianz AdvanCer

电话:0049(0)35125537504
电邮:susanne.freund@ikts.Fraunhofer.de

8.3 陶瓷设备厂商

网址：www.advancer.fraunhofer.de
单位介绍：Fraunhofer-Allianz AdvanCer 公司有四个 Fraunhofer 研究机构（IPK、IWM、HTL 和 IKTS）的科学家和工程师，已经在先进陶瓷领域建立了很强的竞争力。Fraunhofer-Gesellschaft 是欧洲应用研究的代表。公司承担工业和公众用户的合同研究。对于工业客户，可以用较低成本快速设计出针对技术和组织问题的即用型解决方案。研究范围：涵盖了全增值链，从通过应用导向材料、生产加工过程的建模和模拟到元件表征、评估以及非破坏检测。AdvanCer 活动包括展示示范高性能陶瓷的系统解决方案以及针对生产商和用户的培训、咨询和转化服务。

KOMAGE

地址：DrHermann-Gellner-Str. 1 D-54427 Kell am See
电话：0049-（0）65899142-0
电邮：info（at）komage.de
网址：www.komage.de
单位介绍：超过 110 年来，Komage 一直在为各种行业和工业应用开发和生产冲压技术及周边系统。该公司的压力机系统依靠机械、液压和电力驱动。在可能的情况下，可以结合使用不同驱动概念的优势。尽管 Komage 粉末压力机的设计布局截然不同，但它们有一个共同点：粉末压力机的压力可自由配置。没有现成的解决方案，我们可根据客户的具体要求进行工程设计。与具有固定且因此不可更改的性能数据的竞争对手的印刷机不同，我们的开发可以随时根据客户的生产要求进行个性化定制。
主营产品：E 系列粉末液压机。该伺服电动粉末压机 E30 节省高达 80%的能源成本，同时节省宝贵的生产空间。

Lippert

地址：P. O. Box 112092686 Pressath
电话：00499644/67-0
电邮：lippert@lippert.de
网址：www.lippert.de
单位介绍：Lippert 是一家独立的、中等规模的家族企业。Lippert 公司由两个业务部门组成：陶瓷工业机械和物料自动化处理。其产品和服务范围涵盖设计规划、软件生成到中央机柜制造安装和售后服务。Lippert 使用较先进的工程和设计技术，包括七+3D-CAD 工作站和全自动激光切割线。Lippert 是 KUKA 的 ISO 9001：2008 认证和官方系统合作伙伴。其主要优势是结合高品质的技术和设备，灵活处理合作订单，致力于客户服务。
主营产品：陶瓷工业机械和物料自动化处理设备。

Elstein-Werk M. Steinmetz Gmbh & Co. KG

地址：Stettiner Strasse 14DE-37154 Northeim
电话：0049（0）5551983
电邮：info@elstein.com
网址：www.elstein.com
单位介绍：Elstein-Werk 成立于 1950 年，是世界上专业生产陶瓷红外加热器的工厂。从一开始，我们就一直在使用自己的专利和程序来开发红外线加热器，至今仍为较先进的设计、动力和质量设定标准。通过不断的开拓性工作和不断的产品开发，我们一直能够开拓红外加热技术在经济上的重要应用领域。埃尔斯坦-韦克陶瓷红外加热器，其不同的几何形状、功率水平和热反应时间，为加热和干燥过程提供了许多可能的解决方案。
主营产品：Elstein 高温加热器。

LOOMIS PRODUCTS Kahlefeld GmbH

电话：0049（0）6301799997
电邮：loomisproducts@loomis-gmbh.de
网址：www.loomis-gmbh.de
单位介绍：行业用户涉及装甲；汽车；航空航天；牙科技术；绝缘隔热元件；能源技术；发电；减阻装置；耐磨耐腐蚀装置；实验室技术；激光技术；机械和化学加工工程；医药技术；金属工业；油气；光学；难熔材料；工业陶瓷。生产技术包括装配、CIP、干压、挤出、快速陶瓷生产；硬加工；等静压；P/T 模拟器；粉体加工；压制；真空成型生产；湿压 WIP。特有技术有减压系统、调速挤压工艺、材料分析。
主营产品：各种陶瓷与金属粉末成型机械设备。

塞里诺夫集团

地址：Rua Paulo VI, 2490 Vale Sepal 2415-614 Leiria Portugal
电话：0033-555042456
电邮：j.daems@cerinnov.com
网址：www.cerinnov.com
单位介绍：塞里诺夫集团（Groupe Cerinnov）由陶瓷设备制造商艾尔梅塞拉姆公司（Sociétés Elmeceram）与激光材料交互技术塞拉斯公司（Cerlase）合并而成，两家公司分别成立于 1975 年和 1998 年。其中，塞拉斯公司在合并之前，已持有激光烧结专利。塞里诺夫集团专注于陶瓷及玻璃行业生产线及印花设备，并以不断的技术创新引领行业的发展。事实上，塞里诺夫研发部门一直与客户紧密联系，并按照客户生产实际需求来研发新的设备与技术。同时，集团一直秉承内部优化的方式来启动并执行新的项目，即从前期的方案构思，到研发测试、工艺改良及陶瓷工业实际应用等，各个环节都作为完整的有机整体由集团统筹规划并执行。2013 年，法国和德国的维斯特拉公司（Wistra France et Wistra Allemagne）也并入塞里诺夫集团。维斯特拉公司作为专业的陶瓷窑炉供应商占据新型和传统型窑炉市场很大份额。凭借 100 多年的行业经验，维斯特拉公司始终处于陶瓷工业生产技术的最前沿。自 2010 年以来，塞里诺夫集团已经广泛为传统陶瓷制造业提供完整的交钥匙工程。而随着维斯特拉公司的加入，集团业务领域也更加广泛。
主营产品：维斯特拉陶瓷窑炉。

法国 BMI 工业炉公司

地址：里昂
网址：www.sopara-lpa.fr
单位介绍：法国 BMI 工业炉公司（FOURS INDUSTRIELS B. M. I）成立于 1947 年，位于法国工业城市里昂，是真空热处理炉专业生产厂家。

主营产品：立式真空气淬炉（VSE8-T）。

3D CERAM

单位介绍：3D CERAM 公司于 2001 年成立于法国利摩日。公司自成立起就致力于陶瓷 3D 打印技术及打印材料的研究开发，经过 10 多年的努力发展，已经成为陶瓷 3D 打印领域的专家，成功研发出专业的工业级陶瓷 3D 打印机 CERAMAKER，以及与之配套的陶瓷打印多种材料，已经将陶瓷 3D 打印技术成功地应用于工业、航空航天、珠宝奢侈品以及医疗植入物等行业。其独特工艺为技术陶瓷开拓了新的应用领域，目前我们的客户已经涉及了制造业、生物医疗以及奢侈品等行业。其中奢侈品行业有手表、珠宝等，生物医疗行业有定制的骨科植入物，工业领域行业有化工、电子通信、航空航天、科研等。

主营产品：CERAMAKER 打印机、3DMIX 打印材料、FCP 服务。

法国 SAT 工业炉公司

网址：www.zsqspring.com
单位介绍：法国 SAT 工业炉公司成立于 1953 年，拥有 60 余年的行业经验和独特技术诀窍，已在全世界范围内成功安装 10000 多套铝合金工业炉、复合材料 RTM 工业炉、SAT 工业加热等。设备公司是 650℃ 及以下强制空气对流热处理的欧洲代表。

主营产品：COMPO-SAT 复合材料热处理炉。

TAV 真空炉

地址：Via dell'Industria 11 24043 Caravaggio（BG）Italy
电话：+39 0363 355711
电邮：info@tav-vacuumfurnaces.com
网址：www.tav-vacuumfurnaces.com
单位介绍：自 1984 年成立以来，定制、技术和质量一直是 TAV 真空炉公司的核心驱动力，引领公司在真空炉行业不断追求卓越。TAV 真空炉公司凭借其高度专业的真空工程技术，为全球众多行业和应用提供设计和制造高品质真空炉的解决方案，满足这些领域对高创新性产品日益增长的需求。凭借在真空炉和烘炉领域的深厚经验，经过多年的不懈努力和创新，目前已成为全球各大企业的主要供应商。

主营产品：高温真空烧结炉、高压烧结-HIP 炉、排胶/预烧结炉、脱胶/预烧结炉。

SACMI IMOLA S. C.

地址：Via Selice Provinciale, 17/a40026lmolaltaly
网址：www.sacmi.com
单位介绍：萨克米集团自 1919 年成立以来为全球饮料业提供机械设备解决方案，涵盖瓶盖、容器、贴标、灌装、装箱和码垛等各类设备和生产线。目前，全球共计 80 家分支机构分布于 28 个国家和地区，1100 名研发和技术人员，3300 项专利技术，拥有 4300 名员工，超过 85% 的机械设备出口海外年销售额达到 14 亿欧元。萨克米以其产品和技术向世界级客户提供服务。萨克米上海作为萨克米集团旗下独资子公司，进驻中国饮料包装市场始于 2002 年。设立初衷在于使创新机械和技术研发活跃并专注于中国市场，销售团队、售后支持和备件服务等涵盖和贴近于市场的方方面面应运而生。

主营产品：萨克米压力机。

TERMOLAB

地址：ZONA INDUSTRIAL DA GIESTEIRARIO COVO3750-309 AGUEDA
电话：0351-234666656
电邮：comercial@termolab.pt
网址：www.termolab.pt
单位介绍：TERMOLAB 在过去的 40 多年里一直在生产炉子，客户遍布五大洲。公司致力于为工业、实验室和研发领域的各种应用提供广泛的定制解决方案。从 25℃ 到 2500℃，金属 MOSi、石墨加热元件及使用真空、功率和温度控制技术，广泛的解决方案可以找到适合您的应用程序。

主营产品：高真空炉。

ENGINEERED PRESSURE SYSTEMS INTERNATIONAL

电话：0032（0）37112464
电邮：epsi@epsi.be
网址：www.epsi-highpressure.com
单位介绍：该公司为陶瓷成型与烧结设备制造企业，制造冷等静压成型机、热等静压烧结炉、温等静压烧结炉。行业用户有装甲、汽车、航空航天、绝缘隔热元件、能源技术、发电、减阻装置、耐磨耐腐蚀装置、热处理、高温装置、实验室技术、激光技术、金属工业、油气、光学、难熔材料。

主营产品：CIP、HIP、WIP、P/T 模拟器。

SNOL

地址：Plento str. 3, Narkūnai（Utena），LT-28104Lithuania
电话：0370-38954586
电邮：sales@snoltherm.com
网址：www.snol.com
单位介绍：SNOL 是欧洲立陶宛热加工设备原供应商，始建于 1919 年，目前员工有 700 多人，包括实验室电炉和工业炉年产电炉 4000 多套。SNOL 以其高品质的原材料、优良的性能、周到的服务，满足了广大客户的需求，产品遍及欧美各国。SNOL 自 1960 年起一直致力于生产热处理设备。公司设计和生产实验室和工业级电炉和烘箱，以及高温耐火材料。公司特别注重采用较先进技术和科学手段来进行产品研发，从而满足不同的用户需求。高素质人才和较好的材料铸就了公司产品的高品质、可靠性和耐久力。

主营产品：试验炉及工业炉。

LAEIS GmbH

地址：AmScheerleck7L-6868Wecker

网址：www.laeis.eu

单位介绍： 客户的成功就是公司的成功。因此，作为一个以服务为宗旨的公司，公司完全了解您所期待得到好的质量和服务、可靠的专业技术、丰富的经验和对未来市场发展的敏锐力。莱斯公司会在今天为您准备好明天的解决方案。现代化生产的设施和公司员工的灵活性，使莱斯能提供高质量和创新的后勤服务。质量管理保证了我们高质量的产品，服务目标的定位和合作管理模式为公司提供了创造性和自信心。运用国际交流的经验，公司把复杂的设备技术和生产线销售到世界各地。莱斯与大学、高校和科研单位的紧密合作保证其技术上的较高地位。

主营产品： 莱斯液压机和设备。

Lithoz 俐陶智

地址： Mollardgasse 85a/2/64-69 1060 维也纳，奥地利
电邮： hyang@lithoz.com
网址： www.lithoz.cn

单位介绍： 多年来依次作为法国 Pechiney 集团、加拿大铝业集团和力拓矿业集团的业务单位，在被 H.I.G 欧洲资本收购后，Alteo 集团于 2012 年 8 月 1 日正式成立。作为具有将近 120 年历史的世界上第一家氧化铝生产企业，Alteo 集团已发展成为全球顶尖的一体化专业氧化铝供应商。全球共有超过 700 名雇员，在欧洲有 4 间工厂，其中三间工厂在法国，分别是坐落于 Gardanne 的氧化铝精炼厂、La Bâthie 的白刚玉加工厂和在 Beyrède 的棕刚玉加工厂。第四间是位于德国 Teutschenthal 的板状刚玉加工厂。集团拥有覆盖全球的销售网络，并在法国、德国、意大利、英国、日本、中国和美国设立了集团直属销售办公室。

作为全球较大的非冶金级氧化铝生产商，Alteo 提供独特而广泛的产品系列：从常用的氢氧化铝和专业煅烧氧化铝，到板状刚玉和电熔刚玉。对于我们的目标市场：陶瓷、耐火材料、磨料、玻璃和阻燃剂，产品质量和服务就是关键。Alteo 供应高附加值的专业氧化铝基产品，为我们的客户以及他们的高技术应用确保提供物理和化学特性稳定一致的产品。经验丰富的优秀雇员团队，不断致力于持续改进，确保了产品的质量和稳定。Alteo 所有业务经 ISO 9001 质量、ISO 14001 环境和 OHSAS 18001 健康与安全的企业标准认证。

Alteo 不断展望未来，规划投资和宏伟的发展计划，特别是在新产品开发、业务持续和增长等领域。

主营产品： 适用于批量生产 3D 打印陶瓷产品的工业级打印设备与材料，具备高精度与稳定性的工业级产品。

8.4 氧化物陶瓷产品企业

日本京瓷 KYOCERA

地址： 日本京都府京都市伏见区竹田鸟羽殿町 6 番地
电话： 021-58775366-128
网址： www.kyocera.com.cn/

单位介绍： 京瓷是一个品牌，隶属于京瓷株式会社，成立于 1959 年 4 月 1 日。公司总部位于日本京都府京都市伏见区竹田鸟羽殿町 6 番地。企业创建者兼名誉会长是稻盛和夫。

主营产品： 陶瓷刀具、陶瓷文具、珠宝首饰、手机、精密陶瓷零部件、半导体零部件、太阳能发电系统等。

日本村田株式会社

地址： 京都府长冈京市

单位介绍： 村田制作所始于 1944 年。村田昭（1921—2006）在京都市中京区创立了个人经营的村田制作所。在京都市中心开设的 150m² 的小工厂开始生产氧化钛陶瓷电容器。2014 年，村田已成长为营业额超过万亿日元的企业（100 亿美元）。经营目标为：将以年 5%～10% 的增长率让目标营业利润达到 20% 以上。村田制作所主打产品陶瓷滤波器和振荡子市场占有率为 65%～70%，振动传感器则占有 90% 的市场份额。村田开发出了 0.2mm×0.1mm 的片状多层陶瓷电容器、智能手机和平板电脑小型化的通信模块。

主营产品： 独石陶瓷电容器、SAW 滤波器、陶瓷振荡子、压电传感器、陶瓷滤波器、压电蜂鸣器、近距离无线通信组件连接器、隔离器、介质滤波器、电源组件、电路组件、EMI 静噪滤波器、电感、传感器、电阻器。

日本碍子（NGK）

网址： www.ngk-insulators.com

单位介绍： 1876 年，森村市左卫门和森村丰兄弟二人创建了森村组（现在的森村商事株式会社），即代表日本陶瓷产业的企业集团森村集团的前身。集团历程是从 1904 年 1 月森村组的创业者们设立日本陶器合名会社（后来的日本陶器株式会社，现在的株式会社则武）开始的。之后，1917 年 5 月，卫生洁具部门从公司分立出来，成立了东洋陶器株式会社（现在的 TOTO 株式会社）。1919 年 5 月，绝缘电瓷部门也从公司分立出来，成立了日本碍子株式会社；同年 5 月，成立了大仓陶园（现在的株式会社大仓陶园），于 1924 年 2 月成立了伊奈制陶株式会社（现在的株式会社 INAX）。

之后于 1936 年 9 月成立了日东石膏株式会社（1985 年 6 月被株式会社则武合并），又于 1936 年 10 月成立了日本特殊陶业株式会社（从日本碍子株式会社分立独立）以及共立股份式会社（现在的共立股份式会社，公司名称中原料的日语从汉字变更为片假名），从而形成了现在的森村集团的基础。

主营产品： HICERAM。它是能够透光的独特的精密陶瓷，作为高亮度放电灯的发光管材料，有利于延长灯的使用寿命让现有的环保照明更加环保。

日本 NAGAKI 永木精械株式会社

地址： 3-4-31, Tashiden, Daito-city, OsakaJapan 日本名古屋市瑞穗区须田町 2 番 56 号
电话： 0081-664845418
电邮： info@ngk-nagaki.com
网址： www.ngk-nagaki.com

单位介绍： NGK 是 1946 年创立的日本 NAGAKI 永木精械株式会社（总部位于日本大阪）的简称。该公司分别于 2001 年在中国广州、2001 年在苏州、2002 年在上海设立了代表处，2003

第8章 国外先进陶瓷企业与产业状况

年更是在上海设立了中国地区的第一家生产基地——上海特殊陶业有限公司，使得 NGK 在中国也能直接向各大用户提供世界高水准的技术和服务。

主营产品：①发动机用火花塞；②各种新型陶瓷和产品，如蜂窝陶瓷、陶瓷扎辊和导辊、陶瓷机械密封垫、陶瓷过滤器（大多与汽车产业相关）。

Ferrotec Ceramics Corporation

地址： Nihonbashi Plaza Bldg，5th Floor 2-3-4 NihonbashiChuo-ku，Tokyo Japan 103-0027

网址： www.ferrotec.co.jp

单位介绍： Ferrotec 陶瓷公司成立于 1984 年，是一家主要生产可切削陶瓷的公司。可切削陶瓷是精密加工和微加工的较理想材料。1998 年，公司收购了日本住友金属工业公司（现为日本钢铁住友金属公司）的精细陶瓷业务，并在公司的产品系列中增加了功能广泛的高结构陶瓷。2008 年，公司成为了 Ferrotec 集团的成员，并利用其全球网站将我们的市场从日本扩展到世界各地。

主营产品： 精细陶瓷、可加工陶瓷。

阿尔卑斯阿尔派株式会社

地址： 3-18-14，Izumi-cho，Suita City，Osaka，564-004.

电话： 0081663862281

网址： www.alpsalpine.com

单位介绍： 2019 年 1 月阿尔卑斯电气与阿尔派经营整合为阿尔卑斯阿尔派株式会社，开始了新的征程。经营整合后，我们将充分运用多年来积累的电子零部件核心技术、系统设计能力和软件开发能力，来创造新的价值。不仅体现在我们为各个领域的客户提供所需的产品、系统和服务，而且包括拥有丰富业绩与技术的汽车、家电、智能手机等移动工具领域，同时也拓展到 IoT、无人机等新领域。

主营产品： 传感器。阿尔卑斯阿尔派拥有磁性、电波、电阻静电等各种感应方式。传感器在我们的生活中被广泛用于机器状态监控、环境信息检测、人体监测等各类领域。公司除了单独提供较适合用途的传感器硬件之外，还通过算法设计与通信的组合打包，提供适合客户需求的解决方案。

日本富士钛

地址： Yamamiya 2320-11，Fujinomiya-shi，Shizuoka-ken Japan418-0111

电话： 0081-544584651

网址： www.fujicera.co.jp

单位介绍： 压电陶瓷可在各种工业领域的机器和传感器中产生信号。富士陶瓷以具有这种特征的材料为基础进行开发和生产，作为从压电陶瓷材料开始应用这种特性的专业传感器厂商，一直专注于压电陶瓷产品。本公司的优势在于通过纯粹的人才资源实现顾客为先的生产制造理念。基于这个原动力，高水平实现了能够应对从单品到批量生产的弹性体制和特别定制及较短交期等满足顾客需求的体制。我们珍视这种与顾客的沟通，提高只有富士陶瓷才能实现的职业质量，面向未来继续坚定不移地将我们的理念发扬光大。

主营产品： 压电陶瓷、压电元件产品群、压电传感器组、压电应用产品组。

TDK

地址： 2-5-1Nihonbashi，Chuo-ku，Tokyo，103-6128，Japan

电话： 0081-36778100

网址： www.ip.tdk.com

单位介绍： TDK 是于 1935 年，在创业者要将日本的磁性材料铁氧体予以工业化，为社会发展作出贡献的梦想与信念中成立的公司。过去，我们确立了四大革新技术（铁氧体材料、磁带、积层元件、磁头），不断创造出了推动社会发展的革新产品。今后，我们将作为进一步向革新发出挑战的企业，活用多种多样的全球经营资源，通过提供高质量的产品和服务继续为创造顾客价值作出贡献。

主营产品： 开关电源用铁氧体、传输用铁氧体、大功率用铁氧体、高频电源用铁氧体。

森村商事有限公司

网址： morimurabros.com

单位介绍： 1876 年，森村市左卫门和森村丰兄弟二人创建了森村组（现在的森村商事株式会社），即代表日本陶瓷产业的企业集团森村集团的前身。集团历程是从 1904 年 1 月森村组的创业者们设立日本陶器合名会社（后来的日本陶器株式会社，现在的株式会社则武）开始的。之后，1917 年 5 月卫生洁具部门从公司分立出来，成立了东洋陶器株式会社（现在的 TOTO 株式会社）。1919 年 5 月绝缘电瓷部门也从公司分立出来，成立了日本碍子株式会社。同年 5 月成立了大仓陶园（现在的株式会社大仓陶园），于 1924 年 2 月成立了伊奈制陶株式会社（现在的株式会社 INAX。2001 年 10 月与通世泰统合之后于 1936 年 9 月成立了日东石膏株式会社（1985 年 6 月被株式会社则武合并），又于 1936 年 10 月成立了日本特殊陶业株式会社（从日本碍子株式会社分立独立）以及共立股份株式会社（现在的共立股份株式会社，公司名称中原料的日语从汉字变更为片假名），从而形成了现在的森村集团的基础。

主营产品： 用作催化剂载体及吸着过滤材料的多孔陶瓷，以及在飞机引擎和工业燃气轮机等制造中使用的精密铸造用陶瓷型芯等。

KROSAKI HARIMA CORPORATION

地址： 15-6Nihonbashi kabuto-cho chuou-ku，tokyo103.0026，Japan

网址： www.krosaki.co.jp

单位介绍： 100 多年来，Krosaki Harima 集团通过向钢铁等材料行业生产和销售耐火材料，为日本社会的基石——日本制造业提供支持。此外，我们利用陶瓷和与热相关的技术，探索新的可能性，例如我们的高性能、节能工业炉的设计和建造，以及我们的精细陶瓷的开发和制造，这些在前沿领域如半导体和电子元件行业是必不可少的。无论是在日本国内还是在国际上，

8.4 氧化物陶瓷产品企业

我们都看到了影响社会生活的新问题的出现，这些问题变得越来越严重。在日本国内，我们正迈向一个超高龄社会，劳动力短缺和许多其他因素将破坏社会和工业基础设施的稳定，IT 和数字领域的创新正以惊人的速度向前发展。在我们这个不可预测和不稳定的现代时代，实现可持续社会需要具备准确满足时代需求的能力，例如促进多样性和实施以可持续发展目标为代表的能源和环境措施。

主营产品：Krosaki Harima 的热陶瓷。

太阳诱电（上海）电子贸易有限公司

地址：上海市娄山关路 83 号新虹桥中心大厦 601 室 200336
电话：021-62368777
网址：www.yuden.co.jp
单位介绍：太阳诱电自 1950 年创设以来，从电容器起步，不断致力于电感器、FBAR/SAW 器件、电路模块、能源器件等各类电子元器件的研究、开发、生产和销售，逐步发展到今天的规模。我们的优势在于以原材料研发为起点的商品化活动。太阳诱电利用这一优势，持续提供在各种细节上符合客户需求的产品，并且正努力向智能手机、平板、影音设备等电子设备以及加速实现 IT 化和电子设备化的汽车、工业设备、医疗保健环境能源领域不断拓展。今后，太阳诱电仍将秉承关注员工幸福、为当地社会做贡献、确保股东分红责任的经营理念，积极致力于不断巩固与以合作企业、股东为首的各位利益相关人士之间的双赢发展关系。太阳诱电将积极运用自创设以来积累的技术能力、研发能力和提案能力等实力，发展事业，以实现企业的进一步成长，并为社会做出更大的贡献。恳请各位继续给予大力支持。
主营产品：陶瓷电容器。整体结构上提供更高的可靠性、广泛的电容值，可在标准的情况下采用镍作为电极材料和电镀工艺，提高了可焊性和耐热性。它还可以防止迁移并提高可靠性级别。低等效串联电阻（ESR）具有优良的噪声吸收特性。

日本精密陶瓷株式会社（JFC）

地址：981-3206 宫城县仙台市泉区明通三丁目 10 番
网址：www.japan-fc.co.jp
单位介绍：日本精密陶瓷株式会社（JFC）以"通过精密陶瓷的研究开发促进当地社会发展"为企业理念，于 1984 年作为公私合营企业建立，并于 1992 年成为日挥株式会社的全资子公司。创业以来，30 年以上持续挑战新领域的产品研发。所生产的隼鸟 2 号、ASNARO 等航天卫星部件，辅助人工心脏等医疗器械部件，大容量对应的光通信部件等，为社会作出了较大贡献。JFC 不断着眼于更进一步的发展，而不是满足于现状。作为一家制造企业，公司树立了成为活跃于世界市场的全球化企业的新目标，开始了新的挑战。通过对发挥各种电气特性、散热性的电子陶瓷，发挥耐热、耐腐蚀、高刚性等特点的结构陶瓷及金属陶瓷复合材料（MMC）的技术开发、应用开发，不断响应各种高新技术产业的多样化需求，通过先进技术创造崭新价值。制造业是人的制造。员工的成长不仅可促进公司成长，取得客户信赖，最终还可为社会发展作出贡献。为此，每一位员工都应保持实现梦想的激情，成为有创造力和执行力的行动

主体，不断积极挑战眼前的各项课题，以"个体独立和相互信任（沟通）"为关键词，全体员工齐心协力持续挑战变革，通过制造业持续响应全球社会的各种期待。
主营产品：氧化铝基板表面粗糙度低（$Ra 0.03\mu m$ 以下），表面孔隙少，可形成精细电路。弯曲强度大，可制作更薄的基板。在高频段的介电损耗也较小，适用于高频电路。

Yugyokuen Ceramics Co., Ltd

地址：17-1, Sengari, Hobara-chou, Date-shi, Fukushima 960-0676, JAPAN
电话：0081-337264455
网址：www.yugyokuen-ceramics.com
单位介绍：Yugyokuen 陶瓷有限公司是一家为陶瓷相关部件提供一站式解决方案的制造商，用于各种分析、真空和无损检测。
主营产品：氧化铝制品。

韩国 YJC

地址：Hakgyo gong dan gil 13-9 hakgyo hampyung chonnam 57161 Korea
电话：＋82-61-320-9000
电邮：admin@yj-c.co.kr
网址：www.yj-c.co.kr
单位介绍：YJC 公司成立于 1987 年，我们公司在电子配件素材（正极材料，MLCC，ITOTarget，氧化铝基板，技术性陶瓷，Ferrite sheet，Soft /Hard 磁性材料，其他 Ceramic chip 等）、烧结用窑具行业不断地研究，并依靠在工业用陶瓷行业丰富的技术力及经验把整个事业扩大到防弹陶瓷、陶瓷刷、复合材料行业。
主营产品：MLCC 支架、推板、承烧板、匣钵、槽板、顶砖、标砖等高温耐火窑具。

雄飞产业株式会社

地址：358-1. Banba-cho, Kusatsu, shiga525-0043, Japan
电话：077-5615573
网址：www.yu-hi.net
单位介绍：精细陶瓷有着无限的应用。如今，精细陶瓷已广泛应用于各种工业领域。每个工业领域都有自己的能力和技术诀窍。我们公司自豪地宣布，我们已经覆盖了 8 个不同领域的精细陶瓷行业，我们的质量让客户非常满意。我们的精细陶瓷加工产品经过了较先进的机械加工和高质量的控制。
主营产品：氧化铝。

株式会社则武 NORITAKE CO., LIMITED

网址：www.noritake.co.jp
单位介绍：则武集团广泛地开展应用及发展陶瓷制造技术的 4 项事业。通过磨削砂轮和金刚石工具支撑着产业界的工业机材事业，将陶瓷原材料提供给各种制造业的陶瓷材料事业、开发生产设备和技术以及为生产设备和技术提供解决方案的工程事

第8章 国外先进陶瓷企业与产业状况

业，丰富人们餐桌的餐具事业则武在各种领域为顾客和社会创造着新的价值。

主营产品：以陶瓷器、玻璃原料为主的，在电子领域里广泛使用的陶瓷等原材料及用于陶瓷电容器的电子陶瓷粉末、作为精细陶瓷氧化物的氧化锆等各类陶瓷产品不可或缺的原材料。

Creatz 3D Ceramics

电话：0065（0）66318555
电邮：contact@c3d-ceramics.com
网址：www.c3d-ceramics.com
单位介绍：Creatz 3D Ceramics 成立于 2017 年，是母公司 Creatz 3D 的子公司，专注于陶瓷零件的 3D 打印。公司提供陶瓷 3D 打印服务，使用较新的 3D 打印技术、立体雕刻（SLA）生产功能陶瓷部件，以满足您的需求。在整个生产过程中，从概念到产品，您可以利用公司的专业知识和专长，充分利用公司的陶瓷 3D 打印技术。用户行业涉及汽车制造业、航空业、宇宙航行、电子传感器、流体技术、高温应用、机械与化学工艺工程、医疗技术、光学、太阳光电、等离子处理、半导体工艺设备、技术陶瓷。
主营产品：氧化铝、堇青石、熔融石英、氧化锆。

Carborundum Universal Limited

电话：0091（0）4344304700
电邮：enquiryic@cumi.murugappa.com
网址：www.cumi-murugappa.com
单位介绍：Carborundum Universal Limited 公司成立于 1900 年，隶属于拥有 2690 亿卢比的 Murugappa 集团，该集团是印度的商业集团之一。该集团拥有 28 项业务，集团总部设在钦奈，大公司包括碳化硅环球有限公司 Cholamandalam 投资和金融有限公司。用户行业涉及装甲、汽车、航空、航天、传感器、能源技术、发电、电力发电、流体技术、摩擦还原、磨损和腐蚀保护、热处理、高温应用。主要部件包括：金属化陶瓷，耐磨陶瓷解决方案，包括衬里设备和工程陶瓷，提供设计和安装支持。生产工厂涉及金属陶瓷组件的焊接加工、焊接、钎焊铸造、CIM、CIP、清洗、涂层、干压、挤压、研磨、等静压研磨、抛光、未烧加工、单轴压、真空/气压烧结。
主营产品：氧化铝、钛酸铝、EDM 可加工陶瓷材料、可加工陶瓷、毛石、部分稳定氧化锆。

CENOTEC CO., LTD

地址：1412 Ongnyeol-ri, Daesan-myeon, Haman-gun, Gyeongsangnam-do, Korea
电话：82-55-584-9181～3
电邮：cenotec@cenotec.com
网址：www.cenotec.com
单位介绍：公司自 1999 年成立以来，经过不断的创新研发和不懈的质量管理，已发展成为氧化锆、锆英石粉、陶瓷材料等研磨介质专家。此外，以客户满意度为重点的营销，公司已经成为世界上较好的研磨介质制造商。
主营产品：氧化锆粉、氧化锆珠、复合锆珠。

CoorsTek

电话：13032717100
电邮：info@coorstek.com
网址：www.coorstek.com
单位介绍：CoorsTek 是美国技术陶瓷市场庞大的美国供应商。1910 年公司 Pottery Company 成立，1920 年改名为 Coors Porcelain，2000 年改名为 CoorsTek。CoorsTek 拥有超过 100 年的陶瓷生产经验，主导了 300 多种工程陶瓷材料的开发。在日本、欧洲和美国设有研发中心。CoorsTek 一直致力于开拓新的陶瓷领域，引领全球陶瓷技术发展。2018 年 CoorsTek 公司的三大材料（先进陶瓷、硬质合金、工程塑料）的销售总额近 100 亿美元。
主营产品：薄层陶瓷基板、坩埚、陶瓷膜、厚模陶瓷基板、陶瓷点火器、管陶瓷、氧化铝。

美国康宁公司

地址：纽约州康宁市
网址：www.corning.com
单位介绍：康宁公司成立于 1851 年。康宁凭借在特殊玻璃、陶瓷、光学物理领域的精湛专业知识，开发出众多改变人类生活的创新成果和产品，2017 年全年的核心销售额达到 103 亿美元，美国财富 500 强排名第 293 位。康宁是光通信、显示科技、环境科技、生命科学及特殊材料领域的市场代表。20 世纪 70 年代蜂窝陶瓷尾气过滤开启了汽车环保时代。公司生产的光纤，开拓光通信时代。自 20 世纪 70 年代催化转化器问世以来，康宁 50 多年来致力于清洁空气技术，为全球移动及固定污染源提供用于控制排放的陶瓷载体和过滤产品。康宁环境科技部位于上海金桥经济技术开发区的工厂，生产和销售用于控制汽车排放的过滤器载体。迄今为止，康宁公司在中国大陆地区的投资已超过 30 亿美元。
主营产品：堇青石蜂窝陶瓷。作为尾气后处理催化剂涂覆的载体，为尾气后处理化学反应提供了高效的反应中心。

KOCH KNIGHT, LLC

地址：Koch Knight, LLC 5385 Orchard View Dr. SE East Canton, OH44730
电邮：info@kochknight.com
网址：www.kochknight.com
单位介绍：公司拥有一支专业的行业团队，随时为您服务。公司拥有全球性的能力，工作是在现场完成的，并受客户的时间表和需求的驱动。
主营产品：高铝陶瓷。

Zircoa

地址：北京市朝阳区
网址：zircoa.cn.makepolo.com

8.4 氧化物陶瓷产品企业

单位介绍：美国 Zircoa 公司成立于 1952 年，总部位于俄亥俄州。公司致力于氧化锆产品的研发、制造和销售。作为氧化锆产品提供商，公司业务领域遍布全球。

主营产品：氧化锆类产品。包括氧化锆坩埚、氧化锆管、氧化锆水口。

American Elements

地址：10884WeyburnAve. LosAngeles，CA90024，USA

电话：0310-208-0551

电邮：customerservice@americanelements.com

网址：www.americanelements.com

单位介绍：美国元素公司拥有 15000 多种产品，是世界上专门生产工业原料和实验室/研究用先进材料的制造商。公司的材料科学研究与开发、发展计划一直是企业、政府和企业的重要资源。从事学术新产品开发 20 多年。我们有能力以低成本的方式将实验室的成功转化为工业规模的生产，这为 1990 年以来的许多重大技术突破带来了帮助，包括 LED 照明、智能手机和电动汽车。

主营产品：氧化铝。

Elan Technology

地址：169 ElanCourtMidway，GA31320

电话：09128803526

网址：www.elantechnology.com

单位介绍：70 多年来，Elan 科技一直是一家玻璃制造公司，在陶瓷技术和喷雾干燥行业中起着不可或缺的作用。依兰科技是美国的独立公司，在其领域生产预成型和间隔使用技术玻璃、陶瓷和玻璃陶瓷复合材料。

作为一家拥有 65 年经验的陶瓷工业部件制造商，Elan 的技术工程师们已经克服了各种技术挑战，为我们的客户提供了解决方案。

主营产品：航天飞机部件、汽车氧气传感器、高交通栏杆、微电子封装和陶瓷嵌入件。

CTS Corporation

电话：001（0）5052492477

电邮：piezosales@ctscorp.com

网址：www.ctscorp.com

单位介绍：CTS 公司（NYSE：CTS）成立于 1896 年，是一家传感器、执行器和电子元件的设计和制造商。CTS 在北美、亚洲和欧洲拥有 12 个生产基地，致力于为全球的行业伙伴提供技术、服务和价值。用户行业有：加速器、汽车制造业、航空业、宇宙航行、口腔技术、电子工程、电子传感器、能源科技、发电设备、环境科技、高温应用、实验室技术、激光技术、机械与化学工艺工程、医疗技术、金属工艺、度量技术、OEM、油气、光学、半导体工艺设备、风能。生产设备有：烧后加工、装配、粘结、清洗、喷涂、干压、挤压、快速陶瓷生产、抛光、硬加工、HIP、等静压、研磨、激光加工、磨光、粉末加工、压制、快速成型、烧结、流延、单轴向压制、真空/气压烧结。

主营产品：压电陶瓷元件。

AVX

地址：AVX CorporationOne AVX BoulevardFountain Inn，SC 29644USA

电话：001-864-967-2150

电邮：inquiry@avx.com

网址：www.avx.com

单位介绍：AVX 是一家国际制造商和供应商，拥有大量先进的电子元件，包括电容器、电感器、滤波器、电阻、耦合器、二极管和电路保护装置，以及一系列创新的传感器、控制、互联和天线解决方案。AVX 在全球 16 个国家拥有 29 个研究、设计、制造和客户支持设施，提供了竞争优势，包括优化的交付和生产能力，以满足每个客户的即时需求。

主营产品：陶瓷电容器。具有低寄生和优良的电磁干扰滤波能力。在多层结构中，它们显示高电容值和宽温度范围内的各种电压额定值。多种风格，如 MLCC 芯片、有铅电容器、堆叠电容器和电容器利用独特的几何形状。

ER Advanced Ceramics Inc

地址：600 EastClark StreetEastPalestine，Ohio44413

电话：0800-4268808

电邮：info@usrefractories.com

单位介绍：公司始创于 1913 年，前身为新型黏土成型公司，在西弗吉尼亚州开始运营。公司成立的最初目的是制造和销售用于气罩和电瓷的头环。1918 年 4 月，公司收购了俄亥俄州东巴勒斯坦的一家陶器公司。这个工厂，现在被称为 E.R. 高级陶瓷公司。1925 年，公司安装了隧道窑，也是较早使用隧道窑烧制特种耐火材料的公司。1943 年，公司成为窑炉技术的先驱，较早安装美国电子控制隧道窑。

主营产品：挤压陶瓷管。

American Technical Ceramics Corp

地址：American Technical CeramicsOne Norden LaneHuntington Station，NY11746

电话：0631-6224700

电邮：sales@atceramics.com

网址：www.atceramics.com

单位介绍：美国技术陶瓷公司（ATC）为射频、微波和电信行业提供组件和定制集成封装解决方案。ATC 设计、开发、制造和销售用于射频、微波和毫米波应用的多层电容器、单层电容器、电阻产品、电感和定制薄膜产品。

主营产品：为 100B 系列射频/微波电容器提供新的改进的 ESR/ESL 性能。该系列现在可以在 175℃ 的工作温度下使用。高密度的陶瓷结构提供了坚固、密封的包装。

Vishay

网址：www.vishay.com

单位介绍：1962年，Vishay成立初期的产品包括箔电阻器和箔电阻应变计。1985年，公司成为一家拥有广泛产品的电子元件制造商。如今，Vishay是全球较大的分立半导体器件和被动电子元件制造商之一。Vishay定位于为驱动新型产品市场发展提供元器件，如互联、移动和可持续能源方面的应用。通过研发、工程、质量规划和销售激励，Vishay源源不断地生产创新元件，使设计工程师能够开发新的终端产品。

主营产品：陶瓷电容器。

Advanced Ceramics Manufacturing (ACM)

地址：7800- A South Nogales HighwayTucson, AZ85756
电话：0520-547-0850
网址：www.acmtucson.com
单位介绍：ACM主要从事陶瓷技术和聚合物基复合材料的基础和应用研究。它的目标是将新技术从实验室转化为商业产品或过程，以提高航空航天、国防和工业系统的能力、效率和可负担性。凭借其材料背景，ACM在先进陶瓷加工和用于纤维增强复合材料加工的水溶性结合剂——颗粒复合材料配方方面积累了丰富的经验。ACM是水溶性加工技术的代表、先进陶瓷制造公司，专业从事水溶性芯棒、复合材料和陶瓷元件的研发和生产，产品销往世界各地。我们的产品和服务适用于航空航天防御、航空航天商业、国防、制造、赛车、研究和大学。我们的创新芯棒产品甚至被用于为西科斯基CH-53K直升机和波音787梦想飞机制造复合材料。

主营产品：RTM核心技术。RTM岩心具有高强度、不渗透的表面，可以承受这些条件，但可以用自来水去除。其独特的性能可以在高温和压力下成型，不需要烘干。它是可用的块形式，可以加工或砂光，以一个光滑的表面完成。

JM (Argillon Group)

地址：20th Floor, Tower F, Phoenix PlaceShuguangxi Lane A5Chaoyang District, BeijingChina 100028
电话：021-23099888
网址：www.matthey.com
单位介绍：Argillon Group是一家专业生产催化剂和先进陶瓷材料的国际集团。该集团目前生产和销售的一系列产品，进入多个不同的行业。Argillon拥有催化剂技术，用于控制氮氧化物（NO_x）的排放。其产品涉及用于移动和固定设备的催化剂，包括重型和中型柴油车，固定式柴油发动机，海洋应用程序，燃煤、石油和天然气发电的涡轮机。该公司还生产和销售各种工程陶瓷，如用于输电和配电应用的绝缘体，用于纺织机械和汽车工业的创新压电陶瓷，以及用于半导体和断路器的氧化铝元件。

主营产品：陶瓷插芯。

STC

地址：600 Industrial Park Rd. St. Albans, VT 05478
电话：08025277726
电邮：sales@ceramics.net
网址：www.ceramics.net
单位介绍：自1898年成立以来，STC一直被公认为材料领域的市场代表。我们对材料开发和持续改进的承诺使我们在竞争中脱颖而出。STC拥有较完整的内部能力，以协助设计、工程师，设计和制造技术陶瓷，以满足客户的要求。高技术陶瓷需要投资先进的设备和高技能，有知识的员工生产行业最好的组件。通过使用ISO 9001、AS9100、5S和精益实践和政策，STC实现了必要的控制和质量。我们广泛选择的材料提供了一套独特的性能，适用于各种应用：高温、腐蚀环境、热管理挑战、机械磨损问题、电气绝缘要求和高温/高压条件。STC是一家拥有100多名员工的私营公司。我们的多栋建筑目前占地约13.5万平方英尺。STC是一家美国公司，在陶瓷制造领域提供较完整的技术解决方案，同时不忽视客户服务和满意度。STC拥有超过120年的专业制造经验，在众多行业提供独特的解决方案。

主营产品：氧化锆材料。

SELEE Advanced Ceramics

地址：24 WestEndDriveGilberts, IL60136, USA
电话：0847-4284455
网址：www.seleeac.com
单位介绍：SELEE高级陶瓷公司位于伊利诺伊州的Gilberts，距芝加哥仅40英里。该公司已经生产高质量的耐火材料超过60年。正如我们的名字所示，我们为能够提供符合您规格的产品而感到自豪。赛立先进陶瓷是一家创新的、以客户为导向的公司。为此，我们可以提供应用知识、产品设计能力、材料选择、客户服务和交付。我们的员工熟悉陶瓷、金属处理和熔化环境，能够为较苛刻的应用提供快速的耐火产品解决方案。SELEE高级陶瓷为各种热处理和熔模铸造应用生产高性价比的陶瓷耐火材料。

主营产品：氧化铝。

ACCI

地址：4532 PA-982Latrobe, PA15650
电话：(724) 532- 1900
电邮：sales@alumina-ceramic.com
网址：www.alumina-ceramic.com
单位介绍：氧化铝陶瓷元件公司（ACCI）是一家专业生产各种形状和尺寸的精密陶瓷元件的公司，凭借超过多年的经验，我们以高质量的产品、定制的设计和短交货期而自豪。氧化铝陶瓷元件有限公司成立于1994年，是一家工业陶瓷生产企业。我们的员工有超过35年的经验。ACCI擅长干压大体积的复杂形状的零件。

主营产品：92%～99% Al_2O_3。

Du-Co Ceramics Company

地址：155 South Rebecca St. P.0. Box 568 Saxonburg, PA16056
电话：724-352- 1511
网址：www.du-co.com

8.4 氧化物陶瓷产品企业

单位介绍：本陶瓷公司是一家完全集成的技术陶瓷制造商，拥有陶瓷工程部、工具和模具设施、开发实验室和较新的质量程序。公司生产的陶瓷部件有滑石陶瓷、堇青石陶瓷、氧化镁陶瓷、氧化铝陶瓷、莫来石陶瓷和辉石陶瓷。公司的工艺有干压、挤压、二次加工、上光、无心磨削和平面磨削。公司有较好的设备，能够生产高质量的陶瓷。
主营产品：标准槽纹陶瓷衬套。

Coors Tek Technical Ceramics

电话：001（0）3032717100
电邮：info@coorstek.com
网址：www.coorstek.com
单位介绍：用户行业涉及装甲、汽车、航空、太空、电气和热绝缘、电子产品和传感器、能源技术、粉体制备、环境技术、流体技术、食品与饮料、抗磨、耐磨和抗腐蚀、热处理、高温产品、家居及奢侈品、实验室技术、激光技术、机械和化学工艺、医疗技术、金属行业、光学、光伏、等离子体处理、半导体加工、表面处理、真空技术、风能、外科手术。生产设备包括：烧后加工、空气等离子喷涂、组装、粘结、钎焊金属陶瓷组件、铸造、CIM、CIP、清洗、涂料、DCC、干压、挤压、快速陶瓷制备、研磨、磨切、机械加工、热压、等静压、激光、微加工、粉末工艺、加压、抛光、快速成型、烧结、未经烧结的加工、单向加压、真空/气压烧结、湿压、轧压。在以下行业有着较高的市场地位：汽车、半导体、能源和化学、航空航天和国防、医疗、电子、家居用品。
主营产品：氧化铝、氧化铝和强化氧化锆、彩色氧化锆、纤维、堇青石、石墨、高纯氧化铝多孔陶瓷、莫来石、部分稳定氧化锆、瓷、多孔陶瓷、石英、硅、尖晶石、滑石、技术瓷、四方稳定氧化锆、氧化钇稳定氧化锆、氧化锆、氧化锆和氧化锆强化氧化铝、氧化锆增韧氧化铝/氧化铝增韧氧化锆、专业定制材料。

KEEFE

地址：845 ResearchDrive，WoodlandPark，CO80863719-687-0888
电邮：info@okeefeceramics.com
网址：www.okeefeceramics.com
单位介绍：我们的使命是继续为行业提供先进的精密陶瓷部件的供应商。1984年由Brian M. OKeefe创立，40多年来一直为各行业加工高质量的精密陶瓷元件，包括氧化锆陶瓷、氧化铝陶瓷等。
主营产品：加工高质量的陶瓷元件，包括氧化锆陶瓷、氧化铝陶瓷、精密陶瓷零部件。

Ruby and Sapphire General Ruby

地址：11443 Challenger Ave.，Odessa，FL33556POBox 610-NewPortRichey，FL34656-0610
电话：888-361-5707
电邮：sales@generalruby.com
网址：www.generalruby.com
单位介绍：Ruby and Sapphire General Ruby 由沃伦·米尔斯（Warren Mills Sr.）于1974年成立，但其起源可以追溯到1853年，当时瑞士制表商 L. H. Keller 在纽约市建立了 L. H. Keller Company。L. H. Keller Company 成立是为了向美国珠宝商提供瑞士品质的手表零件和珠宝轴承。1921年，创始人的孙子小雨果·凯勒（Hugo P. Keller Jr.）成为所有者和经理。在他的时代，由于许多不同领域开始使用合成蓝宝石产品，合成蓝宝石行业的规模和应用都在增长。这有助于 L. H. Keller Company 的成长，并使其成为国际公认的人造蓝宝石的主要供应商。
主营产品：氧化锆。

ROGERS CORPORATION

地址：22557LunnRdStrongsvilleOH44149
电邮：barish.dantal@momentive.com
网址：www.rogerscorp.cn
单位介绍：180多年来，罗杰斯公司一直与客户合作，解决他们面临的严峻挑战，提供高性能和高可靠度的材料技术。180多年来，罗杰斯公司一直不断研发新的解决方案来推动客户的突破并帮助他们解决严峻的材料问题挑战。公司总部设在美国康涅狄格州的罗杰斯镇。我们服务全球的客户和合作伙伴，并在美国、中国、日本、韩国、德国、匈牙利和比利时设有工厂。
主营产品：curamik 陶瓷基板。curamik 高温/高压基板由陶瓷基板和键合到陶瓷基板上的纯铜组成，陶瓷基板如 Al_2O_3（氧化铝）、HPS（ZrO，掺杂）。优点：高效导热能力和耐温能力，高绝缘电压，高热扩散，优化芯片和基板之间的热膨胀系数，可以更有效地加工母板形式。

德国赛琅泰克公司（CeramTec）

电话：0049（0）7153611-0
电邮：info@ceramtec.de
网址：www.ceramtec.de
单位介绍：作为国际先进陶瓷制造商和供应商的 CeramTec 的高级陶瓷用于汽车业，用于电子、能源和环境技术、设备、机械，以及医疗工程和众多其他应用。当前选择所需的陶瓷材料，调整并适应高级陶瓷以满足应用领域的各自要求，优化设计和制造部件与元件以发挥陶瓷的特殊材料特性，这些是 CeramTec Group 陶瓷专家和专业人员的核心能力。用户行业涉及汽车、航空、太空旅行；电子产品和传感器；电气与保温；能源技术、发电；环境技术；流体技术；减摩、耐磨、防腐；热处理；高温应用；家居及奢侈品；机械与化工专业；医疗技术；金属行业；光学；表面处理；纺织；真空技术；食品及饮料应用。生产工艺与设备包括：金属陶瓷组件经烧成加工、组装、粘结、钎焊、CIM、CIP、清洗、涂装、干压、挤出、快速陶瓷生产、磨削、HIP、热压、等静压、研磨、抛光、快速成型、带铸、超声波辅助加工、非烧成加工、单轴压制、真空/气压烧结。
主营产品：氧化铝、氧化铝增强氧化锆、钛酸铝、部分稳定氧化锆、压电陶瓷部件、多孔陶瓷、滑石、技术瓷、四方稳定氧化锆、氧化锆、氧化铝增韧 ZTA/ATZ。

第8章 国外先进陶瓷企业与产业状况

Martinswerk

地址：Kolner Str. 110D-50127Bergheim
电话：0049-2271902-0
电邮：nicole. bode@huber. com
网址：www. martinswerk. de
单位介绍：Martinswerk 是一家特种化学品公司，并且是无卤阻燃剂、特种氧化物、有机消光剂和载体的制造商。我们的原材料用于多种产品中，有助于提高全球数百万人的安全并保护我们的环境。
主营产品：氧化物陶瓷。

KRANH

地址：Mühlenhagen 35 20539 Hamburg Germany
电话：+49 40 32092-210
电邮：brenda. tian@krahn. eu
网址：www. krahn-ceramics. com/en
公司介绍：作为在陶瓷和金属领域已有30多年经验的技术合作伙伴，我们陪伴产品开发人员实现明天的想法。所有这些都贯穿于整个价值链：从陶瓷或金属粉末到成品零件的生产。
主营产品：金属或陶瓷粉末注射成型用的水脱环保黏结剂、水性陶瓷体系添加剂、MIM 喂料、CIM 喂料、喂料配方开发。

FRIATEC

电话：0049（0）6214861879
电邮：info-frialit@friatec. de
网址：www. friatec. com/ceramics
单位介绍：该公司成立于1863年。作为一个砖厂，德国曼海姆成功地开发了化学石器，1888年后出现了许多新的事态发展。该公司于20世纪中叶开始加工塑料，并在生产化学装置和设备时将现代材料和传统材料结合起来。随后几年的特点是核心业务的扩张和越来越多的新业务部门的开放。该公司自1993年以来一直以 Friatec 的名义经营，后来又被称为 Friedrichsfeld GmbH，该公司不断发展成为一家国际活跃、多元化的公司。因此，今天的 Friatec 为许多行业提供了一系列创新的解决方案，例如用于实验室和电气工程以及医疗工程的管道系统和陶瓷部件的连接技术。以其复杂的解决方案，Friatec 不仅在大都市地区有一定声誉，而且也是其行业的全球市场代表。自2003年以来，Friatec 一直是总部设在比利时布鲁塞尔的 Aliaxis 公司集团的成员。Aliaxis 是世界上较大的用于建筑业、工业和公用事业的塑料管道系统生产商。FRIATEC-DEGUSSIT 根据顾客需求而生产高性能陶瓷。产品的尺寸从毫米到2m。FRIATEC-DEGUSSIT 拥有创新应用的团队试验生产专家以保证严谨的质量。
主营产品：氧化铝、氧化锆、碳化硅、氮化硅、金属陶瓷、氧化锆增韧氧化铝、氧化铝增韧氧化锆等各类产品。

VOGT Ceramic Components

地址：OttensooserStr. 52 • D-91239Henfenfeld
电话：0049（0）91519075
电邮：info@vogt-ceramic. de
网址：www. vogt-ceramic. de
单位介绍：VOGT 公司是一家专业生产陶瓷元件的企业，已有近40年的历史。我们多年的经验为客户的成功做出了贡献。在我们专业知识的帮助下，我们可以在新产品的早期阶段影响其设计。因此，在功能性解决方案的开发中，我们不仅是供应商，也是称职的合作伙伴。我们的目标是高技术应用和价值分析的工程陶瓷。较先进的成型机和烧结厂的温度高达1750℃保证了生产的高精度和高质量。
主营产品：汽车零部件先进陶瓷。

DOCERAM GmbH

电话：0049（0）231925025
电邮：info@doceram. com
网址：www. doceram. com
单位介绍：DOCERAM 专注于开发性能卓越的工业陶瓷材料，专注于汽车领域使用的高性能陶瓷等领域。
主营产品：技术陶瓷。

CERAMDIS

地址：ImTubental5，CH-8352Elsau
电话：0041-448432000
电邮：info@ceramdis. com
网址：www. ceramdis. com
单位介绍：CERAMDIS 是一家专注于陶瓷材料研发和生产的公司，致力于提供高性能陶瓷材料解决方案，特别是在氮化硅陶瓷领域有着显著的技术优势。CERAMDIS 的氮化硅陶瓷具有低密度、高断裂韧性、高耐磨性和良好的抗热震性等特点，这使得它在耐腐蚀、轻量化和高温稳定性方面表现出色。为了生产高质量的氮化硅陶瓷，CERAMDIS 采用了 PVA 气压烧结技术，这需要在高氮含量和高压环境下进行烧结。此外，CERAMDIS 还提供多种高性能陶瓷材料，包括氧化锆陶瓷棒，并在全球市场上占据重要地位。
主营产品：ZrO,-CS15 氧化锆。

Silicare Refractory Solutions

电话：0049（0）21049727
电邮：info@silca-online. de
网址：www. silca-online. de
单位介绍：自1977年以来，一直在德国生产高质量的硅酸钙材料及各种精密陶瓷产品。产品广泛应用于石化、水泥厂、电厂、冶金、陶瓷工业、普通炉窑等行业。应用领域涉及汽车、航空、太空旅行、电子和传感器中的电气和热、能源技术、发电、环境技术、热处理、高温应用程序、家居及奢侈品、非饱和室内试验技术、机电工程、金属行业、光伏发电、耐火材料、半连续加工设备、技术陶瓷、纺织。
主营产品：硅酸钙、复合材料、纤维、熔融石英、可加工陶瓷。

8.4 氧化物陶瓷产品企业

INMATEC Technologies GmbH

电话：0049（0）22269087
电邮：info@inmatec-gmbh.com
网址：www.inmatec-gmbh.com
单位介绍：行业用户涉及汽车、航空航天、电子传感器、食品饮料设备、高温装置、家居及奢侈品、机械和化学加工工程、医药技术、金属工业、光学、难熔材料、纺织。生产技术包括：陶瓷原料生产、CIM、挤出、脱脂、粉体加工、烧结。市场领导力有：陶瓷注射成型剪切辊挤出机用氧化物和非氧化物陶瓷原料粉体优化研发及生产。
主营产品：氧化铝、彩色氧化锆、铁氧体、羟磷灰石、氧化镁、莫来石、部分稳定氧化锆、瓷器、碳化硅、尖晶石、滑石、工业瓷器、氧化钛、氧化锆、ZTA/ATZ。

Hightech Ceram

电话：0049（0）2449911003
电邮：info@hightech-ceram.de
网址：www.hightech-ceram.de
单位介绍：Hightechceram 公司成立于 1990 年，长时间从事陶瓷试验、产品和管理，而陶瓷特别适用于各种应用。因此我们经常与精选的合作伙伴及公司密切合作及开发出每一种材料的若干种产品。我们的目标是在材料和理念的基础上开拓新的应用领域，并与客户紧密合作，拓展应用领域，制定出满意的解决方案。无论是开发、设计还是生产上，我们都时刻准备为我们的客户在先进陶瓷或工程陶瓷、高温陶瓷（耐火材料和窑炉材料）、高温绝缘和耐磨材料等业务上进行服务。应用领域涉及汽车、航空、太空旅行、能源技术、粉体生产、流体技术、食品及饮料应用、减少摩擦、耐磨、防腐、窑炉制造商、高温零部件、窑具、实验室设备、机械和化工、石油和天然气、工业陶瓷、焊接、钎焊、冶金。
主营产品：工程陶瓷、高温陶瓷、高温绝热、耐磨陶瓷、氧化铝、氧化锆和强化氧化锆、钛酸铝、金属陶瓷、堇青石、刚玉（多孔）、熔融石英、莫来石、部分稳定氧化锆、多孔陶瓷滑石、氧化锆、氧化锆和强化氧化铝、热等静压烧结氧化锆、氧化锆强化氧化铝/氧化铝强化氧化锆、彩色氧化锆。

TKC-Technischen Keramik GmbH

电话：0049（0）3521718673-0
电邮：post@tkc-keramik.de
网址：www.tkc-keramic.de
单位介绍：1996 年，公司以 TKC-技术陶瓷 Coswig 有限公司的名义成立，总部设在德国科斯维布。由于诸如金属和塑料之类的其他材料的特定性质，陶瓷得到了广泛的应用。热冲击和耐腐蚀性、电绝缘和生物相容性仅是允许部件使用的特性中的一些。基于所使用的合成和天然原料，将技术陶瓷细分为不同的组：技术氧化物和非氧化物陶瓷或硅酸盐陶瓷。作为起始原料，可以使用陶瓷粉末，例如锆和氧化铝，以及诸如铝或氮化硅的非氧化物粉末。此外，还包括混合氧化物陶瓷。由于不断增加的客户需求和由市场提供的原材料，陶瓷材料的供应程序被压印，除了标准交付程序之外，还可以处理或测试所需的或被放置在客户侧的起始材料。在选择合适的陶瓷材料时，可以对其进行分析。应用领域有：电气和隔热、高温应用；实验室技术、激光技术；机械化工工艺及工程医学技术；光伏发电；等离子体处理；半导体加工设备；真空电子设备。
主营产品：氧化铝、彩色氧化锆、堇青石、莫来石、稳定氧化锆、氧化锆、氮化硅、四方相稳定氧化锆、氧化铝增韧氧化锆（ZTA/ATZ）。

WWS Technische Keramik GmbH

电话：0049（0）3676472840
电邮：info@wws-keramik.de
网址：www.wws-keramik.de
单位介绍：我们制造技术创新的陶瓷部件，高精度和高质量，有独特的用途和可持续的消费。我们公司将传统与创新结合起来，我们 40 名员工的专业知识已经发展了几十年，是今天 WWS Technische Keramik GmbH 公司的基础。我们为成为一家具有环保意识的现代化创新公司而感到自豪。我们信奉可持续性，100 多年来一直在 Sonneberg 地区 FritztalOTNeuhaus-Schierschnitz 工业区生产小型和较大规模的高质量技术陶瓷。每天使用我们的集体知识来满足行业的高需求，并在需要时满足个人和独特的客户需求。技术陶瓷的机械加工包括切割、钻孔、归档、铣削、车削。技术陶瓷的优点为：抗热震和耐温度变化（太阳、风、水）、耐腐蚀、耐化学品、符合医疗卫生要求、环境友好型、资源友好型。应用领域涉及汽车、航空、航天、电气和热力；电子产品和传感器；能源技术、电能发电；热处理；高温应用；家居及奢侈品；实验室技术；机械与化工工程；医疗技术。
主营产品：氧化铝、堇青石、莫来石、滑石。

BCE Special Ceramics

电话：0049（0）621483680
电邮：info@bce-special-ceramics.de
网址：www.bce-special-ceramics.de
单位介绍：BCE 成立于 1986 年，在工程陶瓷领域有着丰富的经验。这使我们能够帮助客户为特定的应用开发较佳材料。我们可以生产一个定制项目，一个原型或您的整个生产运行。我们的产品使用氧化陶瓷、氧化铝（Al_2O_3）和氧化锆（ZrO_2），以及高性能的混合氧化陶瓷，如 ATZ（氧化铝增韧氧化锆）和 ZTA（氧化锆增韧氧化铝）。为特定的应用选择合适的材料和生产可能性是客户咨询的重要组成部分。应用领域涉及汽车、航空、太空旅行；电加热；电子产品和传感器；能源技术、发电；流体技术；机械与化工工艺工程；医疗技术；金属行业；光学；光伏发电；等离子体处理；半导体加工设备；真空技术。
主营产品：氧化铝、堇青石、部分稳定氧化锆、滑石、四方稳定氧化锆、氧化锆增韧氧化铝（ZTA）、氧化铝增韧氧化锆（ATZ）。

Schunk

电话：0049（0）6416082285

电邮：neill.busse@schunk-group.com
网址：www.schunk-carbontechnology.com
单位介绍：Schunk 碳技术作为 Schunk 集团的一个事业部，促进了全球的碳技术与工业陶瓷解决方案的开发、制造和应用。Schunk 公司专注于碳材料、碳化硅材料的开发、生产和加工。我们拥有高度专业的技术库，包括应用于汽车、化工、制药与食品行业、空调与发电厂技术以及航空与船舶行业的密封和泵部件。应用领域涉及装甲；电子产品和传感器；能源技术、发电；环境技术；流体技术；减摩、耐磨、防腐；热处理；机械和化学工艺工程。
主营产品：氧化铝、刚玉（多孔）、高纯度氧化铝、多孔云母、可加工陶瓷、重晶石、具有一定稳定性的氧化锆。

BOSCH

电话：0049（0）71181138177
电邮：hightechcomponents@bosch.com
单位介绍：高科技组件产品领域是博世医疗解决方案有限公司的一部分。博世医疗解决方案有限公司是博世全资子公司。它成立于 2015 年，旨在通过为生活而发明的产品，为人们的健康作出贡献，提高人们的生活质量。作为一家具有国际质量标准的创新型企业，博世还将其在陶瓷技术领域的资源用于个人和工业生产。博世医疗解决方案结合了创造力和工程技能，内部精密工具和系统建设，一个完美协调的团队和稳健的过程的掌握。我们所有的零部件都在德国博世工厂生产。应用领域涉及电子产品和传感器；能源技术、发电；环境技术；流体技术；食品和饮料行业；减摩、耐磨、热处理；高温应用程序；激光技术；机械与化工工艺工程；医疗技术；金属行业；光学；表面处理；纺织。
主营产品：氧化铝；氧化铝和血小板增强氧化锆；镁橄榄石；高纯度氧化铝多孔陶瓷；羟基磷灰石；可加工陶瓷；氧化镁；莫来石；部分稳定氧化锆；压电陶瓷部件；多孔陶瓷；正方稳定氧化锆；磷酸三钙；氧化锆；氧化锆和血小板增强氧化铝；氧化铝增韧 ZTA/ATZ。

Vogt GmbH

电话：0049（0）915190750
电邮：g.vogt@vogt-ceramic.de
网址：www.vogt-ceramic.de
单位介绍：40 多年以来，Vogt GmbH 公司一直在制造技术陶瓷部件。我们多年的经验为客户的成功做出了贡献。我们不仅是供应商，也是开发功能解决方案的合格合作伙伴。我们的目标是用于高科技应用的工程陶瓷和进行价值分析。较先进的造型机和烧结厂的温度高达 1750℃，使生产高精度和高质量的陶瓷部件，面积达 2500m^2。使用 CAD/CAM 技术设计的工具是在我们自己的工具车间制造的，是我们灵活性和能力的基础。DINISO 9001：2015 认证是确保我们客户日益严格要求的先决条件。由于其良好的物理性能，技术陶瓷材料被广泛应用于各个行业。由这种材料制成的部件的特点是其在最高温度下的电气和力学性能、耐磨性和耐蚀性。当其他性能达到它们的极限时，它们提供了决定性的优势。因此，作为高质量系统模块的重要组成部分，技术陶瓷元件往往有着至关重要的任务。应用领域涉及汽车、航空、太空旅行；电气和隔热；电子与传感器；能源技术、发电；环境技术；流体技术；食品和饮料应用；减摩、耐磨和防腐；热处理；高温应用；家居及奢侈品；实验室技术；拉瑟技术；机械化工工艺工程；医疗技术；金属行业；光学；半导体加工设备；纺织；真空技术。生产设备有：陶瓷生产方面，包括 20 台粉末压力机，4～120t 的 4 台真空挤出机，1 台注塑机，7 台烧结机，体积 2～2500L；零件的处理方面，包括 7 台车床，6 台钻床，2 台铣床，3 台分离机；磨床方面，包括数控圆柱形磨床，无心磨床，10～40mm 双面磨床，单面磨床；机床制造方面，包括数控五轴铣床，数控线切割机床，数控机床，电火花加工，CAD/CAM 程序系统，2D/3D 磨床，2 台普通铣床，2 台普通铣床，2 台车床。
主营产品：氧化铝、钛酸铝、彩色氧化锆、堇青石、重晶石、部分稳定氧化锆、多孔陶瓷、滑石、稳定氧化锆。

Rauschert 劳舍尔集团

电话：0049（0）926578-0
电邮：info@prg.rauschert.de
网址：www.rauschert.com
单位介绍：劳舍尔集团公司主要从事技术陶瓷、注塑工程、化工处理等业务。技术陶瓷也被称为先进陶瓷或工程陶瓷。这些术语涵盖了许多特殊的陶瓷材料，因为它们具有很高的耐腐蚀、耐磨损、耐高温和隔热性能。先进陶瓷可分为三大类：氧化铝、氧化锆等；非氧化物如碳化物、氮化物、硼化物等复合材料；颗粒增强、纤维增强、氧化物与非氧化物相结合的高级陶瓷。先进陶瓷具有耐恶劣环境的能力，广泛应用于要求高耐腐蚀性、高耐磨性、耐高温、低导电性的众多领域。许多行业，包括化工、工业（磨损）、医疗、电子、电气工程、电加热和卫生等，都依靠先进陶瓷来解决它们的难题。传统的工艺陶瓷是由滑石、堇青石或高岭瓷等硅酸盐材料制成的。根据材料不同，它们以合理的价格提供优良的抗热震性、高耐热性和电绝缘强度，广泛应用于炉膛结构、热风发生器、加热元件制造、铸造、焊接等领域。Rauschert 为各种客户应用提供一系列先进的和传统的陶瓷材料。先进的陶瓷材料可加工成未加工的毛坯、成品、压近净形的零件和高度复杂的机械加工零件。应用领域涉及电子产品和传感器；能源技术、动力发电；环境技术；减摩、耐磨、防腐；纺织。主要部件：陶瓷涂料、陶瓷加热器、阀门和泵类部件、纺织陶瓷、工程部件、陶瓷-塑料-金属混合部件。
主营产品：氧化铝、刚玉、氧化镁、莫来石、滑石、工艺瓷炻器、二氧化钛、氧化铝增韧氧化锆、电子陶瓷、纺织陶瓷、工程陶瓷、泵组件、阀门部件、流动部件、医疗部件、实验室陶瓷、磨损部件、耐腐蚀陶瓷、高温陶瓷、焊接陶瓷、红外气体加热器板、蜂窝陶瓷、照明陶瓷涂层用陶瓷、工业陶瓷氧化铝 RAPOX、氧化铝 RAPAl、RAPAl200AZ、氧化锆、滑石石瓷多孔陶瓷、氧化镁、陶瓷涂层等。

法国圣戈班集团（Saint-Gobain）

电话：0033（0）490327071
电邮：zirpro@saint-gobain.com

8.4 氧化物陶瓷产品企业

网址：www.zirpro.com

单位介绍：Saint-Gobain ZirPro 生产有广泛工业化应用基础的锆基微珠、粉体和晶粒。我们的主打产品包括氧化锆粉体、氧化锆陶瓷研磨微珠、陶瓷介质以及锆化合物。ZirPro 借助在深度创新材料方面的知识累积、广阔的技术资源以及世界范围内的经验与客户建立了持续且真诚的关系。ZirPro 研发部门目前位于法国、中国和美国，为全世界的客户提供技术支持和针对特殊需求共同开发的解决方案。行业用户涉及增材制造；汽车；航空航天；CIM；牙科技术；电子传感器；能源技术；发电；减阻装置；耐磨耐腐蚀装置；家居及奢侈品；研发机构；难熔材料；工业陶瓷；手表工业。生产技术包括：陶瓷原料生产；粉体加工；粉体合成；粉体处理和功能化。

主营产品：3YSZ、单斜氧化锆、纳米氧化锆粉体、四方稳定氧化锆、氧化锆、晶片增强氧化铝、ZTA/ATZ、彩色氧化锆。

BaikowskiSA

电话：0033（0）450226902
电邮：sabrina.salah@baikowski.com
网址：www.baikowski.com
单位介绍：Baikowski 是全世界范围内精细矿物产品定制材料、高纯氧化铝、尖晶石、氧化铈、氧化锆基材料的关键供应商。通过研发部门的努力以及在法国、美国和日本等地的试点生产，Baikowski 得以使用它的经验和专有技术服务多种市场应用，例如：发光器件（高功率 LED 用 YAG，高强度放电灯）；医药应用（生物陶瓷、精密光学）；电子应用（半导体、锂离子电池、CMP 抛光浆料）；航空航天（CMC）；汽车工业（汽车抛光、锂离子电池、透明陶瓷）；手表（蓝宝石顶、陶瓷部件）。Baikowski 借助其技术及经验，为客户提供较独特的定制服务。行业用户涉及增材制造；汽车；航空航天；CIM 口腔医学；电子传感器；高温装置；激光应用；光学元件；半导体加工设备；表面处理；工业陶瓷。特有技术包括：中观孔洞控制、晶粒尺寸优化、可控掺杂、复合氧化物合成、表面化学、特殊氧化物（尖晶石、掺杂 YAG、ZTA）。

主营产品：高纯氧化铝、光反射氧化铝、透明氧化铝、尖晶石、ZTA/ATZ、彩色氧化锆。

SCERAMCERAMICS 公司

电话：0033（0）478308364
电邮：contact@sceram.com
网址：www.sceram.com
单位介绍：一家专业从事工业陶瓷精密加工的家族企业。自 1984 年以来，SCERAM 在科学研究和工业中心——法国奥弗涅-里昂-阿尔卑斯地区的中心建立，在硬质材料及其成型方面获得了专家地位。SCERAM 对它提出的每一种材料的加工都有充分的控制。它为多晶和单晶陶瓷开发了一种特殊的加工技术，称为低应力加工工艺。

主营产品：99%氧化铝、石墨、叶蜡石、石英、蓝宝石、硬质硅透明陶瓷、氧化锆等。

英国摩根集团（Morgan）

地址：Quadrant55-57 High Street Windsor Berkshire Unitec KingdomSL41LP
电话：+44（0）1753837000
网址：www.morgancrucible.com
单位介绍：具有 150 多年悠久历史的摩根坩埚集团（Morgan Crucible），是特种材料跨国公司，也是英国上市企业中 20 强工业指数之一。摩根坩埚集团下设摩根陶瓷事业部（Morgan Ceramics Division）与 MEM-摩根工程材料事业部（Morganingineered Materials Division）。摩根陶瓷事业部主要生产各种高性能技术陶瓷和热陶瓷产品，摩根工程材料事业部包括：摩根先进材料与技术（Morgan AM&T，主要生产应用于汽车太阳能、风能等行业的高性能碳材料核心零组件）、英国 NP 宇航（NPAerospace，主要生产防弹装甲用特种材料）及摩根熔铸系统（Morgan MMS，主要生产金属熔铸用特种石墨/碳化硅坩埚及相关铸造产品）。

主营产品：高性能技术陶瓷和热陶瓷产品、高性能碳材料、特种石墨/碳化硅坩埚及相关铸造产品。

IPS Ceramics Ltd

地址：VUnit 6 High Car Business Park Decade Close Newcastle Under，Lyme，UnitedKingdom
电话：0044-（0）1782717078
电邮：enq@ipsceramics.com
网址：www.ipsceramics.com
单位介绍：IPS 陶瓷是一家值得骄傲的制造公司，其悠久的历史可以追溯到 1933 年，当时在英国特伦特河畔斯托克（Stoke-on-Trent）建立了一家工厂，生产用于当地陶瓷业的耐火材料 saggars。该公司现已成长为一个主要的窑具全球供应商，美国是一个主要市场。易普斯陶瓷美国分公司为美国的餐具、卫生洁具和主业陶瓷行业提供服务。

主营产品：可加工的堇青石陶瓷。

Ceramic Seals Limited

地址：Westwood Industrial Estate Arkwright Street OLDHAM-UNITEDKINGDOMOL99LZ
电话：44（0）1616272353
网址：www.ceramicseals.co.uk
单位介绍：Ceramic Seals Limited 是一家独立的公司，致力于制造一系列的陶瓷金属密封件、蓝宝石金属密封件及相关产品。陶瓷密封件有限公司前身为菲兰蒂国际有限公司的一个部门，拥有超过 40 年的陶瓷金属密封件的设计和制造经验，可在超高真空、高压和极端温度下操作。我们的产品范围包括：电气/流体输送、隔离器、电缆终端、蓝宝石/石英透镜和窗户，所有这些都是专门设计和生产的，以满足真空、核、电力、航空航天和国防工业等行业的需求。

主营产品：陶瓷金属密封件。

CERA NOVA CORPORATION

地址：85HayesMemorialDriveMarlborough，MA01752
电话：0508-460030
电邮：contact@ceranova.com
网址：www.ceranova.con
单位介绍：Cera Nova Corporation 提供优质的产品、专业的知识以及强大的技术解决方案，专注于最新的陶瓷技术以及光学和其他高强度材料。
主营产品：cer 氧化铝。

International Syalons（Newcastle）

电话：0044（0）1912951010
电邮：enquiries@syalons.com
网址：www.syalons.com
单位介绍：International Syalons（Newcastle）Ltd. 在高级工程陶瓷的生产和开发方面拥有40多年的经验，是该领域的专家。公司位于英格兰东北部泰恩河畔纽卡斯尔附近，是基于赛隆和氮化硅的工业陶瓷产品和粉末的制造商。另外，我们能够提供一系列先进工程陶瓷的方案，例如，氧化铝、氧化锆和碳化硅，对于先进陶瓷的需求提供较完整的方案。塞隆是先进的氮化硅基陶瓷材料，是较强较耐用的陶瓷材料。用户行业涉及装甲；汽车制造业；航空业；宇宙航行；电热绝缘材料；电子传感器；能源科技；发电设备；减摩；磨损腐蚀保护；高温应用；机械与化学工艺工程；金属工业；耐火材料。生产设备包括：烧后加工；粘结；铸造；CIP；脱脂；干压；精加工研磨；切削；等静压；抛光；磨光；粉末加工；压制；烧结烧前加工；单轴向压制；真空/气压烧结。
主营产品：氧化铝、氧化锆、EDM 机械陶瓷材料、耐高温耐磨损先进陶瓷材料。

SaphirwerkAG

电话：0041（0）323742585
电邮：info@saphirwerk.con
网址：www.saphirwerk.com
单位介绍：SaphirwerkAG 隶属于 AGZHolding，这是一家国际非上市的中型瑞士工业集团公司。凭借精密滚珠和陶瓷测量元件，Saphirwerk 将瑞士的一小部分推向世界。几十年来在抛光和研磨较坚韧材料方面的经验和创新使我们走在了前列。应用领域涉及装甲；汽车、航空、太空旅行；钎焊；电气和隔热；电子产品和传感器；城市塔尔技术；流体技术；减摩耐磨、防腐；高温应用程序；家居及奢侈品；实验室技术；机械化工工艺工程；医疗技术；金属行业；计量；天然气；光学；研发（大学、研究所、企业）。生产设备与技术包括：三维测量、装配、钎焊、清洗、金刚石磨削、数码显微镜、磨削切削、硬加工、研磨、微机械加工、抛光。
主营产品：精密球、校准器、止回阀、活塞、蓝宝石手表零件。

Bangerter Microtechnik AG

电话：0041（0）3239125555
电邮：marc.bangerter@bangerter.com
网址：www.bangerter.com
单位介绍：班格特是欧洲精密部件制造商，采用先进陶瓷、碳化钨等超硬材料制造。我们与客户紧密合作，为各行业开发创新的解决方案。我们的核心能力是加工具有较佳表面质量的高精度微元件。应用领域涉及汽车、航空、太空旅行；牙科技术；电气和隔热；电气工程；流体技术的重要性；高温领域机械与化工工艺工程；医疗技术；金属；石油和天然气；光学；半导体加工设备；技术陶瓷；纺织；钟表业。生产设备与工艺包括：三维测量、装配、焊接、涂装、精加工、研磨、硬加工、镦部、注塑、研磨、激光加工、抛光、烧结、超声波辅助加工、非烧成加工、生坯素坯加工。
主营产品：氧化铝、金属陶瓷、高纯度氧化铝多孔陶瓷、氧化镁、压电陶瓷部件、氧化锆、氧化钇稳定氧化锆、锆石、氧化锆、氧化锆和薄片增强氧化铝、氧化锆增韧氧化铝/氧化铝增韧ZTA/ATZ、彩色氧化锆。

Ceramaret SA

电话：0041（0）328438383
电邮：info@ceramaret.ch
单位介绍：赛瑞玛锐精瓷公司设计并生产高硬度材质的零部件科技陶瓷（氧化锆、氧化铝）以及人工合成的红、蓝宝石。与赛瑞玛锐精瓷公司合作，顾客可以从我们几十年来对科技陶瓷以及硬质材料成型和加工的经验中获益受利。我们注重于合理、智能和创新的解决方案。在充分考虑环保条件和遵守安全规范的前提下，我们会以经济实惠的生产程序来满足您产品的各项技术指标。用户行业涉及加速器；汽车、航空、太空旅行；电气和隔热；电子与传感器；能源技术、发电；环境技术；流体技术；食品和饮料的应用；减摩、耐磨、防腐；热处理；高温应用程序；家居及奢侈品；激光技术；机械与化学工艺工程；医学技术；光学；半导体加工设备；纺织；真空技术。主要部件包括：陶瓷活塞组成、陶瓷阀门组成、医用隔离器、止回阀组成。
主营产品：氧化铝、氧化铝及增强氧化锆、高纯氧化铝多孔陶瓷、可加工陶瓷、部分稳定氧化锆、多红宝石、多孔陶瓷、尖晶石、钇稳定氧化锆悬浮液、氧化锆、氧化锆及平板增强氧化锆、ZTA/ATZ。

Ceramdis Advanced Ceramics

电话：0041（0）448432000
电邮：info@ceramdis.com
网址：www.ceramdis.com/de
单位介绍：用户行业涉及汽车、五金行业、耐磨防腐、刀具；电子产品和传感器；能源技术、发电；流体技术；食品和啤酒的应用；实验室技术；机械与化工工艺工程；计量；技术陶瓷；热成型。生产设备与工艺包括：装配、陶瓷焊接、硬加工、陶

8.4 氧化物陶瓷产品企业

瓷烧结、精密加工。
主营产品：电火花可加工陶瓷材料、氧化锆。

Tosoh Europe B. V.

电话：0031（0）205650010
电邮：info.tse@tosoh.com
网址：www.tosoh.com，www.tosoheurope.com
单位介绍：Tosoh Europe B. V. 是 Tosoh Corporation 的全资子公司。Tosoh 公司是一家在全世界拥有 100 余家分公司、员工数超过 12000 人的日本化学品和特色产品公司。Tosoh 公司的精细陶瓷产品包括：纯氧化锆和钇稳定氧化锆粉体、氧化锆注射成型化合物、彩色氧化锆以及 YTZ 微珠和分散介质 Tosoh，已经成为世界范围内 YSZ 材料的主要供应商。Tosoh 继续将资源聚焦于促进氧化锆材料进一步发展的研发和客户服务部门。生产特有技术包括：借助较新的水解工艺和纳米技术，Tosoh 已经研发出 TZ 系列氧化锆粉体。通过完全控制材料和生产过程，Tosoh 可以稳定保持产品的高质量和纯度。TZ 系列作为旗舰级氧化锆粉体，能够给消费者带来额外的价值和性能提升。
主营产品：2YSZ、3YSZ、4YSZ、氧化物陶瓷粉体、单斜氧化锆、纳米结构氧化锆、部分稳定氧化锆、四方相稳定氧化锆、钇稳定氧化锆悬浮液、氧化锆、HIP 氧化锆、纳米 HIP 氧化锆 ZTA/ATZ、彩色氧化锆、YTZ 研磨介质、复合氧化锆、氧化锆原料。

Ceratec Technical Ceramics

电话：0031（0）345580101
电邮：ceratec@ceratec.nl
网址：www.ceratec.nl
单位介绍：Ceratec 工业陶瓷公司位于盖尔德马尔森。公司现有员工 25 人，在陶瓷材料技术、工程、应用和生产等领域具有丰富的知识。用户行业涉及汽车、航空、太空旅行；电子产品和传感器；能源技术、发电；环境技术；减摩、耐磨、防腐蚀；热处理；机械与化学工艺工程；医学技术；金属工业。
主营产品：氧化铝、氧化锆。

FORMATEC CERAMICS

地址：Nobelstraat 165051 DV GoirleTheNetherlands
电话：0031（0）135308080
电邮：info@formatec.nl
网址：www.tormatec.nl
单位介绍：Formatec 陶瓷有限公司专业从事高技术陶瓷产品和部件的开发和制造。可以生产出高耐磨、耐高温、生物和化学制品，产品可用于高新技术产业和专有消费品、工业及精密仪器。例如，Formatec 陶瓷生产用于化工泵的陶瓷产品，而化工泵对耐磨性、耐温性和耐化学性有很高的要求。我们还生产尺寸非常小的医疗设备部件，这里的工业陶瓷既可以作为电气和隔热材料，也可以作为导电材料。我们也生产自主设计的产品，如手表、电话、钢笔和珠宝。所有这些都使用陶瓷零件。这是因为陶瓷具有良好的研磨性和抛光后陶瓷表面的高光泽性，同时具有深黑色、亮白色或任何其他可用的颜色。工业陶瓷提供了比贵金属高出许多倍的耐久性。Formatec 陶瓷公司多年来一直致力于研究工业陶瓷的创新应用，并不断改进陶瓷注射成型工艺。如果需要的话，通过这种方法可以获得大量形状各异和重复性高的产品。同样，可以通过这种方法制备大量素坯。Formatec 还可以提供 3D 打印生产的 100% 的陶瓷零件，其作为模具零件具有相同的性能。这是由 Formatec 的子公司 Admatec Europebv 完成的。这一过程为注射成型提供了更多的几何自由。Formatec 对未来的关注通过定期引入新材料来体现，研制了一种导电性氮化硅与非导电性氮化硅原料。这种材料有三种颜色：灰色、炭黑和金铜。
主营产品：氧化铝、金属陶瓷、有色氧化锆。

XIETA INTERNATIONAL S. L,

地址：Trav. deGracia, 62, At. 7, 08006Barcelona, Spain
电话：0034-934147227
电邮：office@xieta.com
网址：www.xieta.com
单位介绍：公司成立于 1995 年，总部位于西班牙巴塞罗那，是一家专门从事原材料、辅助材料以及高密度氧化铝球和衬里（用于研磨）的生产和供应的公司，主要面向一般工业，主要用于陶瓷行业。Xieta 通过在西班牙、巴西、波兰、印度、墨西哥和中国大陆的仓库向全球 40 多个国家/地区分发产品。
主营产品：高密度氧化铝球。

Sedalceramics

电话：0034（0）936803300
电邮：commercial@sedal.com
网址：www.sedalceramics.com
单位介绍：赛特精密陶瓷成立于 2010 年，隶属于赛特集团并作为集团旗下技术陶瓷事业部。Schunk 集团在全球拥有 8100 名员工，遍布全球 2 个国家，开发定制的高科技产品和系统赛特精密陶瓷，致力于先进陶瓷的研发、生产及销售，产品领域覆盖电子、能源、汽车及机械、化工、食品和卫浴领域。作为一家全球先进陶瓷部件供应商，我们的客户遍布四大洲，每年向全球提供数以百万计片的高性能陶瓷产品。赛特精密陶瓷的核心目标是同全球客户建立长期的合作并致力于成为您身边的先进陶瓷合作伙伴。应用领域涉及汽车、航空、太空旅行；电加热；电子产品和传感器；能源技术、电能发电；环境技术；水龙头和阀盘；流体技术；食品和饮料的应用；化工工程；医疗电子器械；定点生产；基板；技术陶瓷。
主营产品：氧化铝、高纯度氧化铝、氧化锆、氧化铝增韧氧化锆（ZTA/ATZ）。

Innovnano Advanced Materials S. A

电话：00351（0）23900285
电邮：info@innovnano-materials.com
网址：www.innovnano-materials.com
单位介绍：Innovnano Advanced Materials S. A. 是欧洲较大的

化学公司之一 Bondalti 的附属子公司，擅长生产高质量的氧化锆基粉体及悬浮液。利用独有的技术工艺手段，公司能够满足工业界对高性能材料快速增长的需求。行业用户涉及汽车；航空航天；绝缘隔热元件；电子传感器；能源技术；发电；减阻装置；耐磨耐腐蚀装置；高温装置；机械和化学加工工程；医药技术；难熔材料；表面处理。生产技术包括：粉体合成、粉体处理和功能化、水及酒精悬浮液。

主营产品：高纯纳米氧化锆陶瓷粉末及金属陶瓷、2YSZ、3YSZ、4YSZ、单斜氧化锆。

ETI Elektroelement

地址：ETIElektroelementd. o. o. Obrezia51411lzlakeSlovenia
电话：00386（0）35657570
电邮：eti@eti.si
网址：www.technicalceramics-eti.com
单位介绍：ETI 是一家有着 70 余年历史的公司。从 1950 年至今，已经从一个小型陶瓷制造商成长为一个拥有 1600 多名员工的国际集团，产品销往世界各地 60 多个国家。ETI 集团由多家公司组成，在欧洲多个国家设有生产基地。ETI 分为三个业务部门：技术陶瓷、熔断器和开关设备制造。陶瓷部门仅设在斯洛文尼亚，有 250 多名员工和两个制造厂，即伊兹莱克和卡姆尼克。大部分的技术陶瓷产品都是用硅酸盐和氧化铝陶瓷定制和制造的。材料在 ETI 采用高质量、可靠的技术进行加工，为客户提供了高价值的保证。我们根据客户的要求开发和制造陶瓷组件，我们的工程师也可以成为客户开发团队的成员。作为世界五大熔断器生产商之一和国际标准的共同创建者，ETI 在熔断器技术陶瓷和大型系列陶瓷元件生产专用设备方面有多年的经验。

主营产品：氧化铝配件。

TREIBACHER

电话：0043（0）4262505417
电邮：stefan.unterkircher@treibacher.con
网址：www.treibacher.com
单位介绍：行业用户涉及增材制造、汽车、航空航天、CIM、口腔医学、绝缘隔热元件、电子传感器、能源技术、发电、环保技术、填料、减阻装置、耐磨耐腐蚀装置、高温装置、生活用品及奢侈品、机械工程和化学工程、医药技术、金属工业油气工业、光学元件、研发需要（大学、研究机构、公司）、半导体加工设备、表面处理、外科、工业陶瓷、透明导电氧化物薄层、手表工业。

主营产品：2YSZ、3YSZ、4YSZ、氧化物陶瓷粉体、单斜氧化锆、纳米结构氧化锆、部分稳定氧化锆、介电陶瓷元件、多孔陶瓷、金属粉末、专业定制材料、四方相稳定氧化锆、碳化钛、碳化物、耐磨先进陶瓷材料、氧化钇、钇稳定氧化锆悬浮液、氧化锆、彩色氧化锆。

Techceramic-M

电话：00359（0）91092787
电邮：office@techceramic-m.com
网址：www.techceramic-m.com
单位介绍：Techceramic-M 位于保加利亚 Mezdra 小镇，是陶瓷组件的开发商、制造商和全球供应商，应用范围广泛且越来越广泛。我们的生产线由高级技术人员和机械师管理，监督整个工厂的合格，陶瓷和机械工程师比例为 3∶1。公司各部门每年从生产、维护、财务和质量控制等方面对员工进行专门和持续的培训。为满足客户的要求，公司在每一项加工过程中都有严格的质量控制，每一步都有 100% 的改进。在对原材料、中间产品和产品进行系统分析的基础上，进行准确的质量控制，保证了产品的高质量。产品广泛应用于汽车铸件、机械结构、石化、电气、电子、纺织等行业，陶瓷元件具有精密公差，与主流材料相比具有显著的成本削减优势。随着汽车工业、能源和机械建筑行业的显著增长，公司的研究和开发重点是提高铸造行业产品系列的质量、开发结构工程陶瓷创新的生产工艺和提高最终产品的质量。生产设备包括 CIM、GIP、清洗、涂装、干压、挤出、快速陶瓷生产、抛光研磨、注塑、等静压、研磨、激光研磨、微机械加工、抛光粉末加工、石英、尖晶石滑石、钇稳定锆、锆合金、冲压、烧结同步技术；非烧结加工、单轴冲压、真空/气体压力烧结湿压、车身加工。用户涉及装甲汽车、航空、太空旅行；电气和热力评价；电子和传感器；能源技术、发电环境技术；先进的科技食品及饮料应用；变频调速、耐磨、防腐；热处理高温应用；家用和奢侈品；激光技术的重要性；实验室技术机械与化学工程；医疗技术，金属工业；石油和天然气，耐火材料；表面处理纺织品。

主营产品：氧化铝、氧化铝刚玉、增强氧化锆、氧化铝点火连接、氧化铝转铁、钛、钴、堇青石、刚玉、熔融纯氧化铝多孔陶瓷、可加工陶瓷、氧化镁、重晶石、部分稳定氧化锆、多孔陶瓷、金属陶瓷组件、装配、粘结、钎焊、铸造、陶瓷原料生产。

Carborundum Universal Limited

地址：Carborundum Universal Limited "Parry House"，43MooreStreet，Chennai-600001，TamilNadu，India.
电话：0091-4430006161
电邮：cumigeneral@cumi.murugappa.com
网址：www.cumi-murugappa.com
单位介绍：CUMI 公司成立于 1954 年，由 Murugappa 集团、美国碳化硅公司和英国通用砂轮有限公司三方合作。凭借先进的设备和与全球合作伙伴的战略联盟，CUMI 在质量和创新方面赢得了声誉。CUMI 是全球五家全面整合业务的制造商之一，业务包括采矿、聚变、风力和水力发电站、制造、营销和分销。几乎所有的康美 10 家生产工厂都通过了 ISO 9001 质量标准认证。在印度和海外建立了良好的销售和分销网络，包括办公室和仓库，确保为客户提供重要的服务。通过内部研发和与全球研磨技术的战略联盟，康美不断创新和产品升级，不仅确保了印度和海外的 IT 市场地位，而且也获得了国际认可，成为高质量磨料的制造商和整体研磨解决方案的提供者。公司产品远销北美、欧洲、澳大利亚、南非、亚洲等 43 个国家。

主营产品：氧化锆。氧化锆与包括氧化镁（MgO）和氧化钇（Y_2O_3）在内的其他氧化物混合，具有优良的电气、机械和热性能。CUMI 氧化锆合金具有高断裂韧性，可以防止裂纹在高应力环境中扩展，从而提高产品的寿命和可靠性。

8.5 非氧化物陶瓷产品企业

日本京瓷 KYOCERA

地址：日本京都府京都市伏见区竹田鸟羽殿町 6 番地
电话：021-58775366-128
网址：www.kyocera.com.cn
单位介绍：京瓷是一个品牌，隶属于京瓷株式会社，成立于 1959 年 4 月 1 日，公司总部位于日本京都府京都市伏见区竹田鸟羽殿町 6 番地，企业创建者兼名誉会长是稻盛和夫。
主营产品：陶瓷刀具、陶瓷文具、珠宝首饰、手机、精密陶瓷零部件、半导体零部件、太阳能发电系统等。

东芝陶瓷株式会社

地址：6-3, Osaki1-chome, Shinagawa-kuTokyo, 141-0032 Japan
电话：0081354378411
网址：www.toshiba.co.jp
单位介绍：东芝陶瓷公司的业务范围涉及硅晶圆及陶瓷产品等，于 2006 年迅速为中国所熟知。
主营产品：氮化硅陶瓷轴承球。

AGC

网址：www.agc.com
单位介绍：本公司自 2002 年起推动全球集团一体化经营体制，在 2007 年公司成立 100 周年之际，将集团品牌统一为 AGC 同时将国内外报表合并持股子公司的商号原则上变更为冠有 AGC 的名称。此次决定变更公司名称，意味着全球集团一体化经营工作进入了最终阶段。110 多年前，为了让人们过上更加美好的生活，也为了发展日本的产业，公司创始人向平板玻璃的生产发起了挑战，实现了平板玻璃的国产化。先驱们的所作所为体现了 AGC 集团的创业初衷即制造可服务于社会的产品。近年来，我们所处的社会环境发生了很大的变化，但我们始终利用多年来积累的各种技术，不断地开发和提供着服务于人们生活的产品。
主营产品：CERAROI-C。

日立化成株式会社

地址：GRANTOKYOSOUTHTOWER9-2, Marunouchi1-chome Chiyoda, Tokyo, 100-6606, Japan
网址：www.hitachi-chem.co.ip
单位介绍：日立化成成立于 1962 年，主要经营：功能材料电子材料、印刷线路板材料、电子元器件、先进元件及系统移动组件、能量存储设备和系统生命科学。
主营产品：碳化硅（SiC）陶瓷。

日本精密陶瓷株式会社（JFC）

地址：981-3206 宫城县仙台市泉区明通三丁目 10 番
电邮：yao-wen.chen@japan-fc.co.jp
网址：www.japan-fc.co.jp
单位介绍：我们的产品从原料混合至最终成品采用公司内部一站式生产。可供应发挥陶瓷各种电气特性的电子陶瓷，具有耐热、耐腐蚀、耐磨耗性特点的结构陶瓷，具有轻量、高刚性低热膨胀、高热传导特点的金属陶瓷复合材料。此外，作为陶瓷生产商，JFC 以材料技术、加工技术等多年积累的经验为基础，可为客户进行各种低成本提案，从而提供高品质、短交期、低价格且有吸引力的陶瓷产品。
主营产品：碳化硅（SiC）。

Japan Metals & Chemicals Co., Ltd

网址：www.jmc.co.jp
单位介绍：日本金属史化工有限公司（JMC）的历史可以追溯到 1917 年。当时作为 JMC 的发源地，北海道 Denka Kogyo Co., Ltd 成立于富市町（现在的高冈市）（Fushiki-cho）。从那时起，许多企业进行了整合和合并，直到江铃以现在的形式成立。江铃公司的铁合金业务位于日本、巴西和法国的高冈，自成立以来一直是江铃公司的一个业务部门，主要生产和销售铁合金。铁合金是炼钢不可缺少的辅助材料。江铃汽车功能材料业务作为基地可生产和销售多种产品，包括储氢合金、高纯金属铁素体煅烧粉末。江铃汽车的第三个业务领域是能源业务。江铃公司是日本较早建造地热发电厂的公司。江铃公司充分利用其作为地热开发先行者的经验和专业知识，目前积极参与日本和国际地热开发项目。此外，江铃还可以可再生能源为核心，开展各种发电业务。江铃汽车将以坚定的信念和先进的技术，以高水平的制造，放眼未来，继续为社会作出贡献。
主营产品：陶瓷浆铸烧结件。

株式会社太平洋科技

地址：164-0012 东京都中野区本町 5-40-16 SUNHILLS3 楼
电话：0081353422555
电邮：ptc@pacific-technology.co.jp
网址：www.pacific-technology.co.jp
单位介绍：以用于制造精密陶瓷制品的关联技术、设备和生产线等业务为中心，提供相关的日本制造高品质的商品给日本以外的海外客户，在此业务领域内也拥有良好的口碑及评价。
主营产品：碳化硅（SiC）、氮化硅（Si_3N_4）。

CoorsTek

电话：13032717100
电邮：info@coorstek.com
网址：www.coorstek.com
单位介绍：CoorsTek 作为全球技术和制造公司的合作伙伴使世界变得更加美好，这些公司的成功需要工程陶瓷和先进材料制造的产品具有独特的高性能。CoorsTek 的产品和组件通过解决能源、运输、信息技术、医疗保健和国防等领域的全球挑战，触及人们的生活。

主营产品：薄层陶瓷基板、坩埚、陶瓷膜、厚模陶瓷基板、陶瓷点火器、管陶瓷、碳化硅、氮化硅。

ROGERS CORPORATION

地址：22557LunnRdStrongsvilleOH44149

电邮：barish.dantal@momentive.com

网址：www.rogerscorp.cn

单位介绍：180 多年来，罗杰斯公司一直与客户合作，解决他们面临的严峻挑战，提供高性能和高可靠度的材料技术。180 多年来，罗杰斯公司一直不断研发新的解决方案来推动客户的突破并帮助他们解决严峻的材料问题。总部设在美国康涅狄格州的罗杰斯镇，我们服务全球的客户和合作伙伴，并在美国、中国、日本、韩国、德国、匈牙利和比利时设有工厂。

主营产品：curamik 陶瓷基板。

ACM

地址：23661BirtcherDr. LakeForest，CA92630U.S.A

电话：0949-4078904

电邮：sales@preciseceramic.com

网址：www.preciseceramic.com

单位介绍：先进陶瓷材料（ACM）公司提供高品质和一致的先进陶瓷产品，以满足客户的研发和生产需求。通过经常拜访这些制造商，了解他们的生产、质量控制、行政和管理部门，我们进行了多年的真诚合作，并与我们的客户建立了深厚的工作伙伴关系。

主营产品：氮化硅陶瓷（Si_3N_4）。

Surmet

地址：31B StreetBurlington，MA01803USA

电邮：sales@surmet.com

网址：www.surmet.com

单位介绍：Surmet 公司成立于 1982 年，致力于为其工业客户提供低成本的先进材料解决方案，专注于下一代机器、系统和应用。40 多年来，凭借在我们自己先进的实验室进行的关键的、创新的研发，Surmet 一直是先进材料元件商业化和规模化生产的代表公司，在陶瓷加工、精密抛光、先进的涂层和表面处理方面具有专业的能力。

主营产品：氮化铝。

Fujimi Corporation

地址：11200SWLevetonDrive，Tualatin，Oregon97062

电话：0503-6827822

网址：www.fujimi.com

单位介绍：Fujimi 的全球网络旨在满足我们的客户的需求并提供较高质量的材料和支持。我们由位于日本的 Fujimi Incorporated 公司和位于全球的四个战略子公司组成。

主营产品：GC-绿色碳化硅。

德国赛琅泰克公司（CeramTec）

电话：0049（0）7153611-0

电邮：info@ceramtec.de

网址：www.ceramtec.de

单位介绍：作为国际先进陶瓷制造商和供应商的 CeramTec 的高级陶瓷用于汽车业，用于电子，能源和环境技术，设备，机械，以及医疗工程和众多其他应用。当前选择所需的陶瓷材料，调整并适应高级陶瓷以满足应用领域的各自要求，优化设计和制造部件与元件以发挥陶瓷的特殊材料特性，这些是 CeramTec Group 陶瓷专家和专业人员的核心能力。用户行业涉及汽车、航空、太空旅行；电子产品和传感器；电气与保温；能源技术、发电；环境技术；流体技术；减摩、耐磨、防腐；热处理；高温应用；家居及奢侈品；机械与化工专业；医疗技术；金属行业；光学；表面处理；纺织；真空技术；食品及饮料应用。生产工艺与设备包括：金属陶瓷组件经烧成加工、组装、粘结、钎焊、CIM、CIP、清洗、涂装、干压、挤出快速陶瓷生产、磨削、HIP、热压、等静压、研磨、抛光、快速成型、带铸、超声波辅助加工、非烧成加工、单轴压制、真空/气压烧结。

主营产品：陶瓷材料与产品，包括碳化硅、氮化硅。

FCT Ingenieurkeramik GmbH

地址：FCT Ingenieurkeramik GmbH Gewerbepark 11D. 96528 Frankenblick

电话：0049（0）36766868

电邮：ingenieurkeramik@fcti.de

网址：www.tcti.de

单位介绍：FCT 工程陶瓷代表了多年的材料工程经验和能力并在陶瓷高性能材料和复合材料的制造方面具有丰富的经验和能力。我们的专长是以硅为基础的陶瓷材料，工厂用它来制造具有不同形状和转子技术的零件，通常是针对客户和合作伙伴的图形和应用需求，从粉末到单体陶瓷元件的完整工艺线。我们以较先进的设备和日常运作中的设备为您提供各种不同的服务。FCT Ingenieurkeramik GmbH 是一家成立于 1996 年的公司，从那时起以氮化硅、碳化硅、氧化锆陶瓷组件为基础，为冷+热等静压、单轴热压和真空/气压烧结提供服务并参与材料和加工技术的研发。FCT 现有员工 135 人，主要以氮化硅、碳化硅等非氧化物陶瓷为原料生产客户设计的陶瓷零件。气压烧结（GPSN）、热等静压烧结氮化硅（HPSN、HIPSN）、氮化硅基复合材料（SNTiN）以及烧结、碳纤维增强和反应烧结碳化硅（SSiC、C/CSiCNSiC）可以作为标准等级的产品。此外，我们还提供氧化锆组件。针对特定的应用和客户需求，FCT 还开发定制材料。采用专业的设备和技术，FCT 能够生产高强度和结构复杂的零件，并且具有非常窄的公差。产品直径可达 670mm，尺寸为 1.650mm 的产品在 FCT 生产中是较先进的。该公司向下列行业供应零部件：金属铸造行业，与金属熔体接触，增加了铸造工艺设备的使用寿命；金属成型工业，用于冷、热成型各种金属的线材、型材、薄板和箔；防止化工、机械和

8.5 非氧化物陶瓷产品企业

热处理行业中设备的磨损、腐蚀或污染；用于处理钢锭和 wavers 的电子工业，以及纳入测试设备；光学、航空、航天工业用轻质、高硬度、高强度、热膨胀系数低的零件；复合材料和木材工业用于高速加工工具；光伏产业为硅制造设备和溅射靶材为涂料；涂料用溅射靶显示行业；高温部件和易损件的替代发电厂。FCT 在陶瓷材料研发、陶瓷加工及元器件生产方面具有长期经验。FCT 专注于非氧化物陶瓷，主要是氮化硅、碳化硅材料。
主营产品：碳化硅、氮化硅。

Henze Boron Nitride

电话：0049（0）837458997
电邮：info@henze-bnp.de
网址：www.henze-bnp.de
单位介绍：2014 年年初，Henze Boron Nitride 产品公司为 HenzBNPAG，它的新公司大楼位于阿勒古的 Kemoten。1993 年成立的家族企业将质量、创新和专门知识集中在 $2600m^2$ 的使用上。40 人的团队正在开发在工业中找到多种应用的高创新性产品：超强的 Henze 粉末、喷雾、散射和波 nited 的原子化精密构件，例如用作涂层、分隔剂、填充剂、润滑剂或高温区的部件。它们被用于高温烤箱、PVC 和等离子设施、铝的海滩挤压、Stern 技术和粉末冶金以及许多其他应用领域。我们的客户不仅受益于我们良好的市场知识、与供应商的长期关系，更重要的是，高积极性的工作人员在所有领域的广泛专门知识，尤其使客户需求的快速、创新和可靠的解决方案成为可能。Henze Boron 是一家六方氮化硼创新产品制造商。公司位于德国南部肯普滕附近的劳本，拥有 40 名员工。这家年轻而充满活力的家族企业由彼得·亨茨（Peter Henze）于 1993 年创建，目前由他的两个儿子克里斯托弗·亨茨（Christoph Henze）和马蒂亚斯·亨茨（Matthias Henze）管理。我们的主要业务之一是加工由烧结氮化硼制成的工业陶瓷，用于各种高温应用，如板、棒、垫片、气缸、中空件、管、轧辊、坩埚、喷嘴和塞子。我们使用较先进的加工中心生产烧结氮化硼以满足客户的要求。零件的形状和尺寸似乎可以无限变化，也可以是复杂的几何形状。由于我们的 HeBoSint 产品使用的原材料纯度高，最终产品确保了工艺安全，减少了故障。我们的产品范围还包括氮化硼粉末、涂料喷雾剂和润滑油添加剂。我们为客户开发创新和量身定制解决方案。他们受益于我们在持续的对话中提供的建议和专业知识，这往往会导致全新的和客户定制的发展。我们的快速决策过程、灵活性以及跳出思维定势的能力是关键特点，同时我们为全球 30 多个工业部门供货。
主营产品：氮化硼陶瓷、机械陶瓷、烧结氮化硼组件、氮化硼粉体、氮化硼涂层。

Silicare Refractory Solutions

电话：0049（0）21049727
电邮：info@silca-online.de
网址：www.silca-online.de
单位介绍：自 1977 年以来，公司一直在德国生产高质量的硅酸钙材料、各种精密陶瓷产品。我们的产品广泛应用于石化、水泥厂、电厂、冶金、陶瓷工业、普通炉窑等行业。应用领域涉及汽车、航空、太空旅行；电子和传感器中的电气和热工能源技术、发电；环境技术；热处理；高温应用程序；家居及奢侈品；非饱和室内试验技术；机电工程；金属行业；光伏发电；耐火材料；半连续加工设备；技术陶瓷；纺织。
主营产品：赛隆陶瓷、氮化硅。

ESK-SICGmbH

电话：0049（0）2234512162
电邮：info.tse@esk-sic.com
网址：www.esk-sic.com
单位介绍：行业用户：增材制造；装甲；汽车；航空航天；绝缘隔热元件；能源技术；发电；环境技术；填料；减阻装置；耐磨耐腐蚀装置；窑炉制造；热处理；高温装置；绝缘设备；窑具；测量检测工业；OEM；光学；光伏；塑料工业；研发难熔材料；半导体加工设备；表面处理；工业陶瓷；纺织机械。
生产技术：陶瓷原料生产；研磨；粉体加工。
主营产品：碳化硅粉体、碳化硅陶瓷制品。

DOCERAM GmbH

电话：0049（0）231925025
电邮：info@doceram.com
网址：www.doceram.com
单位介绍：作为莫伊德集团的一员，DOCERAM 有限公司研究了 20 多年来工业应用高性能陶瓷零件的研制与制造。主要承担者是通用机械和设备制造，由于其典型的特点，我们的零部件在硬度、抗弯强度和抗冲击性方面越来越广泛。更多地依赖高性能陶瓷的其他重要行业包括泵业和龙头行业、食品和包装工业、电气工业、机电电子和检验技术，以及木材工业和造纸业、纺织业、化学工业，最后是医药工程。在焊接技术（例如：锡制加工和车身制造）中，我们可以称自己为市场先进者。用户行业涉及汽车制造业；航空业；宇宙航行；电子传感器；热处理；高温应用；机械与化学工艺工程；医疗技术；纺织品；食品与饮料工艺。生产设备包括：烧后加工；装配；CIMCIP；干压；快速陶瓷生产；抛光；非烧成加工；单轴向压制；粘结。
主营产品：复合材料/纤维、氮化硅、焊接夹具、销轴、调心销钉、定位销、气体喷嘴、试验放泄塞。

Hightech Ceram

电话：0049（0）2449911003
电邮：info@hightech-ceram.de
网址：www.hightech-ceram.de
单位介绍：Highte Chceram 公司成立于 1990 年，长时间从事陶瓷试验、产品和管理，而陶瓷特别适用于各种应用。因此我们经常与精选的知名合作伙伴、公司密切合作，开发出每一种材料的若干种产品。我们的目标是在材料和理念的基础上开拓新的应用领域，并与客户紧密合作，拓展应用领域，制定出满意的解决方案。无论是开发、设计还是生产上，我们都时刻准备着为我们的客户在先进或工程陶瓷、高温陶瓷（耐火材料和窑

第8章 国外先进陶瓷企业与产业状况

炉材料）、高温绝缘和耐磨材料等业务上进行服务。应用领域涉及汽车，航空、太空旅行，能源技术，粉体生产，流体技术，食品及饮料应用，减少摩擦，耐磨，防腐，窑炉制造商，高温零部件，窑具，实验室设备，机械和化工，石油和天然气，工业陶瓷，焊接，钎焊，冶金。

主营产品：工程陶瓷、高温陶瓷、高温绝热、耐磨陶瓷、碳化硼、氮化硼、金属陶瓷、反应烧结碳化硅、烧结碳化硅、氮化硅、碳化钨。

BCE Special Ceramics

电话：0049（0）621483680
电邮：info@bce-special-ceramics.de
网址：www.bce-special-ceramics.de
单位介绍：BCE 成立于 1986 年，在工程陶瓷领域有着丰富的经验。这使我们能够帮助客户为特定的应用开发最佳材料。我们可以生产一个定制项目，一个原型或您的整个生产运行。我们的产品使用氧化陶瓷、氧化铝（Al_2O_3）和氧化锆（ZrO_2），以及高性能的混合氧化陶瓷，如 ATZ（氧化铝增韧氧化锆）和 ZTA（氧化锆增韧氧化铝）。为特定的应用选择合适的材料和生产可能性是客户咨询的重要组成部分。应用领域涉及汽车、航空、太空旅行；电加热；电子产品和传感器；能源技术、发电；流体技术；机械与化工工艺工程；医疗技术；金属行业；光学；光伏发电；等离子体处理；半导体加工设备；真空技术。
主营产品：碳化硅、氮化硅。

Schunk

电话：0049（0）6416082285
电邮：neill.busse@schunk-group.com
网址：www.schunk-carbontechnology.com
单位介绍：Schunk 碳技术作为 Schunk 集团的一个事业部，引领着全球的碳技术与工业陶瓷解决方案的开发、制造和应用。Schunk 公司专注于碳材料、碳化硅材料的开发、生产和加工。我们拥有高度专业的技术库，包括应用于汽车、化工、制药与食品行业、空调与发电厂技术以及航空与船舶行业的密封和泵部件。应用领域涉及：装甲；电子产品和传感器；能源技术、发电；环境技术；流体技术；减摩、耐磨、防腐；热处理；机械和化学工艺工程。
主营产品：重晶石结合碳化硅、具有一定稳定性的氧化锆。

Rauschert 劳舍尔集团

电话：0049（0）926578-0
电邮：info@prg.rauschert.de
网址：www.rauschert.com
单位介绍：劳舍尔集团公司成立于 1898 年，迄今已有 100 多年工业陶瓷的生产和销售经验，在世界各地拥有 17 家分公司及 1600 多名员工。主要从事技术陶瓷、注塑工程、化工处理等业务。技术陶瓷也被称为先进陶瓷或工程陶瓷。这些术语涵盖了许多特殊的陶瓷材料，因为它们具有很高的耐腐蚀、耐磨损、耐高温和隔热性能。先进陶瓷可分为三大类：氧化铝、氧化锆等；非氧化物如碳化物、氮化物、硼化物等复合材料；颗粒增强、纤维增强、氧化物与非氧化物相结合的高级陶瓷。先进陶瓷具有耐恶劣环境的能力，广泛应用于要求高耐腐蚀性、高耐磨性、耐高温、低导电性的众多领域。许多行业，包括化工、工业（磨损）、医疗、电子、电气工程、电加热和卫生等，都依靠先进的陶瓷来解决它们的难题。传统的工艺陶瓷是由滑石董青石或陶瓷等硅酸盐材料制成的。根据材料的不同，它们以合理的价格提供优异的抗热震性、高耐热性和电绝缘强度，广泛应用于炉膛结构、热风发生器、加热元件制造、铸造、焊接等领域。Rauschert 为各种客户应用提供一系列先进的和传统的陶瓷材料。先进的陶瓷材料可加工成未加工的毛坯、成品压近净形的零件和高度复杂的机械加工零件。应用领域涉及电子产品和传感器；能源技术、动力发电；环境技术；减摩耐磨、防腐；纺织。主要部件：陶瓷涂料、陶瓷加热器、阀门和泵类部件、纺织陶瓷、工程部件、陶瓷-塑料-金属混合部件。
主营产品：电子陶瓷、纺织陶瓷、工程陶瓷、泵组件、阀门部件、流动部件、医疗部件、实验室陶瓷、磨损部件、耐腐蚀陶瓷、高温陶瓷、焊接陶瓷、红外气体加热器板、蜂窝陶瓷、照明陶瓷涂层用陶瓷、氮化硅、多孔陶瓷、陶瓷涂层等。

IMERYS

地址：IMERYSCeramics，43quaideGrenelle，75015pairsFr
电话：0033-149556300
电邮：info@imerys-ceramics.com
网址：www.imerys-ceramics.com
单位介绍：法国 IMERYS 公司是全球较大的非金属矿类专业公司，提供以碳酸钙、高岭土、硅藻土为主的 29 种非金属矿，在全球 47 个国家和地区拥有 260 个生产或销售网，1.7 万名员工。在巴黎证交所上市后，IMERYS 已连续 15 年保持盈利且以 15% 的速度增长，目前股票市值超过 28 亿欧元。IMERYS 公司进入中国 10 年来，已先后在非金属资源丰富的贵州、新疆、安徽、吉林等地设立了 16 个制造工厂，目前有 1600 名员工，总部设在上海。高功能及过滤矿事业部（PFM）是益瑞石集团的四大业务部之一，于 2008 年 4 月成立。高功能及过滤矿亚太区（PFMAP）也自 2008 年 7 月开始正式运作。作为全球的工业矿企业，我们为食品饮料行业提供高品质过滤用硅藻土、珍珠岩。同时，我们还为塑料和聚合物、涂料、橡胶、黏合剂、密封剂、个人护理、制药、建筑和催化剂等行业提供高品位的高岭土（含水及煅烧）、云母、重质碳酸钙、蛭石、硅藻土。PFMAP 拥有丰富的硅藻土、重质碳酸钙资源。根据 PFM 制定的全球战略计划，我们还供应 IMERYS 全球其他工厂，如澳大利亚、美国、欧洲等地的高岭土（含水及煅烧）、云母、重质碳酸钙、蛭石、硅藻土。
主营产品：工业陶瓷窑具。

International Syalons (Newcastle) Ltd (ISN)

地址：StephensonStreet，WillingtonQuayWallsend，Tyne & WearEngland, UK
电话：0044（0）1912951010
电邮：enquiries@syalons.com

网址：www.syalons.com

单位介绍：在 40 多年的先进工程陶瓷的生产与开发中，International Syalons（Newcastle）Ltd（ISN）致力于本领域。我们基于英格兰东北地区成为英国塞隆和氮化硅质陶瓷产品和粉体的制造商。另外，我们能够提供一系列先进工程陶瓷的方案，例如，氧化铝、氧化锆和碳化硅，对于先进陶瓷的需求提供完整的方案。塞隆是先进的氮化硅基陶瓷材料，是较强较耐用的陶瓷材料。用户行业涉及装甲；汽车制造业；航空业；宇宙航行；电热绝缘材料；电子传感器；能源科技；发电设备；减摩；磨损腐蚀保护；高温应用；机械与化学工艺工程；金属工业；耐火材料。生产设备包括：烧后加工；粘结；铸造；CIP；脱脂；干压；精加工；研磨；切削；等静压；抛光；磨光；粉末加工；压制；烧结；烧前加工；单轴向压制；真空/气压烧结。

主营产品：SYALONS。

NORTON

地址：Unicorn HouseUnit 1，Amison CloseRedhill Business ParkSTAFFORDST161WB

电话：01785-279553

网址：www.nortonabrasives.com

单位介绍：在诺顿，我们已经关注磨料 130 多年了。我们关心的是，当你需要合适的砂纸来装饰浴室，或者需要合适的磨轮来提高你工厂的生产效率时，我们会为你的员工、环境提供重要的原料选择。

主营产品：磨料由于陶瓷结构比氧化铝更锋利，磨料不需要努力工作，导致更多的削减与相同的光盘和更快的一致削减率。这些磨料陶瓷有更好的寿命（因为颗粒是断裂而不是圆边），磨料保持锋利，允许更少的更换阀瓣节省你的时间和金钱。因此，使用这种先进的陶瓷技术将通过更少的出砂时间和更多的材料去除来降低每项工作的劳动力成本。

Bangerter Microtechnik AG

电话：0041（0）3239125555

电邮：marc.bangerter@bangerter.com

网址：www.bangerter.com

单位介绍：班格特是欧洲领先的精密部件制造商，采用先进陶瓷、碳化钨等超硬材料制造。我们与客户紧密合作，为各行业开发创新的解决方案。我们的核心能力是加工具有最佳表面质量的高精度微元件。应用领域涉及：汽车、航空、太空旅行；牙科技术；电气和隔热；电气工程；流体技术；高温领域；机械与化工工艺工程；医疗技术；金属；石油和天然气；光学；半导体加工设备；技术陶瓷；纺织；钟表业。生产设备与工艺包括：三维测量、装配、焊接、涂装、精加工、研磨、硬加工、髋部、注塑、研磨、激光加工、抛光、烧结、超声波辅助加工、非烧成加工、生坯素坯加工。

主营产品：金属陶瓷；碳化硅；碳化硅，直接烧结；氮化硅；碳化钛；碳化钨。

Ceramaret SA

电话：0041（0）328438383

电邮：info@ceramaret.ch

单位介绍：赛瑞玛锐精瓷公司设计并生产高硬度材质的零部件，包括科技陶瓷（氧化锆、氧化铝）以及人工合成的红、蓝宝石。与赛瑞玛锐精瓷公司合作，顾客可以从我们几十年来对科技陶瓷以及硬质材料成型和加工的经验中获益受利。我们的旨意注重于合理、智能和创新的解决方案。在充分考虑环保条件和遵守安全规范的前提下，我们会以最经济实惠的生产程序来满足客户产品的各项技术指标。用户行业涉及加速器；汽车、航空、太空旅行；电气和隔热；电子与传感器；能源技术、发电；环境技术；流体技术；食品和饮料的应用；减摩、耐磨、防腐；热处理；高温应用程序；家居及奢侈品；激光技术；机械与化学工艺工程；医学技术；光学；半导体加工设备；纺织；真空技术。主要部件包括：陶瓷活塞、陶瓷阀门、医用隔离器，止回阀。

主营产品：碳化硅、氮化硅。

Ceramdis Advanced Ceramics

电话：0041（0）448432000

电邮：info@ceramdis.com

网址：www.ceramdis.com/de

单位介绍：用户行业涉及汽车、五金行业、耐磨防腐、刀具；电子产品和传感器；能源技术、发电；流体技术；食品和啤酒的应用；实验室技术；机械与化工工艺工程；计量；技术陶瓷；热成型。生产设备与工艺包括：装配、陶瓷焊接、硬加工、陶瓷烧结、精密加工。

主营产品：电火花可加工陶瓷材料、氮化硅。

FORMATEC CERAMICS

电话：0031（0）135308080

电邮：info@formatec.nl

网址：www.formatec.nl

单位介绍：用户行业涉及汽车制造业；航空业；太空航行；电热绝缘；电子传感器；能源科技；发电设备；环境技术；流体技术；食品与饮料行业；减摩；磨损腐蚀保护；热处理；家居奢侈品；机械与化学工艺工程；医疗技术；金属工业；半导体工艺设备；纺织品。生产设备包括：3D打印；预烧加工；陶瓷原料生产；CIM；清洗；脱脂；完成；磨削；抛光；快速成型；高光的大型零件，技术应用型高度复杂部件。

主营产品：氧化铝、金属陶瓷、EDM 机械陶瓷材料、氮化硅、大型陶瓷零件、技术应用型高度复杂部件。

Ceratec Technical Ceramics

电话：0031（0）345580101

电邮：ceratec@ceratec.nl

网址：www.ceratec.nl

单位介绍：Ceratec 工业陶瓷位于盖尔德马尔森，贝都威地区中部和荷兰中部。公司现有员工 25 人，在陶瓷材料技术、工程、应用和生产等领域具有丰富的知识。用户行业涉及汽车、航空、太空旅行；电子产品和传感器；能源技术、发电；环境技术；

减摩、耐磨、防腐蚀；热处理；机械与化学工艺工程；医学技术；金属工业。

主营产品：氮化铝、氮化硼、碳化硅、氮化硅。

Washington Mills

地址：P.O Box42820 North Main StNorth Grafton，MA01536
电话：508-8396511
电邮：info@washingtonmills.com
网址：www.washingtonmills.com
单位介绍：成立于1868年的Washington Mills最初是Washington Mills Emery Manufacturing Company。它是美国较早成立的磨料生产商，当时的产品是进口的土耳其金刚砂矿（Natural Emery Ore）。这是一种天然磨料，经过粉碎和定型后主要用于抛光农具。到1929年，随着更稳定的人造材料以电熔氧化铝的形式出现，土耳其金刚砂的销量下降。为了跟上较优质的熔融材料的步伐，Washington Mills将其金刚砂工厂改制成了更现代化的工厂，适合于加工新的熔融材料。看到扩大碳化硅产品和微粉能力的机会，华盛顿·米尔斯于2001年收购了Exolon Company。这增加了纽约州Tonawanda的进一步加工能力，并使华盛顿·米尔斯通过伊利诺伊州Hennepin的工厂控制了自己的碳化硅原油来源。为了完善其磨料产品组合，Washington Mills于2001年通过购买威斯康星州瓷器扩大了陶瓷介质的生产。2004年，Washington Mills完全收购了挪威的Orkla Exolon，从而进一步扩大了其碳化硅和微砂粉的生产能力，添加了另一种具有较先进的microgit技术和生产能力的碳化硅原油来源。2006年，Washington Mills在挪威完成了较先进的微砂加工厂的建设。新工厂配备了较新的设备和技术，具有生产高质量微粉和亚微米粉的能力。华盛顿·米尔斯公司自成立以来就以指数级的速度发展。如今，它拥有约600名员工，为全球成千上万的客户提供服务，是全球较大的熔融矿物生产商之一。超过150年的行业经验确保Washington Mills生产高质量的产品并提供反映我们专业知识的服务。通过对行业的承诺以及内部增长和战略收购的目标，华盛顿·米尔斯提供了当今市场上较广泛的磨料和特种电熔矿物选择。

主营产品：碳化硅（Hexoloy）。

TREIBACHER

电话：0043（0）4262505417
电邮：stefan.unterkircher@treibacher.com
网址：www.treibacher.com
单位介绍：行业用户涉及增材制造；汽车；航空航天；CIM；口腔医学；绝缘隔热元件；电子传感器；能源技术；发电；环保技术；填料；减阻装置；耐磨耐腐蚀装置；高温装置；生活用品及奢侈品；机械工程和化学工程；医药技术；金属工业；油气工业；光学元件；研发需要（大学、研究机构、公司）；半导体加工设备；表面处理；外科；工业陶瓷；透明导电氧化物薄层；手表工业。

主营产品：多孔陶瓷、专业定制材料、碳化钛、碳化物、耐磨先进陶瓷材料。

8.6 在华外资陶瓷企业

上海埃索威耐火材料有限公司

地址：上海市江宁路445号17楼D座
电话：021-62715066
网址：www.isowell.com.cn
单位介绍：上海埃索威热能技术有限公司创立于2005年，是中国知名的保温材料、耐火材料供应公司。公司专业销售日本"伊索来特"ISOWOOL陶瓷纤维、美国"3M Nextel"氧化铝连续纤维、埃索威NANOWELL纳米板/纳米微孔板。

主营产品：陶瓷纤维、LBK轻质隔热砖、3M Nextel连续纤维、微孔纳米板。

阿尔赛（苏州）无机材料有限公司

地址：江苏省苏州市吴江区经济开发区叶新路8号
电话：0512-63496667
电邮：qiongqiong.f@alcera.cn
网址：www.alcera.cn
单位介绍：阿尔赛（苏州）无机材料有限公司成立于2005年9月15日，是株式会社阿尔美迪欧（日本东京上市公司）在中国设立的独资公司。公司主要致力于耐火材料及其相关产品的研究开发、设计、生产及销售，并提供售后服务和技术服务。产品具有低导热率、良好的隔热性能等特点。高温刚玉莫来石窑具是我公司的又一主打产品，由于采用高纯原料和特殊的制造工艺，具有抗热震性强、抗高温蠕变、尺寸精度高的特点。公司产品得到各界的极高的评价，广泛地用于电子陶瓷、工业陶瓷、粉末冶金、高温窑炉等领域。

主营产品：致力于各种新型节能耐火材料、高温烧结炉，高温窑具的设计、研发和制造，为客户提供全方位的解决方案。

NGK NTK

地址：上海市延安西路2201号 国际贸易中心2210室
电话：021-32098968（内线336/8006）
电邮：yeq@ngk.com
网址：www.ngk.com.cn
单位介绍：NGK（苏州）环保陶瓷有限公司是由日本碍子株式会社投资，于2001年12月在苏州市新区成立的。公司研究开发、设计、生产制造特种陶瓷［各类汽车排放尾气净化用陶瓷触媒介质、柴油汽车尾气微粒子陶瓷滤清器（DPF）及汽油汽车尾气微粒子陶瓷滤清器（GPF）等产业用高性能特种陶瓷新材料和相关产品］，销售自产产品并提供相应的技术和售后服务。

主营产品：汽车排放尾气净化用陶瓷催化剂载体、柴油汽车尾气微粒子陶瓷滤清器（DPF）、汽油汽车尾气微粒子陶瓷滤清器（GPF）。

8.6 在华外资陶瓷企业

株式会社村田制作所

地址：上海市静安区永和路 169 号、181 号
电话：021-32054626
电邮：mcsinfo@murata.com
网址：www.murata.com
单位介绍：村田公司是一家使用性能优异电子原料设计、制造先进的电子元器件及多功能高密度模块的企业。不仅是手机、家电、汽车相关的应用、能源管理系统，还有医疗保健器材等，都有村田公司的身影。
主营产品：传感器（引线型 IRA-S 系列）。

杭州大和热磁

地址：浙江省杭州市大江东产业集聚区江东三路 6515 号
电话：0571-86699985
电邮：vfsales@ferrotec.com.cn
网址：www.ferrotec.com.cn
单位介绍：Ferrotec（中国）于 1992 年成立于浙江杭州，是一家由日本 Ferrotec 株式会社在华设立的集产品研发、制造、销售于一体的多元化企业，旗下管理的 20 多家公司遍布中国各地，为国内外客户提供具有世界较先进水平的材料、器件、装备和系统解决方案。其中 Ferrotec 株式会社行销网络遍布全球，在中国、日本、美国、德国、法国、意大利、西班牙、俄罗斯、韩国、马来西亚等地设立据点公司，是一家拥有多项高端生产技术的跨国集团。作为国际半导体产品与解决方案供应商，Ferrotec（中国）本着勤勉、立志、开拓的经营理念，以磁性流体技术和磁流体密封技术为基石，从事磁性流体密封圈、半导体硅片、热电半导体制冷材料与器件、半导体石英制品、精密陶瓷制品、半导体真空传动装置及大型腔体、太阳能发电材料、电子束蒸发镀膜机等产品的研发、制造和销售，产品涉及电子、半导体、机械加工、太阳能发电、汽车/新能源汽车、航空航天、家用电器和医疗器械等众多领域。

Ferrotec（中国）以满足客户要求、美化地球环境、给社会注入梦想和活力为宗旨，坚持"质量为企业生存之根本，质量为企业发展之灵魂；以质量树企业之信誉，以质量赢全球之宾朋"的质量方针，以技术创新为动力，以人才发展为重点，不断招揽大量人才，引进吸收先进生产技术，研制开发具有国际水准、适合中国市场需求的高科技产品，并逐步成为一家多产业协调发展的大型企业集团。
主营产品：碳化硅。

日本京瓷公司

地址：天津市和平区南京路 183 号世纪都会商厦 1905-1906
电话：022-28459388
网址：www.kyocera.com.cn
单位介绍：日本京瓷公司创立于 1959 年，最初为一家精密陶瓷生产厂商。精密陶瓷是指一系列具备独特物理、化学和电子性能的先进材料。如今，京瓷公司的产品包括手机和网络设备、半导体零部件、电子元件、水晶振荡器和连接器、使用在光电通信网络中的光电产品、切削工具、打印机/多功能复合机等办公信息设备、精密陶瓷厨房用品、太阳能电池等。京瓷已经把经营资源集中在信息设备、电子元器件、精密陶瓷应用产品、半导体零部件、通信设备、精密陶瓷零部件等几大业务中。向世界拓展的京瓷集团，由以京瓷株式会社为核心的 230 家集团公司组成。各企业间正通过协调与合作，努力扩大商机。网络化使京瓷的综合实力得以发挥，集团的价值得到公认。继美国和欧洲之后，备受瞩目的第三大海外市场是中国。京瓷集团于 1995 年在上海设立了上海京瓷电子有限公司，作为电子和半导体零部件的生产基地；其后又陆续设立了光学通信和信息设备等的生产基地，积极拓展在华业务。随着加入 WTO，中国将不再局限于生产基地的概念，更向世界展现出了一个世界市场的形象。京瓷在华生产以及进口的京瓷集团全线产品由京瓷（中国）商贸有限公司和京瓷办公信息系统（中国）有限公司负责销售。至此，从生产、销售到服务，京瓷在华的完整业务体系已经形成。如今，京瓷正在同这一日渐强大的市场一道，为获得更大的发展而不懈努力。
主营产品：压电陶瓷。

TDK 公司

地址：江苏省南京市雨花区玉盘西街 4 号绿地之窗 C3-9 层
电话：025-83677676
网址：www.ip.tdk.com
单位介绍：TDK 于 1935 年 12 月 7 日在日本创立，生产当时刚由加藤与五郎博士、武井武博士发明的铁氧体磁芯。TDK 这一名称即东京电气化学（Tokyo Denki Kagaku）的缩写，而两名创始人均属于东京工业大学电气化学科。1951 年开始生产陶瓷电容，1953 年发明了磁性录音带，1959 年在东京场外交易市场上市，1961 年在东京股票交易所主板市场上市，1966 年开始生产卡式录音带。于 1965 年在美国纽约市设立办事处开展美国业务。TDK 生产的录音带于 1969 年由美国国家航空航天局 NASA 作为记录人类首度登陆月球谈话用的录音带。1970 年在西德法兰克福设立办事处开展欧洲业务。除了电子零件，TDK 亦有广泛的磁性及光学媒体生产业务，包括多种格式录像带、空白 CD-R 及可录写 DVD 光碟等比较为末端消费者所熟悉，也曾经出过电脑用喇叭。业界趋势令该公司转移到新形式储存媒体。2004 年 TDK 成为较早加入开发蓝光光碟的媒体生产商。Imation 于 2007 年 7 月 31 日并购 TDK 的储存媒体事业，拥有 TDK Life on Record 品牌的全球独家使用权。TDK 在日本秋田县仁贺保市平泽工厂营运一家展示与其相关的科技博物馆。亦有赞助如伦敦中部 The Cross 夜总会的各种活动与事件，以及曾于 1996 年至 1999 年期间赞助水晶宫足球会。自 1983 年以来，TDK 已连续赞助 15 届世界田径锦标赛。
主营产品：压电 listenTm、压电扬声器、压电触觉执行器、多层压电执行器、高压接器、切换火花间隙、压电蜂鸣器、压电接收器、超声波雾化器装、PTC 电机起动的电流器、MEMs 麦风（麦克风）、用于开关应用的 PTC 热构器。

日肯变频器（上海）有限公司

地址：上海市闵行区北桥常青工业园

电话：021-33585559
电邮：2290878414@qq.com
网址：www.ricon-china.com
单位介绍：日肯（RICON）变频器（上海）有限公司源自日肯株式会社。自公司创立以来，一直秉承技术创新、工艺精湛品质优良的理念，与客户建立起真诚、互信的合作关系。如今，我们的客户分布在塑料、化纤、线缆、木工、机床、陶瓷、石油、化工、冶金、水泥、矿山、建材、环保、印刷、包装、造纸、食品、节能、自动控制等众多领域。
主营产品：变频器（RICON）。功率为 2.2kW（风机 3.7kW）及以下，可进行矢量控制、V/F 控制、转矩控制。此机型采用模块控制，非单管机，稳定性、可靠性较佳。

杭州大和江东新材料科技有限公司

地址：浙江省杭州市大江东产业聚集区江东三路 6515 号
电话：0571-88995910
电邮：ceramics@ferrotec.com.cn
网址：www.ferrotec.com.cn
单位介绍：Ferrotec（中国）于 1992 年成立于浙江杭州，是一家由日本 Ferrotec 株式会社在华设立的集产品研发、制造销售于一体的多元化企业，旗下管理的 20 多家公司遍布中国各地，为国内外客户提供具有世界较先进水平的材料、器件装备和系统解决方案。作为国际半导体产品与解决方案供应商，Ferrotec（中国）本着勤勉、立志、开拓的经营理念，以磁性流体技术和磁流体密封技术为基石，从事磁性流体密封圈、半导体硅片、热电半导体制冷材料与器件、半导体石英制品、精密陶瓷制品、半导体真空传动装置及大型腔体、太阳能发电材料、电子束蒸发镀膜机等产品的研发、制造和销售，产品涉及电子、半导体、机械加工、太阳能发电、汽车/新能源汽车、航空航天、家用电器和医疗器械等众多领域。
主营产品：精密陶瓷。

无锡兴和电子陶瓷有限公司

地址：江苏省宜兴市和桥镇西锄村
电话：0510-878716456
电邮：jianghuit@koaglobal.com.cn
单位介绍：无锡兴和电子陶瓷有限公司成立于 1995 年 10 月，由日本 KOA 株式会社独资创办，总投资 5.7132 亿日元，注册资本 3.7132 亿日元。公司占地面积 8283.2m²，现有员工 100 余人。公司专业生产瓷壳和瓷管等产品，80% 的生产设备从日本进口。公司有效地运用各种成型技术和烧成技术，满足顾客的要求，深受顾客的赞誉。产品主要供应到国内电阻器行业及日本、新加坡等地。公司注重质量管理，实施贯彻"一个一个产品由我保证"的质量方针，公司于 2000 年 8 月通过 ISO 9002：1994 质量体系认证，并于 2003 年 2 月通过 ISO 9001：2000 质量体系认证。公司也注重环境管理，于 2005 年 12 月通过 ISO 14001：2004 环境管理体系认证。公司秉承信赖的经营方针，力求与社会、顾客、供应商共同创造和谐的环境和有魅力的价值，致力于成为深受顾客欢迎的企业。
主营产品：瓷壳和瓷管等。

井上（天津）机械制造有限公司

地址：天津新技术产业园区武清开发区源泉路 9 号
电话：022-82117944
电邮：inouemtgtj@inouemtgtj.com
网址：www.inouemtg.com
单位介绍：井上（天津）机械制造有限公司位于天津市武清区源泉路，交通便利。我们属于外资企业。改革开放以来，我们企业经营一直稳中有进，主要从事生产、加工、销售化工机械。
主营产品：三辊机、砂磨机、搅拌机等专业化工设备，提供好的产品和技术支持、健全的售后服务。

日本岛津制作所/岛津企业管理（中国）有限公司

地址：上海市徐汇区宜州路 180 号
电话：021-34193888
电邮：sshmsm@shimadzu.com.cn
网址：www.shimadzu.com.cn
单位介绍：岛津企业管理（中国）有限公司成立于 1999 年 8 月 11 日，是岛津制作所的海外子公司。岛津作为日本真空炉专业生产代表厂家，在硬质合金、合金陶瓷、金属注射成形的生产和研究开发市场占有大部分的市场份额。经过数十年培育出的尖端技术和成熟的生产工艺，系列化生产的真空炉，可以为用户提供高质量的产品和服务。
主营产品：真空烧结炉。

珠海富田电子有限公司

地址：广东省珠海市金湾区三灶镇琴石路 41 号
电话：0756-7766009
网址：www.tomita-electric.com
单位介绍：铁氧体被广泛运用到熟悉的家电及高端的电子仪器。铁氧体作为高端信息化社会的关键，可以支持电子的发展。而且，进入 21 世纪，环保等新领域对铁氧体的应用技术的期待越来越高。富田电子作为铁氧体专业制造商，一直提供着高品质、高性能的产品。TOMITA 的财产就是从创业开始积累的独特的技术及生产系统。以此技术作为武器，富田电子一直在谋求技术及品质的提升，推进更优质产品的开发，来应对以后更多样化的要求。1952 年，TOMITA 电机生产的产品"中频变压器"现在还展示在社长室，持续关注着公司事业的发展。半个世纪以来，随着电子技术的发展，作为基础材料的铁氧体需求增大，为满足用户的所有需求，持续积累着技术开发，现在 TOMITA 的品牌代名词是高品质、高精度，国内就不用说，即使在海外也取得了很高的信赖。针对小型化需求，尽情发挥着 TOMITA 的优良加工技术、生产技术，作为小型化的先锋，赢得了很高的评价："铁氧体是电子业的宠儿"。TOMITA 的历史就是技术的历史。
主营产品：铁氧体磁芯。

安达满纳米奇精密宝石有限公司

地址：广东省深圳市南山区科技园科苑路东方科技大厦 22 楼

8.6 在华外资陶瓷企业

2208室
电话：0755-26631938
电邮：amoswu@audix.com.cn
网址：www.ad-na-china.com
单位介绍：安达满纳米奇精密宝石有限公司由纳米奇精密宝石有限公司和安达满有限公司商业合并而成。公司自成立起，开发 Only-one（one and only）产品和主导利基市场是公司的基本政策。基于此政策，公司在研发方面创建了技术路线图。通过预测先进技术引起生活方式的改变，我们已生产了大量的成功产品。幸于我们在利基市场生产工业宝石孕育出的特殊技能和核心技术，焕然一新后的安达满纳米奇除了拥有我们核心工业宝石业务外，其业务领域更为宽广，包括诸如半导体、通信、医疗设备、医学物理和化学产品等。伴随着我们在宝石特性方面的深邃知识，我们产品的开发，包括材料和加工，使得客户心中梦寐以求的产品得以实现。工业宝石已在我们生活的各方面被广泛地使用。我们的核心工程技术也使得像我们这样生产工业宝石的制造商得以开发和商业化微型马达。安达满纳米奇精密宝石有限公司的销售中心不仅设置于日本，同时也在硅谷纽约、瑞士、德国、新加坡、中国等各个区域部署。为在质量、价格、出货（QCD）方面获得竞争力的优势，我们不仅在日本国内秋田市和青森县设有工厂，而且在泰国也设有海外工厂。继蓝宝石产品后，为继续开发新产品，我们一直致力于研发人造金刚石未来的终极材料。鉴于金刚石的研发，我们荣获了日本学会颁发的应用物理论文奖，受到了特别的关注。同时，我们也正将之进行商业化。就销售营业额来讲，整合后的安达满纳米奇仅仅是中小规模的公司，通过我们的 Only-one（one and only）产品，我们一直在同世界上更大的竞争对手竞争并超越着中小企业的框架。我们的小巨人将继续致力于成为21世纪的企业。在世界经济环境突变的情况下，我们将充分利用好我们的灵活性，衡量好我们的特殊技术优势。以此贡献于在转向物联网（IoT）和人工智能（AI）方向的生活方式。
主营产品：陶瓷插芯。

电装（中国）投资有限公司

地址：北京市朝阳区东三环北路5号发展大厦518号
电话：010-65908337
网址：www.denso.com
单位介绍：株式会社电装是世界汽车零部件生产厂家之一。作为电装在中国的统括公司——电装（中国）投资有限公司成立于2003年。本公司的经营方针为：在尊重地域文化的基础上，通过策划、实施电装在中国的投资活动，有效地整合中国的人才及资源优势，将中国作为电装重要的生产基地。同时通过销售电装的品牌产品、提供良好的售后服务，满足中国汽车生产厂家及用户的需要。
主营产品：陶瓷插芯。

三星电子

地址：北京市朝阳区东三环中路5号财富金融中心10层
网址：www.samsung.com/cn
单位介绍：三星电子 SAMSUNG 公司成立于1969年，初期主要生产家用电子产品，如电视机和录像机等。20世纪70年代开始进入国际市场，逐渐发展成为全球五大电子公司之一，产品也由家电扩展到计算机、通信等诸多方面。90年代由于经济方面的原因，三星公司进行了大规模的战略重组。1978年，三星半导体从三星电子公司分立出来而成为独立的实体。1983年起随着成功发展了64KDRAM超大规模集成电路，从此在单一家电类半导体产品基础上发展了许多新的半导体产品，逐渐成为全球半导体厂商。它的半导体产品主要有 DRAM、SRAM、闪速存储器、ASIC、CPU 和 TFF-LCD 板等。
主营产品：电容。

南通新冯精密机械有限公司

地址：江苏省南通市星湖大道1092号3号厂房
电话：0513-81018500
电邮：shiquan@teiwa.com.cn
网址：www.sfpe.com.cn
单位介绍：中日合资南通新冯精密机械有限公司始建于2002年，为鼎和集团旗下子公司。主要从事电动伺服数控拉床、SF式珩磨机及其他自动化设备研发制造，产品获多项发明及实用新型专利。核心研发机构株式会社鼎和设于日本爱知县，依托当地工业技术配套优势，持续提供日本工业设备研发制造技术及售后服务。除销售日本整套设备以外，还通过引入核心部件及技术，聘用日本技术人员常驻中国，生产高质量低成本的各类设备，服务国内市场及部分国外市场。
主营产品：电动伺服拉床、SF叠动珩磨机等。

森派克（葫芦岛）真空炉有限公司

地址：辽宁省葫芦岛市经济开发区汉江路70-2号标准化厂房东侧中跨
电话：+82 31 351 4490
电邮：thermvac@thermvac.co.kr
网址：www.thermvac.cn
单位介绍：森派克（葫芦岛）真空炉业有限公司是韩国森派克真空炉有限公司100%控股，森派克公司通过20多年不断的技术积累，拥有了独特的真空炉开发能力，将真空炉行业提升为韩国成长基础制造业之一。针对新材料领域不断增长的需求，公司重点开发超高温、加压、腐蚀性/爆炸性气体等极端环境下的特殊真空炉，因此，拥有专门用于高温烧结、高纯化和陶瓷沉积等尖端真空炉工艺的一系列设备。基于可在内部完成从分析、设计到加工、制造、组装、控制的所有真空炉制造流程的技术基础设施，公司将继续强化在性能、价格、交货和售后服务的各方面具有综合竞争力的真空炉品牌的地位。
主营产品：烘炉、熔炉及电炉制造；石墨及碳素制品制造。

上海矽诺国际贸易有限公司

地址：上海闵行泰虹路万科时一区
电话：021-62207167
电邮：sale@cenotec.cn
网址：www.cenotec.cn

第8章 国外先进陶瓷企业与产业状况

单位介绍：矽诺国际是一家致力于纳米材料工贸研一体的综合性企业，主要代理韩国赛诺股份有限公司的陶瓷研磨介质 CenotecBead® 和高性能粉体 CenotecFluor®、CenotecSilicate®、CenotecFlux®；韩国 ARK 公司的球形氧化铝以及韩国叁控公司的 3D 陶瓷打印机等产品。作为陶瓷纳米技术领域的领先者，韩国赛诺公司生产的氧化锆微珠 Cenotecbead® CZY 以其产品粒径分布均匀、球形度更高、生产工艺先进和稳定、内外一致性好、综合性价比优等特性深得国内知名厂商的认可。公司将在纳米材料、纳米化研磨以及 3D 陶瓷打印领域持续不断为客户提供更好的产品和更优的解决方案，为客户创造更大的价值。

主营产品：韩国赛诺陶瓷研磨介质应用于材料的超细研磨与分散、高性能 3D 陶瓷打印设备与浆料、高性价比锂电池正负极胶黏剂等。

森特真空工业炉公司中国代表处/北京迪富爱科技有限公司

地址：北京市昌平区回龙观镇文华东路 8 号院 1 号楼 4 层 406
电话：010-8261 9608
电邮：sales@centorr.com
网址：www.vacuum-furnaces.com.cn
单位简介：北京迪富爱科技有限公司成立于 2012 年，是森特真空工业炉公司（CENTORR Vacuum Industries LLC）中国代表处在国内的代理运营商。森特真空工业炉公司是由北美的两个主要的炉子制造公司 Centorr 森特炉公司和 Vacuum Industries 真空工业公司合并组成的。这两家真空炉制造公司在热加工处理解决方案的发展和制造领域均有着悠久历史。Centorr 森特炉公司建立于 1962 年，为金属和陶瓷加工提供了广泛应用的高温真空炉，并在光纤光缆拉伸和气体净化方面具有特有的专门技术。Vacuum Industries 真空工业公司建立于 1954 年，主要致力于各种各样的金属和陶瓷的脱黏、烧结和致密化的产业化规模生产型炉设备。多年来，已经成功开发了应用于 MIM 金属注射成形、退火、真空钎焊、真空扩散焊接、陶瓷烧结、粉末金属加工、热处理、真空感应加热、碳/石墨应用等各系列高温真空设备。

主营产品：生产型真空炉、实验室真空炉、定制真空炉、连续炉等。

布鲁克（北京）科技有限公司

地址：北京市海淀区西小口路 66 号中关村东升科技园 B-6 号楼 C 座 8 层
电话：010-58333165
电邮：info.baxs.cn@bruker.com
网址：www.bruker.com
单位介绍：Bruker 使科学家能够取得突破性的发现，并开发新的应用来提高人类的生活质量。Bruker 的高性能科学仪器、高价值的分析和诊断解决方案使科学家能够在分子、细胞和微观水平上探索生命和材料。通过与客户的密切合作，Bruker 在生命科学分子研究应用、制药应用、显微技术、纳米分析和工业应用等领域为创新、生产力和客户成功创造了条件。近年来，Bruker 还为细胞生物学、临床前成像、临床表型和蛋白质组学研究、临床微生物学和分子病理学研究提供高性能系统。今天，有超过 6000 名员工在各大洲的 90 多个地点从事这一挑战性工作。Bruker 继续以其广泛的产品和解决方案、广泛的安装系统基础和在客户中的良好声誉为基础。作为世界分析仪器公司之一，Bruker 致力于进一步全面满足客户的需求，并继续为当今的分析问题开发较先进的技术和创新的解决方案。

主营产品：X 射线荧光光谱仪（XRF）。

上海鼎言机电科技有限公司

地址：上海市嘉定工业区叶城路 925 号 B 区 4 幢 J1432 室
电话：021-57749358
电邮：Conax@ConaxTechnologies.com
网址：www.conaxtechnologies.com
单位介绍：在 Conax，我们与客户建立了牢固的合作关系，并认真倾听他们的挑战。通过共同努力，我们为客户设计出有助于降低成本和节约时间的解决方案。我们的工程师团队将向您充分了解您的需求，并将我们的高质量的工程和设计标准应用到您的定制解决方案。Conax 不仅仅是一个稳固的、成功的设计和制造产品的公司。我们是一个问题解决者的团队。从工程定制解决方案到制造高质量的零部件，我们共同努力迎接您的所有挑战。我们是您的一个完整的解决方案的来源，需要压缩密封配件、温度传感器和定制设计的解决方案 Conax 为自己拥有超过 1000000 个编目部件而自豪。所以你可以订购 1 个零件或者 10 万个。我们对质量和交货及时的承诺使你受益。

主营产品：Conax 微型轴承传感器。

奇耐联合纤维（苏州）有限公司

地址：江苏省苏州高新区浒墅关石阳路 59 号
电话：0512-66160011
电邮：manina@luyang.com
网址：www.unifrax.com
单位介绍：美国 Unifrax 公司（Unifrax ILLC）成立于 1891 年，其前身为 Carborundum 公司，是高温隔热纤维制品的世界生产商，其产品在陶瓷纤维生产厂家、耐火纤维制造厂家有广泛的应用。公司拥有 Fiberfrax 陶瓷纤维系列产品、跨时代创新的 Insulfrax 和 Isofrax 可溶性纤维制品以及其他高性能的隔热制品。

主营产品：高温隔热纤维制品。

施魏科工业设备（上海）有限公司（SWECO）

地址：上海市奉贤区四团镇平海路 1118 号
电话：021-64091531
电邮：china@sweco.com
网址：www.sweco-cn.com
单位介绍：SWECO 是 M-I 公司旗下的一家子公司。总部位于美国肯塔基州的 Florence，在北美、南美、欧洲、亚洲、中国都有工厂。凭借 SWECO 在全球范围开展运作的优势，用户可以确保能获得行业内较佳的服务。

主营产品：圆形振动筛、长方形振动筛、GyraMax 旋振筛、其他筛分设备、卧式离心机、旋流器、医药无菌筛分机、研磨机、抛光机。

Pyrotek

地址：广东省深圳市南山区西丽街道高新北区朗山路 19 号源政创业大厦 A 座 406 室
电话：0755-86016871
电邮：pinden@pyrotek.com
网址：www.pyrotek.com
单位介绍：Pyrotek 是为铝行业客户提供性能改善技术解决方案、集成系统设计和咨询服务的创新者。还在玻璃、隔声材料和先进材料等领域进行投资并迅速发展。在超过 80 个地点的 35 个国家/地区拥有全球资源和可靠的本地支持。产品和解决方案已在全球范围内用于汽车、航空航天、铁路运输和高科技制造。
主营产品：高温陶瓷。

MATERION

地址：No. 28SutongRoadSuzhouIndustrialParkChina215021
电话：0512-67671018
电邮：todd.osborn@materion.com
网址：www.materion.com
单位介绍：公司提供真正的创新材料解决方案，以解决客户复杂的技术挑战。随着世界的变化，公司也在不断变化、提高。公司的专业化学家和工程师不断努力突破先进材料解决方案的界限，不断创新，以确保客户在各自市场中处于较高地位。公司的 Materion 团队孜孜不倦地为客户服务。公司每天正在有所作为，对于客户，对于消费者，对于团队。
主营产品：耐热的高级工业陶瓷。

CoorsTek

地址：上海
电话：021-63621125
电邮：infoshanghai@coorstek.com
网址：www.coorstek.com
单位介绍：CoorsTek 公司的较先进制造设施和支持中心遍布全球，以确保周到的客户服务和快速交付。高级材料专家从原材料设计和开发到全规模、高产量的制造，我们的垂直整合确保了过程中的每个部分都具有较高质量。近 100 年来 CoorsTek 公司一直应用其工程陶瓷专门技术，为全球经济的几乎各个行业提供令人惊叹的解决方案。
主营产品：氮化铝（AlN）。

徐州康姆罗拉特种陶瓷有限责任公司

地址：江苏省徐州市新沂经济开发区上海路
电话：0516-88958936
电邮：kmlltc@126.com
网址：www.kamrola.com
单位介绍：徐州康姆罗拉特种陶瓷有限公司是美国康姆罗拉技术陶瓷有限责任公司与徐州天宏高科工业陶瓷有限公司共同投资成立的中美合资企业。徐州康姆罗拉特种陶瓷有限责任公司，一期总投资额为 2000 万元人民币，主要生产熔融石英陶瓷、氧化铝陶瓷、氮化硅陶瓷、氧化锆陶瓷及耐火材料。其生产制造的产品全部采用美国康姆罗拉技术陶瓷有限责任公司的技术及配方。公司集研发、生产、销售于一体，主要产品为熔融石英陶瓷实心辊、熔融石英陶瓷空心辊、太阳能多晶硅铸锭用熔融石英陶瓷坩埚及耐火材料。产品广泛应用于玻璃钢化炉、冶金、火力发电、石油化工、太阳能等行业。
主营产品：玻璃水平钢化炉用熔融石英陶瓷辊。

耐驰尔新材料（营口）有限公司

地址：中国（辽宁）自由贸易试验区营口市滨海路南 139 号
电话：0417-2927881
电邮：caokaijing@naicher.com
网址：https://www.naicher.com
单位介绍：耐驰尔新材料（营口）有限公司成立于 2006 年，是美国耐驰尔有限公司与中国的合作伙伴共同投资建立的股份制企业。公司注册资本 4500 万元，占地 8.3 万 m^2，已实现投资 2 亿元人民币，主要生产和经营锆、钛系列产品，主要用于化工、耐火、陶瓷、铸造、航天、航空等领域。
主营产品：四氯化钛、四氯化锆、锆英砂、锆英粉、硅酸锆、金红石、海绵钛、海绵锆等。

奥克罗拉集团有限公司

地址：山东省淄博市张店区心环路 6 号淄博新材料交易中心 A 座 1001-1002 室
电话：0533-3588889
电邮：aokerola@aokerola.com
网址：cn.aokerola.com
单位介绍：奥克罗拉集团（中国）是目前全球技术、规模宏大的高科技陶瓷材料和特殊材料制造运营商。奥克罗拉自主研发设计了全智能闭环式氧化铝材料生产线、自动化实心球体塑性颗粒成型设备，带领全球高技术陶瓷行业实现了多个突破，成功地完成了跨越式发展。2002 年，公司与 DS 公司合作并成功研发了全自动等静压成球机，结束了国内无全自动等静压成球机的历史。同年，公司成功发明了等静压中锚球，并实现了产业化。2006 年自行设计研发的智能化、全自动闭环式氧化铝陶瓷生产线获得 13 项国家专利，实现了世界高技术陶瓷生产的多个突破。同年，公司成功研发出磨耗极低的耐磨材料——超级耐磨王，极大降低了客户的综合成本。2007 年建成了超大空间绩效温差特种陶瓷辊棒窑炉，并从德国引进世界的辊棒生产工艺，陶瓷辊棒质量迈上新台阶。2008 年底自主研发的全球产量最大的高铝球辊道窑生产线成功投产。2010 年四期隧道窑氧化铝制品生产线项目和五期新辊棒窑炉生产线项目的上马，进一步巩固了奥克罗拉在全球的地位。
主营产品：全智能闭环式氧化铝材料生产线，自动化实心球体塑性颗粒成型设备，各种工作温度 1600℃ 以内的窑炉传动支撑辊、轴、梁、砖；具有高效耐磨防腐功能的氧化铝、氧化锆、锆铝复合材料，有球、砖、柱等各种形状的产品。

弗尔德（上海）仪器设备有限公司

地址：上海市浦东新区康威路 739 弄 15 号楼
电话：021-33932950
电邮：info.cn@verder.com
网址：www.verder-scientific.cn
单位介绍：弗尔德科学（上海）仪器设备有限公司主要销售产品为德国 RETSCH（莱驰）粉碎、研磨、筛分设备，德国 MICROTRAC MRB（麦奇克莱驰）多功能粒度粒形分析仪，Carbolite·Gero（卡博莱特·盖罗）烘箱、马弗炉、多气氛马弗炉、真空高温马弗炉及灰化炉，Eltra（埃尔特）碳/氢/氧/氮/硫元素分析仪，QATM（奥德镁）切割机、镶嵌机、磨抛机、硬度计在中国的市场销售、推广和技术服务。
主营产品：粉碎、研磨、筛分设备、磨抛机等。

标乐（Buehler）中国

地址：上海市闵行区新骏环路 88 号 13A
电话：400 111 8683
电邮：info.cn@buehler.com
网址：www.buehler.cn
单位简介：标乐（Buehler）建立于 1936 年，是最早为材料分析行业制造科学设备和材料的厂商。标乐的切割、镶嵌、研磨与抛光和硬度测试设备的操作界面相当友好。金相领域资深工程师可以针对您的样品提供出色的制备解决方案。可以支持多行业不同实验室，包括生产、研发、质量控制和故障分析。产品可以用于分析和测试各种金属和非金属样品。
主营产品：研磨与抛光、切割、镶嵌、腐蚀等设备。

3M 中国有限公司

地址：上海市兴义路 8 号万都大厦 38 楼
电话：021-22104285
网址：www.3m.com.cn
单位介绍：作为较早进入中国的外商独资企业之一，3M 中国在过去的 30 多年里始终密切把握中国经济的发展脉搏，秉承扎根中国，服务中国的本土化发展战略，凭借多元化的技术和解决方案，积极支持中国经济的建设和发展。从基础设施建设到制造业崛起，从中国制造到中国创造，从出口驱动到推动内需，3M 将企业的发展战略与中国的发展步伐紧密相连，助力中国市场的快速发展。这也使得 3M 成为中国本土化成功的企业之一。
主营产品：3M 汽车隔热膜晶锐系列。

威海佰德信新材料有限公司

地址：山东省威海市乳山市乳山口镇驻地
电话：0631-6321062
电邮：rslhy@126.com
网址：http://www.whpidc.com
单位介绍：威海佰德信新材料有限公司是一家由美国太平洋工业发展有限公司在中国投资兴建的外商独资企业。公司成立于 2000 年 1 月，是集研发、生产和销售于一体的高新技术产业。
主营产品：汽车尾气净化催化剂、石油冶炼催化剂、分子筛催化剂材料、光电子材料、纳米材料和稀土产品等。

邱博工程材料（青岛）有限公司

地址：山东省青岛市保税港区维也纳路 1 号 204 房间
电话：0532-58792013
电邮：bella.lan@huber.com
网址：www.hubermaterials.com
单位介绍：邱博工程材料是美国的家族企业之一，始创于 1883 年。邱博集团是一个拥有多种产品的跨国企业，提供的产品及服务主要分为三大事业群：工程材料、自然资源开发、技术服务。邱博工程材料为工程材料事业群之一。
主营产品：Martoxid 煅烧铝。

博韦尔西利过滤技术（湖北）有限公司

地址：湖北省武汉市研口区南泥湾大道汇丰企业总部 3 号楼 a 座 508
电话：027-83311025-803
网址：www.porvair.com
单位介绍：美国西利公司成立于 20 世纪 60 年代，是英国博韦尔公司的子公司。自 1973 年西利创立泡沫陶瓷过滤金属熔体概念，及泡沫陶瓷过滤器在西利问世以来，西利泡沫陶瓷过滤器始终影响着世界金属熔体过滤技术的发展。西利公司曾是 Alusuisse（瑞士铝业公司）的一部分，其产品用途遍及各种不同种类金属过滤领域，行业内将西利开发出的泡沫陶瓷过滤器结构称为西利结构（SELEE STRUCTURE）。西利公司的金属过滤产品在全球占有很高的市场份额，在航空、汽车、高铁、包装等高要求应用中西利公司体现出较大的优势，西利公司的产品现已遍及全世界 60 多个国家。2008 年由美国西利公司的母公司博韦尔股份有限公司投资、美国西利公司统一管理的外商独资公司博韦尔西利工程材料（武汉）有限公司在武汉建成并投产，2013 年工厂搬迁到现址孝感市孝南经济开发区北区工业广场城东区，2016 年公司名称变更为博韦尔西利过滤技术（湖北）有限公司。博韦尔西利过滤技术（湖北）有限公司是美国西利公司在中国的子公司，也是其在中国的生产基地，旨在为中国的客户提供专业的金属过滤产品和技术服务同时负责所有美国生产的西利产品在中国的销售和服务。
主营产品：泡沫陶瓷过滤器。

Ferro Performance Pigment (Shanghai) Co., Ltd

地址：Room709, TowerB, FarEastInternationalPlazaNo.317, Xianxia Road, Changning District
电话：021-33352258
网址：www.terro.com
单位介绍：Ferro 是主导高效能材料生产商的全球性以技术为基本的制造商，并作为以下项目世界排名靠前的供货商之一——

被动组件的电子材料使用在多层陶瓷电容器制造、专业玻璃和染料、陶瓷釉溶块和着色技术及瓷搪瓷溶块，在美国，Ferro 在聚合物添加剂和专业塑料化合物和染料领域拥有较高的市场地位。Ferro 材料在各种各样的目标市场上能提高产品表现，包括电子、电信、配药、大厦和整修、家庭电器、汽车、家具和工业品。Ferro 总部设在美国 Ohio 的 Cleveland，在全球超过 100 个国家的经营店出售产品，约有 6800 名雇员。
主营产品：多层陶瓷电容器。

上海养贞轴承制造有限公司

地址：上海市闵行区元江路 525 号金领谷科技产业园 6 号楼 301
电话：4008629828
电邮：lilybearing@lily-bearing.com
网址：www.lily-bearing.com
单位介绍：LILY 轴承公司是全球先进的精密滚动轴承和零部件供应商。以创造客户价值为动力，超越产品销售。凭借 20 多年的行业专业知识，提供先进的服务，如设计、型号选择以及全面的售前和售后支持，始终将客户的需求放在首位。
主营产品：轴承、紧固件、密封件和齿轮。

昂氏（上海）电子贸易有限公司

地址：中国上海市长宁区娄山关路 555 号长房国际广场办公楼 2506-2510 室
电话：400-821-6111
电邮：shanghai@mouser.cn
网址：www.mouser.cn
单位介绍：贸泽电子是原厂授权的全球半导体和电子元器件代理商，专注于从授权制造商快速引进新产品和新技术，为新设计以及制造供应链提供支持。贸泽与 1200 多家业界知名制造商合作，致力于快速引进他们的新技术。
主营产品：LGA 低通滤波器。

普发拓普真空设备（北京）有限公司

地址：北京市经济技术开发区景园街 10 号大琛科技园 B 幢楼
电话：010-65814049/50
电邮：sales@pvatepla.com.cn
网址：www.pvatepla.com.cn
单位介绍：作为高温下应用真空技术的德国企业，普发拓普公司的核心竞争力在于等离子清洗机及加压烧结、真空烧结、高温真空钎焊、真空扩散焊、难熔金属/贵金属熔炼浇铸以及石墨提纯技术等。普发拓普公司利用其设备和服务支持客户的创新制造工艺和发展，特别在航空航天、硬质合金、热交换器、电力/电子、医疗和光学，以及未来的能源和环保技术等领域。普发拓普公司主要致力于研发、制造和销售在高温下进行高质量材料处理的热工设备和系统。普发拓普公司有着 50 多年的经验，在全球销售超过 1000 套系统，得到了业界企业和工厂的认可，设备适用于各种不同的工艺。
主营产品：陶瓷压力烧结炉。

安迈铝业青岛有限公司

地址：山东省青岛市黄岛区松花江路 1 号
电话：0532-86957300
电邮：monica.luo@almatis.com
网址：www.almatis.com
单位介绍：凭借超过 100 年的氧化铝专业经验，安迈是世界氧化铝和铝基产品的开发、制造和供应者。安迈是一家全球一体化的生产商，专门生产应用于耐火材料、陶瓷和抛光材料的氧化铝基原料，为我们 14 个战略位置的销售、研究和生产基地的客户提供服务。我们的员工努力通过行业较高水准的客户服务、技术支持和制造来超越客户的期望。我们实施较高的技术和持续的改进计划。
主营产品：氧化煅烧氧化（CT9 F）。

德国道尔斯特技术有限公司

地址：上海市闵行区七莘路 1839 号南楼 2915 & 2916 室 201803
电话：021-50806161
电邮：william@leadingtech.cn
网址：www.dorst.de
单位介绍：DORST TECHNOLOGIES 是陶瓷和粉末冶金制品制造机器及设备的国际领先供应商。材料制备、加工成型以及自动化属于公司的专业领域。DORST TECHNOLOGIES 拥有有关各个工艺步骤的专业知识以及生产不同成品时的相互作用参数。DORST Technologies 智能系统解决方案便是数十年专注研发、与全世界客户密切合作的硕果。
主营产品：电动粉末压力机（16 ULTRA digital）。

纳博热（上海）工业炉有限公司

地址：上海市闵行区瓶北路 150 弄 158 号
电话：021-64902960
电邮：contact@nabertherm-cn.com
网址：www.nabertherm-cn.com
单位介绍：德国纳博热工业炉有限公司在生产电加热炉方面已有 70 年的历史，现在已经拥有超过 270 种标准化电炉，处理温度从 30℃ 到 3000℃。应用领域有陶艺、陶瓷、MIM/CIM、太阳能光伏、实验室和牙科、金属和塑料热处理及表面处理技术、铸造、玻璃等。产品系列有真空炉、气密罐式炉、箱式炉、马弗炉、管式炉、梯度窑、钟罩式炉、台车炉、坩埚保温及熔化炉、井式炉、盐浴炉等。这些电炉广泛应用于各生产企业和各大院校及研究机构。
主营产品：SiC 棒加热式高温台车炉（WHTC3300/15）。

LOOMIS 设备制造公司

地址：上海市龙华路 2518 弄 20 号 102 室
电话：021-54911126
电邮：13501918242@vip.sina.com
网址：www.loomisproducts.com

第8章 国外先进陶瓷企业与产业状况

单位介绍：LOOMIS 设备制造公司已有百年历史。LOOMIS 公司为陶瓷金属、塑料和复合粉体材料工业提供创新和高性价比的压制解决方案。LOOMIS 公司为冷等静压机（湿袋和干袋）和柱塞式挤压机（12～1000t）的专业制造商。在等静压机、挤压机和实验室设备的设计、工程和制造方面，LOOMIS 公司拥有丰富的经验。此外，LOOMIS 公司还设计制造切割和后处理系统以及各种专用的液压和气动元器件。

主营产品：等静压机。

纳维加特（上海）筛分技术有限公司

地址：上海市闵行区陪昆路 206 号 B11 厂房
电话：021-64095150
电邮：service@navector.com
网址：www.vibroscreen.cn
单位介绍：起始于 2005 年的纳维加特（Navector）是一家致力于全球化的公司，在 7 个国家与地区设立事务处，与德国、瑞士、韩国、马来西亚、泰国等国家的企业技术与产品合作。主要产品有超声波振动筛、摇摆筛、超声波摇摆筛、旋振筛、圆形旋振筛、3D 打印筛分机等。目前有一万多台（套）产品运行在世界各地，为各行业的颗粒分离提供卓有成效的解决方案。纳维加特（Navector）始终以筛分技术为核心，创造性地研发新技术，通过各项国内国际认证，其中不包括新行业已实施的小范围核心技术。

主营产品：超声波振动筛、摇摆筛、超声波摇摆筛、旋振筛、圆形旋振筛、3D 打印筛分机等。

特友粉体设备（上海）贸易有限公司

地址：上海市长宁区仙霞路 137 号盛高国际大厦 501 室
电邮：info.cn@toyohitec.com
网址：www.toyohitec.cn
单位介绍：特友粉体设备（上海）贸易有限公司成立于 2003 年，是东洋高科技株式会社投资的日资企业，面向包括日本企业在内的广大顾客，积极开拓和发展粉体装置和生产线的总承包事业。经过多年来的奋斗和努力，公司在生产线设计、机器采购、设备安装调试方面，取得了较大的成绩和发展。

主营产品：细珠式研磨机。

上海易勒机电设备有限公司

地址：上海市青浦工业区崧复路 11 号
电话：021-55380043、65319425
电邮：sale@elemix.cn
网址：www.elemix.cn
单位介绍：ELE® 公司自 1996 年开始在国内开拓市场，并于 1996 年在上海投资建厂。目前 ELE® 已发展成为全球加工和服务中心。我们的产品以其效率高、高可靠性和综合效益而备受关注。公司主要生产砂磨机、篮式研磨机、均质乳化设备、湿法研磨设备、混合设备、粉体混合机器及化学工业反应产品。该设备可用于各种流体化工行业，如涂料、油漆、油墨、颜料、电子材料、食品工业、农药工业、日化行业、生物医学、纳米材料等。

主营产品：砂磨机、研磨机、乳化机、分散机、搅拌机等。

广东派勒智能纳米科技股份有限公司

地址：广东省广州市番禺区钟村街创源路一号
电话：020-61925888
电邮：market@puhler.com
网址：www.puhler.com
单位介绍：派勒（PUHLER）集团公司建于 1896 年，为世界上享有盛名的跨国企业集团，是专注于为全球客户提供研磨先进材料与加工高端装备的"工业母机"制造商，致力于成为全球微纳米工艺研磨设备领域的领导者。派勒是国内少数能够同时提供容积 5000L 且细度达 50nm 的研磨机制造企业，也是国内较早量产并稳定供应 50nm 纳米研磨机的企业，公司的数控纳米研磨机、五轴联动加工中心等国产高档专用数控系统产品成功应用于先进材料、化工行业、矿物行业、锂电行业、大健康产业、电子信息产业、新能源汽车、航空航天和硬质非金属（半导体、陶瓷、蓝宝石以及硅晶片）等多个领域，是国产高档微纳米研磨装备和关键功能部件的完整产业制造商，自主可控化率达到 85% 以上。

主营产品：纳米研磨机。

大川原粉体技术（苏州）有限公司

地址：江苏省苏州工业园区唯亭奇业路 68 号
电话：0512-62835725
电邮：xingxinwei@szocpowder.com
网址：www.szocpowder.com
单位介绍：大川原粉体技术（苏州）有限公司是日本喷雾干燥设备行业的领头企业——大川原化工机株式会社于 2002 年 8 月在中国江苏的苏州工业园区投资设立的独资企业。大川原化工机株式会社是"液体雾化、干燥、造粒"的专业公司，喷雾干燥设备销售业绩居日本同行业之首，约 2700 套。公司除了设计、制造、销售喷雾干燥设备之外，还积极开发研究微胶囊技术、流动造粒、喷雾热分解、废气处理等，并根据客户的需要致力于开发新产品、新技术，且拥有多项专利技术。我们愿以雄厚的技术力量、先进的设备和严格的质量管理，向各行业的客户提供先进的技术、满意的产品和服务。

主营产品：喷雾干燥设备。

细川密克朗（上海）粉体机械有限公司

地址：上海市延安西路 2067 号仲盛金融中心 2003-2006 室
电话：021-53068031
电邮：shanghai@hosokawa.com.cn
网址：www.hosokawa.com.cn
单位介绍：细川密克朗（上海）粉体机械有限公司于 2005 年 8 月由细川密克朗株式会社投资成立。作为跨国性粉体设备生产商，细川密克朗集团始终致力于为全球客户提供专业的、综合性的、系统性的粉体处理工艺，为各行各业提供粉碎、解聚、分级、干燥、混合、制粒、粒子设计、供料排料、集尘、无尘隔离、粉体性能测定、充填计量等粉体处理设备和系统。凭借100多年历史经验累积，细川密克朗集团已经形成非常成熟的集研发、设计、制造、销售、售后服务一体化的粉体设备产业链，在新能源材料、制药、化工、农药、食品、矿物、环保循环物料回收等领域均享有领先地位。

主营产品：破碎球磨机、分级机、混合机、干燥机等。

昕芙旎雅商贸（上海）有限公司

地址：上海市长宁区仙霞路317弄3006室
电话：021-62750606
网址：hibiki.sinfo-t.jp/cn
单位介绍：昕芙旎雅商贸（上海）有限公司是为了扩大在中国市场的昕芙旎雅集团的业务，由日本的昕芙旎雅株式会社（2009年4月旧日本神钢电机株式会社更名SHINKO）100%投资而成立的第一个在中国的营业据点。我们为了在高度成长的中国市场成为顶尖的销售、采购、售后服务的公司而全力以赴。我们的主要产品有电磁式离合器、电磁刹车、电磁振动供料机、起重设备、控制器、汽车试验装置、超低惯性测功机、伺服驱动器、零件供料机、振动筛选设备、振动干燥设备、振动电机、起重电磁铁、发电机、打印机、OA电磁离合器、汽车减震装置等。目前国内的关联企业有天津神钢电机有限公司。

主营产品：振动筛选设备等。

德国柯美佳（KOMAGE）干粉压机有限公司

地址：上海市东方路1881弄68号101室
电话：13468620917
电邮：mailbox@giagon.com
网址：www.komage.de
单位简介：德国柯美佳（KOMAGE）于1908年在柏林成立，制造各种类型的粉末压制系统，如机械、伺服-液压、伺服电动和机械伺服液压，以及机械伺服-电动混合压力机。此外，德国柯美佳（KOMAGE）还配套提供自己的自动化取坯系统，这些系统是针对客户和产品需求而设计的。德国柯美佳（KOMAGE）液压压机的设计及灵活性能精准满足各种产品要求，比如可以实现填充高度达400毫米以上的碳化钨棒材的垂直压制。利用固定中模的优点，德国柯美佳（KOMAGE）的压机系统很容易实现多层填料系统。此外能实现粉末分离最小化，从而提高产品质量。

主营产品：机械压机、液压压机、静电压机、机械伺服-电动压机、伺服电动压机、自动化取坯系统等。

日制钢机械商贸（上海）有限公司

地址：上海市长宁区娄山关路555号301-304室
电话：021-52067031
网址：www.jsw-china.com
单位介绍：JSW日本制钢所，自1907年创业以来，秉持以"制造产品"和"创造价值"为主旨，利用自身先进技术为社会做出贡献。日制钢机械商贸（上海）有限公司为其在中国的销售和售后服务点，主营包括挤出造粒、薄膜、注塑成型等综合树脂机械，以及FPD、半导体相关设备，服务于汽车、医疗、家电、生活等各个领域。

主营产品：注射成形设备、挤出造粒设备、薄膜设备、FPD相关设备。

德国贝拉方（Bellaform）机械公司

地址：上海市黄浦区马当路388号C座
电话：18920018097
电邮：bellaformchina@163.com
网址：www.bellaform.cn
单位介绍：德国Bellaform不仅能提供给客户全套自动化生产线，还可提供给客户单独的设备，如整套生产线中的一个设备以及所有零配件。我们的优势：可为客户的特殊需求提供解决方案，且达到同等生产质量要求。我们具备这个专业知识和专业能力。

主营产品：完整挤出机生产线、挤出机、热成型设备、混炼、造粒等加工设备、其他配套设备。

上海攀亚进出口有限公司

地址：上海市长宁区通协路268号尚品都汇A座506B室
电话：021-62082768
电邮：info@pangea-intl.com
网址：www.ikhpowder.pangea-intl.com
单位介绍：上海攀亚进出口有限公司是德国赫海茵工业陶瓷公司（IKH）在中国区的独家代理商。1995年至今，IKH集合高素质的材料及生产工程师，开始研发和生产创新性陶瓷粉体。IKH现拥有两座现代化的工厂，可快速按客户的不同要求定制超细的或造粒后的氧化物及非氧化物陶瓷粉体。公司位于德国西南部巴登-符腾堡州的武特欣根（Wutoschingen），邻近瑞士边境。公司获得DINISO9001：2000德国质量管理体系认证。

主营产品：氧化铝（IKH1301）。

耐驰（上海）机械仪器有限公司

地址：上海市嘉定区嘉安公路3136
电话：021-69576008
电邮：amanda.huang@netzsch.com
网址：www.netzsch.com
单位介绍：耐驰（上海）机械仪器有限公司以生产专业应用的高品质混合、分散和研磨设备而出名。产品不仅包括用于系统工程中大批量生产的高强度分散机，大型设备可以达到PMD15000，从小型到大型各种规格的MasterMix分散机、分级机、篮式砂磨机MasterMill、卧式砂磨机Discus、循环式砂磨机Zeta，也包括实验室研磨 & 分散设备LabStar、MiniCer、MiniFer、PE 075、MiniZeta、Discus 1、ShearMaster和篮式砂磨机MasterMill 3，还包括干法设备分级磨CSM、机械磨Condux及其他粉碎机。

主营产品：超高温蒸汽气流磨、耐驰气流磨s-Jet、流化床气流磨CGS、实验室研磨机DeltaVita 1、预研磨系统ProPhi等。

第8章 国外先进陶瓷企业与产业状况

巴斯夫（中国）有限公司

地址：上海市浦东新区江心沙路300号
电话：021-63866556
网址：www.basf.com
单位介绍：巴斯夫总部设在路德维希港，在39个国家设有350多个分厂和公司。巴斯夫是世界化工公司，向客户提供一系列的高性能产品，涵盖化学品、塑料、特性产品、农作物保护产品以及原油和天然气。其别具特色的一体化基地（德语中的Verbund）是公司的优势所在。它使巴斯夫实现了低成本优势，从而保证了较大竞争优势。巴斯夫遵循可持续发展的原则来开展业务。2012年，巴斯夫的销售额达721.29亿欧元，在全球拥有超过111000名员工。巴斯夫公司的股票在法兰克福（BAS）、伦敦（BFA）和苏黎世（AN）的股票交易所上市。巴斯夫是全球较大的化工公司，被美国商业杂志《财富》评为全球较受赞赏化工公司。同时在德国所有公司的跨行业评比中，巴斯夫名列第二。公司业务包括化学品及塑料、天然气、植保剂和医药、保健及营养、染料及整理剂、纤维、天然气。
主营产品：SLENTEX高性能A级阻燃隔热材料。

苏州赛琅泰克高技术陶瓷有限公司

地址：江苏省苏州工业园区钟南街428号
电话：0512-62740788
电邮：ellen.jiang@ceramtec.com
网址：www.ceramtec-group.cn/zh
单位介绍：隶属国际CeramTec Group的苏州赛琅泰克高技术陶瓷有限公司树立了高级陶瓷领域的标准，代表CeramTec品牌。紧邻上海的苏州赛琅泰克高技术陶瓷有限公司生产和供应高级陶瓷元件，满足中国市场在电子、汽车、纺织、建筑和工业领域的要求。全套生产设施可生产满足较高国际质量标准的高科技陶瓷产品，并通过自有部门进行采购、管理、销售和开发，从而满足高级陶瓷元件的需求。作为国际制造商和供应商的CeramTec的高级陶瓷在汽车、电子、能源和环境技术、设备、机械，以及医疗工程等众多领域得到应用。当前选择所需的陶瓷材料，调整并适应高级陶瓷以满足应用领域的各自要求，优化设计和制造部件与元件以发挥陶瓷的特殊材料特性，这些是CeramTec Group陶瓷专家和专业人员的核心能力。CeramTec（赛琅泰克）公司有3200多名员工，在美洲、欧洲和亚洲设有生产基地和子公司，是一家业务遍及全球的制造商和供应商。
主营产品：陶瓷基片、纺织瓷件、超硬陶瓷刀具、传感器瓷体、密封瓷件、造纸设备瓷件等。

无锡杜塞拉姆工程陶瓷有限公司

地址：江苏省宜兴市丁蜀镇通蜀东路556号
电话：0510-87438626
电邮：office@ceramany.cn
网址：www.ceramany.cn
单位介绍：无锡杜塞拉姆工程陶瓷有限公司是生产高性能工业陶瓷的专业制造商。按照客户要求生产包括从原型到大批量的高质量陶瓷。高品质来自以下组合：智能的产品设计，优良的高纯度原料，先进稳定的生产工艺及不间断的流程控制，高精密金刚石加工，经验丰富的中德管理，受过良好教育的高素质员工，从模具制造到产品成型、烧结、加工等整个内部生产工艺。应用范围包括纺织和电线行业、汽车、焊接、激光、转移印刷、电绝缘、耐磨损保护、柱塞泵等的陶瓷制品。
主营产品：工业陶瓷、适用于所有应用的陶瓷元件、全面的标准陶瓷部件、纺织陶瓷标准件。

苏州优尼科绝热技术有限公司

地址：江苏省昆山市张浦镇德国工业园同度路72号
电话：00512-36856506
电邮：info@unicorn-insulations.com
网址：unicorn-insulations.com.cn
单位介绍：苏州优尼科绝热技术有限公司是纳米微孔绝热产品及热工解决方案的提供商。我们凭借多年全球各行业应用的经验积累，可根据不同的绝热需求进行热工设计和模拟，提供包括不同保温材料组合设计、尺寸计算、包裹方式、产品选型的整体解决方案。在应用广泛的高低温绝热保温领域，优尼科是各行业的合作伙伴，是多家国际企业的供应商，在多个国际合作项目中提供产品及技术合作支持。在中国，我们的纳米微孔绝热产品的生产基地位于苏州昆山德国工业园——苏州优尼科绝热技术有限公司。公司秉承德国技术、精选原料、严苛的质量管理体系、本地化的生产，保证为客户提供产品和服务。
主营产品：纳米微孔绝热板。

世泰科 H.C Starck

地址：江苏省太仓经济开发区东亭北路111号
电话：0512-53184278
网址：www.hcstarck.com.cn
单位介绍：如果想把创意转化为成功的产品或应用，首先要做的是找对材料供应商。世泰科能满足您对材料的多种需求。世泰科拥有近百年的粉末冶金经验，是高科技金属钨、钼、钽、铌、铼，高性能陶瓷和热喷涂粉末的供应商。我们凭借自身的创新精神，对质量的承诺以及丰富的技术知识，在整条价值创造链上与客户进行合作，作为专业的合作伙伴为客户提供产品开发与解决方案。世泰科通过深入的研究与开发，力求开发出创新的未来产品。全球140多名研发人员正共同研制较具潜能的新材料、新产品和创新应用。世泰科在全球范围内拥有900余项专利，其中包括创新高科技材料、工艺控制生产以及客户指定产品解决方案。对钨、钼、钽、铌、铼等高科技金属（又称难熔金属）的颗粒大小、表面结构、粒度与稠度等化学与物理特性进行客户指定设计，是我们在粉末冶金领域的核心竞争力。我们能够以机械方法，通过浓缩、挤压、烧结和辊压等方式将粉末制成金属杆。再利用特别的金属加工工艺将金属杆制成客户指定的部件，此类部件凭借其独特的化学与物理特性在许多关键工艺中具有一定地位。
主营产品：钨粉。

8.6 在华外资陶瓷企业

北京最时科技发展有限公司

地址：北京市海淀区长春桥路 11 号万柳亿城中心 C2 座 302 室（100089）
电话：010-58816806
电邮：info@zsqspring.com
网址：www.zsqspring.com
单位介绍：最时公司是一家专业的工业炉产品代理商。在中国市场独家代理以下国际工业炉产品：①德国 MTH 金属控股公司。包括四家国际热处理工业炉专业公司：法国 BMI、德国 IVA（益发）、德国 Mahler（马勒）和德国 Schmetz（施梅茨），产品包括各类真空炉，可应用于淬火、光亮退火、回火、渗碳、渗氮、钎焊和烧结等各种工艺。②德国还多恩公司（HEIDORN），专业从事高温高真空烧结炉，温度可达 3000℃，用于陶瓷和钨合金等材料的加工。③德国热概念（THERMCONCEPT）工业炉公司，专业从事工业窑炉的研发设计和生产，其产品包括箱式炉、管式炉、井式炉、台车炉固定式坩埚炉和倾注炉等。其工作温度从 200℃ 到 2000℃，炉膛尺寸从几升到几百立方米不等，加热方式包括电加热和燃料加热，市场覆盖于热处理、铸造、陶瓷、玻璃、实验室等多个领域。欢迎广大客户了解我们和我们的产品。
主营产品：代理 4 家国际热处理工业炉专业公司产品：法国 BMI、德国 IVA（益发）、德国 Mahler（马勒）和德国 Schmetz（施梅茨）。

青岛博瑞科三维制造有限公司

地址：山东省青岛市保税港区上海路 20 号二号楼一层 111 室（高科技产业中心集中办公区）（B）
电话：0532-86959089
电邮：info@breuck3d.com
网址：www.breuck3d.com
单位介绍：博瑞科三维源于德国 Breuckmann 公司，其核心成员均有留德背景；自 2009 年进入 3D 行业，致力于提供全三维技术解决方案。从陶瓷、金属 3D 打印原材料的制备，到 3D 打印技术和工艺的开发，以及贯穿复合材料和金属材料成型过程的光学测量乃至增强现实的 3D 定位技术。十多年行业历程，1100 多个项目经验，涉及医疗、汽车制造、火车、机械、复合材料、航空航天、造船、教科研多个行业。
主营产品：高精度工业陶瓷 3D 打印机、气雾化制粉设备、真空浇注机和增强现实 3D 投影系统等。

拉斯科（北京）成形技术有限公司

地址：北京市朝阳区劲松三区华腾大厦 1706A 室
电话：010-87730378
电邮：li.bing@lasco.de
单位介绍：1863 年，LASCO 公司诞生。150 多年机械制造经验来自世界 60 多个国家的 1000 多家用户。LASCO 公司能为用户提供现代化的锻压设备和锻压生产线。LASCO 公司的设备是热锻、温锻、冷锻、各种挤压和板材成型的较理想选择。
主营产品：全自动锻锤生产线。

司马化工（佛山）有限公司

地址：佛山市三水区大塘工业园开元路 16 号
电话：0757-82537583
电邮：s.peng@zschimmer-schwarz.cn
网址：www.zschimmer-schwarz.cn
单位介绍：ZSCHIMMER&SCHWARZ 司马化工集团成立于 1894 年，总部位于德国 Lahnstein，已有 131 年历史，实力较雄厚，在国际化学助剂行业享有较高声誉，主要涉及皮革、纺织、化纤、陶瓷、护理及磷酸盐制剂等行业。司马化工集团在五大洲的 15 个国家有 28 个公司，其中有 20 个公司拥有生产基地。司马化工（佛山）有限公司是 ZSCHIMMER&SCHWARZ 集团在中国的总部，位于佛山市三水区大塘工业园，专业生产及销售高档优质化学助剂，产品主要包括先进陶瓷助剂、粉末冶金助剂、陶瓷墨水等。作为中国重要的采购及供应基地，司马化工（佛山）有限公司也在 ZSCHIMMER&SCHWARZ 化工集团全球采购和国际贸易业务中发挥更重要作用。公司在陶瓷行业方面主营各类陶瓷添加剂，在行业内较具影响力，几乎所有的国际及国内大大公司均跟公司有长期合作，陶瓷添加剂品种非常多，涉及面广，是提供专业解决方案的公司。
主营产品：各种单一及复合氧化物和非氧化物陶瓷（如石英、氧化铝、氧化锆、硅酸锆、钛酸铝、碳化硅、碳化硼、氮化硅、塞隆陶瓷等无机材料）不同成型工艺的添加剂，如分散剂、助压润滑剂、增塑剂、脱模剂、临时胶黏剂、消泡剂、助滤剂、树脂模具清洗剂、石膏模具增强剂等助剂产品。

舍弗勒（中国）有限公司

地址：上海市嘉定区安亭镇安拓路 1 号
电话：021-39576666
电邮：info_china@schaeffler.com
网址：www.schaeffler.cn
单位介绍：舍弗勒于 1995 年开始在中国投资生产。近 30 年来，舍弗勒已成为中国汽车和工业领域重要的供应商和合作伙伴。秉承本土资源服务本土市场理念，舍弗勒大中华区致力于本土生产和本土研发，为客户提供高品质产品与近距离服务。目前，舍弗勒大中华区拥有员工约 1.2 万人，在上海安亭、湖南长沙设有 2 个研发中心，在太仓、苏州、银川、南京、湘潭等地设有 10 座工厂，在北京、上海、沈阳、广州、南京、济南、成都、武汉、太原、重庆、西安、天津、大连、杭州、长沙、哈尔滨、郑州、香港、台北、台中设有 20 个销售办事处。
主营产品：氧化硅。

QADM

地址：Building 15No.739 Kangwei Road201315 Shanghai China
电话：021-68106102
网址：www.q-atm.cn
单位介绍：对于质量检测和材料分析，不管您需要的是什么，QATM 都有。作为高品质材相（金相）和硬度测试设备的制造商，我们为您的需求提供较完整的解决方案。我们不仅提供全系列的设备，还包括附件、耗材及较完整的实验室和客户定制特殊解决方案。高品质是我们的目标品质，实际上是 QATM 名称的一部分。我们创新的切割机、镶嵌机、磨抛机/电解腐蚀仪，以及硬度计和分析系统提供较大程度上的可靠性和灵活性。硬件和软件研发部门和我们的客户紧密合作，确保持续地优化我们的产品。QATM 已通过 ENISO9001：2015 认证，确保我们的内部构想、研发、采购、销售和服务程序有效，并符合我们的高标准。

主营产品：振动抛光机 Saphir Vibro。

Eltra

地址：上海市浦东新区康威路 739 弄 16 号楼
电话：021-33932951
电邮：info.cn@verder.com
网址：www.eltrachina.cn
单位介绍：德国埃尔特（ELTRA）是世界领先的元素分析仪制造商，能对固体样品中的元素含量进行快速、准确的分析。根据不同的样品和不同的含量，可根据用户的需求提供定制化的元素分析仪。

主营产品：碳氮元素分析仪、CHS 分析仪等。

赫尔纳贸易（大连）有限公司

地址：辽宁省大连保税区海航路 9 号三楼
电话：0411-87307760
电邮：yyzhang@leader.cn
网址：www.heilna.com
单位介绍：德国赫尔纳贸易公司是一个立足德国专注于亚洲，尤其是中国和东南亚市场，经营德国高品质工业品的全球性技术服务以及贸易供应商。应用领域包括钢铁冶金、能源电力、石油化工、汽车船舶、机床机械、军工航天、城建环保、自动控制等行业。

主营产品：仪器仪表、电子电气、液压气动、阀门泵等。

肖特（上海）精密材料和设备国际贸易有限公司

地址：中国（上海）自由贸易试验区华申路 180 号 3 幢楼一层 1118 室
电话：021-53300666
电邮：judy.qiu@schott.com
网址：www.schott.com/en-gb
单位介绍：肖特是一家在特种玻璃和微晶玻璃行业有所成就的跨国高科技集团公司。凭借 130 多年来所累积的经验以及在研发、材料和技术领域的能力，我们可为客户提供一系列广泛的高品质产品和解决方案。肖特是众多行业的创新引擎，包括家用电器、医药、电子、光学、汽车及航空行业等。

主营产品：多层陶瓷技术（HTCC 和 LTCC）。

阿兹肯（上海）化工有限公司

地址：上海市徐汇区宜山路 700 号 C3 幢 5 楼 503 号
电话：021-54249788
网址：www.alzchem.com
单位介绍：国际化学品公司 Alz Chem 凭借在全球市场上成熟的新产品已在特种化学领域定位。该公司拥有约 1560 名员工，年营业额超过 3.75 亿欧元。在广泛的应用中，Alz Chem 继续专注于在 Trostberg 开发的具有典型氮-碳-氮键的 NCN 化学产品。

主营产品：α 相氮化硅粉。

圣戈班集团上海总部

地址：上海市静安区山西北路 99 号苏河湾中心 15 楼 02B、03、04 单元
电话：400 888 0198
电邮：CeramicMaterials.CN@saint-gobain.com
网址：www.saint-gobain.com.cn
单位介绍：圣戈班成立于 1665 年。2019 年在《财富》世界 500 强排名 226 位，2018 年销售额 493 亿美元，在全球拥有近 17 万名员工。圣戈班集团自 1985 年开始进入中国市场。集团至今已在华设立了 50 多家企业及公司和 1 家研发中心，针对不同市场分别为以下领域服务：平板玻璃、汽车玻璃、保温隔声材料、石膏建材、陶瓷塑料、磨料磨具、管道系统及建材分销。英文名为 Saint-Gobain，总部设在法国的圣戈班集团生产、加工和销售高技术材料并提供相应服务。圣戈班将原材料加工为先进材料用于我们的日常生活中，同时开发未来新材料。圣戈班集团是世界工业集团百强之一，已在巴黎、伦敦、法兰克福、苏黎世、布鲁塞尔、阿姆斯特丹等交易所上市。圣戈班高功能产业部涵盖磨料磨具、陶瓷材料及玻璃纤维三大主营业务。这三大业务在中国和整个亚洲都已枝繁叶茂，它们共同支持、相互分享着创新技术和市场。这三大业务集中在同一个部门，员工们能更好地服务客户、齐心协力地创造美好的未来。集团在全球 67 个国家设有生产企业。如今，集团的两大事业部活跃于中国，分别为创新材料事业部（包括平板玻璃和高性能材料）和建筑产品事业部。

主营产品：氧化锆粉末。

圣戈班西普磨介（邯郸）有限公司

地址：上海东大名路 1158 号浦江国际金融广场 17&18 层
电话：4008880198
电邮：CeramicMaterials.CN@saint-gobain.com
网址：www.saint-gobain.com.cn/ceramic
单位介绍：圣戈班西普磨介（邯郸）有限公司位于河北省邯郸市经济技术开发区，是圣戈班集团的全资子公司。集团于 2005 年 8 月完成对圣戈班西普磨介（邯郸）有限公司的控股，将原邯郸市勇龙世纪高技术陶瓷有限公司改造成为圣戈班集团的全资子公司。

主营产品：主要从事各种先进陶瓷材料的研发生产。

大连国茂材料科技有限公司

地址：辽宁省大连市西岗区黄河路 219 号外经贸大厦 22 层
电话：0411-83780760

8.6 在华外资陶瓷企业

电邮：xie@gomore-tech.com
网址：www.gomore-tech.com
单位介绍：大连国茂材料科技有限公司，是一家主要致力于高端纳米粉体的研发、生产及销售的生产型企业。公司地址位于大连市高新产业园区，拥有行业内先进的生产设备以及检测设备。通过三种独特的粉体生产工艺，结合特色的球磨分散工艺，做出的产品技术含量高、生产品质高、批次稳定性好。同时可根据客户的工艺需求对晶相、粒径、形貌、成分、添加剂掺杂等进行严格的控制以实现个性定制化产品。
主营产品：氮化铝、氧化镁、超细超纯镁铝前驱体粉体、高端YAG粉体、纳米高纯氧化铝、ZTA、ATZ、氢氧化铝干粉等无机粉体。

圣戈班精细陶瓷（上海）有限公司

地址：上海市莘庄工业区元山路88弄7座
电话：021-64899993-8253
电邮：bernard.woh@saint-gobain.com
网址：www.saint-gobain.com.cn
单位介绍：圣戈班上海研发（SGR上海）是圣戈班集团八家多元化研发中心之一。SGR上海业务包括磨料磨具、高功能塑料、汽车玻璃和陶瓷材料。研发中心聚集了多个科学领域的研发专家，从陶瓷到聚合物、从玻璃到磨料磨具、从石膏和水泥到复合材料，同时涵盖了诸多研究领域，包括材料科学、化学工程、机械工程、仿真、建筑物理、磨削技术、涂层、自动检测、工业4.0和传感器等，体现了圣戈班在各领域多样且深厚的技术。研发中心在产品开发、深入科学研究和分析、快速响应业务需求和前沿技术开发方面有较强的技术能力。中心拥有现代化的科学仪器，且不断进行技术创新。磨料磨具、高分子材料加工、粉末处理和自动检测是与圣戈班产品直接相关的主要技术领域。其他竞争力包括工业4.0、建筑材料、耐火材料和水泥则持续为圣戈班在亚洲的业务增长提供强有力的支持。
主营产品：磨具。

凯得力耐火材料（中国）有限公司

地址：江苏省张家港经济开发区塘市镇中东路
电话：0512-56991728
电邮：china@calderys.com
网址：www.calderys.cn
单位介绍：凯得力耐火材料（中国）有限公司（Calderys China），由原拉法基耐火材料（Lafarge Refractories）和派力固欧洲国际（Plibrico International Europe）合并而成，隶属于法国lmerys集团公司，集耐材行业100多年之宝贵经验。作为世界不定形耐材制造商，凯得力为全球客户打造安全、可靠的耐材产品。现今，凯得力耐材集团为钢铁行业、水泥行业、铸造业、有色及铝加工行业、石化工业、焚化炉、造纸及其他等各个工业，提供较全面的不定形耐材解决方案。除产品外，我们还为用户提供设计、安装和维护等一体化解决方案。在2500名员工、18个生产基地及31个国际销售办公室的努力下，凯得力竭力为用户实现始终增长的产能目标及安全的生产环境。
主营产品：耐火材料。

摩根海登皇格技术陶瓷（无锡）有限公司

地址：江苏省宜兴市丁蜀镇红卫新村92号
电话：0510-87182811
电邮：yixingsales.mtc@morganplc.com
网址：www.yixinghaldenwanger.com
单位介绍：海登皇格作为高科技陶瓷生产商1865年成立于德国，1997年加入摩根先进材料公司，是摩根重要的业务组成部分。在德国、中国和美国有工厂和机构，为全球的客户提供优良的产品和服务。产品主要应用于玻璃、太阳能、建筑陶瓷、金属热处理、能源、半导体、钢铁、石化等领域。
主营产品：Sillimantin陶瓷辊棒、熔融石英辊棒、陶瓷电极等。

摩根热陶瓷（上海）有限公司

地址：上海市浦东新区康桥工业区康安路18号
电话：021-68122200
电邮：kerry.ma@morganplc.com
网址：www.morgantcchina.com.cn
单位介绍：摩根先进材料（Morgan Advanced Materials）是一家全球化的先进材料公司，在材料科学、专业制造和应用工程领域具有强劲的实力。公司专注于为客户打造针对其技术难题的定制化解决方案，确保客户在能源、交通、医疗、工业、石化、安防等领域适应全球发展趋势。
主营产品：纤维隔热材料、隔热耐火砖、浇注料、胶泥和涂料、WDS纳米微孔隔热材料、Firemaster被动防火产品、隔热罩。

珠海欧美克仪器有限公司

地址：广东省珠海市高新区科技三路33号
电话：4009025338
电邮：sales@omec-instruments.com
网址：www.omec-instruments.com
单位介绍：欧美克是中国著名的颗粒测量仪器制造商、广东省高新技术企业、软件企业及广东省粒度粒形分析仪器工程技术研究中心，具有深厚的测量理论研究功底和活跃的技术创新能力，取得多项专利及有价值的成果。欧美克的激光粒度分析仪被认定为火炬计划项目和重点新产品，企业经营也卓有成效。用户超万家，涉及粉体生产企业、高等院校、科研院所等不同领域，并出口至美、英、德、日等三十多个国家和地区。欧美克及其科研人员参加了水泥、磨料、碳粉等多个行业粒度测量标准的制定，同时也是激光粒度仪2016版国标的起草单位之一。
主营产品：激光粒度分析仪、纳米粒度电位分析仪、电阻法颗粒计数器、颗粒图像分析处理仪、动态图像仪和粉体特性测试仪等六大系列产品。

拉塞尔工业设备（上海）有限公司

地址：上海市新骏环路588号24幢A103
电话：021-64264030

电邮：enquiries.cn@russellfinex.com
网址：https://www.russellfinex.cn
单位介绍：作为全球精细筛分科技的全球品牌，致力于设计、制造振动筛、分级机、超声波防堵系统以及液体过滤器，各类产品均广泛应用于加工制造行业，市场覆盖全球140个国家。在英国、美国、比利时、印度拥有直属公司，并在全球范围内拥有众多优质经销商和代理商。2016年在中国成立了独立子公司拉塞尔工业设备（上海）有限公司，面向大中华地区进行设备销售和售后服务。
主营产品：AM增材粉末处理、振动筛、分级筛、固液分离机、超声波振动筛、自清洁过滤器。

北京迪万科技发展有限公司

地址：北京市朝阳区安慧里4区16号楼1413（中国化工大厦1413）
电话：010-84885606
电邮：yinxuncheng@126.com
单位介绍：北京迪万科技发展有限公司自2007年3月成立以来，始终致力于为广大客户提供品高价优的燃气过滤、调压、安全设备。目前我公司独家代理或代理品牌有：英国博尼科（BANICO）燃气安全电磁阀；中国区代理意大利菲奥（FIORENTINI）燃气过滤器、稳压阀、放散阀；中国区代理美国胜赛斯（SENSUS）燃气调压器、流量计；中国区代理意大利埃克美迅球阀、蝶阀、气动执行器；中国区代理韩国世韩压力表。
主营产品：两片式对夹球阀。

Carbolite Gero

地址：上海市浦东新区康威路739弄15号楼
电话：021-33932950
网址：www.carbolite-gero.cn
单位介绍：Carbolite Gero（卡博莱特·盖罗）是弗尔德集团建立的专业马弗炉品牌，拥有了全系列炉类产品，加热温度从室温至3000℃，容积从3L至14000L，应用领域覆盖实验室至工业，包括各类气氛炉类产品。Carbolite Gero有两大生产基地。一个位于英国谢菲尔德，成立于1938年。产品线为各类烘箱和马弗炉，温度可达1800℃。公司的名称来源于碳化硅加热元件，其应用于早期的产品中。另一个产品线位于德国诺伊豪森，盖罗公司成立于1982年，产品线为高温炉。Gero（盖罗）的名称来源于公司的两个创立者的姓名：Roland Geiger和Gerlamprecht。二人最初致力于晶体生长设备，随后基于对高端加热设备技术的掌握，研发了各种气氛下的热处理炉，温度可达3000℃。Carbolite Gero有着灵活的方案，能为用户提供个性化的解决方案，如航空航天领域、工程领域、材料科学、热处理、医药、生物及实验室检测等领域。我们不仅提供符合各类标准的马弗炉和烘箱，如Nadcap（AMS2750E）热处理工艺，也可提供由UKAS英国皇家认可委员会提供可追溯的校验证书的控制器、数据记录仪等。
主营产品：快速加热箱式炉。

斯凯孚（中国）有限公司

地址：上海市嘉定区园汽路1189号
电话：400 175 3699
网址：www.skf.com
单位介绍：斯凯孚在中国的历史较长。1912年，温奎斯特先生建立斯凯孚公司五年之后，在上海出现了斯凯孚中国代理商。1916年，斯凯孚在上海成立了销售公司，并一直运作到1951年。1986年，斯凯孚通过其在上海的寄售站再次启动中国业务。1988年斯凯孚在中国香港成立了一家销售公司，命名为斯凯孚中国有限公司。自1994年起，斯凯孚集团在中国陆续设立工厂。为配合高速发展的中国市场的长期发展，1997年斯凯孚（中国）投资有限公司正式成立，之后更名为斯凯孚（中国）有限公司，是斯凯孚在中国的总部。唐裕荣先生为现任斯凯孚中国区总裁。斯凯孚中国现演进为一家由知识、技术和数据驱动，以交付可靠运转为使命的公司。斯凯孚在中国涉及汽车、风电、铁路、机床、医疗、食品和饮料、造纸等约40个行业。通过将斯凯孚集团在世界各地不同行业获取的成功经验和知识因地制宜，斯凯孚在中国实现了快速发展。
主营产品：轴承、密封、润滑、维护产品、传动产品。

凯戈纳斯仪器商贸（上海）有限公司

地址：上海市四平路775弄1号1115室
电话：021-58362582
电邮：betsy.zhu@k-analys.com
网址：www.k-analys.com
单位介绍：凯戈纳斯仪器商贸（上海）有限公司是由瑞典Hot-Disk有限公司注资成立的一家朝气蓬勃的仪器商贸公司，在市场上享有良好的声誉。公司成立20多年来，致力于成为热物性设备的系统供应商，主要业务是在中国和一些邻国开发、制造并销售瑞典Hot Disk品牌热常数分析仪。目前也代理日本aiphase公司测试薄膜材料热扩散系数的设备，以及加拿大Thermtest公司所产的传统平板热流计法、热线法和热带法导热仪等较先进的热物性分析仪器。多年来，公司也是以色列Nanonics公司近场光学显微镜的中国国内独家供应商。最近，我们成为日本Advance Riko公司（红外金面反射炉）、日本SUGA公司SPS（放电等离子烧结炉）设备的国内独家代理。
主营产品：SPS放电等离子烧结炉。

Quintus Technologies

地址：上海市南京西路128号翠华大厦9楼906室
电话：021-5234 0233
电邮：support.apac@quintusteam.com
网址：www.quintustechnologies.com
单位介绍：Quintus Technologies是高压技术领域的世界领先者。公司在三个主要领域设计、制造、安装和支持高压系统：先进材料致密化、金属板材成型以及高压食品和饮料加工，以推动创新并提高产品安全性和耐用性。Quintus为能源、医疗植入、太空、航空航天、汽车和食品加工等领域的客户提供系

8.6 在华外资陶瓷企业

统。该公司总部位于瑞典韦斯特罗斯，业务遍及45个国家。

主营产品：热等静压机、中温等静压机、冷等静压机。

Ferroxcube China Suzhou

地址：No.179, ChangjiangRoad, SuzhouNewDistrict, Jiangsu Province China

电话：0512-6842350

网址：www.ferroxcube.com

单位介绍：飞磁前身为飞利浦磁性元件部门，目前隶属于全球被动元件供应商奇力新集团。飞磁被认可为技术较高的磁性材料公司，其生产、销售据点和客户服务中心遍布世界各区。延续来自飞利浦磁性材料部门的传承，飞磁能提供客户创新设计与高水准的技术支持。身为一家磁性材料公司，飞磁的产品囊括了磁铁芯、相关的线圈骨架与扣环等配件，以及抑制电磁干扰产品，以符合设备制造商的需求。飞磁同时提供广泛的设计支持，包括应用资讯与补助软件，协助设计人员呈现新设计产品。拥有强大的研发团队，我们将持续开发涵盖不同频率、低功率损耗与高饱和磁通密度特性。我们的目标是满足现今的数位化电子市场以及日趋小型化而多功能的产品。

主营产品：特殊铁氧体。

FIVEN ASA

地址：上海市浦东新区乐园路198号办公楼329室

电话：+47 372 60 000

电邮：contact@fiven.com

网址：www.fiven.com

单位介绍：Kymera International（Fiven）是世界领先的碳化硅生产商。高温下的化学惰性、高耐磨性和抗热冲击性使碳化硅成为多种应用的有吸引力的材料。Fiven一直是开发用于生产耐火材料、技术陶瓷和复合材料的SiC颗粒和粉末的先驱，提供不同纯度水平和粒径的颗粒和粉末，小至亚微米范围，这些颗粒和粉末经过专门设计，可提供非常高的密度、出色的抗氧化性、卓越的硬度和强度以及高抗热震性。除了粉末，Fiven还提供基于细粉末的即压（RTP）颗粒，比表面积通常为$10\sim15m^2/g$，烧结添加剂和临时黏合剂。可根据要求提供特殊的定制粉末和RTP颗粒。

主营产品：定制型碳化硅粉末等。

美凯优化学贸易（苏州）有限公司

地址：江苏省苏州工业园启月街288号紫金东方商务广场C座811室

电话：512-62955320

电邮：chuming.zhang@mku-chemie.com.cn

网址：www.mku-chemie.de，www.mku-chemie.com.cn

公司介绍：今天的MKU Chemie集团成立于1956年。65年前，我们以"Mineralöl Klapp Urberach"的名义开始生产自己的金属加工油。

MKU Chemie集团是一家全球性的家族企业，没有外部股东。除了位于美因河畔法兰克福附近Rödermark的总部外，我们还在法国、意大利、捷克共和国和中国设有子公司。

作为金属、玻璃、陶瓷、半导体、木材、塑料和橡胶等工业领域的供应商，MKU生产各种类型的冷却润滑剂，如液压油、齿轮油和循环油、清洁剂和脱模剂，以及中间产品，如缓蚀剂、乳化剂、AW和EP添加剂。

通过我们自己的增材开发和生产，MKU-Chemie集团成为一家创新和先进的公司。我们的产品范围目前包括大约1600种品质，其中约90%是应客户订单生产的。

主营产品：技术陶瓷成型压制脱模剂、压制助剂、润滑剂；等静压机水压系统用的水基液压油；陶瓷及硬质合金精加工油等。

Bosch Advanced Ceramics

地址：Building B306, Robert-Bosch-Straße 1, 87509 Immenstadt, Germany

电话：+49（8323）20-4438

电邮：advanced.ceramics@bosch.com

网址：www.bosch-advanced-ceramics.com

单位介绍：博世（Bosch）自1939年就已经开始陶瓷生产制造，拥有近百年的陶瓷生产历史。博世先进陶瓷（Bosch Advanced Ceramics）成立于2016年，沿袭了博世丰富的生产经验，目前致力于陶瓷增材制造。博世先进陶瓷拥有多年陶瓷增材制造经验，提供陶瓷零部件打印服务。我们不仅拥有丰富的生产经验，还提供包括材料选择、设计优化和后道加工在内的全面咨询服务。博世先进陶瓷持续在陶瓷3D打印领域扩展技术能力和生产规模，努力成为陶瓷增材制造领域的创新引领者，我们愿作为您的合作伙伴，为您优选3D打印技术和材料加工生产，满足您陶瓷部件的性能需求。

主营产品：提供陶瓷定制加工全方位服务：从初期设计、材料选择，到打印、清洁、烧结、镀层和批量生产。

Groupe AEM Canada Inc.

地址：200-7220 Rue Frédérick-Banting, Saint-Laurent, Qué, H4S 2A1 Montreal. Canada

电话：+1-418-786-5492

电邮：info@aemcanada.com

网址：www.aemcanada.com

单位介绍：我们是高纯度氧化铝产品的首选全球供应商，在高纯度、高可靠性和低环境足迹方面为行业绩效树立了标杆。公司在蒙特利尔和Cap-Chat的业务都通过了ISO 9001、ISO 45001和ISO 14001标准的认证。

主营产品：高纯度氧化铝和氯化铝。

2026第十八届中国国际先进陶瓷展览会

同期举办：粉末冶金及硬质合金展、磁性材料展、增材制造展、粉体加工展

2026年3月24—26日　国家会展中心（上海）

☎ 021-5988 1253　400-077-8909　020-8327 6369/6389
✉ iacechina@unirischina.com　iacechina@unifair.com
🌐 www.iacechina.com

景德镇市昌江产业园区

企业入驻，享园区招商奖励、产业扶持等招商引资政策

昌江优势

昌江区位于景德镇市区西南部，生态优美、风光秀丽，旅游景点全域布局，2020年获评国家全域旅游示范区。近年来，昌江区围绕"工业强区"发展定位，构建了以电子信息、生物医药、精细化工为主导的产业发展体系，初步打造了上下游全产业链。景德镇市发展中心西迁的"虹吸效应"带来了人口资源的不断汇集；企业帮代办服务中心的不断完善提升了企业"身在昌江，宾至如归"的归属感；十大银行总部均在区内，凸显了金融的中心地位；皖赣铁路、昌景黄高铁、济广高速、昌德高速、206国道穿境而过，交通优势十分明显；是企业家市场战略布局、开拓国内外市场的优选之一。

园区风采

昌江区电子信息产业园一期

鱼山生物医药产业园

昌江产业园

昌江产业园位于景德镇市南面，2023年获批省级产业园，距离景德镇南收费站5分钟，距离乐平北站(高铁)17分钟，距离罗家机场30分钟车程，交通便捷，区位优势明显。园区已形成以电子信息、生物医药、先进陶瓷等产业为主的工业带。昌江区电子信息产业园项目总用地面积约1405亩，总建筑面积约115万平方米，可以提供连体式、独立式等多种业态组合的标准厂房，可分层，分栋切割，能够满足企业的个性化需求；正在建设中的昌江区先进陶瓷产业孵化园占地171亩，预期打造一个集先进陶瓷材料研究、先进陶瓷制造、先进陶瓷机械、先进陶瓷技术开发于一体的先进陶瓷产业集群；鱼山生物医药产业园用地面积1800亩，是景德镇市第二家省级认定化工园区，形成了以富祥药业、凌富医药为龙头的生物制药产业集群，年产值预超100亿元。

园区保障

- 教育生活配套
- 产业园区配套
- 惠企政策配套

昌江产业园基础配套设施不断完善，占地35000平方米人才公寓已投入建设；惠企政策方面，亿元以上项目在普惠性政策的基础上，根据企业实际需求，在保证区财政5年内实现收益平衡后，可以享受"一事一议"政策；重大项目建设方面，市级层面设有10亿元的产业引导基金，支持股权投资或基金引导并提供融资担保、供应链金融和融资租赁、项目贷款贴息以及财园信贷通等金融支持，同时对首发上市的企业给予最高1000万元的奖励资金；企业用房方面，可采取弹性年期、长期租赁，先租后让、租让结合方式供地，还可提供代建厂房等各类政策保障。

具体厂房、土地招商载体详情咨询（昌江区先陶办）：

方局长：13807980112　　　刘主任：15079889505　　　王主任：13576403182